Déjà terminé quand Jean Meynaud, cet ami et maître français de la science politique, nous fut enlevé brutalement le 14 février 1972, ce livre n'atteindra pleinement son but que s'il sert, par-delà l'Université où il a été conçu, l'ensemble de la collectivité québécoise.

G. B.

Le choc des langues au Québec
1760 - 1970

Le choc des langues
au Québec
1760 - 1970

par

Guy Bouthillier et **Jean Meynaud**

1972
LES PRESSES DE L'UNIVERSITÉ DU QUÉBEC
C. P. 250, Succursale N, Montréal 129, Canada

Maquette de la couverture : **JEAN GLADU**

ISBN 0-7770-0069-5

*Tous droits de reproduction, de traduction
et d'adaptation réservés* © 1972
Les Presses de l'Université du Québec

Dépôt légal — 4e trimestre 1972
Bibliothèque nationale du Québec

PLAN DE L'OUVRAGE

INTRODUCTION

Ce volume de textes sur la situation de la langue française au Québec depuis la conquête anglaise est le premier résultat d'une recherche sur les rapports de la langue et de la politique à l'époque moderne. Concernant en priorité le Québec, cette recherche portera aussi sur d'autres exemples, historiques et actuels, de relations et de conflits linguistiques. Aussi espérons-nous être en mesure, à l'issue de cette investigation, de présenter un modèle général, du moins aussi général que possible, des aspects politiques des phénomènes linguistiques.

Cet ouvrage constituant une partie d'un tout, il nous semble nécessaire, avant d'en exposer les caractéristiques et d'en synthétiser le contenu, de présenter brièvement le projet auquel il se rattache.

I. RAISONS POUR L'ANALYSE D'UN DOMAINE NÉGLIGÉ

Depuis déjà plusieurs décennies, on peut observer une expansion et un perfectionnement de la linguistique. Cette discipline constitue désormais l'une des branches les plus dynamiques et les plus solides des sciences humaines, celle en tout cas qui correspond le mieux aux exigences de la méthode des sciences exactes. Aujourd'hui, l'on assiste à la constitution de nouvelles branches ou sous-branches par jonction de la linguistique et d'une autre discipline ou, plus exactement, par examen des questions linguistiques sous l'angle, avec les préoccupations et à l'aide des techniques d'investigation d'une autre discipline : psychologie (psycholinguistique), sociologie (sociolinguistique), ethnologie (ethnolinguistique)... Cette multiplication est le meilleur signe de l'importance attribuée présentement à la langue dans l'étude de l'homme [1].

Ce mouvement toutefois ne se manifeste pas beaucoup dans le secteur de l'analyse politique. La question de la langue n'y est certes pas inconnue : ainsi problème classique du rôle joué par le facteur linguistique dans la formation et la consolidation du sentiment national [2] ; ou encore questions soulevées par la diversité des langues dans la conduite de la diplomatie et le déroulement des relations internationales [3]. En plus de ces dossiers connus de longue date, différents aspects des rapports entre la langue et la politique ont donné lieu à des études plus ou moins approfondies. Ces travaux fournissent sans aucun doute une contribution précieuse à la compréhension du sujet [4]. Toutefois, ces recherches, sans vouloir en amoindrir la valeur ou en sous-estimer la portée, demeurent insuffisantes pour une interprétation exhaustive ou simplement systématique dans la mesure où, réalisées le plus souvent par des spécialistes extérieurs à l'analyse politique, elles n'épousent pas les préoccupations et les orientations spécifiques de cette discipline. Ainsi dispose-t-on aujourd'hui, dans la perspective d'une linguistique politique, d'une certaine mosaïque d'études monographiques ou sectorielles mais non d'un essai d'explication générale. Personne ne conteste le poids de la langue dans la politique, l'importance du discours dans le conditionnement des hommes, mais peu

1. Rappelons les observations de Claude Lévi-Strauss sur les rapports entre langage et culture. Le langage est un *produit* de la culture (une langue en usage dans une société constituant le reflet de la culture générale de la population). En un autre sens, le langage représente une *partie* de la culture, l'un des éléments parmi d'autres. Enfin on peut considérer le langage comme *condition* de la culture : c'est surtout par l'intermédiaire du langage que la culture du groupe se transmet à l'individu ; la culture comporte « une architecture similaire à celle du langage ». Dans *Anthropologie structurale*, Paris, Plon, 1958, p. 78.

2. Pour une étude sortant des banalités traditionnelles voir : Karl W. Deutsch, *Nationalism and social communication : An inquiry into the foundations of nationality*, édité par The Technology Press of the Massachusetts Institute of Technology et John Wiley and Sons, Inc., New York, 1953.

3. L'ouvrage le plus complet est sans doute : Alexander Ostrower, *Language, law, and diplomacy, A Study of linguistic diversity in official international relations and international law*, 2 vol., Philadelphie, University of Pennsylvania Press, 1965. Il est curieux que cet important travail ne soit même pas cité dans l'article, par ailleurs intéressant, de Lazar Focsaneanu, « les Langues comme moyen d'expression du droit international », *Annuaire français de droit international*, XVI, Paris, 1970, Centre national de la recherche scientifique, 1971, p. 256-274.

4. Citons, à titre de spécimens d'une bibliographie en voie de croissance rapide : Marcel Cohen, *Pour une sociologie du langage*, Paris, Albin Michel, 1956 ; Joyce O. Hertzler, *A sociology of language*, New York, Random House, 1965 ; Joshua A. Fishman, éd., *Readings in the sociology of language*, La Haye et Paris, Mouton, 1968 ; *Rassegna italiana di sociologia*, 9e année, no 2, avril-juin 1968 (numéro spécial sur la sociolinguistique sous la direction de Pier Paolo Giglioli) ; Oscar Uribe Villegas, *Sociolinguistica. Una introduction a su estudio*, Mexico, Universidad Nacional Autonoma de Mexico, 1970 ; Stanley Lieberson, éd., *Explorations in sociolinguistics*, 3e éd., Bloomington, Indiana University, 1971 (travail publié d'abord par *Sociological Inquiry*, vol. 36, no 2, printemps 1966).

nombreux restent les analystes politiques qui tentent d'éprouver les idées reçues ou de dépasser les cas particuliers.

On peut s'interroger sur les mobiles de l'indifférence fort répandue des analystes politiques vis-à-vis des questions linguistiques. Sans doute faut-il noter une absence de contact avec les spécialistes de la linguistique, leurs méthodes de travail et leurs résultats. Peut-être aussi le fait que, dans le pays où la science politique contemporaine s'est le plus développée, les questions proprement linguistiques ne causent guère de soucis aux autorités (aux États-Unis la question noire n'a jamais été linguistique [5]). Peut-être également une certaine propension à l'économisme qui s'observe chez des auteurs non marxistes, voire antimarxistes et les conduit à négliger ou sous-estimer le poids des facteurs culturels — travers que les auteurs proprement marxistes prennent grand soin d'éviter. Peut-être enfin la volonté de se démarquer de sujets « littéraires »... Mais en ce domaine l'on ne peut que spéculer.

Ce manque d'intérêt ne paraît guère réaliste si l'on considère, en particulier, l'ensemble des conflits suscités par le facteur linguistique de façon plus ou moins directe, plus ou moins exclusive (rappel des combats auxquels ont donné lieu dans certains cas les simples projets ou pratiques de recensement linguistique [6]). En ce moment, deux pays du monde dit occidental (Belgique et Canada), l'un et l'autre jouissant d'un niveau économique élevé, sont aux prises avec d'irréductibles clivages de langue.

---

5. Sur la situation linguistique aux Etats-Unis voir l'étude de Joshua A. Fishman dans *le Langage*, sous la direction d'André Martinet, Paris, Editions Gallimard, « Encyclopédie de la Pléiade », 1968, p. 1203-1221. Fishman expose qu'il n'y a pas dans ce pays de « question linguistique » au sens habituel de l'expression, ce qui, selon lui, explique l'attitude tolérante des autorités vis-à-vis des langues des immigrants. Pour une étude approfondie de cette question se reporter à J. A. Fishman et autres, *Language loyalty in the United States. The maintenance and perpetuation of non-English mother tongues by American ethnic and religious groups*, La Haye, Mouton, 1966. Sur un point particulier : Heinz Kloss, *les Droits linguistiques des Franco-Américains aux Etats-Unis*, Québec, Les Presses de l'Université Laval, 1970.

6. Pour le cas de la Belgique, voir : Paul M.G. Lévy, *la Querelle du recensement*, Bruxelles, Institut belge de science politique, 1960. Au Canada, lors de la préparation du recensement de 1961, le gouvernement Diefenbaker tente d'introduire une nouvelle catégorie dite « canadienne » dans la rubrique faisant ressortir l'origine ethnique (anglaise, française...) des habitants. Selon le ministre du Commerce de l'époque, ce changement vise à satisfaire les Canadiens qui, pour une raison ou l'autre, préfèrent ne pas dévoiler leur ascendance ethnique. Les nationalistes canadiens-français s'émeuvent et déclarent tenir ce projet pour « la négation complète des intérêts de la collectivité Canadienne française comme collectivité » (selon les termes de *l'Action nationale*, vol. XLVIII, nos 9-10, mai-juin 1959, p. 479). De fait, les Canadiens français risquent de se partager au point de vue ethnique entre « canadiens » et « français », ce qui empêchera de connaître leur proportion dans la population. Une pétition contre ce projet réunit 90 000 signatures (d'après Marcel Chaput, *Pourquoi je suis séparatiste*, Montréal, Editions du Jour, 1961, p. 29). Devant cette opposition, le gouvernement Diefenbaker renonce à effectuer cette modification.

On peut se demander si ce facteur a toujours été présent, avec son intensité actuelle, dans le cours de l'histoire. Selon l'opinion générale, la religion a été, durant les siècles passés, un élément de clivage et d'affrontement bien plus effectif que la langue. Mais à l'époque moderne, aucun doute n'est plus permis : la langue est intimement liée aux aspirations et mouvements nationalistes [7].

Sans présenter ici une vue systématique des problèmes linguistiques sous l'angle de la politique (perspective relevant, selon la jonction pratiquée par d'autres disciplines, d'une sorte de politico-linguistique), nous mentionnerons comme pistes d'investigation :

a) *facteurs politiques des attitudes linguistiques* [8] : en particulier propension à l'emploi de la langue maternelle comparée à celle d'une autre langue. Ces phénomènes sont déjà intéressants à étudier dans certains pays linguistiquement homogènes, en raison de la forte pénétration d'une langue étrangère (l'anglais aux Pays-Bas) ou de la présence d'autres langues dans certaines parties du territoire national (cas, par exemple, de la France), mais ils prennent toute leur signification dans les pays où coexistent officiellement plusieurs langues. Ces attitudes déterminent la fréquence et l'ampleur des interférences linguistiques [9].

b) *état et modes de formation du vocabulaire politique* en usage dans les différents pays aux diverses époques de l'histoire [10]. On ne peut plus ignorer depuis Lasswell l'importance du langage dans l'analyse de la

---

7. David Brogan observe que « presque toutes les renaissances nationalistes modernes ont commencé par défendre les droits d'une culture linguistique ». Il note que « les raisons sentimentales et humaines de cette connexion entre la langue et la nationalité se trouvèrent renforcées au cours du XIXème siècle par le développement du pouvoir de l'Etat et de son champ d'activité ». Il souligne la propension des mouvements linguistiques à passer du plan culturel au plan politique. Dans *le Prix de la révolution*, traduit de l'anglais, Paris, Calmann-Lévy, 1953, p. 133-137 (citations passim). Observons que, pour affirmer leur identité, certains mouvements nationalistes en sont même venus à ressusciter des dialectes locaux ou peu utilisés, voire des langues presque complètement oubliées (exemple dans Tamotsu Shibutami et Kian M. Kwan, *Ethnic stratification : A comparative approach*, New York, Macmillan, 1965, p. 447). Citons en particulier la renaissance de l'hébreu en Israël.

8. Les auteurs de cet ouvrage ont commencé à établir une typologie de ces attitudes ; Guy Bouthillier travaille actuellement à l'élaboration finale de ce projet.

9. En ce domaine l'ouvrage classique, quoique vieilli, est : Uriel Weinreich, *Languages in contact : Findings and problems*, La Haye, Mouton, 1968. L'ouvrage remonte à 1953 : il s'agit de la 6e impression.

10. Voir, par exemple : Jean Dubois, *le Vocabulaire politique et social en France de 1869 à 1872. A travers les œuvres des écrivains, les revues et les journaux*, Paris, Larousse, 1962. Voir aussi les actes du Colloque du Centre de lexicologie politique (26-28 avril 1968), « Formation et aspects du vocabulaire politique français XVIIe - XXe siècles », *Cahiers de lexicologie*, 13, 1968–II ; 14, 1969–I ; 15, 1969–II.

propagande politique [11], mais ce filon n'a pas encore été suffisamment exploité [12]. À côté du vocabulaire général, il faut aussi se préoccuper de vocabulaires spécialisés tels ceux des partis, des groupes de pression, de la bureaucratie et des diverses unités gouvernementales... [13].

c) *transformation linguistique sous l'effet de modifications sociales ou politiques* [14] : ainsi les conséquences sur les pratiques linguistiques d'un pays de larges mouvements touristiques, d'une occupation militaire de longue durée, de l'établissement de nouvelles frontières ou lignes de démarcation, de changements d'ordre révolutionnaire... [15].

d) *structures et activités des groupes de tous ordres qui se préoccupent des problèmes linguistiques* et s'efforcent d'en obtenir la solution tant par des démarches visant à informer ou à conditionner l'opinion que par des pressions sur l'appareil gouvernemental (l'une des tâches de la linguistique politique, parmi les plus urgentes, semblant être l'établissement d'un modèle des groupes de pression linguistique [16]).

e) *orientation présente des revendications linguistiques* : par exemple, les démarches visant à assurer la survie, sinon même d'abord la reconnaissance ainsi que l'épanouissement des langues dites « régionales » (qualification d'ailleurs parfois un peu dédaigneuse et qui ne manque pas d'ambiguïté)...

f) *modalités et résultats des politiques* (policies) *tendant à influer sur les comportements linguistiques* spécialement dans les États multilingues :

---

11. Nous visons ici l'ouvrage classique de Harold D. Lasswell, Nathan Leites et collaborateurs, *Language of politics. Studies in quantitative semantics*, New York, G.W. Stewart, 1949.

12. Voir : Felipe Mellizo, *El lenguage de los politicos*, Barcelone, Editorial Fontanella, 1968. Consulter aussi : Williams Safire, *The new language of politics : An anecdotal dictionary of catchwords, slogans and political usage*, New York, Random House, 1968. En Italie, un jeune universitaire se consacre à l'analyse des relations entre le fascisme et la langue italienne. D'après Enzo Golino, l'*Espresso*, 21 novembre 1971, p. 11. Comme contribution à ces recherches nous signalons l'ouvrage de Jean-Marie Cotteret et René Moreau, *Recherches sur le vocabulaire du général de Gaulle. Analyse statistique des allocutions radiodiffusées 1958-1965*, Paris, Armand Colin, 1969 (Fondation nationale des sciences politiques, « Travaux et recherches de science politique », 3).

13. A titre d'exemple consulter : Charles Abrams et Robert Kolodny, *The language of cities. A glossary of terms*, New York, Viking Press, 1971.

14. Importance à ce propos de l'étude systématique des dictionnaires. Voir : Jean Dubois et Claude Dubois, *Introduction à la lexicologie. Le dictionnaire*, Paris, Larousse, 1971.

15. Rappelons l'existence de la monumentale étude de Ferdinand Brunot sur « la Révolution de l'Empire ». Première partie : « le Français langue nationale », deuxième partie : « les Evénements, les institutions et la langue », dans *Histoire de la langue française des origines à 1900*, tome IX, 2 vol., Paris, Armand Colin, 1927. Voir aussi « Expériences et langage de la Commune », numéro spécial de *la Nouvelle Critique* (mars 1971).

16. Les auteurs de ce livre ont commencé à élaborer un tel modèle sur la base d'une documentation québécoise et étrangère.

ainsi l'action menée en certains pays pour assurer la sauvegarde et le développement d'une langue par rapport à d'autres sur la base de la territorialité (unilinguisme à cadre géographique). Entrent sous cette rubrique les agencements visant à adapter la machine gouvernementale à la diversité linguistique ainsi que les dispositifs de protection des minorités linguistiques (importance à cet égard du système d'éducation [17]).

g) *situation linguistique et politique de la langue dans les États ayant accédé à l'indépendance* après une phase de colonisation [18]. Méritent une analyse attentive les efforts entrepris pour dégager ces pays de l'emprise linguistique des ex-colonisateurs [19].

h) *place de la langue dans les politiques étrangères* (amélioration de la position internationale d'un pays par élargissement de sa zone d'influence culturelle) et essais de regroupement ou d'intégration sur une base linguistique (Commonwealth, Francophonie...), sans oublier les tentatives d'affranchissement dont la réussite affaiblirait les grands blocs linguistiques (ainsi la politique dite d'arabisation dans l'ex-Afrique du Nord française).

i) *système linguistique en vigueur (principes et pratiques) dans les organisations internationales intergouvernementales* (à composition mondiale comme l'Organisation des Nations unies ou régionale comme la Communauté économique européenne) ainsi que dans les grandes organisations internationales de type non gouvernemental (par exemple l'Église catholique, le Conseil œcuménique des Églises, la Chambre de commerce internationale ou encore les centrales syndicales mondiales). L'étude devrait porter à la fois sur le travail courant de secrétariat et sur les conférences ou congrès. L'analyse des pratiques linguistiques dans les grands trusts capitalistes (dits aujourd'hui « corporations multinationales ») permettrait d'intéressantes comparaisons avec les autres organismes agissant au plan international.

j) *composantes et portée du mouvement pour la création de langues artificielles* comme l'espéranto [20].

---

17. Sur ce point la bibliographie est abondante. Voir par exemple : Inis L. Claude Jr., *National minorities an international problem*, Cambridge, Harvard University Press, 1955.
18. Voir : R. B. Le Page, *The national language question : Linguistic problems of newly independent states*, London, Oxford University Press, 1964.
19. Comme exemple caractéristique d'une telle position voir : *le Vietnamien et l'enseignement supérieur en vietnamien dans la R.D.V.N.*, Hanoï, Editions en langues étrangères, 1969. Selon les partisans de cet affranchissement, l'emploi d'une langue étrangère maintient l'ancien colonisé en situation d'infériorité : Paulin Hountondji, « Charabia et mauvaise conscience. Psychologie du langage chez les intellectuels colonisés », *Présence africaine*, n° 61, 1er trimestre 1967, p. 11-31.
20. Voir sur ce mouvement le petit livre de Pierre Burney, *les Langues internationales*, Paris, Presses universitaires de France, 1962, « Que sais-je ? », n° 968.

L'un des résultats les plus importants de cette politico-linguistique, dont nous nous sommes bornés à esquisser quelques orientations princi-pales, devrait être l'établissement d'une typologie et d'un modèle des conflits linguistiques par opposition aux situations que l'on peut qualifier de consensus ou de « paix » linguistique (ainsi la « paix des langues » en Suisse) : étude incluant, bien entendu, l'examen des modes de solution de tels conflits (assimilation plus ou moins complète, séparation politique ou autonomie administrative, techniques de coexistence).

Une telle investigation devrait avoir pour résultat notamment de préciser le poids de la langue dans la politique : la politique aux prises avec les difficultés linguistiques et la politique dans ses efforts pour utiliser ou aménager ce facteur ; autre perspective : l'action des facteurs extra-linguistiques, dans le déclenchement et l'évolution des conflits linguistiques.

À première vue, le Québec semble former de nos jours un endroit très propice à l'analyse des rapports entre la langue et la politique, que l'investigation porte seulement sur le cas québécois proprement dit ou qu'on l'étende à d'autres situations de conflit linguistique. Au Québec, avant tout à Montréal, la rencontre et l'affrontement des langues sont d'observation quotidienne : pour bien saisir les dimensions du problème il suffit d'imaginer les conséquences qu'aurait une « grève de l'anglais » par tous les cadres canadiens-français de l'industrie, du commerce et de la banque — spécialement par ceux qui servent d'intermédiaires entre la direction anglophone des entreprises et la population de langue française [21]. Mais comment aborder l'analyse du cas québécois ?

II. NÉCESSITÉ D'UNE PERSPECTIVE HISTORIQUE

L'évolution des phénomènes de la langue se caractérisant par la lenteur, il est indispensable d'avoir recours à l'histoire pour saisir le contenu et la portée des attitudes linguistiques. Cette analyse du passé peut d'ailleurs avoir des significations différentes.

L'une de celles-ci est de fonder la légitimité d'une action sur la permanence historique. Les mouvements de libération effectuent tous,

---

21. Présentation de la situation à Montréal par Jacques Brazeau dans « la Question linguistique à Montréal », *Revue de l'Institut de sociologie* (Bruxelles), 1968, n° 1, p. 31-52. Pour une analyse au plan des institutions municipales, se reporter à Guy Bourassa, *les Relations ethniques dans la vie politique montréalaise*, Ottawa, Information Canada, 1971, « Etudes de la Commission royale d'enquête sur le bilinguisme et le biculturalisme », 10, spécialement le chapitre III.

d'une manière ou d'une autre, des démarches de cet ordre. Il s'agit pour eux d'établir que le combat mené a eu des antécédents, que les militants en lutte ont eu des prédécesseurs. Nous combattons aujourd'hui, disent-ils en substance, et nous sommes pleinement légitimés à le faire parce que notre peuple n'a jamais cessé de combattre, c'est-à-dire parce qu'il n'a jamais accepté la domination, la perte de son identité. En continuant la lutte, même sans l'espoir d'un aboutissement rapide ou proche, l'on empêche l'établissement d'une prescription. Cette attitude de retour aux sources est perceptible dans plusieurs textes de ce recueil : le français n'est pas un intrus au Canada, il y a été apporté par ceux qui, les premiers, ont reconnu ce pays et établi des contacts avec les autochtones. Le français est la langue des ancêtres, de ceux qui ont construit de nouveaux établissements humains sur ces territoires [22].

D'autres mobiles expliquent le recours à la dimension historique : celui de comprendre les fondements et les modalités des comportements actuels, lesquels ne sont jamais pleinement intelligibles si l'on néglige leur épaisseur historique ; celui aussi d'éviter le recommencement de vieilles erreurs. C'est ainsi que toute campagne, toute politique qui ignore ou sous-estime le poids des conditionnements suscités par une domination ethnolinguistique de longue durée — situation dont l'un des aspects est l'adoption par le milieu dominé de stéréotypes qui lui sont défavorables — risque de tourner court ou de susciter des réactions adverses. Cette lutte contre les stéréotypes mis en circulation par le groupe dominant, avec habituellement le concours de membres du groupe dominé, est toujours difficile mais elle est indispensable. La réussite demeure aléatoire, pour dire le moins, si l'on ne dispose pas de facteurs de rupture proportionnés à la force de ces conditionnements ou si, les possédant, l'on répugne, pour une raison ou l'autre, à les mettre en œuvre. L'adoption par le groupe dominé d'attitudes de modération joue inévitablement au profit du groupe dominant.

Malheureusement, à part quelques brillantes exceptions (Lionel Groulx, Michel Brunet), ces questions ne semblent pas avoir obtenu des

---

22. François-Albert Angers dans un récent ouvrage (les Droits du français au Québec, Montréal, Editions du Jour, 1971) soutient que la langue anglaise n'a pas de droits acquis au Québec. L'argumentation se fonde sur l'affirmation que, dès 1791, les autorités impériales ont conçu le Québec, alors Bas-Canada, comme un pays exclusivement français et ayant vocation à le demeurer. Selon cette thèse, la division faite en 1791 tendait à « mettre fin aux conflits qui s'annonçaient entre deux peuples » en établissant « une réserve française pour la partie déjà densément peuplée par des francophones » et en créant à côté une autre entité territoriale pour les Britanniques. Certes, observe l'auteur, « les Anglais du Canada ne l'entendaient pas de cette oreille... » (citations prises p. 39). Mais, malgré les vicissitudes ultérieures (compromis de situation acceptés par les Canadiens français) la légitimité historique au profit du groupe français ne peut, selon Angers, être mise en cause.

historiens toute l'importance que nous inclinons à leur attribuer. Sans doute s'est-on préoccupé de faire l'histoire du statut juridique de la langue française au Canada. Sans doute aussi les rapports et combats linguistiques figurent-ils à leur place chronologique dans les présentations historiques, mais, sauf erreurs ou insuffisances dans nos dépouillements, nous n'avons pas trouvé dans ces œuvres les exposés analytiques, détaillés et approfondis, que nous avions entrepris de chercher. La consultation attentive des bibliographies disponibles semble bien confirmer la validité de ces observations [23]. L'histoire de la langue française au Québec, spécialement en termes socio-politiques, n'a pas encore été écrite [24].

Il ne nous appartient pas de spécifier les conditions selon lesquelles une telle histoire pourrait être présentée ni de déclarer si les sources disponibles sont suffisantes pour permettre la réalisation d'une semblable entreprise. À fortiori, ne pouvions-nous envisager, faute d'avoir les ressources et les compétences requises, d'entreprendre nous-mêmes l'établissement de cette histoire. Dès lors, à moins de renoncer à la perspective historique ou de nous en tenir à des aperçus superficiels, devions-nous trouver un autre moyen d'exposer et d'illustrer cette évolution de manière aussi complète et aussi cohérente que possible.

Ce moyen nous l'avons recherché dans le rassemblement et la présentation de textes écrits ou de propositions formulées par des contemporains des phénomènes considérés. En somme, nous avons tenté de reconstituer le passé des relations linguistiques de ce pays à travers les écrits d'hommes ayant observé ces rapports, ayant présenté des jugements ou des suggestions, ayant pris des positions ou engagé des combats. C'est là un procédé d'usage courant, et dont la valeur n'est pas contestée, quand la présentation des textes appuie, élargit, complète ou illustre un exposé historique

---

23. En premier lieu : Gaston Dulong, *Bibliographie linguistique du Canada français*, préface de Georges Straka, Québec, Les Presses de l'Université Laval, Paris, Librairie C. Klincksieck, 1966. Les bibliographies relatives au Québec en général contiennent un petit nombre de références aux questions linguistiques : Philippe Garigue, *Bibliographie du Québec (1955-1965)*, avec la collaboration de Raymonde Savard, Montréal, Les Presses de l'Université de Montréal, 1967 ; René Durocher et Paul-André Linteau, *Histoire du Québec. Bibliographie sélective (1867-1970)*, Trois-Rivières, Les Editions du Boréal Express, 1970 ; Robert Boily, *Québec 1940-1969. Bibliographie : le système politique québécois et son environnement*, Montréal, Les Presses de l'Université de Montréal, 1971. Voir enfin les index de la *Revue d'histoire de l'Amérique française* : « Index des volumes I-X (juin 1947 à mars 1957) », vol. X, n° 4, mars 1957, p. 1 à 315 ; « Index des volumes XI-XX (juin 1957 à mars 1967) », numéro hors série, p. 5 à 376.

24. Pour une histoire générale du français se reporter à Marcel Cohen, *Histoire d'une langue : le français (des lointaines origines à nos jours)*, 3e édition revue et mise à jour, Paris, Editions sociales, 1967.

articulé et complet. Le procédé, il est vrai, comporte bien plus d'aléas lorsqu'on l'emploie à titre exclusif pour pallier l'absence ou l'insuffisance d'une analyse historique proprement dite.

La connaissance directe des positions prises par les hommes au cours des siècles passés a certes une valeur intrinsèque. Trop souvent, même dans les universités, l'on se borne à examiner les œuvres intellectuelles anciennes par l'intermédiaire d'analyses, de résumés ou de commentaires. Les grandes œuvres littéraires échappent seules à cette lecture par personne interposée (pas toujours d'ailleurs). Or, dans un domaine comme celui que nous étudions ici, les écrits les plus intéressants ou les plus significatifs ne figurent pas parmi les œuvres que les hommes, même cultivés, ont l'habitude de lire dans le texte. C'est dire qu'on ne les connaît guère, ou seulement par ouï-dire, en dehors de cercles très spécialisés.

Parmi les facteurs de cette situation figure, et ici nous parlons en connaissance de cause, la difficulté de trouver ces écrits, pour beaucoup d'entre eux de les exhumer. Depuis quelque temps, l'on a pris l'habitude de réimprimer de vieux ouvrages ou articles pratiquement introuvables pour qui n'est pas en mesure de faire de longs séjours dans une ou plusieurs bibliothèques. Cependant, par la force des choses, ces réimpressions demeurent partielles, et en général, concernent davantage une œuvre déterminée qu'un ensemble de documents sur un sujet particulier [25]. Ainsi croyons-nous qu'un recueil de textes sur l'évolution des rapports linguistiques ne constitue pas seulement un pis-aller mais possède une signification propre.

Nous demeurons toutefois conscients des limites et des insuffisances d'un tel procédé pour effectuer la reconstitution d'une évolution historique. L'un des risques de l'opération réside dans les imperfections de la sélection des textes susceptibles d'assurer une connaissance adéquate des relations considérées. Ayant procédé à un très vaste dépouillement nous avons été ensuite dans l'obligation d'effectuer un tri rigoureux. Nous avons fait de notre mieux pour présenter un tableau qui corresponde à la réalité historique mais nous ne pouvons garantir que notre dépouillement ait été sans failles, et que notre choix ait toujours été le plus judicieux (propension inévitable à privilégier les textes « percutants », « bien frappés »). Peut-être nous sommes-nous parfois contentés, pour illustrer un thème, d'un texte de second plan alors que de plus amples et plus longues recherches nous auraient fait découvrir un texte ayant davantage de poids.

---

25. Voir par exemple un texte publié en 1968 par Réédition-Québec : J.F. Perrault, *Moyens de conserver nos institutions, notre langue et nos lois*, Québec, de l'Imprimerie de Fréchette et Cie, 1832, 32 pages.

Il y a, au surplus, un risque plus profond tenant au fait que les acteurs ou spectateurs d'une situation ne sont pas toujours les mieux placés pour saisir la nature, l'ampleur et les conséquences des problèmes existants. L'analyse historique ne ratifie pas toujours la hiérarchie des questions adoptée sur le moment. L'une des responsabilités de l'historien est précisément de mettre en évidence ces erreurs d'interprétation dues à la proximité de l'événement. C'est admettre qu'un simple recueil de textes ne supprime en aucune manière la nécessité du commentaire historique, qu'au contraire il l'appelle expressément. Pour faciliter ce travail de réflexion critique, qui nous paraît si souhaitable, voici les conventions utilisées dans la composition de ce recueil.

D'abord les limites chronologiques : nous partons de l'annexion à l'Empire britannique et allons jusqu'en 1970. Le point de départ nous paraît aller de soi mais, en fixant à 1970 le point d'arrivée, nous avons dû affronter tous les problèmes que pose le manque de recul pour la présentation d'un phénomène quelconque. L'un des risques de la démarche est d'attribuer une importance relative trop grande aux aspects les plus proches en négligeant les périodes plus éloignées. Il était tentant, et il aurait été facile, de multiplier les textes relatifs aux dernières années mais, en agissant de la sorte, nous aurions risqué de fausser la perspective historique. Nous avons donc maintenu la sélection des textes écrits au cours des dernières années à un niveau qui ne déséquilibre pas l'ensemble du volume (ce qui nous expose au reproche d'avoir négligé des contributions récentes, utiles ou significatives). Ensuite le cadre géographique : nous nous sommes généralement limités aux problèmes québécois (par exemple les luttes menées contre les anglicismes) tout en tenant compte des réactions des Canadiens français du Québec devant « les affaires » linguistiques se déroulant hors de leur territoire (Manitoba, Ontario...). Ce dernier point appelle quelques explications.

Pendant longtemps, le combat pour la langue française s'est inspiré de préoccupations à l'échelle continentale. Il fallait assurer le maintien du français, estimait-on, partout où la race française, selon l'expression consacrée, s'était répandue, au Québec bien entendu, mais aussi dans les provinces anglaises du Canada (où eurent lieu les luttes les plus épiques) et même aux États-Unis où s'était établie une masse de Canadiens français à la recherche de travail. La France ayant été puissance coloniale en Amérique, il convenait donc de faire de sa langue une langue américaine (d'où les thèmes : « défenseurs du français en Amérique », « Français d'Amérique », « France américaine »). Aujourd'hui, l'on tend à admettre que la dimension continentale donnée à ce combat a eu pour résultat d'affaiblir l'action entreprise, la cause du français devenant celle de minoritaires perdus dans une culture différente et voués à une assimilation inexorable (cas, en particulier, des Franco-Américains). Le caractère désespéré de telles luttes a peut-être contribué au développement d'un complexe de minoritaires chez les Canadiens français du Québec, pourtant majoritaires sur ce territoire. Cependant ces combats ont eu lieu et ils représentent incontestablement une part de l'effort entrepris pour sauvegarder les positions du français en Amérique du Nord.

Nous avions d'abord envisagé d'introduire dans notre recueil des textes analysant et illustrant ces batailles, nombreuses et diverses. Mais, tenus de limiter notre champ d'investigation par la faiblesse de nos ressources, nous nous sommes généralement bornés à présenter certaines positions et démarches québécoises face à ces événements. La situation de la langue française hors du Québec n'est donc prise en considération que dans la mesure où elle affecte les Canadiens français du Québec, ne serait-ce qu'en leur rappelant l'existence d'une menace persistante pour leur propre langue, leur propre culture.

Il nous reste à expliquer le choix des auteurs : tout en retenant certains textes écrits par des observateurs ou voyageurs étrangers, ainsi que par des acteurs anglais comme lord Durham, nous avons réservé l'essentiel de notre recueil à des auteurs canadiens de langue française, c'est-à-dire à des hommes ayant l'expérience la plus immédiate des problèmes examinés et manifestant le souci d'arrêter le déclin de leur langue maternelle. Nous n'avons pas recherché les positions prises en ce domaine par les Canadiens de langue anglaise, à quelques exceptions près toutefois, dont notamment les positions énoncées par des représentants de ce groupe lors de certains débats aux Communes d'Ottawa. Il serait certes intéressant de mieux connaître la signification et la densité des positions adoptées à différentes époques par le Canada anglais à l'égard de la langue française : mais c'est une investigation que nous n'avons pas entreprise. Ajoutons toutefois que dans la mesure où, comme c'est souvent le cas, les textes retenus constituent des réponses à des attaques ou à des critiques, ils sont le reflet, partiel mais significatif, des idées entretenues par les Canadiens anglais sur la situation linguistique au Québec.

Cela étant, les textes que nous avons sélectionnés sont d'origine et de facture très diverses. Il s'agit rarement d'exposés de style universitaire. Journalistes, polémistes, publicistes, hommes politiques représentent une large partie de nos auteurs. Les historiens proprement dits sont peu nombreux (caractère relativement récent des écoles historiques québécoises). Toutefois les travaux de certains historiens militants (Thomas Chapais, Lionel Groulx...) correspondent parfaitement à l'esprit de notre recensement. La plupart des textes retenus (journaux, brochures, livres...) étaient destinés au public, public plus ou moins large il est vrai, non à un cercle restreint de spécialistes ; tous ne tiennent pas compte, certes, des points de vue de la linguistique, discipline encore incertaine d'ailleurs au XIXe siècle, à l'exception de la grammaire comparée. Cependant ces textes gardent pour la plupart une valeur de témoignage et permettent de reconstruire, dans ses grandes lignes au moins, l'évolution historique, ce qui était notre but essentiel.

Notre objectif ne se ramène donc pas à l'établissement d'un simple *reader* selon la formule américaine en vogue. Habituellement, ce genre d'ouvrage se borne à présenter dans un cadre déterminé un choix de textes bien connus des spécialistes. Le but de ces entreprises est de faciliter le travail des enseignants et de leurs élèves sans apporter de contribution particulière à l'avancement d'une discipline. L'ambition de ce recueil est sensiblement plus grande : éclairer toute une évolution historique et, par là, participer au progrès des connaissances à l'aide d'une sélection de textes souvent peu connus, voire entièrement oubliés et parfois difficilement accessibles. Ainsi s'explique qu'il nous ait fallu près de trois ans pour mener à bien la réalisation de ce projet.

*   *   *

En définitive, ce recueil comprend des textes de toute nature (lois, mémoires, rapports d'enquête, articles de journaux, récits de voyage, poèmes, essais). Ces textes sont reproduits dans la forme de leur publication première (en particulier nous nous sommes interdit de corriger les fautes d'orthographe et les erreurs d'impression). Les notes désignées par des chiffres appartiennent aux auteurs ou éditeurs des textes, celles signalées par des lettres ayant été ajoutées par nous (sauf dans quelques cas que nous désignerons expressément). Tel que nous l'avons conçu, ce volume tend principalement à établir les positions prises au Québec par les Canadiens ayant le français pour langue maternelle et à exposer les efforts entrepris pour garantir la situation de cette langue. Il nous semble que cet ensemble d'écrits doit permettre de mieux comprendre les comportements linguistiques du Québec d'aujourd'hui.

Tous les textes sont coiffés d'une notice dont l'objet premier est de présenter l'auteur du morceau retenu [26]. Dans certains cas le texte cité n'est pas celui d'un individu mais appartient à une institution (le Parlement dans le cas d'un texte de loi) ou à un groupe (exemple : le « manifeste » de la Ligue des droits du français) ; nous avons le plus souvent profité de l'occasion pour effectuer un rapide historique du processus législatif (notamment la loi Lavergne) ou brosser à grands traits l'évolution du groupe (Société du parler français, Action française, etc.).

En ce qui concerne les individus nous nous sommes bornés, dans la majorité des cas, à donner des renseignements objectifs (lieu et date de naissance, principales étapes de la carrière...). Soucieux de ne pas trop alourdir ce volume, nous avons jugé opportun de faire un choix parmi les renseignements disponibles : ainsi, pour un écrivain, il nous a paru suffisant d'indiquer le titre de son (ou ses) œuvre maîtresse. En règle générale, nous n'avons pas porté de jugement sur l'homme et sur son action. Ce travail nous aurait menés trop loin et nous semble appartenir en propre à l'historien.

*   *   *

L'une des principales difficultés de la sélection a été d'établir une distinction entre les textes d'un intérêt proprement linguistique et ceux se rattachant de manière plus large à l'affirmation nationaliste ou à la civilisation. En réalité, la langue est au centre de la vie d'un peuple : tout ce qui concerne le peuple intéresse la langue et inversement. Mentionnons

---

26. Sauf quelques exceptions (Emmanuel Blain de Saint-Aubin, Adélard Desjardins, etc.), nous avons trouvé des éléments d'information sur tous les auteurs. Dans certains cas, il est vrai, ces éléments sont peu nombreux. Nous nous sommes le plus souvent reportés aux dictionnaires biographiques : *Biographies canadiennes-françaises* (plusieurs éditions successives dont la première a paru en 1920), *Biographies françaises d'Amérique* (1950) et *Vedettes* (1958, 1960, 1962). Pour les auteurs les plus anciens nous avons consulté le *Dictionnaire général du Canada* (1931) du Père L. Lejeune et le *Dictionary of Canadian biography* de W. Stewart Wallace (première édition parue en 1926). Nous avons eu recours également au *Répertoire bio-bibliographique de la Société des écrivains canadiens* (1954) et au *Canadian Writers/Écrivains canadiens* (1964 et 1966). Dans certains cas, nous avons demandé aux intéressés eux-mêmes de nous faire parvenir une notice biographique soit pour mettre à jour nos informations recueillies dans une édition déjà ancienne des dictionnaires biographiques, soit pour nous fournir de premiers renseignements sur un auteur pour lequel nous n'avions en rien trouvé. Dans d'autres cas, enfin, nous nous sommes reportés à la notice nécrologique des journaux (essentiellement *le Devoir)* et des revues spécialisées (*l'Action nationale, Relations*). La rubrique nécrologique de *la Revue du Barreau* (première année : 1941) nous a également beaucoup servi, plusieurs des auteurs cités ayant été membres du Barreau du Québec (Horace Philippon, Adjutor Rivard, Thomas Chapais, etc.). Enfin, pour les journalistes, nous avons consulté l'ouvrage d'André Beaulieu et Jean Hamelin, *les Journaux du Québec de 1764 à 1964*, préface de Jean-Charles Bonenfant, Québec, Les Presses de l'Université Laval, et Paris, Armand Colin, 1965, 329 pages.

par exemple le cas du droit (impossibilité de traduire en français les termes de la Common Law : le choix d'un système de droit n'implique-t-il pas le choix d'une langue ?). Citons également le cas des moyens de communication (en particulier le cinéma : aspects culturels certes mais aussi aspects linguistiques). Sans méconnaître ou sous-estimer ces difficultés, nous y trouvons la preuve que l'étude des aspects socio-politiques de la langue ouvre des perspectives sur de multiples problèmes de la vie en société. Incontestablement, la politico-linguistique découvre à qui la pratique un très large horizon.

Certaines positions, prises à l'égard de la France lors des guerres de 1870-1871 et de 1914-1918, risquent aujourd'hui de surprende, voire même de choquer. À vrai dire (réserve faite jusqu'à un certain point d'un texte de Gilles Hénault paru en 1944 et qui constitue un vibrant hommage à la France), nous n'avons pas trouvé de textes comparables au titre de la seconde guerre mondiale, ce qui est sans doute le signe d'une modification substantielle dans le nationalisme québécois [27]. Mais l'on ne saurait présenter un tableau valable sans tenir compte de tous les courants qui ont pu se manifester au cours des deux derniers siècles. Au surplus, il ne serait pas raisonnable de juger ces positions en utilisant les perspectives et les critères de notre temps. Les rapports entre la France et le Canada français ont certainement dépendu de mobiles et d'inspirations propres (facteurs d'attachement, certes, mais aussi de contestation, voire de répulsion). Cependant ils ne pouvaient manquer d'être affectés par les courants universels d'affirmation nationale qui se manifestent impétueusement, sous de multiples formes, depuis la fin de la seconde guerre mondiale.

Ces précisions données, il est clair que, de toute manière, l'on ne peut se battre pour une langue sans se situer par rapport aux pays où elle est parlée : la France et quelques régions adjacentes auxquelles s'ajoutent aujourd'hui l'Afrique et les autres éléments de la francophonie. Ce rapprochement deviendrait d'ailleurs dangereux si la seule ou principale motivation de parler une langue tenait à l'étendue de son champ d'utilisation. Il ne faut pas perdre de vue les attributs de la langue maternelle

---

27. Citons toutefois cette récente déclaration de Jacques Poisson : « Les jeunes d'aujourd'hui ne peuvent comprendre l'aspect de la « révolution tranquille » qui nous intéresse ici, ni les structures auxquelles ils s'attaquent, à moins de savoir que la génération actuelle de 45 à 55 ans a été traumatisée par la déroute de juin 1940. Bon nombre ont cru à la mort du français ou à sa survie comme langue classique, à côté du grec et du latin. Les orphelins culturels ont réagi de diverses façons. Certains se sont repliés morosement sur le passé ; d'autres ont adhéré avec une ferveur globale et exclusive à la culture voisine. » Dans « le Manque d'intérêt du Ministère de l'éducation pour le français », *le Devoir*, 9 février 1971. N'oublions pas non plus l'enthousiasme collectif déclenché par la venue au Québec du général de Gaulle en juillet 1967.

comme telle, avant même les avantages relatifs à sa zone d'emploi ou à son impact dans le reste du monde.

Au total, sans remplacer le travail de l'historien, notre recueil de textes doit permettre de saisir les dimensions historiques du problème linguistique au Québec ou, si l'on préfère, de placer ce problème dans la perspective historique. Essayons maintenant de déterminer cet apport.

III. TRAITS CARACTÉRISTIQUES DE LA BATAILLE LINGUISTIQUE

La question linguistique a donné lieu à de nombreux combats qui débutent dès les lendemains de la défaite. En témoignent ces « tentatives d'anéantissement culturel », selon l'expression d'Albert Lévesque [28], que constituent la Proclamation royale du 7 octobre 1763 ainsi que les instructions royales au nouveau gouverneur, le général Murray. Sans doute les textes juridiques du XVIIIe siècle ne font-ils pas mention expressément de la langue mais, à travers les institutions et les pratiques visées par les conquérants (spécialement le destin du droit civil français), c'est tout le problème de la survivance culturelle d'un peuple qui se trouve posé : « il est avéré, souligne Pierre Elliott Trudeau, que la Proclamation royale de 1763 visait à l'assimilation complète des Canadiens français [29] ». En réalité il a fallu près d'un siècle pour arriver à la reconnaissance officielle et constitutionnelle des droits du français.

Ces combats n'ont pratiquement jamais cessé. Il y eut, certes, alternance de luttes intenses et de temps d'accalmie. (variations plus ou moins liées aux attitudes anglaises et aux fluctuations du nationalisme canadien-français : ainsi, à un moment de l'histoire, soit avant 1837, les Canadiens français ont-ils pu croire que le Bas-Canada s'acheminait progressivement vers l'émancipation). Mais il ne s'agit pas moins d'une question permanente, vieille maintenant de deux siècles. Question, au surplus, entachée de violence : à l'origine, une défaite militaire ; tout au long de l'histoire, de nombreux dénis de justice, de nombreuses attaques (allant dans certains cas jusqu'à l'abolition législative proposée dans le projet d'union de 1822 et réalisée un moment par l'Acte d'union de 1840), de nombreuses frustrations, sans oublier finalement l'angoisse de la disparition linguistique et nationale. Au Canada, la coexistence des langues n'a guère été pacifique.

---

28. Dans *la Dualité culturelle au Canada, hier, aujourd'hui, demain*. Montréal, Editions Albert Lévesque, 1959, p. 31.
29. Dans *le Fédéralisme et la société canadienne-française*, Montréal, Editions HMH, 1967, p. 119 (texte de 1958).

Aujourd'hui même la bataille continue et l'affrontement linguistique ne cesse de se manifester sur de nombreux plans. En apparence, il s'agit de la continuation du même combat mais l'on peut se demander si, dans son inspiration comme dans ses modalités, la lutte présente ne diffère pas, qualitativement, du combat traditionnel. Laissant pour le moment cette question ouverte, nous allons examiner les traits de la bataille deux fois séculaire, depuis 1760 jusque vers 1960.

A. CARACTÈRE ESSENTIELLEMENT DÉFENSIF DU COMBAT POUR LE FRANÇAIS

Michel Brunet a défini la position historique des Canadiens français comme un « état permanent de défensive [30] ». Ce trait s'applique particulièrement bien aux luttes harassantes pour la sauvegarde du patrimoine linguistique. La langue française est celle d'un peuple assiégé auquel elle va servir de rempart. Les terrains de lutte n'ont pas manqué :

a) lutte dans le cadre des institutions officielles ou para-officielles. Les terrains d'affrontement sont multiples : (tribunaux, milices, assemblées législatives, écoles, entreprises de services publics..., inscriptions bilingues sur les billets de la Banque du Canada et les chèques du gouvernement fédéral). Il s'agit d'obtenir le respect des droits de la langue française ou, dans certains cas, la remise en vigueur de ceux-ci. Ces démarches sont nécessitées, selon les cas, par des décisions du Parlement impérial (Union Act de 1840), la mauvaise volonté des gouvernements fédéraux canadiens, des attaques ou des injustices relevant des gouvernements des provinces anglaises (régime du Parlement et des écoles au Manitoba, règlement XVII dans l'Ontario... [31]).

Initialement, l'on fait appel à la clémence et à la compréhension du souverain anglais puis, avec le passage du temps et l'adoption de textes

---

30. Dans *la Présence anglaise et les Canadiens. Etudes sur l'histoire et la pensée des deux Canadas*, Montréal, Beauchemin, 1958, p. 117.

31. Pierre Elliott Trudeau écrit à ce propos dans *le Fédéralisme et la société canadienne-française*, p. 11 : « Que la majorité anglophone se soit comportée historiquement comme si les Canadiens français n'étaient qu'une des minorités ethniques du pays avec quelques privilèges particuliers, cela me paraît bien évident. Le fonctionnarisme fédéral où la langue anglaise est, à toutes fins pratiques, la seule langue de travail, en est le plus bel exemple. Dans le passé, le Ministère des Affaires extérieures du Canada a créé l'image d'un pays unilingue anglais. Je pourrais en dire presque autant des autres ministères et des compagnies de la Couronne. La capitale fédérale est une capitale anglaise... » (texte de 1965). Pour une confirmation très fouillée de cette situation dans un secteur déterminé, voir : Gilles Lalande, *le Ministère des Affaires extérieures et la dualité culturelle*, Ottawa, Imprimeur de la reine, 1969, « Etudes de la Commission royale d'enquête sur le bilinguisme et le biculturalisme », 2.

garantissant ou paraissant garantir les droits de la langue française, l'on combattra, pas toujours avec succès d'ailleurs, en termes juridiques. Ce type de défense tiendra une place importante dans la pensée d'un Henri Bourassa (liaison avec la théorie présentant la constitution de 1867 comme un contrat entre les deux peuples fondateurs du Canada [32]). On fera également appel à la notion des « droits naturels ». Dans un livre posthume, l'abbé Wilfrid Morin s'efforcera d'établir l'existence d'un « droit au libre usage de la langue nationale [33] ».

b) lutte pour le maintien de l'intégrité linguistique. Il faut éviter que la langue française ne soit déformée et contaminée par l'anglais. C'est le combat contre l'anglicisation, combat dont les manifestations s'observent relativement tôt : le 17 décembre 1879, dans une causerie prononcée au Cercle catholique de Québec, Jules-Paul Tardivel se fait l'écho, sous un titre percutant, *l'Anglicisme, voilà l'ennemi !,* de toutes les critiques et appréhensions suscitées par ce phénomène depuis la conquête (par exemple celles d'Arthur Buies en 1865). Mais l'anglicisation a la vie dure et, dès lors, les dénonciations ne cesseront pas. Écrivant en 1962, Jacques Poisson rattache l'anglicisme au « syndrome de colonialisme culturel » dont sont atteints les Canadiens français. La lutte contre l'anglicisme, observe-t-il, est « une tâche pénible, car il n'est pas facile de surmonter un conditionnement psychologique de deux siècles de domination [34] ».

Il convient à ce propos de distinguer l'anglomanie (elle aussi très vite dénoncée), qui est un phénomène de mœurs, de l'anglicisation qui se rattache à la langue. Toutefois ce sont là deux séries de conduites connexes. L'anglomanie comporte nécessairement un certain degré d'anglicisation comme celle-ci ouvre presque fatalement la voie à l'anglomanie (question que, sur le plan théorique, l'on peut rattacher à celle des correspondances entre la langue et la culture).

Voici quelques années l'on s'est demandé si, plutôt que d' « anglicismes », il ne conviendrait pas de parler d' « américanismes ». La question

---

32. Thèse qui exagère sans doute la portée du dispositif de 1867 au titre du statut accordé aux Canadiens français. Maurice Séguin, pour sa part, considère l'union fédérale de 1867 comme « l'union législative de 1840 améliorée en ce qui concerne les concessions locales faites aux Canadiens français, mais également consolidée en ce qui a trait à la prépondérance britannique dans les grands pouvoirs ». Dans *l'Idée d'indépendance au Québec, genèse et historique,* Trois-Rivières, Les Editions du Boréal Express, 1967, p. 36.

33. *Nos droits minoritaires : les minorités françaises au Canada,* Montréal, Editions Fides, 1943, p. 124. Un peu plus loin (p. 129), Morin présente le droit à la langue comme un « droit culturel, légitime, naturel et obligatoire ». Mort le 30 mai 1941, l'abbé Morin avait publié en 1938 un ouvrage intitulé *Nos droits à l'indépendance politique.* Ce livre a été republié en 1960 par l'Alliance laurentienne, sous le titre *l'Indépendance du Québec. Le Québec aux Québécois !*

34. « Les Anglicismes », *l'Action nationale,* vol. LII, n° 3, novembre 1962, p. 264-266.

a été soulevée par André D'Allemagne [35] selon lequel la plupart des termes ou expressions qualifiés d'anglicismes « ne sont justement pas des anglicismes mais bien des américanismes ». D'après lui, le vocabulaire canadien-français subit davantage l'influence de l'américain que de l'anglais (influence qui constitue « le principal et le plus grave facteur de détérioration » de la langue française au Canada). Les observations de D'Allemagne sur le plan linguistique font suite à des critiques visant l'américanisation des mœurs (notamment par le cinéma). Ici encore nous rencontrons le phénomène de la correspondance langue-culture : « si notre langue... devient de plus en plus un reflet de l'américain, observe D'Allemagne, c'est que notre société se fait de plus en plus américaine ».

c) lutte contre les appréciations péjoratives de la qualité du français parlé au Canada. C'est la dénonciation de tous ceux qui assimilent le français à un patois (lousy French) par opposition au Parisian French. Il s'agit d'affirmer contre les adversaires l'authenticité du français employé au Canada. C'est là une réaction tout à fait naturelle, la désignation d'un langage par le terme « patois » ayant habituellement une forte connotation péjorative [36]. Mais, dans certains cas, cet effort de valorisation dépasse la juste mesure.

Cette fois encore les observations de Michel Brunet sur l'état de défensive auquel étaient réduits les Canadiens français permettent de

---

35. Dans « Américanismes », *Cahier linguistique de l'Académie canadienne-française*, nº 5, Montréal, 1960, p. 51-57. D'Allemagne exprime sa thèse dans les termes suivants : « Ce ne sont pas tellement les mots étrangers, les emprunts même injustifiables, qui déforment une langue. Ce qui est beaucoup plus grave, dans notre cas, c'est que notre français suit une évolution (dans le sens de transformation et certes pas de progrès) qui le fait se calquer de plus en plus sur l'américain, dans ses structures, son mécanisme interne, bref son esprit même. Cette évolution ou si l'on veut, ce déviationnisme linguistique par rapport au français authentique est par ailleurs essentiellement semblable à celui de l'américain vis-à-vis de l'anglais. Dans les deux cas en effet, on peut relever un certain nombre de tendances ou de règles communes, dans les domaines de la grammaire, du vocabulaire et de la stylistique. »

36. Sur ce point le sentiment des défenseurs du français coïncide avec l'opinion des linguistes. Albert Dauzat a montré que les patois dérivent des dialectes à partir du moment où ceux-ci, abandonnés par la classe cultivée, ne sont plus parlés que par les paysans : d'où déchéance sociale et déchéance linguistique qui provoquent un appauvrissement de la langue au double point de vue du vocabulaire et de la syntaxe. Dans *Tableau de la langue française. Origine, évolution, structure actuelle*, p. 258-259 de l'édition reproduite dans la « Petite Bibliothèque Payot », nº 100, Paris, 1967. Selon André Martinet l'un des traits de « la situation patoisante » est que « le parler local est considéré comme une forme linguistique imparfaite qui ne peut que gagner à tout emprunt à la langue nationale... aussi les patois sont-ils par définition pourrait-on dire, voués à la disparition ». Dans *Eléments de linguistique générale*, Paris, Armand Colin, 1960 (Collection Armand Colin nº 349), p. 154-155 (ouvrage désormais publié dans la collection U2). Sur ces bases il est clair que le parler des Canadiens français, en dépit d'affirmations aussi gratuites que malveillantes, n'a jamais correspondu à un patois.

saisir le mobile des éloges que ceux-ci décernent à leur langue : « pour se défendre contre ce qu'ils jugeaient être des calomnies, [les Canadiens] ont souvent poussé l'interprétation des faits et nié l'évidence même. Ces exercices d'apologétique nationale ont même développé chez plusieurs générations un curieux complexe de supériorité [37] ». Ainsi trouve-t-on dans certains textes l'idée que les Canadiens français parlent une langue particulièrement pure et, qu'héritiers du français de la grande époque classique, ils ont su en préserver le génie. Ainsi s'explique la valorisation des archaïsmes, de la langue du XVIIe siècle et même du XVIe [38].

Ajoutons que ce « complexe de supériorité » linguistique n'est pas général (voir par exemple le texte de Jules Fournier niant l'existence d'une littérature canadienne-française) et qu'il est très souvent nuancé d'inquiétudes : d'où l'empressement avec lequel on reçoit, et la complaisance avec laquelle on énumère, les marques de respect linguistique venues de l'étranger, spécialement celles accordées par des Français (ce qui prouve bien la fragilité du « complexe de supériorité », sans doute limité à quelques cercles d'intellectuels et sans implantation populaire). Parmi ceux qui critiquent la qualité du français des Canadiens, il y a des Français. Ceux-ci se font souvent rabrouer avec vigueur. Il faut signaler aussi les malentendus et tensions suscités par l'accent.

En tout cas, les essais de correction sont anciens : publication en 1841 par l'abbé Thomas Maguire d'un *Manuel des difficultés les plus communes de la langue française adapté au jeune âge, et suivi d'un recueil de locutions vicieuses.* De même, la lutte contre les détracteurs systématiques du français parlé au Canada remonte loin dans le passé.

Il n'y a pas lieu de s'étonner de l'insistance mise par les Canadiens français à défendre la qualité de leur langue (même si, parallèlement, de nombreux auteurs déplorent la pénétration envahissante des anglicismes). La lutte pour un simple patois n'aurait pas beaucoup de signification. Au surplus, la notion de « *French Canadian patois* » est souvent invoquée au profit de la supériorité de l'anglais et même comme justification de l'unilinguisme anglais (Nous accepterions bien, affirment des représentants du groupe anglais, de nous intéresser à la langue des Canadiens français s'il s'agissait du vrai français, mais on ne peut nous demander le même effort

---

37. *La Présence anglaise et les Canadiens*, p. 117.
38. Voir à ce propos la communication du R.F. Georges, « la Langue des *Essais* de Montaigne et celle du Canada français », *Mémoire du deuxième Congrès de la langue française au Canada*, Québec, juin-juillet 1937, p. 128-154. Le Frère Georges croit possible de démontrer « que, de fait, le parler canadien-français est frère de celui de Montaigne et que la vieille langue des *Essais* vit encore sur nos rives, intouchée, immortelle, toute à la gloire des aïeux qui nous la léguèrent et des champions qui surent la protéger durant trois cents ans » (p. 135).

pour un langage qui n'est qu'un patois !). L'aboutissement de cette position est de tenir la langue de la majorité au Québec pour une sorte d'attirail folklorique. À l'Université McGill, il faudra attendre ces dernières années pour que le Département de langue et littérature françaises recrute des professeurs parmi les Canadiens français — alors qu'une partie de sa clientèle, au moins au niveau de la maîtrise, se compose de Canadiens de langue maternelle française. C'est seulement en février 1971 qu'un Canadien d'origine (Jean Éthier-Blais, professeur à McGill depuit huit ans) a été choisi pour diriger le département.

Cette tentative de discréditer la langue des Canadiens français n'est pas un cas isolé. En général, le jugement péjoratif émane d'une majorité qu'agacent ou inquiètent les revendications linguistiques d'une minorité (en Espagne, pour les partisans de l'unité de langue, le castillan constitue une langue authentique, le catalan un simple dialecte). Parfois c'est le groupe le moins nombreux qui s'en prend à la langue de la majorité (habituellement pour justifier son refus de l'apprendre) : en Belgique, le mépris de nombreux Wallons pour le flamand qualifié de bas-patois germanique ; en Suisse, le peu de considération de nombreux Romands pour le (ou les) dialecte parlé en Suisse alémanique. Tel a toujours été le cas pour la langue des Canadiens français, même à l'époque où ceux-ci constituaient la majorité dans l'ensemble du Canada (John Lambert qui voyage au pays en 1806-1807 s'emploie déjà à créer le mythe du « patois »). Il arrive que les victimes de ces attaques se laissent convaincre par les arguments de leurs détracteurs : c'est une situation qu'a analysée Albert Memmi dans son *Portrait du colonisé* [39]. L'implantation et·la diffusion dans un groupe du mépris de sa langue maternelle constitue un facteur essentiel d'aliénation linguistique. Nous sommes alors aux antipodes du « complexe de supériorité ».

d) lutte sur le terrain des pratiques courantes de la vie sociale. Dans la vie quotidienne des Canadiens français, les pratiques tirées d'une culture étrangère ou affectées par elles ont une si grande densité que, d'une part, elles facilitent la suprématie de la langue anglaise et que, de l'autre, elles contribuent à l'anglicisation de la langue française. Pour stopper cette tendance les défenseurs du français entreprendront de multiples démarches qui concernent notamment la langue des journaux, celle employée dans l'industrie et le commerce (appellation des produits, terminologie des factures, catalogues, enseignes...), plus tard le vocabulaire des sports. Entre le 16 mars 1912 et le 26 juin 1913, le Père Archambault (pseudo-

---

39. Paris, Buchet-Chastel Corrêa, 1957. Memmi a dédié la nouvelle édition de son livre (Paris, Jean-Jacques Pauvert, 1966) à ses amis Canadiens français.

nyme : Pierre Homier) publie dans *le Devoir* les conclusions de son enquête sur l'état de la langue française. Fondée le 11 mars 1913, la Ligue des droits du français se fixe pour objectif d'assurer la diffusion de la langue française, particulièrement dans le commerce et l'industrie. Les pratiques visées par la loi Lavergne (1910) se situent à ce niveau.

On peut également joindre au dossier les reproches faits au Barreau par plusieurs auteurs : Tocqueville remarque en 1831 l'état lamentable de la langue des avocats. Ces observations sont confirmées par Arthur Buies qui n'hésite pas, en 1888, à voir dans le sabir des avocats une forme de trahison nationale. D'autres auteurs font ressortir que l'adoption au Québec d'une partie importante du droit anglais ne peut manquer de contaminer l'esprit du droit français. Mentionnons enfin les campagnes relatives au visage de Montréal « seconde ville de langue française du monde ».

En revanche nous n'avons guère trouvé durant toute cette période (1760-1960) de textes faisant ressortir le rôle du travail comme facteur de suprématie de l'anglais et d'anglicisation de la population. Pourtant, l'embauche de Canadiens de langue française dans des firmes anglaises, avec comme conséquence la poussée de l'anglais comme langue du travail, correspond à une pratique ancienne qu'élargiront l'avènement de la grande industrie et, plus généralement, le développement de la concentration économique. Cette lacune tient peut-être à l'absence des couches populaires dans les milieux (ecclésiastiques, élites traditionnelles) qui mènent la lutte linguistique, peut-être aussi à la croyance, fort illusoire, en la possibilité d'établir une séparation entre la culture et l'économie et de conserver la maîtrise de la première sans avoir le contrôle de la seconde.

D'autres facteurs sont sans doute intervenus, notamment la faiblesse du capital détenu par les Canadiens français. Dans le commerce, ceux-ci achètent : ils ont donc un pouvoir ou, du moins, peuvent entretenir l'illusion d'en avoir un (liaison avec les campagnes tendant à développer les achats des particuliers et des institutions, ainsi les couvents et les maisons d'éducation, auprès d'établissements canadiens-français). Quand il s'agit d'obtenir un emploi, le Canadien français sollicite, obligé qu'il est, par manque de capital canadien-français, de louer sa force de travail à des entreprises de l'autre groupe. Estime-t-on que dans ce cas il ne faut pas jouer avec le feu, que le travail lui-même a plus d'importance que les modalités de son accomplissement ? L'on ne saurait envisager de prouver une telle hypothèse sinon de manière indirecte (obligation à une époque, de s'expatrier pour trouver de l'ouvrage), mais elle ne paraît pas imaginaire. On comprendrait mal sans cela la longue acceptation de cette servitude linguistique par les travailleurs eux-mêmes. Sur le plan du travail, le

Canadien français n'a-t-il pas toujours été en concurrence, du fait de l'immigration, avec des gens prêts à parler ou, au moins, à baragouiner l'anglais ?

Cette immigration, en dehors de ses effets habituels sur le marché du travail, avait aussi pour conséquence de modifier la composition ethnique de la population dans un sens favorable au conquérant — conséquence immédiate dans le cas d'immigrants venus des îles Britanniques. Les Canadiens français ont eu très tôt la certitude qu'il s'agissait là pour eux d'un péril majeur [40]. Mais il leur était difficile, et il allait leur devenir pratiquement impossible, d'intervenir pour renverser le courant. Le danger pouvait bien être diminué, durant toute une période, par une considérable expansion démographique. Toutefois il n'en subsistait pas moins et cela d'autant plus qu'au cours de la seconde moitié du XIXe siècle l'on allait assister à un très fort mouvement d'émigration des Canadiens français vers les États-Unis (spécialement les centres manufacturiers de la Nouvelle-Angleterre), mouvement ayant pris les dimensions d'un exode et ayant contribué à rendre illusoire la perspective d'une reconquête du Canada par l'élément français [41].

* * *

---

40. Michel Brunet écrit à ce propos : « Parmi les facteurs qui avaient nourri le mécontentement des Canadiens entre 1818 et 1837, celui de l'immigration occupa une place très importante. Les chefs de la minorité britannique du Bas-Canada savaient que l'avenir de celle-ci dépendait d'une politique de peuplement... Il fallait à tout prix mettre en minorité la population franco-catholique. En histoire, c'est d'abord le nombre qui compte... L'Assemblée [législative] eut recours à toutes les mesures en son pouvoir et à toutes celles que lui suggérait son imagination pour décourager les immigrants qui songeaient à s'établir dans le Bas-Canada. » *Québec Canada anglais : deux itinéraires, un affrontement*, Montréal, HMH, 1968, p. 210-211. Il ne saurait être question d'expliquer le souci de préserver l'intégrité nationale par une simple attitude de xénophobie. Maurice Séguin écrit à propos de cette époque : « Les Canadiens ne s'opposent pas à l'entrée d'immigrants à titre individuel, ils désirent même la venue de capitalistes anglais qui voudraient bien s'assimiler, mais ils ne peuvent accepter de voir l'autorité anglaise organiser l'immigration pour noyer les Canadiens français. Dans *l'Idée d'indépendance au Québec*, p. 19. Ces Canadiens, nous rapporte Séguin, « tiennent à demeurer majorité, mais acceptent une minorité. Ils sont même fiers de la présence de deux cultures dans le Bas-Canada. Ce Bas-Canada, bi-ethnique, bi-culturel et bilingue, leur apparaît comme une merveilleuse réussite humaine » (p. 18). Mais « le Bas-Canada britannique... refuse d'être annexé au Canada français. Il refuse avec dédain le *status* de minorité privilégiée » (p. 24). Les efforts pour modifier la composition ethnique du Bas-Canada auxquels font référence Brunet et Séguin ne cadrent pas avec l'hypothèse d'Angers voulant que les Anglais eux-mêmes aient décidé d'attribuer à ce territoire un caractère proprement français. Ou alors faut-il admettre qu'après 1791 les autorités anglaises ont rapidement changé d'avis ?

41. Sur l'émigration des Canadiens français aux Etats-Unis voir le numéro spécial de *Recherches sociographiques*, vol. V, no 3, septembre-décembre 1964, p. 277-379.

Tous les comportements que l'on vient de relever appuient manifestement la thèse du caractère défensif de la bataille linguistique. À partir du moment où, au Canada même, l'élément de langue anglaise devient majoritaire et où s'affirme l'exceptionnelle croissance des États-Unis, les tenants de l'anglais utiliseront, sans relâche et sans pitié, l'argument du nombre pour souligner la position minoritaire du Canadien français dans le pays et sur le continent. Auparavant, d'ailleurs, les partisans de l'anglais se plaisaient à souligner l'infériorité du français et la faiblesse de sa position dans l'Empire britannique. Le français devient plus que jamais au Québec une langue menacée que l'on s'efforce de protéger.

On peut toutefois se demander si ces observations cadrent avec une autre attitude collective dégagée par Michel Brunet : une sorte de messianisme (« haute civilisation française et catholique en terre d'Amérique »), un messianisme curieusement fondé sur l'agriculturisme, par exemple celui de Mgr Louis-Adolphe Paquet (1859-1942) dans un discours prononcé le 23 juin 1902 (« notre mission... consiste moins à allumer le feu des usines qu'à entretenir et à faire rayonner au loin le foyer lumineux de la religion et de la pensée »). Selon Brunet, ces idées furent accueillies avec reconnaissance et enthousiasme par la majorité de l'élite canadienne-française ; ainsi, écrit-il : « les anciens porte-parole de la société canadienne-française s'étaient laissés égarer par un nationalisme romantique et messianique », attitude « dont les nouvelles générations semblent vouloir se débarrasser » mais qui « influence encore des intellectuels et des universitaires qui prétendent avoir abandonné les mythes de leur enfance et se croient à l'avant-garde de la pensée canadienne-française contemporaine » (l'illusion propre au biculturisme de l'intégration au grand tout *Canadian* d'une brillante culture franco-canadienne [42]).

Nous avons trouvé, dans le domaine proprement linguistique, des positions conformes à un tel messianisme. Vu l'impossibilité où ils se trouvent de motiver la défense de la langue française par des arguments tenant à la situation matérielle, certains auteurs en viennent à bâtir tout un appareil logomachique permettant d'appeler au secours de la langue française des considérations d'ordre spirituel ou religieux. On peut mentionner à ce propos tous les arguments invoqués au titre des rapports entre la langue et la foi : ainsi l'accent mis sur le rôle du clergé canadien-français dans l'implantation et l'expansion du catholicisme en Amérique du Nord. Dans cette perspective, le fameux discours de Bourassa à Notre-Dame constitue une réaction de défense contre un prélat anglais, Mgr Francis Bourne, archevêque de Westminster, trop manifestement acquis

---

42. Voir les développements présentés à cet égard dans *la Présence anglaise et les Canadiens*, p. 159-165.

à la vocation impérialiste de la langue anglaise [43]. Mais ce n'est là qu'un aspect du problème dans la mesure où l'on considère la langue française comme une protection contre l'hérésie protestante liée à l'anglais. Envisagé de la sorte, le messianisme catholique concerne davantage la foi que la langue (interprétation que soutient le refus de tout effort pour amener au français les catholiques d'une autre langue). Au minimum, peut-on dire que la question des relations entre la langue et la foi se trouve affectée, en raison de ce double aspect, d'une ambiguïté essentielle.

On peut donc accepter l'idée que l'attitude messianiste (liaison avec le « complexe de supériorité » ?) a imprégné la pensée des élites canadiennes-françaises (relation avec le facteur démographique : n'a-t-on pas entretenu quelque temps l'espoir que le Canada ou une large partie de celui-ci deviendrait, grâce à l'action de la natalité, majoritairement français ?). Toutefois ce messianisme est demeuré purement culturel. On peut y voir la réaction d'un peuple (plus exactement sans doute d'une partie de ses élites) qui, réduit à la position d'une communauté dominée, essaie de s'évader de sa condition peu reluisante en se réfugiant dans des rêves de grandeur (lesquels ne sauraient guère impressionner l'élément dominant et, moins encore, lui causer de tort).

Nous trouvons ici la fameuse comparaison souvent faite entre Athènes et Rome : Athènes se console de ne plus être souveraine en caressant l'idée qu'elle influence culturellement le peuple qui l'a vaincue. On peut d'ailleurs se demander si certains Canadiens français n'ont pas été enclins à considérer la France elle-même comme la réplique moderne d'Athènes face au sens de l'organisation (politique, administrative, militaire...) et à l'efficience triomphante de l'univers anglo-saxon (en tout cas, l'idée est largement répandue de nos jours au Québec, que la langue française se prête mal aux exigences de la civilisation technique).

Cependant, même si le messianisme a influencé la vision des Canadiens français, l'on ne saurait avancer, semble-t-il, qu'il ait fait l'unanimité. Nous avons trouvé des textes qui se situent aux antipodes de ce messianisme et qui vont parfois jusqu'à un masochisme assez cruel. Il y a aussi le cas de ceux qui partent à la recherche d'une identité ou d'un rôle pour les Canadiens français (textes exprimant du désenchantement, du découragement).

Il est bien possible que le messianisme ait été vigoureux à une certaine époque, l'abandon ou le doute plus répandus durant une autre. Nos textes ne nous permettent guère de trancher. En revanche, un point est

---

43. Mgr Bourne sera fait cardinal l'année suivante (1911).

certain : l'absence de prosélytisme linguistique chez les Canadiens de langue française. La plus grande ambition semble bien avoir été d'empêcher ou de contenir l'assimilation des éléments français par les éléments anglais, non de provoquer celle des seconds par les premiers — attitude qui s'étend même aux immigrants n'ayant pas l'anglais pour langue maternelle ; en particulier, refus de mettre l'identité de la foi comme telle au service d'une œuvre d'assimilation linguistique. Henri Bourassa par exemple a toujours appuyé le droit des Irlando-catholiques de se servir de l'anglais.

B. PRUDENCE ET MODÉRATION DANS LA DÉFENSE

Il y a certes des plaidoyers vigoureux, des affirmations intransigeantes, des dénonciations rigoureuses. Mais se trompe-t-on en avançant que, dans l'ensemble, la bataille s'est située dans des limites relativement strictes ? Voici à cet égard quelques traits particulièrement significatifs :

a) maintien de la revendication linguistique dans le cadre politique existant. Le phénomène s'observe, et il est alors aisé à comprendre, dans les suppliques adressées au roi pendant les années suivant la conquête. Mais il persiste et, à notre siècle, Henri Bourassa dira que la conquête entrait dans le dessein providentiel. Lors des débats à Ottawa, les parlementaires de langue française s'affirment uniformément de loyaux sujets de Sa Majesté : les revendications linguistiques, en dehors de leur rectitude juridique, doivent récompenser cette loyauté (c'est grâce aux Canadiens français que le Canada est demeuré anglais lors de la Révolution américaine...) et, une fois satisfaites, elles cimenteront cette loyauté encore davantage.

Il faut évoquer ici la querelle qui porte sur les conséquences pour l'unité nationale d'une population de langue française. En voici les pôles : pour subsister, s'affirmer et se développer, disent les uns, le Canada doit devenir homogène, culturellement et surtout linguistiquement ; le bilinguisme, répondent les autres, (initialement des Canadiens français du Québec, puis, aujourd'hui des dirigeants et partisans de la Confédération en lutte contre le séparatisme québécois) est la condition de survie du Canada dans la mesure où la présence d'une communauté de langue française, avec ses conséquences sur le plan fédéral, distingue de manière permanente le pays des États-Unis. Thèse de Bourassa, suivi par le Père Pénard [44] : c'est l'anglais, non le français, qui menace l'existence du

---

44. Un sauvage (R.P. Jean-Marie Pénard, o.m.i.), *les Langues et les nationalités au Canada*, préface de M. Henri Bourassa, Montréal, 1916.

Canada comme État indépendant vis-à-vis des États-Unis. Ainsi le bilinguisme que l'on revendique ou que l'on prétend réaliser est-il présenté comme le support d'un nationalisme canadien ou encore comme l'un des traits distinctifs de la personnalité canadienne.

Le nationalisme pancanadien tel que le conçoit Henri Bourassa, s'il doit former un rempart contre l'expansionnisme américain, constitue aussi une mise en question de l'impérialisme britannique. Cependant, même quand il tend à contester la domination exercée par Londres et ses servitudes (en particulier celles d'ordre militaire), ce courant demeure extrêmement respectueux des institutions anglaises et des mœurs anglaises (d'où l'éloge du *fair play* des Anglais et, en diverses circonstances, l'appel à ce trait de la puissance impériale). C'est précisément sur les idéaux et pratiques anglais que l'on s'appuie pour réclamer que justice soit rendue aux revendications et aspirations de l'élément français. Mieux encore, l'on en appellera aux Anglais de Londres des volontés assimilatrices ou centralisatrices des Canadiens anglais : après tout, les textes de 1848 et de 1867 qui contiennent des dispositions favorables au français sont des lois britanniques (il y aurait peut-être lieu de rapprocher cette propension des jugements rendus en matière constitutionnelle par le Conseil privé et de la position des Canadiens français à l'égard de cette juridiction [45]).

En tout cas, l'on observe durant cette période un accord relativement large sur l'idée que l'élément français au Canada (et en particulier la langue française) a été sauvegardé grâce au « libéralisme » de l'Angleterre — ce libéralisme ayant contenu les préventions, manœuvres et excès des Anglais du Canada. Cette thèse, acceptée même par des hommes qui affirment avec éclat leurs attaches françaises (ainsi un Oscar Dunn ou un Olivar Asselin), sera vigoureusement et sévèrement contestée par des historiens comme Lionel Groulx et Michel Brunet, lesquels la dénonceront comme un mythe fabriqué par le groupe dominant pour consolider son pouvoir.

La défense du français aurait certainement été rendue plus difficile vis-à-vis des Anglais s'il y avait eu chez les Canadiens français un fort sentiment d'appartenance ou d'attachement politique à la France. On pourrait croire à divers signes (maintien pendant toute une période du drapeau tricolore comme drapeau national) qu'un tel sentiment a existé, au moins chez certaines couches de la population. Cependant, pour bien des raisons, tel n'a pas été le cas. À part, peut-être, quelques exceptions

---

45. Voir à ce propos les observations nuancées que présente Jacques Brossard dans *la Cour suprême et la constitution. Le forum constitutionnel au Canada*, Montréal, Les Presses de l'Université de Montréal, 1968, spécialement p. 169-190.

individuelles, l'attachement est demeuré d'ordre sentimental ou culturel. Rien dans ces attitudes ne pouvait inquiéter sérieusement la nouvelle mère-patrie selon l'expression rapidement employée par de nombreux Canadiens français. On ne saurait toutefois exclure pour autant que pendant une époque l'Angleterre ait redouté l'éventualité d'un retour de la France (crainte pouvant s'expliquer alors notamment par le rapport des forces démographiques en Europe).

Les travaux les plus récents montrent que la séparation entre la France et le Canada français n'a jamais été aussi totale, aussi rigide qu'on l'a parfois affirmé [46]. Les échanges, spécialement ceux de type culturel, ont subsisté sous plusieurs formes : mais sans doute concernaient-ils avant tout des élites relativement restreintes.

Surtout, l'influence française a été limitée par un processus fort sélectif à l'égard de la culture française (disposition d'esprit fortement ancrée chez le clergé québécois et certainement encouragée par le clergé venu de France à diverses époques). Par différents moyens, l'on s'est efforcé de « préserver » les Canadiens français de tous les éléments modernes de la culture française qui auraient pu susciter ou encourager une mise en cause des relations établies (politiques, sociales, religieuses... tout cela se tient étroitement). Il est évident qu'en limitant la culture française aux œuvres classiques l'on ne risquait guère de porter ombrage à l'élément dominant [47].

En dehors de cette censure, il faut aussi tenir compte du décalage résultant de l'éloignement (action de cette donnée sur le contenu de la liste des auteurs inscrits au programme des collèges classiques), de la différenciation des deux sociétés (France et Canada français) due à de nombreux facteurs... Après tout, laissé à lui-même, le Canada serait devenu, sans doute rapidement, un pays indépendant de sa mère-patrie.

Au total, cette situation facilitait une défense du français pure de toute intention ou velléité de rapprochement politique avec la France. En contrepartie, il est vrai, elle limitait l'apport de la France à la protection de la langue et de la culture françaises au Canada.

---

46. Voir à cet égard deux ouvrages publiés dans la collection des Cahiers de l'Institut d'histoire (Université Laval) : Pierre Galarneau, *la France devant l'opinion canadienne (1760-1815)*, préface d'André Latreille, Québec, Les Presses de l'Université Laval, 1970 ; Pierre Savard, *le Consulat général de France à Québec et à Montréal de 1859 à 1914*, Québec, Les Presses de l'Université Laval, 1970.

47. Confidence récente à l'un des auteurs d'un ecclésiastique fort bien disposé à l'égard de la culture française : « Toute cette littérature nous appartient... jusqu'au XVIIIe siècle. »

b) acceptation de la dualité linguistique au Québec. Le fait est particulièrement clair dans le domaine de l'enseignement et des tribunaux
(témoignage fort éloquent de cette propension : la publication officielle
en 1866 d'une traduction du code Napoléon en langue anglaise). Il arrive
que les Québécois tirent fierté de la manière scrupuleuse dont sont respectés les droits de la minorité linguistique dans leur province (en réalité,
au titre de l'éducation, il n'y a dans l'Acte de l'Amérique du Nord britannique d'autres droits que confessionnels). Lors de la deuxième lecture
du bill 63, le premier ministre d'alors, Jean-Jacques Bertrand, faisait lui-
même état d'une tradition d'exceptionnelle « générosité »[48]. Pour ces
Québécois, une telle manière d'agir devait inciter les autres provinces à
traiter correctement leur minorité de langue française. Le bilinguisme,
d'après l'esprit d'Henri Bourassa, c'est précisément l'extension au reste
du Canada de la formule québécoise. Mais, durant toute cette période,
la bonne volonté québécoise n'a pas été payée de retour et la tradition
de générosité est demeurée purement unilatérale.

Quand on passe des institutions officielles aux pratiques sociales,
l'acceptation de la dualité linguistique devient l'obligation pour toute
une partie des Canadiens français d'apprendre l'anglais, sans que la réciproque soit vraie pour les Canadiens anglais. L'un des signes les plus
clairs de ce bilinguisme unilatéral s'observe d'ailleurs au niveau des institutions fédérales (obligation pratique pour les Canadiens de langue
française de s'exprimer en anglais au Parlement fédéral).

Cette obligation d'apprendre l'anglais fait l'objet d'appréciations diverses. Certains la déplorent et y voient l'une des servitudes les plus
lourdes de l'annexion (Mgr Laflèche). D'autres s'efforcent de distinguer
entre les élites qui doivent connaître l'anglais et la masse qui n'en a pas
besoin. D'autres insistent sur l'apport qu'assure la connaissance de l'anglais et incitent leurs compatriotes, les jeunes en particulier, à accomplir
les efforts nécessaires pour maîtriser la langue anglaise. Cette obligation
sera présentée par des hommes comme Athanase David, et même par des

---

48. Dans un texte distribué par son cabinet en cette occasion, Jean-Jacques Bertrand
    soulignait l'existence de « ce droit à l'école anglaise que le Québec a toujours
    appliqué dans les faits, avec une générosité qui allait bien au-delà des prescrip-
    tions juridiques, bien au-delà aussi du traitement accordé par les autres provinces
    à leurs minorités françaises... » Ce point a été reconnu, à plusieurs reprises, par
    la Commission royale d'enquête sur le bilinguisme et le biculturalisme. Le *Livre I*
    du rapport consacré aux *Langues officielles signale* que « grâce à une tradition
    bien établie de respect des droits envers la minorité anglophone, et à des statuts
    et règlements qui vont bien au-delà de l'article 133, le Québec est bilingue offi-
    ciellement et dans la pratique, dans les relations entre l'administration publique
    et les citoyens, de même que dans une bonne partie de son organisation locale ».
    Ottawa, Imprimeur de la reine, 1967, p. 89.

militants du français, comme la source d'une supériorité [49]. Plus prosaïquement, beaucoup affirment aujourd'hui que le bilinguisme constitue
l'un des rares atouts dont dispose le Canadien français vis-à-vis du Canadien anglais : dès lors, tout effort pour rendre le second bilingue ne peut
qu'aboutir à défavoriser le premier [50]. L'intérêt bien compris de la majorité
ethnique au Québec, affirment ces personnes, est que la minorité n'augmente pas sa puissance et ses avantages en parlant le français. Si l'on
souhaite malgré tout développer la connaissance du français chez les
anglophones il est indispensable que l'on se préoccupe parallèlement
d'étendre la connaissance de l'anglais chez les Canadiens de langue française. En adoptant cette idée, dont il serait vain de contester la large
audience, l'on aboutit à un véritable culte du bilinguisme tel que pratiqué
par les Canadiens français.

L'idée s'affirme ainsi que la connaissance de la langue anglaise
suffit à donner accès aux richesses et aux honneurs — conception qui
en raison du contexte socio-politique se révèlera assez naïve. En tout cas,
spécialement mais non exclusivement à Montréal, beaucoup de Canadiens
français (pas la majorité il est vrai) seront tenus non seulement d'apprendre sérieusement l'anglais mais encore de s'en servir en priorité,
sinon souvent en exclusivité, dans leur vie professionnelle.

Les inconvénients du bilinguisme ne sont pas tout à fait inconnus
mais il faudra attendre les années trente pour que ces périls fassent l'objet
d'une dénonciation systématique (Esdras Minville et Victor Barbeau). La
conséquence logique d'une telle dénonciation est l'option en faveur de
l'unilinguisme. Cependant, jusque vers le milieu du XXe siècle, cette revendication n'est pratiquement pas formulée. Même ceux qui s'en plaignent ou en soulignent les excès se résignent à la dualité linguistique,
Mgr Laflèche disait de ne pas trop bien parler l'anglais : il ne disait pas de
ne pas le parler et, vu le rapport des forces, il ne pouvait donner un tel
conseil.

---

49. C'est ainsi que l'abbé Etienne Blanchard, tout en menant la lutte contre les con-
    cessions à l'anglicisme — concessions qu'il juge à la fois anticanadiennes et anti-
    catholiques — écrit : « Ce n'est pas à dire qu'il faille négliger l'anglais. Loin
    de moi une telle prétention. Le Canadien Français doit savoir les deux langues,
    surtout s'il se destine au commerce ou aux carrières libérales. Avec l'usage des
    deux langues, nous parviendrons à des sommets, qu'en ce pays, l'Anglais uni-
    lingue ne pourra jamais atteindre. » *En garde ! Termes anglais et anglicismes*,
    Montréal, Imprimerie Bilaudeau, 1912, p. 106.

50. A notre époque, un grand avocat d'affaires, Me Antoine Geoffrion s'est efforcé
    de convaincre les Québécois qu'il y va de leur intérêt économique et social de
    laisser les Anglais du Québec pratiquer leur unilinguisme. *Le Bilinguisme et le
    monde des affaires*, conférence prononcée à la Chambre de commerce de Sher-
    brooke le 29 janvier 1970 (texte ronéoté communiqué par le conférencier).

Cette constatation rejoint la précédente : revendication linguistique dans le cadre politique établi. Sur le papier, l'existence d'un Québec unilingue n'est pas absolument incompatible avec une fédération canadienne. Toutefois, vu l'histoire et le contexte politique, il semble impossible de préconiser l'unilinguisme au Québec sans remettre en cause le système établi en 1867. Cette observation ne concerne sans doute pas ceux qui, tels Esdras Minville ou Olivar Asselin, conçoivent l'unilinguisme français comme une situation où les Canadiens français n'auraient pas à devenir bilingues sans qu'il y ait lieu de s'en prendre aux Canadiens anglais et à leur langue : un tel système — juxtaposition de deux unilinguismes y compris au Québec — compliquerait sans doute beaucoup le fonctionnement du régime fédéral sans impliquer logiquement sa disparition. Tel ne saurait être le cas pour un unilinguisme français qui s'appliquerait obligatoirement à tous ceux vivant au Québec, avec un arrière-plan d'agressivité à l'égard de l'anglais et des Anglais : un tel dispositif serait radicalement incompatible avec le régime de 1867. De fait, la revendication d'un tel unilinguisme n'apparaîtra qu'avec l'indépendantisme au début des années soixante.

Ces observations peuvent surprendre si l'on se rappelle qu'autrefois des provinces de langue anglaise, en particulier l'Ontario, ont pu livrer une guerre au français et pratiquer un unilinguisme agressif sans mettre la Confédération en péril, c'est-à-dire sans que les Canadiens français ne s'autorisent de ces politiques pour mettre en cause l'existence de la fédération canadienne. Mais, dans ce cas, les coups étaient portés à la nation dominée par des éléments de la nation dominante alors que dans l'hypothèse précédente c'est la situation inverse qui prévaudrait. Que l'on ait pu persécuter le français au dehors du Québec sans que les Québécois contestent le lien fédéral, ce simple fait illustre à merveille le caractère subordonné des éléments de langue française dans la Confédération canadienne.

c) faible utilisation de l'appareil gouvernemental pour la solution des problèmes et des conflits linguistiques. Cette faiblesse est presque totale, pour l'État provincial. Depuis la création de cet État jusqu'à 1960 l'on ne relève que deux textes en ce domaine : l'un de 1910, la loi Lavergne, dont l'adoption ne fut d'ailleurs pas des plus faciles (résistance du Conseil législatif), l'autre de 1937 donnant la primauté au texte français dans l'interprétation des lois et règlements, mais dont Duplessis, soumis à diverses pressions, obtiendra rapidement l'abrogation. Plus largement encore, il ne semble pas que durant cette période l'appareil gouvernemental québécois, non plus d'ailleurs que les partis politiques, se soit beaucoup préoccupé des problèmes posés par la coexistence linguistique au Qué-

bec [51]. Les groupes qui s'intéressent au destin du français en terre québécoise n'ont guère l'habitude de présenter des revendications spécifiques
au gouvernement provincial : notons toutefois la demande de création
d'un office de la langue française présentée par le deuxième Congrès de
la langue française au Canada (1937) ainsi que par les Congrès suivants
(1952, 1957). Finalement l'Office sera institué en 1961 dans le cadre
du ministère des Affaires culturelles dont le titulaire est alors Georges-
Émile Lapalme.

À première vue, la situation n'est pas exactement semblable au niveau
fédéral. On relève plusieurs actions engagées auprès du gouvernement
d'Ottawa soit pour obtenir le maintien des droits du français dans l'Ouest
soit pour faire aboutir certaines revendications à l'échelle canadienne :
timbres-poste (1927), billets de banque (1936), chèques bilingues (1962).
Dans ces circonstances, l'on attend du gouvernement fédéral soit qu'il
modifie son propre comportement (la lutte pour les chèques bilingues
visait uniquement ceux émis par le gouvernement d'Ottawa) soit qu'il
intervienne auprès des gouvernements des provinces anglaises pour les
inciter ou les forcer à respecter les droits du français. Cependant ces
« concessions » doivent être arrachées une à une à un pouvoir toujours
réticent et parfois hostile. C'est seulement à notre époque (cabinets libéraux Pearson et Trudeau) que le gouvernement d'Ottawa se fera le champion du bilinguisme officiel et manifestera la volonté de traiter avec équité,
sinon même avec « générosité », dans l'ensemble du Canada, la population
de langue française.

Vu l'évolution des rapports linguistiques au Québec, vu le caractère
foncièrement unilatéral du bilinguisme qui y était pratiqué, l'absence d'intervention du gouvernement québécois peut surprendre. Sans doute par
suite des caractéristiques déjà analysées comme aussi plus largement de
l'état des forces, le gouvernement québécois, s'il avait voulu agir, n'aurait-il pu le faire que dans des limites assez étroites. Par ailleurs, ce
gouvernement ne fut pendant longtemps qu'une sorte de gouvernement
municipal aux ressources très réduites [52]. Le fait reste cependant qu'il n'a

---

51. Au début du siècle, le gouvernement québécois, désireux d'apporter une aide aux
    écoles françaises de l'Ontario, proposa une loi permettant aux municipalités de
    souscrire de leurs deniers pour les œuvres « patriotiques et scolaires ». Sur la
    protestation des Canadiens anglais du Québec, le Conseil législatif amenda le
    projet en attribuant le droit de souscrire aux commissions scolaires et non aux
    municipalités. Les commissions étant constituées sur des bases confessionnelles
    et, en pratique, linguistiques, les protestants anglais avaient ainsi l'assurance que
    leurs fonds ne serviraient pas à appuyer l'effort des catholiques français en On-
    tario. D'après Edmond Orban, *le Conseil législatif de Québec, 1867-1967*, Bruges-
    Paris, Desclée de Brouwer, Montréal, Éditions Bellarmin, 1967, p. 281-282.

52. C'est la « petite autonomie provinciale » dont parle Maurice Séguin dans *l'Idée
    d'indépendance au Québec*, p. 39.

pas tenté d'intervenir, qu'il a même tardé à agir pour faire du français la langue de son administration et que pendant longtemps les milieux intéressés n'ont guère effectué de pression à cet égard. En réalité, mis à part les deux cas déjà relevés, il faudra attendre les années soixante pour qu'une telle action soit envisagée par le gouvernement.

Pour expliquer ce point, on peut invoquer le manque de confiance des Québécois dans la capacité de leur propre gouvernement. Lisons à ce propos Michel Brunet : « Les Canadiens français avaient obtenu en 1867 un État provincial qu'ils auraient pu mettre à leur service. Ils ne s'en servirent que très peu... Les intérêts privés s'étaient montrés plus forts que les exigences du bien commun de la population québécoise. Le gouvernement de la seule province canadienne-française du pays fut un gouvernement nationalement neutre qui avait peur de gouverner et ignorait ce qu'est gouverner [53]. »

Au titre de la langue, il y avait aussi sans doute l'idée que, réserve faite des conventions linguistiques adoptées par les autorités ou institutions officielles, les rapports linguistiques sont une affaire privée ou qui doit être résolue sur le plan privé. Rien n'est sans doute plus étranger à la mentalité québécoise de cette époque que de réglementer l'emploi des langues à l'usine ou sur les enseignes commerciales (état d'esprit qui n'a peut-être pas tellement changé aujourd'hui). On considère que les individus ont comme tels des droits en matière linguistique ou, ce qui revient au même, que la coercition ne doit pas être employée en ce domaine (libéralisme, thème du droit des parents : selon le raisonnement habituel, si le Québec intervient par la loi ou le règlement au profit du français l'on ne pourra empêcher le gouvernement de l'Ontario et d'autres provinces d'agir de même au profit de l'anglais et contre le français...).

Enfin l'on ne saurait écarter totalement une autre explication : c'est parce qu'ils savaient pertinemment n'en rien pouvoir obtenir que les défenseurs de la langue française n'ont rien demandé au gouvernement québécois. Comme le rappelle opportunément Michel Brunet, jusqu'en 1925 les chèques émis par le gouvernement provincial n'étaient rédigés qu'en langue anglaise. La province déposait ses fonds le plus souvent dans

---

53. Dans *la Présence anglaise et les Canadiens*, p. 158-159. De son côté Pierre Elliott Trudeau observe : « Une fausse mentalité s'est installée chez nous, en vertu de laquelle l'État est considéré comme un maître lointain et capricieux dont on ne doit s'approcher qu'avec crainte et soumission : sans doute ce maître peut rendre des services à la société, mais mieux vaut lui en demander le moins possible parce qu'avec un tel tyran la vie familiale et la foi religieuse ne sont jamais en sécurité. » *Les Cheminements de la politique*, Montréal, Editions du Jour, 1970, p. 53 (série d'articles publiés dans l'hebdomadaire *Vrai* entre le 15 février et le 5 juillet 1958).

une banque anglo-canadienne. Le département de la Trésorerie était « anglais jusqu'aux moelles » (E. Bruchési) [54]. Compte tenu du pouvoir de la finance dans la vie des gouvernements, ces dispositions ne laissaient pas présager un accueil favorable à d'éventuelles revendications au profit de la langue française.

La coercition exclue, il n'y a guère que la stimulation, l'appel à la solidarité nationale, (« Canadiens français, respectez votre langue ! »), le recours aux bons sentiments ou au soi-disant intérêt bien compris de l'élément dominant (« Fabricants anglais, établissez des notices en français, c'est moralement juste puisqu'une large partie de votre clientèle est de langue française, et ce sera avantageux pour vous, la population de langue française étant ainsi poussée à vous donner la préférence ! »). Si l'on veut que de tels arguments aient le moindre succès, il faut que l'opinion suive, qu'elle soutienne, qu'elle fasse sentir son poids. Était-ce alors le cas ?

On peut considérer que les Congrès de la langue française (dont le premier se tint du 24 au 30 juin 1912) avaient pour objectif à la fois d'affirmer la présence de la langue française et d'appeler l'attention d'un public aussi large que possible sur les risques la menaçant. Ces Congrès ont eu sans doute du retentissement mais l'on peut s'interroger sur l'ampleur de leur résonance populaire. Si la portée et l'audience du premier Congrès ne semblent pas avoir été mises en cause (correspondance entre la participation et l'état des forces sociales canadiennes-françaises), il n'en a pas été de même pour les suivants (reproche fait aux dirigeants de ces manifestations de lier la défense de la langue à la préservation des valeurs traditionnelles, de laisser les masses en dehors des délibérations, de négliger la jeunesse, d'où un vieillissement du groupe des participants...).

C. IDENTIFICATION DES MILITANTS DU FRANÇAIS

Dans la bataille dont nous avons essayé d'exposer les caractéristiques, certaines personnes se font remarquer par leur ardeur à défendre le français. Voici, à titre simplement indicatif, quelques noms dont certains ont, du reste, déjà été mentionnés. Des journalistes et des écrivains font la chasse aux anglicismes et analysent les facteurs de la menace pesant sur le français (Arthur Buies, Jules-Paul Tardivel, Oscar Dunn, Rex Desmarchais, à notre époque Jean-Marc Léger). Des poètes chantent la langue française (Albert Lozeau, Gustave Zidler, William Chapman). Des

---

54. Dans « les Servitudes et les défis du bilinguisme », *Québec Canada anglais : deux itinéraires, un affrontement*, p. 194-195.

avocats militent dans les organismes de défense du français (Antonio Perrault, Adjutor Rivard, Louis-Philippe Geoffrion, Anatole Vanier). Des éducateurs dénoncent les risques du bilinguisme (Victor Barbeau, Esdras Minville). Insistons sur le rôle important des prêtres dans ce combat (les abbés Thomas Maguire et Stanislas Lortie, les Pères Étienne Blanchard et Joseph Papin-Archambault, le chanoine Lionel Groulx, l'abbé Paul-Émile Gosselin). Même la hiérarchie est présente (Mgr Paul-Eugène Roy, Mgr Camille Roy). Vu leur grande activité dans le mouvement, les ecclésiastiques donnent le ton. Dans ces conditions il n'est pas surprenant que l'on en soit arrivé à une véritable théologie de la langue, cette dernière étant proclamée gardienne de la foi — thème ambivalent, nous l'avons dit, et susceptible, sous l'un de ses aspects, de conférer à la langue un caractère simplement instrumental, auxiliaire.

Aspect significatif de ce combat : la publication de dictionnaires et de glossaires susceptibles de contribuer à la valorisation du français parlé au Canada. Ainsi, en 1880, publication d'un important travail d'Oscar Dunn sous le titre *Glossaire franco-canadien et vocabulaire de locutions vicieuses usitées au Canada.* L'événement sans doute le plus marquant dans ce secteur est la parution en 1930 de l'ouvrage intitulé *le Glossaire du parler français au Canada* : c'est le fruit des travaux d'une équipe animée par Adjutor Rivard et Louis-Philippe Geoffrion.

Tout un effort a été ainsi entrepris pour sensibiliser et mobiliser l'opinion. Des groupes mènent campagne ou y participent : citons, à titre d'exemples importants, la Ligue des droits du français, l'Action française, les Sociétés Saint-Jean-Baptiste, l'Action catholique de la jeunesse canadienne-française, la Société du parler français au Canada, le Conseil de la vie française en Amérique... Il serait injuste de sous-estimer l'ampleur et la qualité du travail entrepris à ce titre même si les options finales ont souvent manqué d'ampleur et d'audace. Il ne faudrait pas juger ces démarches avec les critères d'aujourd'hui : ce qui nous paraît maintenant simple ou banal comportait peut-être alors des difficultés matérielles ou autres dont nous n'avons pas une juste idée.

Les défenseurs de la langue française ont-ils été comme tels contredits ou combattus dans le milieu canadien-français ? Si l'on s'en tient aux prises de positions expresses, nous n'avons guère trouvé de textes rejetant par principe les démarches effectuées en vue d'assurer la sauvegarde du français. Certes, la thèse de l'assimilation a toujours eu des partisans chez les Anglais : si le rapport Durham (dont nous présentons des extraits) est à cet égard tout à fait explicite, l'envoyé anglais avait eu des prédécesseurs et il aura des successeurs comme Dalton McCarthy. Quelques Canadiens français n'ont pas craint de prendre à leur compte une telle politique : ainsi Adélard Desjardins qui se prononce dans un texte de façon très claire pour l'assimilation linguistique (le bilinguisme est mauvais intrinsèquement, donc acceptons l'unilinguisme mais anglais). Mais ces prises de position demeurent l'exception.

On doit toutefois mentionner le cas des institutions ou personnes se réjouissant des progrès de l'anglais chez les Canadiens français. Michel Brunet donne quelques exemples significatifs de ce courant : ainsi, le Séminaire de Nicolet dont le règlement, approuvé par l'évêque de Québec en 1842, faisait notamment obligation aux élèves d'utiliser la seule langue anglaise pendant la récréation du soir ; ou encore l'historien Ferland qui en 1853 se félicitait de ce que les trois quarts des Canadiens français habitant Québec et ayant reçu quelque instruction parlent facilement l'anglais [55]. Il est probable que plusieurs ont partagé, mais sans le dire aussi ouvertement, de tels sentiments, finalement propices à l'assimilation.

Ces positions qui allaient directement à l'encontre des efforts entrepris pour la sauvegarde du français n'ont sans doute jamais été générales. Toutefois, même dans les cas où les thèses favorables au français ne suscitaient pas de contradiction ouverte, c'est-à-dire l'immense majorité, cette circonstance ne signifiait pas que les défenseurs de cette langue aient toujours trouvé dans leur milieu le soutien actif nécessaire. Bien des indices permettent de penser que, dans les cercles dirigeants ou influents du Canada français, plusieurs s'accommodaient fort bien de la situation d'infériorité faite à la langue française ou s'y résignaient. Cette indifférence n'allait que rarement jusqu'à la négation du français comme autrefois dans le cas de Pierre-Louis Panet : il s'agissait sans doute davantage d'une simple tiédeur à l'égard de la langue maternelle. Mais ce sentiment, surtout s'il s'accompagnait d'un empressement à apprendre la langue du groupe dominant (et il y avait tellement de raisons, plus ou moins fondées, d'agir de la sorte), ne pouvait manquer de compliquer la tâche des militants du français.

Tels sont les traits qui, à la lumière des textes rassemblés, nous semblent caractériser l'évolution historique de la bataille linguistique au Québec. Il s'agit maintenant de savoir si les constatations ainsi faites demeurent valables pour la période la plus récente.

---

55. Dans Michel Brunet, « les Servitudes et les défis du bilinguisme », *Québec Canada anglais*, p. 189.

IV. ASPECTS ACTUELS DU COMBAT

Il est toujours intellectuellement dangereux d'introduire une coupure brutale ou rigide dans une longue évolution sans disposer du recul historique suffisant. Les contemporains d'une situation quelconque ont inévitablement tendance à en privilégier, donc à en exagérer, la signification et la portée et cela au mépris des éléments de continuité dont l'influence ne cesse pas pour autant de se poursuivre : l'intempérance actuelle dans l'emploi du mot « révolution » constitue un excellent indicateur de cette propension. Il n'est pas rare que, par la suite, les historiens repoussent les divisions chronologiques établies par les contemporains des événements, qu'ils décèlent une continuité, avec peut-être certaines flexions, là où les seconds inclinaient à voir un changement essentiel, voire une rupture complète.

Malgré les apparences, il reste habituellement difficile, sauf destruction préméditée et entière de l'ordre établi, de déterminer sur le moment les nouveautés authentiques ou, en d'autres termes, d'identifier les « causalités naissantes » qui sont susceptibles, au bout d'un temps plus ou moins long, d'altérer, substantiellement et durablement, la ligne de l'évolution. Au surplus, il demeure possible que la classe ou le groupe bénéficiaire de l'ordre établi arrive finalement, par divers artifices, à contrôler le jeu de ces causalités, à en contenir les effets pendant une période variable : d'où, en définitive, la continuation de la situation ancienne alors que, sur la base des signes annonciateurs de changements, l'on s'était hâté de pronostiquer une modification radicale, parfois en l'assortissant d'une date précise. Il y a trop d'exemples de telles erreurs pour que l'on ne soit pas tenu de marquer de la prudence dans l'appréciation des phénomènes récents.

Dans notre cas, il s'agit de savoir si, effectivement, la bataille linguistique au Québec a connu des transformations fondamentales, si les traits que nous avons tenus pour caractéristiques d'une expérience séculaire correspondent encore aux comportements actuels. Une situation radicalement neuve a-t-elle pris naissance au cours des dernières années ou est-ce la même situation qui continue avec les adaptations commandées par l'esprit du temps ? De prime abord, nous pouvons observer deux séries de transformations qui paraissent susceptibles d'avoir des répercussions importantes : le rejet par de nombreux groupes (des groupes de plus en plus nombreux ?) de l'esprit, des thèmes et des modalités de la défense linguistique traditionnelle ; une modification, assez profonde semble-t-il, des conditions et des dimensions de la lutte. Ces transformations s'accompagnent de changements dans la liste des groupes qui participent, habituellement ou principalement, à cette bataille : des groupes anciens entrent en décadence ou modifient leur conception du problème ; de nouveaux venus apparaissent dans cette lutte (groupes de formation récente ou groupes plus anciens mais qui jusqu'alors s'étaient tenus à l'écart de cet affrontement). Toutes ces transformations sont impressionnantes. Cependant il n'est pas difficile de découvrir, à travers ces nouveautés, la permanence de certains facteurs de base, le maintien d'attitudes anciennes qui se manifestent sous des formes à peine rénovées.

Sans négliger pour autant ces facteurs d'incertitude, nous croyons utile d'exposer de manière séparée les aspects les plus récents de la bataille linguistique. Relevant en partie d'une commodité didactique, cette distribution nous semble toutefois avoir une légitimité propre dans la mesure où les comportements actuels, une partie d'entre eux au moins, apportent indiscutablement des éléments inédits dans l'affrontement des langues au Québec. Mais, en supposant que nous parvenions à identifier correctement ces éléments, il sera encore plus difficile d'en supputer le point d'aboutissement, compte tenu des résistances multiples et variées que suscite leur émergence.

A. CRITIQUE ET REJET DES POSITIONS TRADITIONNELLES

Les batailles linguistiques de l'époque passée se sont toujours heurtées à l'hostilité ou à l'indifférence de ceux qui bénéficiaient directement de l'hégémonie de l'anglais ou s'en accommodaient — et, en dépit de la thèse valorisant l'existence d'une « classe ethnique » au Canada français [56], bien des groupes de la nation dominée ont fait bloc sur ce point, pour des raisons diverses, avec la nation dominante (ne serait-ce qu'en adoptant une attitude passive vis-à-vis de la lutte pour le français). Le cas de la hiérarchie catholique est particulier : soutenant en règle générale l'ordre politique établi et acceptant la domination exercée par l'élément anglais, elle favorise néanmoins le maintien du français chez les Canadiens français dans le but de conserver leur fidélité religieuse.

Malgré certaines adaptations apparentes, cette acceptation de la situation obtenue par la langue anglaise continue de se manifester largement. Toutefois, le trait nouveau de la conjoncture linguistique est que les positions traditionnelles font désormais l'objet de critiques sévères par des groupes qui souhaiteraient une transformation profonde dans la situa-

---

56. Rappel de la thèse soutenue par Jacques Dofny et Marcel Rioux dans « les Classes sociales au Canada français », *Revue française de sociologie*, vol. 3, no 3, juillet-septembre 1962, p. 290-300.

tion des langues — transformation allant jusqu'à l'institution au Québec de l'unilinguisme français. Ces groupes estiment que la conception même de la lutte ancienne vouait les efforts entrepris à la faillite. La poursuite de tels efforts à notre époque serait un simple gaspillage d'énergie.

Dans cette perspective, l'un des reproches essentiels faits aux positions anciennes réside dans la constatation d'un profond décalage entre la gravité des maux observés et la faiblesse des remèdes proposés. Certes, à l'époque précédente, les défenseurs du français n'ont pas craint de souligner la grave détérioration subie par cette langue dans ses contacts avec l'anglais mais, en règle générale, ils n'ont pas témoigné de la même audace ou de la même lucidité dans la recherche des facteurs de cette dégradation. Notons à ce propos les observations d'André D'Allemagne : « de tous les personnages et de tous les organismes qui se sont faits les champions officiels de la refrancisation linguistique, bien peu semblent avoir saisi les causes de la situation. On fait de la langue une valeur absolue, sans comprendre qu'elle n'est qu'un instrument qui, faute d'emploi, s'émousse... Au Québec, le français est donc devenu presque une langue morte, en ce sens qu'il est dissocié des réalités dynamiques et réservé à la communication populaire [57] ».

Autrement dit, l'on s'en est tenu trop souvent à l'aspect superficiel des phénomènes linguistiques sans remonter aux influences qui provoquent « cet abâtardissement de la langue » et en font parfois « un véritable charabia » (selon des expressions empruntées à D'Allemagne). Les causes de cette timidité sont sans doute diverses (manque d'audace ou de clairvoyance civique, conditionnement par les thèses dominantes sur le caractère irremplaçable de l'anglais...). Plus profondément, ces insuffisances tiennent à l'escamotage de la dimension politique du conflit. À part Tocqueville et peut-être aussi Mgr Laflèche, presque personne n'analyse les causes politiques de la dégradation de la langue française.

Contrairement à ce que craignaient les Anglais partisans du « One Nation, One Language », le combat pour le français ne débouche pas — sauf dans certains mouvements des années trente et peut-être aussi à l'Action française — sur une remise en cause des structures politiques du pays. Bien au contraire, comme nous l'avons dit, les militants du français (que ce soit par conviction, tactique ou opportunisme) renouvellent leur fidélité à la couronne britannique et au Canada : il s'en trouve même qui offrent aux Anglais de faire du français l'un des instruments de l'autonomie canadienne face à la puissance montante des États-Unis.

---

57. Dans *le Colonialisme au Québec*, Montréal, Editions R-B, 1966, citations prises p. 30 et 81.

Ce manque de rigueur dans l'analyse des facteurs de la situation explique qu'en définitive les inspirateurs de ces luttes aient eu souvent tendance à se satisfaire d'apparences symboliques (le cas des timbres-poste bilingues est typique) ou à combattre pour des questions somme toute fort secondaires (ainsi la campagne tendant à doter d'un nom emprunté à la tradition française l'hôtel Queen Elizabeth à Montréal). D'un autre côté, les autorités fédérales placées devant de telles demandes ont eu propension à présenter comme des concessions importantes — excessives et dangereuses au dire des partisans les plus fanatiques du « One Nation » — les maigres satisfactions octroyées aux défenseurs du français, généralement après un délai d'attente appréciable. Sans oublier pour autant les difficultés de ces luttes à l'égard d'adversaires si conscients de leur force et si sûrs de leur bon droit, on peut comprendre que les résultats acquis paraissent bien légers à des générations qui ont été les témoins de la désagrégation des vieux empires coloniaux et de la dispa-rition de tant d'autres privilèges acquis [58].

Cet escamotage des aspects profonds du conflit ne saurait surprendre si l'on observe qu'après la défaite de l'Insurrection de 1837 la défense de la langue est devenue partie intégrante d'un nationalisme tendant davantage à obtenir la sauvegarde d'une culture qu'à proclamer l'existence d'une nation ayant vocation à l'indépendance [59]. Pour la petite bourgeoisie qui se fait le champion d'un tel nationalisme, la défense de la langue s'insère, de manière prédominante, dans le cadre d'une lutte pour la survivance qui privilégie le maintien de la religion et des valeurs rurales. Pendant toute cette période, comme le montre si bien le thème de la langue gardienne de la foi, l'on assimile survivance linguistique et survivance religieuse. Ce n'est dès lors pas l'effet du hasard si la catégorie des militants du français a comporté tant d'ecclésiastiques.

Considérée comme un élément du combat pour la survivance d'une culture d'inspiration et d'implantation rurales, la bataille pour le français se trouvait marquée au coin du traditionalisme et du conservatisme carac-

---

58. Citons encore D'Allemagne à cet égard : « Les grandes campagnes de refran-cisation de la Société Saint-Jean-Baptiste ont donné moins de résultats que la diffusion des romans policiers français (Simenon, par exemple) et des albums *Tintin*, pour ne pas parler des magazines de cinéma et des diverses revues de tout calibre qui ont finalement envahi le marché québécois. Heureusement il devient de plus en plus évident pour une partie croissante de la population québécoise que la survivance linguistique et culturelle est indissociable du pouvoir économique et politique. » *Le Colonialisme au Québec*, p. 116.

59. C'est ce que Marcel Rioux appelle « un tragique *rétrécissement* » (souligné par lui). Dans *la Question du Québec*, Paris, Seghers, 1969, p. 78. Pour une interprétation systématique du nationalisme québécois, se reporter à l'article de Gilles Bourque et Nicole Laurin-Frenette, « Classes sociales et idéologies na-tionalistes au Québec 1760-1970 », *Socialisme québécois*, 20, avril-mai-juin 1970, p. 13-55.

téristiques de l'idéologie dominante dans une société de ce genre. Ainsi s'expliquent plusieurs traits de cette bataille comme l'exaltation des archaïsmes, l'apologie de la langue des XVIe et XVIIe siècles, le recours au thème de la « langue des ancêtres », le refus de la langue et de la littérature de la France révolutionnaire, républicaine et laïque. Le rejet de positions de cet ordre exprime la volonté de tourner le dos à un mode de nationalisme dont, vu les transformations socio-économiques du Québec, le maintien serait purement folklorique et qui d'ailleurs, en son temps, n'a guère connu de réussite.

Ces critiques risquent de paraître sévères et peut-être ont-elles le tort de juger les démarches d'une époque trop exclusivement avec les critères et les exigences de l'époque suivante. À un moment de l'histoire où l'Empire britannique atteignait son zénith, il eut été sans doute plus difficile qu'aujourd'hui de faire preuve d'audace et d'intransigeance dans la défense de la langue française au Québec. Mais il est vrai que, de toute manière, les composantes sociales de l'idéologie nationaliste de cette époque excluaient une telle rigueur et, notamment, l'attribution ouverte à ce combat d'une signification proprement politique. À cet égard, considérable est la différence avec les luttes d'aujourd'hui.

B. DIMENSIONS NOUVELLES DE L'AFFRONTEMENT

Trois séries de phénomènes donnent au conflit linguistique québécois un contenu et un style nouveaux : les groupes qui défendent le français, dont beaucoup de nouveaux venus dans cette lutte, apportent des changements notables aux revendications traditionnelles ; les gouvernements (ceux du Canada, du Québec, voire même des provinces anglaises) se livrent à des interventions croissantes au titre de la situation des langues ; les anglophones d'origine et d'adoption, surtout ceux du Québec, éprouvent à l'égard de ces transformations des sentiments de frustration et d'inquiétude dont les conséquences sont ambivalentes.

a) changements dans les revendications linguistiques. Ces modifications affectent pratiquement tous les aspects de ces démarches qui, chez plusieurs groupes, prennent la forme d'exigences. C'est notamment le cas pour l'argumentation dont se réclament les militants du français. Des pans entiers du discours ancien tombent en désuétude : ainsi le thème des rapports entre la foi et la langue, le mobile d'une survivance conjointe du catholicisme et de la langue française (position qui, sans même parler du déclin de la pratique religieuse, serait difficile à soutenir, pour dire le moins, à un moment où le secteur anglo-catholique de l'éducation à Montréal s'attache à l'anglicisation massive des immigrants et même d'une certaine proportion de Québécois). Parallèlement la composition de la catégorie des militants du français connaît des changements notables. Les écrivains, parmi lesquels il convient désormais de ranger ceux qui travaillent pour les nouveaux moyens de communication (radio, télévision...), restent, en grand nombre, au premier plan de la lutte. En revanche, la place tenue par les ecclésiastiques devient beaucoup plus modeste. La relève de ceux-ci est assurée par un engagement très substantiel d'enseignants et d'étudiants appartenant aux divers ordres du monde de l'éducation. Ainsi la défense de la langue française se trouve-t-elle, à l'image d'autres secteurs de l'action sociale, en voie de complète sécularisation.

L'une des divergences les plus considérables par rapport à la période précédente est le rejet de la dualité linguistique comme principe de base du régime des langues au Québec. Les défenseurs du français entendent substituer au bilinguisme actuel un système d'unilinguisme français dont l'objet est d'instituer, au profit de la langue de la majorité, une situation de primauté. Cette revendication ne vise nullement à empêcher l'enseignement des langues étrangères qui connaît à notre époque un vif développement, même dans les pays unilingues. Le rejet de la situation présente exprime non la volonté d'isoler les Québécois des langues étrangères (y compris l'anglais) mais celle de mettre fin à la prépondérance acquise par la langue de la minorité, prépondérance qui va jusqu'à un monopole de fait dans certains secteurs, par exemple celui des affaires financières et des transactions boursières à Montréal [60].

La revendication de l'unilinguisme français s'affirme ouvertement avec la création du Rassemblement pour l'indépendance nationale (RIN) dès les premières années de la décennie 1960-1970 et, quoique demeurant minoritaire au sein de la population de langue française, son audience et son rayonnement tendent à augmenter avec le passage des années. Les renforts viennent de plusieurs milieux, dont certains acceptaient jusque-là les principes de la dualité linguistique (le milieu des enseignants mais aussi, plus lentement il est vrai, celui des sociétés patriotiques et des organisations syndicales).

Certes, tous les groupes intéressés ne donnent pas un contenu uniforme à la notion d'unilinguisme. Qu'il s'agisse de la langue de l'État,

---

60. Voir la « lettre ouverte » adressée par le courtier François Lessard au premier ministre Bourassa dans *le Devoir*, 17-18 août 1971, lettre publiée sous le titre « le Québec sous la tutelle de la finance anglophone ».

de celle de l'éducation et, plus encore, de celle de la vie économique, les partisans déclarés de l'unilinguisme se montrent inégalement exigeants, certains se prononçant pour des exceptions ou encore pour des délais qui atténuent sensiblement la rigueur et la portée de la revendication. Ces divergences, par exemple celles qui concernent le sort des écoles de la minorité anglaise ou l'obligation pour les immigrants d'envoyer leurs enfants à l'école française, se manifestent, parfois avec acuité, au sein de différents groupes (cas notamment du Parti québécois). Cependant, malgré ces différences, une idée commune prévaut : le système de la dualité linguistique, tel qu'il fonctionne au Québec, provoque nécessairement une dégradation de la langue française et risque d'amener, à plus ou moins brève échéance, son écrasement final. L'épanouissement de la langue de la majorité, sa simple survivance même, exigent l'abandon du bilinguisme foncièrement inégal dont la population de langue française supporte la plus large part et nécessite l'adoption de mesures assez rigoureuses pour renverser le courant.

Une telle revendication cesse de constituer un pur phénomène culturel. Il ne s'agit plus seulement d'un vœu dont l'accomplissement dépendrait pour l'essentiel de l'action privée de groupes et d'individus. Sous ses différentes formes, l'unilinguisme a des implications nettement et rigoureusement politiques. D'abord parce que sa réalisation est inconcevable sans la mise en œuvre, sur une large échelle, des compétences et des ressources dont disposent les autorités gouvernementales : l'on ne saurait concevoir la moindre transformation en profondeur de la situation linguistique si l'État ne prend pas à son compte la réalisation de cet objectif. Mais, plus profondément encore, l'affaire est politique dans la mesure où cette modification vise à préparer, à faciliter et à accompagner le renversement de l'omnipotence socio-économique de la minorité anglaise. Par le biais de la revendication linguistique, c'est en réalité tout le rapport des forces dans la société québécoise qui se trouve mis en contestation. Quoiqu'elle ait un objet spécifique immédiat — celui d'arrêter la dégradation du français au Québec et de bloquer définitivement la perspective d'une assimilation linguistique de la majorité à la minorité — la bataille des langues implique désormais un élargissement et un renforcement substantiels de l'influence exercée par la majorité française dans tous les secteurs de la vie collective (secteur économique compris).

Ainsi, par leur cohérence et leur logique propre, les revendications linguistiques actuelles, du moins sous leur forme la plus rigoureuse, tendent objectivement à se situer hors du cadre politique établi. L'existence d'une relation entre l'unilinguisme français et l'indépendantisme québécois ne paraît guère contestable. Et la relation s'affirme que l'on parte de l'un ou de l'autre de ces éléments : l'adoption de l'indépendantisme conduit presque nécessairement au rejet de la dualité linguistique ; le refus de cette dualité pousse au minimum à s'interroger sur la possibilité de réaliser l'unilinguisme français dans le cadre du régime fédéral — possibilité qui, sur la base de l'expérience passée et des pratiques actuelles, semble extrêmement aléatoire.

Parmi les facteurs qui ont pu susciter les prises de position en faveur de l'unilinguisme chez certains groupes ou les consolider chez d'autres figure la conscience des risques qu'entraîne pour la communauté de langue française l'anglicisation massive des immigrants. Les Canadiens français étaient sensibles à ce péril depuis les efforts entrepris après l'annexion pour introduire au pays des contingents substantiels d'immigrants ayant l'anglais pour langue maternelle. Actuellement ce danger persiste, plus d'un tiers des immigrants qui entrent au Québec étant de langue anglaise. Toutefois, à notre époque, le péril vient surtout d'immigrants qui se convertissent à l'anglais, eux et leur famille, une fois installés au Québec. Ainsi ces immigrants, sans même avoir initialement la citoyenneté, apportent-ils un puissant renfort à une minorité linguistique qui, privée de ce secours, ferait piètre figure (faiblesse particulière du taux de natalité dans le groupe d'origine ethnique anglaise au Québec [61]).

Pendant la décennie 1960-1970, cette question donne lieu à des évaluations statistiques précises dont l'énoncé ne permet plus le moindre doute sur la propension de tous les groupes d'immigrants qui ne sont pas de langue maternelle française à tourner le dos à la langue de la majorité. Ce choix, joint à la baisse du taux de natalité chez les Canadiens français, risque d'affaiblir la part des citoyens de langue française dans la population du Québec. Des prévisions démographiques font même redouter la survenance d'une transformation profonde dans le rapport des forces linguistiques à Montréal : l'on évoque à ce propos la possibilité que les anglophones

---

61. En font foi les déclarations d'origine ethnique lors du recensement de 1961. Il s'agit des réponses à la question : « A quel groupe ethnique ou culturel appartenait votre ascendant paternel (ou vous-même) lors de son arrivée en Amérique. » Les déclarations d'origine ethnique anglo-galloise ne s'élèvent qu'à 6.13 % du total. La part des Ecossais est de 2.09 et celle des Irlandais de 2.46. Même si l'on additionne tous ces éléments (ce qui pour les Irlandais au moins est abusif) la place des îles Britanniques dans la composition ethnique du Québec atteint seulement 10.68 %. Le taux de natalité du groupe d'origine anglaise se situe entre 11 et 12 % (seuls les Juifs de Montréal ayant un taux plus bas : 11 % — ce qui est l'un des taux les plus bas au monde). Malgré une baisse très marquée, le taux du groupe d'origine française atteint encore 15 à 16 %. Le taux le plus élevé est présentement celui des Italiens : 30.9 % en 1966 (ce taux s'explique par la présence chez les immigrants italiens d'une forte proportion d'éléments en âge de se marier : il semble appelé à baisser dans les années à venir).

ne finissent par s'assurer la majorité dans la métropole [62]. Cependant le plus grand nombre des parlants français du Québec semble accepter l'anglicisation des immigrants ou, plus exactement, ne paraît pas décidé à s'y opposer. L'affaire de Saint-Léonard représente la première tentative pour renverser ce courant : constatant la carence gouvernementale, des citoyens québécois prennent l'initiative d'agir. Et, à partir de là, le domaine de l'éducation ne cessera d'être au centre des discussions sur le statut des langues.

Un autre thème va prendre une importance grandissante dans la bataille linguistique : celui de la langue du travail. Il s'agit pour les travailleurs québécois d'avoir la possibilité d'utiliser leur propre langue dans l'ensemble des relations du travail, de gagner leur vie sans être obligés, à un moment ou l'autre, de passer par la langue de la minorité. Revendication fondamentale, certes, mais qui, nous l'avons noté, ne semblait pas beaucoup préoccuper les défenseurs du français d'esprit traditionnel. Désormais cette question, elle aussi, se trouve mise au premier plan de la controverse linguistique. Cette revendication soulève d'ailleurs une foule de questions concernant, en particulier, la discussion et la rédaction des contrats collectifs, l'instruction des griefs, l'élaboration des instructions et des consignes pour l'exécution des tâches. Question encore plus complexe : celle des capacités linguistiques du personnel de surveillance et d'encadrement. En réalité, cette revendication met en cause tout le fonctionnement concret de l'usine et du bureau.

Témoins de ces revendications linguistiques, les syndicats auront tendance pendant longtemps à faire preuve de prudence, une prudence assez forte pour friser l'ambiguïté. La nature même de leurs préoccupations, comme aussi une certaine apathie de leurs membres en la matière, les poussent à tenir un plus grand compte des salaires et de l'emploi que des relations linguistiques sur les lieux de travail. Même si leurs dirigeants se plaignent dans leurs discours et proclamations de la situation actuelle, ces groupes finissent en beaucoup de cas par en accepter les conséquences essentielles ou par s'y résigner (cas significatif de General Motors à Sainte-Thérèse). Lors du congrès général de la Confédération des syndicats

---

62. Rappel d'un article bien connu de trois membres du Département de démographie de l'Université de Montréal : Hubert Charbonneau, Jacques Henripin et Jacques Légaré, « la Situation démographique des francophones au Québec et à Montréal d'ici l'an 2,000 », *le Devoir*, 4 novembre 1969. Les auteurs font deux séries d'hypothèses, favorables et défavorables à la population de langue française : selon les premières, celle-ci ne constituera plus que 60 % de la population montréalaise tandis que selon les secondes elle tombera à 52.7 %. Aujourd'hui les auteurs de cette analyse paraissent moins pessimistes sur l'évolution de la part des éléments de langue française à Montréal (réduction assez sensible du nombre des immigrants ; sortie du Québec d'un nombre appréciable de ceux-ci).

nationaux (CSN) tenu en décembre 1970, l'on assiste au rejet d'une résolution tendant à l'arrêt de la publication de l'édition anglaise du journal *le Travail* (présence au sein de la CSN d'une minorité appréciable de travailleurs anglophones, de l'ordre de 7 % semble-t-il mais, peut-être aussi, volonté de s'implanter dans la fonction publique fédérale et même d'étendre le recrutement à l'Ontario). Cependant, à l'occasion du même congrès, le président de la Confédération, Marcel Pépin, recommande dans son rapport moral que les travailleurs exigent du gouvernement québécois une action tendant à l'établissement rapide du français comme langue de travail au Québec.

L'on observe une tendance analogue chez la Fédération des travailleurs du Québec (FTQ) laquelle revendique, dans un mémoire à la Commission Gendron, la création d'une régie chargée d'instaurer le français comme langue de travail dans chaque secteur industriel. C'est là un renfort considérable pour la thèse de l'unilinguisme français. Lors de son dernier congrès (décembre 1971) la FTQ reconnaît officiellement le droit du Québec à l'autodétermination (y compris le droit à la souveraineté) si celle-ci s'accomplit en fonction des besoins et des aspirations des travailleurs et, en même temps, se prononce en faveur du français comme seule langue officielle au Québec [63].

Allant plus loin, les centrales syndicales ne craignent pas de faire état de préoccupations semblables à propos de domaines extérieurs aux rapports du travail proprement dits (ainsi la restructuration scolaire de l'île de Montréal dans le cadre du bill 28). À l'instar de la Corporation des enseignants du Québec (CEQ), les centrales manifestent la volonté de jouer un rôle actif dans l'affrontement des langues. Point important : à l'inverse des grands dirigeants économiques et financiers, les dirigeants des trois centrales (CSN, FTQ, CEQ) sont de langue française. Chez plusieurs dirigeants syndicaux d'ailleurs, ces prises de position d'ordre linguistique constituent un aspect ou un élément de la lutte contre un système économique dominé et manipulé par des propriétaires et managers étrangers à la collectivité de langue française. Ici encore l'affrontement linguistique débouche, d'une manière ou d'une autre, sur des perspectives de très vaste portée. Au Québec, le grand capitalisme parle anglais et les discriminations linguistiques qui en résultent pour les travailleurs sont autant d'incitations supplémentaires à le contester.

63. Selon *le Devoir*, 6 décembre 1971, p. 1-2. Reste la question de la langue de travail au sein de la centrale (laquelle compte moins de 10 % d'anglophones en son sein). Une résolution soumise au congrès tend à faire du français la seule langue de travail à la FTQ sauf au niveau des services personnels et des communications avec le bureau de la centrale (*le Devoir*, 3 décembre 1971) : cette résolution est actuellement (décembre 1971) à l'examen du bureau confédéral.

Ce durcissement et cet élargissement de la revendication linguistique s'accompagnent chez les groupes intéressés d'un changement dans le style d'action. La manifestation de foule, dans les rues de la métropole ou devant l'Assemblée nationale, fait son apparition comme technique d'affirmation et de promotion des positions linguistiques (manifestations à Québec autour du parlement contre le bill 85 et le bill 63, manifestation à Montréal pour la francisation de McGill...). À Saint-Léonard, en septembre 1969, l'on assiste à des manifestations violentes dont la dernière, en date du 10, donne lieu à la proclamation de la loi de l'émeute. Que les défenseurs du français descendent dans les rues pour assurer le maximum de rayonnement à leurs convictions, c'est là un comportement qui diffère radicalement des conduites anciennes.

Notons enfin une nette modification dans l'horizon géographique de la bataille linguistique. Les militants d'autrefois étendaient cet horizon à l'espace nord-américain : leurs préoccupations se manifestaient à l'égard des minorités de langue française réparties sur le territoire canadien (spécialement celles situées à l'ouest des terres québécoises) ainsi qu'à l'égard des groupes français établis aux États-Unis (avant tout ceux vivant dans les États de la Nouvelle-Angleterre). Dans le passé, le sort de ces minorités a été constamment invoqué pour inciter les Canadiens français du Québec a traiter généreusement la minorité anglophone québécoise, à faire preuve de modération dans les exigences linguistiques concernant leur propre domaine territorial. En même temps, le souci d'assurer la défense des minorités de langue française éloignées du Québec entraînait une dispersion des forces.

Le nationalisme québécois des années soixante abandonne résolument ces préoccupations. Dans un premier temps, ce courant invoque le fait même de l'assimilation de ces minorités contre le principe de la Confédération. Puis l'on cesse de porter attention au problème tout en prévoyant une possibilité de rapatriement de ces minorités. Vient un moment (1967) où le nationalisme traditionnel lui-même, tel que représenté par les États généraux du Canada français, rejette expressément la position ancienne, laquelle profitait essentiellement aux anglophones du Québec : désormais une priorité absolue doit être accordée au destin du Québec lui-même en tant que « foyer national » des Canadiens français.

Donc, en un sens, rétrécissement de l'horizon géographique de la bataille des langues pour concentrer les efforts sur le point essentiel : le bastion dont l'érosion entraînerait à plus ou moins brève échéance la disparition de la langue française en Amérique du Nord ou la réduction de celle-ci au destin d'un parler folklorique comme en Louisiane. Mais ce rétrécissement est compensé par l'établissement de contacts avec l'univers de la francophonie. C'est une démarche bien différente de la précédente. Cette fois le Québec sort de ses frontières non plus pour accomplir un rôle de défense mais pour s'insérer dans un ensemble susceptible de lui fournir un point d'appui au titre de sa propre lutte. Au lieu de chercher à consolider la position d'éléments qui lui sont devenus extérieurs, le Québec trouve dans l'adhésion à la francophonie un moyen de renforcer et de valoriser sa situation comme pays de langue française. La transformation des attitudes est profonde.

Le gouvernement québécois, non sans de sérieuses difficultés et controverses avec le gouvernement fédéral, participe activement à cette ouverture qui ne concerne pas exclusivement les rapports avec la France même si la redécouverte de la France constitue l'un des actifs essentiels de la participation à ce mouvement. De 1960 à 1972 le nombre des enseignants canadiens en service dans des pays de la francophonie passe de sept à cinq cent vingt-six (les États desservis étant pour l'essentiel dix-neuf pays africains et Madagascar [64]). C'est là une participation encore modeste si on la compare aux effectifs envoyés par la France. Mais elle a une signification importante dans la mesure où il ne s'agit plus de livrer des combats d'arrière-garde, souvent désespérés, mais de jouer un rôle dans l'épanouissement d'une langue internationale. Les coopérants, dont la majorité vient du Québec, remplissent leurs fonctions sous les auspices de l'Agence canadienne de développement international. Au Québec même, le ministère de l'Éducation comporte une direction de la coopération avec l'extérieur. Cet élargissement des perspectives constitue donc à plusieurs égards une affaire gouvernementale, indice entre beaucoup d'autres de l'implication grandissante des pouvoirs publics dans les questions linguistiques.

b) intervention croissante des gouvernements. Alors que la période précédente se caractérisait par un degré très faible d'intervention gouvernementale, spécialement de la part du gouvernement québécois, désormais les autorités publiques tendent à attribuer de plus en plus d'importance à ces questions et à multiplier les interventions. Même si ces autorités font profession de rejeter l'unilinguisme, il est très vraisemblable que les revendications défendues par les tenants de cette position figurent au premier rang des facteurs ayant incité les divers gouvernements à agir de la sorte.

1° Examinons d'abord le cas du gouvernement fédéral. Celui-ci s'en était tenu jusqu'alors à la politique des petites concessions plus symboliques qu'effectives (ainsi en 1958 sous le gouvernement Diefenbaker installation

---

64. Selon un communiqué de l'Office d'information et de publicité du gouvernement québécois, daté du 5 juillet 1971.

de la traduction simultanée à la Chambre des communes). Soucieux de couper court à la vague sécessionniste qui se manifeste dès le début de la décennie 1960-1970, les autorités d'Ottawa décident, pour la première fois dans l'histoire du Canada, de se saisir de l'ensemble de la question linguistique et d'engager une action de promotion du français valable pour le Canada tout entier. Cette politique débute par l'institution de la Commission royale d'enquête sur le bilinguisme et le biculturalisme dont le premier rapport (1965) souligne avec franchise la gravité de la crise que traverse le Canada. Le mandat fixé à la Commission ne sera pas accompli jusqu'au bout [65] mais le gouvernement fédéral n'en prend pas moins toute une série de mesures susceptibles, d'après lui, de faire véritablement du français l'une des deux langues officielles de la Confédération. Le texte de base de cette politique est la loi concernant le statut des langues officielles du Canada (17-18 Elizabeth II, chapitre 54) sanctionnée le 9 juillet 1969.

La réalisation de l'objectif ainsi visé suppose en premier lieu une réorganisation des structures et des pratiques de l'administration fédérale jusqu'à ce moment étroitement dominée et contrôlée par les fonctionnaires issus de la majorité anglophone. À cet effet le gouvernement s'efforce, par toute une série de mesures, de développer le bilinguisme chez les fonctionnaires eux-mêmes (les agents de langue française se trouvant déjà en fait dans l'obligation de savoir l'anglais, il s'agit essentiellement d'inciter les agents de langue anglaise à acquérir une connaissance d'usage du français). Le but de cette politique est double : obtenir d'une part que le français devienne l'une des langues de travail des fonctionnaires fédéraux et de l'autre que les citoyens puissent s'adresser aux organismes du gouvernement fédéral dans la langue officielle de leur choix. Cette réorganisation doit donc toucher aussi bien l'administration centrale que les sociétés de la Couronne et les services fédéraux installés sur tout le territoire (d'où l'adoption du système des districts bilingues). Plus récemment Ottawa annonce la création de quatre cent cinquante-sept unités de langue française au sein de la fonction publique canadienne, lesquelles regroupant vingt-neuf mille fonctionnaires seront situées dans cinq des dix provinces (trois cent trente au Québec, cent douze en Ontario...) et dans quatre des pays où le Canada possède des ambassades [66].

---

65. Les travaux de la Commission royale d'enquête ont pris fin le 31 mars 1971 sans que soient publiés les derniers rapports inscrits à son plan de travail initial, en particulier celui qui devait aborder « les grandes questions constitutionnelles concernant les relations et l'avenir des deux sociétés. » *Introduction générale* au rapport de la Commission, Ottawa, Imprimeur de la reine, 1967, p. VIII. Cette renonciation a été commentée en termes sévères par Claude Ryan : « le Rêve trahi d'André Laurendeau », *le Devoir*, 11 mars 1971, p. 4.

66. L'institution de semblables unités avait été suggérée par Gilles Lalande dès 1963 dans *Canadian public administration*, vol. VI, n° 4, décembre 1963, p. 429-433.

La loi de 1969 concernant le statut des langues officielles avait institué un poste de commissaire des langues officielles avec mission de prendre les mesures nécessaires pour que soit respectée « l'intention du législateur dans l'administration des affaires des institutions du Parlement et du Gouvernement du Canada » (art. 25). Ce dispositif nouveau est mis en mouvement à compter du 1er avril 1970 avec la désignation comme commissaire de Keith Spicer, ancien professeur de science politique.

Le gouvernement d'Ottawa ne peut agir directement que sur les seules institutions fédérales mais celles-ci, fort nombreuses (présentement quelque cent cinquante ministères, organismes et sociétés), comptent à leur service d'importantes masses d'hommes dans la capitale et dans l'ensemble du Canada. Les partisans du système estiment qu'une action d'envergure menée dans ce cadre ne peut manquer d'avoir des conséquences pour l'ensemble du pays — cette appréciation optimiste s'appliquant en particulier aux démarches du commissaire des langues officielles [67]. Au surplus le gouvernement fédéral peut inciter les autorités provinciales à entreprendre pour les affaires de leur ressort des politiques conformes à son propre dessein par l'offre de subventions couvrant ou atténuant la charge de telles mesures. Enfin la Société Radio-Canada favorise l'action du gouvernement fédéral en procédant à l'implantation de stations de radio et de télévision au profit des groupes de langue française hors du Québec.

Il faut ajouter à ces dispositifs les efforts entrepris pour donner une sorte de visage français au gouvernement fédéral. Ce souci conduit notamment les ministres de langue anglaise à s'exprimer en français dans leurs interventions à la radio et à la télévision sur les antennes du réseau de langue française (impression renforcée, bien entendu, par les ministres de langue française dont plusieurs détiennent des postes importants dans le cabinet Trudeau). La même remarque s'applique aux deux chefs de parti qui sont de langue anglaise (Robert Stanfield pour le Parti progressiste-conservateur et David Lewis pour le Nouveau Parti démocratique). Ainsi le premier ministre, la plupart des ministres et les chefs des trois

---

67. Prononçant une conférence devant la Chambre de commerce de Montréal le 25 janvier 1971, le commissaire Keith Spicer a souligné que le bureau des langues officielles « n'a pas évidemment à prendre parti dans le débat actuel entre les Québécois sur le statut idéal de la langue ». Mais il s'est dit l'allié naturel de tous ceux qui, au Québec, se préoccupent de la promotion du français (son aide s'exerçant notamment par l' « appui indirect au français comme langue de travail parmi un plus grand nombre des quelque 75,000 employés fédéraux au Québec »). Voir : texte multigraphié de la conférence, p. 9-10. On peut lire dans le *Premier Rapport annuel* du commissaire cette phrase significative : « En définitive, la vitalité du français partout au Canada reposera sur le dynamisme, voire la saine prédominance, du français dans le seul territoire (le Québec) où les francophones forment la majorité et possèdent des institutions qui reflètent cette réalité. » Ottawa, Information Canada, 1971, p. 4.

partis d'opposition s'adressent-ils en français à la population québécoise. Sans doute les éléments anglophones ne témoignent-ils pas d'une égale agilité dans le maniement du français et il arrive que leur capacité de s'exprimer dans cette langue demeure rudimentaire. Mais il est douteux que ces imperfections suffisent pour annuler l'effet recherché, à savoir le sentiment d'une importante présence du français à Ottawa.

Cet effort d'Ottawa pour se donner un visage français se prolonge même au plan international. Le cas de la francophonie est à cet égard exemplaire. Jusqu'à une date récente le Canada n'avait guère établi de rapports particuliers qu'avec des pays de langue anglaise, spécialement dans le cadre du Commonwealth (ainsi octroi d'une aide économique aux anciennes colonies anglaises des Caraïbes). Dès que le Québec manifeste l'intention de s'intéresser activement à la francophonie, Ottawa ne met pas beaucoup de temps à lui emboîter le pas et à revendiquer un rôle important, sinon même dirigeant, pour le Canada comme tel dans l'univers de la francophonie. Les importantes ressources de la trésorerie fédérale facilitent la réalisation de ce dessein.

Ainsi un État qui, pendant la plus large partie de son existence, a traité la langue française comme un élément absolument secondaire et a toléré que des États fédérés lui portent les pires coups, se fait-il, soudainement, le champion de celle-ci sur le plan international. Conversion appréciable certes mais que l'on ne saurait croire inspirée du seul désir d'améliorer la situation du français dans le monde. Ottawa intervient en fait pour deux grandes raisons : d'abord le souci de s'assurer un certain prestige (les porte-parole fédéraux ne craignent pas de présenter l'expérience canadienne comme un modèle de coexistence linguistique et culturelle) ; mais aussi la volonté de surveiller d'éventuelles initiatives québécoises concernant le rayonnement international du Québec et de les contenir dans des limites acceptables pour l'ordre fédéral.

2° À la suite du gouvernement fédéral, certaines provinces ont adopté ou sont en train de prendre des mesures tendant à améliorer la situation de leur minorité de langue française, notamment dans le secteur de l'éducation. Cette attitude s'est manifestée essentiellement au Nouveau-Brunswick (pourcentage de la population de langue maternelle française selon le recensement de 1961 : 35.2), dans l'Ontario (pourcentage : 6.8, le groupe de langue française venant en tête des minorités linguistiques), au Manitoba (pourcentage : 6.6, le groupe français ne venant qu'au troisième rang des minorités après ceux de langue maternelle ukrainienne et allemande). Ce volume concernant la situation des langues au Québec, nous ne pouvons entrer ici dans l'analyse de chacun de ces cas, mais il reste que de tels comportements sont susceptibles de peser jusqu'à un certain point sur la politique du gouvernement québécois (celui-ci étant invité, selon une argumentation classique, à ne pas remettre en cause la situation de la minorité anglophone du Québec au moment précis où d'autres provinces essaient de corriger, dans la mesure du possible, les injustices commises autrefois à l'encontre des parlants français de leur ressort). Il s'agit toujours de protéger la situation des anglophones au Québec en donnant aux Québécois, par quelques concessions ostensibles, l'impression qu'ils sont chez eux partout au Canada.

Le gouvernement fédéral a voulu utiliser le processus de révision constitutionnelle pour rassembler en un tout cohérent les dispositions de principe régissant l'emploi des langues officielles tant dans la sphère fédérale que dans les différentes provinces. Tel était l'objet du Titre II « les Droits linguistiques » du document dit Charte constitutionnelle canadienne. Les dispositions inscrites dans ce titre (articles 10 à 19 du projet) n'ont pas fait l'unanimité au Québec, certains commentateurs soutenant qu'elles établissaient une profonde inégalité des droits linguistiques au détriment de la population canadienne de langue française mais il ne semble pas que le rejet de ce texte par le gouvernement québécois ait été motivé par les dispositions relatives aux langues officielles.

3° Enfin le gouvernement du Québec après une période séculaire d'indifférence et d'inaction a entrepris d'intervenir dans le domaine des rapports linguistiques. L'objectif déclaré de toutes ces démarches est de consolider la situation de la langue française, mais en touchant le moins possible aux privilèges acquis par les anglophones. Les groupes voués à la défense du français ne ratifient pas toujours cette manière des autorités gouvernementales de qualifier leurs propres démarches (cas, en particulier, du bill 63).

Les préoccupations linguistiques commencent à se manifester dès le gouvernement libéral de Jean Lesage. En témoigne la création en 1961 de l'Office de la langue française — décision significative certes mais dont il faut se garder d'exagérer la portée initiale (l'organisme n'a que des moyens modestes et sa mission se borne à surveiller la qualité de la langue : Jean-Marc Léger ne croira pas pouvoir occuper longtemps le fauteuil de directeur de l'Office : nommé en janvier 1962, il démissionne en mai 1963). Autres témoignages de ces préoccupations qui n'ont pas encore beaucoup de consistance : la décision de franciser certains termes de la toponymie du Québec et celle d'épurer la signalisation routière par l'adoption du code international basé uniquement sur des symboles (pression en ce sens de la Société Saint-Jean-Baptiste de Montréal).

Quoiqu'elle ait été constituée dans un tout autre but, la Commission Parent ne pouvait manquer de constater l'existence de problèmes linguistiques en examinant l'état de l'enseignement du français et de l'anglais dans la province.

Cependant l'effort le plus large accompli à cette époque reste l'établissement sous la responsabilité de Pierre Laporte, ministre des Affaires culturelles, d'un livre blanc sur les affaires culturelles. Mais ce document, qui propose l'adoption d'une politique faisant du français la « langue prioritaire », sera critiqué publiquement par plusieurs membres du cabinet et le premier ministre en interdira la diffusion. Avec un peu de recul, les recommandations linguistiques de ce livre blanc semblent pourtant bien modestes. Que le premier ministre se soit opposé à un tel projet, le fait même de cette prudence dont les véritables motifs ne sont pas absolument clairs, établit que le gouvernement de la « révolution tranquille » n'attribuait pas d'urgence particulière à la solution des problèmes linguistiques québécois. C'est toutefois ce même gouvernement qui orientera le Québec vers une politique d'échanges culturels avec la France.

Le gouvernement de l'Union nationale, qui s'installe au pouvoir en juin 1966 sous la direction de Daniel Johnson, manifeste, lui aussi, la volonté d'améliorer la situation du français au Québec. Mais les mesures adoptées à cet effet ne sont ni très nombreuses, ni très impressionnantes (la principale visant à imposer l'usage du français dans l'étiquetage des produits alimentaires : les firmes peuvent continuer à se servir de l'anglais sur les étiquettes mais elles sont désormais tenues d'employer aussi le français sans que les mentions établies dans une autre langue puissent l'emporter sur celles rédigées en français). Sensible aux problèmes que pose la venue des immigrants, le gouvernement unioniste fait adopter une loi qui crée un ministère québécois de l'Immigration sans parvenir toutefois à ébranler le monopole de fait que le gouvernement d'Ottawa s'est assuré en ce domaine. Dans un autre secteur, celui des rapports du Québec avec la francophonie, des initiatives sont prises qui conduisent à un affrontement avec le gouvernement fédéral, celui-ci entendant se réserver la détermination et la responsabilité finales de la politique étrangère du Canada dans tous les domaines (y compris dans ceux qui, comme l'éducation, sont de compétence provinciale).

La décision la plus grave en matière de politique linguistique est suscitée par le problème des immigrants mais elle trouve son origine dans une initiative extérieure à l'appareil gouvernemental : il s'agit de l'affaire de Saint-Léonard, née sous le gouvernement de D. Johnson mais dont le règlement n'interviendra qu'après le décès de celui-ci. Le successeur de Johnson, Jean-Jacques Bertrand, obtient, après une première tentative infructueuse (bill 85), l'adoption du bill 63 qui accorde effectivement aux parents, même s'ils ne sont pas encore citoyens, le droit de choisir la langue d'enseignement de leurs enfants. Cette loi, sanctionnée le 28 novembre 1969, est dite « pour promouvoir la langue française au Québec » mais ses adversaires la dénoncent comme une capitulation à l'égard des exigences de la minorité anglophone.

Le même gouvernement manifeste l'intention d'établir une politique générale de la langue et institue sous la présidence de Jean-Denis Gendron une commission de cinq membres pour lui fournir les informations et suggestions nécessaires. Cette décision, nouveau témoignage de ce féti-chisme de la « recherche » qui caractérise aujourd'hui l'univers gouverne-mental au Québec et ailleurs, est mal accueillie par plusieurs des groupes attachés à la défense du français. Selon eux, l'on a déjà une connaissance bien suffisante des dangers que court le français au Québec ainsi que des solutions disponibles pour renverser le courant : n'ont désormais d'importance, à l'exclusion de recherches plus ou moins spéculatives, que les actes concrets, les décisions positives. Au surplus, en faisant voter le bill 63, le gouvernement va priver la Commission Gendron d'une large part de sa signification éventuelle. Selon ces groupes, la dite Commission n'est rien d'autre qu'un paravent à l'abri duquel la minorité pourra travailler à la consolidation de sa domination linguistique. On s'explique ainsi qu'initialement plusieurs groupes de langue française aient décidé de boycotter la Commission dont, de toute manière, les activités n'ont pas eu jusqu'à présent beaucoup de résonance chez les Québécois. Commentant l'accueil réservé de ceux-ci à la Commission Gendron un journaliste, Pierre Godin, évoque « le mur d'indifférence ou de résistance élevé par les francophones vis-à-vis de ses travaux [68] ». Ce sentiment d'indifférence, que dissiperait peut-être le dépôt par la Commission d'un rapport « choc », est encore accentué par la stérilité dont témoigne la Commission (à la fin de 1971, soit trois ans après sa création, celle-ci n'a encore publié aucun rapport).

Reportés au pouvoir sous la direction de Robert Bourassa lors des élections d'avril 1970, les libéraux entreprennent à leur tour de résoudre les problèmes posés par la prépondérance de l'anglais. Ces efforts se manifestent sur plusieurs plans. Au titre de l'enseignement, les autorités expriment la volonté de développer, conformément au bill 63, la connais-sance du français dans le secteur anglophone (adoption par arrêté minis-tériel du 13 janvier 1971, du règlement n° 6 stipulant que dans les écoles de langue anglaise une part croissante de l'enseignement sera dispensé en français). Sur le plan de l'immigration, le gouvernement tente d'obtenir

---

68. Dans *la Presse*, 6 octobre 1970.

d'Ottawa, toujours sans beaucoup de succès, une plus grande influence dans la détermination des politiques et des pratiques qui commandent la venue des étrangers au Québec.

Au titre de l'immigration, la démarche québécoise la plus importante a été l'adoption en décembre 1970 de la loi 64 qui permet l'accès à certaines professions des immigrants qui ne remplissent pas encore la condition de citoyenneté sous réserve que, possédant les capacités professionnelles exigées, ils fassent preuve, en plus, d'une connaissance d'usage de la langue française : autrement dit ce texte, qui concerne dix-neuf corporations et associations professionnelles, permet de substituer à l'obligation de naturalisation la connaissance du français, sans toucher aux exigences professionnelles des organismes intéressés dans le fonctionnement desquels le ministère de l'Immigration se défend de toute intervention. De la fin de mars 1971 (date de mise en application du dispositif) jusqu'au début de décembre 1971, 471 immigrants professionnels ont été reçus à l'examen du français instauré par les services de l'immigration (203 médecins, 135 ingénieurs, 45 infirmières, 35 pharmaciens, 18 comptables agréés...). Ce système confère donc un avantage notable aux immigrants qui savaient le français lors de leur arrivée au pays ou ont accepté de l'apprendre depuis : c'est la promotion de la langue par incitation [69].

Reste le secteur de la langue de travail auquel le nouveau gouvernement libéral déclare par la voix de son chef attacher une importance essentielle. Au niveau le plus élevé le premier ministre a un entretien avec les représentants de grandes affaires implantées en territoire québécois. La Commission Gendron effectue des recherches sur les modalités et le coût d'une politique tendant à la promotion du français dans les relations de travail. Sans attendre la présentation du rapport de la Commission, le ministère des Affaires culturelles décide de confier à l'Office de la langue française, en plus de sa mission terminologique, un rôle d'intervention directe auprès de l'industrie. Cette extension du rôle

---

69. L'examen prend la forme d'un test objectif écrit et oral. Toutefois le système est très simplifié pour les immigrants de langue maternelle française (on se borne à les convoquer devant un comité de trois fonctionnaires qui après vérification de l'identité des intéressés et de leur appartenance linguistique leur délivre immédiatement l'attestation requise). Il y a eu en tout 529 demandes dont 504 ont été poussées jusqu'au stade de l'examen. Le nombre des échecs proprement dits s'élève à 33 soit 6.55 %. Le déchet le plus important est imputable à la catégorie des médecins (nombre de demandes 251, réussites à l'examen 203). Les groupes ethniques ayant présenté le plus grand nombre de demandes (classification selon le passeport) sont les suivants : français (65), égyptien (64), haïtien (44), britannique (29), libanais (20), roumain (19)... Le nombre des apatrides s'élève à 32 : une très large fraction de ceux-ci venant de Roumanie, le groupe roumain dans son entier est du même ordre de grandeur que le groupe haïtien.

de l'Office s'accompagne d'une réorganisation de ses services (en particulier accroissement substantiel des effectifs de l'unité installée à Montréal
il y a trois ans). En exécution de ce programme, le ministre des Affaires
culturelles de l'époque, François Cloutier, annonce le 16 novembre 1971
la création d'une équipe d'intervention chargée d'implanter le français
dans l'entreprise — équipe à la formation de laquelle ont collaboré cinq
grandes entreprises (dont l'Hydro-Québec) et deux centrales syndicales
(CSN et FTQ) [70].

Jointes aux revendications de l'unilinguisme français et aux manifestations publiques organisées par les promoteurs de cette thèse, toutes ces
discussions, négociations et mesures ne pouvaient manquer d'avoir un
impact sur les attitudes de la minorité anglophone — un impact susceptible
de prendre des dimensions très vastes comme c'est normalement le cas
pour les problèmes de langue, tellement ceux-ci touchent aux aspects les
plus profonds de l'existence collective et des consciences individuelles.

c) sentiments de frustration et d'inquiétude chez les anglophones. Ces
réactions sont d'abord celles des éléments privilégiés de la minorité
anglophone qui craignent pour la perpétuation de leurs privilèges : cependant elles s'étendent de façon plus ou moins intense, aux éléments non
privilégiés de cette minorité (la plupart, des immigrants) mais qui, malgré
la précarité de leur condition matérielle, ont lié leur destin à celui des
détenteurs de privilèges. De telles réactions se déclenchent immanquablement à l'apparition de la moindre menace, que celle-ci soit réelle ou
simplement dans l'air. On observe ainsi, en certaines circonstances, des
réactions d'anticipation sans commune mesure avec le danger effectif.

Il n'est donc pas surprenant que la minorité anglophone du Québec
qui, lors des élections de 1970, a donné au Parti libéral un appui électoral
massif, s'inquiète rapidement de certaines intentions du gouvernement de
Robert Bourassa concernant le statut de la langue française au Québec et
manifeste une émotion qui paraît sans commune mesure avec le contenu
effectif de ces projets. Les anglophones donnent parfois l'impression de
se sentir abandonnés par le gouvernement québécois et, en particulier, par
les ministres de leur langue. Ces inquiétudes qui, dans certaines lettres
adressées aux journaux montréalais de langue anglaise, frisent l'hystérie,
témoignent de la sensibilité du groupe dominant et des milieux qui s'y
rattachent à la situation des langues au Québec. Ce public paraît ressentir
comme une véritable provocation toute intention de limiter les privilèges
écrasants dont dispose la langue anglaise, spécialement à Montréal. Sur

---

70. Selon des communiqués de l'Office d'information et de publicité en date du
    16 novembre 1971.

cette base, la situation linguistique, on l'observe une fois de plus, constitue bien l'un des indicateurs essentiels du rapport des forces. Ces réactions, il est vrai, ne sont pas générales et d'autres milieux de l'univers anglophone québécois accueillent ces projets avec beaucoup plus de calme. Le point essentiel est de discerner les comportements auxquels ces sentiments, passablement variés, sont susceptibles de donner lieu.

Schématiquement l'on peut en distinguer trois types : les comportements de fuite (les gens qui quittent le Québec pour aller, par exemple, dans une province de langue anglaise ou, s'il s'agit d'immigrants, notamment pour retourner dans leur pays d'origine) [71] ; les comportements d'adaptation (les gens qui acceptent la perspective d'un changement et se mettent en position d'y faire face, par exemple en apprenant le français) ; les comportements de résistance dont font partie d'éventuels recours à l'appareil judiciaire mais aussi les menaces et le chantage (ainsi l'épée de Damoclès du déménagement des sièges sociaux). Le recours aux tribunaux n'appellerait pas d'observation particulière si l'instance supérieure du système judiciaire canadien, la Cour suprême du Canada, n'avait toujours témoigné d'une nette préférence à appuyer les thèses du gouvernement d'Ottawa (différence considérable à cet égard avec la Cour suprême des États-Unis).

Ces comportements qui, dans la pratique, ne sont pas toujours clairs ou absolus, caractérisent aussi bien les individus que les personnes morales. Il n'est pas rare au surplus que la soi-disant compréhension manifestée à l'égard des revendications des Québécois se teinte de quelque paternalisme [72]. On doit enfin observer que des organismes affichent parfois, au moins en apparence, des réactions un peu plus prudentes que celles de leurs membres ou ressortissants (cas, par exemple, du Protestant School Board of Greater Montreal [73]).

71. A vrai dire, pour le moment du moins, les sorties d'immigrants auxquelles nous avons déjà fait allusion semblent déterminées davantage par des considérations économiques que par des soucis politico-linguistiques. Le point a été affirmé pour le groupe italien par Nick Ciamarra qui assure la publication de l'hebdomadaire *Cittadino canadese*, dans une interview au *Montreal Star*, le 7 décembre 1971. Entrent essentiellement en ligne de compte, selon lui, les difficultés de l'emploi au Québec et l'amélioration des conditions en Italie même.

72. Stanley Lieberson observe à ce propos : « *From an impressionistic viewpoint, attitudes toward the French by other Canadians sometimes reminds one of the paternalistic attitude toward the Negroes on the part of many whites in the United States.* » Dans *Language and ethnic relations in Canada*, New York, John Wiley, 1970, p. 86.

73. Cet organisme a préparé l'envoi en France, durant les premiers mois de 1972, de cinq groupes d'élèves forts chacun d'au moins cent soixante-quinze participants. Ces voyages, présentés comme un élément d'une recherche continue pour trouver les moyens d'améliorer le bilinguisme (*The Montreal Star*, 8 décembre 1971, p. 44.) ont fait l'objet des critiques du président de la Montreal Teachers Association, Donald Peacock, qui souligne, non sans une pointe de démagogie, que seuls les enfants des milieux favorisés pourront en profiter (*The Gazette*, 30 décembre 1971, p. 3).

L'un des domaines les plus sensibles de la controverse actuelle est la restructuration scolaire de l'île de Montréal dans laquelle la minorité, malgré les apaisements donnés par les autorités, persiste à voir une menace pour la langue et la culture anglaises. Une partie de la majorité linguistique d'ailleurs, qui s'inspire elle de préoccupations confessionnelles, s'oppose également au bill 28 — convergence qui souligne, s'il en était encore besoin, la faiblesse du concept de « classe ethnique » pour rendre compte de la situation dès que des intérêts sont en jeu. La vie économique constitue aussi un secteur particulièrement sensible en tant que source des avantages matériels, parfois immenses, dont jouit la minorité. Au Québec, le veau d'or appartient aux Anglo-Saxons et ils le défendent avec zèle, appuyés, activement et ouvertement cette fois, par toute une couche de la majorité linguistique.

Au cours des dernières années, la prépondérance économique de l'anglais a fait place à quelques adaptations. Le français est maintenant largement pratiqué dans tout le secteur de la consommation (en particulier, présence d'employés bilingues dans les grands magasins de Montréal qui appartiennent en presque totalité au capital anglo-saxon ainsi que dans les nouveaux centres d'achat) [74] ; les firmes anglo-saxonnes emploient le français dans la publicité destinée à la clientèle de langue française ; à l'usine, si du moins l'on en croit les témoignages des firmes elles-mêmes, le français a réalisé des progrès comme langue de travail [75]. Sur tous ces points, les combats menés par les défenseurs de la langue française ont eu des résultats. En revanche, l'anglais continue de dominer, presque sans partage, dans l'ordre de la langue dite des affaires (industrielles, com-

---

74. L'article 4 du bill 45 sanctionné le 14 juillet 1971 (« loi de la protection du consommateur ») se lit comme suit : « Le contrat doit être lisiblement rédigé en français, mais le consommateur peut exiger qu'il soit rédigé en anglais. Tout contrat rédigé en français et en anglais est conforme au présent article. Au cas de contradiction entre les deux textes, l'interprétation la plus favorable au consommateur prévaut. » Ces dispositions sont certainement utiles au développement du français comme langue de la consommation. Toutefois, en ce qui concerne l'interprétation des contrats bilingues, le législateur québécois a voulu donner le pas à la volonté de protéger au maximum le consommateur sur le souci d'établir une hiérarchie linguistique (comme l'aurait fait une disposition donnant préséance au texte français en cas de contradiction entre les deux textes).

75. Signalons le cas particulièrement intéressant de la Golden Eagle Canada Ltd nouvellement implantée à Saint-Romuald dans les environs de Québec. Grâce à la participation de l'Office de la langue française il a été possible de faire du français la langue de travail dans cette entreprise (création de toute une terminologie française pour l'industrie pétrolière). Voir sur ce point un article de Claude Arpin dans le *Montreal Star*, 3 décembre 1971, p. 33 (« *British-owned firm goes French, but province needed prodding.* »). Dans un article publié le 2 décembre dans le même journal, Arpin signale les efforts accomplis par d'autres grandes firmes pour développer l'emploi du français comme langue de travail. Précisons toutefois que ces efforts sont faits à titre purement expérimental.

merciales, financières, bancaires). C'est en anglais que se déroulent les négociations relatives aux affaires d'importance, que sont préparées et arrêtées les grandes décisions. L'anglais reste la langue du commandement économique et quiconque veut parvenir à ce stade du pouvoir ne peut le faire qu'en anglais. Or, si les hommes d'affaires anglophones sont prêts à faire des concessions dans plusieurs secteurs, l'intransigeance se manifeste dès que les revendications s'approchent de l'exercice même de ce pouvoir. À ce point, le comportement d'adaptation cède le pas au comportement de résistance.

Parmi les témoignages les plus récents de cette attitude, mentionnons les avertissements plus ou moins nuancés, plus ou moins menaçants, donnés en janvier-février 1971 lors des assemblées annuelles d'actionnaires par des dirigeants d'affaires comme ceux de la Banque royale du Canada, de la Banque de Montréal, du Royal Trust, du Montreal Trust... C'est ainsi qu'en date du 25 février 1971 le président de ce dernier organisme, Frank E. Case, avance en particulier que la politique linguistique du Québec pourrait contraindre certaines sociétés à transférer leur siège social hors de la province, celle-ci devant alors se contenter de succursales ou d'usines : l'une des conséquences de ce transfert serait « de priver de jeunes Québécois d'avenir de la chance d'accéder à des postes de commande, à moins de quitter la province [76] ». De façon plus large, l'on répète à satiété qu'en donnant le pas à sa langue maternelle dans la vie économique, le Québécois s'enfermerait dans un ghetto linguistique d'où il lui serait difficile de participer au mouvement des affaires nord-américain. La Chambre de commerce du Québec, actuellement sous la présidence d'un Canadien anglais, se livre elle-même à de telles mises en garde et le Conseil du patronat du Québec fait connaître son opposition à l'établissement d'une politique du français comme langue de travail par réglementation législative.

En réalité, le point essentiel est que dans une situation caractérisée par la prédominance de la langue anglaise, les Canadiens français n'accèdent que faiblement aux postes de cadre. Lors de la quatre-vingt-troisième assemblée générale annuelle des membres de la Chambre de commerce de Montréal (9 septembre 1970), le président sortant, Roger

---

76. D'après le texte communiqué par le Montreal Trust, p. 9. Parmi des dizaines d'avertissements analogues qui figurent dans nos dossiers, citons le titre d'un article du journal *The Globe and Mail*, 3 août 1971 : « Language considered major hurdle to business expansion in Montreal : head offices want English » (l'article fait en revanche état du témoignage d'un chef d'entreprise anglophone décidé à maintenir le siège de sa compagnie, Canada-wide, à Montréal, même dans le cas où « *the worst comes to the worst* », c'est-à-dire dans l'hypothèse de l'indépendance du Québec).

Beauchemin, déclare que l' « on constate encore que 4/5 des emplois de cadre dans le secteur privé sont occupés par des anglophones alors que la population québécoise compte 80 % de francophones ». Il est évident que si, selon les termes de Beauchemin, la structure des entreprises reflétait la société québécoise, le français jouerait un rôle considérable à ce niveau. Il est contradictoire de se prononcer pour l'augmentation de la part des Canadiens français dans les cadres et contre la valorisation du français par une politique appropriée. Beauchemin a raison de dire que « l'utilisation de la langue française n'est pas dissociable de l'accession des Canadiens-français aux emplois de cadre ». Un an après, lors de la quatre-vingt-quatrième assemblée générale annuelle, son successeur, Claude Ducharme, situe très bien le problème en déclarant dans son discours de sortie de charge : « Montréal doit demeurer une région à majorité francophone et son progrès économique doit se réaliser dans le respect des aspirations culturelles de ses habitants et, notamment, des aspirations culturelles des francophones qui devront de plus en plus être au centre même des décisions non seulement d'ordre politique mais aussi d'ordre économique [77]. »

En définitive, dès qu'on cesse de la poser sous un angle purement ou principalement terminologique comme ont eu tendance à le faire certains défenseurs traditionnels du français, la revendication linguistique débouche immanquablement sur le problème de la distribution du pouvoir. Du commandement économique en français au commandement économique par des Québécois, il n'y a pas de solution de continuité.

On se demande parfois si, dans le domaine de la vie économique, les dirigeants d'affaires américains ne seraient pas plus enclins que leurs collègues canadiens-anglais à faire droit aux revendications des Québécois. Certains pensent que les premiers, sensibles avant tout à la réalisation de profits, seraient mieux disposés que les seconds à l'endroit d'une expansion de la langue française dans le monde des affaires et sur les lieux du travail — tendance encouragée par le fait qu'en de telles circonstances le nationalisme américain sous ses aspects politico-linguistiques n'est pas en cause. Cette supposition, dont il est très difficile de préciser la valeur en l'état actuel de la documentation, est peut-être une nouvelle manifestation de la tendance montrée par les Canadiens français en divers moments de leur histoire à s'appuyer sur un pouvoir extra-canadien (propension déjà signalée à en appeler des Canadiens d'Ottawa aux Anglais de Londres). Depuis quelque temps cette tendance se déplace vers

---

77. D'après *le Devoir* du 16 septembre 1971, p. 12.

les Américains, ce qui pourrait expliquer l'accueil favorable que réserve une fraction non négligeable de la population québécoise aux suggestions d'une union ou d'une entente plus étroite avec les États-Unis [78].

Une telle manière de poser la question n'a pas beaucoup de sens. Il serait vain d'anticiper un changement dans les habitudes des Américains tant qu'il n'existera aucune obligation en ce domaine. Le test serait évidemment l'adoption de normes rendant obligatoire l'utilisation du français : il est bien probable que les Américains se conduiraient alors au Québec comme ils le font ailleurs, c'est-à-dire qu'ils s'adapteraient à la situation, la résistance venant plutôt des Canadiens anglais à leur service dont le rôle d'intermédiaire se trouverait gravement compromis. Admettons cependant que l'absence de protection douanière aux frontières du Québec risquerait dans certains cas de compliquer le problème (installation dans une province voisine avec établissement au Québec d'un simple réseau de vente). Cependant il y a bien des investissements qui, pour des raisons diverses, ne sauraient faire l'objet d'un tel transfert. Et, au surplus, l'on ne saurait postuler que l'État québécois se trouverait nécessairement désarmé vis-à-vis d'initiatives de ce type. En tout cas, tant que les Américains ne seront pas placés par le gouvernement québécois devant un ensemble de règles linguistiques sans ambiguïté, l'on ne saurait leur demander d'être plus royalistes que le roi.

Les attitudes de la minorité linguistique, et singulièrement celles des dirigeants d'affaires, se ressentent donc du poids des combats menés au Québec contre la prépondérance de la langue anglaise. C'est là un point auquel, selon nous, les inspirateurs et promoteurs de ces luttes n'attachent pas toujours assez d'importance quand ils en dressent le bilan. Un combat qui se termine en apparence par un échec peut néanmoins laisser des traces durables chez l'adversaire à condition que la lutte ait été menée avec un quantum suffisant de ressources (ainsi les manifestations contre le bill 63). On n'est pas fondé toutefois à tomber dans l'excès inverse en présentant les changements survenus comme une authentique mutation (terme dont il ne faut d'ailleurs se servir qu'avec une extrême réserve dans tous les domaines du comportement humain). Il est fréquent que le changement concerne davantage le mode d'expression ou d'affirmation de l'attitude que ses composantes essentielles. Aujourd'hui les anglophones n'oseraient plus sans doute qualifier publiquement de patois la langue parlée par les Canadiens français mais ils n'hésitent pas à en souligner les inconvé-

---

78. Parmi les témoignages les plus récents de ce courant qui va jusqu'à une certaine américanolâtrie : Rodrigue Tremblay, *Indépendance et marché commun Québec — Etats-Unis (Manifeste économique)*, Montréal, Editions du Jour, 1970.

nients voire la faible utilité, pour l'assimilation et l'emploi de la technologie moderne (cette argumentation trouvant une assez large audience
chez les Canadiens français lesquels, sur la base des stéréotypes propagés
par les couches dominantes, s'en tiennent à une vue assez folklorique du
niveau technique et économique de la France actuelle). En réalité, il n'est
pas nécessaire de creuser très profondément pour découvrir la permanence de vieilles attitudes sous des apparences de changements plus ou
moins ostensibles. Mais, n'est-ce pas là, plus largement, le cas de toutes
les transformations observées pendant les dix dernières années dans le
domaine des rapports linguistiques ?

C. CHANGEMENT OU PERMANENCE ?

Il est difficile de faire une réponse d'une pièce. Selon la perspective
choisie, l'un ou l'autre de ces traits peut être tenu pour caractéristique de
la situation. L'évaluation la plus raisonnable sans doute est qu'il y a eu
diverses modifications mais beaucoup moins profondes et étendues que
leurs promoteurs ne tendent parfois à l'affirmer. Rien ne permet de dire
qu'une solution a été trouvée à l'affrontement linguistique inscrit depuis
1760 dans le destin des parlants français au Québec. Si la langue française
se trouvait en péril voici une dizaine d'années, elle le demeure toujours
de l'avis même de dirigeants politiques comme Jean-Jacques Bertrand,
Robert Bourassa et René Lévesque [79].

Pour établir le point, considérons d'abord la politique du gouvernement fédéral. Il est hors de doute que plusieurs des mesures prises à ce
niveau renforcent objectivement la position de la langue française. Les
dispositifs institués par le gouvernement Trudeau sont susceptibles de
modifier assez profondément les comportements linguistiques au sein
de la fonction publique fédérale. Mais pour y parvenir que de résistances
à vaincre, que de préjugés à surmonter et, finalement, que d'incertitudes
sur les résultats à atteindre. Les forces armées, par exemple, annoncent
un programme de cinq ans au coût de quelque huit millions pour implanter
le bilinguisme chez les militaires [80] : mais, peu avant cette déclaration,
le général Jean-Victor Allard, ancien chef d'état-major des forces unifiées
du Canada, constatait que la situation du français dans l'armée périclitait,
les programmes prévus n'étant pas appliqués assez rapidement et avec

79. Jean-Marc Léger a écrit des pages fort significatives sur la permanence de ces
    dangers : « l'Incertitude d'un Québec mélancolique », *Dimensions*, vol. VI,
    no 3, mars 1969, p. 72-93.
80. Selon *la Presse* du 26 juillet 1971.

suffisamment de vigilance [81]. Ce n'est pas un cas isolé [82]. Au surplus, ces mesures fédérales comportent des servitudes pour le Québec sous la forme d'une protection intégrale des privilèges de l'anglais dans la province. C'est ainsi que les Québécois ont appris que le Conseil consultatif des districts bilingues proposait de constituer en un tel district le Québec tout entier [83] — ce qui reviendrait à assurer aux anglophones une extension géographique, ne correspondant nullement aux faits linguistiques, des privilèges et facilités dont ils jouissent déjà.

Cette proposition a suscité de vives protestations dans les milieux québécois attachés à la défense du français et Ottawa a décidé d'attendre la publication des résultats du dernier recensement (1971) pour établir définitivement la carte des districts bilingues. Toutefois ce projet ne saurait surprendre si l'on admet que la stratégie conçue par les premiers ministres libéraux Lester Pearson et Pierre Elliott Trudeau, en réponse au défi séparatiste, s'inspire d'un double mobile : vider de son contenu québécois le mouvement en faveur du français et mettre celui-ci au service de la défense des structures actuelles du Canada ; obtenir des Québécois l'acceptation définitive des privilèges de l'anglais au Québec en échange d'améliorations accordées au français sur le plan fédéral et dans les autres provinces. Que telle soit bien cette stratégie, la déclaration suivante du premier ministre Trudeau le montre sans équivoque [84] : « Le rôle du Québec a toujours pris un singulier relief : la conjoncture l'accentue. Le Québec en effet par la présence française qu'il abrite et fait rayonner détermine largement la personnalité du Canada, laquelle trouve un de ses éléments fondamentaux en la tension qui règne entre les deux principaux groupes linguistiques du pays. Cette tension canadienne le gouvernement fédéral ne cherche pas à l'abolir ou la réduire par des manœuvres centralisatrices, ainsi qu'on l'en accuse en certains milieux avec tant d'aisance. Loin de là, nous voulons la protéger comme une des conditions de notre existence en tant que nation : nous nous efforçons de la maintenir à un degré de dynamisme aussi élevé que possible, mais compatible

81. D'après *le Devoir* du 13 juillet 1971, « Les Canadiens français dans l'armée : ça se détériore ». Et le général déclarait avoir dans l'esprit la formation d'un comité de vigilance qui surveillerait l'évolution de la situation.

82. Pour les affaires étrangères, voir la controverse suscitée par la publication du livre déjà cité de Gilles Lalande sur le ministère des Affaires extérieures : « le Rôle accru des francophones au ministère des Affaires extérieures », par Marcel Cadieux, sous-secrétaire d'Etat aux Affaires extérieures, *le Devoir*, 22 janvier 1970, p. 4 ; « De 1965 à 1970 : ou du renforcement d'un système » par Gilles Lalande, *le Devoir*, 6 février 1970, p. 5.

83. Le rapport déjà cité recommande laconiquement (p. 45) : « Le district du Québec se compose de la province entière. »

84. Déclarations faites lors du dîner organisé au profit du Parti libéral à Montréal le 21 février 1971. Nos citations sont tirées du texte publié par *le Devoir* du 22 février.

avec l'unité du pays et avec une évolution démocratique, pacifique et ordonnée de notre réalité nationale. »

Mais, toujours d'après le premier ministre, cette même originalité caractérise le Québec qui, en raison de sa forte minorité anglophone, « est comme un résumé inversé du Canada ». Dès lors « nier, prétendre amoindrir ou négliger cette dimension de son être, ce serait pour le Québec commettre une criante injustice, trahir sa vocation et s'appauvrir irrémédiablement [85] ».

Cette thèse n'a rien de nouveau. Elle ne fait que reprendre l'un des thèmes du vieux nationalisme pancanadien tel que proposé par un Henri Bourassa : le français doit être défendu et valorisé car la présence au Canada d'une forte culture française différencie ce pays des États-Unis et lui permet de résister aux menaces de l'assimilation par ce pays.

À l'époque, point n'était besoin de spécifier la contrepartie des avantages demandés pour le français hors du Québec car nul ne songeait à contester les privilèges détenus par l'anglais dans cette province. Ces privilèges ayant cessé d'être tenus pour sacro-saints, le premier ministre du Canada rappelle lui-même les termes de ce pacte non écrit. L'offre serait sans doute plus alléchante si, entre temps, la langue française n'avait subi tous les coups que l'on sait dans les provinces anglaises alors que rien n'était fait au Québec qui pût compromettre la situation de l'anglais. Dans cette perspective, la proposition d'ériger en district bilingue le Québec tout entier est simplement un nouveau signe de la profonde inégalité qui caractérise la stratégie fédérale dans le domaine linguistique au détriment des Québécois.

Que le gouvernement fédéral s'en tienne sous des dehors nouveaux à ses desseins traditionnels, l'annonce récente d'une politique de multiculturalisme en apporte un nouveau témoignage. Il est bien possible que ce projet représente pour l'essentiel une manœuvre de portée électorale et que le gouvernement soit décidé à borner ses entreprises en ce domaine à la protection de divers folklores, ou encore qu'il s'agisse seulement d'une tactique pour faire accepter le bilinguisme officiel par les diverses mino-

---

85. A cette conception s'oppose la thèse voyant dans le Québec une entrave au développement et au perfectionnement du Canada anglais comme tel. John Porter se rapproche de cette position en expliquant le manque de dynamisme de la politique canadienne par l'obsession de l'unité nationale (*The vertical mosaic. An analysis of social class and power in Canada*, Toronto, University of Toronto Press, 1965, p. 368-369). Rappelons la position prise par Jacques Parizeau devant le Comité spécial mixte du Sénat et de la Chambre des communes sur la Constitution du Canada : laisser le Québec sortir du Canada pour permettre aux deux pays de se réaliser (*Procès-verbaux et témoignages du Comité spécial...* fascicule nᵒ 44, jeudi 11 février 1971).

rités canadiennes dont quelques-unes (ainsi l'ukrainienne) sont particulièrement remuantes. Cependant, pour peu que l'action envisagée ait un
contenu effectif, une telle politique, quoi qu'en disent les autorités fédérales, paraît difficilement conciliable avec le souci d'assurer la promotion
du français et il se pourrait même, vu la tendance actuelle des ethnies
à contester l'assimilation dans le *melting pot*, qu'en définitive le multiculturalisme porte tort à l'unité canadienne abstraction faite du cas québécois. Le gouvernement fédéral joue peut-être les apprentis sorciers. En
tout cas, pour le Québec et spécialement pour Montréal, la valorisation du
multiculturalisme à l'aide de fonds fédéraux ne peut que compromettre
les efforts entrepris pour consolider la situation du français. Le premier
ministre du Québec l'a constaté en soulignant dans une lettre au premier ministre du Canada l'impossibilité pour le gouvernement québécois
d'adopter le principe du multiculturalisme [86]. Des fédéralistes québécois,
entièrement partisans de l'œuvre accomplie par la Commission Laurendeau-
Dunton se sont déclarés fort surpris de cette nouvelle initiative d'Ottawa.

Il faut toutefois reconnaître que la position du gouvernement fédéral,
cette fois encore, n'a rien de nouveau. On peut s'en convaincre en lisant
l'ouvrage gouvernemental *les Rameaux de la famille canadienne* [87] qui
tend précisément à souligner la grande diversité culturelle qui a caractérisé la formation du grand tout canadien [88]. Tenu pour des raisons de
stratégie de doter le français, mode d'expression de l'un des « rameaux »,
de la qualité de « langue officielle », le gouvernement fédéral minimise
ensuite cette concession par retour à sa position habituelle sur la diversité
culturelle.

Pour éviter le reproche de contradiction, les porte-parole gouvernementaux s'efforcent d'établir de subtiles distinctions entre la langue et
la culture mais il n'en reste pas moins que toute promotion systématique
des multiples cultures apportées au Canada compromet la situation du
plus faible des « deux peuples fondateurs ». Pour toutes les provinces où

---

86. Texte de cette lettre dans *le Devoir* du 11 novembre 1971.

87. Ouvrage publié en 1967 par le Secrétariat d'Etat (Direction de la Citoyenneté),
Ottawa, Imprimeur de la reine. Une première édition de ce livre a été publiée
en 1960 par le ministère de la Citoyenneté et de l'Immigration. Les autorités
fédérales ne recensent pas moins de quarante-sept rameaux.

88. Pour une présentation de cette thèse en termes de sociologie universitaire voir
l'ouvrage en deux volumes : Jean Léonard Elliott, éd., *Minority Canadians*,
Scarborough (Ontario), Prentice-Hall of Canada, 1971. Le premier volume est
consacré aux « *native people* » (Esquimaux, Indiens et Métis), le second aux
« *immigrant groups* ». Trois subdivisions dans ce second volume : minorités
religieuses, minorités raciales et « *national origin minorities* ». C'est dans cette
dernière subdivision que sont présentés les Canadiens français. Tout commentaire
affaiblirait la signification de cette présentation largement postérieure aux
travaux de la Commission d'enquête sur le bilinguisme et le biculturalisme.

en matière de langue les jeux sont déjà faits, le programme de multiculturalisme n'a sans doute d'autre portée au regard des intérêts québécois que de souligner davantage l'inégalité du compromis proposé au Québec par la stratégie linguistique fédérale. Mais il n'en va pas de même pour le Québec où la politique fédérale de multiculturalisme risque de gêner sensiblement les efforts, encore bien timides et partiels, du gouvernement québécois pour rapprocher les immigrants de la langue *et* de la culture de la majorité.

Le gouvernement québécois lui-même n'est d'ailleurs pas détaché des attitudes anciennes. Certes ce gouvernement se trouve mieux placé que quiconque pour savoir que les périls signalés par les défenseurs du français et, singulièrement, par les promoteurs de l'unilinguisme, ne sont pas imaginaires. Il ne pourrait rester insensible à leur argumentation qu'en renonçant à assumer ses responsabilités les plus élémentaires. Aussi plusieurs ministres se sont-il affirmés depuis 1960 et s'affirment-ils aujourd'hui à la fois favorables à une action de défense du français et bien décidés à agir. Ces déclarations traduisent chez la plupart d'entre eux un désir sincère d'améliorer la situation des Québécois. Mais tous ces projets ainsi que les mesures prises sont marqués au coin du respect du bilinguisme, le gouvernement québécois répétant à qui veut l'entendre son refus de porter atteinte aux positions de l'anglais par voie législative [89].

Beaucoup légitiment cette politique par la dépendance du Québec à l'égard des investissements étrangers, essentiellement anglo-saxons. Dans une conférence prononcée au Collège de France le 6 octobre 1971 le ministre des Affaires culturelles de l'époque, François Cloutier, indiquait que selon les estimations « les patrons francophones ne font vivre qu'environ 25 % de la main d'œuvre industrielle québécoise [90] ». Il serait difficile au gouvernement de donner à ceux dont les décisions commandent pour la plus large part la croissance économique de la province l'impression que l'on se prépare à les brimer. Et cela d'autant moins que les intéressés ne se privent pas, pour dire le moins, de prévenir les autorités des dangers d'une politique trop ferme de défense du français. Il en résulte une disqualification de l'État qui a des conséquences graves dont la première est de laisser le champ libre au pouvoir économique, lequel détermine à sa guise l'ampleur et la nature des « concessions » à la langue de la majorité. Les dirigeants de l'économie refusent à l'État les moyens de sa politique linguistique mais ils n'en imposent pas moins leur propre politique en matière de langue. La contrainte, jugée injuste lorsqu'elle est politique,

---

89. Voir, par exemple, une déclaration de François Cloutier faite à Montréal le 9 mars 1971. Texte reproduit dans *la Presse* du 12 mars 1971.
90. Page 13 du texte multigraphié distribué par les services gouvernementaux.

devient acceptable, sinon bienfaisante, lorsqu'elle est économique. La situation ancienne persiste au sens où si désormais l'État entre bien plus souvent que par le passé dans le champ des rapports linguistiques ce n'est qu'avec une partie de ses moyens (négociation, incitation, essai de persuasion), celle-là seule que les milieux d'affaires tiennent pour acceptable.

Le gouvernement, il est vrai, tente de minimiser cette dépendance en se disant convaincu, de toute manière, de l'inefficacité et donc de l'inutilité des dispositifs autoritaires en matière linguistique. Le rejet de tels dispositifs, en particulier pour la vie économique, viendrait donc non d'une pression du pouvoir économique mais d'un simple calcul d'efficacité — calcul toutefois fortement encouragé par la minorité anglophone qui ne cesse de proclamer la futilité de la contrainte législative. À supposer qu'une appréciation de ce genre représente bien le mobile du choix gouvernemental, il n'est nullement acquis que l'argument en lui-même possède la valeur qu'on lui prête si volontiers. Certes, il y a en matière linguistique des contraintes diverses auxquelles la puissance publique elle-même ne saurait se soustraire. La loi n'est pas une panacée mais on ne saurait admettre pour autant que la situation d'une langue ne saurait être améliorée par l'adoption de mesures autoritaires. En affirmant le contraire, on ne fait que prolonger à notre époque l'impuissance des Canadiens français à utiliser véritablement les ressources de l'État dont ils sont dotés [91].

L'argument de l'incapacité de l'État a été utilisé tout au long de l'histoire pour obtenir ou légitimer l'inaction des autorités à l'égard de privilèges fortement ancrés dans la réalité sociale. L'expérience montre cependant que dans n'importe quel domaine — économique, administratif, culturel... — l'action de l'État peut être facteur de restructuration des attitudes. À partir du moment où la décision politique est prise avec assez de vigueur et appliquée avec assez de continuité pour atteindre un seuil de crédibilité, il est fréquent que les intéressés, malgré leur résistance ancienne, témoignent d'une faculté d'adaptation, parfois surprenante par la docilité à la loi qui en résulte. Au surplus, l'adoption d'un dispositif autoritaire, avec normalement octroi de délais d'ajustement, n'est pas incompatible avec le recours ultérieur à des négociations : mais celles-ci se

---

91. Citons ici le point de vue de Jean-Paul Desbiens dans une interview à *Nouveau Monde*, 15 novembre — 15 décembre 1971. Selon lui le français devrait devenir l'unique langue d'instruction dans les écoles québécoises, la langue officielle au Québec dans toutes les structures. Et de préciser ensuite qu'« on ne peut pas compter uniquement sur les lois, à ce sujet » et que les Québécois doivent montrer « suffisamment de dynamisme dans tous les secteurs de l'activité humaine pour constituer un pôle d'attraction ». Ce raisonnement nous paraît correct car, sans attribuer à la loi une capacité de modification intégrale, Desbiens se garde de la disqualifier comme force de changement.

déroulent alors dans un autre climat. La loi a un autre avantage qui est de fixer clairement les intéressés sur les intentions gouvernementales — situation finalement préférable pour les affaires à un climat d'incertitude et d'hésitation difficilement compatible avec l'établissement d'un programme à long terme.

Après tout, si les dispositions législatives étaient tellement insignifiantes, l'on comprendrait mal la résistance acharnée de la minorité anglophone au projet de loi nº 28. Considérons le bill 63 : cette minorité l'a accepté avec enthousiasme comme un instrument de consolidation de l'anglicisation des immigrants. Mais les mêmes groupes s'insurgent contre le règlement nº 6, pourtant fondé sur le bill 63, dans la mesure où il prévoit l'expansion obligatoire du français dans les écoles anglaises. Les bénéficiaires d'une situation avantageuse sont bien aise que la loi écarte les menaces sur leurs privilèges mais le ton change quand il s'agit d'utiliser la loi pour contenir ou réduire ces privilèges. Le rejet de la loi comme mode de règlement du conflit linguistique québécois a simplement pour objet d'empêcher les autorités d'agir avec l'énergie suffisante : c'est un élément de l'argumentation visant à assurer la perpétuation du statu quo. Vu le conditionnement intellectuel des Québécois par les couches dominantes, l'on ne saurait être surpris de l'audience de ces idées dans la majorité linguistique.

Effectivement, l'argument le plus fort dont pourrait se servir le gouvernement québécois pour légitimer son attitude est que dans l'hypothèse d'un durcissement réel de son action linguistique il ne pourrait sans doute pas compter sur l'appui de la majorité de langue française. C'est un facteur dont il est difficile de faire état dans les discours officiels mais il serait vain d'en minimiser la portée. Les transformations que nous avons précédemment analysées — en particulier la propension au rejet de la dualité linguistique — ne concernent véritablement qu'une minorité des Québécois. Le reste, c'est-à-dire la plus large part, ne manifeste pas d'hostilité systématique à l'égard du bilinguisme ; beaucoup de parents, au contraire, souhaitent expressément que leurs enfants soient en mesure d'adopter cette pratique. Il est possible qu'actuellement les centrales syndicales se trouvent en flèche sur le plan linguistique par rapport aux opinions et inclinations pratiques de leurs membres.

Cette acceptation de la situation tient à plusieurs causes. Dans certains cas, il y a acquiescement en quelque sorte par défaut : c'est celui des Québécois qui vivent hors de Montréal et qui, sauf diverses exceptions localisées, ne subissent pas de ce fait, ou à un bien moindre degré, la pression constante de l'anglais. Dès lors ces Québécois qui constituent encore la majorité de leur groupe national ne seraient guère portés à soutenir une politique visant à réduire une menace dont ils ne perçoivent pas la gravité. Mais il y a un autre facteur sans doute plus fondamental : l'existence de longue date au Canada français d'un sentiment d'attachement à la langue anglaise qui apparaît bien souvent à ceux qui ne la parlent pas comme le moyen le plus sûr de promotion sociale et à ceux qui la possèdent comme la condition du maintien d'une position sociale privilégiée. Il est d'ailleurs probable que cette attitude ne se limite pas seulement à des questions de langue. Comme l'observe en termes lourds de signification Gilles Lefebvre, « nous sommes censés détester l'Anglais mais sa langue, sa mentalité, son prestige économique nous entrent dans la peau [92] ». Ce sentiment est particulièrement profond au sein du monde des affaires qui a toujours vanté les mérites de l'anglais. Ici encore l'on se heurte à tous les stéréotypes entretenus par les couches dominantes.

Si les défenseurs des positions de l'anglais ne se recrutaient que parmi les anglophones, la situation de cette langue au Québec, même en tenant compte de l'aide considérable apportée par les immigrants, serait sans doute profondément modifiée. Mais tel n'est pas le cas, l'anglais trouvant de larges appuis auprès de la majorité de langue française et cela aux différents paliers de la structure sociale. C'est sur de tels milieux que porte si bien l'argument fallacieux qui présente l'unilinguisme comme la disparition totale de l'anglais, spécialement dans les programmes d'enseignement. Cet attachement à l'anglais constituerait sans nul doute un obstacle des plus sérieux pour tout programme tendant à obtenir avec les différentes ressources de l'État, y compris le recours à la contrainte, une transformation complète de la situation linguistique au Québec.

*   *   *

En définitive, sans contester la survenance de changements, bien des signes révèlent la persistance d'attitudes profondes. Rappelons ici quel-

---

92. Dans « l'Etude de la culture : la linguistique », *Recherches sociographiques*, vol. III, nos 1-2 (1962) p. 247. Voici un exemple. Dans un texte où, sous le titre « La langue qu'on adore et qu'on écorche » il s'applique à énumérer toutes les raisons que peuvent avoir les Québécois de se tourner vers l'anglais, Jean Pellerin en arrive aux observations suivantes : « Compte tenu de cette action constante du milieu, les Canadiens français ont-ils encore tellement raison de dire que l'anglais, pour eux, est une langue étrangère ? N'y aurait-il pas lieu, plutôt, de commencer à considérer l'anglais, non plus comme une langue étrangère, mais aussi comme « notre langue » ? Une langue de culture et de travail indispensable. Un Canadien français ne se diminue pas en apprenant l'anglais. Au contraire, il accède, de plein [*sic*] pied, à une communauté linguistique continentale voire mondiale... » Dans *Lettre aux nationalistes québécois*, Montréal, Editions du Jour, 1969, « Cahiers de Cité libre ». p. 87.

ques-unes des constatations déjà faites. Chez les anglophones, la persistance d'un certain état d'esprit dédaigneux vis-à-vis de la langue des Québécois (hier la qualification de patois, aujourd'hui l'affirmation de son inaptitude à suivre le développement technologique). Permanence aussi de la tendance à réduire le français très largement majoritaire au Québec à la position de langue d'une petite minorité (hier dans l'Empire britannique, aujourd'hui sur le continent nord-américain). Chez les défenseurs du français, beaucoup d'entre eux au moins, l'on observe toujours la même propension à mettre la langue au service d'autres causes ou valeurs (hier la religion, aujourd'hui la promotion des travailleurs dans l'entreprise ou encore le déclenchement d'une contestation globale) : le souci de défendre la langue maternelle en tant que telle reste au second plan, si même il n'est totalement absent. Par une pente naturelle dans une société où l'argent constitue la valeur suprême on en vient à faire de la « rentabilité » le facteur décisif de promotion de la langue : le français ne s'épanouira au Québec que s'il assure à ceux qui le parlent des avantages matériels suffisants. Certes, nous l'avons montré à quelques reprises, la défense de la langue au-delà des efforts relatifs au vocabulaire et à la syntaxe débouche nécessairement sur tous les grands problèmes de la vie sociale : encore faudrait-il que dans ce cheminement le point d'arrivée ne finisse pas par oblitérer le point de départ, que la langue ne soit pas considérée uniquement comme un instrument ou un prétexte. Dans cette perspective, rappelons l'enrôlement du français au service du nationalisme pancanadien : les utilisateurs de l'argument ont changé mais l'idée demeure.

Toutes ces attitudes sont consolidées par le jeu de stéréotypes qui, immanquablement, tendent à décourager les Québécois d'aimer et de respecter leur langue. Et ceux qui tentent de réagir contre ces courants de la mentalité québécoise le font souvent en se plaçant sur le même plan que leurs adversaires (ainsi, diront-ils, efforçons-nous de bien parler français parce que cette langue est parlée par X millions d'hommes dans le monde) et en oubliant de signaler les dommages incalculables que vaut à une collectivité, hors de toute autre considération, la négligence de sa propre langue. En somme les stéréotypes ont assez de puissance pour orienter les thèmes de la riposte et affaiblir nécessairement la force de celle-ci [93].

Cette attitude est d'autant plus préoccupante que d'autres facteurs de désaffection à l'égard de la langue française et de sa défense se manifestent actuellement au sein de la collectivité québécoise.

---

93. L'analyse systématique des stéréotypes qui conditionnent ou influencent les attitudes linguistiques présente un intérêt indiscutable.

D. FACTEURS DE DÉSAFFECTION

Nous en signalerons deux séries : la première correspond à une sorte d'exaltation ou d'apologie du mal parler, la seconde se caractérise par le refus d'accorder une quelconque priorité à l'action linguistique dans la lutte sociale. En dépit du caractère parfois tranchant des affirmations faites par certains de leurs adeptes, ces tendances demeurent floues et il est difficile d'en évaluer l'audience, même approximative. Nos explications, dont le seul but est de signaler l'existence de ces courants, non d'en faire une étude détaillée, se ressentiront de cette double imprécision.

a) rejet du « bon parler » français. Historiquement, nous l'avons vu, les militants du français ont été portés à centrer leurs démarches parfois de manière exclusive, sur l'amélioration de la qualité de la langue, de la prononciation, de l'accent... Or à notre époque, cette conception de la lutte linguistique a fait l'objet d'appréciations sévères dont l'inspiration générale est de tenir les démarches et combats de cet ordre pour autant de signes d'affectation ou de préciosité. Ce souci de « purisme », pour employer le mot consacré, a même suscité une prévention pouvant aller jusqu'au dénigrement, contre ceux des Canadiens français qui, rougissant de se montrer tels qu'ils sont et oublieux de leur origine, vont se mettre à l'école de Paris. À l'encontre de ces personnes l'on ne manquera pas de souligner qu'un tel souci de perfectionnement risque d'élargir la séparation entre les milieux cultivés qui, seuls, jouissent de semblables possibilités, et les masses populaires, peu sensibles à ces élégances.

Ces critiques de la préciosité ou du purisme ont certainement obtenu une large audience. Toutefois, depuis quelques années, le mouvement va beaucoup plus loin. Il ne s'agit plus seulement de réclamer droit de cité pour « les canadianismes de bon aloi [94] » ou de dénoncer l'imitation trop servile des pratiques ayant cours en France. La discussion porte sur le fait de savoir si le français tel qu'on l'utilise constitue bien la langue des Québécois. Et plusieurs n'hésitent pas à répondre par la négative. Au Québec le français reste l'apanage des milieux cultivés bourgeois et petits-bourgeois : il n'est pas (ou il n'est plus), surtout à Montréal, l'idiome de communication des travailleurs et des gens de condition modeste. D'où l'existence d'un profond fossé entre la langue écrite et la langue parlée. Mais c'est cette dernière qui représente l'authentique capital linguistique des Québécois. Dès lors, ont jugé plusieurs, il revient aux artistes, écri-

---

94. Titre d'une brochure publiée par l'Office de la langue française, *Cahiers de l'Office de la langue française*, nᵒ 4, 1969. Un sommaire de ces canadianismes a été publié par l'Office dans *Diffusion du français*, 1ʳᵉ année, 1970, nᵒ 1.

vains, poètes, auteurs de chansons, cinéastes... de combler l'écart qui prive toute une masse de la population de l'accès à la culture en choisissant comme mode d'expression la langue parlée effectivement par le peuple, en donnant à l'effort créateur une forme intelligible pour les gens ordinaires.

Tel a été le mobile fondamental de l'adoption du joual par un certain nombre d'écrivains — choix que d'aucuns interprètent comme une concession à la facilité. Nous avons cru utile d'introduire dans les textes un fragment de l'œuvre qui passe pour avoir été la première réalisation de ce mouvement. Sans entrer ici dans les détails de la controverse suscitée par ce courant, soulignons que pour certains le joual n'a pas d'avenir artistique et que les tentatives de le valoriser comme instrument de création littéraire mènent directement à une impasse. Soulignons simplement qu'en dehors de ses implications culturelles et linguistiques l'option pour le joual a eu des aspects nettement politiques : démystifier la situation en montrant ce qu'est véritablement la langue des Québécois, assumer le drame collectif d'un peuple dont on fait partie, créer une littérature-vérité, selon des expressions que nous empruntons à Gérald Godin [95]. Pour celui-ci d'ailleurs, l'emploi du joual doit prendre fin après la conquête de l'indépendance : l'on pourra alors restaurer la langue française « dans sa grandeur et sa gloire » mais la dégradation de cette langue dans les milieux populaires ne risque-t-elle pas d'avoir alors atteint un point de non-retour ?

On doit rapprocher ces professions de foi des difficultés que déclarent rencontrer les professeurs de français dans l'enseignement de cette langue comme langue maternelle à leurs élèves. Ce point a été souligné avec force dans *le Livre noir* publié par l'Association québécoise des professeurs de français avec le sous-titre suivant : *De l'impossibilité (presque totale) d'enseigner le français au Québec* [96]. Le leitmotiv des observations faites par les professeurs est la faiblesse et souvent l'absence totale de « motivation » à l'égard de l'apprentissage du français chez un très grand nombre d'élèves. L'explication la plus simple de cette indifférence est certes que le français correct ne correspond pas à la langue utilisée par les Québécois pour communiquer entre eux et qu'à l'inverse de l'anglais il ne constitue pas un atout particulier pour la vie économique.

Depuis quelque temps, certains, en dehors ou à côté du mouvement pour le joual, se plaisent à souligner l'existence d'une langue « québécoise » ou du moins l'évolution du parler des Québécois vers une telle

---

95. « Le Joual maladie infantile de la colonie québécoise », dans *le Devoir* du 6 novembre 1965.
96. Montréal, Editions du Jour, 1970.

langue. En s'acharnant à donner aux élèves une connaissance étendue du français dit international ou universel l'on ne ferait que susciter chez eux un « complexe d'infériorité » vis-à-vis de leur propre langue — expression due à Jules Marçoux (professeur au Collège militaire royal de Saint-Jean) qui tient pour une nécessité la destruction d'un tel complexe [97]. Mais prompts à affirmer l'existence ou la naissance d'un nouvel idiome, les tenants du « québécois » n'indiquent jamais les signes ou critères qui permettraient de procéder à son identification. Ce sont là en réalité des affirmations d'ordre politique qui ne sont étayées d'aucune référence à la science des phénomènes linguistiques : la francophobie y tient une large place et l'on ne saurait être surpris que des partisans de l'assimilation à l'anglais se rallient à ces thèses avec empressement.

b) revendication linguistique et stratégie socialiste. Certains groupes qui adoptent une perspective socialiste ne se bornent pas à repousser l'action linguistique de type ancien mais vont jusqu'à contester le principe même d'une telle action, du moins à titre d'objectif principal ou séparé. Ces groupes mettent en doute l'intérêt d'une défense linguistique qui ne serait pas accompagnée d'une transformation complète des rapports sociaux. Pour ces milieux, l'élément prioritaire consiste dans la préparation et la réalisation du changement social. L'obtention de résultats sur le plan linguistique, sans une modification profonde des rapports du travail, serait purement illusoire : qu'elle se fasse dans une langue ou dans l'autre, l'exploitation ne change pas de nature. À la base, elle frappe tous les ouvriers ou employés sans considération d'origine nationale. On peut même redouter que l'octroi à la langue d'une priorité ne constitue un artifice pour masquer l'exploitation ouvrière ou désamorcer les réactions qu'elle suscite. À l'extrême limite, ce courant ne craint pas de dénoncer comme une trahison de l'indispensable solidarité ouvrière toute défense

---

97. Dans « Le Québécois qui se fait », *le Devoir*, 20 février 1971, p. 5 :« pourquoi, se demande Marcoux, malgré de très grands efforts, notre système d'enseignement (à tous les niveaux) ne peut produire un diplômé capable d'écrire et de s'exprimer en français correct ? Pourquoi tous les efforts pour améliorer le vocabulaire du peuple québécois, n'ont à peu près rien corrigé ?... Pourquoi cette différence entre la langue parlée et la langue écrite ? » Selon Marcoux la solution à de tels problèmes « ne réside ni dans le français, ni dans le joual, elle est quelque part entre les deux et c'est aux linguistes de la trouver ». Réponse de Jacques Poisson dans « Le Québécois qui ne se fait pas », *le Devoir*, 12 mars 1971, p. 5 : plutôt que de linguistes ethnologues, ce problème relève « de l'histoire et du sens commun ». Selon Poisson « l'incapacité québécoise, qui est unique, tient aux séquelles d'un obscurantisme séculaire, sur lequel il serait injuste de se prononcer en fonction des idées contemporaines. Elle est liée en outre à une étape de l'assimilation culturelle survenue à diverses époques selon les personnes et les milieux ». Pour Jacques Poisson « les vrais pessimistes sont plutôt ceux qui se consument en criailleries contre nos origines et contre la France, ceux qui proposent l'alternative de l'assimilation ou de la régression culturelle, c'est-à-dire l'adhésion au joualisme ».

de la langue française qui aurait pour résultat de diviser la collectivité ouvrière selon un principe de différenciation ethnique : il sera toujours temps de s'attaquer aux questions de langue quand la révolution sociale aura été faite.

Cette attitude trouve certainement son origine dans des phénomènes proprement québécois : essentiellement la prise en charge de la défense linguistique par les milieux de la petite bourgeoisie voués à la sauvegarde de l'ordre social traditionnel. C'est dire qu'elle concerne davantage les activités de défense de type traditionnel que les revendications présentes d'unilinguisme lesquelles ne peuvent manquer de mettre en cause les structures de pouvoir établies. Plus près de nous, ont pu jouer dans le même sens les déceptions suscitées par la lutte contre le bill 63 (échec final de la pression sur le gouvernement, mais aussi malaise des éléments socialement progressistes au sein d'une coalition réunie sur une base purement linguistique). Il est certes difficile d'établir une stratégie commune sur le terrain culturel quand on diverge sur les objectifs fondamentaux de la lutte sociale (liaison avec la tendance à placer la revendication linguistique au service d'autres valeurs).

En dehors de ses dimensions québécoises, cette position s'alimente, de façon plus générale, aux discussions sur le rôle respectif de la classe et de la nation dans le combat socialiste — controverses qui, sur le plan théorique, n'ont jamais été complètement vidées et, sans doute, ne pouvaient l'être. Au niveau de la *praxis,* la nation et le groupe ethnique n'ont certes pas étouffé la classe, mais l'on ne saurait pour autant ignorer que l'idéologie nationaliste, telle que manipulée par certaines classes, a valu bien des déboires, et même des désastres, au mouvement socialiste. La revendication linguistique étant étroitement liée à l'affirmation nationaliste, l'on comprend les réserves que peut susciter un combat proprement linguistique chez les partisans de l'action socialiste.

À l'époque récente toutefois, les termes du problème ont changé. L'on s'est rendu compte que le nationalisme, facteur de chauvinisme petit-bourgeois et de désagrégation du front des exploités, pouvait aussi constituer un extraordinaire levier de libération. À ce stade, le nationalisme peut cesser d'être une force hostile au socialisme pour devenir la condition nécessaire, quoique non suffisante, de sa réalisation. Certes, comme le souligne Maxime Rodinson en des termes très lourds de sens [98], cette jonction comporte de graves dangers car rien ne garantit que les attitudes nationalistes s'humanisent, c'est-à-dire s'estompent, une fois accompli

---

98 Dans un remarquable article, « le Marxisme et la nation » dans *l'Homme et la société,* n° 7, janvier-février-mars 1968, p. 131-149.

leur rôle de rupture de la domination. Et cela d'autant plus que la persistance d'un fort nationalisme peut être jugée indispensable pour assurer la mobilisation des énergies et l'acceptation des sacrifices nécessaires à la reconstruction. Les risques sont donc incontestables mais, dans l'état de notre monde, les nations dominées n'ont d'autre choix que d'emprunter cet itinéraire pour prendre ou retrouver le contrôle de leur destin.

En tout cas, si l'objet final du socialisme est l'épanouissement de la culture, la défense de leur langue par les couches exploitées de la nation dominée lui appartient indissolublement. Ce combat peut heurter la solidarité ouvrière mais alors au lieu d'incriminer les membres de la nation dominée il faut souligner la responsabilité des éléments ouvriers de la nation dominante qui n'aident pas leurs camarades à se débarrasser de l'oppression linguistique dont ils subissent le poids, culturellement, socialement et économiquement. La solidarité ouvrière ne doit pas être à sens unique.

Sans entrer ici dans une discussion détaillée qui excéderait le propos de cette introduction, nous pensons en définitive que la revendication linguistique ne prend tout son sens que comme partie d'un effort de libération intégrale. Mais nous hésiterions à dire que cette défense ne mérite pas d'être entreprise si les perspectives de cette libération semblent encore relativement lointaines. Dans une situation donnée d'aliénation et d'exploitation sociale, la langue peut constituer et constitue, en de nombreux cas, un facteur supplémentaire de discrimination. Au Québec, le Canadien français subit comme tel dans le domaine du travail une forte pénalisation par rapport aux travailleurs anglophones [99]. Dès lors l'altération et la disparition progressive des infériorités suscitées par l'état des relations linguistiques peut constituer une diminution du fardeau supporté par les éléments dominés, une contribution non négligeable à l'œuvre de libération et, probablement même, une incitation à la recherche d'une libération plus complète (le français au Québec, langue de libération en vertu de la puissance désaliénante de la langue maternelle). Il ne nous paraît pas légitime de contester, par principe, les efforts tendant à la suppression de

---

99. La situation désavantageuse des francophones a été soulignée avec clarté par la Commission d'enquête sur le bilinguisme et le biculturalisme : « Dans tous les domaines du monde du travail que nous avons passé en revue, les francophones sont désavantagés par rapport aux anglophones. Sur le plan national, provincial ou local, au sein des industries ou des professions, leurs revenus sont nettement inférieurs à ceux des anglophones. On constate des disparités analogues quant aux niveaux d'instruction. Dans le monde du travail au Canada, que l'on considère l'entreprise privée, la fonction publique fédérale ou les forces armées, les francophones ont beaucoup moins de chances d'occuper les postes supérieurs. » (Livre III du rapport, *le Monde du travail*, Ottawa, Imprimeur de la reine, 1969, p. 601). Cependant la *Gazette* du 12 mai 1971 cite les résultats d'une enquête minimisant le rôle de la variable « ethnie » dans la situation du Canadien français au sein de l'entreprise.

l'aliénation linguistique [100], car cette aliénation aggrave la situation de ceux qui la subissent et limite, de plusieurs manières, leur capacité de résistance à l'exploitation sociale.

En d'autres termes, sans méconnaître les risques d'une dissociation des fronts, il ne nous semble pas nécessairement contraire à l'objectif global visé que la lutte prenne des rythmes différents selon les secteurs. Il s'agit simplement de ne pas perdre de vue le dessein général. Certains estiment qu'il est possible, dans les circonstances présentes, de mobiliser plus de concours et de ressources pour la lutte contre l'aliénation linguistique que pour le combat général contre l'exploitation sociale. Comme on l'a vu lors des manifestations contre le bill 63 ou en des occasions antérieures (le défilé de masse pour la francisation de l'Université McGill : « McGill français »), la langue peut constituer, spécialement chez les jeunes, un puissant facteur de mobilisation. D'autres, sans contester l'utilité de telles entreprises, soulignent que, de toute manière, les structures sociales limitent les résultats susceptibles d'être obtenus au plan linguistique. Ces deux séries d'observations méritent chacune d'être prises en considération. La première explique que l'on ait parfois tenté d'utiliser un mécontentement linguistique pour réaliser des objectifs d'un ordre différent. La seconde rappelle opportunément le pouvoir général de contrôle de la vie sociale qu'assure la possession ou la manipulation des instruments de production. Mais, en dépit de ce pouvoir, il existe une certaine marge de manœuvre qui permet de réaliser des améliorations utiles quoique partielles.

V. RÉSULTATS DE LA BATAILLE LINGUISTIQUE

Dans sa conférence (déjà citée) au Collège de France, François Cloutier présente comme « une espèce de paradoxe » la survivance de la langue française au Canada. Selon lui, deux facteurs « en dernière analyse » ont permis cette survivance : « l'isolement et la démographie ».

---

100. Aliénation qu'André Langevin caractérise en ces termes : « L'aliénation de notre langage est peut-être notre réalité la plus tragique, non seulement parce qu'elle fait de nous des êtres diminués, prisonniers d'un silence que les jurons les plus brutaux rompent à peine, à la manière des grognements d'un sourd-muet, mais encore parce qu'elle entraîne un réflexe d'hostilité qui rend suspecte toute communication difficilement amorcée et nous porte à fuir. Certaine utilisation du mot de Cambronne, adapté à notre parlure, comme argument final à toute discussion qui se prolonge un peu, est l'illustration la plus constante et la plus lyrique de ce phénomène. » Dans « Une langue humiliée », *Liberté*, mars-avril 1964, p. 119-123. Selon Langevin « rien, si ce n'est une solution politique, n'arrêtera l'effritement culturel qui est en train de faire de la masse des Canadiens français des prolétaires de l'esprit ».

Il évoque aussi cet « inconscient collectif » dans lequel les groupes ethniques se sentant menacés paraissent trouver « la volonté de persister en dépit de tous les obstacles [101] ». En réalité, les textes rassemblés dans ce volume montrent qu'à toutes les époques des Canadiens français ont eu parfaitement conscience des dangers courus par leur langue et se sont efforcés de mettre leurs compatriotes en alerte contre ces menaces. Il nous semble que ces démarches de tous ordres ont représenté une composante de la survivance canadienne de la langue française.

La constatation de cette survivance ne suffit d'ailleurs pas à nous renseigner sur la situation réelle du français au Canada et singulièrement au Québec. La question a deux volets, d'ailleurs étroitement connexes. L'un traite de ce que l'on pourrait appeler la situation socio-politique de la langue : son rôle effectif dans le système des communications, son prestige auprès de ceux qui la parlent et des parlants d'autres langues, son degré d'acceptation et sa zone d'extension. L'autre concerne les aspects proprement linguistiques : l'évolution de la langue sous l'effet des divers facteurs de l'environnement et des comportements de ses usagers. On peut analyser chacune de ces situations en termes distincts : mais seule la combinaison des résultats acquis sur les deux plans peut donner une vue cohérente et exhaustive de la situation. En particulier, toute analyse de la langue faite dans une perspective politique mais sans tenir compte des enseignements de la linguistique risque de demeurer superficielle et de passer à côté des vraies questions.

Actuellement la Commission Gendron s'applique à caractériser la situation de la langue française au Québec sans que nous sachions bien si, à l'instar de la Commission Laurendeau-Dunton, elle se bornera au volet socio-politique ou si elle tiendra compte aussi du volet linguistique. L'étude de ce second volet exige, pour présenter toute sécurité scientifique, des recherches particulièrement minutieuses et des ressources considérables (notamment dans l'ordre du temps exigé par l'investigation). L'emploi en ce domaine du calcul électronique permet certes d'accélérer sur plusieurs points les progrès de la connaissance mais l'enquête linguistique, pour peu qu'on lui donne une certaine ampleur, reste œuvre de longue haleine. Or ce trait, s'il vaut à la linguistique ses titres de créance sur le plan scientifique, peut gêner ceux qui voudraient établir des politiques de la langue tenant compte des enseignements et des découvertes de cette discipline. Il faut admettre que, fort légitimement d'ailleurs, les linguistes ne s'estiment pas toujours préparés à répondre à toutes les questions intéressant les analystes de la vie sociale. Même quand ils posent les

---

101. Pages 11-12 du texte déjà mentionné.

bonnes questions sous l'angle linguistique, ce qui n'est pas toujours le cas, ces derniers doivent tenir compte du rythme et des méthodes de travail propres aux linguistes.

Selon l'ethnolinguiste Gilles Lefebvre, qui présentait voici quelques années un état de la recherche linguistique au Québec [102], « l'idiome des Canadiens français ou franco-canadien » constitue un parler régional de type français du Nord-Ouest. Ce parler se trouvait déjà fortement établi dès la fin du XVIIIe siècle avec des caractéristiques propres, les besoins mêmes de la population ayant joué en faveur d'une homogénéité linguistique. De ce fonds initial sont sortis, au Québec surtout, trois sous-dialectes canadiens-français, liés chacun à une couche socio-culturelle déterminée : celui de l' « élite professionnelle, artistique, instruite » (encore proche du français commun par la grammaire et le vocabulaire) ; celui de la « population rurale » (d'une grande stabilité et teinté d'archaïsmes) ; celui du « prolétariat urbain » qui comprend lui-même plusieurs courants dont l'un correspond précisément à ce que l'on appelle le joual. Ce dernier résulte d'une mutation du parler initial vers le statut d'une langue mixte (c'est-à-dire, selon les termes de Lefebvre, d'une langue ayant absorbé plus qu'il n'en fallait d'éléments étrangers). Le diagnostic de Lefebvre est que la formation du joual résulte d'un processus de créolisation en pleine activité et correspond à un stade avancé d'anglicisation linguistique et culturelle.

Un élément nouveau de la situation, nous l'avons noté, est la volonté d'artistes et d'écrivains d'utiliser le joual comme mode d'expression — propension que Lefebvre interprète comme la manifestation d' « un malaise fondamental chez un groupe humain qui se cherche une identité propre, et qui tend à rejeter celle qu'on lui impose, selon lui ». En tout cas pour Lefebvre, l'état dans lequel se trouve la langue française au Canada résulte en une large mesure « du *bilinguisme concret* auquel les communautés francophones, en situation d'infériorité démographique et socio-économique, ont été soumises pendant de nombreuses décennies [103] ».

Les défenseurs de la langue française ont toujours eu la conviction que la présence et la pression même de l'anglais formaient un péril majeur pour l'intégrité linguistique des Canadiens français. En mars 1913, le manifeste de la Ligue des droits du français sonnait l'alarme en des

---

102. Dans l'article déjà cité de *Recherches sociographiques*, p. 233-249. Lefebvre définit comme suit la notion de « parler » : « un organisme linguistique fortement régional reproduisant la langue commune mais avec un accent marqué résultant d'un substrat dialectal estompé affleurant surtout au niveau de la phonétique et du vocabulaire » (p. 241).

103. Citation extraite d'un document, *le Bilinguisme au Canada : bref aperçu*, à l'intention des élèves du Département d'anthropologie de l'Université de Montréal. Souligné dans le texte.

termes particulièrement graves : « Pour un bon nombre de Canadiens français, la langue française n'est plus la langue usuelle. Dans certains domaines, le commerce et l'industrie par exemple, ils l'ont rejetée complètement. Annonces, catalogues, factures, marques ou nom de produits, tout est rédigé en anglais [104]. » En termes de linguistique c'est là le type même de comportement qui conduit à la formation d'une langue mixte et à l'apparition d'une réalité linguistique bien différente du fonds initial. On comprend qu'une telle évolution ne favorise guère la naissance d'une motivation en faveur de la langue française.

L'un des traits les plus sérieux de la situation actuelle réside dans la détérioration de la langue enseignée et parlée à l'école. Nous avons déjà fait état à ce propos de l'opinion pessimiste formulée par l'Association québécoise des professeurs de français et nous avons introduit dans nos textes des extraits d'un document établi par la Commission des écoles catholiques de Montréal, lequel avance aussi des considérations pessimistes. La question a été également analysée par la Corporation des enseignants du Québec (CEQ) dans un mémoire à la Commission Gendron (mars 1970) [105]. Tout en insistant sur l'absence d'études scientifiques de ce problème pourtant fondamental, la CEQ ne cherche pas à dissimuler l'existence de graves déficiences et elle ne rejette même pas d'emblée l'idée selon laquelle l'école en ce domaine aurait failli à sa tâche. Toutefois, à son avis, la détérioration observée par de nombreux enseignants et spécialistes découle clairement « d'un état de subordination socio-économique, d'aliénation ».

Le document de la CEQ rapporte que, d'après certains linguistes, près de la moitié des 3 000 mots fondamentaux du franco-canadien populaire sont des anglicismes. Toutefois d'après ces linguistes, le tiers au moins du vocabulaire des élèves à la fin du secondaire serait soit influencé par l'anglais soit carrément d'origine anglaise. On en revient ainsi au problème de la langue parlée dont, selon Maurice Lebel, professeur à la Faculté des lettres de l'Université Laval, le sauvetage doit constituer la tâche prioritaire du système québécois d'éducation [106]. Lebel élargit d'ailleurs le débat en observant que les principaux défauts de la langue parlée par les Canadiens français ne leur appartiennent pas en propre mais caractérisent tous les

---

104. On trouvera plus loin le texte complet de ce manifeste (document nᵒ 54).
105. Voir, en particulier, le chapitre IX, « la Langue et l'école », p. 79-89.
106. *La Langue parlée*, 4ᵉ édition, Sherbrooke, Editions Paulines, 1970. Rendant compte de cet ouvrage (dans *le Devoir*, 26 septembre 1970, p. 12), Jean-Ethier Blais se livre à des considérations très critiques sur les pratiques linguistiques au Québec : « En une génération, écrit-il, les Québécois sont passés de l'impossibilité totale de s'exprimer à l'usage intégral du charabia qu'ils confondent avec l'expression de la pensée. »

peuples qui vivent sur le continent américain (Canadiens anglais, Américains des États-Unis et Espagnols d'Amérique latine) [107].

L'un des facteurs les plus insidieux de dégradation de la langue au
Québec réside dans l'ampleur des textes traduits de l'anglais qui sont
présentés quotidiennement aux parlants français. Comme l'a parfaitement
noté Jean-Marc Léger, les Québécois vivent littéralement dans un monde
de traduction [108]. Pour la masse des citoyens d'un « pays normal »,
souligne-t-il, les traductions ne jouent qu'un rôle d'appoint : ce qu'ils
entendent, lisent et voient représente essentiellement le produit de leur
culture exprimé dans leur propre langue. Mais pour le « peuple anormal »
que sont les Québécois « la traduction est un phénomène énorme, un fait
de tous les jours et dans presque tous les secteurs d'activité, c'est quelque
chose qui rejoint toute la population ». Or l'objet de la traduction est
d'introduire dans une culture déterminée des associations d'images et
d'idées, des modes et schèmes de pensée, en plusieurs cas même des
valeurs qui appartiennent à une autre culture. La traduction peut donc être
considérée en elle-même comme un facteur d'aliénation — situation particulièrement grave quand le phénomène se réalise à doses massives.

De plus, la traduction a des effets directs sur la langue utilisée
pour le transfert en raison des difficultés même de l'opération. Chacun
connaît la difficulté de transférer d'une langue à une autre certaines
associations ou images, beaucoup de jeux de mots. On doit aussi tenir
compte de l'obstacle des mots désignant une institution ou une pratique
propre à une culture déterminée et sans équivalent dans l'autre. Enfin il y
a toute la question des variations, d'une langue à l'autre, des constructions
syntaxiques et structures linguistiques qui canalisent et encadrent le
déroulement de la pensée. On peut tenter de venir à bout de ces difficultés
en recherchant des approximations qui certes déforment un peu le message
initial mais qui respectent le génie de la langue de transfert (à la limite
on procédera par adaptation plutôt que par traduction proprement dite).
Il y a cependant une autre technique qui est de « coller » le plus possible

---

107. *La Langue parlée*, p. 10.
108. Dans « La traduction au Québec est trop souvent signe et facteur de dégradation
de la langue », *le Devoir*, 30 octobre 1968. Voir aussi de Jean-Marc Léger
(alors directeur de l'Office de la langue française) : « l'Etat de la langue, miroir
de la nation », *Meta*, vol. VII, n° 2, avril-juin 1962, p. 39-51. Dans un mémoire
présenté à la Commission Gendron (août 1969), la Société des traducteurs du
Québec souligne que la situation québécoise se caractérise par « l'omniprésence
de la traduction » (phénomène dû, selon elle, à la situation géographico-écono-
mique du Québec mais aussi à la présence des techniques massives de
diffusion). Consulter enfin les « Actes du colloque international de linguistique
et de traduction, Montréal, 30 septembre - 3 octobre 1970 », *Meta*, vol. 16,
n° 1-2, mars-juin 1971, p. 1-132.

à l'original et qui aboutit rapidement au charabia : « simple calque de la langue de départ » (Jean-Marc Léger). Le transfert n'est plus alors qu'une pseudo-traduction et suscite inévitablement une assimilation linguistique.

L'un des axiomes du travail de traduction est la nécessité d'une excellente connaissance de la langue du transfert : or celle-ci est loin d'être assurée au Québec, même chez ceux dont le français constitue la langue maternelle. Joint à la pratique de nombreuses firmes ou organisations d'utiliser les services de traducteurs improvisés ou insuffisamment formés, ce trait explique l'extension prise par la traduction-charabia malgré les efforts accomplis par les équipes de traducteurs compétents. Étant donné que, par suite des déficiences de l'enseignement du français à l'école, les Québécois sont très mal armés pour se préserver de toutes les formes de charabia et des multiples incorrections syntaxiques, le recours à la traduction massive aggrave sans cesse davantage la colonisation des esprits et la contamination de la langue, selon des expressions de Jean-Marc Léger [109].

Ce phénomène s'observe dans tous les domaines y compris celui de l'élaboration législative (plusieurs lois du Québec n'étant que de mauvaises copies de la législation anglo-saxonne). Mais c'est dans le secteur de la réclame commerciale qu'il sévit avec le plus d'intensité. Le point a été souligné notamment par un publicitaire, Maurice Watier [110]. Pour apprécier correctement l'importance du phénomène, il faut rappeler que le Canadien moyen se trouve sollicité chaque jour par plusieurs milliers de messages publicitaires. Or, affirme Watier, la publicité pancanadienne diffusée au Canada français est traduite dans une proportion de plus de 90 % et elle est en général mal traduite. Autres faits significatifs mentionnés par celui-ci : les publicitaires canadiens-français ne constituent que 20 % du personnel des agences de publicité à Montréal et les agences canadiennes-françaises ne reçoivent que 3 % des budgets publicitaires pancanadiens (chiffres fournis par l'Institut de la publicité canadienne) ; dans la grande

109. Dans le mémoire déjà cité, la Société des traducteurs du Québec, tout en s'élevant contre l'idée que la traduction est nécessairement néfaste à la langue, reconnaît l'influence fâcheuse exercée sur la langue française au Québec par les mauvaises traductions, lesquelles sont bien « le cheval de Troie de l'anglicisation ». La Société estime toutefois qu'au cours des dix dernières années la traduction a fait au Québec de « solides progrès ». Le mémoire évoque même « un prodigieux redressement terminologique dont les traducteurs ont été souvent la cheville ouvrière » (p. 12 de l'édition multigraphiée).

110. En particulier dans un mémoire à la Commission Gendron (février 1970). Les indications fournies sont tirées de ce document. Nous avons également consulté d'autres textes de Maurice Watier : une communication à la Biennale de la langue française à Québec (septembre 1967) ; un rapport au colloque sur la langue française tenu à la Bibliothèque nationale à Montréal (mars 1969) ; une communication à la Biennale de la langue française à Liège (octobre 1969).

majorité des cas les publicitaires canadiens-français sont embauchés par des anglophones unilingues ; les media n'exercent aucune surveillance sur la qualité du français des messages publicitaires... [111].

Les publicitaires déclarent souvent que des progrès notables ont été réalisés dans ce secteur au cours des dernières années. Maurice Watier s'inscrit en faux contre cette assertion. Tout en admettant une certaine amélioration qualitative, il estime que les annonces bien rédigées demeurent l'exception — situation curieuse s'il est vrai, selon une enquête récente, que la rédaction d'une annonce en mauvais français détruit en une large mesure la portée du message auprès du public [112].

Selon Maurice Watier, les publicitaires exercent une influence néfaste sur la langue du public. D'après lui « le grand mal de la publicité canadienne-française c'est la traduction et l'incompréhension d'annonceurs et de publicitaires anglophones unilingues qui imposent une situation de fait intolérable [113] ». Notons une fois de plus que la question linguistique débouche sur des problèmes plus vastes.

La liste des facteurs de détérioration que nous venons d'esquisser n'a pas un caractère exhaustif. En particulier, faute de toute documentation ou évaluation adéquates, nous n'avons pas examiné le domaine des loisirs. Si chacun s'accorde à reconnaître l'importance de la langue des loisirs les avis sont partagés sur son orientation présente dans le contexte québécois. Au titre d'un appui au français, rappelons les efforts entrepris en diverses occasions pour franciser la langue des sports (notamment celle du baseball) [114]. Considérons aussi qu'une large partie du temps libre de chacun, y compris celui des jeunes enfants, se passe devant la télévision laquelle comporte des postes qui présentent en langue française toute leur programmation. Mais, précisément, plusieurs de ces émissions sont simplement traduites de l'anglais (ou de l'américain) sans aucun effort d'adaptation. On doit aussi tenir compte de l'utilisation directe de postes

---

111. Maurice Watier met à part Radio-Canada. La Société a institué voici une dizaine d'années un Comité de linguistique mais il est clair que les impératifs publicitaires ne concordent pas nécessairement avec ceux d'une saine promotion de la langue française. Selon Watier, Radio-Canada a exercé dans le passé une surveillance étroite de la langue des messages publicitaires mais ces démarches ont suscité l'opposition des publicitaires : toutefois, avance-t-il, la Société n'en continue sans doute pas moins de proposer des corrections aux publicitaires.

112. Une brève description des résultats de cette enquête se trouve dans *le Devoir*, 2 novembre 1971, p. 16.

113. Mémoire à la Commission Gendron, p. 18 du texte multigraphié.

114. Voir, entre autres, Société du parler français au Canada, *Vocabulaire français-anglais des jeux de hockey, de tennis et de balle aux buts (Base-ball)*, Québec, l'Action catholique, 1938, ainsi que Omer de Serres, *Traduction des règlements de balle au camp (Base ball)*, Montréal, chez l'auteur, 1940. Voir aussi le glossaire du golf publié par Marc Thibault dans *le Devoir*, 29 avril 1965, p. 16, et le *Vocabulaire technique du golf, Cahiers de l'Office de la langue française*, no 9, 191.

anglais par des Québécois et de l'audience obtenue par les films américains (avec ou sans sous-titres...) [115]. La question justifie certes des investigations spécialisées.

Examinant la « situation de la langue » au Québec [116], Jean-Claude Corbeil avance que trois séries de facteurs en conditionnent l'évolution, comme d'ailleurs celle des autres langues : la motivation socio-économique ; les conditions de transmission de la langue (milieu familial, école...) ; la dynamique des contacts linguistiques. Or, en l'état présent de l'affrontement linguistique, ces trois facteurs jouent contre la langue française au Québec et Corbeil va jusqu'à dire que si l'évolution actuelle se poursuit (en particulier continuation du processus de créolisation) « le français sera une langue étrangère au Québec ».

Même partielle et rapide, l'étude de ces éléments de dégradation s'avère impressionnante. Faut-il en conclure qu'il n'y a eu aucun progrès et que, dès lors, la bataille linguistique menée au Québec a été entièrement vaine ?

*   *   *

Tous ne sont pas aussi pessimistes et parmi les auteurs qui jugent l'évolution avec plus d'optimisme nous pouvons citer l'historien Michel Brunet [117]. Concernant le passé celui-ci confirme bien l'évaluation pessimiste faite sur le moment par les militants du français : « la langue française, jusqu'à la troisième décennie du XXe siècle, avait peu de prestige et de rayonnement dans les principaux domaines de l'agir collectif au Canada et au Canada français. Le bilinguisme servile que les circonstances avaient imposé aux Canadiens, depuis la conquête, avait conduit à l'unilinguisme. Seule la langue anglaise semblait avoir droit de cité au pays ». Et M. Brunet d'évoquer ensuite « l'état de déchéance où végétait la langue française, cinq générations après la capitulation de Montréal ».

Pour le présent toutefois, l'historien manifeste nettement plus d'optimisme en soulignant les progrès accomplis par rapport à l'état ancien de déchéance (« qui niera que les choses ont quelque peu changé depuis

---

115. Dans un mémoire à la Commission Gendron (octobre 1969) le Comité de culture cinématographique de l'Office des communications sociales insiste sur « l'anglicisation par le cinéma ». Selon le Comité, en ce domaine « c'est l'invraisemblable qui a cours » : ainsi plusieurs films français sont-ils sortis en primeur au Québec dans une version doublée en anglais (le mémoire donne quinze exemples d'une telle situation...). Au Québec, observe le Comité, une partie du cinéma français est communiquée par le truchement de l'anglais !
116. *Maintenant*, septembre 1967, p. 273-275.
117. Dans l'article déjà cité, « les Servitudes et les défis du bilinguisme », (citations passim).

une génération »). Il est vrai que, pour expliquer ces progrès, Brunet fait appel à des facteurs objectifs plus qu'aux revendications des organismes linguistiques (ainsi la grande dépression des années trente : « la crise économique a considérablement diminué le prestige dont jouissait, depuis la conquête, la bourgeoisie capitaliste anglo-canadienne. Les Canadiens français se rendent compte que le fait de parler anglais n'assure pas automatiquement le succès matériel [118] »). Comme facteurs ou signes de ce progrès linguistique, Brunet cite Radio-Canada, l'Office national du film, le rapport Massey qui a mis en lumière le caractère bilingue et biculturel du Canada, la coquetterie de parler français chez quelques ministres anglophones du cabinet Diefenbaker, l'établissement de l'Hydro-Québec... L'époque est bien révolue où la langue maternelle des Canadiens semblait devoir se confiner à quelques milieux particuliers.

Cet historien va d'ailleurs plus loin en invoquant, avant François Cloutier, une sorte de vouloir-vivre collectif qui transcende les options individuelles : « [Les Canadiens] ont appris l'anglais parce qu'ils étaient obligés de l'apprendre... Ils ont vu leur langue maternelle déchoir de génération en génération pendant plus de 150 ans. Si quelques-uns ne s'en scandalisaient pas, si d'autres s'en réjouissaient, la majorité en souffrait et gardait, rivée à son subconscient collectif, la secrète conviction et le ferme espoir qu'un jour la situation changerait... » En somme, les Canadiens français auraient profité des occasions offertes durant les dernières décennies pour ressaisir l'initiative en matière linguistique.

Sans contester l'intérêt d'une telle interprétation, il nous paraît utile de soulever certains problèmes. D'abord il faudrait établir ce que cette conception tient pour acquis, à savoir que les comportements linguistiques effectifs des Canadiens français ont subi en une génération des changements substantiels dans le sens d'une valorisation de la langue française. Celle-ci est-elle, pour la majorité, perçue comme la langue maternelle, irremplaçable, l'anglais n'ayant qu'une valeur instrumentale en diverses occasions (l'anglais-outil) ? Ce n'est pas certain. En réalité, nous ne sommes pas très bien fixés sur l'attachement véritable des Canadiens français à leur langue. Pour employer un terme que l'on trouve sous la plume de divers commentateurs, la situation comporte plusieurs éléments d'ambiguïté (ainsi l'évolution vers une langue mixte signalée par les linguistes spécialement au niveau du parler populaire à Montréal). De toute

---

118. On peut toutefois se demander si la prospérité de ces dernières décennies n'a pas suscité un renversement de la tendance quoique désormais au profit des Américains. Ceux-ci sont beaucoup admirés par les Canadiens français qui vantent leur dynamisme et envient leur niveau de vie. Si l'on admet que les prises de positions sur une langue dépendent en une large mesure des jugements portés sur les peuples qui la parlent, une telle propension à apprécier favorablement les Américains ne peut que profiter à la langue anglaise.

manière, l'on peut concevoir que certains changements favorables au français soient effectués sans entraîner une véritable prise de conscience de la notion de langue maternelle.

D'un autre côté, on peut hésiter à se servir du concept de subconscient collectif qui demeure fort controversé chez les spécialistes. Si des modifications substantielles se sont produites, il convient d'en rechercher les facteurs dans l'expérience : une certaine transformation du rapport des forces ; des changements dans les méthodes de lutte ; le rôle des influences internationales ; la valorisation générale des nations et ethnies à notre époque. Le point est de savoir si les combats linguistiques qu'illustre cet ouvrage n'ont pas également joué leur rôle.

Nous avons signalé, à diverses reprises, les critiques adressées aux inspirateurs et aux acteurs de ces combats. Par ailleurs, plusieurs des textes retenus illustrent bien les faiblesses et les limites de l'action ainsi entreprise. Il est évident aujourd'hui que les résultats acquis ne correspondaient que très imparfaitement aux nécessités de la situation. Tout bien pesé cependant, nous pensons que ces activités multiples ont eu leur utilité en soulignant sans cesse les risques courus par la langue française en raison de la lourde pression des milieux anglophones. Nous rejoignons ainsi le jugement de Maurice Lebel pour lequel « les congrès, les sociétés, les revues et les campagnes d'éducation » ont été « indispensables [119] ». Mais il est bien clair que désormais, sur la base de l'expérience acquise, de telles démarches ne sauraient suffire pour réaliser les transformations indispensables à la survie et à l'épanouissement de la langue française au Québec. L'on sait maintenant qu'une langue ne se défend pas seulement sur le plan culturel, quoique ce plan soit indispensable, mais dans tous les secteurs et à tous les niveaux de l'action collective, en utilisant à cet effet toutes les ressources de l'appareil gouvernemental.

Il s'agit de savoir si les Québécois sont prêts à exiger des changements substantiels et capables de mobiliser la force suffisante pour les obtenir. C'est la question fondamentale dont la solution dépend en une large mesure des générations montantes. Si l'on en arrivait à des politiques linguistiques actives dans tous les secteurs importants de la vie sociale, si l'on en venait à assurer aux travailleurs le niveau culturel indispensable à l'identification à leur langue maternelle, ce serait un changement essentiel par rapport aux combats des générations passées et aux tentatives actuelles d'envergure limitée. Mais ce serait un changement si important qu'on peut difficilement le concevoir, dans son entier, sans une modification préalable ou concomitante du régime politique et du système de pouvoir économique qui en est le fondement.

---

119. Dans *la Langue parlée*, p. 4-5.

CHRONOLOGIE SOMMAIRE

1759   Le 13 septembre, défaite des armées de Montcalm sur les plaines d'Abraham.

1763   Le 10 février, signature du Traité de Paris. La France cède le Canada à l'Angleterre. Le 7 octobre, Proclamation royale. Murray décide l'établissement de la Common Law au Canada.

1774   Acte de Québec. Le droit civil français est rétabli.

1775   Le Canada est envahi par les troupes américaines.

1791   William Pitt fait voter l'Acte constitutionnel. Le Canada est divisé en deux provinces, chacune étant dotée de nouvelles institutions politiques. Le texte constitutionnel ne dit mot du statut des langues.

1792   Le 17 décembre, ouverture de la Chambre d'assemblée. Le lendemain, Jean-Antoine Panet est élu président de la Chambre. Discours de Pierre-Louis Panet, partisan de l'assimilation.

1793   En janvier, débats à la Chambre sur la question des langues.

1806   Le 22 novembre, fondation à Québec du journal *le Canadien.*

1806-1807   Voyage de John Lambert au Canada. Le français au Canada n'est plus ce qu'il était avant 1760, constate-t-il.

1812   Guerre entre les Etats-Unis et l'Angleterre.

1822   Projet d'union des deux Canadas. Le texte proposé proscrit l'usage législatif du français.

1825   Le juge Edward Bowen refuse au français le statut de langue judiciaire officielle. Augustin-Norbert Morin lui répond.

1829   Fondation de l'Université McGill.

1831   Voyage d'Alexis de Tocqueville au Canada.

1834   Ludger Duvernay fonde la Société Saint-Jean-Baptiste.

1839   Publication du rapport Durham.

1840   L'article 41 de l'Acte d'union voté à Westminster fait de l'anglais la seule langue officielle.

1841   L'abbé Thomas Maguire publie son *Manuel des difficultés les plus communes de la langue française adapté au jeune âge, et suivi d'un recueil de locutions vicieuses.*

1842   Le 13 septembre, Louis-Hippolyte LaFontaine réaffirme à la Chambre d'assemblée les droits du français comme langue parlementaire.

1848   Le 14 août, le Parlement britannique abroge l'article de l'Acte d'union qui proscrivait le français.

1852   Fondation de l'Université Laval de Québec.

1865   Arthur Buies publie une série d'articles dans *le Pays* de Montréal sur les « Barbarismes canadiens ».

1866   Discours de Mgr Louis-François Laflèche lors des fêtes de la Saint-Jean-Baptiste à Ottawa : « La plus lourde taxe que la conquête nous ait imposée, c'est la nécessité de parler la langue anglaise. »

1867   Entrée en vigueur de la constitution canadienne, dite Acte de l'Amérique du Nord britannique. L'article 133 donne au français le statut de langue officielle aux Parlements d'Ottawa et de Québec et devant les tribunaux fédéraux et québécois.

1870   Le Manitoba devient la cinquième province du Canada. Son statut linguistique est semblable à celui du Québec.
Guerre franco-prussienne. Conférence d'Oscar Dunn : « Pourquoi nous sommes français. »

1871   Début de l'affaire des écoles du Nouveau-Brunswick.

1879   Causerie de Jules-Paul Tardivel à Québec le 17 décembre sur le thème : « L'anglicisme, voilà l'ennemi ! »

1880   Oscar Dunn publie son *Glossaire franco-canadien et vocabulaire de locutions vicieuses usitées au Canada.*

1885   Le 16 novembre, pendaison de Louis Riel. Cette exécution provoque de violentes réactions au Québec.

1890   En janvier, Dalton McCarthy dépose aux Communes une proposition de loi demandant l'abrogation du français dans les Territoires du Nord-Ouest.
Au printemps, le gouvernement Greenway du Manitoba fait adopter les lois antifrançaises (abrogation de l'article 23 du Manitoba Act). Début de la question des écoles du Manitoba qui se poursuivra jusqu'en 1897.
Le 26 avril, William Chapman publie une première version de son poème *Notre langue.*

1896   Wilfrid Laurier devient premier ministre du Canada. Henri Bourassa entre pour la première fois à la Chambre des communes.

1897   Le compromis Laurier-Greenway met officiellement fin à l'affaire des écoles du Manitoba.
Visite de Mgr Merry del Val au Canada dans le but de faire enquête sur les relations entre catholiques anglais et français.
William Drummond publie son recueil de poèmes *The Habitant and other French Canadian poems.*

1902   Le 18 février, fondation à Québec, sous le patronage de l'Université Laval, de la Société du parler français au Canada. En septembre, la Société publie le premier numéro de son *Bulletin du parler français au Canada* qui sera remplacé, en 1918, par *le Canada français.*

1903   Olivar Asselin fonde à Montréal la Ligue nationaliste.

1904   Le 6 mars, Olivar Asselin lance le journal *le Nationaliste*, organe de la Ligue nationaliste. Jules Fournier collabore au journal avant de remplacer Asselin à la direction.
En février, Armand Lavergne est élu député fédéral de Montmagny, lors d'une élection partielle. Il est réélu aux élections générales de novembre.

1905   Débat à la Chambre des communes sur le statut linguistique de l'Alberta et de la Saskatchewan qui entrent la même année dans la confédération canadienne.

1907   Fondation de l'Ecole des hautes études commerciales.

1908   Armand Lavergne et Henri Bourassa font leur entrée à l'Assemblée législative du Québec.

1910   Le 10 janvier, Henri Bourassa fonde *le Devoir*.

En juillet, le Parlement du Québec adopte une loi rendant le bilinguisme obligatoire dans les entreprises de services publics (Loi Lavergne).

En septembre, congrès eucharistique de Montréal. A l'Eglise Notre-Dame, Henri Bourassa répond à Mgr Bourne qui s'était déclaré partisan de l'anglicisation de l'Eglise canadienne.

1911   Jules Fournier fonde *l'Action*, hebdomadaire de Montréal qui paraîtra pendant cinq ans.

1912   Le gouvernement de l'Ontario adopte le règlement XVII restreignant l'usage du français dans les écoles bilingues.

Du 24 au 30 juin, la Société du parler français au Canada convoque le premier Congrès de la langue française. Le Congrès est présidé par Mgr Paul-Eugène Roy et placé sous le patronage de l'Université Laval. Le 29 juin, les congressistes créent le Comité permanent du Congrès de la langue française au Canada. Le Comité disparaîtra en 1922.

1913   Le 11 mars, le Père Joseph Papin-Archambault (Pierre Homier) fonde avec quelques amis la Ligue des droits du français. La Ligue doit œuvrer à la diffusion du français, particulièrement dans le commerce et l'industrie. En 1921, la Ligue prendra officiellement le nom de Ligue d'action française.

1915   Le règlement XVII devient loi. Le 19 mai, discours de Henri Bourassa sur la question scolaire ontarienne.

1916   Le 21 janvier, Olivar Asselin prononce un discours au Monument national dans lequel il donne les raisons de son engagement militaire. Le discours est publié sous le titre *Pourquoi je m'enrôle.*

1917   Jules Fournier écrit en janvier la première de deux lettres sur « la langue française au Canada » en réponse à un livre de Louvigny de Montigny paru l'année précédente.

En janvier, la Ligue des droits du français lance son organe *l'Action française* et en confie la direction à Omer Héroux. En mars, l'abbé Lionel Groulx se joint à la Ligue. Il deviendra directeur de la revue à la fin de 1920.

1918   Le 20 novembre, Henri Bourassa prononce un discours sur « la langue, gardienne de la foi ».

1919   Le 18 décembre, Léon Lorrain prononce une conférence sur « la Valeur économique du français ».

1920   L'abbé Lionel Groulx prend la direction de *l'Action française* qu'il conservera jusqu'en 1926.

1923   En avril Jules Masse fonde à Montréal la Société du bon parler français.

1927   En Ontario, abrogation du règlement XVII.

A l'occasion du soixantième anniversaire de la Confédération, le gouvernement fédéral décide l'émission de timbres-poste bilingues.

1930   La Société du parler français publie son *Glossaire du parler français au Canada.*

1933   En janvier, paraît le premier numéro de *l'Action nationale*, organe de la Ligue d'action nationale qui vient d'être fondée.

1934   En mars, Olivar Asselin lance un nouveau quotidien, *l'Ordre*, qu'il met au service de la culture française et de la renaissance nationale. Le journal disparaîtra en mai 1935.

1936   Le Parlement fédéral vote la monnaie bilingue.

La *Revue dominicaine* mène une enquête sur l'américanisation du Canada français.

1937   En avril, le gouvernement Duplessis fait voter une loi donnant la priorité à la version française dans l'interprétation des textes législatifs et réglementaires. Cette loi sera abrogée en avril 1938.

Du 27 juin au 1er juillet, la Société du parler français convoque le deuxième Congrès de la langue française au Canada. Les congressistes réclament la fondation d'un office de la langue française et fondent le Comité permanent de la survivance française.

En 1939, le Comité lancera son bulletin trimestriel, *Pour survivre* et, en 1946, sa revue *Vie française.*

1944   Victor Barbeau fonde à Montréal l'Académie canadienne-française.

1947   Lancement de la *Revue d'histoire de l'Amérique française,* revue trimestrielle publiée par l'Institut d'histoire de l'Amérique française fondé en 1946 par l'abbé Lionel Groulx.

1948   Fondation de l'Association canadienne des éducateurs de langue française (A. C. E. L. F.).

1951   En juin, publication du rapport de la commission Massey sur les Arts, les lettres et les sciences au Canada.

1952   Du 18 au 26 juin, troisième Congrès de la langue française au Canada.

1953   En mars et en mai, débat aux Communes sur les chèques bilingues.

1955   Le Comité de la survivance française prend le nom de Conseil de la vie française en Amérique.

L'affaire du Château Maisonneuve.

1956   Au printemps, publication du rapport de la commission Tremblay sur les problèmes constitutionnels.

Du 21 au 23 juin, Congrès de la refrancisation animé par Paul Gouin.

1959   En janvier, lancement de la revue *Liberté,* animée par un groupe d'écrivains.

En septembre, mort de Maurice Duplessis.

1960   Après seize années de gouvernement de l'Union nationale, le parti libéral, dirigé par Jean Lesage, accède au pouvoir à Québec à la suite des élections du 22 juin.

Fin août, publication des *Insolences du Frère Untel.*

Le 10 septembre, fondation du Rassemblement pour l'indépendance nationale.

1961   Le 28 février, adoption de la loi créant une commission royale d'enquête sur l'enseignement, dite Commission Parent.

Le 24 mars, sanction de la loi créant le ministère des Affaires culturelles, l'Office de la langue française et le Département du Canada français d'outre-frontières.

Le 18 septembre, Marcel Chaput lance son livre intitulé *Pourquoi je suis séparatiste ?*

Le 4 octobre, ouverture officielle de la Délégation générale du Québec à Paris.

1962   Le 20 janvier, André Laurendeau lance dans *le Devoir* l'idée d'une vaste enquête gouvernementale sur le bilinguisme.

Le 26 janvier, le gouvernement décide de franciser certains termes de la toponymie du Québec.

Le 6 février, le gouvernement Diefenbaker consent à faire imprimer dans les deux langues tous les chèques émis par les services fédéraux.

En mai, publication de *Comment on abrutit nos enfants,* essai de Solange et Michel Chalvin sur les manuels scolaires.

En octobre, publication du *Scandale des écoles séparées en Ontario* de Joseph Costisella.

Aux élections québécoises du 14 novembre, les électeurs maintiennent les libéraux au pouvoir et approuvent le principe de la nationalisation des entreprises hydro-électriques.

Le 8 décembre, manifestation dans les rues de Montréal contre Donald Gordon qui avait dit des choses peu amènes sur le compte des Canadiens français.

Le 17 décembre, Marcel Chaput fonde le Parti républicain du Québec.

Augustin Turenne publie un *Petit dictionnaire du « joual » au français.*

1963 En mars, premières bombes du Front de libération du Québec.

Le 8 avril, élections canadiennes. Le parti libéral de Lester Pearson arrive au pouvoir et forme un gouvernement minoritaire.

Le 23 avril, publication de la première tranche du rapport Parent.

Le 1er mai, nationalisation des compagnies d'électricité.

Le 31 mai, Jean-Marc Léger abandonne ses fonctions de directeur de l'Office de la langue française. Il sera remplacé par Maurice Beaulieu.

Le 19 juillet, mise sur pied par le gouvernement fédéral de la Commission royale d'enquête sur le bilinguisme et le biculturalisme.

En octobre, fondation de la revue *Parti pris.*

1964 Le 19 mars, sanction de la loi créant le ministère de l'Education et le Conseil supérieur de l'éducation.

La revue *Liberté* consacre son numéro de mars à la question linguistique. Fernand Ouellette y publie un important article qu'il intitule *la Lutte des langues et la dualité du langage.*

Au printemps, publication à Paris de *Parlez-vous franglais ?* d'Etiemble.

En novembre, publication du *Cassé* de Jacques Renaud.

Le 14 décembre, après trente-trois jours de débats, la Chambre des communes d'Ottawa adopte un drapeau pour le Canada.

1965 En janvier-février, le ministère des Affaires culturelles du Québec publie sa *Norme du français écrit et parlé au Québec.*

En février, publication du rapport préliminaire de la Commission d'enquête sur le bilinguisme et le biculturalisme. Les auteurs du rapport affirment que le Canada traverse la période la plus critique de son histoire.

En février, le gouvernement du Québec signe à Paris sa première entente internationale. Celle-ci porte sur la coopération franco-québécoise dans le domaine de l'éducation.

En octobre, Raymond Barbeau publie *Le Québec bientôt unilingue ?*

En novembre 1965, Pierre Laporte met au point *le Livre blanc sur les affaires culturelles.*

1966 Au printemps, la Commission Parent publie la dernière tranche de son rapport.

Le 5 juin, élections générales au Québec. Daniel Johnson devient premier ministre.

1967 En avril, sanction de la loi créant le ministère des Affaires intergouvernementales.

Fin avril, ouverture officielle de l'Exposition universelle de Montréal.

Le 23 mai, mort du chanoine Lionel Groulx.

Du 23 au 26 juillet, le général de Gaulle visite le Québec. Le 24 au soir, il prononce une allocution, depuis le balcon de l'hôtel de ville de Montréal, qu'il termine au cri de : « Vive le Québec libre ! »

Du 6 au 12 septembre, à Québec, seconde Biennale de la langue française.

En octobre, René Lévesque quitte le parti libéral et fonde le mouvement Souveraineté-Association.

Du 22 au 25 novembre, premières assises nationales des Etats généraux du Canada français.

1968 En février, conférence annuelle des ministres des pays francophones à Libreville (Gabon). Le Québec y est représenté, mais non le Canada qui n'a pas reçu d'invitation.

1er avril à Saint-Léonard, naissance du Mouvement pour l'intégration scolaire.

Le 25 juin, élections générales au Canada. Le Parti libéral de Pierre Elliott Trudeau forme un gouvernement majoritaire.

Le 27 juin, la Commission scolaire de Saint-Léonard adopte une résolution faisant du français la seule langue d'enseignement dans les écoles primaires de cette municipalité de banlieue.

Le 26 septembre, mort de Daniel Johnson.

En octobre, fondation du Parti québécois.

Le 5 novembre, sanction de la loi créant un ministère de l'Immigration.

Le 5 décembre, manifestation devant le parlement du Québec contre le projet de loi n⁰ 85 concernant le choix de la langue d'enseignement.

Le 9 décembre, création d'une commission d'enquête sur la situation du français et des droits linguistiques au Québec, dite Commission Gendron.

1969   En février, conférence internationale de la francophonie à Niamey (Niger).

Le 28 mars, à Montréal, des manifestations réclament la francisation de l'Université McGill.

Le 9 juillet, sanction de la loi concernant le statut des langues officielles du Canada. Cette loi crée le poste de commissaire des langues officielles qui sera confié à Keith Spicer.

En septembre, violentes manifestations à Saint-Léonard. Celle du 10 se termine par la proclamation de la loi de l'émeute et la mise en accusation des principaux animateurs de la manifestation.

Le 20 novembre, l'Assemblée nationale adopte le projet de loi n⁰ 63 qui garantit le choix de la langue d'enseignement.

1970   Le 29 avril, le Parti libéral de Robert Bourassa remporte les élections générales et forme le nouveau gouvernement.

Le 29 juin, le premier ministre Robert Bourassa discute avec une cinquantaine de chefs d'entreprise des moyens à prendre pour faire du français la langue de travail.

En octobre, des militants du Front de libération du Québec enlèvent successivement James Richard Cross, diplomate britannique en poste à Montréal, et Pierre Laporte, ministre du gouvernement Bourassa. Le Gouvernement fédéral réagit en proclamant la loi des mesures de guerre et en faisant intervenir l'armée au Québec.

Le 19 décembre, sanction d'une loi québécoise facilitant l'exercice de certaines professions par des immigrants non naturalisés mais disposant d'une connaissance d'usage de la langue française.

1971   Le 13 janvier, adoption par le gouvernement du Québec du règlement n⁰ 6 qui tend à assurer une connaissance d'usage du français aux élèves des cours primaire et secondaire à qui l'enseignement est donné en langue anglaise.

DOCUMENTS

Document n° 1

1763 — « PARLEZ FRANÇAIS ET NOUS VOUS OBÉIRONS ! »

Le régime militaire imposé au Canada par le conquérant de 1759 soulève des problèmes dans l'administration de la justice. Au début de 1763 des notables canadiens expriment leurs doléances dans une pétition au roi d'Angleterre.

Au Roi

La véritable gloire d'un Roy conquérant est de procurer aux vaincus le même bonheur et la même tranquilité dans leur Religion et dans la Possession de leurs biens, dont ils joüissoient avant leur deffaite : Nous avons joüi de cette Tranquilité pendant la Guerre même, elle a augmentée depuis la Paix faitte. Hé voilà comme elle nous a été procurée. Attachés à notre Religion, nous avons juré au pied du Sanctuaire une fidelité inviolable à votre Majesté, nous ne nous en sommes jamais écartés, et nous jurons de nouveau de ne nous en jamais écarter, fussions nous par la suitte aussy malheureux que nous avons été heureux ; mais comment pourrions nous ne pas l'être, après les Temoignages de bonté paternelle dont Votre Majesté nous a fait assurer, que nous ne serions jamais troublés dans l'exercice de notre Religion.

Il nous a parû de même par la façon dont la Justice nous a été rendüe jusqu'à présent, que l'intention de Sa Majesté étoit, que les Coutumes de nos Peres fussent suivies, pour ce qui étoit fait avant la Conquête du Canada, et qu'on les suivit à l'avenir, autant que cela ne seroit point contraire aux Loix d'Angleterre et au bien général.

Monsieur Murray, nommé Gouverneur de la Province de Quebec à la satisfaction de tous les Habitans, nous a rendu jusques à présent à la Tête d'un Conseil Militaire toute la Justice que nous aurions pû attendre des personnes de Loi les plus éclairés ; cela ne pouvoit être autrement ; le Désinteressement et l'Equité faisoient la Baze de leurs Jugements.

Depuis quatre ans nous jouissons de la plus grande Tranquilité ; Quel bouleversement vient donc nous l'enlever ? de la part de quatre ou Cinq Persones de Loy, dont nous respectons le Caractère, mais qui n'entendent point notre Langue, et qui voudroient qu'aussitôt qu'elles ont parlé, nous puissions comprendre des Constitutions qu'elles ne nous ont point encore expliquées et aux quelles nous serons toujours prêts de nous soumettre, lorsqu'elles nous serons connües ; mais comment les Connoître, si elles ne nous sont point rendües en notre Langue ?

De là, nous avons vu avec peine nos Compatriotes emprisonnées sans être entendus, et ce, à des frais considérables, ruineux tant pour le débiteur que pour le Créancier ; nous avons vu toutes les Affaires de Famille, qui se décidoient cy-devant a peu de frais, arrêtées par des Personnes qui veulent se les attribuer, et qui ne savent ny notre Langue ni nos Coutumes et à qui on ne peut parler qu'avec des Guinées à la Main.

Les notes désignées par des chiffres appartiennent aux auteurs ou éditeurs des textes, celles signalées par des lettres ayant été ajoutées par nous (sauf dans quelques cas que nous désignerons expressément).

Nous esperons prouver à Votre Majesté avec la plus parfaite Soumission ce que nous avons lhonneur de luy avancer.

Notre Gouverneur à la Tête de son Conseil a rendu un Arrêt [1] pour l'Etablissement de la Justice, par lequel nous avons vu avec plaisir, que pour nous soutenir dans la Décision de nos affaires de famille et autres, il seroit etabli une Justice inférieure, où toutes les Affaires de François à François y seroient decidées ; Nous avons Vu que par un autre Arrêt, [2] pour eviter les Procès, les affaires cy-devant décidées seroient sans appel, à moins qu'elles ne soient de la Valeur de trois Cents Livres.

Avec la même Satisfaction que nous avons vu ces Sages Réglements avec la même peine avons nous vu que quinze Jurés Anglois contre Sept Jurés nouveaux Sujets, leur ont fait souscrire des Griefs en une Langue quils n'entendoient point contre ces mêmes Réglements ; ce qui se prouve par leurs Protestations et par leurs Signatures qu'ils avoient données la veille sur une Requête pour demander fortement au Gouverneur et Conseil la Séance de leur Juge, attendu que leurs Affaires en souffroient.

Nous avons vu dans toute l'amertume de nos Cœurs, qu'après toutes les Preuves de la Tendresse Paternelle de Votre Majesté pour ses nouveaux Sujets ces mêmes quinze Jurés soutenus par les Gens de Loy nous proscrire comme incapables d'aucunes fonctions dans notre Patrie par la difference de Religion ; puisque jusqu'aux Chirurgiens et Apothicaires (fonctions libres en tout Pays) en sont du nombre.

Qui sont ceux qui veulent nous faire proscrire ? Environ trente Marchands anglois, dont quinze au plus sont domiciliés, qui sont les Proscrits ? Dix mille Chefs de famille, qui ne respirent, que la soumission aux Ordres de Votre Majesté, ou de ceux qui la représentent, qui ne connoissent point cette prétendue Liberté que l'on veut leur inspirer, de s'opposer à tous les Réglements, qui peuvent leur être avantageux. et qui ont assez d'intelligence pour Connoître que leur Intérêt particulier les conduit plus que le Bien public —

En effet que deviendroit le Bien Général de la Colonie, si ceux, qui en composent le Corps principal, en devenoient des Membres inutiles par la différence de la Religion ? Que deviendroit la Justice si ceux qui n'entendent point notre Langue, ny nos Coutumes, en devenoient les Juges par le Ministere des Interprètes ? Quelle Confusion ? Quels Frais mercenaires n'en résulteroient-ils point ? de Sujets protégés par Votre Majesté, nous deviendrons de véritables Esclaves ; une Vingtaine de Personnes, que nous n'entendons point, deviendroient les Maîtres de nos Biens et de nos Interets, plus de Ressources pour nous dans les Personnes de Probité, aux quelles nous avions recours pour l'arrangement de nos affaires de famille, et qui en nous abandonnant, nous forceroient nous mêmes à préferer la Terre la plus ingrate à cette fertile que nous possedons.

Ce n'est point que nous ne soyons prêts de nous soumettre avec la plus respectueuse obéissance à tous les Réglements qui seront faits pour le bien et avantage de la Colonie ; mais la Grace, que nous demandons, c'est que nous puissions les entendre : Notre Gouverneur et son Conseil nous ont fait part de ceux qui ont été rendus, ils sont pour le Bien de la Colonie, nous en avons témoigné notre

---

1. L'ordonnance du 17 sept. 1764. Voir p. 126. [Renvoi à l'ouvrage de MM. Shortt et Doughty.]
2. L'ordonnance du 17 sept. 1764. Voir ordonnances rendues pour la province de Québec, etc. 1767.

reconnoissance ; et on fait souscrire à ceux qui nous représentent, comme un Mal, ce que nous avons trouvé pour un Bien !

Pour ne point abuser des Moments précieux de Votre Majesté, nous finissons par l'assurer, que sans avoir connu les Constitutions Angloises, nous avons depuis quatre Ans goûté la douceur du Gouvernement, la gouterions encore, si Messrs les Jurés anglois avoient autant de soumission pour les décisions sages du Gouverneur et de son Conseil, que nous en avons ; si par des Constitutions nouvelles, qu'ils veulent introduire pour nous rendre leurs Esclaves, ils ne cherchoient point à changer tout de suite l'ordre de la Justice et son Administration, s'ils ne vouloient pas nous faire discuter nos Droits de famille en Langues etrangères, et par là, nous priver des Personnes éclairées dans nos Coutumes, qui peuvent nous entendre, nous accommoder et rendre Justice à peu de frais en faisant leurs Efforts pour les empêcher même de conseiller leurs Patriotes pour la difference de Religion, ce que nous ne pouvons regarder que comme un Interêt particulier et sordide de ceux qui ont suggéré de pareils principes.

Nous supplions Sa Majesté avec la plus sincère et la plus respectueuse soumission de confirmer la Justice, qui a été établie pour déliberation du Gouverneur et Conseil pour les François, ainsy que les Jurés et tous autres de diverses Professions, de conserver les Notaires et Avocats dans leurs Fonctions, de nous permettre de rédiger nos Affaires de famille en notre Langue, et de suivre nos Coutumes, tant qu'elles ne seront point Contraires au Bien général de la Colonie, et que nous ayons en notre Langue une Loy promulguée et des Ordres de Votre Majesté, dont nous nous déclarons, avec le plus inviolable Respect, [3]

Les plus fideles Sujets (suit la liste des 94 signataires) [a]

---

3. Apparemment une instruction additionnelle a été rédigée à la suite de cette pétition et envoyée à Murray à la fin de l'année 1764 ; néanmoins la date précise n'est pas donnée. Telle que reproduite dans la collection Dartmouth, cette instruction se lit comme suit : —

1764. Instruction à Murray — La fausse interprétation de la proclamation doit être mise de côté et il doit être compris que les mesures prises pour administrer dûment et impartialement la justice, assureront à tous les sujets en général, la protection et les avantages des lois anglaises et de la constitution dans tous les cas où leur vie et leur liberté seront concernées. En outre, ces mesures n'enlèveront pas aux habitants indigènes, l'usage de leurs lois et coutumes dans les cas concernant les titres de terre, les modes de transmission, d'aliénation ; de plus dans l'administration de la justice, ils devront avoir la part que la raison et la justice leur accordent en commun avec nos autres sujets. Projet d'instructions avec les notes indiquant les modifications proposées. Les instructions telles que transmises finalement se trouvent au Colonial Office. Archives canadiennes, collection Dartmouth. M. 383, p. 50.

a. Adam Shortt et Arthur G. Doughty, *Documents concernant l'histoire constitutionnelle du Canada 1759-1791*, Ottawa, Imprimeur du roi, 1911, XIV et 704 pages. Voir p. 136-139.

Document n° 2

1766 — DÉJÀ LE « ONE CANADA »

Homme de loi britannique d'origine huguenote, Francis Masères (1731-1824) fut nommé en 1766 procureur général au Canada. Il était partisan de l'assimilation des Canadiens français. Il quitta ses fonctions et demanda à rentrer à Londres en 1769 après s'être heurté au gouverneur Carleton, plus conciliant à l'égard des Canadiens français.

Avant de partir pour le Canada, Masères rédige ses Considérations sur la nécessité de faire voter un acte par le parlement pour régler les difficultés survenues dans la province de Québec. *Ce texte fait apparaître l'importance de la question religieuse à l'époque et traduit bien les idées assimilatrices de son auteur.*

Les difficultés qui sont survenues au sujet du gouvernement de la province de Québec et qui vraisemblablement se produiront encore, en dépit des meilleures intentions de ceux que Sa Majesté a chargés de l'administration des affaires de cette colonie, sont si multiples et si sérieuses qu'elles causent les plus grands embarras et les plus grandes craintes aux officiers auxquels Sa Majesté a confié la charge des principaux départements de ce gouvernement et qu'ils désespèrent d'y apporter une solution, sans l'aide d'un acte du parlement pour appuyer et justifier leur conduite. Il s'agit de maintenir dans la paix et l'harmonie et de fusionner pour ainsi dire en une seule, deux races qui pratiquent actuellement des religions différentes, parlent des langues qui leur sont réciproquement étrangères et sont par leurs instincts portées à préférer des lois différentes. La masse des habitants est composée ou de Français originaires de la vieille France ou de Canadiens nés dans la colonie, parlant la langue française seulement et formant une population évaluée à quatre-vingt dix mille âmes, ou comme les Français l'établissent par leur mémoire, à dix mille chefs de famille. Le reste des habitants se compose de natifs de la Grande-Bretagne ou d'Irlande ou des possessions britanniques de l'Amérique du Nord qui atteignent actuellement le chiffre de six cent âmes. Néanmoins si la province est administrée de manière à donner satisfaction aux habitants, ce nombre s'accroîtra chaque jour par l'arrivée de nouveaux colons qui y viendront dans le dessein de se livrer au commerce ou à l'agriculture, en sorte qu'avec le temps il pourra devenir égal, même supérieur à celui de la population française. Les Français sont presque tous catholiques romains ; à l'époque de la conquête de cette province il ne s'y trouvait que trois familles protestantes et ce nombre n'a sans doute pas augmenté, car il ne s'est fait aucun travail de conversion parmi les Français. Mais ce qu'il y a de plus à déplorer c'est qu'ils sont fanatiquement attachés à la religion du pape et regardent tous les protestants avec un œil de haine.

Cet état de choses regrettable a été et sera encore vraisemblablement une cause d'intimité et de désunion entre les anciens et les nouveaux habitants. Les Français insistent pour obtenir, non seulement la tolérance de l'exercice public de leur culte religieux, mais aussi une part de l'administration de la justice, en qualité de jurés et de juges de paix ou autre chose semblable ; et aussi le droit de remplir, en commun avec les Anglais, toutes les charges du gouvernement. Les Anglais, au contraire, affirment que les lois d'Angleterre promulguées contre les papistes doivent avoir leur application dans cette colonie et qu'en conséquence, les Canadiens d'origine, à moins qu'ils ne croient devoir embrasser le protestantisme, doivent être exclus de toutes les charges de l'administration ; en outre, une partie de la commission du gouverneur semble corroborer cette opinion : je veux parler de celle qui lui confère le pouvoir de convoquer et de constituer une assemblée générale des francs-tenanciers et des colons de la province, car il y est expressément déclaré qu'aucune personne élue pour faire partie de cette assemblée ne pourra y siéger et y voter avant d'avoir au préalable fait et signé la déclaration contre la papauté, prescrit par le statut « 25. Car 2 », ce qui exclurait effectivement tous les Canadiens.

Les Français demandent la tolérance de la religion catholique en s'appuyant d'une part sur la justice d'une telle réclamation, étant donné qu'ils appartiennent presque tous à cette religion, et d'autre part sur la stipulation énoncée à cet égard dans le quatrième article du traité de paix définitif, laquelle se lit comme suit : « Sa Majesté Britannique convient de Son Coté, d'accorder aux Habitants du Canada la Liberté de la Religion Catholique ; En conséquence Elle donnera les Ordres les plus précis et les plus effectifs pour que ses nouveaux Sujets Catholiques Romains puissent professer le Culte de leur Religion selon le Rite de l'Eglise Romaine, en tant que le permettent les Lois de la Grande-Bretagne. » Ces derniers mots « en tant que le permettent les lois de la Grande-Bretagne » rendent la stipulation, prise dans son ensemble, bien douteuse en faveur de cette tolérance, car il peut être raisonnablement soutenu que les lois de la Grande-Bretagne ne permettent nullement l'exercice de la religion catholique.

En effet, ces mots semblent indiquer d'abord qu'à l'heure actuelle il existe une certaine tolérance de la religion catholique dans quelques parties des possessions britanniques, en vertu des lois de la Grande-Bretagne. Et si telle est leur signification, ils ne comportent pas pour cela le droit d'accorder cette tolérance, puisque cette religion présentement n'est tolérée en aucune façon par les lois de la Grande-Bretagne dans quelque partie que ce soit des possessions britanniques.

En second lieu, supposons que ces mots ne font pas allusion à la tolérance actuelle de la religion catholique, en vertu des lois de la Grande-Bretagne, mais qu'ils indiquent seulement que la religion catholique pourrait être tolérée à un certain degré (bien qu'elle ne le soit actuellement dans aucune partie des possessions britanniques, en vertu des lois de la Grande-Bretagne) sans violations des lois de la Grande-Bretagne, il y aurait néanmoins de sérieuses raisons de croires que les lois de la Grande-Bretagne ne permettent cette tolérance à aucun degré. En effet le statut « I Eliz., c.i. » pour restituer à la couronne la suprématie dans les affaires ecclésiastiques, s'applique expressément à toutes les possessions futures de la reine, comme à celles appartenant déjà à la couronne au moment de la sanction de l'acte. Les mots de la section 16 se lisent comme suit : « il est décrété qu'aucun prince étranger, aucun prélat et aucune personne exerçant un pouvoir spirituel ou temporel, ne pourra par la suite remplir ou exercer en aucune façon, les fonctions attachées à une juridiction ou à un pouvoir spirituel ou ecclésiastique dans les limites de ce royaume ou dans les limites d'aucune autre possession ou contrée de Sa Majesté, attachée présentement à la couronne ou qui le sera à l'avenir, attendu que tel pouvoir ou telle juridiction est clairement aboli dans ce royaume et dans les autres possessions de Votre Altesse. » Dans le paragraphe suivant, toute juridiction ou suprématie ecclésiastique est transférée et attachée à la couronne à perpétuité. Il est donc clair que le roi, en vertu des lois de la Grande-Bretagne, se trouve le chef suprême de l'Eglise de la province de Québec comme de celle du royaume lui-même. Maintenant il est de l'essence même de la papauté que le pape et non le roi constitue l'autorité suprême, en matière spirituelle. Donc, cet attribut essentiel de la papauté ne peut être toléré en vertu de la stipulation ci-dessus du traité définitif, et par suite tous les appels au pape, toutes les charges des dignitaires ecclésiastiques de Québec conférées par le pape lui-même, par ses légats ou autres personnes relevant de son autorité, de même que toutes les collations de bénéfices ou les nominations d'évêques pour la province qui constituent un pouvoir que le pape a exercé jusqu'ici, au moins en autant qu'il fallait son approbation avant l'entrée en fonction de l'évêque, doivent être actuellement illégaux et nuls.

Mais ce statut va beaucoup plus loin car il oblige toute personne remplissant des fonctions ecclésiastiques et tout laïque occupant une charge quelconque ou faisant partie du service de la couronne, de même que toute personne tenant des terres de la couronne pour lesquelles elles rendent hommage, à prêter le serment de suprématie à la reine ou à ses successeurs sous peine de perdre leur bénéfices ou charges, etc., non seulement dans le royaume d'Angleterre mais dans toutes les possessions de Son Altesse la reine. En sorte que, conformément à ce passage de l'acte, tout le clergé canadien et une grande partie des laïques pourraient être appelés à prêter le serment de suprématie, bien qu'il soit reconnu que les catholiques, même les plus modérés, ne pourraient se soumettre à cette injonction contraire au principe fondamental de leur religion. Or la différence entre les catholiques modérés et les papistes plus violents et zélés qui sont guidés surtout par les jésuites, consiste en ce que ceux-ci attribuent au pape un pouvoir illimité, en matière temporelle comme en matière spirituelle, et affirment qu'il peut déposer les rois, relever les sujets de leur allégeance et commettre de la même manière d'autres méfaits aussi extravagants, tandis que ceux-là refusent de reconnaître son pouvoir temporel et n'admettent que sa suprématie spirituelle.

Il est vrai que ce serment de suprématie se trouve supprimé par le statut I « Will., c. 8, » mais un autre serment plus court (renfermant une simple dénégation du pouvoir spirituel ou ecclésiastique du pape et de l'autorité de tout prince étranger) [1] également contraire aux sentiments des catholiques romains lui est substitué, et sous peine d'encourir les pénalités susmentionnées, doit être prêté par les mêmes personnes.

Il semble donc qu'en vertu du Statut I Eliz. c. i., sans tenir compte d'aucune autre loi contre la papauté, l'exercice de la religion du pape ne peut être toléré dans la province de Québec, conformément aux lois anglaises ; en somme, elle ne peut y être tolérée en aucune façon, par suite de la stipulation du traité définitif susmentionné, parce que cette stipulation renferme un renvoi formel aux lois de la Grande-Bretagne.

En outre, il est décrété par l'acte ci-après intitulé : Statut I, Eliz. c. ii, à l'égard de l'uniformité du service divin et des prières : « Que tous les pasteurs d'église paroissiale, etc., dans les limites de ce royaume, y compris le pays de Galles et ses marches ou les autres possessions de la reine, ne pourront suivre d'autres liturgie que la liturgie anglicane sous peine d'encourir des pénalités sérieuses.

Conformément à cet acte, la célébration de la messe se trouve interdite dans toutes les églises paroissiales des possessions de Sa Majesté.

---

1. Les mots entre parenthèses ne se trouvent pas dans la copie manuscrite des archives canadiennes, Q. 56-I, p. 124-151, mais ils se rencontrent dans une version imprimée qui a été publiée en 1809.

En vérité, ce dernier acte ne dit pas expressément comme le premier, que cette mesure s'étend aux possessions actuelles de la couronne britannique et à celles qui y seront annexées à l'avenir, mais il y a lieu de croire qu'il comporte cette signification ; toutefois il est permis d'avoir des doutes à cet égard. Donc, si le dit acte comporte cette signification, le sacrifice de la messe est interdit dans la province de Québec.

Pour ces raisons, nous pouvons conclure que l'exercice de la religion catholique ne peut, en vertu des lois de la Grande-Bretagne, être toléré dans la province de Québec. Néanmoins il est sûrement très raisonnable, et tous ceux qui aiment la paix la justice et la liberté de conscience doivent le désirer, que l'exercice de cette religion soit toléré.

....

La grande difficulté qui se présente ensuite consiste dans l'établissement des lois qui devront être en vigueur dans la province de Québec à l'avenir. La loi sur ce sujet semble comporter ce qui suit : 1º les lois du peuple conquis resteront en vigueur jusqu'à ce que le conquérant par sa volonté, en ait décidé autrement ; ce qui est imposé par la nécessité, car autrement les provinces conquises ne seraient régies par aucune loi. 2º après la manifestation de la volonté du conquérant, le peuple conquis sera régi par les lois que le conquérant croira opportun d'imposer ; qu'il lui plaise de conserver les anciennes lois que ce peuple a conservées jusqu'alors ou de les remplacer par celles qui régissent les conquérants eux-mêmes, ou bien, de mettre en vigueur une partie des unes et des autres, ou un système différent de ces deux catégories. 3º par le mot conquérant il doit être compris qu'il s'agit de la nation conquérante, qui dans le cas actuel est la nation britannique : par conséquent, la volonté du conquérant signifie donc la volonté de la nation britannique, laquelle à l'égard de questions concernant la législation est manifestée par le roi et le parlement, et par le roi seul à l'égard de celles concernant le pouvoir exécutif. Or, le parlement seul a le pouvoir de décréter des lois pour la province de Québec, d'y introduire telle ou telle partie des lois de la Grande-Breagne ou d'octroyer à qui que ce soit le pouvoir de promulguer des lois et de les mettre en vigueur, bien qu'il soit possible que tel pouvoir ait été de fait octroyé par inadvertance au gouverneur et au Conseil de la province, en vertu d'instructions privées de la part du roi seul. En effet, si la doctrine contraire était vraie, c'est-à-dire si le roi seul exerçait tout le pouvoir législatif à l'égard de la province de Québec, il s'ensuivrait que non seulement les Canadiens conquis mais tous les colons anglais qui résident dans cette province seraient susceptibles de devenir les esclaves ou les sujets d'un gouvernement absolu et arbitraire, dès qu'il plairait au roi d'y introduire les lois les plus sévères, les châtiments les plus cruels, l'inquisition, la torture, la roue et de déclarer tous les sujets anciens et nouveaux, tenanciers à son gré de leurs terres, de leurs propriétés et de leur imposer les taxes exorbitantes qu'il lui plairait. Il pourrait également y maintenir une armée permanente sans l'approbation du parlement et prélever en vertu de son autorité personnelle, les sommes nécessaires à l'entretien de celle-ci ; et avec une telle armée, un prince du tempérament de Jacques II pourrait attenter aux libertés des colonies avoisinantes, même à celles de la Grande-Bretagne. De telles conséquences sont en vérité déplorables mais elles n'en sont pas moins le résultat d'une semblable doctrine, qui pour cette raison doit être rejetée. L'opinion contraire qui soutient que les habitants du pays conquis, une fois celui-ci cédé à la couronne de la Grande-Bretagne, sont admis à devenir sujets britanniques et ont droit de participer immédiatement en cette qualité aux libertés des autres sujets britanniques et qu'ils doivent par conséquent être gouvernés conformément aux règles concernant la monarchie limitée de la Grande-Bretagne, par lesquelles le roi est seul investi du pouvoir exécutif, tandis que le pouvoir de faire des lois et de prélever des impôts est dévolu au roi et au parlement, est une opinion beaucoup plus sûre et plus raisonnable.

Il est donc à désirer qu'il soit voté un acte par le parlement, pour déclarer immédiatement quelles lois seront mises en vigueur dans la province de Québec, que ce soit les lois du peuple conquis ou celles de la Grande-Bretagne, ou si d'autres lois ne devraient pas être introduites, plus appropriées aux circonstances particulières de la province, et en ce cas quelles lois devront y être introduites ? Or, si ce sujet est considéré trop embarrassant pour être soumis au parlement et si les renseignements obtenus au sujet de l'état de la province sont jugés insuffisants pour lui permettre de s'occuper pertinemment de cette question, il n'est pas moins désirable qu'un acte du parlement soit voté par lequel le pouvoir législatif de rendre des lois et des ordonnances, en vue de bien gouverner cette province, sera octroyé au gouverneur et au Conseil, pouvoir qui d'ailleurs a été exercé déjà en vertu d'une instruction de la part du roi seul. En vertu de cette autorité octroyée par le parlement, ils s'enquerront de l'état des lois et des coutumes canadiennes en vigueur dans cette province, pourront les reviser, les mettre par écrit et promulguer celles qui seront trouvées avantageuses pour la province et qui doivent être conservées ; en même temps, ils pourront introduire telles parties des lois anglaises qui paraîtront également avantageuses pour la province, et lorsqu'il y aura lieu, ils pourront faire les lois et les règlements nouveaux qui seront nécessaires pour son bon gouvernement. Mais dans l'accomplissement de cette tâche ils devront accorder de grands égards aux avis de M. le procureur York et à toutes les autres recommandations et instructions que le gouvernement croira opportun de leur transmettre. Et afin de prévenir les abus auxquels pourrait donner lieu l'exercice injudicieux de ce pouvoir législatif de la part du gouverneur et du Conseil, cet acte du parlement pourrait renfermer une clause leur enjoignant de transmettre ces lois et ces ordonnances nouvelles au roi et au Conseil privé en Angleterre où elles seront approuvées ou rejetées par le roi en son Conseil, selon que Sa Majesté le jugera à propos. Néanmoins elles devront être en vigueur jusqu'à ce qu'elles soient désapprouvées et si elles ne le sont pas dans un certain délai qui pourrait être limité à deux années, elles seront en conséquence en force pour toujours, hormis qu'elles soient révoquées par un acte du parlement. Le peuple se soumettra facilement aux lois et ordonnances appuyées sur l'autorité du parlement ; il faut craindre qu'il n'en serait pas ainsi pour les autres. En outre, les juges de la province les mettront à exécution avec dix fois plus d'énergie et de confiance que s'ils en soupçonnent la validité légale.

Supposons le cas d'un criminel au Canada, coupable d'un crime déclaré capital par les lois de la Grandre-Bretagne mais qui ne serait pas considéré comme tel par les lois du Canada reconnues jusqu'à présent, (une semblable supposition ne peut paraître exagérée, si l'on considère que la loi criminelle de la Grande-Bretagne abonde en offenses capitales,) de quelle façon cet homme serait-il puni, à moins qu'il n'existe une déclaration du parlement déterminant le châtiment qui doit lui être infligé pour son crime. Une autorité moindre justifierait-elle l'infliction de la peine de mort pour un tel crime ? Un juge, même s'il est sûr de ne jamais être appelé à en rendre compte, préférerait-il prononcer une telle sentence sans s'appuyer sur la plus haute autorité ? Donc, si le châtiment est déterminé par l'autorité du parlement, soit par le parlement même ou par l'intermédiaire d'ordonnances rendues par le gouverneur et le Conseil de la province, en vertu d'un pouvoir législatif qui leur aura été octroyé par un acte du parlement, les juges de cette province, à l'égard des châtiments à infliger aux divers criminels, ne rencontreront pas plus de difficultés que ceux de la Grande-Bretagne.

Quelques personnes pensent que les lois de la Grande-Bretagne sont en vigueur immédiatement dans une province conquise, sans qu'elles soient introduitent au préalable par le canal de l'autorité du roi ou du parlement, mais cette opinion ne semble pas basée sur le raisonnement et se trouve d'ailleurs suffisamment réfutée par l'opinion du savant M. Yorke [2] le procureur général de Sa Majesté, qui conseille de permettre aux Canadiens de conserver leurs propres lois à l'égard de la transmission et de l'aliénation de leurs biens immobiliers, ce qu'il serait impossible de leur accorder sans un acte du parlement à cette fin, si le système de lois de la Grande-Bretagne devenait *ipso facto* celui de cette province par le fait de sa conquête ou de sa cession à la couronne. En vérité, le système de lois de la Grande-Bretagne, pris dans son ensemble et si l'on n'y fait un choix, ne serait en aucune façon une bénédiction pour les Canadiens. La loi sur la chasse, sur les pauvres, de même que les fictions et les subtilités inhérentes à un grand nombre d'actions et de transports, les minutes qui découlent de la doctrine concernant l'usufruit et les actés longs et fastidieux basés sur cette doctrine seraient pour eux un grand malheur, et, par suite de leur nouveauté et leur bizarrerie, ce malheur paraîtrait encore un plus grand qu'il ne le serait en réalité.

Par conséquent cette prétention de la validité immédiate de l'ensemble des lois de la Grande-Bretagne d'un bout à l'autre de la province conquise ne peut être admise ; et si la totalité de ces lois n'est pas valide dans cette province, il s'en suit qu'aucune partie de celles-ci ne peut l'être car autrement qui pourrait distinguer celles qui sont valides de celles qui ne le sont pas.

La conclusion serait donc comme en premier lieu, qu'aucune des lois de la Grande-Bretagne n'est valide *ipso facto* dans la province conquise, en vertu de la conquête ou de la cession, sans une introduction positive par une autorité compétente ; et cette autorité compétente semble pour les raisons déjà mentionnées, être le parlement de la Grande Bretagne seul.

....

D'ici à plusieurs années, il est probable qu'il ne sera pas jugé expédient de prendre des mesures pour établir une Chambre d'assemblée dans cette province. Si une telle assemblée devait être constituée maintenant et si les directions que renferme la commission du gouverneur devaient être suivies, directions auxquelles il a été fait allusion précédemment et par lesquelles aucun membre élu pour faire partie de cette Assemblée ne pourra y siéger ou y voter sans avoir au préalable signé la déclaration contre la papauté, il en résulterait une exclusion de tous les Canadiens, c'est-à-dire de la masse des habitants établis dans la province [3].

Une Assemblée ainsi constituée pourrait prétendre composer un corps représentatif de la population de cette colonie, mais elle ne représenterait en vérité que les six cents nouveaux colons anglais et deviendrait dans les mains de ceux-ci un instrument de domination sur les 90,000 Français. Une semblable Assemblée pourrait-elle être considérée comme juste et utile, et serait-elle de nature à faire naître

---

2. Voir le rapport de Yorke et de Grey sur le gouvernement civil de Québec, p. 147.

3. [MM. Shortt et Doughty rappellent ici que cette question s'est posée également à l'île de Grenade cédée à l'Angleterre en même temps que le Canada par le traité de 1763.]

l'harmonie et l'amitié entre les deux races ? Elle produirait certainement un effet contraire.

D'un autre côté il peut être dangereux d'octroyer aux Canadiens eux-mêmes, dès les premiers jours de leurs soumission, une si grande somme de pouvoir, car ils sont attachés aveuglément à la religion du pape, étrangers aux lois et aux coutumes de la Grande-Bretagne et encore préjugés contre elles, et il est à présumer que pendant quelques années, les Canadiens n'appuieront pas les mesures prises en vue d'introduire graduellement la religion protestante, l'usage de la langue anglaise et l'esprit des lois britanniques. Il est plus probable qu'ils s'opposeront à toute tentative de ce genre et se querelleront à ce sujet avec le gouverneur et le Conseil ou les membres anglais de l'Assemblée pour les avoir pronés. Ajoutons qu'ils ignorent presque tous la langue anglaise et qu'ils sont absolument incapables de s'en servir dans un débat, en sorte que, si une telle assemblée était constituée, la discussion s'y ferait en français, ce qui tendrait à maintenir leur langue, à entretenir leurs préjugés, à enraciner leur affection à l'égard de leurs maîtres d'autrefois de même qu'à retarder pendant long-temps et à rendre impossible peut-être cette fusion des deux races ou l'absorption de la race française par la race anglaise au point de vue de la langue, des affections, de la religion et des lois : résultats si désirables qui s'obtiendront avec une ou deux générations peut-être, si des mesures opportunes sont adoptées à cet effet. En outre, il doit être tenu compte que les Canadiens eux-mêmes ne désirent pas une Chambre d'assemblée mais qu'ils sont satisfaits de la protection qui leur permet de jouir de leurs libertés, de leur religion et de leurs propriétés, sous l'administration du gou-verneur et du Conseil de Sa Majesté. Si en vue d'assurer la stabilité de ce mode de gouvernement on le fait relever de l'autorité du parlement, et si l'administration dans de telles circonstances est convenablement suivie de près, comme elle le sera d'ailleurs sous la sage direction du Conseil privé de Sa Majesté, les Canadiens se trouveront très heureux.

Francis Masères [a]

---

a. Le baron Masères, *Considérations sur la nécessité de faire voter un acte par le parlement pour régler les difficultés survenues dans la province de Québec*, Londres, publiées en l'an MDCCLXVI, reproduit dans Adam Shortt et Arthur G. Doughty, *op. cit.*, p. 152 et suivantes.

Document n° 3

1774 — L'ACTE DE NAISSANCE DU CANADA FRANÇAIS

La Proclamation royale du 7 octobre 1763 ouvre une période d'incertitude et de mécontentement à la fois chez les habitants canadiens et les immigrants anglais. Religion et droit, telles sont alors les grandes questions politiques. C'est ainsi que les Canadiens s'élèvent contre les dispositions qui briment leur liberté religieuse (exigence du serment du test surtout) et celles qui les frustrent de leurs anciennes lois françaises. Par contre, comme c'est l'habitude à l'époque, la langue ne fait pas l'objet des débats politiques et la question linguistique n'apparaît qu'indirectement dans les questions judiciaires notamment. Les Canadiens trouvent sans doute superfétatoire de réclamer des garanties formelles pour une langue parlée par l'immense majorité des habitants du pays. Seul, semble-t-il, Chartier de Lotbinière (1748-1822) croit utile d'aborder la question directement et il demandera aux législateurs de Westminster d'accorder au Québec un statut d'unilinguisme français : « Enfin un point qui mérite attention et qui doit etre fixé, est que la langue françoise etant générale et presque l'unique en Canada, que tout etranger qui y irent, n'aient que ses interets en vue, il est démontré qu'il ne peut les bien servir qu'autant qu'il s'est fortifié dans cette langue, et qu'il est forcé d'en faire un usage continuel dans toutes les affaires particulieres qu'il y traitte ; qu'il est de plus impossible, vû la distribution des etablissements et habitations du pais, de pretendre ay introduire jamais la langue angloise comme générale — pour toutes ces raisons et autres non détaillées, il est indispensables d'ordonner que cette langue françoise soit la seule emploiée dans tout ce qui se traitera et sera arrêté pour toute affaire publique, tant dans les cours de justice, que dans l'assemblée du corps legislatif &c. car il paroitroit cruel que, sans nécessité, l'on voulut réduire, presque la totalité des intéressés a n'etre jamais au fait de ce qui seroit agité ou seroit arrêté dans le pais [a]. »

L'action des Canadiens — jointe à celle de certains Anglais, sir Guy Carleton notamment — conduit le Parlement britannique à corriger la situation qui prévalait depuis 1763. Le gouvernement dirigé par lord North fait en effet voter par Westminster une nouvelle constitution pour le Québec (l'Acte de Québec) que sanctionne George III le 22 juin 1774. Ce texte reconnaît la liberté religieuse (par l'abolition du serment du test comme condition d'exercice des fonctions publiques) et rétablit le droit civil français. De plus, il trace de nouvelles frontières élargies et crée un conseil exécutif composé, il est vrai, de membres nommés.

Tels sont les articles essentiels de l'Acte de Québec. Certes, ce texte ne contient aucune disposition concernant la langue. Mais en reconnaissant le droit français, les dirigeants britanniques ne reconnaissaient-ils pas implicitement la langue française ? C'est en tout cas ce qu'affirmeront les Canadiens en faisant valoir qu'il est illogique d'appliquer un système juridique dans une langue qui lui est étrangère.

UN BILL — Intitulé.

Acte à l'effet de pouvoir d'une façon plus efficace au gouvernement de *Québec* dans l'*Amérique du Nord.*

---

a. Chartier de Lotbinière, *Choses indispensables à considérer, et à déterminer fixément, si le bill présenté pour la province de Québec a lieu*, reproduit dans Adam Shortt et Arthur G. Doughty, *op. cit.* Voir p. 377.

N.B. — Les mots imprimés entre crochets [ ] ... indique ce qui a été retranché par les Communes, et ceux qui se trouvent imprimés entre parenthèses ( ) ... ce qui y a été inséré.

Attendu que par sa proclamation royale en date du septième jour d'octobre, dans la troisième de son règne, Sa Majesté a jugé à propos de déclarer les mesures prises à l'égard de certains territoires, régions et îles en Amérique, cédés à Sa Majesté par le traité de paix définitif conclu à Paris le dixième jour de février mil sept cent soixante-trois.

Et attendu que dans les arrangements énoncés par ladite proclamation royale, il ne se trouve aucune disposition concernant l'action d'un gouvernement civil sur une très grande [partie du territoire du Canada], (étendue de territoire), qui renfermait plusieurs colonies et établissements où se trouvaient des sujets de France qui ont demandé d'y demeurer sur la foi dudit traité ; et que [d'autres] (certaines) parties [de ladite région] du (territoire du Canada) où des pêcheries sédentaires ont été établies et exploitées par des sujets de France, habitants de ladite province du Canada, en vertu de donations et de concessions du gouvernement d'icelle, ont été annexées au gouvernement de Terre-Neuve et qu'elles sont par conséquent régies par des règlements incompatibles avec ce genre de pêcheries :

A ces causes, qu'il plaise à Votre Très-Excellente Majesté,

Qu'il puisse être décrété, et qu'il soit décrété par Sa Très-Excellente Majesté le roi, de l'avis et du consentement des Lords spirituels et temporels et des Communes, en ce présent parlement assemblés, et par leur autorité, comme suit : —

Que tous les [dits] territoires, îles et régions [faisant partie jusqu'à présent de la province du Canada] dans l'Amérique du Nord, [s'étendant au sud jusqu'aux rives de] (appartenant à la couronne de la Grande-Bretagne, bornés au sud par une ligne partant de la baie de Chaleurs pour longer les terres hautes qui séparent les rivières qui se déversent dans la rivière Saint-Laurent, de celles qui se déversent dans la mer, jusqu'à un point du 45e degré de latitude nord, sur la rive est de la rivière Connecticut ; s'étende de là en suivant la même latitude, directement à l'ouest à travers le lac Champlain, jusqu'à ce que dans cette direction elle atteigne la rivière Saint-Laurent ; longer la rive est de ladite rivière jusqu'au lac Ontario ; traverser le lac Ontario et la rivière appelée communément Niagara ; longer la rive est et sud-est du lac Erié et suivre la dite rive jusqu'à son point d'intersection avec la borne septentrionale concédée par la charte de la province de Pensylvanie, au cas qu'il existe un tel point d'intersection ; longer de là lesdites bornes à l'est et à l'ouest de ladite province, jusqu'à l'intersection de ladite borne de l'ouest avec l'Ohio, mais s'il n'est pas trouvé un tel point d'intersection sur ladite rive dudit lac, la ligne devra suivre ladite rive jusqu'à son point le plus rapproché de l'angle nord-ouest de ladite province de Pensylvanie ; s'étendre directement de cet endroit jusqu'à l'angle nord-ouest de ladite province ; longer la borne occidentale de ladite province jusqu'à ce qu'elle atteigne) la rivière Ohio, (puis la rive de ladite rivière) dans la direction de l'ouest, jusqu'aux rives du Mississipi et s'étendre dans la direction du nord, jusqu'à la borne méridionale du territoire concédé aux marchands aventuriers d'Angleterre, qui font la traite à la baie d'Hudson ;

Ainsi que [lesdits] (tous les) territoires, îles et régions [qui ne se trouvent pas dans les limites de quelque autre colonie britannique tel que permis et confirmé par la couronne ou] qui, depuis le 10 février mil sept sent soixante-trois, ont été annexés au gouvernement de Terre-Neuve, seront et sont par les présentes, durant le plaisir de Sa Majesté, annexés à la province de Québec dont ils sont parties et portions d'icelle, telle qu'elle a été érigée et établie par ladite proclamation royale du septième jour d'octobre mil sept cent soixante-trois.

(A condition toujours, et à cette fin qu'il soit décrété, que rien de contenu dans les présentes, concernant les limites de la province de Québec, n'affecte les limites d'aucune autre colonie.)

(A condition toujours, et à cette fin qu'il soit décrété, que rien de contenu dans le présent acte, ne puisse avoir pour effet ou être interprété comme ayant pour effet d'annuler, changer ou modifier aucun droit, titre ou possession, concernant toute terre dans ladite province ou les provinces contigües, acquis en vertu de concession, de transport ou autrement ; et que lesdits droit, titre et possession continuent d'être en force et d'avoir effet comme si cet acte n'avait jamais été fait.) ...

Et considérant que les dispositions énoncées dans ladite proclamation au sujet du gouvernement civil de ladite province de Québec et que les pouvoir et autorités déférés au gouverneur et autres officiers civils de ladite province, en vertu de concessions et de commissions à cette fin, ont été trouvés par expérience insuffisants dans l'état et les circonstances où se trouvait ladite province, dont les habitants, à l'époque de la conquête, formaient une population de [cent mille] (soixante cinq) mille personnes qui professaient la religion de l'Eglise de Rome et jouissaient d'une forme de constitution stable et d'un système de lois par lesquelles leurs personnes et leurs propriété avaient été protégées, gouvernées et régies pendant une longue suite d'années, à partir du premier établissement de ladite province du Canada.

A ces causes, qu'il soit décrété en vertu de l'autorité susdite, que ladite proclamation en tant qu'elle concerne ladite province de Québec, et la commission sous l'autorité de laquelle est administré présentement le gouvernement de ladite province, ainsi que toutes et chacune des ordonnances rendues par le gouverneur et le Conseil de Québec en exercice, relatives au gouvernement civil et à l'administration de la justice dans ladite province et toutes les commissions de juges et des autres officiers d'icelle, sont par les présentes révoquées, annulées et déclarées de nul effet, depuis et après le premier jour de mai mil sept cent soixante-quinze.

Et pour la sécurité la plus complète et la tranquillité des esprits des habitants de ladite province, il est par ces présentes déclaré que les sujets de Sa Majesté professant la religion de l'Eglise de Rome, de et dans ladite province de Québec, [telle qu'elle fut décrite dans et par ladite proclamation et les commissions, et de tous les territoires qui faisaient partie de la province du Canada à l'époque de la conquête d'icelle, et qui sont par les présente annexés audit gouvernement de Québec durant le plaisir de Sa Majesté,] peuvent conserver, avoir le libre exercice de la religion de l'Eglise de Rome et en jouir en tant que le permet la suprématie du roi, tel que déclaré et établi par un acte voté dans la première année du règne de la reine Elizabeth, sur toutes les possessions et territoires qui appartenaient alors ou devaient appartenir par la suite à la couronne impériale de ce royaume ; et que le clergé de ladite Eglise peut conserver et recevoir les dus et les redevances ordinaires et en jouir, mais qu'ils ne seront exigibles que des personnes qui professeront ladite religion.

A condition cependant [que rien de contenu dans les présentes n'ait pour effet ou ne soit interprété comme ayant pour effet d'empêcher] (qu'il soit loisible à) Sa Majesté, ses héritiers et successeurs, par une disposition à cette fin, d'appliquer ce qui restera des dus et redevances susmentionnés à l'entretien et au maintien d'un clergé protestant dans ladite province, pour l'encouragement de la religion protestante, comme il leur paraîtra de temps à autre expédient et nécessaire.

A condition toujours, et à cette fin qu'il soit décrété, qu'aucune personne professant la religion de l'Eglise de Rome et résidant dans ladite province, ne soit tenue de prêter le serment requis par ledit statut adopté dans la première année du règne de la reine Elizabeth, ou tout autre serment qui lui a été substitué par un autre acte ; mais que toute personne requise par ledit statut de prêter le serment qui y est mentionné, soit obligée et qu'elle soit requise par les présentes, de prêter et souscrire le serment ci-après, devant le gouverneur, ou devant telle autre personne ou dans telle cour d'archives que Sa Majesté désignera, qui sont par les présentes autorisées à déférer ledit serment, savoir :

Je, A. B. promets et jure sincèrement que je serai fidèle et porterai vraie allégeance à Sa Majesté le roi George, que je le défendrai de tout mon pouvoir contre toutes conspirations perfides et tous attentats quelconques, dirigés contre sa personne, sa couronne et sa dignité ; et que je ferai tous mes efforts pour découvrir et faire connaître à Sa Majesté, ses héritiers et successeurs, toutes trahisons et conspirations perfides et tous attentats que je saurai dirigés contre lui ou chacun d'eux ; et tout cela, je le jure sans aucune équivoque, subterfuge mental ou restriction secrète, renonçant pour m'en relever, à tous pardons et dispenses de personne ou pouvoir quelconques.

Ainsi que Dieu me soit en aide.

Et toute personne qui négligera ou refusera de prêter ledit serment susmentionné s'exposera aux et sera passible des mêmes peines, amendes, incapacités et inhabilités, qu'elle aurait encourues et dont elle aurait été passible, si elle avait négligé ou refusé de prêter le serment requis par ledit statut adopté dans la première année du règne (de la reine Elizabeth.)

Qu'il soit de plus décrété en vertu de l'autorité susdite, que tous les sujets canadiens de sa Majesté dans la province de Québec, à l'exception seulement des ordres religieux et des communautés, pourront conserver la possession et jouir de leurs propriétés et biens et des coutumes et usages qui se rattachent à ceux-ci, ainsi que de leurs autres droits civils, au même degré et de la même manière que si ladite proclamation et les commissions, ordonnances et autres actes et instruments n'avaient pas été faits, et que le permettront leur allégeance à sa Majesté et leur soumission à la couronne et au parlement de la Grande-Bretagne ; qu'à l'égard de toute contestation relative à la propriété et aux droits civils, l'on aura recours aux lois du Canada (comme règle) pour décider à leur sujet ; et que toutes les causes, concernant la propriété et les droits susdits, portées par la suite devant quelqu'une des cours de justice qui doivent être établies dans et pour la province, par Sa Majesté, ses héritiers et successeurs, y seront jugées [par les juges d'icelles] conformément aux lois et coutumes du Canada [b] [et aux diverses] (jusqu'à ce que celles-ci soient changées ou modifiées par quelques) ordonnances qui seront de temps à autre rendues dans ladite province, par le gouverneur, le lieutenant-gouverneur ou le commandant en chef en exercice, de l'avis et du consentement du Conseil législatif qui y sera établi de la manière ci-après mentionnée par les présentes.

b. « Et afin de bannir de l'esprit des sujets canadiens leurs idées de vénération à l'égard des édits de leur souverain d'autrefois et des arrêts des tribunaux de France ; afin aussi de les persuader de leur union au gouvernement britannique dont ils dépendent, il devrait être décrété que la partie de la loi française appelée coutume de la vicomté et de la prévôté de Paris, qui a été mise en pratique dans la province, sera admise sous le titre de *droit, coutumier et coutumes du Canada, établis en vertu d'un acte du parlement*, et qu'elle ne sera reconnue sous aucun autre titre. » *Rapport de l'avocat général James Marriott sur un code de lois pour la province de Québec*, Londres, MDCCLXXIV, reproduit dans Adam Shortt et Arthur G. Doughty, *op. cit.*, p. 310.

A condition toujours, que rien de contenu dans le présent acte, n'ait pour effet ou ne soit interprété comme ayant pour effet de s'appliquer à aucune terre qui aura été concédée par Sa Majesté ou qui sera concédée par la suite, par Sa Majesté, ses héritiers et successeurs, pour être tenue en franc et commun socage.

A condition [toujours] (aussi), qu'il soit et puisse être loisible à toute personne qui possède dans ladite province, des immeubles, des biens meubles ou des intérêts et qui a le droit d'aliéner lesdits biens meubles et immeubles ou intérêts durant sa vie, par vente, donation ou autrement, de les transmettre ou léguer à sa mort par testament ou acte de dernière volonté, nonobstant les lois, usages et coutumes contraires à cette disposition en quelque façon que ce soit, qui ont prévalu jusqu'à présent ou qui prévalent maintenant dans ladite province.

[A condition aussi, que rien de contenu dans cet acte ne s'applique ou ne soit interprété comme pouvant s'appliquer à aucune terre qui a été concédée par Sa Majesté ou qui sera concédée par la suite, par Sa Majesté, ses héritiers et successeurs pour être tenue en franc et commun socage] (tel testament étant fait conformément aux lois du Canada, ou conformément aux formes requises par les lois d'Angleterre.

Considérant que depuis plus de neuf ans, les lois criminelles d'Angleterre ont été appliquées uniformément et que les habitants ont été à même d'en apprécier la fermeté et la douceur en même temps que les bienfaits et les avantages : à ces causes qu'il soit décrété en vertu de l'autorité susdite, que lesdites lois continueront d'être mises à exécution et qu'elles seront appliquées comme lois dans ladite province de Québec, à l'égard de la définition et de la gravité de l'offense, du mode de poursuite et de procès et des punitions et amendes infligées par les dites lois, à l'exclusion de toute autre règle de droit criminel ou mode de procédure à ce sujet, qui a prévalu ou a pu prévaloir dans ladite province, avant l'année de Notre Seigneur, mil sept cent soixante-quatre, nonobstant toute chose contraire à cette fin, contenue dans le présent acte, de quelque manière que ce soit ; et que lesdites lois seront sujettes aux modifications et changements que le gouverneur, le lieutenant-gouverneur ou le commandant en chef en exercice, de l'avis et du consentement du Conseil législatif de ladite province, qui doit être établi par la suite, croiront devoir faire de temps à autre en la manière ci-après indiquée.

Considérant que pour des motifs qu'il est impossible de prévoir, il peut devenir nécessaire de mettre plusieurs règlements en vigueur pour le bien-être futur et le bon gouvernement de la province de Québec et que pour éviter tout retard et toute difficulté à ce sujet, il faudra accorder à certaines personnes qui y résident, pour un certain temps et avec les restrictions requise, l'autorité à cette fin ; et considérant que pour le moment, il n'est pas expédient de convoquer une Assemblée : —

A ces causes, qu'il soit décrété en vertu de l'autorité susdite, qu'il sera et pourra être loisible à Sa Majesté, ses héritiers et successeurs, par un décret sous son ou leur sceau ou signature, de l'avis du Conseil privé, d'établir et d'enstituer un Conseil pour l'administration des affaires de la province de Québec ; que ce Conseil se composera de personnes résidant dans ladite province, qu'il plaira à Sa Majesté, ses héritiers et successeurs de nommer, dont le nombre n'excèdera pas vingt-trois et ne sera pas moins de dix-sept, et de telles et autant d'autres personnes qu'il sera nécessaire de nommer et de constituer, pour remplir la vacance créé ou les vacances créées par le décès, la destitution ou l'absence de quelque membre dudit Conseil ; que ce Conseil ainsi établi et institué ou la majorité de ces membres, aura [plein] pouvoir et autorité de rendre des ordonnances pour le bien-être, la paix et le bon gouvernement de ladite province, avec le consentement du gouverneur de Sa Majesté, et en son absence, avec celui du lieutenant-gouverneur ou du commandant en chef en exercice.

A condition toujours, que rien de contenu dans cet acte n'ait pour effet de donner audit Conseil législatif l'autorité ou le pouvoir d'imposer des taxes ou des droits dans ladite province (à l'exception des contributions et taxes que les habitants de quelque ville ou district dans ladite province, seront autorisés par ledit Conseil de fixer et lever pour être appliquées dans ledit district ou ville, à faire des chemins, à ériger ou réparer des édifices publics, ou pour d'autres fins d'utilité locale ou de bon ordre dans lesdits district, ou ville.)

A condition aussi, et à cette fin qu'il soit décrété en vertu de l'autorité susdite, que toute ordonnance qui sera ainsi rendue, soit transmise dans l'intervalle de six mois, par le gouverneur, et en son absence, par le lieutenant-gouverneur ou le commandant en chef en exercice, et soumise à l'approbation royale de Sa Majesté ; et que si Sa Majesté juge à propos de désapprouver ladite ordonnance, celle-ci prenne fin et soit nulle à partir du moment que le décret de Sa Majesté en son conseil sera promulgué à Québec.

A condition aussi, que toute ordonnance concernant la religion ou autre par laquelle pourrait être infligée une punition plus sévère qu'une amende ou un emprisonnement de trois mois, n'ait ni force ni effet, avant d'avoir reçu l'approbation de Sa Majesté.

A condition aussi, qu'aucune ordonnance ne soit adoptée à une séance du Conseil à laquelle n'assisteront pas la majorité de tous les membres du Conseil, ou en d'autre temps qu'entre le premier jour de janvier et le premier jour de mai, à moins de cas urgents ; et en ce cas, que tout membre dudit Conseil, résidant à Québec ou en decà de cinquante milles de cette ville, soit personnellement sommé par le gouverneur, et en son absence, par le lieutenant-gouverneur ou le commandant en chef en exercice, de se rendre au Conseil.

Et qu'il soit de plus décrété que rien de contenu dans les présentes, n'aura pour effet ou ne sera interprété comme ayant pour effet de détourner ou d'empêcher Sa Majesté, ses héritiers et successeurs d'ériger, d'instituer et établir, par ses ou leurs lettres patentes sous le grand sceau de la Grande-Bretagne, telles cours de juridiction criminelle, civile et ecclésiastique dans et pour la province de Québec et d'y nommer de temps à autres, les juges et officiers que Sa Majesté, ses héritiers et successeurs jugeront à propos et nécessaires dans les circonstances où se trouvera ladite province.

(A condition toujours, et à cette fin il est décrété par les présentes, que rien de contenu dans cet acte, n'ait pour effet ou ne soit interprété comme ayant pour effet, de révoquer ou rendre nul, dans ladite province de *Québec*, aucun ou aucuns des actes du parlement de la *Grande-Bretagne* votés antérieurement pour interdire, restreindre ou réglementer le trafic ou le commerce des colonies et plantations de Sa Majesté en Amérique ; et que tous et chacun desdits actes, ainsi que tous les actes du parlement votés antérieurement, à l'égard des ou par rapport auxdites colonies et plantations, soient et ils sont par les présentes déclarés en force dans ladite province de Québec et dans chaque partie d'icelle.

Finis.

Endossé ; — Un bill (avec des amendements) intitulé :

Acte à l'effet de pouvoir d'une façon plus efficace au gouvernement de la province de *Québec* dans l'*Amérique du Nord* (1774) c.

---

c. Reproduit dans Adam Shortt et Arthur G. Doughty, *op. cit.*, p. 370-374.

Document n° 4

1787 — LES CANADIENS FRANÇAIS, REMPART CONTRE LA RÉVOLUTION AMÉRICAINE

Hugh Finlay (1732-1801), venu au Canada vers 1760, était membre du Conseil exécutif et directeur des Postes. Il entretint depuis Québec une correspondance suivie avec sir Evan Nepean, premier sous-secrétaire d'État permanent à l'Intérieur. Finlay était partisan de l'assimilation des Canadiens français et, pour atteindre ce but, alla même jusqu'à proposer l'anglicisation de la population par l'établissement d'écoles anglaises gratuites : « Avant de songer à une Chambre d'assemblée pour ce pays, établissons des institutions qui donneront au peuple le savoir dont il a besoin pour juger de sa situation et discerner ce qui pourrait contribuer à la prospérité future de la province. Le premier pas vers cette fin désirable consiste dans la fondation d'une école gratuite dans chaque paroisse. Que les maîtres d'école soient anglais, si nous voulons faire des Anglais de ces Canadiens ; qu'ils soient catholiques romains s'il le faut, car les Canadiens, à l'instigation des prêtres, ne confieraient peut-être pas leurs enfants à des instituteurs protestants [a]. »

Dans une lettre à sir Evan Nepean datée du 13 février 1787, le directeur des Postes fait état d'un courant de pensée qui, loin de favoriser ses idées assimilatrices, conduit au contraire certains Anglais à faire du Canada français un rempart contre la menace américaine. Nous rencontrons pour la première fois cette idée qui sera reprise avec une certaine insistance par ceux qui lutteront pour améliorer les positions des Canadiens français au sein de la Confédération (voir notamment le texte de Henri Bourassa, document n° 55).

Cher monsieur,

Quoique le Conseil siège depuis un mois, nous n'avons pas encore discuté aucune ordonnance, le juge président en a proposé trois ; elles sont encore sur le bureau ; un comité étudie, à l'heure qu'il est, un projet de loi concernant la milice. Cette législation et la réglementation des cours de justice sont des problèmes d'une importance d'ordre majeur.

Une milice bien organisée assurera la sécurité de la province, et si, — conformément à la douzième instruction [1] de Sa Majesté, — les causes anglaises peuvent être jugées d'après les lois britanniques, les anciens sujets du roi, (y compris les loyalistes), seront heureux et satisfaits ; mais nos juges des plaids communs s'opposent au jugement de toutes causes quelles qu'elles soient selon le droit anglais. L'Acte de Québec, prétendent-ils, les justifient de déclarer et de soutenir que, dans l'intention du monarque et du Parlement, seules les lois françaises doivent exister au Canada, la loi *criminelle* anglaise exceptée.

Certaines gens affectent d'appeler les sujets naturels du roi « *nouveaux Canadiens* ». Celui qui a mieux aimé, disent-ils, fixer au Canada sa résidence a perdu

a. Lettre de Finlay à Nepean datée du 22 octobre 1784. Reproduite dans Adam Shortt et Arthur G. Doughty, *op. cit.* Voir p. 480-481.

1. Voir p. 531. [Renvoi à l'ouvrage de MM. Shortt et Doughty.]

son titre d'Anglais. Les vieux Canadiens sont ceux que nous avons assujettis en 1760 et leurs descendants ; les nouveaux Canadiens comprennent les émigrés de l'Angleterre, de l'Ecosse, de l'Irlande et des colonies, maintenant les Etats-Unis. Par la loi de la 14e année du règne de Sa Majesté actuelle, [2] ils deviennent des Canadiens et canadiens ils doivent rester toujours. Cette doctrine plaît à la noblesse ou bourgeoisie du pays, laquelles ne se débarrassera point facilement des préjugés français ; mais professer une prédilection pour tout ce qui est français, ce n'est pas, à mon avis, le meilleur moyen d'angliciser les Canadiens. Quelques-uns des sujets nés de Sa Majesté ici soutiennent qu'il faut en autant que possible, tenir les nationaux de cette province à l'écart des autres colons et sans relations avec ceux-ci, afin de servir de rempart solide entre nos établissements et les Etats-Unis. « Ses habitants (de la province) sont nombreux et, par la religion, la langue, les lois et les coutumes forment la classe d'hommes le moins enclins à se coaliser ou à s'unir avec les Etats avoisinants de l'Amérique. » [3]

A moins qu'on ne puisse persuader les Canadiens qu'il y va de leur intérêt de rester attachés à la Grande-Bretagne, ils pencheront vers le gouvernement qu'ils auront pu faussement croire le mieux disposé à favoriser leur bien-être ; nous ne devrions pas oublier leur froideur manifestée en 1775 ; la meilleure classe du peuple en général et le clergé se comportèrent bien, mais nous ne reçumes point ou peu d'aide des paysans, et tout cela résultait des insinuations proférées par les habitants des anciennes colonies concernant les visées supposées du roi et du parlement en votant l'Acte de Québec. C'est maintenant, ce semble, le désir de ceux qui préfèrent les lois et coutumes françaises de faire croire que, *si nous introduisons les lois commerciales anglaises, les biens et la propriété des Canadiens seront entièrement détruits.* Et cela a eu ses conséquences et a provoqué l'envoi de requêtes à lord Dorchester, le priant d'empêcher l'usage des lois anglaises en toute cause. Ces demandes se basaient sur des erreurs.

Je ne prétendrai même pas conjecturer aujourd'hui comment les choses se passeront au Conseil à cette session, bien qu'une majorité semble obstinément hostile à toute modification du système actuel.

Les Anglais qui contrôlent, puis-je dire, les neuf-dixièmes de notre commerce, sollicitent l'introduction de la loi commerciale d'Angleterre, de même que les loyalistes, qui comprennent aussi peu les lois de France que la langue française.

Lord Dorchester examinera avec attention les rapports qu'il a entre les mains en ce moment et les jugera impartialement. [4]

Je prends ici la liberté de vous dire que, à mon sens, la mise en vigueur des lois anglaises sur le commerce ne saurait au moindre degré affecter « les titres ou tenures de terres, ni la transmission, l'aliénation, les hypothèques ou les transports de la propriété foncière, ni la répartition de la propriété mobilière des personnes mortes intestat » ; mais s'il *surgissait* quelque difficulté de la mise à effet des lois commerciales anglaises, le Conseil législatif aurait le pouvoir d'y remédier. Je ne puis m'empêcher de répéter encore une fois que je ne conçois pas comment les

---

2. L'Acte de Québec. Voir p. 379. [Renvoi à l'ouvrage de MM. Shortt et Doughty.]
3. Pour l'énonciation antérieure des mêmes vues, voir Carleton à Shelburne, p. 170. [Renvoi à l'ouvrage de MM. Shortt et Doughty.]
4. Il veut parler des rapports préparés par les comités du Conseil en 1786-87.

lois sur le commerce influeraient sur les biens immeubles d'aucun Canadien. Les ignorants ou les intrigants peuvent avoir jeté ce cri d'alarme pour soutirer des pétitions afin de détourner de l'acquiescement aux vœux des classes commerçantes.

Je suis avec une sincère estime et avec beaucoup de considération, cher monsieur,

Votre toujours obéissant

et très humble serviteur,

Hugh Finlay [b].

Evan Nepean, Esqr.,
    (original).

---

b. Lettre de Finlay à Nepean datée du 13 février 1787. Reproduite dans Adam Shortt et Arthur G. Doughty, *op. cit.* Voir p. 548-549.

Document nº 5

1792 — IL FAUT SAVOIR LA LANGUE DE LA MINORITÉ POUR DIRIGER LES AFFAIRES DE LA MAJORITÉ

La constitution de 1791, préparée par William Pitt le second (1758-1806) et adoptée par le Parlement de Westminster, fut sanctionnée le 10 juin 1791 et entra en vigueur le 26 décembre de cette même année. Elle établissait la division du pays en deux provinces, le Haut-Canada anglais et le Bas-Canada français (plus de 90 % de la population de cette province était de langue française [a]), reconduisait les garanties déjà reconnues aux Canadiens français par l'Acte de Québec et dotait chacune des provinces de nouvelles institutions politiques (un conseil exécutif, un conseil législatif, tous deux nommés, et une chambre d'assemblée, celle-ci élue au suffrage direct censitaire).

La constitution restait toutefois muette sur le chapitre des langues. Il revenait donc aux hommes politiques de l'époque de prendre position sur cette question. L'occasion leur en fut donnée dès les premières séances de la Chambre d'assemblée du Bas-Canada lorsqu'il fallut choisir la langue parlementaire. Pendant trois jours, les députés s'affrontèrent entre Anglais et Canadiens. Les Canadiens, qui parurent un moment souhaiter l'unilinguisme français, jouèrent finalement la carte du bilinguisme de droit. Mais les Anglais, tout en reconnaissant la situation de fait créée par la présence d'une majorité d'élus de langue française (trente-quatre sur cinquante), refusèrent de reconnaître le français comme langue officielle. Ceux-ci n'eurent pas gain de cause puisque le texte adopté stipulait que les procès-verbaux de la Chambre seraient dressés dans les deux langues, et les lois rédigées soit en français, soit en anglais, selon qu'elles se rapportaient aux lois françaises ou aux lois anglaises en vigueur. Cette disposition toutefois ne plut pas aux autorités britanniques et celles-ci décrétèrent que l'anglais serait, au Bas-Canada, la seule langue officielle du Parlement. Sous le régime de 1791, comme du reste sous celui de 1774, les Canadiens français durent se contenter pour leur langue d'une simple reconnaissance de fait. Le français demeurait sans garantie constitutionnelle ni valeur légale [b].

Les élections législatives eurent lieu en juin 1792. Les députés se réunirent pour la première fois le 17 décembre suivant, et ils eurent à se prononcer, le lendemain, sur le choix d'un président d'assemblée. Le débat qui s'engagea à cette occasion — le premier de l'histoire parlementaire du Canada français — tourna autour de la question des langues. Les députés canadiens proposèrent la candidature de Jean-Antoine Panet (1751-1815), avocat et député de Québec, et les députés anglais lui opposèrent celles de William Grant, de James McGill et de Jacob Jordan, en faisant valoir notamment qu'il était indispensable que le Speaker parlât parfaitement la langue du souverain. Au cours du débat un député canadien-français, Pierre-Louis Panet, le propre cousin du candidat Jean-Antoine Panet, se déclara partisan de l'assimilation linguistique et nationale et refusa en conséquence de faire bloc avec les autres députés de langue française. Cette lutte se termina par la victoire de Panet, qui reçut vingt-huit voix

a. Thomas Chapais, Cours d'histoire du Canada, tome II, 1791-1814, Montréal, Bernard Valiquette, 343 pages. Voir p. 19 et 45. Selon l'auteur, le Bas-Canada comptait, en 1790, 156 000 habitants dont 10 000 Anglo-Saxons.

b. Pour une description et une analyse détaillées de ces débats, voir l'ouvrage de Thomas Chapais.

contre seize dont celles de deux Canadiens français c. *Ce débat — dont le compte rendu est donné dans la Gazette de Québec — fait apparaître diverses attitudes en matière de langues.*

L'Ordre du jour étant lû par le Secrétaire ;

Mr. Duniere fit motion, que Mr. J.A. Panet fut élu Orateur de la Chambre.

Mr. Debonne seconda la motion. Il dit qu'il etoit parfaitement convaincu que Mr. Panet etoit la personne la plus convenable pour remplir la charge d'Orateur ; qu'il avoit considéré le carractere et les qualités des différens membres, et que sans faveur ni affection, il avoit, suivant sa conscience, et au meilleur de son jugement, secondé la motion. Que Mr. Panet possedoit à fond la connoissance des loix municipales de la Province, ce qui le qualifioit particulierement pour cette charge, et qu'il ne doutoit point qu'il la rempliroit avec honneur pour lui même et à l'avantage de la province.

Mr. McGill, « Je propose que Mr. Grant soit élu orateur de la Chambre ». Il dit qu'il s'objectait pas contre la capacité des autres Membres proposés, et qu'il n'avoit aucune prédilection pour aucun membre, si non qu'il etoit convaincu de la capacité de Mr. Grant à remplir cet office avec dignité, propriété et avantage pour le public ; — qu'une qualité essentielle à l'Orateur étoit une parfaite connoissance des langues Française et Anglaise, sans laquelle, dans cette Chambre, où quelques-uns des membres n'entendoient point l'Anglais, et d'autres ne parloient point Français, sans la prompte intervention de l'Orateur pour expliquer, les affaires seroient retardées, et quelques fois absolument arrêtées. Que si dans la communication entre l'Orateur et le Représentant du Roi, un interprète étoit nécessaire, ce seroit l'interprète qui seroit l'organe de la Chambre, et non l'orateur ; — que l'incapacité de Mr. Panet et les qualités de Mr. Grant à cet àgard etoient également bien connues ; — que le dernier avoit autant de connoissance que qui que ce fut des loix du païs, et qu'en conséquence d'une longue résidence en cette Province, il en connaissoit bien les intérêts locaux ; — que sa situation précédente dans le service du Gouvernement, lui donnoit une connoissance et une routine des formes requises pour conduire les affaires publiques ; qu'en fin prenant, toutes ses qualités réunies ensemble il le consideroit comme le plus propre à remplir la charge d'Orateur de la Chambre.

Mr. Dambourgès seconda la motion.

Mr. Bedard dit, que Mr. Panet savait assez la langue Anglaise pour conduire les affaires publiques.

Mr. Richardson observa que ce n'etoit pas une légere connoissance de l'une ou l'autre langue qui pouvoit rendre l'Orateur capable de faire justice à la Chambre par des explications nouvelles entre les Orateurs, en traduisant les motions ou autres papiers, et dans les communications avec le Représentant du Roi — que les transactions entre l'Orateur et le Représentant du Roi devroient être dans la langue de l'Empire à auquel nous avons le bonheur d'appartenir, quelque fut la langue dans laquelle se fissent les débats dans la Chambre — que nous étions tous Anglais et Canadiens, et ne pouvions reconnaître nulle autre distinction — et que nous devions considérer le païs d'où nous tirons notre appui et notre protection, et auquel nous

---

c. *Journal de la Chambre d'assemblée du Bas-Canada, Québec,* John Neilson, MDCCXCIII, p. 11, 13 et 15.

sommes tenus par tous les principes de reconnaissance et d'intérêts comme notre guide et notre exemple dans toutes nos vues et nos procédés.

Mr. P.L. Panet : je dirai mon sentiment sur la nécessité que l'orateur que nous allons choisir possède également les deux langues — dans laquelle doit il s'adresser au gouverneur, sera ce dans la langue Angloise ou Françoise — pour ressoudre la question, je demande si cette colonie est où n'est pas un colonie angloise ? Quel est la langue du souverain et de la legislature dont nous tenons la constitution que nous rassemble aujourd'hui ? Quel est le language général de l'empire ? Quel est celui d'une partie de nos citoyens ? Et quel sera celui de l'autre et de toute la province en général à une certaine époque ? Je suis Canadien fils de François, ma langue naturelle est la Françoise, car grâce à la division toujours subsistante entre le Canadiens et les Anglois depuis la cession du païs je n'ai pu savoir qu'imparfaitement la langue de ces derniers. Ainsi mon témoignage n'est pas suspect — Ainsi je dirai qu'il y a une nécessité absolue pour les Canadiens d'adopter avec le temps, la langue Angloise. Seul moyen de dissiper la repugnance et les soupçons que la diversité de langue entriendra toujours entre deux peuples réunis par les circonstances et forcés de vivre ensemble — mais en attendant cette heureuse révolution, je crois qu'il est de la decence que l'orateur dont nous ferons choix s'puisse exprimer dans la langue Angloise lorsqu'il s'adressera au representant de notre souverain.

Mr. Debonne et M. Duniere demanderent que la question fut mise aux voix.

Mr. Jordan ne put consentir à précipiter une question de si grande importance. Nous avons, dit-il, assez de tems devant nous, et je pense qu'il est nécessaire que tous les membres qui souhaitent exprimer leurs sentiments sur ce sujet aient le tems de le faire.

Mr. Young dit, qu'il etoit essentiel dans les qualités nécessaires pour un Orateur, qu'il connût les loix du Parlement — que cette Chambre alloit procéder aux affaires sans régles pour la guider ; et que dérivant sa forme et ses droits, comme une branche de la Législature, du Parlement de la Grande Bretagne, elle n'en pouvoit connaître d'autres que ceux établis pour le Parlement, jusqu'à ce qu'elle eut occasion de les changer ou de les adopter a ses circonstances locales ; Mais que ni à présent ni dans la suite on ne se pouvoit passer d'un Orateur qui les connût. Que néanmoins quelque grands que fussent les talens du membre qui venoit d'être proposé, il ne pouvoit acquérir cette connaissance sans posseder parfaitement la langue Anglaise — Que l'Orateur manquant de cette qualité, quelques bonnes que fussent ses intention, il ne pouvoit les appliquer aux objets de réglement et de débat, et faire justice à ceux qui seroient occasionnellement appelés à l'ordre, ou en expliquant, comme il étoit de son devoir, les argumens des différens Orateurs de l'un et l'autre côté de la question ; que, comme il avoit déjà été observé, ce défaut le priveroit aussi d'être l'organe de la Chambre dans ses Communications avec le Représentant du Roi ; que la connaissance des loix générales du païs etoit peut-être moins nécessaire que celle des loix du Parlement, mais qu'il etoit peut-être moins nécessaire que celle des loix du Parlement, mais qu'il etoit à désirer que l'Orateur possédat aussi la première ; que Mr. Panet en avoit acquis la connaissance au Barreau, et qu'il s'étoit nécessairement appliqué à la pratique ; que Mr. Grant avoit acquises les siennes comme un juge sur le siége, et que par sa routine et son état il le consideroit sous les points de vue applicables aux intérêts tant des biens fonds que du Commerce, et que la connaissance qu'il en avoit, jointe à son application aux fonctions de cette charge, la facilité avec laquelle il parloit et écrivoit les deux langues, et son habitude à conduire les affaires publiques, mettroient les membres en état de juger, lorsqu'ils auroient duement considéré ces objets, lequel de ces deux Messieurs devoit être leur Orateur.

Mr. Panet observa, que le Roi d'Angleterre parloit toutes les langues, et faisoit des traités avec toutes les nations dans leurs propres languages ainsi qu'en Anglais ; que Jersey et Guernsey étoient Français, et que l'objection fondée sur le language d'un membre ne pouvoit l'empêcher d'être Orateur ; — que cependant, ne défiant de ses talents, il ne désiroit pas la charge, et que sans doute on pouvoit en trouver d'autres mieux qualifiés que lui.

Mr. Papineau dit, que nous avions sans doute le bonheur de composer une branche de l'Empire Britanique ; mais qu'on ne pouvoit pas supposer qu'aucun Canadien dût être privé de ses droits parce qu'il n'entendoit pas l'Anglais ; qu'il apprenoit qu'il y avoit quelque objection contre l'élection de Mr. Grant, et que si elle etoit trouvée illégale, et qu'il fut Orateur, il pourroit en résulter un inconvénient pour la Chambre.

Mr. Debonne dit, qu'il savoit qu'une Pétition avoit été dressée et signée par un nombre des électeurs de la Haute ville de Québec contre l'élection de Mr. Grant, et que c'etoit certainement une objection suffisante à son élection comme Orateur.

Mr. Grant répliqua, qu'il n'avoit pas appris qu'il y eut aucune petition ou objection contre son élection ; que tout autre membre pouvoit être dans le même cas ; et que si telle objection etoit suffisante contre la nomination d'un membre pour Orateur, elle avoit lieu contre toutes personnes proposées, attendu qu'il seroit toujours allégué que telle objection (éxistoit) ; — que tout membre dont on avoit fait rapport etoit considéré comme ayant légalement un siége dans cette Chambre, jusqu'à ce que le contraire fut prouvé ; que tous les membres alors présens voteroient sur la présente question, quoiqu'il pût être fait ci-après des objections contre plusieurs d'entr'eux, et que tout membre alors présent avoit également un droit légal de remplir le siége ; que néanmoins, si cette insinuation devoit être de quelque poids, il recommanderoit à l'attention de la Chambre Mr McGill, qui possedoit les deux langues, et qui etoit à tous égards plus capable que lui, et peutêtre plus que tout autre membre, de remplir la charge d'Orateur d.

---

d. *La Gazette de Québec*, jeudi le 20 décembre 1792, p. 2-3.

Document n° 6

1806 — « LA DIVERSITÉ LINGUISTIQUE N'EMPÊCHE PAS L'UNITÉ POLITIQUE. »

Le Canadien, *journal nationaliste de Québec fondé par François-Xavier Blanchet (1776-1830), docteur en médecine, et par Pierre Bédard (1762-1829), avocat et député, publie dans un de ses premiers numéros, le 29 novembre 1806, la traduction d'une lettre signée Anglo-Canadiensis parue quelques semaines plus tôt dans le* Quebec Mercury, *journal qui défendait les intérêts de la minorité anglaise. L'auteur de la lettre au* Mercury *répondait alors à un collaborateur de ce journal qui, sous le nom de plume d'Anglicanus, proposait d'assimiler les Canadiens français. Dans ces années où l'Angleterre faisait la guerre à la France, « Anglicanus » présentait la langue anglaise comme le meilleur rempart de la souveraineté britannique au Canada face aux idées et aux influences françaises.*

Mr. L'Editeur,

En parcourant les reflections d'Anglicanus, j'ai cru, un moment, que ce Patriote avoit decouvert quelque stratageme jusqu'à présent inconnu à la sagacité et à la pénétration de Mr. Pitt, pour humilier l'orgueil Françoise. La maniere dont il commence me fit attendre quelque chose d'important, ce qui me fit recevoir ses remarques Frivoles, avec un juste déplaisir. Qu'il soit nécessaire de s'opposer *au débordement du torrent de l'ambition Françoise*, aucun bon sujet ne le niera ; c'est un sentiment sur lequel tous les amis de la liberté doivent être d'accord ; et une vérité aussi bien reconnue, qu'elle est universellement sentie ; mais avancer que cette opposition puisse être effectuée, même en partie, par un changement de langage ou de manieres en Canada, et que par conséquent le Canada doive être défrancisé, c'est une proposition qui ridicule en elle mème, paroitra, je crois, également impolitique par les remarques suivantes.

Les Anglois me paroissent être aujourd'hui, ce qu'étoient autrefois les Romains en fait de Patriotisme, de Gloire nationale et d'étendue de terrétoire. Parvenus comme eux, à la Grandeur, ils devroient les imiter en politique ; et chez les Romains, comme le remarque Cicéron, c'étoit une grande politique de laisser aux nations subjuguées leurs coutumes et leurs manieres, afin qu'il leur semblat être plutôt tombées entre les mains d'un Ami, qu'entre celles d'un Ennemi Jaloux. Les vaincus n'y étoient pas insensibles ; aulieu de se joindre, à ces nations qui par une conformité de manieres, avoient un juste titre à leur alliance, ils combattoient avec joie, sous les étendards de leurs bienfaiteurs. Les Grecs conquis par les armes Romaines, devinrent à leur tour les conquérans des Romains. Ces derniers loin de s'opposer à leurs manieres, adopterent leur politesse et les premiers n'en furent pas moins fideles pour parler et agir, comme avant la conquête. Ils soutinrent même plus longtemps que Rome, la gloire du nom Romain.

Quelle politique peut donc obliger Anglicanus à *défranciser le Canada ? Il est tems,* dit-il, *qu'après une possession de 47 ans, cette Province soit Angloise,* mais cela ne peut il pas se faire, sans oublier les manieres et le langage des François ? un Canadien ne peut il pas être, et n'est-il pas réellement Anglois, par son amour pour la liberté Angloise, son attachement au Gouvernement Anglois, et son aversion aux principes François ? La loyauté consiste-t-elle, dans la similitude du langage ? si cela n'est pas, et si elle ne peut se trouver que dans la similitude des principes, pourquoi *défranciser* le Canada ? dans quel point essentiel, les sujets Canadiens different ils des sujets Anglois ? si une telle difference existe, pourquoi donc les Americains, dont le langage, la religion et les manieres étoient celles des Anglois, se sont-ils soustraits à leur obéissance, et ont-ils appellés les François à leur secours ? Pourquoi les habitants de Guernsey, qui parlent François, sont-ils demeurés si long-tems fidelles à la Couronne d'Angleterre ? pour quoi ceux de Jersey, qui ont le même language, donnerent-ils un asile à Charles II, dans un tems ou aucune partie de l'empire Britannique, n'osoit le reconnoitre ? Ces Isles appartiennent aux Anglois, depuis plus de 47 ans, et elles ne sont pas encore Angloises ! pas encore défran-cisées ! elles conservent même encore leurs coutumes, leurs loix Normandes, leur systeme féodal, et leurs assemblées d'état ! Combien donc Edoward I, auroit-il été imprudent en reconnoissant ces droits, combien plus notre ministere l'auroit il été en les leur conservant. Anglicanus fait tout celà (s'il fait quelque chose), il sait combien ces Isles sont voisines de la France, notre mortel ennemi : il sait qu'il n'est résulté aucun inconvénient de cette proximité, du langage, des loix ou des manieres de ces peuples, et il prétend que le Canada, aussi éloigné de la France, en principes, qu'il l'est par la mer qui les separe, doit être *anglifié — que nous devons élever un rampart contre l'ambition Françoise, en repandant la langue Angloise !!*

Envain Wolf a-t-il été victorieux, envain la douceur et la magnanimité de la nation Angloise ont elles gagné l'affection des Canadiens — il étoit reservé, suivant Anglicanus, à une armée de grammairiens Anglois, de dessiper les préjugés, de faire regner l'influence Britannique, et de resserrer les neuds de l'union.

Ne voit il pas le défaut de justesse de ces reflexions ? ne seroit-il pas plus à propos d'élever *un rampart* (puisqu'il faut elever des ramparts) contre les intrigues de nos voisins, plutot que de faciliter la communication avec eux, en *repandant* leur langage ? car si suivant son raisonnement la langue Angloise est un *rampart*, contre l'ambition Françoise, pourquoi la langue Françoise n'en feroit-elle pas un contre les spéculations Américaines, sur tout dans un tems ou le Congrès, qui parle Anglois, dicte des loix de commerce à nos marchands Britanniques ? [1]

Mais des reflexions de plus grande importance occupent Anglicanus : suivant lui, nous devons craindre une éducation Françoise, plus que tout autre danger, quelqu'éminent qu'il puisse être parce que le petit nombre, qui sort de cette Province (et il est bien petit en effet,) se rangera plutôt sous les drapeaux de Bonaparte, que sous les drapeaux Anglois. Je remarquerai ici que ses craintes, à l'égard de l'éducation, sont semblables à celles d'un Théologien Anglois, à l'égard de la religion des Cana-diens. Ce Théologien politique prédit, à la conquête de cette Province, que si on laissoit les Canadiens dans le Papisme, le Pape y enverroit ses indulgences : les Canadiens se rangeroient du côté de la France, déclarereoint leur indépendance, et ameneroient les Colonies voisines au même projet. L'indépendance a effectivement eu lieu, suivant cette prédiction ; mais pour se servir des expressions de l'illustre Edmund Burke « elle a eu lieu, precisement en sens contraire. Toutes les Colonies Protestantes se sont révoltées, elles se sont jointes à la France, et il est arrivé que le Canada Papiste a été le seul Pays qui soit demeuré fidelle, le seul sur lequel la France n'a pas mis le pied, la seule Colonie peuplée qui reste maintenant à la Grande Bretagne. »

---

1. Voyez l'acte contre les importations.

Cependant au moment de l'indépendance les Canadiens étoient certainement plus Francois qu'ils ne le sont à présent, les impressions du Gouvernement Francois plus récentes ; le contraste avec le Gouvernement Anglois plus frappant, et pourtant la loyauté Canadienne n'a pas été ébranlée. Pourquoi donc *défrançiser* le Canada ? Pourquoi abolir une éducation qui peut former de si bons sujets ? non, les Canadiens, si on leur laisse leurs coutumes et leurs manieres, tout en parlant comme les Francois, et mangeant comme eux de la soupe, ne cesseront jamais d'être ce qu'ils ont été jusqu'à présent. Les Ecossois ne se sont pas montrés mauvais sujets pour avoir conservé l'habillement de leurs pères : les Galois pour avoir gardé leur dialecte et leurs manieres primitives, et un Canadien n'en sera pas moins bon sujet, pour parler cette langue, dans la quelle il a voué une fidélité perpétuelle aux Anglois, et dans la quelle il continue de se réjouir de leur succès.

Anglo-Canadiensis.

A l'Editeur du Mercure de Quebec,
Montreal, 3 Novembre, 1806.
(Traduit de la copie inserée dans le Mercury a.)

---

a. *Le Canadien,* samedi le 29 novembre 1806, p. 7-8.

Document n° 7

1806-1807 — UN VOYAGEUR ANGLAIS REGARDE LES « HABITANS »

John Lambert vient en Amérique, au début du XIXe siècle, étudier, aux États-Unis, un peuple anglais séparé de l'Empire et, au Bas-Canada, un peuple français soumis à la couronne.

A curious sort of jargon is carried on in the market-place, between the French who do not understand English, and the English who do not understand French. Each endeavours to meet the other half way, in his own tongue ; by which means they contrive to comprehend one another, by broken phrases, for the common French marketing terms are soon picked up. The intercourse between the French and English has occasioned the former to ingraft many anglicisms in their language, which to a stranger arriving from England, and speaking only boarding-school French, is at first rather puzzling. The Canadians have had the character of speaking the purest French ; but I question whether they deserve it at the present day.

....

With respect to their obtaining a knowledge of the English language, (the Canadians) I agree with those who are of opinion that so desirable an object might, to a certain extent, be attained by the interference of the government, and the establishing of parochial Sunday schools. The number who understand, or speak, English in Lower Canada does not amount to one-fifth of the whole population, including the British subjects. Few of the French clergy understand it ; for in the seminary at Quebec, where it ought to form an indispensable part of the student's education, it is totally neglected ; in consequence of which, a great many French children who are educated there, besides those that are designed for the church, lose a favourable opportunity of becoming acquainted with it ; and that which is omitted in youth is neither easily nor willingly acquired in manhood. It is possible that the French clergy may look with jealousy upon the diffusion of the English language among their parishioners ; they may think that, as the intercourse between the British and French Canadians will be facilitated by such a mesure, the eyes of the latter would be opened to many of the inconsistencies and defects of their religion ; and that, in consequence, they may be induced to chance their faith, and throw off the dominion of their priests. These, however, are but groundless fears ; for as long as vanity retains its hold in the breasts of the Canadians, and while the clergy continue that indefatigable perseverance in their ministry, and that unblemished character and reputation, which distinguish them at present, it is not probable that their parishioners will depart from the religion of their forefathers. The instruction of the French children in the English language is therefore neither difficult nor liable to any serious objection. That it is a desirable object, and highly necessary for political as well as private reasons, is without doubt ; that it is necessary for the dispatch of business, and for the impartial administration of justice, every man who has been in a Canadian Court of Law must acknowledge without hesitation.

....

The Habitans are said to have as little rusticity in their language as in their deportment. The colony was originally peopled by so many of the noblesse, disbanded officers and soldiers, and persons of good condition, that correct language and easy and unembarrassed manners were more likely to prevail among the Canadian peasantry than among the common rustics of other countries. Previous to the conquest of the country by the English, the inhabitants are said to have spoken as pure and correct French as in old France : since then they have adopted many anglicisms in their language, and have also several antiquated phrases, which may probably have arisen out of their intercourse with the new settlers. For *froid* (cold) they pronounce *frête*. For *ici* (here) they pronounce *icite*. For *prêt* (ready) they pronounce *parré* ; besides several other obsolete words which I do not at present recollect. Another corrupt practice is very common among them, of pronouncing the *final* letter of their words, which is contrary to the custom of the European French. This perhaps may also have been acquired in the course of fifty years communication with the British settlers ; if not, they never merited the praise of speaking pure French.

....

The French have a large majority in the House of Assembly, their number being thirty-six to fourteen British. The speeches are therefore mostly in French : for the English members all understand and speak that language, while very few of the French members have any knowledge of English.

The debates are seldom interesting, and never remarkable for learning, eloquence, or profound argument. The orators of Canada never confuse their brains with logical reasoning, or learned disputations. They never delight their hearers with beauty of expression, masterly conceptions, or Ciceronian eloquences. Yet some few of the English members are tolerable speakers, and possess very respectable abilities. Nothing however of very great importance, or that requires much ability to discuss, ever presents itself for debate. The regulation of the post-houses, the construction of bridges, jails, court-houses, &c., and the levying of duties for the support of the revenue, are nearly all that ever come under their consideration. The establishing of banks in the province has lately attracted their attention, and has been brought forward by Mr. Richardson in a very able manner ; but there are several in the house who are perfectly ignorant both of figures and letters : how these gentlemen will be able to judge of the utility or inutility of banks remains to be seen.

In England, we look upon a member of parliament as a man of superior ability ; at least we respect and venerate him for the high and dignified situation which he fills ; but in Canada, a member of the provincial parliament acquires no respect, no additional honour with his situation, because neither learning nor ability is requisite to qualify him for a seat in that assembly. If every member, when the oath is administrated, was also obliged to write a few lines, and read a page or two in the journals of the house, the assembly would become honoured and respected ; its members would be exalted in the opinion of its constituents, and several French gentlemen, who now sit there, would be sent back to their farms, where they might employ themselves more usefully in feeding pigs than in legislation. It was wittily enough proposed in the Quebec Mercury in May last, just after the election, to open a seminary, or college, for the instruction of those members who were *deficient* in the necessary qualifications of reading, writing, and arithmetic.

John Lambert [a]

---

a. *Travels through Canada, and the United States of North America, in the years 1806, 1807 and 1808. To which are added, biographical notes and anecdotes of some of the leading characters in the United States*, en 2 volumes, 2e édition, revue et corrigée, Londres, 1814, Baldwin, Cradock and Joy ; 544 et 532 pages. Les textes cités sont pris aux pages 87-88, 166-168, 176-177 et 184-185 du premier volume.

Document nº 8

1808 — L'ANGLOMANIE, CETTE TRÈS VIEILLE HABITUDE

Un collaborateur du Canadien *qui signe* Un Spectateur *fait, dans les colonnes de son journal le 4 juin 1808, le récit suivant, révélateur de la mentalité de certaines personnes de l'époque.*

O Mores !

Est-ce l'âge ou l'humeur qui me porte à blâmer les manières du jour, me disoit dernièrement, une parente, femme du bon vieux tems avec qui j'avois diné chez un ancien ami en Ville. Je ne puis m'empêcher de trouver de la rudesse poussée jusqu'à la grossièreté et quelquefois la polissonnerie, dans les jeunes gens qui se piquent du bon ton. Elle ajouta à ces mots quelques observations et des exemples. Moi, comme de droit, je pris le parti de mon siècle et des gens de mon âge, comme celui de ceux avec qui elle a vécu autrefois. Je disois en moi même :

« Vieille rien n'a changé que vous. »

Dans ce moment entroit un jeune homme bien mis, qui salua négligemment la Compagnie d'un coup de tête, en ôtant gauchement son chapeau, avec une gravité vraiment ridicule pour son âge. Il traverse l'appartement pour aller se placer de travers sur un sopha où était une jeune Demoiselle qui jusques là nous avoit intéressés par la finesse de son esprit et la délicatesse de ses saillies. L'arrivée de mon Sénateur l'avoit déconcertée, c'étoit un jeune homme de fortune et de rang, elle n'a que du mérite. Elle resta muette. La conversation avoit été animée, elle devint languissante. Mon important après avoir rêvé quelques instans, d'un air mistérieux, la tête baissée, sifflant tous bas entre ses dents, les mains dans ses goussets, les jambes croisées, s'éveilla tout-à-coup pour s'adresser à un compagnon de son âge qui était à l'autre extrémité de l'appartement, qu'apparamment il n'avoit pas vu en entrant, et l'accueille d'un *how are you*, prononcé d'un ton de vrai Jockey. La réponse fut du même ton et du même langage. Un seul d'entre nous, excepté les interlocuteurs, entendoit. Il se trouvoit auprès de moi. Nos jeunes gens continuèrent sur le même ton, et nous de rester dans le silence, aussi bien nous n'entendions rien à ce qui se disoit, d'un autre côté, ceux qui ne connoissoient pas les masques, auroient pris cette manière d'agir pour une distraction de gens d'affaires, et auroient craint d'interrompre un entretien qui paroissoit soutenu de part et d'autre avec beaucoup d'intérêt. Ma bonne parente crut elle-même qu'ils discutoient quelqu'objet d'importance. Dans le fait on eut cru voir deux Ambassadeurs ou des ministres d'état qui saisissoient l'occasion de se faire quelques communications importantes. Notre voisin voulut bien nous traduire quelques parties de leur conversation. Elle rouloit sur une partie de plaisir de la veille, une course de chevaux, un diner d'auberge à quelque distance de la Ville. L'un d'eux avoit passé un de ses compagnons à plein galop et l'avoit éclaboussé dans la boue. L'autre avoit enivré son vis-à-vis à table au point de le laisser dessous, et d'être obligé de le recommander à l'Aubergiste qui l'avoit mis au lit pour lui faire faire la digestion de son diner. A cet interessant recit ma bonne parente qui ne pouvoit revenir de sa surprise de l'aventure, me demanda qui étoient ces Messieurs, sans doute, ajouta-t-elle, ce sont des étrangers qui se trouve ici par hazard. Je fus obligé de lui répondre en rougissant un peu, que l'un d'eux étoit le fils d'un cousin à elle, qu'elle n'avoit pas vu depuis plusieurs années, qui n'avoit pas fini son cours d'étude au Seminaire, à cause de la foiblesse de sa mère qui ne pouvoit se résoudre à le gêner à cette excès, et qu'on l'avoit mis à l'Ecole en Ville depuis l'âge de quatorze jusqu'à dix-sept ans, qu'il en étoit sorti pour entrer dans le monde. L'autre le fils d'un ancien Marchand chez qui ma parente avoit fait autrefois des affaires, et qui en avoit fait autant pour les mêmes raisons. — Mais comment se fait-il qu'ils ne parlent qu'Anglois ? me dit-elle. Est-ce qu'ils ne savent pas leur langue ? Pardonnez-moi, je les ai entendu parler passablement le François, aussi bien que peuvent des gens qui ont manqué leur éducation, et M ..... dit qu'ils parlent assez mauvais Anglois, mais nos jeunes gens aiment à s'exercer à parler en Anglois. — Fi donc, ils ne sont pas ici à l'école. Parler en pleine compagnie, devant des gens honnêtes pour n'être pas entendu. J'ai connu dans ma jeunesse beaucoup d'Anglois bien nés, ils n'avoient jamais commis un acte de grossièreté aussi detestable, il est vrai que nous n'avons pas perdu grand'chose de ne point avoir de part à ce ridicule entretien ; mais enfin il eut mieux valu pour leur honneur, rester à l'auberge et y achever leurs prouesses, c'est sans doute un échatillon de la politesse de votre jeunesse. Prenez le parti de votre âge, armez-vous d'éloquence, il a besoin de panegyristes. — Avoit-elle tort ?

Un Spectateur [a].

---

a. *Le Canadien*, samedi le 4 juin 1808, p. 115-116.

Document n° 9

1810 — LES PARTICULARITÉS DU FRANÇAIS PARLÉ AU CANADA

Jacques Viger (1787-1858), premier maire de Montréal en 1833, a été journaliste, militaire, fonctionnaire, épistolier, et peut-être surtout archiviste et archéologue [a]. Curieux d'histoire, il devait s'intéresser tout naturellement au vocabulaire de son pays. Il prépara, en 1840, une Néologie canadienne [b] qui ne fut publiée que beaucoup plus tard, en 1909-1910, dans le Bulletin du parler français au Canada, grâce à l'abbé Camille Roy, alors directeur du Bulletin. Cette Néologie n'a pas la prétention d'être absolument scientifique ni d'être complète. Elle a du moins le mérite de donner un aperçu de l'état de la langue des Canadiens français au début du XIXe siècle. (Lettres A et B seulement.)

A

Abât. — Subs. m. — Mot employé comme celui de *bordée* en hiver, pour exprimer une grande *quantité de neige*. — Nous aurons certainement un abât de neige. — V. *Bordée*.

Abre. — Subs. m. — pour *Arbre*. Faute généralement commise par les habitants.

Achigan. — Subs. m. — Poisson.

Affaire. — *Affaire de vous*. Ex. : J'ai affaire de vous, entrez donc — pour j'ai affaire à vous, etc., j'ai besoin de vous.

Ahurissant, te. — Adj. du verbe français *ahurir*, qui veut dire *interdire, étonner, rendre stupéfait*. Il signifie ici *ennuyant*. Cet homme est *ahurissant*. C'est une chose ahurissante. Il est quelques fois substantif ; finis donc, *ahurissante*.

Allemand. — Nom de nation dont on se sert dans cette phrase : C'est une tête d'*allemand*, pour il est *entêté, opiniâtre*.

Allumer. — v. a. — Quand on ne joint point de régime à ce verbe, il est toujours sous-entendu que c'est de la pipe dont on veut parler. Ex. : Entrons *allumer ;* veux-tu *allumer ;* quand tu auras *allumé*, tu me donneras du feu.

Il signifie aussi *se reposer*, comme dans ces phrases ; Mes enfants, dira un maître à ses employés, quand vous aurez fini cette partie de votre ouvrage, je vous permets d'*allumer*. — parce que, en effet, ces moments de repos sont mis à profit par les fumeurs.

Allumer s'emploie aussi pour *visiter*, mais alors il est toujours régi par quelque verbe.

Un habitant dira à un de ses amis : Si tu passes dans ma paroisse, arrête *allumer* chez moi, ou : *entre, viens allumer* à la maison ; c'est-à-dire, *viens me voir*.

---

a. Sur l'auteur, voir Camille Roy, « Jacques Viger », *Bulletin du parler français au Canada*, vol. VIII (1909-1910), p. 42-55.

b. Le titre exact composé par Viger est le suivant : *Néologie canadienne ou dictionnaire des mots créés en Canada et maintenant en vogue ; — des mots dont la prononciation et l'orthographe sont différentes de la prononciation et orthographe françaises, quoique employés dans une acception semblable ou contraire, et des mots étrangers qui se sont glissés dans notre langue.*

Amancher. — v. a. — pour *Emmancher* (mettre en manche). Outre sa signification propre, on se sert encore d'*amancher* pour *raccommoder* (voyez *ramancher*). Il a bien *amanché* ce ciseau. Il veut dire aussi *refaire* : mon lit est défait, vous direz à la fille de l'*amancher* ou le *ramancher*. Ah bien ! s'il l'a défait il peut bien l'*amancher* ou le *ramancher*.

Amarrer. — v. a. (Terme de marine). A Québec surtout, ce mot est employé à tout moment, et dans tout ce qu'il faut lier ou attacher. Aussi un domestique *amarre* les courroies des souliers de son maître, ou *amarre* une guenille autour d'un doigt blessé.

A même. — Boire à même. Vous êtes à même de faire cela, d'aller là... Je l'ai mis à même.

Amidon. — Subs. m. — Certaine pâte sèche, qui est faite de fleur et de froment et qu'on délaie pour en faire de l'empois. L'amidon n'est pas généralement connu sous ce nom, mais sous celui d'*empois*, et il se vend, se débite sous ce nom.

Amont la côte. — Manière de parler plus particulièrement au district de Québec. *Aller amont la côte, grimper.*

Apichimon. — Subs. mas. 1º Bourrelet de linge et de paille, que l'on met au cou du bœuf qui laboure, pour empêcher que le joug ne le blesse.

2º Morceau d'étoffe, peau de mouton ou autre chose semblable que nos habitants mettent en guise de selle, lorsqu'ils montent à cheval.

3º Méchant lit, grabat. Etx. Faites-lui un *apichimon*. Le moindre *apichimon* fera mon affaire. Ce mot vient du sauvage.

Appointement. — Subs. m. — *Pension, gage.* Ce mot est employé ici pour *emploi, charge, place.* M. D. risque par sa conduite de perdre ses appointements. Anglais.

Appointer. — v. a. — Ce verbe signifie donner des appointements ; c'est-à-dire, une pension ou des gages à quelqu'un ; signifie ici *nommer à une place.* Il a plu à Mr le Gouv. d'appointer Mr .... Grand voyer du district. Anglais.

Araignée. — (Subs. m. — pour *Araignée*, Subs. f. — On emploie le plus ordinairement Arignée. — (le mot d'araignée ou d'arignée au masculin. Un gros araignée, pour une grosse araignée.

Argent. — Subs. m. — Comme métal et comme monnaie, est toujours masculin ; ainsi l'on doit dire : *Argent poli, faux argent, bon argent*, et non pas : *polie, bonne, fausse.*

Arse. — Ce substantif s'emploie dans ces phrases ; cette chambre est si petite, qu'on a pas l'*arse* d'y mettre un lit ; — pour, il n'y a pas moyen de. J'aime à avoir de l'*arse* partout où je suis, pour, *être à mon aise* ou *point gêné.* Il n'y a pas dans ce lit l'*arse de se retourner*, ou assez d'*arse* pour y coucher deux, pour exprimer qu'il est bien étroit, qu'il n'est pas assez large. On voit par ces exemples que ce mot est le synonyme canadien de *place, espace.*

Attisée. — Subs. f. — du verbe *attiser*, ce mot ne se dit pas. — Faites une bonne *attisée* pour la nuit.

Avisse. — Subs. f. — pour *vis*, que l'on prononce *visse* : pièce ronde de fer ou de bois, canelée en ligne spirale, et qui entre dans un verrou.

B

Bagage. — S.m. — Pour ménage.

Baiser. — v. a. — On dit, en style badin : il a été *baisé* dans telle action, pour *retapé*. On se sert aussi de ce dernier. *Il s'est fait baiser en pincettes* (en guedon). Baiser en pincettes est français pour exprimer l'action de prendre doucement les deux joues de celui qu'on baise. C'est une des caresses auxquelles on accoutume les enfants. Baisez-moi en pincettes.

Balier. — v. a. — Au lieu de *balayer*. Ex. Dites à la fille de *balier* la chambre.

Banal. — *Subs.* m. — Il se dit exclusivement d'un taureau : Où est le *banal* ? Je vais couper mon banal ; et d'un homme fort et de grande taille : Bon Dieu ! Quel banal !

Bandon. — Subs. f. — Saison de l'année où il est permis et d'usage de laisser aller les animaux par la campagne. Ex. : La *Bandon* commence au mois de... et finit au mois de... Les animaux ont *bandon* de ce jour. Donner *bandon* pour dire : les laisser aller à travers les champs.

Bardas, Berdas. — Subs. m. — On l'emploie ici pour *remue-ménage*, dont on se sert aussi : Quel *berdas !* On appelle faire le berdas, faire les gros ouvrages de l'intérieur de la maison, la lessive, le blanchissage, le lavage du linge, des meubles, etc. On dit aux enfants ou autres personnes qui, par leurs jeux, par nécessité, par faute d'attention ou autrement, dérangent les meubles avec bruit ou les entassent avec confusion : Quel berdas faites-vous, bon Dieu ! Quel berdas !

Basque. — Subs. m. — Nom de nation dont on se sert dans cette façon de parler : *Malin comme un Basque.* C'est un malin basque. Le dictionnaire de l'Académie.

Batailleur. — Subs. m. — pour *sujet* enclin à se battre. C'est un *batailleur de profession.* Il est le plus grand *batailleur* qui existe.

Bavasser. — v.n. — Il ne se dit guère que d'une personne ivre, et l'on dit : « Laissons-la, elle ne fait plus que bavasser » pour exprimer en même temps qu'elle parle beaucoup, confusément, sans savoir ce qu'elle dit, en prononçant imparfaitement et articulant avec peine. C'est, je crois, bavarder et balbutier.

Beauté. — Subs. f. — On l'emploie souvent *adverbialement* pour beaucoup : il y en avait *une beauté.* Ils sont une *beauté* de spectateurs, pour un grand nombre : Oui, je crois qu'il y aura *une beauté* de monde ce soir au bal ! Il y en avait *une beauté.*

Belt. — Subs. f. — Mot anglais en vogue pour « *beaudrier* » : Avez-vous nettoyé ma *belt*, pour mon baudrier.

Ber. — Subs. m. — pour *Berceau* (le petit lit où l'on couche *enfans* à la mamelle.)

Berdasser. — v. n. — C'est s'occcuper à des ouvrages de ménage inutiles. Il *berdasse* toute la journée. Vous ne faites que *berdasser* ; occupez-vous donc de votre ouvrage. Il veut aussi dire maltraiter légèrement : Attends, attends, je vais le berdasser, il l'a berdassé. (C'est peut-être tracassé.)

Berlancille. — Subs. fém. — Pour *balançoir, escarpolette* ou *brandilloire.* Terme d'enfant. (Corde, branche d'arbre ou planche avec quoi on *se balance*, ou *se brandille.* On ne peut donc plus dire : viens voir ma *berlancille.*)

Berlanciller. — v. n. — Pour se balancer ou se brandiller. Les enfants ont *balancillé* tout le jour.

Jacques Viger [c]

c. *Bulletin du parler français au Canada*, vol. VIII (1909-1910), p. 101-103.

Document nº 10

1812 — UN JUGE ANGLAIS SOUTIENT LES DROITS DU FRANÇAIS CONTRE UN PLAIDEUR FRANÇAIS

Dans une action en déguerpissement intentée par le gouvernement contre un dénommé Pierre Talon et son fils, l'avocat de ces derniers, James Stuart, demande par voie d'exception préliminaire le rejet de l'action pour le motif que le bref d'assignation, rédigé en français, langue qui n'était pas celle du souverain, devait être déclaré illégal, nul et inexistant. Le juge James Reid de la Cour du banc du roi reconnut au français le statut de langue judiciaire officielle et rejeta en conséquence l'exception préliminaire [a]. Cette décision précède de quelque douze années les arrêts rendus en sens contraire par le juge Edward Bowen et qui provoqueront alors la riposte vigoureuse d'Augustin-Norbert Morin [b].

« The Defendant obtained a rule upon the Solicitor General to show cause why the writ of Summons in this cause should not be quashed by reason of its being in the French language.

In support of this rule Mr. Stuart, for the Defendant, stated that the Ordinance of 1785 directing the writ of summons to be in the language of the Defendant had been repealed by the provincial Stat. 41 Geo. 3, ch. 7 and as the distinction of language in this country has been removed, every writ issuing out of this Court ought to be in English as being the language of the Sovereign.

The Solicitor General contended that notwithstanding the repeal of the Ordinance of 1785, the French language must be received in conducting legal proceedings, it being recognized by the law of the land, and by the practice of the Courts in this Country since the conquest thereof has been in constant use.

BY THE COURT. — The French Language has been used by His Majesty in his communications to His subjects in this province, as well in his executive as in his legislative capacity, and been recognized as the legal means of communication of His canadian subjects. Courts of Justice have at all times used this language in their writs and processes as in their other proceedings, as well before as since the Ordinance of 1785.

It is for the benefit of the subject that this was done, and the defendant cannot be permitted to say that he will not be sued in the language of his country. »

---

a. Les registres du tribunal indiquent simplement les noms des parties et des juges, la date et la nature des procédures, ainsi que les procès-verbaux des audiences. Par bonheur, le juge Reid, esprit méticuleux animé d'une grande curiosité intellectuelle, consigna dans ses notes manuscrites les arguments de la défense et de la demande, ainsi que les motifs du jugement. On doit à Maréchal Nantel (1890-1956), alors bibliothécaire du Barreau de Montréal, d'avoir exhumé cet arrêt : Maréchal Nantel, « Autour d'une décision judiciaire sur la langue française au Canada », *les Cahiers des Dix*, vol. 6, 1941, p. 145-165.

b. Voir le document nº 12.

Document n° 11

1813 — DÉFENSE DE L'UNION JACK, MAIS EN FRANÇAIS

Le 2 février 1813, des officiers et des soldats de la milice de Québec déposent à l'Assemblée législative du Bas-Canada une pétition où ils demandent d'être commandés en français, comme c'était la coutume depuis toujours.

Que depuis environ trois mois, la plus grande partie des Milices de la Province ont été commandées et disciplinées dans la Langue Angloise. — Qu'avant ce tems, les Milices Canadiennes, composées de Sujet de Sa Majesté, originaires de ce Pays et descendus des Canadiens qui devinrent Sujets de Sa Majesté par la Conquête, ont été commandées et disciplinées dans leur langue naturelle, savoir la Langue Françoise, la seule dont la plupart des Sujets Canadiens aient l'intelligence, et que les Premier et Second Bataillons de la Milice de *Québec* ont, de tout tems depuis leur formation, joui de cet ancien Privilege, qui leur est d'autant plus cher qu'il en résulte un avantage au Service de sa Majesté et que la Réputation de vos Supplians comme Miliciens et Défenseurs de la Patrie y est étroitement liée. — Que quant à l'avantage du Service, il est évident, dans l'humble opinion de vos Supplians, que le meilleur et même le seul moyen d'obtenir d'un Corps de Troupes ou de Milices, ou même d'un seul individu, les Services importans qu'on a droit d'attendre des Milices Canadiennes, et qu'elles sont prêtes à rendre, doit être de les commander et leur demander ces Services dans une Langue qu'ils puissent comprendre ; qu'une très-grande Majorité des Milices Canadiennes ne sauroit retenir les Expressions étrangères dont on se sert pour les commander en Anglois — Qu'à ces raisons, qui seules seroient suffisantes pour les faire retablir dans leur ancien Privilége d'être commandées et disciplinées en François, se joint le désir qu'ont les Milices Canadiennes d'établir leur réputation, ce qui leur sera impossible si elles ne peuvent comprendre les Ordres qui leur seront donnes, et si elles ne sont commandées en François. — Que les Manœuvres et Evolutions Militaires, toujours difficiles à apprendre et dont on ne s'instruit à fond que par une assiduité constante, lors même que l'on entend la Langue dans laquelle on est commande, deviennent insipides et degoûtantes, lorsque les expressions dont on se sert pour les désigner, sont des mots étrangers qu'on n'a jamais compris et qui sont souvent defigures par des Officiers qui sont obligés de les prononcer sans les entendre, ou de laisser le Service, ce que quelques Officiers ont dernièrement fait. — Pourquoi les Supplians prient la Chambre de vouloir bien prendre leur presente Requête en sa considération, et aviser sur icelle, ce qui dans sa sagesse lui paroîtra juste et raisonnable.

Sur Motion de Mr. *Bruneau* secondé par Mr. *Huot* [a]

---

a. *Journaux de la Chambre d'assemblée du Bas-Canada*, Québec, John Neilson, 1813, p. 223 et 225.

Document n° 12

1825 — *LA LANGUE FRANÇAISE EST CHEZ ELLE AU PRÉTOIRE*

Augustin-Norbert Morin (1803-1865), né à Saint-Michel de Bellechasse, était juriste et homme politique. Après avoir fondé et dirigé la Minerve *de Montréal, il représenta la circonscription de Bellechasse à l'Assemblée législative de 1830 à 1838. Après quelques années d'inactivité politique que lui avait valu sa participation au soulève- ment de 1837-1838, il fut de nouveau élu à l'Assemblée législative qu'il présida de 1848 à 1851. Il participa comme ministre et premier ministre conjoint aux gouverne- ments conservateurs de Hincks et MacNab avant d'être nommé, en 1855, juge à la Cour supérieure.*

Dans une brochure parue en 1825 et dont le texte suit, Morin prend la défense du français un moment remis en cause par une décision du juge Edward Bowen de la Cour du banc du roi. Alléguant pour seul motif la rédaction française du bref d'assi- gnation, ce magistrat avait en effet débouté de leur action deux plaideurs canadiens- français [a]. Dans son texte, Morin fonde la défense du français sur une argumentation juridique et il en appelle des Anglais du Canada à la mère-patrie britannique.

Monsieur,

Le profond respect des Canadiens pour les magistrats et pour tous les officiers publics m'a fait douter quelque temps s'il étoit convenable que je traitasse contra- dictoirement une question judiciaire que vous aviez décidée, et qui va faire le sujet de cette lettre. [...] C'est dans l'unique désir de servir la cause commune de tous les Canadiens, que j'ai pris sur moi, malgré ma jeunesse, la défense d'un de leurs plus importants privilèges, celui du langage, sans lequel tous les autres seroient illusoires. [...] Persuadé de votre intégrité, à laquelle je rends toute la justice possible, je ne prétends jeter aucun blâme sur votre conduite, ni affoiblir dans l'esprit du peuple, sa vénération profonde pour un systême de judicature aussi impartial que celui de l'Angleterre : c'est, au contraire, pour en mieux faire sentir l'excellence, que j'use du droit qu'il garantit à tout homme libre, de manifester librement ses opinions sur tout ce qui tient à sa liberté [...]

J'entre donc en matière, et je fais cette question : quelle doit être la langue juridique d'un pays ? La réponse se présente tout bonnement ; c'est la langue du peuple qu'on juge. Ici toutefois d'injustes distinctions politiques tendent sans cesse à faire reconnoitre en principe que les Canadiens, dont neuf sur dix au moins n'entendent que le français, sont obligés de se servir de la langue angloise dans tous leurs actes civils, lors même qu'il n'est aucune des parties intéressées qui ne l'ignore. Entre les raisons qu'on apporte au soutien de cette doctrine oppressive les principales sont les avantages de l'uniformité, la dépendance où nous sommes de l'Angleterre, la supériorité que doit avoir sur toute autre la langue de l'Empire, celle du Souverain. Mon respect pour la vérité m'oblige à ne pas taire que depuis quelques années surtout, presque tous les journaux anglois de la Province ne cessent de présenter ces asser-

---

a. *Firmin Bois* contre *Romain Côté* et *Louis Garon* contre *François Kelly,* Cour du banc du roi, district de Québec, décisions prononcées à Kamouraska le 1er juillet 1825.

tions sous mille formes différentes, et combinées avec des plans de toute espèce, et qu'ils s'efforcent d'insinuer qu'il devoit y avoir dans le pays une classe privilégiée de sujets qui fît la loi aux autres sous le rapport du langage comme de tout le reste. Bien sûr de ne faire que mon devoir en m'opposant à cette prétention, je n'imputerai cependant de mauvaises vues à qui que ce soit. Je veux croire que les auteurs de ces écrits séduits par cette espèce d'instinct, ce désir du bonheur antérieur à tous les raisonnements, ont pris pour la vérité et la justice une fausse lueur qui n'en a que les dehors, et qu'ils ignorent que ce désir vague et exclusif de supériorité ne sanctifie pas les moyens qu'il inspire ; moyens qui ne sont légitimes que quand ils sont approuvés par cette grande loi de la nature, l'équité, qui doit être aussi innée dans le cœur de l'homme et y avoir précédé les calculs de l'ambition. C'est en partant de cette loi primitive que je chercherai à prouver l'erreur de ceux qui nourrissent des préjugés contre le libre usage d'une langue qui est légale à toutes fins dans ce pays.

Pour parvenir à ce but, et pour éclairer ceux des Canadiens françois qui doutent de leurs droits au libre exercice de la langue françoise, si toutefois il s'en trouve de tels, je vais tâcher de prouver que les Canadiens, comme hommes libres, et en vertu de titres que la conquête n'a pu leur faire perdre, ont un droit naturel à la conservation de leur langue ; que le libre usage leur en a été garanti par la capitulation ; qu'il n'est aucune loi subséquente qui les en ait privés ; que la Grande-Bretagne n'a jamais prétendu restreindre l'exercice de ce privilége ; qu'en le faisant elle s'exposeroit à rendre son gouvernement moins cher aux loyaux habitants de cette Province ; que la langue françoise est le langage des lois civiles qui de droit n'ont jamais cessé d'être en force dans cette colonie, parce qu'en nous en rendant l'usage la Grande-Bretagne les a simplement reconnues, et non pas établies de nouveau ; que la Constitution libérale qui nous a été accordée en 1791, et qui a mis le sceau aux bienfaits de l'Angleterre envers sa fille adoptive, nous garantit ce privilége d'une manière plus formelle encore, et ne nous a été donnée que pour nous mettre à portée de conserver intacts des droits dont celui du langage n'est pas le moins important ; que les habitants de cette Province nés dans le Royaume Uni n'ont aucun privilége à l'usage exclusif de la langue angloise dans les tribunaux ; qu'un semblable privilége tendroit inévitablement à paraliser les effets de notre Constitution, en établissant des distinctions qu'elle n'admet point, entre les Sujets Britanniques du Canada ; enfin, qu'un semblable privilége ne se présume pas, parce qu'il équivaudroit à une loi privative calculée tout exprès pour rendre la justice d'un accès plus difficile à tous les sujets de Sa Majesté nés dans la colonie.

Je pose donc comme une vérité reconnue, que les Canadiens sont des hommes libres. [...] En parlant d'hommes libres, je n'entends pas désigner cette liberté absolue qu'a le peuple dans les états purement démocratiques, de se gouverner comme il lui plaît sans reconnoître d'autre autorité que sa volonté exprimée par la nation en masse ou par ses représentants ; liberté à laquelle les Canadiens ne prétendent pas, parcequ'ils sont jaloux de leur constitution, et qu'une telle prétention lui seroit absolument contraire. Il ne s'agit ici que de cette liberté individuelle, de ces droits réciproques qui font la base de toutes les sociétés policées, qui tirent leur origine d'une source antérieure à tous les pactes, et dont la garantie est l'unique but vers lequel doit tendre tout bon gouvernement, et le seul qu'il puisse décemment avouer. [...] Cette liberté est indépendante des diverses formes de gouvernement ; elle peut se trouver dans la monarchie absolue, et les citoyens d'une république peuvent n'en jouir qu'à demi. Elle indique la maturité des nations, dont la décadence sert de voile à son tombeau. Or dira-t-on que l'Angleterre qui fait assez voir par sa supériorité l'excellence de son système politique, ne protège pas toutes les classes des sujets britanniques dans l'exercice le plus étendu de cette liberté inaliénable ? Qui avancera que le gouvernement de cette colonie assimilé à celui de l'empire dont elle fait partie, ne doit pas être comme lui la sauve-garde d'un tel privilége ? Qui niera enfin que des mêmes causes on ne doive attendre des effets semblables ? Si malgré ces raisons quelqu'un pensoit que l'autorité suprême de la Grande-Bretagne fût pour les habitants de cette province un obstacle au but social, le bonheur, auquel ils ne peuvent atteindre sans cette liberté que je réclame pour eux, je lui ferois remarquer qu'il fait injure aux vues libérales de la mère-patrie, s'il ne croit pas que l'établissement de notre constitution ait levé tous les doutes qu'auroient pu jusqu'alors entretenir à cet égard ceux qui éblouis par le mot de conquête, n'avoient vu en nous qu'un peuple voué à l'esclavage.

Voyons maintenant quels sont les avantages de cette liberté civile, et ses vengeurs lorsqu'on y porte atteinte. Ses avantages sont incontestablement la réciprocité des droits et l'égalité des obligations ; ses vengeurs, les lois établies dès l'origine des sociétés pour la protection de tous leurs membres, et perfectionnées ensuite par l'expérience et le besoin, les lois qui ne sont qu'un fardeau inutile quand elles font quelque acception de personnes, en offrant à des citoyens un recours facile qu'elles refusent à d'autres. Or les nôtres rempliroient-elles leur destination sacrée, si la langue françoise cessoit d'être reconnue pour légale ? En vain elles tonneroient sur la tête du méchant, en vain elles menaceroient ceux qui s'approprient injustement les biens de leurs concitoyens ; l'opprimé seroit sans défense, l'orphelin sans secours ; la veuve demanderait inutilement vengeance contre un infâme spoliateur. « Parlez une langue étrangère, diroit-on à chacun d'eux ; servez-vous d'un idiôme que vous n'avez jamais appris, pour demander un arrêt que vous n'entendrez pas davantage. On veut vous dépouiller de la dernière ressource de votre famille désolée ; il n'importe : votre adversaire a exposé ses prétentions ; nous l'avons écouté parcequ'il parloit dans la langue privilégiée, la seule que Thémis entende. Elle est inaccessible à vos pleurs ; elle ne peut vous donner pour votre défense que cette audience solennelle qu'elle accorde à tous, et ce n'est pas sa faute si vous vous rendez indigne de ses faveurs, en lui parlant un jargon inintelligible pour elle. Retournez vers vos foyers ; apprenez-y, n'importe de quelle manière, cette langue magique qui décide sommairement toutes les réclamations et abrège toutes les justices. Vous reviendrez alors, et nous vous entendrons. Vous aurez été dépouillé de vos biens, au moyen d'une décision que votre adversaire aura obtenue, en prouvant qu'il vous a sommé de comparoître devant un tribunal, et d'y dire pourquoi il n'étoit pas juste qu'il vous fût substitué dans tout ce que vous possédiez, et que n'ayant rien à alléguer pour votre défense, vous aurez jugé à-propos de ne faire aucune démarche. Vous viendrez en vain nous demander de vous réintégrer dans vos propriétés, lorsque, parvenu à force de travail et de temps à déchiffrer les caractères qui vous auront été signifiés dans le cours de la procédure, vous découvrirez votre erreur sur la nature d'un exploit sur lequel on aura établi votre ruine authentique. Le jour des miséricordes est passé, dirons-nous encore. Aujourd'hui nous vous entendons, mais notre décision a donné à votre antagoniste des titres que personne sur la terre ne peut rescinder. ❯

....

On sait que souvent les juges eux-mêmes plaignent intérieurement un malheureux qui perd sa cause faute de s'être conformé à des formalités que son peu d'éducation ne lui a pas permis de comprendre. Ce seroit bien pis si on signifioit tous les exploits dans une langue inconnue à la masse générale du peuple. Et cependant on parle de l'ignorance des Canadiens, lorsqu'il se trouve des personnes qui sont d'avis de commencer le grand œuvre de leur instruction, comme faisoit ce musicien de l'antiquité, par leur faire désapprendre ce qu'ils savent d'inutile, leur langue, par exemple. « Qu'ils aient recours, » dit-on, « à des gens de loi, à des interprètes, qui dresseront leurs procédures dans une langue légale, ou leur feront connoître quelle est la plainte portée contre eux ». Mais outre que l'égalité naturelle à laquelle j'ai prouvé leurs droits ne les soumet pas à des difficultés qui n'existeroient que pour eux, est-il bien facile de trouver des interprètes dans les lieux tant soit peu éloignés des villes ? N'est-il pas au contraire bien connu que dans la plupart des paroisses qui composent les comtés populeux de Warwick, de Richelieu, de Surrey, de Buckinghamshire, d'Hertford, de Devon, de Cornwallis et de Northumberland, il n'y a pas deux personnes qui entendent et lisent l'anglois de manière à expliquer les termes surannés de la plaidoirie ? « Qu'ils aillent trouver des hommes de loi. » Mais puisqu'il faudra que ces hommes de loi sachent la langue angloise, ceux des Canadiens qui ne la sauront pas seront donc exclus de la plus noble des professions libérales, quels que soient d'ailleurs leurs talents et leurs connoissances. [...]

Voyons maintenant si la mère-patrie a jamais prétendu nous enlever notre langue. Nos pères après avoir vaillamment défendu leur sol natal, passèrent par une capitulation honorable sous la domination de la Grande-Bretagne. Leurs personnes, leurs biens et leurs privilèges furent reconnus pour inviolables, et les vainqueurs contents de succéder aux droits de la couronne de France, ne portèrent aucune atteinte à ceux des habitants de leur nouvelle colonie. Ces derniers ne perdirent donc rien ; ils avaient même dans le Gouvernement stable et modéré de l'Angleterre, un plus sûr garant de leur tranquillité et de leur bonheur qu'une monarchie affoiblie et sur le penchant de sa ruine. — Puisque leur langue n'étoit pas la propriété du Souverain, mais celle d'eux tous individuellement ; puisque leurs privilèges civils étoient demeurés intacts, ils devoient s'attendre en toute justice que leurs nouveaux maîtres ne les priveroient pas d'un langage, qui tenoit de si près à leur bien-être social.

....

L'insuffisance des lois civiles angloises pour le Canada devoit être aisément sentie de tous ceux qui connoissoient tant soit peu l'état de la colonie. Ces lois éparses dans les volumineux statuts du parlement impérial, ou consistant en coutûmes qui varioient à l'infini dans les différentes provinces de l'Empire, ne parurent pas de nature à être promulguées, entendues, et appliquées facilement dans un pays où la plus petite partie seulement en auroit été convenable aux circonstances. Les terres étoient sous une tenure différente, et les droits réciproques des seigneurs et des censitaires leur étant conservés, il falloit nécessairement une jurisprudence particulière, d'après laquelle on pût discuter et déterminer ces droits, dont il ne pouvoit pas même être fait mention dans les lois de l'Angleterre. Il eût donc fallu, pour changer les anciennes lois du pays, faire une compilation judicieuse tant dans ces dernières que dans les lois angloises, de ce qui étoit nécessaire et convenable aux besoins et aux intérêts des sujets de Sa Majesté dans le Canada. Mais pour ne léser personne dans la rédaction d'un code tiré de sources si différentes, il auroit été nécessaire de connoître parfaitement les usages et les habitudes des colons nouvellement passés sous la domination de l'Empire, connoissances que les législateurs de la mère-patrie n'avoient pas, été à portée d'acquérir. D'ailleurs on ne peut changer totalement les lois d'un pays sans donner lieu à beaucoup d'injustices et d'abus, même en supposant la supériorité du nouveau système. La mère-patrie jugea donc équitable, et même nécessaire, de nous laisser nos anciennes lois, et de constituer en même temps dans la colonie un tribunal qui pût les amender ou les changer au besoin.

Le parlement impérial passa en conséquence en 1774, l'acte connu sous le nom d'acte de Québec, qui, pour m'en tenir à mon sujet, est la charte la plus claire qui conserve aux Canadiens l'usage de la langue française. La mère-patrie commence par y reconnoître qu'il n'avoit jusqu'alors été pris aucune mesure pour l'administration du gouvernement civil dans les colonies nouvellement acquises, et que les arrangements provisoires qui avoient été faits pour cette Province, ne convenoient nullement, eu égard aux circonstances et aux besoins de ses habitants ; elle remet ensuite ces derniers sous la protection de leurs anciennes lois, telles qu'elles étoient en force avant la conquête, et leur rend de la manière la plus étendue leurs coutumes et leurs usages. Or y auroit-il du sens commun à dire qu'ils devoient demander en anglois l'application de lois entièrement françoises, et qu'on ne leur rendoit que parcequ'ils les entendoient et qu'ils avoient été sous leur influence depuis l'établissement de la colonie ? Et quand cet acte nous conserve dans les termes les plus amples nos coutumes et nos usages, soutiendra-t-on qu'il n'y est question que de ces habitudes caractéristiques dont un peuple ne peut pas même être dépouillé par la force, habitudes qui ne sont pas du ressort de la loi, et sur lesquelles les législateurs n'ont jamais statué ? N'est-il pas au contraire évident qu'il s'agit dans cet acte des usages qui ont un rapport plus immédiat avec les actions des hommes considérées dans leur relation avec la société, et de ces coutumes qui sont les compagnes inséparables des lois auxquelles elles servent de supplément et de commentaire ? Or le plus important, et le plus sacré de ces usages est indubitablement celui par lequel tout un peuple donne les mêmes noms aux choses et les mêmes signes aux idées. Les Canadiens d'alors voyant qu'on cherchoit à établir un parfait équilibre entre leur condition civile et celle des émigrés de la Grande-Bretagne, ne s'imaginèrent certainement pas qu'après un demi-siècle, on méconnoîtroit un acte si positif pour y substituer de ces palliatifs et de ces maximes prétendues universelles qui rendent la justice odieuse ; enfin qu'on refuseroit à leurs descendants la protection des lois, parcequ'ils la demanderoient dans une langue qui sert de texte au droit commun du pays, et qui dans les lois postérieures à la conquête a toujours marché de pair avec celle que votre Honneur lui a préférée.

Etablira-t-on, Monsieur, cette dégradation de notre langue, si je puis m'exprimer ainsi, sur l'acte de 1791, qui nous accorde la Constitution libérale dont nous jouissons ? Il y auroit de l'absurdité à supposer qu'en nous accordant la faveur la plus signalée à laquelle des sujets britanniques puissent prétendre, on nous eût voulu enlever un droit si essentiel à notre bonheur ; qu'en donnant à la population de cette Province une part active dans la formation de ses lois, on ait rendu moins certains les avantages qu'elles lui assurent. Comment proscriroit-on un langage dont on s'est servi autant, et même plus que l'anglois, dans la Chambre d'Assemblée, et dans le Conseil Législatif, depuis leur établissement ?

....

Quant à la langue de l'Empire, on ne peut nier qu'à parler généralement, ce ne soit la langue angloise ; mais puisque nous formons une partie distincte de cet Empire, et que nous jouissons d'une langue inséparable de nos autres droits civils et garantie comme eux, celle de l'Empire ne peut prétendre à l'université qui seule entraîne l'exclusion de tout ce qui y répugne. Etablir cette universalité en la supposant, c'est faire ce que les logiciens appellent une pétition de principe et tirer une conclusion qui détruit les bases sur lesquelles on la fonde.

Les habitants de cette colonie nés dans le Royaume Uni n'ont pas pour cela le privilège de ne se servir que de la langue angloise, et ne peuvent refuser de répondre en justice à une demande françoise. Car nos anciennes lois exigent absolument que la langue dans laquelle elles sont écrites, soit une langue légale, et ces loïs sont en force dans la province pour tous et contre tous ; il n'est fait d'exception dans l'acte de 1774, que pour les terres concédées en roture libre, et cette distinction n'auroit certainement pas été faite, si ces lois n'eussent dû être obligatoires pour les habitants de toutes les autres parties de la province, sans distinction de naissance ni d'origine. En effet, les émigrés du Royaume Uni en quittant leur sol natal pour venir dans cette province, ont renoncé à l'influence qu'ils étoient censés avoir dans le Gouvernement général de l'Empire, qui seul a le pouvoir de nous imposer des lois ; ils se sont volontairement soumis à celles qui étoient en force dans le pays avant leur arrivée ; ils ne représentent pas ici la mère-patrie ; elle ne leur a délégué aucun pouvoir spécial, aucune prérogative sur les autres sujets anglois de la colonie. Prétendre le contraire, seroit vouloir qu'une partie des habitants du pays, pût en cette qualité prendre part au gouvernement local, et en même temps exercer en vertu de son origine, une autorité supérieure à toutes les autorités coloniales. Ils n'ont donc pas en vertu de ce titre ou d'aucun autre, le droit de récuser la langue du pays. [...]

Mais je veux pour un moment, Monsieur, que la langue françoise ne soit nullement nécessaire à l'opération de nos lois et à notre condition politique ; que l'usage en soit un abus et une violation directe des principes fondamentaux de l'état ; que Sa Majesté ne puisse faire rendre la justice à ses sujets dans une autre langue que la sienne ; qu'une nation ne puisse être ni grande ni florissante, en conservant la leur aux paisibles habitants d'une colonie qui chérit et respecte son gouvernement : on m'accordera aussi sans doute que si la langue françoise n'est pas légale, elle ne l'a jamais été depuis la conquête ; qu'elle fut toujours et qu'elle est encore politiquement pour nous ce qu'est l'arabe ou le chinois. — Or comment se fait-il que depuis plus de soixante ans des magistrats éclairés aient autorisé un abus si palpable et prononcé dans une langue non reconnue par la mère-patrie des jugements qui affectoient les propriétés de sujets britanniques, et qui par conséquent équivaloient à une spoliation directe ? Tous les officiers publics qui y ont participé n'auroient-ils pas été responsables à l'Empire d'avoir mis la patrie en danger, en violant cette uniformité de langage si absolument requise ? Vous même, Monsieur, que vos hautes fonctions ont mis si à portée de remédier à de telles pratiques, deviez-vous attendre pour les proscrire la réquisition spéciale de quelques personnes que le joug importun de leur langue maternelle commençoit sans doute à fatiguer ?

La conduite de tant d'hommes publics seroit seule une preuve suffisante à la cause que je soutiens, et je bornerois ici mon travail si je n'avois quelques mots à dire de ceux qui sans nier la validité actuelle de la langue françoise dans le pays, trouvent juste et convenable de ramener les Canadiens par tous les moyens possibles à cette uniformité de langage qui leur paroit si nécessaire. Comme leurs plans ne sont qu'en théorie, ils donnent plus de latitude à leurs raisonnements, et font reparoître sous de nouvelles couleurs les objections que j'ai déjà combattues.

Ils fondent aussi leur doctrine sur l'exemple des Romains. — « Cette sage nation, » disent-ils, « n'est parvenue à un si haut point de gloire et de puissance qu'en forçant les peuples conquis d'adopter ses lois, ses manières et surtout son langage ; l'Angleterre ne peut mieux s'attacher les Canadiens qu'en imitant cet acte de politique. » Cette conclusion ne peut se concilier avec les principes équitables d'après lesquels la Grande-Bretagne règle sa conduite. Les Romains ne cherchoient pas même de prétextes aux guerres les plus injustes, et arrachoient impitoyablement des peuples entiers à leur patrie, pour les réduire à l'esclavage ou les transplanter dans une terre étrangère. Je ne conteste pas au Peuple Romain ses vertus domestiques ; je rends hommage à la mémoire de ses hommes célèbres ; j'avoue que je trouve dans son histoire plus de traits de véritable héroïsme, que dans celle d'aucun autre peuple ancien ; mais je nie que l'esprit de ses conquêtes soit un modèle à suivre. Il fonda sa liberté sur les débris de celle du monde connu, et le titre de barbares qu'il donnoit à tous les autres peuples, montre assez avec quelle justice il se croyoit obligé de les traiter. Les Romains sont leurs propres panégyristes, et leurs victimes n'ont pas transmis à la postérité le détail de leurs injustices. Ils se regardoient comme les maîtres-nés de l'univers, et pour les peindre d'un seul trait, il suffit de dire que Caton, le plus vertueux de leurs citoyens, disoit chaque fois qu'il votoit dans le Sénat : j'opine aussi pour la destruction de Carthage.

Cependant ils ne purent donner leur langue à la Grèce policée, la Grèce savante, qui plus foible par les armes, fut toujours la maîtresse de Rome du côté des arts et des talents. Cependant quand les barbares envahissoient de toutes parts les provinces romaines, cette même Grèce, qui avait conservé sa langue, soutint seule pendant des siècles la gloire et le nom de cet empire déchu. Cet exemple prouve qu'il est d'autres liens que celui de l'unité de langage, qui peuvent attacher un peuple à la commune patrie. Ainsi quand l'honneur et le devoir attachent les Canadiens à l'Empire Britannique, quand ils montrent par leur fidélité qu'ils sentent l'excellence de son gouvernement et le bonheur qu'il leur procure, quels principes nouveaux, quelles idées, quels sentiments veut-on leur inculquer au moyen de la langue angloise, que la leur ne puisse rendre faute d'expressions ou d'énergie ?

Un étudiant en droit [b]

Montréal, Novembre, 1825.

---

b. A.-N. Morin, *Lettre à l'honorable Edward Bowen, écuyer, un des juges de la Cour du banc du roi de Sa Majesté pour le district de Québec,* Montréal, James Lane, 1825, 16 pages. Ce texte a été réédité par la maison Réédition-Québec en 1968.

Document nº 13

1831 — TOCQUEVILLE : « LE PLUS GRAND MALHEUR POUR UN PEUPLE, C'EST D'ÊTRE CONQUIS. »

Voyageant en Amérique, Alexis de Tocqueville (1805-1859) [a] *vient passer quelques jours au Bas-Canada (24 août-2 septembre 1831). Il découvre le problème des rapports entre Anglais et Canadiens et suppute les chances de survivance de ces derniers, pour lesquels il éprouve une réelle sympathie.*

25 Août 1831

Apparence extérieure : Le Canada est sans. comparaison la portion de l'Amérique jusqu'ici visitée par nous, qui a le plus d'analogie avec l'Europe et surtout la France. Les bords du fleuve Saint-Laurent sont parfaitement cultivés et couverts de maisons et de villages, en tout semblables aux nôtres. Toutes les traces de la *wilderness* ont disparu ; des champs cultivés, des clochers, une population aussi nombreuse que dans nos provinces l'a remplacée.

Les villes, et en particulier Montréal, (nous n'avons pas encore vu Québec) ont une ressemblance frappante avec nos villes de province. Le fond de population et l'immense majorité est partout française. Mais il est facile de voir que les Français sont le peuple vaincu. Les classes riches appartiennent pour la plupart à la race anglaise. Bien que le français soit la langue presque universellement parlée, la plupart des journaux, les affiches, et jusqu'aux enseignes des marchands français sont en anglais. Les entreprises commerciales sont presque toutes en leurs mains. C'est véritablement la classe dirigeante au Canada. Je doute qu'il en soit longtemps ainsi. Le clergé et une grande partie des classes non pas riches, mais éclairées, est français, ils commencent à sentir vivement leur position secondaire. Les journaux français que j'ai lus font contre les Anglais une opposition constante et animée. Jusqu'à présent le peuple ayant peu de besoins et de passions intellectuelles et menant une vie matérielle fort douce, n'a que très imparfaitement entrevu sa position de nation conquise et n'a fourni qu'un faible point d'appui aux classes éclairées. Mais depuis quelques années, la Chambre des Communes, presque toute canadienne, a pris des mesures pour répandre à profusion l'instruction. Tout annonce que la nouvelle génération sera différente de la génération actuelle, et si d'ici à quelques années la race anglaise n'augmente pas prodigieusement par les émigrations et ne parvient pas à *parquer* les Français dans l'espace qu'ils occupent aujourd'hui, les deux peuples se trouveront en présence. Je ne puis croire qu'ils se fondent jamais, ni qu'il puisse exister une union indissoluble entre eux. J'espère encore que les Français, en dépit de la conquête, arriveront un jour à former à eux seuls un bel empire dans le Nouveau Monde, plus éclairés peut être, plus moraux et plus heureux que leurs pères. Pour le moment actuel, cette division entre les races est singulièrement favorable à la domination de l'Angleterre.

a. Pour une analyse des notes de voyage de Tocqueville, voir Jean-Michel Leclercq, « Alexis de Tocqueville au Canada (du 24 août au 2 septembre 1831) », *Revue d'histoire de l'Amérique française*, vol. XXII, nº 3 (décembre 1968), p. 353-364.

27 août 1831

Le pays entre Montréal et Québec a l'apparence d'être aussi peuplé que nos belles provinces d'Europe. De plus, le fleuve est magnifique. Québec est dans une position très pittoresque, entouré de campagnes riches et fertiles. Je n'ai jamais vu en Europe de tableau plus animé que celui que présentent les environs de Québec.

Toute la population ouvrière de Québec est française. On n'entend parler que du français dans les rues. Cependant, toutes les enseignes sont anglaises ; il n'y a que deux théâtres qui sont anglais. L'intérieur de la ville est laid, mais n'a aucune analogie avec les villes américaines. Il ressemble d'une manière frappante à l'intérieur de la plupart de nos villes de province.

Les villages que nous avons vus aux environs ressemblent extraordinairement à nos beaux villages. On n'y parle que le français. La population y paraît heureuse et aisée. Le sang y est remarquablement plus beau qu'aux Etats-Unis. La race y est forte, les femmes n'ont pas cet air délicat et maladif qui caractérise la plupart des Américaines.

La religion catholique n'est accompagnée ici d'aucun des accessoires qu'elle a dans les pays du midi de l'Europe où elle règne avec le plus d'empire. Il n'y a point de couvents d'hommes et les couvents de femmes ont des buts d'utilité et donnent des exemples de charité vivement admirés par les Anglais eux-mêmes. On ne voit point de *madone* sur les chemins. Point d'ornements bizarres et ridicules, point d'ex-voto dans les églises. La religion [est] éclairée et le catholicisme ici n'excite ni la haine ni le sarcasme des protestants. J'avoue que pour ma part, elle satisfait plus à mon esprit que le protestantisme des Etats-Unis. Le curé est bien véritablement ici le pasteur du troupeau ; ce n'est point un entrepreneur d'industrie religieuse comme la plupart des ministres américains. Ou il faut nier l'utilité d'un clergé, ou l'avoir comme au Canada.

J'ai été aujourd'hui au cabinet de lecture. Presque tous les journaux imprimés au Canada sont en anglais. Ils ont la dimension à peu près de ceux de Londres. Je ne les ai point lus. Il paraît à Québec un journal appelé la *Gazette*, semi-anglais, semi-français ; et un journal absolument français appelé *le Canadien*. Ces journaux ont à peu près la dimension de nos journaux français. J'en ai lu avec soin plusieurs numéros : ils font une opposition violente au gouvernement et même à tout ce qui est anglais. Le *Canadien* a pour épigraphe : *notre Religion, notre langue, nos lois.* Il est difficile d'être plus franc. Le contenu répond au titre. Tout ce qui peut enflammer les grandes et les petites passions populaires contre les Anglais est relevé avec soin dans ce journal. J'ai vu un article dans lequel on disait que le Canada ne serait jamais heureux jusqu'à ce qu'il eût une administration canadienne de naissance, de principes, d'idées, de préjugés même, et que si le Canada échappait à l'Angleterre, ce ne serait pas pour devenir anglais. Dans ce même journal se trouvaient des pièces de vers français assez jolis. On y rendait compte de distribution de prix où les élèves avaient joué *Athalie, Zaïre, la Mort de César.* En général le style de ce journal est commun, mêlé d'anglicismes et de tournures étranges. Il ressemble beaucoup aux journaux publiés dans le canton de Vaud en Suisse. Je n'ai encore vu dans le Canada aucun homme de talent, ni lu une production qui en fit preuve. Celui qui doit remuer la population française, et la lever contre les Anglais n'est pas encore né.

Les Anglais et les Français se fondent si peu que les seconds gardent exclusivement le nom de *Canadiens*, les autres continuent à s'appeler Anglais.

Visite à l'un des tribunaux civils de Québec.

Nous entrâmes dans une salle spacieuse remplie de gradins sur lesquels se tenait une foule dont toutes les apparences étaient françaises. Au fond de la salle étaient peintes en grand les armes britanniques. Au dessous de ce tableau était placé le juge en robe et en rabat. Devant lui étaient rangés les avocats.

Au moment où nous parvînmes dans cette salle, on plaidait une affaire de diffamation. Il s'agissait de faire condamner à l'amende un homme qui avait traité un autre de pendard et de crasseux. L'avocat plaidait en anglais. Pendard, disait-il en prononçant le mot avec un accent tout britannique, signifie un homme qui a été pendu. Non, reprenait gravement le juge, mais qui mérite de l'être. A cette parole l'avocat du défenseur se levait avec indignation et plaidait sa cause en français, son adversaire lui répondait en anglais. On s'échauffait de part et d'autre dans les deux langues sans se comprendre sans doute parfaitement. L'Anglais s'efforçait de temps en temps d'exprimer ses idées en français pour suivre de plus près son adversaire ; ainsi faisait aussi parfois celui-ci. Le juge s'efforçait tantôt en français, tantôt en anglais, de remettre l'ordre. Et l'huissier criait : — Silence ! en donnant alternativement à ce mot la prononciation anglaise et française. Le calme rétabli, on produisit des témoins. Les uns baisèrent le Christ d'argent qui couvrait la Bible, et jurèrent en français de dire la vérité, les autres firent en anglais le même serment et baisèrent en leur qualité de protestants l'autre côté de la Bible qui était tout uni. On cita ensuite la coutume de Normandie, on s'appuya de Denisart [1], et on fit mention des arrêts du Parlement de Paris et des statuts du règne de George III. Après quoi le juge : Attendu que le mot *crasseux* emporte l'idée d'un homme sans moralité, sans conduite et sans honneur, condamne le défenseur à dix huit louis ou dix livres sterling d'amende.

Les avocats que je vis là et qu'on dit des meilleurs de Québec ne firent preuve de talent ni dans le fond des choses ni dans la manière de les dire. Ils manquent particulièrement de distinction, parlent français avec l'accent normand des classes moyennes. Leur style est vulgaire et mêlé d'*étrangetés* et de locutions anglaises. Ils disent qu'un homme est *chargé* de dix louis pour dire qu'on lui demande dix louis. — Entrez dans la boîte, crient-ils au témoin pour lui indiquer de se placer dans le banc où il doit déposer.

L'ensemble du tableau a quelque chose de bizarre, d'incohérent, de burlesque même. Le fond de l'impression qu'il faisait naître était cependant triste. Je n'ai jamais été plus convaincu qu'en sortant de là que le plus grand et le plus irrémédiable malheur pour un peuple c'est d'être conquis.

....

29 août

Aujourd'hui nous sommes montés à cheval pour aller visiter la campagne sans guide.

Dans la commune de Beaufort, à deux lieues de Québec, nous avons vu le peuple sortir de l'église. Sa mise annonçait la plus grande aisance. Ceux qui appartenaient à un hameau éloigné s'en retournaient en voiture. Nous nous sommes écartés dans les sentiers et nous avons causé avec tous les habitants que nous avons rencontrés, tâchant

---

1. Denisart (1712-1765), procureur du Châtelet et auteur de la célèbre *Collection de décisions nouvelles et de notions relatives à la jurisprudence,* 6 vol. 1754-1756.

de faire porter la conversation sur des sujets graves. Voici ce qui nous a paru résulter de ces conversations :

1o Il règne quant à présent une grande aisance parmi eux. La terre aux environs de Québec se vend extrêmement cher, aussi cher qu'en France, mais aussi elle rapporte beaucoup.

2o Les idées de cette population semblent encore peu développées. Cependant, ils sentent déjà très bien que la race anglaise s'étend autour d'eux d'une manière alarmante ; qu'ils ont tort de se renfermer dans un rayon au lieu de s'étendre dans le pays encore libre. Leur jalousie est vivement excitée par l'arrivée journalière des nouveaux-venus d'Europe. Ils sentent qu'ils finiront par être absorbés. On voit que tout ce qu'on dit à ce sujet remue leurs passions, mais ils ne voient pas clairement le remède. Les Canadiens craignent trop de quitter la vue du clocher, ils ne sont pas assez malins. — Oh ! vous avez bien raison, mais que voulez-vous faire ? Telles sont leurs réponses. Il sentent évidemment leur position de peuple vaincu, ne comptent point sur la bienveillance, non pas précisément du gouvernement, mais des Anglais. Toutes leurs espérances se rattachent à leurs représentants. Ils paraissent avoir pour eux [...] cet attachement exalté qu'ont en général les peuples opprimés pour leur protecteur. Plusieurs nous ont paru parfaitement comprendre les besoins de l'instruction et se réjouir vivement de ce qu'on venait de faire en sa faveur. Au total cette population nous a paru capable d'être dirigée quoique encore incapable de se diriger elle-même. Nous arrivons au moment de la crise. Si les Canadiens ne sortent pas de leur apathie d'ici à vingt ans, il ne sera plus temps d'en sortir. Tout annonce que le réveil de ce peuple approche. Mais si dans cet effort les classes intermédiaires et supérieures de la population canadienne abandonnent les basses classes et se laissent entraîner dans le mouvement anglais, la race française est perdue en Amérique. Et ce serait en vérité dommage car il y a ici tous les éléments d'un grand peuple. Les Français d'Amérique sont aux Français de France ce que les Américains sont aux Anglais. Ils ont conservé la plus grande partie des traits originaux du caractère national, et l'ont mêlé avec plus de moralité et de simplicité. Ils sont débarrassés comme eux d'une foule de préjugés et de faux points de départs qui font et feront peut-être toujours les misères de l'Europe. En un mot ils ont en eux tout ce qu'il faudrait pour créer un grand souvenir de la France dans le Nouveau Monde. Mais parviendront-ils jamais à reconquérir complètement leur nationalité ? C'est ce qui est probable sans malheureusement être asuré. Un homme de génie qui comprendrait, sentirait et serait capable de développer les passions nationales du peuple aurait ici un admirable rôle à jouer. Il deviendrait bientôt l'homme le plus puissant de la colonie. Mais je ne le vois encore nulle part.

Il existe déjà à Québec une classe d'hommes qui forme la transition entre le Français et l'Anglais: ce sont des Anglais alliés à des Canadiens, des Anglais mécontents de l'administration, des Français en place. [...] C'est elle que je crains le plus pour le sort futur de la population canadienne. Elle n'excite ni sa jalousie, ni ses passions. Au contraire elle est plus canadienne qu'anglaise d'intérêt parce qu'elle fait de l'opposition au gouvernement. Au fond, cependant, elle est anglaise de mœurs, d'idées, de langue. Si elle prenait jamais la place des hautes classes et des classes éclairées parmi les Canadiens, la nationalité de ceux-ci serait perdue sans retour. Ils végéteraient comme les Bas-Bretons en France. Heureusement la religion met un obstacle aux mariages entre les deux races, et crée dans le clergé une classe éclairée qui a intérêt à parler français et à se nourrir de la littérature et des idées françaises.

....

Les gazettes françaises au Canada contiennent tous les jours de petits morceaux de littérature en prose ou en vers, ce qui ne se rencontre jamais dans les vastes colonnes des journaux anglais. Cette versification a l'ancien caractère de la versification française. Elle a un tour simple et naïf fort éloigné de nos grands mots, de l'emphase et de la simplicité affectée de notre littérature actuelle, mais elle roule sur de petites ou de vieilles idées.

....

Remarques générales   *1er septembre 1831* [2]

Nous avons remarqué par les conversations que nous avons eues avec plusieurs Canadiens que leur haine se dirigeait plus encore contre le gouvernement que contre la race anglaise en général. Les instincts du peuple sont contre les Anglais, mais beaucoup de Canadiens appartenant aux classes éclairées ne nous ont pas paru animés, au degré que nous croyions, du désir de conserver intacte la trace de leur origine, et de devenir un peuple entièrement à part. Plusieurs ne nous ont pas paru éloignés de se fondre avec les Anglais, si ceux-ci voulaient adopter les intérêts du pays. Il est donc à craindre qu'avec le temps et surtout l'émigration des Irlandais catholiques, la fusion ne s'opère. Et elle ne peut s'opérer qu'au détriment de la race, de la langue et des mœurs françaises.

Cependant il est certain (que) :

1) Le Bas-Canada (heureusement pour la race française) forme un Etat à part. Or, dans le Bas-Canada la population française est à la population anglaise dans la proportion de dix contre un. Elle est compacte. Elle a son gouvernement, son Parlement à elle. Elle forme véritablement un corps de nation distinct. Dans le Parlement composé de quatre-vingt-quatre membres, il y a soixante quatre Français et vingt Anglais.

2) Les Anglais jusqu'à présent se sont toujours tenus à part. Ils soutiennent le gouvernement contre la masse du peuple. Tous les journaux français font de l'opposition, tous les journaux anglais sont ministériels, à l'exception d'un seul, *the Vindicator*, à Montréal ; encore a-t-il été fondé par des Canadiens.

3) Dans les villes, les Anglais et les Canadiens forment deux sociétés. Les Anglais affichent un grand luxe ; il n'y a parmi les Canadiens que des fortunes très bornées ; de là, jalousie, tracasseries de petite ville.

4) Les Anglais ont dans les mains tout le commerce extérieur et dirigent en chefs tout le commerce intérieur. De là encore jalousie.

5) Les Anglais s'emparent tous les jours de terres que les Canadiens croyaient réservées à leur race.

6) Enfin les Anglais se montrent au Canada avec tous les traits de leur caractère national, et les Canadiens ont conservé tous les traits du caractère français.

Il y a donc fort à parier que le Bas-Canada finira par devenir un peuple entièrement français. Mais ce ne sera jamais un peuple nombreux. Tout deviendra anglais autour de lui. Ce sera une goutte dans l'océan. J'ai bien peur que [...] la fortune n'ait en effet prononcé et que l'Amérique du Nord ne soit anglaise.

_____

2. L'édition Beaumont, t. VIII, p. 265, date ce passage du 3 sept. 1831.

2 septembre 1831

Nous avons vu un très grand nombre d'ecclésiastiques depuis que nous sommes dans le Canada. Il nous a semblé qu'ils formaient évidemment la première classe parmi les Canadiens. Tous ceux que nous avons vus sont instruits, polis, bien élevés. Ils parlent le français avec pureté. En général ils sont plus distingués que la plupart de nos curés de France. On voit dans leur conversation qu'ils sont *tout canadiens.* Ils sont unis de cœur et d'intérêts à la population et discutent très biens ses besoins. Ils nous ont paru cependant en général avoir des sentiments de *loyauté* envers le roi d'Angleterre, et soutenir en général le principe de la légitimité. Cependant l'un d'eux me disait : Nous avons tous à espérer maintenant, le ministère est *démocrate.* Ils font aujourd'hui de l'opposition, ils feraient certainement de la rébellion si le gouvernement devenait tyrannique. *Somme toute,* ce peuple ressemble prodigieusement au peuple français. Ou plutôt ce sont encore des Français, trait pour trait, et conséquemment parfaitement différents des populations anglaises qui les environnent. Gais, vifs, railleurs, aimant la gloire et le bruit, intelligents, éminemment sociables, leurs mœurs sont douces et leur caractère serviable. Le peuple est en général plus moral, plus hospitalier, plus religieux qu'en France. Il n'y a qu'au Canada qu'on puisse trouver ce qu'on appelle un *bon enfant* en France. L'Anglais et l'Américain est ou *grossier,* ou *glacé.*

2 septembre 1831

Il y a cinq ou six ans, le gouvernement anglais a voulu réunir tout le Canada dans une seule assemblée. C'était la mesure la plus propre à dissoudre entièrement la nation canadienne, aussi tout le peuple s'est-il réveillé tout à coup et c'est depuis ce temps qu'il connaît sa force.

Plusieurs curés m'ont dit que dans leur commune il n'y avait pas un seul individu parlant anglais. Eux-mêmes ne l'entendaient point et nous prenaient pour interprètes.

La nomination des officiers de milice appartient au gouvernement, mais la Chambre d'assemblée ayant décidé que pour être officier de milice il fallait résider sur le lieu de son commandement, le résultat a été de mettre la direction de la force armée presque exclusivement dans les mains des Canadiens.

Un Canadien me disait aujourd'hui que dans la Chambre d'assemblée les discussions étaient vives, emportées, et que souvent on prenait des résolutions précipitées dont on se repentait quand la tête était refroidie. Ne croirait-on pas entendre parler d'une Chambre française ?

....

Conversation avec MM. Mondelet (24 août 1831).

MM. Mondelet sont avocats. Ce sont des jeunes gens intelligents et de bon sens.

D. — Dans quelle proportion la population française est-elle à la population anglaise dans le Canada ?

R. — Neuf à dix. Mais presque toute la richesse et le commerce est dans les mains des Anglais. Ils ont leur famille et leurs relations en Angleterre et trouvent des facilités que nous n'avons pas.

D. — Avez-vous beaucoup de journaux en langue française ?

R. — Deux.

D. — Dans quelle proportion leurs abonnés sont-ils avec les abonnés des journaux anglais ?

R. — 800 sur 1.300

D. — Ces journaux ont-ils de l'influence ?

R. — Oui. Une influence très marquée quoique moins grande que celle qu'on dit qu'ils obtiennent en France.

D. — Quelle est la position du clergé ? Avez-vous remarqué en lui la tendance politique qu'on l'accuse d'avoir en Europe ?

R. — Peut-être peut-on reconnaître en lui une tendance secrète à gouverner ou diriger, mais c'est très peu de chose. En général, notre clergé est éminemment national. Ceci est en partie un résultat des circonstances dans lesquelles il s'est trouvé placé. Dans les premiers temps de la conquête et jusqu'à nos jours, le gouvernement anglais a sourdement travaillé à changer les opinions religieuses des Canadiens afin d'en faire un corps plus homogène avec les Anglais. Les intérêts de la religion se sont donc trouvés opposés à ceux du gouvernement et d'accord avec ceux du peuple. Toutes les fois qu'il s'est agi de lutter contre les Anglais, le clergé a donc été à notre tête ou dans nos rangs. Il est resté aimé et respecté de tous. Loin de s'opposer aux idées de liberté, il les a prêchées lui-même. Toutes les mesures en faveur de l'instruction publique que nous avons prises presque de force et malgré l'Angleterre, ont trouvé un appui dans le clergé. Au Canada ce sont les protestants qui soutiennent les idées aristocratiques. On accuse les catholiques d'être démagogues. Ce qui me fait croire que le caractère politique de nos prêtres est spécial au Canada, c'est que les prêtres qui nous arrivent de temps en temps de France montrent au contraire pour le pouvoir une condescendance et un esprit de docilité que nous ne pouvons concevoir.

D. — Les mœurs sont-elles pures au Canada ?

R. — Oui, très pures.

Conversation avec Mr. Quiblier, supérieur du Séminaire de Montréal.

Mr. Quiblier nous a paru un ecclésiastique aimable et éclairé (24 août 1831). C'est un Français venu de France il y a quelques années.

[...] D. — Y a-t-il de l'animosité entre les deux races ?

R. — Oui, mais pas vive. Elle ne s'étend pas jusqu'aux rapports habituels de la vie. Les Canadiens prétendent que le gouvernement anglais ne donne les places qu'à des Anglais, les Anglais se plaignent au contraire qu'il favorise les Canadiens. Je crois qu'il y a de part et d'autre exagération dans les plaintes. En général il y a peu d'animosité religieuse entre les deux peuples, la tolérance légale étant complète.

D. — Pensez-vous que cette colonie échappe bientôt à l'Angleterre ?

R. — Je ne le pense point. Les Canadiens sont heureux sous le régime actuel. Ils ont une liberté politique presque aussi grande que celle dont on jouit aux Etats-Unis. S'ils devenaient indépendants, il y a une multitude des dépenses publiques qui tomberaient à leur charge ; s'ils se réunissaient aux Etats-Unis, ils craindraient que leur population ne fût bientôt absorbée dans un déluge d'émigration et que leurs ports, fermés pendant quatre mois de l'année, ne tombassent (?) à rien s'ils étaient privés du marché de l'Angleterre.

D. — Est-il vrai que l'instruction se répand ?

R. — Depuis plusieurs années, il s'est fait un changement complet sous ce rapport. L'impulsion est maintenant donnée et la race canadienne qui s'élève ne ressemblera pas à celle qui existe.

D. — Ne craignez-vous point que ces lumières ne nuisent au principe religieux ?

R. — On ne peut encore savoir l'effet qui sera produit. Je crois cependant que la religion n'a rien à en craindre.

D. — La race canadienne s'étend-elle ?

R. — Oui. Mais lentement et de proche en proche. Elle n'a point cet esprit aventureux et ce mépris des liens de naissance et de famille qui caractérisent les Américains. Le Canadien ne s'éloigne qu'à la dernière extrémité de son clocher et de ses parents et il va s'établir le plus près possible. Cependant le mouvement est grand, comme je le disais, et il centuplera je pense avec l'accroissement des lumières.

Conversation avec Mr ... [3] à Québec (négociant).

D. — Pensez-vous avoir quelque chose à craindre des *Canadiens ?*

R. — Non. Les avocats et les riches qui appartiennent à la race française détestent les Anglais. Ils font une opposition violente contre nous dans les journaux et leur Chambre des Communes. Mais c'est du bavardage et voilà tout. Le fond de la population canadienne n'a point de passions politiques et d'ailleurs presque toute la richesse est dans nos mains.

D. — Mais ne craignez-vous pas que cette population nombreuse et compacte aujourd'hui sans passion n'en ait demain ?

R. — Notre nombre augmente tous les jours, nous n'aurons bientôt rien à craindre de ce côté. Les Canadiens ont plus de haine encore contre les Américains que contre nous.

Note : En parlant des Canadiens il se peignait sur la physionomie flegmatique de Mr ... [4] un sentiment de haine et de mépris très visible. Il est rare qu'on parle avec tant de passion de ceux dont on ne redoute rien.

26 août 1831

27 août 1831. Conversation avec Mr. Neilson.

[...] D. — Pensez-vous que les Canadiens secouent bientôt le joug de l'Angleterre ?

R. — Non, à moins que l'Angleterre ne nous y force. Sans cela il est absolument contraire à notre intérêt de nous rendre indépendants. Nous ne formons encore que

---

3. Nom en blanc
4. Nom en blanc

600(000) âmes dans le Bas-Canada ; si nous devenions indépendants, nous ne tarderions pas à être enveloppés par les Etats-Unis. Notre population serait comme écrasée par une masse irrésistible d'émigration. Il faut attendre que nous soyons assez nombreux pour défendre notre nationalité. Alors nous deviendrons le peuple canadien. La population livrée à elle-même augmente ici avec autant de rapidité que celle des Etats-Unis. Lors de la conquête en 1763 nous n'étions que 60.000.

D. — Pensez-vous que la race française parvienne jamais à se débarrasser de la race anglaise ? (Cette question fut faite avec précaution, attendu la naissance de l'interlocuteur).

R. — Non. Je crois que les deux races vivront et se mêleront sur le même sol et que l'anglais restera la langue officielle des affaires. L'Amérique du Nord sera anglaise, la fortune a prononcé. Mais la race française du Canada ne disparaîtra pas. L'amalgame n'est pas aussi difficile à faire que vous le pensez. Ce qui maintient surtout votre langue ici, c'est *le clergé.* Le clergé forme la seule classe *éclairée et intellectuelle* qui *ait besoin* de parler français et qui le parle avec pureté.

D. — Quel est le caractère du paysan canadien ?

R. — C'est à mon avis une race admirable. Le paysan canadien est simple dans ses goûts, très tendre dans ses affections de famille, très pur dans ses mœurs, remarquablement *sociable*, poli dans ses manières ; avec cela très propre à résister à l'oppression, indépendant et guerrier, nourri dans l'esprit d'égalité. L'opinion publique a ici une force incroyable. Il n'y a pas d'autorité dans les villages, cependant l'ordre public s'y maintient mieux que dans aucun autre pays du monde. Un homme commet-il une faute, on s'éloigne de lui, il faut qu'il quitte le village. Un vol est-il commis, on ne dénonce pas le coupable, mais il est déshonoré et obligé de fuir. On n'a pas vu d'exécution capitale au Canada depuis dix ans. Les enfants naturels sont une chose à peu près inconnue dans nos campagnes.

Alexis de Tocqueville [b]

---

b. Alexis de Tocqueville, *Œuvres complètes,* tome V, *Voyages en Sicile et aux Etats-Unis,* texte établi, annoté et préfacé par J.-P. Mayer, Paris, Gallimard, 1957, 387 pages. Voir p. 74-85 et 210-219.

Document n° 14

1839 — RECETTE LIBÉRALE POUR ÉVACUER UN PEUPLE DE L'HISTOIRE

Nommé gouverneur après le soulèvement de 1837, lord Durham (1782-1840) découvrit au Bas-Canada « deux nations en guerre au sein d'un même État ». Dans son rapport, rendu public en 1839, il recommande de sacrifier les Canadiens français, jugés inférieurs, aux exigences de l'Empire britannique.

Venant après la défaite des Patriotes, le rapport Durham fut accueilli chez les Canadiens français par un profond sentiment de découragement collectif. Il suffira, pour s'en convaincre, de relire le texte suivant dans lequel Étienne Parent [a], ardent défenseur de sa nationalité, s'abandonne un moment à l'idée de l'assimilation nationale : « Nous inviterons nos compatriotes à faire de nécessité vertu, à ne point lutter follement contre le cours inflexible des événements... Nous avons toujours considéré que notre « nationalité » ne pouvait se maintenir qu'avec la tolérance sincère, sinon l'assistance active de la Grande-Bretagne ; mais voici qu'on nous annonce que bien loin de nous aider à conserver notre nationalité, on va travailler ouvertement à l'extirper de ce pays. Situés comme le sont les Canadiens français il ne leur reste d'autre alternative que celle de se résigner avec la meilleure grâce possible... Sans doute qu'il nous eût été bien doux de vivre et de mourir avec l'espoir de maintenir sur les bords du St-Laurent la nationalité de nos pères... On se rappellera qu'en nous résignant au plan de Lord Durham... nous entendons qu'on le suivra dans toutes ses parties favorables. Il cite l'exemple de la Louisiane ; nous nous attendons par conséquent à ce qu'on ne nous fera pas un sort pire que celui de nos anciens compatriotes de la Louisiane ; nous comptons... sur la révision, non sur la destruction de nos lois ; sur l'usage libre de notre langue à la tribune et au barreau, et dans les actes législatifs et judiciaires jusqu'à ce que la langue Anglaise soit devenue familière parmi le peuple ; enfin sur la conservation de nos institutions religieuses. Ainsi ce que nous entendons abandonner, c'est l'espoir de voir une nationalité purement Française, et nullement « nos institutions, notre langue et nos lois », en tant qu'elles pourront se coordonner avec le nouvel état d'existence politique qu'on se propose de nous imposer... L'assimilation, sous le nouvel état de choses, se fera graduellement et sans secousse, et sera d'autant plus prompte qu'on la laissera à son cours naturel, et que les Canadiens Français y seront conduits par leur propre intérêt, sans que leur amour-propre en soit trop blessé. » (Le Canadien, 15 mai 1839.)

Mon séjour dans la province, je le reconnais, a modifié du tout au tout mes idées sur l'influence relative des causes assignées aux maux présents. Je n'en suis pas venu à croire, il est vrai, que les institutions du Bas-Canada étaient moins défectueuses que je les avais supposées d'abord. Par suite des circonstances spéciales où je me trouvai, j'ai pu faire un examen assez juste pour me convaincre qu'il y avait eu dans la Constitution de la province, dans l'équilibre des pouvoirs politiques, dans l'esprit et dans la pratique administrative de chaque service du Gouvernement, des défauts très suffisants pour expliquer en grande partie la mauvaise administration et le mécontentement. Mais aussi j'ai été convaincu qu'il existait une cause beaucoup plus profonde et plus radicale des dissensions particulières et désastreuses dans la province — une cause

a. Sur Etienne Parent, voir le document n° 16.

qui surgissait des institutions politiques à la surface de l'ordre social — une cause que ne pourraient corriger ni des réformes constitutionnelles ni des lois qui ne changeraient en rien les éléments de la société. Cette cause, il faut la faire disparaître avant d'attendre le succès de toute autre tentative capable de porter remède aux maux de la malheureuse province. Je m'attendais à trouver un conflit entre un gouvernement et un peuple ; je trouvai deux nations en guerre au sein d'un même Etat ; je trouvai une lutte, non de principes, mais de races. Je m'en aperçus : il serait vain de vouloir améliorer les lois et les institutions avant que d'avoir réussi à exterminer la haine mortelle qui maintenant divise les habitants du Bas-Canada en deux groupes hostiles : Français et Anglais.

Je me flatterais en vain, par une description, de donner à Votre Majesté une idée des haines de races que m'a forcé de reconnaître mon expérience personnelle au Bas-Canada. L'heureuse absence chez nous de toute hostilité nationale rend difficile à comprendre l'intensité de la haine que suscite entre les mêmes habitants d'un village et les citoyens d'un même pays la différence de langage, de lois et de coutumes. On est porté à croire que le motif vrai de la querelle est autre chose, que la différence raciale a légèrement, par occasion, accentué les rivalités attribuées à une autre cause plus ordinaire. Le spectacle d'une société aussi malheureusement divisée que l'est celle du Bas-Canada conduit par expérience à une opinion exactement contraire. La haine des nationalités tombe sur les sens mêmes, d'une manière irrésistible et palpable comme l'origine et l'essence de toute la querelle qui divise la société. On s'en aperçoit vite : les rivalités qui paraissaient avoir une autre origine ne sont que les modalités de cette perpétuelle et envahissante querelle ; toute dispute en est une de principe entre Français et Anglais ou le devient avant d'avoir touché son terme.

....

Si peu disposés que nous soyons à attribuer les maux d'un pays en relation avec nous à une cause aussi fatale à sa tranquillité, si difficile à faire disparaître, il ne faut pas une très longue et laborieuse étude de caractère et de la position respective des races pour se persuader de leur invincible hostilité l'une envers l'autre. Il est à peine possible de concevoir les descendants de l'une des grandes nations quelconque de l'Europe aussi différents les uns des autres en humeur, plus totalement séparés les uns des autres par la langue, les lois et les coutumes ou placés dans des circonstances plus propices à produire la mésintelligence, la jalousie et la haine. Pour comprendre l'antagonisme des deux races au Canada, il ne suffit pas de nous représenter une société composée à part égale de Français et d'Anglais. Il faut savoir quelle sorte de Français et d'Anglais viennent en contact et dans quelle proportion ils se rencontrent.

Les institutions de France durant la colonisation du Canada étaient peut-être plus que celles de n'importe quelle autre nation d'Europe propres à étouffer l'intelligence et la liberté du peuple. Ces institutions traversèrent l'Atlantique avec le colon canadien. Le même despotisme centralisateur, incompétent, stationnaire et répressif s'étendit sur lui. Non seulement on ne lui donna aucune voix dans le Gouvernement de la province ou dans le choix de ses dirigeants, mais il ne lui fut même pas permis de s'associer avec ses voisins pour la régie de ses affaires municipales que l'autorité centrale négligeait sous prétexte de les administrer. Il obtenait sa terre dans une tenure singulièrement avantageuse à un bien-être immédiat, mais dans une condition qui l'empêcherait d'améliorer son sort ; il fut placé à l'instant même à la fois dans une vie de travail constant et uniforme, dans une très grande aisance et dans la dépendance seigneuriale. L'autorité ecclésiastique à laquelle il s'était habitué établit ses institutions autour de lui, et le prêtre continua d'exercer sur lui son influence. On ne prit aucune mesure en faveur de l'instruction parce que sa nécessité n'était pas appréciée ; le colon ne fit aucun effort pour réparer cette négligence du Gouvernement. Nous ne devons donc plus nous étonner. Voici une race d'hommes habitués aux travaux incessants d'une agriculture primitive et grossière, habituellement enclins aux réjouissances de la société, unis en communautés rurales, maîtres des portions d'un sol tout entier disponible et suffisant pour pourvoir chaque famille de biens matériels bien au-delà de leurs anciens moyens, à tout le moins au-delà de leurs désirs. Placés dans de telles circonstances, ils ne firent aucun autre progrès que la largesse de la terre leur prodigua ; ils demeurèrent sous les mêmes institutions le même peuple ignare, apathique et rétrograde. Le long des rives du Saint-Laurent et de ses tributaires, ils ont défriché deux ou trois bandes de terre ; ils les ont cultivées d'après les plus mauvaises méthodes de petite culture. Ils ont érigé une suite ininterrompue de villages qui donne au pays des seigneurs l'apparence d'une rue sans fin. Outre les villes, qui étaient les sièges du Gouvernement, on n'en fonda pas d'autres. A la maison, la famille de l'habitant fabriquait, elle le fait encore, les étoffes grossières du pays. Une partie minime de la population tirait sa subsistance de l'industrie à peine visible de la province. Toute l'énergie fut employée au commerce des pelleteries et à la chasse que ces gens et leurs descendants poussèrent au-delà des montagnes rocheuses et qu'ils monopolisent encore, en grande partie, dans toute la vallée du Mississipi. La société dans son ensemble montra dans le Nouveau Monde la caractéristique des paysans d'Europe. Le peuple était nombreux ; même les besoins et la pauvreté qui accompagnaient le trop-plein démographique du Vieux-Monde, ne furent pas tout à fait inconnus ici. Ces gens tenaient aux anciens préjugés, aux anciennes coutumes, aux anciennes lois, non par un sentiment de leurs heureux effets, mais avec cette aveugle tenacité d'un peuple mal éduqué et stationnaire. Il n'étaient pas non plus dépourvus des vertus d'une vie simple et industrieuse ni de celles que d'un commun accord les hommes attribuent à la nation dont ils sortent. Les tentations qui ailleurs conduisent aux délits contre la propriété et les passions qui provoquent la violence n'étaient pas connues parmi eux. Ils sont doux et accueillants, frugaux, ingénieux et honnêtes, très sociables, gais et hospitaliers ; ils se distinguent par une courtoisie et une politesse vraies qui pénètrent toutes les classes de leur société. La conquête n'a pas changé grand'chose chez eux. Les classes élevées et les citadins ont adopté quelques-unes des coutumes anglaises. Néanmoins, la négligence continuelle du gouvernement britannique fut cause que la masse du peuple ne put jamais jouir des bienfaits d'institutions qui l'eussent élevée à la liberté et à la civilisation. Ils les a laissés sans l'instruction et sans les organismes du gouvernement responsable d'ici ; cela eût permis d'assimiler leur race et leurs coutumes, très aisément et de la meilleure manière, au profit d'un Empire dont ils faisaient partie. Ils sont restés une société vieillie et retardataire dans un monde neuf et progressif. En tout et partout, ils sont demeurés Français, mais des Français qui ne ressemblent pas du tout à ceux de France. Ils ressemblent plutôt aux Français de l'Ancien régime.

....

Parmi ce peuple, l'émigration a jeté, ces dernières années, une population anglaise qui se présente sous les traits caractéristiques familiers, surtout de l'esprit d'entreprise propre à chaque classe de nos concitoyens. Dès le début du régime colonial les circonstances écartèrent du pouvoir les natifs du Canada et mirent tous les emplois de confiance et de profit aux mains d'étrangers d'origine anglaise. La même classe de personnes remplit aussi les plus hauts postes de l'Etat. Les fonctionnaires du Gouvernement et les officiers de l'armée formèrent une espèce de caste qui occupa le premier rang dans la société et en éloigna les plus distingués Canadiens, tout comme ceux du Gouvernement de leur propre pays. Ce n'est que depuis peu, comme l'ont dit des personnes qui connaissent bien le pays, que la classe des fonctionnaires civils et militaires a cessé de prendre, vis-à-vis des Canadiens, ce ton et ces airs d'exclusivité, plus révoltants à un peuple remarquablement sensible et poli que le monopole du pouvoir et de l'argent ; et encore le passe-droit en faveur des nationaux n'a-t-il cessé qu'après que des plaintes fréquentes et des conflits haineux eussent enflammé des passions que les compromis n'ont pu éteindre. Déjà les races étaient ennemies, quand une justice trop tardive a été arrachée de force ; même alors le Gouvernement eut une manière d'exercer le patronage envers les Canadiens, presque aussi offensante pour eux que l'exclusion qui avait précédé.

Ce fut peu de temps après la conquête qu'une autre classe plus nombreuse de colons anglais commencèrent à pénétrer dans la province. La quantité immense des produits d'exportation et la facilité des communications intérieures attirèrent au Canada les capitaux britanniques. On rénova l'ancien commerce du pays, on exploita de nouvelles sources d'industrie. Les industriels anglais aux habitudes régulières et dynamiques éliminèrent de toutes les branches les plus lucratives de l'industrie leurs concurrents inactifs et insouciants de race française ; mais par rapport au commerce et aux manufactures du pays (presque la totalité), on ne peut pas dire que les Anglais aient été un obstacle aux Français ; de fait ils ont créé des occupations et des revenus inconnus jusqu'alors. Un petit nombre cependant des anciens colons ont souffert de la concurrence anglaise. Mais tous ont ressenti plus vivement l'accroissement progressif des étrangers qui paraissaient devoir concentrer entre leurs mains les richesses du pays, et dont le faste et la prédominance éclipsaient ceux qui avaient occupé jusqu'ici le premier rang. L'intrusion des Anglais ne s'est pas limitée au commerce. Par degrés, ils ont acquis de grandes étendues de terre ; ils ne se sont pas bornés à la région inculte et lointaine des Cantons de l'Est. Le riche industriel a employé son argent à l'achat de propriétés seigneuriales, et l'on estime aujourd'hui que la bonne moitié des meilleures seigneuries appartient à des propriétaires anglais. La tenure seigneuriale est si contraire à nos notions de droit privé que le nouveau seigneur, sans le vouloir ni sans songer à commettre une injustice, a exercé ses droits en certaines circonstances d'une manière qui paraîtrait tout à fait juste dans ce pays-ci, mais que l'habitant canadien regarde avec raison comme dictatoriale. L'acquéreur anglais avait également raison de se plaindre de l'incertitude des lois qui rendaient précaires ses droits de propriétaire, et des conséquences de la méthode de tenure qui rendent difficiles les aliénations et les améliorations. Mais une cause d'irritation plus grande que celle des mutations des grandes propriétés a surgi de la concurrence du cultivateur anglais avec le cultivateur français. Le cultivateur d'Angleterre a emporté avec lui l'expérience et les méthodes d'agriculture les plus perfectionnées du monde. Il s'établit dans les cantons voisins des seigneuries, il défricha les terres neuves d'après des procédés nouveaux, il soutint une concurrence victorieuse contre la routine de l'habitant. Souvent même il prit la ferme que le Canadien avait abandonnée et, par son ingéniosité supérieure, trouva des sources de revenus là où son prédécesseur s'était appauvri. L'ascendant qu'un injuste favoritisme a donné aux Anglais dans le Gouvernement et dans les carrières de la magistrature, ils se le sont assuré par leur énergie supérieure, par leur adresse et par leurs capitaux dans toutes les sphères de l'industrie. Ils ont développé les ressources du pays, ils ont construit ou amélioré les moyens de communication, ils ont créé le commerce intérieur et extérieur. Tout le commerce de gros, une grande partie du commerce de détail, les fermes les plus prospères sont désormais entre les mains de la minorité de la province.

Au Bas-Canada la classe ouvrière salariée, quoique comparativement considérable sur le continent d'Amérique, est, d'après nous, peu nombreuse. La concurrence entre les races de cette classe ne s'est manifestée que récemment, et encore cela se borne-t-il aux villes. La majorité des ouvriers est d'origine française, mais elle est au service du capitaliste anglais. La classe la plus expérimentée d'artisans se compose en général d'Anglais. Mais au sein d'occupations plus matérielles les Canadiens français défendent bien leur terrain contre la rivalité anglaise. L'émigration récente des dernières années a introduit dans le pays une classe qui est entrée en concurrence plus directe avec les Français, quant à certaines de leurs occupations dans les villes, mais peu en ont souffert. Je ne pense pas que la haine qui sépare les ouvriers des deux races soit une conséquence nécessaire de l'opposition des intérêts ou de la jalousie qu'excitent les succès de la main-d'œuvre britannique. Les préjugés nationaux exercent naturellement la plus forte influence sur les illettrés ; la disparité du langage est un obstacle plus difficilement surmonté ; les différences dans les usages et dans les manières sont moins bien tolérées. Les ouvriers que l'émigration a introduits au pays comptaient parmi eux nombre d'ignorants, d'agitateurs et de dépravés. Leur conduite révoltait les natifs de la même classe, plus disciplinés et plus courtois. Les ouvriers se rangèrent naturellement du côté des riches et des hommes instruits parmi leurs compatriotes. Une fois engagés dans le conflit, leurs passions étaient moins retenues par l'instruction et par la prudence. Maintenant l'hostilité nationale se déchaine avec une fureur inouie parmi ceux que l'intérêt réel semblait devoir mettre le moins en conflit.

Les deux races, ainsi séparées, se sont trouvées dans une même société et dans des circonstances qui devaient nécesairement produire un choc entre elles. D'abord, le langage les tenait à distance l'une de l'autre. Ce n'est nulle part une vertu du peuple anglais de tolérer des coutumes et des lois qui lui sont étrangères. Habituellement conscient de sa propre supériorité, il ne prend pas la peine de cacher aux autres son mépris pour leurs usages. Les Anglais ont trouvé dans les Canadiens français une somme égale de fierté nationale ; fierté ombrageuse, mais inactive qui dispose ce peuple moins à ressentir une insulte qu'à se tenir éloigné de ceux qui voudraient le tenir dans l'abaissement. Les Français étaient forcés de reconnaître la supériorité et l'esprit d'entreprise des Anglais. Ils ne pouvaient pas se cacher leur succès à tout ce qu'ils touchaient ni leur progrès de chaque jour. Ils regardèrent leurs rivaux avec alarme, avec jalousie, enfin avec haine. Les Anglais le leur rendirent par une morgue qui ressembla bientôt à de la phobie. Les Français se plaignaient de l'arrogance et de l'injustice des Anglais ; les Anglais reprochaient aux Français les défauts d'un peuple faible et vaincu, les accusaient de bassesse et de perfidie. L'entière défiance que chacune des deux races a pu concevoir des intentions de l'autre a fait qu'elles ont toujours attribué les plus noirs desseins aux gestes les plus innocents ; elles ont toujours mal jugé chaque propos, chaque démarche, chaque intention ; elles se sont toujours prêté les visées les plus odieuses et elles ont rejeté toute avance de générosité et d'impartialité comme couvrant des projets cachés de tricherie et de malice.

La religion ne formait aucun lien de rapprochement ou d'union. C'est un caractère admirable de la société canadienne d'être tout à fait dépourvue de dissensions religieuses. L'intolérance sectaire n'est pas seulement évitée ; elle semble à peine avoir influencé l'esprit de l'homme, quoique la prudence et la libéralité des deux groupes aient empêché ce germe fertile en haines d'envenimer les querelles. La différence de religion les éloigne cependant les uns des autres. Ils ont un clergé différent et jamais ils ne se rencontrent dans la même église.

Ils n'ont pas eu une instruction commune qui ait tendu à faire disparaître ou à diminuer la disparité de langage et de religion. Les associations de jeunesse, les jeux de l'enfance et les études qui à l'âge mûr modifient le caractère, tout cela est distinct et diffère totalement chez les uns et chez les autres. A Montréal et à Québec, il y a des écoles anglaises et des écoles françaises. Les élèves s'accoutument à combattre nation contre nation, et les batailles de rue parmi les enfants présentent souvent une division, d'un côté les Anglais, de l'autre les Français.

Comme ils ont été instruits séparément, ainsi leurs études sont-elles différentes. La littérature familière aux uns et aux autres est celle de leur langue maternelle. Les idées que les hommes puisent dans les livres leur viennent d'autres sources. A cet égard, la diversité du langage produit des effets différents de ceux qu'elle a dans les relations entre les deux races. Ceux qui ont réfléchi sur la force de l'influence de la langue sur la pensée peuvent concevoir comment les hommes qui parlent un langage différent sont portés à penser différemment. Ceux qui connaissent la littérature française savent que la même idée exprimée par un auteur anglais et par un auteur français contemporain est non seulement dissemblable dans les termes, mais davantage dans le style, alors qu'elle indiquera une manière de voir différente. Cette disparité frappe beaucoup au Bas-Canada ; elle n'existe pas uniquement dans les livres les plus réputés qui sont, comme de raison, les ouvrages des grands écrivains de France et d'Angleterre, lesquels forment l'intelligence des races respectives. On peut l'observer encore dans les articles de la presse de la colonie. Les journaux de l'une ou de l'autre race sont écrits dans un style aussi différent que celui des journalistes de France et d'Angleterre l'est à présent, et les arguments qui forcent la conviction des uns paraissent absolument inintelligibles aux autres.

La disparité du langage détermine des malentendus plus néfastes encore que ceux qu'elle occasionne dans les esprits ; de là résulte l'accroissement de l'animosité nationale qui peint les événements du jour sous des couleurs variables. La représentation erronée des faits politiques est un des inconvénients de la liberté de la presse dans un pays libre. Dans une nation où l'on parle un même langage, ceux qui reçoivent le mensonge d'un côté peuvent toujours apprendre la vérité de l'autre. Dans le Bas-Canada, où les journaux anglais et français sont des organes adversaires, où peu de personnes peuvent lire facilement les deux langues, ceux qui reçoivent de faux exposés sont rarement en état de les corriger. Il est difficile d'imaginer la perversité avec laquelle on fraude la vérité et quelles erreurs grossières ont cours parmi le peuple. Ainsi vit-on dans un monde d'équivoques où chaque parti est dressé contre l'autre, non seulement par la diversité des sentiments, mais par la crédibilité qu'il accorde à des faits entièrement contraires à la réalité.

Les dissemblances qui sont ainsi le fruit de l'éducation et du langage ne sont nullement diminuées au cours de la vie. Les affaires ne rapprochent pas les deux races dans l'amitié et la coopération ; elles les placent plutôt en rivalité l'une contre l'autre. Un bon zèle a induit les Français à se lancer dans les carrières occupées jusqu'ici par les Anglais et à essayer de leur faire concurrence dans le commerce. On doit regretter beaucoup que cet effort ait eu lieu seulement lorsque la haine des nationalités eût atteint son maximum d'intensité et que la concurrence eût été conduite de manière à envenimer les jalousies déjà existantes. La fondation de la « Banque du Peuple » par des hommes d'affaires français est un événement qui peut être regardé comme un indice du réveil de la puissance économique de la population française ; aussi faut-il beaucoup regretter que le succès de cette entreprise nouvelle ait été uniformément répandu au moyen d'appels directs et mesquins aux préjugés de races. Des Canadiens français ont construit des bateaux à vapeur pour lutter contre un monopole qui profitait sur le Saint-Laurent à un groupe de financiers anglais. Si petits et si peu confortables que fussent ces bateaux, on les regarda d'un bon œil à cause de leur supériorité essentielle de sécurité et de vitesse. Toutefois, on ne considérait pas cela comme suffisant à leur succès. On faisait des appels constants aux sentiments nationaux de la population française en faveur de l'encouragement exclusif à la « Ligue française ». Je me rappelle un journal français qui annonçait avec orgueil que le jour précédent les bateaux à vapeur de Québec et de La Prairie étaient arrivés à Montréal avec un grand nombre de passagers, tandis que les bateaux anglais en avaient eu peu. Par ailleurs, les Anglais en appelaient aux mêmes préjugés ; ils avaient l'habitude d'appliquer aux bateaux canadiens les épithètes de « Le Radical », « Le Rebelle » et « Le Déloyal ». Le chauvinisme national, une fois introduit dans le commerce maritime, produisit un effet singulièrement pernicieux, en ce sens qu'il isola davantage les deux races dans les rares occasions où elles pouvaient se rencontrer. On ne se réunit à peu près jamais dans les cafés des villes. Les hôtels n'ont que des hôtes anglais ou des voyageurs étrangers. Les Français, quant à eux, se voient d'ordinaire les uns chez les autres ou dans des auberges où il se rencontre peu d'Anglais.

Leurs loisirs ne les mettent pas davantage en contact. Il n'a jamais existé de vie sociale entre les deux races, si ce n'est dans les hautes classes ; elle est maintenant presque disparue. Je n'ai entendu parler que d'une maison à Québec où les deux races étaient sur un assez bon pied d'égalité et d'amitié ; on faisait mention de cela comme d'un grand exemple de bon sens de la part du monsieur qui en était l'occasion.

....

Les malheureuses dissensions nationales, qui sont la cause de malheurs très étendus, s'aggraveraient au moment présent s'il survenait un changement qui donnerait à la majorité plus de pouvoir qu'elle n'en a possédé jusqu'aujourd'hui. Le plan par lequel on se proposerait d'assurer la tranquillité du Gouvernement du Bas-Canada doit renfermer les moyens de terminer à l'Assemblée l'agitation des querelles nationales, en établissant pour toujours le caractère national de la province. Je n'entretiens aucun doute sur le caractère national qui doit être donné au Bas-Canada ; ce doit être celui de l'Empire britannique, celui de la majorité de la population de l'Amérique britannique, celui de la race supérieure qui doit à une époque prochaine dominer sur tout le continent de l'Amérique du Nord. Sans opérer le changement ni trop vite ni trop rudement pour ne pas froisser les esprits et ne pas sacrifier le bien-être de la génération actuelle, la fin première et ferme du Gouvernement britannique doit à l'avenir consister à établir dans la province une population de lois et de langue anglaises, et de n'en confier le gouvernement qu'à une Assemblée décidément anglaise.

On pourra dire que c'est une mesure draconienne pour un peuple conquis ; que les Français au commencement composaient la population entière du Bas-Canada et qu'ils sont encore la masse ; que les Anglais sont de nouveaux venus n'ayant aucun droit de réclamer la disparition de la nationalité d'un peuple au milieu duquel les ont attirés leurs aptitudes commerciales. On peut dire encore que si les Français ne sont pas une race aussi civilisée, aussi énergique, aussi apte aux affaires que celle qui les environne, ils sont par ailleurs un peuple aimable, vertueux et satisfait, possédant l'essentiel du confort matériel. On ne doit pas les mépriser ou les maltraiter, parce qu'ils cherchent à profiter de ce qu'ils ont sans partager l'appétit de lucre qui anime leurs voisins. Après tout, leur nationalité est un héritage. On ne doit pas les punir trop sévèrement s'ils ont rêvé sur les rives lointaines du Saint-Laurent le maintien et l'héritage pour leurs fils de la langue, des usages et des institutions de cette grande nation qui pendant deux siècles donna le ton de la pensée en Europe. Si les querelles des deux races sont irréconciliables, on peut rétorquer que la justice exige la soumission de la minorité à la suprématie des anciens et plus nombreux occupants de la province, et non que la minorité prétende forcer la majorité à prendre ses institutions et ses coutumes.

Mais avant de décider laquelle des deux races doit garder la suprématie, ce n'est que prudence de chercher laquelle des deux prédominera à la fin ; car il n'est pas sage d'affermir aujourd'hui ce que demain, après une lutte dure, il faudra renverser. Les prétentions des Canadiens français, qui veulent posséder exclusivement le Bas-Canada, fermeraient aux Anglais, déjà plus nombreux du Haut-Canada et des Cantons de l'Est, l'accès par le grand canal naturel au commerce qu'eux seuls ont créé et qu'ils continuent. La maîtrise du golfe Saint-Laurent regarde non seulement ceux qui se sont établis le long de l'étroite ligne qui le borde, mais encore tous ceux qui habitent et qui habiteront plus tard dans l'immense bassin du fleuve. Car il ne faut pas regarder que le présent. La question qui se pose est celle-ci : quelle race devra vraisemblablement convertir par la suite en un pays habitable et florissant le désert qui couvre aujourd'hui les riches et vastes régions qui environnent les circonscriptions plutôt étroites où vivent les Canadiens français ? Si cela doit s'accomplir dans les dominions britanniques, comme dans le reste de l'Amérique du Nord, par un procédé plus rapide que la croissance naturelle de la population, ce doit l'être au moyen de l'immigration des Iles britanniques ou des Etats-Unis : ce sont les seuls pays qui donnent les colons qui sont entrés ou entreront en grand nombre dans les Canadas. On ne peut pas empêcher l'immigration de passer par le Bas-Canada, ni même de s'y fixer, tout l'intérieur des dominions britanniques avant longtemps devant se remplir d'une population anglaise, qui augmentera rapidement chaque année sa supériorité numérique sur les Français. Est-ce justice que la prospérité de cette grande majorité et de cette vaste étendue de pays soit pour toujours, ou même pour un temps, tenue en échec par l'obstacle artificiel que la civilisation et les lois rétrogrades d'une partie seulement du Bas-Canada élèveraient entre elles et l'océan ? Peut-on supposer que cette population anglaise se soumettra à jamais à un pareil sacrifice de ses intérêts ?

Je ne dois pas supposer, cependant, que le Gouvernement anglais se dispose à entraver l'immigration anglaise au Bas-Canada ni à paralyser le mouvement des capitaux qui y sont déjà. Les Anglais détiennent déjà l'immense partie des propriétés : ils ont pour eux la supériorité de l'intelligence ; ils ont la certitude que la colonisation du pays va donner la majorité à leur nombre ; ils appartiennent à la race qui détient le Gouvernement impérial et qui domine sur le continent américain. Si nous les laissons maintenant en minorité, ils n'abandonneront jamais l'espérance de devenir une majorité par la suite ; ils ne cesseront jamais de poursuivre le conflit actuel avec toute la férocité qui le caractérise aujourd'hui. En pareille occurence, ils compteront sur la sympathie de leurs compatriotes d'Angleterre ; si elle leur est refusée, ils sont certains de pouvoir éveiller celle de leurs voisins de même origine. Ils devinent que si le Gouvernement britannique entend maintenir son autorité sur les Canadas, il doit se reposer sur la population anglaise ; que s'il délaisse ses possessions coloniales, ils deviendront une partie de la grande Union qui dispersera bientôt ses essaims de colons qui par la force du nombre et de l'industrie domineront bientôt toute autre race. Les Canadiens français, d'autre part, ne sont que le résidu d'une colonisation ancienne. Ils sont destinés à rester toujours isolés au milieu d'un monde anglo-saxon. Quoi qu'il arrive, quel que soit leur gouvernement futur, britannique ou américain, ils ne peuvent espérer aucunement dans la survie de leur nationalité. Ils ne pourront jamais se séparer de l'Empire britannique, à moins d'attendre que quelque cause de mécontentement ne les en détache, eux et les colonies limitrophes, et les laisse partie d'une confédération anglaise, ou encore, s'ils en sont capables, en effectuant seuls une séparation : se réunir ainsi à l'Union américaine ou maintenir quelques années durant un simulacre misérable de faible indépendance, qui les exposerait plus que jamais à l'intrusion de la population environnante. Loin de moi le désir d'encourager indistinctement les prétentions à la supériorité de l'une des deux races. Mais tant que la plus grande partie de chaque portion du continent américain ne sera ni cultivée ni occupée, tant que les Anglais manifesteront une activité si constante et si marquée pour la colonisation, il faut penser qu'il n'y aura pas un coin de terre du continent où cette race ne pénétrera pas et où elle ne prédominera pas, lorsqu'elle y aura pénétré. Ce n'est qu'une question de temps et de mode : il s'agit simplement de décider si le petit nombre de Français d'aujourd'hui seront anglicisés sous un Gouvernement qui peut les protéger ; ou bien si l'on remettra à plus tard le procédé, jusqu'à ce qu'un plus grand nombre d'entre eux, par suite de la violence de leurs rivaux, aient à subir l'anéantissement d'une nationalité que sa survivance prolongée n'aurait que renforcée et aigrie.

Et cette nationalité canadienne-française, devrions-nous la perpétuer pour le seul avantage de ce peuple, même si nous le pouvions ? Je ne connais pas de distinctions nationales qui marquent et continuent une infériorité plus irrémédiable. La langue, les lois et le caractère du continent nord-américain sont anglais. Toute autre race que la race anglaise (j'applique cela à tous ceux qui parlent anglais) y apparaît dans un état d'infériorité. C'est pour les tirer de cette infériorité que je veux donner aux Canadiens notre caractère anglais. Je le désire pour l'avantage des classes instruites que la différence du langage et des usages sépare du vaste Empire auquel elles appartiennent. Le sort le meilleur de l'immigrant instruit et qui désire progresser n'offre pas aujourd'hui d'espoir de progrès ; mais le Canadien français recule davantage à cause d'une langue et des habitudes étrangères à celles du Gouvernement impérial. Un esprit d'exclusion a fermé les professions les plus élevées aux classes instruites des Canadiens français, plus peut-être qu'il n'était nécessaire ; mais il était impossible qu'avec une plus grande libéralité le Gouvernement britannique pût donner à ceux qui parlent une langue étrangère une position égale à celle des autres au milieu de la concurrence générale de la population. Je désire plus encore l'assimilation pour l'avantage des classes inférieures. Leur aisance commune se perd vite par suite du surpeuplement des réserves où elles sont renfermées. S'ils essaient d'améliorer leur condition, en rayonnant aux alentours, ces gens se trouveront nécessairement de plus en plus mêlés à une population anglaise ; s'ils préfèrent demeurer sur place, la plupart devront servir d'hommes de peine aux industriels anglais. Dans l'un et l'autre cas, il semblerait que les Canadiens français sont destinés, en quelque sorte, à occuper une position inférieure et à dépendre des Anglais pour se procurer un emploi. La jalousie et la rancune ne pourraient que décupler leur pauvreté et leur dépendance ; elles sépareraient la classe ouvrière des riches employeurs.

....

On ne peut guère concevoir nationalité plus dépourvue de tout ce qui peut vivifier et élever un peuple que les descendants des Français dans le Bas-Canada, du fait qu'ils ont gardé leur langue et leurs coutumes particulières. C'est un peuple sans histoire et sans littérature. La littérature anglaise est d'une langue qui n'est pas la leur ; la seule littérature qui leur est familière est celle d'une nation dont ils ont été séparés par quatre-vingts ans de domination étrangère, davantage par les transformations que la Révolution et ses suites ont opérées dans tout l'état politique, moral et social de la France. Toutefois, c'est de cette nation, dont les séparent l'histoire récente, les mœurs et la mentalité, que les Canadiens français reçoivent toute leur instruction et jouissent des plaisirs que donnent les livres. C'est de cette littérature entièrement étrangère, qui traite d'événements, d'idées et de mœurs tout à fait inintelligibles pour eux, qu'ils doivent dépendre. La plupart de leurs journaux sont écrits par des Français de France. Ces derniers sont venus chercher fortune au pays ou bien les chefs de parti les y ont attirés pour suppléer au manque de talents littéraires disponibles dans la presse politique. De la même manière, leur nationalité joue contre eux pour les priver des joies et de l'influence civilisatrice des arts. Bien que descendante du peuple qui goûte le plus l'art dramatique et qui l'a cultivé avec le plus de succès, et qui habite un continent où presque chaque ville, grande ou petite, possède un théâtre anglais, la population française du Bas-Canada, séparée de tout peuple qui parle sa langue, ne peut subventionner un théâtre national.

En vérité, je serais étonné si, dans les circonstances, les plus réfléchis des Canadiens français entretenaient à présent l'espoir de conserver leur nationalité. Quelques efforts qu'ils fassent, il est évident que l'assimilation aux usages anglais a déjà commencé. La langue anglaise gagne du terrain comme la langue des riches et de ceux qui distribuent les emplois aux travailleurs. Il apparut, par quelques réponses que reçut le commissaire de l'Enquête sur l'Instruction, qu'il y a à Québec dix fois plus d'enfants français qui apprennent l'anglais, que d'Anglais qui apprennent le français. Il s'écoulera beaucoup de temps, bien entendu, avant que le changement de langage s'étende à tout le peuple. La justice et la diplomatie demandent aussi que tant que le peuple continuera à faire usage de la langue française, le Gouvernement n'use pas, pour le forcer à se servir de la langue anglaise, des moyens qui, de fait, priveraient la masse du peuple de la protection du droit. Mais je répète qu'il faudrait commencer par changer tout de suite le caractère de la province, et poursuivre cette fin avec vigueur, mais non sans prudence ; que le premier objectif du plan quelconque qui sera adopté pour le gouvernement futur du Bas-Canada devrait être d'en faire une province anglaise ; et à cet effet que la suprématie ne soit jamais placée dans d'autres mains que celles des Anglais. En vérité, c'est une nécessité évidente à l'heure actuelle. Dans l'état où j'ai décrit la mentalité de la population canadienne-française, non seulement comme elle est aujourd'hui, mais pour longtemps à venir, ce ne serait de fait que faciliter un soulèvement que de lui confier toute autorité dans la province. Le Bas-Canada, maintenant et toujours, doit être gouverné par la population anglaise. Ainsi la politique que les exigences de l'heure nous obligent à appliquer est d'accord avec celle que suggère une perspective du progrès éventuel et durable de la province.

La tranquillité ne peut revenir, je crois, qu'à la condition de soumettre la province au régime vigoureux d'une majorité anglaise ; et le seul gouvernement efficace serait celui d'une Union législative.

Si l'on estime exactement la population du Haut-Canada à 400.000 âmes, les Anglais du Bas-Canada à 150.000 et les Français à 450.000, l'union des deux provinces ne donnerait pas seulement une majorité nettement anglaise, mais une majorité accrue annuellement par une immigration anglaise ; et je ne doute guère que les Français, une fois placés en minorité par suite du cours naturel des événements abandonneraient leurs vaines espérances de nationalité. Je ne veux pas dire qu'ils perdraient sur-le-champ leur animosité ou qu'ils renonceraient subitement à l'espoir d'atteindre leurs fins par la violence. Mais l'expérience des deux unions des îles britanniques peut nous enseigner avec quelle efficacité les bras puissants d'une Assemblée populaire peut forcer l'obéissance d'une population hostile. Le succès effacerait graduellement l'animosité et porterait graduellement les Canadiens français à accepter leur nouveau statut politique. Je n'aimerais certes pas les soumettre à la domination de la même minorité anglaise avec laquelle ils durent combattre si longtemps. Mais je ne crois pas qu'ils puissent redouter l'oppression ou l'injustice d'une majorité qui émanerait d'une source plus étendue. En ce cas, la majorité, en son ensemble, n'ayant jamais eu de conflit avec eux, ne les regarderait pas avec une animosité qui pourrait pervertir son sens naturel de l'équité. Les dotations de l'Eglise catholique dans le Bas-Canada et toutes les lois qui s'y rattachent pourraient être sauvegardées grâce à des conditions semblables à celles qui furent acceptées entre l'Angleterre et l'Ecosse, et cela jusqu'à ce que l'Assemblée puisse les modifier. Je ne pense pas que l'histoire ultérieure de la législation britannique doive nous induire à croire que la nation qui possède une majortié dans une Assemblée populaire puisse vraisemblablement user de son pouvoir pour toucher aux lois d'un peuple auquel elle est unie b.

---

b. *Le Rapport de Durham* présenté, traduit et annoté par Marcel-Pierre Hamel de la Société historique de Montréal, Editions du Québec, 1948, 376 pages. Les passages cités sont pris aux pages 67-69, 79-82, 85-92, 303-309, 311-312 et 321-322. On n'a pas reproduit ici les nombreuses annotations de M. Hamel. Une traduction plus récente du rapport a été publiée dans la Collection des Cahiers de Sainte-Marie, no 13-14 : *le Rapport Durham*, traduction de Denis Bertrand et Albert Desbiens, introduction et appareil didactique de Denis Bertrand et André Lavallée, Montréal, Les Editions de Sainte-Marie, 1969.

Document no 15

1841 — PRÉOCCUPATIONS PÉDAGOGIQUES

Les Canadiens français n'ont pas assisté sans réagir à la lente altération de leur langue. Plusieurs journalistes, écrivains et éducateurs ont lutté, en effet, pour l'amélioration de la langue parlée et écrite, qui par la dénonciation de l'anglicisme ou la chasse aux « locutions vicieuses », qui par la correction de la prononciation ou la publication de lexiques spécialisés a. L'un des pionniers de ce mouvement semble bien être l'abbé Thomas Maguire (1776-1854) qui fit paraître en 1841 son Manuel des difficultés les plus communes de la langue française.

D'autre part, sans aller jusqu'à imposer la connaissance de leur langue, les Canadiens français ont paru souhaiter la faire apprendre aux Canadiens anglais. Témoigne de ce sentiment la publication en 1841 d'un traité de prononciation du français écrit à l'intention des gens de langue anglaise : A Treatise on the Pronunciation of the French Language. *Ce traité est l'œuvre de Jean-Baptiste Meilleur (1796-1878). Né à Saint-Laurent et reçu docteur en médecine en 1825, l'auteur siégea à la Chambre d'assemblée comme député de L'Assomption de 1834 à 1838. Sous l'Union, il fut nommé surintendant de l'Instruction publique (1843-1855) et se signala par son dévouement pour la cause de l'enseignement.*

---

a. Voir entre autres, Société du parler français au Canada, *Vocabulaire français-anglais des jeux de hockey, de tennis et de balle aux buts (Base-ball)*, Québec, L'Action catholique, 1938, 29 pages.

MANUEL

DES

DIFFICULTÉS LES PLUS COMMUNES

DE LA

LANGUE FRANCAISE,

ADAPTÉ

AU JEUNE AGE,

ET SUIVI D'UN

RECUEIL

DE

LOCUTIONS VICIEUSES.

QUEBEC :

IMPRIMÉ ET PUBLIÉ PAR FRÊCHETTE & CIE.,
N°. 13, RUE LAMONTAGNE,
BASSE-VILLE.

1841.

Photo Jacqueline Wanner

A TREATISE

ON THE

PRONUNCIATION

OF THE

FRENCH LANGUAGE,

OR

A SYNOPSIS OF RULES

FOR

PRONOUNCING THE FRENCH LANGUAGE,

WITH PRACTICAL IRREGULARITIES, EXEMPLIFIED.

SECOND EDITION, ENLARGED AND IMPROVED.

BY JEAN B. MEILLEUR, M. D.

AUTHOR OF A TREATISE ON CHEMISTRY, AND OF A NEW ENG-
LISH GRAMMAR, FOR THE USE OF THE CANADIAN YOUTH;
MEMBER OF SEVERAL LEARNED SOCIETIES; AND FORMERLY
LECTURER ON THE PRINCIPLES OF THE FRENCH LAN-
GUAGE IN DARTMOUTH COLLEGE, HANOVER, N.H., &c. &c.

"If one understand the French, it is no great recommendation
to him; but, if he do not, it is a shame."

Montreal:
PRINTED AND PUBLISHED BY JOHN LOVELL,
ST. NICHOLAS STREET,
AND FOR SALE AT THE DIFFERENT BOOK STORES.

1841.

Photo Jacqueline Wanner

Document nº 16

1842 — LA SOUMISSION POLITIQUE N'EMPÊCHE PAS LA SURVIVANCE CULTURELLE

Étienne Parent (1802-1874), journaliste politique, conférencier et fonctionnaire, a exercé une profonde ascendance intellectuelle sur ses compatriotes pendant le deuxième quart du siècle dernier. Né à Beauport dans une famille de cultivateurs, Étienne Parent fait ses études classiques aux Séminaires de Nicolet et de Québec. Dès l'âge de 20 ans, il commence une brillante carrière dans le journalisme en prenant la succession (1822) de son ami Augustin-Norbert Morin [a] *comme rédacteur du* Canadien, *journal nationaliste fondé en 1806. Après l'interruption de ce journal en 1825, Parent entreprend des études de droit qui le conduisent au Barreau en mai 1829. Mais à peine deux ans plus tard, il accepte de relancer le* Canadien *(dont il redevient le rédacteur), lui donne une devise sans ambiguité — « Nos Institutions, notre Langue et nos Lois » — et en fait l'organe de combat de ses compatriotes dans leur lutte pour l'émancipation nationale et l'autonomie politique. Mais il se sépare de Louis-Joseph Papineau et des Patriotes au moment du soulèvement de 1837, ce qui ne lui évite pas un séjour en prison au cours duquel il contractera une grave surdité. Après s'être abandonné un moment au pessimisme national, ce patriote retrouve espoir et cherche dans le nouvel ordre politique issu de la défaite de 1837-1838, auquel il se rallie, des raisons de croire en la survie des siens. En avril 1841, il se fait élire député de Saguenay mais il abandonne ce mandat dix-huit mois plus tard (de même que ses fonctions au* Canadien, *pour devenir greffier du Conseil exécutif). Il commence ainsi une carrière de grand commis au service du nouveau régime qui le conduira jusqu'aux fonctions de sous-secrétaire d'État qu'il exercera de 1867 jusqu'à sa retraite en 1872. Pendant les premières années de cette nouvelle carrière, Étienne Parent n'abandonna pas ses efforts de réflexions sur le destin de son peuple et il prononça entre 1844 et 1852 dix conférences remarquables où il traita, entre autres sujets, de l'importance de l'économique pour la survie des Canadiens français (22 janvier 1846 : « l'Industrie considérée comme moyen de conserver la nationalité canadienne-française » ; 19 novembre 1846 : « Importance de l'étude de l'économie politique » ; 15 janvier 1852 : « De l'importance et des devoirs du commerce »).*

Dans l'article qui suit, paru dans les colonnes du Canadien *le 1ᵉʳ août 1842, Étienne Parent juge chimériques les visées assimilatrices qu'entretiennent les Anglo-Canadiens depuis l'adoption de l'Acte d'union de 1840. Le texte est significatif si l'on se rappelle que Parent, au lendemain de la publication du rapport Durham, avait accepté l'idée de la disparition nationale* [b].

Nous sommes loin de blamer le sentiment qui fait désirer à la population anglaise du Bas-Canada l'établissement d'une nationalité une et homogène sur les bords du St-Laurent : Ce sentiment, c'est Dieu même qui l'a déposé au cœur de l'homme ; c'est le moyen dont se sert la providence pour propager les idées de progrès, les usages et les institutions les plus favorables à l'avancement et au bien-être de l'humanité. C'est à ce sentiment, à ce besoin d'assimilation et d'expansion que l'on doit la civilisation du

---

a. Sur Augustin-Norbert Morin, voir le document nº 12.
b. Voir le document nº 14.

monde ; il existe dans l'individu, il existe dans les nations, et dans l'un et l'autre cas il provoque des efforts pour étendre sa manière de voir, de penser et d'agir. Mais ce travail tout providentiel, et partant tout légitime, cesse de l'être, et devient criminel, il perd même souvent efficacité lorsqu'on veut l'aider de voies et moyens violents. On s'éloigne alors de l'ordre providentiel et l'on devient persécuteur, tyran, ennemi de Dieu et des hommes. Hélas ! que de maux incalculables l'humanité ne doit pas à la perversion, par les passions et l'intérêt, du sentiment saint qui porte les hommes à conserver ou à étendre leurs idées, leurs usages et leurs institutions : C'est de là que vinrent les persécutions qu'éprouva le christianisme à sa naissance, et plus tard les guerres de religion en Europe, et les horreurs dont les Espagnols ont rendu ce continent le théâtre ; c'est de là aussi que viennent tous les malheurs de l'Irlande, et de la Pologne de nos jours ; enfin c'est de là que viennent tous les malheurs du Bas-Canada, et que viendront ceux plus grands encore dont le menace l'avenir, si nos gouvernants continuent à se rendre les instruments d'hommes à vues rétrécies, mus par de minces considérations, et aveuglés par leurs passions au point qu'ils ne voient pas la grandeur des obstacles qu'ils ont à surmonter. Ecoutez-les, l'anglification du Bas-Canada, la révolution sociale qu'elle suppose, tout cela c'est l'affaire d'un coup de plume ; ce qui a été partout où un pareil changement a eu lieu, l'affaire de plusieurs générations, sera ici l'œuvre d'un jour. Il y en a même qui pensent, qui disent au moins, que la chose est déjà faite. L'Acte d'Union, à leurs yeux avec la proscription qu'il contient contre la langue française, a mis le sceaux à l'Anglification du pays ; et ils plaignent le bon Jean Baptiste de ne pas croire encore à une pareille merveille.

Si c'était un de ces rêves innocents qui ne peuvent faire de mal à personne, que le rêve de l'anglification prochaine, après lequel courent depuis longtemps les politiques d'une certaine classe, nous les laisserions s'y bercer tranquillement jusqu'à la tombe ; mais ce rêve a déjà fait tant de mal à notre pays que nous ne devons laisser échapper aucune occasion d'en faire voir la folie et l'irréalisabilité, au moins dans un avenir assez rapproché pour intéresser la génération actuelle. Si depuis des siècles le petit pays de Galles formant partie de l'Isle de la Grande-Bretagne, enserré pour ainsi dire dans les bras puissants d'une nationalité supérieure, a pu conserver son ancien caractère national, que sera-ce donc de la population française du Bas-Canada, qui constitue et constituera longtemps encore la majorité de la population de cette section, et qui occupe le cœur du pays, et borde densément les deux bords du St-Laurent jusqu'à une profondeur de 10, 15 et 20 lieues par endroits ? Puis a-t-on réfléchi sur cette circonstance importante dans sa position, savoir, que cette population parle une des premières, sinon la première langue vivante, sous le rapport de la littérature, des sciences, des beaux-arts, et des arts industriels. Quelle tranche des connaissances humaines manque d'ouvrages et de traités du premier mérite en langue française ? Ainsi le Canadien Français peut avec sa langue se mettre et se tenir au niveau d'aucun autre homme au monde ; avec sa langue, mieux qu'avec aucune autre, il peut parcourir toutes les parties du monde civilisé ; avantages immenses que n'a pas l'habitant du pays de Galles, chez lequel malgré cela l'anglification a fait si peu de progrès jusqu'à présent, quoique tous les motifs les plus puissants l'invitassent à s'assimiler au restant de l'Angleterre. Or si cinq siècles à peu près n'ont pu anglifier la poignée d'anciens Bretons qui se réfugièrent dans le pays de Galles lors de l'invasion saxonne ; si les huit cent mille Gallois, chiffre actuel a peu près de la population du pays de Galles, ont résisté au procédé d'assimilation sous l'action des treize à quatorze millions de la race saxonne habitant le même pays, et unis avec eux sous le même gouvernement depuis 1283, combien ne faudra-t-il pas de temps à une minorité anglaise pour anglifier une majorité française ?

Vous le voyez, Messieurs les rêveurs d'anglification, il vous reste encore bien du temps à rêver, et vous pourrez même vous donner le plaisir, s'il vous en tient, de léguer votre rêve à vos héritiers qui pourront probablement en faire autant. Oh ! rêvez tout à votre aise, nous n'y trouverons rien à redire, pouvu que vous ne vous impatientiez pas trop si l'accomplissement de votre rêve n'arrive pas aussitôt que vous le désirez. Persuadez-vous bien, au reste, que les moyens doux sont les seuls à employer ; que les voies coercitives, loin d'avancer votre projet ne feraient que l'ajourner. Laissons aller les choses leur train, vous qui croyez à l'anglification, et nous qui n'y croyons pas ; abandonnons tout au temps, à la réflexion et au jugement du peuple ; laissons cette question à décider à nos neveux, et tâchons de nous accorder sur une foule d'autres points bien autrement importants à l'intérêt commun général. Veut-on pour une question insoluble pour le présent, pour une question qui repose sur un fait qui ne dépend pas de nous, perpétuer des haines et des jalousies qui ont déjà fait tant de mal au pays et qui en feront encore si l'on persiste d'une part à vouloir réaliser autrement que par la voie de la persuasion, un projet qui ne peut être que l'œuvre des siècles.

La question de l'anglification du Bas-Canada pourrait être considérée aussi sous le point de vue de l'intérêt métropolitain ; sous celui des lois civiles ; sous celui de la religion ; mais cela nous mènerait trop loin. Qu'il nous suffise de faire remarquer qu'il ne peut être de l'intérêt de l'Angleterre qu'il s'opère dans le Bas-Canada une assimilation qui ferait disparaître toutes les aspérités, qui se sont jusqu'à présent opposées à une adhésion sociale entre ce pays et les Etats-Unis. Pour ce qui est du rapport de la question avec nos lois civiles, avant de faire disparaître la langue française du Bas-Canada, il faudra commencer par en changer les lois civiles qui sont écrites et ont été commentées en français. Quant à la religion, qu'on ne s'imagine pas que le clergé se prêtera facilement à un changement qui donnerait à l'esprit de prosélytisme des moyens d'action dont il a été privé jusqu'ici, heureusement pour la paix et le bonheur de ses ouailles.

Ce sont là des considérations qui méritent l'attention même des grands et profonds politiques qui regardent la dénationalisation d'un pays, comme l'affaire d'un jour, l'affaire de changer la coupe de son habit [c].

---

c. Etienne Parent, « l'Anglification », *le Canadien*, 1er août 1842.

Document nº 17

1851 — CE QUE TROUVE DE FRANÇAIS AU CANADA UN VOYAGEUR FRANÇAIS

Jean-Jacques Ampère (1800-1864) était le fils du célèbre physicien André Ampère. Littérateur et philologue, il enseigna à la Sorbonne et fut titulaire de la chaire d'histoire de la littérature française au Collège de France. En 1848, il fut élu à l'Académie française. On lui doit de nombreux ouvrages d'histoire de la littérature française.

Gran voyageur, Ampère visita l'Amérique du Nord en 1851 [a]. *Dans ses* Promenades en Amérique, *il raconte ses impressions de voyage au Canada.*

A peine débarqué, une querelle survenue entre deux charretiers fait parvenir à mon oreille des expressions qui ne se trouvent pas dans le dictionnaire de l'Académie, mais qui sont aussi une sorte de français. Hélas ! notre langue est en minorité sur les enseignes, et, quand elle s'y montre, elle est souvent altérée et corrompue par le voisinage de l'anglais. Je lis avec douleur : *Manufactureur de tabac,* sirop *de toute description* ; le sentiment du genre se perd, parce qu'il n'existe pas en anglais ; le signe du pluriel disparaît là où il est absent de la langue rivale. Signe affligeant d'une influence étrangère sur une nationalité qui résiste, conquête de la grammaire après celle des armes [1] ! Je me console en entendant parler français dans les rues. On compte par écus, par louis et par lieues. Je demande l'adresse de M. Lafontaine, qui n'écrit pas des fables, mais qui est le chef d'un ministère libéral et modéré, et j'apprends avec un certain plaisir qu'il demeure dans le faubourg Saint-Antoine.

....

[...] L'accent qui domine à Montréal est l'accent normand. Quelques locutions trahissent pareillement l'origine de cette population, qui, comme la population francocanadienne en général, est surtout normande. Le bagage d'un voyageur s'appelle *butin,* ce qui se dit également en Normandie et ailleurs, et convient particulièrement aux descendants des anciens Scandinaves. J'ai demandé quel bateau à vapeur je devais prendre pour aller à Québec ; on m'a répondu : Ne prenez pas celui-là, c'est le plus *méchant.* Nous disons encore un *méchant bateau,* mais non *ce bateau est méchant.* **Nous** disons un *méchant vers,* quand par hasard il s'en fait de tels ; mais nous ne **dirions** pas, comme le Misanthrope :

J'en pourrais, par malheur, faire d'aussi méchants.

---

a. La date du voyage d'Ampère en Amérique fait problème. *La Grande Encyclopédie* situe le voyage en 1851 ainsi que *l'Encyclopaedia Britannica* dans son édition de 1910-1911. Mais dans son édition de 1969, cette dernière donne l'année 1852.

1. Un poète canadien s'est plaint de cette invasion de l'anglais dans des vers comiquement barbares :

Très-souvent, au milieu d'une phrase française,
Nous plaçons sans façon une tournure anglaise :
Presentment, indictment, impeachment, fireman,
Sheriff, writ, verdict, bill, roast-beef, foreman.

Pour retrouver vivantes dans la langue les traditions du grand siècle, il faut aller au Canada.

Ayant eu soin de ne pas prendre le *plus méchant* des bateaux à vapeur, je suis parti pour Québec avant que la saison soit plus avancée, sauf à m'arrêter encore à Montréal en revenant.

Sur ce bateau est un ouvrier de Québec, qui me traite avec une déférence presque affectueuse, en ma qualité de Français de la vieille France, et m'assure qu'on suit toujours avec intérêt ce qui se passe chez nous. Des Canadiens vivants ont encore vu des vieillards qui attendaient notre retour, et disaient : Quand viendront nos gens ? Aujourd'hui, la pensée de redevenir Français n'est plus dans aucun esprit ; mais il reste toujours un certain attachement de souvenir et d'imagination pour la France.

....

Avant de quitter Québec, j'ai passé quelques heures fort agréables chez un homme très-Français d'esprit comme de manières, M. Chauveau. J'ai appris de lui, ce qui m'a été confirmé par d'autres, combien la population canadienne est occupée de la France. A peine si on lit les livres nouveaux qui se publient en Angleterre ; mais tout le monde lit les ouvrages français. Voltaire disait un peu ironiquement :

Partout, même en Russie, on vante nos auteurs.

Maintenant la Russie est à notre porte, c'est une province littéraire de la France ; mais un peu plus loin, au Canada, il en est de même qu'en Russie : toutes les jeunes filles savent par cœur l'*Automne* de M. de Lamartine. M. Chauveau, bien que juris-consulte et homme politique, cultive avec goût la poésie ; il a écrit, pour défendre son pays contre quelques sévérités françaises, des vers très-français de tour et d'esprit, et qui ne semblent point du tout venir de l'autre monde.

Jean-Jacques Ampère [b]

---

b. Jean-Jacques Ampère, *Promenades en Amérique : Etats-Unis-Cuba-Mexique*, 2 volu-mes, Paris, Michel Lévy frères, 1855, 421 et 425 pages. Voir tome I, p. 106-110 et 130-131.

Document n° 18

1862 — DÉJÀ LE « LOUSY FRENCH » !

L'anecdote suivante, racontée par Emmanuel Blain de Saint-Aubin, montre bien l'an-cienneté des préjugés qu'entretiennent les Anglo-Saxons à l'égard du français parlé au Canada.

En 1862, j'eus l'honneur d'être demandé par Lady Monck pour donner des leçons de français à ses enfants. Je me rappellerai toujours la première conversation que j'eus avec cette dame.

« — Monsieur, me dit-elle, vous êtes Français ?

« — Oui, madame.

« — Vous parlez, je suppose, le français de Paris, (*Parisian French*) ; je tiens à vous faire cette question, car on me dit que les Canadiens-Français parlent un *patois* abominable.

« — Madame, lui répondis-je, je ne parle pas le français de Paris, et je serais très-désolé si je ne pouvais mieux parler ma langue qu'un vrai parisien.

« — Vous m'étonnez.

« — Madame, le français de Paris est, sous le rapport de l'accent et du choix des mots, plus défectueux que la langue parlée dans presque toutes les autres parties de la France : en d'autres termes, le français de Paris est à la langue française, ce que l'anglais des *Cockneys* de Londres est au pur anglais. Vous-même vous parlez très-bien le français de la bonne société, dans toutes les parties de la France, mais je vous assure que vous ne parlez aucunement le français de Paris, ce dont je vous féliciterais, si vous vouliez bien me le permettre. Quant au langage des Canadiens-Français, on vous a certainement mal renseignée. Tout Canadien-Français instruit, parle aussi bien sa langue qu'un homme de la même instruction en France. Dans la classe ouvrière et dans celle des agriculteurs en Canada, on parle, en général, beau-coup mieux français que dans les classes correspondantes en France, et la raison en est toute simple : c'est que l'instruction primaire est bien plus répandue et beaucoup mieux organisée en Canada qu'en France. Nous avons ici un système d'instruction élémentaire moitié Anglais et moitié Américain, système qu'on a récemment cherché à appliquer en France, mais qui n'y fonctionne pas encore aussi bien que chez nous.

Emmanuel Blain de Saint-Aubin [a]

a. Emmanuel Blain de Saint-Aubin, « Quelques mots sur la littérature canadienne-française », causerie lue devant la Société littéraire et scientifique d'Ottawa, le 14 janvier 1871, *Revue canadienne*, t. VIII (1871), p. 91-110. Voir p. 106-107.

Document n° 19

1864 — LES PRÉDICTIONS PESSIMISTES D'UN VOYAGEUR FRANÇAIS

Député et publiciste républicain, Duvergier de Hauranne (1843-1877) vient en Amérique où il passe quelques jours au Canada. Il découvre, au Bas-Canada, tous les éléments d'une vie française, mais l'émergence de la nation canadienne, affirme-t-il, finira par étouffer la nationalité française.

A Montréal, je suis en pays français. Autant il est déplaisant de rencontrer des indigènes qui, par politesse ou ostentation de science, veulent me baragouiner ma langue, autant résonne harmonieusement à mon oreille ce jargon normand qui a gardé tout l'accent du terroir. Tout à l'heure, en chemin de fer, parmi les grandes figures blondes et les visages noueux à barbe de bouc des Anglo-Américains, auxquels se mêlait parfois un élégant à la mode de Londres ou un gros soldat rouge et bouffi, je distinguais la race française aux cheveux noirs, au teint brun des femmes, à l'air plus éveillé, plus goguenard des hommes sous leurs rudes enveloppes de pionniers.

....

Otawa, 6 août

On arrive à Otawa de Montréal en bateau à vapeur, de Prescott en chemin de fer. J'ai, comme toujours, choisi le bateau. Un petit chemin de fer me conduit d'abord à La Chine, à l'extrémité de l'île de Montréal, où le paquebot *Prince of Wales* nous attendait chargé de monde. C'est demain dimanche, et les hommes d'affaires de la ville passent volontiers ce jour de loisir à la campagne : mais au rebours des gens de New-York, qui trouvent la campagne dans la cohue de Saratoga ou de Newport, ils vont la chercher au désert, dans les forêts qui bordent la rivière Otawa. Partout j'entends parler ma langue : les matelots, les hommes de peine, bon nombre de passagers sont Français.

....

Les Français surtout sont de vrais enfants. Ici encore ils sont nombreux et s'emploient aux travaux les plus rudes ; doux, gais, polis entre eux, mais extrêmement ignorants et incivilisés. Notre race, qu'on dit si turbulente, si mobile, est une des plus routinières et des plus ennemies du nouveau qu'il y ait au monde. Partout où elle se trouve en concurrence avec une autre, elle ne sait guère sortir des conditions inférieures. L'*habitant* canadien est laborieux, sobre, bon ouvrier comme nos paysans, mais il n'a pas non plus grand esprit d'invention et d'initiative. Dans un pays où les charretiers deviennent législateurs ou ministres, il reste où le hasard l'a placé, et continue le métier que faisait son père. La mendicité qui est inconnue aux Etats-Unis, sauf peut-être dans quelques grandes villes infestées par l'émigration européenne, n'est pas rare au Canada. Au moins y vois-je régner ces petits commerces si voisins de la mendicité, dont il ont toutes les misères matérielles et tous les vices moraux. Les femmes vendent des gâteaux, des bonbons, des pommes, des cerises ; elles attendent toute la journée l'occasion de gagner un ou deux sous. Souvent plus nombreuses que les chalands, elles n'en aiment pas moins ce petit négoce oisif qui leur permet de flâner et de babiller tout le jour. Je les trouve d'ailleurs d'une honnêteté scrupuleuse. L'autre jour, à Carillon, je pris à l'une d'elles un verre de bière (la bière est faite ici comme chez nous la *boisson*, avec toute sorte de fruits sauvages) ; elle me demanda *one copper*. Je lui en donnai deux, elle m'en rendit un. Je lui dis qu'elle se trompait ; mais elle tint bon : « Non, monsieur, c'est un sou. »

Le Canadien est peut-être moins ingénieux et moins hardi que l'Américain : il lui est peut-être inférieur comme machine et comme instrument de production. Je ne sais pourquoi je le préfère comme homme. Il y a ici dans les figures une bonne humeur que vous chercheriez en vain sur la face osseuse et maussade des *Yankees*. Cela tient sans doute à une vie plus tranquille, moins aventureuse, moins calculatrice, plus volontiers passée au foyer de famille, puis à l'influence des lois et des mœurs anglaises. Le Canada n'est pas un pays de démocratie sans mélange. Si mouvantes qu'y soient les fortunes, on sent qu'on n'est pas ici dans ce grand pétrin industriel où tout le monde se blanchit de la même farine. Les mœurs semblent avoir emprunté à la société anglaise quelque chose de sa distinction de classes. Enfin les souvenirs de l'Europe y sont plus récents et plus respectés qu'aux Etats-Unis. L'Américain, qui ne sait rien de l'Europe, la juge pourtant et la dédaigne sans appel. Le Canadien, au contraire, est un Européen transplanté qui n'a cessé d'avoir les yeux tournés vers la métropole.

L'accord est grand aujourd'hui entre les deux races qui se partagent le pays. La sage politique du gouvernement anglais a triomphé de ces haines nationales, toujours si obstinées. Elle a mêlé les deux peuples en une même nation canadienne. En voyant ces petits Français noirâtres et ces grands Saxons blonds vivre de si bonne amitié, je me rappelle ces chats et ces chiens dont l'hostilité instinctive a été vaincue par la communauté de gîte et de nourriture, et qui sont devenus inséparables. Ils s'agacent encore quelque fois, montrent les dents ou la griffe, mais ce n'est plus qu'un combat amical et simulé ; les traces de leur antipathie native subsistent dans leurs jeux sans troubler leur fraternité nouvelle.

Je ne me dissimule pas que les Anglais gagnent aujourd'hui en influence et que cet accord tourne à leur profit. Partout où les deux races seront en concurrence, excepté sur les champs de bataille, nous aurons difficilement l'avantage. Je vous ai dit que la population française encombrait les derniers rangs du peuple canadien. Presque tout le monde se sert également des deux langues, et vous ne pouvez pas toujours savoir à quelle race appartient l'homme à qui vous parlez ; mais l'anglais décidément prédomine. Les familles françaises de la classe élevée commencent à copier les mœurs et le langage des conquérants. J'ai vu un M. B ..., Français d'origine, que le gouvernement de Québec envoie dans les hautes régions de l'Otawa juger arbitralement certains procès administratifs à propos des concessions de forêts. Son père, compromis autrefois dans l'insurrection française et proscrit pendant beaucoup d'années, appartient aujourd'hui au gouvernement. Lui-même a oublié la langue de ses pères, la comprend à peine, et ne parle plus que l'anglais. Ces signes de décadence m'affligent, car je vois venir le temps où le français ne sera plus parlé que dans le bas peuple, où même il disparaîtra, comme nos patois de province, devant la langue officielle. La petite nationalité française du Canada sera bien près alors d'être absorbée par sa rivale. Elle est comme une barque échouée sur une plage lointaine, et qui résiste longtemps aux vagues ; mais la marée monte, et tout à l'heure le nouveau peuple va l'engloutir.

....

Ce n'est pas que la nation nouvelle soit unanime. La vieille discorde séculaire du Haut et du Bas-Canada, bien que noyée dans ce projet d'union, comme un combat singulier dans la mêlée d'une bataille, a laissé des traces qui ne s'effaceront pas de sitôt, et, comme toujours, la menace des mécontents est qu'ils vont passer à l'ennemi, c'est-à-dire aux Etats-Unis. Autrefois le foyer de la révolte était au sein du pays français. Après la dernière insurrection, la politique sage et impartiale de l'Angleterre pacifia tout en accordant aux deux provinces des constitutions séparées et libres avec une représentation égale dans le gouvernement ; mais depuis plusieurs années, tandis que la partie française du Canada s'est réconciliée avec la domination étrangère, le Haut-Canada commence à son tour à murmurer.

Il y a vingt ans, la population du Haut-Canada était encore inférieure à celle du Bas-Canada : aujourd'hui elle lui est tellement supérieure qu'elle ne veut plus se contenter de l'égalité. Sa richesse a grandi à proportion, et les impôts se sont élevés avec la richesse. Il se plaint donc, non sans justice, de ne contribuer que pour une moitié au gouvernement, quand il contribue pour les deux tiers aux dépenses. De là ces troubles nouveaux, cette guerre civile au sein de la législature, ces menaces de révolte (au fond peu sincères), auxquelles l'Angleterre, toujours habile et modérée, a mis fin par le grand projet d'union nationale qui se discute aujourd'hui.

L'effet en fut immédiat : les francophobes du Haut-Canada, qui, disaient-ils, « ne s'en trouveraient pas plus pauvres d'un dollar, » s'ils ne voyaient plus jamais un Français dans leur pays, — qui se plaisaient à montrer sur la carte combien était artificielle la frontière des lacs et ne parlaient de rien moins que de transporter derrière l'Ontario la frontière des Etats-Unis, abandonnèrent des projets hasardeux dont, à vrai dire, depuis la guerre civile et la maladie financière de leurs voisins, ils ne faisaient plus qu'une vaine menace. Ils avaient incontestablement raison quand ils disaient que tout les pousse dans le mouvement commercial de la république américaine : leur situation, le voisinage des Etats-Unis, ces lacs mêmes, qui, loin de les séparer, rendent entre eux les communications si faciles, et nul doute qu'ils n'y fussent entraînés, si les questions de nationalité se décidaient uniquement par la position géographique des peuples. Leurs produits, au lieu de suivre la route longue et difficile de Saint-Laurent, encombrée la moitié de l'année par les glaces, s'écoulent par les chemins de fer et les canaux, qui les concentrent sur le marché de New-York. Mais la formation des peuples obéit à d'autres lois que ces causes à priori, auxquelles résistent souvent les habitudes et les traditions. Par cela seul qu'une population a gravité durant un ou deux siècles autour d'un certain centre politique, elle a contracté avec ses nationaux mille liens, mille affinités, qui, pour rester cachés, n'en seraient pas moins difficiles à rompre.

Ce n'est pas d'ailleurs sans regret que les Français du Bas-Canada voient disparaître leur nationalité ; aujourd'hui encore le Bas-Canada, tout anglicisé qu'il est par une longue habitude, demeure une province essentiellement française, parce que l'émigration n'en a que très-peu modifié les premiers éléments. Il tient à ses vieilles mœurs, à ses vieilles institutions politiques et religieuses, à ses vestiges de féodalité, au catholicisme conservé comme religion d'Etat. Rien de tout cela ne sera ébranlé par la constitution fédérale ; mais le mélange progressif de toutes les petites nationalités dont se composera l'*union* étouffera dans un temps plus ou moins long le noyau de la nationalité française. Enfin le Bas-Canada, en souscrivant à l'union nouvelle, renonce à ses traditions, et quiconque a seulement traversé ce pays sait avec quel amour on les y conserve. Tandis que la France d'Europe faisait bon marché du passé et se lançait dans toutes les voies que lui ouvrait l'esprit révolutionnaire, ce rejeton planté au delà des mers gardait l'ancien esprit monarchique de la métropole, et nourrissait, sous une domination étrangère, toutes les vieilles coutumes qui disparaissaient chez nous ; il grandissait à sa façon, sans rien renier du passé, et tout ce que la domination anglaise a laissé subsister de français appartient plus à l'ancien régime qu'à la France moderne. On comprend que cette vieille société se plie mal au changement et se résigne avec peine à l'assimilation anglaise qui la menace.

Elle s'y résigne pourtant, et à l'exception d'une coterie qui veut la ruine de tout gouvernement protégé par l'Angleterre, fût-il composé de Français, la reine n'a pas de sujets plus fidèles que les Bas-Canadiens. Presque toutes les familles de l'aristocratie de Québec ont contracté des alliances avec les Anglais, et parlent plus souvent la langue officielle que la langue natale. Le gouvernement en est plein. Deux hommes qui m'ont accueilli avec une grande bonté, M. Duval, *chief-justice*, et M. Tessier, président de la chambre haute du parlement canadien, tout en gardant au fond du cœur un vif sentiment d'affection pour le nom français et pour la petite nationalité de leurs pères, m'ont paru les partisans dévoués de la couronne britannique. J'en dis autant de M. Taché, de M. Cartier, les deux ministres dirigeants du cabinet canadien, de M. Belleau, président de la chambre des représentants, et de bien d'autres. M. Taché, l'insurgé de 1837, le compagnon d'armes de Papineau, est aujourd'hui premier ministre et anobli par la reine sous le nom de sir Etienne Taché. Si j'en dois croire mes oreilles, M. Cartier, ministre de la justice, qui est, avec M. Mac-Donald, l'homme actif du cabinet, parle un anglais plus pur que son français bas-normand. Son *alter ego* politique est M. Brown, qui fut toujours le représentant des intérêts du Haut-Canada. En un mot, l'union est intime entre les hommes éclairés des deux provinces : ils comprennent qu'il faut faire disparaître les distinctions de peuples avec les hostilités de races. Mais s'il y a une province que le système américain attire et menace d'absorber, ce n'est point l'Est avec ses institutions locales, ses vestiges d'aristocratie et son nationalisme obstiné, — c'est l'Ouest, province moderne peuplée d'habitants nouveaux et formée sur le modèle de ses voisins des Etats-Unis. Le Bas-Canada, tout en maintenant son droit à l'indépendance locale et à la liberté politique, comprend qu'il ne peut rester dans l'isolement, et que la formation d'une grande union coloniale est la garantie nécessaire de son autonomie. Il comprend que sans cet appui il sera infailliblement dévoré par le minotaure américain ou réduit à l'insignifiance. L'union nouvelle, qui le fait disparaître comme nation, le protège comme société indépendante, et c'est de toutes les combinaisons la plus favorable à ses intérêts.

....

Il y a dans la société de Québec deux courants distincts, qui, comme le Rhône et la Saône, ne se mêlent qu'à demi. L'un découle immédiatement de source anglaise ; renouvelé sans cesse par l'immixtion de l'aristocratie britannique, par le passage continuel du monde militaire, qui y apporte les habitudes et les manières de Londres, il n'est qu'une copie en miniature de la société anglaise : c'est assez vous dire qu'il est froid, décent, formaliste et raide. J'aime mieux la bonhomie de la vieille société franco-canadienne : celle-ci ressemble à nos bourgeoisies de province dans nos villes les plus retirées et les plus patriarcales, peu occupées de choses sérieuses, et ne songeant guère qu'à se divertir, mais à la façon du bon vieux temps. Ainsi dans les bals du monde catholique les *fast dances* (non effrayant pour les danses tournantes) sont rigoureusement interdites : on ne danse que des quadrilles de neuf heures du soir à deux heures du matin, mais avec un entrain, un acharnement, un air de bonheur indicible. Vieux et jeunes, tout le monde s'en mêle : les grand'mères dansent avec leurs filles, les cheveux blancs et les perruques n'ont pas honte de s'amuser comme des enfants. On mange des pommes, on boit de la bière, préférées souvent à des soupers somptueux ; on cause du bal d'hier, du bal de demain, de l'influence de la comète et de la lune sur les pluies, et l'on proclame bien haut que le bal est délicieux.

Ce monde aimable et gai commence à aimer le luxe. Ce ne sont tous les soirs que promenades en équipages et cavalcades aux environs. Tout le monde se connaît : on passe le temps à faire Longchamps sur les remparts, à adresser des saluts, à rendre des visites. Les Canadiens disent avoir conservé les manières de l'ancienne France, et le fait est qu'ils en ont au moins gardé la chaude hospitalité. Quand ils me disent que, si je restais longtemps à Québec, je serais ravi de cette société, la plus charmante, la plus distinguée, la plus spirituelle qu'il y ait au monde, ne croiriez-vous pas entendre l'écho d'un de ces cimetières vivants enfouis au fond de nos provinces, où un petit monde vieillot secoue encore les derniers grains de poudre de sa perruque et les derniers grelots de ses habits de cour ? Comment pourrait-il en être autrement ? C'est le rat qui vit heureux dans son fromage, et qui ne voit rien de mieux au dehors.

....

En revenant (d'une excursion) nous nous arrêtons dans une maison de paysans pour manger un morceau de pain et boire une tasse de lait. « Etes-vous Français ou Anglais ? demandai-je. — Monsieur, je suis Canadien. » La réponse est caractéristique et montre combien sont chimériques nos idées de nationalité opprimée chez nos compatriotes du Canada. Le fait est que les deux races s'unissent de plus en plus, qu'elles se confondent volontiers sous une même dénomination nationale, et qu'aujourd'hui la rivalité n'est plus entre les deux langues, mais entre les intérêts des deux provinces. Le vieux parti français, celui qui rêve l'affranchissement et, s'il le faut, l'union aux Etats-Unis, le parti *rouge*, comme on l'appelle ici, bien qu'il soit encore imbu de légitimisme et ennemi de la liberté de la presse, ce parti se sent impuissant et s'en irrite. Il y a quelques jours, on a élu un membre du conseil législatif dans la circonscription des Laurentides, qui comprend le comté de Québec, Beaufort et tout le bas Saint-Laurent, c'est-à-dire la partie la plus française du Canada. M. Price, Anglais, l'a emporté sur M. Laterrière, Français, à une immense majorité, environ douze contre un. Une centaine de voix tout au plus, voilà ce qu'a pu réunir le parti de l'anglophobie dans un pays où l'on parle français. Et cependant, par une sorte d'inconséquence, tout en servant fidèlement l'Angleterre, quelques Canadiens gardent pour la mère patrie un amour platonique et persévérant. Ainsi, au bal des *bachelors*, un jeune homme en uniforme anglais s'approche de moi et me dit : « Vous êtes Français, monsieur ? — Oui, monsieur. — Eh bien ! monsieur (et il me prit la main avec chaleur), souvenez-vous qu'il y a ici, sous l'uniforme anglais, des cœurs qui battent pour la France. »

Ernest Duvergier de Hauranne [a]

---

a. Ernest Duvergier de Hauranne, *Huit mois en Amérique. Lettres et notes de voyage 1864-1865*, 2 volumes, Paris, Lacroix, Verboeckhoven et Cie, 1866, 439 et 503 pages. Les textes cités sont empruntés au premier volume, p. 149, 152-153, 159-162, 376-379, 383-385 et 396-397.

Document n° 20

1864 — LES PARENTS, MEILLEURS SOUTIENS DE L'ANGLAIS À L'ÉCOLE

La Semaine, revue fondée par un groupe de professeurs laïques de l'École normale Laval [a], dénonce l'engouement pour l'anglais qui conduit plusieurs parents canadiens-français à réclamer — déjà ! — un enseignement plus intensif de cette langue. Cette attitude paraît d'autant plus insensée que la connaissance de l'anglais ne présente, selon l'auteur de l'article, aucune utilité pratique pour l'immense majorité des Canadiens français.

Un instituteur nous écrivait il y a quelque temps pour nous exposer la situation dans laquelle il se trouve, et nous prier d'attirer l'attention de nos lecteurs sur un fait qui concerne non seulement les intérêts de la classe enseignante, mais encore ceux de la nationalité canadienne-française.

Occupés que nous étions alors à traiter différents sujets qu'il nous était impossible de négliger, nous n'avons pu, à notre grand regret, nous rendre plus tôt au vœu de notre confrère ; mais nous allons aujourd'hui réparer ce retard forcé.

Voici la lettre de notre correspondant :

Sainte C...

Messiers les Rédacteurs,

Les Commissaires de la municipalité où j'enseigne depuis deux ans, viennent de m'ôter la direction de l'école-modèle de cette paroisse, parce que, disent-ils, je ne puis parler anglais à mes élèves.

Il est vrai que les premiers sons qui aient frappé mes oreilles, n'étaient point produits par la combinaison des mots de la langue un peu rude dans laquelle sont écrites les tragédis de l'immortel Shakespeare ; comme la plupart de mes confrères, et je dirai comme l'immense majorité de mes compatriotes instruits, je n'ai commencé à étudier l'anglais qu'à l'âge respectable de dix-huit ans. Je n'ai donc pu acquérir cette habileté que MM. les Commissaires ont voulu exiger de moi ; mais je puis, Dieu merci ! traduire facilement l'anglais en français et vice versa. Il me semble donc qu'on a agi à mon égard avec une injustice dont j'ai grand droit de me plaindre.

Si vous aviez la bonté, MM. les Rédacteurs, d'attirer l'attention de qui de droit sur un fait aussi peu rassurant pour les instituteurs, et émettre votre opinion sur la question de l'enseignement de l'anglais dans les écoles primaires, vous rendriez un véritable service à tous ceux qui se livrent à l'enseignement, en général, et particulièrement, à votre très dévoué serviteur.

C...

---

a. Sur cette école, voir Yvan Roy, « l'Ecole normale Laval rendue à l'histoire », *les Cahiers François-Xavier Garneau*, numéro spécial sur l'Ecole normale Laval 1857-1870, s.d., p. 3-17.

Nous n'hésitons pas à le dire : notre confrère a été indignement maltraité. Nous allons essayer de le démontrer.

Que les circonstances particulières où se trouve placée la race française en ce pays, obligent ceux qui exercent des professions libérales, surtout dans les villes, ainsi que ceux qui sont engagés dans le commerce, à apprendre la langue anglaise, c'est ce que nous admettons volontiers

Que, pour arriver sûrement à cette fin, les hautes maisons d'éducation soient presque tenues de donner à leurs élèves des cours d'anglais c'est ce que nous admettons encore.

Que les collèges industriels et les académies doivent suivre en cela l'exemple des collèges classiques, c'est ce que nous croyons aussi.

Mais que dans toutes les écoles modèles, et dans les écoles élémentaires même, l'enseignement de l'anglais soit considéré comme nécessaire, c'est, suivant nous, le comble du ridicule.

Vous est-il arrivé, par hasard, de visiter quelques-unes de ces écoles éloignées des villes et des villages et fréquentées par des enfants appartenant à des parents qui ne sont jamais sortis de leur paroisse et qui, par conséquent, eussent-ils su parfaitement la langue anglaise, n'auraient jamais eu, — même dans l'espace de trente ans, — l'occasion de s'en servir quatre fois ? Eh ! bien, de quoi avez-vous été témoin ?

Vous avez interrogé, je suppose, de tout jeunes enfants, qui savaient bien leur catéchisme, qui formaient à peine le pluriel dans les noms, et qui commençaient à écrire. Si vous avez bien remarqué, pourtant, vous vous êtes aperçu qu'ils étudiaient l'anglais !

Quelle bizarrerie ! quel non-sens !

A peine peut-on, en traversant une longue vie toute employée à l'étude, apprendre à écrire correctement sa langue maternelle, et l'on se permet de sacrifier cette étude si importante et si difficile à celle d'une langue étrangère et relativement inutile.

C'est plus qu'un non-sens plus qu'une bizarrerie ; c'est un attentat direct contre notre nationalité.

Qui est responsable de l'état de choses que nous avons sous les yeux ? Sont-ce les instituteurs ?

Nullement.

Ce sont les pères de familles eux-mêmes. Depuis quelques années, leur engouement pour la langue anglaise est tel qu'ils aiment mieux donner $ 20.00 et même $ 40.00 de plus à un instituteur qui ne connaît guère le français mais qui possède quelques bribes d'anglais, qu'à un autre qui ignore, il est vrai, les finesses et les délicatesses de la langue byronnienne, mais qui, en revanche, écrit presque à la perfection celle qu'ont parlée Bossuet, Racine, Fénélon et châteaubriand.

Bien des pères se plaisent à dire : « Mon petit garçon est joliment instruit : il lit bien l'anglais. » — Oui, leur répondrons-nous, il est bien instruit votre petit garçon ! ! Mais permettez-nous de vous le dire : il lui serait beaucoup plus avantageux de savoir bien le français.

Tout le blâme ne doit pas retomber cependant sur les pères de famille seulement. L'exemple donné au peuple par quelques hommes de profession, qui hérissent leurs discours de mots anglais et qui ont la funeste manie de faire apprendre l'anglais à leurs enfants avant même que ceux-ci sachent un mot de français ; l'espèce de culte que rend à tout ce qui porte un nom anglais, ce qu'on est convenu d'appeler la classe éclairée, — sont, entre autres, deux causes qui ont contribué à développer chez nos populations rurales cet engouement insensé pour la langue anglaise.

Il est temps, croyons-nous, que des mesures efficaces soient prises pour arrêter ce courant regrettable de l'opinion populaire. Tous ceux qui ont quelque souci de l'avenir de la langue française en Canada ; tous ceux qui croient que de sa conservation dépend en grande partie l'existence de notre nationalité ; tous ceux enfin qui sont Canadiens-Français par la religion, par la naissance et par les affections, doivent s'unir dans ce noble but.

Suivant nous, l'anglais ne devrait pas s'enseigner dans les écoles élémentaires, et, dans les écoles modèles éloignées des grands centres d'affaires, il ne devrait pas non plus être question de cette branche d'instruction.

Qu'on nous comprenne bien : nous ne voulons point proscrire la langue anglaise en certains cas, par cela seul qu'elle est la langue anglaise, mais bien plutôt parce que la connaissance de cette langue n'est d'aucune utilité à l'immense majorité du peuple canadien-français.

Dans aucun cas, croyons-nous, on ne devrait tolérer que des commissaires d'école se permissent de renvoyer un instituteur bréveté pour école élémentaire ou pour école-modèle, parce qu'il ne parle point la langue anglaise ; c'est une conduite indigne d'hommes vraiment amis de leur pays et désireux de conserver leur nationalité [b].

---

b. « Enseignement de l'anglais dans les écoles primaires », *la Semaine*, 1864, p. 355-356.

Document n° 21

1865 — DES GARANTIES CONSTITUTIONNELLES LIMITÉES

La question linguistique n'a pas échappé aux longues discussions qui ont abouti au texte constitutionnel de 1867. Seuls toutefois ont fait l'objet du débat les aspects parlementaires et judiciaires de la question.

Les participants à la Conférence de Québec de 1864 avaient cru trancher le débat par l'adoption de leur quarante-sixième résolution qui prévoyait une utilisation purement facultative du français comme langue parlementaire et législative. Ce texte parut insuffisant à plusieurs Canadiens français et le débat reprit quelques mois plus tard au Parlement du Canada.

À la séance du 8 mars 1865, en effet, le député de Verchères, Félix Geoffrion, tenta de démontrer, à l'aide d'une interprétation littérale, les dangers qui pèseraient sur le français si la future constitution reprenait le texte de la quarante-sixième résolution. En réponse, les membres du gouvernement, John A. Macdonald, George-Étienne Cartier et Hector Langevin, invoquèrent l'esprit de la Conférence de 1864. Ces apaisements reçurent l'approbation un peu naïve des députés Édouard Rémillard (Bellechasse) et Charles de Niverville (Trois-Rivières) mais ne suffirent pas à taire les appréhensions d'Antoine-Aimé Dorion (Hochelaga) qui insista pour obtenir une rédaction garantissant mieux les droits du français.

Ce débat ne fut pas inutile. L'article 133 de la constitution de 1867 précise en effet en ces termes les droits du français : « Dans les chambres du parlement du Canada et de la législature du Québec, chacun pourra, dans les débats, faire usage de la langue anglaise ou de la langue française ; mais les registres et les procès-verbaux des chambres susdites devront être tenus dans ces deux langues. Dans tout procès porté devant un tribunal du Canada établi en vertu de la présente loi ou devant un tribunal du Québec, chacun pourra faire usage de l'une ou de l'autre de ces langues dans les procédures et les plaidoyers qui y seront faits ou dans les actes de procédures qui en émaneront. Les lois du parlement du Canada et de la législature du Québec devront être imprimées et publiées dans l'une et l'autre de ces langues. »

M. GEOFFRION — Maintenant j'attirerai l'attention de la chambre, et surtout des députés canadiens-français, sur la quarante-sixième résolution qui a trait à l'usage de la langue française dans les législatures fédérale et locale. Elle se lit comme suit : —

« Les langues anglaise et française pourront être simultanément employées dans les délibérations du parlement fédéral ainsi que dans la législature du Bas-Canada, et aussi dans les cours fédérales et les cours du Bas-Canada. »

Si l'on examine attentivement ces résolutions, l'on voit de suite qu'elle n'affirme pas que la langue française sera sur le même pied que la langue anglaise dans les chambres fédérale et locale. En effet, au lieu de « devra » qu'on aurait dû mettre dans cette résolution, on a écrit « pourra, » de sorte que si la majorité anglaise décide que les votes et délibérations ainsi que les bills de ces chambres ne soient imprimés qu'en anglais, rien ne pourra empêcher que sa décision ne soit mise à effet. Il va sans dire que nous pourrons nous servir de la langue française dans les discussions ; mais, d'un autre côté, il est évident que la majorité pourra décréter, quand elle le voudra, que les bills et les délibérations de nos chambres ne soient pas imprimés en français, et, par conséquent, cette clause ne nous offre aucune garantie, à nous, Canadiens-Français. Je suppose que pour tous les actes ou résolutions de cette chambre, l'on entend donner aux mots la signification qui leur est donnée par la loi du pays, et l'on ne devra point être surpris si, pour expliquer les résolutions qui nous sont soumises, je m'attache à la lettre même de ces résolutions, et si je ne fais pas d'efforts d'imagination pour deviner l'intention de ceux qui les ont rédigées. Le statut provincial, 22, Vic. chap. 29, réglant l'interprétation des statuts, dit :

« Chaque fois que par un acte quelconque il est prescrit qu'une chose sera faite, l'obligation de l'accomplir sera sous-entendue ; mais lorsqu'il est dit qu'une chose pourra être faite, le pouvoir de l'accomplir sera facultatif. »

Dans les résolutions qui nous sont soumises, l'on emploie dans la version anglaise le mot « may, » que l'on a traduit en français par le mot « pourront, » et on dit que les langues française et anglaise *pourront* être simultanément employées dans les délibérations du parlement fédéral ainsi que dans la législature du Bas-Canada, et aussi dans les cours fédérales et les cours du Bas-Canada. Il est donc facile de voir que cette résolution rend l'usage de la langue française excessivement précaire, et que la majorité pourra la proscrire de nos votes et délibérations et de notre législature. Les députés bas-canadiens, qui ont toujours soutenu les ministres du jour, devraient exiger d'eux que l'on affirmât dans les résolutions que la langue française sera sur le même pied que la langue anglaise. La garantie qu'elles nous offrent sous ce rapport n'en est pas une.

....

Je demande pardon aux députés anglais d'avoir été obligé d'exiger du gouvernement de plus amples garanties pour nos institutions religieuses et nationales ; mais j'espère qu'ils comprendront que ce n'est pas par esprit d'hostilité contre leurs propres institutions, et que les mêmes motifs qui leur font demander de plus amples garanties pour leurs nationaux, en minorité dans le Bas-Canada, [...] me font aussi demander la même chose pour mes compatriotes. (Ecoutez ! écoutez !)

L'Hon. Sol.-Gén. LANGEVIN — L'hon. député de Verchère a dit qu'il est vrai qu'on pourra discuter les questions en langue française dans le parlement fédéral et dans la législature du Bas-Canada, ainsi que dans les cours de justice de la confédération, mais que la rédaction de la résolution n'affirmait pas que cette langue pourrait être employée dans la rédaction des lois et des votes et délibérations des législatures fédérale et locale. Eh bien ! M. l'Orateur, je suis certain que l'hon. député de Verchères apprendra avec bonheur qu'il a été parfaitement entendu à la conférence de Québec que la langue française ne serait pas seulement parlée dans les cours de justice et dans le parlement fédéral et le parlement local du Bas-Canada, mais que de même qu'aujourd'hui les votes et les délibérations de ces législatures, ainsi que toutes les lois fédérales et de la législature du Bas-Canada, seront imprimées dans les deux langues. Il y a même plus : la langue française sous la confédération sera parlée devant les tribunaux fédéraux, avantage que nous n'avons pas aujourd'hui quand nous avons à nous présenter devant les cours d'appel de la Grande-Bretagne. Ainsi donc, l'hon. député de Verchères, de même que cette hon. chambre, devront être heureux de voir que ses représentants à la conférence de Québec n'ont point failli à leur devoir sur ce point. Ce sont les principes sur lesquels sera basée la nouvelle constitution, et je ne crois pas trop dire en prétendant qu'il était impossible de garantir davantage ce privilège essentiel de notre nationalité, ainsi que nos institutions civiles et religieuses.

M. GEOFFRION — L'hon. député de Dorchester (le Sol.-Gén. Langevin) nous a expliqué que l'intention des membres de la conférence de Québec avait été que non seulement la langue française serait en usage dans la législature fédérale et le parlement local du Bas-Canada, ainsi que devant les tribunaux du pays, mais que ce serait un droit garanti par la constitution aux populations françaises sous la confédération. [...] Pour ma part, M. l'Orateur, j'avoue que je ne puis comme lui apercevoir cette magnifique protection qu'il nous a vantée. Si les résolutions maintenant devant la chambre veulent dire quelque chose, on ne peut trouver cette signification que dans la lettre même de ces résolutions. Il sera toujours loisible à une majorité anglaise de se servir de la lettre de la constitution et de venir nous dire : cela ne sera pas ; nous ne le voulons pas, et la constitution ne vous garantit pas les droits que vous prétendez qu'elle vous confère. Et elle pourra d'autant plus facilement le faire, que les résolutions n'affirment pas que ces choses seront inattaquables. S'il y a eu à ce sujet dans la conférence une autre entente que celle qui apparait dans les résolutions, la chambre devrait en être saisie avant d'être appelée à voter sur ces résolutions ; car si l'intention des conférendaires est telle que le dit l'hon. solliciteur-général pour le Bas-Canada, et qu'elle soit suivie, la chambre est exposée à ce que, sur toute autre résolution, l'intention soit également contraire à ce qui est écrit et qu'elle soit suivie. Les résolutions devront être interprétées telles qu'elles sont, sans égard à l'intention des conférendaires, et à cause de cela, je ne puis m'empêcher de déclarer que les Canadiens-Français commettraient une bien inexcusable imprudence en adoptant une résolution [...] qui dit tout simplement que la langue française pourra être employée dans la législature fédérale. La députation française, je le répète, devrait exiger que l'on remplaçât le mot « pourra » par le mot « devra » dans la résolution qui a trait à cette matière, pour la publication des procédés de cette législature. Si on n'agit pas ainsi et si on ne s'entoure pas de toutes ces précautions, tôt ou tard la majorité anglaise dans le parlement fédéral pourra proposer et obtenir que les lois ne soient imprimées qu'en anglais ; et si nous nous contentons de l'entente dont nous a parlé l'hon. solliciteur-général du Bas-Canada, on pourra nous répondre, quand nous voudrons nous opposer à cette injustice : « Il fallait prendre et exiger de plus amples garanties, et vous deviez voir à ce que la constitution fût plus explicite et plus précise sur ce point. » Et nous n'aurons rien à répondre à celà ! Il faudra nous résigner ; il nous faudra subir toutes les restrictions que la majorité pourra nous imposer.

M. REMILLARD — On parle [...] de l'usage de la langue française ; on dit qu'on ne pourra pas la parler dans le parlement fédéral. Mais, pour ma part, je pense que si le projet est adopté, la langue française sera plus en usage et plus considérée dans le parlement fédéral qu'elle ne l'a été dans cette législature depuis quelques années. On craint que les lois, les documents et les délibérations du parlement fédéral ne soient pas imprimés en français. Mais que dit la clause 46 des résolutions ? Elle dit : —

[suit le texte de la 46e résolution]

Ainsi, si l'on peut exclure l'usage de la langue française, on pourra aussi exclure l'usage de la langue anglaise, car toutes deux sont sur un pied d'égalité. Parce que l'on ne dit pas que les lois et les délibérations du parlement fédéral seront imprimées en français, on en conclut qu'elles le seront en anglais ; mais on pourrait dire la même chose pour l'anglais, puisqu'il n'est pas dit qu'elles seront imprimées dans cette langue.

L'Hon. Proc.-Gén. MACDONALD — Je puis [...] dire que la signification de l'une des résolutions adoptées par la conférence de Québec est ceci : — que les droits des membres Canadiens-Français de la législature fédérale, relativement à l'usage de leur langue, seront précisément les mêmes que ceux qu'ils possèdent aujourd'hui, dans la législature actuelle du Canada, sous tous les rapports possibles. J'ai de plus la satisfaction de dire que du moment que ce sujet a été mentionné dans la conférence, les délégués des provinces d'en-bas ont unanimement déclaré que c'était raisonnable et juste, et qu'ils ont donné leur adhésion, sans une seule voix dissidente, à la justesse de la proposition que la position de la langue française relativement aux délibérations du parlement, à l'impression des mesures et à tout ce qui s'y rattache, soit précisément la même que celle qu'elle occupe dans cette législature. (Ecoutez ! écoutez !)

L'Hon. A.A. DORION — Je ne me lève pas pour parler au long, mais seulement pour attirer l'attention des membres de l'administration afin d'obtenir quelques renseignements sur certaines parties de ce projet ; mais, avant de le faire, je dirai un mot en réponse à l'explication que vient de donner le procureur général du Haut-Canada [...] à l'égard de l'usage de la langue française. L'hon. procureur-général a dit que l'intention des délégués à la conférence de Québec avait été de donner les mêmes garanties pour l'usage de la langue française dans la législature fédérale que celles qui existent sous l'union actuelle. Je crois, M. l'Orateur, que cela n'est pas du tout une garantie, car il était dit dans l'acte d'union que la langue anglaise seule serait employée dans le parlement, et la langue française en était entièrement exclue. Mais cette disposition fut abrogée plus tard par la 11 et 12 Victoria, et la chose fut laissée à la discrétion de la législature. En sorte que si demain cette législature décidait qu'aucune autre langue que la langue anglaise ne soit employée dans ces délibérations, elle pourrait le faire et empêcher par là l'usage de la langue française. Il n'y a donc aucune garantie pour le maintien de l'usage de la langue de la majorité du peuple du Bas-Canada, excepté le bon vouloir et la tolérance de la majorité. Et comme la proportion des membres Canadiens-Français sera beaucoup plus faible dans le parlement fédéral qu'elle ne l'est dans la législature actuelle, cela devrait faire voir aux hon. membres combien nous avons peu de chance de voir se perpétuer l'usage de notre langue dans la législature fédérale. C'est là la seule observation que j'avais à faire sur ce sujet, et elle ne m'a été suggérée que par la réponse de l'hon. procureur-général du Haut-Canada.

L'Hon. Proc. Gén. MACDONALD — Je conviens avec l'hon. député d'Hochelaga qu'aujourd'hui cela est laissé à la majorité ; mais afin d'y remédier, il a été convenu dans la conférence d'introduire cette disposition dans l'acte impérial. (Ecoutez ! écoutez !) Cela a été proposé par le gouvernement canadien par crainte qu'il survienne plus tard un accident, et les délégués de toutes les provinces ont consenti à ce que l'usage de la langue française formât l'un des principes sur lesquels serait basée la confédération, et que son usage, tel qu'il existe aujourd'hui, fût garanti par l'acte impérial. (Ecoutez ! écoutez !)

L'Hon. Proc.-Gén. CARTIER — J'ajouterai à ce que vient de dire l'hon. procureur-général du Haut-Canada, en réponse à l'hon. député du comté de Québec, et à l'hon. député d'Hochelaga, qu'il fallait aussi protéger la minorité anglaise du Bas-Canada, relativement à l'usage de sa langue, parce que dans le parlement local du Bas-Canada la majorité sera composée de Canadiens-Français. Les membres de la conférence ont voulu que cette majorité ne pût pas décréter l'abolition de l'usage de la langue anglaise dans la législature locale du Bas-Canada, pas plus que la majorité anglaise de la législature fédérale ne pourra le faire pour la langue française. J'ajouterai aussi que l'usage des deux langues sera garanti dans l'acte impérial basé sur ces résolutions. (Ecoutez ! écoutez !)

L'Hon. A.A. DORION — J'en suis bien aise, mais je dois dire de nouveau qu'il n'y a rien dans les résolutions qui nous donne cette garantie, et la preuve, c'est que l'hon. député du comté de Québec a été obligé de demander l'explication de la 46e résolution.

Cette résolution dit simplement que la langue française *pourra* être employée, et non pas qu'elle *devra* l'être. Chacun comprend parfaitement que l'importance que nous attachons à ce droit ne s'applique pas seulement à l'usage de la langue employée dans les débats de la législature, mais que l'important est que nous ayons la garantie de cet usage dans la publication des délibérations et des lois et documents de la législature, et c'est précisément pour cela que nous ne voyons aucune garantie dans cette résolution. L'hon. procureur-général du Haut-Canada dit que nous aurons la même garantie que celle que nous avons maintenant. Cette garantie dépendant de la majorité, nous avons 50 membres sur 130 pour le faire respecter, mais dans la confédération nous n'aurons que 50 membres sur 194. Nous devons donc insister pour avoir aujourd'hui une protection plus réelle et qui ne puisse nous être enlevée par un simple vote de la majorité de la législature fédérale. Les discours prononcés en chambre ne sont adressés qu'à quelques personnes, mais les lois et les délibérations de la chambre s'adressent à toute la population, dont un million ou près d'un million parle la langue française.

M. De NIVERVILLE — Comme Canadien-Français, je dois parler de ce qui nous touche de plus près : notre religion, notre langue, nos institutions et nos lois. Eh bien ! par rapport à notre langue, je demande s'il y a le moindre danger que nous la perdions dans la confédération ? Loin d'être en danger, je crois qu'elle fleurira davantage sous le nouveau régime, puisqu'on pourra la parler et s'en servir non seulement dans les parlements fédéraux et dans les législatures locales, mais aussi dans les tribunaux suprêmes qui seront plus tard institués dans ce pays. Je dis qu'alors, c'est-à-dire lors de la confédération, nous aurons l'exercice plus entier de notre langue, car quelle liberté de langage avons-nous aujourd'hui dans cette enceinte ? Cette liberté, que les libéraux ont fait sonner si haut, et à laquelle on ne peut toucher sans la détruire, comment l'avons-nous ici ? Est-ce qu'elle nous est donnée dans toute l'acception du mot et de l'idée ? Pas le moins du monde, M. le Président ; nous l'avons comme le supplice de Tantale, qui était altéré et ne pouvait pas boire, quoiqu'il eût de l'eau jusqu'à la bouche, cette eau disparaissant aussitôt qu'il y touchait. (Ecoutez ! écoutez !) En effet, qu'elle espèce de liberté avons-nous, nous qui ne comprenons pas la langue anglaise ? Nous avons la liberté de nous taire, d'écouter et de chercher à comprendre ! (Ecoutez ! écoutez ! et rires prolongés.) Sous la confédération, les Haut-Canadiens parleront leur langue et les Bas-Canadiens parleront la leur, absolument comme aujourd'hui ; seulement, celui qui comptera une grande majorité de ses compatriotes dans la chambre, aura plus d'espoir d'y entendre parler sa langue, et, comme ils le font aujourd'hui, les députés parleront la langue de la majorité. Je ne veux pas faire de reproche aux hon. députés qui ont parlé en anglais sur la question qui nous est soumise et qui nous ont ainsi privé du plaisir de les comprendre et de jouir par conséquent de leur éloquence et de leur logique. Ce qu'ils ont fait dans cette occasion est un simple acte de justice que nous devons à la majorité de cette chambre, et que les Canadiens-Français ont toujours aimé à leur rendre. Mais si nous faisons comme la plupart des Canadiens-Français dans les temps passés, nous ne conserverons pas longtemps notre langue. Ainsi, on voit très souvent, dans les villes et même dans les campagnes, des Canadiens qui, du moment qu'ils ont pu attraper deux mots d'anglais, s'en vont tout ravis les répéter à leurs voisins. L'émigration aux Etats-Unis, — qui cessera sous la confédération, car nous aurons l'administration de nos terres publiques, — a été la principale cause de cette manie stupide qui s'est emparé de ceux qui ont vécu quelques temps chez nos voisins et qui nous reviennent ensuite. Pour vous donner une idée de cette déplorable manie, je vais vous citer un trait dont j'ai été moi-même l'un des acteurs. Il n'y a pas encore deux mois, j'étais à l'embarcadère de l'embranchement du chemin de fer de Trois-Rivières à Arthabaska, quand deux jeunes gens habillés à l'américaine arrivèrent à l'hôtel où j'étais. Le premier en entrant cria à haute voix : *Where is the hostler ?* Le garçon, qui était un gros Canadien, entra sur ces entrefaites et, en l'apercevant, lui dit : « Tiens ! c'est toi, Joe ? » Il va sans dire que notre faux Américain resta tout penaud et ne sut pas de suite quoi répondre. Voyant son embarras et ne désirant pas prolonger une scène qui, malgré son côté comique, nous inspirait de la pitié pour celui qui en était la victime, j'interpellai le garçon d'écurie et lui dis : « Allez dételer les chevaux de ces messieurs ; ne voyez-vous pas que ce sont deux Américains, et qu'ils n'entendent rien à ce que vous leur dites ? » Et bien ! M. le Président, de pareilles scènes n'arrivent pas qu'une seule fois par année, mais, pour quiconque a un peu l'habitude de voyager, elles se renouvellent pour ainsi dire tous les jours. Ainsi donc, si nous ne voulons pas permettre que notre belle langue perde de son influence, il faut travailler avec énergie à empêcher nos Canadiens d'affecter de parler l'anglais quand ils n'en savent même pas le premier mot ; sinon, mettons-nous à parler l'anglais et laissons-là notre langue [a].

---

a. *Débats parlementaires sur la question de la Confédération des provinces de l'Amérique britannique du Nord,* 3e session, 8e Parlement provincial du Canada, imprimés par ordre de législature, Québec, Hunter Rose et Lemieux, imprimeurs parlementaires, 1865, IX et 1027 pages. Voir p. 783-787 (passim), 790, 942-943, 948-949.

Document n° 22

1865 — « NON À LA CONFUSION DES LANGUES »

Arthur Buies (1840-1901), journaliste et écrivain, est né à Montréal d'un père d'origine écossaise et d'une mère canadienne-française. Délaissé par ses parents, il fut élevé par deux tantes. Après avoir fréquenté divers collèges au Québec, son père l'envoya à Dublin, mais il refusa d'y poursuivre ses études et préféra aller à Paris où il fréquenta le Lycée Saint-Louis (1857-1860). Il s'engagea ensuite dans l'armée de Garibaldi et fit la campagne de Sicile. Rentré à Paris, il échoua au baccalauréat et décida alors de retourner au Canada (1862).

Devenu membre de l'Institut canadien de Montréal dont il fut l'un des militants les plus acharnés, il lutta par la parole et l'écrit contre le conservatisme et l'ultramontanisme. Reçu avocat en 1866, il renonça presque aussitôt à l'exercice du droit et se tourna résolument vers le journalisme. Il fonda la Lanterne *(Montréal, 1868-1869), l'*Indépendant *(Québec, 1870-1871) et le* Réveil *(Québec, 1876). Il collabora également à divers journaux et revues.*

En 1879, il fit la connaissance du curé Labelle et décida d'appuyer cet ouvrier de la colonisation. Il écrivit alors des monographies sur le Saguenay, la Gaspésie et la Matapédia.

Partisan de l'épuration de la langue, il fait paraître une série d'articles sur les barbarismes canadiens en 1865 dans le Pays, *journal libéral de Montréal. Il reprendra plus tard cette question dans une brochure intitulée* Anglicismes et Canadianismes *parue en 1888* [a].

Le Pays, mardi 31 octobre 1865

« *Virer* » — pour *tourner.* Je n'oublierai jamais le photographe qui, ayant à prendre le portrait de trois demoiselles, leur cria, lorsqu'il fut prêt « *Dévirez-vous,* mesdames, v'là qu'ça commence. »

« *Brasser* » — On ne *brasse* plusieurs choses ensemble que pour en faire une amalgamation, un tout. On ne *brassera* donc pas des cartes que l'on doit diviser de suite après, mais on les *mêlera.* —

« *Débarquer* » — On débarque d'un navire, d'une chaloupe, voire même des chars, mais jamais de *dessus le poulin,* comme je l'entens souvent, attendu que s'il fallait tenir le gouvernail, on se trouverait parfois dans une position gênante.

« *Bord* » — Un tel demeure l'autre *bord* de la rue. Qui n'a pas entendu mille fois cette expression. Dieu, en créant la femme, ne la prit dans le sixième *bord* d'Adam, mais dans sa sixième côte dont on fait *côté* au besoin.

« *Barrer* » — On barre les portes avec des barres, et non pas avec des *clefs.* — Ne pas confondre avec Barreau qui est sous-clef.

....

a. Voir le document n° 32.

« *Mort. ivre.* » — Ce mot n'a pas de sens, pas plus que de mettre la charrue devant les bœufs. On dit *ivre-mort.*

« *Tirer* » un portrait. — Je n'ai jamais pu savoir d'où venait cette expression. La langue canadienne est comme toutes les richesses dont on fait mauvais usage. — Nous employons une foule de mots les uns pour les autres ; il faut dire *prendre* ou *faire* un portrait.

« *Vaisseau* » s'emploie toujours ici indistinctement pour toute espèce d'embarcation. En terme de marine, le mot *vaisseau* ne s'applique qu'aux *navires* de guerre.

« *Certifier* » *à* quelque. — Certifier veut dire *rendre certain* ; or, on ne rend pas certain à quelqu'un.

« *Manquer* » — « Vous n'étiez pas chez nous l'autre soir, mademoiselle ; nous vous avons beaucoup *manquée* ». Jugez un peu la position de cette demoiselle qui se trouve manqué ; ce n'est pas elle qui a manqué aux gens, mais ce sont eux qui l'ont manquée. Comment ?....
....

« *Acter* » — Ici on *joue* jamais un rôle, on l'acte. Ainsi, Monsieur, voulez-vous *acter* une partie de billard avec moi ? Il faut avouer que les mots anglais sont déplacés dans le français.

« *J'ennuyer* » — Ce mot s'emploi ici dans un tout autre sens que celui qui lui est propre. Lorsque vous vous ennuyez d'une personne, cela veut dire que cette personne vous ennuie. Si vous voulez exprimer l'idée contraire, vous direz « *il m'ennuie* » de ne pas vous voir.

« *Photographe* » — Trouvez-moi quelqu'un qui dise « *photographie* ». Il s'agit pour vous d'avoir mon portrait au lieu de cela, vous me demandez mon photographe. Au nom du ciel ! dites-moi sous quelle espèce d'enveloppe vous voulez que je vous l'envoie, et dans quel album vous logerez mon photographe tout envie.

« *Set* » — Quand entend-on dire *assortiment* ? c'est toujours un *set* de ceci, un *set* de cela......

« *Marchandises sèches.* » — En voilà une calamité ! Ce serait drôle vraiment que j'entre dans un magasin pour acheter des marchandises mouillées ! Eh morbleu ! tout est marchandises sèches ! je ferai cependant une noble exception en faveur du Moselle. Dites donc « *nouveautés,* » dites *nouveautés*, et vous aurez double raison de le dire.

« *Application.* » — *Faire application pour* une place, c.à.d. mettre une emplâtre sur le dos d'un ministre pour qu'il vous donne une situation quelconque. — *Faire application* ne veut rien dire, si ce n'est appliquer un remède, appliquer une chose sur une autre, et encore faut-il dire « faire une application ». Si l'on veut s'adresser à quelque grand dispensateur de places inutiles, on fera tout simplement une *demande* à M. Cartier.

Je passe ici une foule d'expressions étrangères qui s'emploient dans le commerce, parce que mon opinion est qu'il faudra tôt ou tard une langue spéciale pour l'industrie, comme il y en a une pour les sciences, et que plus tôt nous approcherons de ce terme, mieux ce sera pour toutes les nations civilisées. De nos jours, le commerce tend à rapprocher tous les peuples, et l'infinie diversité des mots qu'il nécessite ne ferait que jeter la confusion, si l'on n'en venait à une langue spéciale, adoptée par toutes les nationalités. Ce résultat sera lent sans doute, mais je crois qu'il aura lieu.

Le commerce n'est pas comme tout autre ordre de choses. Il confond tous les peuples dans des intérêts identiques, et les ramène à un même objet par un échange continuel. Il n'en est pas ainsi de la justice de la littérature, de la politique, qui diffèrent partout, et ont dans chaque Etat un caractère particulier. Du reste, la diversité des langues est une bonne chose en soi, parce qu'elle est une des sources les plus fécondes du développement de l'esprit. Tout étant relatif, c'est par la comparaison des langues entre elles qu'elles se perfectionnent d'avantage, que le génie de l'une supplée aux imperfections de l'autre, qu'elles s'empruntent mutuellement ce qui leur convient, et que de là naît cet ensemble merveilleux d'expressions propres à rendre toutes les idées, et qu'une seule langue ne saurait réunir.

Mais pour atteindre ce but, il faut conserver à chaque langue son caractère propre, et ne pas la violenter par l'introduction de locutions étrangères, quand elle offre elle-même des mots qui rendent mieux l'idée qu'on veut exprimer ; c'est pour cela que j'ai entrepris une campagne contre les barbarismes dont nous étouffons notre style.

Le Pays, mardi 7 novembre 1865

1º. « *Procédés* » — Nous employons toujours ce mot en style de loi, à la place de « *procédure* ». *Procédé* ne veut dire autre chose qu'une manière d'agir envers quelqu'un.

2º. « *Plaider.* » Encore un mot dont on fait un abus, et dont on dénature constamment l'acception. Ainsi l'on dira : « Un tel plaide les circonstances atténuantes...... » Voilà donc les circonstances en forme de procès et plaidées. Pourquoi ne pas se servir des mots justes que la langue offre, au lieu de la *barbariser* avec tous ces mots baroques tirés de l'anglais ? Disons donc « *invoquer, citer à l'appui* » au lieu de *plaider*.

3º. « *Picotte.* » — Quoique ce mot ne soit pas français, je crois que son emploi est heureux et devrait être prescrit. Il y a bien l'adjectif « *picoté* » Pourquoi, lorsqu'on est picoté, n'aurait-on pas le privilège d'avoir la *picotte* ?

4º. « *Air.* » — « Vous êtes allé à la *grande air* ce matin ?... » Ceci est tout simplement outrageant. J'étoufferais volontiers l'animal qui me parle ainsi, afin de ne plus le laisser respirer *la grande air*. Il y a *aire* qui est du féminin, et qui signifie dimension d'une surface, est-ce cela qu'on avale ?....

....

6º. « *Menacer.* » — Le *steamer* « *North Star* » *menaça* l'autre jour d'une catastrophe. Qui a-t-il menacé ? Voilà encore une ridicule expression prise de l'anglais ; ça n'est pas étonnant ; je l'ai vue dans la « Minerve » qui est si loyale ! !...

....

8º. « *Espérer* » — *Espérez un instant, monsieur.* — O douce espérance ! Se peut-il que tu sois devenue le mot d'ordre des cuisinières ?

9º. « *Estimés* » — Voici un mot technique, passé dans la langue financière. Dites-moi un peu ce que c'est que des *estimés* ? Deux millions cinq cent mille dollars sont les *estimés* pour l'année 1860. Estimés ! oui, sans doute : $ 2,500,000 sont toujours estimables, et estimés par moi d'abord : mais je doute fort qu'ils soient estimés par ceux qui les paient.

10º. « *Abuser* » — Pourquoi *abusez-vous* tant cette personne ? Why do you *abuse* this person so much ? Quelle différence y a-t-il entre l'anglais et le français ? aucune. Et pourtant, dans une foule de cas, on ne saurait traduire *abuse some one* même par *abuser de* quelqu'un, parce que le mot qui convient à une langue ne convient pas toujours à l'autre.

....

12º. « *Siau* » — Qui peut comprendre ce mot à le voir écrit ? — Et cependant tout le monde s'en sert. — Si l'on remplaçait *siau* par *seau,* ça ne ferait que la différence d'une lettre, assez pour changer un ostrogoth en français.

13º. « *Flot* » — On lisait ce mot l'autre jour à la place de *fléau* dans la « Gazette de Sorel.» Nous savons que pour être rédacteur de la « Gazette de Sorel » il n'est pas nécessaire de savoir le français ; mais enfin, avec un peu de bonne volonté, on peut arriver à ne pas confondre *flot* avec *fléau.*

14º. « *Satisfait que* » — Autre expression anglaise. Ici, *satisfait* s'emploie pour *persuadé, convaincu.* Quelle excuse a-t-on pour substituer des mots baroques à des mots en usage et parfaitement connus ? Cela ne se conçoit pas parmi la classe éclairée.

15º. « *Clair, se clairer de* » — J'appelle les dieux vengeurs. — Je demande de *clairer* du Canada tous les Ostrogoths, Visigoths, anglais et autres barbares qui démolissent notre langue, je ne parle pas de nos institutions ni de nos lois. — Où allons-nous en venir, grands dieux, si nous nous *clairons...* Quoi ! clairons ! *trompettes* ferait aussi bien l'affaire. Ainsi, mettez-vous dans la tête qu'au lieu de vous DEBARRASSER, vous vous *trompette* de quelque chose.......

16º. « *Passation* » — Je ne lui permets pas de *passer,* à celui-ci, dans tous les cas. — *Passation de l'acte !..* Le substantif de passer, c'est passage. On dit la « sanction » et non pas la *passation* d'un acte ; ou si l'on veut, *l'adoption d'une mesure. Passation* est une énormité qu'on pardonnerait tout au plus chez M. Cartier mais non chez d'autres.

..·............................

22º. « *Démancher* » — Combien de fois ne dit-on pas ce mot au lieu de *découdre, disloquer ?...* etc. Démancher une robe ne peut se dire que si l'on ôte les manches, et non pas le corset, ce qui serait disgracieux. Figurez-vous que vous vous *démanchez le pied ;* il faudrait que vous fûssiez drôlement bâti.

Le Pays, mardi 28 novembre 1865

« *Resoudre.* » — Mon grand-père a *resous* ce matin. — Tiens ? comment a-t-il fait ça ? Il y a *ressouder* qui veut dire souder de nouveau, et *rédoudre* qui veut dire décider, trancher... etc... ; mais il n'y a de *resous* qu'avec un *l* à la fin, pour exprimer l'état heureux d'un cœur qui a deux fois trouvé l'oubli.

« *En devoir.* » — « *In duty.* » — Il n'y a pas de danger qu'on dise « de service » ou « en fonctions ». A quoi servirait donc d'être colon anglais, ou traducteur à la « *Minerve* ».

« *Aucun.* » — *Aucune* autre personne qui voudra... etc..etc... Invariablement, toujours, impitoyablement, cet exécrable *aucun* s'emploie à la place de *tout.* — Ah ça ! mais ; sommes-nous, oui ou non, des Ostrogoths ou des Canadiens ? Soyons *aucun* l'un ou *aucun* l'autre. Comme c'est joli, cet *aucun! !*

« *Bande.* » — Ce mot me donne des émotions. J'aime tant la musique ! Voyez-vous d'ici la musique aller par *bandes* ? Une demi-douzaine de fifres dans une *bande*, ça de l'effet, quand à part cela il se fait un « *brillant travail de basse,* » comme dit la « *Minerve* ».

« *Bol.* » — On dit toujours une au lieu de un **bol**.

« *Marier.* » — S... a marié Melle. U... — Cela n'engage à rien pour l'avenir ; mais si S... *s'est marié* avec Melle U...., quelles conséquences ! ! C'est le curé qui marie et c'est le fiancé qui se marie. Il y a de la différence !

« *Abîmer.* » — La boue m'a tout *abîmé* mon pantalon. Voilà une expression qu'on exagère beaucoup. « *Abîmer* » veut dire détruire entièrement, ruiner de fond en comble. Ainsi, si votre pantalon s'*âbîme* sur la route, il est bon que vous cherchiez vivement un **abri**.

« *Piler.* » — Piler *sur* le pied. — Drôle d'opération ! Piler veut dire *écraser, réduire en poudre* ; mais alors, on pile quelque chose, et non pas *sur* quelque chose. Figurez-vous qu'au lieu de dire « j'ai étcuffé un rat, » vous dites « j'ai étouffé *sur* un rat. » Çà ferait une espèce de changement !...

« *Etriver.* » — C'est peut-être là un ancien mot français. Respect à l'âge !

« *Bâdrer.* » — Oh ! oh ! D'où viens-tu, beau nuage ? Quel pays libre que le Canada ! on peut y parler toutes les langues qu'on veut...

« *Méchant.* » — Il fait un *méchant* temps. — C'est-à-dire qu'il fait un temps cruel, féroce, mais non *mauvais*.

« *Presse.* » — Il y avait trop de *presse* où nous étions. — Beaucoup de gens prétendent que ce mot n'est pas français. Ils ont tort. Non seulement, *presse* est français dans le sens de foule, mais encore il est bien plus expressif que ce dernier mot, et lui est bien préférable.

« *Après.* » — Ceci n'est plus la même chose : c'est de l'anglais pur. « I am *after* doing such a thing. » On ne dira donc pas « je suis *après* faire telle chose, », mais je suis *à* faire, ou *en train* de faire !... etc...

« *Tombleur.* » — Ah, mon Dieu ! puisque nous en sommes là, je ne veux plus faire la guerre aux barbarismes. Que voulez-vous faire contre *tombleur?*...

« *Préjugé.* » — On dit toujours qu'un tel est *préjugé* contre un autre, au lieu de dire prévenu. On a des préjugés, on préjuge, mais on n'est pas préjugé. C'est comme si l'on disait : Un tel est détesté contre vous, au lieu de « vous déteste. »

« *Prétention.* » — Ce mot ne s'emploie qu'en mauvaise part. Et cependant que de fois vous voyez dans un journal « notre confrère n'a pas refuté nos *prétentions* » au lieu de *assertions.*

« *Assurances—Certitudes.* » — Ces deux mots ne peuvent s'employer qu'au singulier, malgré l'usage qui prévaut dans certains journaux de les mettre au pluriel. Il semble qu'il suffit d'avoir la *certitude*, sans avoir les certitudes.

« *Ça prend.* » *Ça prend* un homme capable pour faire telle et telle chose. « It takes an able man to do such a thing. » Vous voyez que c'est là de l'anglais pur sang.

« *Réitérer* » — Dans quelles ignorance on est ici de la signification d'une foule de mots ! Ainsi, je lisais l'autre jour dans un journal « nous avons *réitéré l'espérance* » comme si on réitérait une espérance, comme si l'espérance était une chose que l'on pût diriger, appliquer à son gré ! On ne pourrait pas même dire *renouveler l'espérance,* parce que l'espérance est une condition que l'on subit, qui est le résultat de certaines circonstances, mais qu'on ne peut ni produire ni renouveler à son gré. Quelle expression absurde ! réitérer l'espérance ! Et cependant ces mots là s'impriment et s'acceptent sans examen par les journalistes ! Ah ! il faut décidément abandonner le principe des nationalités ! ! ! !

Le Pays, vendredi 5 janvier 1866

Avant de poursuivre la série de mes « barbarismes, » je désire entrer dans quelques considérations rendues nécessaires par la continuation de mon travail. Dans l'origine, je n'avais d'autre intention que de me créer un passe-temps ; aujourd'hui, je crois que ce passe-temps peut devenir une utilité. Votre correspondant « Charlot Paillé, » m'a fait l'honneur d'attacher à mes « barbarismes » plus d'importance que je n'en mettrais moi-même ; je lui dois de prendre mon esquisse au sérieux, et de ne pas rendre sa correspondance inutile par un manque d'attention.

Il y a une grande question philosophique à étudier dans la transformation moderne des langues. — A voir tous les peuples se rapprocher et se confondre petit à petit par la diffusion des lumières, l'adoption des mêmes principes sociaux, l'extension multiple des relations commerciales, on est porté à croire à une égale confusion des langues ; on le croit d'autant plus que cette confusion a réellement lieu par l'emprunt réciproque d'expressions chez tous les peuples civilisés.

Mais qu'est-ce à dire ? Retournons-nous à la tour de Babel, ou bien se forme-t-il, à l'insu de tous, comme une école universelle où tous les hommes viennent composer une seule langue de toutes celles qui existent ? Non ; ces élémens hétérogènes ne peuvent faire un tout ; on ne formera pas une langue universelle par la destruction du génie de toutes les langues vivantes ; mais on pourra prendre une langue unique parmi celles qui existent, et que l'on choisira comme exprimant le mieux les besoins de l'humanité, ses aptitudes, ses penchans presque universels aujourd'hui vers les sciences et l'industrie, une langue dont la précision, la clarté et l'ordre logique conviennent le mieux à des peuples qui s'éclairent de plus en plus, et chez qui l'esprit d'examen se généralise.

Cette langue s'enrichira d'une foule d'expressions prises dans tous les pays ; mais elle conservera son génie propre qui ne sera autre chose que le génie même de tous les peuples réunis s'exerçant sur des objets communs, et tendant au même but, qui est le progrès sous toutes les formes.

Mais, dira-t-on, c'est là une utopie : comment faire un choix aussi arbitraire, et comment surtout l'imposer ? Il s'imposera de lui-même, car il est le résultat naturel de l'éducation et des lumières dirigées dans le même sens. Sans doute, depuis bon nombre d'années, les commerçants, les industriels, les écrivains même n'ont pas été bien scrupuleux sur l'adoption d'une foule de mots étrangers dont leur propre langue leur offrait l'équivalent ; mais c'est là un défaut passager, que tout le monde pouvait prévoir, et qui a pris sa source dans le développement si prodigieux du commerce, que le langage n'a pu marcher de pair avec lui. La rapidité des affaires n'a pas toujours tenu compte des susceptibilités de la langue. Mais s'il est vrai que l'industrie et le commerce puissent se développer à l'infini, il n'est pas vrai de même que les langues puissent se mélanger indéfiniment, ce qui nous mènerait à la confusion la plus affreuse. Nous sommes dans une époque de transition, l'humanité cherche ses véritables formules, des formules générales pour des sciences et des occupations pour ainsi dire nouvelles, et elle les trouvera dans la langue qui répond le mieux, comme je viens de le dire, aux tendances scientifiques [b].

b. Ces articles parus dans *le Pays* sont coiffés du titre « Barbarismes canadiens ». Ils sont signés des lettres « Bl. »

Document n° 23

1865 — L'ACCENT ENVAHISSEUR D'UNE LANGUE ÉTRANGÈRE

Thomas-Aimé Chandonnet (1834-1881), prêtre et enseignant, prononce à la Cathédrale de Québec le sermon de la fête de la Saint-Jean-Baptiste. Il flétrit ceux qui, par honte de leur race, s'abandonnent à la langue anglaise [a].

La langue. A ce mot, mes chers compatriotes, un sentiment patriotique, mêlé de joie et de tristesse, a sans doute pénétré vos âmes.

La langue, cet élément de la patrie, ce diamant précieux, où viennent passer successivement, avec le flot du temps, ses pensées, ses affections, ses soupirs et ses plaintes ; la langue qui relie le présent aux existences du passé ; la langue, la voix de nos ancêtres, notre voix, la voix de nos enfants, la langue, cette noble défense, cet élément indispensable d'union nationale, ce rempart inexpugnable contre les envahissements jaloux des mœurs étrangères ; la langue, le souffle le plus pur, la vie de la patrie.

Un peuple meurt-il avec sa langue ? Un peuple vit-il, quand il a perdu sa voix ? O voix de notre patrie ! Ton nom seul a rendu nos oreilles attentives, nos poitrines palpitantes.

O honneur à vous citoyens dévoués et patriotes, qui consacrez une large part de votre vie à cultiver ce précieux élément de la nôtre. Ecrivains bien doués, qui respectez partout la pureté ombrageuse de son origine.

Honneur à vous aussi, qui sans rien enlever au droit sacré de notre langue nationale, savez prendre dans la lutte une arme étrangère, la saisir dans les mains de vos adversaires, la manier à votre tour, vous en faire un élément de force nécessaire au soin des intérêts publics ou même des intérêts privés.

Oui, tout cela réjouit le cœur généreux de la patrie. Mais à côté de ce beau et patriotique spectacle, il en est un ; et je le dirai sans froisser personne, car je le dis après tout le monde ; il en est un qui l'attriste.

Partout, sur nos places publiques, dans nos rues, dans nos bureaux, dans nos salons, vous entendez résonner l'accent envahisseur d'une langue étrangère. Hélas ! quelquefois, le génie même de cette langue jalouse veille nuit et jour auprès du berceau de nos enfants et les forme par avance à la rigidité de son caractère. Est-ce tout ? oh non ! On va même jusqu'à infliger à sa langue maternelle la tournure de l'étrangère, jusqu'à traduire son nom propre, le nom de sa famille, le nom de ses ancêtres, à le traduire par un son étranger, quelquefois à la lettre.

Et qu'est-ce qui a commandé tous ces sacrifices ? La justice ? Non. La charité ? non. La politesse ? Non plus. Qu'est-ce donc ? C'est le mépris et la honte de sa race ; la préférence et l'honneur d'une race étrangère.

---

a. Sur T.-A. Chandonnet, voir Marie-Anne Lavigne, *l'Abbé T.-A. Chandonnet. Docteur en philosophie, théologie et droit canon*, Montréal, 1950, 149 pages.

O traître déserteur de notre langue, mendiant d'une vie étrangère, partez, vous n'êtes pas propres à la vie nationale ; soyez désavoués par vos frères, en attendant que vous le soyez par l'étranger. Pour nous, mes chers compatriotes, tenons à notre langue. Tenons-y pour nos enfants, pour la jeunesse, pour nous-mêmes. Tenons y tous, partout et toujours ; je n'entends pas avec la violence du fanatisme, mais avec l'amour, l'ardeur et la fermeté d'hommes qui vivent du droit et du devoir. La vie de notre langue est encore dans les mains de notre conseil. N'attirons donc jamais sur nos têtes le reproche de l'avoir trahie. Non-seulement il faut y tenir, mais il faut lui faire honneur, il faut même quelquefois l'imposer.

Ici, généreux défenseurs de nos mœurs et de notre langue, vous n'avez pas oublié que plus d'une fois, dans des luttes différentes, il a fallu, pour vaincre, une autre puissance que la vôtre. Plus d'une fois, il a fallu que l'ange qui veille au foyer de la famille, non-seulement excitât vos courages, mais encore vous imposât le généreux martyre du sacrifice par l'exemple sublime du sien. C'est même à sa pensée que l'on a dû souvent le privilège de commander à la victoire.

Eh bien, il est un champ de bataille où la lutte dure encore, et où, moins que sur tout autre, nous ne pouvons espérer de vaincre seuls. C'est le champ de nos mœurs, la lutte vitale de notre langue et de nos coutumes. Ici notre empire est largement partagé ; et nous pouvons bien en faire l'aveu, la première puissance, ce n'est pas nous, c'est la femme. Elle seule en effet, dans la royauté d'une puissance forte et délicate, peut soutenir l'honneur de notre langue, l'imposer aux citoyens et même à l'étranger, jusque dans les salons ou elle règne. Mères, sœurs, épouses canadiennes, c'est là, vous le savez, votre patriotique mission ; et personne ne doute qu'héritières de tant de vertus qui vous ont précédées dans l'histoire de notre pays, louées naguère par une bouche éloquente du haut de la première chaire de France, vous ne remplissiez ce patriotique apostolat avec dignité et avec bonheur.

Thomas-Aimé Chandonnet [b]

---

b. *La Saint-Jean-Baptiste à Québec en 1865,* Québec, J.N. Duquet et Cie, 1865, 86 pages.

Document n° 24

1866 — « NE PARLEZ PAS TROP ANGLAIS ! »

Louis-François Laflèche [a] *(1818-1898) a été pendant sa jeunesse missionnaire dans l'Ouest canadien, et par la suite, professeur au Séminaire de Nicolet (dont il assura la direction pendant quelques années) et évêque de Trois-Rivières pendant plus d'un quart de siècle. Chef des ultramontains, ce prélat fougueux et partisan n'hésita pas à descendre dans l'arène politique — et électorale aux côtés du parti conservateur — pour combattre les libéraux et francs-maçons, faire respecter les traditions dans un monde en évolution et assurer la primauté de Rome dans l'Église et celle de l'Église sur l'État. Il a établi une grammaire crise (Notes sur la langue des cris, 1849) et écrit plusieurs ouvrages de doctrine et de polémique dont Quelques considérations sur les rapports de la société civile avec la religion et la famille (1866) où il définit une mission providentielle et religieuse pour le peuple canadien-français.*

Invité à prendre la parole lors de la fête de la Saint-Jean-Baptiste à Ottawa, le 25 juin 1866, il montre toute l'importance de la langue maternelle comme élément constitutif d'une nation et il déplore que ses compatriotes parlent trop souvent — et sans raison — la langue anglaise, « la plus lourde taxe que la conquête nous ait imposée », précise-t-il.

Monseigneur [1] et mes Frères,

La solennité de cette grande fête, le nombre de canadiens et surtout de canadiens distingués, par leurs talents et leur position sociale que je vois réunis dans cette enceinte religieuse, fait du bien à mon cœur de prêtre et de canadien. Je m'en réjouis vivement, et j'en suis même profondément ému. C'est que cette fête a un magnifique et double langage. Elle est l'affirmation de notre passé, et un acte solennel de foi dans notre avenir national. On me permettra de rappeler ici un souvenir d'enfance. Un homme distingué citait devant moi les paroles d'un journaliste qui ne croyait pas en notre avenir national. J'étais jeune alors, et je fus extrêmement surpris de voir révoquer ainsi en doute l'avenir du peuple canadien. Devenu grand, j'ai cherché à éclaircir à mes yeux cette question, savoir : si réellement les canadiens français n'étaient pas un peuple ; si dans cette agglomération d'hommes on ne trouvait pas tous les traits distinctifs d'une véritable nation. Depuis, les associations formées en l'honneur de saint Jean-Baptiste ont parlé, et elles ont dit tout haut ce que l'on pouvait penser dans son cœur. Le but en est l'affirmation publique de notre nationalité. Je crois que leur langage est juste, et qu'elles expriment une réalité.

....

La nationalité est ce qui constitue la nation. Mais que signifie le mot nation ? Ce mot vient d'une langue étrangère, et veut dire naissance ; en sorte qu'une nation, en remontant à la racine même des mots, est la descendance d'une même famille. La

a. Sur Monseigneur Laflèche, voir Robert Rumilly, *Monseigneur Laflèche et son temps,* Montréal, Les Editions du zodiaque, 1938. Voir également *Louis-Français Laflèche,* textes choisis et présentés par André Labarrère-Paulé, Montréal, Fides, 1970, Collection Classiques canadiens.
1. Monseigneur Guigues, évêque d'Ottawa.

famille est ainsi la source de la nation. Quand une famille est bénie du Seigneur, elle se développe, s'étend sur un vaste territoire comme la famille d'Abraham, et l'ensemble de ses descendants forme la nation. Voilà le vrai sens qu'il faut donner à ce mot.

Mais quelles sont maintenant les qualités constitutives de la nation ? Nous les examinerons dans la famille même, dont la nation est le développement.

Prenons l'homme à l'entrée de la vie, et étudions-le dans les diverses phases de son existence au sein de la famille, jusqu'au jour où il s'en détache comme un fruit mûr, pour s'implanter dans une autre terre. Cette étude nous donnera les éléments constitutifs de la nation. Comme le dit l'Ecriture par la bouche de Job, l'homme arrive ici-bas dépouillé de tout. La Providence ne donne à l'enfant que la vie. C'est pourquoi l'enfant de l'homme civilisé, en venant au monde, n'est pas différent de l'enfant de l'homme sauvage. Donc la nationalité n'est pas une chose que donne absolument la nature. Nous naissons tous de la même manière. Cependant chaque groupe d'hommes présente des traits distinctifs. D'où viennent ces différences ? Elles proviennent de l'éducation. L'enfant qui est assis sur les genoux de sa mère, ne peut devenir, seul, homme parfait. Il est vrai qu'il a tout ce qui constitue l'homme, mais il n'est pas encore l'homme complet. C'est là que s'opère le développement, non seulement corporel, mais aussi moral, de l'enfant ; et ce dernier s'opère par le moyen de la langue. La parole de la mère est la première lumière, la première intelligence de l'enfant. C'est la mère, en effet, qui a mission de lui faire saisir et comprendre les premières choses qui l'environnent. Elle est à son intelligence comme l'aurore à l'œil de l'homme. Quand nous sommes plongés dans un profond sommeil, si nous ouvrions tout-à-coup les yeux à la grande lumière du soleil, nous n'en pourrions supporter l'éclat. Il faut d'abord une lumière faible et douce qui ne fatigue pas. Elle peut s'accroître ensuite et s'agrandir sans mauvais effet, comme il arrive le matin dans la nature. Tel est le ministère de la mère. Elle commence par faire distinguer à l'enfant les objets qui l'entourent et à les lui faire nommer. L'enfant nommera d'abord les objets qui lui sont les plus chers. Il prononcera, par exemple, le nom de ses parents. Peu à peu, il répétera les paroles de sa mère, premièrement sans intelligence et sans attention, ensuite avec connaissance et réflexion, et finalement il parlera la langue de sa mère. Ainsi l'enfant du français parlera le français, l'enfant de l'anglais parlera l'anglais, et l'enfant du sauvage, le sauvage. L'observation nous montre donc clairement que le premier élément national est l'unité de langage. La langue, voilà certainement le premier lien de la nation.

Si donc une nation a marché dans la voie que lui ont tracée ses pères, les principes des premières familles ont dû se transmettre de générations en générations, et ont créé un autre élément national, la croyance, l'unité de foi. Voilà le second lien de la nation et le plus fort, parce qu'il ne tient pas seulement au monde matériel, mais à l'intime de l'âme, à la conscience humaine.

Si la langue est le premier élément national, le premier devoir de tout citoyen est donc de la parler, de la respecter et de la conserver. Or, nous mettant, ici, la main sur la conscience, demandons-nous si nous avons toujours rempli fidèlement ce devoir sacré. N'est-il pas arrivé quelquefois que des hommes qui se glorifiaient de porter un nom Canadien, ont, cependant, rougi de ce nom, l'ont travesti, et ont ainsi cherché à effacer le premier caractère national. Ils se donnaient néanmoins comme de grands amis de la nation. Cette conduite ne pouvait venir que d'une erreur grave, et de l'ignorance absolue des choses simples et naturelles que nous venons de dire.

Nous sommes, il est vrai, dans une situation particulière, placés au milieu de nationalités différentes. Nous devons assurément respecter les autres nations. Mais il se produit un fait regrettable ; c'est qu'un grand nombre d'entre nous parlent trop la langue étrangère. Mes frères, je ne vous dissimulerai en rien ma pensée ; la plus lourde taxe que la conquête nous ait imposée, c'est la nécessité de parler la langue anglaise. Il est à propos, je l'avoue, que plusieurs sachent parler l'anglais, mais de cette taxe, ne payons que le strict nécessaire. Que les hommes d'affaires qui n'ont pas d'autres moyens de gagner leur vie, que les hommes publics qui sont obligés de discuter les intérêts de la nation, avec nos compatriotes d'origine étrangère, l'apprennent, c'est bien. Mais faudra-t-il pour cela que toutes nos conversations ou nos discussions se fassent dans la langue étrangère ? J'ai assisté assez souvent à vos débats parlementaires, et je vous avoue franchement que j'ai été, plusieurs fois, profondément affligé de voir de nos compatriotes s'exprimer presque toujours dans l'idiome étranger. La langue française a pourtant le droit de cité dans nos Chambres. Les Anglais sont complaisants à nous enseigner leur langue. Pourquoi ne le serions-nous pas aussi ? Pourquoi ne leur donnerions-nous pas des leçons de français comme ils nous donnent des leçons d'anglais ? Tout canadien, s'il aime son pays, à quelque degré de la hiérarchie sociale qu'il se trouve placé, parlera toujours le français, et ce ne sera que quand il s'y verra forcé qu'il emploiera la langue anglaise. S'il y a ici des hommes d'une origine étrangère, j'espère qu'ils ne trouveront pas mauvais que je conseille à mes compatriotes de les imiter. Voyez comme ils tiennent, eux, à leur langue. Est ce que nous aimons moins notre nationalité que ces hommes n'aiment la leur ? Je le sais, cette concession que nous leur faisons si aisément est une suite de la politesse proverbiale que nous ont léguée nos pères ; nous voulons leur épargner des moments d'ennui, et nous parlons leur langue. Mais cette politesse doit avoir ses limites, et ne pas aller trop loin.

Je le dis donc de nouveau, la plus lourde taxe que la conquête nous ait imposée, c'est la nécessité d'apprendre l'anglais. Payons-la loyalement, mais n'en payons que le nécessaire. Que notre langue soit toujours la première. Tenons à parler la première langue de l'Europe ; et fortifions, chez nous, ce puissant lien national.

Il m'a été donné de voyager aux Etat-Unis. J'y ai rencontré des compatriotes qui m'ont accueilli avec hospitalité. J'ai adressé la parole en français aux petits enfants qui entouraient leur mère, et ils ne m'ont pas compris. Ah ! mes Frères, pour un homme qui aime vraiment sa nation, que cette scène est vraiment poignante !

Combien de compatriotes aux Etats-Unis qui, après deux ou trois générations, ont perdu leur langue, peut-être leur foi, et n'auront plus de canadien que le nom, si même ils le conservent ? Si nous voulons sincèrement le bien de la patrie, nous nous efforcerons toujours de détourner nos frères d'aller dans un pays où ils perdent si facilement le caractère national.

Mgr Laflèche [b]

---

b. *Œuvres oratoires de Mgr Louis-François Laflèche, évêque de Trois-Rivières,* publiées par Arthur Savaète, Paris, Arthur Savaète, s.d., 440 pages. Voir p. 49-55.

Document nº 25

1870 — « *OUI, LA FRANCE EST ENCORE NOTRE PATRIE.* »

Oscar Dunn (1845-1885), petit-fils d'un immigrant loyaliste, était canadien-français par sa mère. Il commença sa carrière de publiciste au Courrier de Saint-Hyacinthe, *journal de tendance conservatrice. Il vécut deux ans en Europe (avant la guerre franco-prussienne) où il collabora au* Journal de Paris. *De retour à Montréal, il fut choisi comme rédacteur en chef de* la Minerve, *journal qui soutenait le parti de Cartier et Macdonald, et dirigea* l'Opinion publique *(1872-1874). Candidat malheureux du parti conservateur aux élections de 1867 et de 1875, il fut nommé, après ce deuxième échec, bibliothécaire de l'Instruction publique. Il fut l'un des membres fondateurs de la Société royale du Canada (1882) et s'intéressa activement à la défense du français. On lui doit notamment un* Glossaire franco-canadien, *ouvrage important paru en 1880 (voir la présentation du document nº 28).*

Dans une conférence intitulée « Pourquoi nous sommes Français », prononcée au lendemain de la défaite des armées de Napoléon III à Sedan, Oscar Dunn crie son attachement à la France, qui demeure, selon lui, le principal point d'appui du Canada français [a].

Monseigneur,

   Mesdames et Messieurs [1],

   Appelé à faire une conférence devant l'Institut des Artisans, j'ai dû subir, dans le choix d'un sujet, l'influence des préoccupations que causent à tout le monde les graves événements dont l'Europe est depuis deux mois le théâtre sanglant. Le conflit franco-prussien a son écho dans toute l'Amérique ; il réjouit les uns, il attriste les autres : pour nous, Canadiens-français, nous en éprouvons une douleur profonde. Nous aurions pu apprendre le triomphe des armes françaises sans émotion vive peut-être ; le fait aurait semblé si naturel ! mais la France a essuyé des revers terribles, et du jour où elle a perdu sa première bataille, du jour où elle a été envahie par l'étranger, le sang français qui, auparavant, coulait dans nos veines, je dirais, si je l'osais, presqu'à notre insu, nous l'avons senti s'échauffer et bouillonner. Parcourez maintenant notre province d'un bout à l'autre, vous ne trouverez pas un seul d'entre nous qui ne se passionne pour la France dans la guerre actuelle.

....

   Je n'ai pas, non plus, l'idée de rechercher les causes de nos sympathies pour la France, qui est le pays de nos pères ; ce serait se demander pourquoi l'on aime ses

---

a. Sur l'attitude des Canadiens français face à la guerre de 1870, voir notamment Narcisse-Henri-Edouard Faucher de Saint-Maurice, *le Canada et les Canadiens français pendant la guerre franco-prussienne*, Québec, Imprimerie générale A. Côté et Cie, 1888, 56 pages.

1. Les deux dernières parties de cette étude, sauf quelques passages, ont été lues à St Hyacinthe et à St Césaire en septembre 1870, dans un concert donné au profit des blessés français. Sous sa forme actuelle, ce travail a été lu devant l'Institut des Artisans de Montréal, le 14 Octobre de la même année, à l'ouverture des classes du soir de cette société. Mgr Bourget assistait à cette séance.

parents, sa famille : je voudrais plutôt savoir comment il se fait qu'après un siècle de domination anglaise, nous soyons encore Français par la langue et les mœurs ; je voudrais savoir à quels motifs l'on doit attribuer notre obstination courageuse à garder et défendre les institutions qui nous sont propres, à rester, en un mot, un groupe national à part sur cette terre britannique.

....

* * *

La première pensée qui me frappe, au début de cette courte étude, m'est suggérée par l'exposition même du sujet. En effet, savez-vous bien que l'étranger doit trouver une étrange hardiesse dans cette affirmation publique de nationalité française par des sujets anglais. Néanmoins la chose nous paraît toute naturelle, à nous, et sans aucun danger. N'y a-t-il pas là un phénomène social qui doit attirer notre attention ?

Nous sommes une dépendance de l'empire britannique depuis un siècle : oui, vraiment, depuis cent ans nous appartenons à l'Angleterre, et nous conservons encore les mœurs, la langue et les lois civiles de notre première mère-patrie, nous sommes encore Français, et cela, aujourd'hui, ouvertement, sans entraves et sans molestation. Si nous sommes ainsi en toute liberté ce que nous voulons être, c'est donc que l'Angleterre le permet.

....

Un des principes fondamentaux du droit international est qu'un peuple qui passe sous la domination d'un souverain nouveau, conserve ses lois jusqu'à ce que celui-ci les remplace par d'autres. Or, les traités nous ont garanti l'exercice libre de nos lois et de notre religion. S'il y a eu des doutes là-dessus, ils ont été exprimés, non pas en Angleterre, mais au Canada par de nouveaux arrivants qui, naturellement désireux de vivre ici sous l'empire des mêmes coutumes que là-bas, s'étaient figuré avoir apporté tous les codes anglais dans leurs malles. Les autorités métropolitaines ont compris les choses plus généreusement, plus justement, et l'Acte de Québec (1774) est venu sanctionner ce que les traités nous avaient garanti. Ce *Bill* fait époque dans notre histoire. Il est, du reste, une interprétation honnête du traité de Paris, et la seule qui pût l'être ; pour s'en convaincre, il suffit de se rappeler dans quelles circonstances l'Angleterre a obtenu possession de ce pays.

Les Canadiens avaient lutté avec courage contre l'armée anglaise, et n'étaient point écrasés encore ; ils épuisaient l'ennemi, mais ne pouvaient le chasser sans secours, trop épuisés eux-mêmes. Louis XV, ne tenant pas à conserver « quelques arpents de neige » selon le mot de Voltaire, au prix de nouveaux sacrifices d'hommes et d'argent, signa le traité de paix par lequel il *céda* le Canada, traité honteux pour le souverain qui pouvait l'éviter en nous sauvant, honorable pour nous qui, délaissés par la mère-patrie, n'avions cependant pas été *conquis*. Nous avons été cédés, c'est le mot, tels que nous étions, avec nos mœurs, notre religion, notre langue et nos lois, et l'Angleterre, en nous acceptant comme tels, nous a promis sa protection, c'est-à-dire qu'elle nous a reçus comme Français et nous a permis de continuer à l'être, sous l'égide de ses institutions libres. Il y a eu des tâtonnements, des hésitations, des persécutions même, je le sais ; mais je sais également que l'injustice n'est pas venue des Anglais d'outre-mer, bien plutôt des Anglais du Canada, de ce « parti anglais » que M. Gladstone qualifiait l'an passé en termes si durs, et dont heureusement on retrouve peu de vestiges.

Le fait général et essentiel reste acquis à l'histoire, à savoir : que l'Angleterre, en recevant des Français dans son sein et en leur accordant toutes les garanties qu'ils avaient demandées, leur a dit par là même : Adoptez mes institutions et servez-vous en, soyez libres, soyez toujours Français si vous le voulez.

....

Il est donc vrai qu'en affirmant notre nationalité nous ne faisons rien que ne permette la métropole. On nous a donné la liberté, nous en usons, voilà tout. L'Angleterre, qui sait nous apprécier, ne s'en plaint pas, et il semble que nos compatriotes d'origine anglo-saxonne ne doivent pas s'en offenser davantage. Hommes d'honneur, qu'ils s'en réjouissent plutôt, car nous descendons des Français, la France est notre mère, et des hommes d'honneur sont toujours heureux de voir un fils prodiguer à sa mère les marques de son amour et de son respect [...]

....

Nul mieux que nous ne comprend la nécessité de la concorde entre les diverses nationalités qui se partagent le Canada, et nul plus que nous ne la recherche ; mais concorde ne signifie pas fusion. Autour de nous chacun répète à l'envie : Respect aux croyances, au sentiment national. Qu'est-ce à dire ? sinon : Respectez-vous vous mêmes, restez ce que vous êtes, chacun à son passé, passé respectable auquel il n'y aurait point d'honneur à tourner le dos ; Anglais, Irlandais, ou Français, conservez vos traditions ; inutile d'essayer à vous absorber les uns les autres, il vous suffit, pour être tous de bons Canadiens, de vous entendre dans un même désir de progrès et de bien public.

Etant admise cette distinction des groupes nationaux, laquelle ne saurait nuire aux intérêts généraux du pays, nous pouvons, sans provoquer d'alarmes au milieu de notre entourage, proclamer à haute voix que les Canadiens-français demandent au passé une règle de conduite pour le présent qui doit préparer leur avenir. Nés Français et Catholiques, nous ne voulons être hostiles à personne ; mais ce désir de vivre en bons termes avec tout le monde ne suppose pas l'abdication de notre double caractère national et religieux. [...] D'autres, qui visent au même but, prennent un chemin différent : nous ne les méprisons pas pour cela, et cette divergence des moyens ne refroidit pas notre patriotisme, notre amour de la patrie canadienne, non plus que notre attachement aux institutions britanniques. Nous avons paru sur les champs de bataille en 1775, on sait pour quelle cause ; hier encore, nous étions sous les armes à la frontière, l'Angleterre ne l'ignore pas, et si elle est convaincue de notre attachement à nos traditions françaises, elle n'est pas moins certaine de notre fidélité à ses institutions. Politiquement, nous sommes Anglais ; socialement, nous restons Français, ou plutôt, si l'on préfère ce mot, nous sommes dans les affaires publiques, Anglais de tête et Français de cœur. Et j'ose dire que la métropole est satisfaite de nous.

Quoi qu'il en soit, si jamais l'Angleterre a songé à nous détruire, elle a abandonné promptement ce projet lorsqu'elle nous a vus accepter ses institutions avec tant de loyale franchise, lorsqu'elle a compris qu'elle pouvait se fier à nous comme aux siens, et, en recevant d'elle nos lois constitutionnelles, nous avons reçu par là non-seulement une marque de confiance, de respect, et la récompense de notre sagesse publique, mais aussi la meilleure garantie que nous puissions désirer comme Canadien-français, la liberté faisant notre force en nous autorisant à ne pas cesser d'affirmer ce que nous sommes ; car si nous sommes Français, et si nous le déclarons, n'est-ce pas l'Angleterre qui l'a voulu lorsqu'elle nous a dit : Soyez libres ?

En d'autres termes, nous sommes restés Français parce que nous sommes un peuple libre.

Mais la liberté, reconnaissons-le, ne nous aurait pas suffi pour résister à l'influence de notre entourage, si nous n'avions eu des motifs exceptionnels, et l'intelligence parfaite de ces motifs, pour tenir à garder notre autonomie sociale. Pourquoi avons-nous lutté et plus tard usé de notre liberté pour nous fortifier dans notre foi nationale ?

On pourrait peut-être répondre que nous nous y sommes déterminés par goût et par raison.

* * *

Chaque peuple a ses habitudes et ses mœurs, un certain cachet particulier qui le distingue de son voisin ; mais ce trait distinctif peut-être plus ou moins accentué. Ainsi, la distance qui sépare un Espagnol d'un Italien n'est pas énorme [...] On pourrait en dire autant de l'Américain et de l'Anglais [...] Mais peut-on faire de telles comparaisons entre le Français et l'Anglais ? Certes, je ne vois rien de plus différent d'un Anglais qu'un Français. Celui-là est flegmatique, celui-ci vif et enthousiaste ; l'un s'abime dans le *spleen*, l'autre est fou de gaieté ; le premier pour une offense va devant les tribunaux, et le second va sur le terrain ; l'Anglais défend sa bourse, le Français son idée. Enfin, leurs caractères n'ont aucun point de contact, et ils ont chacun leur originalité propre qui les rend les deux êtres les plus dissemblables de la création. [...]

Comment voulez-vous qu'avec ces qualités et ces défauts qu'ils avaient apportés de France, les Canadiens aient été bien empressés, après la cession, de se mêler à la population anglo-saxonne qui devenait maîtresse du pays ? Tout les éloignait d'elle, leurs mœurs, leurs habitudes de vie, leurs notions de commerce social, leur langue surtout, cette belle langue si difficile, mais si chère à ceux qui la possèdent.

La langue française, c'est un diamant d'un prix inestimable ; c'est une œuvre d'art travaillée par les siècles, d'une beauté à nulle autre pareille. Tout le monde l'admire, elle charme tout le monde, bien qu'elle ne livre ses secrets qu'à un petit nombre ; il faut être amoureux d'elle, l'aimer beaucoup, lui faire longtemps la cour, et elle ne se donne qu'à celui qui sait la vaincre par un labeur persévérant et une longue constance ; mais quels trésors elle révèle à ses favoris ! Sa délicatesse exquise ravit l'intelligence ; elle est tout amour et tout gaieté, pleine de noblesse et d'enthousiasme, accessible aux sciences comme à la fantaisie, à toutes les hautes pensées comme à tous les sentiments dignes ; elle comprend votre cœur et seconde votre esprit. Si vous la possédez, rien ne vous décidera jamais à y renoncer ; vous la garderez comme votre meilleur bien.

Il en fut ainsi de nous. La langue française est un héritage sacré que nous nous sommes transmis de génération en génération, intact et sans souillure, et lorsque nous discourons sur le bon vieux temps, lorsque nous nous entretenons de la France, c'est dans sa propre langue que nous le faisons.

Je dois admettre que nous parlons aussi l'anglais. Notre excuse est qu'il ne peut être mal de savoir plus d'un idiome, et que pour nous c'est une nécessité. De la sorte, nous pratiquons une partie des théories de Charles-Quint, qui disait qu'on devait parler l'italien aux oiseaux, l'allemand aux chevaux et aux chiens, l'anglais aux hommes, le français aux femmes, l'espagnol à Dieu. Nous ne savons pas toutes ces langues ; nous ne parlons ni l'allemand aux chiens, ni l'espagnol à Dieu, et nous ne chantons que rarement l'italien aux oiseaux. Mais il est assez vrai que nous parlons l'anglais aux hommes ; c'est le langage des affaires, des comptoirs. Et avec vous, mesdames, nous cultivons le français. Sans vous l'anglais serait maître absolu du terrain ; j'en conclus que c'est grâce à vous que notre langue est vivante et prospère. On assure, du reste, que vous la maintenez toujours en pleine activité dans vos cercles.

Vous m'en voudriez sans doute, mesdames, de pousser la galanterie jusqu'à vous attribuer exclusivement un mérite que d'autres partagent avec vous : soyons donc juste avant tout et rendons à chacun ce qui lui appartient. D'abord, le clergé, en faisant de la langue française la base principale de son enseignement dans les collèges où s'instruit la jeunesse, l'a empêché de tomber en désuétude ou en décadence, et, en prêchant l'évangile en français, il nous a habitués à identifier notre langue avec nos croyances religieuses. L'importance de ce fait n'échappe à personne.

Nous savons ensuite que nos hommes d'état ont eu de tout temps le courage de revendiquer dans nos assemblées législatives les droits de la langue française. En la faisant reconnaître dans les actes officiels, ils lui ont donné l'existence publique.

Nous devons beaucoup aussi à notre littérature indigène. Bien qu'elle ne soit pas très considérable, elle a contribué à raffermir et fortifier notre idiome, et à l'incorporer, pour ainsi dire, dans les traditions du passé. Les lettres sont les archives d'une nation, et comme elles se maintiennent au-dessus des sphères orageuses de la politique, elles demeurent toujours l'arche de refuge, l'entrepôt des traditions et des idées dont le peuple s'est nourri et qu'il aime d'instinct à retrouver pour s'en nourrir encore. Tel est le privilège des lettres, et ce qui en fait un grand moyen de conservation nationale. Elles répondent au besoin que ressent tout peuple civilisé de lire et de trouver dans les livres le tableau de sa vie intime, l'expression de ses aspirations, le récit de ce qu'il a accompli. Le peuple doit pouvoir en quelque sorte se mirer dans les livres écrits pour lui. Nous sommes assez riches sous ce rapport. Garneau et Ferland ont raconté notre histoire ; Crémazie, Fréchette et d'autres nous ont fait une poésie nationale, et plusieurs auteurs ont publié des ouvrages agréables et utiles qui peuvent soutenir la comparaison avec les productions de la littérature légère des autres pays. Parmi ceux-ci on trouve au premier rang l'auteur [b] de *Jacques et Marie.*

Et puis, permettez-moi de le dire, les journaux ont beaucoup fait pour entretenir la langue française toujours vivace au Canada, car en parlant au peuple de ses affaires en français, ils ont doté le français d'un intérêt, d'une importance égale à celle que le peuple attache à ses affaires mêmes. Si l'on interroge le passé, on verra que des journalistes comme MM. Bédard, Etienne Parent, Duvernay père, n'ont pas été des hommes inutiles à la patrie.

Enfin la famille canadienne-française tout entière a montré toujours et partout qu'elle aimait sa langue. Il y a eu des négligences et des défections, mais, à votre honneur, messieurs les Artisans, on constate que ce n'est pas dans vos rangs qu'il s'en rencontre le plus. On vous reproche d'avoir adopté trop de termes anglais pour nommer les choses de votre métier : vous pouvez répondre en demandant que l'on vous apprenne les termes français, et en offrant de comparer votre langage avec celui de toute autre classe de notre société. Vous apprenez l'anglais parce qu'il vous est utile, vous n'en faites pas une vaine parade ; vous n'êtes pas de ceux qui ne tendent qu'à imiter les manières des autres ; vos femmes et vos filles n'ont pas versé une seule larme au

b. M. Napoléon Bourassa alors président de l'Institut des Artisans. [Note de Oscar Dunn.] Napoléon Bourassa était le père de Henri. [G.B. et J.M.]

départ des chefs des bataillons anglais ; en un mot, vous ne cherchez pas du tout à vous *anglifier.* On ne pourrait pas écrire le même éloge indistinctement à l'adresse de tous nos compatriotes de cette ville.

Je ne voudrais point pousser cette critique au-delà des justes limites. Nous sommes tous attachés à l'idiome que la France nous a légué, et cet attachement est inhérent à notre nationalité, car rien ne reflète mieux le caractère français que la langue française elle-même. Le langage, en effet, est un instrument que chacun manie selon les aptitudes de son esprit ; c'est encore un vêtement qui prend les formes de la pensée et en laisse voir la taille et les contours. Un homme positif, calculateur, n'aura pas une phraséologie imagée, tandis que le poète ne parviendrait jamais à s'exprimer s'il était restreint au vocabulaire d'un homme de chiffres.

Mais si la parole traduit le caractère, il n'en est pas moins certain qu'elle a son charme et ses qualités intrinsèques et qu'elle peut l'orner, le rehausser, le faire ressortir brillamment ; elle sert dans tous les cas à le perpétuer, parce qu'elle le fixe, pour ainsi dire, sur le papier au moyen de l'expression. Si donc nous sommes restés Français, une des causes en est sans doute que le caractère français est l'antipode du caractère anglais, qu'il se suffit à lui-même, qu'il n'a pas besoin d'aller chercher des modèles à l'étranger, qu'il est énergiquement tranché et tout-à-fait original, et que, par conséquent, loin de désirer en emprunter un nouveau, nous avons dû avoir une répulsion naturelle pour tout autre ; mais c'est aussi parce que nous parlions une langue magnifique qui seule pouvait s'adapter à ce caractère et dont nous savions apprécier les richesses incomparables. Ennobli par la langue, l'élément français s'enracine dans les individus ; on reste français parce qu'il y a du bonheur à parler le français.

Ceci est affaire de goût ; voyons nos motifs de raison.

* * *

Le jour où le drapeau fleurdelisé retraversa les mers et fut remplacé sur le cap de Québec par les couleurs britanniques, ce fut un grand deuil pour les habitants de la Nouvelle-France. Un bon nombre d'entre eux, pour ne pas subir ce changement, quittèrent ce pays que la mère-patrie, gouvernée par une courtisane, ne voulait plus garder. Abandonnés à leur propre forces dans un complet isolement, ceux qui restèrent se trouvaient dans une position singulièrement critique. Régis par un pouvoir hostile, qu'allaient-ils devenir ? Quelle ligne de conduite devaient-ils suivre ? Devaient-ils abdiquer tout-à-fait, recevoir le vainqueur à bras ouverts et s'assimiler à lui ? Nos pères crurent qu'il y aurait eu là de leur part une lâcheté, et ils se dirent : Le sol nous appartient, tenons ferme ; nous sommes des Français, ne cessons pas de l'être, soyons soumis à l'Angleterre, mais n'oublions pas la France !

Cette attitude ne leur était pas dictée simplement par leurs préférences bien naturelles et légitimes, mais aussi par une raison politique très-saine et très-éclairée. Ils comprirent que s'ils sacrifiaient leur nationalité, ils renonçaient en même temps à toute mission sur ce continent, et que pour être quelque chose ici, ils devaient continuer d'être Français. Devenir Anglais, c'était se mettre à la remorque des colonies voisines ; rester Français, c'était fonder une nation et devenir les mandataires de la France et de l'Eglise Catholique.

Cette pensée est évidente dans notre histoire ; elle en est l'âme, le fait dominant, et elle s'est perpétuée jusqu'à nous. Nous comprenons tous que nous ne pouvons avoir d'influence en Amérique qu'à la condition de personnifier l'idée française. Que serions-nous si nous devenions Anglais ? Qu'est-ce que représente ici l'idée anglaise ? La monarchie, la liberté, et le protestantisme qui pour nous est synonyme d'erreur. La liberté ! mais elle règne sans conteste sur tout le continent ; ce n'est pas d'elle que nous recevrons une mission spéciale, car elle n'a pas besoin d'apôtres là où elle n'a pas de conversions à opérer. La monarchie ! mais elle n'est qu'un détail ; elle est une des formes de la liberté, elle n'est pas la liberté même ; et du moment où la liberté existe dans l'ordre, un peuple ne saurait se donner pour tâche nationale de la revêtir des livrées monarchiques plutôt que de l'habit républicain : cela n'en vaut pas la peine et n'est point digne du travail unique de tout un pays.

L'Anglais n'est donc pas, sur ce continent, une personnalité politique originale, dans le sens absolu du mot, surtout si le pays où il vit cessait d'être colonie pour devenir indépendant ; il est seulement un membre de la grande famille saxonne qui domine en Amérique. Devenons un pays indépendant et soyons Anglais, que serons nous alors, sinon des Américains monarchiques ? Croit-on en vérité, que cette qualité nous permettra d'être longtemps un peuple distinct des autres peuples d'Amérique ?

Etre Français, au contraire, c'est faire souche et fonder une famille nouvelle ; c'est représenter la France et le Catholicisme : la France ! noble pays qui marche à la tête de la civilisation et qu'une pensée généreuse n'a jamais trouvé indifférent ; la France ! fille ainée de ce Catholicisme qui est la vérité religieuse. Quelle position pour nous, digne du respect du monde et qui donne à notre existence un but si élevé ! Quelle mission que celle de continuer de ce côté-ci des mers le rôle de la France en Europe ! Répandre au loin les richesses intellectuelles dont notre langue nous met en possession, propager les fécondes notions de politique renfermées dans les ouvrages de Bossuet, Fénélon, De Maistre, Benjamin Constant, Royer-Collard, Montalembert, Prévost-Paradol, faire connaître cette brillante et substantielle littérature qui va de Racine à Victor Hugo et de Massillon au Père Félix, prêcher cette philosophie spiritualiste des Descartes, des Malebranche et des Ventura, produire des prêtres par centaines et les envoyer porter la bonne nouvelle dans les riches cités des Etats-Unis comme dans les plaines glacées de la Rivière-Rouge, donner des religieuses à toutes les peuplades, construire des hôpitaux où ces saintes femmes exercent leur dévouement, former des séminaires où la jeunesse reçoit le pain ferme de l'éducation classique et religieuse, voilà, certes ! une œuvre digne d'un peuple qui croit en Dieu et qui veut laisser sa marque sur ce globe terrestre.

Cette mission est la nôtre, c'est celle que nos pères avaient entrevue. N'était-elle pas, je vous le demande, assez enviable, assez séduisante, pour entrainer sous un même drapeau des hommes déjà unis par l'amour de la patrie absente, et les décider à se lier entre eux pour la remplir en restant fidèles aux principes qu'elle présuppose ? Oui, l'ambition de jouer un rôle si important dans l'histoire d'Amérique a guidé les Canadiens, après la cession comme avant, et les a fait jurer de toujours garder le souvenir de la France, de toujours entretenir avec elle un commerce d'idées et des relations intellectuelles. [...]

C'est par cette fidélité à nos traditions que nous avons assuré notre avenir. Voyez la Louisiane. Pour une raison ou pour une autre, la population française de cet état n'a point conservé sa nationalité, et qu'est-elle aujourd'hui ? Elle a produit des individualités marquantes, sans doute ; mais comme groupe national, elle n'a aucune influence, elle s'est affaissée sur elle-même. Pourquoi ? sinon parce qu'elle n'a pas maintenu les liens qui l'unissaient à la France. Notre destinée est toute différente. Nous avons dans cette immense Confédération canadienne qui s'étend d'un océan à l'autre, une influence considérable et souvent prépondérante comme corps, non pas seulement comme individus. Le nom de la France a fait notre prestige et notre force ; ceux mêmes qui ne s'en rendraient pas compte d'une manière raisonnée en sont avertis par les sympathies qu'ils éprouvent tout spontanément pour la France dans la terrible crise qu'elle traverse aujourd'hui. N'en doutez pas, l'intérêt est pour quelque chose dans nos sympathies : nous sentons bien que si la France est vaincue, non seulement la civilisation et l'Eglise en souffriront, mais que le Canada français aura perdu son principal point d'appui.

....

Ainsi donc, mesdames et messieurs, obéissant, d'une part, à cette prédilection naturelle qui fait aimer la nation dont on descend, et à cet instinct individuel qui sépare ceux qui diffèrent par l'éducation, la langue et le caractère, et, d'autre part, soutenus par l'ambition noble de jouer un rôle particulier en Amérique, nos pères ont voulu rester Français et profiter, pour y arriver, de toutes les libertés que leur a octroyées l'Angleterre. Les mêmes raisons inspirent à leur fils la même volonté ferme.

....

Et si quelqu'un veut savoir maintenant jusqu'à quel point nous sommes Français, je lui dirai : Allez dans les villes, allez dans les campagnes, adressez-vous au plus humble d'entre nous, et racontez-lui les péripéties de cette lutte gigantesque qui fixe l'attention du monde, annoncez-lui que la France a été vaincue, puis mettez la main sur sa poitrine, et dites-moi ce qui peut faire battre son cœur aussi fort, si ce n'est l'amour de la patrie.

Oui, la France est encore notre patrie. Nous le sentons vivement aujourd'hui qu'elle traverse la plus terrible des épreuves. Vraiment, nous ignorions peut-être nous-mêmes la force de notre affection pour la France, et nous ne savions pas que ses défaites pourraient nous attrister à ce point ; on dirait que chaque revers de ses armes nous atteint dans nos personnes ; ses douleurs sont nos douleurs, et Dieu sait avec quelle impatience nous attendons le jour de son triomphe pour chanter l'hymne d'allégresse, jour qui certainement, je le crois pour ma part, luira bientôt, quelles que soient les apparences du moment [2].

Montréal, le 14 Octobre 1870

Oscar Dunn [c]

---

2. Vœux inutiles, et quelle illusion ! Que de fois, à l'instar des *Français de France*, nous avons mené Trochu à la victoire et délivré Paris.

c. Oscar Dunn, *Dix ans de journalisme. Mélanges*, Montréal, Duvernay frères et Dansereau, 1876, 278 pages.

Document nº 26

1874 — « *NOTRE ENNEMI N'EST PAS LE PATOIS, C'EST L'ANGLAIS...* »

Dans la livraison du 15 janvier 1874 de l'Opinion publique de Montréal, Oscar Dunn prend la défense des Canadiens français accusés de parler patois.

Le *Courrier des Etats-Unis* reproduit l'extrait suivant d'un journal parisien :

Nous avons retrouvé une traduction, en vieux patois normand, d'une fable de La Fontaine.

C'est, comme on sait, un idiome qui tend à s'effacer tous les jours, sauf au Canada. La pièce est, parait-il, fort rare ; nous la livrons aux méditations des linguistes :

Un jou qui dégribouillait d'liau comme pou l'amour du bon Dieu, un laboureux abrié dans sa méson, les coutes *accotés sus* la table, racontit à ses éfants qu'étaient tout à l'entour dé li, la fable suivante, pendant qué d'son côté la mère mettait d'l'affairement dans l'fricot qui cauffait sus l'cagnard, pou l'diné d'ses gens.

Unne faie, un corbiau agrippait sur un baleux qu'était d'ho, un froumage blanc au lait calbot, et i s'en fut s'*juquer* sur un gros nouyé pour y fère sa boustifaille.

Dans s'tentréfaite, un vieu r'nard qu'était un *finot* et qui n'avait rin mâqué d'pis une bonne écousse, rinbinait à va la brivère pou vaie si i n'allait point trouvé *queuque chose à s'mette* dans l'gaviau, i passait justement dans l's'environs d'larbe où qu'était jerqué l'oisiau, son froumage dans l'bec tout prêt à l'baffrer.

Le r'nard qu'était allouvi et *quasiment* faimvallier, sitôt qu'il eut sentut l'goût du froumage, i s'dit en tout par li, faut qué j'tâche dé yin chippé s'naubainne et qu'j'refasse, s'nérât-là. Ca n'manquit point, v'là qui s'apprêchit bin jentiment d'loisiau qu'était point trop découginé ni déluré n'tout, et i yin dit comme ça d'un air de soupe-douce : Bonjou, moussieu du Corbiau, *j'vous faisons* bin notr'compliment, ma fe d'Gieu j'êtes tout d'meinme biau gâs et bin requinqué itout, et si j'chantais aussi bin qu'j'avait une bonne façon, j'êtes ben sur l'roué d'ces bouais là.

Quant l'corbiau s'entendit alosé d'la sorte, il fut bin héreux et *bin èse*, et pou montré sa belle voit, i s'met à ouvri un grandisime bec..... et v'là son froumage chu sus des blaîtes qui s'trouvaient à c't'endroit. Le r'nard qui le *r'luquait* d'bicoin, n'fit point l'dégailleux et ramassit l'froumage, et i dit au corbiau : mon bon moussieu, apprénait qué c'ti-ci qu'écoute les *flatteux* est toujou *leux* dupe et que l'senjoleux vivent aux crochets d'ceux qui receuvent leux alôs.

«Cté leçon là vaut bin un froumage, *j'cré.*

« L'oisiau qu'était restai ébauhi comme un grand bégêt, jurit, mais un brin trop tard, qui n'se léss'rait pus *emberlificoter* pas l'clapot ni l'bagout d'ces r'narés-là. »

Lorsque l'habitant de la campagne la plus reculée se fera lire le présent numéro de *L'Opinion Publique* par son enfant qui fréquente l'école, ne pouvant le lire lui-même parce que *de son temps* il n'a pas eu la facilité de s'instruire, ce brave homme ouvrira de grands yeux, mais ne comprendra rien à cette fable du renard et du corbeau. Il a déjà entendu réciter cette fable dans la langue de Lafontaine : il lui arrive même assez souvent de chanter la même histoire *Sur l'air du tra la la deridera* ; mais dans celle-ci il ne voit goutte. *Dégribouillait, agrippit, baleux, calbot, faimvallier, alosé, dégailleux, begêt,* tout cela c'est de l'hébreux pour lui ; il sera bien surpris d'apprendre que ses compatriotes parlent un tel patois, lui qui connaît tout le monde dans sa paroisse et dans les paroisses voisines, lui qui a « pas mal voyagé », qui connaît les plaines du Nord Ouest comme les faubourgs de Montréal et de Québec, et qui cependant n'a jamais entendu les canadiens parler *en termes* comme cela. Ce brave homme est chasseur, il connaît les mœurs des habitants des bois, mais il ne sait pas ce que c'est qu'un renard qui *rinbinait à va la brivère.* Il a souvent vu des corbeaux, mais le corbeau *raquinqué* lui est parfaitement inconnu. Et si nous lui disons que *le Courrier des Etats-Unis* est un journal bien posé, il le croira, mais il n'en dira pas moins que ce journal jase de ce qu'il ne connaît pas.

Ce patois normand est absolument ignoré au Canada. Tous les Canadiens Français parlent la même langue française, un peu gâtée par certains mots anglais écorchés ou traduits à moitié, mais sans mélange d'aucun des nombreux patois qui existent en France. Leur accent est à peu près le même d'un bout à l'autre du pays ; les habitants d'en bas de Québec seuls se font remarquer par la prononciation de l'r, qui tient le milieu entre le parler gras et le grasseyement.

La langue canadienne est beaucoup plus pure que celle du paysan français ; les mots que nous avons soulignés dans la fable sont les seuls de cette fable que l'on entende ici. Ce que nous avons perdu, ce sont les intonations : nous récitons au lieu de déclamer. Nous prononçons *mirouer, nâtion,* comme au treizième siècle en France, et nous mettons presqu'un z au d et au t suivis de l'i : *dzire, partzi.* La classe instruite, surtout depuis quelques années, se défait de cet accent, et, aux intonations près, parle très bien.

Que notre confrère américain veuille nous en croire, notre ennemi n'est pas le patois, c'est l'anglais qui, maître du commerce et de l'industrie, met le désarroi dans la langue de l'ouvrier et du négociant ; son influence sur la langue politique ne laisse pas non plus d'être redoutable. Néanmoins nous sommes attachés à l'idiome de notre première mère-patrie, et nous serions enchantés que la France voulût nous aider à le conserver en nous envoyant ses émigrants. Nous aimons moins que l'on nous fasse parler patois. Le *Courrier,* qui a bon nombre d'abonnés au Canada, aimera peut-être à savoir que nous avons écrit ces lignes à la demande de plusieurs personnes que cette fable « en vieux patois normand » a peut-être un peu trop froissés.

Oscar Dunn [a].

---

a. Oscar Dunn, « Notre « patois », *l'Opinion publique,* vol. V. n⁰ 3, jeudi 15 janvier 1874. L'auteur a repris la question plus tard dans *Dix ans de journalisme. Mélanges.*

Document n° 27

1877 — UN FRANÇAIS DÉCOUVRE LES DEUX SOLITUDES

Albert Lefaivre[a] a été consul à Québec dans les années suivant la guerre franco-prussienne et la Commune de Paris. Patriote humilié par la défaite et conservateur nostalgique de l'Ancien Régime, il découvre avec émerveillement cette « France trans-atlantique » qui a su maintenir les traditions de la France.

Montréal, ville de 150,000 âmes, offre un aspect à part dans le Canada. Les éléments anglo-saxon et français s'y balancent en proportions à peu près égales. Les deux races vivent côte à côte, isolées l'une de l'autre, comme deux fleuves qui couleraient dans le même lit, sans mêler leurs eaux.

De bonne heure, les Anglais ont compris l'importance de Montréal et fait d'énergiques efforts pour s'assurer cette position. Au lendemain même de la conquête, ils s'y fixaient en nombre considérable, aidés par des capitaux importants, la protection du gouvernement officiel et la puissance commerciale de la métropole. Sous leur impulsion, la ville a pris un brillant essor, et rivalise depuis longtemps avec les grands ports des Etats-Unis, pour les exportations en Europe. De magnifiques canaux, des lignes de chemins de fer, un immense pont jeté par Stephenson sur le Saint-Laurent, attestent une puissance déjà colossale et lui promettent les plus brillantes destinées. Montréal renferme des quartiers élégants et quelques constructions monumentales assez réussies. Malheureusement, les plus belles rues sont déparées par une bigarrure d'églises appartenant à tous les cultes possibles (anglican, méthodistes, presbytérien, baptiste, unitairien, universaliste, etc.) et combinant les effets les plus disgracieux. Ici, des tours gothiques, terminées en clochetons, surmontent d'informes bâtisses, aux murailles tristes et nues ; là des fioritures italiennes, de petites coupoles écrasées ; plus loin, des portiques grecs fraternisent avec l'arabesque, mariant le Parthénon avec l'Alhambra. Tous les pays, tous les siècles, ont été mis à contribution, tous exhibent leur défroque, dans cette friperie architecturale. Devant cette promiscuité, l'anglo-saxon est heureux : il triomphe des vieilles civilisation et entrevoit sa grandeur à venir. Mais le connaisseur éprouve une véritable tristesse : quel goût étrange a donc réuni sur un point tant de difformités esthétiques comme pour attester aux générations futures l'ignorance et la stérilité présomptueuse de notre siècle ?

Pendant longtemps, les Anglais ont monopolisé les capitaux, le mouvement commercial et l'esprit d'entreprise. Ils ont encore aujourd'hui la part prépondérante dans les grandes affaires. Cette supériorité s'explique aisément : arrivés en dominateurs, ils ont formé, pendant longtemps, une caste privilégiée. La liberté, la faveur du pouvoir favorisaient l'essor de leur génie mercantile. Les Canadiens, exclus des places, surveillés par une police ombrageuse, se renfermaient, comme toutes les races opprimées, dans l'agriculture. Ces différences sont effacées aujourd'hui. L'audace, l'esprit entreprenant sont venus aux Canadiens avec le sentiment de l'indépendance. Plusieurs d'entre eux ont gagné dans le commerce et l'industrie de jolies fortunes ; mais parmi ces favoris de Plutus, un certain nombre ont la faiblesse de s'anglifier, comme s'ils rou-

a. La Bibliothèque municipale de Montréal donne le prénom d'*Alexis*, tandis que la Bibliothèque nationale donne celui d'Albert.

gissaient de leur origine. A la première place parmi leurs compatriotes, ils préfèrent l'admission parmi leurs anciens persécuteurs. Plusieurs affectent une roideur toute britannique et font semblant d'avoir oublié leur langue maternelle. Frappés de ces apostasies singulières, des voyageurs en ont conclu que notre idiome se perdait parmi les classes supérieures, et que, relégué dans les campagnes et dans les forêts, il tomberait bientôt au rang d'un patois. [1] L'assertion est tout à fait erronée et témoigne d'une observation bien superficielle. Des plumes compétentes l'ont suffisamment réfutée. Elle ne peut même s'expliquer que par la promptitude d'intuition qui distingue certains touristes et qui leur permet de dogmatiser sur un peuple ou d'en révéler tous les traits caractéristiques, après quelques invitations à dîner.

Loin d'être en baisse à Montréal, l'élément français y progresse au contraire avec une étonnante rapidité. D'après les derniers recensements, cette ville contient 146,000 âmes, dont 76,000 Canadiens-Français, 35,000 Irlandais, et près de 40,000 Anglais, Ecossais, Allemands, Suédois, etc. Mais le nombre des enfants, chez les Canadiens, est à ceux des autres races comme 65 à 32. On peut donc affirmer avec certitude qu'avant vingt ans, le groupe canadien formera, dans Montréal, une majorité imposante. Ni la conquête, ni la ploutocratie n'auront arrêté son essor.

L'accroissement de Montréal, comme centre industriel et commercial, peut s'induire des chiffres suivants : en 1864, le tonnage des navires fréquentant ce port était de 161,901 tonneaux. En 1875, il s'est élevé à 386,112 tonnes. Trois magnifiques lignes de bateaux à vapeur relient cette ville à l'Europe. La principale d'entre elles, la ligne Allan, est une des plus importantes du monde entier, par la force de ses navires et l'habileté de ses capitaines. Pendant plusieurs mois de l'année, ses voyages s'effectuent au travers des montagnes de glace, descendant du pôle, sans diminution pour la vitesse ou la sécurité des transports.

Montréal envoie en Europe des millions de barils de blé, orge, avoine, farine, etc. Le total de ses exportations s'élève a 20 millions de dollars (105 millions de francs.) Ses manufactures ont pris aussi depuis quelques années une certaine importance. Les principales productions en ce genre sont : la farine, les chaussures, les fourrures, le caoutchouc, les selleries, ouvrages de fer, raffineries de sucre, tabacs, menuiseries, meubles, objets de mode, etc. Toutes ces fabrications réunies représentaient, en 1875, une valeur de 35 millions de dollars, (environ 175 millions de francs). L'industrie montréalaise a figuré tout récemment, de la manière la plus honorable, à l'exposition de Philadelphie.

Un désir assez général, chez les Montréalais, serait d'activer ce développement par une évaluation de tarifs douaniers. Aussi toutes leurs sympathies sont-elles pour le système protecteur. Ajoutons que l'économie politique n'est pas encore, pour les Canadiens, une science à principes bien déterminés. Ce n'est guère qu'un accessoire des luttes politiques, un instrument plus ou moins souple entre les mains des partis. La protection est aujourd'hui soutenue comme un dogme par les conservateurs. Les libéraux, au contraire, sont libres-échangistes. Cette répartition des rôles est fort singulière, car la protection aurait pour effet de renchérir les conditions de la vie pour les classes rurales, qui forment l'appui principal des conservateurs ; elle augmenterait la prépondérance des villes et des bourgs, plus accessibles que les campagnes aux influences démocratiques. Elle devrait donc être réclamée plutôt par les libéraux et les anglo-protestants, promoteurs d'un mouvement industriel, admirateurs des Etats-Unis.

---

1. M. Duvergier de Hauranne, *Huit mois en Amérique.*

Mais dans la polémique canadienne, la logique est subordonnée aux questions de personnes. Absorbés par la dispute du pouvoir, les partis s'inquiètent peu de mettre de l'ordre et de l'accord dans leurs théories.

C'est le moment de donner quelques indications sur la presse. Montréal compte sept ou huit journaux dans notre langue. La plus importante de ces feuilles est la *Minerve*, qui compte plus de quarante ans d'existence, et qui peut être considérée comme l'organe par excellence de la nation franco-canadienne. Rédigée par des écrivains d'un certain mérite, elle fait preuve, en toute occasion, d'une affection filiale pour la France, traite avec intelligence et patriotisme les questions locales et se distingue principalement par son ardeur contre la faction anglo-protestante. Peut-être dans son zèle dépasse-t-elle parfois la mesure : mais c'est le défaut spécifique de toute la presse canadienne : les discussions y pèchent par excès de couleur et dégénèrent beaucoup trop souvent en diatribes. Mieux avisés et moins inféodés à la rhétorique, les journaux anglais renseignent leur public sur les questions utilitaires, s'abstenant, autant que possible, de dogmatiser. Plusieurs, tels que le *Globe*, le *Mail*, le *Hérald*, se spécialisent pour les intérêts professionnels et publient des études souvent remarquables sur l'industrie, le commerce, la navigation et l'agriculture. Dans une agrégation coloniale, le journalisme ne devrait pas se proposer d'autre ambition. C'est se méprendre gravement, ce nous semble, que de transporter sur un tel théâtre le ton passionné, la véhémence et les effets oratoires de notre vie publique.

Pour justifier les feuilles canadiennes, on doit dire que pendant longtemps elles ont été les organes d'une race persécutée, et que dans ce rôle, l'animosité, l'amertume, étaient pour elles des vertus d'office. L'irritabilité de ces journaux s'explique encore, à l'heure actuelle, par l'antagonisme des races qui se retrouve dans toutes les questions, les envenime, et des plus insignifiantes fait surgir parfois de très-graves conflits. [...]

J. Guérard [b]

---

b. J. Guérard (pseudonyme de A. Lefaivre), *la France canadienne. La question religieuse. Les races française et anglo-saxonne*, extrait du *Correspondant*, Paris, Charles Douniol, 1877, 45 pages. Voir également du même auteur *Conférences sur le Canada français faites à la Société des sciences morales le 5 juillet et le 17 août*, Versailles, Bernard, 1874, 60 pages.

Document nº 28

1880 — DÉNONCIATION DU FRANGLAIS

L'année 1880 est marquée, sur le plan de la défense de la langue française, par plusieurs événements importants [a]. *C'est l'année où Jules-Paul Tardivel publie une brochure qu'il coiffe d'un titre sonore :* L'anglicisme, voilà l'ennemi ! *C'est aussi l'année où Oscar Dunn publie son* Glossaire franco-canadien [b]. *Cet ouvrage, qui contient plus de mille sept cent cinquante mots, ouvre la voie aux premiers travaux systématiques sur le français parlé au Canada* [c].

Cette même année 1880, l'abbé Napoléon Caron publie un Petit Vocabulaire à l'usage des Canadiens français [d]. *L'auteur constate les ravages que le mouvement du commerce et de l'industrie fait subir à la langue française, « le plus précieux héritage que nous aient légué nos ancêtres après notre sainte religion ». Les conséquences éventuelles de cette altération de la langue n'échappent pas à l'abbé Caron : « En écoutant cet informe mélange de français et d'anglais que parlent aujourd'hui nos ouvriers, nos travailleurs de toute sorte, nous nous demandons avec anxiété quelle langue la grande majorité du peuple canadien parlera dans dix ans. Si ce n'est plus qu'un patois, tiendrons-nous tant à le conserver ? Ne préférons-nous [sic] pas parler un bon langage anglais ? » L'auteur du* Petit vocabulaire *se propose donc de répandre les mots « qui nous manquent » et de chasser les barbarismes « qui déparent notre langue ». En présentant son livre, il lance l'appel suivant : « Jeunesse canadienne, jeunesse des écoles, c'est surtout à toi que je m'adresse ; parcours ce petit volume, apprends toutes les bonnes expressions françaises qui y sont contenues, évite les anglicismes et les barbarismes qui y sont signalés, et tu ne rougiras pas de ton langage, même en présence de nos frères de la vieille France. O ma patrie, permets-moi d'espérer que dans dix ans, loin d'être anglicisée, tu paraîtras aux yeux de tout le monde, et tu seras vraiment la France américaine. »*

* * *

Jules-Paul Tardivel (1851-1905), né dans le Kentucky, vint au Canada en 1868 où il apprit le français. Après des études au Séminaire de Saint-Hyacinthe, il s'engagea dans le journalisme. D'abord collaborateur au Courrier de Saint-Hyacinthe, *à la* Minerve *de Montréal, et au* Canadien *de Québec, Tardivel fonda ensuite (1881) dans cette dernière*

---

a. Pour un survol rapide de l'histoire des études sur le français canadien, voir l'introduction de Gaston Dulong à la *Bibliographie linguistique du Canada français par James Geddes et Adjutor Rivard (1906)* continuée par Gaston Dulong, préface de Georges Straka, Québec, Les Presses de l'Université Laval, Paris, Librairie C. Klincksieck, 1966, XXXVII et 166 pages.

b. Oscar Dunn, *Glossaire franco-canadien et vocabulaire de locutions vicieuses usitées au Canada,* introduction de M. Fréchette, Québec, A. Côté et Cie, 1880, XXV et 199 pages.

c. Gaston Dulong, *op. cit.,* p. XX et XXI.

d. Napoléon Caron, *Petit vocabulaire à l'usage des Canadiens-français contenant les mots dont il faut répandre l'usage et signalant les barbarismes qu'il faut éviter pour bien parler notre langue,* Trois-Rivières, 1880, imprimerie du Journal de Trois-Rivières, 63 pages.

ville la Vérité, journal conservateur et ultramontain qu'il dirigea jusqu'à sa mort en 1905. Disciple de Louis Veuillot et partisan de l'ultramontanisme, il s'attacha à combattre le libéralisme sous toutes ses formes. Ardent nationaliste, il était partisan de la création d'un État canadien-français. En 1895, il publia un roman à thèse Pour la patrie.

Le 17 décembre 1879, Tardivel prononce une causerie au Cercle catholique de Québec où il dénonce la « tendance inconsciente » à donner une signification anglaise à un mot français. L'année suivante, il publie le texte de cette causerie dans une brochure (reproduite plus bas) qu'il intitule L'anglicisme, voilà l'ennemi !

Le principal danger auquel notre langue est exposée provient de notre contact avec les Anglais. Je ne fais pas allusion à la manie qu'ont certains Canadiens de parler l'anglais à tout propos et hors de propos. Je veux signaler une tendance inconsciente à adopter des tournures étrangères au génie de notre langue, des expressions et des mots impropres ; je veux parler des anglicismes. Il faut bien s'entendre sur la véritable signification de ce mot. On croit trop généralement que les seuls anglicismes que l'on ait à nous reprocher sont ces mots anglais qui s'emploient plus souvent en France qu'au Canada, tels que « steamer, » « fair-play, » « leader, » « bill, » « meeting, » « square, » « dock, » etc. A vrai dire ce ne sont pas là des anglicismes, et il n'y a que très peu de danger à faire usage de ces expressions, surtout lorsque le mot français correspondant manque. On peut, sans inconvénient, emprunter à une langue ce qu'il nous faut pour rendre plus facilement notre pensée. Aussi les Anglais ont-ils adopté une foule de mots français : Naïveté, ennui, sang-froid, sans-gêne, &.C.

Voici comment je définis le véritable anglicisme : « Une signification anglaise donnée à un mot français. » Un exemple fera mieux comprendre ma pensée. Ainsi on entend dire tous les jours qu'un tel a fait « application » pour une place. Le mot « application » est français ; il signifie « l'action d'appliquer une chose à une autre » et n'a d'autre signification. On fait « l'application » d'un principe ou d'un cataplasme. Mais on ne peut pas employer ce mot dans le sens de *demande* et dire : « Faire application pour une place. » C'est de l'anglais : *To made application for a place.*

Voilà l'anglicisme proprement dit qui nous envahit et qu'il faut combattre à tout prix si nous voulons que notre langue reste véritablement française. Cette habitude, que nous avons graduellement contractée, de parler anglais avec des mots français, est d'autant plus dangereuse qu'elle est généralement ignorée. C'est un mal caché qui nous ronge sans même que nous nous en doutions. Du moment que tous les mots qu'on emploie sont français, on s'imagine parler français. Erreur profonde. Pour bien parler et écrire le français, il est non seulement nécessaire d'employer des mots français, il faut de plus donner à ces mots leur véritable signification. Massacrer la langue française avec des mots français est un crime de lèse-nationalité. A mes yeux les barbarismes, les néologismes, les pléonasmes, les fautes de syntaxe et d'orthographe sont des peccadilles en comparaison des anglicismes qui sont pour ainsi dire des péchés contre nature. Entrons maintenant en matière.

....

A tout seigneur tout honneur. Rendons nous d'abord à la législature et écoutons les mandataires du peuple. Un député se lève. C'est un homme qui a fait un cours d'études complet et qui se croit savant. Oyez-le :

« M. l'Orateur, quoi qu'en dise l'honorable membre pour ***, j'ai le plancher de la Chambre. Je ne veux pas donner un vote silencieux sur la mesure que le gouvernement vient d'introduire en chambre. Je ne puis pas supporter cette mesure, je l'opposerai de toutes mes forces et je suis satisfait que je pourrai démontrer à la satisfaction de cette honorable chambre que cette mesure ne doit pas passer. En étudiant les statistiques on se convaincra que cette mesure a été introduite pour promouvoir des intérêts sectionnels et que les intérêts généraux y sont ignorés. J'objecte à ce qu'on législe en faveur du petit nombre et que l'on adopte des lois qu'il faut rappeler au bout d'un an. Je vois sur les ordres du jour d'autres mesures non moins mauvaises que la partisannerie seule a pu dicter. Nous sommes responsables à nos constituants, et il ne faut pas se mettre en contravention avec les grandes lois de la moralité publique. »

On dirait que c'est du français, n'est-ce pas ? Eh bien ! s'est de l'algonquin tout pur. Un Français n'y comprendrait rien. Et cependant je n'ai pas exagéré ; on entend parler ce langage depuis l'ouverture jusqu'à la clôture de la session. Analysons rapidement ce discours :

« M. l'orateur » : mauvaise traduction du mot *Mr. Speaker.* En France, on dit le président de la chambre. Que ne le dit-on ici ? Mais quelqu'un, très fort sur les nuances du parlementarisme, me répondra peut-être que « M. le président » ne rend pas tout à fait la signification de *Mr. Speaker.* Cela est vrai, mais il est également vrai que « orateur » ne rend pas du tout le mot *Speaker* qui ne peut se traduire exactement en français que par une périphrase. Le *Speaker,* dans le parlementarisme anglais, est celui qui sert d'organe à la chambre, celui qui communique avec le chef de l'exécutif. Il est plus que le président d'une assemblée délibérante. Mais le mot *orateur* signifie un homme qui parle ; or, le *Speaker* ne peut prendre part aux débats que lorsque la chambre siége en « comité général. » De tous les députés, c'est lui qui parle le moins. « M. l'orateur » est donc un non sens. Qu'on dise, soit « M. le président, » ou bien « M. le speaker. »

On dit : « un membre de la chambre, » mais « le membre pour tel comté » est un anglicisme. C'est « député de tel comté » qu'il faut.

« J'ai le plancher de la chambre, » voilà un anglicisme tellement énorme que je ne l'aurais pas cru possible si je ne l'avais entendu dans la bouche de députés qui se piquent de bien parler. Ceux qui veulent se distinguer, les ministres ou les chefs de l'opposition, par exemple, disent « parquet » au lieu de « plancher » mais ce n'est pas plus français. Savez-vous ce qu'un député veut dire lorsqu'il informe ses collègues et le public qu'il a le « plancher » ou le « parquet » ? Si vous connaissez la langue de Shakespeare, vous pourrez le deviner peut-être ; sinon, non. Au parlement anglais, on ne monte pas à la tribune, comme en France, pour prendre la parole ; on se tient debout sur le plancher ou parquet. De là l'expression anglaise *To have the floor,* que nos législateurs ont traduit par « avoir le plancher, » au lieu de « avoir la parole. »

Dans notre langage parlementaire « donner un vote silencieux — *To give a silent vote,* » veut dire : voter sur une question sans parler. Cette expression me paraît médiocrement française. Un vote non motivé rendrait mieux l'idée que l'on veut exprimer.

« Mesure, » dans le sens de « projet de loi, » n'est pas français du tout. On fait souvent usage du mot « bill, » expression peu élégante et qui fournit trop d'occasions aux calembouristes d'exercer leur terrible métier. Pourquoi ne pas employer le mot « projet de loi, » qui est parfaitement français et qui désigne si bien l'objet dont il est question ?

« Introduire un projet de loi. » « Présenter » ou « soumettre » serait bien plus correct. En France on dit : déposer un projet de loi. [...]

« Supporter » — Quel abus ne fait-on pas de ce mot ! On « supporte » un gouvernement, un parti, un journal, on « supporte » même sa famille. Or, supporter veut dire « endurer » « tolérer ». On « supporte » un malheur, une injure, une injustice. Il est donc peu flatteur de dire que l'on « supporte » un cabinet. Ordinairement on « appuie, » on « soutient » un gouvernement. Lorsqu'on « supporte » un ministère, c'est qu'on choisi le moindre de deux maux.

« Opposer une loi. » Il faut « s'opposer à, » de même que l'on doit dire « s'objecter à » et non « objecter à. » « Je suis satisfait, *I am satisfied*, » pour « je suis convaincu, » fait dresser les cheveux. « Démontrer à la satisfaction de quelqu'un » est incorrect et nous expose à de sérieux inconvénients. [...]

....

On « passe » un règlement, une ordonnance, et peut-être même une loi, mais assurément on ne peut dire qu'un projet de loi « passe » pour « est voté, est adopté. »

« Statistiques, » au pluriel, est presque toujours incorrect; il en est de même du mot « ordre du jour. »

« Promouvoir des intérêts sectionnels — *To forward sectional interests* » : Voilà deux anglicismes très en vogue. « Promouvoir » veut dire simplement : Avancer d'un grade à un autre et non *favoriser*. « Sectionnel » n'étant pas français ne signifie rien du tout. Disons, pour rendre l'idée que comporte le mot anglais *sectional interests*, « intérêts de clocher » ou de « localité. »

On traduit souvent le mot *ignore* « méconnaître » par « ignorer » « Nos droits sont ignorés » et « nos droits sont méconnus, » n'ont pas du tout la même signification. « Législater » se prend toujours en mauvaise part et dans un sens ironique. Il est vrai qu'on « legislate » beaucoup trop de nos jours et c'est peut-être pour cette raison qu'on n'emploie guère le mot « légiférer » qui signifie : « Faire des lois. »

On ne doit pas dire « rappeler une loi » ou le « rappel d'une loi, c'est « abroger, abrogation » qu'il faut. On « rappelle » un ambassadeur, un consul. « Rappeler » une loi signifie : Remettre en vigueur une loi qui est devenue lettre morte.

« Partisannerie, » très-usité depuis quelque temps, est un barbarisme ; le mot n'existe pas. Disons « esprit de parti. » C'est une chose qu'il convient de nommer par son véritable nom, attendu que nous avons souvent l'occasion d'en parler.

« Responsable à ». « Un gouvernement responsable au peuple — *A government responsible to the people.* Voilà, m'assure-t-on, un anglicisme du meilleur aloi. Le jour où l'on m'a brusquement ouvert les yeux à cette vérité, j'ai bondi littéralement, car je venais d'employer ce mot dans un article que j'avais signé et il était trop tard pour arrêter l'impression du journal. Je me suis consolé un peu en pensant que personne ne s'en apercevrait, car cet anglicisme, je crois, est absolument universel. On est responsable *d'une chose* et *envers* ou *devant* quelqu'un.

« Constituants » pour « commettants » ou « électeurs » est un anglicisme très répandu. « En contravention *avec*, » en conformité *avec*, » s'emploient très souvent au lieu de « *en contravention à* » et « en conformité *de*. »

Comme vous le voyez, il ne reste pas grand'chose du discours de mon député.

Il n'est pas fort ce député. Ecoutons un autre :

« M. le président : — On accuse le gouvernement d'avoir fait un mauvais usage des appropriations votées à la dernière session, d'avoir mal enployé les argents octroyés à la colonisation ; on l'accuse aussi d'avoir, depuis son accession au pouvoir, appointé une foule de personnes à des sinécures et d'avoir déchargé arbitrairement des employés fidèles ; on accuse de plus les aviseurs actuels de la couronne d'avoir négligé la collection du revenu, d'avoir abandonné les travaux en contemplation ou de les avoir donnés à des contracteurs qui n'étaient pas qualifiés, et de n'avoir pas pourvu à la complétion des chemins de fer. Si la moitié de tout cela était vraie, le gouvernement serait une disgrâce pour le pays. Mais je demanderai une question aux honorables députés de l'autre côté de la chambre : Sont-ils capables de prouver leurs avancés ? Vous pouvez dépendre, M. le président, que si ces messieurs avaient été en état de prouver leurs acusations, ils auraient pris les démarches nécessaires pour obtenir une enquête. Du moins, c'est comme cela que la chose me frappe. »

Voilà de la vraie éloquence parlementaire. C'est encore plus naturel que le premier discours, parce que c'est moins français ; et pourtant mon homme a soigneusement évité tous les anglicismes déjà signalés. Pénétrons un peu dans ces broussailles.

Une « appropriation » dans le sens de « crédit » est un anglicisme. On dit souvent des « octrois » ; cela est incorrect, c'est « subventions » qu'il faut : « Des argents octroyés — *monies granted* » ne doit pas se dire non plus pour : « des sommes d'argent ou des deniers votés. » Disons aussi « avènement au pouvoir » et non « accession. » « Appointer » quelqu'un pour « nommer », « appointement » pour « nomination, » ainsi que « décharger » dans le sens de « congédier, destituer, » sont des anglicismes qui font frémir. On chercherait en vain le mot « aviseur ; » ce vocable n'a jamais existé et je ne vois pas pourquoi on ne se servirait pas du mot « conseiller » qui est français. La « collection » du revenu n'est pas français ; c'est perception qu'il faut. Le verbe « collecter, » si toutefois il est français, signifie : Faire une collecte, et non « percevoir » un impôt, une dette. Par une contradiction assez singulière, « collecteur » est un vieux mot français qui s'employait autrefois à peu près dans le même sens que nous l'employons aujourd'hui. « Des travaux en contemplation » ou « contemplés » pour « des travaux projetés » est un anglicisme incompréhensible qu'on rencontre pourtant souvent. « Contracteur » n'a pas même le mérite d'être un mot français, c'est « entrepreneur » qu'il faut dire. « Qualifié à faire une chose » pour « être capable de le faire, avoir les qualités nécessaires pour le faire, » est une locution qu'il faut éviter avec soin. « Complétion » comme « contracteur » n'est pas français du tout et doit être remplacé par parachèvement ou achèvement, ou quelquefois par le verbe compléter avec une périphrase. Ne disons jamais « une disgrâce » pour « une honte, » et encore moins « disgracieux » pour « honteux. » Demander une question — « *To ask a question* » pour « poser une question » est une expression, si non honteuse, du moins très-disgracieuse et fort incorrecte. « Les députés de l'autre côté de la chambre, » est un non sens. Il faudrait au moins dire : « Les députés qui siègent de l'autre côté de la chambre, » mais « les députés de la droite et de la gauche » serait plus français et plus élégant. Le mot « avancé » n'est pas français dans le sens d'« assertion. » « Vous pouvez dépendre — *you may depend* » pour « vous pouvez être certain, » ne devrait se dire que par un Anglais qui arrive de Londres et encore faudrait-il le pendre.... ne fut-ce que pour avoir le plaisir de le dépendre. « Prendre des démarches — *Take steps* » doit se remplacer par « faire des démarches. » On *prend* des mesures, mais on *fait* des démarches.

Il me frappe que ce député ne s'exprime pas plus correctement que l'autre. *It strikes me that.* C'est-à-dire : je m'aperçois, etc., pour parler français.

Voilà deux petits discours qui nous ont donné du fil à retordre et nous ne sommes pas encore rendus au plus creux de nos aventures.

Voici qu'un troisième député se lève :

« M. le président : — Si les deux honorables députés qui viennent d'adresser la chambre s'imaginent que leurs discours vont affecter le vote que nous sommes appelés à donner, ils se trompent. Sous les circonstances actuelles, je ne puis ni appuyer le gouvernement ni suivre l'opposition. Pour dire toute ma pensée, je serais en faveur d'un gouvernement de coalition. Je comprends que les ministres entretiennent l'espoir que leur politique d'expédients va réussir. C'est une politique qu'il ne faut pas initier dans notre pays et, moi pour un, je les notifie d'une chose, c'est qu'ils ne pourront jamais rencontrer les dépenses courantes sans imposer de nouvelles taxes. Qu'ils réajustent les impôts tant qu'ils voudront, cela ne suffira pas. Je leur tends cet avis en toute sincérité et ils pourront facilement se satisfaire de la vérité de mes remarques en référant au rapport du discours que l'honorable Premier a prononcé l'an dernier. Je proposerai donc une motion en amendement. »

Sans attendre sa motion, jetons un coup d'œil sur son français.

« Adresser la chambre, » « adresser une assemblée. » Que nous entendons souvent ces expressions incorrectes ! C'est « adresser la parole à la Chambre, à une assemblée » qu'il faut. « Affecter » dans le sens d'« influencer, » est un anglicisme qui se rencontre souvent ; il en est de même de « sous les circonstances » au lieu de « dans les circonstances. »

On fait un étrange abus du mot « coalition. » Pour qu'il y ait « coalition » il faut qu'il existe trois partis au moins. Deux ou plusieurs groupes peuvent se coaliser contre le ministère ou contre l'opposition ; mais lorsque deux partis s'unissent, c'est une fusion qui s'opère.

« Je comprends, — *I understand* » pour j'ai appris, ou « on m'apprend » est une locution anglaise et assez usitée. Ne disons pas « entretenir » une opinion, un espoir, des craintes dans le sens d'« avoir » une opinion, un espoir ou des craintes. On peut, il est vrai, entretenir la bonne opinion que notre voisin a de nous, on peut entretenir ses espérances en lui faisant des promesses, ou ses craintes en le menaçant, mais c'est là un tout autre ordre d'idées.

« Initier » une politique, un système dans un pays, pour l'inaugurer, l'« implanter », « l'introduire, » est, sinon un anglicisme, une expression fort incorrecte. On initie quelqu'un *à* ou *dans* une chose, voilà tout.

« Moi pour un, » au lieu de « pour ma part » ; « notifier une chose à quelqu'un » ; « rencontrer des dépenses, des obligations, » au lieu d'y « faire honneur, » ou d'y « faire face » ; « rajuster ou réajuster un tarif » pour le « remanier » ; « tendre un avis » pour « donner » un avis ou un conseil ; se « satisfaire » d'une chose au lieu de s'en « convaincre, » sont autant d'anglicismes.

« Le rapport d'une discussion, d'une séance » est une expression vicieuse que nous entendons tous les jours. Il faut dire « le compte rendu » ou le « procès verbal » suivant le cas. Le mot *référer* est souvent employé mal à propos. *Référer* signifie : faire rapport. « Il faut en référer à la chambre ; » ou encore : S'en rapporter à quelqu'un. « Je m'en réfère à vous » ; ou bien encore : Avoir rapport. « Ce passage se réfère à tel autre. » On dit aussi : « Je vous en réfère tout l'honneur. » Mais on ne doit pas dire : « Je vous réfère à tel livre, » ou, « référez à tel ouvrage, » c'est : « Je vous renvoie à tel livre, » ou « consultez tel ouvrage » qu'il faut.

M. le « Premier, » pour « M. le premier ministre ; » « l'honorable Blake » pour
« l'honorable M. Blake, » ou « l'honorable Edouard Blake, » sans être des anglicismes,
sont des expressions peu élégantes. Le mot *motion* est admis aujourd'hui dans le
langage parlementaire ; mais on *fait* une motion, on ne la *propose* pas. C'est trop
anglais : *to move a motion.* « En amendement — *in amendment* » est également incorrect. « Comme amendement, » ou « par voie d'amendement » serait plus français, je
crois.

Avant de quitter la législature, relevons quelques autres incorrections de langage
en vogue parmi les mandataires du peuple.

Lorsqu'une motion est adoptée on a l'habitude de dire qu'elle est *emportée,
carried.* Un député ne se gêne pas d'affirmer que la *cabale* s'est faite d'une manière
honorable dans son comté. C'est une contradiction dans les termes, car le mot *cabale*
se prend nécessairement en mauvaise part et signifie : Intrigue ténébreuse. Pour rendre
le mot anglais *canvass* il faut une périphrase. On entend souvent dire ; « en chambre »
pour « à la chambre » ou « devant la chambre. » Je vous renvoie aux dictionnaires pour
la signification des mots « en chambre. » Tout ce que je puis vous dire c'est qu'il ne
sont pas du tout parlementaires. Pendant que vous êtes à consulter les dictionnaires,
ayez la bonté de constater ce que signifient les mots : « en amour » et je suis certain
que vous ne les emploierez plus jamais dans le sens d'*amoureux.* Mais nous sommes
loin de nos députés qui parlent assez rarement d'amour. Ils sont plutôt portés à *corriger*
leurs adversaires ; mais il ne faut pas croire qu'ils veuillent dire par là qu'ils vont infliger
un châtiment corporel à leurs contradicteurs. Non, c'est absolument un anglicisme
qu'ils commettent ; *To correct some one* : c'est-à-dire, rétablir les faits dénaturés par
quelqu'un.

Quand le gouvernement déclare qu'il a pris telle question « sous considération »
il se rend toujours coupable d'un anglicisme, et quelquefois d'une légère entaille à la
vérité par dessus le marché. Si l'on voulait respecter le français on dirait que l'on
étudie telle question, que telle question a été mise à l'étude ou qu'elle a été prise en
considération.

On fait un abus considérable du mot *sous.* Outre les deux anglicismes déja signalés : « sous ces circonstances » et « sous considération, » on dit aussi très-souvent :
« ouvrage, travaux sous contrat, » pour « ouvrage, travaux donnés à l'entreprise » ;
« sous certaines conditions, » pour « à certaines conditions. »

Amalgamer deux chemins de fer, deux banques, pour les *fusionner* est une expression qui devrait être bannie du langage, ainsi que *connexion* dans le sens de *rapport.*
« Maître-général des Postes » serait avantageusement remplacé par « Directeur général
des Postes ». « Député-ministre » ne devrait pas s'employer, ni « député du ministre. »
Un député est une personne envoyée, déléguée par une autre. « Sous chef de tel
département », « sous-secrétaire d'Etat, » etc, sont les mots propres.

Ce projet de loi a « originé » au Sénat, au Conseil législatif pour « a pris
naissance » ; un tel est « l'originateur » de ce bill, sont des locutions vicieuses en
fréquent usage parmi nos législateurs. « Parler contre le temps » voudrait dire se plaindre
de la température, mais ici un député qui « parle contre le temps » cherche seulement
à *gagner* du temps. *He is speaking against time.*

« Un tel a perdu sa motion » ne signifie pas, comme on pourrait le croire, qu'il
a égaré le morceau de papier sur lequel sa motion était écrite, mais bien que la majorité
a rejeté, repoussé sa proposition.

Un député ne « résigne pas son siège, » il « remet son mandat » On dit souvent qu'il y a tant de *voteurs* dans tel comté. C'est une expression tout-à-fait incorrecte. Un *voteur* est un homme qui *fait un vœu.* Il faut dire qu'il y a tant *d'électeurs* dans telle division et que tant de *votants* ont pris part au scrutin.

[Tardivel poursuit en dénonçant les anglicismes dans les journaux et au prétoire.]

Jules-Paul Tardivel [e]

Document n° 29

1881 — LES CANADIENS FRANÇAIS N'ONT PAS LE DROIT DE RENONCER À LEUR LANGUE

Jules-Paul Tardivel poursuit sa réflexion sur la langue amorcée quelque temps plus tôt. À ceux de ses compatriotes qui songeraient à abandonner une langue jugée peu rentable, il répond qu'il faut au contraire maintenir la langue française pour accomplir en Amérique la mission spirituelle que la Providence a confiée aux Canadiens français. Il rend également hommage au clergé et aux classes laborieuses qui, contrairement aux classes instruites, ont su conserver la pureté du langage.

Il faut conserver la langue française au Canada. Voilà une proposition qui n'a guère besoin de preuves. Il suffit d'interroger son cœur, il suffit de jeter un coup d'œil sur le passé du peuple canadien, il suffit de songer un instant aux belles et grandes choses acomplies par des Français sur cette terre du Canada pour ce convaincre que ce serait une véritable apostasie nationale que de renoncer à notre langue. Et peu nombreux sont les Canadiens-français qui osent se dire prêts à abandonner la langue française. Il est vrai que nos champs ne cesseraient pas de se couvrir chaque année d'abondantes moissons ; que notre majestueux fleuve continuerait, comme par le passé, à rouler ses eaux vers l'Océan ; que nos villes ne seraient pas englouties, nos campagnes dépeuplées et nos forêts détruites ; il est vrai, en un mot, que les richesses dont la Providence a daigné nous combler ne s'en iraient pas en fumée si nous abandonnions la langue de nos pères pour adopter celle de nos conquérants. Mais rappelons-nous que les peuples, comme les individus, ne vivent pas seulement de pain.

....

* * *

La mission providentielle des peuples : voilà le titre d'un beau livre qui reste à faire, je crois. Le sujet est trop vaste pour que je puisse même l'effleurer dans cet article. Mais aveugle est celui qui ne voit dans le trouble profond, dans l'agitation sans cesse renouvelée où sont aujourd'hui plongées presque toutes les nations de la terre, la preuve que les peuples ne marchent plus dans les voies que le Seigneur leur avait tracées.

Prenons seulement l'exemple de l'Espagne. N'est-il pas évident que Dieu a voulu qu'elle fût la maitresse du nouveau continent, qu'elle controlât les destinées de l'Amérique. Mais elle a manqué sa vocation. Au lieu de travailler à la propagation de l'Evangile, elle n'a songé qu'à ramasser des trésors périssables ; elle a préféré, comme arme, l'épée à la Croix. Aussi, à l'heure présente, son influence est-elle nulle. Quelques républiques impies, livrées à la guerre civile, à l'anarchie, voilà toute son œuvre.

Le peuple canadien-français, si petit qu'il soit, a indubitablement une mission à remplir en Amérique, une mission analogue à celle que le peuple français a longtemps remplie en Europe, et qu'il remplirait encore s'il ne s'était égaré dans l'inextricable dédale de l'impiété.

Les races anglo-saxonne et germanique sont destinées à prédominer sur ce continent par le nombre ; c'est un fait qu'il faut admettre. Mais l'élément français y a un rôle important à jouer.

Pendant des siècles, la France catholique a été un foyer de lumière, une source féconde en idées généreuses, une inspiratrice de grandes œuvres. Rome seule l'a surpassée.

N'est-il pas permis de croire que les Français du Canada ont la mission de répandre les idées parmi les autres habitants du nouveau-monde, trop enclins au matérialisme, trop attachés aux biens purement terrestres ? Qui peut en douter ?

Mais pour que le peuple canadien-français puisse remplir cette glorieuse mission, il doit rester ce que la Providence a voulu qu'il fût : catholique et français. Il doit garder sa foi et sa langue dans toute leur pureté. S'il gardait sa langue et perdait sa foi, il deviendrait ce qu'est devenu le peuple français ; un peuple déchu de son ancienne grandeur, un peuple sans influence et sans prestige. Si, d'un autre, il conservait sa foi, tout en renonçant à sa langue, il se confondrait avec les peuples qui l'entourent et serait bientôt absorbé par eux. Les individus pourraient toujours se sauver, mais la mission que la Providence semble avoir confiée aux Canadiens-français, comme peuple distinct, serait faussée.

....

* * *

[...] Un peuple n'a pas le droit de renoncer à sa langue, qui est son âme, pas plus que l'homme n'a le droit de renoncer à sa vie. La langue des peuples et la vie de l'homme sont toutes deux entre les mains du Créateur qui seul peut en disposer selon sa divine sagesse. Il n'est pas plus permis aux nations qu'aux individus de se suicider dans l'espoir d'échapper à des maux qui semblent insupportables et pour trouver le repos.

Un journal de ce pays a dit dernièrement aux Canadiens-français : Vous devez, dans votre propre intérêt, renoncer à votre langue. N'écoutons pas ce conseil perfide. Quand bien même cette fidélité à notre langue nous exposerait à une pauvreté relative, quand bien même elle nous empêcherait de marcher aussi vite que nous le voudrions dans la voie du progrès matériel, nous ne devrions pas hésiter un seul instant en face de notre devoir. Dieu nous a donné la langue française ; par elle Il a accompli au milieu de nous de grandes choses. C'est dans cette langue qu'ont prié nos missionnaires, nos évêques, nos martyrs ; c'est dans cette langue que les fondateurs de la colonie, les Champlain, les de Maisonneuve, les Laviolette, ont conçu leurs généreuses pensées ; c'est dans cette langue que nos héros, les Montcalm et les Lévis, ont commandé à leurs soldats dans les glorieuses batailles du siècle dernier. Pour nous, Canadiens-français, notre langue est intimement liée à notre foi, au culte de nos grands hommes, aux souvenirs de nos luttes, de nos défaites, de nos douleurs, de nos joies, de nos triomphes, à tout ce qui nous est cher, à tout ce qui nous est sacré. Oh non ! nous ne devons pas, nous *ne pouvons pas* renoncer à notre langue.

....

* * *

Il y a trois courants d'opinion bien distincts parmi nous au sujet de la langue française. Les uns s'imaginent que nous parlons mieux le français que les Français eux-mêmes et que loin d'avoir quelque chose à apprendre de nos cousins d'outre-mer, nous devrions charitablement leur communiquer une partie de notre immense savoir.

D'autres affirment que nous parlons un véritable jargon, à peu près inintelligible pour un Français, et qu'il nous faut une réforme radicale.

La troisième catégorie, de beaucoup la plus nombreuse, comprend ceux qui, sans prétendre parler le français aussi bien qu'on le parle en France, sont contents de ce qu'ils appellent la langue *canadienne*.

Il y a du vrai et du faux dans ces trois manières d'envisager la question.

Nous parlons mieux le français que les Français eux-mêmes. Entendons-nous. S'il s'agit des masses, oui ; s'il est question des gens instruits, non. Il est incontestable que nos cultivateurs parlent un français infiniment plus pur que les classes agricoles de France [1]. D'abord, comme on l'a souvent fait remarquer, il n'y a pas de patois au Canada. Le Canadien-français de la Gaspésie et celui du Manitoba se comprennent parfaitement, leur langage est absolument le même, et tous deux n'auraient aucune difficulté à converser avec un Parisien, surtout avec un Parisien quelque peu versé dans le vieux français, car dans nos campagnes, il s'est conservé une foule de mots qui ne sont pas employés en France, mais que l'on trouve dans les anciens auteurs français et dans les glossaires. Nous avons conservé même l'ancienne prononciation. [...]

Mais si nous pouvons dire, avec vérité, que les masses au Canada parlent mieux le français que les masses en France, on doit ajouter que nos classes instruites sont bien en arrière, pour la pureté du langage, des classes instruites de l'ancienne mère-patrie. Quatre-vingt dix-neuf sur cent de nos hommes de profession, de nos députés, de nos journalistes, de nos auteurs même, commettent à chaque instant des fautes, et des fautes grossières [a]. Qu'on prenne nos journaux français les mieux rédigés, qu'on prenne nos statuts, qu'on prenne nos documents publics, qu'on prenne nos brochures et nos livres, partout, ou à peu près partout, on trouvera soit des anglicismes, soit des barbarismes, soit des expressions impropres, ou bien encore des phrases disgracieuses, mal tournées, lourdes ou traînantes. Le mal est général. Je pourrais apporter à l'appui de ma thèse des centaines et des centaines d'exemples : mais une telle démonstration n'entre pas dans le cadre de cet écrit.

Disons donc encore une fois, car on ne saurait trop le répéter, que si notre langage est resté français, s'il n'a pas dégénéré en jargon, nous pouvons en rendre grâce au clergé, qui a conservé la langue philosophique, et aux classes agricoles qui ont conservé la langue familière. A nos écrivains nous devons peu de reconnaissance. Ils ont introduit dans notre langage une foule d'anglicismes et d'expressions vicieuses ; en négligeant leur style, en ne travaillant pas leurs écrits, en improvisant pour tout dire, ils nous ont habitué au médiocre, au mauvais et au pire en fait de littérature. Nous écrivons à peu près comme nous parlons, ce qui est détestable. Peut-être faut-il plaindre nos écrivains, loin de les blâmer, car le milieu où ils vivent, les obstacles sérieux contre lesquels ils doivent lutter, sont pour beaucoup dans les incorrections et les négligences qu'ils commettent. Mais le fait brutal n'en existe pas moins.

---

1. Si les informations que l'on me donne sont exactes, je dois faire une exception en faveur des habitants des rives de la Loire, qui s'expriment avec une correction de langage remarquable, même ceux qui ne savent pas lire.

a. Ce thème sera repris plus tard par Arthur Buies. Voir le document n° 30.

Par ce qui précède, j'ai répondu aux pessimistes qui affirment que notre langage est un jargon à peu près incompréhensible pour un Français. Cette prétention est certainement exagérée. Il y a du jargon dans notre littérature, et il faut le faire disparaître, mais le fond de notre langue est encore français, et très-français même. Il s'agit de conserver ce fond intact.

Restent les indifférents, qui ne se soucient pas de savoir si nous parlons le français ou l'algonquin. A ceux-là, il n'y a rien à répondre. On ne prouve pas que la lumière est plus belle que les ténèbres, ni que le chant du rossignol est plus mélodieux que le croassement du corbeau.

Nous sommes contents, disent-ils, de la *langue canadienne.* Vous avez raison, si par la *langue canadienne* vous entendez ce bon vieux français parlé dans nos campagnes, et qui s'est enrichi de certains mots nouveaux, français par la forme, que la nécessité a fait inventer. C'est une plante vigoureuse, pleine de sève et de vie, qui n'a besoin que d'un peu de culture pour produire des fleurs magnifiques. Cultivons-la.

Mais vous avez tort si, dans la *langue canadienne* vous voulez inclure les anglicismes, les barbarismes, les expressions impropres, les négligences de tout genre qui déparent notre littérature.

Jules-P. Tardivel [b]

b. Jules-Paul Tardivel, « la Langue française au Canada », *Revue canadienne*, Montréal, 1881, vol. 1 (nouvelle série), vol. 17 (collection), p. 259-267.

Document n° 30

1883 — LES ILLUSIONS D'UN PREMIER MINISTRE

Pierre-Joseph-Olivier Chauveau (1820-1890), éducateur, homme de lettres et homme politique, est né à Québec où il fit ses études et ouvrit un cabinet d'avocat, après son admission au Barreau en 1841.

Chauveau commença sa carrière politique en 1844 lorsqu'il fut élu député de Québec. Réélu en 1848, il accéda au gouvernement en 1851 en devenant « solliciteur général » du Bas-Canada dans le cabinet Hincks-Morin. Après plusieurs années dans l'administration de l'enseignement, il retourna à la politique en 1867. Cette année-là, il se fit élire aux doubles fonctions de député à Ottawa et à Québec et forma le premier gouvernement de la nouvelle province du Québec. Ce gouvernement — de tendance conservatrice — demeura en fonction jusqu'en 1873, date à laquelle Chauveau fut nommé au Sénat du Canada. En 1874, cependant, celui-ci fut battu dans Charlevoix comme candidat à la députation fédérale.

P.-J.-O. Chauveau s'est longtemps intéressé à l'éducation. Il fut nommé surintendant de l'Instruction publique du Bas-Canada en 1855 et son action ne tarda pas à se faire sentir. En 1857, en effet, il inaugurait les écoles normales de Montréal et Québec, organisait la caisse d'économie des instituteurs et fondait le Journal de l'Instruction publique qu'il dirigea jusqu'en 1867. Revenu à la politique en 1867, il ne perdit cependant pas sa vocation d'éducateur. Il s'attribua le portefeuille de l'Instruction publique dans le cabinet qu'il présida jusqu'en 1873. Plus tard (1878), il accepta la chaire de droit romain de l'Université Laval de Montréal et devint en 1884 doyen de la Faculté de droit de cette même université.

Chauveau poursuivit également une carrière de journaliste et d'écrivain. Président de la Société littéraire et historique de Québec en 1844, il devint en 1848 chroniqueur parlementaire du Canadien et publia en 1852 un des premiers romans canadiens Charles Guérin, roman de mœurs canadiennes. Plusieurs années plus tard, en 1882, il participa à la fondation de la Société royale du Canada dont il devint président [a].

* * *

En 1874, Chauveau prononça un discours à la convention des Canadiens français de toute l'Amérique, tenue à Montréal le jour de la Saint-Jean-Baptiste. Il y affirma notamment : « C'est une grande et belle chose que de parler les deux plus belles langues des temps modernes, celles des deux plus grandes nations de l'Europe. C'est même un immense avantage, au point de vue du développement de l'intelligence ; car là où double est la peine, double est aussi la récompense [b]. »

Ce n'est pas là la seule illusion qu'entretint cet homme-orchestre. Écrivant en 1883, P.-J.-O. Chauveau présente en effet le tableau suivant de la situation des Canadiens français du Canada et des États-Unis.

---

a. Sur l'auteur, voir *Pierre-Joseph-Olivier Chauveau*, textes choisis et présentés par André Labarrère-Paulé, Montréal et Paris, Fides, 1962, 95 pages, Collection Classiques canadiens.

b. P.-J.-O. Chauveau, *l'Instruction publique au Canada, précis historique et statistique*, Québec, Augustin Côté, 1876, 366 pages. Voir p. 359-360.

De grands changements sont survenus depuis. Lorsqu'on songe à l'immense territoire, aux ressources de tout genre de la nouvelle confédération, on peut prédire sans crainte à cette dernière l'avenir le plus brillant. Bien des problèmes cependant, et de formidables problèmes, se dressent autour de son berceau. Personne plus que notre historien c ne se fût intéressé à leur solution. Il ne serait point resté insensible aux progrès que nous avons faits ni aux perspectives qui s'ouvrent devant nous. Son esprit était trop large, son patriotisme trop éclairé pour qu'il fût indifférent à la grandeur d'un empire qui s'étend de l'Atlantique au Pacifique, et dont la population, d'ici à peu d'années, sera aussi considérable que celle de quelques-unes des grandes puissances de l'Europe.

Mais, tout en se demandant si nous serons un jour assez forts pour être indépendants, si cette indépendance pourra se maintenir à côté de l'envahissante république qui nous avoisine, si cette république et notre confédération elle-même ne seront pas obligées de se scinder en plusieurs grands Etats, si dans l'avenir la forme de notre gouvernement sera monarchique ou républicaine, il s'inquiéterait aussi du sort réservé à la nationalité franco-canadienne dans toutes ces éventualités. Parmi tous ces problèmes celui-ci serait loin d'être pour lui le moins intéressant.

Du reste, pour justifier sa préoccupation, il pourrait s'appuyer sur les déclarations qui ont été faites à plusieurs reprises par le marquis de Lorne et par son prédécesseur, lord Dufferin. Tous deux ont admis que la conservation de l'élément français et de la langue française était un gage de grandeur, de progrès et même de sécurité pour la confédération canadienne et pour la souveraineté britannique sur cette partie du continent.

Tous deux se sont plu à développer à plusieurs reprises cette thèse : le dualisme national est loin d'être un obstacle au développement d'une jeune nation, qui a tout à gagner en conservant l'héritage littéraire et social qu'elle tient des deux plus grands peuples de l'Europe [1].

A ce point de vue, cependant, l'immense émigration européenne qui se dirige vers le Nord-Ouest, celle qui se fait de la province de Québec vers les Etats-Unis sont, aux yeux de bien des gens, un sujet de crainte très légitime. Mais l'étonnant accroissement du chiffre de la population française, son développement en dehors des limites de la province de Québec nous assurent, si nous voulons être fidèles à nos traditions, une place importante comme élément distinct sur ce continent, quelque chose qui arrive.

---

c. François-Xavier Garneau.

1. Dans le discours qu'il a prononcé à la grande *fête nationale des Canadiens-Français*, à Québec, en 1880, le marquis de Lorne a dit entre autres choses : « Vous le savez, ce furent les Normands qui, dans l'ancienne France, veillèrent avec sollicitude sur le berceau de cette liberté dont jouit maintenant l'Angleterre. Ce furent aussi des Normands et des Bretons qui fondèrent cette colonie canadienne si amie de la liberté. Le parlement britannique a conservé avec une espèce de culte les coutumes que les Normands, nos pères, lui ont léguées. Je ne sache pas que la chose ait jamais été observée au Canada, mais j'ai souvent remarqué que, dans le parlement anglais, nous nous servons encore des vieilles formules employées par nos ancêtres pour exprimer la sanction donnée aux lois par le souverain.

« En célébrant cette fête aujourd'hui, nous pouvons tous nous unir avec orgueil à ceux qui représentent d'une manière si imposante l'élément français — car c'est à votre race, messieurs, que nous devons les droits gagnés à Runnymead, et les usages qui distinguent les libres discussions de nos parlements.

Les catholiques forment aujourd'hui beaucoup plus du tiers de la population du Canada, et si l'on tient compte du développement rapide du catholicisme aux Etats-Unis, nous avons tout lieu d'être rassurés au point de vue religieux. La population française est bien près d'être le tiers de celle de notre confédération ; d'un autre côté, elle s'augmente rapidement dans les Etats de la Nouvelle-Angleterre [2].

La langue française n'est point parlée seulement, comme le disait Chateaubriand dans ses *Mémoires d'outre-tombe*, dans quelques bourgades du Canada et de la Louisiane, elle l'est dans les parlements d'Ottawa, de Québec et de Winnipeg ; elle a, sur plusieurs points de l'Amérique, sa place dans la chaire sacrée, au barreau, au théâtre, à la tribune du conférencier ; elle a ses journaux, ses institutions d'éducation, sa littérature ; elle se fait entendre dans les salons de Québec, de Montréal, d'Ottawa, de Winnipeg, de New-York, de Washington, de la Nouvelle-Orléans ; et loin d'avoir perdu du terrain depuis le commencement de ce siècle, elle en a beaucoup gagné.

La reconnaissance formelle du français dans la constitution, pour ce qui regarde le parlement d'Ottawa et celui de Québec, aurait grandement consolé M. Garneau ; les mêmes droits ne sauraient être refusés plus tard à l'élément français dans les autres provinces, lorsqu'il sera assez fort pour s'affirmer et qu'il voudra le faire.

Les progrès que nous avons faits dans l'instruction publique, dans la littérature, dans les sciences et dans les beaux-arts depuis les vingt dernières années, auraient été une source de vive satisfaction pour notre historien, qui, dans les dernières pages de sa troisième édition, avait résumé quelques chiffres et mentionné quelques noms. Il avait déjà eu le soin de constater que ce fut la faute de l'oligarchie qui nous gouvernait, s'il y eut un temps d'arrêt dans les efforts de la législature de l'ancienne province du Bas-Canada pour la diffusion des lumières. Il parlait aussi des immenses sacrifices faits par le clergé pour l'éducation et pour l'établissement de notre Université Laval, de nos nombreux collèges et couvents.

P.-J.-O. Chauveau [d]

---

2. D'après notre recensement de 1881, sur une population totale de 4,324,810 âmes, on trouve 1,791,982 catholiques et 1,298,929 originaires de France. Mais ce chiffre officiel ne tient probablement pas compte d'une assez forte proportion d'individus portant des noms britanniques ou allemands, et dont le français est la langue maternelle. Il faudrait y ajouter aussi le chiffre des Suisses et de quelques autres originaires du continent d'Europe, et une proportion de ceux dont l'origine n'est point donnée. [...]
La population canadienne-française des Etats-Unis est estimée à un demi-million. Ce chiffre est contesté par quelques statisticiens éminents, comme exagéré ; d'autres le trouvent au-dessous de la vérité. A cela il faut ajouter les créoles de la Louisiane et beaucoup de groupes épars. Un journal publié aux Etats-Unis portait dernièrement la population francologue de la république à plus de deux millions.

d. P.-J.-O. Chauveau, *François-Xavier Garneau, sa vie et ses œuvres*, Montréal, Beauchemin et Valois, 1883, CCLXXXI pages. Voir p. CCLVII-CCLXI.

Document n° 31

1884 — « LES FRANÇAIS DU CANADA ONT DÉFENDU ET ENRICHI LA LANGUE FRANÇAISE. »

Napoléon Legendre (1841-1907), avocat, fonctionnaire, littérateur et docteur ès lettres, a toujours défendu les droits et les particularités de la langue française au Canada. Dans un mémoire intitulé « la Province de Québec et la langue française » présenté à une réunion de la Société royale du Canada tenue à Québec le 29 mars 1884, il fait un vibrant plaidoyer en faveur de la langue canadienne.

Il y a maintenant près d'un siècle et un quart que nous avons passé de la domination de la France à celle de l'Angleterre. Après la grande bataille qui a placé le drapeau britannique sur nos murs, mais surtout après le traité par lequel la cession du pays a été ratifiée, il n'est resté sur cette ancienne terre française qu'une simple poignée de Français. Ruinés par la guerre, ils n'avaient pour vivre que leur hache et leur mousquet ; mais leur cœur était aussi grand et aussi fort que l'immense et vigoureuse forêt à laquelle ils allaient livrer bataille, comme leurs pères l'avaient fait depuis près de cent cinquante ans. Et ces Français, sans consulter leur nombre, se sont mis hardiment à l'œuvre.

Or, ce n'était pas une chose ordinaire qu'ils entreprenaient. Non seulement il leur fallait tirer péniblement leur existence quotidienne d'une culture sans cesse interrompue ou ruinée par les incursions des sauvages et des bêtes farouches, mais ils devaient en outre lutter constamment et pied à pied contre un envahissement encore plus redoutable, celui des mœurs, des coutumes et de la langue d'un étranger. Sans aigreur et sans haine, mais aussi sans faiblesse et sans compromis, ils ont fait cette lutte par tous les moyens honnêtes et légaux qu'ils avaient à leur disposition. Ils ont passé successivement sous le règne d'une commission militaire, puis d'une commission mi-partie civile et militaire, ensuite sous un gouvernement civil absolu, puis encore sous un régime soi-disant constitutionnel et représentatif, accordé en 1791. Mais ce gouvernement qui n'était ni assez large, ni assez populaire, a dû subir beaucoup de modifications, en 1841, pour arriver à la constitution plus libérale encore de 1867, sous laquelle nous vivons.

Pour nous, aujourd'hui, cette période peut sembler courte, et il suffit de quelques lignes pour la résumer. Mais songeons à la durée qu'elle a eue réellement pour ceux qui ont été obligés de la subir, de la vivre jusqu'à la fin, et nous aurons une idée de l'immense travail accompli.

Or, pendant toutes ces luttes que l'élément français a dû soutenir sur ce continent, qu'a-t-il gagné ? tout ; qu'a-t-il perdu ? rien. Pour tous les avantages sérieux qu'il a conquis si longuement et si péniblement, il n'a rien sacrifié de l'héritage précieux qui lui avait été confié : sa foi, ses coutumes, sa langue. Il l'a conservé intact comme au premier jour. Bien plus, il s'est accru et développé dans des proportions étonnantes. Les quelques milliers de familles qui sont restées attachées au sol canadien après le traité de 1763, forment aujourd'hui au-delà d'un million d'âmes, sans compter les trois ou quatre cent mille des nôtres établis sur le territoire qui nous avoisine, et qui forment autant de groupes au milieu desquels se conservent et se cultivent les traditions de la famille et de la nationalité. Non seulement nous ne nous sommes pas laissés envahir, mais nous avons envahi les autres. Et avec cela, — j'aime à le répéter, — sans cesse d'être loyaux sujets du nouveau pouvoir sous lequel nous jouissons maintenant, du reste, des plus grandes libertés, nous sommes restés français par le cœur, français par les coutumes et français par le langage.

Mais c'est surtout cette conservation intacte de la langue française qui forme un des traits les plus saillants de cette merveilleuse vitalité dont l'histoire du monde nous offre bien peu d'exemples.

En effet, on conçoit facilement que les Français du Canada aient gardé leur religion, d'abord parce qu'un traité solennel leur en assurait le libre exercice, et que, d'ailleurs, c'était un point sur lequel on ne pouvait les attaquer qu'avec les plus grands ménagements. Pour ce qui est des coutumes, on sait qu'il est extrêmement difficile de les déraciner chez un peuple, dans quelques circonstances qu'on le place ; et, au surplus, nos nouveaux gouvernants n'avaient aucun intérêt immédiat à nous susciter des embarras sur ce point. Mais, quant au langage, nous étions dans une tout autre position. Mêlés constamment à un peuple qui parlait une langue étrangère, nos pères étaient obligés de se servir de cette langue non seulement dans la plupart de leurs rapports journaliers, mais encore pour faire valoir ou défendre leurs droits devant les tribunaux, et surtout devant le pouvoir législatif, ou bien encore pour pouvoir comprendre des édits et ordonnances qu'on ne se donnait pas toujours la peine de leur traduire.

On conçoit dès lors quels efforts il leur a fallu faire, quels combats ils ont dû soutenir pour ne pas se laisser entraîner peu à peu sur la pente vers laquelle tout concourait à les faire glisser. Et quand on a sous les yeux le travail constant que font les Prussiens dans le but de germaniser l'Alsace et la Lorraine en imposant la langue allemande et en proscrivant par tous les moyens l'usage du français, on peut comprendre ce que faisait ici, dans un but analogue, une bureaucratie qui avait tout à gagner en affirmant son zèle ardent contre notre nationalité. Placés déjà dans une position inférieure sous le rapport de l'existence matérielle, attendu que dans tous les états, professions ou emplois publics, la race que l'on qualifiait modestement de supérieure était naturellement la plus favorisée, nos compatriotes avaient encore le désavantage d'être obligés d'apprendre deux langues pour ne pas être exposés à se heurter chaque jour, dans les détails ordinaires de la vie, contre des obstacles et des retards continuels.

La difficulté était moins grande, peut-être, pour les habitants des campagnes, qui se trouvaient moins souvent en contact avec l'élément étranger ; mais dans les villes et les centres un peu considérables, où la population était toujours plus ou moins mélangée c'était un danger, et par conséquent une lutte de tous les instants.

Une autre source de péril était le manque de livres et de journaux. On comprend que, par suite du nombre restreint des lecteurs, celui qui imprimait un livre ou publiait un journal dans notre langue pouvait rarement faire rentrer ses avances, et perdait le plus souvent des sommes relativement fortes, sans compter le sacrifice de son temps et de son travail. Il s'en suit donc que ceux qui voulaient se renseigner sur les affaires publiques ou augmenter leurs connaissances sur d'autres points étaient obligés de recourir aux journaux et aux livres imprimés dans une langue étrangère, qui nous arrivaient en grand nombre soit d'Angleterre, soit des Etats-Unis. Et cet état de choses a duré assez longtemps pour que bien des personnes, vivantes encore aujourd'hui, se souviennent d'avoir été obligés de copier en classe la plupart des cours qu'elles suivaient, parce qu'il n'y avait qu'un seul livre imprimé pour le professeur ; souvent même, ce livre unique faisait complètement défaut.

Dans les circonstances ordinaires, il aurait pu en résulter un moindre inconvénient, mais étant donné la situation qui nous était faite et la pression morale que
nous subissions de toutes parts, il y avait là un danger que nous n'avons évité que
grâce au plus continuels efforts et au déploiement du plus grand patriotisme.

Et, au milieu de ces tribulations qui prenaient souvent la forme de séductions,
nous sommes restés fermes et inébranlables jusqu'à la fin. Non seulement nous avons
conservé notre langue dans toute sa pureté, dans toute son intégrité, mais nous l'avons
même fait accepter à ceux qui voulaient nous imposer la leur. Par nos protestations
incessantes, par nos efforts persistants, nous en sommes arrivés à faire reconnaître
à la langue française le droit de cité dans ce pays qu'elle avait jadis conquis à la
civilisation, et dont on avait voulu plus tard l'expulser ; nous l'avons fait mettre sur
un pied d'égalité avec la langue de nos compatriotes d'une autre origine. Et, s'il nous
est permis de nous enorgueillir du travail que nous avons accompli sous ce rapport
et du succès qui l'a couronné, nous ne devons pas oublier d'apprécier en même temps
comme il le mérite l'esprit si libéral du pouvoir qui a su, lorsqu'il a été suffisamment
éclairé sur la situation, nous rendre cette justice et faire amplement droit à nos
légitimes aspirations.

....

Mais il y a encore une espérance que nous n'abandonnons pas et que nous
devons, par tous nos efforts, tâcher de réaliser, c'est d'être reconnus officiellement
sous le rapport du langage, par le pays d'où nos ancêtres sont venus, c'est d'être admis
à concourir comme nos frères d'outre-mer, à l'augmentation de l'héritage paternel.
Car, cette langue si belle, qui est restée la langue officielle de presque toutes les
cours de l'Europe, non contents de la conserver dans toute sa pureté et son intégrité,
nous l'avons enrichie d'une foule de mots et de locutions empruntées à des circonstances nouvelles et qui ne pouvaient se produire que difficilement ailleurs qu'ici.
Placés dans une situation spéciale, dans un milieu différent de l'ancien monde, tant
au point de vue du mode de vivre que sous le rapport de la nature matérielle, nous
avons dû nécessairement exprimer des états nouveaux et des idées nouvelles par des
mots nouveaux. Ces mots, nous les avons créés et nous nous en servons tous les
jours. Avions-nous le droit de les créer ? avons-nous le droit de nous en servir ? Et
pourquoi non ? Une langue n'est pas une chose immuable ; il est vrai qu'on peut bien
en fixer d'une façon à peu près définitive les règles grammaticales, mais jamais on
ne pourra empêcher ceux qui la parlent d'étendre ou de modifier d'un commun accord
et suivant les circonstances, certaines expressions, ou, au besoin, de créer des expressions nouvelles. [...]

....

Or, dans ce mouvement de progrès, nous, les représentants légitimes de la
langue française dans l'Amérique du Nord, nous avons marché avec les autres et nous
avons apporté notre quote-part de travail. Pourquoi maintenant ce travail serait-il mis de
côté, rejeté par ceux qui ont la mission officielle de l'étudier et de le juger ? Pourquoi
toutes ces expressions que nous avons été obligés de créer n'entreraient-elles pas de
plein droit dans le dictionnaire de la langue française, avec une note indiquant le lieu
de leur provenance, ainsi que la chose s'est faite, du reste, pour un petit nombre
d'entre elles ?

Voilà ce que je demande ; et je crois sincèrement que nous y avons droit.

Je ne veux pas, naturellement, parler ici d'un grand nombre de mots que l'on
trouve dans les glossaires sous le titre : « *Expressions particulières au Canada*, » et

qui ne sont que des variantes souvent légères de prononciation, telles qu'on les retrouve dans certains départements en France. Ainsi, je m'inquiète fort peu que l'on dise *fanil* pour *fenil*, *détorse* pour *entorse*, *greyer* pour *gréer*, *ondains* pour *andins*, etc. ; ou bien encore qu'on se serve de certaines expressions démodées, usitées dans quelques provinces seulement, comme jouer aux *marbres* pour jouer aux *billes*, *siler*, dans certains cas pour *siffler*, *dévirer* pour *retourner*, etc. Plusieurs de ces mots disparaissent à mesure que l'instruction se répand, quant aux autres, ils donnent à notre langage un certain cachet d'originalité et d'archaïsme que !'on aurait tort de lui reprocher dans la plupart des cas.

Mais les expressions ou acceptions auxquelles je tiens davantage, et pour lesquelles je réclame le droit de cité, ce sont celles que nous n'avons pas été libres de ne pas créer, parce que les circonstances nous les imposaient, et qui pour la plupart, d'ailleurs, suivent exactement les règles d'une judicieuse étymologie ou sont de bonnes adaptations du terme anglais correspondant.

[L'auteur cite ensuite de nombreuses expressions canadiennes dont nous retenons quelques-unes.]

Ainsi, les mots *balise, baliser,* sont deux termes de marine. En France, les balises sont des bouées qui marquent l'entrée d'un port ou le chenal d'une rivière : le verbe baliser s'emploie dans le même sens. Ici, nous avons étendu cette signification. Pour indiquer la place des chemins, en hiver, sur nos grands champs de neige ou sur la surface glacée des rivières et des lacs, on plante, de chaque côté, de petits sapins ou autres arbustes verts, qui guident le voyageur quand les rafales ou la *poudredie* ont effacé la trace des voitures. Ces arbustes, nous les appelons *balises*, et nous disons, dans le même sens, *baliser* un chemin. Ces *balises* servent aussi à marquer en hiver le trou pratiqué dans la glace vis-à-vis chaque maison pour puiser l'eau. Elles signalent le danger au passant. Cette acception n'est-elle pas rationnelle, et, au lieu d'avoir ici défiguré la langue, comme certains écrivains peu réfléchis nous en ont fait le reproche, ne l'avons-nous pas, au contraire, enrichie ?

J'ai écrit plus haut le mot *poudrerie* ; c'est encore un terme non seulement fort juste mais de plus très pittoresque. On connaît peu, en effet, en France le tourbillonnement, ou plutôt le *poudroiement* de la neige, tel que nous l'avons ici, et que les Anglais appellent *drifting*. Ce sont donc les circonstances locales qui nous ont imposé ce mot, et nous disons avec beaucoup de raison : il y a, ou il fait de la *poudrerie*, il *poudre*. Nous avons aussi le terme contraire : pour indiquer que la neige ne *poudre* pas et qu'elle est devenue humide par suite de l'élévation de la température, nous employons le verbe *péloter*, auquel les dictionnaires ne reconnaissent pas cette acception, bien qu'ils donnent *pelote* de neige. Nous dirons encore des chemins d'hiver qu'ils sont *boulants*, lorsque la neige fait boule sous le sabot du cheval, que le cheval se trouve *botté* et qu'il court risque de *s'embourber*, c'est-à-dire de s'enfoncer dans la neige comme dans un bourbier. Nous disons également que les chemins sont *moulineux*, que la neige est *moulineuse*, lorsqu'elle forme une espèce de sable mouvant. Ces adjectifs viennent, le premier du verbe *bouler* et le second du verbe *mouliner* ; leur dérivation est donc parfaitement juste. Ronsard dit, dans un sens analogue : « Les glacez pelottons flottans que l'orage par les monts *boule*. »

....

Il y a encore une expression pour laquelle je ne demande pas le droit de cité, puisque les dictionnaires le lui ont déjà accordé, — mais que je signale comme l'une de nos plus heureuses adaptations ; — c'est le mot raquette que les grands puristes remplacent, bien à tort, par *souliers à neige*. Cette expression n'est ni plus ni moins qu'une absurdité, attendu que la raquette n'a rien du soulier, si ce n'est qu'elle s'attache au pied comme ce dernier. On pourrait avec autant de raison appeler le parapluie un *chapeau à pluie*, puis qu'il couvre la tête comme le chapeau, ou bien encore appeler le patin un *soulier à glace*. Pour marcher à la raquette, on se sert du *mocassin*, ou *soulier mou*, et l'on met généralement des *mitasses*, sortes de longues guêtres en laine ou en peau.

....

Et, puisque j'en suis à parler des mots que nous a inspirés notre saison d'hiver, c'est peut-être le lieu ici de citer la *sucrerie*, avec tous les termes qui s'y rapportent. La *sucrerie* proprement dite, c'est la forêt d'érables avec sa *cabane à sucre*, et tous les ustensiles qui servent à fabriquer le sucre d'érable. Par les *sucres*, on entend l'époque où se fait le sucre et l'ensemble des travaux que nécessite cette exploitation. Ainsi on dit : Je vous paierai *aux sucres*, je travaille *aux sucres*, je revient *des sucres*. *Entailler*, c'est pratiquer dans l'aubier de l'érable une entaille ou incision diagonale par laquelle la sève s'écoule, et établir une pièce de bois rainée, avec un vase, pour recueillir cette sève. La petite pièce de bois, qui se nomme *coulisse*, *goudrelle* ou *gouterelle*, a huit ou dix pouces de longueur sur deux pouces de largeur ; elle est fixée dans le bois même de l'arbre, au-dessous de *l'entaille*, et inclinée vers le sol à son extrémité infèrieure ; elle sert de conduit ou de gargouille pour faire tomber la sève ou eau d'érable dans le vase qui peut être une auge, un *cassol* ou une boîte en fer blanc. Pour creuser cette auge, on se sert d'un instrument qui disparaît rapidement aujourd'hui : c'est la *tille* ou herminette à gouge. Le *cassot* est une petite boîte étanche faite d'écorce de bouleau. On fait bouillir la sève dans de grandes chaudières en fonte, et quand, par suite de l'évaporation, elle a acquis une belle couleur brune, on l'appelle *réduit* ; c'est alors qu'on peut en faire de la *trempette* en y ajoutant du pain émiétté. On dépose ce réduit dans des bidons et quand il y en a une quantité suffisante pour en faire une *brassée* ou un *brassin* on le remet sur le feu et par une nouvelle ébullition, il prend la consistance du sirop, puis épaissit jusqu'à la *tire* avec laquelle on fait des *toques* ; enfin, il devient du véritable sucre que l'on laisse refroidir un peu pour le verser dans les moules. Pour agiter le sucre, on se sert de la *mouvette* ; *faire la tournée*, veut dire aller recueillir l'eau sucrée au pied de chaque arbre pour la rapporter à la cabane ; exploiter une sucrerie se dit *faire couler*.

La plupart de ces expressions, je le sais, se trouvent dans les dictionnaires, mais elles n'y ont pas l'acception que nous leur donnons ici, pour l'excellente raison que l'industrie à laquelle elles s'appliquent est particulière au pays et n'est pas connue en France.

....

Tous les Canadiens en hiver, portent le *casque*, qui n'est pas aussi militaire qu'on pourrait le penser. C'est une espèce de bonnet en fourrure, ou bonnet à poil ; il nous est indispensable et il fallait le nommer de quelque façon ; or, comme il a plusieurs points de ressemblance avec le casque militaire, nous lui avons donné ce nom. Les femmes, de nos jours, portent aussi le casque ; autrefois, c'était la *thérèse*, bonnet garni d'ouate ou de fourrure. Nous avons encore ici le *capot*, qui n'est ni le capot du marin ni la grosse capote du soldat, mais qui tient de l'un et de l'autre ; il est plus lourd que le paletot. Cette acception est passée dans notre langue et elle y restera, de même que le verbe *encapoter*, ou *s'encapoter*, auquel nous tenons et qui est tout aussi rationel que *caoutchouter*, accepté par les dictionnaires.

....

Parmi les noms des arbres particuliers à ce pays, il en est un certain nombre que la France a admis, entre autres, *épinette*, qui désigne une variété de bois très commune ici, et que Bernardin de Saint-Pierre appelle improprement *sapinette*, puisque, l'épinette étant plus grande que le sapin, c'est un augmentatif et non un diminutif qu'il eût fallu employer. Il y en a beaucoup d'autres espèces qu'on ne trouve pas dans les dictionnaires, par exemple, le *merisier* (dans son acception canadienne), le *bois d'orignal*, le *bois de plomb*, le *pommetier* (dans le département de l'*Oise*, on a le *pommotier*), la *pruche*, qui, tant pour son bois qu'à cause de son écorce, entre pour une si large part dans le commerce que nous faisons avec les Etats-Unis. J'espère pourtant que ce mot finira par être reconnu, avec *sapinage* qui est si joli, et *cage*, et *plançon*, dans leur acception canadienne, et *cageu*. Il faudra bien aussi que l'Académie se résigne, un jour ou l'autre, à accepter notre *meublier*, et notre *voiturier* qui valent bien mieux qu'*ébéniste* et *carrossier*, et les expressions *traîne*, *tabogâne* et *mitasses*, qui, pour avoir une légère odeur de *boucane*, n'en sont pas moins d'excellentes adaptations, Il en sera de même, je l'espère, pour *carré*, *char* et *lisse* ou *lice*, qui ont beaucoup plus de raison d'être que *square*, *wagon* et *rail*, et pour *char urbain* et *chemin de fer urbain* au lieu de *tramway*. On nous a aussi reproché *chéquer* et *chéquage*, que nous avons dû créer, parce que la langue française ne possède pas de termes équivalents, et que le *chéquage* n'est pas la même chose que l'enregistrement du bagage tel qu'il se fait en France. M. Malézieux, cependant, dans son ouvrage sur les chemins de fer américains, nous donne raison et écrit hardiment, comme nous, *chèque*, *chéquer*, *chéquage*. Et dans le fait, j'aime mieux dire *chéquer* que *stopper* ; notre verbe a au moins pour lui une excellente raison d'être : la nécessité, tandis que l'autre n'est véritablement qu'un mot de fantaisie.

Je pourrais en outre signaler un certain nombre de mots qui ont une couleur fort poétique et que nous ne sacrifierions pas sans une sérieuse résistance. Ce sont, entre autres, la *brunante,* qui ne paraît dire plus que la *brune*, [...] ; *cailler*, pour se laisser aller au sommeil ; *s'endormir*, pour avoir sommeil ; *parolie*, petite assemblée, *brumasser*, pour dire qu'il tombe une pluie très-fine, qui tient plutôt du brouillard. (Littré le donne comme néologisme) ; [...].

Je mentionnerai le mot *centin*, qui désigne la centième partie d'une piastre, et que nous avons dû adopter à la place de *centime* qui désignait déjà la centième partie du franc ; [...]. *Sauter* les rapides, *portager* et *pagayer,* sont encore des expressions pleines de justesse que les circonstances nous ont forcés d'employer. Citons encore *pouvoir d'eau*, *chantier*, *faire chantier* et *camp* ou *campe*, petite cabane dans les bois ; *voyageurs*, dans le sens de bûcheron des *chantiers d'en haut ; dissident*, pour contribuable appartenant à la religion de la minorité dans une municipalité scolaire ; *grand brûlé* et *petit brûlé*, partie d'une forêt que le feu a détruit ; *catalogne* sorte de tapis fabriqué dans nos campagnes ; [...] ; *crosse*, espèce de raquette recourbée avec laquelle on joue à la balle, — ce jeu nous vient des sauvages ; *épluche* ou *épluchette de blé d'Inde*, espèce de corvée pour *éplucher* les régimes de maïs ; *fort*, pour village parce que, dans les premiers temps de la colonie, tous les villages étaient fortifiés ; *habitant*, pour cultivateur ou paysan, parce qu'il y avait autrefois des privilèges accordés à ceux qui se fixaient sur le sol, aux habitants, et refusés aux simples passants comme les soldats, les commis, etc ; [...] *être à la hache*, être appauvri, n'avoir plu que sa hache pour vivre ; [...] *rang* et *concession*, division d'une paroisse ou d'un canton : il demeure *au troisième rang* ; j'ai une terre *dans les concessions* ; *cordon*, chemin qui divise les rangs ; *trait carré*, endroit où le cordon frappe un autre chemin à angle droit.

....

[...] Nous disons *barrer* et *débarrer* une porte, une armoire, un tiroir, etc., au lieu de fermer à clé. [...] *Caucus* est un mot de couleur latine qui a passé par l'anglais ; qu'on nous en trouve un meilleur et nous nous engageons alors à dire *cercle* au lieu de *club* ; *souxer*, est un verbe original et plein d'harmonie imitative ; on dit : *souxe !* pour exciter les chiens : c'est le radical de notre verbe ; [...] *conférencier*, dans le sens que nous lui donnons, passera de lui-même dans la langue française, il est déjà accepté par beaucoup de bons écrivains. [...] *Mal-à-main, malchanceux* sont deux expressions populaires, de même que *marcher au catéchisme*, qui signifie suivre les exercices du catéchisme pour la première communion ; on dit même simplement ; *marcher*. Je ne sais pas trop d'où peut venir cette curieuse expression ; gardons-la, dans le genre familier, à titre d'originalité. [...] *Indictement* est un vieux mot français que nous avons repris sur l'anglais ; il tend toutefois à disparaître. *Ouaouaron*, un mot de neuf lettres qui se tient debout avec deux consonnes seulement ; c'est un chef-d'œuvre d'harmonie imitative ; il vient du mot huron *ouaroune*, et rend exactement le cri de l'animal. *Partisannerie* fera son chemin. *Qualification* et *qualifie*, dans l'acception que nous leur donnons, sont une adaptation de l'anglais. [...] *Tinton*, c'est l'appel suprême que fait la cloche de l'église par petits coups répétés, avant les offices ; il dérive très naturellement de *tinter*. *Transquestion, transquestionner* sont deux expressions que vous arracherez difficilement du répertoire des avocats sans une pluie d'*oppositions afin de conserver*. Notre *locateur*, si logiquement formé, ne se trouve pas dans le code Napoléon, mais il est aujourd'hui admis par Littré, de même qu'*encanteur*. Enfin nous disons *tric-trac* au lieu de crécelle ; notre expression fait un peu plus de bruit que l'autre, mais, en somme, je n'y tiens pas énormément.

Je pourrais, si je voulais épuiser le sujet, en écrire bien davantage ; mais cette liste suffit pour montrer que, non seulement nous avions le droit de créer la plupart des expressions ou acceptions dont nous avons enrichi notre langue, mais que, même pour celles qui n'étaient pas d'une absolue nécessité, nous avons toujours suivi scrupuleusement les règles de l'étymologie et de l'analogie.

Personne plus que moi ne désire que nous corrigions nos fautes de langage, que nous fassions disparaître de notre conversation comme de nos écrits les anglicismes qui s'y sont glissés de temps à autre ; mais pourquoi, je le demande, serions-nous obligés de rejeter des termes qui, loin d'être du patois — comme on a bien voulu le dire — sont, au contraire, régulièrement formés, à ce point que nous pouvons presque toujours en rendre compte à la satisfaction des linguistes les plus difficiles.

Les dictionnaires donnent tous les jours asile à une foule d'expressions dérivées, soit des différents dialectes des provinces françaises, soit des langues étrangères, — et dans ce dernier cas, on ne prend même pas la peine de franciser le mot, témoin, les *wagons*, les *tenders*, les *rails*, les *steamers*, le *turf*, le *sport*, etc. Pourquoi donc ces mêmes dictionnaires n'accueilleraient-ils pas des mots provenant d'un pays qui, par les preuves qu'il a données dans toute son histoire, a bien le droit de demander qu'on lui conserve son titre de province française, et qu'on lui permette de travailler au développement d'une langue qu'il a conservée et sauvée pour ainsi dire, sur ce continent, au prix des plus grands sacrifices ?

Lorsque nous étions moins connus en France, et que le Canada passait pour un pays sauvage, je comprends qu'il eût été difficile de demander cette reconnaissance

de nos droits. Mais aujourd'hui que des rapports fréquents nous ont fait mieux connaître, que les ouvrages de nos écrivains sont lus et appréciés par le public français,
et que deux des nôtres ont été couronnés par l'Académie de France, la plus haute
autorité de l'univers, nous demandons, non pas qu'on nous fasse une place nouvelle
dans le domaine de la langue, mais qu'on nous rende celle que nous occupions
autrefois et que, en réalité, nous n'avons jamais abdiquée.

Un auteur a dit avec raison : « Quand un peuple perd sa langue, il est bien près
de perdre sa nationalité. » Et ! bien, cette langue française dont nous étions les dépositaires, les gardiens, nous l'avons, nous, scrupuleusement conservés ; et voilà pourquoi,
après une séparation de plus d'un siècle, tout en nous montrant loyaux sujets de la
Grande-Bretagne, nous sommes restés français, et français quand même. Voilà pourquoi, sans vouloir indiscrètement nous imposer, nous réclamons notre droit de natu-
ralité ; nous demandons que, lorsqu'il s'agira de la langue de France, de cette langue
que nous avons aimée et que nous aimons encore par-dessus toutes les autres, on
nous donne, au foyer maternel, l'humble place restée vide si longtemps ; qu'on nous
permette de faire partie de ce conseil de famille quand il prononce sur des intérêts
qui tiennent à notre vie même.

Autrefois, quand un citoyen romain voulait faire reconnaître ses privilèges, il
n'avait qu'à prononcer ces simples mots : « *Civis sum romanus.* » A notre tour, nous
répétons ce cri qui doit nous rouvrir toutes grandes les portes hospitalières de l'ancienne patrie : « *Nous sommes restés français !* »

Napoléon Legendre [a]

---

a. Napoléon Legendre, *la Langue française au Canada*, Québec, Darveau, 1890, 177
pages.

Document nº 32

1888 — « NOUS AVONS PERDU LE GÉNIE DE LA LANGUE FRANÇAISE. »

Arthur Buies reprend le combat pour la langue française [a]. Dans une série d'articles parus au début de l'année 1888 dans l'Electeur, journal libéral de Québec [b], il dénonce les anglicismes et les canadianismes qui pullulent dans les journaux. Mais à travers l'incorrection de la langue, c'est à la psychologie nationale qu'il s'en prend.

Pour répondre à un désir qui m'a été souvent exprimé, j'ai résolu de rassembler dans une brochure la série d'articles qui ont paru récemment dans l'*Électeur* et qui signalaient un certain nombre des anglicismes et des canadianismes dont notre langage et notre style fourmillent au point d'en perdre presque entièrement toute physionomie française.

Comme cela constitue pour notre nationalité un péril mortel que bien peu de gens reconnaissent ou dont ils ne mesurent que très imparfaitement l'étendue, il y a urgence à ne pas laisser s'envoler et se perdre, dans le tourbillon des écrits ordinaires de journaux, les avertissements qui peuvent être donnés à cet égard à nos compatriotes, les français du Canada.

Le spectacle des expressions, des phrases, des paragraphes entiers, non seulement anti-français et barbares, mais absolument incompréhensibles et indéfinissables, qui s'impriment tous les jours dans nos journaux et se voient également dans bon nombre de pamphlets de circonstance, m'a fait jeter un cri d'alarme que je voudrais faire retentir dans toutes les oreilles, et dont l'écho devrait arriver dans toutes les institutions et maisons d'éducation du pays.

Grâce à l'appui généreux et éclairé du Secrétaire Provincial actuel, l'hon. E. GA-GNON, en qui les écrivains canadiens, qui font des travaux utiles, peuvent être assurés de trouver un ami dévoué autant qu'un protecteur, je n'aurai pas jeté vainement un cri de détresse en face de l'abîme qui s'ouvre devant notre langue, et je n'aurai pas assisté, inutile Cassandre, à sa lamentable disparition, régulièrement et progressivement accomplie sous nos yeux.

Je ne demande au lecteur qu'une chose, c'est de bien se pénétrer des dangers réels et redoutables de la situation, de bien se persuader que le baragouin que nous parlons fait de nous des déclassés, ou plutôt des *inclassables* au milieu des autres peuples, et que si nous ne nous décidons pas enfin à parler le français comme il l'est communément partout ailleurs, à rendre nos pensées intelligibles, à leur donner des expressions claires, nettes et rationnelles, nous devons nous attendre à toute sorte d'humiliations et à des dédains bien cruels pour notre amour-propre.

....

---

a. Voir le document nº 22.
b. *L'Electeur* disparaît le 26 décembre 1896 pour renaître sous le nom de *Soleil*.

I

(De *l'Electeur* du 7 janvier 1888).

Nous voilà entrés à pleines voiles dans l'année 1888. Tremblons faibles humains. [...] Voilà la guerre qui se prépare à n'en pouvoir douter pour le printemps prochain en Europe ; nous n'en avons pas d'imminentes en Amérique, mais il y en a tout de même une qui gronde sourdement au fond de toutes les consciences patriotiques, dans l'esprit de tous ceux qui ont à cœur le maintien, l'intégrité et l'honneur de notre belle langue que le journalisme moderne est en train de rendre absolument méconnaissable, détestable, ridicule, grossière et saugrenue. Sans attendre le printemps, nous allons entreprendre tout de suite la guerre contre les anglicismes et les énormités qui s'étalent avec l'insolence du droit de propriété dans les troisième et quatrième pages de nos journaux.

Ah ! ça c'est pas une tâche aisée que celle-là. Il faut avoir le tempérament d'un apôtre, le zèle et l'amour du prochain d'un missionnaire, et jusqu'aux enthousiasmes téméraires d'un réformateur pour entreprendre de remonter un courant aussi irrésistible que celui qui nous entraîne vers l'anglo-gallo-canadianisme, c'est-à-dire, une composition parlée que n'auraient jamais comprise nos pères, et que certainement ne comprendront pas mieux nos fils ; car, du train que nous y allons, il ne restera pas, dans cinquante ans, mille mots de tous ceux que nous employons aujourd'hui ; et le reste aura été se perdre dans quelque nouveau mélange où l'anglais et le français, aujourd'hui encore reconnaissables entre eux, se seront étroitement fusionnés ou plutôt confondus ensemble, avec cinq à six autres idiômes venus là pour augmenter encore la confusion.

Il faut porter à son pays un dévouement intense [...] pour entreprendre cette campagne qui, après tout, ne me rapportera que des récriminations, des protestations, peut-être même des invectives, et, à coup sûr, de l'ingratitude ; [...]

Il faut l'entreprendre, cette tâche si difficile, si délicate, si semée de piéges ! Il faut se risquer à heurter des susceptibilités peut-être respectables et à soulever des disputes qui, par cela même qu'elles roulent sur des mots, sont toujours plus violentes que les autres.

Le temps est venu, et il presse, où il faut mettre un terme au galimatias qui nous envahit, nous résoudre enfin à parler un français réel, et non pas, sous la dénomination trompeuse de français, un anglais travesti, corrompu, une forme interlope, également étrangère à la nature des deux langues. Le nombre des expressions dont nous nous servons, des tours de phrase que nous employons, qui sont purement anglais, et que nous croyons français, parce que les mots qui les composent sont français, parce que nous appliquons aux mots des terminaisons françaises et que nous soumettons les phrases, par une traduction littérale, à de véritables contorsions, à des constructions dont le sens comme l'origine échappent à ceux qui ne connaissent que le français pur, est tellement effrayant que, lorsque j'essayai d'annoter toutes les horreurs de style qui débordent dans nos journaux et dans les documents imprimés quelconques, je ne tardai pas à être pris d'épouvante et de désespoir de jamais arriver à une réforme victorieuse, et je résolus de me laisser aller avec le torrent, mais en me tenant toutefois la tête hors de l'eau.

....

(De l'*Electeur* du 14 janvier 1888)

I

La campagne entreprise [...] contre les barbarismes, les anglicismes et tous les autres ismes dont le débordement, dans notre langue et dans notre style, menace de faire disparaître jusqu'au dernier vestige de français parmi nous, est loin d'être chose nouvelle ou inouïe, mais bien plutôt une reprise d'hostilités plus d'une fois interrompue contre le plus dangereux ennemi que nous ayons.

Déjà, il y a vingt-trois ans, (quand j'y pense !) j'avais ouvert le feu dans le *Pays*, de Montréal, par une série d'articles intitulés : « Barbarismes canadiens » : Hubert LaRue aborda aussi la matière ; après lui, Tardivel, dans le petit opuscule menaçant d'excommunications « L'anglicisme, voilà l'ennemi », ; puis Oscar Dunn, dans son « Glossaire franco-canadien », publié en 1881 ; et enfin, il y a quatre ans, Fréchette, Lusignan et moi nous reprenions la lutte avec une ardeur furieuse, déterminés que nous étions à porter cette fois le coup de mort à ces choses informes, monstrueuses, innommables, qui ne sont ni des expressions, ni des tournures ni des membres de phrase, et qui pullulent dans notre langue au point d'en faire disparaître toute structure.

Inutiles efforts ! Les canadiens sont incorrigibles : Ils ont une horreur pour ainsi dire instinctive du bon langage ordinaire : il leur faut ou parler horriblement mal ou bien poser pour « parler dans les tâârmes », ce qui fait qu'ils sont ou inintelligibles ou ridicules. Je ne parle pas ici, on le comprend aisément, de la classe des gens véritablement instruits, mais de ceux qui croient appartenir à cette classe, des gens de profession qui n'ont de profession que le nom et qui sont aussi ignorants que des charrues, qui introduisent les plus grotesques barbarismes dans le langage officiel ou judiciaire ; je parle surtout de ceux dont les contributions répétées et régulières à la masse de la publicité quotidienne apportent chaque jour une alluvion nouvelle au torrent qui va bientôt nous submerger, nous et notre langue, si nous n'y opposons sans retard une digue infranchissable.

Nous sommes infestés par l'anglicisme ; l'anglicisme nous déborde, nous inonde, nous défigure et nous dénature. Ce qui pis est, c'est que nous ne nous en doutons pas la moitié du temps, et pis encore, c'est que nous refusons même, dans l'occasion, de reconnaître des anglicismes, quand ils nous sont signalés. Nous sommes tellement habitués au mélange des deux langues, française et anglaise, que nous ne faisons plus de différence et que nous ne reconnaissons plus le caractère, la nature propre de chacune d'elles.

Qu'on ne croie pas que j'exagère. Je vais incontinent donner à profusion, à discrétion, des exemples de ce que j'avance, bien malgré moi, mais avec la détermination de démontrer par ces exemples jusqu'à quel point il est temps pour nous d'en finir avec ce langage et ce style incompréhensibles dans une foule de cas, de nous en corriger par la lecture des maîtres et l'étude sérieuse d'une langue que nous avons pour mission, non seulement de conserver, mais encore de propager sur ce vaste continent américain qui nous appartient tout autant, sinon plus, qu'aux autres races. Sur ce continent en quelque sorte illimité, nous nous développons comme élément national distinct. Il convient qu'à ce développement purement physique et numérique correspondent la correction et la pureté de notre langue. Cette correction et cette pureté seules peuvent nous assurer encore, pour des générations, le caractère distinctif que nous avons à conserver, et qui est, suivant l'expression de lord Dufferin, une heureuse variété au sein de la monotonie d'une même langue, de mêmes usages et de mêmes manières de vivre sur une immense étendue de territoire.

....

II

Nous sacrifions une langue admirable, une précision presque absolue, la langue analytique et savante par excellence, si riche et si abondante qu'avec son secours on peut exprimer non seulement des idées, mais encore les nuances les plus subtiles des idées, une langue qui a un mot pour chaque aspect des choses, pour la variété innombrable de ces aspects, une langue qui, afin d'exprimer tout ce qui existe, se fractionne indéfiniment comme on peut fractionner chaque tout ou chaque partie d'un tout, jusqu'à sa limite infinitésimale ; cette langue unique, incomparable, complète et parfaite autant que peut l'être un instrument humain tous les jours perfectionné, nous la sacrifions aveuglément, délibérément à un jargon bâtard qui n'a ni origine, ni famille, ni raison d'être, ni principe, ni règle, ni avenir.

Les journaux, les traductions, les pratiques légales ont été les trois grands ennemis de notre langue ; ils l'ont corrompue, ils l'ont rendue méconnaissable. Il est impossible de comprendre quelque chose à la plupart de nos textes de lois, de nos bills, de nos documents parlementaires quelconques, cela sans compter les choses inutiles, les répétitions sans objet, les membres de phrase jetés sans rime ni raison en travers du chemin, les périssologies de toute espèce, fouillis de monstruosités linguistiques d'autant plus exécrables que nous avons à notre disposition une langue dont le caractère distinctif et tout particulier est la netteté et la concision, même dans la procédure, même dans la législation. Mais nous voulons absolument que l'anglais soit du français, et nous croyons y parvenir en employant des mots qui, pris isolément, sont français, mais qui, réunis, forment très bien des tours de phrase essentiellement anglais.

....

De l'*Electeur* du 28 janvier

I

Il y a une chose qui nuira éternellement chez nous, non seulement à la correction du français, mais encore à la familiarité, à l'intimité avec la langue française, c'est que nous vivons dans un pays anglais, dans un milieu anglais, et que nous sommes entourés d'anglais. Ce qui est absolument français, dans la province de Québec, ce sont les traditions, le caractère, le type, l'individualité, la tournure d'esprit et une manière de sentir, d'agir et d'exprimer qui est propre aux vieux gaulois. Ce qu'il y a de moins français, c'est la langue. Je mets en fait que la plupart des hommes publics, des hommes de profession, de tous ceux qui appartiennent à une carrière active quelconque, savent bien moins le français que l'anglais, qu'ils emploient régulièrement, à leur insu, quantité de tours de phrase, de membres de phrase anglais ; je dirai plus, et dût le barreau tout entier se ruer sur moi pour m'estourbir ou pour m'écorcher vif, je dirai qu'en général nos avocats (ce sont eux les traîtres, les « pendards », à quelque parti qu'ils appartiennent) ne parlent ni l'anglais, ni le français, mais un jargon coriace qu'on ne peut comprendre que parce qu'on y est habitué, et que l'on sait mieux ce qu'ils veulent dire que ce qu'ils disent [c]. Et remarquez que je parle en ce moment d'hommes de mérite, d'hommes de valeur, (je laisse de côté les manœuvres de la profession) je parle d'hommes intelligents, cultivés, instruits, possédant une foule de connaissances, d'hommes enfin qui feraient leur marque dans n'importe quel pays, au milieu de n'importe quelle société avancée en civilisation. Mais que voulez-vous ? Ca n'est pas leur faute, c'est la faute du milieu où nous sommes. L'habitude constante et régulière des deux langues les pervertit forcément toutes les deux, surtout, bien entendu, celle qui doit le plus souffrir de cette bâtardise, par les conditions d'infériorité où elle se trouve. Ici, le commerce, l'industrie, la finance, les arts, les métiers et jusqu'à l'éducation, jusqu'aux habitudes, jusqu'à la manière de dire « Bonjour » et de se moucher, tout est anglais. Comment notre langage résisterait-il à toutes ces influences extérieures qui agissent continuellement sur lui, l'enveloppent et l'étreignent ? Comment ne s'imprégnerait-il pas de ces milles apports quotidiens qui sont tous autant de causes de dissolution ? Ce serait miracle qu'il en fût autrement. Mais de là à conclure qu'il faut laisser sottement les choses aller comme elles vont, [...] il y a un abîme que je suis déterminé pour ma part à franchir, et que je veux déterminer mes compatriotes à franchir avec moi. Si nous succombons à la tâche, eh bien ! nous succomberons : mais ce ne sera pas sans un suprême effort, et s'il nous faut faire entendre le « *finis Canadae* français, » que ce soit, comme Koskiusko, les armes à la main.

Hélas ! nous avons perdu le génie de la langue française ; mais est-ce à dire que nous ne devons pas chercher à le retrouver, quand il est temps encore et quand nous le pouvons, si nous voulons nous mettre à la tâche ? Jusqu'à présent, c'est l'absence de critique qui a été l'un de nos pires ennemis, conjointement avec cette habitude bête, pernicieuse au dernier point, de farcir les gens de louanges épaisses pour les plus petits succès, pour les moindres mérites. Cette absence de critique et cette flagornerie pâteuse ont fait naître chez nous d'incroyables et d'insupportables prétentions. Il n'est personne par exemple qui ne se croie écrivain, parce qu'il n'y a personne pour lui dire qu'il l'est au même titre qu'un maréchal ferrant ou un débitant de bière d'épinette. De là encore la banalité, l'absence d'idées, le ressassement de lieux communs que l'on remarque dans une foule de productions qui voient le jour, on ne sait pas pourquoi. Les idées sont comme l'éclair, il faut qu'elles jaillissent. Quand on en a, on ne peut résister à l'impulsion qui les pousse au dehors. [...]

II

Je disais plus haut que nous n'avons pas le génie de la langue française. Cela saute aux yeux de l'étranger. Une foule d'expressions, de tours de phrase, de manières de parler courantes passent sans être remarqués par le commun des canadiens, mais stupéfient celui qui a le sentiment de la langue, qui sait, qui sent plutôt, sans l'aide de la grammaire ou du dictionnaire, que telle expression en usage est impropre, ou inexplicable ou inintelligible.

---

c. Arthur Buies rejoint ici, à propos de la langue des avocats, les impressions qu'avait retenues Alexis de Tocqueville d'une visite à l'un des tribunaux civils de Québec. Voir le document n° 13.

Nous sommes embarrassés les trois quarts du temps pour savoir comment nous exprimer : si nous étions maîtres de la langue, nous ne serions pas soumis à cette torture. Il est rare qu'un français se trouve dans cet embarras, j'allais dire dans ce « trouble », pour parler anglais. Pourquoi encore reconnaîtra-t-on presque invariablement, à très peu d'exceptions près, un écrivain canadien d'un écrivain français ? A une foule de choses sans doute en dehors de la langue proprement dite, parce que nous avons des idées, des habitudes, des coutumes, une éducation différentes de celles de la France ; mais ce sera surtout, en ce qui concerne la manière de s'exprimer, parce que nous n'avons pas eu de maîtres qui, eux-mêmes, possédassent suffisamment le génie de la langue française et qui aient pu nous l'inculquer, nous en inspirer. Un écrivain canadien se trahira toujours par le manque de certitude dans l'expression, par le défaut d'audace dans l'emploi indéfiniment varié des termes, par l'habitude plus ou moins grande des nuances, par cette espèce de timidité et de gaucherie propre à ceux qui ne sont pas sûrs de l'instrument qu'ils manient, par l'étendue très limitée du vocabulaire à sa disposition, enfin, pour dire le mot, le seul mot, par l'absence plus ou moins caractérisée de ce qui constitue le génie de la langue, ce génie que les écrivains français possèdent tous, quels qu'ils soient, supérieurs, médiocres ou inférieurs. Ceux-ci, on les reconnaît de suite à ce signe, malgré les défauts, malgré les faiblesses, malgré les négligences, les imperfections ou les désordres de leur style, enfin jusque dans l'incorrection même, parce que c'est une incorrection qui leur est propre et qui fait dire en les lisant : « Il n'y a qu'un écrivain français qui puisse être incorrect de cette façon-la. »

De *l'Electeur* du 4 Février

III

Un ... défaut commun du style de journal, c'est le remplissage, c'est le chevillage, c'est l'introduction à tout propos de membres, ou de fractions de membres de phrase inutiles, boiteux, encombrants. Le canadien a une horreur singulière pour toute expression nette et claire de la pensée ; de là les ambages, les entortillements et les enchevêtrements de bouts de phrases les uns dans les autres. Dans ce pays, il n'y a rien de précis, d'arrêté, de formel. L'A peu près est la règle [d], il est la forme convenue en toutes choses, dans les affaires, dans les procédés, dans les relations comme dans la langue. On ne cherche pas à faire « bien », mais à faire « assez bien pour que ça passe ». Il en résulte que l'art, en une matière quelconque, n'existe point ; il n'y a que du métier. De là à dédaigner la culture du beau langage, il n'y a qu'une transition imperceptible. Nous avons certainement en nous du « sang sauvage, » [...] On dirait que nous ne sommes pas faits pour parler le langage exact, pour employer les expressions propres. Aussi il faut voir jusqu'où va l'impropriété des termes de nos publications quotidiennes. Les trois quarts du temps on est obligé de deviner ce que l'écrivain veut dire, et quand on l'a deviné, reste encore la douleur de voir infliger de pareilles tortures à notre bonne, complaisante et généreuse langue française, la plus maternelle des langues.

Nous nous sommes formé, nous, canadiens, une langue que nous seuls pouvons comprendre, ce qui prouve déjà qu'elle n'en n'est pas une ; car tout homme peut

---

d. Cette dénonciation de l'*à peu près* sera reprise plus tard par Jules Fournier. Voir le document n° 61.

comprendre une langue étrangère qu'il étudie ; mais la nôtre n'est pas étudiable, parce que, non seulement elle n'a pas de règles, mais encore qu'elle est en dehors de toutes les règles.

IV

S'il était possible de bien faire comprendre à nos gens que nous avons perdu presque entièrement le sens du français, si l'on pouvait les convaincre que nous sommes restés bien plus français par le caractère et le tempérament que par le langage, ce serait déjà un bon pas de fait. Quand nous nous parlons les uns aux autres, notre langage est à peu près passable ; nous nous comprenons entre nous ; mais quand nous parlons en public ou dans n'importe quelle circonstance spéciale, ou quand nous écrivons, c'est alors que d'effroyables boucheries commencent. Et ce ne sont pas seulement les mots qui sont défectueux, barbares ou inintelligibles, mais encore bien plus leur application à des choses qui leur sont absolument étrangères ; ce sont les constructions de phrases qui démolissent non seulement les règles de la syntaxe, mais encore la raison la plus vulgaire, le bon sens le plus commun, au point qu'en lisant ces effroyables gâchis, ces inqualifiables galimatias, on se demande si les Canadiens ne sont pas une espèce à part qui a trouvé moyen de créer une langue sans règle, sans logique, sans liaison, sans aucune des parties essentielles qui constituent toute langue écrite.

....

De l'*Electeur* du 18 février.

Je sais bien que j'ai entrepris une tâche difficile, presque impossible à accomplir. A mesure que les innombrables difformités, vices, défauts et ridicules de notre langage se développent dans mes chroniques aux yeux du lecteur qui croyait sans doute que j'en aurait fini, après deux ou trois expositions faites pour le simple plaisir de l'amuser, tout en lui ouvrant un peu les yeux, on commence à sentir du découragement, une certaine épouvante, et l'on a abandonné tout espoir d'une réforme de notre langage et de notre style, telle que nous en arrivions enfin à parler comme du monde. Oh, mon Dieu, je n'en suis encore qu'à mon début et je n'ai presque encore rien dit. J'ai à peine entamé mon sujet, je n'ai fait que l'effleurer d'un doigt rapide, retenu par toutes sortes de considérations et de condescendances. Je ne me suis attaché qu'à un certain nombre d'anglicismes, de canadianismes, d'expressions vicieuses, à quelque origine qu'elles appartiennent, de tournures de phrases ridicules ou baroques qu'il est comparativement aisé de faire disparaître, si l'on veut bien se corriger de ses prétentions et admettre qu'on a beaucoup à apprendre. Que serait-ce si j'abordais le fond même des choses, si je faisais voir le galimatias dans lequel nous pataugeons sous le nom de style, dans quel vide absolu d'idées flottent bon nombre de ces choses qu'on appelle des écrits et qui nous arrivent sous toutes les formes connues de la publicité, depuis la brochure de dix pages jusqu'au volume de quatre cents. J'en aurais pour toute une année de chroniques quotidiennes de trois colonnes chacune.

Je ferais voir le grand nombre de périls qui nous entourent, et jusqu'à quel point les défauts de notre langage résultent d'un défaut moral, d'un excès de prétention et d'outrecuidance qui nous empêche d'admettre notre insuffisance, et de nous corriger.

....

Dans le cours de notre éducation toute de surface, nous avons si peu appris à raisonner, à faier des analyses réfléchies et serrées, à faire des comparaisons, à exercer le discernement, que cela devient plus tard le moindre de nos soucis. Aussi accepte-t-on, sans faire de différences, tout ce qui se présente. On n'examine et on ne juge rien en soi, et, pour ne parler que d'un moindre mal, l'à peu près, la routine, l'adoption aveugle du convenu trônent dans les choses imprimées comme dans l'agriculture, comme dans les constructions, comme dans la cuisine, où il est impossible d'introduire le raisonnement et de faire sortir les gens des sentiers battus, des manières de faire convenues et en usage de temps immémorial, ce qui les exempte d'exercer leur intelligence.

Arthur Buies e

e. Arthur Buies, *Anglicismes et canadianismes*, Québec, Darveau, 1888, 106 pages.

Document nº 33

1890 — LES CANADIENS ONT CONSERVÉ L'UNITÉ DE LEUR LANGUE

Pierre de Coubertin (1863-1937), rénovateur des jeux Olympiques, venu en mission pédagogique en Amérique, raconta ses souvenirs de voyage dans un livre peu amical à l'égard des Canadiens français. Le vicomte de Bouthillier-Chavigny, qui connaît bien le Canada, lui répond en ces termes :

Québec, le berceau de la Nouvelle-France ; la fille chérie de ce héros à peine connu dans notre pays : Champlain ; Québec ! avec tout son passé de gloire et d'héroïsme, ne paraît pas vous avoir séduit.

Je m'attendais à constater dans votre livre un reflet de l'émotion qui s'empare de tout Français, à la vue de cette cité, antique sanctuaire de notre nationalité en Amérique.

Comment se peut-il que le panorama grandiose qui se déroulait devant vos yeux du haut de la terrasse Frontenac, n'ait pas fait naître chez vous un sentiment de reconnaissance infinie pour ces Canadiens, gardiens fidèles de nos gloires d'antan !
....

Vous rencontrerez sur votre chemin un brave cocher qui devient votre cicerone ; son langage vous donne l'occasion de signaler l'abus que font les Canadiens des anglicismes.

Cet abus existe, je vous le concède, mais comment pourrait-il en être autrement ?

Les Canadiens ne sont-ils pas en relation constante avec les Anglais, et ceux-ci ne se font-ils pas un point d'honneur de paraître ignorer notre bel idiome !

L'usage de ces anglicismes tend à disparaître, d'ailleurs, grâce à la guerre acharnée que lui font des écrivains de talent, tous Canadiens, ne vous en déplaise.

Malgré eux, malgré vous, quelques-uns de ces anglicismes demeureront, en raison même de leur nécessité.

Vous n'ignorez pas, en effet, que notre langue, si riche, pourtant, en mots, n'a pu lutter efficacement contre l'invasion des expressions anglaises.

Je ne sache pas qu'il vous ait été possible de rendre en bon français vos mots favoris de « Sport » de « Foot Ball », de « Base Ball ».

Les Canadiens sont, en somme, bien moins coupables que vous ne le supposez, d'avoir laissé s'implanter, dans leur conversation courante, des expressions entendues tous les jours, eux qui, depuis cent cinquante ans, lutte avec une admirable persévérance pour maintenir l'intégrité de leur langue nationale.

Il est un fait, du moins, que vous ne pourrez nier, et tout à leur honneur ; c'est ce que j'appelerai l'unité de leur langue.

De quelque côté que le Français des « vieux pays » dirige ses pas, dans cet immense « Dominion », les Canadiens qu'il rencontrera parleront la même langue, à l'exclusion de tout idiome local.

Que ce même voyageur fasse son « Tour de France », et pénètre dans les campagnes reculées de la Bretagne, de l'Auvergne, de la Franche-Comté ; qu'il parcoure la Provence, la Savoie, ce qui nous reste de la Lorraine, et souvent il lui faudra un interprète, pour avoir raison des patois locaux.

Ce qu'il faut donc proclamer très haut avant de signaler l'abus des anglicismes, au Canada, c'est que les 1 500 000 Canadiens éparpillés sur toute l'étendue de la Puissance et leurs 800 000 frères des Etats-Unis, ont un signe de ralliement qu'ils respectent comme le soldat respecte son drapeau : ils parlent la même langue, celle de leurs ancêtres, et à ce titre ils ont droit à notre admiration, comme à notre reconnaissance.

Charles de Bouthillier-Chavigny [a]

---

a. *Justice aux Canadiens-français ! A M. le Baron Pierre de Coubertin*, Montréal, Cadieux et Derome, 1890, 126 pages. Voir p. 87-90.

Document n° 34

1890 — *LE POÈTE CHANTE SON AMOUR POUR LA LANGUE FRANÇAISE*

William Chapman (1850-1917) naquit en Beauce, d'un père canadien-anglais et d'une mère canadienne-française, et fit ses études au Collège de Lévis. Pour gagner sa vie, il exerça tour à tour les métiers de journaliste (la Patrie, la Minerve), de fonctionnaire à Québec et de traducteur au Sénat.

Chapman fut l'un des principaux poètes de l'École de Québec. Ses plus beaux poèmes prennent leur source dans l'inspiration patriotique comme l'indiquent les titres de ses principaux recueils : les Québécoises (1876), les Feuilles d'érable (1890) et l'Épopée canadienne (1917). Il a aussi beaucoup aimé la France qu'il a visitée à deux reprises (1904, 1909) et où son œuvre a remporté un certain succès. Mieux que ses contemporains, Chapman a compris que le Québec avait besoin de la France [a].

Notre langue *est le poème le plus célèbre de Chapman. Il en existe plusieurs versions. Nous reproduisons ici successivement la première version parue dans* le Monde illustré, *hebdomadaire de Montréal, le 26 avril 1890, et la version du recueil des* Aspirations *publié en 1904.*

Notre langue

A M. J.-E. Robidoux

Notre langue naquit sur les rives du Rhin :
Elle eut pour son berceau les bras d'une Gauloise.
Elle exerce toujours un charme souverain
Qui vous empoigne alors même qu'elle patoise.

Elle a l'harmonieux accent des vieux Latins,
Le ravissant brio du parler des Hellènes,
Le chaud rayonnement des marbres florentins,
Le diaphane et frais poli des porcelaines.

Elle a la svelte ampleur des fûts corinthiens,
Le gazouillis du vent dans les blés et les seigles,
La clarté de l'éther, les éclats olympiens,
Les soupirs du ramier et le vol fier des aigles.

Elle chante partout pour louer Jéhovah,
Et, dissipant la nuit où l'erreur se dérobe,
Elle est la messagère immortelle qui va
Porter de la lumière aux limites du globe.

La première elle dit le nom de l'Eternel
Sous les bois canadiens aux splendeurs virginales ;

a. Sur l'auteur, voir *William Chapman*, textes présentés et annotés par Jean Ménard, Montréal et Paris, Fides, 1968, 95 pages, Collection Classiques canadiens. Les indications biographiques, les deux textes du poème et les annotations sont empruntés à l'ouvrage de M. Ménard.

La première elle fait monter vers notre ciel
L'hosanna des martyrs aux mains des cannibales.

La première elle émeut les mille échos jaloux
Du grand Meschacébé qu'aucun blanc ne devine ;
Et l'enfant des forêts fauves tombe à genoux,
En entendant vibrer cette langue divine.

Verbe ailé sous lequel le despote est muet,
Elle transforme en dieu Danton qui hurle et tonne,
Fait un Thomas d'Aquin avec un Bossuet,
Rend sublime la fange aux lèvres de Cambronne.

Langue de feu qui luit comme un tison ardent
Elle jette souvent l'idée à la fournaise
Des révolutions, ce gouffre fécondant,
Et fait crouler les tours, avec la *Marseillaise*.

Notre langue

Notre langue naquit aux lèvres des Gaulois.
Ses mots sont caressants, ses règles sont sévères,
Et, faite pour chanter les gloires d'autrefois,
Elle a puisé son souffle aux refrains des trouvères.

Elle a le charme exquis du timbre des Latins,
Le séduisant brio du parler des Hellènes,
Le chaud rayonnement des émaux florentins,
Le diaphane et frais poli des porcelaines.

Elle a les sons moelleux du luth éolien,
Le doux babil du vent dans les blés et les seigles,
La clarté de l'azur, l'éclair olympien,
Les soupirs du ramier, l'envergure des aigles.

Elle chante partout pour louer Jéhova,
Et, dissipant la nuit où l'erreur se dérobe,
Elle est la messagère immortelle qui va
Porter de la lumière aux limites du globe.

La première, elle dit le nom de l'Eternel
Sous les bois canadiens noyés dans le mystère.
La première, elle fit monter vers notre ciel
Les hymnes de l'amour, l'élan de la prière.

La première, elle fit tout à coup frissonner
Du grand Meschacébé la forêt infinie,
Et l'arbre du rivage a paru s'incliner
En entendant vibrer cette langue bénie. 1

---

1. Après cette strophe, on trouve la strophe suivante dans *La revue nationale* et dans *Le Temps* (dans *Le temps*, pas de virgule après « muet ») :

« Verbe ailé sous lequel le despote est muet,
Elle transforme en dieu le poète qui tonne,
Dans un vol surhumain emporte Bossuet,
Et fait Thiers ou Guizot l'égal de Suétone. »

Langue de feu, qui luit comme un divin flambeau,
Elle éclaire les arts et guide la science ;
Elle jette, en servant le vrai, le bien, le beau,
A l'horizon du siècle une lueur immense.

Un jour, d'âpres marins, vénérés parmi nous,
L'apportèrent du sol des menhirs et des landes,
Et nos mères nous ont bercés sur leurs genoux
Aux vieux refrains dolents des ballades normandes.

Nous avons conservé l'idiome légué
Par ces héros quittant pour nos bois leurs falaises,
Et, bien que par moments on le crût subjugué,
Il est encor vainqueur sous les couleurs anglaises. [2]

Et nul n'osera plus désormais opprimer
Ce langage aujourd'hui si ferme et si vivace...
Et les persécuteurs n'ont pu le supprimer,
Parce qu'il doit durer autant que notre race.

Essayer d'arrêter son élan, c'est vouloir
Empêcher les bourgeons et les roses d'éclore ;
Tenter d'anéantir son charme et son pouvoir,
C'est rêver d'abolir les rayons de l'aurore.

Brille donc à jamais sous le regard de Dieu,
O langue des anciens ! Combats et civilise,
Et sois toujours pour nous la colonne de feu
Qui guidait les Hébreux vers la Terre promise. [3]

William Chapman

---

2. Dans *Les aspirations :* « encore vainqueur ». Il faut utiliser l'orthographe « encor ».
Après cette strophe, on trouve la strophe suivante dans *La revue nationale :*

« Souvent nos ennemis ont voulu nous ravir,
Dans les jours du passé, ce superbe héritage,
Et chaque fois, vaincus qu'on ne peut asservir,
Nous avons opposé le dédain à l'outrage. »

3. Dans *Le temps*, pas de point d'exclamation. Dans *La revue nationale*, à la fin :
« Québec, juillet, 1895. »

1890 — UNE DÉCLARATION DE GUERRE AU FRANÇAIS

La loi constitutionnelle de 1867 s'appliquait à l'origine aux seules provinces du Québec, de l'Ontario, de la Nouvelle-Écosse et du Nouveau-Brunswick. Les fondateurs du Canada caressèrent toutefois l'idée d'intégrer à leur confédération de nouvelles provinces taillées dans ces immenses territoires sis à l'ouest de l'Ontario. Ces territoires étaient peuplés de métis et d'habitants venus des provinces canadiennes, des îles Britanniques et même d'Europe continentale. On y parlait surtout le français et l'anglais, mais d'autres langues — l'allemand notamment — n'y étaient pas inconnues. Dans ces conditions, les législateurs qui allaient avoir pour mission de donner une organisation politique à ces territoires ne pourraient éviter de se prononcer sur la question linguistique.

C'est ce qui arriva dès 1870 lorsque le Manitoba fit son entrée dans la Confédération en devenant la cinquième province du pays. Constatant qu'environ la moitié de la population de cette province était de langue française, les législateurs décidèrent de donner au Manitoba un statut linguistique semblable à celui du Québec (bilinguisme officiel, autonomie des systèmes scolaires franco-catholique et anglo-protestant). C'est la même conception généreuse des rapports linguistiques qui inspira quelques années plus tard le Parlement lorsque celui-ci dota les territoires du Nord-Ouest d'une première forme d'organisation politique.

Ces dispositions législatives ne réussirent pas toutefois à empêcher la remise en cause des positions du français. Vers la fin du XIXᵉ siècle, les sentiments britanniques de la majorité canadienne conduisirent celle-ci à mener une lutte à finir à la langue française et à la religion catholique. Tirant argument notamment de l'évolution démographique qui, dans l'Ouest, jouait contre la population de langue française (en 1890, celle-ci ne représentait déjà plus, au Manitoba, qu'un septième de la population provinciale), certains proposèrent l'abolition du français comme langue officielle et la suppression des écoles franco-catholiques. Ce mouvement antifrançais s'amplifia lors de la rébellion de Louis Riel en Saskatchewan (1885) et à la suite du règlement, au Québec, de l'épineuse question des biens des jésuites (1888). Les plus militants des Anglo-protestants fondèrent alors le Equal Rights Movement. À l'origine, cette association devait lutter pour les protestants du Québec que l'on disait victimes du cléricalisme et du papisme (d'où le nom d'Equal Rights donné au mouvement). Mais très tôt ce groupement se révéla être avant tout un instrument de combat antifrançais et anticatholique.

Bien implanté dans l'Ontario orangiste et disposant d'appuis certains au Manitoba, ce mouvement trouva un chef de premier plan en la personne de Dalton McCarthy (1836-1898). Né en Irlande, cet immigrant venu s'installer en Ontario à l'âge de onze ans devint avocat et entra à la Chambre des communes en 1876. Il représenta d'abord la circonscription de Cardwell, mais fut ensuite (1878) élu député de Simcoe Nord, circonscription qu'il conserva jusqu'à sa mort. Il occupa des fonctions importantes au sein du parti conservateur mais il rompit avec ce dernier sur la question des biens des jésuites. C'est alors qu'il prit la tête de l'Equal Rights Movement.

Engagé à fond dans la lutte antifrançaise et anticatholique, Dalton McCarthy alla partout prêcher, aux cris de « One Nation, One Language », l'anglicisation du Canada.

Comme premier élément de sa politique, McCarthy s'attaqua au statut dont jouissait le français dans les territoires du Nord-Ouest ; dès janvier 1890 il déposa à la Chambre des communes une proposition de loi à cet effet. Cette proposition suscita un long et vif débat (dont de larges extraits sont reproduits plus bas), mais elle ne fut pas adoptée par la Chambre alors dominée par les conservateurs de sir John A. Macdonald. Mais ce n'était là, pour les partisans de l'anglicisation, que partie remise. Dès le printemps suivant, en effet, le gouvernement du Manitoba, présidé par le libéral Thomas Greenway (1838-1908), fit voter par la législature provinciale la suppression du français et l'abolition des écoles franco-manitobaines. Quelques années plus tard, le français fut aboli par la législature des territoires du Nord-Ouest. Quant à l'Ontario — province d'adoption de Dalton McCarthy — c'est en 1912 qu'il s'attaqua aux écoles franco-catholiques [a].

*   *   *

Les discours que prononça Dalton McCarthy à la Chambre des communes le 22 janvier et le 18 février 1890, reflétaient bien la pensée unitariste canadienne-anglaise. Recueillant l'héritage de lord Durham, McCarthy fondait l'unité du pays sur celle de la langue et était ainsi conduit à demander l'extinction de toute vie française au Canada. Ses idées ne furent certes pas partagées par tous les députés canadiens-anglais (voir les interventions du député Mills et du premier ministre Macdonald) et elles furent combattues par les députés canadiens-français. Sir Hector Langevin — un des « pères » de la Confédération — fit à McCarthy une fière réponse qui traduisait bien la détermination des Canadiens français à lutter pour leur langue. Pour sa part, Wilfrid Laurier (1841-1919) s'opposa à la proposition mais cacha mal son admiration des Anglais et son attachement à la langue anglaise.

M. McCARTHY : Je présente le bill (No 10) pour modifier l'acte concernant les territoires du Nord-Ouest. En présentant ce bill, il vaut mieux, je crois, que je donne des explications, bien que, d'après moi, la chose ne soit pas nécessaire. Il est néanmoins nécessaire que des explications soient données, car nous devons tous trouver très étrange qu'en 1877, ce parlement ait passé un acte en vertu duquel les deux langues ont été imposées aux territoires du Nord-Ouest, et cela, naturellement, sans leur consentement, car, à cette époque, il n'y avait, en vérité, dans les territoires, personne qui pût adopter ou rejeter ce projet. Des explications sont aussi nécessaires, non pas, comme je le dis, pour proposer l'abrogation de cet article, mais pour faire connaître comment et pourquoi cet article se trouve dans l'acte des territoires du Nord-Ouest. Or, d'après ce que je crois comprendre, voici ce qui s'est passé : C'est, je crois, un an ou deux, peut-être trois ou quatre ans, avant que fut passé l'acte dont je vais bientôt vour parler plus en détail, que les territoires du Nord-Ouest furent constitués ou, en tout cas, dotés d'une forme quelconque de gouvernement ; mon honorable ami le premier ministre, qui dirige aujourd'hui le gouvernement et la chambre occupait la position qu'il occupe aujourd'hui. En 1877, lorsque mon honorable ami, l'honorable député de Bothwell, (M. Mills) était ministre de l'Intérieur dans le cabinet de l'honorable député d'York est (M. Mackenzie), il présenta un bill pour modifier l'acte des territoires du Nord-Ouest. Mais ce bill, tel qu'il fut présenté en cette

---

a. Voir le document no 53.

chambre, ne renfermait pas l'article relatif aux deux langues, article dont je demande aujourd'hui l'abrogation. Au Sénat, le bill fut amendé par l'introduction de cet article ; et, autant que j'ai pu constater la chose, il semble qu'au Sénat l'on n'ai fait aucune objection à l'article qui fut introduit, comme on me l'a dit, par un honorable sénateur, à la demande de l'honorable M. Scott, représentant alors le gouvernement au Sénat. Je ne prétends pas certifier cela, mais c'est ce que l'on m'a dit. Cependant, je crois plutôt que cela ne peut pas être vrai, car, lorsque le bill fut présenté en cette Chambre, avec ces amendements, et que l'on en demanda l'adoption, mon honorable ami, le député de Bothwell (M. Mills), parut surpris de ce que l'on y avait incorporé cet article et exprima le regret que cela lui causait.

J'ai extrait des *Débats* ce qu'il a dit à ce sujet et je peux difficilement admettre que la surprise qu'il manifesta fut feinte, que son étonnement ne fut pas de bonne foi. Parlant sur l'amendement, voici ce que disait l'honorable député de Bothwell, d'après les rapports officiels :

Un de ces articles, dit-il, décrète que la publication des délibérations du Conseil du Nord-Ouest se fera en anglais et en français, et aussi l'usage des deux langues dans les tribunaux. On avait cru qu'il valait mieux laisser décider cette question par le Conseil. L'honorable député regrettait que l'amendement eût été présenté et il déclarait qu'il était impossible, à cette phase avancée de la session, de disposer de ce projet sans accepter les amendements. L'attitude prise par le Sénat devait augmenter considérablement les dépenses. Presque tous les habitants de cette partie du pays parlaient le cris, bien que quelques-uns parlassent en outre, l'anglais et le français, et s'il fallait publier les délibérations dans les deux langues, les plus en usage, le cris devait être choisi.

Grâce à ces remarques, les amendements furent adoptés sans objections de la part des honorables membres de cette chambre, autant que je sache, et j'étais présent, ou je devais l'être, et je partage ainsi la responsabilité assumée de cette occasion. Puis, en 1880, je crois, il fut encore question de cet acte des territoires du Nord-Ouest, et nous y retrouvons encore cet article que je ne crains pas d'appeler condamnable, et, dans cette occasion encore, je crois qu'il fut adopté sans discussion par les deux chambres du Parlement. Puis, enfin, à la dernière session, dans un projet de loi soumis par le gouvernement, il est encore question de cet article, et bien que cet article n'apportât aucun changement il fut adopté sans objection.

Tout cela paraîtra peut-être un argument contre la proposition que j'ai l'honneur de faire ; j'ose dire, cependant, qu'il n'en est rien.

L'article en question est comme suit :

On pourra employer indifféremment le français ou l'anglais dans les débats du dit conseil et dans les procédures judiciaires, et les rapports, journaux et ordres du dit conseil devront être publiés dans les deux langues.

Je dois dire maintenant que s'il s'agissait de former une constitution, pour un pays nouveau, nul n'oserait commettre la folie d'établir deux langues officielles ; avec l'expérience que nous avons acquise, j'ose dire que nul ne voudrait établir ou maintenir, selon le cas, deux langues officielles. Cependant, c'est ce que fit cet acte du Nord-Ouest. Comment peut-on expliquer, M. l'Orateur, cette législation extraordinaire qui a été approuvée par la Chambre à deux ou trois reprises différentes ? On ne saurait trouver rien de semblable dans le traité de cession, bien qu'un grand nombre de personnes semblent sous l'impression que par le traité négocié à cette époque, la Couronne anglaise faisait cette concession à la population française. Comme je le répète — et la chose ne saurait être trop souvent répétée — il n'en est pas ainsi.

L'erreur prévaut assez généralement, et en lisant des articles sur ce sujet — articles dûs à la plume de savants écrivains — j'ai été étonné d'y rencontrer cette déclaration, qui est en outre généralement acceptée. Mais il n'y a nulle part, dans le traité de cession, quoi que ce soit garantissant la langue française au peuple conquis.

M. AMYOT : Pas conquis, mais cédé.

M. McCARTHY : Mon honorable ami dit cédé, bien que je n'hésite pas à dire que la première expression soit la plus exacte ; mais il n'y a pas un mot, au temps de la cession ou de la conquête, comme on voudra l'appeler, qui donne raison à cette déclaration que la langue était garantie à la population française de ce pays. On ne trouve, non plus, rien de ce genre dans l'acte connu sous le nom d'« Acte de Québec ». Comme nous le savons tous, cet acte va plus loin que le traité. Le traité garantit à la population française sa religion, et cela en tant que le permettent les lois anglaises : mais l'Acte de Québec va beaucoup plus loin. Cet acte rend aux populations françaises leurs lois, les lois civiles auxquelles elles sont habituées et rend à leur religion certains droits et privilèges dont ils jouissent aujourd'hui ; mais il laisse de côté cette question de langue.

La deuxième phase est en 1791, lors de la constitution de la province du Bas-Canada. A cette époque, il ne fut pas question de la langue, bien qu'il soit très vrai, au point de vue historique, que peu de temps après, les membres français de l'Assemblée alors constituée, réclamèrent et obtinrent le droit de faire usage de leur langue, et je crois que l'on fit usage des deux langues dans cette assemblée, bien que la chose ne fut pas établie par un arrêté statutaire, mais simplement par une résolution de l'Assemblée qui avait le droit d'en agir ainsi.

Nous arrivons à l'époque de la rébellion, de la véritable union des provinces, en 1840, par l'acte de cette date ; et alors, non-seulement l'usage de la langue française ne fut pas permise, comme tout le monde le sait, par suite du rapport de lord Durham qui avait été envoyé ici pour connaître les causes de la rebellion, — rapport reconnu par tous comme une grande œuvre diplomatique, — grâce à ce rapport, dis-je, qui déclarait que dans le Bas-Canada il s'agissait plus d'une difficulté de race que d'une question de mauvaise administration, on fit un acte prohibant l'usage de la langue française. A la suite de cela, une adresse à la Couronne dans le parlement des provinces unies fut adoptée unanimement je crois, en 1844, demandant la révocation de cette stipulation, et, conséquemment, en 1848, cette stipulation de l'Acte d'Union fut révoquée.

Maintenant, M. l'Orateur, j'arrive à l'année 1867, à l'Acte de l'Amérique Britannique du Nord et nous trouvons pour la première fois que les deux langues sont permises par un arrêté législatif ; mais cette permission est restreinte à ce parlement, à l'Assemblée et au Conseil législatifs de la province de Québec. Rien dans cet acte ne tend à permettre l'usage des deux langues dans toute autre province, surtout dans une province qui n'appartenait pas alors au Canada et qui n'entra que plus tard dans la Confédération, lorsque la compagnie de la Baie d'Hudson nous vendit son territoire de Rupert. Ainsi, il n'y a aucun arrêté législatif décrétant l'usage de la langue française dans ce territoire, et la chose est tout simplement basée sur la volonté du Parlement, tandis qu'elle devrait être basée sur des motifs raisonnables. Maintenant, est-ce ou n'est-ce pas une question importante que les deux langues ou que le français soit permis, — je ne dirai pas permis, — soit encouragé et favorisé dans tout le Canada ? Si c'est une question de peu d'importance — et peut-être la chose a-t-elle été appréciée de même à ce moment — assurément la motion que je présente en ce moment, devant le Parlement, le bill que j'ai eu l'honneur de présenter, est une mesure inutile, et sera reçu et traité comme tel par la chambre. Mais, selon moi, la chose ne manque pas d'importance. Au contraire, je pense, et j'affirme ici qu'il n'est pas de question plus importante, dans la formation du caractère d'un peuple, que la langue qu'il parle, et après tout ce qui a été fait et dit, je pense qu'il est évident que les nations et les races sont distinguées et distinctives, plutôt par le caractère du language qu'elles emploient, que par les liens identiques du sang, ou supposés identiques.

M. MILLS (Bothwell) : La Suisse !

M. McCARTHY : Je pense qu'il serait démontré, après un sérieux examen de la question, et je suis décidé à demander que la chose soit sérieusement considérée, que cette opinion est une vérité universellement reconnue et acceptée. Mon honorable ami de Bothwell (M. Mills) fait allusion à la Suisse ou aux Suisses. Lorsqu'arrivera la date convenable pour la discussion de ce bill, voilà un exemple qui servira d'argument dans cette discussion, mais mon honorable ami ne voudrait pas, même si son opinion était exacte, prendre l'exception pour la règle. Chacun sait que l'emploi de plusieurs langues en Suisse, est une exception à la règle générale, exception qui ne devrait pas être considérée comme règle générale.

....

Avant de terminer, je citerai à l'appui de ma motion une autorité dont les opinions, je crois, seront acceptées et ne peuvent certainement pas être contestées. Si alors, comme je l'ai dit, la chose est considérée d'une grande importance au point de vue national, je demanderai à mes honorables amis de la Chambre, pourquoi sommes-nous assemblés ici si ce n'est dans le but de resserrer les liens nationaux et de créer un grand pays dans l'immense territoire que nous possédons. N'est-ce pas là notre plus grand but comme représentant du peuple ; est-ce là le but vers lequel nous marchons franchement, si nous semons la dissension dans le pays par une législation de ce genre ?

....

Selon moi, il est de la plus haute importance que nous nous efforcions de faire de ce grand pays un pays uni de fait, de même que nous nous efforçons de le rendre uni en substance. Nous dépensons nos revenus, nous avons relié l'Atlantique au Pacifique, nous avons dépensé des sommes énormes sur le chemin de fer Inter-colonial pour relier les provinces maritimes au centre du pays, mais de quel bien nous seront toutes ces choses si, par notre législation, nous travaillons à diviser le peuple en deux races différentes, si nous activons une telle division, non-seulement dans la province de Québec, mais dans les nouveaux territoires canadiens ? Comme question de piastres et de cents, au point de vue purement pécuniaire, l'acquisition du Nord-Ouest considérée comme spéculation, a été une perte, et, si ce n'est dans le but de créer une grande nation, chose que nous voulons faire, on ne saurait justifier les dépenses encourues, non seulement pour l'acquisition de ce grand pays, mais pour la construction de ces grands chemins de fer qui mettent sur le marché d'immenses étendues de terres, qui diminuent la valeur des terres des cultivateurs des vieilles provinces, tandis qu'en réalité ils dépensent leur argent dans l'acquisition de la propriété qui produit ce résultat. Le seul but que nous visions en tout cela, était de créer, dans la partie nord de ce continent, un grand peuple, de créer un grand pays que nos descendants seront fiers d'habiter. C'est là l'unique justification de la ligne de conduite que nous avons adoptée et suivie depuis l'Acte de la Confédération.

Comme je l'ai dit plus haut, je vais citer un document qui, les honorables députés l'admettront, je crois, est un juste exposé de cette question de langues. Je vais citer un article écrit par le professeur Freeman et dans lequel il traite comme suit cette question :

Et maintenant, ayant établi que les races et les nations, bien que formées en grande partie par l'opération d'une loi artificielle, sont encore des groupes réels, vivants, en qui l'idée d'affinité est l'idée autour de laquelle tout se meut, comment pourrons-nous définir nos races et nos nations ? Comment pouvons-nous établir une distinction entre elles ? Tenant compte des garanties déjà données, et aussi d'un grand nombre d'exceptions que l'on pourrait soulever, je dis sans hésiter qu'au point de vue pratique, il existe une différence, et une seule, c'est la langue. Nous pouvons du moins appliquer cette différence d'une manière négative. Il ne serait pas sage de dire que ceux qui parlent la même langue ont une nationalité identique ; mais nous ne pouvons dire avec certitude que là où il n'y a pas uniformité de langage il n'y a pas de nationalité commune proprement dite. De même qu'en dépit de l'uniformité de langage, il peut exister une différence de nationalité en matière politique, de même avec l'uniformité de langage il peut exister une nationalité artificielle, une nationalité unie en matière politique et au point de vue du sentiment national, et, cependant ce n'est pas là la parfaite unité nationale existant avec l'uniformité de langage. De fait, l'on prend instinctivement le langage pour la nationalité, et cela, à un tel point, que nous jugeons d'une nation d'après l'uniformité de langage ; c'est là la règle générale. La première idée qu'éveillent les mots français, allemand, etc., c'est l'idée d'un homme qui parle le français, l'allemand, etc., comme sa langue maternelle. Il est généralement admis qu'un Français parle le français, et que celui qui parle le français est un Français.

On ne niera pas, je crois, que cela soit une bonne doctrine ; mais je citerai, en outre, un homme très distingué en pareille matière, le professeur Muller, qui, dans le cours de ses conférences faites auparavant à l'Université d'Oxford, dit :

On dit que le sang a plus de densité que l'eau ; mais cette vérité s'applique encore plus à la langue. Si, dans l'intérieur de l'Afrique, au milieu d'une population noire dont l'idiome est entièrement inintelligible, nous rencontrions soudainement un homme qui pût parler l'anglais, nous ne nous occuperions très peu de la question de savoir si cet homme est anglais, ou irlandais, ou américain. Nous le comprendrions et il nous permettrait d'établir avec lui un échange d'idées. Cette particularité nous rapprocherait beaucoup plus de lui que si nous rencontrions un gallois ne parlant que le gallois, ou un écossais ne parlant que le gaélique, ou même un anglais, qui ayant été élevé en Chine, ne parlerait que le Chinois. Une langue commune établit une espèce de fraternité intellectuelle, qui est un lien commun beaucoup plus fort que celui créé par la communauté réelle ou supposée du sang. Nous ne sommes aux yeux les uns et des autres que des étrangers, s'il n'y a pas un idiome commun, s'il n'y a qu'un sang commun. Une langue commune, même sans un sang commun, établit comme une parenté entre tous les membres de la communauté. »

De plus, lorsqu'il parle de l'autre question, c'est-à-dire de celle de race, sujet d'un grand intérêt, qui a été l'objet des préoccupations des savants jusqu'à tout récemment, le même fait semble se produire. Le professeur cite dans sa conférence un passage emprunté au directeur du bureau américain d'ethnologie, qui dit :

Il y a une science que l'on appelle l'anthropologie et qui est un composé de sciences auxiliaires. Il y a la sociologie, qui comprend toutes les institutions du genre humain. Il y a la philologie qui s'occupe des langues ; et il y a une autre science, la philosophie, qui traite des opinions. Mais il n'y a pas de science ethnologique, car la tentative de diviser le genre humain par groupes, a échoué partout.

Il n'y a rien qui prouve la découverte d'un crâne celtique, ou d'un crâne saxon. On ne pourrait davantage distinguer un cheveu celtique d'un cheveu saxon. C'est seulement par l'idiome et l'identité de la langue, que les hommes se groupent par nations. Enfin, parlant de la science des langues le professeur ajoute :

Ces choses peuvent paraître autant de rêves de peu d'importance pour l'homme politique. Tout ce que je puis dire, c'est que je désire qu'il en soit ainsi. Mais ma mémoire remonte à une période assez reculée, pour me permettre de constater le mal réel causé par la science des langues pendant les cinquante dernières années. L'esprit de race et de nationalité créé par la langue, s'est si bien emparé de l'imagination des jeunes comme des vieilles générations, que tout argument qui n'est pas basé sur cet esprit leur paraît être dénué de toute valeur. Pourquoi l'Italie s'est-elle unie ? Parce que la langue italienne s'est incorporée dans la nationalité italienne. Pourquoi l'Allemagne s'est-elle unie ? C'est dû au chant d'Arndt : « Qu'est-ce que la patrie allemande ? » et à la réponse donnée : « Aussi loin que se fait entendre la langue allemande. » Pourquoi la Russie est-elle un centre d'attraction si puissant pour les slaves de Turquie et d'Allemagne ? Parce que la langue russe, bien qu'elle soit peu comprise par les Serbes, les Croates et les Bulgares, est reconnue comme se rapprochant le plus de leurs idiomes respectifs.

Même avec les restes des anciens dialectes, tels que le gallois, le gaélique et l'erse, d'éloquents agitateurs savent comment attiser un feu quelquefois dangereux.

J'ajouterai à ces lignes, un extrait du rapport de lord Durham qui s'est occupé de ce sujet à un point de vue non seulement scientifique, mais aussi à un point de vue pratique. Quand il fut chargé de venir ici, il était, comme nous le savons, l'un des libéraux les plus avancés, et ce fut le gouvernement de lord Melbourne qui nous l'envoya dans le but de s'enquérir de nos difficultés, et des causes de la rébellion qui avait eu lieu dans le Haut et le Bas-Canada. Je n'ai rien à dire pour le moment de son rapport relatif à la province du Haut-Canada ; mais dans son rapport sur le Bas-Canada, il constate que la rébellion de cette dernière province fut causée principalement, si non entièrement, par des animosités de race. Quelle qu'en fût la cause, quels que fussent les autres préjugés, ou les autres causes, le trouble, si on cherche l'origine au fond des choses, fut causé par des animosités de race.

On dira, peut-être, que cela n'eut rien à faire avec la langue ; mais si l'on veut se donner la peine de réfléchir un peu plus, l'on reconnaîtra que, lorsqu'il s'agit de race, l'on entend une société parlant la même langue.

Lorsque vous parlez d'une race, vous trouvez, si vous étudiez le sujet, que cette race se compose non d'hommes ayant le même sang, mais d'hommes d'origines diverses, qui se sont assimilés dans la société, et il y a des exemples de ce genre dans la province de Québec. Je voudrais bien savoir si les soldats montagnards qui furent licenciés après la cession n'ont pas été reçus et adoptés par les Canadiens-français, et s'ils ne sont pas considérés maintenant comme des Canadiens-français, tout autant que ceux qui sont venus de France un siècle auparavant. Il en est ainsi généralement. Pouvez-vous distinguer l'Anglais arrivé lors de la conquête, de l'Anglais qui le précéda de trois ou quatre siècles ? ou, si nous voulons nous reporter à une période plus récente, le Français qui, lors des troubles en son pays, est venu en Angleterre, et dont le nom s'est trouvé transformé en un nom anglais après une ou deux générations, doit-il être distingué de ceux qui descendent d'une longue suite d'ancêtres ? Il est clair que ce qui constitue une nation, c'est la langue, et que si l'on parle d'une race, comme l'on fait ces écrivains distingués, l'on entend une société parlant la même langue. Mais, pour le moment, cette question, sur laquelle je reviendrai dans un instant, ne m'occupe pas autant que celle des difficultés survenues dans la province inférieure, et je citerai encore un passage du rapport de lord Durham relativement à la différence de langue, lequel se lit comme suit :

La différence du langage, à cet égard, produit des effets tout autre que ceux qu'elle produit dans les simples relations des deux races. Ceux qui ont examiné l'influence puissante qu'a la langue sur la pensée, peuvent voir les différentes aptitudes intellectuelles de ceux qui parlent plusieurs langues, et ceux qui sont familiers avec la langue française, savent que la même opinion serait exprimée par un écrivain anglais et un écrivain français d'aujourd'hui dans des termes et en un style si différents, que leur manière de penser semblerait être tout à fait différente. Cette différence est très frappante dans le Bas-Canada. Elle existe non seulement dans les livres les plus renommés, qui ont naturellement pour auteurs de grands écrivains français et anglais, et dans lesquels s'est développé l'esprit de leurs concitoyens ; mais elle s'observe encore dans les écrits qui sont publiés dans la presse coloniale. Les articles de journaux de chaque race sont écrits dans un style qui diffère autant que celui dans lequel sont écrits aujourd'hui les articles de journaux publiés en France et en Angleterre, et les arguments qui sont propres à convaincre les uns, paraissent ici inintelligibles aux autres. La différence de langage fausse le jugement comme les opinions ; elle augmente les animosités nationales, en représentant tous les événements sous un jour entièrement différent de ce qu'il doit être.

Or, j'ose dire que j'ai, du moins dans une certaine mesure, prouvé la thèse qui m'occupe présentement, savoir : que la langue est d'une grande importance ; qu'il est d'une importance vitale pour une nation que l'idiome parlé par ses membres soit une langue commune, et que l'on ne doit pas l'encourager, dans tous les cas, à apprendre différentes langues.

M. MILLS (Bothwell). L'Alsace et la Lorraine semblent être des exceptions à la règle.

....

M. McCARTHY (Simcoe-Nord) — Que les honorables députés se rappellent que lorsque le Canada fut cédé à la couronne anglaise, il n'y avait ici pas plus de 60,000, ou 65,000 Canadiens-français — et je crois que ce nombre comprend, bien que je n'en sois pas tout à fait sûr, les descendants français établis sur les confins de l'Illinois, sur un territoire qui ne faisait pas partie de ce que nous appelons maintenant le Canada.

Quoi qu'il en soit, au lieu d'encourager les Canadiens-français à conserver leur langue, si l'on eût adopté une politique pour les induire — non par des moyens violents, non par des mesures aggravantes — pour me servir d'une expression anglaise, à parler l'anglais — je voudrais savoir si, aujourd'hui, au lieu de la différence de race, ou de cette race divisée que nous voyons maintenant, laquelle se divise de plus en plus, et menace de scinder le Canada en deux, si l'on ne s'y oppose pas — je voudrais savoir, dis-je, si nous verrions le spectacle qui nous frappe maintenant ? Il est évident, selon moi, que ce spectacle n'existerait pas. Je crois qu'aucune injustice n'eût été commise, et qu'après la première génération, ou la deuxième tout au plus, mes honorables amis qui représentent maintenant la province de Québec, parleraient l'anglais, et seraient de fait des Anglais comme l'eussent parlé et comme l'eussent été leurs ancêtres, Anglais de fait, Anglais de sentiment tout autant que ceux qui sont allés s'établir de l'autre côté de la ligne frontière, quelque fût le pays d'où ils venaient, qu'ils fussent Autrichiens, Italiens, Allemands, ou qu'ils appartinssent à toute autre nationalité européenne, et qui se sont assimilés pour former maintenant partie de la nation américaine, non seulement de nom, mais aussi de fait.

Mais on dit que c'est une affaire de peu d'importance. J'ose dire que lord Durham n'était pas de cet avis, et comme je désire convaincre mes honorables amis, si cela est possible, je tiens à donner de l'autorité à mes paroles.

Je vois que la présente question soulève beaucoup de passions, et plus que je ne l'aurais cru ; mais mes honorables amis sont des hommes raisonnables et disposés à écouter.

Voici ce que lord Durham disait encore dans son rapport :

Je m'attendais à trouver un conflit entre un gouvernement et un peuple ; j'ai trouvé deux nations se combattant dans le même pays. J'ai trouvé une lutte, non une lutte de principe, mais une guerre de race et j'ai constaté qu'il serait inutile d'essayer d'améliorer les lois ou les institutions avant que nous puissions faire cesser la violente animosité qui divise les habitants du Bas-Canada en deux factions hostiles, l'une française, l'autre anglaise.

Et plus loin :

Nous sommes disposés à croire que le motif réel de la querelle soit quelque chose de sérieux, et que la différence de race a quelque peu accru les dissensions que l'on attribue à toute autre cause.

L'expérience que nous avons d'un état de société aussi malheureusement divisé que l'est le Bas-Canada, nous conduit à une autre conclusion. La haine de race est visiblement l'origine ou la cause réelle des disputes qui divisent la société.

Nous constatons que les dissensions qui paraissent avoir une autre origine, ne sont que des formes de la querelle de race, et que toutes les disputes n'ont d'autre origine que la question française et anglaise, ou prennent avant longtemps le caractère national.

Je crois donc que, pour ce qui regarde cette période de notre histoire, l'opinion de lord Durham peut être considérée comme un bon témoignage — et personne n'oserait contester sa parfaite impartialité — dans ce qu'il a observé, étant sur les lieux, et dans ce qu'il a rapporté à son gouvernement. [...]

Mais est-il vrai ou n'est-il pas vrai que la situation soit changée ? Est-ce que toute la présente question n'est qu'une affaire d'idiome, une question sans importance, qui ne requière aucune enquête dans cette chambre, aucune enquête faite par les représentants du pays ?

Le premier ministre de la province de Québec nous a fait des déclarations, et cet honorable monsieur dirige une grande majorité des habitants de cette province. Il est inutile de nier ce fait, et je le dis en présence du très honorable chef et du gouvernement que j'ai suivi jusqu'à présent, que M. Mercier est aujourd'hui le véritable représentant des Canadiens-français de la province de Québec.

Laisse-t-il planer quelque doute sur cette question de nationalité ? Que veut-il, lorsqu'il forme un parti qu'il appelle parti national ?

Nous avons notre politique nationale. Cette politique ne s'est pas appliquée seulement à une seule province, ou à une seule partie de la Confédération ; mais cette politique devait comprendre tout le Canada.

Nous voyons, cependant, que le parti national dans la province de Québec, ne doit comprendre que l'une des races divisées par la langue, qu'il a pour but de fortifier cette race.

Plusieurs VOIX : Non, non.

M. McCARTHY : Et qu'il y a réussi.

M. AMYOT : Il n'en est pas ainsi.

M. McCARTHY : Je ne puis accepter la dénégation de l'honorable député.

M. LANGELIER (Québec) : Nous ne pouvons accepter votre assertion.

M. McCARTHY : On peut me demander la preuve. Je le demande : quelle est la signification du mot « nationaux ? »

M. AMYOT : Je vous le dirai plus tard.

M. McCARTHY : Je serais heureux de recevoir une explication, mais je suis obligé d'accepter la définition qui est donnée. Les mots « parti national » signifie la nationalité française. Qu'est-ce qu'a dit M. Mercier en présence de l'honorable chef de la gauche de cette chambre, si je suis bien informé ? Dans tous les cas, l'honorable chef de la gauche a parlé bien brièvement après lui.

M. LAURIER : J'ai parlé pour moi-même.

M. McCARTHY : J'ai dit que M. Mercier avait parlé en votre présence. Je rapporte seulement ce qu'a dit M. Mercier.

M. LAURIER : Vous n'espérez pas que j'accepte votre rapport.

M. McCARTHY : Je vais rendre justice à l'honorable chef de la gauche, et lui dire qu'il a désavoué ce que M. Mercier a énoncé. Mais qu'est-ce qu'a dit M. Mercier ?

Aujourd'hui, le rouge et le bleu doivent céder la place aux trois couleurs. Ils doivent être unis, s'ils désirent que leur nationalité commune soit puissante.

Notez ces mots « leur nationalité. » Ces deux mots ne signifient peut-être pas ce qu'ils semblent vouloir dire :

Ce fut un triomphe pour la cause nationale.

Cela n'exige pas une explication de la part de l'honorable chef de la gauche qui, je crois, est un chaud partisan de M. Mercier dans les affaires provinciales.

Dans l'intérêt de leur nationalité, dans l'intérêt de leur religion, ils doivent s'unir.

Qui doivent s'unir ?

La force du peuple canadien-français réside dans l'union du peuple avec le clergé. En unissant le nom du héros jésuite, Brébœuf, avec celui de l'immortel Jacques Cartier, ils ont répondu à leurs insulteurs, qu'il est inutile de penser que jamais nous cesserons d'être Français et catholiques. Ce monument déclare qu'après un siècle de séparation de l'ancienne mère-patrie, nous sommes encore Français ; plus que cela, nous resterons Français et catholiques.

Existe-t-il un doute au sujet de ces paroles ? Qu'entend-on par le mot « National ? » Ces paroles ont été prononcées en présence de l'honorable chef de l'opposition en cette chambre, il ne le nie pas, et il les a laissés dire sans protester. J'admets volontiers que lorsque l'honorable député a lui-même parlé, il n'a pas fait une semblable déclaration politique, et lorsqu'il est venu par la suite parler à Toronto, — peut-être aurait-il mieux valu qu'il eût dit cela à Québec — il a déclaré que quant à lui, il n'était pas en faveur d'une nationalité française. A tout événement, il n'y a aucun doute sur la signification des paroles de l'honorable chef du gouvernement local, car le chef de l'opposition en cette chambre a été obligé de les désavouer à Toronto, mais l'honorable député se rappellera que lorsqu'il est retourné dans sa propre province, on ne l'a pas chaleureusement félicité de cette déclaration franche et libérale qu'il avait faite au Pavilion, à Toronto.

M. LAURIER : Ne flattez pas les préjugés de parti.

M. McCARTHY : A son retour, l'honorable député prit part lui-même à une élection qui avait alors lieu, et le résultat a été — j'aimerais qu'il nous déclarât si ce résultat est dû à une autre cause — que la majorité du candidat qui fut élu pour remplacer le capitaine Labelle a augmenté considérablement. La position n'avait pas changé d'une manière tangible, si ce n'est par cette déclaration qui n'a pas été recueillie favorablement par la presse de la province de Québec, ou du moins, par une partie de cette presse. N'est-il pas parfaitement vrai aussi, qu'une grande partie de cette presse, plus ou moins influente, ayant, je crois, une influence tout aussi grande que celle que n'importe quel journal est censé avoir, a parlé de cette question de manière à ne laisser aucun doute ? Laissez-moi citer devant cette chambre, ce qui est parfaitement bien connu des députés de la province de Québec, c'est-à-dire ce que *La Vérité* a dit dans plus d'une occasion. Les articles des journaux, et les déclarations des hommes publics, nous font prévoir les signes des temps. Je déprécie peut-être M. Mercier, en lisant des extraits de journaux qui cherchent à le défendre, mais ce journal a fait une déclaration telle, que je ne puis la laisser passer inaperçue. Voici ce que dit ce journal :

Mais cela n'a pas été, n'est pas et ne sera jamais le désir des Canadiens-français. Pour nous, la Confédération a été et est le moyen d'arriver à un but. Elle nous permet de vivre en paix avec nos voisins anglais, tout en sauvegardant nos droits de développer nos ressources, de nous fortifier, et de nous préparer pour notre avenir national. Disons-le hautement — l'idéal du peuple canadien-français n'est pas celui des autres races qui habitent aujourd'hui le pays que nos ancêtres ont conquis à la civilisation chrétienne. Notre idéal est de fonder ici, sur ce coin de terre, arrosé du sang de nos héros, une nation qui jouera sur ce continent le rôle que la France a joué pendant si longtemps en Europe. Nous aspirons à fonder une nation, au point de vue social, [qui] professera la religion catholique et parlera la langue française. Telles ne sont pas et ne peuvent pas être les aspirations des autres races. Vouloir dire, alors, que toutes les nationalités qui forment la Confédération sont animées d'un seul et même sentiment, c'est dire une phrase creuse sans signification politique ou historique.

Pour nous, la forme actuelle de gouvernement n'est pas et ne peut être le dernier mot de notre existence nationale. Elle n'est que le point de départ vers le but auquel nous voulons arriver, voilà tout. Ne perdons jamais de vue notre destinée nationale. Préparons-nous plutôt à l'atteindre avec honneur, à l'heure marquée par la Providence, lorsque les circonstances nous le permettront. Toute notre histoire prouve que ce n'est pas là un vain rêve, une simple utopie, mais que c'est le but que le Dieu des nations nous a destiné.

Nous n'avons pas été arrachés vingt fois de la mort ; nous ne nous sommes pas multipliés avec une rapidité prodigieuse ; nous n'avons pas envahi par la résistance et par des conquêtes pacifiques les Cantons de l'Est et les comtés de l'est d'Ontario ; nous ne nous sommes pas emparé d'un grand nombre des établissements anglais et écossais au milieu de nous, dans le but de détruire notre homogénéité ; nous n'avons pas fait tous ces efforts qui ont été couronnés de succès pour aller nous sacrifier et périr misérablement dans un arrangement qui aurait pour but de fonder une seule nation canadienne.

....

Jusqu'à présent, je me suis efforcé de démontrer à cette chambre, qu'il ne s'agit pas ici simplement d'une question de sentiment, mais qu'il s'agit d'une question politique pratique dont il faut s'occuper. Je me suis efforcé de démontrer qu'en 1837-38, l'on a reconnu que cette question avait été la grande cause des troubles dans la province de Québec. Je crois avoir aussi démontré parfaitement (je ne pense pas, comme question de fait, que j'avais besoin de rappeler ces choses, car elles nous sont familières, à nous tous) que ces difficultés existent encore actuellement, et que la race française, ou ceux qui parlent la langue française, afin d'être plus explicite, ont acquis une force numérique considérable. Leur ambition augmente dans les mêmes proportions, et les difficultés que nous avons aujourd'hui, et que l'on aurait dû prévoir depuis longtemps, doivent être réglées, du moins en ce qui concerne nos nouveaux territoires, car nous ne devons pas permettre que les mêmes difficultés puissent arriver dans cette partie de la Confédération.

Mais si j'ai exprimé les vues de ceux qui résident dans la Confédération, laissez-moi attirer aussi votre attention sur celles qui ont été exprimées sur cette question par des spectateurs impartiaux, en dehors de la Confédération. Je ne lirai pas des journaux hostiles aux Canadiens-français, parce que je sais qu'en les citant comme autorité, je n'aurais aucun effet sur ceux que je voudrais voir étudier sérieusement cette question. De telles animosités ne devraient pas exister entre les députés anglais et français de cette chambre. Il ne devrait pas y avoir de divergence d'opinions sur ce sujet, entre ceux qui viennent de la province de Québec et qui parlent le français, leur langue maternelle, et ceux qui viennent des autres provinces de la Confédération et qui parlent la langue anglaise. Si, en fait et en vérité, il est de l'intérêt de la Confédération, qu'il n'y ait qu'une race, qu'une nationalité, qu'une seule vie nationale, il est de notre devoir à tous de chercher à obtenir ce résultat.

Je vais maintenant citer un journal catholique que mon honorable ami, le ministre de la Justice, nous a cité dans cette chambre, à la dernière session. J'avoue que je n'avais pas entendu parler de ce journal avant cela, mais il n'y a pas de doute qu'il est aujourd'hui devenu historique.

C'est le *Month*. Parlant de cette difficulté de la langue française au Canada, l'écrivain dit, en 1885 :

Tout en reconnaissant volontiers que le Canadien-français est en arrière de son voisin de langue anglaise, non-seulement sous le rapport de l'agriculture mais encore pour ce qui concerne le commerce et les diverses autres branches, il ne faut pas accepter comme exact tout ce qu'on dit de ce même voisin de langue anglaise. Une des choses les plus frappantes et les plus curieuses de la vie sociale au Bas-Canada, c'est la haine latente qu'ont les unes pour les autres les races française et de langue anglaise. Il est triste de le dire, mais la vérité l'exige : les personnes de langue anglaise, qu'elles soient anglaises, irlandaises ou écossaises, ont rarement une bonne parole, pour leurs voisins de race française : et ce qui est encore plus triste et plus inexplicable, c'est que de tous ces habitants de langue anglaise, ce sont les Irlandais qui semblent avoir le moins de relations avec les Canadiens-français et vivre avec eux dans la plus grande inimitié.

L'article dit ensuite :

Si les Canadiens-français n'étaient pas catholiques, s'ils n'étaient pas le peuple que les Irlandais sont censés aimer plus que tout autre, on pourrait ne pas être intrigué de cet énigme social.

L'article donne les raisons ou l'explication d'après son auteur, du fait que la haine est plus grande entre les Irlandais et les Canadiens-français, qu'entre ces derniers et toute autre nationalité, et il ajoute :

La conservation de la langue française en Canada paraît être le sujet qui absorbe le plus l'attention aujourd'hui, non seulement dans ce pays-là, mais aussi en France, et l'opinion publique des deux pays semble un peu divisé sur cette question. Tous les Français et la plupart des Canadiens d'origine française sont d'avis qu'il est absolument nécessaire de conserver leur langue en Amérique ; mais comment y parviendra-t-on ? Le meilleur moyen serait, naturellement, d'annexer le Canada à la France ; mais il n'y a pas à y songer. Chose certaine, c'est qu'en dépit de la prodigieuse ténacité avec laquelle les Français ont conservé leur langue en Canada, on voit que celle-ci perd du terrain.

Sir JOHN A. MACDONALD : Je ne vois pas cela.

M. McCARTHY : Moi non plus ; mais c'est l'opinion de cet écrivain. Enfin, l'écrivain du *Month* dit :

Il semblerait que le gouvernement français a parfaitement compris que la langue française est en danger au Canada, et que l'on a pris des mesures pour établir des relations plus intimes et plus générales entre les populations de langue française des deux côtés de l'Atlantique. Cela peut s'effectuer de plusieurs manières, mais aucun moyen ne serait plus efficace que l'établissement d'étroites relations commerciales.

Dans un autre article, cette feuille donne crédit à mon honorable ami le secrétaire d'Etat des efforts qu'il a faits pour amener entre la France et la population de la province de Québec, cette sympathie qui ne se manifestait pas avant cela.

J'ai lu ces extraits du *Month*, parce que j'ai cru qu'on les accepterait comme une autorité sûre, vu que le ministre de la Justice avait déjà cité ce journal devant la chambre. Je vais maintenant emprunter des extraits au *Catholic World*, publié à New-York. Voici ce qu'il a publié en 1885 :

La force et l'importance croissante des Français du Canada sont la cause du sentiment annexionniste qui s'enracine aujourd'hui dans Ontario et la Nouvelle-Ecosse. Tout les Canadiens sentent que le lien britannique doit être rompu mais la crainte de l'annexion qu'ont les Français et celle que l'indépendance inspire aux Anglais empêchent la rupture de ce lien fragile.

Une VOIX : Vous ne croyez pas cela.

M. McCARTHY : Mon honorable ami dit que je ne crois pas cela. J'ai entendu alléguer la même chose maintes fois, et il n'y a pas longtemps qu'un membre distingué de cette chambre disait que le seul remède à l'état de choses existant, était de noyer mes honorables amis de la province de Québec dans la grande union Américaine.

M. LAURIER : Etes-vous donc annexionniste ?

M. McCARTHY : Certes non. Je ne suis pas du tout de cet avis, M. l'Orateur. Je crois que cette question peut être réglée, qu'elle le sera, et qu'elle doit l'être sans changer la constitution du Canada, mais je crois que si elle n'est pas réglée, de grandes difficultés devront surgir, comme je l'ai dit.

M. MILLS (Bothwell) : Elle est réglée.

M. MILLS (Bothwell[: Elle est réglée.

M. McCARTHY : L'article du *Catholic World* dont je veux parler, commence ainsi :

« Nous sommes des Anglais parlant le français », a dit feu sir George Cartier, le collègue et l'ami intime de sir John A. Macdonald.

Et l'article explique comme suit le résultat de cette déclaration de ce politique canadien distingué :

Jusque-là, il avait été le chef incontesté de l'élément canadien-français : trois ans après, il était impitoyablement défait dans Montréal-Est par un jeune avocat obscur du nom de Jetté. Cette défaite écrasante a été le moyen dont les Canadiens-français se sont servis pour punir sir George de son discours ultra-loyal et des sentiments inexacts qu'il renfermait. Non pas que les Canadiens-français ne soient point sympathiques à l'empire dans l'état de choses actuel ; seulement, il faut se rappeler qu'ils y sont sympathiques comme Canadiens-français.

....

Je n'ennuierai pas la chambre davantage avec des citations. J'ai essayé dans tous les cas de prouver mes assertions, à savoir que l'opinion générale, tant à l'intérieur qu'à l'extérieur, est que cette question en est arrivée à ce point, qu'elle doit probablement causer de nouvelles difficultés, comme elle en a déjà causé dans le pays.

Je reviens maintenant, M. l'Orateur, aux territoires du Nord-Ouest. Je n'essaie pas, et la chambre sait qu'au moyen de la présente motion, à tout événement, je ne pourrais pas essayer de toucher aux droits garantis aux Canadiens-français de la province de Québec, et aux Canadiens-français dans ce parlement par l'Acte de l'Amérique Britannique du Nord. Je parle, M. l'Orateur, de ce que le présent parlement a le pouvoir de régler. Je traite la question de la dualité de langage dans les territoires du Nord-Ouest. J'ai ici, bien qu'elle n'ait pas encore été déposée devant la chambre, une copie d'une pétition émanant de l'Assemblée législative des territoires du Nord-Ouest. J'ignore ce qu'est devenu l'original de cette pétition, s'il est entre les mains du gouvernement, s'il sera soumis à la chambre, ou s'il a été transmis à M. l'Orateur, mais il ne saurait y avoir de doute que l'Assemblée législative des territoires du Nord-Ouest a discuté cette question pendant sa dernière session, et a passé la résolution suivante par un vote virtuellement unanime.

Voici le texte de cette pétition de l'Assemblée législative du Nord-Ouest :

Adresse à l'honorable Chambre des Communes du Canada, siégeant en Parlement, adoptée par l'Assemblée législative des territoires du Nord-Ouest le lundi, 28 octobre 1889.

La pétition de l'Assemblée législative des territoires du Nord-Ouest, réunie en session, expose humblement : Qu'attendu que l'article cent-dix de l'« Acte des territoires du Nord-Ouest » décrète que toute personne pourra employer soit la langue anglaise, soit la langue française dans les débats de l'Assemblée Législative des territoires et dans les procédures devant les tribunaux : et que les deux langues seront employées relativement aux archives et journaux de l'Assemblée et que toutes les ordonnances passées en vertu du présent acte seront publiées dans ces deux langues ;

Et, attendu que cette Assemblée est d'avis que le sentiment de la population des territoires du Nord-Ouest est opposé au maintien de l'article ci-dessus cité, parce que les besoins des territoires n'exigent pas la reconnaissance officielle de deux langues dans le Nord-Ouest, ni la dépense qu'elle entraîne ;

Et, attendu que cette Assemblée est aussi d'avis qu'une saine politique publique exige la discontinuation de l'usage de deux langues officielles dans le Nord-Ouest ;

En conséquence vos pétitionnaires demandent humblement :

Qu'il plaise à votre honorable Chambre d'adopter un acte à l'effet d'abroger le dit article cent dix du dit acte.

Et vos pétitionnaires ne cesseront de prier.

Non seulement, M. l'Orateur, cette pétition a été adoptée à la presque unanimité des voix, mais on m'informe, et je crois que le fait est vrai, bien que je ne l'aie pas contrôlé, que tous les journaux publiés au Nord-Ouest, se sont déclarés en faveur de l'abolition de l'usage des deux langues — j'entends tous les journaux qui ont débattu la question. Un journal important, le *Leader* de Régina, je crois, n'a pas jusqu'ici jugé la question digne d'attirer son attention ; mais presque tous les autres journaux se sont prononcés en faveur de l'abolition. De sorte que nous avons l'opinion virtuellement unanime de la population de ces territoires.

Allons-nous perpétuer cet état de choses ? Le laisserons-nous se développer en ce qu'on pourrait appeler un droit acquis, en vertu duquel un Canadien-français pourrait dire demain, et jusqu'à un certain point avec raison : « J'ai quitté mon domicile dans la province de Québec pour aller m'établir dans les territoires du Nord-Ouest sur la foi d'un acte du Parlement me garantissant l'usage de ma propre langue. » N'est-ce pas là une question que nous devrions régler, et régler promptement ?

M. l'Orateur, je n'ai rien à ajouter sur le mérite de la question envisagée à un point de vue général. Je dirai seulement, en terminant, que tout en ayant jugé à propos, à cette première phrase du bill, d'exposer les motifs de ma conduite, je désire répudier ici comme je l'ai fait ailleurs, tout sentiment quelconque d'hostilité envers la race canadienne-française ou ses représentants dans cette chambre. Je désire dire que je ne suis animé par aucun sentiment de ce genre.

M. BERGERON : Merci.

M. McCARTHY : Mon seul désir est de travailler au bien général et l'on verra, je crois, que notre intérêt le plus véritable est de travailler à établir dans ce pays l'unité de race avec l'unité de la vie nationale et l'unité de langage.

....

Sir HECTOR LANGEVIN : Je me demande de quel crime la population du Nord-Ouest, qui parle le français — qu'elle représente un million ou une centaine d'âmes, peu importe ! — aurait bien pu se rendre coupable aux yeux de ce monsieur, pour qu'il cherche à l'empêcher, non seulement de parler sa propre langue, mais de connaître les lois édictées pour sa protection, ou auxquelles elle est tenue d'obéir. Il n'y a qu'une explication possible, c'est que le sang qui coule dans ses veines n'est pas le même que celui de l'honorable député. Ce n'est pas la faute de cette population, si le sang qui lui a donné la vie était français. Lorsque la Providence a fait ouvrir les yeux de mes compatriotes à la lumière, le sang français les animait, et lorsqu'ils ont pu parler, ils parlèrent le français.

Les Canadiens-français ont émigré de diverses parties du continent, de Québec principalement, pour aller au Nord-Ouest. Ils se sont rendus là-bas, sachant que les sujets de Sa Majesté la Reine avaient le droit, de par les lois du royaume, de parler français, à condition de ne pas parler trahison. On ne peut les accuser de déloyauté. L'honorable député ne les a pas incriminés dans son bill, ni dans son discours. Il ne l'a pas osé, parce que, je puis le dire, les Canadiens-Français du Nord-Ouest et des autres provinces du Canada, sont aussi loyaux, sans exception aucune, que l'honorable député lui-même, ses enfants ou ses ancêtres. Nous ne nous vantons point de notre loyauté comme Canadiens-Français, puisqu'elle est dans nos cœurs et dans nos veines. Cette loyauté devient un devoir pour nous, puisque nous sommes bien gouvernés et protégés par les lois de l'Angleterre, et par notre Reine. En un mot, c'est pour nous une question d'attachement ; nous aimons notre Reine et notre pays et nous leur sommes loyaux.

Aussi, pourquoi serions-nous traités autrement que les Anglais, les Écossais, les Irlandais, les Scandinaves, les Allemands ? Leur sang est-il meilleur que le nôtre ? Leur naissance est-elle plus honorable que la nôtre ? Leurs ancêtres valent-ils mieux que les nôtres ? L'honorable député me pardonnera sans doute de lui répondre. Non ! Ses ancêtres sont sans doute aussi bons que les nôtres, non pas supérieurs. Je suis très sensible sur ce point ; la race à laquelle j'appartiens est une race fière. Des autres, je ne parle pas ; je suppose qu'elles sont aussi fières que la mienne. Nous n'aimons pas à être attaqués, ni à être raillés et humiliés — surtout par l'honorable député, qui n'a pas le droit de se moquer de nous.

....

Mais l'honorable député [...] veut tyranniser les Canadiens-Français de ce pays ; il les hait depuis son entrée en parlement ; [...] et, depuis ce moment, ayant déclaré sa haine pour notre race, et désespérant de reconquérir les sympathies de notre race, s'il ne lui faisait des excuses, il résolut de rester son ennemi, tant qu'il siégerait dans cette chambre. L'honorable député ne réussira pas plus que d'autres qui l'ont devancé, et dont il imite la conduite. Dans le préambule de son bill, il trahit ses intentions : il voudrait détruire graduellement notre race du Pacifique à l'Atlantique — mais je l'en défie, c'est au-delà de ses forces, il n'y réussira pas. S'il peut fermer la bouche aux Canadiens-Français dans !'Assemblée du Nord-Ouest et les empêcher de lire dans leur langue les journaux et les lois de la législature, ils feront comme par le passé, c'est-à-dire qu'ils attendront. Un jour, ils seront vingt fois plus nombreux qu'aujourd'hui ; ils vont augmenter graduellement, et viendra le moment où la force des circonstances leur rendra justice.

C'est ce que nous avons vu d'un bout du pays à l'autre. L'histoire s'est répétée depuis que le pays est sous le régime anglais. Après la cession du Canada à l'Angleterre, les Canadiens-Français ne pouvaient pas parler le français devant les tribunaux. La position était exactement la même que celle que l'honorable député de Simcoe-Nord (M. McCarthy) voudrait créer au Nord-Ouest, rétrogradant ainsi d'un siècle, lui, un jeune législateur que l'on s'étonne à bon droit de voir reculer, au lieu de marcher de l'avant, et d'aider au progrès du pays. Il préfère revenir aux premiers temps de la colonie. A cette époque, je le répète, le français était banni des cours. Incapables de comprendre l'anglais, le seul langage permis, les Canadiens-Français ou les Français d'alors, qui étaient passés sous l'administration du roi d'Angleterre, ne pouvaient comprendre ni parler la langue anglaise ; que firent-ils ? Ils avaient des procès, des difficultés, comme des voisins en ont parfois ; ils avaient des dettes à percevoir. Ils se sont dit : « Nous ne pouvons pas aller devant les tribunaux, nous ne sommes pas compris, nous ne parlons que le français et les juges ne nous comprennent pas. » Que faisaient-ils alors ? Ils soumettaient leurs différends aux prêtres qui décidaient entre eux, au lieu de plaider devant des juges qui ne savaient pas notre langue.

Un peu plus tard, éclata la révolution américaine. L'Angleterre se rappela alors que les Canadiens-Français représentant la grande majorité au Canada, n'étaient pas traités avec justice et qu'ils n'avaient jamais manifesté aucun sentiment de déloyauté. Elle leur restitua donc leurs droits et leurs libertés, jusqu'à ce que fut établi le gouvernement responsable.

On ne crut pas en Angleterre qu'il fallait nous traiter à la manière des parias ou des Chinois aux Etats-Unis, sous prétexte que les 60,000 ou 70,000 Canadiens-Français de ce temps-là, ne parlaient pas l'anglais et n'avaient pas de sang saxon dans les veines. Non ; l'on voulait nous traiter comme des sujets anglais, en nous restituant les libertés et les droits que réclamaient nos pères.

Pour renforcer sa cause, l'honorable député, qui en sent la faiblesse, a essayé de prouver que nous n'avions pas le droit de nous servir du français, au début même du régime anglais. Il ne devrait pas oublier qu'à la date de la capitulation, nous n'avions ni parlement, ni législature, de sorte que la question du langage dans nos législatures ne pouvaient venir à l'esprit des généraux français, qui signèrent ces capitulations avec les généraux anglais. Personne n'y songeait. Voyons, toutefois, ce que concède la capitulations.

Elle garantit entre autres choses aux Canadiens-Français les privilèges de leur race au Canada. Or, la langue ne doit-elle pas être considérée comme un de leurs privilèges les plus sacrés ?

L'honorable député (M. McCarthy) dit cependant que ces messieurs auraient dû aller à l'école de suite pour apprendre ce magnifique anglais qu'il parle si bien. Eh bien ! ils n'y ont jamais été et ne sont pas encore de cet avis. Ils sont d'avis que le français, qui est leur langue maternelle, doit être conservé intact et ils ont su le garder depuis que ce pays est devenu colonie anglaise, et c'est ce qu'ils entendent faire à l'avenir. Nous entendons conserver notre langue comme un héritage sacré, et nous entendons parler le français, malgré toutes les tentatives du député de Simcoe nord pour nous en empêcher. Je puis même lui dire que nous le parlerions même si ce parlement nous refusait l'usage de la langue française devant les cours de justice ou dans la législature. Nous continuerions de le parler comme nous l'avons fait, malgré la loi prohibitive que l'honorable monsieur a invoquée, quand il a voulu démontrer que, jusqu'en 1841, il n'y avait pas eu de législation sur ce sujet.

Il nous a dit qu'en 1841, quand advint l'union des deux Canada, la langue française était prohibée. Il nous l'a dit avec un sourire de satisfaction ; s'il avait osé, il aurait même ri. Il s'est réjoui de ce que le parlement anglais, après la révolte dans le Haut et le Bas-Canada, avait déclaré que l'anglais serait la seule langue. L'honorable député (M. McCarthy) n'a touché que bien légèrement la révolte du Haut-Canada : il ne nous a entretenus que de la révolte des Canadiens-Français dans la province de Québec. J'en parlerai plus au long tout à l'heure. Il nous a signalé le fait que, dans l'acte adopté à cette époque, la langue y est mentionnée et que cet acte pourvoit à ce que la langue anglaise seule, soit reconnue dans les délibérations du parlement. Eh bien ! l'union des deux Canadas eut lieu. Le premier parlement fut convoqué en vertu de cette loi, qui décrétait que la langue anglaise serait la seule en usage.

Quel fut le premier acte de ce parlement ? Ce fut d'élire un Canadien-Français, l'honorable M. Cuvillier, comme Orateur de la chambre, et pourquoi a-t-il élu un Canadien-Français comme Orateur ? C'est parce qu'on voyait sur les banquettes de la chambre un nombre considérable de Canadiens-Français élus par le peuple du Bas-Canada, Canadiens-Français, dont plusieurs ne parlaient pas un mot d'anglais, élus par le peuple, bien que le peuple sût que pas un mot de français ne serait prononcé dans le parlement sous l'Union. M. Cuvillier fut élu, les députés commencèrent à parler et, chose étrange ! (horrible même, nul doute, pour l'honorable député de Simcoe-nord, M. McCarthy), des discours français furent prononcés dans l'enceinte législative. Les Canadiens-Français s'exprimèrent dans leur propre langue, par droit de naissance. Il y avait une loi du parlement impérial prescrivant qu'on ne se servirait que de l'anglais, mais il y avait une loi audessus de celle-là, la loi de la nature, leur disant qu'ils pouvaient se servir du français, et ils s'en servirent.

....

Je pourrais faire mon discours en français, mais je sais que je ne serais pas compris par tous les membres de cette chambre et je tiens à être compris d'eux tous. Je tiens à ce qu'ils comprennent que je parle au nom de mes compatriotes d'origine française. Ce ne sont pas les seuls compatriotes que j'aie, car je considère que tous les membres de cette chambre, quelle que soit la race à laquelle ils appartiennent, sont aussi mes compatriotes, si nous voulons être un peuple, une nation, nous devons faire ce qui a été fait dans les trois royaumes.

Vous trouverez un certain nombre de langues, de dialectes, dans le royaume-uni de la Grande-Bretagne et d'Irlande ; mais combien de langues parle-t-on à l'ombre du grand et noble drapeau de l'Angleterre ? C'est la gloire et la joie de l'empire anglais d'accueillir avec bienveillance toutes les nationalités sous ce glorieux drapeau, qui les couvre et protège toutes. [...]

....

Les Canadiens-Français avaient à peine vu le drapeau français parti et descendu de la forteresse de Québec, qu'ils reconnurent leur devoir de se battre pour leur nouveau souverain. Ils ne l'aimaient pourtant pas à ce moment ; ils le connaissaient depuis trop peu de temps pour pouvoir l'aimer ; mais ils se battirent comme des hommes loyaux, et ils furent victorieux, et ce pays est resté jusqu'à ce jour l'un des plus beaux joyaux de la Couronne d'Angleterre, grâce à la valeur et au dévouement de mes ancêtres et des Canadiens-Français en général. Si ces Canadiens-Français, si méprisés par l'honorable député de Simcoe-nord, ne s'étaient pas trouvés là pour défendre le pays et le garder comme une partie de l'empire anglais, où serait aujourd'hui l'honorable député ? Il ne serait pas ici pour nous combattre, nous mépriser et essayer de nous fouler aux pieds. Non, je ne sais pas où il serait, mais, en tout cas, il ne serait pas ici pour livrer cette bataille qui va se terminer par une défaite, il peut en être sûr.

Je ne puis m'imaginer que l'honorable député ne soit pas mû par quelque autre sentiment que le fanatisme, dans un mouvement comme celui-ci. Il voudrait nous faire croire que son but est de faire du Canada un pays heureux, un pays dont la population, d'un océan à l'autre, et du pôle nord à la frontière américaine, parlerait l'anglais. Eh bien ! l'honorable député sera descendu dans la tombe et tous ses enfants, ses petits-enfants et ses arrière-petits-enfants y seront aussi descendus, qu'il y aura encore trois ou quatre millions de Canadiens parlant le français. Inutile pour lui de le tenter ; il ne réussira pas. D'autres l'ont essayé avant lui, alors que nous étions bien moins nombreux qu'à présent, et ils n'ont pas réussi.

....

Pourquoi [...] maltraiteriez-vous les Canadiens-Français ? Pourquoi ne les traiteriez-vous pas comme des amis, des frères ? Je crois que vous devriez les traiter comme vous voudriez vous-mêmes être traités, si vous étiez dans la minorité. Supposons que la majorité, ici, soit française et que, au lieu du député de Simcoe-nord (M. McCarthy) un député français se lève et fasse observer qu'il ne se trouve au Nord-Ouest que mille ou cinq cents habitants parlant l'anglais ; que tous les autres sont Français et demandent qu'il soit défendu à ces Anglais de parler leur propre langue, trouveriez-vous cela juste ? Y consentiriez-vous ? Diriez-vous que c'est un traitement convenable ? Non, vous diriez que c'est de l'oppression ; vous parleriez de révolte et de la levée de milliers d'hommes des autres provinces pour protéger ces cinq cents hommes.

....

Je veux que l'on me comprenne bien. Dans la province de Québec, la minorité parle l'anglais, et cette minorité est divisée en deux groupes, les catholiques romains et les protestants. Dans cette province, les Canadiens-Français sont en grande majorité. Je ne voudrais pas, pour rien au monde, que mes compatriotes se montrassent injustes envers leurs concitoyens d'origine étrangère. Je sais qu'il y a, peut-être, quelques individus qui, dans un moment d'exaltation, peuvent faire des menaces, mais il ne faut y prêter aucune attention, et l'on peut être certain que la majorité de la population dans la province de Québec, ne consentirait jamais à commettre une injustice à l'égard de la minorité. S'il y avait le moindre indice de dispositions hostiles de la part de mes compatriotes à l'égard de la minorité, je quitterais mon poste ici pour descendre à Québec, et je dirais publiquement à mes compatriotes :

« Ne commettez point d'injustice, bien que l'on se soit montré naguère injuste envers vous, mais ce temps-là est passé ; aujourd'hui, nous sommes traités convenablement, nos institutions sont protégées, notre langue est protégée et, en dépit des efforts de l'honorable député, elle continuera à être respectée et à être en usage : notre religion est à l'abri de tout danger, et nous pouvons prier et adorer Dieu librement ; mais nous voulons que nos concitoyens d'origine anglaise parlent leur propre langue ; nous voulons que leurs institutions soient protégées comme les nôtres le sont ; nous voulons qu'ils pratiquent, eux aussi, leur religion librement, et que pour cela ils soient protégés. »

S'il se présente parfois quelques cas exceptionnels, remarquons que cela arrive aussi dans les autres provinces. Ce sont là de ces moments d'effervescence qui sont à déplorer partout ; mais le sentiment de la justice finit toujours par prédominer, on remédie au mal et la protection est accordée comme auparavant.

....

L'honorable député dit que si la politique qu'il a énoncée avait été suivie, les Canadiens-Français auraient été forcés de parler l'anglais. Voilà ce qu'il veut faire, aujourd'hui ; mais c'est ce que nous ne lui permettrons pas de faire. Nous ne lui permettrons pas d'adopter un principe qui peut prévaloir plus tard d'un bout de la confédération à l'autre, mais nous déjouerons ses desseins. Nous ne permettrons point cela. Je suis sûr que la grande majorité de cette chambre n'a pas l'intention de diviser cette confédération en deux ou trois parties ; elle n'a pas l'intention de détruire ce pays.

L'honorable député parle de l'unité nationale ; il veut, dit-il, un peuple uni parlant la même langue ; cependant, il fait de son mieux pour diviser le pays, pour semer la discorde entre les races, pour mettre les Canadiens-Français et les catholiques d'un côté et les protestants de l'autre. Il va échouer dans ses efforts. Je sais un grand nombre de protestants qui ne consentiront pas à cela, de même qu'il y a aussi un grand nombre de catholiques qui ne le permettront point. Si nous voulons prospérer en ce pays et voir nos institutions se maintenir, il faut rester unis, il ne faut point nous quereller comme nous le faisons depuis quelques jours, et il ne faut point nous laisser diviser par des questions de nationalité.

L'honorable député croit pouvoir nous anéantir au moyen de son bill. Il verra, avant que quelques jours ou quelques heures soient écoulées, que son petit projet produira un effet tout à fait contraire à ses desseins, qu'il nous unit tous comme un seul homme pour le combattre. Et qu'en résultera-t-il ? Est-ce cela, que l'honorable député avait en vue ? Il n'a jamais songé à cela. Il a cru que l'esprit de parti nous diviserait. Il ne s'agit point de politique en tout ceci, c'est une question de race et de nationalité. Il s'agit de notre salut comme peuple, et si l'honorable député croit que nous allons laisser écraser ceux qui ont le même sang et les mêmes sentiments que nous, il se trompe grandement. Nous travaillerons de concert pour maintenir notre autonomie, notre langue, nos institutions — tout ce qui est sacré pour un peuple. — Nos ancêtres sont inhumés dans la province de Québec. C'est là où nous allons prier pour le repos de leur âme, comme de bons catholiques, et l'honorable député croit-il que nous abandonnerions ce pays, qu'il nous chassera sans que nous opposions une ferme résistance ? Nous mentirions à notre sang en agissant autrement.

L'honorable député veut que nous renoncions à notre langue, que nous changions nos noms, parce que nos noms ne doivent pas rester tels qu'ils sont aujourd'hui. Mon nom, Langevin, est un nom français. Je ne sais pas trop comment il m'appellerait en anglais. Mais l'honorable député peut être sûr que nous ne répudierons ni nos noms, ni notre sang, nous ne répudierons point nos ancêtres. Nous ne voulons point que l'honorable député nous méprise. Nous mériterions d'être méprisés, nous mentirions à notre sang, si nous le laissions agir à sa guise.

....

M. MILLS (Bothwell) : Le bill et le discours de l'honorable député de Simcoe-nord (M. McCarthy), ont été tellement critiqués, que j'éprouve une certaine hésitation à prendre la parole, pour discuter ou critiquer le discours qu'il a prononcé. Je dois dire, de suite, que le préambule et le discours prononcé à l'appui de ce bill, sont d'une bien plus grande importance que le bill lui-même. Je regrette que l'honorable député ait prononcé ce discours en présentant le bill que nous sommes à discuter. Ce discours tend, non seulement à faire abolir l'usage de la langue française dans les territoires du Nord-Ouest, mais à en faire cesser l'usage dans tout le Canada pour les fins sociales, littéraires et officielles.

L'honorable député a déclaré que nous ne pouvons former politiquement un Etat uni, qu'en parlant une seule langue. Le bill de l'honorable député, bien que, pratiquement de peu d'importance, a été accompagné d'un discours que la chambre ne peut pas laisser passer inaperçu. L'honorable député a fait preuve de la plus grande hostilité à l'égard de ses concitoyens qui parlent la langue française, et qui sont d'origine française. Il m'a semblé, par son discours, être plus désireux de blesser les susceptibilités de ses amis et concitoyens qui parlent la langue française, que d'assurer une union plus durable des différentes provinces qui forment une confédération.

L'honorable député s'est écrié, en s'adressant, non seulement aux membres français de cette chambre, mais à toute la population française du Canada : « Vous êtes une race conquise ; vous n'avez pas le droit de prétendre à l'égalité ; et vous n'êtes tout au plus que des Gabaonites au milieu d'Israël. »

....

L'honorable député de Simcoe-nord (M. McCarthy) a parlé comme si l'usage de la langue française par des sujets de Sa Majesté, était une offense contre les institutions anglaises. Il a prétendu que l'usage de la langue française était en contradiction avec l'allégeance à la Couronne anglaise. Il a rappelé aux Canadiens-Français que cette colonie était anglaise ; qu'ils étaient une race conquise et qu'ils ne pouvaient point être traités de la même manière que les sujets de Sa Majesté parlant la langue anglaise. Que c'était une présomption inqualifiable de leur part, que de prétendre aux droits d'hommes libres, à moins d'abandonner leur langue maternelle.

Il a prétendu que l'usage de la langue française n'était pas garanti par le traité de Paris, qu'il n'était pas stipulé dans l'acte de 1774, ni dans l'acte constitutionnel de 1791 ; que, de fait, le droit de se servir de la langue française au Canada, n'avait été accordé qu'en 1848, et que cette calamité alors occasionnée au pays, avait été renouvelée par l'Acte de la Confédération, en 1867, et qu'aujourd'hui, l'on devait empêcher de grandir le mal que l'on avait laissé s'introduire à cette époque.

Il m'a semblé que l'honorable député oubliait qu'il n'y a pas d'acte du parlement qui nous autorise à nous tenir debout sur les pieds, plutôt que sur la tête, et, cependant, la grande majorité du peuple de ce pays a le mauvais goût d'agir ainsi sans y être autorisée par un acte du parlement, et tout le monde parait s'en trouver très bien.

J'aimerais à savoir quel point constitutionnel l'honorable député a en vue, quand il conclut que le français ne pourrait pas être parlé officiellement dans une législature coloniale, sans une permission expresse accordée par un acte du parlement impérial.

Eh bien ! M. l'Orateur, la grande majorité des sujets de Sa Majesté ne parlent pas la langue anglaise — ils ne peuvent parler cette langue. Une loi qui les obligerait à parler l'anglais, les condamnerait au silence. Quand une assemblée législative a été accordée au peuple du Bas-Canada, elle a été accordée à un peuple qui ne parlait que le français. La grande majorité des représentants à la législature locale, furent élus par une population qui ne savait que la langue française. C'était la seule langue qui pouvait être employée entre les représentants et les électeurs, et ce n'aurait été qu'une moquerie de la part de la Couronne que d'accorder des lettres patentes, autorisant quelqu'un en son nom de convoquer une assemblée législative et de réduire cette assemblée au silence une fois réunie, pour la raison qu'aucun député n'aurait pu parler la langue anglaise.

Il est évident que cette assemblée n'a pas cru qu'il fût nécessaire d'avoir une permission des autorités impériales pour autoriser l'usage de la langue française. C'était la seule langue connue. Les habitants de la province parlaient le français à la maison ; ils entendaient parler français à l'église ; ils employaient la langue française dans leurs marchés ; et je ne sais pas si cette pratique devrait être abolie dans la législature ou par le gouvernement, quand elle est en usage dans toutes les autres circonstances de la vie. Je pourrais faire observer à l'honorable député que le discours le plus important qui ait jamais été prononcé sur un sujet qui pouvait le mieux donner de l'inspiration, l'a été aux Juifs et aux Grecs, aux Parthes et aux Mèdes, aux Elamites et aux habitants de la Mésopotamie, et que chacun l'a entendu dans sa propre langue.

[...] L'honorable député prétend que lorsque le Canada est devenu une province anglaise, ses habitants ont perdu le droit de se servir de la seule langue qu'ils connussent, parce que l'usage de cette langue ne leur avait pas été garanti par les articles de la capitulation, ou par le traité de paix. Il a prétendu que, sans cette autorité, l'usage de la langue française par le peuple canadien était une présomption inexcusable. Eh bien ! j'ai toujours cru que les sujets de Sa Majesté juraient vraie et fidèle allégeance à Sa Majesté, mais je n'ai jamais entendu dire qu'ils juraient de parler l'anglais. Je ne sais pas trop, au cas où on nous mettrait à l'épreuve, combien d'entre nous qui parlent une autre langue que l'anglais, pourraient en sortir vainqueurs, si on nous accusait de fautes contre la langue de la reine. Il n'existe aucun article de la constitution que je connaisse, qui fasse que l'usage de l'anglais soit l'accompagnement indispensable du gouvernement parlementaire, ou de l'allégeance à la Couronne d'Angleterre. Un homme peut être citoyen anglais et être accusé de haute trahison et condamné pour ce crime, sans savoir un mot d'anglais. Il peut parler l'italien, à Malte, le français, dans la province de Québec, le hollandais, au Cap, l'indou, à Calcutta, et le chinois, à Hong-Kong, sans sacrifier aucunement ses droits, et sans diminuer ses obligations comme sujet anglais. La loi n'étend pas sa responsabilité au delà des limites de ses pouvoirs. L'honorable député lui-même n'avait pas lieu de parler de parents, du lieu de naissance ou du langage et de l'éducation de l'enfance du sujet anglais. Tout cela dépend de la Providence, et c'est sa justification vis-à-vis de sa nationalité et de l'usage du langage qu'il emploie. Il y a sur les armes royales certaines devises, et il parait qu'elles sont toutes en français. L'une d'elles signifie en anglais « God and my right. » Cela retrace les droits des hommes jusqu'à leur source originelle. Cette source placée bien au-dessus de toute autorité humaine adverse, est la source vers laquelle tout homme libre remonte pour trouver le droit de résister à l'erreur et à l'oppression. C'est de cette source que le Canadien-Français fait dériver son droit de parler la langue de ses pères, et toute loi qui tenterait de le priver de ses droits primordiaux, qui lui appartiennent, de la manière dont l'honorable député se propose de supprimer et d'anéantir l'usage de la langue française, serait une loi qui ferait violence aux institutions mêmes pour le maintien desquelles un gouvernement existe.

L'honorable député parle de la conquête du Canada, comme d'un événement qui aurait placé les Canadiens-Français dans une condition inférieure à celle des autres sujets anglais. Il en a parlé comme d'îlotes comparés aux citoyens libres de Sparte. Virtuellement, il leur dit : Comment osez-vous parler de vos droits ? Ne savez-vous pas que vous êtes une race conquise ? Cette question est très importante, parce que l'impression est assez générale que, le Canada étant un pays conquis, la province de Québec n'a pas le droit de parler le français comme la province d'Ontario a le droit de parler l'anglais. Il ne peut exister aucune différence sous ce rapport. Les idées relatives à la conquête et aux droits acquis par la conquête, qui ont été propagées avec activité depuis déjà longtemps, sont absolument erronées. Il est vrai, comme le dit lord Mansfield, dans un jugement de haute importance, que vous pouvez passer votre ennemi par les armes et confisquer ses propriétés, à titre d'acte de guerre et durant la guerre. En théorie, telle était la loi. Telle peut être encore la loi, en théorie, quoique la Turquie, il y a soixante ans, dans sa guerre contre la Grèce, ait suivi une ligne de conduite bien peu éloignée de cette règle absolue et de l'humanité ; on a prétendu, toutefois, que sa conduite justifiait l'intervention des puissances européennes.

Maintenant, ce qui se fait comme acte de guerre et durant la guerre, est une chose tout à fait différente de ce qui se fait après que la lutte a cessé. Si le pays met bas les armes, si des articles de capitulation sont signés, les parties ennemies et étrangères jusque là, deviennent de suite des sujets, leurs personnes et leurs propriétés ont droit à la protection de l'autorité conquérante. Les personnes et les propriétés des nouveaux sujets se trouvent dans la même position que celle des sujets et de naissance. Le conquérant hérite de la propriété publique. L'ancienne loi reste en vigueur jusqu'à ce qu'il la change expressément. Car, tant que le conquérant n'a pas créé une assemblée législative, il a le droit de gouverner, droit subordonné, toutefois, à son droit comme partie intégrale du parlement. Mais si le conquérant décide, par lettres patentes, d'autoriser la formation d'une assemblée législative, du moment que ces lettres patentes ont été signées, et avant que cette assemblée législative soit convoquée, il a perdu son pouvoir. Alors, les sujets du pays qu'il a conquis ont le droit de représentation, et, après que le droit de représentation est donné, ils se trouvent dans la même position que les sujets du même souverain dans une colonie formée par l'occupation et l'établissement des habitants de la mère-patrie. Et lorsque cette assemblée est constituée, sans aucun acte du parlement, sans pouvoir expressément donné par les autorités impériales, pour agir ainsi, ses membres peuvent parler l'anglais ou le français, le hollandais ou l'italien, suivant que l'assemblée en décidera. C'est à elle qu'il revient de choisir la langue de ses débats. Sous ce rapport, la Couronne n'a aucun pouvoir, sauf, comme partie de l'assemblée ou comme partie du parlement impérial.

....

Donc, à moins que ce ne soit dans un but de provocation, l'allusion de l'honorable député à la race conquise des Canadiens-Français, manque absolument de convenance. Sous notre ancien système constitutionnel, dans la législature, devant les tribunaux, et dans l'exercice du gouvernement, la langue est considérée comme un véhicule de la pensée, comme un instrument au service de l'intelligence. On s'en sert comme d'un moyen pour arriver à un but, et nulle part on ne la regarde comme un symbole de souveraineté ou de sujétion. Cela est vrai dans toute colonie où le gouvernement représentatif a été établi.

J'aimerais à savoir ce que l'honorable député de Simcoe-nord espère gagner en insultant les deux cinquièmes de la population de ce pays. Est-il de l'avantage de ce pays qu'une race se range contre l'autre ? Le bien-être du pays se trouvera-t-il augmenté de quelque façon, si les Français jugent qu'il leur est impossible de cohabiter avec les populations de langue anglaise ? Sera-t-il plus facile pour cette chambre de suivre la seule règle rationnelle du sens commun, la règle de l'opportunité, lorsque les passions des populations seront excitées, et que les hommes n'entendront plus raison ? Croit-il que les Canadiens-Français vont rester insensibles à ces insultes ? Si l'honorable député persiste à traiter la population française de ce pays comme on traitait autrefois les Juifs, il peut s'attendre à ce qu'ils agissent comme on prétend que les Juifs ont agi.

....

L'honorable député se propose d'agir vis-à-vis de la population canadienne-française du pays, de la même manière que le frère de Robert, duc de Normandie, a agi à l'égard de son frère. Il se propose de lui arracher les yeux. Il dit : Oubliez votre langue maternelle, oubliez les orateurs et les hommes d'Etat, les littérateurs et les historiens, les poètes et les philosophes de France, et, alors, vous mériterez de commencer votre stage comme bons sujets anglais. Si vous comprenez la langue dans laquelle ces hommes ont parlé et écrit, si vous appréciez ses beautés, si vous admirez ses expression, ou sa sagesse, ou sa souplesse, alors il vous est impossible d'être un sujet loyal, il est impossible que vous soyez sincèrement attaché à l'union fédérale. Telle est la position prise par l'honorable député. Je ne puis faire autrement que de me demander : L'honorable député comprend-il le caractère et la portée des demandes qu'il fait au nom de l'Etat ? Sait-il qu'il demande de la part des Canadiens-Français, des sacrifices de choses qui leur sont plus chères que la vie elle-même ? Ne sait-il pas qu'il leur demande la renonciation à l'un des principaux droits pour lesquels les gouvernements sont maintenus ? L'Etat n'est pas une fin : c'est un moyen destiné à atteindre une fin. Il entre dans les devoirs de l'Etat, pour une bonne part, de protéger la vie, la liberté et les immunités de l'intelligence, non moins que le bien-être public en général. Il n'a pas le droit d'entreprendre de détruire la vision mentale d'une section de la population, en vue de lui en donner une autre. Il n'est pas du devoir de l'Etat de détruire la capacité d'étudier une littérature, ni de créer la capacité d'étudier une autre littérature. Il peut exister dans un Etat des forces sociales et intellectuelles qui concourent à former une nation nouvelle, avec les éléments de deux ou trois vieilles nations. Toutefois, d'après l'histoire, il est évident que lorsque ces changements s'opèrent, et qu'un nouvel ordre de choses surgit d'un ancien, il y a un grand nombre de forces et de facteurs en conflit, qui travaillent à la résistance du changement ou à la transformation de vieilles nationalités en nouvelles, mais ces forces opèrent lentement. Les circonstances dans lesquelles elles opèrent, sont tout à fait différentes de tout ce que nous avons dans le monde civilisé des temps modernes, et le but de l'opération n'est pas l'absorption d'une race par une autre, ou de perpétuer une race au détriment d'une ou deux autres, mais de former une nouvelle race, une nouvelle nationalité, avec les matériaux fournis par les vieilles races.

M. LAURIER : Si je pouvais accepter les déclarations souvent répétées de l'honorable auteur du bill, non seulement dans son discours de présentation de ce bill, mais dans d'autres circonstances antérieures, protestant que, dans toute sa ligne de conduite, et dont ceci n'est qu'une mesure préliminaire, il n'est animé d'aucun autre motif que du désir, et d'un désir sincère, d'empêcher à l'avenir les dissensions dans le pays et d'y assurer la paix et l'harmonie en éloignant toutes les causes de dispute, je regretterais que l'honorable député, nourrissant d'aussi généreuses aspirations dans son cœur, eût tenté de les réaliser par des moyens aussi égoïstes, aussi mesquins, que ceux qui servent d'appui au projet de loi qui se trouve présentement devant la chambre. Cependant, lorsque, pour trouver un motif au projet de loi qu'il propose à l'attention de la chambre, l'honorable député invoque des considérations d'une sagesse aussi prévoyante, il s'abuse lui-même. Il n'y a pas de doute que l'honorable député a réussi à se convaincre lui-même, mais il lui sera difficile de convaincre ceux à qui il s'est adressé, que son but définitif dans cette question, est simplement d'assurer la paix et l'harmonie futures de notre pays, pendant que ses agissements actuels doivent tendre à mettre en danger la paix et l'harmonie qui règnent heureusement.

Je ne trouve, dans ce bill, je l'avoue, rien autre chose que l'ancien, le vieil esprit de despotisme et d'intolérance, qui, dans notre pays, comme dans d'autres pays, a toujours caractérisé le pur et l'inaltérable torysme. Pris en lui-même, séparé des motifs qui l'ont inspiré, ce bill ne serait pas d'une très grande importance, nous convenons tous de cela ; mais il est d'une grande importance, parce qu'il constitue une déclaration de guerre faite par l'honorable député et ses partisans contre la race française. Je dis que c'est une déclaration de guerre contre la race française du Canada, dont l'honorable député a parlé dans cette chambre, en termes convenables, mais dont il a parlé ailleurs, dans la province d'Ontario, je regrette qu'il ne soit pas à son siège pour m'entendre, dont il a parlé, dis-je, en des termes qu'il n'oserait pas répéter dans cette chambre ; l'honorable député a parlé de la race française en des termes injurieux que, je le répète, il n'oserait pas répéter dans cette chambre, en présence des Canadiens-Français, qui, en vertu de la loi, sont avec lui sur un pied d'égalité dans cette chambre.

Il n'oserait pas appliquer ici à mes compatriotes canadiens-français les termes et les épithètes qu'il leur a appliqués dans des circonstances précédentes, dans la province d'Ontario. Il n'oserait pas dire ici, ce qu'il a dit ailleurs ; il n'oserait pas traiter cette race, de race bâtarde, comme il l'a fait ailleurs. J'ai ici les paroles mêmes qu'il a prononcées, pas plus tard que le 12 juillet dernier, à Stayner, Ontario ; et les voici :

A Barrie, lors de la dernière élection, j'ai signalé en quelques mots que le grand danger qui menaçait le Canada était le cri national français, cette race bâtarde ; non pas une race qui nous acceptera comme nous l'acceptons, mais une race qui ne compte qu'avec ceux qui sont d'origine française : une race qui résume ses affections dans la profession de la foi catholique, et qui menace aujourd'hui de démembrer le Canada.

....

Si ce mouvement de l'honorable député devait s'arrêter ici ; s'il était tenté seulement pour des fins de parti, il ne faudrait pas beaucoup s'alarmer. Si la présente proposition ne devait pas être suivie d'une autre ; si elle devait rester ce qu'elle est, c'est-à-dire, une mesure destinée à proscrire la langue française dans les territoires du Nord-Ouest seulement, où la population française est peu nombreuse, je le dis de suite, je serais porté à laisser adopter cette proposition, et à reprendre la considération d'autres sujets d'une utilité réelle, qui réclament notre attention.

Mais le présent mouvement de l'honorable député n'est pas son dernier pas. C'est seulement une escarmouche, préliminaire, qui doit être suivie bientôt d'un assaut général contre toute la race française en Canada.

J'ai sous les yeux les paroles mêmes de l'honorable député, et il nous a déclaré plus d'une fois que son but est d'arriver à une lutte corps à corps avec les Canadiens-Français. S'il ne l'a pas dit aussi crûment, il n'y a pas à se méprendre sur son intention qui est l'annihilation de la race française en Canada.

L'honorable député, dans son discours à Stayner, a fait connaître toute sa pensée et, s'adressant à la partie anglaise de la population, il s'est exprimé ainsi :

Il y a beaucoup d'ouvrage de taillé pour nous, ici. Commençons par ce qui nous paraît être le plus possible. Occupons-nous de la dualité de langage dans le Nord-Ouest. Dans la législature, occupons-nous de l'enseignement du français dans les écoles. Lorsque ces deux questions seront réglées, nous aurons fait quelque chose, et nous serons peut-être en état de faire encore plus à l'avenir.

Ces paroles sont très significatives. Le présent bill, sa présentation, n'est que le premier pas, et lorsque ce premier pas sera fait, il sera suivi de quelque chose de plus ? L'honorable député ne nous laisse aucun doute sur ce point. Voici ses paroles :

Nous devons prendre nos armes. Nous vivons dans un pays anglais, et le plus tôt nous pourrons angliciser les Canadiens-Français, le mieux ce sera pour notre postérité dont la tâche sera devenue plus facile, et cette question devra être réglée tôt ou tard.

On ne saurait parler plus clairement. Les Canadiens-Français doivent être privés de leur langue, non-seulement dans les territoires du Nord-Ouest, mais partout où leur langue est parlée. Ils doivent être privés de tout ce qui constitue leur nationalité distincte dans la confédération, et cela doit être fait au moyen de la législation ; mais si cela n'était pas fait maintenant au moyen de la législation, la chose serait faite plus tard par la force, par les balles et les bayonnettes. Ces mots ne sont pas de moi, mais de l'honorable député lui-même. Ils n'ont pas été répétés une ou deux fois, mais un grand nombre de fois dans les différentes parties du pays. Voilà donc le programme politique avec lequel l'honorable député s'efforce de former un nouveau parti, ou de réorganiser un ancien parti.

Telle est la politique que l'honorable député offre à ses compatriotes d'origine anglaise. Je considère cette politique comme anti-canadienne, comme anti-anglaise, comme en désaccord avec toutes les traditions du régime anglais en Canada. Je la considère comme diamétralement opposée à l'idée que nous avons — et que je ne suis pas disposé, pour ma part, à abandonner — de former une grande nation sur le continent américain. Je la considère comme un crime, dont les conséquences font tout simplement frémir en y songeant. L'honorable député peut n'avoir dans la pensée qu'une manœuvre de parti, mais il ouvre toute grande la porte aux passions qui, une fois soulevées, ne pourront plus être arrêtées par la force humaine. Il en appelle aux passions nationales et religieuses, qui sont les plus enflammables et, quels que soient ses motifs, quel que soit son but, quelles que soient ses intentions, son mouvement ne peut pas être appelé par un autre nom que celui de crime national.

....

Je n'ignore pas que, parmi ceux qui ont adopté la manière de voir de l'honorable député, il y en a un grand nombre qui en sont venus à la conclusion dont il s'est fait l'interprète, dans la conviction où ils sont que l'existence de deux nationalités distinctes au Canada est incompatible avec l'existence de la confédération. Je ne repousse pas l'objection ainsi formulée. Au contraire, je dis que c'est une question qui doit attirer la sérieuse attention de tous ceux qui ont à cœur l'avenir du pays, car personne ne peut se dissimuler que l'existence de deux nationalités distinctes doit nécessairement produire parfois, comme elle a produit dans le passé, des causes de conflit, et, partant, de danger. Mais il nous faut prendre les faits tels qu'ils sont et tels que nous pouvons les constater. Nous formons deux races distinctes unies géographiquement — sous la même allégeance politique, et séparées par de nombreux caractères ethnographiques. Le but apparent de l'honorable député — le mien assurément, celui de tous, j'en suis convaincu — est d'essayer de former une nation avec ces éléments opposés.

Voilà le problème que nous avons à résoudre ; comment allons-nous le résoudre ? L'honorable député nous a donné sa méthode, la méthode tory, et il a prouvé une fois de plus que les méthodes tories ne procèdent jamais des instincts nobles et élevés du cœur humain, de l'intelligence humaine, mais toujours de la crainte, du doute et de la défiance qui ont toujours rendu le parti tory, partout où il a régné, suspect et cruel. L'honorable député en jetant les yeux sur notre vaste pays, y a vu une population d'un million et demi, presque le tiers de la population totale, d'habitants d'origine française attachés à leur langue, à leurs lois, à leurs institutions et à leur religion, attachés à tout ce qui caractérise leur individualité distincte. Si l'honorable député avait dit qu'il y a là une cause de conflit possible et que nous devons nous efforcer de trouver le moyen d'atténuer ce conflit, je serais d'accord avec lui ; mais il n'a pas adopté cette manière de voir. Au contraire, il affirme imperturbablement que l'existence de deux races distinctes dans ce pays est incompatible avec l'existence de la confédération, et que, conséquemment, l'une des deux doit disparaître ; et j'ai cité les paroles dans lesquelles il en a appelé à ses partisans d'origine anglaise, leur disant de boucler leur armure et de voir à ce qu'il n'y ait qu'une nationalité sur ce continent.

Si cette politique devait triompher, qu'arriverait-il ? Qu'est-ce que l'honorable député se propose ? Simplement ceci : que les Canadiens-Français sentent le joug peser sur leurs épaules et qu'on leur enlève par voie législative, ou par la force au besoin, tout ce qui leur a été concédé jusqu'ici. Si cette doctrine devait prévaloir, sur qeulles bases s'appuierait notre confédération ? L'honorable député, j'en suis sûr, admettra lui-même que l'orgueil de race, l'attachement aux traditions nationales, à la mémoire des ancêtres, sont de nobles sentiments ; cependant il propose délibérément qu'un million et demi de Canadiens — afin, pour me servir de son expression, de devenir de bons Canadiens — renoncent à leur origine et aux traditions de leur race. Il propose que l'humiliation de toute une race du pays serve de base à la confédération. Malheur au parti capable d'adopter des doctrines aussi dégradantes que celle-ci et qui ne voit pas que l'humiliation d'une race serait pour la confédération un danger beaucoup plus grand que tout ce dont nous avons jamais été témoins !

J'approuve ce qu'a dit, il y a quelque temps, l'honorable député de Bruce-nord (M. McNeill), que le devoir qui s'impose à nous est d'édifier une nation sur ce continent, et d'établir un ordre de choses tel que tout citoyen de ce pays quelle que soit son origine, qu'il soit Anglais ou Français, éprouve sincèrement un sentiment de suprême fierté de s'appeler Canadien. Mais je demanderai à l'honorable député — il m'est impossible de faire appel à son cœur, mais je puis en appeler à sa logique — s'il croit qu'en soumettant toute une partie de notre population à l'humiliation de renoncer à son origine et de répudier son histoire on la rendrait fière du pays. Qui ne voit que si l'on force une partie de la population à detester les institutions sous lesquelles il vit, ces institutions ne peuvent subsister ? L'humiliation d'une race, d'une classe, d'une croyance, d'un individu ne saurait servir de base à la Confédération. Elle ne peut avoir qu'une base possible, celle qui consiste à donner la plus grande latitude, le plus complet essor à tous ces sentiments qu'on ne peut arracher du cœur de l'homme sans le rabaisser.

L'honorable député a l'air de croire que tous les Canadiens devraient être fondus dans le même moule. Il est fier de sa race et il a tout lieu d'en être fier, mais il ne s'en suit pas que nous devrions tous être Canadiens anglais, que tous nous devrions aller nous fondre dans l'élément anglo-saxon. Assurément, personne ne respecte ou n'admire plus que moi la race anglo-saxonne ; je n'ai jamais dissimulé mes sentiments à cet égard ; mais nous, d'origine française, sommes satisfaits de ce que nous sommes et ne demandons rien de plus. Je revendique pour la race à laquelle j'appartiens le droit de dire que bien qu'elle ne soit peut-être pas douée des mêmes qualités que la race anglo-saxonne, elle est douée de qualités tout aussi grandes ; je revendique pour elle le droit de dire qu'elle est douée de qualités souveraines à certains égards ; je revendique pour elle le droit de dire qu'il n'y a pas aujourd'hui, sous le soleil, de race plus morale, plus honnête ou plus forte au point de vue intellectuel. [...]

En cela, je ne revendique rien qui ne soit légitimement dû à mes compatriotes, et je dis : « Laissez les deux races vivre à côté l'une de l'autre, chacune avec ses traits caractéristiques ; elles n'en seront que plus rapidement unies dans une communauté d'aspirations vers un but commun — celui de rester anglaises d'allégeance et canadiennes de sentiment.» Mais si l'on tente d'arracher à l'une ce qui est cher et sacré, au lieu d'avoir la paix et l'harmonie, on n'aura que des discordes de plus en plus envenimées. Mon honorable ami le député de Norfolk-nord (M. Charlton) nous a dit, l'autre jour, qu'il est de l'intérêt des Canadiens-Français de devenir partie de la race anglo-saxonne, et, se mettant en frais de relater les exploits de cette grande race, en temps de guerre comme en temps de paix, il demandait presque permission aux Canadiens-Français et s'excusait auprès d'eux de se sentir fier des faits d'armes de la race anglaise sur les plaines d'Abraham, dans la baie de Trafalgar, sur le champ de bataille de Waterloo. Mon honorable ami n'avait pas besoin de s'excuser ; ses sentiments sont tout à fait naturels pour ceux qui sentent courir dans leurs veines le même sang que lui, et ils ne sauraient être blessants pour personne. Mais moi, qui appartient à la race défaite, dans ces batailles, je ne demande pas de permission pour dire que je ne prétends en rien à cet héroïsme stoïque, si héroïsme il y a, qui fait qu'un homme peut contempler, même rétrospectivement, sans se sentir le cœur serré, la défaite de ceux de sa race, bien que, dans mon esprit, il soit évident que dans deux au moins de ces batailles — celle des plaines d'Abraham et celle de Waterloo — la victoire de l'Angleterre a été un triomphe pour la liberté. J'ai plus d'une fois, dans cette chambre, dit à mes compatriotes de la province de Québec que le jour qui a vu le Canada séparé de la France n'a pas été un mauvais jour pour les descendants des Français dans ce pays, parce que, sous la domination anglaise, ils ont joui de plus de liberté qu'ils n'en pouvaient espérer sous le régime français, et qu'après tout la liberté est ce qu'il y a de plus précieux en ce monde.

Mais, tout en parlant ainsi, je ne cache pas à mes concitoyens d'origine anglaise qui, je l'espère, me comprendront, que même aujourd'hui, avec les opinions que j'ai, quand j'étudie notre histoire et que j'assiste aux péripéties du duel prolongé, opiniâtre, implacable que se sont livré l'Angleterre et la France pour la possession de ce continent, quand je retrace, page par page, le dénouement fatal, indécis d'abord, mais prenant graduellement forme et devenant inévitable ; quand je suis la brave armée de Montcalm retraitant devant des forces supérieures en nombre, retraitant, même après la victoire, retraitant dans un cercle de jour en jour plus resserré ; quand, rendu à la dernière page, j'assiste au dernier combat où le vaillant Montcalm, cet homme véritablement grand, a trouvé la mort dans sa première défaite, je ne cache pas à mes concitoyens d'origine anglaise que j'ai le cœur serré et que mon sang français se glace dans mes veines. Ne me parlez pas de vos théories purement utilitaires ! les hommes ne sont pas des automates. Ce n'est pas en foulant aux pieds les sentiments les plus intimes de l'âme que vous atteindrez votre but, si tel est le but que vous poursuiviez.

Et cependant, c'est au nom de l'allégeance anglaise, c'est dans le but apparent d'assurer l'avenir de ce pays, que cette nouvelle politique est inaugurée, — cette politique prétendue anglaise, qui est aux antipodes de la politique toujours suivie par les autorités anglaises sur ce continent. Ce pays n'était passé que depuis quelques années sous la domination anglaise, quand se produisit, entre l'Angleterre et ses colonies au sud de nous, le grand conflit qui s'est terminé par la séparation de ces colonies de la mère-patrie. L'Angleterre comprit que pour garder prise sur ce continent, il lui fallait gagner l'affection de ses nouveaux sujets, puisqu'elle venait de perdre l'allégeance de ceux qui tenaient à elle par les liens du sang, et qu'à moins de faire de justes concessions, elle n'y réussirait pas. Dans un esprit de justice et de générosité, elle fit les concessions nécessaires pour atteindre son but. A ses nouveaux sujets, elle laisse leurs lois, leur langue et leur religion, bien qu'à cette époque, cette religion même fût soumise à plusieurs incapacités en Angleterre.

L'auteur du bill ignore-t-il ce que tout le monde sait, que ce sont ces concessions opportunes qui ont conservé cette colonie à l'Angleterre ? Ignore-t-il que si les nouveaux sujets de l'Angleterre s'étaient ralliés aux armées envoyées par le Congrès pour forcer les Canadiens à prendre part au mouvement insurrectionnel, le résultat aurait été pour le Canada le même que pour les colonies insurgées, la séparation définitive ? Et l'honorable député devrait savoir que, bien que le marquis de Lafayette et le comte d'Estaing eussent envoyé leurs émissaires agiter l'ancien drapeau de la France devant les anciens sujets de la France, ces derniers restèrent fidèles à leur allégeance et se battirent sous le drapeau anglais autour des murs de Québec, avec le même courage qu'ils avaient déployé contre ce drapeau seize ans seulement auparavant.

Supposons que l'honorable député eût vécu à cette époque et eût eu voix au chapitre dans le conseil du roi, quel avis eût-il donné ? Eût-il dit : « Ne laissez pas ces hommes parler leur langue ; ne leur accordez pas des privilèges ? » S'il eût parlé ainsi et qu'on eût suivi son avis, ce pays ne serait pas anglais comme il l'est aujourd'hui. J'ai dit et je répète que les Canadiens-Français ayant réclamé et obtenu de l'Angleterre les privilèges des sujets anglais, feraient preuve de la plus noire ingratitude s'ils repoussaient aujourd'hui les obligations que leur impose ce titre de citoyen anglais ; mais je dis aussi à l'honorable député que ce serait un acte d'ingratitude, de lâcheté, un acte de générosité que d'enlever aujourd'hui ou de tenter d'enlever aux Canadiens-Français les concessions qui leur ont été faites pour gagner leur affection et obtenir leur appui à l'heure où l'Angleterre courait un danger.

L'honorable député de Norfolk-nord (M. Charlton) a dit, l'autre soir, qu'il avait ses doutes sur la question de savoir si la loyauté des Canadiens-Français, dans cette circonstance, a été absolument pure et sans alliage ; qu'il avait ses doutes sur la question de savoir si, au lieu d'avoir été loyaux, ils n'avaient pas seulement en vue leur langue, leurs lois, leurs institutions et leur religion. Je ne comprends pas les doutes de l'honorable député. Pour moi, je n'ai pas le moindre doute. Je suis absolument certain que ce sont là les motifs qui ont engagé mes compatriotes à rester loyaux. Ils avaient à choisir entre la conduite de la Couronne anglaise et celle du Congrès de Philadelphie. La Couronne anglaise venait de leur accorder l'acte de 1774 qui leur garantissait tout ce qui leur était cher — leur langue, leurs lois et leur religion — et ils avaient à choisir entre cet Acte et l'Acte du Congrès de Philadelphie, qui restera éternellement comme une tache sur une noble page de l'histoire américaine. L'honorable député a prouvé que dans la proclamation que le Congrès de Philadelphie adressait au peuple anglais, se trouvait la déclaration que cette concession constituait précisément l'un des griefs des colonies. Voilà quels sont les motifs qui ont engagé mes compatriotes à prendre l'attitude qu'ils ont prise.

....

Je n'ignore pas, ni ne veux amoindrir le danger que présente pour le Canada la dualité de langage et de race. Mais le fait existe, et l'ostracisme de n'importe quel genre, au lieu de faire disparaître le danger, aurait simplement pour effet de l'accroître, en forçant une partie de notre population à haïr les institutions sous lesquelles elle vit — l'augmenterait, parce qu'il mettrait une partie de notre population en conflit avec la majorité, qui abuserait ainsi de la force brutale du nombre.

L'honorable député doit comprendre, il me semble, que la politique qu'il prône est faible et inférieure. Toute politique qui s'adresse à une classe, à une croyance ou à une race, qui ne s'adresse pas aux meilleurs instincts de toutes les classes, de toutes les croyances et de toutes les races est marquée du sceau de l'infériorité. Le Canadien-Français qui exhorte ses compatriotes à se tenir isolés du reste de ce continent ; l'Anglo-Canadien qui, comme mon honorable ami, exhorte ses compatriotes à ne tenir compte que de leurs seuls intérêts, peu gagner les applaudissements de ceux à qui il s'adresse, mais l'histoire impartiale déclarera leur œuvre aussi vicieuse dans sa conception, que pernicieuse et mauvaise dans sa tendance. Nous formons ici, ou nous voulons former une nation composée des éléments les plus hétérogènes — protestants et catholiques, Anglais, Français, Allemands, Irlandais, Ecossais, — chacun, qu'on ne l'oublie pas, avec ses traditions, avec ses préjugés. Dans chacun de ces éléments opposés, cependant, il y a un point commun de patriotisme, et la seule véritable politique est celle qui donne ce patriotisme commun, et porte tous ces éléments vers un même but et des aspirations communes.

On me demandera peut-être que sera alors l'avenir du Canada. L'avenir du Canada est d'être anglais. Je ne partage pas les rêves ou les illusions du petit nombre de mes concitoyens d'origine française, qui nous parlent de former une nation française sur les bords du Saint-Laurent ; et si mon honorable ami le député de Simcoe était ici, je lui dirais que ces rêves n'ont pas besoin de troubler son sommeil. Ceux qui nourrissent ces illusions, sont en très petit nombre ; on pourrait les compter sur les doigts de la main et, à ma connaissance, il n'y a qu'un seul journal qui leur ait jamais donné cours. Cependant, si je dis que ce pays sera nécessairement anglais, il ne s'en suit aucunement qu'il ne doive y avoir qu'une seule langue — la langue anglaise — parlée dans ce pays. Je prétends être aussi loyal que l'honorable député, aux institutions du Canada ; je suis fils d'une Canadienne-Française, et je déclare que je suis aussi attaché à la langue que j'ai apprise sur ses genoux, que je le suis à la vie qu'elle m'a donnée.

....

Quand les deux races, qui composent la nation, seront plus intimement unies et qu'elles se connaîtront mieux l'une et l'autre, les conflits de race seront aussi rares ici qu'ils le sont en Suisse, après des siècles d'union politique. Si l'honorable député de Simcoe-nord (M. McCarthy) était présent, il s'écrierait, peut-être : Ce mode doit-il toujours durer ? Ne viendra-t-il pas un jour où ne parlerons ici, que la langue anglaise ? Je répondrais à mon honorable ami que je ne m'inquiète pas de ce qui peut arriver dans un avenir obscur et éloigné. La seule chose dont je m'occupe en ce moment, c'est de conserver la paix et l'harmonie dans ce pays, et de ne pas mettre cette paix et cette harmonie en péril, sous le vain prétexte de préserver l'avenir des querelles et des luttes.

J'éprouve un vif plaisir à dire à l'honorable député — et je regrette qu'il ne soit pas présent — que, d'après moi, la langue anglaise est aujourd'hui, et doit être pendant plusieurs générations, peut-être durant plusieurs siècles, la langue dominante de l'univers.

Aussi longtemps que le centre de la civilisation fut sur les bords de la Méditerranée, trois langues dominèrent successivement : le grec, le latin et le français. A la fin du dix-septième siècle, la langue française fut indubitablement la langue dominante des pays civilisés. Elle est encore la langue de la diplomatie, le moyen de communication pour l'échange international des productions les plus élevées de l'intelligence humaine, mais elle n'est plus la langue du plus grand nombre. Cette position appartient maintenant à la langue anglaise. Cette révolution s'est accomplie par le développement étonnant de la race anglo-saxonne, durant les dix-huitième et dix-neuvième siècles. Cette race a répandu sa langue partout où elle a émigré, dans le monde entier, et, aujourd'hui, elle est parlée par plus de 100,000,000 d'habitants dispersés dans l'Europe, l'Afrique, l'Asie et dans les îles et les continents de l'Océan Pacifique.

M. l'Orateur, le seul fait, que la langue anglaise est la langue dominante de ce continent de l'Amérique, oblige les Canadiens-Français à apprendre et parler l'anglais, tout en conservant leur propre langue. [...] Le père canadien-français qui, aujourd'hui, ne fait pas apprendre l'anglais à son fils, ne rend pas justice à son enfant, car il le force à rester en arrière dans la lutte pour l'existence.

Je dirai plus : il est d'une nécessité absolue pour nous, Canadiens-Français, d'apprendre l'anglais, mais — il ne m'appartient pas de donner des conseils à qui que ce soit — si j'avais un conseil à donner à mes amis anglo-canadiens, je leur dirais qu'ils feraient bien d'apprendre aussi le français. Les Anglais sont une race fière, mais les Romains étaient aussi une race fière, et, après qu'ils eurent conquis l'univers, un Romain avouait que l'instruction de son fils n'était pas complète, s'il ne savait pas le grec aussi bien que le latin.

Mon honorable ami, le député de Simcoe-nord (M. McCarthy) n'accepterait peut être pas cet exemple pour lui, ou le peuple de ce pays, car le but de mon honorable ami n'est pas seulement d'abolir l'usage de la langue française dans les territoires du Nord-Ouest et de toute chambre législative, mais son but est d'empêcher l'enseignement du français dans les écoles de la province d'Ontario.

Il y a aujourd'hui dans les cantons éloignés et les nouveaux établissements de la province d'Ontario, des écoles où les colons français essaient à faire apprendre à leurs enfants la langue de leurs ancêtres. L'œil perçant de mon honorable ami a découvert cela. L'œil de l'aigle ne peut pas résister au soleil, mais celui de mon honorable ami ne peut pas résister à cette petite lueur.

Il y a quelques jours, il a parlé dans une assemblée tenue dans cette ville, la capitale du Canada, et, à laquelle, la résolution suivante a été adoptée :

Et cette assemblée profite de cette occasion pour exprimer l'opinion que l'usage de la langue française, dans notre province, comme langue enseignée dans les écoles publiques, devrait être aboli et prohibé pour toujours, et que des mesures énergiques pour obtenir ce résultat, seraient satisfaisantes pour le peuple d'Ontario.

L'honorable député a parlé à l'appui de cette résolution, et il en a approuvé toute la teneur. Voici ses paroles :

En même temps, comme citoyen d'Ontario — du Canada, je partage sincèrement l'opinion que l'assemblée vient d'exprimer, que nous devrions de suite, et pour toujours, empêcher que nos enfants, soit Français, Canadiens ou Anglais, apprennent une autre langue que la langue du pays que nous habitons.

....

Si, dans cette circonstances, l'honorable député avait dit au peuple d'Ontario qu'il devait exiger que l'anglais fût enseigné dans toutes leurs écoles, j'aurais approuvé de bon cœur. Mais cela ne suffit pas ; non seulement l'anglais doit être enseigné, mais il s'oppose à ce qu'une autre langue soit enseignée dans les écoles d'Ontario. Comment peut-il se faire qu'un honorable citoyen possédant les talents, les connaissances et l'habileté de mon honorable ami, s'abaisse à ce point ?

Il est bas, il est vil, il est méprisable de prétendre que le peuple d'Ontario, quelles que soient sa croyance et son origine, n'aura pas le droit d'enseigner, s'il le désire, une seconde langue à ses enfants. Ordinairement, les hommes ne sont pas cruels de gaieté de cœur ; généralement, les hommes ne se dégradent pas volontairement, et quelle est la raison qui a poussé mon honorable ami à parler ainsi ? La raison, c'est que les tories de la trempe de mon honorable ami ne peuvent pas parvenir à croire aux meilleurs sentiments du cœur humain ; ils ne peuvent pas se dépouiller de l'idée fausse que, s'ils traitent leurs adversaires avec générosité ou justice, ces derniers abuseront du privilège.

Ils ne peuvent pas se dépouiller de l'idée fausse que, s'il est permis aux Canadiens-Français de conserver leur langue et leurs usages comme race, ils deviendront traitres comme race. Ils veulent rendre ce pays anglais, de la même manière qu'ils ont essayé de rendre l'Irlande anglaise.

Durant les derniers sept cents ans, les hommes d'Etat anglais ont essayé de rendre l'Irlande anglaise, non par la justice, non par la générosité, non par des appels aux meilleurs sentiments du cœur généreux de ce peuple, mais par toute espèce de moyens de violence et de cruauté. Ils ont proscrit sa religion, ils ont tué son agriculture, détruit son commerce, et ils ont fait tout ce qu'il était possible de faire pour avilir le pays et le peuple, mais avec quels résultats ? Avec le résultat que l'Irlande est devenue une inquiétude pour l'Angleterre ; avec le résultat que le cœur du peuple Irlandais est rempli de colère contre l'Angleterre.

M. Gladstone a plus fait, en cinq ans, pour rendre l'Irlande anglaise, que n'ont fait les hommes d'Etat anglais durant sept siècles. Puis-je faire voir les différents résultats qui peuvent se produire, sur les sentiments d'un peuple sensible, au moyen d'un traitement généreux ?

....

Ces cinq années de tentatives généreuses pour rendre justice à l'Irlande, ont fait disparaître les sentiments d'amertume et les ont remplacé par des sentiments d'affection pour un pays dont le seul nom était odieux, il y a quelques années, à tous les Irlandais.

Quel triomphe pour la cause de l'Irlande ! Quel triomphe pour ceux qui, dans cette chambre, ont dit aux Anglais que, s'ils traitaient les Irlandais généreusement, ils obtiendraient les mêmes résultats en Irlande que dans notre pays ! Quelle preuve, aussi, que le meilleur moyen de rendre un peuple fidèle à son allégeance, est de le traiter avec justice et générosité ; et quel blâme pour tous ceux (y compris mon honorable ami le député de Simcoe-nord) qui croient que le seul moyen de rendre un peuple loyal, est de fouler aux pieds ce qu'il a de cher et de sacré !

M. l'Orateur, je viens de parler du « Home Rule ». Le « Home Rule », pour nous, c'est l'autonomie provinciale, et j'espère que ce principe d'autonomie provinciale nous donnera, un jour, la solution de la difficulté dont nous nous occupons en ce moment.
....

Sir JOHN A. MACDONALD : Je partage beaucoup l'opinion que vient d'exprimer mon honorable ami sur le présent bill. L'indignation naturelle que lui a fait éprouver certaines déclarations faites à l'appui du présent bill, a toutes mes sympathies. Je ne partage aucunement le désir exprimé dans certains quartiers qu'il faudrait, par un moyen quelconque, opprimer une langue, ou la mettre sur un pied d'infériorité vis-à-vis d'une autre. Je crois que l'on n'y parviendrait pas, si la chose était essayée, ou que ce serait une folie et une malice, si la chose était possible.

La déclaration souvent faite que le Canada est un pays conquis, est une déclaration toujours faite sans à propos. Que le Canada ait été conquis ou cédé, nous avons une constitution en vertu de laquelle tous les sujets anglais sont sur un pied de parfaite égalité, ayant des droits égaux en matière de langage, de religion, de propriété et relativement à la personne. Il n'y a pas de race supérieure ; il n'y a pas de race conquise, ici, nous sommes tous des sujets anglais, et ceux qui ne sont pas d'origine anglaise, n'en sont pas moins sujets anglais.
....

M. McCARTHY : Je dénonce comme traître à son pays, peu m'importe qui est cet homme, celui qui s'efforce de soulever des préjugés politiques, des animosités de races en dénaturant mes vues ; c'est lui qui a tort, c'est lui qui veut soulever des préjugés politiques, des animosités de races en dénaturant mes vues ; c'est lui qui a tort, c'est lui qui veut soulever les races contre les races, les religions contre les religions, car si on examine attentivement mes déclarations, mes discours, je ne crois pas qu'on puisse y trouver un seul point de malice à l'adresse de mes concitoyens canadiens-français.

Une VOIX : Oh ! oh !

M. McCARTHY : L'honorable député rit ; mais il doit savoir que j'ai un droit certain à l'opinion que je nourris, savoir : qu'il est de l'intérêt du pays d'avoir la communauté de langage, que le peuple parlant le langage de la majorité, la langue destinée à prédominer sur tout ce continent de l'Amérique du Nord, ce peuple alors sera plus en état de travailler à l'avenir de ce grand Canada.

Et si j'ai raison, je ne commets aucune injustice envers mes compatriotes. Je ne fais que ce qui est mon droit et mon devoir, en cherchant à faire prévaloir mes idées par des arguments chez les honorables députés et leurs électeurs. J'admets franchement, et je ne veux pas le nier, que chez un grand nombre d'entre eux, ces idées ne sont pas bien vues ; mais est-ce là une raison, si je partage cette opinion, et je crois qu'un grand nombre pensent comme moi, pour me faire hésiter, dans l'enceinte du parlement, et ne pas me laisser exposer ces idées avec modération ? Je crois que mes paroles ont été modérées.

Quelques VOIX : Ecoutez ! écoutez !

M. McCARTHY : Mes paroles, je le répète, ont été modérées, et j'y renvoie pour appuyer mon opinion. Chaque fois que j'ai parlé, je me suis servi d'un langage modéré, surtout dans l'enceinte du parlement, et c'est ce que tout gentilhomme devrait faire ici. Il n'est pas sorti de ma bouche des expressions comme celles dont le secrétaire d'Etat s'est servi vis-à-vis de moi, ici, aujourd'hui ; un tel langage n'est pas sorti de ma bouche pendant ce débat, et j'espère que, malgré les provocations du ministre des travaux publics, malgré celles du secrétaire d'Etat, qui m'ont dénoncé dans un langage qui ne convient pas dans une assemblée comme celle-ci, j'espère qu'aucune parole semblable à celles dont on s'est servi vis-à-vis de moi, ne tombera de ma bouche.

Mes arguments peuvent tendre à une certaine conclusion, mais le ton de mon discours a été modéré, et j'ose dire que mon argumentation était juste.

....

J'ai parlé du cri de nationalité, du parti national que lui entre autres a fondé et appuyé dans une des provinces de la confédération, et j'ai dénoncé cette nationalité, ou plutôt cette prétendue nationalité comme étant une nationalité bâtarde. Je la dénonce encore ici comme telle dans l'enceinte du parlement. Je dis que la nationalité légitime, et il n'y en a qu'une, c'est celle qui est commune à tous, celle qui s'étend d'un océan à l'autre et qui comprend toutes les races qui composent cette grande confédération. Je dis que si une race quelconque dans une partie de la confédération s'unit pour former un parti, que ce parti soit anglais, irlandais, écossais ou français, et que l'on cherche à soulever le cri de nationalité de cette race, on ne peut se servir, pour qualifier ce parti, d'un autre mot que celui dont je me suis servi et à l'emploi duquel l'honorable député a objecté. Quoique l'honorable député ait pu penser que je n'oserais pas répéter ce mot, je n'hésite pas à le répéter dans l'enceinte de cette chambre, et il n'y a pas un député qui a compris le sens dans lequel je l'ai employé, et dans lequel je l'emploie encore, qui puisse nier que l'expression n'était pas juste.

M. LAURIER : L'expression était malheureuse.

M. McCARTHY : L'honorable député peut le dire, mais je ne sais pas comment il aurait pu s'exprimer autrement. En justice pour lui, je dirai qu'il a rapporté mes paroles loyalement, car autrement, je les aurais citées moi-même. A tout événement, il n'y a qu'une nationalité dans ce pays, et je n'en veux reconnaître qu'une. Je ne parle pas de notre loyauté envers la Couronne ; je ne parle pas de notre allégeance envers la mère-patrie ; je parle de cette nationalité bien plus élevée des Canadiens du Canada. Je ne parle pas d'une seule nationalité ou d'une seule race, mais de tout le Canada, de tous les Canadiens unis ensemble comme ils doivent l'être, et fiers de reconnaître notre allégeance.

....

Je suis heureux de pouvoir informer l'honorable député que l'Assemblée législative du Nord-Ouest est à s'occuper elle-même de cette question des écoles, qui est peut-être la plus importante de toute.

Après avoir découvert ce que nous avons, nous aussi, découvert dernièrement au sujet de ce qui se passait dans les écoles séparées des paroisses françaises, ils ont devancé la province d'Ontario ; ils ont prohibé la langue française, et l'enseignement se fait maintenant en anglais. Le but que je me propose d'atteindre ici, n'est que de réclamer ce que nous avons droit d'avoir. Nous possédons un territoire énorme capable de contenir des millions d'habitants, et voulons-nous laisser se renouveler le spectacle que nous voyons en cette chambre, ou le spectacle encore bien plus déplorable, au point de vue patriotique, que nous voyons se dérouler dans l'assemblée législative de la province de Québec ? Voulez-vous voir ces choses se renouveler, M. l'Orateur ? Il vaudrait mieux que nous parlions tous français, plutôt que la moitié d'entre nous parlât le français et l'autre moitié l'anglais.

M. CHAPLEAU : Ecoutez ! écoutez !

M. McCARTHY : L'honorable ministre dit : « Ecoutez ! écoutez ! » et il a parfaitement raison. Je ne prétends pas connaître les beautés de la langue française, mais j'en connais assez, par ce que j'ai entendu dire, pour savoir que c'est une belle langue. Mais là n'est pas la question. Nous savons que la langue française n'est pas, et ne peut jamais être la langue de l'Amérique britannique du Nord, et nous devrions comprendre — les Canadiens-Français surtout devraient comprendre — que leur intérêt réel, comme le nôtre, est qu'il n'y ait qu'une seule langue dans ce pays. Je ne crois pas, sans doute, — et il serait difficile de le supposer — que les honorables députés, qui pensent comme moi qu'il nous vaudrait mieux parler tous le français, s'accorderont encore avec moi pour dire que nous devrions tous parler l'anglais, quoique l'honorable chef de l'opposition, dit-on — je n'ai pas eu l'honneur de l'entendre — ait penché à cette opinion.

....

J'attirerai l'attention de mes honorables amis de droite et de gauche, sur l'instruction donnée dans les écoles françaises, et s'il y a parmi nous un député qui croit que, en ce qui concerne l'histoire de notre pays, que j'ai sous les yeux, les enfants qui sont instruits conformément à cette histoire peuvent former des citoyens ou sujets anglais, ou avoir une autre loyauté que celle envers la nationalité canadienne-française, ou faire espérer d'eux une autre manière de parler que celle de La Vérité et du premier ministre de la province de Québec, c'est que cet honorable député est incapable de raisonner.

Dans cette histoire à laquelle je viens de faire allusion, se trouve le passage suivant :

1774. L'Angleterre craignant de perdre le Canada, vu l'attitude menaçante des Etats-Unis, se hâta d'accorder une nouvelle constitution plus favorable aux catholiques.

M. AMYOT : Ecoutez ! écoutez !

l'ombre d'un doute que tel est l'enseignement dans les écoles françaises.

M. McCARTHY : L'honorable député dit « Ecoutez ! écoutez ! » Il n'y **a pas**

Toutes les concessions qui ont été obtenues sont toujours représentées au peuple de la province de Québec comme ayant été arrachées aux tyrans et despotes, et non comme ayant été accordées par une libre volonté.

M. AMYOT : Vous êtes un tyran pour nous.

Quelques VOIX : A l'ordre !

M. McCARTHY : Je vais citer un autre passage de ces histoires :

Les forces matérielles de la Nouvelle-France durent enfin succomber, mais les forces providentielles continuaient leur œuvre dans la colonie, qui est probablement destinée à jouer sur ce continent le rôle qu'a joué la vieille France sur le continent européen.

Je crois avoir déjà lu quelque chose de semblable dans la *Vérité*. Si c'est là ce qu'on enseigne dans les écoles, si c'est là ce qu'écrivent les écrivains, si c'est là le langage du premier ministre de la province, si ce sont là les paroles que l'on prononce dans les grandes assemblées publiques de cette province, lorsque personne n'ose dire un mot de dissentiment, à quel autre résultat naturel peut-on s'attendre que celui que nous voyons dans ce parlement ?

Si j'ai bien entendu, le ministre des travaux publics a parlé de l'autonomie de sa race et a dit qu'elle vivrait en dépit de tout ce qui pourrait être fait contre elle. Il ne faut pas oublier que le Canada a été une colonie anglaise pendant plus d'un siècle et quart, et que peu de temps après la cession — j'ai failli me servir de la malheureuse expression de conquête — un Français distingué, de passage ici, a pu dire que les Canadiens-Français étaient mieux traités sous le régime anglais que sous celui de leurs propres rois. Il faut se rappeler que, jusqu'aujourd'hui, ils ont joui d'une liberté qu'ils n'auraient pu avoir sous la Couronne de France ; et malgré celà, ils s'efforcent de perpétuer ces appels à la nationalité, surtout par le langage, qui est l'âme de la nationalité, comme dit l'écrivain que je viens de citer. Si cette langue disparaissait, comme elle doit naturellement disparaître, ces ambitions qui doivent aboutir à des désillusions, qui ne peuvent aboutir à autre chose, qui ne pourront jamais s'accomplir, ces ambitions, dis-je, disparaîtront bientôt.

Nous n'avons aucune jalousie contre les Allemands, nous ne jalousons aucune des autres nationalités, parce que nous savons que, même longtemps après être arrivés ici, ils continuent à parler leur langue, et ne peuvent en parler d'autres, ils n'ont pas l'intention de créer une division dans la population du pays par leurs préjugés et leurs sentiments nationaux.

Voilà les problèmes que nous avons à résoudre. Il est inutile d'aller chercher des exemples en Suisse ou en Autriche-Hongrie. C'est la question qui se présente chez nous qu'il nous faut envisager ; nous devons nous demander si nous devons laisser se perpétuer l'état de choses actuel.

Quoique je puisse faire plus tard, personne n'est responsable de mes actes. Ni ceux qui voteront avec moi, ni ceux qui me combattent en ce moment ne sont responsables de l'attitude que je jugerai à propos de prendre. Je puis dire que je n'ai jamais eu la prétention d'intervenir dans la dualité de langage dans la province de Québec, — tous ceux qui m'ont fait l'honneur de m'écouter avec autant d'attention, peuvent me rendre ce témoignage. Je reconnais qu'aucune législation ne peut remédier à l'état de chose, qui existe dans cette province. Je reconnais que nous avons permis au mal de prendre des proportions tellement monstrueuses, qu'il n'est plus possible de l'enrayer, si ce n'est par des causes et des moyens naturels qui produiraient peut-être une guérison. Je fonde quelqu'espoir sur l'assimilation que produira le va et vient des Canadiens-Français entre la province de Québec et les Etats de l'Est de l'Union américaine. Que l'on fasse ce que l'on voudra, cette population va et ira dans les Etats de l'Est. Que l'on fasse ce que l'on voudra, ces gens ne s'en imprégneront pas moins de la langue de ce grand pays et, la répandront parmi ceux qu'ils laissent dans leur province. De ce côté-ci de la frontière, nous prenons nos mesures pour que la province d'Ontario conserve son caractère de province anglaise. Mais en attendant, cette migration continue et me donne l'espoir, la difficulté disparaîtra même de la province de Québec — et ce vœu que j'exprime, ne constitue pas une injustice pour mes compatriotes canadiens-français. Je répète donc que je n'ai jamais eu l'intention, je n'ai jamais même pensé d'intervenir dans cette question.

Je ne dis pas, M. l'Orateur, qu'un jour ne viendra pas où il sera opportun de proposer l'abolition des deux langues dans cette chambre — bien que cette proposition rencontre peu de sympathie ici. Il est certain que ce temps n'est pas arrivé. Ce qui nous occupe en ce moment, c'est la question du français dans le Nord-Ouest, et n'y mêlons pas d'autres questions qui n'ont rien à faire avec celle-là.

Un honorable député m'a accusé d'avoir soulevé la question de religion. La liberté de parole est-elle tellement disparue du Canada, que je ne puisse exprimer ma désapprobation du système des écoles séparées, qui existe dans ma province, sans être accusé de faire appel aux préjugés religieux ? Est-là une question de religion ? N'est-ce pas plutôt une question de haute politique sociale, que de déterminer le genre d'éducation que recevront nos enfants.

J'espère qu'avant longtemps, la députation de la province d'Ontario demandera à cette chambre de l'aider à faire disparaître de l'acte de l'Amérique britannique du Nord, l'article concernant les écoles séparées qui est une entrave pour cette province. Cet article a été adopté par une majorité canadienne-française, et imposé à la province d'Ontario, malgré sa volonté ; et je regrette d'avoir à différer d'opinion avec mon chef sur cette question. Il nous dit — et je n'ai jamais été aussi humilié que lorsque je l'ai entendu traiter cette question — qu'il a contribué à nous imposer ces écoles séparées. Se peut-il que la libre province d'Ontario ne soit pas mise sur le même pied que les provinces maritimes et la Colonie-Anglaise ? S'il n'était pas permis à la population d'Ontario de demander à ce parlement de la délivrer des restrictions qui la gênent, je désespérerais de la liberté dans ce pays.

Si les honorables députés sont sincères — et je n'ai aucune raison d'en douter ; s'ils désirent que la reconnaissance officielle des deux langues soit abolie, ce qu'ils ont à faire, c'est d'adopter le bill en deuxième lecture, et ceux qui s'opposent au préambule, pourront alors le faire retrancher. Dans un bill d'intérêt privé, le préambule en est la partie essentielle ; si le préambule n'est pas adopté, le bill est rejeté ; mais dans un bill d'intérêt public, le préambule est tout à fait inutile : sa seule utilité peut consister à faire disparaître toute ambiguïté qu'il pourrait y avoir dans le corps du bill. Je répète donc que bien que je ne retire rien de ce préambule, et que je croie au principe qu'il émet, savoir :

Qu'attendu qu'il est opportun, dans l'intérêt de l'unité nationale du Canada, qu'il y ait communauté de langage parmi le peuple canadien.

Qui peut nier cela ? Cette communauté de langage peut n'être pas absolument essentielle ; ce n'est pas la proposition émise. Je dis qu'elle est désirable, et cela a été admis par tous ceux qui ont parlé sur la question. L'honorable député de Durham-ouest lui-même a dit que si nous étions tous de la même race, de la même nationalité, si nous parlions la même langue, notre tâche serait beaucoup simplifiée et beaucoup plus facile, de sorte que la proposition contenue dans le préambule n'est ni fausse ni inexacte. Mais, à tous ceux qui s'opposent à ce préambule, je dirai : si le bill est adopté en deuxième lecture, quand il sera devant le comité, que quelqu'un objecte au préambule et je serai le premier à le retirer.

Je désire faire adopter le corps du bill et je ne m'occupe pas du préambule, et si quelqu'un qui désire voir adopter le bill, a des objections au préambule, pour ma part, je ne m'opposerai pas à ce qu'il soit biffé.

Je n'en dirai pas plus long. Je ne m'imaginais pas que la phraséologie du bill serait interprétée comme offensante, et je regrette infiniment que mes amis canadiens-français aient été offensés par cet article, et je me repens d'avoir pu blesser les sentiments des Canadiens-Français de cette chambre ou du pays, car cela était bien loin de mon intention [b].

b. *Débats de la Chambre des communes du Canada, 1890.* Les citations sont prises aux colonnes suivantes : 38 à 51 (Dalton McCarthy) ; 615 à 625 (Hector Langevin) ; 633 à 638 (David Mills) ; 743 à 762 passim (Wilfrid Laurier) ; 764 (John A. Macdonald) ; 870 à 892 (Dalton McCarthy).

1892 — L'ANGLAIS N'EST QUE DU FRANÇAIS DÉGUISÉ !

Faucher de Saint-Maurice [a] *(1844-1897) a exercé plusieurs métiers. Militaire, il a fait la campagne du Mexique. Journaliste, il a collaboré au* Journal de Québec, au Canadien *et à l'Événement. Homme de lettres, il a été membre fondateur de la Société royale du Canada et a représenté en Amérique la Société des gens de lettres de France. Homme politique, il a été député à l'Assemblée législative de Québec. Dans un ouvrage amusant intitulé* Honni soit qui mal y pense *il prend la défense des Canadiens français qu'on accuse de parler patois* [b].

Le Canadien-français parle-t-il le patois ? Cette question a été mainte fois discutée et même affirmée par d'autres ; niée par nous.

Ceux qui crient au patois et assurent qu'il est généralement parlé par le Canadien-français et par l'Acadien se rendent-ils bien compte des mots de la vieille langue française que renferment la chronique de Saint-Denis, les gestes du roi Pépin, la vie du pape Etienne II, les gestes de Charlemagne, la chronique du moine de Saint-Gall, la chronographie de Théophane, les capitulaires et les lettres de Charlemagne, les annales d'Eginhard, les poèmes et les lettres d'Alcuin, la chronique de Moissac ? Là, commencent à se trouver ces vieux mots français que Oscar Dunn regrettait tant.

....

La vieille langue de nos pères, celle qu'ils parlaient du temps de Charlemagne et d'Alcuin, cette langue que l'on croit être perfectionnée de nos jours mais que l'on n'a réussi qu'à efféminer, a donné plus d'un de ses mots à la langue anglaise d'aujourd'hui.

On s'en rendra compte par le tableau suivant, écourté un peu il est vrai, mais qui est entièrement pris dans la période des auteurs cités, depuis la chronique de Saint-Denys jusqu'à celle de Moissac.

Qu'on en juge :

VIEUX FRANÇAIS	FRANÇAIS	ANGLAIS
Aguait	Embuscade	Await
Aparement	Apparemment	Apparently
Chèvetain	Capitaine	Chieftain
Chief	Tête	Chief
Comforter	Comforter	Comfort
Desloer	Déconseiller (ne pas permettre)	Dissallow

a. Sur l'auteur, voir Raoul Renault, *Faucher de Saint-Maurice. Son œuvre*, Québec, Imprimerie Brousseau, 1897.

b. Narcisse-Henri-Edouard Faucner de Saint-Maurice, *Honni soit qui mal y pense. Notes sur la formation du franco-normand et de l'anglo-saxon*, Montréal, Eusèbe Senécal et fils, 1892, 85 pages. Voir p. 10.

VIEUX FRANÇAIS	FRANÇAIS	ANGLAIS
Déturber	Déranger	Disturb
Doute	Crainte	Doubt
Ductour	Conducteur	Conductor
Emouvoir	Mettre en mouvement	Move
Empress	Impératrice	Empress
Garniement	Habillement	Garment
Meschief	Malheur	Mischief
Manse	Ferme	Manse
Moult	Beaucoup	Much
Muer	Changer	Move
Navie	Flotte	Navy
Noncier	Annoncer	Announce
Partir	Diviser	Part
Plenté	Quantité	Plenty
Remanent	Restant	Remnant
Trépasser	Dépasser	Trespass
Barguigner	Marchander	Bargain
Troller	Aller ça et là	Troll c

....

Pourquoi aller partout répétant que les Canadiens-français et les Acadiens ne parlent qu'un patois ?

Cette rumeur a été répandue souventes fois par de ces écrivains ternes, par de ces penseurs postiches qui n'ont passé que quelques jours avec nous, juste assez de temps pour nous mal juger et pour se copier les uns les autres d.

....

L'anglais est [...] en majorité composé de mots romans, c'est-à-dire français, et si nous voulions être méchant, nous pourrions dire que c'est un patois dérivé des langues mentionnées ci-dessus e. Mais nous ne sommes pas méchants : nous sommes français et nous nous contentons d'être et de rester français.

* * *

Revenons maintenant aux bonnes gens du pays du Canada et de l'Acadie. Ils ont vécu loin des temps de Charlemagne, d'Alcuin, du chroniqueur de St-Denys, du moine de Saint-Gall, de Guillaume le Conquérant et de ceux qui lui ont succédé. Ils ont eû, eux aussi, leur bataille de Hastings, et pourtant malgré le grand dérangement

---

c. Narcisse-Henri-Edouard Faucher de Saint-Maurice, *op. cit.*, p. 15-16.

d. *Ibid.*, p. 21-22.

e. L'auteur cite Thommerel, un érudit anglais, qui relève dans la langue anglaise 29 854 mots d'origine romane parmi les 86 619 mots recensés. *Op. cit.*, p. 49-50.

de la Grande Prée, malgré la défaite des plaines d'Abraham, ils ont sû imposer à la majorité qui voulait les dominer ces fameux mots de Suétone :

— *Tu enim Cesar civitatem dare potes hominibus : verbis non potes* [f].

Ainsi que je l'ai dit au commencement de cette étude, mes vieux amis Oscar Dunn, Alphonse Lusignan, Paul de Cazes, Napoléon Legendre ont démontré d'une manière irréfutable que pendant plus d'un siècle l'immortelle parole de Suétone a été notre devise.

Dans une conférence intitulée « *la langue que nous parlons* » Napoléon Legendre a prouvé que le patois n'existait pas au Canada français. Ce patois que nous imputent de petits *snobs*, de lourds *cockneys* venus ici en congés de régiment ou en tutelle de famille mérite d'être mentionné et nous allons en causer [g].

Au Canada et en Acadie, la langue française parlée l'est, tout aussi bien, sinon mieux que celle dont se servent les paysans de France [h].

....

Trèves d'exemples et de citations. [...] Le français père de l'anglais peut marcher la tête toute aussi haute que son fils dans la province de Québec : ils vont de pair et chacun applaudit ici à cette lutte toute pacifique et toute intelligente [i].

....

Cessons donc, mes frères, d'écrire et de répandre à l'étranger le bruit que le Canadien français et l'Acadien parlent mal le français et que notre langue n'est qu'un patois. Contentons nous de répondre à ceux qui croient à ces stupidités, en leur affirmant que l'anglais n'est que du français déguisé. Citons leur comme exemple ces paroles qu'ils ont sur nos vieilles armes normandes :

— Honni soit qui mal y pense.

Et maintenant adieu, ami lecteur. J'ai soulevé le voile qui enveloppait un coin d'horizon philologique peu connu. Qu'on en fasse son profit. Que les fanatiques qui ont contribué à la suppression de la langue française au Manitoba apprennent qu'ils ne parlent qu'un mauvais patois français, patois par mal défiguré, et que c'est au dépens de ce dérivatif franco-normand que l'on appelle maintenant le pur anglo-saxon qu'ils se sont rendus injustes, ridicules, mesquins vis-à-vis de nos gens. Il est encore temps pour eux d'échapper à la terrible responsabilité qu'ils sont à la veille d'accepter dans l'histoire du Canada, celle d'être traîtres à la parole donnée, à la foi des traités [j].

Narcisse-Henri-Edouard Faucher de Saint-Maurice

---

f. Aux peuples que tu domines, César, tu peux bien donner tes institutions ; mais tu es incapable de leur imposer ta langue.

g. Allusion à John Lambert et à lord Durham ?

h. Narcisse-Henri-Edouard Faucher de Saint-Maurice, *op. cit.*, p. 50-52.

i. *Ibid.*, p. 69.

j. *Ibid.*, p. 84-85.

Document n° 37

1896 — « ABANDONNER SA LANGUE C'EST ROMPRE AVEC LE PASSÉ. »

Edmond de Nevers, de son vrai nom Edmond Boisvert, naquit à Baie-du-Febvre en 1862, d'une famille de cultivateurs. Il fit ses études au Séminaire de Nicolet. Après un stage chez un avocat de Trois-Rivières, il fut admis au Barreau en 1883. Quelques années plus tard, il partit pour l'Europe où il vécut une douzaine d'années, notamment à Paris et à Berlin. Il partagea son temps là-bas entre l'étude, la recherche et la préparation d'essais dont l'Avenir du peuple canadien-français, paru à Paris chez Jouve en 1896, et l'Âme américaine, étude en deux volumes parue à Paris chez Jouve et Boyer en 1900. Il rentra au pays cette même année et s'installa à Québec où il travailla comme publiciste. Il mourut au printemps de 1906, à Central Falls dans le Rhode Island.

L'Avenir du peuple canadien-français est l'œuvre d'un esprit clairvoyant animé d'un profond patriotisme. L'auteur y montre notamment l'importance de la langue maternelle, cette « âme des nations » qui « seule donne la sensation intime de la vie ». L'actualité des propos de l'Avenir a conduit Claude Galarneau à rééditer cet ouvrage chez Fides en 1964.

Au milieu de toutes les choses obscures qui nous ont été léguées par les âges lointains ou que nous entrevoyons au fond du passé, il est une seule chose lumineuse, le langage. Le langage est le véhicule de la tradition et de l'histoire ; mais lors même qu'il ne nous raconte aucun fait, il éclaire l'ombre d'une vive lueur ; car il nous dit les émotions qu'ont ressenties les générations humaines disparues, l'étendue, la variété de leurs impressions, la complexité de leurs sensations, leurs croyances, leurs passions, leurs misères, leurs bonheurs.

Chacun des mots qui le constitue, indique une forme, un être, une manifestation de la vie du passé. Qu'importe, après tout, le détail des évènements ? Le philosophe qui connaîtrait bien la langue d'un peuple disparu sans laisser d'histoire écrite, pourrait reconstituer la vie de ce peuple. Dans la prédominance de certaines idées : justice, pitié, charité, clémence, force, bravoure, domination ; dans les unions permanentes de mots, les proverbes, les maximes, il apprendrait combien de sang il y a dans ce passé, combien d'atrocités, combien, de joies calmes, quelle somme de bonheur paisible.

....

Les monuments sont le souvenir de faits particuliers ; les langues sont les portraits des âmes des nations. Mille fois plus barbare serait celui qui voudrait supprimer la langue d'un peuple, que celui qui démolirait ses monuments.

« Sous les auspices d'une providence miséricordieuse, les diverses familles du genre humain, les grandes nations de la terre dispersées sur toute la surface du globe habitable, ont parlé diverses langues, raconté leur histoire, exprimé leur caractère et enfin révélé les pensées et les faits du genre humain sous diverses formes de langage, qui ont rivalisé entre elles de beauté, de richesse, de variété, de force et d'éclat. » [1]

Ainsi la multiplicité des langues est devenue un bienfait. De la confusion babélique l'homme s'est fait un rempart contre cette autre confusion qui serait nécessairement

_____
1. Mgr Dupanloup. *De la haute éducation intellectuelle.*

résultée d'un mode de manifestation uniforme des produits de la pensée. Grâce à la variété des idiomes, il se fait dans chaque région, dans chacune des divisions importantes du globe, considérées comme centres producteurs, une sélection des travaux les plus parfaits, qui viennent prendre place dans le trésor littéraire et scientifique de l'humanité. [...] Supposez qu'une langue devienne universelle ; par ce temps de fiévreuse activité intellectuelle quel historien de la littérature, quel moissonneur des travaux de l'esprit pourrait se charger de faire un choix judicieux et de signaler au public ceux de ses travaux qui sont dignes de son admiration ? Combien d'œuvres sublimes peut-être passeraient inaperçues, combien de découvertes précieuses resteraient improductives ! [...]

*   *   *

La langue française, dont tant de générations successives de littérateurs et de poètes ont fait un instrument si perfectionné, nous a été transmise, héritage glorieux d'autant plus cher que sa conservation a coûté plus d'efforts, comme l'âme des ancêtres, comme l'incarnation vivante de tout ce qu'ils ont été.

Les chefs-d'œuvre qu'elle a produits sont nôtres, les hautes inspirations dont elle a été l'interprète, nous nous les assimilons, elles font partie de notre être.

....

Oh ! la langue maternelle, génie familier, qui s'est introduit, infiltré peu à peu dans nos âmes, avec les premiers balbutiements, langue des aïeux, combien elle l'emporte sur tout autre idiome, acquis depuis, à l'âge d'homme, ou même d'adolescent, de collégien. ! Combien parfois un seul mot, un mot de la langue maternelle rappelle de souvenirs ! Quelle force magique et évocatrice elle renferme, quelles associations d'idées, que d'émotions elle fait naître ! A l'âge de l'enfant, alors que l'âme est un pur miroir où tout se reflète dans une lumière si douce et si claire, elle a donné un nom à toutes les émotions ressenties, à tous les rêves bercés, à toutes les illusions chéries, et ce nom conserve une puissance unique, incomparable. Les langues apprises par un effort de mémoire nous apportent des mots, des sons, des notions d'êtres et de choses ; seule la langue maternelle nous donne la sensation intime de la vie.

....

On a déjà dit bien souvent que la langue française est la langue policée par excellence, la langue de la diplomatie, des salons de l'aristocratie. Je ne le répèterai pas.

Chez l'étranger qui sait s'en servir, elle équivaut à un brevet de distinction et de haute éducation. Elle contient en germe toute cette politesse élégante, cette science du bien vivre, cette douce philosophie de la gaieté, cette sociabilité parfaite, qui distinguent la nation française des autres nations. [...]

*   *   *

On aurait tort de croire que tout est dit, quand on a cessé de parler la langue de ses pères pour en adopter une autre. « *Lorsqu'un peuple change de langue, dit encore Fichte* [2], *ceux de ses concitoyens qui les premiers accomplissent cette transformation,*

_____

2. Fichte. « *Reden an die deutsche Nation* » p. 48.

sont semblables à des hommes qui retombent dans l'enfance. » La langue que ce peuple adopte lui apporte des noms de choses, de qualités, de rapports entre ces choses et ces qualités ; c'est un instrument dont il apprend à se servir, ce n'est pas une nouvelle âme qu'il acquiert, une âme dont les profondeurs sont remplies de souvenirs mystérieux et charmants. S'il n'y avait en nous que des besoins matériels à satisfaire, le mal ne serait pas grand, les enfants des Canadiens-français pourraient cesser de parler la langue de leurs pères, et à la seconde génération d'anglicisés ou d'américanisés, une transformation radicale aurait été accomplie par une simple substitution de sons ; une insignifiante question de vocables aurait été résolue. Mais il n'en est pas ainsi, l'âme a également ses besoins, et si on la prive des aliments auxquels elle est habituée, elle s'alanguit et s'affaisse.

Avec la langue d'un peuple, c'est tout un passé qui s'efface ; il se fait une interruption dans la civilisation de ce peuple, dans la civilisation qui lui est propre, dans la marche de sa culture. « *Les changements de religion et de langue étouffent la mémoire des choses* [3]. » Certains souvenirs ne se traduisent pas, les traditions populaires ne se transmettent pas sans la langue dans laquelle elles se sont d'abord incarnées et perpétuées. Tous ces noms d'êtres fantastiques et abstraits : héros des légendes, de l'histoire embellie par l'imagination, personnages de contes, fantômes, esprits, tout ce qui constitue cette poésie des masses dont la source a abreuvé tant de générations successives, tout cela disparaît. Enlevez à l'enfant de race française cet entourage imaginaire de guerriers invincibles, de géants, de diablotins, de revenants qui lui créent de charmantes terreurs ou le font rêver d'actes de bravoure chevaleresque ; enlevez-lui ces douces et naïves chansons du vieux temps dont on nous a bercés ; privez-le de ce gracieux ramage d'oiseau que sait tirer de notre langue la mère française, et il me semble que vous lui aurez enlevé une partie du soleil auquel il a droit. Terreurs puériles, évocations fantastiques, prières tendres, caresses naïves, rêves généreux et héroïques ; tels sont les premiers éléments dans lesquels naît et se développe l'imagination d'un enfant de notre race, les premières sources où il puise son idéal.

....

Et notre histoire glorieuse, noble épopée d'une grande race, que deviendrait-elle, si la langue dans laquelle elle a été écrite disparaissait en Amérique ? Que resterait-il de la généreuse pensée qui nous a donné l'être, du sang qui a été versé pour nous assurer un pays ? Une page ignorée dans l'histoire de France relaterait les progrès des établissements français au Canada, pendant les XVIIe et XVIIIe siècles, la prise de Québec, les dernières paroles de Montcalm. Quelques phrases incidentes dans l'histoire de l'Amérique rappelleraient le souvenir de nos ancêtres ; et tout disparaîtrait dans l'éternel silence de l'oubli. Silence criminel ; car il importe au bien-être des nations que la mémoire de toutes les grandes actions vive et se perpétue.

....

L'abandon de notre langue, ce serait une rupture absolue avec le passé ; car nous ne cèderions pas à la force ; nous sommes libres. Nous ne pourrions plus nous réclamer de la patrie française que nous aurions volontairement reniée.

Le Français d'Amérique qui a adopté une autre langue et qui reste naturellement étranger à tous les souvenirs qu'elle comporte, ne pourra jamais être qu'un homme pratique, sans idéal. Déjà un petit nombre des nôtres, cédant, admettons-le, à un concours de circonstances fatales, ont abandonné notre nationalité, sans désir de s'y rattacher

---

3. Machiavel. *Discorsi politici*, chap. V, livre II.

plus tard ; la plupart ont fait fortune ou sont en train de faire fortune, leur ambition ne va pas au-delà. Ce passage, cette transition d'une langue à une autre dans une famille, transition qui jette entre les parents et les enfants comme un mur de froideur, marque l'avènement de générations nouvelles qui n'auront plus rien de commun avec celles qui s'éteignent. [...]

* * *

Dans la province de Québec, notre langue jouit des mêmes prérogatives que dans la vieille France ; mais là, aussi bien que dans tout le reste de l'Amérique, un danger sérieux la menace : l'*Anglicisme*.

L'*Anglicisme, voilà l'ennemi*, tel a été le mot d'ordre d'une campagne entreprise, il y a quelques années, par quelques organes patriotiques de la presse canadienne [4] ; cette campagne, malheureusement, s'est poursuivie et se poursuit encore au milieu de l'indifférence presque générale de notre population, et l'ennemi continue ses ravages.

Où ce système d'emprunts à une langue étrangère nous conduira-t-il ?

Certains de nos compatriotes, prenant au sérieux quelques paroles flatteuses de trop aimables touristes, déclarent que nous parlons un français plus pur que les Français de France et soutiennent que nous avons conservé la langue du XVIIe siècle. D'autres, un peu moins optimistes, réclament cependant pour nous le droit d'emprunter à la langue anglaise tous les mots dont nous avons besoin. N'a-t-on pas acclimaté en France, disent-ils : wagon, turf, jockey, flirt, etc. ? Pourquoi n'userions-nous pas de la même liberté ?

Le langage que nous parlons est resté celui du XVIIe siècle en ce sens que notre vocabulaire est aussi limité qu'il y a deux cent ans, et que nous sommes encore réduits aux 1600 mots dont se servait Racine. En France la langue s'est enrichie en puisant à ses sources naturelles, qui sont le grec et le latin, tandis que chez nous elle s'est appauvrie en empruntant à l'anglais des termes qui la défigurent et la rendent impuissante, comme dit Edgar Quinet, à exprimer le génie de notre race.

Si encore cette introduction de termes barbares pouvait avoir pour effet d'établir, entre nos compatriotes anglais et nous, une concorde, une harmonie plus parfaites ; si elle pouvait être considérée comme une gracieuseté à leur adresse, l'anglicisme aurait une excuse. Mais il n'en n'est rien, et les Anglais ne nous savent aucun gré de ces concessions.

Nous ne pouvons nous permettre d'emprunter aux Anglais, comme pourraient le faire nos frères de France, pour deux raisons principales : La première, c'est que les mots anglais que nous franciserions ne seraient francisés que pour nous et resteraient des barbarismes pour le reste du monde ; les seuls termes étrangers qui ont été introduits en France, l'on été par de grands écrivains, avec la complicité des grands journaux parisiens, ou par les grands grands journaux parisiens avec la complicité de grands écrivains et plus tard avec la sanction de l'Académie. La seconde, c'est que la pente de l'anglicisme est trop glissante ; nous ne saurions pas nous limiter et nous tomberions bientôt dans le patois. Toute langue qui se détache, dans ces circonstances, de l'un des

---

4. Notre poète national, M. Fréchette, s'est courageusement dévoué à cette tâche ingrate, ainsi que M. Beaugrand, directeur du journal *La Patrie* et quelques autres patriotes.

grands idiomes littéraires du monde peut difficilement réussir à être autre chose qu'un patois. Non seulement nous devons proscrire l'anglicisme, mais nous sommes tenus *d'être plus puristes que les Français de France eux-mêmes.*

C'est dans cette question de l'épuration de notre langue que l'on peut le plus facilement demander à tous les Canadiens-français ayant au cœur quelque patriotisme, de joindre leurs efforts ; car ces efforts n'impliquent aucun sacrifice réel. Il suffit qu'à Montréal et à Québec, une élite, plus nombreuse qu'elle ne l'est aujourd'hui, déclare une guerre sans pitié à l'anglicisme et au barbarisme, l'émulation et, disons le mot, la vanité feront le reste. Quand on pourra compter à Montréal cent jeunes gens parlant un français absolument irréprochable ; quand vingt avocats de notre barreau seront en état de plaider devant un tribunal comme pourraient le faire des avocats français de province ; quand il y aura à la législature de Québec dix orateurs en état de prononcer un discours qu'un conseiller général de département pourra lire sans sourire ; quand surtout nos journalistes en seront arrivés à avoir honte de faire des fautes de français, alors nous pourrons être certains que le travail d'épuration de notre langue sera en bonne voie. Nos jeunes gens acceptent bien un état d'infériorité générale qui est commun à tous ceux avec lesquels ils sont journellement en contact ; jamais ils ne se résigneront à une infériorité qui sera particulière à un certain nombre d'entre eux et pourra être constatée à chaque instant.

....

En France, l'homme qui, ayant reçu une bonne instruction primaire, est pris en flagrant délit de locutions incorrectes, se sent tout honteux. C'est ce sens-là qui nous manque ; mais il y a plus, ce sens chez nous a été retourné. Il existe dans la province de Québec un état d'esprit qu'un lecteur français ne s'expliquerait guère et qui, de fait, n'est pas explicable, un état d'esprit unique au monde peut-être. Dans ce réseau de la médiocrité qui nous étreint et retient tout à son humble niveau, il n'est presque personne qui ait le courage de s'affirmer homme de progrès. On *a honte* de bien parler sa langue et surtout de la bien prononcer, si, pour ce faire, il faut différer de son entourage. (« Voilà X..., qui parle *à la française* » c'est-à-dire en bon français) dira-t-on et... c'est incroyable, mais comme cela, X..., qui prononcera miroir, mois, oiseau, main, tard, au lieu de *mirouère, moââ, ouéseau, min, tor,* sera voué au ridicule.

O mes compatriotes, quand nous aurons émondé et épuré notre belle langue, quand nous lui aurons rendu sa limpidité, sa clarté, son élégance incomparables, il me semble que notre race aura fait un grand pas dans la voie du progrès. Chacun de nous pourra énoncer clairement ce qu'il concevra bien et sentira profondément ; nous aurons retrouvé un organe. Nous serons au niveau des autres peuples ; nous pourrons produire et créer ; nous aurons à notre service toute la puissance du verbe.

Edmond de Nevers [a]

---

a. Edmond de Nevers, *l'Avenir du peuple canadien-français*, Henri Jouve, 1896, XLVII et 441 pages, réédité avec une préface de Claude Galarneau dans la Collection du Nénuphar, Fides, Montréal et Paris, 1964, 330 pages.

Document n° 38

1897 — CARICATURE AU SERVICE D'UNE DOMINATION

William Henry Drummond (1854-1907), médecin et poète, naquit en Irlande et immigra au Canada à l'âge de dix ans. Après avoir étudié la médecine au Bishop's College, il exerça sa profession en province, puis à Montréal.

Ayant vécu parmi les Canadiens français, Drummond brossa d'eux un portrait caricatural dans des recueils de poèmes dont le premier et le plus connu, The Habitant, parut en 1897. L'œuvre met en scène des paysans, bons, doux, aimables et illettrés que Drummond présente comme le type national des Canadiens français.

Ces personnages qui parlent et prononcent un anglais approximatif ont sans doute beaucoup contribué à perpétuer le mythe du « French Canadian patois ». Cela n'a pas empêché cependant Louis Fréchette (1839-1908) d'applaudir à l'œuvre de Drummond. Le poète canadien-français dit en effet à propos du recueil The Habitant que « jamais la note ne sonne faux, jamais la bizarrerie ne dégénère en puérilité burlesque », et il va même jusqu'à reconnaître à l'ouvrage une véritable vertu politique. Préfaçant le recueil paru en 1897, Fréchette écrit en effet ce qui suit : [Drummond] a fait aussi œuvre de bon citoyen. Car le jour sous lequel il présente mes compatriotes illettrés ne peut manquer de valoir à ceux-ci — et partant à tout le reste de la nationalité — un accroissement désirable dans l'estime de nos compatriotes de langue anglaise, [...] de semblables procédés ne peuvent que cimenter l'union de cœur et d'esprit qui doit exister entre toutes les fractions qui composent la grande famille canadienne appelée à vivre et à prospérer sous la même loi et le même drapeau a. » Cette préface aussi brève qu'éloquente en dit long sur l'état d'asservissement moral des Canadiens français de la fin du siècle dernier.

De Habitant

De place I get born, me, is up on de reever
    Near foot of de rapide dat 's call Cheval
        Blanc
Beeg mountain behin' it, so high you can't
        climb it
    An' whole place she 's mebbe two honder
        arpent.

De fader of me, he was habitant farmer,
    Ma gran' fader too, an' hees fader also.
Dey don't mak' no monee, but dat is n't fonny
    For it 's not easy get ev'ryt'ing, you mus'
        know—

---

a. William Henry Drummond, *The Habitant and other French-Canadian poems*, avec une préface de Louis Fréchette et des illustrations de Frederick Simpson Coburn, New York et Londres, G.P. Putnam's Sons, 1904, XIV et 137 pages. La citation de Fréchette est prise à la page IX de la préface, datée du 13 octobre 1897.

All de sam' dere is somet'ing dey got ev'ry-
                boddy,
    Dat's plaintee good healt', wat de monee
                can't geev,
So I 'm workin' away dere, an' happy for stay
                dere
    On farm by de reever, so long I was leev.

O ! dat was de place w'en de spring tam she 's
                comin's
    W'en snow go away, an' de ski is all blue—
W'en ice lef' de water, an' sun is get hotter
    An' back on de medder is sing de gou-glou—

W'en small sheep is firs' comin' out on de
                pasture,
    Deir nice leetle tail stickin' up on deir back,
Dey ronne wit' deir moder, an' play wit' each
                oder
    An' jomp all de tam jus' de sam' dey was
                crack—

An' ole cow also, she's glad winter is over,
    So she kick herse'f up, an' start off on de
                race
Wit' de two-year-ole heifer, dat's purty soon
                lef' her,
    W'y ev'ryt'ing's crazee all over de place !

An' down on de reever de wil' duck is quackin'
    Along by de shore leetle san' piper ronne—
De bullfrog he 's gr-rompin' an' doré is jompin'
    Dey all got deir own way for mak' it de
                fonne.

But spring 's in beeg hurry, an' don't stay long
                wit' us
    An' firs' t'ing we know, she go off till nex'
                year,
Den bee commence hummin', for summer is
                comin'
    An' purty soon corn 's gettin, ripe on de ear.

Dat's very nice tam for wake up on de morning
    An' lissen de rossignol sing ev'ry place,
Feel sout' win' a-blowin' see clover a-growin'
    An' all de worl' laughin' itself on de face.

Mos' ev'ry day raf' it is pass on de rapide
    De voyageurs singin' some ole chanson
'Bout girl down de reever—too bad dey mus'
                leave her,
But comin' back soon' wit' beaucoup d'argent

An' den w'en de fall an' de winter come roun
      us
  An' bird of de summer is all fly away,
W'en mebbe she 's snowin' an' nort' win' is
      blowin'
An' night is mos' t'ree tam so long as de day

You t'ink it was bodder de habitant farmer ?
  Not at all—he is happy an' feel satisfy,
An' cole may las' good w'ile, so long as de
      wood-pile
  Is ready for burn on de stove by an' bye.

W'en I got plaintee hay put away on de stable
  So de sheep an' de cow, dey got no chance
      to freeze,
An' de hen all togedder—I don't min' de
      wedder—
De nort' win' may blow jus' so moche as she
      please.

An' some cole winter night how I wish you can
      see us,
  W'en I smoke on de pipe, an' de ole woman
      sew
By de stove of T'ree Reever—ma wife's fader
      geev her
  On day we get marry, dat 's long tam ago—

De boy an' de girl, dey was readin' it's lesson,
  De cat on de corner she 's bite heem de pup,
Ole "Carleau" he 's snorin' an' beeg stove is
      roarin'
  So loud dat I 'm scare purty soon she bus'
      up.

Philomene—dat 's de oldes'—is sit on de
      winder
  An' kip jus' so quiet lak wan leetle mouse,
She say de more finer moon never was shiner—
  Very fonny, for moon is n't dat side de
      house.

But purty soon den, we hear foot on de outside,
  An' some wan is place it hees han' on de
      latch,
Dat 's Isidore Goulay, las' fall on de Brulé
  He 's tak' it firs' prize on de grand ploughin'
      match.

Ha ! ha ! Philomene !—dat was smart trick you
      play us
  Come help de young feller tak' snow from
      hees neck,

Dere' s not'ing for hinder you come off de
                winder
    W'en moon you was look for is come, I
                expec'—

Isidore, he is tole us de news on de parish
    'Bout hees Lajeunesse Colt—travel two forty,
                sure,
'Bout Jeremie Choquette, come back from
                Woonsocket
    An' t'ree new lettle twin on Madame Vail
                lancour'.

But nine o'clock strike, an' de chil'ren is
                sleepy,
    Mese'f an'ole woman can't stay up no more
So alone by de fire—'cos dey say dey ain't
                tire—
    We lef' Philomene an' de young Isidore.

I s'pose dey be talkin' beeg lot on de kitchen
    'Bout all de nice moon dey was see on de
                sky,
For Philomene 's takin' long tam get awaken
    Nex' day, she 's so sleepy on bote of de eye

Dat 's wan of dem ting's, ev'ry tam on de
                fashion,
    An' 'bout nices' t'ing dat was never be seen.
Got not'ing for say me— I spark it sam' way
                me
    W'en I go see de moder ma girl Philomene.

We leev very quiet 'way back on de contree
    Don't put on sam style lak de big village,
W'en we don't get de monee you t'ink dat is
                fonny
    An' mak' plaintee sport on de Bottes Sau-
                vages.

But I tole you—dat 's true—I don't go on de
                city
    If you geev de fine house an' beaucoup
                d'argent—
I rader be stay me, an' spen' de las' day me
    On farm by de rapide dat 's call Cheval
                Blanc.

William Henry Drummond [b]

---

b. William Henry Drummond, *op. cit.*, p. 1-7.

Document nº 39

1899 — QUAND LA FOI NE SUFFIT PAS POUR RÉUNIR

Dans la Revue des deux Frances, Médéric Gérin-Lajoie s'étonne de la guerre que font à la langue française les catholiques irlandais établis aux États-Unis et au Canada [a].

Il se passe aux Etats-Unis un fait de psychologie sociale bien intéressant et bien curieux à étudier.

Les Irlandais, — après avoir été persécutés, décimés, réduits à la plus grande misère par les Anglais, — obligés de quitter l'Irlande, viennent s'expatrier en Amérique après la perte de leurs libertés, biens-fonds, droits politiques, etc., etc. [1]

Eh bien ! ces pauvres persécutés, une fois dans ce pays de liberté, laissent-ils soupçonner qu'ils ont appris à haïr la tyrannie ?

Le plus grand nombre et les plus influents n'ont appris qu'à persécuter les autres. Non contents de parler à l'école, dans leur famille, la langue de leurs bourreaux, ils remuent ciel et terre, pratiquent l'injustice et l'intimidation, vont même jusqu'à l'oppression pour en assurer l'usage exclusif partout, et pour que ce soit la seule langue de la religion catholique américaine. [2]

Ces pauvres Irlandais n'ont pas l'air de s'apercevoir de ce qu'ils font. Les Anglais doivent vraiment rire quand ils voient ces efforts faits pour leur langue. John Bull a tout à y gagner, car les persécutions qu'il ne ménage pas à l'Irlande, le débarrasse petit à petit de l'élément celtique, qui lui est odieux, et en fait un défenseur de sa langue ; les Irlandais émigrés aux Etats-Unis, une fois devenus libres, s'empressent de tout faire pour étouffer la liberté chez les autres, et asseoir solidement la suprématie de la langue anglaise sur tout ce continent.

Que les habitants des Etats-Unis sachent l'anglais aussi bien que possible, c'est là une nécessité manifeste qui crève les yeux de tout homme intelligent. Mais de là à dire qu'ils doivent tous parler la langue de Shakespeare à l'exclusion de tout autre idiome, il y a un abîme à franchir. Et cependant, telle est, en apparence du moins, la sotte prétention d'un trop grand nombre de ces fils et petits-fils d'insurgés irlandais qui ont tant souffert sous le joug anglais.

Voilà ce que les amis de l'Irlande n'ont jamais pu comprendre.

Il ne faut pas croire que ce sont des faits isolés, ne se répétant qu'à de rares intervalles. Non ! mille fois non !! C'est une guerre continue, de tous les instants, sans relâche, dans toutes les villes, dans tous les journaux (moins deux sur des milliers), dans tous les Etats. Toujours et partout ils persécutent.

---

a. Sur la question de l'hostilité des Irlandais catholiques à l'égard de la langue française, voir le document nº 62.

1. Un article de M. de Tonancour, rédacteur à l'*Indépendant* (Fall River), où j'ai largement puisé.

2. Ainsi, les évêques ont strictement défendu aux prêtres canadiens de faire ou laisser chanter des cantiques en français dans les églises canadiennes-françaises. Les évêques sont Irlandais ou Irlando-Américains.

Voici comment un de leurs rédacteurs au *Pilot*, journal de l'Ohio, les flagelle. Cet Irlandais a vu à l'œuvre, aux Etats-Unis, les rejetons anglifiés de sa race, et il les conspue ; il a été témoin de leurs tristes exploits et en est dégoûté ; il les a suivis quand ils ourdissaient, pour la plus grande gloire de l'Angleterre, des complots contre la langue de la France, cette parente éloignée de l'Irlande, et il a senti la rougeur de la honte lui monter au front. Aussi les flagelle-t-il impitoyablement. Il parle avec franchise, à cœur ouvert, et ses paroles brûlantes vont droit au but.

Il sait que si un jour sa mère-patrie est libre, ce sera avec le secours de la France. Or, comme ce n'est pas en persécutant les peuples et les individus qu'on se concilie leurs bonnes grâces et leur amitié, il comprend parfaitement que la France restera sourde aux prières des patriotes irlandais tant que les Irlando-Américains combattront la langue française et certaines institutions des Canadiens aux Etats-Unis.

De là l'explosion de son indignation et l'éloquente répudiation dont il frappe la politique odieuse qui tend à établir le règne d'une seule langue — l'anglais — dans l'Eglise catholique de la République américaine.

Voici quelques-unes de ses paroles :

« .... Tous les jours nous voyons et nous constatons que les Irlandais cherchent à créer l'hostilité contre la langue française dans l'Eglise catholique. La hiérarchie et le clergé irlandais font des efforts puissants pour anglifier l'Eglise catholique des Etats-Unis, et nos amis canadiens-français et nos co-religionnaires allemands nous en tiennent responsables, nous les laïques.

« Non seulement nous acceptons lâchement la langue de l'étranger qui nous a conquis, mais nous faisons tous nos efforts pour la propager, et nous sommes sans cesse prêts à nous opposer au développement de l'influence des langues française et allemande dans l'Eglise catholique et en dehors de cette institution.

« .... Ainsi par notre politique étroite, nous nous mettons en guerre avec nos cousins et amis les Canadiens, et avec nos voisins les Allemands, pour favoriser l'Angleterre.

« ... Plût à Dieu que tous les enfants issus de parents irlandais apprissent l'allemand ou le français ou toute autre langue, exceptée celle de l'oppresseur de l'Irlande, cette langue parlée par ceux qui se sont conduits en pirates dans tout l'univers, cette langue qui représente tant de vols et tant de piraterie. »

Il est curieux d'observer comme l'hostilité à la langue française est universelle parmi les Irlandais tant du Canada que des Etats-Unis.

Dans la République américaine, combattre cette langue est une affaire de goût pour les hiberniens, qui ne devraient pourtant pas oublier ce que la France a fait pour leur patrie.

Mais, au Canada, la conduite des Irlandais devient presque inexplicable, car ces braves gens ont toujours été traités avec la plus grande justice par l'épiscopat canadien, et s'ils ont des prélats de leur nationalité, ils le doivent aux premiers évêques de Québec, qui trouvaient tout naturel que les fidèles irlandais eussent un clergé parfaitement au courant de leurs vie et coutumes et connaissent mieux que personne leur tempérament.

De plus, les Irlandais (du Canada) ne devraient pas oublier comment les Canadiens-Français accueillirent ceux des leurs qui il n'y a pas encore un demi-siècle, vinrent débarquer sur les bords du Saint-Laurent, alors que la famine et la peste les chassaient par milliers de leur pays natal.

« ... Leur conduite n'est ni loyale, ni juste, ni reconnaissante. »

Voici comment l'antagonisme des Irlandais fut peint par un vieillard canadien ces jours derniers :

« J'ai lu, disait-il, sur un des derniers numéros du *Mirror* (de Manchester. N.-H.), qu'il y a quelques jours un brave homme du nom de Denis Charron, cultivant une ferme dans la banlieue, s'en venait à la ville distribuer du lait à ses clients. Il avait neigé toute la nuit et les chemins étaient impraticables. Tout à coup il rencontre une voiture conduite par deux hommes. Il se range un peu et laisse la moitié du chemin à ceux qui approchaient. L'un d'eux lui crie en anglais : « Nous voulons tout le chemin ! » Charron se range un peu plus, mais ne pouvant risquer de verser sa charge dans la neige, les prie poliment de passer.

« Alors un des Irlandais — c'en était un — vient prendre le cheval de Charron à la bride pour le faire ranger plus loin. Charron, plus prompt que l'éclair, s'élance et d'un seul coup étend son adversaire sur la neige, puis se tournant vers l'autre lui fait la même opération, et leur crie : « A mon tour je veux tout le chemin ! » Et il l'eut.

« Cette petite nouvelle, Monsieur, continua le vieillard, contient dans sa brutalité la représentation de l'antagonisme entre Irlandais et Canadiens. »

Médéric Gérin-Lajoie [b].

Nashua, 27 décembre 1898.

---

b. Médéric Gérin-Lajoie, « Guerre à la langue française », *la Revue des deux Frances, revue franco-canadienne*, février 1899, p. 156-159. Sur les rapports entre Irlandais et Canadiens français, voir les articles de Pierre Vigeant dans *l'Action nationale* de 1951 et de 1952 : Pierre Vigeant, « Knights of Columbus », *l'Action nationale*, vol. XXXVII, p. 36-46 ; « les « Chevaliers de Colomb » dans la réserve québécoise », *op. cit.*, p. 209-221 ; « l'Autonomisme au sein des « Knights », *l'Action nationale*, vol. XXXIX, p. 248-253.

Document n° 40

1901 — « *LA LANGUE FRANÇAISE C'EST NOTRE DRAPEAU NATIONAL.* »

Jules-Paul Tardivel prononce, le 10 mars 1901, une conférence sur la langue française au Canada devant l'Union catholique de Montréal. Il défend les particularités du français parlé au Canada et met ses compatriotes en garde contre le double danger du mépris de la langue maternelle et de l'abandon au « piège doré » du bilinguisme.

II. — *La Langue parlée par les Canadiens est la vraie Langue française.*

Nous l'avons vu, c'est grâce aux propres efforts des Canadiens-français, aidés sans doute de la Providence, que la langue française est devenue la langue officielle du Canada.

Mais cette langue, que nos ancêtres ont conservée avec un soin si jaloux, est-elle bien la vraie langue française ?

Dans certains milieux, particulièrement aux Etats-Unis, on est sous l'impression que le français parlé au Canada n'est pas le français véritable, mais un misérable patois. Certains de nos voisins affichent parfois leur dédain pour le *Canadian French*, très différent, à leurs yeux, du *real French as spoken in France*. Plusieurs de nos écrivains ont fait des efforts louables pour dissiper ce préjugé, mais sans grand succès, probablement.

Et même en France, en dehors d'un certain nombre de lettrés, on semble ignorer que la langue française s'est conservée intacte au Canada.

....

Mais peu importe, au fond, ce que les autres pensent du français des Canadiens. L'essentiel, c'est que nous ne venions pas à partager nous-mêmes leur mauvaise opinion du langage qui se parle chez nous.

En effet, n'est-il pas évident que, si nous tombions dans le mépris de notre langue, nous cesserions de l'aimer, nous cesserions de la défendre et nous finirions par l'abandonner ? Ce serait donc le commencement de la fin : et notre absorption, notre disparition dans le gouffre du *grand tout* anglo-américain suivrait bientôt. Oh ! gardons-nous bien, tout en travaillant sans cesse à épurer notre langage ; gardons-nous de donner le moindre crédit à la thèse qui affirme que nous parlons un jargon méprisable.

....

VI. — *Aimons, respectons notre langage canadien, et travaillons à faire disparaître tout ce qui peut en ternir l'éclat.*

Comme conclusion, que dirai-je, sinon ce que j'ai déjà dit ? *Ne méprisons pas notre langage canadien.* Au contraire, aimons-le, respectons-le, faisons-le respecter. Mais n'allons pas croire qu'il soit sans défaut ! Reconnaissons franchement qu'il a des taches, et travaillons courageusement à faire disparaître tout ce qui en ternit l'éclat. Gardons le *juste milieu* en cette matière, comme en toute chose.

Aimons et respectons notre langue française, ai-je dit. Ne craignons pas de la parler en toute circonstance. La langue française, c'est notre drapeau national. C'est elle qui fait que nous sommes une nation distincte sur cette terre d'Amérique, et que l'hérésie a si peu de prise sur nous.

Ne mettons jamais notre drapeau en poche.

N'y a-t-il pas une tendance parmi nous à nous servir trop facilement sans nécessité réelle, de la langue anglaise ? Je le crains. Réagissons contre cette tendance.

N'y a-t-il pas aussi une tendance à exagérer pour *tous* les Canadiens-français de savoir *parfaitement* l'anglais ?

Quelques-uns des nôtres voudraient faire du peuple canadien-français un peuple *bilingue.* Que nous serions puissants, dit-on, si tous les Canadiens-français parlaient également bien l'anglais et le français ! Prenons-y garde ! C'est un piège qu'on nous tend ; un piège doré, peut-être ; mais un piège tout de même. Connaissez-vous beaucoup de peuples bilingues ? Pour moi, je n'en connais aucun. Je connais, par exemple, un peuple qui a perdu sa langue nationale, parce qu'on lui a fait apprendre, de force une autre langue. N'allons pas, de notre plein gré, tenter une expérience aussi dangereuse.

Que ceux des nôtres qui ont réellement besoin de savoir l'anglais l'apprennent ; qu'ils l'apprennent bien. Mais qu'ils apprennent d'abord le français, et que le français reste toujours leur langue maternelle, leur vraie langue.

....

Faisons respecter notre langue, ai-je dit encore. Elle a ses ennemis en ce pays, n'en doutons pas.

La guerre que l'on fait à la langue française au Canada, est sans doute moins ouverte aujourd'hui que jadis ; mais n'en est-elle pas que plus dangereuse ? Notre langue est une des langues officielles du Dominion. Cela sonne bien ; cela nous flatte ; mais aussi cela nous endort. Veillons sur les mille et un détails, souvent insignifiants pris séparément, mais qui forment un tout formidable. C'est par là que se ferait, graduelle et silencieuse, la proscription du français en ce pays.

Ne nous berçons pas d'illusions : on n'a pas renoncé au projet de faire du Canada un pays exclusivement de langue anglaise. Un journal plus audacieux que les autres disait naguère qu'il faudrait abolir l'usage officiel du français, non seulement à Ottawa, mais même à Québec.

Tous nos adversaires n'expriment pas aussi ouvertement leur pensée ; mais soyons persuadés que, parmi les Anglais qui nous entourent, beaucoup désirent ardemment voir disparaître la langue française du sol canadien [1]. C'est qu'elle forme obstacle à la

---

1. J'ai trouvé, peu de temps après avoir lu cette conférence, une preuve saisissante du bien fondé de cette accusation. Le *Daily Gleaner,* de Fredericton, Nouveau-Brunswick, numéro du 17 avril 1901, au cours d'un article écrit pour justifier l'expulsion des Acadiens, a fait l'étonnante déclaration que voici :

« Il y a un autre aspect de cette question qu'il ne faut pas perdre de vue. Si les Acadiens étaient restés en grand nombre, ils auraient pu l'emporter sur les Anglais et faire de la Nouvelle-Ecosse une province française comme Québec ; ce qui aurait été nuisible à la prospérité d'une colonie britannique et aurait augmenté les inconvénients qu'on éprouve par suite de l'existence de l'élément français compact de la province de Québec. »

Il est peut-être bon de donner le texte anglais de cette incroyable explosion de francophobie. Le voici :

« There is another important feature in the matter not to be overlooked. Had the Acadians remained in full force, they might have outnumbered the English and made Nova Scotia a French Province like Quebec. This would have been injurious to the welfare of a British colony and would have added to the inconveniences felt by the existence of the solid French of Quebec. »

réalisation de leurs rêves. Impossible pour eux, ils le sentent bien, de détruire la foi catholique tant que restera debout un des principaux boulevards de cette foi au Canada : la langue de nos mères, la langue de nos premiers missionnaires, de nos guides les plus illustres, de nos glorieux martyrs — la langue des Champlain, des Brébeuf, des Laval, des Plessis, des Bourget ?

Que ces rêves d'anglicisation générale ne nous étonnent pas et ne nous exaspèrent pas : ils sont naturels. Mais, à ces rêves, opposons sans aigreur, sans haine, avec fermeté, toutefois, une grande réalité historique. Et cette réalité, c'est que, si la divine Providence a implanté la langue française en Amérique, c'est pour qu'elle y reste, pour qu'elle s'y développe, qu'elle y remplisse son rôle et atteigne à de hautes destinées.

J.P. Tardivel [a]

---

a. Jules-Paul Tardivel, *la Langue française au Canada*, conférence lue devant l'Union catholique de Montréal, le 10 mars 1901, Montréal, la Compagnie de publication de la Revue canadienne, 1901, 69 pages.

Document n° 41

1902 — « *CIVIS CANADIENSIS SUM.* »

*Henri Bourassa (1868-1952), journaliste et homme politique, naquit à Montréal le
1er septembre 1868. Il était le fils de Napoléon Bourassa, peintre et écrivain, et le
petit-fils de Louis-Joseph Papineau. Il vécut à Montebello et fut maire de cette municipalité de 1890 à 1894. Il fut également maire de Papineauville en 1897.*

*Il se fit élire pour la première fois à la Chambre des communes en 1896 comme député
libéral de Labelle. Lorsqu'éclata la guerre sud-africaine, il s'opposa à la participation
des troupes canadiennes et démissionna de son siège de député (octobre 1899) en vue
de faire confirmer son attitude par ses électeurs qui le réélirent par acclamation en
janvier 1900. Il conserva son poste — toujours sous l'étiquette du parti libéral — aux
élections de novembre 1900 et de novembre 1904.*

*Au mois d'octobre 1907, Bourassa abandonna son siège à Ottawa pour se porter can-
didat dans la circonscription provinciale de Bellechasse contre le député libéral de
l'époque, Adélard Turgeon, qui l'avait défié de se mesurer avec lui. Bourassa y fut
défait à la suite d'une campagne célèbre (4 novembre 1907).*

*Aux élections provinciales de juin 1908, l'ancien député fédéral brigua les suffrages des
électeurs de Saint-Jacques et de Saint-Hyacinthe. Avec l'appui des conservateurs, il
remporta la victoire dans ces deux circonscriptions (dans Saint-Jacques, il battit Lomer
Gouin, premier ministre du Québec) et opta pour Saint-Hyacinthe qu'il représenta à
l'Assemblée législative pendant quatre ans. Il ne fut pas candidat aux élections de 1912
et quitta alors la politique provinciale pour se consacrer au Devoir qu'il avait fondé le
10 janvier 1910. Comme directeur de journal, il prit part à la lutte contre la conscription
et se porta à la défense des écoles franco-catholiques de l'Ontario.*

*Quelques années après la guerre, il décida de retourner à la politique fédérale, cette fois
comme candidat indépendant, et fut élu député de Labelle — son ancienne circonscription fédérale — aux élections d'octobre 1925, septembre 1926 et juillet 1930. Il abandonna la direction du Devoir en octobre 1932 et prit sa retraite politique après avoir été
battu aux élections fédérales de 1935.*

*Henri Bourassa a laissé une importante œuvre écrite où il soutient ses convictions de
militant catholique, de patriote canadien et de défenseur des minorités canadiennes-
françaises. En plus de brochures et d'articles de journaux que lui inspira l'actualité de
l'époque, on lui doit un ouvrage d'esprit anti-impérialiste,* Que devons-nous à l'Angleterre ? *(1915)* [a].

*   *   *

*Dans une conférence au Monument national prononcée le 27 avril 1902, Henri Bourassa
définit les conditions d'un patriotisme canadien. Il situe les Canadiens français et anglais
les uns par rapport aux autres et, pour faire pièce aux Canadiens anglais partisans du
resserrement des liens impériaux, il s'affirme plus canadien que français. Sur le plan*

---

a. Sur Henri Bourassa, voir notamment Robert Rumilly, *Henri Bourassa, la vie publique
d'un grand Canadien,* Montréal, Les Editions Chantecler, 1953, 791 pages, de même
que le numéro spécial de *l'Action nationale,* vol. XLII, n° 1, janvier 1954, dans lequel
on trouve une bibliographie des œuvres du chef nationaliste : « les Œuvres de Bourassa. Index par sujet des ouvrages, articles et conférences », p. 199-244.

des langues, il se déclare favorable à la pratique de l'anglais par les élites canadiennes-françaises, tout en montrant les dangers que représente pour la survie du français la diffusion de l'anglais dans les couches populaires.

Devoirs envers le Canada et les Canadiens-Anglais.

D'abord, nos devoirs dans l'ordre politique.

Notre ligne de conduite me semble toute tracée par le régime que l'Acte de la Confédération nous a fait. Les bienfaits et les inconvénients de notre constitution sont nombreux. Il n'entre pas dans le corps de cette étude de les examiner en détail, ni de décider s'il eût été préférable pour nous de repousser l'idée fédérative.

Prenant notre situation telle que je la trouve, je dis que nous devons en tirer le meilleur parti possible. Evitons de demeurer ou de tomber dans un provincialisme trop étroit ; résistons aux empiétements d'un fédéralisme trop absorbant. Conservons dans le domaine provincial tout ce qui est essentiel au maintien de notre caractère national : instruction publique, lois civiles, organisation municipale. Travaillons également au bon fonctionnement du régime fédéral ; prenons sur ce terrain la place qui nous appartient et inspirons confiance à nos voisins en nous montrant dignes de participer avec eux au gouvernement de la chose commune.

Soyons généreux sans faiblesse là où nous sommes la majorité. Ne cédons pas le moindre de nos droits partout où nous sommes en minorité. N'oublions pas que nous ne sommes pas des serviteurs à gages, encore moins des parasites tolérés à la table du riche : nous sommes des associés à droits égaux. La force et l'étendue de nos droits dans la confédération canadienne ne se mesure ni par le nombre de nos nationaux, ni par le chiffre de nos fortunes : voici ce que nous sommes peut-être trop souvent portés à oublier en un siècle et sur un continent où la puissance du nombre et celle plus brutale encore de l'or tendent à devenir les arbitres suprêmes de la justice.

Le statut impérial qui nous a donné le régime actuel n'est que la sanction d'un double contrat ; l'un, conclu entre les Français et les Anglais de l'ancienne province du Canada ; et l'autre qui avait pour but de réunir les colonies éparses de l'Amérique Britannique du Nord. Nous sommes donc partie contractante à deux conventions, l'une nationale et l'autre politique ; et nous devons veiller d'un œil jaloux à l'intégrité de ces traités. Comment pouvons-nous exiger l'exécution de ce contrat à moins d'accomplir scrupuleusement toutes les obligations qu'il nous impose ?

C'est en conservant à notre constitution son caractère fédératif que nous pouvons résister le plus victorieusement à ceux qui veulent nous imposer un rapprochement vers l'Angleterre et nous faire assumer des obligations nouvelles envers l'Empire. On nous dit que le Canada est une possession britannique et que ses concitoyens ne peuvent se dérober aux charges que leur impose leur allégeance. Oui, pouvons-nous répondre, le Canada est un pays britannique ; mais pourquoi et comment ? Parce que la couronne britannique nous ayant accordé, à nous, Canadiens d'origine française, une constitution et des privilèges particuliers, nous avons refusé de nous joindre à ses sujets en révolte qui lui ont enlevé la moitié de l'Amérique du Nord. Sans le pacte qu'elle a conclu avec nous, la puissance anglaise n'existerait plus en Amérique. En vertu de ce pacte et de ceux qui l'ont complété, nous avons promis de défendre le drapeau britannique au

Canada, à condition qu'on ne nous appelle pas à contribuer à sa défense en dehors de notre territoire. Les colons anglais qui viennent s'établir au Canada ont la stricte obligation de nous aider à respecter les conditions de ce traité et n'ont pas le droit de profiter de leur prépondérance actuelle pour le violer tandis que nous l'avons toujours respecté lorsque nous étions plus nombreux qu'eux.

Parlons maintenant de nos devoirs individuels et sociaux envers nos voisins.

Les deux dangers que nous devons éviter sont la fusion et l'isolement. Nous devons chercher tous les terrains communs où il nous est possible de donner la main à nos concitoyens anglais sans faillir à notre dignité et sans altérer notre individualité nationale.

Au point de vue de la langue, je ne crois pas qu'il soit possible ni désirable que la masse de notre peuple apprenne et parle l'anglais. L'homme du peuple ne peut généralement se servir que d'une langue. La diffusion de la langue anglaise dans les couches populaires se pratiquerait aux dépens de l'idiome national et ne tarderait pas à atteindre les fibres intimes de notre tempérament ethnique. Ce serait la voie la plus sûre vers l'anéantissement de notre nationalité. Il n'en est pas ainsi de nos classes dirigeantes, de ceux qui par leur fortune, leur culture intellectuelle et leur situation politique et sociale doivent diriger notre peuple et maintenir l'union entre nous et nos voisins. A ceux-là incombe le devoir d'apprendre l'anglais, de se rapprocher des classes dirigeantes de la majorité anglaise, d'étudier à fond le tempérament, les aspirations et les tendances des Anglo-Canadiens. Le même devoir s'impose d'ailleurs aux classes dirigeantes du Canada anglais. Si les groupes les plus influents et les plus éclairés des deux races s'efforçaient de se fréquenter davantage et de se mieux connaître, notre avenir national serait moins précaire. Nous constaterions qu'il y a chez les Anglo-Canadiens, et particulièrement dans la grande province d'Ontario, beaucoup moins de fanatisme que nous le croyons généralement. D'autre part, nos voisins découvriraient que nous ne sommes pas la race inférieure qu'un grand nombre d'entre eux méprisent avec une si naïve arrogance. Ils s'apercevraient que la possession de l'or ne constitue pas la seule supériorité, et que s'ils connaissent mieux que nous le moyen d'opérer de gros dividendes, nous avons sur d'autres terrains des facultés prépondérantes.

Afin de rendre ce contact fécond et cette étude utile, nous devons y apporter certaines qualités essentielles: la sincérité, la droiture, l'indulgence, et une forte dose d'altruisme, afin de nous placer mutuellement à nos points de vue particuliers avant de condamner ce que nous appelons nos préjugés de race. De notre part, moins nombreux et plus pauvres, il faut surtout éviter l'avilissement lorsque nous parlons en présence des Anglais et l'injure lorsque nous sommes loin d'eux. C'est là besogne de valet ou, pour mieux dire, ignoble besogne de mauvais valet. Pour tout au monde, évitons de nous rendre méprisables !

Devoirs envers nous-mêmes.

Ce sont les plus importants ; car c'est dans la fidélité à nos devoirs nationaux que nous puiserons la force et la lumière nécessaires à l'accomplissement de tous les autres.

Le premier problème qui se pose à notre esprit, c'est celui-ci : devons-nous être plus Français que Canadiens ou plus Canadiens que Français ? En d'autres termes. devons-nous être des Français au Canada ou des Canadiens d'origine française ?

Je ne conçois pas qu'on puisse hésiter un instant à répondre que nous devons rester essentiellement Canadiens.

Loin de moi la pensée de vouloir étouffer chez mes compatriotes la voix du sang. Notre amour pour la France est légitime et naturel : il peut et doit être réel, profond et durable ; mais il doit rester platonique ; et surtout il ne doit jamais nous faire oublier nos devoirs envers nous-mêmes et ceux que les circonstances de notre histoire et de notre situation actuelle nous imposent. Pour comprendre et déterminer la nature de nos sentiments à l'endroit de la France, il faut employer la même méthode que j'ai indiquée tantôt, lorsque j'ai parlé de nos obligations envers l'Angleterre : étudier notre histoire avec sang-froid et de ne pas faire de légende.

Cette étude nous prouvera que la séparation de l'ancienne France et de la nouvelle entrait manifestement dans les desseins providentiels. Non seulement notre mère-patrie a consenti très volontiers à rompre le lien ; mais ses gouvernants ont travaillé très efficacement à préparer cette scission. J'excepte cependant le trop court régime de Colbert ; et si les limites de mon sujet le permettaient, j'ouvrirais une parenthèse à l'éloge de cet homme d'un génie si modeste et si profond auquel l'histoire n'a pas encore rendu justice. Colbert n'était pas seulement un financier et un homme d'Etat de premier ordre ; il avait conçu une grande et vraie politique coloniale plus d'un siècle avant que les circonstances en eussent imposé une à l'Angleterre. Colbert disparu, la séparation devenait inévitable.

Longtemps avant le traité de Paris, les Canadiens avaient commencé de former un groupe distinct de la nationalité française. Montcalm se plaint déjà de l'esprit d'indépendance des colons : une des préoccupations constantes de ce dernier héros des armes françaises en Amérique était de maintenir la concorde entre les officiers et les soldats de l'armée d'occupation, et les miliciens de la colonie. Un des traits remarquables des articles de la capitulation de Montréal, c'est la distinction constante que M. de Vaudreuil fait entre les Français et les Canadiens, même lorsqu'il parle de ceux qui vont rester au Canada et devenir sujet britanniques. La lecture de ce document nous prouve que le gouverneur se préoccupait beaucoup plus de favoriser le départ des soldats et des fonctionnaires du roi de France, et de sauver les richesses des compagnies à fourrures, que d'assurer le sort des colons. On conteste aujourd'hui l'authenticité du mot de Voltaire sur les arpents de neige du Canada ; mais si le cynique vieillard n'a pas dit le mot, ce fut bien là la pensée de la plupart des Français de l'époque. Et cette pensée s'est manifestée crûment lorsque le gouvernement français fit banqueroute aux dettes de la colonie et refusa de payer les obligations de son intendance qui nous avait pillés puis abandonnés, crevant de faim, épuisés par un demi-siècle de guerre contre les Iroquois, les colons de la Nouvelle-Angleterre et les armées de la Grande-Bretagne.

Si le traité de Paris nous avait conservés à la France, que serait-il advenu de nous ? En présumant que nous eussions échappé au régime sanglant de la Terreur, il est plus que probable que Napoléon nous eût vendus aux Américains sans même nous consulter, comme il fit de la Louisiane. Eussions-nous survécu à l'Empire, comment nous serions-nous accommodés du régime actuel de la France ?. Nous avons conservé beaucoup plus que nos frères d'outre-mer, notre caractère de Normands et de Français du Nord : nous haïssons d'instinct la centralisation, l'organisation administrative, le militarisme légal et tout ce qui constitue le régime essentiellement impérialiste que Bonaparte a donné à la France moderne et que la troisième république a maintenu dans toute son intégrité.

Je résume tous ces faits historiques sans haine et sans amertume ; je n'entreprends même pas de les juger. Si j'avais à apprécier, comme Français, la conduite de la France monarchique à notre endroit et la politique de la France moderne, j'indiquerais une foule de circonstances atténuantes et de causes incontrôlables. Mais, comme Canadien, je dis qu'il est absurde de perdre notre temps à manifester des regrets stériles et des aspirations irréalisables.

Nous devons être Français comme les Américains sont Anglais. Nous devons conserver et développer chez nous les instincts, les traditions et l'intellectualité que notre origine nous a légués ; mais nous devons concentrer notre allégeance politique et nos aspirations nationales sur le sol du Canada.

Quelques-uns de nos compatriotes envisagent avec bonheur le jour où nous reconstituerons en Amérique, de droit comme de fait, une nouvelle France, un état libre où notre race dominera sans partage. C'est assurément là un rêve légitime et attrayant ; et le travail des siècles peut le réaliser plus rapidement que les apparences ne l'indiquent. Mais c'est encore un rêve ; et ce qu'il faut faire, c'est le devoir du moment.

Le meilleur moyen de conserver nos traditions nationales et de préparer notre avenir, quel qu'il soit, ce n'est pas de vivre dans les souvenirs d'hier et les aspirations de demain, mais d'exécuter fidèlement le travail de la journée.

Nous sommes les voisins et les associés d'une majorité anglaise. Nous ne voulons pas que nos concitoyens resserrent les liens qui nous attachent à l'Angleterre, ni qu'ils rompent à leur avantage l'équilibre des deux races au Canada. En retour, nous ne devons pas blesser leur sentiment national et leurs justes susceptibilités en désirant un rapprochement politique vers la France ou une rupture de la Confédération canadienne. Restons solides sur le terrain où les circonstances de l'histoire nous ont placés. Résistons fermement à l'absorption politique du Canada dans l'Empire et à l'extinction de notre nationalité au Canada. Respectons la foi que nous avons jurée à l'Angleterre et à la majorité anglo-canadienne : c'est le meilleur moyen de leur faire respecter leur propre parole.

Il importe à notre sécurité de convaincre les Anglo-Canadiens d'un fait d'ailleurs indéniable : c'est que ce n'est pas à titre de Français mais à titre de Canadiens que nous ne voulons pas nous rapprocher de l'Angleterre et assumer des obligations nouvelles dans son Empire.

C'est, du reste, sur ce terrain de la nationalité que se manifestent les excès dangereux que j'ai signalés tantôt : l'avilissement en face des Anglais, la haine et l'injure dès qu'ils ont le dos tourné. L'instinct de race est, comme tous les instincts naturels, un puissant moyen d'action individuelle et sociale ; mais, comme les autres instincts, il doit être contrôlé et tempéré par la raison. Sinon, il peut conduire à des erreurs funestes et devenir l'agent le plus efficace de notre désagrégation nationale.

Henri Bourassa [b]

---

b. Henri Bourassa, « Le Patriotisme canadien-français. Ce qu'il est, ce qu'il doit être », discours prononcé au Monument national le 27 avril 1902. (Ce texte reproduit la substance d'un discours qui n'était pas écrit.) *Revue canadienne*, tome XLI, 1902, vol. 1, p. 423-448.

Document n° 42

1902 — ÉTUDIER LA LANGUE POUR MIEUX LA DÉFENDRE

Au début du siècle, une vingtaine de personnes se réunissent à l'appel de l'abbé Stanislas Lortie [a] *et d'Adjutor Rivard, alors avocat, et fondent à Québec sous les auspices de l'Université Laval, la Société du parler français au Canada. Société patriotique, elle a pour but d'asseoir la défense et l'épuration du français sur l'étude scientifique de la langue. Créée en février 1902, la Société du parler français poursuivra son action pendant une cinquantaine d'années.*

Dès septembre 1902, la Société, qui compte alors 204 membres [b], *se donne un premier instrument de travail en lançant son organe officiel, le* Bulletin du parler français au Canada. *Le* Bulletin *destiné à recueillir les études sur la langue française canadienne sera couronné par l'Académie française en 1910 pour l'excellence de ses travaux de philologie romane* [c]. *En 1918, le* Bulletin *sera relayé par le* Canada français, *revue de l'Université Laval et organe de la Société du parler français* [d].

---

a. L'abbé Stanislas-Alfred Lortie (1869-1912), docteur en théologie, enseigna la philosophie à l'Université Laval (1893-1912). Président de la Société d'économie sociale et politique de Québec, membre du Comité central permanent et trésorier de *l'Action sociale*, le journal catholique de Québec, l'abbé Lortie fut également archiviste de la Société du parler français au Canada et trésorier du premier Congrès de la langue française au Canada. En 1910, il publia en latin un manuel de philosophie en trois volumes intitulé *Elementa Philosophiae Christianae ad mentem S. Thomae Aquinatis.* Sur l'abbé Lortie, voir notamment Arthur Robert, « l'abbé Stanislas-Alfred Lortie », *la Nouvelle-France*, tome XI, septembre 1912, p. 417-421, et la courte note biographique parue après sa mort dans *le Bulletin du parler français au Canada*, vol. X, nos 9 et 10, juillet-août 1912.

b. Adjutor Rivard, « la Société du parler français au Canada », *Premier congrès de la langue française au Canada, 1912, Mémoires*, Québec, l'Action sociale, 1914, 636 pages. Voir p. 224-235.

c. Dans sa séance du 19 mai 1910, l'Académie a attribué au *Bulletin* une part du prix Saintour. Ce prix est décerné « à des ouvrages de diverses sortes : lexiques, grammaires, éditions critiques, commentaires, ayant pour objet l'étude de notre langue, principalement depuis le XVIe siècle jusqu'à nos jours ». « Le « Bulletin » à l'Académie française », *Bulletin du parler français au Canada*, vol. VIII, n° 10, p. 361.

d. Le *Canada français,* dont le premier numéro paraît en septembre 1918, résulte en fait de la fusion du *Bulletin du parler français au Canada* et de *la Nouvelle-France,* revue que dirigea pendant dix ans le chanoine Lindsay. Le changement de nom traduit un élargissement des préoccupations : « Le nom même de *Canada français* comporte, d'ailleurs, un sens large, compréhensif, où la cause de la langue, qui est l'une des plus graves, trouve sa place naturelle et nécessaire. Il n'y aurait plus de Canada français, le jour où nous aurions négligé, abandonné les droits, et sacrifié la vie du parler « qui nous conserve frères ». Mais la question de la langue ne peut être tout le programme d'une revue comme la nôtre. Une race doit exprimer par son idiome parlé ou écrit toutes les pensées profondes, tous les sentiments nobles, toutes les préoccupations vitales qui sont le fond de son âme, et qui constituent la trame de son histoire ; elle doit même porter jusqu'au delà de ses frontières son esprit, sa curiosité, ses ambitions. Religion, philosophie, histoire, sciences, lettres, beaux-arts, tel est le domaine vaste et multiple où doit travailler et s'enrichir l'âme d'une race ; tel est celui où le *Canada français* entend porter son activité. » Camille Roy, « le Canada français », *Canada français*, vol. I, n° 1, septembre 1918, p. 5-10.

En 1912, la Société, qui compte alors plus de mille membres [e], poursuivant « l'étude, la défense et l'illustration de la langue et des lettres françaises au Canada [f] », organise le premier Congrès de la langue française au Canada, sorte d'états généraux qui rassemblent des Canadiens français du Québec, des provinces anglaises et même des Etats-Unis. Les participants au Congrès, décidés à organiser la défense des droits du français, votent la création du Comité permanent du Congrès de la langue française chargé de coordonner l'action des différentes associations patriotiques. Le Comité se dotera en 1916 d'un organe, le Croisé [g], et disparaîtra le 15 juillet 1922 sans avoir rempli les espoirs que ses fondateurs avaient mis en lui [h].

En 1930, la Société fait paraître son Glossaire du parler français au Canada, aboutissement et couronnement de vingt-huit années de recherches, menées par les comités d'études de la Société qu'appuyait un réseau de plus de deux cents correspondants disséminés par tout le Québec [i]. En 1937, la Société marque le vingt-cinquième anniversaire du Congrès de 1912 en organisant le deuxième Congrès de la langue française, tenu à Québec en juin de cette année-là. Bien décidés à se donner cette fois un instrument de lutte durable pour la défense du français, les participants proposent la création d'un nouveau Comité permanent des Congrès de la langue française. Ce Comité qui prendra en 1939 le nom de Comité de la survivance française continue son action aujourd'hui encore sous le nom qu'il s'était donné en 1955, celui de Conseil de la vie française en Amérique [j].

Dès 1937, le Comité permanent prend pour l'essentiel la relève de la Société du parler français sur le plan de la lutte pour les droits du français. La Société créée en 1902 survivra néanmoins au Comité permanent auquel elle a donné naissance. En 1949, elle vient loger à la Faculté des lettres de l'Université Laval où débutent, peu de temps après, des cours de linguistique et de philologie. Elle fête son cinquantenaire en 1952 [k] mais disparaîtra quelques années plus tard non sans avoir présenté un mémoire à la Commission royale d'enquête sur les problèmes constitutionnels de la province du Québec (la Commission Tremblay) où elle renouvelle le vœu des deuxième et troisième Congrès de la langue française demandant la création par le gouvernement du Québec d'un office de la langue française au Canada [l].

Dès le premier numéro de son Bulletin, la Société du parler français précise ses objectifs et donne les noms de ses dirigeants.

e. Adjutor Rivard, op. cit., p. 224.
f. Paul-Eugène Roy, « Premier Congrès de la langue française au Canada (Québec, 1912), Appel au public », Premier Congrès de la langue française au Canada, Compte rendu, Québec, l'Action sociale, 1913, 693 pages. Voir p. 9.
g. Publié à Québec, le Croisé portait les sous-titres suivants. A partir d'octobre-novembre 1916 : « Organe officiel du Comité permanent de la langue française et du ralliement catholique et français en Amérique ». A partir de janvier 1919 : « Bulletin du Comité permanent de la langue française, écho du ralliement catholique et français en Amérique, de la ligue P.C., du règne social du Sacré-Cœur de Jésus et de la ligue franc-catholique ».
h. Sur le Comité permanent, voir Paul-Emile Gosselin, le Conseil de la vie française 1937-1967, Les Editions Ferland, Québec, 1967, 168 pages.
i. Voir le document nº 68.
j. Sur le Comité permanent, le Comité de la survivance et le Conseil de la vie française, voir l'ouvrage déjà cité de Mgr Paul-Emile Gosselin.
k. La Société du parler français au Canada (1902-1952), Etudes sur le parler français au Canada, Québec, Les Presses universitaires de Laval, 220 pages.
l. Mémoire de la Société du parler français au Canada à la Commission royale d'enquête sur les problèmes constitutionnels de la province de Québec, texte ronéoté, Québec, 1954, 8 pages.

La SOCIETE DU PARLER FRANÇAIS AU CANADA a été fondée le 18 février 1902, à Québec, sous le patronage de l'Université Laval. Elle a pour objet l'étude et le perfectionnement du parler français au Canada.

Sans tenter de proscrire l'usage d'aucun autre idiome, la Société veut entretenir chez les Canadiens-Français le culte de la langue maternelle, les engager à perfectionner leur parler, à le conserver pur de tout alliage, à le défendre de toute corruption.

Le programme général de la Société comprend :

1o L'étude de la philologie française et particulièrement l'étude de la langue française au Canada dans son histoire, son caractère et ses conditions d'existence ;

2o L'examen des dangers qui menacent le parler français au Canada : influence du milieu, contact habituel et nécessaire avec des idiomes étrangers, déformation graduelle du langage populaire laissé à lui-même, tendances décadentes de la langue dans la littérature, le commerce et l'industrie modernes, et goût trop prononcé pour quelques formes vieillies ;

3o La recherche des meilleurs moyens de défendre la langue de ces dangers divers, de lui restituer ce qu'elle a déjà perdu, et de restaurer ses expressions déjà déformées, tout en lui conservant son caractère particulier ;

4o Les œuvres propres à faire du parler français au Canada un langage qui réponde à la fois au progrès naturel de l'idiome et au respect de la tradition, aux exigences de conditions sociales nouvelles et au génie de la langue française ;

5o La publication et la propagande d'ouvrages, d'études et de bulletins assortis à ce dessein.

A la séance du 18 février, la Société a élu son premier Bureau de direction :

Mgr O.-E. Mathieu, recteur de l'Université Laval, président honoraire.

L'honorable Adélard Turgeon, président m

Mgr J.-C.-K. Laflamme, vice-président

M. l'abbé S.-A. Lortie, archiviste.

M. Adjutor Rivard, secrétaire et trésorier.

Directeurs : l'honorable Thomas Chapais, M. le docteur A. Vallée, MM. J.-P. Tardivel et J.-E Prince, M. l'abbé Camille Roy.

A cette même séance fut adopté le règlement de la Société.

Sept mois se sont écoulés depuis la fondation de la Société. Après avoir relevé un certain nombre de mots anglais passés dans notre langage, la Société a constitué un comité d'étude, chargé d'étudier les matériaux ainsi amassés, de reviser les notes déjà recueillies, de faire les recherches nécessaires et de soumettre le résultat de son travail à l'examen de l'assemblée générale. Ce comité est composé des membres suivants :

---

m. De 1902 à 1912, la présidence de la Société sera occupée par les personnes suivantes : l'honorable Adélard Turgeon, l'honorable Pierre Boucher de la Bruère, l'abbé Camille Roy, J.-E. Prince, Mgr Paul-Eugène Roy. Adjutor Rivard, *op. cit.*, p. 224.

L'honorable P. Boucher de la Bruère, *président.*

M. l'abbé P.-B. Garneau, *secrétaire.*

Mgr O.-E. Mathieu, Mgr J.-C.-K. Laflamme, l'honorable A. Turgeon, l'honorable T. Chapais ; MM. les abbés V.-A. Huard, François Pelletier, Amédée Gosselin, Henri Simard, S.-A. Lortie, Camille Roy ; MM. Paul de Cazes, docteur A. Vallée, Naz. Levasseur, J.-P. Tardivel, Cyrille Tessier, docteur N.-E. Dionne, J.-E. Prince, Eug. Rouillard, docteur Jules Dorion, Ludovic Brunet, A. Bélinge, Adjutor Rivard.

Ce comité a présenté sept rapports, qui ont été adoptés par l'assemblée générale.

Au mois de mai, le Bureau de direction a publié une brochure de propagande, contenant une courte notice sur la Société, un plan d'études, l'exposition d'une méthode de travail et d'une méthode d'observation.

Le 11 Juin dernier, le Bureau a décidé la publication de ce BULLETIN, et a formé un *Comité du bulletin,* composé de MM. S.A. Lortie, Eug. Rouillard et Adjutor Rivard, chargé de la direction, de la rédaction, de la publication et de l'administration du *Bulletin du Parler français au Canada.*

La Société, qui compte déjà un bon nombre de membres, reçoit tous les jours de nouvelles adhésions.

Œuvre nationale, elle en appelle à tous ceux qui ont à cœur le maintien de la nationalité canadienne-française avec sa foi, sa langue et ses traditions.

Œuvre populaire, elle s'adresse à tous les Canadiens-Français, en quelque partie du pays qu'ils demeurent, qui croient que la langue, gardienne de la foi et des mœurs, remplit mieux son rôle quand elle est saine et en tout conforme en son génie [n].

---

n. « La Société du parler français au Canada », *Bulletin du parler français au Canada,* vol. 1, no 1, p. 3-4. Dans la communication qu'il fera au Congrès de 1912, Adjutor Rivard exposera en ces termes les buts de la Société du parler français :

« 1 – L'étude de la langue française, et particulièrement du parler franco-canadien, dans son histoire, son caractère, sa situation légale, ses conditions d'existence ;

2.– L'observation, le relèvement et la distribution topographique des faits qui caractérisent la phonétique, le vocabulaire, la sémantique, la morphologie et la syntaxe du parler populaire franco-canadien ;

3 – L'examen des dangers qui menacent la langue française au Canada, du rôle des écrivains dans le maintien de sa pureté et de son unité, du devoir de l'instituteur vis-à-vis des formes populaires du langage ;

4 – La recherche et la mise en pratique des méthodes les meilleures pour étendre et perfectionner la langue française au Canada, la défendre, l'enrichir et l'épurer ;

5 – Les œuvres propres à faire du parler français au Canada un langage qui réponde à la fois à l'évolution naturelle de l'idiome et aux enseignements de la tradition, aux exigences des conditions sociales nouvelles et au génie de la langue ;

6 – Le développement d'une saine critique et d'une littérature nationale dans le Canada français ;

7 – Des conférences et des réunions d'étude, où des questions touchant le but de la Société font l'objet de mémoires, de rapports et de discussions ;

8 – La préparation et la publication d'ouvrages, d'études et de bulletins assortis à ces desseins. » Adjutor Rivard, *op. cit.,* p. 225.

Document n° 43

1903 — *VOIES SANS ISSUE*

Décédé en 1957, Édouard Fabre-Surveyer, homme de loi, naquit à Montréal en 1875. Après des études de droit à Montréal et en Europe, il exerça sa profession d'avocat, puis fut nommé juge à la Cour supérieure (1919). Il enseigna le droit pendant trente-cinq ans à l'Université McGill.

Il fut l'un des cofondateurs de l'Alliance française de Montréal en 1902 et son vice-président de 1910 à 1935. Il était également conseiller de la Fédération des Alliances françaises des États-Unis et du Canada. Il avait aussi participé en 1912 à la fondation du Comité France-Amérique. Son action en faveur de la culture française lui mérita en 1928 le titre de chevalier de la Légion d'honneur.

Ami des lettres, il était membre de plusieurs sociétés littéraires et historiques. En 1930, il fut élu à la Société royale du Canada, section de la littérature et de l'histoire de langue anglaise. Il avait publié diverses études dont plusieurs en langue anglaise.

Dans un article de la Revue canadienne *intitulé « Une vieille question », Édouard Fabre-Surveyer pose en principe que l'on continuera de parler français au Canada et s'interroge sur la qualité de ce français. Pour sauvegarder la langue, il en appelle aux Anglais et invite ses compatriotes à l'étude de l'anglais !*

Toutes les langues sont à peu près constamment en évolution : la nôtre ne peut échapper à cette loi. Cette évolution diffère selon l'influence du milieu : le français de Paris n'évolue pas de la même façon que celui de Bruxelles, ni celui de Lausanne comme le nôtre. Notre langue se débarrasse peu à peu de ses archaïsmes et de ses provincialismes. Elle s'obère quotidiennement d'anglicismes.

Quand on donne dans l'anglicisme, c'est pour longtemps. M. Paul Bourget ne s'est jamais complètement guéri de ce défaut depuis son voyage aux Etats-Unis, dont le récit *Outre-mer*, témoigne de l'influence que la langue anglaise peut exercer sur le style d'un écrivain étranger.

Pour nous, l'écueil est presque inévitable. D'une part, nos compatriotes de langue anglaise se retranchent dans leur langue maternelle comme dans une tour d'ivoire ; de l'autre, beaucoup d'entre nous profitent du prétexte fallacieux d'apprendre l'anglais, pour désapprendre la langue française.

Au risque de passer pour paradoxal, je n'hésite pas à dire ma pensée : le seul remède contre l'anglicisme, c'est l'anglais. Il faut étudier l'anglais davantage et fréquenter les Anglais qui connaissent le français, pour apprendre d'eux à éviter de mêler les deux langues en cherchant à parler la nôtre.

Je m'explique : bon nombre de nos anglicismes sont le résultat d'une connaissance insuffisante de la langue anglaise, reproduite servilement. Ainsi le reporter qui traduisait, il n'y a pas longtemps, *co-respondent* par *correspondant*, commettait un anglicisme affreux, faute de savoir l'anglais. Il en est de même de son confrère qui traduisait : *the power of attorney did not reach the defendant* par « le pouvoir d'un avocat n'atteignit pas le défendeur ».

Ce que je dis de la connaissance de la langue anglaise, s'applique également à la fréquentation des gens qui parlent cette langue. La grammaire et le dictionnaire sont là, observera-t-on. Oui, et, dans la plupart des cas ils peuvent rendre de grands services, mais à la condition qu'on les consulte. Or, il y a quantité d'expressions qui sont tellement passées dans notre langage quotidien, que la pensée qu'elles sont de pures traductions de l'anglais ne peut se présenter à notre esprit. Je confesse que la récente brochure d'un Américain, M. Geddes, intitulée *Canadian French*, m'a ouvert les yeux sur nombre d'anglicismes que j'ai commis toute ma vie, sans penser à mal.

Pour nous protéger contre l'anglicisme, il est donc utile, sinon nécessaire, que nous amenions nos compatriotes anglais à s'intéresser au français et à l'étudier. Ici, une grosse difficulté.

Labiche met dans la bouche d'un de ses personnages, jeune avocat sans causes, ce raisonnement qui, en logique, est un cercle vicieux, mais qui, en réalité, est à peine un paradoxe : — « Je ne plaide jamais. Pour plaider, il faut être connu, et pour être connu, il faut avoir plaidé. »

Notre situation n'est pas moins compliquée : pour que nous parlions bien notre langue, il faut que les Anglais nous aident, et pour que les Anglais apprennent le français, il faut que nous le parlions bien. Car, ne l'oublions pas, une des raisons — et non la moindre — de l'indifférence des Anglais à l'égard de notre langue, c'est l'opinion bien répandue que nous parlons un *patois,* comme ils le disent, improprement, du reste ; que notre langue n'est pas le français de Pascal ou de Maeterlinck.

Fatigué de ce dédain exagéré, j'ai déjà cherché, après Sulte, Tardivel et Legendre, dans des conférences prononcées en langue anglaise, et dans un article que le *World*, de Toronto, a publié, et dont le *Herald,* de Montréal, a bien voulu reproduire les principaux passages, à prouver que le diable n'est pas si noir qu'on le fait, et notre français non plus. Mais il faudra que des voix plus autorisées que la mienne s'élèvent souvent avant que ce préjugé soit entièrement dissipé.

Il n'est que juste de constater que les apologistes du français se recrutent en haut lieu. Presque tous les gouverneurs du Canada, depuis lord Elgin, cet héroïque ami des Canadiens-Français, qui nous proclamait « une nation de gentilshommes », connaissent le français et se plaisent à le parler. On n'a pas oublié lord Dufferin, ce Parisien qui est allé passer ensuite plusieurs années sur ces boulevards de la ville-lumière qui lui plaisaient tant. Un soir qu'il descendait le Saint-Laurent à bord d'un des bateaux de la Compagnie du Richelieu, il s'approche d'un des hommes de l'équipage et lui dit : — « Cette lumière que l'on voit là-bas, est-ce un phare ? — Çà, Monsieur, » reprit narquoisement ce Gros-Jean, tout fier d'en remontrer à son curé, en français on appelle ça une light. »

Le marquis de Lorne et la princesse Louise étaient aussi orgueilleux de leur connaissance du français. Un jour, quelques années après son séjour au Canada, la princesse allait visiter officiellement le Louvre, où elle était allée tant de fois examiner ou copier les chefs-d'œuvre. Le conservateur du musée, M. Turquet, s'avance vers les visiteurs, et, d'un ton cérémonieux, dit à la princesse : — « I am Turkey, — Je m'en doutais, » reprend cette dernière avec un sourire.

Lord et Lady Aberdeen s'appliquaient eux aussi, à apprendre et à parler notre langue. Lady Marjorie Gordon et ses deux jeunes frères la parlaient même suffisamment pour jouer des pièces écrites en français.

Tout dernièrement encore, lord Minto, ayant à répondre à une adresse du barreau de Montréal, a tenu à s'exprimer d'abord en français, et a prouvé qu'il connaissait et parlait fort bien notre langue. Quant à la Comtesse de Minto, elle parle le français couramment, et sans aucun accent. Son Excellence, ainsi que lady Eileen Elliot, n'ont pas manqué, durant leur séjour à Montréal, une seule occasion de s'exprimer en français, ce qui, d'ailleurs, n'offre pour elles aucune difficulté.

Nos gouvernants actuels ont droit à toute la reconnaissance de leurs sujets canadiens-français pour avoir, pendant leur séjour parmi nous, mis le français en honneur. Bien des messieurs et des dames de la société, n'ont pas hésité à imiter un exemple qui venait de si haut, et ont agréablement surpris nos oreilles en parlant notre langue, nous prouvant en même temps qu'ils la connaissent mieux que nous le soupçonnions. « Snobisme », diront les grincheux, « sentiment des obligations de leur rang », répondra le plus grand nombre.

Il y a des chances, d'ailleurs, pour que ces bonnes dispositions se continuent. L'*Alliance française* de Montréal recrute une bonne partie de ses membres parmi nos concitoyens de langue anglaise. A Toronto, la ville anglaise par excellence, l'*Alliance,* créée d'hier, compte déjà soixante-quatorze membres, qui se font un devoir d'assister aux conférences bi-mensuelles. On parle même d'y donner, dès cet hiver, des comédies en français. Dans ce même Toronto, on a récemment remarqué deux marchands qui, pour attirer la pratique, ont mis dans leur vitrine, cette inscription : « Ici on parle français ».

Il ne tient qu'à nous d'accentuer et d'accélérer ce mouvement. Pour cela il faut que nous surveillions notre langage et nos écrits, que nous cherchions à nous exprimer correctement, à employer les termes propres, et par-dessus tout, à fuir l'anglicisme. Il faut que dans les collèges, dans les écoles, à la maison, les enfants soient forcés de parler correctement, et repris pour le moindre barbarisme. Après cela, la presse et le barreau songeront peut-être à se corriger, et un jour viendra où tous les amoureux du Canada, quelle que soit leur langue maternelle, emploieront exclusivement, pour leurs déclarations sentimentales, la langue dans laquelle on peut dire : « O ma toute chérie ».

Edouard Fabre-Surveyer [a]

---

a. Edouard Fabre-Surveyer, « Une vieille question », *Revue canadienne*, janvier 1903, vol. XLIII, p. 91-96.

Document n° 44

1906 — SOIXANTE-QUINZE ANS APRÈS TOCQUEVILLE : ANDRÉ SIEGFRIED

André Siegfried (1875-1959), universitaire, académicien et journaliste, était aussi bien introduit dans les milieux d'affaires et de la politique que dans les cercles intellectuels. Il enseigna la géographie et la science politique au Collège de France et à l'École libre des sciences politiques. Son Tableau politique de la France de l'Ouest sous la IIIe République, *paru en 1913, fit de lui l'un des pionniers de la sociologie électorale.*

Il tenait sans doute de ses origines havraises et de sa foi protestante l'intérêt qu'il a toujours porté au monde anglo-saxon et qu'il a manifesté par de nombreux ouvrages inspirés de ses voyages dans les pays de langue anglaise. En plus d'une thèse sur la Nouvelle-Zélande (1904) et d'études sur l'Angleterre (1924) et les États-Unis (1927) il a consacré deux livres au Canada. En 1906, paraissait chez Armand Colin le Canada, les deux races, traduit en anglais [a] *l'année suivante. En 1937, l'auteur fit paraître* le Canada, puissance internationale, *qui fit l'objet d'une nouvelle édition en 1947.*

Dans son ouvrage de 1906 cité plus bas, Siegfried s'attache à montrer la politique d'isolement pratiquée par l'Église canadienne. Il passe ensuite en revue les sentiments du Canada français à l'égard de l'Angleterre et de la France, montre la dimension démographique du conflit des « deux races » et souligne enfin l'emprise sur le pays que les Anglais tiennent de la conquête.

L'Eglise catholique : sa crainte de l'influence anglaise protestante.

Dans un pays bilingue et peuplé de deux races, comme celui dont nous parlons, il est naturel que les limites de la société religieuse soient très nettement dessinées ; c'est la conséquence normale des conditions historiques, aussi bien que d'une politique très ferme et très tenace, poursuivie par le clergé romain depuis les premiers jours de la conquête, la politique de l'isolement.

La dispersion et l'absorption sont deux dangers qui menacent sans cesse l'unité de notre [b] race au Canada. C'est pourquoi l'Eglise, dont la pensée profonde est de maintenir *français* les Canadiens pour les maintenir *catholiques*, a compris immédiatement que l'isolement était la première sauvegarde d'une individualité menacée, de tous côtés, par l'environnement du Nouveau Monde. Tous ses soins tendent donc à séparer autant que possible son troupeau du reste de l'Amérique ; plutôt que de chercher à faire des conversions dans le camp adverse, entreprise ingrate et difficile, elle s'attache, avec bien autrement d'énergie à garder les âmes que le passé lui a transmises.

....

Les circonstances naturelles rendent relativement facile l'accomplissement de ce programme. Vainqueurs et vaincus, Anglais et Français, protestants et catholiques

a. André Siegfried, *The race question in Canada*, Toronto, McClelland and Stewart, « Carleton library » n° 29, 1966.

b. On remarquera ce possessif associatif repris tout au long de l'ouvrage.

doivent logiquement s'éviter plutôt que se rechercher : tout ou presque tout les sépare.

La différence de langage en particulier élève entre eux un réel obstacle, que le clergé ne fait rien pour abattre : la situation actuelle lui est en effet favorable, et il a grand intérêt à ce qu'elle ne se modifie pas.

Pareille politique cependant ne peut convenir à la bourgeoisie, car les affaires, comme les carrières libérales, exigent une connaissance approfondie de l'anglais. Les collèges d'enseignement secondaire dirigés par l'Eglise n'ont pas manqué de comprendre cette nécessité et tous les Canadiens des classes supérieures ou même moyennes parlent en général fort bien les deux langues : ils sont aussi les plus vulnérables en face de la civilisation voisine, ce qui prouve que le point de vue catholique, dans la question, n'est pas faux.

Quant à la masse du peuple français d'Amérique, elle ne sait pas de langue étrangère, n'en apprend pas et sans doute n'en apprendra jamais. Il n'est pas très utile que les paysans de la province de Québec, qui ne voient guère que des compatriotes, se lancent dans cette voie ; ce serait pour eux un effort considérable, qui ne servirait pas à grand'chose. Et puis, tant qu'ils resteront ignorants de l'anglais, l'Eglise peut être bien tranquille, l'influence britannique ou américaine ne pourra pénétrer jusqu'à eux, ou bien se brisera contre leur ignorance. [...]

La langue est aussi la forteresse avancée qui protège au Canada le domaine catholique c. [...]

L'Eglise catholique : sa crainte de la France moderne.

Aux yeux du clergé canadien, la France moderne, libre penseuse ou tout simplement officielle, constitue un péril non moins grand que l'Angleterre protestante. Elle symbolise les forces de l'esprit laïque, de la pensée nouvelle, les principes détestés de la Révolution. A ce titre, elle apparaît comme un exemple dangereux, une nation dévoyée dont il faut craindre le contact. Qu'on ne s'y trompe pas : sur les bords du Saint-Laurent, nous sommes, parmi les prêtres eux-mêmes pris individuellement, l'objet de sympathies sincères et profondes ; mais, au nom même de ses principes, l'Eglise catholique du Canada ne peut que redouter la France de 1789.

....

L'Eglise peut séparer ses fidèles du monde anglo-saxon en les laissant ignorer l'anglais. Vis-à-vis de l'influence française, elle ne dispose pas du même moyen, car la communauté de langue est justement ce qui rapproche le plus le Canada de la France. Par contre, le danger du voisinage n'existe pas ; la distance est énorme entre les deux pays et seuls un petit nombre de gens, de part et d'autre, se rencontrent.

Cependant, ces rencontres, pour peu qu'elles se multiplient, risquent d'être fécondes en conséquences, tout comme nos écrits peuvent provoquer des orientations nouvelles et développer des ferments d'indépendance. La tactique de défense du clergé est donc ici assez différente de celle que nous exposions au chapitre précédent. Il s'attache d'abord à surveiller et à contrôler la lecture des livres qui viennent de France ; ensuite, il ne choisit qu'avec un soin extrême ceux de nos concitoyens qu'il appelle au

---

c. André Siegfried, *op. cit.*, 2e édition, Paris, Armand Colin, 1907, p. 21-24.

Canada ; enfin, il détourne autant que possible la jeunesse canadienne d'aller chercher à Paris ses conceptions et ses mots d'ordre. Ne va-t-il pas jusqu'à trouver parfois nos ecclésiastiques eux-mêmes légèrement suspects de libéralisme ?

....

Ainsi, dans une idée de propre défense, l'Eglise canadienne s'applique à relâcher, plutôt qu'à resserrer les liens qui l'unissent à la France républicaine et même à la France ecclésiastique. L'une représente à ses yeux le danger radical, l'autre le danger libéral. Jusqu'à présent, elle a partiellement réussi dans sa résistance. Mais il est peu probable qu'elle puisse continuer toujours une semblable politique à l'égard de notre pays. En dehors d'elle et malgré elle, les rapports sont de jour en jour plus fréquents et il est impossible qu'une infiltration ne se produise pas. L'isolement que l'Eglise souhaite pour le Canada est contraire à toute la logique de notre époque. A ce titre, il ne peut durer [d].

Les Canadiens français et l'Angleterre.

Lorsque les Canadiens français parlent des Anglais, leur pensée évoque d'une façon vague la race britannique tout entière, mais plus spécialement les Anglais des provinces de Québec et d'Ontario, aux côtés desquels ils vivent depuis si longtemps. Après cent cinquante ans de vie commune, sous les mêmes lois et le même drapeau, ces voisins demeurent pour eux des étrangers et, dans la plupart des cas, des adversaires. Ils ne s'aiment pas plus qu'au premier jour et il est aisé de voir qu'on se trouve en face d'une de ces antipathies tenaces et profondes, contre lesquelles l'effort des conciliateurs vient habituellement se briser.

....

Cette union, que le sentiment n'arrive guère à provoquer de lui-même, le snobisme, produit inévitable de la civilisation britannique, la réalise parfois. La *société* anglaise a une puissance extraordinaire d'attraction, nous pourrions presque dire de corruption ; elle est si bien persuadée de sa supériorité, elle l'affirme si hautement, comme un fait indiscutable, que personne ne la discute. Beaucoup de Français de la bourgeoisie canadienne rendent hommage, au fond d'eux-mêmes, à cette hégémonie mondaine et sont malgré tout flattés lorsque le cercle élégant et exclusif s'ouvre devant eux. Du point de vue de notre race, c'est un danger, car certains néophytes, pour se mettre à l'unisson du milieu nouveau où ils sont admis, peuvent être portés à renier bien des traditions de leur origine ; il y a ainsi de véritables transfuges de la civilisation françaises qui, par sotte vanité, affectent l'anglomanie ; ils sont heureusement très rares.

....

Il y a [...] dans l'attitude canadienne française, une apparence et une réalité. L'apparence est artificiellement sauvegardée ; on pourrait parcourir des collections entières de discours officiels, sans jamais y trouver les termes qui expriment le fond de la pensée populaire, et il faut admirer la suite et l'efficacité de cette politique de paix. Elle peut se poursuivre longtemps avec des résultats favorables ; mais il ne faut pas se dissimuler qu'elle n'est pas représentative et que toute faute un peu grave ne soulèvera que trop facilement les deux races l'une contre l'autre : leur antipathie réciproque est trop instinctive pour qu'elles puissent jamais arriver à s'entendre tout à fait.

Vis-à-vis de l'Angleterre, la situation des Français d'Amérique est toute différente. A l'exception de quelques-uns de leurs chefs, ils n'ont pas avec elle de rapports immédiats et il en résulte que les occasions de froissement sont rares. En principe, la

---

d. André Siegfried, *op. cit.*, p. 29-39.

Métropole ne se mêle pas des querelles locales de la Colonie, ou si elle le fait, c'est généralement avec une réserve suffisante pour que l'intervention reste inapercue. [...] Il n'y a donc pas, chez les nôtres, de haine contre l'Angleterre ; par contre, il n'y a pas davantage d'affection. Quand les armées anglaises sont battues sur quelque champ de bataille, comme pendant la guerre du Transvaal, les Canadiens français n'en éprouvent pas une violente douleur ; ils s'en réjouissent même ouvertement, mais c'est surtout pour narguer leurs voisins d'Ontario et se donner, devant eux, le plaisir de marcher un peu sur la queue du lion britannique ; c'est une petite revanche d'amour-propre. En réalité, ils ne voudraient pour rien au monde voir la Grande-Bretagne réduite à néant [e].

Les Canadiens français et la France.

Un fait d'abord, incontestable : les Canadiens aiment la France. Pour eux, elle est toujours et malgré tout la patrie ; c'est le vieux pays d'où sont partis leurs pères, dont ils ont conservé la religion, la langue et les mœurs ; c'est la nation pour laquelle ils ont combattu jadis, dont ils ont tenu le drapeau dans mainte bataille et qui, en dépit de la séparation et de la divergence des destinées, leur est demeurée chère et sacrée comme un pieux souvenir. Il n'est pas un d'entre eux qui ne cultive, au plus profond de lui-même, cette fidélité passionnée pour la mémoire de la France, qui ne se réjouisse de ses succès et ne souffre de ses revers. Ce n'est plus une question d'intérêt, de raisonnement, de compromis : l'amour vit dans ces âmes qui ne savent pas oublier ; il vit et ne se discute pas !

....

Ayant analysé la nature du sentiment national des Canadiens à l'égard de la France, il nous devient possible de préciser leur attitude politique à son égard. « Devons-nous être plus canadiens que français, écrit M. Henri Bourassa, ou plus français que canadiens ? En d'autres termes, devons-nous être des Français du Canada ou des Canadiens d'origine française ? Sa réponse est nette ; « Nous devons rester essentiellement canadiens [1] ». Il n'y a donc aucun désir de réunion à la France ; il y a même positivement le désir contraire. Aimer la France ? Oui certes, tout Canadien y est disposé et aucun sentiment ne sera plus sincère dans son âme, à condition toutefois que ce sentiment reste platonique : « Loin de moi de vouloir étouffer chez mes compatriotes la voix du sang. Notre amour pour la France est légitime et naturel ; il peut et doit être profond et durable, mais il doit rester platonique... [2] » Et l'auteur de ces lignes conclut, d'une formule frappante et décisive : « Soyons français, comme les Américains sont anglais [3] [f]. »

Le facteur démographique [g].

La remarquable fécondité des familles canadiennes est universellement connue. Cent fois, dans des articles, des discours et des livres, on a célébré ces familles de dix, quinze, parfois vingt enfants. Le recensement officiel du Dominion ne nous fait pas connaître exactement le taux respectif de la natalité, chez les deux races ; mais il est manifeste que la natalité canadienne française est une des plus élevées qui soient au

---

e. André Siegfried, *op. cit.*, p. 129-134.

1. Henri BOURASSA, *Le patriotisme canadien français*, p. 10 et 11.

2. Henri BOURASSA, *Le patriotisme canadien français*, p. 11.

3. *Ibid.*, p. 13.

f. André Siegfried, *op. cit.*, p. 139-144.

g. Ce sous-titre est de nous.

monde [4] et en tout cas qu'elle dépasse de beaucoup celle des populations canadiennes anglaises. [...] Comme nos frères d'Amérique ne présentent aucun signe physique de décadence, il est aisé de comprendre qu'ils conçoivent en leur avenir une confiance illimitée : le nombre, d'après eux, doit un jour leur donner la puissance.

....

La province de Québec achève [...] d'être conquise par eux. Ils y sont 1.322.115 sur 1.648.898 habitants [5] et la minorité britannique, qui représentait 25,49 p. 100 en 1851, est tombée à 20,98 p. 100 en 1881 et à 18 p. 100 en 1901. Sur 68.840 habitants, la ville de Québec ne contient pas moins de 57.016 Français [6]. Les « comtés de l'Est », où s'installèrent jadis les *loyalistes* fuyant la révolution américaine, comtés anglo-saxons par excellence, sont rapidement envahis. Sur 65 districts électoraux de la province, cinq seulement (Argenteuil, Brome, Huntingdon, Pontiac, Stanstead) sont encore en majorité anglais [7].

....

Si tout le Canada se développait dans des conditions analogues à celles qui prévalent dans les vieilles provinces, la victoire des nôtres n'y ferait pas doute et leur raisonnement optimiste trouverait une application presque automatique. Il n'en est pas ainsi malheureusement, pour plusieurs raisons. D'un côté, la race française perd, par diverses fissures, le bénéfice de son immense natalité. De l'autre, la race anglo-saxonne répare largement par l'immigration et l'assimilation l'infériorité qui résulte pour elle du nombre moindre de ses naissances. Et ainsi, contrairement à toutes les premières apparences, l'importance relative de notre peuple s'accroît à peine ou ne s'accroît pas. Cruel, mais trop réel démenti aux espoirs d'un vaillant optimisme.

....

La première des causes qui empêchent la natalité canadienne française de produire son plein effet est une considérable mortalité infantile. Dans la province de Québec, les enfants en bas âge meurent en grand nombre [8] et les belles familles dont nous parlions plus haut subissent de ce fait, tout en restant imposantes, une notable diminution.

La seconde cause, moins pénible en elle-même, mais en réalité beaucoup plus grave pour l'avenir de la race, est l'émigration considérable et persistante d'une partie de sa jeunesse vers les Etats de la Nouvelle-Angleterre. Chaque année en effet, des milliers de jeunes gens passent la frontière pour aller remplir les villes du Maine, du Vermont, du New-Hampshire, du Massachusetts, du Rhode-Island, du Connecticut. Les grands établissements industriels de cette partie de l'Amérique, en quête de main-d'œuvre, les attirent par l'appât de salaires qui, sans être bien élevés, apparaissent toutefois très tentants à ces fils de campagnards, éblouis par le rêve d'une vie plus large et plus libre que celle de leurs villages.

_____

4. D'après les statistiques du Conseil d'hygiène de la province de Québec, le taux de la natalité dans la province s'est élevé en 1903 à 36,75 p. 1.000 habitants. *Rapport annuel*, 1903-1904, p. 65

5. *Recensement du Canada*, 1901, t. I, p. 4 et 352.

6. *Recensement du Canada*, 1901, t. I, p. 380

7. *Ibid.* p. 352, 356, 366, 378, 388.

8. Sur un total de 30.914 décès en 1903, dans la province de Québec, il est mort 11.799 enfants de 0 à 5 ans, ce qui représente 381 décès de 0 à 5 ans sur 1.000 décès de tout âge, plus d'un tiers. *Rapport du Conseil d'hygiène de la province de Québec*, 1903-1904, p. 51.

Près d'un million de Canadiens français vivent ainsi loin de leur patrie, sans véritable esprit de retour [9]. Saignée épouvantable, saignée fatale à l'avenir de la race, car c'est par leur défaillance que le facteur du nombre semble devoir échapper pour toujours aux compatriotes qu'ils laissent en arrière. On nous dit bien que les efforts tentés pour arrêter ce courant d'émigration, ou du moins pour le détourner vers l'Ouest et le Nord, commencent à être couronnés de succès. En réalité, les résultats obtenus sont bien modestes et il s'agit tout au plus de quelques milliers de revenants, bien faible bataillon pour compenser l'immense armée de ceux qui sont partis.

....

Nous n'avons encore envisagé qu'un des aspects du problème de la population au Canada, car si les Français ne bénéficient pas pleinement de leur fécondité, les Anglo-Saxons par contre s'accroissent autrement que par les naissances : l'immigration travaille pour eux. En 1903, il y a eu au Canada 128.364 immigrants [10] ; en 1904, 130.331 [11]. De toute leur énergie, les gouvernants favorisent ce mouvement, afin de peupler le Grand-Ouest que, contrairement aux espérances de certains, les émigrants de Québec n'ont pas rempli.

Ce flot d'hommes qui, à la façon d'un flux régulier, vient couvrir chaque année les prairies de l'Ouest, contribuera-t-il à renforcer l'élément français dans le Dominion, comblant ainsi les pertes subies d'autre part par les nôtres ? Ayons le courage de dire qu'il faut renoncer à l'espérer. Parmi les 130.000 immigrants de l'année 1904, les Français d'Europe sont au nombre 1.534, les Belges de 858, les Suisses de 128. A côté d'eux, on compte 45.229 Américains et 50.374 Anglais. Le reste (un peu plus de 32.000 personnes) est composé de nationalités variées : Allemands, Autrichiens, Polonais, Russes, Norvégiens, etc. [12]. A part quelques colons de langue française, tous ces nouveaux venus sont marqués d'avance pour recevoir l'empreinte anglo-saxonne. En effet, ces Allemands, Russes ou Norvégiens, qui se seraient peut-être francisés dans un milieu latin, ne cherchent qu'une chose, dans un Ouest déjà anglo-saxon : s'assimiler le plus rapidement possible. Ils n'apprennent donc qu'une langue, l'anglais ; leurs enfants n'en connaissent pas d'autre et cette seconde génération, devenue méconnaissable, a bien vite fait d'oublier jusqu'à son origine.

....

Ainsi, les Français du Canada ont pu gagner du terrain, rapidement dans Québec et lentement dans Ontario, sans que ce fait soit suffisant pour les mettre en progrès marqué dans l'ensemble du Dominion. En 1881, ils étaient 1.298.929 sur 4.324.810 habitants [13], soit 30 p. 100 de la population totale. En 1901, ils sont 1.649.371 sur 5.371.315 [14], soit 30.7 p. 100. Cet accroissement relatif est si minime qu'on ose à peine en tirer un espoir de victoire finale [h].

---

9. Natifs du Canada français habitant les Etats-Unis, 395.427 ; natifs des Etats-Unis avec deux parents canadiens, 266.155 ; natifs des Etats-Unis avec un seul de leurs parents canadien, 170.077. *Twelfth Census of the United States*, 1900, t. I, p. CLXX et cxc.
10. *Report of the superintendant of immigration*, 1902-1903, p. 6.
11. *Report of the superintendant of immigration*, 1903-1904, p. 6.
12. *Report of the superintendant of immigration*, 1903-1904, p. 6.
13. *Recensement du Canada*, 1881, t. I, p. 300 et 97.
14. *Recensement du Canada*, 1901, p. 284 et 6.
h. André Siegfried, *op. cit.*, p. 290, 297-304.

La suprématie britannique [i].

Nos frères canadiens doivent donc renoncer à devenir le nombre. Leur avenir est assuré, mais le rêve d'hégémonie que plusieurs caressent se fait de plus en plus irréalisable, à mesure que les années passent et que se dessinent les destinées de l'Amérique du Nord. Avouons-le. Le Canada ne redeviendra pas français. Deux raisons essentielles l'en empêchent. Nous connaissons la première : c'est que le poids de l'histoire, les forces économiques, les forces sociales concourent actuellement, non moins que le nombre, à la suprématie britannique.

Le Canada français porte encore le poids de la conquête ! Cette affirmation, qui peut paraître paradoxale et dure, s'impose à quiconque veut observer impartialement la situation faite à notre race dans le Dominion. L'Anglais s'y considère toujours comme le supérieur ; il est correct et loyal dans l'exécution des engagements pris par lui envers les vaincus de 1763, mais il n'oublie pas le droit de la victoire et, si par convenance il en parle peu, rien n'indique qu'il y ait volontairement renoncé. Il n'arrive pas toujours en tout cas à traiter son concitoyen français sur le pied d'une parfaite égalité. Si, dans le domaine politique, il est forcé à des concessions, dans les autres domaines où il est libre d'engagements, il impose en maître, et parfois sans ménagements, ses conceptions et ses manières de faire.

Cent cinquante ans de ce régime ont trop habitué les Canadiens à céder dans la vie de chaque jour, sur des questions qu'ils jugeaient du reste sans importance, pour que la suprématie britannique ne se soit pas établie comme un fait sur lequel il sera difficile de revenir. Superbes dans la défense de leurs droits politiques, les membres de notre race se sont peut-être laissé aller à reconnaître trop volontiers la prédominance que leurs rivaux s'attribuent d'autorité, partout ailleurs qu'au Parlement. Nombreux sont, parmi les Français du Canada, ceux qui s'inclinent sincèrement devant la supériorité de la civilisation anglo-saxonne : ils n'aiment pas les Anglais, c'est entendu ! mais ils les admirent, les imitent parfois et souvent leur laissent prendre sans résistance la direction générale de la vie sociale et économique.

Quel Français de France ne s'est senti choqué de voir que, dans des cités aussi françaises par la population que Montréal ou Québec, une civilisation autre que la sienne domine manifestement et sans conteste ? Québec par exemple ne donne pas immédiatement l'impression d'une cité qui soit nôtre, bien des visiteurs sensibles aux nuances l'ont éprouvé. Dans cette ville de 68.000 âmes, qui contient tout au plus 10.000 Anglais, nombreux sont les endroits où notre langue n'est pas comprise ; plus exactement peut-être : où on ne veut pas la comprendre. Dans les chemins de fer, elle est tolérée, tout au plus. A l'hôtel *Château Frontenac*, merveille d'élégance et de confort créée par le *Canadien Pacifique*, les employés supérieurs la comprennent peut-être, mais refusent de la parler. Il est vrai qu'à l'office et à la cuisine vous pourrez vous faire entendre tout à votre aise. Mais n'est-il pas pénible que l'anglais semble être la langue des dirigeants et le français celle des inférieurs ? Devant cette obstination tant soit peu malveillante, les Canadiens ont fini par s'incliner. Ils apprennent l'anglais, ce en quoi ils ont raison ; mais ils n'ont jamais pu amener leurs rivaux à parler français. Et il faut voir là malheureusement une défaite significative.

Il en est de même à Montréal. Certains étrangers peuvent y séjourner des semaines entières, y fréquenter les hôtels, les banques, les magasins, les gares, sans se douter le moins du monde que la ville est en grande majorité française. La société

---

i. Ce sous-titre est de nous.

britannique affecte de l'ignorer et elle vit et se comporte comme si elle n'avait pas de voisins. Cent mille des siens regardent Montréal comme leur appartenant. Puisque ce n'est ni par l'élection ni par le droit du nombre, il faut bien avouer qu'au fond de leur esprit subsiste encore et malgré tout la vieille notion, non oubliée, du droit de conquête. Considérez les *civil servants* des Indes et vous comprendrez mieux les maîtres du Canada.

Ajoutons que cette puissance des Anglais ne serait rien s'ils ne possédaient en même temps la richesse et la haute direction de la vie économique. A cet égard, et même dans ses parties les plus françaises, le Dominion est profondément soumis à la domination anglo-saxonne. [...] Nous avons montré combien, au point de vue commercial et industriel, les Canadiens français sont moins bien préparés que leurs rivaux. Nous avons indiqué comment leurs traditions, leurs habitudes de famille, leurs penchants les poussent à embrasser des carrières où l'on gagne la considération, la renommée quelques fois, mais rarement la fortune. Nous avons constaté en même temps la difficulté que trouvent les jeunes gens à se frayer un chemin dans ce domaine des affaires où leurs ancêtres leur ont peu préparé la voie. Il en résulte que la clef des grandes avenues de la richesse appartient en général aux Anglo-Saxons, qui règnent ainsi sur le pays aussi sûrement que par le bulletin de vote. Pendant ce temps et malgré des exceptions notables qui se multiplient de jour en jour, les nôtres restent un peu en dehors du grand courant économique. Les principales banques, les premières compagnies de chemin de fer, les grandes entreprises industrielles, commerciales, maritimes appartiennent à leurs rivaux ; la langue des affaires est l'anglais et, comme ville d'affaires, Montréal est un satellite de Londres ou de New-York, un centre anglo-saxon par excellence, où la présence de plus de cent mille Français devient véritablement un facteur de second ordre.

Comprend-on maintenant pourquoi la civilisation canadienne française (la question même du nombre mise à part) ne peut espérer l'emporter dans un pays ainsi constitué ? Entre Québec et Ontario, rivales séculaires, c'est Ontario qui l'emporte. Et, qu'on ne s'y trompe pas, non pas tant peut-être à cause de sa suprématie numérique, que de son affirmation résolue d'une civilisation qui domine l'Amérique, et en dehors de laquelle, — constatons-le et regrettons-le ! — il sera bien difficile de réussir jamais dans cette partie septentrionale du Nouveau Continent.

Voilà donc l'avenir des Canadiens français limité par certaines frontières qu'ils ne pourront sans doute franchir. Toutefois, si le succès complet leur échappe, un succès plus restreint leur est assuré. Qu'ils n'espèrent plus faire du Dominion un pays français dans son ensemble ; mais qu'ils s'attachent fermement, d'une part à le pénétrer de leur esprit, de l'autre à s'y établir fortement et pour toujours dans le domaine de Québec, arrondi vers l'Ouest, le Nord et le Nord-Ouest. Si, dans leur lutte avec la civilisation britannique, ils n'ont pas remporté une entière victoire, ce n'est ni faute d'intelligence, ni faute de courage ; c'est peut-être parce que — dès le commencement et beaucoup par notre faute — ils se sont insuffisamment armés en face d'adversaires qui l'étaient puissamment. Leur société plus fine, plus distinguée, plus parfaite, mais vieillie par certains côtés et trop peu tenue au courant des modifications profondes de la France moderne, s'est montrée incapable malgré sa supériorité à d'autres égards de vaincre une société plus terre à terre, plus vulgaire, mais mieux adaptée — c'est incontestable — aux nécessités des pays nouveaux j.

André Siegfried

---

j. André Seigfried, *op. cit.*, p. 304-308.

Document n° 45

1907 — JULES FOURNIER : « LA LITTÉRATURE CANADIENNE-FRANÇAISE N'EXISTE PAS. »

Jules Fournier (1884-1918) a été l'un des grands journalistes du Canada français. Ardent défenseur de la culture et de la pensée françaises, il a été l'un des écrivains dominants du nationalisme canadien-français des années 1904-1914.

Né à Coteau-du-lac d'une famille paysanne en 1884, il fit ses études classiques au Collège de Valleyfield qu'il quitta en Philo I après y avoir compté Lionel Groulx parmi ses professeurs.

Après un passage à la Presse en 1903 où il fit la connaissance d'Olivar Asselin qui deviendra son grand ami, il devient chroniqueur parlementaire à Ottawa du Canada, journal libéral de Montréal. Il le restera jusqu'en 1908, mais dès 1906 il écrivait sous le pseudonyme de Pierre Beaudry dans le Nationaliste, le journal fondé par Olivar Asselin quelques années plus tôt. En 1908, Fournier remplaça Asselin à la direction du Nationaliste. La dure lutte qu'il mena alors aux gouvernements et aux journaux ministériels lui attira des ennuis et lui fit des ennemis. Un article où il dénonçait la corruption judiciaire lui valut notamment une condamnation à trois mois d'emprisonnement.

En 1910, il fit avec Asselin un court séjour au Devoir que les deux amis quittèrent brusquement ne pouvant s'entendre avec Bourassa. Après un deuxième voyage en Europe comme correspondant de la Patrie, il rentra à Montréal en 1911 et fonda l'Action, journal hebdomadaire qui paraîtra pendant cinq ans.

Nommé traducteur au Sénat en 1917, il devait mourir peu de temps après, emporté par la maladie à l'âge de 33 ans.

Dans un article en réponse à Charles ab der Halden, critique alsacien qui avait affirmé la réalité d'une littérature canadienne-française, il donne les raisons de l'inexistence d'une véritable littérature au Canada français. Il dit entre autres choses que si les Canadiens français parlent encore en français, « ils pensent déjà en anglais ou, du moins, ne pensent plus en français ». « Nous n'avons plus la mentalité française », constate-t-il. Mais son jugement sur cette question n'exclut pas l'avènement « dans une cinquantaine d'années » d'une véritable littérature canadienne-française.

A Monsieur Ch. ab der Halden,

Caluire (Rhône).

Monsieur,

J'écrivais ici même, au mois d'août passé, que la littérature canadienne-française n'existe pas et n'existera probablement pas de sitôt. Et j'en donnais pour raison que, chez nous, les esprits les mieux doués pour les lettres sont détournés de cette carrière par l'absence d'un public liseur et par les nécessités matérielles.

En une fort belle lettre — si belle que vous me voyez tout confus, Monsieur, d'avoir à vous répondre — vous me démontrez péremptoirement que je suis au plus profond de l'erreur. Je ne demande pas mieux que de vous croire ; cependant, voyons un peu, si vous le voulez bien, en quoi je me suis trompé, et, pour cela, confrontons successivement avec les objections que vous leur opposez les très-simples faits dont je pensais avoir prouvé la réalité.

Et d'abord, vous affirmez l'existence d'une littérature canadienne-française. Quelle preuve en donnez-vous ? Que Gaspé, Garneau, Crémazie et Buies ont laissé des pages de mérite, et que nous avons encore aujourd'hui des gens de talent.

Je n'ai jamais prétendu autre chose de ma vie, Monsieur. J'ai seulement dit qu'une douzaine de bons ouvrages de troisième ordre ne font pas plus une littérature qu'une hirondelle ne fait le printemps. Et si cela ne vous paraît pas évident, si vous persistez à croire que cela peut se discuter, je suis bien forcé de conclure que vous voulez à toutes forces vous moquer de nous.

J'ai encore écrit que rien, présentement, ne saurait faire présager la naissance prochaine d'une littérature à nous. Me suis-je trompé davantage sur ce point ? Cela supposerait la disparition au moins partielle des deux causes qui nous ont paralysés jusqu'ici et qui sont malheureusement aujourd'hui ce qu'elles étaient hier. Vous me répondez que ni l'une ni l'autre de ces causes n'a l'importance que je lui attribue : la situation matérielle des littérateurs ne vous semble guère plus défavorable au Canada qu'en France, et vous jugez peu fondées mes plaintes au sujet de la critique, dont vous contestez l'influence heureuse sur le progrès des lettres.

« Les écrivains français ne sont pas tous des nababs. » Sans doute, Monsieur, mais vous m'accorderez que les petites fortunes sont, proportions gardées, beaucoup plus communes chez vous ; qu'une bonne partie de vos auteurs haut cotés en librairie, aujourd'hui, appartiennent à des familles à l'aise, qui leur ont facilité leurs débuts, et qu'enfin il existe en France, pour gagner sa vie dans les lettres, cent et mille moyens inconnus au Canada. Au moins, chez vous, le jeune homme peut toujours, en dernier recours, se faire bohème. Nous autres, nous n'avons même pas cette ressource. New-York est trop près de nous, Monsieur, la mentalité américaine nous pénètre et nous déborde à notre insu, et la bohème, cette fleur de France, ne saurait s'acclimater sur nos rives. Joignez qu'il est bien plus facile de gagner de l'argent à Montréal qu'à Paris. Un jeune Français pauvre pourra bien se consacrer exclusivement à la littérature, estimant que, quant à jeûner, mieux vaut encore que ce soit dans cette carrière. Le jeune Canadien pauvre, au contraire, malgré son enthousiasme premier, n'attendra pas la trentaine pour briser sa plume : tandis qu'il jeûne en mâchouillant des vers ou de la prose, il voit s'offrir à lui chaque jour une occasion nouvelle de sortir de la gêne pourvu qu'il veuille bien sacrifier ses rêves de gloire. Doit-on s'étonner s'il cède à la tentation ? Vos Français de France feraient comme lui, Monsieur.

Chez vous, un jeune homme a toujours l'espérance, même s'il est pauvre, d'atteindre au succès après plusieurs années d'un travail persévérant ; chez nous, le succès dans les lettres est une loterie pour laquelle il ne se vend que de faux billets et à laquelle on perd toujours à coup sûr. Chez vous, il y a, pour faire prendre patience aux travailleurs consciencieux qui tardent à voir venir les gros tirages, des positions diverses, des chaires d'université petites ou grosses ; chez nous, un homme remplissant les mêmes conditions se décourage après quelques années d'épreuves et de sacrifices, et il devient avocat, médecin... ou épicier ; très-fréquemment il se fera journaliste, et je vous assure, Monsieur, que l'épicerie, en notre pays, est une profession bien plus intellectuelle et, surtout, bien plus propre que le journalisme.

J'ai regretté que la critique n'existât pas au Canada, et selon vous nous sommes, au contraire, bien heureux de n'avoir « ni Sarceys, ni Faguets, ni Domnies. » Et, ayant rappelé le *Commentaire* de Voltaire sur Corneille, les articles de Geoffroy et de La

Harpe sous le premier empire, les attaques des classiques de 1830 contre Victor Hugo, vous pensez porter le dernier coup à la critique par cette assertion peu banale, que le meilleur des critiques n'est, après tout, qu'un assassin. — C'est bien ce que vous voulez dire, n'est-ce pas, lorsque vous écrivez : « Le bon Sarcey... a tué Henri Becque. Et c'était un brave homme. Jugez s'il eût été méchant » ? — Mais dites donc, Monsieur : est-ce moi ou vous qui nous livrons sur la critique « à tous les sévices auxquels les Iroquois de jadis se livraient sur leurs prisonniers » ? Et est-ce bien à vous de me reprocher ma cruauté ? Et savez-vous que je vous soupçonne fort d'être au fond, sous votre maquillage moins violent et sous vos attitudes de civilisé, tout aussi peau-rouge que je le suis ? J'ai dénoncé, il est vrai, les comptes-rendus bibliographiques de nos journaux nègres, en lesquels s'incorpore toute notre soi-disant critique. Mais jamais je n'aurais voulu, comme vous, m'attaquer à la critique française.

....

Au reste, ce que je regrette surtout chez nous, ce n'est pas tant — et il s'en faut de beaucoup — l'absence d'une critique véritable que la présence de ce simulacre de critique dénoncé par moi avec une virulence que vous vous déclarez inhabile à comprendre. Et j'ajoute que, cette sorte de critique, je ne la déplore pas autant pour elle-même que pour le triste état d'esprit qu'elle indique chez notre population. Je me suis probablement mal exprimé, mais tout ce que j'ai voulu dire, c'est qu'il n'y aura rien à espérer pour l'avenir de nos lettres tant que des gazettes comme celles dont nous sommes affligés — avec leurs comptes-rendus bibliographiques qu'on dirait fabriqués par des aliénés — vous savez trop bien que je n'exagère pas — pourront trouver des lecteurs jusque parmi nos classes soi-disant instruites. Si je me mets en colère — ce qui est bien inutile, je vous l'accorde, — contre cette prétendue critique, c'est qu'elle me montre, tel un baromètre, le degré d'indifférence de nos gens pour les choses de l'esprit ; c'est qu'elle me fournit une autre preuve — et combien frappante ! — de la stagnation intellectuelle de mes compatriotes.

Voilà le grand mal, Monsieur, et dont découlent tous les autres. Voilà le grand obstacle à la création d'une littérature canadienne-française. Savez-vous dans quel milieu nous vivons, dans quelle atmosphère ? Je me suis permis déjà de vous dire que vous ne me paraissez pas vous en douter. Nos gens — et je parle des plus passables, de ceux qui ont fait des études secondaires — ne savent pas lire. Ils ignorent tout des auteurs français contemporains. Les sept huitièmes d'entre eux n'ont jamais lu deux pages de Victor Hugo et ignorent jusqu'au nom de Taine. Ils pourront, à l'occasion, acheter des ouvrages canadiens, mais qu'ils se garderont bien d'ouvrir, non parce qu'ils les jugeront inférieurs mais simplement parce qu'ils n'aiment pas lire. Ils sont fort occupés par leurs affaires professionnelles ; mais je vous demande si cette excuse, en votre pays, justifierait un homme de leur état de ne pas lire, durant toute une année, une seule page de littérature. Ils n'ont pas de goût. Le sens des choses de l'esprit leur manque. Cela, tous les enfants de France le sucent avec le lait maternel, le respirent avec l'air ; or, ce que vous acquérez à votre insu, nous ne pouvons le gagner que par des efforts réfléchis et acharnés. Non seulement l'expression anglaise nous envahit, mais aussi l'esprit anglais. Nos Canadiens français parlent encore en français, ils pensent déjà en anglais. Ou, du moins, ils ne pensent plus en français. Nous n'avons plus la mentalité française. Nous tenons encore à la France — et beaucoup — par le cœur, mais presque plus par l'intelligence. Nous ne sommes pas encore des Anglais, nous ne sommes plus des Français.

Cela explique que nous ayons pour journaux des feuilles qui ne vivraient pas deux jours en France, et une critique à l'avenant. Et c'est pourquoi nos jeunes gens un peu doués ne se sentent guère tentés, les premières illusions passées, de persévérer dans une carrière où ils sont sûrs de ne rencontrer que les pires déboires et d'où ils n'ont qu'à s'évader pour échapper à la gêne et, même, arriver à l'aisance.

Malgré tout, vous voulez nous trouver des raisons d'espérer. Vous nous en donnez d'exquises. « Vous ne souffrez pas, dites-vous, de cette surproduction qui nous accable. » C'est vrai, Monsieur ; et vous auriez pu ajouter que, ce rare avantage, il n'y a, pour le partager avec nous dans les mêmes proportions, que le Groënland, la Terre de Feu, la Côte d'Ivoire, et quelques autres contrées également très connues par leur littérature.

Vous voyez que je vous accorde beaucoup. Puis-je, en retour, vous demander une concession ? Franchement, tenez-vous beaucoup au titre de votre ouvrage « sur la *littérature* canadienne-française » ? Voulez-vous que je vous dise ? à votre place j'y renoncerais. Voyez-vous, la qualité première de votre langue est la clarté, par consé- quent la précision, e ce serait vraiment dommage qu'un aussi beau livre commençât par une faute de français. Or, vous savez très bien que nous n'avons pas de littérature, et vous n'aviez pas besoin de moi pour vous l'apprendre. Ne craignez pas de nous blesser en énonçant une vérité que nul esprit sérieux, même chez nous, ne songerait à nier, et soyez sûr que votre franchise nous plaira plus que vos compliments évidemment excessifs. Parce qu'un Moscovite au ait fait un livre français qui ne serait pas trop mal, vous croiriez-vous en droit, même si pareil accident se répétait à sept ou huit reprises, de parler de la *littérature* russo-française ? Quand le vicomte Joseph de Maistre fit les *Soirées de Saint-Pétersbourg*, pensez-vous qu'il posât les bases d'une nouvelle *littérature ?*

Vous parlez d'une littérature *canadienne ;* mais pouvez-vous prétendre que Nelligan et Lozeau — nos deux seuls poètes un peu remarquables — soient des écrivains canadiens ? Qu'y-a-t-il de canadien dans leurs œuvres ? Nelligan et Lozeau sont de notre pays, mais je vous défie bien de me montrer chez eux plus de préoccu- pation des choses de chez nous que vous n'en trouverez chez Verlaine, chez M. Henri de Régnier ou chez M. de Montesquieu-Fezensac. Vos compatriotes ne reconnaîtront chez eux rien d'exotique, et rien, sauf certaines faiblesses explicables seulement par l'influence d'un autre milieu, ne saurait trahir leur origine. Ils sont, comme la plupart de vos jeunes d'aujourd'hui, les bâtards de tous les poètes morbides et laborieux de ces vingt dernières années. Ils sont inspirés par la même muse neurasthénique et savante, parlent la même langue, usent des mêmes rythmes. Toutes leurs qualités, et presque tous leurs défauts, sont les mêmes. Enfin, ils traitent les mêmes sujets. Je vous demande un peu sur quoi vous pouvez bien vous baser, après cela, pour classer Nelligan et Lozeau parmi les auteurs canadiens et non point parmi les auteurs français. Et, même si j'omets cette objection, il me reste toujours que vous ne pouvez trouver parmi toutes nos productions, prose comme vers, plus de douze ouvrages de troisième ordre, — et encore suis-je bien généreux.

Si j'avais un conseil à vous donner, je vous dirais : — « Cessez, Monsieur, de parler de notre *littérature.* Cela pourrait venir à vous faire tort auprès de nos rares Canadiens qui se donnent la peine de couper les feuillets des livres qu'ils achètent. On finirait — encore que vous déclariez très expressément ne rien attendre de mes compatriotes — par prendre pour de la flatterie ce qui n'est que de la bienveillance très grande et très sincère. »

Et j'ajouterais :

« Continuez quand même, Monsieur, de parler de nous. Procurez quand même à nos rares écrivains la satisfaction douce et précieuse, et que rien ne remplace, de constater que quelqu'un d'intelligent s'occupe d'eux. Soyez leur indulgent, et épargnez-leur non-seulement la raillerie mais aussi les jugements sévères. Ne perdez pas de vue le côté difficile et pénible de leur situation. N'oubliez pas que seulement pour apprendre à écrire le français avec correction ils sont tenus à des efforts énormes. Songez que l'anglicisme est répandu partout comme un brouillard devant nos idées. Pensez que nous avons pour voisin un peuple de quatre-vingts millions d'hommes dont la civilisation ardemment positive, les conceptions toutes prosaïques et les préoccupations exclusivement matérielles sont la négation de l'idéal français, — un peuple d'une vie et d'une activité effrayantes, à cause de cela attirant comme un gouffre, et qui projette sur nous, jour et nuit, la monstrueuse fumée de ses usines ou l'ombre colossale de ses sky-scrapers. Rappelez-vous que même au Canada les deux-tiers des gens parlent l'anglais ; que, un peu par notre faute, beaucoup à cause de circonstances contre lesquelles nous ne pouvons rien, nous sommes inférieurs à nos concitoyens d'autre origine sous le rapport de la richesse et sous le rapport de l'influence, — et que, malgré tout, nous subissons l'ambiance, nettement et fortement américaine. L'état d'écrivain chez nous n'a donc rien de très enviable. Le Canada est le paradis de l'homme d'affaires, c'est l'enfer de l'homme de lettres.

« Pour toutes ces raisons, vous devez une large bienveillance à ceux de nos gens qui ont du talent et le courage de l'exercer. Mais suivant moi vous leur avez jusqu'ici prodigué beaucoup trop de fleurs. Surtout, vous ne me paraissez point avoir fait la différence assez grande entre les meilleurs et les pires. Il faut bien croire que « tout est affaire de diapason, » puisque vous le dites, mais ayez garde, Monsieur, que tout le monde, ici, ne comprendra pas cela. Il y a même grand danger que notre public prenne vos écrits tout à fait au pied de la lettre : il ne saisit que très difficilement les sous-entendus et il ne sait pas du tout lire entre les lignes. Donc, n'essayez point de vous faire entendre à demi-mot, et si vous voulez sourire là où nous ririons, du moins que votre sourire soit pleinement ébauché. »

C'est à cette condition que vous nous serez vraiment utile. Ainsi vous pourrez encourager nos travailleurs de mérite, à qui vous renverrez un écho de leurs œuvres. Ainsi vous pourrez les protéger, en élevant au-dessus de leurs têtes — et des nôtres — ce parapluie dont je vous parlais tout à l'heure et dont ils ont si grand besoin.

Quant à votre *littérature* canadienne-française, c'est un beau rêve, Monsieur, dont on pourra, peut-être, entrevoir la réalisation dans une cinquantaine d'années, — une magnifique découverte dans l'avenir. Et, à moins que notre race ne soit destinée à disparaître de ce continent, vous aurez plus tard l'honneur d'être connu comme le précurseur de la critique canadienne. Vous l'aurez d'autant mieux mérité que votre foi robuste n'aura pas peu contribué, sans doute, à faire naître cette littérature dont vous affirmez dès aujourd'hui l'existence, en dépit de la réalité contraire.

Jules Fournier [a]

Côteau du Lac, le 26 décembre 1906.

---

a. Jules Fournier, « Réplique à M. ab der Halden », *Revue canadienne*, tome LII, 1907, vol. 1, p. 128-136.

Document n° 46

1908 — RESTER SOI-MÊME POUR INTÉRESSER LE TOURISTE

Omer Héroux (1876-1963) naquit à Saint-Maurice, comté de Champlain, et fit ses études au Séminaire de Trois-Rivières. Il commença sa carrière de journaliste au Trifluvien, journal de tendance ultramontaine et conservatrice. Après un séjour au Journal et à la Patrie de Montréal, il devint le bras droit de Tardivel, son beau-père, à la Vérité et fut de la première équipe de l'Action sociale, le journal catholique de Québec lancé par l'abbé Stanislas Lortie, l'avocat Adjutor Rivard et l'abbé Paul-Eugène Roy qui jouèrent tous trois un rôle important dans la défense et la promotion du français. Il entra ensuite au Devoir dont il fut le rédacteur en chef de 1910 à 1954.

Militant de la cause française et catholique et défenseur des minorités canadiennes-françaises, Omer Héroux fut l'un des fondateurs de la Ligue des droits du français. Il dirigea la revue de l'Action française de 1917 à 1920.

En 1937, l'Université Laval lui décerna un doctorat honorifique en lettres. En 1947, il fut décoré de l'Ordre du mérite scolaire franco-ontarien.

Dans cet article de l'Action sociale, *il invite les habitants de Québec à donner une « toilette française » à leur ville.*

M. Louis Arnould, l'ancien professeur de littérature française de Laval, publie dans la « Revue des Deux Mondes » du 15 mars un remarquable article sur la politique canadienne d'émigration française. Nous aurons l'occasion de revenir sur la thèse qui fait le fond de ce travail, nous voulons simplement pour aujourd'hui en souligner une note incidente.

« Tous les voyageurs français l'ont remarqué, dit M. Arnould, ce n'est pas une petite ni agréable surprise pour nous que de trouver la langue anglaise installée partout, pour ainsi dire au Canada, dans les grands magasins de Montréal, dans les plus grands hôtels de Québec, voire dans un grand nombre de familles « françaises », qui, peu à peu, entraînées par leurs relations avec la société anglaise, finissent dans l'usage à donner la préférence à l'idiome britannique. » Il y a du vrai là-dedans et beaucoup, et nous comprenons la douloureuse surprise de ceux qui, dans une province aux trois-quarts française, où des centaines de mille gens n'entendent même point l'anglais, se heurtent à « cette croute sociale anglaise. » L'expression est de M. Robert de Caix, un autre voyageur.

Aussi espérons-nous qu'à l'occasion des fêtes du troisième centenaire, qui nous amèneront des visiteurs de tous les pays, notre bonne ville de Québec tiendra à se faire une toilette française.

Elle le doit à son passé et à ses traditions ; on pourrait presque ajouter qu'elle le doit également à ses intérêts.

Elle se glorifie d'être le berceau de la race française en Amérique, la gardienne de ses traditions et de ses plus chers souvenirs, le point de ralliement de tous les groupes franco-américains. Elle est donc tenue, en honneur, d'affirmer partout le caractère, la note spéciale dont elle tire un si grand orgueil.

Et elle y trouverait son intérêt.

Ce que les Américains et les Anglais viennent chercher à Québec, ce qu'y priseront surtout les Australiens et les Hindous, ce n'est point tant la beauté d'un panorama, qui est du reste merveilleux, que la survivance d'un passé glorieux, le témoignage toujours vivant d'une civilisation exquise, gracieuse — et différente.

Les voyageurs cherchent du nouveau, quelque chose qui les repose de leur entourage ordinaire, qui excite et satisfasse leur besoin de savoir. Si Québec n'avait point son glorieux passé, si elle n'offrait ce contraste d'une ville française et latine perdue dans un océan anglo-saxon, elle ne serait point devenue la Mecque de tous les Américains blasés, qui, fatigués de ne voir surgir des rues de leurs villes sans souvenirs que des vocables connus et des pensées utilitaires, viennent lui demander la révélation d'une vie et de pensées nouvelles. Il y a d'autres paysages en Amérique et d'une telle grandeur, d'un si magnifique pittoresque, qu'ils peuvent satisfaire les plus ardentes imaginations.

Mais il n'y a qu'un Québec, et c'est le Québec français, qui n'est pas tenu sans doute de s'immobiliser dans la contemplation du passé, qui se doit à tous les progrès légitimes, mais qui doit par-dessus tout rester fidèle à lui-même, garder sa physionomie propre, son allure joyeusement et crânement française.

Cela n'empêchera personne d'utiliser tout l'anglais, et même tout l'indoustani qu'il faudra pour mettre à l'aise nos visiteurs — et l'on peut être sûr que les Canadiens ne pêcheront point par omission de ce chef — mais il faudrait que nos hôtes sentent bien qu'ils habitent une ville de traditions, de mœurs et de coutumes françaises.

Ils nous en sauraient gré, puisqu'au fond c'est bien cela qu'ils viennent chercher ici, et leurs commentaires nous feraient probablement plus de plaisir que les remarques de MM. Arnould et de Caix, dont nous sommes bien obligés de dire, avec une légère confusion : — Après tout, nous ne l'avons pas volé !

Omer Héroux [a]

---

a. Omer Héroux, « Toilette française », *l'Action sociale*, le 7 avril 1908.

Document n° 47

1910 — LE TRICOLORE DOIT FLOTTER SUR LE QUÉBEC

Laurent-Olivier David (1840-1926), avocat, journaliste, écrivain et homme politique, est né au Saut-au-Récollet en 1840. Devenu journaliste, après s'être inscrit au Barreau du Bas-Canada, il collabora au Colonisateur *et à l'*Opinion publique *avant de fonder et de diriger la* Tribune *(Montréal, 1880-1884).*

En politique, il débuta dans les rangs du parti conservateur avant d'adhérer au parti libéral. Député de Montréal-est à l'Assemblée législative du Québec (1886-1890), greffier de la ville de Montréal (1892-1919), il fut appelé au Sénat en 1903. Il fut président de la Société Saint-Jean-Baptiste de Montréal (1887-1888), fondateur du Monument national et membre de la Société royale du Canada (1887-1892). Il est l'auteur de plusieurs ouvrages historiques et biographiques : Biographie et portraits *(1876),* les Patriotes de 1837 *(1884),* les Deux Papineau et le clergé canadien *(1896),* Souvenirs et biographies *(1911), etc.*

Dans un article paru en 1910, il défend le drapeau tricolore comme drapeau national des Canadiens français contre les nationalistes de l'époque partisans du Carillon-Sacré-Cœur [a].

Convaincu que cette question peut nous faire du mal au point de vue religieux et national, je crois devoir exprimer, à ce sujet, l'opinion d'hommes sérieux et raisonnables, et soumettre à ceux qui veulent remplacer ici le drapeau de la France par la bannière Carillon-Sacré-Cœur, quelques observations dignes, il me semble, de considération.

Tout d'abord, je reconnais que, en adoptant comme drapeau la bannière qui flottait sur la tête des vainqueurs de Carillon, ils ont obéi à des sentiments dont le patriotisme ne peut être contesté. C'était le drapeau des temps héroïques de la France au Canada ; il est saturé de gloire, imprégné de souvenirs émouvants et glorieux. On y a joint l'image du Sacré-Cœur, encore sous l'empire d'un sentiment louable, pour rendre hommage au Christ.

Mais cela suffit-il pour nous autoriser à l'adopter comme drapeau national à la place du drapeau de la France ? Non, dix fois non, pour les raisons suivantes :

Comme sujets britanniques, notre drapeau officiel est l'« Union Jack, » le drapeau de l'empire britannique. Il est un signe de force, de grandeur et de puissance et protège tous les peuples, tous les hommes qui vivent sous son égide. Il devrait nous suffire si nous étions Anglais, mais comme Canadiens-français, nous tenons à avoir un drapeau qui nous distingue des autres nationalités, qui indique notre origine et soit un gage de protection pour les droits sacrés que les traités nous ont garantis.

Or, où trouver un drapeau plus distinctif de notre origine, plus caractéristique de nos traditions et de nos aspirations, qui nous donnera plus de prestige et d'influence et assurera plus efficacement la foi des traités, que le drapeau de la France, le drapeau du pays de notre origine, du pays qui a conclu ces traités avec l'Angleterre ?

---

a. Voir « le Carillon-Sacré-Cœur », *Revue nationale*, juin-juillet 1930, p. 187-190.

Le drapeau de la France a fait le tour du monde dans une auréole de gloire, il flotte partout fièrement sur tous les points du globe, et partout il est craint, respecté, et protège ceux qu'il couvre de ses plis glorieux. Il parle un langage qui n'a pas besoin d'explication ; quiconque voit ses trois couleurs briller sous le soleil, sait qu'il est le drapeau d'une grande nation et qu'on ne peut le mépriser sans danger. On sait ce qu'il en a coûté à certaines nations pour l'avoir insulté.

Le moment serait bien mal choisi pour le rejeter, le renier, lorsque l'Angleterre et la France, grâce à l'entente cordiale, se préparent à marier leurs drapeaux sur les champs de bataille, pour se protéger mutuellement et défendre au besoin leurs colonies. Ces deux grandes nations auraient bien le droit de trouver notre conduite étrange et peu digne d'un peuple qui se targue de patriotisme.

Le drapeau tricolore n'est pas le drapeau d'une dynastie, d'un parti ou d'un gouvernement, c'est le drapeau de la France. [...]

[...] Il peut venir un jour où, pour protéger les droits qui nous ont été garantis par des traités, nous serions heureux d'arborer le drapeau de la France et d'invoquer son secours. N'aurait-elle pas le droit de nous dire qu'en rejetant son drapeau nous avons renoncé à sa protection ?

Avec le tricolore, nous pourrions faire le tour du monde, et les nations les plus barbares, voyant passer le drapeau de la France, s'inclineraient. Avec la bannière « Carillon-Sacré-Cœur, » nous n'irions pas loin sans être insultés, sans faire naître des sentiments de dédain et d'hostilité. Et à qui pourrions-nous nous adresser pour venger notre drapeau outragé ?

L'adoption du drapeau de la France n'a pas été seulement une affaire de sentiment, elle a été de plus un acte de sagesse et de diplomatie. C'est en 1855 que cet événement mémorable se produisit, lorsque la « Capricieuse, » portant les couleurs françaises, remonta les eaux de notre grand fleuve et jeta l'ancre dans le port de Québec. Il y eut alors une explosion de souvenirs, de sentiments qui se manifesta par une levée générale de drapeaux français. Mais le capitaine Belvèze s'évertua à démontrer que son but principal en abordant sur nos rives, était d'établir entre le Canada et la France des relations commerciales. En effet, depuis cette époque, notre commerce avec la France s'est développé considérablement et le traité qui vient d'être conclu va activer cet heureux mouvement. Et les efforts les plus sérieux ne sont-ils pas faits en ce moment pour décider la France à nous envoyer des capitaux et des colons ? Encore une fois, le moment est-il bien opportun pour rejeter son drapeau ?

Il y aurait beaucoup à dire encore sur ce sujet, mais c'en est assez pour démontrer que cette question de drapeau est plus grosse de conséquences qu'on ne semble le croire, et que notre intérêt national et religieux s'oppose à ce que nous nous exposions à perdre des sympathies dont nous avons tant besoin pour accomplir nos destinées. Nous nous développons, nous grandissons sous la protection des drapeaux des deux plus grandes nations du monde ; rejeter l'un ou l'autre, dans le moment, pourrait être une erreur fatale.

Laurent-Olivier David [b]

---

b. Laurent-Olivier David, *Mélanges historiques et littéraires*, Montréal, Beauchemin, 1917, 338 pages. Voir p. 230-234.

Document nº 48

1910 — UNE PREMIÈRE LOI TIMIDE ET CONTESTÉE

Armand Lavergne (1880-1835), avocat, homme politique et porte-parole du nationalisme canadien-français, était le fils de Joseph Lavergne, avocat, député libéral et juge. Après des études secondaires à Québec et à Ottawa, puis un voyage en Europe (été 1898), il entra à la Faculté de droit de l'Université Laval de Québec et fut admis au Barreau à l'été de 1903. Il exerça sa profession à Québec et à Montmagny et fut élu bâtonnier du Barreau de Québec en 1930.

Élevé dans une famille libérale — son père était l'associé professionnel de sir Wilfrid Laurier —, Armand Lavergne s'occupa très tôt de politique. En 1903, il participa à la fondation de la Ligue nationaliste. En février 1904, les électeurs de Montmagny l'envoyèrent — à l'âge de 23 ans — représenter leur circonscription à la Chambre des communes. Élu sous les couleurs libérales, Lavergne refusa toutefois de se plier aveuglément à la discipline de parti. En 1905 notamment, il fit campagne avec Bourassa contre la politique linguistique de Laurier au sujet des nouvelles provinces de l'Ouest (Alberta et Saskatchewan) et fut plus tard exclu du parti libéral. Il abandonna peu après son siège à Ottawa et se fit élire, par les mêmes électeurs de Montmagny, député à Québec (juin 1908). Élu député nationaliste, Lavergne s'allia en Chambre aux conservateurs. Il resta député à Québec jusqu'aux élections de 1916 où il ne fut pas candidat. Battu aux élections fédérales de 1917 et de 1921 (il était alors candidat nationaliste) et aux élections provinciales de 1923, il passa définitivement dans le camp conservateur en 1924 et fut élu député fédéral de Montmagny en juillet 1930.

Armand Lavergne porta diverses étiquettes politiques, mais demeura toujours fidèle à ses idées nationalistes. C'est à celle-ci qu'on doit la « loi Lavergne » sur le bilinguisme dans les services publics au Québec.

* * *

Ardent défenseur des droits du français, Armand Lavergne a innové en recourant à l'État pour rendre l'usage du français obligatoire dans l'important secteur économique des services publics. Il fit adopter un texte de loi qui obligeait les entreprises de services publics à s'adresser en français à leurs clients. Mais cette mesure, si banale soit-elle en apparence, ne fut pas prise sans une longue et difficile lutte.

Lavergne s'adressa d'abord à l'État fédéral. Il déposa en ce sens une proposition de loi, mais le premier ministre refusa de la discuter en séance publique (18 mars 1908). D'accord avec le principe du texte, sir Wilfrid Laurier trouvait en effet son application trop étendue et fit valoir qu'il fallait d'abord connaître l'avis des représentants des compagnies intéressées : « La question est importante pour les compagnies de chemins de fer, et mon honorable ami comprend qu'il est juste qu'elles prennent connaissance du bill et sachent si elles doivent le combattre. Il y a certainement d'excellentes choses dans ce projet de loi, mais je ne voudrais pas que le Gouvernement s'engage à le faire adopter, sans que les compagnies de chemins de fer aient été entendues. [...] Si [les compagnies] n'ont aucune objection je n'en ai certainement pas [a]*. » Le 21 mai suivant,*

---

a. *Débats de la Chambre des communes,* le 18 mars 1908, col. 5468-5469. Pour un aperçu de la position d'Armand Lavergne à l'époque, voir son discours, « les Droits de la langue française », reproduit dans *le Congrès de la jeunesse à Québec en 1908,* préface de Thomas Chapais, Montréal, au « Semeur », 1909, 459 pages. Voir p. 305-315.

le député de Montmagny tenta, mais en vain, de soulever à nouveau la question en déposant sur le bureau de la Chambre une pétition en faveur du bilinguisme dans les services publics. Lancée par l'Association catholique de la jeunesse canadienne-française (A. C. J. C.), cette pétition avait recueilli 435 000 signatures de « Canadiens d'origine française et anglaise b* » mais ne suffit pas à faire aboutir l'affaire.*

Lavergne ne s'avoua pas vaincu malgré les avanies dont il fut l'objet de la part de la presse libérale c*, et il relança la question à l'Assemblée législative du Québec où il siégeait depuis juin 1908. Il déposa une première fois une proposition de loi le 4 mars 1909 qui fut adoptée non sans difficultés par les députés à la séance du 3 mai suivant. Mais les conseillers législatifs, émus par les représentations des compagnies ferroviaires, dénaturèrent le texte en y apportant de nombreux amendements* d*. Lavergne refusa alors de se plier et préféra présenter à nouveau son texte au début de la session de 1910. Cette fois, députés et conseillers législatifs, constatant l'ampleur du mouvement d'opinion en faveur du texte, se mirent d'accord et adoptèrent la mesure en n'y apportant que de légers amendements* e*. La loi fut donc sanctionnée le 4 juin 1910 et entra en vigueur le 1er janvier 1911. Elle constitue les articles 1682 c et 1682 d du Code civil du Québec (chapitre Du louage d'ouvrage, section Des voituriers).*

Si anodine soit-elle, cette loi représente un moment important de l'histoire politique de la langue française au Québec, comme le souligne Camille Tessier, vice-président de l'A. C. J. C., dans un rapport présenté au Congrès de la langue française en 1912. Ce dernier constate bien l'application imparfaite du texte mais n'en dégage pas moins la signification profonde de celui-ci : « La Loi Lavergne et les luttes auxquelles elle a donné lieu, ont déjà fait plus, pour la vitalité de notre langue en ce pays, que les nombreux et éloquents discours des orateurs qui, à toute époque de notre histoire, ne nous ont jamais manqué. [...] L'effet le plus consolant de la Loi Lavergne c'est le courant d'opinion qu'elle a créé par toute la province. Depuis deux ou trois ans, les Canadiens français sont devenus susceptibles au sujet de leur langue. Quand on l'attaque, ils se lèvent plus vite qu'auparavant pour la défendre ; quand elle subit une défaite, ils s'en attristent amèrement ; quand elle est vivace et triomphante, comme en ces jours mémorables, ils ont le cœur plus patriote pour s'en réjouir. Si bien que, maintenant, les barrières politiques s'abaissent et les préjugés de partis disparaissent devant les intérêts de la langue. Et, Dieu merci ! elle vaut bien les sacrifices que nous faisons pour elle,

---

b. Le chiffre exact annoncé par Lavergne est de 433 845 noms : *Débats de la Chambre des communes*, le 21 mai 1908, col. 9305 à 9307. Armand Lavergne écrira dans ses mémoires que la pétition qu'il avait déposée ce jour-là avait recueilli 1 700 000 signatures : Armand Lavergne, *Trente ans de vie nationale*, Montréal, Déom, 1935, 228 pages. Voir p. 125.

c. Voir notamment les *Débats de la Chambre des communes*, le 12 mai 1908, col. 8683 à 8685.

d. Sur les hésitations des députés et des conseillers législatifs, voir notamment : Montjorge (pseudonyme d'Armand Lavergne), « la Loi du français », *le Nationaliste*, 6 juin 1909 ; Omer Héroux, « Pour le français », *l'Action sociale*, 28 avril 1909, et « Il faut en finir », *l'Action sociale*, 29 avril 1909. Voir également l'étude de Michel Brunet, « les Servitudes et les défis du bilinguisme », dans *Québec Canada anglais : deux itinéraires, un affrontement*, Montréal, Editions HMH, 1969, 309 pages. Voir p. 199.

e. Au Conseil législatif, le texte fut adopté en commission spéciale à huis clos par treize voix contre huit ; trois conseillers canadiens-français figuraient parmi les opposants. Edmond Orban, *le Conseil législatif de Québec 1867-1967*, Bruges-Paris, Desclée de Brouwer, et Montréal, les Éditions Bellarmin, 1967, 354 pages. Voir p. 279-281.

cette langue française qui nous tient tant à l'âme et sans laquelle notre nationalité ne pourrait vivre [f].

CHAP. 40

Loi amendant le Code civil concernant les contrats faits avec les compagnies de services d'utilité publique.

(Sanctionnée le 4 juin 1910)

SA MAJESTE de l'avis et du consentement du Conseil législatif et de l'Assemblée législative de Québec, décrète ce qui suit :

1. Les articles suivants sont ajoutés après l'article 1682*b* du Code civil, tel qu'édicté par la loi 5 Edouard VII, chapitre 28, section I :

« 1682*c*. Doivent être imprimés en français et en anglais les billets des voyageurs, les bulletins d'enregistrement des bagages, les imprimés pour lettres de voiture, connaissements, dépêches télégraphiques, feuilles, et formules des contrats, faits, fournis ou délivrés par une compagnie de chemin de fer, de navigation, de télégraphe, de téléphone, de transport et de messageries ou d'énergie électrique, ainsi que les avis ou règlements affichés dans ses gares, voitures, bateaux, bureaux, usines ou ateliers.

« 1682*d*. Toute contravention par une compagnie de chemin de fer, de navigation, de télégraphe, de téléphone, de transport, de messageries ou d'énergie électrique, faisant affaires en cette province, à une des dispositions de l'article précédent sera punie d'une amende n'excédant pas vingt piastres, sans préjudice du recours pour dommages. »

2. La présente loi entrera en vigueur le premier janvier 1911 [g].

---

f. Camille Tessier, « Rapport sur l'enquête faite par l'Association catholique de la jeunesse canadienne-française concernant l'observation de la loi Lavergne », paru dans *Mémoires du premier Congrès de la langue française au Canada*, Québec, l'Action sociale, 1914, 636 pages. Voir p. 127-130. La loi Lavergne a été invoquée devant les tribunaux : voir les notes du juge Tellier siégeant en cour de révision dans l'affaire *Omer Jolicœur* contre *Dominion express company*, reproduites dans *l'Action française*, 1919, p. 44-46.

g. I Geo. V, chap. 40.

Document n° 49

1912 — « IL EST DÉSORMAIS INUTILE DE PERSÉCUTER LA LANGUE FRANÇAISE. » (UN CANADIEN ANGLAIS)

Dans un article paru dans le Canadian Courier *de Toronto, un Canadien anglais apporte, sous le nom de plume « The Monocle Man », un appui inattendu à la cause du français menacé en Ontario. L'auteur de l'article s'en prend à ses compatriotes que la peur d'une supposée domination française conduit à persécuter la langue française. L'auteur condamne, au moment où va s'aggraver la querelle scolaire en Ontario, les ennemis du français qui tentent de justifier l'atteinte portée aux droits scolaires des parents en invoquant contre ceux-ci « l'intérêt » de leurs enfants. Dans sa livraison de février 1912, le* Bulletin du parler français au Canada *présente à ses lecteurs une traduction de cet article.*

Une des choses les plus singulières qu'on remarque au Canada, c'est la peur, que quelques-uns d'entre nous, qui parlons l'anglais, semblent avoir de la langue française. Nous sommes portés à la traiter comme une maladie contagieuse. Nous voulons l'isoler, la mettre en quarantaine, nous vacciner contre son infection, faire que ce soit un délit nouveau que d'en propager la connaissance pernicieuse. Je ne crois pourtant pas que de connaître mieux le français ou toute autre chose qui puisse contribuer à notre éducation nous ferait tort. L'instruction ne nous gâtera pas. Aucun Anglais éminent qui vient ici ne se croit instruit s'il ne parle le français. Les représentants de la Couronne ne manquent jamais de plaire à nos concitoyens canadiens d'origine française en leur parlant dans leur langue ; ils semblent entièrement oublier qu'en agissant ainsi « ils ébranlent la Confédération jusque dans ses fondations » et qu'ils détournent cette jeune nation d'un avenir grand, glorieux et homogène.

* * *

Pourtant la langue française ne fait de mal à personne. Sa délicate beauté embaume de son parfum la meilleure partie de la littérature connue. Le drame français est une source abondante qui ne tarit jamais, comme il arrive quelquefois à la rivière anglaise. Toute autre langue est plus ou moins gauche et n'est qu'un véhicule imparfait de la pensée humaine. Le français s'adapte à quelques-unes de nos conceptions les plus délicates et les plus complexes plus exactement que ne le font les autres langues, surtout les langues du Nord. Si je faisais les lois, j'inclinerais bien plus à rendre dans chaque école canadienne, l'enseignement pratique du français aussi bien que de l'anglais obligatoire, qu'à favoriser cette ignorance suffisante et préjugée qui s'oppose à l'enseignement littéraire à des enfants qui trop souvent ne peuvent l'apprendre à la maison. Et si j'avais à donner l'aide de l'Etat à l'une ou l'autre des deux langues, je ne la donnerais pas à celle que la finance, le commerce, l'industrie et toutes les professions s'accordent à faire triompher sur ce continent [a].

* * *

---

a. Le même argument sera invoqué près de soixante ans plus tard par les adversaires du projet de loi n° 63.

Cette peur du français n'est qu'une survivance moyenageuse et caduque des jours où la distinction des races établissait une division nationale. Il y eut un temps, — il y a aujourd'hui des pays — où l'on se battait pour la suprématie d'une race et le triomphe de l'une ou de l'autre pouvait amener des résultats bien différents. C'est cela qui nous a inspiré une répugnance instinctive pour l'expansion de toute autre langue que la nôtre. Mais dans l'état actuel des choses dans notre pays, cette répugnance n'est pas plus raisonnable que l'instinct qui porte un cheval à sortir de sa peau dès qu'il entend le froissement d'un bout de papier au bord du chemin. Autrefois cela pouvait être un indice qu'un tigre, rampant dans l'herbe sèche, se préparait à sauter sur son dos : mais les tigres sont un peu rares dans les rues de nos villes d'aujourd'hui. Le cheval tremble et s'emballe pour rien. L'Anglais fait de même, quand il voit un danger dans l'expansion de la langue française. Il vit encore aux temps de ses ancêtres.

*   *   *

Il est temps de parler franc là-dessus. Nous savons tous que la race française n'a absolument aucune chance de devenir jamais la race dominante au Canada, ou sur ce continent. Je ne me demande pas si cela serait désirable, ou fâcheux, ou indifférent pour le pays. Je dis simplement que cela ne peut pas arriver ; pas un rêveur de race française, d'ailleurs ne se l'imagine. Les peuples de langue anglaise ont trop pris d'avance : il n'y aura jamais de « domination française ». Je voudrais être aussi sûr qu'il n'y aura jamais de « domination anglaise ».

La position des Anglais est absolument assurée ; cependant il arrive qu'ils se servent de leur majorité pour ostraciser, pour mettre au pilori et marquer du fer de l'infériorité et de la trahison, la langue d'une partie loyale, patriotique et amicale de notre peuple, et qui travaille avec nous, dans la meilleure et la plus entière bonne foi, à faire une grande nation.

*   *   *

Sans doute, je sais bien que ceux des nôtres qui ont l'humeur philanthropique — qui n'accomplissent jamais leurs désirs égoïstes sans prétendre qu'ils le font avec répugnance et pour le seul avantage des autres, — ont pitié de « ces pauvres petits Français », privés de cette espèce d'éducation que nous croyons bonne pour eux et par là privés des avantages supérieurs dont nous jouissons nous-mêmes. Ils sont destinés à être dépassés dans la lutte pour la vie, parce que leurs parents ne leur donnent pas l'éducation pratique que nous donnons à nos enfants. Aussi faisons-nous des efforts pour les soustraire à l'influence de leurs parents, pour leur enseigner à lutter avec nos enfants, — et nous voulons que ce soit là l'œuvre de la plus belle abnégation. Mais consentirions-nous à souffrir nous-mêmes ce que nous leur imposons ? Il y a des gens dans le monde, — ils parlent le français — qui croient que nous retardons le progrès de nos enfants dans la vie, en leur enseignant ce qu'ils appellent « la légende chrétienne ». Ces Français bannissent Dieu — tel que nous le comprenons — des écoles et pratiquement enseignent la « libre pensée ». S'ils étaient en majorité dans ce pays, souffririons-nous qu'ils procurent à nos enfants « une vie meilleure » en les enlevant des mains de leurs parents « ignorants », pour leur donner l'éducation libre et éclairée de Paris ?

*   *   *

C'est un dangereux précédent que de priver les parents du droit de choisir le mode d'éducation qui convient à leurs enfants. Ceux-ci peuvent avoir tort ; mais après tout, la responsabilité des parents pour l'éducation de l'enfant est une partie essentielle de l'institution de la famille. Bien plus, les parents sont tenus d'exercer toujours la plus grande somme d'influence, et l'éducation de la famille est dix fois supérieure à celle de l'école, lorsqu'il s'agit de la formation de l'enfant. D'ailleurs l'influence et de l'école et de la famille est affaiblie et diminuée quand elles sont ouvertement opposées l'une à l'autre. Personne ne contestera qu'il est avantageux pour tout enfant au Canada d'être familier avec l'anglais. L'Anglais « paye plus » que le Français. Toutes les énergies pour le gain et l'avancement sont au service de l'Anglais. Là où les parents français sont laissés seuls, et quand ils ne sont pas forcés de prendre une attitude de défense à l'égard de l'anglais qui leur apparait comme un instrument d'oppression et un symbole de guerre contre leur foyer, ils se montrent désireux de faire apprendre à leurs enfants la langue du commerce. Mais ils restent parents quand même ; et ils peuvent être profondément blessés par toute mesure de l'Etat qui laisserait croire aux enfants que leurs parents sont arriérés et leur foyer ennemi du progrès.

*   *   *

Cependant, comme je le disais en commençant, il serait simplement ridicule, lâche, maladroit et mensonger pour nous, Anglais, de prétendre que nous avons peur que le français se répande. Il n'y a rien à craindre. La langue de ce continent est déterminée d'une manière permanente depuis longtemps. Lorsque nous nous attaquons à la langue française, nous ne sommes pas sur la défensive, nous nous faisons persécuteurs. Bien plus, nous privons ce continent de l'un de ses rares caractères pittoresques — l'avantage et l'utilité pour les nôtres d'apprendre la langue de Molière, de Balzac, de Hugo et de plusieurs des grands représentants de la culture intellectuelle dans le monde. Par là, nous ne rendons pas service au pays, nous ne défendons pas même notre langue ; mais nous entretenons avec une sauvage satisfaction un reste de barbarie ancienne qui croupit encore au fond de notre mentalité.

The Monocle Man [b].

---

b. « Le Canada et la langue française », *Bulletin du parler français au Canada*, vol. X, 1912, p. 209-212.

Document nº 50

1912 — LA LANGUE, FACTEUR FONDAMENTAL DE LA SURVIVANCE

Sir Thomas Chapais (1858-1946), journaliste, historien et homme politique, appartenait à la bourgeoisie catholique et conservatrice. Petit-fils d'Amable Dionne, seigneur de La Pocatière et conseiller législatif, il était le fils de Jean-Charles Chapais et le gendre de sir Hector Langevin, parlementaires qui ont tous deux participé à la préparation de la constitution de 1867.

Après ses études en droit à l'Université Laval et son admission au Barreau en 1879, il exerça les fonctions de secrétaire particulier du lieutenant-gouverneur du Québec. Il se tourna quelques années plus tard vers le journalisme et devint en 1884 rédacteur en chef du Courrier du Canada jusqu'à la disparition du journal (1901) dont il était entre-temps devenu le propriétaire.

Conservateur en politique, il fut nommé en 1892 au Conseil législatif dont il occupa la présidence en 1895. Il remplit diverses fonctions ministérielles dans les gouvernements Taillon et Flynn. Il était ministre d'État dans le gouvernement Duplessis et leader du gouvernement au Conseil législatif de 1936 à 1939, puis de nouveau en 1944 au retour au pouvoir de l'Union nationale. Il avait présidé la Société Saint-Jean-Baptiste de Québec en 1902 et avait été nommé au Sénat du Canada en 1919.

Historien, il fut de 1919 à 1934 professeur d'histoire du Canada à l'Université Laval. On lui doit deux importantes monographies, dont la première fut traduite en anglais, Jean Talon, intendant de la Nouvelle-France (1904) et le Marquis de Montcalm (1911). Son Cours d'histoire du Canada (1919-1934) où il retrace l'histoire politique et parlementaire du Canada laissa de lui l'image d'un historien loyaliste, favorable à l'Angleterre et à sa monarchie.

Invité à prendre la parole au premier Congrès de la langue française, il traite, en l'élargissant, le thème alors courant des rapports entre la langue et la foi. Son discours prononcé le 30 juin 1912 s'intitule « la Langue gardienne de la foi, des traditions, de la nationalité ».

Monseigneur le Président,

      Messeigneurs,

            Mesdames,

                  Messieurs,

      Appelé à clore la série des discours prononcés durant ce Congrès, je me sens tenté d'être ingrat, et de témoigner autre chose que de la reconnaissance aux auteurs du programme, pour le redoutable honneur qu'ils m'ont fait. Prendre la parole, après la fête d'éloquence et de poésie dont nous goûtons l'enivrement, c'est rompre le charme qui nous a tous si puissamment captivés. Pardonnez-moi de vous faire descendre des hauteurs où l'inspiration lyrique et oratoire vous a fait planer, et rappelez-vous, si cela est nécessaire pour vous induire à être bienveillants, qu'en ce moment je suis, autant que vous, victime des circonstances.

Les jours si pleins d'émotions fortes et douces que nous venons de traverser ont dû d'ailleurs vous prédisposer à l'indulgence fraternelle. Qu'il a fait bon, n'est-ce pas, Messieurs, de nous trouver tous réunis dans un échange mutuel de souvenirs, d'idées, de sentiments, d'aspirations et d'espérances ! Quel spectacle nous avons eu, et disons-le sans fausse modestie, quel spectacle nous avons donné ! En voyant se succéder nos séances, nos délibérations, nos cérémonies et nos célébrations, je me disais que c'était là quelque chose de plus grand et d'une plus haute portée qu'un Congrès ordinaire, et que nous assistions vraiment aux états généraux a de la langue française en Amérique.

Pour marquer le terme de ces solennelles assemblées, on m'a chargé de traiter devant vous un très vaste sujet : La langue gardienne de la foi, des traditions, de la nationalité. Rassurez-vous, je ne ferai que l'effleurer, et que signaler brièvement à votre attention quelques-unes des idées qui s'en dégagent.

I

Messieurs, la langue est la gardienne de la foi. Qu'est-ce à dire, et comment peut se démontrer cette proposition ? Pour y arriver, je ne vous demanderai pas de me suivre dans les détours d'une longue et aride dissertation. Je me bornerai à évoquer quelques vérités très simples et absolument incontestables. L'homme est un être enseigné. Il l'est non seulement au point de vue des connaissances naturelles et de la science profane ; il l'est aussi au point de vue de la science divine et des idées surnaturelles. Nous ne naissons pas avec la foi ; nous la recevons à l'heure où la raison accuse en nous son premier éveil. Et comment la recevons-nous ? Par la parole. C'est le verbe paternel et maternel qui apporte la foi à nos intelligences et à nos âmes. La parole humaine est le véhicule de la foi divine. « Fides ex auditu », disait dans sa langue rapide et forte le grand apôtre des gentils. Mais ce verbe par qui s'opère la transmission de la foi, quel en est le signe et l'organe ? C'est la langue apprise à l'enfant par la mère, en même temps qu'elle lui prodigue ses sourires et ses baisers, c'est la langue maternelle qui accomplit cette œuvre auguste. C'est elle qui est l'inter-médiaire, l'admirable truchement de la foi. Ah ! messieurs, que ne pouvons-nous nous attarder devant ce spectacle émouvant et sublime, une mère penchée sur le petit être qu'elle a porté et nourri, guettant l'éclosion de son intelligence et de la naissance de sa pensée pour y déposer, de ses douces lèvres et de son âme généreuse, la semence immortelle de la foi religieuse, et devenant ainsi doublement mère, parce qu'elle donne à son enfant la foi, après lui avoir donné la vie.

Mais cette foi que nous avons reçue d'autorité, elle ne saurait rester dans ce premier état. A mesure que les facultés de l'enfant grandiront, elle se développera progressivement. Peu à peu l'enfant raisonnera sa foi, il en découvrira et reconnaîtra les fondements, il en verra croître les clartés, il en reconnaîtra les certitudes. Et ce doit être l'œuvre première, l'œuvre fondamentale de toute éducation rationnelle que de donner à la foi religieuse toute l'expansion, toute la solidité qu'elle doit avoir. Ici encore ce sera la parole qui remplira cette noble tâche. L'enseignement de l'école, l'enseignement de l'Eglise continueront celui de la mère et du père de famille. Et l'organe de cet enseignement sera toujours la langue familière et chère, apprise sur les genoux maternels.

---

a. On remarquera l'utilisation de l'expression « états généraux » appliquée au Congrès de la langue française.

Voici l'enfant parvenu à l'âge d'homme. C'est un croyant, c'est un chrétien. Vous pouvez l'affirmer aujourd'hui. Mais le pourrez-vous demain ? Oui, si la foi reçue d'autorité, développée par l'enseignement, continue à s'alimenter par l'instruction. C'est principalement l'instruction religieuse qui assure la continuité et la perpétuité de la foi. Et, pour le grand nombre, c'est l'instruction religieuse parlée ; c'est la prédication, c'est l'exposition, l'explication, le commentaire, constamment renouvelés, de la doctrine qui sauvegardent la pureté et la fermeté des croyances, et les maintiennent au premier plan de la vie. Voilà pourquoi la chaire chrétienne a été l'une des plus grandes et des plus bienfaisantes institutions que le monde ait connues. Semeuse de vérité et dispensatrice de lumière, elle est restée debout au milieu des écroulements de trônes et des effondrements d'empires, parce que de son verbe dépendait la survivance de la foi à travers les siècles. Supposez que, dans une société, l'enseignement chrétien se taise, et que son silence persiste durant une longue période ; inévitablement vous verrez baisser la foi, vous la verrez pâlir, s'altérer, s'affaiblir et s'éteindre. Supposez encore que cet enseignement cesse de se faire entendre dans l'idiome coutumier, qu'il cesse d'atteindre l'esprit par la langue familière, par la langue comprise sans effort, par la langue des premières prières et des premiers credo, par la langue qui fait partie de notre être intellectuel et moral, par la langue qui a construit en nous l'édifice des connaissances, des croyances, de la mentalité intime. Cet enseignement sera comme la semence de la parabole évangélique qui tombe sur le roc stérile. Il restera sans efficacité et sans fruit. Ce verbe qui devrait être vie et lumière ne sera plus qu'un flambeau fumeux, sans rayonnement et sans chaleur. Et si cet état dure, il y aura dans les intelligences et dans les âmes obscurcissement et refroidissement. A moins que ces conditions ne soient modifiées par quelque intervention providentielle, on verra, après quelque temps, l'indifférentisme remplacer la croyance, et le culte de la matière s'étaler triomphant sur les ruines de la morale et de la loi. Pour que la foi vive dans une société, il faut que le verbe apostolique y soit toujours vivant et vibrant ; et il faut qu'il se communique par un organe dont l'entendement soit accessible à tous.

On m'objectera vainement qu'il est possible de conserver la foi, au milieu de conditions adverses, par la culture, par l'effort, par l'étude individuelle. Je le conçois et je n'y contredis pas. Mais je parle ici principalement de la foule, de ceux dont le Christ a dit : « Misereor super turbam. » Je parle des collectivités et des multitudes. Et, appuyé sur la raison, sur l'expérience et sur l'histoire, je crois avoir droit de soutenir que pour un peuple, pour une société, entourés, enveloppés, assaillis, sollicités par des éléments hétérogènes quant aux croyances et au langage, une des meilleures sauvegardes de la foi ancestrale, c'est la langue des ancêtres, le parler qui a fait pénétrer en nous les premières clartés du surnaturel et du divin.

A ce point de vue, Messieurs, il y a eu, vous le savez, dans notre histoire un moment décisif. Le dixième jour de février 1763, leurs Majestés le roi de France et le roi de la Grande-Bretagne concluaient un traité de paix dans lequel, après l'article où était stipulé la cession du Canada à l'Angleterre, se lisait le suivant : « Sa Majesté britannique, de son côté, consent d'accorder la liberté de la religion catholique aux habitants du Canada. Elle donnera en conséquence des ordres les plus efficaces que ses nouveaux sujets catholiques romains puissent professer le culte de leur religion selon les rites de l'Eglise de Rome, autant que les lois d'Angleterre le permettent. » Messieurs, si, au lendemain de ce traité, profitant de cette rédaction singulière, de cette contradiction infligée par la restriction finale au reste de l'article, les vainqueurs eussent osé transplanter ici leur législation pénale et embastiller notre clergé dans ses dispositions draconiennes ; si d'autre part, arguant du silence des capitulations et du traité, et proscrivant l'usage public de notre langue nationale, ils eussent continué l'ostracisme avec la persécution et bâillonné le verbe français dans la chaire chrétienne ; si la langue de Bossuet, la langue de Laval et de Saint-Valier eût cessé pendant un quart de siècle, pendant un demi-siècle, de retentir sous la voûte de nos temples, qui peut dire quel eût été le résultat ? Serait-il téméraire de penser qu'avec le silence de la chaire française, avec l'abolition du catéchisme français, la foi des aïeux eût graduellement perdu son rayonnement et son emprise ; que les contacts avec l'élément étranger, les infiltrations protestantes, l'action sans contrepoids des relations d'affaires et de société, le jeu naturel des intérêts et des ambitions, eussent produit à la longue leur dissolvant effet, on eût pu constater l'extinction du catholicisme comme religion nationale sur les rives du Saint-Laurent ? Messieurs, Dieu ne l'a pas voulu. Se servant de causes secondes dont il serait trop long d'exposer ici l'action, avec la liberté de la langue, il a sauvé du naufrage la liberté de la chaire, la liberté de l'enseignement catéchistique. Et, du même coup, la perpétuité de la foi catholique a été conservée à notre peuple. Gloire au Dieu de Champlain, de Maisonneuve et de Laval ! la langue de la vieille France a sauvegardé la foi de la France nouvelle. Et, grâce à elles, continuant la chaîne des traditions antiques, nous avons pu, nous aussi, écrire dans l'histoire de l'Amérique du Nord les « gesta Dei per Francos ».

Ces « gesta Dei », des essaims de notre race sont allés les écrire à leur tour loin des rives laurentiennes. Et pour eux aujourd'hui, comme pour nous jadis, c'est encore la langue qui garde la foi. Ah ! comment ne leur adresserais-je pas ici un salut fraternel, à ces vaillants qui luttent là-bas, à l'Est et à l'Ouest, contre tant de difficultés et de périls, à ces inlassables tenants de notre nationalité. Catholiques et Canadiens français, ils veulent léguer à leurs enfants, le double héritage des aïeux, la langue et la religion de leurs pères. Et ils savent qu'au milieu des vastes agglomérations humaines secouées par tant de souffles divergents, leur langue est le plus sûr rempart de leur foi. Cette conviction double leur vaillance dans la lutte qu'ils soutiennent contre l'assimilation et l'abdication nationale. Puissent leur courage et leur constance triompher des malentendus, dissiper les défiances, désarmer les hostilités, et conquérir la victoire finale due à tant d'héroïques combats !

II

Messieurs, gardienne de la foi, la langue est aussi gardienne des traditions. Et tout ce que je viens de dire en était d'avance une démonstration manifeste. En effet, parmi les traditions d'un peuple, les traditions religieuses ne sont-elles pas les plus nobles et les plus essentielles ? Ce sont elles qui lui donnent ses meilleures garanties de grandeur et de durée. Ce sont elles surtout qui peuvent lui assurer ces deux inestimables biens, la stabilité et la justice. Nous vivons dans un âge qui a souvent montré peu d'estime pour la tradition, et qui, hâtons-nous de l'ajouter, a fréquemment eu lieu de s'en repentir. Vous êtes-vous parfois arrêtés, Mesdames et Messieurs, à scruter le sens profond de ce mot, prononcé si souvent qu'il est devenu, comme bien d'autres, semblables à ces monnaies courantes dont un long usage a effacé le relief ? Tradition vient du mot latin « tradere », qui veut dire donner, livrer, remettre. Faire tradition d'une chose, c'est la livrer, c'est la remettre à quelqu'un. Les traditions ce sont les choses qu'une génération remet à la génération qui la suit. Et voilà qui, d'un seul coup, nous fait comprendre quelle importance elles ont, quelle place elles occupent dans la vie d'une nation. Les traditions sont la chaîne qui relie le présent au passé. Par elles, les sociétés sentent qu'elles ne sont point un accident né au hasard, à un moment fortuit du temps, mais qu'elles sont au contraire le produit d'un long effort et d'une lente élaboration. Grâce à elles, les hommes d'aujourd'hui reconnaissent qu'ils sont bénéficiaires des travaux et de l'expérience des hommes d'autrefois. Et à cette lumière ils comprennent la grande leçon de solidarité que les peuples ne peuvent méconnaître sans périr. Ils voient qu'ils font partie d'une collectivité puissante et agissante, qui existait hier, qui survivra demain, dont le rôle antérieur détermine et explique celui de l'heure actuelle, lequel à son tour influera sur celui de l'heure à venir. Les traditions, ce sont les enseignements, ce sont les avertissements, ce sont les éclaircissements du passé projetés sur le présent. Heureux les peuples qui ont des traditions ! malheur aux peuples qui n'en ont pas, ou qui n'en ont plus ! Dieu merci, Messieurs, nous en avons. Et nous les chérissons comme l'un des plus précieux trésors de notre héritage. Traditions familiales, traditions paroissiales, traditions sociales, traditions nationales ; un grand nombre d'entre elles sont d'antique origine, nées aux vieilles terres françaises, Bretagne, ou Normandie, ou Ile-de-France. Elles ont vivifié notre culte, elles ont modelé nos coutumes, elles ont façonné nos mœurs. Et si vous me demandez de les caractériser en deux mots, je vous répondrai en vous disant qu'elles sont avant tout et par-dessus tout catholiques et françaises. Catholiques, par les pratiques cultuelles qu'elles ont implantées chez nous, par l'intime alliance qu'elles ont maintenue entre l'Eglise et le peuple, par l'esprit apostolique dont elles ont sans cesse avivé la flamme au cœur de notre race, et qui a fait de nous, comme de la vieille mère patrie, une nation missionnaire. Françaises, par les habitudes domestiques, par les mœurs sociales, par les souvenirs, les récits et les légendes, par les fêtes et les chants populaires, par les anniversaires joyeux ou graves. Ah ! oui, au point de vue nationale, nous sommes restés profondément traditionnels. Et nous le sommes restés parce que nous avons conservé la langue de nos aïeux. Qui ne voit, en effet, que l'instrument nécessaire de cette transmission de génération à génération, dont je parlais tout à l'heure, c'est la langue ? La langue est le canal où coule la tradition. Et si elle se dissolvait, la tradition se perdrait. Sans doute, si notre langue avait disparu au milieu de la crise tragique où nous avons failli périr, dans la dernière partie du XVIIIe siècle, la solution de continuité n'aurait pas produit d'un seul coup tous ses effets. Mais peu à peu on aurait vu s'élargir le fossé entre hier et aujourd'hui. Le naufrage de la langue aurait graduellement entraîné celui des traditions. Voyez simplement ce qui arrive dans certaines familles, où le malheur des circonstances fait perdre aux enfants l'usage de la langue maternelle. Plus d'une fois, au bout d'une ou deux générations, les descendants ignorent absolument l'histoire de la famille dont ils sont issus, et dont, souvent, ils ne savent même plus prononcer le nom.

Messieurs, je crois qu'il est inutile d'argumenter longuement sur ce point. Si, pendant les années qui ont suivi la date fatidique de 1763, l'anglais avait progressivement et sûrement supplanté chez nous le français, on peut facilement conjecturer où en seraient aujourd'hui dans notre société la tradition catholique et la tradition française, après un siècle et demi d'anglicisation par la langue.

III

Mesdames et Messieurs, que vous dirai-je davantage ? La langue française a gardé la foi, elle a gardé les traditions du Canada français. Est-il besoin d'ajouter qu'elle a gardé également notre nationalité ? Eh ! qu'est-ce donc que la nationalité, si ce n'est pas les traditions nationales, si ce n'est pas la langue nationale elle-même ? Tous ces éléments constitutifs, nous les possédons depuis trois siècles. Nous les possédons encore, un siècle et demi après la rupture du lien politique qui nous unissait à la vieille mère patrie de qui nous les tenons. Ils ont survécu au cataclysme où notre ancien régime s'est effondré. Ils ont survécu à la domination de la France sur les vastes territoires conquis jadis à son drapeau par nos explorateurs, nos soldats, nos pionniers et nos apôtres. Ils ont résisté à la persécution comme à la séduction. Loin de décroître, ils se sont développés, ils se sont fortifiés, ils manifestent incessamment sous nos yeux leur énergie puissante. Et ce n'est pas devant cet auditoire, au terme de nos grandes assises nationales, que je dois insister pour affirmer leur expansion victorieuse et leur vitalité triomphante.

On a quelquefois discuté, dans nos assemblées parlementaires, la question suivante : Le Canada est-il une nation ? Messieurs, ce n'est pas ici le lieu ni le moment d'aborder ce problème, auquel il peut y avoir plusieurs solutions différentes, suivant le point de vue auquel on se place. Ce congrès n'est pas constitué en autorité pour trancher un semblable débat. Mais s'il ne nous appartient pas de décider que le Canada est une nation, au sens politique et diplomatique du mot, parlant pour nous, et nous limitant à la constatation d'un fait historique et social, nous avons bien le droit de proclamer que les Canadiens français sont une nationalité. Oui, sur cette terre d'Amérique où toutes les races humaines semblent s'être donné rendez-vous, nous occupons une place à part. Nos origines, disons-le avec une légitime fierté, sont d'une illustration sans rivale. Nous avons un passé, nous avons des souvenirs, nous avons une histoire, nous avons une physionomie, nous avons un nom, et tout cela nous constitue une personnalité nationale, qui plus que jamais durant les grands jours que nous venons de vivre, a fixé l'intérêt intense de l'Amérique du Nord.

Cette personnalité, Messieurs, quelle en est, avant tout, la marque distinctive ? N'est-ce pas la langue ? Oui, la langue, la chère et noble langue française est le signe national dont nous sommes marqués. Compatriotes de la province laurentienne, frères venus de loin et accourus dans notre vieux Québec pour retremper vos énergies et raffermir vos espoirs au foyer de la race, c'est la langue de nos communs aïeux qui est le lien sacré par lequel sont unis nos intelligences et nos cœurs. C'est elle qui nous a gardé nos traditions ; c'est elle qui nous redit les gloires, les luttes et les épreuves du passé pour nous tracer les routes de l'avenir ; c'est par elle que nous communions tous ensemble dans la mémoire des ancêtres et dans le culte de la patrie. Langue de la famille et de l'école, de la chaire et de l'enseignement catholiques, du souvenir et de la prière, langue tutélaire et préservatrice, il était juste qu'elle reçût de nous l'hommage d'un grand Congrès national comme celui qui s'achève.

Mesdames et Messieurs, l'œuvre que nous avions projeté d'accomplir durant cette semaine historique est terminée. Dans quelques instants nous allons nous séparer, tout frémissants encore d'inoubliables émotions. Et demain chacun de nous s'en ira reprendre la tâche spéciale à laquelle est vouée sa vie. Mais de ces délibérations solennelles et de ces grandioses assises, nous sortirons, n'est-ce pas, le cœur enflammé d'un amour plus profond, d'une passion plus ardente pour notre idiome national.

O langue de la douce et glorieuse France, dont le sang généreux coule dans nos veines ; langue de nos découvreurs, de nos fondateurs, de nos héros et de nos martyrs ; langue de Champlain, de Maisonneuve, de Brébeuf, de Laval, de Marie de l'Incarnation, de Marguerite Bourgeois, de Frontenac et de Montcalm, nous t'avons donné, tu le sais, à maintes reprises des preuves de notre attachement fidèle. Mais après ces jours passés sous ton égide, laisse-nous te le dire, nous t'aimons davantage et d'une tendresse plus consciente et plus enthousiaste. Tous les esprits cultivés saluent en toi des éclosions les plus magnifiques du génie occidental. Tu es faite de souplesse et de force, de grâce et d'harmonie. Tu as la puissance et le charme, la sonorité et le rythme, l'ampleur et la précision. Tu possèdes surtout la clarté souveraine qui illumine tout ce que tu touches, et qui fait régner la lumière jusque dans les domaines les plus obscurs de l'abstraction. La merveilleuse variété de tes formes sait rendre toutes les innombrables nuances et toutes les infinies subtilités de la pensée. La philosophie et les sciences, l'éloquence et la poésie, la politique et les arts trouvent en toi un instrument et un organe également propices à leurs manifestations.

Mais par-dessus toute cette beauté et tous ces dons royaux qui sont en toi, tu as pour nous des titres encore plus intimes et plus chers. Tu as veillé sur notre berceau, tu as jeté dans notre sol vierge les germes féconds qui ont produit tant de moissons glorieuses. Verbe de France, et messagère du Christ, c'est toi qui, la première de toutes les langues européennes, as fait vibrer les échos de nos vallées et de nos fleuves, de nos forêts et de nos lacs immenses. C'est toi qui, triomphant de l'espace et de la barbarie, as conquis à la civilisation presque tout notre continent septentrional, et porté la parole chrétienne et française du golfe Saint-Laurent au golfe du Mexique, et de l'Atlantique aux montagnes Rocheuses. Partout on y retrouve ton empreinte et ton signe, car c'est toi qui partout as nommé les fleuves, les rivières et les monts. Ah ! tu peux bien laisser glapir l'envie, langue conquérante, apostolique et civilisatrice ! Quoi qu'on dise et quoi qu'on fasse, on ne pourra jamais te ravir la gloire d'avoir été dans cette partie du nouveau monde le héraut de la lumière, et d'avoir baptisé l'Amérique.

Pour nous, qui te devons tant d'actions de grâces, nous te saluons, au dernier soir de ce Congrès, de nos acclamations reconnaissantes ; nous jurons de rester fidèles à ton culte, et nous t'adressons la parole qui formule en même temps notre résolution et notre promesse de survivance nationale au Canada et jusque par delà ses frontières : « Esto perpetua » !

Thomas Chapais [b]

---

b. Thomas Chapais, « la Langue gardienne de la foi, des traditions, de la nationalité », *Bulletin du parler français au Canada*, vol. X, juillet-août 1912, p. 382-390.

Document n° 51

1912 — LA FRANCE MAIS PAS TOUTE LA FRANCE

L'abbé Lionel Groulx (1878-1967), né à Vaudreuil d'une famille de cultivateurs, a partagé sa vie entre l'étude de l'histoire du Canada et la défense de « la race française en Amérique ».

Entré au Grand Séminaire de Montréal en 1899 après des études classiques au Séminaire de Sainte-Thérèse, Lionel Groulx fut ordonné prêtre en 1903. De 1906 à 1909, il poursuivit ses études à Rome, puis à Fribourg. Après avoir enseigné au Collège de Valleyfield, il inaugura à l'Université de Montréal, en 1915, la première chaire d'enseignement de l'histoire du Canada, chaire qu'il occupa jusqu'en 1949. Il enseigna également l'histoire au Collège Basile-Moreau de 1927 à 1950. En 1946, il fonda l'Institut d'histoire de l'Amérique française qui publie, depuis 1947, la Revue d'histoire de l'Amérique française, *revue dont l'abbé Groulx a été le directeur-fondateur.*

Son action politique le conduisit à prendre la direction de l'Action française de Montréal (1921-1928). Il fit également de nombreuses conférences sur la situation et l'avenir politiques des Canadiens français.

On lui doit de nombreuses œuvres. En plus de deux romans, parus sous le pseudonyme Alonié de Lestres, l'Appel de la race *(1922) et* Au Cap Blomidon *(1932), il publia de nombreuses études d'histoire du Canada [a].*

Dans un discours sur « les Traditions des lettres françaises au Canada » prononcé à Québec, au premier Congrès de la langue française (juin 1912), il exprime son attachement de patriote canadien-français à la littérature française. Il défend l'idée, toutefois, que les impératifs de survivance française obligent les Canadiens à faire un choix parmi cette littérature. Tournant le dos à la littérature des XVIIIe et XIXe siècles — qui n'est pas vraiment française —, il opte résolument pour celle du Grand Siècle, la plus française mais aussi la plus canadienne des littératures, la seule en tout cas qui représente, pour les Canadiens, « la nourriture qui est la moelle des lions ». Aller à la littérature classique, dit en substance le conférencier, c'est retourner aux sources de la Nouvelle-France, née du XVIIe siècle français.

Mesdames, Messieurs,

Une vérité que les Byzantins de chez nous ne contestent plus, pour l'assez bonne raison, semble-t-il, qu'elle n'est plus contestable, et que M. de La Palice est un ancêtre qu'on n'avoue guère, c'est la nécessité, pour la littérature canadienne, d'être... canadienne.

Elle sera canadienne ou elle ne sera pas !

---

a. Relevons dans cette œuvre considérable les titres suivants : *la Naissance d'une race*, Montréal, le Devoir, 1918, 265 pages ; *Lendemains de Conquête*, Montréal, Bibliothèque de l'Action française, 1920, 235 pages ; *l'Enseignement français au Canada*, I : *Dans le Québec*, Montréal, A. Lévesque, 1931, 323 pages, II : *les Écoles des minorités*, Montréal, Granger Frères, 1933, 271 pages ; *Histoire du Canada français depuis la découverte*, 4 volumes, Montréal, l'Action nationale, 1950-1952.

Tout arrive, Mesdames, Messieurs. Un jour devait poindre, où, sur un si grave problème, tout le monde s'aviserait de se mettre d'accord. L'on voudrait ne plus attendre l'éclosion des grandes œuvres,

> « *Le porte-voix en quelque sorte officiel*
> *Par quoi le cri du sol s'échappe vers le ciel,* »

que de l'artiste au génie libre, authentiquement canadien. Vrai Chantecler réveilleur d'aurore, il commencerait par prendre contact avec la bonne terre — la Terre divine — pour nous dire ensuite « non pas de ces chants qu'on chante en les cherchant »... dans les livres ou dans les confidences des muses étrangères.

> « *Mais qu'on reçoit du sol natal, comme une sève !* »

L'accord se fit donc, sur ce premier point, et sans héroïsme, puisqu'aussi bien tant d'autres problèmes nous offraient le loisir de discuter toujours. Fallait-il prêter l'oreille à un nationalisme aux prétentions séduisantes mais quelque peu hautaines, opter pour l'autonomie la plus absolue dans la création d'un art autochtone ? Peuple adolescent, valait-il mieux accepter résolument la tutelle du grand art, et, avant d'écrire des œuvres, apprendre tout bonnement à lire dans les chefs-d'œuvre ?

Notre modestie, d'accord avec le bon sens, opta pour ce dernier parti. A vrai dire, Brunetière nous y aida bien quelque peu en nous persuadant que, « s'il y a quelque chose d'insolemment barbare, c'est de prétendre, en cette vie si brève, ne dater, ne compter, ne relever que de nous-mêmes ». Et comment ne pas nous ressouvenir que, pour rompre avec le passé, il faudrait rompre avec la dernière goutte du sang de nos veines ?

Au reste, la question la plus complexe et la plus grave ne venait-elle pas de se poser soudainement ? Ce n'était pas tout de nous mettre à l'école du grand art. Il fallait discerner, dans la littérature de France, les œuvres à substantifique moelle que nous pourrions nous convertir « en sang et nourriture ».

Vous avouerez, Mesdames, Messieurs, que le problème est d'importance, pour peu que de sa solution dépende l'avenir de la littérature canadienne ; qu'en dépende aussi l'intégrité de notre âme française : autant dire le problème de notre survivance. Puis, comment différer plus longtemps cette solution, si, parmi les nôtres, nous croyons découvrir une tendance à choisir pour maîtres quelques-uns des moins français des écrivains de France ? La mode — une mode tenace qui n'a pas le bon esprit de passer comme les autres, comme toutes les autres — la mode ne veut-elle pas qu'on fréquente de préférence chez ceux-là qui dans leur propre pays n'ont pu faire que de mauvais disciples, maîtres d'un art raffiné et subtil, mais enfermés en des cénacles pompeux auxquels n'arrive pas toujours la bonne fortune de la Pentecôte ?

La littérature d'un peuple doit être consubstantielle à ce peuple, — une race ne profite que des influences qu'elle est prédestinée à subir.

....

Après cela, vous entendez bien, Mesdames, Messieurs, que cette littérature-là se fera pour nous initiatrice et maîtresse de chefs-d'œuvre, qui, étant la plus française et la plus dignement humaine, conviendra mieux à une œuvre de formation et aux exigences de l'âme nationale. Voulons-nous préparer une Renaissance canadienne des lettres de France ? Voulons-nous devenir des « ouvriers travaillant à l'exaltation » de la Nouvelle-France ? Nous saurons entendre avec circonspection l'invite belliqueuse des du Bellay de chez nous, et ne pas « piller sans conscience les sacrez thrésors du temple delphique ». Il y a de nos jours des pillards intelligents qui pillent avec conscience, et faut-il oser le dire ? Tout ce qui est français nous vient de France ; mais tout ce qui nous vient de France n'est pas toujours français.

Et, par exemple, que n'aurions-nous pas à risquer pour la vigoureuse éclosion des talents, à fréquenter plus qu'il ne convient dans ce siècle dix-huitième, dont M. Faguet a pu dire qu'il ne fut « ni chrétien ni français » ? Nulle nécessité non plus, je suppose, d'aller éteindre ou seulement voiler la clarté de nos âmes françaises dans le brouillard romantique, si le romantisme, à le bien prendre, ne fut en littérature qu'une tentative révolutionnaire, un violent assaut au bon sens héréditaire ; et, pour tout dire, si le romantisme, dans ses origines et dans son fond philosophique, ce n'est ni Châteaubriand, ni même Victor Hugo, ni surtout la France, mais un étranger, un Genevois, Jean-Jacques Rousseau. Je laisse en paix, sous leur linceul parfumé, bien d'autres esthétiques qui n'ont enrichi l'art français que de cela même qui ne les constituait pas et qui ne doivent le bonheur de vivre qu'au bonheur non moins grand d'avoir pu mourir.

Il reste que nous nous mettions à l'école des écrivains qui firent une fois en France cette grande et rare chose qu'on appelle un siècle classique. Voilà pour nous, Mesdames, Messieurs, les Maîtres de l'heure et de quiconque ambitionne, depuis deux cents ans, le redoutable honneur de tenir une plume française.

On se gardera bien, sans doute, de nous opposer le caractère assez peu national et convenablement païen de la littérature du dix-septième siècle. Pourrait-on se donner plus de peine, et plus inutilement, pour la caractériser d'une façon plus superficielle ? Et pourrait-on porter un pareil jugement sans le limiter à la minorité des œuvres ? Là encore, il serait question, je suppose, du théâtre. Mais qui donc se faisait fort un jour de découvrir plus de christianisme latent dans une tragédie de Racine que dans toute l'œuvre romantique ? Au surplus, ne ferait-on pas bien de se souvenir que l'empreinte du génie national se reconnaît moins au choix des thèmes qu'à la façon de les traiter, et qu'alors si le Cid est espagnol et si Andromaque est grecque, il n'est rien néanmoins de plus français que l'Andromaque de Racine et que le Cid de Corneille.

Nulle littérature n'est plus grande que la littérature du grand siècle, si aucune n'a manié de plus grandes idées ni de plus grands mots. Nulle n'est plus française, si dans aucune l'âme de la France ne s'est versée aussi entièrement, avec une égale splendeur de son entité historique, avec une intégrité aussi parfaite de ses traditions et de son incomparable idéal. Nulle n'est plus humaine, si, de toutes les littératures du monde, aucune n'a pu jeter, dans la circulation, des idées d'une valeur d'échange plus universelle, si nulle n'a su fixer comme elle la pensée humaine sous « l'aspect de l'éternité ».

Voilà bien, Mesdames, Messieurs, voilà les titres de la littérature classique, à devenir, pour nous Canadiens, la nourriture qui est la moelle des lions, qui crée des nerfs et du sang, qui donne de l'âme. Me demandez-vous une raison plus décisive ? Voulez-vous que je prononce un dernier mot ? Ici, ce soir, à la face des délégués de la France, en présence d'un des Quarante Immortels, je tremble d'articuler ce qui paraîtra sans doute à plusieurs un épouvantable blasphème. Et pourtant, Mesdames, Messieurs, je sens que le mot m'échappe, que je m'en vais le dire, il faut aller à la littérature classique, parce que nulle plus que toi, ô littérature de Corneille, de Racine, de Molière, de Boileau, de Pascal, de Bossuet, nulle plus que toi n'est... canadienne !

Pardon, Messieurs de France. Votre noble littérature entre si naturellement dans nos traditions qu'elle exposerait, à de plus graves confusions de propriété, de moins

Français que les Canadiens français. Nous n'avons besoin, pour en arriver là, que de noter, entre l'âme canadienne-française et l'âme classique du siècle de Champlain, de Talon, de Frontenac et même de Montcalm, tant d'harmonies survivantes.

Sans doute, nous ne sommes qu'un rejeton du vieux pays ; nous avons grandi sur une autre rive. Mais comme l'arbrisseau poussé du gland, nous avons gardé du géant dont nous sommes issus, le besoin de la même sève vigoureuse, l'orgueil de dresser la tête dans la claire lumière du même soleil.

Originaires de cette partie de la France où s'épanouit, avec la langue la plus pure, le plus solide tempérament français, séparés un jour brusquement de la mère-patrie, restés bien longtemps sans la revoir, nous gardons encore de la France du siècle classique, la grande et pure image qu'au jour de la séparation nous emportions d'elle au fond de nos regards émus. Nous avons gardé sa foi, et avec la foi les mêmes instincts d'idéalisme. Une sorte de parallélisme d'histoire, une évolution naturelle sans courbe irrégulière n'ont fait que fortifier les tendances natives.

La France aura été, par le fond même de son être, un pays de croisades. Si, parfois, ce fut l'instinct de conquête qui la mena sur les champs de bataille du monde, à cet instinct s'est mêlé presque toujours la volonté de répandre une idée, une doctrine. Nous avons eu, nous aussi, l'esprit de croisade. Pendant cent cinquante ans de domination française, nos pères connurent plus que tout la passion des chevauchées chevaleresques. De nos jours, dans cette Amérique vouée à la fièvre du matérialisme et à la conquête de l'or, quand il faut trouver les noms des premiers explorateurs et des premiers conquistadors, il arrive qu'on cherche ailleurs que dans notre histoire ; mais quand il faut élever des statues pour ménager quelque revanche à l'idéal, aux bouches lointaines du Mississipi comme dans la fière Washington, à Détroit de Michigan comme dans les prairies du Far West, regardez : ce sont de nos gens, ce sont des Français qu'on ressuscite dans le bronze.

Quand, après la séparation, et presque à la même heure que pour la mère-patrie, sonna pour nous l'ascension vers les libertés nouvelles, aucune catastrophe n'est venue nous jeter violemment en dehors de nos traditions. La liberté publique nous a fait quelques victimes ; elle ne nous a rien pris de notre âme. Si l'on avait pu craindre que les institutions britanniques nous eussent enlevé quelque chose de notre idéalisme français, l'histoire est là pour attester qu'il n'en fut rien. Nous sommes bien restés des chevaliers de l'idée, d'incorrigibles idéalistes. En 1792, nous engagions notre première lutte parlementaire pour la sauvegarde de notre langue, et, cette première lutte, nous la terminions, comme dirait M. Zidler, par une de « nos plus grandes victoires », une victoire française. Un de nos gouverneurs, Lord Dufferin, n'allait-il pas, dans la suite, nous saluer comme les vrais conquérants des libertés constitutionnelles ? Ce fut, vous le savez, un effort d'un demi-siècle, effort inlassable et superbe, qui dure encore, et où, malgré notre faiblesse et notre pauvreté, tout autre souci plus pratique se vit relégué au deuxième rang. Entre temps, toujours comme la France ancienne, et comme elle sans consulter nos intérêts, nous nous éprenions des grandes causes vaincues, et l'épée de nos officiers presque adolescents allait faire briller jusqu'à Rome un éclair d'épopée.

Au reste, Mesdames, Messieurs, ne vous paraît-il pas que nous nous sommes trop bien défendus pour avoir changé ? L'histoire des peuples est faite d'ordinaire de luttes pour s'assimiler d'autres races, pour chasser des intrus du territoire, pour acquérir la suprématie du commerce, pour reculer la frontière et agrandir la patrie. La nôtre se résume tout entière dans une idée, dans une lutte : l'idée et la lutte de la survivance. La survivance ! Nous avons coordonné vers cette fin et nous avons dépensé pour l'atteindre tout le trésor de nos énergies. Fortifier par une vigoureuse culture intérieure notre âme française, dresser autour d'elle des murs de défense, voilà qui donne le mot de notre histoire depuis cent cinquante ans. Nous n'avons versé ni plus de sueurs ni plus de sang pour la conquête du sol. Et d'ailleurs, tout l'effort de nos colons et de nos laboureurs se subordonne à la grande œuvre de préservation et de construction nationale. Quand, chez nous, des pionniers ouvrent un canton et sèment de nouveaux champs de blé, rien ne les anime de la passion des envahisseurs. Humbles constructeurs de la patrie, ils ne font que reculer des contreforts, ceux de l'édifice à profil de cathédrale, où pieusement nous gardons, comme dans un tabernacle, l'âme de la nouvelle France.

Messieurs, cette noble fidélité au passé, cette suprématie constamment gardée de l'idéal sur la matière atteste le vieil équilibre de l'âme, la robuste santé de l'antique race. Elles nous disent de quel pays et de quel siècle nous sommes. Et tout cela aussi, si je ne me trompe, nous désigne les lettres françaises qui se feront pour nous gardiennes de traditions initiatrices au grand art. Si, à tant de raisons, il en fallait ajouter une autre, peut-être serait-il facile de démontrer que les plus canadiens de nos écrivains, ceux dont l'œuvre fut une force, furent aussi les plus classiques.

Qu'importe que ces vieilles lettres de France ne sachent pas autant que d'autres plus récentes s'organiser en mots rares et se diamanter d'images somptueuses ! N'en faut-il pas moins les préférer à toutes si en formant « ces vieux mots qui suffisaient si bien à nos pères pour tout dire », elles seules viennent nous redire, dans le combat de la race, les mots et les choses qu'il importe de ne pas oublier ?

Voilà bien comme se pose encore le problème ! Il s'agit de littérature canadienne. Pour en assurer le progrès, il convient tout d'abord de garder intègres nos âmes de Français ? Mais alors, ces âmes, saurions-nous les entourer de trop de protections ? Rappelez-vous : c'est tout bonnement le mot « miracle » que laissait tomber un jour de sa plume Maurice Barrès au spectacle de notre survivance. Un peu partout l'on nous marchande volontiers l'avenir. Ne serait-ce point que nous ne saurions y prétendre sans nous passer de la permission de beaucoup de prophètes ?

C'est dire combien l'heure serait mal choisie de faire entrer des ennemis dans la forteresse. Puisqu'il faut faire, et à tout prix, l'économie des expériences hasardeuses, profitables à personne, aux petits peuples moins qu'à tout autre, nous ne laisserons entrer dans nos intelligences aucune de ces façons de penser étrangères, rien non plus de ces esthétiques nuageuses où courraient risque de s'effondrer, avec la santé morale et la royauté de la raison, le clair et vigoureux bon sens du tempérament français.

Rien ne pourrait remplacer les lettres classiques pour la sauvegarde de l'âme héréditaire. En vain chercherons-nous en dehors d'elles une expression plus juste et plus complète de l'âme ancestrale. Le cosmopolitisme qui depuis deux siècles a envahi les littératures, a trop mêlé l'âme des peuples pour qu'on trouve rien de si homogène et de si purement national dans le passé de la France. Puisque, de nos jours, un peuple ne peut strictement s'enfermer chez lui, mais que règne, par tout l'univers, le libre-échange des idées, la lutte pour la vie reste-t-elle possible sans un peu d'offensive, sans une participation active à la concurrence universelle ? Le meilleur moyen de défense, la plus ferme garantie de durée pour une race, n'est-ce pas d'augmenter son capital et son actif intellectuels, de porter en son âme, en entrant dans la mêlée suprême, les ferments de civilisation les plus vigoureux ? Trêve aux illusions grandioses mais dangereuses ! Canadiens français, nous n'aurons chance de résister en Amérique au choc des peuples que si, devant la plus haute culture anglo-canadienne, nous n'affrontons jamais que des rivaux qui restent des égaux.

Pour atteindre à cette virilité victorieuse de l'intelligence, à qui irons-nous, encore une fois, à qui irons-nous si ce n'est aux grands maîtres de toujours ? Leur littérature seule a pour nous les promesses de la vie. La France leur doit son hégémonie intellectuelle. Et quant aux problèmes qu'agitent les maîtres, n'y va-t-il pas constamment, selon le mot de Bossuet, des intérêts essentiels de la « civilité » ?

C'en est assez : nous avons là ouvert devant nous le temple delphique ; il faut y entrer et le piller sans conscience. Prenons hardiment notre part de ce superbe héritage. Il nous conférera des droits à la durée comme race et l'espérance d'une haute et glorieuse littérature.

C'est Brunetière qui l'a dit : « La fortune littéraire d'une langue ne dépend pas du nombre des hommes qui la parlent... mais du nombre, de la nature, de l'importance des vérités que ses grands écrivains lui auront conférées. »

Lionel Groulx [b]

---

b. Lionel Groulx, *Dix ans d'Action française*, Montréal, Bibliothèque de l'Action française, 1926, 273 pages. Voir p. 7-21. L'abbé Groulx a repris cette question du protectionnisme littéraire dans un article de *l'Action française* (livraison de février 1917) intitulé « Une action intellectuelle ». Il écrit notamment : « Le bon sens, non moins qu'un très noble sentiment de fidélité française, ont fait un devoir à nos professeurs et à beaucoup d'autres de choisir parmi nos importations spirituelles d'outre-mer. A vrai dire c'est pour mieux rester Français qu'ils entendent ne pas l'être d'une certaine façon ! » Article reproduit dans *Dix ans d'Action française*, p. 29-42.

Document n° 52

1912 — « LES MÈRES CANADIENNES ONT REMPLI LEUR DEVOIR PATRIOTIQUE DE FEMMES FRANÇAISES. »

Madeleine Gleason-Huguenin, journaliste, femme de lettres et dame patronnesse, était la fille d'un avocat canadien-anglais et d'une Canadienne française. Elle collabora à la Patrie, journal de Montréal lancé par les libéraux, avant de fonder, en 1919, la Revue moderne, revue littéraire du Canada français. Présidente de la section française de la Croix-Rouge, membre du secrétariat de l'Aide à la France, elle s'occupa aussi des œuvres belges sans pour cela négliger les œuvres de bienfaisance proprement canadiennes-françaises. Elle s'occupa notamment de l'Hôpital Notre-Dame, de l'Hôpital Sainte-Justine et de l'Institut des sourdes-muettes. Elle épousa, en 1904, le docteur Wilfrid Huguenin.

Dans une communication intitulée « le Foyer, gardien de la langue française », faite au Congrès de la langue française, en 1912, elle chante les mérites des mères canadiennes-françaises qui ont su rester fidèles à leur langue, à leur religion et à leur mère-patrie.

Pourquoi faut-il que ma voix soit si humble, alors que dans mon cœur vibre l'intraduisible harmonie de toutes les romances que, depuis des siècles, la mère canadienne a chantées auprès des berceaux que son culte voulait toujours garder français ? Et les humbles mélopées aux accents émus, aux refrains naïfs, il faudrait les faire entendre, en ce Congrès qu'elles ont préparé depuis 1760, pour expliquer comment s'est fait le prodige, dont s'étonne la vieille France, d'une race française en pleine terre britannique. Il faudrait le défilé des mères qui n'ont jamais cessé de chanter auprès des berceaux, pour comprendre comment il se fait que deux siècles et demi ont passé sur nous, sans rien changer à notre idéal, sans rien entamer de notre langue et de notre religion. Les mères étaient là, au lendemain de la défaite des grands héros qui, dans Québec, succombèrent sous la traîtrise et sous le nombre ; oui, elles étaient là, les mères, meurtries, brisées, mais non vaincues. Elles portaient en elles la force qui assure les définitifs triomphes, et, l'âme ulcérée, elles courbèrent la tête et se penchèrent sur les tout petits, en jurant que là où les hommes avaient échoué, les femmes réussiraient, et de ce jour, nous les avons vues à la tâche, obscures, effacées, mais non silencieuses, car jamais elles ne cessèrent de prier Dieu en français, et d'endormir les bébés aux accents d'une chanson de France.

Et les petits, devenus grands, ne purent désapprendre le langage, dont on avait bercé leurs premiers ans ; et le miracle attendu se produisit ; les générations succédèrent aux générations, tandis que les mères ne cessaient de remplir leur devoir patriotique de femmes françaises. S'il y eut quelques défections, car si parfaite que soit la règle, elle impose des exceptions, ces défections furent rares, et celles qui sacrifièrent leur race ne furent ni injuriées, ni rappelées ; on les frappa du plus cinglant outrage : l'oubli. Puis, après un départ, on resserrait les rangs, afin toujours de sauvegarder le cœur même de la nation, l'espoir qui dormait au fond des petits lits enveloppés de rideaux blancs, et la race ainsi grandit, et le jour où on voulut l'atteindre dans ses droits, il se trouva des fils, que des mères avaient élevé au sentiment de leur dignité de Français, des fils qui surent se battre et mourir sous les balles. Ils surent aussi mourir sur le gibet ; mais qu'importe, quand c'est mourir pour le plus grand idéal, la potence n'est-elle pas un autel ? Et devant ces martyrs illustres, toujours nous avons courbé respectueusement, passionnément, nos fronts.

Parler du « Foyer gardien de la langue française » en ce vieux Québec qui, de son roc splendide, a défendu amoureusement la race qu'il avait vue naître, et à laquelle il avait magnifiquement servi de berceau, en cet immortel Québec qui est la vraie patrie de tout Français canadien [a], est une tâche de fierté et d'amour. Je subis, par tout mon être, la séduction intense que les choses qui ont beaucoup vécu seules savent inspirer, et quand ces vieilles choses traduisent toute l'histoire de la race elles exercent une influence supérieure et profonde, qui agit sur les moins initiés, et elles s'attirent leur respect. Québec, c'est tout le foyer gardien de la langue française ; c'est ici le cœur de la race, ici qu'il frappe ses grands coups, ce cœur qui a aimé la France jusqu'à faire un miracle pour lui rester fidèle. De Québec les premières mères canadiennes-françaises ont donné l'exemple de l'attachement invincible, et le long des rives du Saint-Laurent, en regardant le grand phare, les femmes s'attachèrent aux berceaux, et redirent : « Nous resterons Français. » Pour que la race se gardât et prospérât, il fallait des fils, et la Canadienne française eut la suprême dignité de ne jamais laisser sa patrie manquer de bras ni d'intelligences. Elle mit toute son ambition de femme dans son rôle de mère, et se consacra sans murmurer à la mission que la Providence lui indiquait, mourant avant de déserter le magnifique devoir de peupler son pays. [...]

Voilà comment les races vivent, en dépit des influences et des luttes ; voilà comment notre race a triomphé jusqu'à faire grande la province de Québec. Elle ne s'est pas appauvrie, en peuplant le nouvel Ontario et des paroisses entières de l'Ouest ; elle ne s'est pas appauvrie, non plus, en jetant de sa riche moisson de l'autre côté de la frontière. Et si notre race est vigoureuse et féconde, c'est que nous avons ici le foyer, gardien de la langue française et de toutes les vertus et des traditions ancestrales. Autour de ce foyer, mesdames, il faut ne jamais cesser de veiller, ne jamais permettre que s'y éteigne le grand feu allumé par les aïeules. N'oublions pas que d'être les descendantes de ces grandes Canadiennes qui furent, avant tout, de braves mères, impose des devoirs et des obligations qui pèseront lourd peut-être à nos âmes modernes, et à nos énergies amollies par le luxe et l'adulation. Et pour nombre d'entre nous, l'heure de la réaction a peut-être sonné, avec ce Congrès de la Langue française, qui est la manifestation éclatante de notre vitalité, l'expression magnifique de notre fierté nationale, mais qui est, avant tout, la source régénératrice où viendront se retremper nos faiblesses et nos hésitations, où viendront se perdre nos lâchetés. Car si nos mérites furent immenses, de cette œuvre accomplie au prix de si durs sacrifices, de si profonds dévouements, il n'en reste pas moins triste de regarder combien l'exemple qui, de nos jours, vient souvent de très haut est peu digne, peu conforme à l'esprit généreux d'autrefois. Il se trouve des mères, oh, pas parmi les humbles femmes, mais il se trouve des mères qui ne craignent pas la fatale erreur de placer, auprès des berceaux de leurs tout petits, des gardiennes étrangères, et qui ne parlent elles-mêmes que l'anglais à leurs enfants, s'excusant de cette incurie par cette phrase : « Ils auront tout le temps d'apprendre le français ; il vaut mieux dans ce pays-ci, leur inculquer la langue avec laquelle ils pourront gagner leur vie. » [...] C'est au fer rouge qu'il nous faut marquer de semblables faiblesses, car en notre pays la dualité des langues deviendra un problème de plus en plus ardu, si notre lâcheté y pourvoit ; il ne faut jamais rien abandonner des droits acquis, et réclamer énergiquement contre toute défaillance qui, si puérile qu'elle puisse nous sembler, démasque un danger et ouvre la porte à de nouvelles compromissions.

a. L'expression *Français canadien* a été reprise par le général de Gaulle lors de son voyage au Québec en 1967.

Que la mère reste la gardienne de ce foyer où doit se conserver la langue française. Elle en est la grande prêtresse, et c'est à elle qu'incombera toujours le soin de cultiver, au cœur de l'enfant, le respect et l'amour de ses origines, le culte de la langue, afin que jamais ne disparaisse, de la terre d'Amérique, la semence des Champlain, des Maisonneuve, des Dollard, des Montcalm et des Lévis, et que jamais on ne cesse de parler français, dans ce pays où vécurent les Madeleine de Verchères, les Jeanne Mance, les Marie de l'Incarnation, les Marguerite Bourgeoys. Trop d'héroïsme et de vertus ont germé en nos sillons tout neufs pour que nos moissons puissent périr.

La race française du Canada ne sera jamais une épave, mais elle grandira toujours forte, toujours aimée, car les mères d'aujourd'hui et de demain resteront dignes de la théorie innombrable des Canadiennes françaises, qui dans les cimetières des deux rives du Saint-Laurent, à l'ombre de nos clochers, se reposent du travail fécond qu'elles ont donné, deux siècles et demi durant, pour garder la race française du Canada contre le flot envahisseur auquel, sans cesse, elles ont opposé la digue infranchissable de leur amour et de leur fidélité à la France.

Madeleine Huguenin [b]

---

b. Madeleine Huguenin, « le Foyer, gardien de la langue française », *Mémoires du premier Congrès de la langue française*, Québec, l'Action Sociale, 1914, 636 pages. Voir p. 533-536.

Document n° 53

1913 — LA LANGUE FRANÇAISE NE PEUT VIVRE SANS LA PENSÉE FRANÇAISE

Au début du XXᵉ siècle, les Canadiens français de l'Ontario forment la minorité française la plus importante du pays, mais disposent d'un système scolaire insuffisant, la législation provinciale ne leur donnant droit qu'à des écoles primaires bilingues. Aussi décident-ils d'organiser la revendication scolaire. Au cours d'une réunion à Ottawa au début de 1910, ils fondent l'Association canadienne-française d'éducation de l'Ontario (A. C. F. E. O.) et exigent l'application du bilinguisme scolaire intégral : programmes, examens, inspection scolaire, enseignement secondaire, tout doit être bilingue si la minorité veut vivre pleinement sa vie française.

Il n'en fallait pas autant pour ameuter les anglicisateurs partisans du « One Nation, One Language ». Forts de leurs victoires du Manitoba et des territoires du Nord-Ouest [a], ceux-ci se tournent maintenant vers l'Ontario et jurent la disparition du minimum qui existe déjà en matière de bilinguisme scolaire. En réponse aux revendications des Franco-Ontariens, les évêques ontariens de langue anglaise — Mᵍʳ Fallon de London en tête — dénoncent le principe même du bilinguisme scolaire. Une grande partie des protestants de la province, inspirés par la propagande orangiste et par les idées de Dalton McCarthy, se joignent à eux. Catholiques et protestants anglophones de l'Ontario, taisant leurs différences religieuses, se liguent donc contre les Franco-Ontariens sous le fallacieux prétexte que ceux-ci représentent une menace pour l'intégrité anglo-saxonne de leur province.

Cette levée de boucliers conduit le gouvernement conservateur de l'Ontario à adopter en juin 1912 le tristement célèbre règlement XVII, déclenchant ainsi une guerre scolaire qui durera quinze ans. Renforcé par un amendement ultérieur (août 1913), ce texte, sous le couvert de régler dans les écoles bilingues l'usage du français comme langue d'enseignement et comme objet d'étude, constitue en réalité la pièce maîtresse d'une politique d'anglicisation des Franco-Ontariens. Ses dispositions essentielles sont les suivantes :

« III. — Sous réserve, pour chaque école, de la direction et de l'approbation données par l'inspecteur en chef, le cours d'études des écoles publiques et séparées sera modifié comme suit :

(1) Lorsqu'il y a nécessité pour les élèves de langue française, le français peut être employé comme langue d'enseignement et de communication ; mais cet usage ne se prolongera pas au-delà du premier cours, sauf lorsque l'inspecteur en chef décidera que le français peut servir comme langue d'enseignement et de communication pour les élèves des cours supérieurs au premier.

(2) Le dispositif suivant s'appliquera désormais aux élèves de langue française qui sont incapables de comprendre et de parler l'anglais suffisamment pour les fins de l'enseignement et des communications.

(a) Dès que l'élève entre à l'école, il doit être mis à l'étude et à la pratique de la langue anglaise ;

NOTE. — Le département de l'Instruction Publique a fait distribuer dans les écoles un manuel indiquant la méthode d'enseigner l'anglais aux enfants de langue française. Ce

---

a. Voir le document n° 35.

manuel doit être employé dans toutes les écoles. Au besoin, on peut s'en procurer des copies en s'adressant au sous-ministre.

(b) Dès que l'élève a acquis une connaissance suffisante de l'anglais, il doit poursuivre dans cette langue le programme d'études prescrit pour les écoles publiques et séparées.

IV. — Dans les écoles où le français a été jusqu'ici enseigné, le Conseil de l'école publique ou séparée, selon le cas, peut, aux conditions ci-dessous, faire enseigner la lecture, la grammaire et la composition françaises, durant les quatre premiers cours (voir aussi les dispositifs du paragraphe 5 du Règlement XIV pour le cinquième cours des écoles publiques), comme matières supplémentaires du programme des écoles publiques et séparées.

(1) Cet enseignement du français ne peut être donné qu'aux élèves dont les parents ou les tuteurs l'ont réclamé. Nonobstant les prescriptions du paragraphe I de l'Art. III, il peut être donné en langue française ;

(2) Cet enseignement du français ne doit pas diminuer l'efficacité de l'enseignement donné en anglais. Le temps qui lui est consacré selon l'horaire de l'école est sujet à l'approbation et à la direction de l'inspecteur en chef. Il ne doit, dans aucune classe, dépasser une heure par jour, excepté lorsque l'inspecteur en chef ordonne de prolonger cet enseignement.

(3) Dans les écoles publiques ou séparées où le français est ainsi enseigné, les manuels de lecture, de grammaire et de composition française employés durant l'année scolaire 1911-12, demeurent autorisés pour l'année scolaire 1913-14.

XII. — L'inspecteur en chef des écoles publiques et séparées est l'inspecteur surveillant des écoles anglo-françaises.

XIII. — (1) Aucun instituteur ne reçoit un certificat l'autorisant à enseigner dans une école anglo-française s'il ne possède pas une connaissance suffisante de l'anglais pour pouvoir enseigner les matières du programme des écoles publiques et séparées ;

(2) Aucun instituteur ne reste en fonctions et n'est nommé dans aucune de ces écoles à moins qu'il ne possède une connaissance suffisante de l'anglais pour pouvoir enseigner les matières du programme des écoles publiques et séparées. »

L'application de ce règlement est prévu pour septembre 1913. Mais la population française refuse de s'y soumettre et l'ordre de résistance que lance l'A.C.F.E.O. ouvre une longue période de luttes scolaires. Bientôt aggravé par la crise de la conscription, cet affrontement déclenchera dans tout le Canada une véritable guerre de races. En première ligne, les Franco-Ontariens, disciplinés et habilement dirigés par leurs chefs (dont les sénateurs Philippe Landry et Napoléon Belcourt) mèneront si bien la bataille qu'ils obtiendront, en 1927, du gouvernement conservateur de Howard Ferguson l'abrogation du règlement XVII et la reconnaissance du principe du bilinguisme scolaire pour la minorité.

Dans ce combat, les Franco-Ontariens trouveront appui chez les Canadiens français du Québec. La hiérarchie religieuse, les hommes politiques du Québec prennent fait et cause pour la minorité ontarienne. Les villes de Montréal et de Québec votent des fonds pour la lutte. Député de l'opposition, Ernest Lapointe tente d'amener (sans réel succès toutefois) le Parlement fédéral à intervenir auprès des autorités ontariennes [b]. Pour sa part, le premier ministre du Québec, sir Lomer Gouin, lance en ces termes un appel au gouvernement et à la majorité de l'Ontario : « Au nom de la justice et de

b. *Débats de la Chambre des communes du Canada*, le 9 mai 1916, 3787 et suiv.

la générosité dont l'Angleterre a donné tant de preuves et qui ne peuvent manquer d'animer tout citoyen véritablement britannique, comme au nom des luttes que nos pères ont soutenues pour ouvrir à la civilisation les riches domaines qui sont notre patrimoine commun, je demande qu'on fasse justice à la minorité française d'Ontario, et même, au besoin, qu'on soit généreux envers elle [c]. *» Joignant plus tard le geste à la parole, le gouvernement du Québec fait voter une loi qui autorise les commissions scolaires de la province à venir en aide aux Franco-Ontariens* [d].

Les nationalistes du Québec ne sont évidemment pas les derniers à se solidariser avec la minorité ontarienne. L'A.C.J.C. prend la tête d'un mouvement de recrutement de fonds (le Denier scolaire). Henri Bourassa multiplie articles et discours [e] *sur la question. Pour sa part, Olivar Asselin, alors président de la Société Saint-Jean-Baptiste, se met à la tête du Sou de la pensée française destiné à financer le Droit, organe né du combat pour le français en Ontario. Expliquant à Jules Fournier le sens de la lutte qu'il entreprend, Asselin fait valoir que le combat pour la langue française n'a de sens que s'il est lié au combat pour la pensée française. Fournier tirera de cet entretien un article (reproduit en partie ci-dessous) et le publiera sous la signature d'Olivar Asselin dans l'Action du 26 juillet 1913, ce qui vaudra des difficultés de toutes sortes à ce dernier.*

*   *   *

Olivar Asselin (1874-1937), journaliste et écrivain né à Saint-Hilarion (Charlevoix), a été l'un des grands défenseurs de la pensée française au Canada.

Après des études classiques au Séminaire de Rimouski, Olivar Asselin accompagne ses parents en émigration aux États-Unis et commence en 1894 sa carrière de journaliste au Protecteur canadien de Fall River (Massachusetts). Rentré au pays en 1900, il fait de courts stages dans divers journaux puis devient en 1901 secrétaire de Lomer Gouin, alors ministre du gouvernement libéral du Québec. Il démissionne de ce poste en 1903, vient s'installer à Montréal et fonde avec Henri Bourassa la Ligue nationaliste (mars 1903). Il devient alors l'une des figures de proue du nationalisme canadien-français. L'année suivante, il fonde son premier journal, le Nationaliste, qu'il dirige jusqu'en 1908. Plus tard, il participe à la fondation du Devoir et collabore à l'Action de Jules Fournier. Aux élections fédérales de 1911, il prend part à la lutte contre Wilfrid Laurier, mais il est défait comme candidat nationaliste dans Saint-Jacques. Il part ensuite en Europe mener au nom du gouvernement fédéral une enquête sur l'émigration française et belge. De retour au Canada, il prend part aux activités de la Société Saint-Jean-Baptiste de Montréal dont il devient président en 1913. Il combat alors l'indifférence de ses compatriotes pour la pensée française et préconise un rapprochement culturel avec la France. Après des difficultés avec la hiérarchie religieuse, Asselin s'enrôle dans l'armée, fait la guerre en Europe et revient au pays où il se désintéressera des questions politiques jusqu'à son retour au journalisme en 1930 à la direction du Canada, le journal du parti libéral. En 1934, il fonde l'Ordre, un

---

c. Cité par Mason Wade, *les Canadiens français de 1760 à nos jours*, tome II (1911-1963), traduit de l'anglais, Montréal, Le Cercle du livre de France, 1963. Voir p. **66**.

d. 6 Geo. V. chap. 23, *Loi pour autoriser les commissions scolaires à contribuer de leurs deniers pour des fins patriotiques, nationales ou scolaires*. Cette loi fut sanctionnée le 16 mars 1916.

e. Voir notamment le document n⁰ 57.

quotidien dont il veut faire l'organe de « la survivance française sur un continent anti-français [f] ». *L'Ordre disparu en mai 1935, Asselin lance* la Renaissance, *hebdomadaire qui n'aura que quelques mois d'existence, et meurt le 18 avril 1937* [g].

A propos de pensée française

Si nous n'étions que catholiques, nous n'aurions pas lieu de fêter la Saint-Jean plutôt qu'un autre jour ; pour affirmer cette croyance religieuse, il suffit de célébrer, par exemple, la Fête-Dieu. Les cérémonies religieuses que nous mêlons à la Saint-Jean ont pour but de marquer le caractère catholique que les événements ont donné chez nous à la langue, à la pensée, à l'action française ; mais la fête est et doit rester avant tout une fête française, par opposition à d'autres fêtes nationales qui ont également le cachet catholique.

La Saint-Jean, fête nationale canadienne-française, n'avait jamais, depuis longtemps, donné lieu à la moindre manifestation pratique de l'esprit, de la pensée française ; les processions qu'on faisait par les chemins, les feux qu'on allumait sur les collines, les messes mêmes, qu'on allait entendre dans les temples où sur les places publiques, étaient devenues autant de rites machinaux, dont le croissant éclat coïncidait avec l'affaiblissement de la conscience, de la dignité, de la volonté nationale.

Pour rendre à la fête sa signification, nous avons cru devoir inviter la population canadienne-française à souscrire ce jour-là d'une manière tangible à une forme quelconque d'action française : de là l'institution du Sou de la Pensée française ; à une forme indiscutable d'action française : de là notre résolution de verser cette année le Sou au fonds de défense de l'enseignement français en Ontario.

Nous disons *pensée française* par opposition à la pensée anglo-saxonne, parce que la langue française implique pensée française, c'est-à-dire une certaine façon de sentir, de raisonner, de juger, propre à la race française.

C'est cette manière de sentir, de penser, de juger, que nous devons tenir à honneur de cultiver en nous, sans laquelle nous, de sang français, nous serions, dans l'ordre intellectuel, des bâtards ou des dégénérés.

Les Américains, sortis comme nous d'une race plus ancienne, sont devenus comme nous, sous les influences multiples du milieu, une race distincte. Il y a aujourd'hui une race américaine à côté de la race anglaise comme il y a une race canadienne, ou, pour être plus précis, une race canadienne-française, à côté de la race française. Mais la race américaine est une race anglaise ; si elle existait comme nous parmi des races étrangères, et qu'elle fût comme nous attaquée dans sa langue, ce qu'elle aurait à défendre, ce n'est pas la pensée américaine, c'est la langue, la pensée anglaise.

Ce que les six millions d'Autrichiens allemands essaient de faire triompher en Autriche, ce n'est pas la pensée autrichienne, et pas davantage la pensée autrichienne-allemande, c'est la pensée allemande.

---

f. « Notre cause n'est pas celle d'un homme ni d'un parti ; c'est celle d'une idée : notre survivance française sur un continent anti-français. » *L'Ordre,* le 16 avril 1934.

g. Sur Olivar Asselin, voir Marcel-A. Gagnon *la Vie orageuse d'Olivar Asselin,* préface du chanoine Lionel Groulx, 2 tomes, Montréal, Les Éditions de l'Homme, 1962.

Dans l'ordre politique, les Belges de langue française sont purement et simplement des Belges ; même dans l'ordre intellectuel ils ont un caractère particulier, en ce qu'ils allient à la langue française une tournure d'esprit plutôt germanique ; mais quand, par la parole, par la plume, par l'action législative et administrative, ils travaillent à la diffusion du français, — du français par où ils se distinguent d'autres Belges à mentalité germanique, — ce n'est pas la pensée belge qu'ils servent, c'est la pensée française.

Ces vérités prud'hommesques, à la démonstration desquelles, dans tout autre pays que le nôtre, on rougirait de s'attarder, un homme dont nul ne contestera le sens profondément canadien, M. Henri Bourassa, en a tiré la conséquence nécessaire, qui est que notre race, anémiée dans sa pensée par un siècle et demi d'isolement, ne survivra intellectuellement qu'en se rapprochant du foyer de la culture, de l'esprit français. Au dernier congrès du Parler français, pendant que d'autres s'attardaient puérilement sur la nécessité de combattre l'anglicisme par la grammaire et le dictionnaire, M. Bourassa, allant, selon son habitude, au fond des choses, disait :

« Le deuxième élément nécessaire à la conservation, c'est de l'alimenter sans cesse à la source d'où elle provient, à la seule source où elle puisse entretenir sa vitalité et sa pureté, c'est-à-dire en France.

Qu'on me permette de toucher en passant à la question souvent agitée — peut-être plus dans le milieu discret des maisons d'enseignement que dans le grand public — du danger que nous courrons pour notre foi et notre moralité à cause du dévergondage de la littérature contemporaine. A cette crainte, je ferai une première objection qui n'est pas philosophique je l'avoue, mais qui ne manque peut-être pas d'un certain bon sens ; c'est que si, par crainte du poison, on cesse de se nourrir, on meurt de faim, ce qui est une façon tout aussi sûre que l'autre d'aller au cimetière. Si nous laissons dépérir la langue faute de l'alimenter à sa véritable source, elle disparaîtra, et si la langue périt l'âme nationale périra, et si l'âme nationale périt, la foi périra également. (Appl.)

D'ailleurs, le danger de l'empoisonnement est-il si grand ? Si dans la littérature française contemporaine le poison n'est pas ménagé, est-il nécessaire d'ajouter que le contre-poison y surabonde ? Au lieu de chercher à fermer la porte aux œuvres littéraires françaises, afin d'empêcher les œuvres mauvaises de passer, ouvrons-là plutôt toute grande à ce qu'il y a d'admirable, de généreux, d'idéaliste, de fort, de grand, dans cette production éternelle du génie français dont il semble que Dieu ait voulu faire, dans l'ordre intellectuel, la continuation du génie grec, et dans l'ordre moral, le foyer principal de la pensée chrétienne et de tous les apostolats généreux. »

Le croira-t-on ? un des reproches que l'on a faits à ce mouvement défensif de la langue, de la pensée française, ç'a été de s'être mis sous l'invocation de la Pensée française.

Il y a parmi nous toute une école qui croit que dans l'ordre intellectuel la langue peut vivre indépendamment de la pensée. C'est à ce groupe, peu nombreux mais influent, que nous devons de n'avoir pas encore une école normale supérieure dans un pays où l'enseignement secondaire, fondé il y a cent ans, compte aujourd'hui une vingtaine de maisons. C'est lui qui est responsable de la médiocrité presque générale de notre enseignement secondaire, encore plus à déplorer que les défauts de notre enseignement primaire, car, si on ne lui a pas préparé l'esprit à l'étude de tous les problèmes, l'élève de l'école secondaire — presque invariablement appelé chez nous à un rôle dirigeant — ne comprendra les besoins ni de l'enseignement primaire ni de l'enseignement supérieur.

Il en est d'autres qui, assez intelligents pour comprendre la relation du cerveau à la langue, ne veulent pas de la pensée française tout bonnement parce que c'est la pensée française. La pensée française ne les effraierait pas si elle venait d'Angleterre, d'Allemagne, de Russie, de Patagonie ; mais comme la pensée française doit, dans l'ordre naturel des choses, venir de France, la pensée française est chose dangereuse, et il ne faut pas de la pensée française. [...] il existe à l'endroit de la France, dans certains milieux canadiens-français, une méfiance haineuse qui n'est pas près de disparaître. [...] Pour un certain nombre de nos compatriotes, le génie français n'a pas de beauté par lui-même et n'est admirable qu'autant qu'il se conforme avec l'idée catholique ; comme fait purement intellectuel, il leur est indifférent, ou même odieux.

De là ce spectacle douloureux et grotesque à la fois que pendant que, tout en servant incidemment, et avec joie, la cause de l'enseignement catholique, nous luttions de notre mieux pour la langue, pour l'esprit français, des journalistes qui par leur lourdeur d'esprit, leur manie de distinguer où ils ne savent même pas définir, n'ont presque plus rien de français et sont comme un exemple de ce que devient une race en reniant ses origines — épais Béotiens comme il s'en trouve dans les populations ralliées de l'Alsace ou de la Pologne prussienne, — ne pouvaient parler de nous et de notre entreprise qu'une écume bovine à la bouche.

Olivar Asselin [h]

---

h. Publié dans *l'Action* du 26 juillet 1913, ce texte a été reproduit dans **Olivar Asselin**, *Pensée française*, préface de Gérard Dagenais, Montréal, Edition de l'A.C.F., 1937.

Document n° 54

1913 — NAISSANCE D'UN GROUPE DE PRESSION LINGUISTIQUE

En plus d'être menacée dans sa survie en Ontario et au Manitoba, la langue française, au début du siècle, était loin d'avoir, au Québec même, droit de cité dans tous les secteurs de la vie. Elle était absente notamment du commerce et de l'industrie, alors en pleine expansion. Aussi certains décidèrent-ils de réagir contre cette situation en organisant un mouvement de défense et de promotion du français. De cette volonté naquit la Ligue des droits du français qui prit plus tard le nom de Ligue d'action française. C'était un mouvement de combat dirigé par des notables laïcs et religieux qui, sans recruter les masses, chercha à éveiller leur conscience.

L'origine de cette Ligue découle en quelque sorte d'une campagne de presse menée dans les colonnes du Devoir *par un jésuite de Montréal, le Père Louis-Joseph Papin-Archambault (1880-1966)* [a]. *Dans une série d'articles qui paraissent de mars 1912 à juin 1913 et qu'il signe du pseudonyme Pierre Homier, celui-ci dénonce l'anglicisation de sa ville par le commerce et l'industrie et condamne l'indifférence de ses compatriotes en matière de langue. Il signale les faits, montre l'ampleur du mouvement d'anglicisation et multiplie les exemples d'abdications — car les commerçants anglais ne sont pas les seuls à donner la première place à l'anglais. Il ridiculise notamment le calendrier anglais publié par des marchands canadiens-français et tire à boulets rouges sur les annonceurs et les acheteurs, qui lui paraissent les plus coupables* [b].

Cette campagne de presse reçoit un accueil favorable. Sur cette lancée, le Père Archambault songe alors à créer un organisme de combat qui œuvrerait de façon permanente pour la diffusion du français. Avec quelques amis il fonde le 11 mars 1913

---

a. Le Père Joseph Papin-Archambault naquit à Montréal le 13 août 1880 de Gaspard Archambault, médecin, et de Marie-Louise Papin. Après ses études classiques au Collège Sainte-Marie, il entra dans la Compagnie de Jésus en octobre 1897 et fut ordonné prêtre à Montréal le 28 juillet 1912. Après une année d'études en Europe, il fut nommé supérieur de la Villa Saint-Martin (1914) et y demeura jusqu'en 1921. Il dirigea ensuite la Villa Manrèse de Québec (1921-1929). Après avoir dirigé le *Messager canadien du Sacré-Cœur* (1929-1932), il fut pendant un quart de siècle directeur de l'Ecole sociale populaire, aujourd'hui l'Institut social populaire. Cette œuvre fondée en 1911 par le Père Léonidas Hudon, jésuite, connut sous l'impulsion du Père Archambault un développement vigoureux. Avant la seconde guerre mondiale, le Père Archambault donna des cours sur l'action catholique et la doctrine sociale de l'Eglise à l'Université de Montréal et à l'Université Laval.

Le Père Archambault a été à l'origine de plusieurs mouvements sociaux et nationalistes. On le considère généralement comme l'initiateur et le promoteur des retraites fermées en Amérique du Nord. Membre-fondateur de la Ligue des droits du français, il demeura membre de la Ligue d'action française et de la Ligue d'action nationale. Il fut le président-fondateur des Semaines sociales du Canada (1920) dont il assura la direction pendant quarante ans. Il fut en outre l'instigateur de la Ligue du dimanche et de l'Action corporative. Il participa également à la fondation de *Relations* (1941), la revue des jésuites qui prit la relève de *l'Ordre nouveau* qu'il avait fondé en octobre 1936.

b. Ces articles ont été ensuite réunis et publiés sous forme de brochure : Pierre Homier, *la Langue française au Canada*, Montréal, La Ligue des droits du français, 1913.

la *Ligue des droits du français* [c]. *La réunion de fondation a lieu à Montréal et regroupe, outre le Père Archambault, Anatole Vanier, avocat, le docteur Joseph Gauvreau, alors « registraire » du Collège des médecins, Léon Lorrain* [d]*, A. G. Casault et Henri Auger. Les fondateurs confient le secrétariat de la Ligue au docteur Gauvreau, adoptent les règlements du nouveau mouvement et rédigent leur manifeste (reproduit plus bas). Dans l'esprit des fondateurs, il s'agit avant tout de lutter pour la promotion du français dans le commerce et l'industrie où cette langue — les articles signés Pierre Homier l'ont bien montré — est si cruellement absente. Ils inscrivent donc cette préoccupation dans l'article II des règlements de la Ligue : « La Ligue des droits du français a pour but de rendre à la langue française, dans les différents domaines où s'exerce l'activité des Canadiens français, et particulièrement dans le commerce et l'industrie, la place à laquelle elle a droit* [e]*. » Les fondateurs s'engagent en outre — c'est l'article III des règlements de la Ligue — à se servir du français dans toutes leurs relations d'affaires et de commerce, même avec des maisons anglaises, à encourager de préférence les maisons de commerce et d'industrie qui reconnaissent et respectent les droits du français, à travailler, enfin, à faire disparaître les usages contraires ou nuisibles aux droits du français.*

Cette action ne va pas sans difficultés. Il n'est sans doute pas facile à l'époque de lutter pour les droits du français [f]*. La Ligue s'attire aussi bien la colère des fanatiques, qui l'accusent de soulever la « guerre des races », que les railleries des sceptiques qui n'y voient qu'« enfantillages » et « vétilles ». Mais les membres de la Ligue n'en poursuivent pas moins leurs activités. Fidèles à leur objectif premier, ils mettent à la disposition des marchands un service de rédaction et de traduction d'annonces et de catalogues et publient de mois en mois des listes d'expressions techniques. Bientôt la Ligue installe ses bureaux au Monument national — propriété de la Société Saint-Jean-Baptiste — avant d'aller loger, grâce à la générosité de son propriétaire, dans l'immeuble du sénateur Raoul Dandurand.*

*Ayant surmonté les premiers obstacles, la Ligue étend son action vers les masses en publiant, dès 1916, l'*Almanach de la langue française, *fait de courts articles, de tableaux statistiques, de pièces documentaires et de mots d'ordre. En 1917, elle lance un organe de doctrine auquel elle donne un nom significatif —* l'Action française *— et dont le premier numéro paraît en janvier 1917. La direction de la revue est confiée à Omer Héroux, rédacteur en chef du* Devoir *et directeur de la Ligue depuis février 1915* [g]*. Héroux reste à la direction de la revue jusqu'en octobre 1920. Il est alors*

---

c. Le Père Archambault a raconté les origines de la Ligue : **Pierre Homier, « les Origines de l'Action française »**, *Consignes de demain, doctrine et origines de l'Action française*, Montréal, Bibliothèque de l'Action française, 1921, 23 pages. Voir également : Joseph Papin-Archambault, « De la Ligue des droits du français à l'Action française », *l'Action nationale*, vol. LII, mars-avril 1963, p. 647-659. Anatole Vanier aussi a rappelé ses souvenirs de l'époque : **Anatole Vanier, « 1917-1947 »**, *l'Action nationale*, 1947, p. 6-12.

d. Sur Léon Lorrain, voir le document n⁰ 63.

e. Pierre Homier, *les Origines de l'Action française*, p. 17.

f. C'est en tout cas l'impression de Mᵍʳ Roy, alors coadjuteur du cardinal Bégin, qui écrit en 1914 aux directeurs de la Ligue : « Hélas ! c'est bien jusque-là que nous en sommes venus ; il faut du courage en plein Québec, pour proclamer, défendre, faire respecter les droits du français ! Votre Ligue a voulu secouer la léthargie des uns, flétrir la trahison des autres. » Cité par le Père Archambault : « De la Ligue des droits du français à l'Action française », p. 651.

g. Sur Omer Héroux, voir le document n⁰ 46.

remplacé par l'abbé Lionel Groulx [h], professeur d'histoire à l'Université de Montréal et directeur de la Ligue depuis mars 1917. C'est lui qui deviendra le véritable chef de la Ligue.

L'abbé Groulx se donne pour mission de définir la doctrine de l'Action française. Dès 1921, il livre le fruit de ses réflexions d'homme de pensée et d'action :

« Notre doctrine, elle peut tenir tout entière en cette brève formule : nous voulons reconstituer la plénitude de notre vie française. Nous voulons retrouver, ressaisir, dans son intégrité, le type ethnique qu'avait laissé ici la France et qu'avaient modelé cent cinquante ans d'histoire. Nous voulons refaire l'inventaire des forces morales et sociales qui, en lui, se préparaient alors à l'épanouissement. Ce type, nous voulons l'émonder de ses végétations étrangères, développer en lui, avec intensité, la culture originelle, lui rattacher les vertus nouvelles qu'il a acquises depuis la conquête, le maintenir surtout en contact intime avec les sources vives de son passé, pour ensuite le laisser aller de sa vie personnelle et régulière. [...]

Ce germe de peuple fut, un jour, profondément atteint dans sa vie ; il fut gêné, paralysé dans son développement. Les conséquences de la conquête ont durement pesé sur lui ; ses lois, sa langue ont été entamées ; sa culture intellectuelle fut longtemps entravée ; son système d'éducation a dévié en quelques-unes de ses parties, sacrifié plus qu'il ne convenait à la culture anglaise ; son domaine naturel a été envahi, ne le laissant que partiellement maître de ses forces économiques ; par l'atmosphère protestante et saxonne ses mœurs privées et publiques ont été contaminées. Un maquillage désolant a recouvert graduellement la physionomie de nos villes et de nos villages, signe implacable de la sujétion des âmes à la loi du conquérant.

Ce mal de la conquête s'est aggravé, depuis 1867, du mal du fédéralisme. La confédération peut avoir été une nécessité politique ; elle peut avoir déterminé en ce pays de grands progrès matériels ; pour un temps, elle a pu même rendre au Québec une grande somme d'autonomie. Elle n'a pas empêché que le système n'ait tourné contre nous de considérables influences. Notre situation particulière dans l'alliance fédérative, l'isolement de notre province catholique et française au milieu de huit provinces à majorités anglaises et protestantes, le déséquilibre des forces qui s'ensuit, accru quelquefois par la politique hostile de quelques gouvernants, entraînent peu à peu la législation fédérale vers des principes ou des actes qui mettent en péril nos intérêts fondamentaux. Le système politique de notre pays, tel qu'en voie de s'appliquer, ne conduit pas à l'unité, mais tout droit à l'uniformité [i]. »

Fondée en 1913 pour promouvoir le français, la Ligue des droits du français a donc été amenée à élargir son action au-delà du seul domaine de la langue. Cette évolution s'est faite progressivement et aboutit à l'exposé de doctrine que fait l'abbé Groulx en 1921. Allant jusqu'au bout du combat pour la langue, la Ligue ne se borne plus à lutter « pour des étiquettes françaises », mais s'affirme comme mouvement de pensée et d'action nationales analysant et remettant en cause la situation politique, économique et sociale des Canadiens français.

Pour traduire l'élargissement de son action, mais aussi pour éliminer toute confusion pouvant naître de la différence d'appellation entre le mouvement et sa revue, la Ligue décide en 1921 de s'appeler dorénavant du nom qu'elle avait donné jadis à sa revue. La Ligue d'action française — c'est maintenant son nom — fait inscrire dans la charte

---

h. Sur Lionel Groulx, voir le document n° 51.
i. Lionel Groulx, « Notre doctrine », Consignes de demain, doctrine et origines de l'Action française, p. 7-15.

qu'elle obtient alors du gouvernement provincial les buts qui sont désormais officiel-lement les siens : travailler en Amérique, par l'étude et l'action, au maintien du catholicisme et de la civilisation française ; développer en particulier la personnalité ethnique du peuple canadien-français, suivant son caractère catholique et latin, et dans le sens de ses traditions nationales [j].

La Ligue poursuit son action pendant les années de prospérité que sont les années vingt. Après les conférences que la Ligue des droits du français avait organisées sur « la Langue, gardienne de la foi [k] » et sur « la Valeur économique du français [l] », la Ligue d'action française explore, sous forme d'enquêtes, les sujets les plus divers. Certaines de ces enquêtes portent sur la langue, telle l'enquête de 1925 sur le bilin-guisme au Canada. Mais la plupart ont un caractère plus vaste. L'enquête de 1921 porte sur les problèmes économiques. L'année 1922 est consacrée à l'étude de « Notre avenir politique » et est axée sur le thème de l'Etat français. En 1923, la Ligue étudie « Notre intégrité française ». En 1924, le sujet choisi est « l'Ennemi dans la place [m] » tandis qu'en 1926 la défense du capital humain et la jeunesse forment les deux grands thèmes de réflexion.

Les nombreuses activités de la Ligue — enquêtes, publications, interventions auprès des pouvoirs publics — sont autant d'occasions de répandre le nom que la Ligue s'est donné en 1921 et qui est maintenant connu de tous. Mais à la suite de la condamnation par Rome de son homonyme de France, la Ligue d'action française de Montréal décide par souci de prudence de changer son nom en celui de Ligue d'action canadienne française (à partir de janvier 1928, la revue s'appellera Revue d'action canadienne française [n]). Ce nom toutefois ne survivra pas très longtemps. L'ardeur s'affaiblit, les difficultés financières s'accumulent, si bien qu'à la fin de 1928 les directeurs de la Ligue mettent le mouvement en veilleuse, interrompent la publication de la revue et cèdent leurs intérêts matériels aux Editions Albert Lévesque [o].

La Ligue avait accompli une œuvre utile et son silence — qui dura quatre ans — fut cruellement ressenti par plusieurs. Au moment de la crise économique, morale et politique du début des années trente, un groupe d'anciens directeurs de la Ligue, ayant à sa tête Esdras Minville [p], décida de reprendre le combat. En compagnie de nouveaux venus, ces hommes formés à l'Action française redonnèrent alors vie au mouvement sous le nouveau nom de Ligue d'action nationale et lancèrent la Revue d'action nationale (premier numéro : janvier 1933). La Ligue et la revue existent encore de nos jours.

* * *

---

j. Joseph Papin-Archambault, « De la Ligue des droits du français à l'Action française », p. 657.
k. Voir le document no 62.
l. Voir le document no 63.
m. Voir le document no 66.
n. « Avec ce mois de janvier 1928, notre Revue, paraît sous un nom modifié... Nous n'avions rien de commun avec l'œuvre royaliste de Paris. Nous lui avions emprunté un nom, comme chez nous, beaucoup d'organes de presse qui adoptèrent un nom déjà usité en Europe. Il suffit que ce nom sonne mal aujourd'hui à des oreilles catholiques pour que nous en changions. Par simple déférence envers les autorités romaines, sans aucune pression ou invitation de qui que ce soit, mais de leur propre mouvement, les directeurs de notre Ligue ont décidé que la Revue s'appellerait désormais : L'Action canadienne française... Pour le reste rien ne sera changé ni à l'esprit ni à la direction de notre Revue, non plus qu'aux multiples services de notre œuvre. » L'Action canadienne-française, janvier 1928, p. 3.
o. Sur Albert Lévesque, voir le document no 69.
p. Sur Esdras Minville, voir le document no 71.

Dès mars 1913, les directeurs de la Ligue publient leur manifeste où ils sonnent l'alarme, font connaître leurs objectifs et dévoilent leurs moyens d'action. Le ton est combatif et l'adversaire est identifié : il s'agit avant tout de lutter contre l'indifférence, la léthargie des Canadiens français eux-mêmes.

C'est la langue française que parlaient nos aïeux, ces hardis défricheurs de la terre, qui vinrent d'outre-mer fonder le Canada.

Pour jouir du même privilège, leurs descendants, devenus sujets britanniques, durent lutter sans merci. Convaincus que la langue française serait la meilleure sauvegarde de leurs traditions et de leur foi, ils réclamèrent énergiquement la reconnaissance officielle de ses droits. Ni promesses, ni menaces n'eurent prise sur leurs volontés. Ils finirent par triompher. Nos libertés actuelles sont le fruit de leur inlassable énergie.

Hélas ! cette victoire obtenue au prix de si durs sacrifices, notre inertie est en train de l'annuler.

Pour un bon nombre de Canadiens français, la langue française n'est plus la langue usuelle. Dans certains domaines, le commerce et l'industrie par exemple, ils l'ont rejetée complètement. Annonces, catalogues, factures, marques ou noms des produits, tout est rédigé en anglais. Et cependant les clients de ces industriels et de ces marchands sont en grande majorité de langue française.

Une réaction s'impose. Autrement un fait inéluctable se produira bientôt. Comme aucune cloison étanche ne sépare le domaine social du domaine commercial, de l'un la langue anglaise pénètrera dans l'autre. Et alors ce sera l'absorption tranquille et sûre de notre race, sa disparition prochaine. « Les peuples résistants, a justement observé Emile Faguet, se reconnaissent à ceci, qu'ils n'abandonnent jamais leur langue et que leur langue ne les abandonne jamais. »

Cette réaction, plusieurs de ceux-là mêmes qui ont créé ou maintiennent la situation actuelle, la désirent vivement. Ils reconnaissent maintenant leur faute, ils sentent qu'une catastrophe est imminente, mais trop faibles, ou trop esclaves des circonstances pour rompre d'eux-mêmes avec des habitudes qui leur pèsent, ils voudraient qu'un mouvement populaire vînt en quelque sorte leur faire violence.

La Ligue des Droits du français va essayer de les satisfaire.

Le mouvement que nous entreprenons — il est bon de le faire remarquer dès le commencement — n'est nullement un mouvement de provocation, une déclaration de guerre.

Notre langue a des droits : droits naturels, droits constitutionnels. Nous voudrions qu'ils ne restent pas lettre morte, nous voudrions surtout que nos compatriotes soient les premiers à les respecter.

Et comme leur abandon provient le plus souvent du laisser-aller, de l'insouciance, de l'inertie, c'est à ces plaies que la Ligue va d'abord s'attaquer.

Ses membres s'engagent premièrement à se surveiller et à se réformer eux-mêmes. Dans leurs relations d'affaires et de commerce, les plus entamées par l'anglicisation, ils se serviront, hors des cas de force majeure, de la langue française. En outre, afin d'entretenir leurs bonnes dispositions, et aussi de participer au travail général de la Ligue, ils feront du zèle, de la propagande autour d'eux. A leurs amis ils conseilleront d'imiter leur attitude, d'entrer dans le mouvement. A leurs fournisseurs dont les factures, les annonces ou les catalogues sont exclusivement ou principalement en anglais, ils présenteront de respectueuses mais énergiques observations.

L'expérience l'a prouvé. Dans les campagnes de ce genre, il n'y a ordinairement que la première démarche qui coûte. La deuxième se fait sans difficulté, presque avec aisance ; et quand, comme ce sera vraisemblablement le cas ici, de bons résultats ne tardent guère à se manifester, chaque nouvelle intervention devient un plaisir. Loin d'en éviter les occasions, on les recherche avidement.

Mais, il faut bien l'avouer, à côté de la masse des insouciants, qu'un aiguillon habilement manié réveillera, il y a deux autres catégories de nos compatriotes dont nous devrons nous occuper : ceux qui ne peuvent pas et ceux qui ne veulent pas parler la langue française.

Ceux qui ne peuvent pas. L'industrie ou le métier qu'exercent plusieurs de nos compatriotes exige l'emploi d'un grand nombre de mots techniques. Ces mots, ils voudraient bien les prononcer dans leur langue. Quelques-uns même l'essaient parfois. Leurs efforts n'aboutissent ordinairement qu'à la francisation baroque des termes anglais que seuls ils connaissent parfaitement. Force leur est d'y avoir finalement recours. Un phénomène analogue se produit dans la rédaction des annonces ou des catalogues. Nous ignorons presque tous le français commercial. C'est une autre de nos plaies.

A tous ces hommes bien disposés, mais impuissants, la Ligue entend venir en aide d'une façon spéciale. Elle commencera bientôt la publication d'une série de listes de mots techniques. Imprimées sur feuilles volantes, tirées à un grand nombre d'exemplaires, ces listes pourront être obtenues à un prix minime. Notre ambition est de les faire pénétrer non seulement dans les milieux industriels et commerciaux, mais aussi dans nos écoles, nos couvents, nos collèges.

Une autre initiative nous a paru s'imposer. C'est l'établissement d'un bureau français de publicité. Il est déjà en partie organisé. Deux écrivains de talent, possédant à fond les langues française et anglaise, sont à notre disposition. Ils reviseront, traduiront, rédigeront, moyennant une rétribution raisonnable, tout travail qu'on voudra bien leur confier : annonces, catalogues, prospectus, etc.

Et ainsi ceux qui voulaient rester fidèles à leur langue mais s'en trouvaient empêchés, le pourront à l'avenir.

Restent *ceux qui ne veulent pas.* Il y en a malheureusement. Leur nombre varie suivant les circonstances. Il est suffisant pour qu'on s'occupe d'eux. Ce sera la partie la moins intéressante de notre programme. Nous la subissons comme une nécessité.

Donc, ceux qui ne veulent pas, eh bien ! nous les attaquerons. D'abord indirectement, et avec une arme bien légère, plus favorable encore à nos amis que nuisible à eux-mêmes : *les listes blanches*, listes d'imprimeurs, de manufacturiers de bonbons et de biscuits, de marchands d'articles de sport, etc., etc. Y seront inscrits tous ceux qui souscriront à certains engagements destinés à protéger la langue française. Ces listes bien répandues et fortement recommandées devront produire leur effet, chez les acheteurs d'abord, puis par répercussion, chez les fournisseurs. Plusieurs de ces derniers s'amenderont avant longtemps. Les résultats obtenus dans d'autres pays nous sont un garant de l'efficacité de cette action.

Viendra ensuite l'attaque directe, loyale elle aussi, discrète, quoique cependant énergique. « Monsieur, dira à son marchand un membre de la Ligue, vous m'obligeriez beaucoup si, sur votre vitrine et vos factures, à côté de *grocery* vous mettiez *épicerie*. » L'épicier ainsi interpellé y songera à deux fois avant de refuser cette satisfaction à un excellent client. L'osât-il, en dépit des bonnes raisons qui lui seront apportées, que la Ligue avertie interviendra : « Mon cher monsieur, vos clients vous prient de vouloir bien mettre sur votre vitrine et vos factures, à côté du mot *grocery* le mot *épicerie*. Et cette demande nous paraît raisonnable. En effet,... etc., etc. » Peu, il nous semble, résisteront à cette nouvelle démarche. De moins importantes ont déjà obtenu le résultat désiré. Supposons cependant qu'il se trouve encore quelques récalcitrants. Eh bien ! alors aux grands maux les grands remèdes. La Ligue sortira ses derniers atouts. Je ne les dévoilerai pas. Mais je puis bien dire que je les ai vus à l'œuvre. Gare à eux ! Droits comme l'épée, ils ont aussi le tranchant de sa lame.

Ce mouvement, on le comprend, réussira d'autant mieux qu'une atmosphère se créera qui lui sera favorable. C'est l'œuvre des tracts, des conférences, des brochures. Nous avons pu nous convaincre que si la mentalité de notre peuple au sujet du parler français avait été lamentablement déformée, il suffisait de quelques arguments, de quelques faits, bien clairs, pour le ramener à la juste compréhension de ses devoirs. Le Canadien français aime sa langue. Il ne voudrait pas la perdre pour tout l'or du monde. Mais bon enfant, s'endormant facilement, ébloui par les succès financiers de quelques gros industriels de l'autre race, et surtout habitué à n'entendre parler que de concessions inévitables et peu dangereuses, il s'est laissé entraîner, sans trop y prendre garde, par les flots du courant anglicisateur.

Qu'on lui montre clairement le fond de l'abîme où il se précipite, et sa folle insouciance disparaîtra. Les réserves de fierté et de force que ses pères ont déposées dans son sang ne sont pas encore taries. Elles jailliront sous la pression des faits dévoilés, et l'âme canadienne se redressera, ardente, résolue à défendre jusqu'au bout le plus précieux, après sa foi, des trésors qu'elle possède.

Voilà notre Ligue : son but, ses moyens d'action, les résultats que nous en espérons. Nos âmes la portèrent longtemps avant qu'elle vît le jour, méditant sa forme définitive et essayant de scruter son avenir. Quand l'heure fut venue, elle naquit. Elle était nécessaire. Elle vivra.

D'autres organisations se dévouent au service de notre langue. La plus vaillante et la plus utile, la Société du Parler français, vient de se créer un nouvel organe. Le Comité permanent, constitué à son premier Congrès, promet d'accomplir un travail fécond [q]. Nous n'empiéterons pas sur son domaine. Nous ne nuirons pas à son action. Nous l'aiderons au contraire. À côté de l'armée régulière, il est bon qu'il y ait des groupes de tirailleurs prêts à courir la plaine, à fouiller les broussailles, à découvrir les embuscades, à recevoir, comme aussi à donner, les premiers coups.

Si ce rôle plaît à quelques cœurs bien nés, qu'ils se lèvent et ceignent nos armes. La langue française les sacre ses chevaliers. Ils seront, sur la terre canadienne, les ligueurs du fier parler qui, le premier, y fit resplendir les lumières de la civilisation et de la foi.

Pierre Homier [r]

---

q. Voir le document n° 42.

r. Pierre Homier, « la Ligue des droits du français », *Bulletin du parler français au Canada*, vol. XI, n° 8, avril 1913, p. 301-304.

Document nº 55

1914 — *APPEL À DIEU POUR SAUVER LA LANGUE*

L'abbé Lionel Groulx propose de dresser contre les persécuteurs de l'Ontario l'armée des jeunes communiants. On constate ici l'inversion de la formule traditionnelle, c'est maintenant la foi qui est mise au service de la langue.

Vous connaissez cette jolie page de *La Douce France* de M. René Bazin, adressée aux tout-petits de là-bas : « On vous a dit que les Croisades furent au nombre de huit. Cela est vrai, car il n'y en a que huit qui soient terminées, mais la neuvième a commencé tout de suite après la huitième, et elle continue. » Et ceux qui forment la nombreuse armée de la chevalerie nouvelle, ce sera, d'après l'écrivain, tous « ceux qui combattent par la parole et par la plume, par le sacrifice, par la prière, par l'exemple », pour que soit « maintenue à jamais, la doctrine de noblesse, de justice et d'amour ».

Ne sont-ils pas de cette neuvième croisade les petits Canadiens-français d'Ontario dont M. Héroux nous racontait ici même, l'autre jour, la récente histoire, plus belle qu'une *Enfance* de trouvère ? Bien des acclamations de fierté, j'en suis sûr, ont dû s'en aller vers ces petits héros de notre race qui viennent nous rapprendre le culte du « panache » et du meilleur. Mais, parmi tous les exploits de cette chevalerie enfantine, me permettra-t-on de le dire ? je n'en sais pas de plus surnaturellement beau que celui des enfants de M. l'abbé Beaudoin, le curé de Walkerville. Le matin même du jour où s'ouvrait à Ottawa le dernier congrès de l'Association d'Education, les enfants de la paroisse de Walkerville s'approchaient en corps de la communion. C'était leur manière à eux de venir à la rescousse de la petite école française.

Je me trouvais dans la salle du congrès quant fut lue la lettre du curé Beaudoin, porteuse de cette nouvelle. Aux applaudissements frénétiques qui saluèrent le geste, aux regards mouillés qui, dans une minute d'émotion intense, s'échangèrent entre tous ces pères de famille, chacun put se rendre compte que, dans l'intérieur des âmes, venait de vibrer la fibre profonde.

Je me suis demandé l'autre jour s'il n'y avait pas là, dans ce fait, l'indication du champ de bataille où il faut diriger tous les enfants de la province opprimée. Je me suis pris à rêver d'une communion annuelle, faite le même jour, de tous les petits héros qui veulent continuer de monter la garde autour de leur école. Ce serait comme une sorte de grande revue générale de tous les petits chevaliers de la neuvième croisade, devant le Sacré-Cœur. L'heure se fait plus sombre. Dans quelques jours la question scolaire ontarienne se débattra devant les tribunaux. Le moment n'est-il pas venu de tenter une intervention suprême auprès de Dieu ? J'expose donc mon projet à nos amis de là-bas, avec la pensée fraternelle qui me l'inspire et comme a dû le suggérer à bien d'autres l'héroïsme contagieux de la croisade ontarienne.

L'une des plus heureuses pensées des défenseurs de l'école bilingue dans l'Ontario, ce fut peut-être d'associer à la lutte l'armée des petits enfants. Par cette tactique, nos compatriotes devaient ajouter à la beauté et à la force de leur droit moral. Ils ont offert au monde un spectacle que Montalembert évoquait un jour magnifiquement à la tribune, spectacle qu'il appelait « le plus grand et le plus consolant dans l'histoire du monde », et qui est celui « des embarras de la force aux prises avec la faiblesse ». C'est pour que l'on maintienne encore en ligne de bataille l'effectif de la jeune armée que nous écrivons aujourd'hui. Il faut que les persécuteurs endurent un peu plus chaque jour le châtiment de leur infâmie. C'est le droit de la justice opprimée de châtier ainsi la tyrannie. Ces gens-là ne méritent pas de se battre contre des hommes. Imposons-leur de se battre contre de petits enfants.

....

Catholiques, nous ne pouvons oublier les vérités de la foi qui a vaincu le monde. Le triomphe, allons le demander à Celui qui le tient dans sa main. La meilleure défense, c'est encore de constituer l'hostie sainte gardienne de la langue et de la foi sur les petites lèvres françaises. Oui, qu'elle se lève la nombreuse armée de nos petits communiants. Qu'elle se lève de partout, si Dieu le veut ; et partout l'on regardera défiler les petits bataillons blancs, avec des larmes dans les yeux et des résolutions plus héroïques dans la volonté. Jamais cause n'aura été si noblement défendue, jamais opprimé n'aura été plus digne de la victoire. Car votre geste, ô petits héros de la neuvième croisade, plus sûrement que le geste du semeur, s'élargira jusqu'au ciel.

Abbé L. A. Groulx [a]

---

a. Lionel Groulx, « Pour la neuvième croisade », *le Devoir*, 12 mai 1914.

Document n° 56

1915 — POUR UNE DÉFENSE ACTIVE DU FRANÇAIS

Olivar Asselin poursuit le combat pour le français menacé en Ontario. Dans le texte qui suit, intitulé « Notre devoir le plus urgent », il lie le sort du français au statut politique et économique des Canadiens français et il rejette l'équation de la langue française et de la religion catholique. Ce texte a d'abord paru dans l'Étudiant, journal des étudiants de Laval, qui fut supprimé pour l'avoir publié. Il fut reproduit ensuite dans l'Action, le 30 janvier 1915, sous le titre « l'Étudiant supprimé ».

Notre devoir le plus urgent envers nos compatriotes d'Ontario, c'est de leur envoyer l'argent dont ils ont besoin pour obtenir justice des tribunaux britanniques — s'ils le peuvent. Même dans l'incertitude de vaincre, une minorité qui se respecte et qui veut vivre ne doit jamais abdiquer un droit sans combattre. On a dit que la suppression du français comme langue officielle dans l'Ouest était inévitable ; mais il y avait assez des Anglais à réclamer cette mesure, et les plaidoyers faits par des Canadiens français pour la justifier forment une page d'abjection que notre race relira avec dégoût le jour où elle aura, enfin, pris quelque conscience de sa dignité. De même nous avons en Ontario le devoir de disputer le terrain pouce par pouce, avec toutes les armes à notre disposition. Les grands olympiens qui se lavent les mains de ces luttes pénibles, livrées prosaïquement à coups de dollars, restent majestueusement à l'écart de tout mouvement de protestation, feignent de croire qu'ils peuvent adoucir MM. Pyne et Hocken — et à la fois, va sans dire, continuer d'emplir leurs « chars » compatriotes — en vantant Molière, Racine et Veuillot devant des cercles de vieilles dames à moitié gâteuses, avec des grâces négligées et des airs entendus de vieux « cabotins » — ceux-là, n'hésitons pas à les qualifier, ce sont des traîtres. Il faut lutter pour vaincre. Il faut aussi lutter pour lutter : la race canadienne-française ne se sauvera que si elle comprend enfin que la lutte pour la justice, quelle qu'en doive être l'issue, a sa vertu propre, qui est d'ennoblir ceux qui s'y consacrent, en les faisant participer d'une spiritualité supérieure.

Mais nous du Québec, qui sommes censés donner le ton à la vie française en Amérique, pénétrons-nous bien de ceci, qu'un droit constitutionnel ne vaut guère que par le parti qu'on en sait tirer. Il ne nous suffit pas de faire maintenir l'enseignement du français à l'école, il nous faut encore imposer à nos compatriotes anglais sinon l'amour, au moins l'estime du français — et non seulement du français qu'ont écrit Molière, Racine et Veuillot, mais du français qui s'enseigne dans nos écoles, du français que nous parlons dans la famille, dans la rue, dans les bureaux, dans les parlements, sur la place publique. [...]

Tout d'abord, posons en principe que jamais peuple de vie économique et politique inférieure n'eut le moindre prestige ni n'exerça la moindre influence intellectuelle hors de ses frontières. La Grèce de l'époque romaine ne fait exception à cette règle qu'en apparence : à Rome comme ailleurs, le rôle qu'elle avait joué sur la scène politique était encore présent à toutes les mémoires ; et elle avait gardé dans sa défaite une splendeur matérielle que les rapaces proconsuls romains ne savaient que trop apprécier. Le rayonnement extraordinaire de la pensée juive en Asie mineure, à Alexandrie et jusqu'en Grèce vers la même époque ne surprend de même qu'au premier coup d'œil ; sous tous ses maîtres le Juif avait conservé l'unité et la continuité de pensée qui sont le principe le plus actif de vie politique ; les missionnaires qui étaient en train de conquérir le monde au monothéisme judaïque quand parut le Christ, et après lui saint-Paul, étaient soutenus dans leur prosélytisme par une foi inébranlable à la résurrection prochaine de la nation juive. A l'époque moderne, on a vu des nationalités méprisées naguère forcer en quelques années l'attention puis l'admiration du monde par leurs œuvres intellectuelles ; pour n'en nommer qu'une, citons les Tchèques, dont la situation, longtemps analogue à la nôtre, comporterait pour nous de si salutaires leçons si notre suffisance nous permettait de chercher des enseignements quelque part. Mais le relèvement économique et politique, qui avait été pour ces nationalités une des conditions essentielles de la renaissance intellectuelle, a été la condition non moins essentielle de leur réhabilitation intellectuelle aux yeux de l'étranger. [...] Eussions-nous dans le Québec les écoles les plus parfaites du monde, nos compatriotes anglais des autres provinces seraient excusables de ne s'en pas douter tant que, avec une politique économique dirigée au profit de la haute finance anglaise et une presse d'« action sociale catholique » tout occupée à faire de la casuistique religieuse au profit de partis politiques, nous serons dans notre propre maison des « porteurs d'eau » et des « scieurs de bois ». Eussions-nous la plus belle littérature et la plus haute culture scientifique du monde, que nous ne pourrions pas faire un crime à l'Ontario de l'ignorer tant que nos journalistes et nos hommes politiques, effrayés de leur ombre, incapables d'une idée personnelle, apporteront dans la délibé-ration des problèmes nationaux des âmes de castrats et des intelligences de concierges. Le praticien romain prenait des leçons de ses affranchis, quand ils étaient grecs et qu'ils les savait venus directement des écoles d'Athènes : il n'en prenait point de ses esclaves. [...]

Pour inspirer aux Canadiens anglais le respect de notre langue, nous avons encore d'autres conditions à remplir. Pour l'instant je n'en indiquerai que trois.

La première, c'est de leur prouver que le français tel que nous le vivons, si je puis m'exprimer ainsi, ne nuit pas à notre formation intellectuelle. En d'autres termes, c'est d'abord de faire en sorte que nos écoles existent.

....

C'est surtout par notre enseignement supérieur que nous pourrions espérer nous révéler un jour comme force intellectuelle. [...] Or, ne craignons pas de le demander à quiconque ne s'est pas crétinisé en passant par là, l'Université Laval comme *université*, c'est-à-dire comme préparation à l'intelligence de toute chose, cela existe-t-il ? Quel est l'enseignement qui se donne là et qu'un bon homme d'affaires [...] ne pût faire donner tout aussi bien par des « nègres » à quarante sous de l'heure ? Quelle espérance au moins avons-nous que l'institution sera jamais autre chose que ce qu'elle a toujours été, savoir : une école qui, en donnant à ses élèves — pour la plupart jeunes hommes très contents d'eux-mêmes — ce qu'il leur faut pour gagner leur vie, les pénètre juste assez du sentiment de son utilité pour, hélas ! les empêcher de voir tout ce qui lui manque ? Quant à moi, lorsque je cherche à mesurer aussi exactement que possible le degré de culture de notre personnel universitaire, j'évoque malgré moi la délicieuse histoire de ces nombreux chefs-d'œuvres de peinture accrochés aux murs de l'Université québecquoise pendant un demi-siècle sans que personne en soupçonnât l'existence, et qui, découverts en 1910 par un vague peintre américain du nom de Purvis Carter, font maintenant la gloire de ce foyer intellectuel, gloire lui-même d'une ville qui s'intitule modestement l'Athènes de l'Amérique.

La deuxième condition, c'est de faciliter l'étude du français à nos compatriotes anglo-protestants. Il va de soi, en effet, que nous ne pouvons blâmer ceux-ci d'ignorer notre langue s'ils sont virtuellement dans l'impossibilité de l'apprendre. Or, de la plus humble de nos écoles primaires jusqu'à notre soi-disant université, quelle est celle de nos institutions scolaires qui ne soit avant tout une institution religieuse et qu'un protestant — abstraction faite de la valeur intellectuelle ou professionnelle de l'enseignement — pût fréquenter sans se manquer de respect ? Et si l'on prétend que les Anglais peuvent apprendre le français comme nous apprenons l'anglais, je réponds tout simplement que pour des raisons évidentes ce n'est pas là parler sérieusement.

La troisième condition, c'est que dans nos mouvements de protestations nous fassions un état plus considérable de la valeur du français considéré en soi, comme instrument de culture intellectuelle. Depuis le commencement de la présente guerre, la preuve est faite, semble-t-il, et pour toujours, que pour être bon Français il n'est pas indispensable d'appartenir à telle ou telle religion — non plus, bien entendu, qu'à telle ou telle secte antireligieuse. Au fond, il n'y a probablement pas plus de raisons d'établir une corrélation entre le patriotisme canadien-français et la foi catholique. Parmi les Canadiens-Français anglicisés, j'en ai connu beaucoup qui avaient renié le catholicisme, mais j'en ai aussi connu un grand nombre qui étaient restés foncièrement, dévotement catholiques. D'autre part, je crois bien ne rien apprendre à personne en disant qu'aux États-Unis comme au Canada on trouverait nombre de Canadiens-Français indifférents en matière religieuse et cependant résolus à rester français. Mais si l'on tient mordicus à lier la langue à la foi, il faut à tout le moins prendre garde que ce ne soit pas au détriment de la langue. La Société du Parler Français eût pu faire beaucoup pour la propagation du français dans le Canada anglais : on sait sous quelles influences elle s'est changée en Société du parler catholique et français. Pour complaire aux visées étroites de Mgr Roy et de quelques autres, elle s'est aliéné non seulement les Canadiens protestants qui auraient pu seconder son effort, mais l'armée innombrable des catholiques canadiens-français qui ne se sentent pas de vocation pour la propagande religieuse, et qui du reste sentent confusément que dans ce mariage de la langue et de la foi, décrétée par raison d'État, je veux dire par raison d'Église, ce n'est pas la foi qui a le plus à perdre. Comment peut-on sincèrement s'imaginer servir la cause du français dans l'Ontario protestant en ne cessant de proclamer que pour nous le français est d'abord un instrument de conservation et de propagande catholique ? Et comment espérer [...] faire croire à la Province de Québec que l'on n'est mû que par l'amour du français, quand, au cœur même de cette province, le français se meurt dans les arts et métiers, la procédure judiciaire, les administrations publiques et privées et vingt autres sphères ; que de toute évidence un commerce intellectuel plus intime avec la France pourrait seul nous rendre, avec l'esprit français, la force d'expansion et de rayonnement qui nous manque ; que néanmoins, par crainte de « l'irréligion », et en dépit de leurs beaux discours, ceux qui pourraient nous rapprocher de la France agissent au fond comme s'ils étaient enchantés de nous en tenir éloignés. Le jour où le clergé canadien-français ne mettra plus de conditions à sa défense du français, il conquerra le cœur de ceux pour qui le français aussi est une religion, et c'est à dire que ce jour-là il y aura peut-être encore des indifférents en matière religieuse, voire des incroyants, dans le Canada français, mais qu'il n'y aura plus d'anticléricaux. Au contraire, la plus grande maladresse dont il soit capable, et pour la religion et pour le français, c'est de continuer à se mettre en travers de tout mouvement d'action française qu'il n'a pas conçu et qu'il ne dirige pas, et qui ne s'affiche pas d'abord comme un mouvement catholique.

Pour résumer ce trop long article — qui y gagnerait, je crois, à se muer en brochure :

Envoyer de l'argent aux Canadiens d'Ontario, et tout de suite et le plus possible. Si nous ne pouvons vaincre, lutter pour lutter.

Faire respecter le français aux Anglais d'Ontario :

1. En détruisant chez eux l'impression que cette langue n'est parlée au Canada que par des « porteurs d'eau » et des «scieurs de bois » ;

2. En relevant le niveau de notre enseignement secondaire et supérieur ;

3. En créant quelques écoles françaises accessibles aux Anglais protestants ;

4. En cessant de faire du français un simple état du catholicisme.

Et pour résumer ce résumé, je dirai qu'il n'y a pas de langue française possible sans pensée française ; que la pensée française sera nulle en Ontario si la pensée française est anémique dans le Québec ; que la pensée agissant, comme la lumière et comme la chaleur, par rayonnement, le moyen le plus sûr d'assurer la survivance du français en Ontario est de faire du Québec un foyer intense de culture, de vie, de pensée française.

Olivar Asselin,

Courtier en immeubles [a].

---

a. Olivar Asselin, *Pensée française*, préface de Gérard Dagenais, Montréal, Editions de l'A.C.F., 1937.

Document n° 57

1915 — LE CANADA SERA BILINGUE OU NE SERA PAS !

Les années 1914-1918 sont dominées au Canada français par la double lutte pour le français menacé en Ontario et contre la participation du Canada à la guerre que mène l'Empire britannique en Europe. Henri Bourassa, adversaire acharné de l'impérialisme britannique et ardent défenseur des droits des Canadiens français, ne tarde pas à lier les deux questions : « C'est tout le problème de la langue et de la survivance française qui se pose dans l'Ontario. Pour le Canada, pour l'Amérique entière, ce n'est pas sur les champs de bataille de l'Europe que cette survivance sera maintenue ou éteinte. [...] Les ennemis de la langue française, de la civilisation française au Canada, ce ne sont pas les Boches des bords de la Sprée ; ce sont les anglicisateurs anglo-canadiens, meneurs orangistes ou prêtres irlandais ª. »

Le 19 mai 1915, dans une conférence prononcée au Monument national sous les auspices de l'A. C. J. C., Henri Bourassa reprend, en les développant, ses idées sur la langue française au Canada. Après avoir rappelé les fondements historiques et juridiques des droits du français, il fait un vibrant plaidoyer en faveur du bilinguisme officiel. Il s'élève contre la doctrine « prussienne et américaine » de l'unité de langue comme fondement de l'unité nationale et fait appel à l'histoire à différents exemples contemporains (qu'il avait étudiés sur place au cours d'un récent voyage en Europe) pour démontrer tout à la fois la possibilité et la sagesse des politiques de bilinguisme officiel. Il compare les situations linguistiques de l'Ontario et de l'Alsace et conclut que les Ontariens sont plus prussiens que les Prussiens eux-mêmes, suprême injure pour des Anglo-Saxons engagés, au nom de la liberté, dans la guerre contre l'Allemagne.

Il poursuit son exposé par une revue des principaux arguments en faveur du maintien du français au Canada. Il tente notamment de désarmer la méfiance des nationalistes canadiens-anglais en affirmant que le français peut servir à défendre le Canada contre la menace de l'américanisation. Il soutient le droit des Canadiens français du Québec — droit que contestent certains au nom de l'autonomie provinciale — d'appuyer la lutte pour les écoles françaises en Ontario. Il termine sa conférence en invitant les Canadiens français à pratiquer le culte de leur langue.

La langue et l'unité nationale

L'un des arguments favoris des adversaires du français, c'est que l'unité de langue est nécessaire à l'unité nationale. C'est l'argument suprême des Prussiens et des Américains. Nouvelle preuve de la pénétration du germanisme et de l'américanisme chez nos voisins d'Ontario.

Sans justifier la tyrannie prussienne ni l'esprit d'uniformisation intense des Américains, cet argument a quelque valeur dans ces pays.

En Posnanie et dans le Schleswig, comme en Alsace-Lorraine, la conservation des idiomes nationaux tient les habitants des provinces conquises en relations directes

---

a. Conférence sur *la Langue française au Canada, sa nécessité, ses avantages,* prononcée à Montréal le 19 mars 1915, sous les auspices de la Société Saint-Jean-Baptiste et au bénéfice des Franco-Ontariens. Citée par Mason Wade : *les Canadiens français de 1760 à nos jours,* tome II (1911-1963), Montréal, Le Cercle du livre de France, 1963, 579 pages. Voir p. 75.

et intimes avec le peuple de leurs pays d'origine. Elle contribue indubitablement à entretenir chez eux les regrets de la séparation et l'espoir du retour à leur ancienne patrie. Il n'en est pas ainsi pour les Canadiens-français. Séparés de la France par mille lieues d'océan et plus encore par les évolutions profondes que l'ancienne France et la nouvelle ont subies depuis un siècle et demi, depuis la Révolution surtout, les Canadiens de langue française ne songent pas plus à faire retour à la France que les Anglo-Saxons de la Nouvelle-Angleterre à redevenir les colons de la Grande-Bretagne.

Aux Etats-Unis, l'affluence énorme de populations venues de tous les pays d'Europe justifie dans une certaine mesure le régime scolaire qui tend à les assimiler par l'enseignement d'une langue commune. Aucun groupe de race étrangère ne peut invoquer, en faveur de sa langue, de droits spécifiques.

Au Canada, la situation est toute autre. En dépit de la folle imprévoyance des gouvernements et de la faiblesse du sentiment national, l'invasion étrangère ne sera jamais aussi considérable qu'elle a été aux Etats-Unis : le climat et l'état colonial repoussent un grand nombre d'immigrants. De plus, les Canadiens-français, pionniers et véritables fondateurs du pays, appuient leurs réclamations pour l'enseignement et la conservation de leur idiome national sur un droit positif sanctionné par l'histoire et par la constitution. Je crois l'avoir suffisamment démontré. Ce droit, aucun des groupes de nouveaux-venus ne saurait l'invoquer. Les ennemis du français n'ont donc aucune raison de prétendre qu'en donnant à la langue française, dans l'école et dans l'administration, la place qui lui appartient, ils seront forcés d'en faire autant pour l'allemand, l'italien, le polonais ou le suédois. En droit et en fait, on ne saurait trop le répéter, le Canada est un pays britannique *anglo-français*, et tous les colons étrangers qui viennent s'y fixer devraient en être avertis. Ils devraient aussi avoir toute facilité de se *nationaliser* en choisissant à leur gré les méthodes d'assimilation franco-canadiennes ou anglo-canadiennes, ou, mieux encore, les deux. L'enseignement des deux langues officielles du pays devrait être général dans chacune des provinces de la Confédération [1].

Si l'on va jusqu'à prétendre qu'un peuple bi-ethnique et bilingue ne peut former une nation homogène et que la minorité doit parler la langue de la majorité, on se heurte aux démentis les plus éclatants de l'histoire.

....

« *L'enseignement bilingue n'est pas pratique* »

« Mais, prétendent encore les anglicisateurs, l'enseignement de deux langues à l'école primaire est une impossibilité ; c'est un surcroît de travail et d'efforts qui empêche l'enfant d'acquérir les connaissances *pratiques*. » Rien n'est plus singulier que la facilité avec laquelle une foule de gens se laissent prendre à cet argument d'éducation *pratique*. Il faut rendre cette justice, et à ceux qui l'invoquent et à ceux qui le gobent, que ni les uns ni les autres ne semblent, pour la plupart, avoir la moindre notion de ce qui constitue l'éducation *pratique*.

---

1. Ceci ne doit pas être interprété comme la justification de mesures oppressives contre les Canadiens d'origine étrangère. Je ne parle ici que des droits spécifiques du français, au regard de l'histoire, de la constitution et des lois organiques impériales. Les étrangers fixés au Canada conservent le droit naturel de parler leur langue maternelle et de la faire enseigner à leurs enfants, concurremment avec l'anglais ou le français.

Il suffit d'avoir étudié quelque peu, dans leurs principes et leur application, les programmes scolaires des pays bilingues, pour se rendre compte de l'inanité de cette objection.

Tous ces pays ont passé par la phase que traverse en ce moment l'Ontario : les protagonistes de l'assimilation et de l'*unilinguisme* ont tout tenté pour éliminer l'une des langues. Ils ont été forcés d'y renoncer ; et partout, dans ces pays, l'enseignement des deux langues se donne aujourd'hui à l'école primaire, de la manière la plus complète et la plus *pratique*.

Le bilinguisme au pays de Galles

[Henri Bourassa expose ici la situation linguistique du pays de Galles. Ce pays apporte la double preuve de l'inanité des politiques d'assimilation et de la possibilité — voire de l'avantage — du bilinguisme. Il termine ce passage par l'exhortation suivante :]

Que les gouvernants et les éducateurs de l'Ontario imitent l'exemple des gouvernants et des éducateurs anglais ; qu'ils introduisent et pratiquent de bonne foi, avec intelligence et loyauté, le véritable enseignement bilingue ; et ils obtiendront les mêmes résultats qui ont prévalu au pays de Galles, en Irlande, en Belgique, en Suisse, en Syrie et en Egypte, sous la domination turque, et même en Alsace-Lorraine, sous la férule des « barbares » allemands. Les enfants canadiens-français feront des progrès rapides dans la connaissance de toutes les choses utiles ; et les parents anglais eux-mêmes ne tarderont pas à réclamer pour leurs enfants un enseignement plus large et plus intelligent que celui qui se donne aujourd'hui dans toutes les provinces anglaises du Canada. Toute la population canadienne s'en trouvera mieux et l'unité nationale sera infiniment plus assurée que par le triomphe, du reste fort problématique, de la politique et des méthodes arriérées et tyranniques adoptées par le gouvernement de l'Ontario.

Le régime prussien et le régime ontarien

La comparaison entre le régime scolaire de l'Alsace-Lorraine et celui de l'Ontario a soulevé maintes protestations. Il n'est sans doute pas agréable pour les Anglo-Canadiens, qui parlent si bruyamment de la « barbarie » allemande, de se voir mis sur le même pied que les despotes prussiens. Si ce rapprochement s'impose, la faute n'est pas à nous qui le constatons mais à ceux qui ont introduit dans l'Ontario, en l'aggravant, le régime instauré par les Prussiens en Alsace-Lorraine. Pour échapper à l'odieux de cette comparaison, les défenseurs du régime ontarien nous ont opposé les mesures vexatoires imposées aux Alsaciens-Lorrains dans l'administration politique et les entraves mises à la jouissance de leur liberté individuelle, ou encore les proscriptions édictées contre la langue française durant l'état de guerre.

Ce n'est pas sur ces points que la comparaison porte. Je n'ai jamais fait mystère de mon admiration pour le sentiment des libertés politiques et individuelles qui honorent les Anglo-Saxons. Je n'ai pas même comparé le régime scolaire allemand dans son ensemble avec les méthodes générales d'enseignement adoptées dans l'Ontario. La seule comparaison que j'ai faite, c'est celle du régime scolaire appliqué aux Alsaciens-Lorrains *de langue française*, après la conquête de 1870, et de la situation faite aux Canadiens-français de l'Ontario par le Règlement No XVII. J'ai affirmé et je répète que le régime prussien est plus libéral que le programme ontarien.

Du reste, il s'inspire des mêmes mobiles et cherche à se justifier par les mêmes arguments. Les conquérants de l'Alsace-Lorraine, disent comme les Ontariens : « *un seul empereur, un seul Empire, un seul drapeau, une seule langue.* » Outre le motif politique que j'ai indiqué il y a un instant, ils invoquent un autre argument qui fait totalement défaut à nos assimilateurs. Les Alsaciens, disent-ils, et même les Lorrains, sont d'origine germanique : en leur imposant la langue et l'esprit germaniques, nous ne faisons que les faire rentrer dans leur cadre naturel. C'est au nom du même principe que les Russes, nos *alliés* dans la conquête de la liberté et la défense de la civilisation, ont persécuté et tyrannisent encore les Ruthènes.

Mais en dépit de cette théorie, si fort en honneur dans le Canada anglais, les Prussiens subissent trop l'influence de la civilisation supérieure de l'Europe pour l'appliquer à rebours du bon sens et des faits. Il reconnaissent l'existence des Lorrains et même des Alsaciens *de langue française.* Plus de deux cents communes sont classées comme françaises. Dans ces communes, l'usage de la langue française est officiel, ce qui n'existe dans aucune municipalité d'une seule des provinces anglaises du Canada. Environ quatre cents écoles primaires sont également classées comme écoles françaises ou bilingues. Dans toute école où vingt pour cent des élèves parlent la langue française, il y a séparation. Si moins de la moitié des élèves sont de langue française, on leur enseigne à lire et à écrire l'allemand dès la première année ; mais on leur donne tout de même cinq heures de classe française par semaine durant les deux premières années. Si la majorité est de langue française, on commence par leur enseigner à lire et à écrire en français. Sept heures par semaine sont consacrées à l'enseignement proprement dit de la langue française durant les deux premières années, pour les enfants de six et sept ans ; trois heures pour les enfants de dix à quatorze ans. Dans toutes les écoles, l'enseignement de la religion est donné dans la langue maternelle durant quatre heures par semaine.

Que l'on compare ce programme avec le Règlement No XVII, et l'on constatera que la part faite à l'enseignement du français en Alsace-Lorraine est plus large au début du cours et qu'il se prolonge jusqu'à la fin, sous une forme très restreinte, il est vrai ; tandis que dans l'Ontario il cesse pratiquement après le cinquième cours. La comparaison est plus écrasante encore si l'on met en regard le dispositif du programme allemand qui accorde une bribe de privilèges aux groupes d'enfants français formant un cinquième de l'assistance scolaire, tandis que les autorités de l'Ontario, armés de l'Article IV du Règlement No XVII interdisent tout enseignement du français dans des écoles où la quasi totalité des élèves sont canadiens-français.

Si la comparaison semble si odieuse aux gouvernants de l'Ontario et à leurs défenseurs, ils n'ont qu'un moyen de l'éviter : qu'ils modifient leur régime tyrannique et le rendent plus conforme à leurs professions de foi britannique et aux notions de la pédagogie moderne.

....

NÉCESSITÉ ET AVANTAGE DU FRANÇAIS

1o *Pour les Canadiens-français — Langue et religion* b

J'ai accumulé jusqu'ici les arguments et les témoignages qui condamnent, aux points de vue de la Constitution et de l'histoire, les mesures particulières de pros-

---

b. Henri Bourassa développera ses idées sur la langue et la religion dans une conférence prononcée quelques années plus tard. Voir le document no 62.

cription adoptées par la province d'Ontario. J'ai établi la base des *droits* du français au Canada. Envisageons maintenant la question sous un aspect plus large.

Y a-t-il, pour nous et pour tous les Canadiens-français, nécessité de conserver jalousement notre langue et de la faire enseigner à nos enfants ? La conservation de la langue et de la civilisation françaises est-elle utile au Canada tout entier ?

Sur le premier point, tout démonstration devrait être inutile. Malheureusement, nous n'avons pas subi impunément le régime d'asservissement colonial et surtout les leçons d'abjecte servilité que trop de nos hommes publics et de nos journalistes nous ont prêchées depuis un quart de siècle. Un trop grand nombre de nos nationaux sont tombés dans le piège et croient à l'utilité de donner la préférence à l'enseignement de l'anglais à cause de son usage *pratique*. Oh ! les gens *pratiques*, quels myopes et quels éteignoirs !

N'oublions pas qu'un peuple ne donne toute la mesure de sa valeur que s'il conserve jalousement et développe sans relâche les traditions et les facultés qui lui sont propres et qui constituent les éléments intrinsèques de sa supériorité.

Comme l'a fort bien dit M. Etienne Lamy, au Congrès du Parler français, « *chaque langue sollicite, révèle et consacre le génie d'une race.* » Gravons dans nos esprits cette parole lapidaire.

Un groupe ethnique qui se laisse assimiler apporte au peuple assimilateur un élément de force ou de supériorité ; mais tout ce qu'il donne à autrui, il le perd pour lui-même. C'est ce qui est arrivé aux Ecossais et aux Irlandais, à qui, certes, l'on ne saurait faire un crime d'avoir perdu leur langue dans les conditions où ils se sont trouvés placés, mais qui ne témoignent pas moins de la vérité du principe que je viens de poser.

Si nous nous laissons angliciser, totalement ou partiellement, nous décherrons de toute façon. Les anglophones [c], dont nous deviendrons de plus en plus les instruments et les serviteurs, bénéficieront de notre labeur ; mais ce travail restera confiné dans les régions inférieures de la vie nationale et économique ; et le Canada sera privé de l'appoint inappréciable du génie et de la civilisation propres à notre race. Quand un peuple a hérité d'une part de ce merveilleux patrimoine moral et intellectuel que le génie de la France a accumulé pendant quinze siècles, sous l'inspiration de la pensée chrétienne la plus haute, il n'a pas le droit d'abdiquer ni de dilapider son héritage.

La conservation de la langue nous est également nécessaire pour la préservation de la foi. De tous les éléments humains qui participent à la vie religieuse d'un peuple, la langue et les traditions nationales sont les plus essentiels. Ai-je besoin d'insister sur ce point vital ? Le mouvement magnifique de l'Association de la Jeunesse Catholique à l'appui des revendications de la minorité ontarienne, le précieux encouragement qu'il a reçu de Son Eminence le Cardinal Bégin, de Sa Grandeur Monseigneur l'Archevêque de Montréal et de la plupart des évêques de la province de Québec, le manifeste de l'Université Laval, d'une si haute inspiration et d'un raisonnement si solide, témoignent suffisamment de la vérité de cette proposition. Les trouées effroyables pratiquées dans les rangs des catholiques de langue anglaise, à la faveur des mariages mixtes et des relations intimes favorisés par la communauté de langue entre

---

c. On remarquera le mot *anglophone*, rarement utilisé à l'époque de Bourassa, et qui jouit maintenant d'une diffusion aussi large qu'abusive.

eux et la population protestante ou agnostique, constituent une preuve plus éclatante encore de la nécessité pour nous de conserver notre langue si nous voulons garder notre foi dans toute son intégrité.

2o *Pour les Canadiens-anglais — Américanisation du Canada*

Mais je veux placer la question sur un terrain où tous les Canadiens, anglais et français, protestants et catholiques, peuvent se rencontrer et s'unir. Je veux démontrer qu'il y a pour la nation canadienne tout entière, pour les Anglo-protestants comme pour les Canadiens-français catholiques, un avantage marqué et même une *nécessité* rigoureuse de conserver la langue française et d'en favoriser l'expansion dans toutes les parties de la Confédération d.

Les Prussiens voient, non sans raison, un danger pour l'unité nationale de leur empire dans l'influence que la communauté de langues permet à la France d'exercer sur les Alsaciens-Lorrains et, à un moindre degré, dans le lien qui unit les Polonais de Posnanie à ceux de la Galicie et de la Pologne russe.

Au Canada, ce danger existe dans la communauté de langue qui permet aux influences américaines de pénétrer rapidement dans toutes les sphères de la vie intellectuelle, sociale et économique du Canada anglais.

Ce n'est pas le français qui menace l'unité nationale du Canada, c'est l'anglais.

Tout homme qui a un peu voyagé et observé ne peut manquer d'être frappé de l'américanisation rapide du Canada anglais. Calgary, Régina, Winnipeg et même Toronto, la Mecque du loyalisme colonial, sont des villes beaucoup plus américaines qu'anglaises. La masse de la population des villes anglo-canadiennes se nourrit l'esprit par la lecture des revues et des journaux américains. Un nombre très considérable d'Anglo-Canadiens voyagent et séjournent aux États-Unis plutôt qu'en Angleterre. Les relations d'affaires entre le Canada anglais et les États-Unis sont de plus en plus intimes et envahissantes. Cette pénétration économique va s'accentuer profondément par le désarroi que la guerre a causé dans les finances de l'Europe et par les exigences de la reconstruction nationale, qui vont garder au-delà de l'Atlantique une forte partie des capitaux anglais qui alimentaient jusqu'ici nos maigres finances et nos industries naissantes. Déjà, c'est à la porte des banques de New-York que la plupart de nos corps publics sont obligés d'aller mendier les capitaux qui leur venaient jusqu'ici de Londres.

Ceux qui ne voient, dans la croissance formidable de cette force centripète, aucun danger pour la conservation des forces nationales démontrent tout simplement qu'ils ignorent les lois fondamentales des sociétés et les enseignements invariables de l'histoire.

Cette puissance d'absorption n'est pas contrebalancée chez nous, comme en Belgique, en Hollande ou en Suisse, par l'influence rivale d'une autre grande nation. Nous n'avons à lui opposer qu'une seule force de résistance réelle et durable : la présence d'un groupe ethnique considérable, parlant une langue différente, ayant d'autres traditions et un autre idéal que ceux du peuple américain.

Cette force de résistance vaudra dans la mesure où elle se maintiendra, non-seulement dans la province du Québec, mais dans toute l'étendue de la Confédération et particulièrement dans les provinces de l'Ouest.

---

d. Ce thème sera repris l'année suivante par le Père Pénard. Voir le document no 58.

C'était la pensée de CARTIER, agréée et favorisée par Macdonald, lorsqu'il entreprit de faire du Manitoba un second Québec.

C'était également la pensée d'un homme d'Etat, moins éminent mais d'un rare bon sens, John Henry POPE, lorsqu'il entreprit de masser le long de la frontière américaine, dans le comté de Compton, une population exclusivement française. Il avait commencé, et c'était fort légitime, par faire de la colonisation anglaise ; mais il constata bientôt que les Anglais les plus authentiquement *cockneys* ne tardaient pas, au contact de leurs voisins des Etats-Unis, à devenir de vrais Yankees. Il changea de tactique et se mit à faire de la colonisation française afin d'assurer la conservation de l'esprit britannique dans cette région.

Si les gouvernants et la population de l'Ontario savaient éclairer leur *loyauté* britannique des lueurs les plus fugitives de raisonnement, d'observation et de connaissance de l'histoire, loin de combattre l'immigration française dans leur province et d'appliquer aux Canadiens-français un régime d'assimilation à la prussienne, ils reviendraient aux traditions de Cartier et de Macdonald comme à la pratique de Pope et feraient la part la plus large possible aux Canadiens-français. La même pensée et la même politique devraient s'imposer davantage encore aux gouvernants des provinces de l'Ouest.

Le français à l'étranger — Commerce et Diplomatie

Dans l'ordre des relations extérieures, la conservation du français n'est pas moins nécessaire. En dépit des entraves que nous impose la sujétion coloniale, nous entrons peu à peu dans la sphère des grandes affaires du monde ; et par « affaires » je n'entends pas seulement le négoce mais les relations politiques étrangères.

Dans le seul domaine du commerce, nos braves *colonials* semblent croire qu'en dehors du monde anglophone et des nations qui évoluent dans l'orbite de l'Angleterre, il n'existe que des peuplades barbares. La quasi totalité de nos échanges commerciaux se fait aujourd'hui avec les Etats-Unis et l'Angleterre. Un jour viendra où le commerce canadien devra forcément franchir ces limites. Les Canadiens s'apercevront alors que, même dans le domaine des affaires *pratiques*, la connaissance parfaite et l'usage courant de la langue française sont très utiles, souvent même nécessaires.

Le ministre du Commerce annonçait l'autre jour au parlement qu'il avait décidé d'envoyer un agent de commerce en Russie. Si cet agent ne parle pas et ne comprend pas le français, il s'apercevra bientôt qu'il n'est pas en état de nouer des relations utiles en Russie. Si son travail porte des fruits et que nos négociants veulent en bénéficier, ils doivent se préparer à correspondre en français à moins que la haine du français ne leur fasse préférer l'étude de la langue russe.

Sans sortir de l'Amérique, il est bon de se rappeler qu'au sud de la Rio Grande grandissent une quinzaine de nations latines, dont quelques unes sont appelées à de hautes destinées. Dans leur suffisante et colossale ignorance, la plupart des Anglo-Canadiens s'imaginent que les républiques sud-américaines sont peuplées de demi-barbares qui ne sortent d'une révolution que pour entrer dans une autre. Ils ignorent totalement que plusieurs de ces pays ont déjà atteint un degré de civilisation bien supérieur au nôtre ; que, dans le seul domaine de l'agriculture et du commerce, la République Argentine nous fait une concurrence redoutable jusque sur le marché britannique.

Le Canada aurait tout intérêt à mieux connaître ces pays et à nouer avec eux des relations commerciales et politiques plus intimes. Pour ce double objet, la connaissance et l'usage du français nous sont indispensables. C'est la langue intermédiaire qui s'impose entre eux et nous. Déjà, dans les rapports que publie le ministère du Commerce à Ottawa, on lit invariablement que si les négociants canadiens veulent nouer des relations dans ces pays, ils doivent correspondre en portugais *ou en français* au Brésil, en espagnol *ou en français* dans l'Argentine ou le Chili, nulle part en anglais.

Que résulte-t-il de ces premières constatations ? C'est que l'usage du français sera bientôt aussi utile à l'industrie et au commerce canadiens que l'usage de l'anglais. Avec l'anglais et le français on peut établir des relations dans le monde entier. Avec l'anglais seul, la porte d'une foule de pays nous est fermée.

Quels ont été les deux facteurs principaux de la merveilleuse progression de l'industrie et du commerce allemands ? L'enseignement des sciences techniques et celui des langues étrangères.

J'ai parlé tantôt du régime scolaire particulier à l'Alsace-Lorraine ; ajoutons quelques détails sur l'enseignement des langues dans tout l'empire allemand. Dans toutes les écoles moyennes et supérieures, l'enseignement d'au moins une langue étrangère est obligatoire. C'est en général l'anglais dans les régions du nord et le français dans les régions du sud. Dans les gymnases d'ancien type, correspondant aux lycées français et à nos collèges classiques, le français est obligatoire et l'anglais facultatif. Dans les gymnases modernes, comme aux écoles supérieures de sciences ou de commerce, le français et l'anglais sont obligatoires. Ce n'est assurément pas le culte des lettres et de la civilisation de la France et de l'Angleterre qui a dicté ce programme aux gouvernants et aux éducateurs de l'Allemagne contemporaine. Mais, en dépit de leur morgue et de leur foi dans la supériorité de la *kultur* germanique, ils ne sont pas encore assez aveuglés par l'orgueil national ni surtout assez bornés pour ne pas comprendre que la connaissance du français est un élément essentiel de toute culture supérieure, même pour la pratique du commerce et de l'industrie.

En dehors du domaine des affaires proprement dites, où reste confinée la mentalité encore primitive de la plupart des Canadiens, des Canadiens-anglais surtout, la connaissance du français est encore plus essentielle.

Que le Canada reste plus ou moins longtemps à l'état de peuple à la mamelle, qu'il devienne un jour l'associé véritable de la Grande-Bretagne, ou qu'il rompe totalement le lien colonial, ses relations avec les pays étrangers vont s'accroître rapidement, surtout à la suite de la guerre actuelle qui nous a précipités brusquement dans les conflits du monde.

Les officiers et les soldats anglais, de la Grande-Bretagne ou du Canada, constatent aujourd'hui combien la connaissance du français leur serait utile. Dans une préface écrite en tête de la traduction d'un ouvrage technique du général Bernhardi, — le croquemitaine des jingos anglais, ou plutôt leur émule — le général FRENCH reproche aux officiers anglais d'ignorer les langues étrangères, et particulièrement le français et l'allemand. Si le reproche est mérité en Angleterre, il l'est infiniment plus au Canada, où les Anglo-Canadiens n'ont aucune excuse d'ignorer la langue d'un tiers de leurs compatriotes.

Avant longtemps, le Canada sera forcé d'avoir des représentants officiels, consuls ou agents de commerce, dans un grand nombre de pays. En dehors de l'Angleterre et des Etats-Unis, la connaissance et l'usage du français, langue diplomatique du monde civilisé, seront plus utiles à ces fonctionnaires que la connaissance et l'usage de l'anglais.

Le français, langue de la civilisation supérieure

Indépendamment de toutes les circonstances extérieures, en dehors et au-dessus des exigences du commerce et de la politique, aucun Canadien, anglais ou français d'origine, ne doit désespérer de voir son pays monter un jour au niveau des nations véritablement civilisées. Le jour viendra, espérons-le, où le Canada fournira au monde plus et mieux que des sacs de farine, des rails de chemin de fer, ou même que des soldats et des vaisseaux de guerre. Il y aura une pensée canadienne, une civilisation canadienne, une science canadienne, un art canadien, qui se manifesteront par des œuvres vraiment supérieures. Les représentants et les interprètes de cette pensée devront nécessairement communiquer avec les esprits supérieurs des autres races, des autres civilisations. Ce jour-là, le français reprendra d'emblée tous ses droits. Tant que subsistera la civilisation européenne et les fruits de son expansion dans le monde, le français restera la langue de communication des esprits supérieurs de l'humanité, comme elle est restée la langue de la haute diplomatie après que la France eut cessé d'exercer sur l'Europe sa domination politique et militaire. Dans toutes les hautes sphères de la pensée humaine, la langue française conserve son empire à cause de sa clarté, de sa souplesse, de sa logique et de son caractère d'universalité, qui la rendent la plus propre à exprimer les pensées les plus élevées et les démonstrations les plus limpides.

C'est le rôle que le grec a joué dans l'antiquité.

Lorsque les Romains eurent conquis la quasi totalité du monde alors connu, tout convaincus qu'ils étaient, comme les Anglais ou les Allemands d'aujourd'hui, de la supériorité de leurs institutions et de leur gouvernement, tout imbus de l'orgueil national et de la morgue romaine, ils furent assez intelligents pour comprendre qu'il manquait un couronnement à leur puissance et une supériorité intellectuelle à leur civilisation. Ce couronnement et cette supériorité, ils l'empruntèrent à la Grèce, pourtant réduite aux proportions de province de troisième ordre. Ils peuplèrent leurs temples des œuvres de la statuaire grecque, cette expression la plus parfaite de l'esthétique humaine. Ils confièrent la direction de leurs écoles aux pédagogues d'Athènes. En dépit de leur rudesse et de leur orgueil, ils apprirent bientôt à apprécier les beautés de la langue grecque ; et un jour vint où l'idiome harmonieux des Hellènes fut l'instrument de communication de tous les esprits supérieurs de l'Empire, la marque de toute éducation complète, comme la langue française l'est aujourd'hui dans tous les pays civilisés, même aux Etats-Unis. Les décrets du Sénat étaient affichés sur les colonnes du Forum romain dans la langue grecque, comme aujourd'hui, les traités et les notes diplomatiques de tous les pays civilisés sont rédigés en français.

Oui, un jour viendra sûrement où les Anglo-Canadiens, sortis de l'ornière où les retiennent les préoccupations bornées du mercantilisme, nous remercieront à genoux d'avoir conservé au Canada cet élément inappréciable de civilisation et de culture supérieure. [2]

---

2. Les Franco-Américains peuvent invoquer avec fruit, auprès des Américains intelligents, cet argument et tous les autres, d'ordre général, qui justifient la conservation de la langue française aux Etats-Unis comme au Canada. Sauf en Louisiane, ils ne peuvent s'appuyer, comme les Canadiens-français, sur la Constitution et les Traités ; mais ils peuvent toujours se réclamer des préceptes du droit naturel, des souvenirs de l'appui donné par la France à la République naissante et des avantages que la nation américaine tout entière retirera de la conservation de la langue et de la culture françaises.

Ils comprendront alors que la lutte que soutiennent aujourd'hui contre eux les Canadiens-français de l'Ontario est la lutte de la justice contre l'iniquité, de la liberté contre la tyrannie, du droit contre la domination arbitraire du nombre, de la meilleure sinon la plus ancienne tradition britannique contre l'exclusivisme prussien ou le mercantilisme yankee, en un mot, la lutte de la civilisation contre la barbarie. C'est à ce cri qu'on enrôle aujourd'hui les jeunes Canadiens, anglais ou français, pour aller soutenir en Europe le choc des hordes allemandes. N'y obéirons-nous point pour faire triompher le même principe sur la terre canadienne ?

La province de Québec et la minorité ontarienne

Cette lutte, on conteste à la province de Québec le droit de la soutenir. On invoque les prérogatives de l'autonomie provinciale. Cette objection est futile. Dans l'ordre constitutionnel, je crois avoir démontré que le droit des Canadiens-français de l'Ontario s'appuie sur une base qui est celle de la Confédération. C'est un problème national qui se pose et dont la solution appelle l'attention, la bonne volonté et l'action patriotique de tous les Canadiens. Les habitants du Québec sont citoyens du Canada, tout comme ceux de l'Ontario, du Manitoba ou de la Nouvelle-Ecosse. Rien de ce qui affecte la paix, la prospérité et les intérêts supérieurs de la nation ne leur est étranger. La majorité française du Québec a le droit et le devoir de veiller à l'exécution du pacte fédéral, de l'entente conclue entre les deux races pour le maintien de leurs droits respectifs. La minorité anglo-protestante du Québec a le droit et le devoir de veiller à la conservation du principe qui assure sa propre protection.

Plus que toute autre, la province de Québec a le droit de faire respecter la constitution dans son esprit le plus large, parce que, seule entre toutes, elle l'a toujours respectée, sans la moindre arrière pensée ni la tentative la plus lointaine de restreindre les privilèges de la minorité anglo-protestante.

La province de Québec a non seulement le droit mais le devoir rigoureux d'assurer la conservation des groupes français des autres provinces, parce que leur survivance est la garantie de sa propre existence. Ne l'oublions pas : si, dans une pensée de lâche egoïsme ou dans la torpeur d'une apathie imbécile, nous laissons périr les uns après les autres les groupes français de la Confédération, rejetons épars du vieux tronc, nous ne tarderons pas à être attaqués sur notre propre terrain. Nous subirons la peine des lâches et des égoïstes. Si nous laissons triompher le faux principe que l'unité de langue est essentielle à l'unité de chacune des provinces anglaises, les anglicisateurs auront raison d'en pousser plus loin l'application et d'affirmer que l'unité de langue est essentielle à la conservation de l'unité nationale, que le maintien de la langue française n'est pas plus légitime dans la province de Québec que dans l'Ontario, l'Alberta, la Saskatchewan, la Nouvelle-Ecosse ou le Nouveau-Brunswick.

Le culte de la langue

Mais si nous voulons apporter à cette cause sacrée tout l'appui qu'elle mérite, il faut aussi développer en nous et chez nos enfants le culte et l'amour de la langue.

Veillons avec un soin jaloux à tout ce qui est propre à conserver notre idiome national au foyer, à l'école, dans les relations mondaines, dans le monde des affaires, dans la vie publique et administrative. Exigeons la connaissance du français dans tous les services publics. N'accordons nos faveurs qu'aux maisons d'affaires qui se montrent assez soucieuses de leur clientèle française pour lui témoigner quelque respect et la courtoisie la plus élémentaire.

Et surtout, parlons notre langue avec amour, avec respect, avec gloire. Parlons-la bien, alimentons-la à ses sources les plus limpides, affranchissons-la des lourdeurs et des impuretés dont notre paresse intellectuelle et l'usage fréquent d'une langue étrangère l'ont chargée.

Que l'on ne dise jamais, même avec un semblant de raison, que nous parlons un patois. Que l'on dise au contraire que les Canadiens-français ont conservé intacte la langue la plus pure, tout en l'enrichissant d'un vocabulaire nouveau, né des circonstances particulières où nous avons grandi et des conditions locales où nous vivons.

Soyons les défenseurs de la langue française, non-seulement contre les autres, mais contre nous-mêmes.

N'oublions jamais que la conservation de la langue, la culture de la langue, la lutte pour la langue, c'est toute la lutte pour l'existence nationale. Si nous laissons affaiblir en nous-mêmes le culte de la langue, si nous laissons entamer sur un point quelconque du territoire les droits de la langue et son usage public ou privé, nous sapons à la base toute l'œuvre de civilisation française édifiée par trois siècles d'efforts et de sacrifices.

Gravons cette pensée dans nos cœurs, ayons-la toujours présente à l'esprit, inculquons-la à nos enfants dès l'âge le plus tendre, répandons-la partout autour de nous : c'est l'apostolat le plus nécessaire du moment.

Henri Bourassa [e]

---

e. Henri Bourassa, *la Langue française au Canada, ses droits, sa nécessité, ses avantages*, discours prononcé au Monument national, le 19 mai 1915, sous les auspices du Comité régional de Montréal de l'A.C.J.C., Montréal, imprimerie du « Devoir », s.d., 52 pages. La brochure ne reproduit pas le texte intégral de la conférence. Dans un passage omis dans le texte imprimé, Henri Bourassa s'en prend au clergé irlandais : « Quant aux prélats et aux prêtres qui s'unissent aux pires ennemis de l'Eglise pour arracher aux Canadiens français la libre jouissance de leurs droits naturels, garantis par l'histoire, la civilisation et la pratique des nations civilisées, ils manquent à leur double devoir de pasteurs catholiques et de sujets britanniques... Au lieu de persécuter le plus ancien et le plus fidèle peuple de l'Amérique, que n'appliquent-ils leur ardeur combative à sauver les milliers de catholiques de langue anglaise que les mariages mixtes, la fréquentation des écoles neutres et la littérature protestante ou matérialiste jettent, chaque année, dans l'immense armée des incroyants, adorateurs du veau d'or ? » Voir Mason Wade, *op. cit.*, p. 77.

Document n° 58

1916 — LE FRANÇAIS AU SECOURS DU CANADA

Comme l'avait fait précédemment Henri Bourassa [a], le Père Jean-Marie Pénard, un oblat français venu au Canada, soutient que le français est indispensable pour permettre au Canada d'assurer son indépendance face aux États-Unis. Il invoque ainsi les intérêts du nationalisme canadien contre les nationalistes canadiens-anglais partisans du « One Nation, One Language ».

Le grand danger pour le Canada.

Le babélique chaos dans lequel on a transformé le Canada ne présente assurément pas l'aspect d'une nation unie et homogène. Mais, avant de commencer la politique d'immigration, on aurait dû prévoir que c'est ce qui était pour arriver ; ce n'était pas si difficile à deviner. Et maintenant, que voulez-vous, messieurs les gouvernants ? Vous avez fait une folie : il vous faut en subir les conséquences. Car, comme toutes les autres bêtises humaines, celle-ci a été beaucoup plus aisée à commettre qu'elle n'est à réparer.

Vous avez beau dire que, de tout cela, vous voulez faire une nation, je vous réponds, avec le bon sens et l'histoire, qu'on ne fait pas une nation comme un tailleur fabrique une culotte : il y faut beaucoup plus de temps et de soins. Et, vous connaissant comme je vous connais, je crois que le moins vous vous en mêlerez, le mieux ce sera pour la future nation canadienne. Et puis, pourquoi tant vous presser ? Jouissez donc un peu de la belle bouillabaisse que vous nous avez faite. Elle n'est pas très ragoûtante, je l'avoue. Mais enfin, je ne vois pas qu'il y ait si grand péril en la demeure. Ces groupes disparates d'hommes ne font, pour le moment, courir aucun danger sérieux, ni à la suzeraineté de la Grande-Bretagne, ni à l'entité nationale du Canada. Aucun d'eux n'est assez fort pour cela ; et tous sont trop éloignés de leur patrie d'origine pour en provoquer une intervention dangereuse.

Il n'y a en réalité qu'un seul danger imminent pour le Canada : c'est que les groupes disparates d'immigrants apprennent trop vite l'anglais. De grâce, ne tombez pas en syncope au premier énoncé de cette énormité. Mais, veuillez bien sortir un peu de votre subjectivisme et considérer les choses dans leur réalité objective.

Le Canada, lui, n'est pas un être subjectif, existant dans les nuages. C'est une réalité tout à fait objective ; et, bien qu'entouré d'eau de trois côtés, il est cependant relié au continent américain par une de ses frontières ; et il ne me semble guère possible de traiter utilement des affaires du Canada si l'on ne veut tenir aucun compte de ce qui se passe au-delà de cette frontière. La ligne 45e (ou 49e) ne passe cependant pas si loin de leur pays, que nos utopistes de l'Ontario et du Manitoba ne peuvent avoir au moins un vague soupçon de son existence. Je m'étonne qu'ils ne veuillent pas en tenir compte et qu'ils s'obstinent à parler, à agir et à écrire, comme si elle n'existait pas. J'ai assurément une très haute opinion de l'énormité de leur bêtise. Mais, quand même, pour qu'elle suffise à expliquer toute leur conduite, elle

a. Voir le document n° 57.

devrait atteindre une taille si phénoménale que je me prends à douter de la réalité de leur loyalisme à l'Angleterre.

En arrière de la ligne 45e ou 49e, il y a une grande nation de composition à peu près aussi cosmopolite que le Canada, mais dont la langue officielle est l'anglais. L'intérêt de l'Angleterre comme suzeraine est, évidemment, de tenir ses sujets du Canada aussi séparés que possible de la puissante nation voisine. Et quel homme de bon sens osera prétendre que pour attacher à l'Angleterre tous ces immigrés, dont la plupart n'ont pas la moindre idée des institutions britanniques, le meilleur moyen soit de leur susciter toutes sortes de difficultés dans l'usage de leur langue maternelle, et de les obliger *per fas et nefas* à apprendre la langue qui est parlée de l'autre côté de la frontière voisine ? Est-ce que tous ces étrangers, aussitôt qu'ils vont pouvoir parler convenablement l'anglais, ne vont pas se tourner *nécessairement* du côté des Etats-Unis qui sont tout proche, plutôt que du côté de l'Angleterre, qui est si loin ?

En parlant de la coercition, par rapport aux langues, dans les pays d'Europe, nous avons vu que la tentative faite par Combes d'empêcher les Bretons de parler leur langue avait eu pour résultat de réveiller en Bretagne les vieilles tendances séparatistes, qui étaient mortes et enterrées depuis des siècles et que tous les efforts du gouvernement prussien pour germaniser les Polonais, les Danois et les Alsaciens-Lorrains, n'avaient fait que les rendre plus hostiles à l'Allemagne. Au Canada, les mêmes causes produiront nécessairement les mêmes effets ; et toute tentative pour obliger un groupe d'étrangers à apprendre l'anglais l'éloignera de l'Angleterre, au lieu de le lui rallier.

Ces entreprises contre la langue maternelle d'un groupe quelconque, toujours injustes, aboutissent donc fatalement à un lamentable fiasco. Mais, dans les autres pays où on les a tentées, elle s'expliquaient, si elles ne se justifiaient pas, par les apparentes exigences de la politique ; exigences dont il n'existe même pas l'ombre au Canada, bien au contraire.

Car, supposons qu'on ne parle français qu'en Lorraine et dans la province de Québec, et que la France soit, comme l'Allemagne, un pays de langue allemande. Croyez-vous qu'après la conquête de 1870, Bismarck et ses successeurs auraient fait tant d'efforts pour empêcher les Lorrains de parler français et les obliger à apprendre l'allemand ? — Oh ! que nenni ! Le vieux Bismarck était une canaille, mais ce n'était point un fou ; et quand il se trompait, il ne le faisait pas exprès. Plutôt que de faciliter les relations entre le pays conquis et ses anciens possesseurs, il aurait sacrifié, sans scrupules, l'unité de langage de l'Empire allemand et, que cela fasse ou non l'affaire de ses fonctionnaires, la seule langue officiellement reconnue en Lorraine aurait été le français.

Or, ce qui n'est qu'une supposition imaginaire pour l'Alsace-Lorraine, est une réalité très existante pour le Canada. Nous avons ici un tas de gens de nationalités, de mœurs et de mentalité fort diverses et qui n'ont aucune raison pour être particulièrement attachés ni à l'Angleterre, ni au Canada. La communauté d'intérêts et la parité de genre de vie les portent, au contraire, vers la grande république américaine ; la seule barrière réelle qui s'oppose à leur identification avec celle-ci, c'est la différence de langage. Et voilà que nos grands hommes se mettent à rompre cette barrière, en obligeant les étrangers du Canada à apprendre la langue des Etats-Unis.

Oui, je sais bien : nos Anglo-Canadiens, eux, ne parlent qu'anglais et sont quand même fidèles à l'Angleterre. Alors, pourquoi n'en serait-il pas de même des autres races ? Mais, encore une fois, messieurs, soyez donc « pratiques » et rendez-vous compte que les étrangers n'ont aucune de vos raisons pour aimer l'Angleterre et admirer les institutions britanniques. On peut parfaitement admirer les institutions britanniques et aimer l'Angleterre, sans parler l'anglais. Mais si quelqu'un n'aime pas l'Angleterre d'avance, ôtez-vous de l'esprit l'illusion que ce sera en le faisant apprendre l'anglais que vous allez lui faire pousser cet amour : la plupart du temps, ce sera le juste contraire. [...]

Mais, que nos utopistes regardent donc un peu ce qui se passe dans le monde. L'Angleterre a-t-elle gagné l'amour des Irlandais en les obligeant à parler anglais ?... Tout simplement, elle les a fait sympathiser avec les Etats-Unis d'Amérique. Or, prenez une mappemonde et vous constaterez que l'Irlande est beaucoup plus éloignée des Etats-Unis que le Canada. Et par conséquent, le phénomène irlandais se reproduira *a fortiori* ici, et tout étranger anglifié est un partisan acquis à la cause de l'annexion du Canada aux Etats-Unis. — Ce ne sont pas là de vagues théories subjectivistes ; ce sont des réalités bien objectives, que l'on peut constater tous les jours... Le vote de l'Ouest aux dernières élections fédérales n'a-t-il rien dit à nos gouvernants ? Se sont-ils imaginés que c'était pour les beaux yeux de Laurier que les colons de l'Ouest avaient donné une si forte majorité à la politique de réciprocité ?

Parmi les anglophones du Canada, beaucoup viennent des Etats-Unis. Et, il n'y a pas à se faire illusion : tous ceux-là sont restés Américains de cœur ; ils ne soupirent qu'après l'entrée du Canada dans l'Union américaine... Il serait peut-être imprudent de leur adjoindre tous les étrangers.

Et les Irlandais ? — Pour obtenir de bonnes *jobs*, et avoir le droit d'embêter les Canadiens-français, ils crient leur loyalisme bien fort... aussi longtemps qu'ils restent de ce côté-ci des lignes. Mais, comme chaque fois qu'il leur arrive de franchir la 45e, ils entonnent une antienne toute différente, je crois qu'il faudrait être bien naïf pour s'imaginer que l'annexion du Canada aux Etats-Unis les ferait mourir de désespoir.

Quant aux Anglais proprement dits, ceux qui sont nés en Angleterre sont certainement loyaux à la couronne et je les crois capables de se résoudre à de pénibles sacrifices pour garder leur allégeance à l'Angleterre. — Quant à ceux qui sont nés au Canada ? ? ? — Ils se proclament, et se croient peut-être, plus « loyaux » que tous les autres. Mais, de ce fait, d'ores et déjà, ils sont beaucoup plus Américains qu'Anglais. Les mœurs de l'Ontario et des provinces de l'Ouest sont américaines ; les usages sociaux sont tous américains ; les idées sont les idées américaines ; les législations provinciales sont calquées sur celles des Etats de l'Union, beaucoup plus que sur la législation anglaise ; le *Toronto lingo* n'est qu'un jargon américain, qui sonne plus étrangement dans les rues de Londres que le *Quebec patois* dans les rues de Paris.

L'impérialisme de ces gens-là, et leur furieux loyalisme, ne me rassurent qu'à moitié. Car, je me rappelle que Georges Washington et ses lieutenants étaient d'aussi fanatiques *Britishers*, quelques mois avant de se révolter contre l'Angleterre pour ne pas payer les taxes dont l'« Empire » avait cependant bien besoin dans le moment. Aussi je ne crois pas faire de jugement téméraire en croyant que, le jour où l'annexion du Canada aux Etats-Unis favorisera leurs intérêts personnels, les trois quarts de nos plus furieux impérialistes sentiront que leur loyalisme envers l'Angleterre s'est évanoui dans les brumes du passé.

Oui, un danger très réel et très grave menace la domination anglaise au Canada. N'en déplaise aux fanatiques orangistes, ce danger ne vient ni de la *French*, ni de la *Roman domination* ; il vient de la langue anglaise. Si cette langue devait devenir un jour la seule langue parlée dans le pays, ce jour-là, le Canada serait perdu pour l'Angleterre et il aurait cessé d'exister comme entité nationale : ce ne serait plus qu'une toute petite partie du grand tout américain.

Je m'étonne que les Anglais sensés ne s'en aperçoivent pas et que ceux des Canadiens-français qui s'en aperçoivent ne le crient pas plus haut. [1]

La sauvegarde du Canada.

Au milieu des innombrables variétés de langage dont se servent les anciens aborigènes et les immigrés récemment importés, le Canada a la chance de posséder deux langues officielles : la langue anglaise et la langue française. Et il est fort heureux pour lui qu'il en ait deux, car nous avons vu que la première est très dangereuse pour son entité nationale. La seconde, au contraire, non seulement n'offre aucun danger, mais elle est le plus sûr préservatif et de la suzeraineté de la Grande-Bretagne, et de l'existence même du Canada.

Je sais bien que cela ne cadre guère avec les spéculations de certains fanatiques. Mais, quel que soit le fanatisme de ceux qui les font, les spéculations théoriques ne peuvent rien contre la réalité des faits existants. Et le *fait* est que la langue anglaise est très dangereuse pour le Canada, et que la langue française est *nécessaire* au maintien de la nationalité canadienne.

D'abord, il est évident que, tant que le Canada gardera son caractère de nation bilingue, il restera, par le fait même, une nation tout à fait distincte de la nation américaine, qui est unilingue et anglo-saxonisante. Plus le bilinguisme du Canada s'accentuera et plus il sera ouvertement reconnu, proclamé et pratiqué, non seulement à Québec et au parlement fédéral, mais dans tout le pays et par toutes les provinces, moins imminent sera le danger d'assimilation par les Etats-Unis.

Qu'est-ce qui fait de la Belgique une nation distincte et de la France et de la Hollande, sinon son bilinguisme franco-hollandais ? Et, n'est-ce pas son trilinguisme qui fait de la Suisse une nation distincte et indépendante, entre ses trois puissantes voisines, de la France, l'Allemagne et l'Italie ? Si, dans ces deux petits pays, l'une des langues officielles venait à prévaloir et devenait la seule langue du pays, le danger de l'annexion à celui des pays voisins où cette langue est parlée deviendrait imminent. Le bilinguisme et le trilinguisme sont les principaux garants de l'indépendance de la Belgique et de la Suisse. Cela est tellement évident, que pas un homme d'Etat sérieux n'oserait le contester.

Le cas du Canada est à peu près semblable à celui de la Belgique et de la Suisse, à part qu'il est encore plus facile à assimiler, sa nationalité étant beaucoup moins solidement constituée que celles de ces deux peuples, et qu'au lieu d'avoir à se garder sur deux ou trois de ses frontières, il n'a à se garder que sur une. Par

---

1. Il me paraît juste de faire observer que les nationalistes ont rarement manqué l'occasion de faire valoir cet argument. Je l'ai employé chaque fois que j'ai traité cette question devant un auditoire de langue anglaise. Il produit moins d'impression que l'auteur semble le croire. Il y a beaucoup plus qu'on ne le pense d'Anglo-Canadiens prêts à dire comme cet interlocuteur de LORD DURHAM : « *Canada must be English-speaking, even at the risk of ceasing to be British.* »

conséquent, quand même la langue française viendrait à dominer au Canada, cela ne ferait courir aucun danger, ni à la suzeraineté britannique, ni à la nationalité du Canada, puisque le pays n'a aucun voisin de langue française qui puisse se l'annexer. Au contraire, sa séparation d'avec son unique voisin n'en serait que plus accentuée et par conséquent son indépendance plus assurée.

C'est ce qu'ont parfaitement compris tous les hommes d'Etat anglais qui se sont occupés du Canada, après avoir pris la peine de s'instruire du véritable état des choses. Tous ont proclamé à l'envi que le maintien de la langue française était absolument nécessaire au maintien du lien qui unit le Canada à la Grande-Bretagne. Un Anglais intelligent, épouvanté de l'américanisation du pays, avait même voulu établir sur la frontière américaine du Québec un barrage de colonies françaises, afin d'empêcher l'envahissement du yankéisme. C'est cette œuvre de sagesse politique et de préservation nationale que les hystériques de Toronto sont en train de détruire.

Malgré que la prédominance de la langue anglaise fasse courir de très sérieux dangers au Canada, nous n'en demandons cependant pas l'abolition. Mais, pour demander l'abolition de la langue française avec autant de fureur, quels effroyables dangers nos francophobes voient-ils donc dans son usage au Canada ? C'est ce que je me suis demandé bien des fois, sans jamais pouvoir trouver de réponse satisfaisante. Sur le sujet, j'ai lu bien des factums de la presse anglaise. J'y ai trouvé des invectives, des injures, des cris, des suppositions de faits inexistants, de fausses représentations, des histoires à dormir debout et rappelant le conte de Barbe-bleue et les histoires de fées dont on effrayait nos jeunes ans ; mais, de raisons véritables, dignes de fixer une minute l'attention d'un homme sérieux, je n'ai pas trouvé l'ombre.

Ce qui semble résulter de leurs déclamations et exclamations, c'est qu'ils sont hantés de la crainte que la France ne veuille reprendre le Canada. Un tel soupçon, de ce temps-ci surtout, n'est peut-être pas ce qu'il y a de plus délicat, ni pour la France, ni pour l'Angleterre. Mais la délicatesse et nos Bostonnais n'ayant jamais passé pour faire très bon ménage, passons. L'expression d'une telle crainte dénote ou une insigne mauvaise foi, ou une ignorance absolue des sentiments de la France et du Canada français. En France, personne ne pense plus depuis longtemps, à aller *délivrer* les Canadiens-français. Depuis le traité de Paris, je crois même que personne n'y a songé sérieusement. Actuellement, on y pense d'autant moins que l'on sait parfaitement que jamais les Canadiens-français ne voudraient être *délivrés*. Ceux-ci, en effet, tout en aimant leur ancienne mère-patrie, et en lui restant unis de sentiments et d'affection, ne voudraient, pour rien au monde, lui être réunis politiquement. La France d'où sont venus leurs ancêtres était si différente de la France actuelle que les anciennes institutions françaises conservées par la province de Québec se rapprochent beaucoup plus des institutions de l'Angleterre que de celles de la France moderne. Tellement même, que, de toutes les provinces du Canada, cette province est celle où les lois, les mœurs, les coutumes et les idées sont le plus britanniques, les autres étant surtout américaines sous ces différents rapports. Aussi, si demain on instituait un referendum pour le maintien ou la rupture du lien britannique, la province de Québec serait certainement celle qui donnerait la plus grosse majorité pour le maintien du *statu quo*.

C'est que les Canadiens-français sont attachés à l'Angleterre, non par une affection sentimentale, comme les Anglo-Canadiens, mais par le lien de leurs intérêts bien compris. Or, quand il s'agit d'alliances internationales ou de relations de colonie à métropole, les sentiments peuvent produire des éclats bruyants et des démonstrations tapageuses. Mais ils ont l'inconvénient de se traduire difficilement en pratique et de se briser facilement, aussitôt qu'ils entrent en conflit avec une opposition d'intérêts bien marquée. Exemples : George Washington et les colons américains, par rapport à l'Angleterre, au XVIIIe siècle et, si l'on veut, les sentiments d'amour et d'affection des Canadiens-français à l'égard de la France.

L'union fondée sur les intérêts réciproques bien compris, quoique moins démonstrative et moins bruyante, est bien plus solide. Or, telle est précisément la nature du lien qui unit les Canadiens-français à la Grande-Bretagne. Ne pouvant, ni ne voulant être réunis à la France, ils se rendent parfaitement compte que le lien britannique est le seul préservatif qui les empêche d'être absorbés et annihilés dans le grand-tout américain. Et voilà pourquoi leur loyalisme, tout en étant moins bruyant que celui de certains Bostonnais de ma connaissance, a cependant été démontré beaucoup plus efficace, chaque fois qu'il s'est trouvé en présence d'une circonstance critique pour l'Angleterre.

Mais, ne vont pas manquer de s'écrier nos impérialistes à outrance, quel pitoyable loyalisme que celui qui repose uniquement sur l'intérêt ! Il ne tiendrait donc pas devant un conflit d'intérêts ? Certainement non. Et votre loyalisme sentimental tiendrait encore bien moins longtemps (se rappeler George Washington, Edward Carson, etc...). Dans une union de cette nature, c'est à chaque partie contractante de faire en sorte que l'autre partie n'ait pas de raisons sérieuses de rompre le contrat.

Dans le cas particulier qui nous occupe, si l'Angleterre trouve son avantage à garder sous sa suzeraineté les Canadiens-français, c'est à elle à ne pas les molester injustement ; de même que c'est leur devoir, à eux, de se montrer loyaux sujets, afin de ne pas donner à leur suzeraine de justes motifs de les priver des droits qu'elle leur a loyalement reconnus et dont les principaux sont : la reconnaissance de leur nationalité et le libre usage de leur langue maternelle.

Et c'est ici que l'insupportable bostonnisme de nos francophobes se montre, encore une fois, le pire ennemi de l'Angleterre. Car, ces gens-là s'appliquent, avec un zèle digne d'une meilleure cause, à dépouiller les Canadiens-français de ces droits qui sont la seule raison d'être de leur attachement à l'Angleterre. Entre eux et John Bull, je sais bien qu'il y a la même différence qu'entre un respectable gentleman et son roquet. Cependant, quelle que soit la respectabilité du maître, s'il laisse son roquet en liberté de japper après les visiteurs et de sauter aux mollets des gens de la maison, sa demeure acquerra vite la réputation d'une maison tout à fait inhospitalière et inhabitable. Les francophobes de l'Ontario, du Manitoba et d'ailleurs, ne sont, sans doute, que les roquets de l'Angleterre ; mais, ce sont des roquets absolument insupportables et qui devraient être solidement enchaînés, ou du moins sérieusement passés aux étrivières, afin de leur apprendre à respecter les mollets des amis et des gens de la maison. D'autant plus que ces insupportables dogues ne s'attaquent qu'aux amis de la maison et laissent toute liberté aux intrus américains pour cambrioler la maison par derrière.

Un autre des dangers qui hantent le cerveau maladif de nos francophobes, c'est la constitution d'une nation française indépendante sur les rives du Saint-Laurent. S'imaginent-ils, vraiment, qu'ils prennent le bon moyen pour éviter cette éventualité ? Si les droits de la minorité française étaient reconnus loyalement dans toutes les provinces du Canada, comme les droits de la minorité anglaise sont reconnus à Québec, il est évident que les Français de cette dernière province n'auraient aucune raison de vouloir rompre le lien fédéral. Mais, si celui-ci devient de plus en plus un lacet à étrangler ; s'il est démontré aux gens de Québec que leur union avec les autres provinces, sans apporter aucune aide à leurs frères qui y vivent, ne sert qu'à les obliger eux-mêmes à fréquenter des gens aussi peu aimables et aussi insociables que les francophobes d'Ontario, alors, oui, il est impossible que l'idée de séparation ne leur vienne pas.

Mais, le jour où cette séparation se fera, le reste du Canada sera absorbé par l'Union américaine, la province de Québec restant seule possession britannique. Car, encore une fois, le parler français est le seul gardien de la puissance anglaise au Canada, de même qu'il est le plus puissant constituant de la nationalité canadienne.

Et puis, ne trouvez-vous pas que nos francophobes savent bien choisir leur temps ? En France et en Angleterre, pour des motifs apparemment sérieux, les hommes d'Etat des deux pays discutent la question d'imposer l'enseignement obligatoire des deux langues dans toutes les écoles de l'Empire britannique et des possessions françaises. C'est le temps ou jamais de faire une gaffe, se disent nos hurluberlus, et ils se mettent à détruire le bilinguisme, qu'ils avaient l'avantage de posséder dans leurs provinces. Nos gouvernants du Canada ont une spécialité que j'ai souvent admirée : ce n'est pas précisément de savoir faire des sottises de temps en temps : cela arrive aux gouvernants de tous les pays ; mais, c'est de choisir pour faire une sottise, le temps où elle est démontrée si absurde qu'elle en est devenue impossible. Nos gouvernants alors la commettent. C'est leur talent spécial. Ils en sont très fiers.

....

Conclusion

La race française et la race anglaise ayant été les deux premières races civilisées qui se soient établies sur le territoire du Canada et y étant demeurées, chacune assez nombreuse, pour que ni l'une ni l'autre ne puisse raisonnablement espérer de pouvoir absorber l'autre, la raison et le bon sens leur commandent de tâcher de vivre en paix, l'une à côté de l'autre. Et puisque, par le fait de ces deux groupes principaux de la population, le Canada est forcément une nation bilingue et que de plus, son bilinguisme de fait est officiellement reconnu, dans l'Acte constitutionnel de la Confédération canadienne, il n'y a qu'à reconnaître ce fait et à l'accepter loyalement, avec toutes ses conséquences. D'autant plus que le bilinguisme est absolument nécessaire à l'indépendance du Canada.

L'annexion aux Etats-Unis par absorption : voilà le grand, le seul danger réel du Canada ; et le *maintien du parler français dans toutes les provinces est* seul capable de le prévenir.

R.P. Jean-Marie Pénard, o.m.i. b

---

b. Un sauvage [Jean-Marie Pénard], *les Langues et les nationalités au Canada,* avec une préface de M. Henri Bourassa, Montréal, s. éd., 1916, 62 pages.

Document n° 59

1916 — LE CANADA FRANÇAIS NE PEUT SE PASSER DE LA FRANCE

En 1916, en pleine crise scolaire en Ontario, Olivar Asselin décide de s'enrôler dans l'armée canadienne. Venant d'un chef nationaliste, cette démarche étonne les Canadiens français massivement opposés à la participation à la guerre. Asselin fait connaître ses raisons dans un discours prononcé à Montréal au Monument national, le 21 janvier, et publié plus tard sous le titre Pourquoi je m'enrôle. *Une des premières raisons de son engagement, c'est le besoin de concourir à la victoire de la France, « la plus grande puissance spirituelle des temps présents ». Sa défaite serait aussi celle du Canada français.*

Je veux aussi parler, Mesdames et Messieurs, de l'argument — naïveté chez les uns, procédé d'intimidation chez les autres, — qui consiste à faire dépendre de notre attitude dans la présente guerre le maintien de nos droits constitutionnels. Le traitement infligé à la minorité canadienne-française en Ontario est un attentat au droit naturel indigne d'un peuple civilisé. Que l'enseignement du français à l'école soit ou ne soit pas autorisé par la loi, peu importe ! Il y a des lois au-dessus de la loi — et l'une d'elles, écrite dans toute âme droite, veut que les parents, à condition de satisfaire à certaines exigences élémentaires de la société, puissent faire enseigner leur langue dans les écoles qu'ils soutiennent de leurs deniers. Qu'il s'appelle Allemand, Russe ou Anglais, quiconque méconnaît cette loi n'est pas apte à comprendre autrui, ou, le comprenant, viole délibérément sa liberté ; ce n'est pas un civilisé. Toute l'agitation antifrançaise en Ontario, à l'heure actuelle, vient de deux camps. Il y a les primaires de l'école primaire, de la *High School* et de l'Université, qui s'imaginent sincèrement que ce serait enrichir le patrimoine intellectuel de l'humanité que de forcer tout le monde à parler anglais. Il paraît que l'enrôlement de quelques mille Canadiens-Français de plus va leur persuader non seulement de rétablir l'enseignement du français, mais d'en assurer l'efficacité en établissant des écoles normales véritablement bilingues. Mesdames et Messieurs, le croyez-vous ? Moi, je ne le crois pas. Et il y a les autres, qui savent que le français, tout imparfaitement qu'il s'enseigne et qu'il se parle en Ontario, est encore, pour nos compatriotes de cette province, le meilleur véhicule de la connaissance, ou, si on le préfère, le meilleur bouillon de culture intellectuelle. Ceux-là, ils furent tolérants tant que les Canadiens-Français — venus en Ontario bûcherons ou terrassiers — furent leurs « fendeurs de bois », leurs « porteurs d'eau », leurs garçons de ferme. Du jour où la connaissance des deux langues, jointe à nos remarquables facultés d'assimilation et d'adaptation, a fait de nous des concurrents dans le commerce, dans l'agriculture, dans les professions libérales, ils se sont faits persécuteurs. Il paraît qu'ils redeviendront tolérants si le Canada français fournit quelques bataillons de plus. Moi, je ne le crois pas, je ne le crois pas !

Et qu'on ne s'attende pas non plus à ce que je rétracte quoi que ce soit de ce que j'ai dit touchant la pression exercée sur les consciences par les organes officiels ou officieux de l'épiscopat. Il y a quelque chose de plus important pour notre race que de penser de telle ou telle façon sur la participation du Canada à la guerre : c'est de ne pas permettre qu'au nom de la religion, qui n'a rien à voir dans ce débat, l'on tente d'ériger en dogme pour nous — et pour nous seulement — des opinions politiques que l'intérêt de l'Etat exige au contraire qui soient laissées au libre jugement de tous les citoyens.

Mais quand nous aurons posé tout cela, nous n'aurons encore, au point de vue de la bonté intrinsèque de notre acte, absolument rien dit. Il restera encore les institutions britanniques. Il restera la Belgique, il restera la France.

Après ce que vous venez d'entendre, il y en a peut-être parmi vous, Mesdames et Messieurs, qui souriront intérieurement de m'entendre plaider pour les institutions britanniques. De tous les nationalistes, nul n'a qualifié plus durement que moi cet égoïste qui est, avec d'admirables qualités, le fond même du caractère anglais, et qui, aux colonies, se traduit le plus souvent par des tracasseries scolaires et administratives. J'en puisais le droit et la force dans la manière dont j'avais, en toute circonstance, reproché à mes propres compatriotes leurs défauts et leurs vices. Mais pas plus que M. Laurier, pas plus que M. Casgrain, pas plus que M. Bourassa, je n'ai jamais chercher à diminuer le respect des Canadiens-Français pour les principes de liberté collective et individuelle qui sont à la base de la constitution anglaise. Les hommes publics de tous les partis, en notre pays, ont créé une tradition dans la manière d'envisager ces principes. Lorsque M. Laurier vient ici même évoquer le souvenir des Sheridan, des Fox, des Wilberforce, des Bright et des Gladstone, il rend à la nation anglaise le même hommage que le chef des conservateurs canadiens-français, M. Casgrain, mais il ne parle pas autrement que ne l'a fait pendant longtemps, et que ne le fait encore, à l'occasion, M. Bourassa. Les murs de cette salle vibrent encore des discours passionnés, où le grand orateur nationaliste nous adjurait, nous autres jeunes Canadiens-Français, de répondre aux provocations et aux persécutions par un attachement toujours plus fort au drapeau britannique. J'ai commencé ma carrière politique au Canada vers 1900. Je me trouvais sur la route de M. Bourassa ; je le suivis. Je voyais comme lui avec horreur le crime sud-africain. C'est lui qui m'enseigna à distinguer, dans le cas de l'Angleterre, entre les aventuriers qui là comme ailleurs se hissent au pouvoir par l'exploitation des aveugles passions populaires, et les hommes courageux qui de génération en génération se sont transmis le mot d'ordre de la résistance à toutes les tyrannies : celles de la plèbe comme celles des rois. Opposant à la démagogie d'un Chamberlain l'indomptable courage moral d'un Campbell-Bannerman et d'un Lloyd-George : « Voilà disait-il, la véritable Angleterre. C'est de celle-là que nous tenons nos libertés, c'est vers elle que nous devrons toujours nous tourner pour réclamer justice. » Le directeur du *Devoir* n'a pas changé d'opinion sur ce point. Il croit encore qu'il ne faut pas confondre les institutions britanniques avec les demi-civilisés qui en ont le dépôt sur un point quelconque du territoire britannique. Je le crois avec lui. Il sait que si nous conservons l'espoir de recouvrer nos droits scolaires en Ontario c'est par le mécanisme des institutions britanniques. Et moi aussi, je le sais. Et parce que je crois cela, et que je sais cela, je trouve qu'à moins de leur préférer les institutions allemandes, et ce n'est pas plus mon cas que celui de Mgr l'archevêque de Montréal, il est glorieux dans la guerre actuelle de se battre pour les institutions britanniques.

....

Et maintenant, avec vous tourné vers d'autres sommets, — les plus hauts que l'âme humaine ait encore atteints dans l'empire sur soi, dans le renoncement, dans le sacrifice, — des mots plus forts, mais des mots forts et tendres à la fois, se pressent tumultueusement à mes lèvres. Dans sa claire robe d'héroïsme, faite de rayons et d'éclairs, et tellement mariée à sa chair que la chaire en est diaphane, mère toujours jeune de cette Jeanne d'Arc qu'elle seule a pu porter dans ses flancs, ses beaux yeux tristes illuminés par la sereine conscience de la vérité, saignante et souriante, et terrible et douce, la France immortelle nous regarde. Je pourrais, m'arrêtant sur ces paroles, attendre de votre cœur un jugement que votre raison a peut-être jusqu'ici repoussé. Les colères de la France ont parfois épouvanté votre vieux sang conservateur et catholique (moi, je suis un homme de 93, et avec Péguy je m'en fais gloire) ; son sourire a souvent scandalisé et irrité votre foi. Aujourd'hui qu'aux yeux émerveillés du monde elle conserve dans sa lutte pour l'existence, sous une sueur de sang, son éternel sourire, votre sang, votre cœur, tout votre être enfin rendu à lui-même, vous crie que vous l'aimez. Mais je me reprocherais comme une tromperie de capter par ce moyen votre assentiment. Je veux jusqu'au bout, et pour la France comme j'ai fait pour l'Angleterre, m'en rapporter uniquement à votre raison.

Mesdames et Messieurs, vous avez parfois ouï dire, et peut-être avez-vous parfois lu dans les journaux : « La France officiellement ne fera jamais rien pour les Canadiens-Français, et donc nous ne devons rien à la France. » Ce raisonnement vaudrait contre nous si d'une part nous demandions à nos compatriotes autre chose qu'une contribution personnelle, n'engageant en rien leur jugement sur la politique du gouvernement canadien ; si d'autre part il était vrai que la France ne peut activement aider le Canada français que par les moyens officiels. Mais il se présente immédiatement à vos esprits deux réponses.

C'est d'abord que le monde ne peut pas se passer de la France. D'autres nations, comme l'Angleterre, peuvent vanter aussi justement leur attachement à la liberté. D'autres, comme l'Italie, peuvent trouver dans un passé magnifique et dans une reconnaissance politique sans pareille le motif des plus hautes ambitions, des plus enthousiastes espérances. D'autres, par les réserves de vie neuve et fraîche que nous savons qu'elles nous cèlent, provoquent en nous une attention sympathique, mêlée il est vrai de quelque inquiétude ; et c'est la Russie. D'autres enfin ont donné, jusque dans les œuvres de mort, des preuves, hélas ! irrécusables, de leur esprit méthodique et organisateur ; et celles-là, inutile de prononcer leur nom, il s'est tout de suite vomi sur vos lèvres. Mais ce qui fait de la France une nation unique dans l'histoire, — supérieure à la Grèce par le sérieux et à Rome par le sens de la justice, — c'est son culte inlassable et profond des idées. Tant que par spiritualisme il faudra entendre la subordination de la matière à l'esprit, non la poursuite d'un but spirituel par les voies les plus misérables de la matière, la France sera la plus grande puissance spirituelle des temps présents. Nous allons nous battre pour la France comme nos pères allaient se battre pour le Pape en 1869 : parce que, dans un âge où l'accroissement subit de la richesse économique a partout fait crever comme autant d'ulcères la cupidité, l'égoïsme, l'envie, la haine, la France, victorieuse après l'épreuve qu'elle traverse en ce moment, — non pas la France régénérée ; la France recueillie, la France grave, sans peur et sans haine, abaissant son glaive et laissant déborder de son sein fécond sur le monde « le lait des humaines tendresses », — sera plus que jamais nécessaire à l'humanité.

C'est ensuite que nous, les Français d'Amérique, nous ne resterons Français que par la France. Voilà, Mesdames et Messieurs, une idée qui n'est pas nouvelle sur mes lèvres. Depuis seize ans que je tiens un plume dans la presse française au Canada, toujours j'ai eu les yeux fixés sur cette boussole. Pendant que d'autres, pour mieux couper de ses sources le Canada français, feignaient de croire tout l'esprit de la

France enfermé dans de vaines formules lexicologiques, je n'ai cessé de crier qu'à moins d'un contact plus intime avec le foyer principal de la pensée française il n'y aurait pour nous pas de vie possible, pas de réaction, pas de lutte possible contre le matérialisme américain, poison de nos âmes, infection de notre esprit. La guerre dure depuis dix-huit mois, et déjà nous sentons autour de nous et en nous, par suite de la disparition graduelle du livre français, une raréfaction de vie intellectuelle. Nous éprouvons quelque chose comme ce refroidissement graduel que les Rosny ont imaginé qui marquerait sur la terre la fin de la vie. [...] Sans doute, Mesdames et Messieurs, la France a pu quelquefois nous blesser par son indifférence. Mais parce que sans elle la vie française s'arrêterait en nous comme une eau qui gèle, bénissons-là quand-même, défendons-la quand même ! C'est la lumière, c'est la chaleur, c'est la vie !

....

[...] Nous marchons pour la France parce que sa défaite, en même temps qu'elle marquerait une régression du monde vers la barbarie, nous condamnerait, nous ses enfants d'Amérique, à traîner désormais des vies diminuées.

....

[...] Moi qui ai autrefois désiré si ardemment l'émigration des Français au Canada, je prêcherai après la guerre l'émigration des Canadiens en France. Dans ce pays où la guerre aura décimé la population mâle, des centaines de mille foyers attendront l'inconnu qui avec l'orpheline ou la veuve en rallumera la flamme expirante. Si l'inconnu est un jeune Canadien, l'échange de sève qui s'établira entre les deux branches de la grande famille française rendra à la France la vie, à nous ce qui en est venu à nous manquer presque tout à fait : le caractère. Ce jour-là nous aurons fait une belle et bonne action, mais aussi une action profitable. De même, Mesdames et Messieurs, n'ayons crainte que la mort de quelques centaines de Canadiens-Français pour la justice en Europe n'affaiblisse la cause de la justice en Ontario. Nous avons fait nos premières concessions et subi nos premières défaites quand nous formions presque la moitié du pays. Durant toutes ces années de 1873 à 1911 qu'on pourrait appeler l'époque des capitulations, jamais nous ne nous sommes montrés si lâches, si veules, si menteurs aux ancêtres et à nous-mêmes, qu'aux environs de 1890, alors que nous étions encore un tiers de la population. Il suffira d'un coup d'œil sur tout ce passé de honte, pour nous convaincre que nous avons été nous-mêmes nos pires ennemis. La fierté qui crée l'union nous a fait défaut ; nous avons été les uns aux autres des délateurs, nous avons apporté dans la lutte des âmes d'affranchis. L'Histoire, qui se répète depuis les origines de l'humanité, ne se détournera pas de son cours. Ravis, presque étonnés d'avoir échappé au cataclysme de 1760 et aux cent ans d'orages qui suivirent, nous nous sommes abandonnés depuis à une vie toute végétative, sur une terre

   ...humide encore et molle du déluge.

Les agressions dont nous étions l'objet, nous les regardions comme de simples incidents, des accidents peut-être, mais des accidents sans importance, quelquefois même d'heureux accidents, en ce que, habilement exploités, ils pouvaient faire arriver au pouvoir le parti ou les hommes politiques de notre choix. [...] Que les attaques continuent ou non, et n'importe combien de temps elles continuent, nous aurons gagné la bataille du jour où nous nous serons réhabilités à nos propres yeux. Cette réhabili-tation, nous la trouverons en combattant pour le droit des faibles, pour le civilisation, pour la liberté du monde, comme la petite Sœur de Charité, comme le prêtre qui se penchera peut-être sur nos fronts sanglants au moment suprême : sans obligation légale ni morale et sans espoir de récompense.

Olivar Asselin [a]

---

a. Olivar Asselin, *Pourquoi je m'enrôle*, discours prononcé au Monument national, à Montréal, le 21 janvier 1916, suivi de trois lettres, de sir Robert Borden, de sir Wilfrid Laurier et de sir Samuel Hughes, Montréal, s. éd., 1916. Olivar Asselin a repris ce thème dans un discours prononcé en France en juin 1917 : Olivar Asselin, *Pourquoi on aime la France*, extraits de deux discours prononcés, l'un au Canada en janvier 1915 (il s'agit en réalité du discours ci-dessus), l'autre en France en juin 1917, s. éd., s.d., 16 pages. Il y dit notamment : « ... Nous avons assisté en France à un spectacle à la fois imprévu et réconfortant. Français d'Amérique et Français de France, qu'on croyait devenus étrangers l'un à l'autre, et que, la veille encore, séparaient profondément leurs dissentiments religieux, se sont mis tout de suite à fraterniser. » (P. 15.) Et plus loin : « Depuis la Marne, grâce à vous [les Canadiens français] n'ont plus des âmes de vaincus, ils marchent la tête plus haute, allégés d'un poids qui pesait sur eux depuis 1759 et qui s'était encore alourdi en 1870. Ce jour là, vous les avez grandis et ennoblis dans leur propre estime ; je ne suis pas loin de dire : vous les avez sauvés. » (P. 16.)

Document n° 60

1916 — VERDUN : LE SORT DU CANADA FRANÇAIS SE JOUE AUSSI

Dans une chronique de la Revue canadienne, *Thomas Chapais dégage la signification de la bataille de Verdun pour les Canadiens français.*

Le grand, l'immense fait de guerre des dernières semaines, c'est la bataille, ou mieux c'est la série de batailles, d'opérations gigantesques et sanglantes, dont Verdun a été l'objectif. Depuis plus d'un mois la fleur des soldats allemands, les corps les plus aguerris, les régiments d'élite, comme ceux de Brandebourg, cinq ou six cents mille hommes admirablement disciplinés, armés des engins les plus effroyablement efficaces pour les œuvres meurtrières, et appuyés par la plus formidable artillerie qu'on puisse imaginer, comme nombre et comme puissance destructrice, se sont acharnés contre les collines et les bois, contre les Hauts-de-Meuse et les positions fortifiées qui défendent les approches de Verdun. Et, sauf sur quelques points, où ils ont pu enlever quelques kilomètres de terrain, ils ont été constamment tenus en échec ou repoussés. Incessamment, après avoir fait pleuvoir des torrents de projectiles sur les tranchées et les redoutes françaises, ils se ruaient à l'assaut en masses profondes, qui semblaient devoir tout broyer sur leur passage. Et incessamment ces masses, labourées par les obus et la mitraille, venaient se briser sur les lignes d'acier que rien ne pouvait entamer ni fléchir. Ça et là, les Français opéraient parfois une rectification de front, et les Allemands croyaient tenir la victoire. Mais ils s'apercevaient bientôt que les quelques verges de terrain gagnés n'avaient servi qu'à resserrer et concentrer la défense française, et à la rendre plus désespérément irréductible. Cependant, avec une ténacité inlassable, ils revenaient à la charge, après des périodes de bombardement tellement intense, qu'il paraissait impossible à rien de vivant de subsister dans les positions couvertes par les lignes de feu. En quelques endroits, on recevait une moyenne de 100,000 obus par douze heures. Des bois entiers étaient réduits en aiguillettes. Persuadés que, sur ces points, il ne pouvait plus rester que des débris humains, les soldats du kaiser se lançaient en avant avec des cris sauvages. Et tout à coup ils voyaient surgir de la fournaise des régiments décimés mais inébranlables, dont la passion de vaincre décuplait la force combative. La mitraille et les balles couchaient par terre des rangs entiers, comme des pans de blé mûrs tranchés par l'acier du moissonneur. Et la vivante muraille française demeurait impénétrable.

Les récits de ces journées horribles sont vraiment à faire frémir d'épouvante. Jamais, croyons-nous, champs de bataille historiques n'ont été le théâtre de pareil carnage. Ah ! ils en ont bu du sang humain, les coteaux tragiques de Haumont, de Lamognieux, de Champneuville, les pentes sinistres de Douaumont et de Damloup, de Bethincourt et de Forges ; ainsi que les escarpements bien nommés de Mort d'homme ! Ils en recèlent des amoncellements de cadavres, les ravins lugubres de la Meuse, dont les torrents ensanglantés sont obstrués par des barrages de corps ! Le prince impérial a sacrifié, avec une frénésie implacable, l'élite de ses soldats. Des milliers, des dizaine de mille, peut-être deux cent mille Allemands, ont péri ou ont été mis hors de combat durant ces semaines meurtrières, dont la race teutonne portera le deuil cruel durant un long avenir. Et tout cela sans résultat, pour aboutir à un désastre dont l'Allemagne commence à soupçonner l'horreur, et pour ajouter à la gloire française des journées sœurs des rayonnantes journées de la Marne.

Car, nous le constatons avec une fierté légitime, le monde entier acclame en ce moment l'héroïsme des armées qui ont jusqu'ici défendu et sauvé Verdun. De toutes part nous entendons retentir le cri de : « Vive la France ! » Et, confessons-le sans détour, cela nous émeut profondément, car c'est du sang français qui coule dans nos veines. Nous ne sommes pas de ceux qui, hochant la tête, s'en vont répétant : « Voyez-vous, il faut que la France soit châtiée ; elle a été la nation prévaricatrice, elle s'est écartée des voies droites, et la verge de fer doit flageller ses défaillances. » Non, non, nous ne sommes pas, nous ne voulons pas être de ceux-là, trop communs parmi nous ! Nous ne désirons pas nous faire l'interprète des desseins impénétrables du Maître des nations. Nous savons que la France a commis des fautes éclatantes, qu'elle s'est donné des gouvernants exécrables, qui ont fait pâlir son prestige et obscurci sa renommée. Mais nous savons aussi qu'au milieu de ses erreurs la noblesse de son âme n'a point péri, et que son cœur est resté grand. Nous savons qu'elle est demeurée, en dépit de tout, la nation apostolique ; qu'elle envoie toujours ses missionnaires et ses religieuses jusqu'aux confins de l'univers, pour y porter la lumière et la charité de Jésus-Christ ; qu'elle continue de verser sans compter son or et son sang sur toutes les plages, pour la diffusion de la vérité ; et qu'à elle seule elle fait plus que tous les autres peuples pour l'extension dans le monde du royaume de Dieu. Et puis, nous ne pouvons oublier qu'elle a été notre mère. C'es elle qui nous a enfantés à la vie nationale et à la vie intellectuelle. Son histoire est notre histoire, sa littérature est la source féconde où nous allons toujours puiser, son génie projette toujours sur nous son rayonnement tutélaire. Et pour tout cela, nous l'aimons d'un profond et fidèle amour.

Nous l'aimons plus que jamais dans ces heures angoissantes mais glorieuses où elle nous apparaît avec sa physionomie des âges héroïques, intrépide et vaillante, ardente et calme, sublime de patriotisme et de foi, et donnant au monde l'inoubliable spectacle d'une grande nation qui s'est ressaisie sous la foudre, et qui, animée par un souffle épique, se bat, sans compter ses blessures, non seulement pour son existence nationale, mais pour le triomphe du droit et pour la liberté du monde. Ah ! oui, nous sommes passionnément avec la France dans le formidable conflit qui fait trembler l'Europe. Nous faisons des vœux pour qu'elle triomphe, pour qu'elle sorte de l'épreuve purifiée, retrempée aux sources du sacrifice, mieux éclairée sur les voies qu'elle doit suivre afin d'être digne de sa victoire. Et, en cela, nous n'obéissons pas uniquement aux sentiments de notre cœur, nous suivons les dictées de notre raison. Comment, en effet, peut-il se faire que, parmi nous, beaucoup de gens ne comprennent pas quelle répercussion peuvent avoir sur notre vie nationale le triomphe ou la défaite de la France ? Il y a entre les rejetons d'une même race des liens de solidarité que rien ne saurait briser. Nous sommes issus de la France, nous sommes de sa chair et de son sang, notre personnalité ethnique est, sur le continent américain, un prolongement de la sienne. Le génie de la France, le prestige de la France, la puissance de la France, la gloire de la France, tout cela fait partie de notre patrimoine national. Et si notre ancienne mère patrie devait succomber dans la tourmente, si elle devait être broyée — et cette fois définitivement — sous le talon prussien, si elle devait tomber au rang des Etats de cinquième ordre, et cesser d'être un facteur appréciable dans les affaires du monde, nous en subirions incontestablement un amoindrissement fatal. Le coup qui la frapperait au cœur nous infligerait à nous-mêmes, une blessure mortelle. Son effondrement, sa décadence, sa chute dans l'impuissance et le discrédit, seraient pour tous les groupes français une cause de faiblesse et d'humiliation. On ne se ferait pas faute de nous considérer comme les représentants d'une race déchue. Nous serions victimes du phénomène qui se produit en vertu de la loi des vases communiquants, et l'abaissement du niveau des énergies françaises au vaste réservoir d'où elles s'épanchaient sur le monde entraînerait un abaissement proportionnel du niveau de notre influence au milieu des races qui nous entourent. Ah ! pour toutes ces considérations, pour ce qu'elle a été, et pour ce qu'elle peut redevenir, pour ce qu'elle signifie, et pour ce qu'elle défend, pour elle et pour nous, que Dieu donne à la France la victoire et la paix et, au lendemain de la paix, l'affermissement définitif de la grande réconciliation nationale dans la justice et la liberté !

Thomas Chapais [a]

---

a. Thomas Chapais, « A travers les faits et les œuvres », *Revue canadienne*, nouvelle série, vol. XVII, 1916, p. 368-373.

Document n° 61

1917 — C'EST L'ÂME QUI EST MALADE !

En réponse à Louvigny de Montigny [a], Jules Fournier analyse les raisons profondes du dépérissement de la langue française au Canada. Refusant de confondre symptômes et causes réelles, il découvre la racine du mal dans l'affaissement moral et intellectuel des Canadiens français. L'auteur présente cette étude sous forme de deux lettres écrites en janvier et en novembre 1917 ; elles furent publiées après sa mort en 1922. On lira ici la première lettre.

Mon cher confrère,

En refermant, tantôt le livre que vous venez de consacrer aux maladies du parler canadien-français, je songeais involontairement à ce chapitre de *Maria Chapdelaine*, le roman déjà fameux de Louis Hémon, où l'auteur met tour à tour en scène, au chevet de la mère Chapdelaine mourante, le médecin de Mistook et le rebouteur de Saint-Félicien.

....

Le médecin de Mistook et le rebouteur de Saint-Félicien [...] ne possédaient, je crois bien, l'un et l'autre qu'une science assez médiocre. Du moins savaient-ils en apercevoir les limites et s'y tenir ; en quoi l'on avouera qu'ils ne faisaient point preuve d'une médiocre sagesse. Ayant pu dès longtemps mesurer tout ce que présente de difficile et d'incertain, d'obscur et de mystérieux, l'étude des phénomènes même les plus ordinaires, ils y avaient gagné, avec le doute salutaire, une heureuse défiance d'eux-mêmes et de leurs moyens. C'est le premier et le plus précieux éloge qu'on puisse leur adresser, c'est malheureusement, je crains, le dernier qu'on puisse faire de vous à l'occasion de votre récent travail.

J'ai beau chercher, en effet, parmi les écrivains et les savants de tout genre, du plus humble au plus illustre, je ne trouve personne qui, en présence d'un problème aussi grave et aussi complexe, ait jamais marqué moins d'embarras, ait eu jamais l'affirmation plus volontiers et plus facilement tranchante. Non jamais, je l'atteste, jamais auteur, à ma connaissance, n'avait encore montré, en un pareil sujet, autant de calme assurance et de tranquille certitude. [...] En un clin d'œil, vous aurez non seulement pénétré à fond le mal qui mine sourdement la malheureuse, — sa nature, ses causes, — mais encore vous y aurez [...] trouvé d'infaillibles remèdes.

I. — Et tout d'abord, la langue française en ce pays souffre d'un certain nombre d'affections aiguës ou chroniques, — surtout chroniques, — telles que « barbarismes, solécismes, anglicismes, provincialismes, rusticismes, plébéianismes, décadentismes », etc. *(p. 40)*, dont la plus développée comme la plus pernicieuse est bien incontestablement l'anglicisme. *(Voir, notamment, pp. 47 et suivantes).*

II. — Quelles causes ont pu produire tous ces monstres à noms étranges, il n'est pas plus difficile de l'imaginer. C'est d'abord et surtout le contact journalier du français avec l'anglais. *(pp. 53 et suivantes)* ; ensuite le peu de surveillance que nous

————————————

a. Louvigny de Montigny, *la Langue française au Canada. Son état actuel*, Ottawa, chez l'auteur, 1916, 187 pages.

exerçons sur notre langage *(pp. 33 et suivantes)* ; enfin, notre ignorance à peu près complète de la littérature française contemporaine *(pp. 90 et suivantes).*

III. — Conclusion : Voulons-nous parler moins mal le français, apprenons le mieux *(p. 54).* Oui, mais encore, comment l'apprendrons-nous mieux ? — Ce sera : 1º par un commerce plus assidu des auteurs français, classiques et surtout contemporains *(pp. 80 et suivantes)* ; 2º par le soin plus attentif que nous apporterons à la conversation *(p. 45)* ; 3º et surtout — surtout ! — par la pratique intensive des *Corrigeons-nous (pp. 62 et suivantes).* Tout le secret est là, tout le secret du bon et respectable langage français.

Tel est, brièvement mais fidèlement résumé, votre avis dûment motivé sur le cas qui nous occupe. Les amis de la langue française au Canada peuvent maintenant dormir tranquilles : moyennant les trois remèdes sus-indiqués, non seulement elle vivra, mais encore nous aurons la joie prochaine de saluer son complet retour à la santé, cela vous nous le garantissez.

....

[...] Averti par votre exemple, je me garderai bien d'opposer des théories à vos théories. Les miennes ne vaudraient peut-être pas plus cher que les vôtres, et je préfère, à vous parler franchement, ne pas prendre un tel risque. Je voudrais seulement, par un rapide examen de votre thèse, essayer ici de semer, s'il est possible, quelques doutes utiles dans votre esprit, en vous faisant voir que le problème auquel vous vous êtes attaqué, et que vous avez si facilement résolu, n'est peut-être pas, au fond, tout à fait aussi simple que vous l'imaginez. Je reprends l'un après l'autre chacune de vos trois propositions.

Commençons par la première.

Justement alarmé du dépérissement de la langue française au Canada, vous avez donc voulu tout d'abord [...] vous rendre exactement compte du mal qui en est cause. [...] J'ai transcrit ci-dessus le diagnostic qu'après toutes vos recherches vous avez cru pouvoir en établir : si le français chez nous se porte si mal, c'est tout simplement qu'il est rongé par le barbarisme, le solécisme, le provincialisme, et, bien davantage encore, par l'anglicisme.

....

Mais, [...] comment ne comprenez-vous pas que tout ce fourmillement de barbarismes, solécismes, anglicismes, etc.., en quoi réside pour vous le foyer même du mal, n'en est en réalité que la manifestation ? que ces défauts de notre langage ne sont que les effets, tout superficiels, de causes profondes ? — et qu'enfin ils n'ont, avec le trouble caché qu'ils trahissent, ni plus ni moins de rapport que les sueurs du poitrinaire avec le désordre intérieur dont elles sont le symptôme.

Symptômes, en effet, que tout cela, [...] et rien que symptômes. Le mal est ailleurs. Il est en nous. Il est à la racine même de notre être, et l'incorrection de notre langage n'est que l'une de ses manifestations, entre combien d'autres ! Nous en sommes pénétrés tout entiers et de toutes les façons ; intellectuellement, moralement, physiquement. Marquant de son signe tous les gestes de notre activité, il déforme à la fois notre démarche et notre pensée, notre langage et notre conscience, notre conception du savoir-vivre et notre religion. C'est le grand mal canadien, c'est le mal de *l'à peu près.*

Considérons-en tout d'abord, pour mieux fixer ma pensée, l'effet sinon le plus apparent, du moins le plus concret, — je veux dire ce mélange singulier de nonchalance, de gaucherie, de relâchement, qui dans notre maintien, notre attitude, nos gestes et tout notre extérieur, ne manque jamais de frapper l'étranger même le moins attentif. Nous en sommes d'habitude moins frappés nous-mêmes, et pour cause. Qu'il nous arrive pourtant d'apercevoir un jour par hasard, se faisant vis-à-vis, un Français ordinaire et un Canadien de la moyenne, nous serons tout de suite saisis du contraste. Malgré nous, la comparaison s'établira dans notre esprit entre l'allure dégagée, nette, précise, de l'Européen, et celle de notre compatriote ; entre la parole aisée, distincte, du premier, et l'élocution pâteuse du second ; entre la correction de l'un, enfin, et le débraillé de l'autre.

— Est-ce à dire que nous représentions physiquement, par rapport à nos cousins d'outre-mer, un type de Français dégénéré ? Non sans doute, s'il est vrai, comme je le crois, que nous ne sommes ni moins bien portants qu'eux, ni moins bien « bâtis ». Non sans doute, nous n'avons pas dégénéré. Seulement, nous avons épaissi. Issus de la race la plus vive qui soit au monde, la plus nerveuse, la plus souple, la moins indolente, nous sommes devenus... ce que nous sommes, hélas ! L'isolement, le climat, l'éducation, mille causes obscures, ont fini par faire de nous un peuple d'engourdis, de lymphatiques, — des êtres lents, mous et flasques ; sans contour, en quelque sorte, et sans expression ; tout en muscle, nuls par le nerf ; dans toute leur personne, enfin, vivantes images de l'insouciance, du laisser-aller, de l'*à peu près*.

C'est une première forme sous laquelle se manifeste le mal qui nous domine, et la plus immédiatement apercevable. D'avance elle annonce et suppose toutes les autres, non moins prononcées et non moins révélatrices. A notre extérieur nous ayant tout de suite jugés sur le reste, l'étranger qui nous étudie trouvera désormais tout naturel de voir à l'état habituel, chez nous, de *bons* artisans bâcler leur ouvrage ; des hommes de *bonne* éducation s'excuser à peine d'avoir manqué par négligence à leur propre rendez-vous ; de *bonnes* et braves gens, enfin, par ailleurs irréprochables et même scrupuleux, se livrer en toute tranquillité d'âme à mille forfaits petits ou grands... Le contraire l'étonnerait plutôt, et que, relâchés et abandonnés comme nous le sommes dans notre allure physique, nous fussions davantage capables d'exactitude dans le travail, de ponctualité dans les relations sociales, ou de rigueur dans la conscience.

Encore moins comprendrait-il qu'étant ainsi faits quant à tout le reste, nous ne portions pas dans notre langage également les marques de la même insouciance, du même laisser-aller, du même *à peu près toujours*...

C'est qu'en effet le langage n'est pas seulement l'expression plus ou moins exacte, le miroir plus ou moins fidèle, de notre personnalité. Il est pour chacun de nous, et à la lettre, ainsi que Buffon le disait du style, « l'homme même », avec toutes les qualités et tous les défauts de son esprit, de son tempérament, de ses nerfs et de sa sensibilité.

Il est l'homme même, et voilà pourquoi [...] le mal dont souffre notre parler national n'est point du tout où vous l'avez cru voir, c'est-à-dire sur nos lèvres. Purs symptômes, en effet et encore une fois, que tous ces « anglicismes », et tous ces « barbarismes », et tous ces « solécismes », et tous ces autres *ismes* ! Le mal est en nous, et tous ces « solécismes », et tous ces « barbarismes », et tous ces « anglicismes », ne font que le révéler. Il est en nous, c'est le grand mal canadien, c'est le mal de l'*à peu près*.

II

Ne m'accusez pas, je vous prie, de trahir votre pensée, ou de la forcer seulement. N'allez pas me dire que, pour avoir noté ces symptômes au dehors, vous n'en avez pas moins aperçu au-dedans le mal lui-même ; que, ce que je tiens pour le mal, il vous est seulement arrivé de le tenir pour *la cause* du mal, et que c'est entre nous deux toute la différence ; bref et en définitive, que je ne vous ferais en tout ceci qu'une mauvaise querelle de mots. Sans anticiper sur l'examen de vos conclusions [...] je n'aurais dès ici qu'à vous opposer cette partie de votre thèse où vous vous appliquez à définir, précisément, *les causes* de notre mauvais langage.

Ces causes [...] seraient selon vous au nombre de trois :

a) Et tout d'abord vous écrivez [...] que si notre langage est tellement infesté d'anglicismes, c'est que, de par nos conditions particulières de vie, nous sommes obligés pour la plupart *de parler journellement l'anglais* ; et vous vous arrêtez là, bien convaincu apparemment d'avoir résolu la question. Vous étonnerai-je beaucoup si je vous dis que pareille explication en réalité n'explique rien — ou autant dire rien ? Voyons plutôt.

Que l'usage fréquent de l'anglais porte à l'anglicisme, certes ! rien de plus indiscutable. Qu'il ait presque toujours pour résultat de pervertir *à un certain degré* le langage des « non-Anglais », la chose est, je pense, également évidente. On a vu, même, des écrivains considérables — Henri Rochefort, entre autres, — ne point se mettre en peine d'autres raisons pour justifier leur ignorance des langues étrangères. Ce que je nie, par exemple, c'est que l'usage de l'anglais constitue, *en soi*, une cause de dépérissement pour les autres langues ; surtout, c'est qu'il suffise, indépendamment de toute autre influence, à expliquer l'extraordinaire *degré* de déformation auquel, du fait de l'anglicisme, le français en est dès longtemps arrivé chez nous. Si, en effet, cela était, s'il n'y avait d'autre cause à ce débordement effroyable d'anglicismes sur nos lèvres, que notre usage journalier de l'anglais, il en faudrait conclure que tous les hommes qui parlent d'habitude, comme nous, deux langues en même temps, défigurent comme nous, et non moins que nous, leur parler maternel. Or nous voyons clairement par l'exemple de la Suisse, nous voyons aussi (quoique moins bien) par l'exemple de la Belgique, que tel n'est pas le cas. Non que le français en ces pays ait échappé à toute contamination. Loin de là, et l'on sait assez quel inépuisable sujet de plaisanteries c'étaient pour les Parisiens, avant le mois d'août 1914, que le parler du bon peuple de Bruxelles, par exemple. En comparaison de celui de Montréal, pourtant, quel français idéal ! Et quel horrible mélange (pardon, Racine !), en comparaison du français de Bruxelles, que le français de Montréal ! — J'en induis, je demande la permission d'en induire, que, si notre langage est devenu ce qu'il est, la seule ni la principale cause, [...] n'en est pas celle que vous dites. Non accrue par d'autres influences, tombant dans un peuple français normal, cette cause eût produit chez nous le mal qu'elle a produit ailleurs chez des peuples français normaux, — ni plus ni moins. Si elle en a produit davantage, c'est que d'*autres causes* [...] lui avaient d'avance préparé un terrain où pussent librement germer tous ses mauvais effets, — le propice et mou terrain, si accueillant à toute mauvaise graine, et si bien détrempé et si bien ameubli, le merveilleux terrain de nos cerveaux de nonchalance, de nos cerveaux d'*à peu près*.

b) Que ce fait vous ait échappé, que vous ayez pu écrire tout un livre sur la déformation du français au Canada sans une seule fois signaler cet aspect essentiel cet aspect capital de tout le problème, je m'en étonne, pour ma part, et le regrette d'autant plus qu'un instant au moins vous m'aviez semblé ne plus pouvoir enfin ne pas l'apercevoir. Je ne me trompe pas, en effet : c'est bien vous qui dénoncez encore, entre autres causes de notre mauvais langage, *le peu de souci que nous prenons de nous bien exprimer.* Oui, c'est bien vous, et même je vois qu'à ce sujet vous vous plaignez, en toutes lettres, de l' « irréflexion » du « laisser-aller », du « relâchement total », enfin, dont témoigne la conversation d'on peut dire à peu près tout le monde chez nous... — Enfin, me disais-je en vous lisant, enfin il va nous apprendre quelque chose. On n'en peut douter : s'il se met en peine de telles constatations, cent fois faites avant lui et qui déjà sous l'Union des Deux-Canadas commençaient à manquer de nouveauté, ce ne peut être qu'un point de départ. Il n'en restera pas là. — Hélas ! [...] vous en êtes resté là. Après tous les autres, comme tous les autres, vous avez constaté la négligence que nous apportons dans notre langage ; et puis vous vous êtes arrêté, croyant de très bonne foi avoir dit quelque chose qui eût un sens. — Sur la nature et les causes de cette négligence, rien. Pas un instant vous ne vous demandez d'où peut bien venir, à la fin, un défaut si étrangement enraciné, si invraisemblablement répandu, et en effet, à ne le considérer qu'en soi, absolument et totalement inexplicable. Pas un instant vous n'avez l'air à vous douter que vous vous trouvez là en présence d'un mal qui se marque non seulement dans notre langage, mais dans notre esprit, mais dans notre tempérament, dans notre personne physique et dans notre être tout entier ; — d'une affection non point locale et indépendante, mais au contraire qui n'est que le prolongement, sur un point particulier, du trouble profond dont souffre tout l'organisme ; — d'un état général, enfin, d'une diathèse, comme disent les médecins, et non point d'un désordre partiel et isolé. [...]

c) Enfin, une troisième cause du dépérissement de notre langage, non moins importante et non moins « explicatrice », résiderait, selon vous, dans *notre indifférence à l'égard de la littérature française, surtout la contemporaine.*

Même erreur de votre part ici que toujours, même erreur et pareille méprise sur la nature vraie du problème... Ayant aperçu, cette fois comme les précédentes, deux faits voisins l'un de l'autre — à savoir, en l'espèce : 1º – que nous lisons fort peu les auteurs français contemporains, et 2º – que nous parlons incorrectement, — cette fois comme les précédentes vous vous hâtez de conclure, sans plus chercher, que le premier est cause du second. Moi je vous dis au contraire que c'est le second qui est cause du premier. Je vous dis qu'au lieu de prétendre, comme vous le faites, que c'est parce que nous lisons peu les bons auteurs que nous parlons mal, on doit au contraire tenir que c'est parce que nous parlons mal que nous lisons peu les bons auteurs. — Non que je songe à nier, [...] un seul instant, l'influence de nos lectures sur notre langage. Influence considérable, certes, s'il en est, influence immense.... Je dis seulement que, telle qu'elle puisse être, et si puissante et si profonde la supposiez-vous, elle n'en est pas moins tout d'abord subordonnée tout entière à la qualité de notre esprit — et donc de notre langage. C'est qu'en effet l'on n'a jamais, en littérature comme dans la vie, que les fréquentations que l'on mérite. C'est qu'entre tous les écrivains l'homme qui lit va toujours, par une pente proprement invincible, à ceux en qui il retrouve, à un degré quelconque, le plus de soi-même et de sa propre personnalité. C'est qu'il n'est rien enfin de plus *nécessaire* que nos lectures, si je puis ainsi dire, rien qui nous soit davantage imposé par la nature même de notre esprit et la constitution même de notre être intellectuel. En d'autres termes, je dis qu'il n'est pour un même homme ou pour un même peuple, dans le même temps, qu'un seul genre de lectures possibles. En d'autres termes encore et pour revenir au point précis qui nous occupe, je dis qu'étant faits comme nous sommes, pensant comme nous parlons, il est non seulement naturel, mais encore et en quelque sorte fatal, que nous lisions ce que nous lisons, hélas ! et ne puissions lire autre chose.

Ainsi retrouvons-nous invariablement, à l'origine des différentes circonstances par quoi vous pensez rendre compte de la corruption de notre langage, le grand fait capital qui les domine toutes et dont elles dérivent, — je veux dire cette incompréhensible déformation de l'esprit français en nous, cette déformation et cet affaissement général en nous de tous les caractères essentiels de la race. Comment n'avez-vous pas vu [...] que là véritablement est [...] le mal dont vos prétendues causes ne sont au fond que les effets, quelque aggravation d'ailleurs qu'à leur tour, et par une manière de cercle vicieux, elles lui puissent apporter et lui apportent effectivement ? [...]

Quant à prétendre définir moi-même, maintenant, avec quelque précision, les causes de ce mal mystérieux, plus facile je l'avoue à constater qu'à expliquer, c'est une témérité, [...] dont je puis heureusement me garder. Aussi, [...] me contenterai-je prudemment d'en indiquer quelques-unes, — les principales que je puisse en ce moment apercevoir.

a) De toutes les circonstances qui contribuèrent à transformer ainsi que j'ai dit, de corps et d'âme et de toutes les façons, le type français transplanté en terre canadienne, la première et la plus importante me paraît être incontestablement le climat. Tel climat, en effet, tel peuple. Ecrivant pour des personnes cultivées, je n'ai pas besoin, je pense, d'insister sur cette vérité, depuis longtemps banale, que le climat change tout ce qu'il touche d'étranger, les hommes aussi bien que les plantes. Au Siam et en Cochinchine, le Français en peu de temps dégénère. Au Canada, il s'empâte, tout simplement. — b) C'est là d'abord une conséquence directe du climat. Et c'en est ensuite une conséquence indirecte. Outre l'action que par lui-même il produit sur les hommes, le climat en effet a cet inconvénient encore, [...] de leur imposer comme on sait des conditions de vie aussi défavorables que possible au développement d'une véritable civilisation. Une de ces conditions est l'isolement auquel sont condamnés, six mois sur douze, les habitants de nos campagnes — et qui de nous ne vient de la campagne ? Une autre est cette oisiveté à laquelle de même la longueur et la rigueur de l'hiver donnent occasion, et que dénonçait, précisément en ces termes, le bon intendant Hocquart dès l'an de grâce 1757. Isolement, oisiveté : faut-il s'étonner que ces deux causes aient eu sur nous les effets qu'elles ont toujours eus sur tous les hommes dans tous les pays, et n'est-il pas au contraire naturel que, condamnés par la force des choses à vivre sous leur influence, nous soyons devenus les être amortis, nonchalants et relâchés que nous sommes ?... — c)   Joignez-y, [...] un fait bien à tort négligé, selon moi, par toutes les solutions qu'on a jusqu'ici proposées de l'énigme canadienne, — c'est à savoir l'absence à peu près complète de tout service militaire en notre pays, pendant un siècle et demi. Circonstance d'une portée incalculable, en effet, et dont on ne saurait s'exagérer l'importance, si rien, comme je le crois, n'est plus incontestable que l'influence du physique sur le moral et de l'attitude sur le caractère, s'il n'est pour ainsi dire pas un trait de notre mentalité que n'annonce et que ne prépare un trait semblable de notre démarche ou de notre maintien. — d) Joignez encore, avec les conséquences infinies qui en découlent, notre éloignement de la mère-patrie... — e) Joignez enfin, en donnant à ce mot son sens le plus large, l'éducation, œuvre chez nous, depuis toujours et exclusivement, d'un clergé tout-puissant, qui, pour les fins de sa domination s'accommodant à merveille de notre paresse et de notre inertie, et d'ailleurs lui-même incliné par les mêmes circonstances aux mêmes habitudes, loin de songer à nous en tirer ne demanda toujours qu'à nous y pousser davantage encore et le plus profondément possible. Que ce calcul, pour inhumain qu'il paraisse dès l'abord, n'ait pas moins servi, en définitive, l'intérêt de la nationalité que l'intérêt du clergé lui-même ; que nous n'ayons précisément échappé à la conquête totale que pour être ainsi devenus des êtres passifs et en quelque sorte paralyses sous la main de nos pasteurs ; que ceux-ci, enfin, avec raison, n'aient vu d'autre moyen d'assurer la survivance du nom français en ce pays que d'immoler ainsi à la race une dizaine de générations, il se peut... Le fait que je constate n'en est pas plus niable pour cela, je pense.

....

III

Voyons cependant si, par un heureux illogisme, vos conclusions ne vaudraient pas mieux peut-être que vos prémisses, et votre traitement que votre diagnostic.

Contre les incorrections et les défauts de toute sorte qui défigurent notre parler, trois remèdes, selon vous, seraient donc à prescrire, trois remèdes d'une efficacité entière et non douteuse. — Trois, pas plus, pas moins, et c'est-à-dire que pour parler désormais le français avec pureté, il nous suffirait à votre avis :

1o De cultiver avec amour et constance les grands écrivains qui en sont les modèles ;

2o De viser toujours, dans nos conversations, à la plus grande justesse possible de langage ;

3o De nous acharner sans répit à l'étude des *Corrigeons-nous* et autres traités d' « épuration ».

Solution commode, je l'avoue, et, par son extrême simplicité, admirablement à la portée d'esprit des primaires. [...] — Car je vous ai bien lu, n'est-il pas vrai [...] et je ne me trompe pas ? Voilà bien ce que vous dites et ce que vous avez voulu dire ?

I. — Non, je ne me trompe pas, et, tout d'abord, c'est bien sérieusement que vous nous suggérez comme une chose toute simple, à nous, Canadiens de l'an de grâce 1917, d'aller ainsi prendre intérêt, du jour au lendemain et sans nulle conversion préalable de notre mentalité, à une littérature qui ne « dit » plus rien, précisément, à notre esprit qu'indifférence ou ennui. C'est bien sérieusement que vous compteriez nous voir, tels que nous sommes et sans plus de préparation, absorber ainsi du jour au lendemain, au lieu de la maigre nourriture familière à nos esprits débilités, ces aliments nouveaux et trop riches pour eux qui s'appellent les œuvres du génie français. — Oui, véritablement, voilà bien comme vous raisonnez ; et, vous lisant, on ne peut malgré soi s'empêcher de penser [...] à quelque personnage de vaudeville, à quelque bon médecin de Labiche ou de Courteline qui, mandé près d'un malade à moitié mort de dyspepsie, ne trouverait rien de mieux, pour le guérir, que de le faire passer, sans transition aucune, de la diète à la suralimentation et du lait de beurre aux viandes saignantes... Très bon, [...] les viandes saignantes pour la santé du corps ! Et très bon aussi, pour la santé de l'esprit, les beaux livres français ! A une condition cependant : c'est que l'on ait, d'*abord*, l'estomac voulu pour digérer les unes, le cerveau voulu pour digérer les autres.

II. — C'est bien sérieusement aussi, en second lieu, que vous venez nous inviter sans plus de façon, [...] à nous montrer dans nos conversations tout à coup soucieux d'exactitude et de précision, les deux qualités qui jusqu'ici nous ont toujours fait et qui nous font encore le plus manifestement défaut en toute chose... Hé oui ! et, pour moi, c'est comme si je continuais seulement de voir se jouer sous mes yeux la pièce que j'imaginais il y a un instant. Cette fois, c'est en présence d'un malheureux impotent — goutteux ou rhumatisant — que nous retrouvons notre original docteur. Le pauvre homme (c'est du malade que je parle), empoisonné des pieds à la tête par les humeurs mauvaises, à peine peut-il remuer un membre. L'autre lui tâte le pouls, l'ausculte, le palpe, se prend la tête entre les mains, réfléchit longuement, et finit par dire à peu près ces mots, non sans solennité : « C'est votre bras..., oui c'est bien votre bras droit qui est souffrant. Vous avez là du rhumatisme, c'est incontestable. Avec de la prudence et de l'attention, cependant, cela passera. Prenez, monsieur Durand, prenez toujours bien soin de votre bras droit, et je vous le garantis, cela passera.

III. — Enfin, nous voyons que c'est de même sans l'ombre encore d'une intention plaisante ou même d'un doute, et avec toute la gravité du monde, que vous nous promettez, de la pratique assidue des *Corrigeons-nous,* le relèvement rapide et certain de notre langage.

Troisième remède et qui, j'ai le regret de vous le dire, n'évoque encore à mon esprit qu'une scène de comédie-bouffe... Sur un lit de malade, le théâtre représente cette fois une pauvre femme à la figure exsangue et décharnée, la peau couverte d'innombrables pustules. De toute évidence, la malheureuse est anémique, anémique au dernier degré, de toute évidence, on ne pourrait la sauver qu'à condition de lui refaire d'abord un peu de sang. Elle s'appelle, disons, madame Dupont : faut-il dire qu'elle pourrait tout aussi bien s'appeler la *Langue française au Canada,* et ses pustules, selon leur nature, des anglicismes, des solécismes, des barbarismes, etc. ? Survient le toujours même délirant docteur. — « Madame, prononce-t-il après l'avoir examinée, votre cas est certes grave, et je n'ai pas à vous cacher que tous ces boutons vous défigurent beaucoup. Heureusement qu'il existe un moyen de les faire disparaître. Vous voyez bien, n'est-ce pas, ce petit instrument ? C'est une vraie merveille ! On l'appelle, du nom de son inventeur, la pince de l'abbé Blanchard. Il y a aussi la pince Sylva Clapin, la pince Oscar Dunn, la pince Tardivel. Mais celle-ci, qui est la plus récente, est aussi de beaucoup la plus pratique. Vous la prenez entre le pouce et l'index, et, en appuyant légèrement, — comme ceci, tenez, — vous vous enlevez chaque jour quelques boutons. Rien n'est plus simple, comme vous voyez. Suivez, madame, suivez bien mon conseil, et, aussi vrai que je vous parle, d'ici trois mois votre visage à nouveau brillera de toutes les couleurs de la santé. [...]

Entendons-nous bien pourtant, [...] ce que je trouve en tout cela de divertissant, ce n'est point, comme peut-être seriez-vous tenté de le croire, les remèdes que vous proposez, — mais bien seulement l'extraordinaire et bizarre application que vous en prétendez faire.

En de certains cas, et pour de certains malades, rien de mieux au contraire, à mon avis, que ces remèdes-là. Ainsi vous entendrais-je aujourd'hui pour demain recommander à d'autres qu'à nous, en vue du perfectionnement de leur langage, le commerce des grands écrivains, — vous entendrais-je même plus tard, les circonstances ayant changé, nous donner à nous-mêmes le même conseil, — que, bien loin de m'en amuser, je ne pourrais sans doute qu'y applaudir... Conseil, en effet, non seulement utile, selon moi, à qui le *peut* suivre, mais encore essentiel, et de tous peut-être le plus précieux.

Sans attacher, je l'avoue, la même importance aux deux autres préceptes que vous nous tracez, je ne songerais pas davantage — hors du cas présent ou d'un cas semblable — à les trouver risibles. L'un (surveiller son langage) me semblerait très propre au moins à consolider des progrès déjà acquis, et l'autre (étudier les *Corrigeons-nous)* à en susciter de nouveaux. Je viens de dire ce que je pense, pour nous et au moment actuel, de l'emploi de ce dernier procédé : que l'on puisse néanmoins, à l'occasion, trouver profit à combattre directement les pustules (s'il m'est permis de reprendre cette comparaison plus juste que poétique), je n'en disconviens pas. Ce genre de médication a parfois du bon, et, s'il est essentiel de s'attaquer au mal d'abord, il n'est pas toujours inutile, quoiqu'on en ait dit, de traiter ensuite et auxiliairement les symptômes.

Et donc, ce n'est pas à vos remèdes en eux-mêmes que j'en ai : des trois, l'un selon moi est de première qualité, les deux autres plus que passables. Ce que je soutiens seulement, c'est que vous leur assignez ici l'emploi le plus fantaisiste du monde et le plus étrange, les gens à qui vous les prescrivez n'étant « taillés », pour vous emprunter votre langage, ni de les assimiler, ni de les digérer, ni même la plupart du temps de les absorber.

De ceci, j'ai déjà suffisamment, je crois, marqué les raisons, pour n'avoir pas ici à les reprendre tout au long. Une phrase de trois lignes, écrite il y a bien trente ans passés, les résume toutes parfaitement à mon gré. C'est celle-ci d'Arthur Buies [...] : « *Pour pouvoir se servir avec fruit des dictionnaires, il faut posséder le génie de la langue.* »

Il faut posséder le génie de la langue *pour pouvoir se servir avec fruit des dictionnaires*, dit Arthur Buies. Il ne dit pas qu'à plus forte raison encore il faut posséder le génie de la langue pour pouvoir lire avec fruit les grands écrivains. Il ne dit pas non plus qu'il faut posséder le génie de la langue pour pouvoir exercer sur ses discours une surveillance fructueuse. — Il ne le dit pas, mais s'il ne le dit pas il l'a pensé, il n'a pas pu ne pas le penser, et moi je le dis à sa place, bien assuré que, delà les sombres bords, son ombre m'approuvera.

Tout est là, en effet : nous ne possédons plus depuis longtemps, nous avons depuis longtemps perdu à peu près complètement le génie de la langue, et par là je veux dire, [...] nous avons perdu non seulement telles ou telles qualités de la langue, mais bien cette forme même d'intelligence qui les *conditionne* toutes et que rien ne saurait suppléer, — nous avons perdu cette aptitude même et cette tendance même de l'esprit qui font que, dans un cerveau de France, les idées (et c'est-à-dire les mots) tout naturellement ne se présentent, ni ne se joignent, ni ne s'ordonnent, de la même manière que dans un cerveau d'Allemagne, par exemple, ou d'Angleterre. Sous l'empire des circonstances que j'ai rappelées, et parallèlement à la transformation pareille de notre tempérament, de notre allure, de tout notre être physique enfin, c'est notre esprit lui-même qui s'est transformé, c'est le mode même de notre activité mentale qui a changé.

Je me suis longuement demandé, durant que je parcourais votre ouvrage, comment pareille confusion avait pu s'établir dans votre esprit. Je crois le pouvoir dire maintenant. C'est que vous en êtes évidemment encore, touchant le langage humain, à l'idée [...] d'une chose toute extérieure à l'homme et toute distincte de lui, absolument comme sa coiffure, par exemple, ou son vêtement. Voilà qui explique votre erreur et nous livre enfin la clef de toute votre pensée : vous faisant du style une telle conception, comment douteriez-vous que les défauts du langage ne soient corrigibles de la même manière que les défauts de la toilette, et c'est-à-dire indépendamment de l'individu qui le parle ? [...]

Le seul malheur, pour votre thèse, c'est que le langage [...] n'est pas du tout ce que vous imaginez. C'est qu'il n'est rien, au contraire et encore une fois, qui nous soit plus intime et, en quelque sorte, plus consubstantiel, rien qui tienne davantage à la nature particulière de notre être pensant, ni qui en dépende plus étroitement. C'est qu'enfin, tout de même et aussi nécessairement que tel fruit pousse sur tel arbre et non sur tel autre, le langage — le vôtre, le mien, celui du voisin — ne saurait, en dernière analyse et malgré qu'on en eût, que reproduire, jusque dans les plus infimes nuances, les qualités et les défauts d'esprit de l'homme qui le parle. [...]

Il n'y a pas en effet à sortir de là, et, de cerveaux paresseux, nonchalants, relâchés, — tels que les nôtres, — de cerveaux à moitié noyés et dissous dans l'*à peu près*, vous ne tirerez pas plus, quoique vous fassiez, un langage précis, correct, français, en un mot, que vous ne ferez pousser des pommes excellentes sur un vieux pommier tout branlant et tout rabougri. En vain, vous armant des gaules formidables des *Corrigeons-nous*, taperez-vous à grands coups sur tous les fruits flétris du solécisme et du barbarisme, en vain même attacherez-vous de force aux branches — aux branches de notre arbre mental, — par ci par là, quelques fruits dérobés aux lointains vergers du bon langage, vous n'empêcherez pas que votre récolte, en somme, ne soit pitoyable. Non ! [...] ce ne sont pas les fruits qu'il faut soigner : c'est l'arbre ; ce n'est pas notre langage : c'est la mentalité qui le produit.

Ne me dites pas que voilà qui est trop ambitieux, et qu'en attendant le grand remède que je réclame on n'en doit pas moins accepter de plus modestes ; ne me dites pas que les vôtres sont en tout cas bien inoffensifs et que, s'ils ne font pas de bien, ils ne sauraient du moins faire de mal. Je vous réponds que tout remède qui ne fait pas de bien fait du mal, immanquablement, si, leurrant le malade d'une confiance trompeuse, il le détourne d'en rechercher d'efficaces. [...]

....

Aussi bien ne me proposais-je autre chose aujourd'hui que de marquer, le plus clairement qu'il serait en mon pouvoir, ce fait essentiel : à savoir, que contrairement à l'opinion courante en ce pays, et par définition même, toute réforme du langage — d'abord, avant et pardessus tout, — implique au préalable, chez l'individu en qui elle se manifeste, une réforme correspondante de la mentalité tout entière.

Jules Fournier [b]

---

b. Jules Fournier, *Mon encrier*, recueil posthume d'études et d'articles choisis, dont deux inédits, préface d'Olivar Asselin, 2 volumes, Montréal, Madame Jules Fournier, 1922, XVI et 198, et 209 pages. Voir également le recueil présenté par M. Adrien Thério : *Mon encrier*, introduction d'Adrien Thério, préface d'Olivar Asselin, Montréal et Paris, Fides, 1965, Collection du Nénuphar, 347 pages.

Document n⁰ 62

1918 — MISSION DU FRANÇAIS DANS L'ÉGLISE AMÉRICAINE

Obligés de défendre à la fois leur langue et leur religion également menacées dans un pays dominé par les Anglo-protestants, les Canadiens français ont fondu en un seul ce double combat pour la langue et la religion. Cette conjonction des efforts et des objectifs s'est cristallisée dans un aphorisme devenu célèbre : la langue, gardienne de la foi.

Ce thème, repris et développé par de nombreux porte-parole du Canada français, semble avoir acquis toute son importance au début du siècle à l'occasion des grandes luttes scolaires. Mais son origine remonte au XIXᵉ siècle quand les Canadiens français perdent le monopole du catholicisme qu'ils doivent partager dorénavant avec d'autres nationalités dont les Irlandais. Déjà en 1885, Jules-Paul Tardivel en exprime l'idée dans un commentaire du conflit ouvert par la décision de l'évêque irlandais de Providence (Rhode Island) de nommer à la tête d'une paroisse franco-américaine un curé irlandais ne sachant pas le français : « Il nous est permis de dire, en thèse générale, écrit alors Tardivel, que les Canadiens français des Etats-Unis sont grandement exposés à perdre la foi s'ils ne sont pas desservis, autant que possible, par des prêtres parlant leur langue. Pour nos nationaux, la langue est intimement liée à la Foi. En perdant celle-là, ils courent risquent [sic] de perdre celle-ci ᵃ. »

Quelque trente années plus tard, Henri Bourassa consacre à ce thème, après tant d'autres orateurs, un important discours (dont de larges extraits sont reproduits plus bas). Ce discours s'inscrit dans le cadre de la guerre faite en Ontario aux écoles françaises et catholiques. Les attaques contre ces écoles étaient le fait d'Anglo-protestants, mais curieusement ces derniers ont trouvé appuis et sympathies chez de nombreux Irlandais de foi catholique mais de langue anglaise. L'argument de « la langue, gardienne de la foi » prenait dans ces circonstances un sens particulier : en y recourant, les Canadiens français cherchaient à annuler la francophobie des Irlandais par un appel à la religion commune. Générale à l'époque, cette francophobie irlandaise s'est exprimée de façon dramatique par la voix autorisée de Mᵍʳ Bourne. Venu au Canada participer au XXIᵉ Congrès eucharistique international tenu à Montréal du 6 au 11 septembre 1910, l'archevêque de Westminster prononça devant les délégués réunis à l'Église Notre-Dame un discours où il apporta en ces termes son appui aux entreprises d'anglicisation du catholicisme canadien : « The early history of Canada is part of the history of the Catholic Church. [...] The power and influence of the Catholic Church throughout all the earlier history of the colony were due largely to the fact that the whole influence of the language and literature of the country was on the side of the Catholic Church. The French tongue, with which all progress in every department of life was identified gave forth but one note when it expounded to the people the mysteries of religion, whether they were preached to those who had come from their ancestral home in France, or had in turn to be translated to the various races to whom the land once belonged. Now the circumstances have vastly altered. With slow increase at first, and now with an incalculable rapidity, another language is gaining for itself a paramount importance in the ordinary things of life. It would indeed be a matter of extreme regret were the French language, so long the one exponent of religion, culture and progress in this land, ever to lose any portion of the consideration and cultivation which it now enjoys in Canada. But no one can close his eyes to the facts that in the many cities now steadily growing into importance throughout the Western Provinces of the Dominion, the inhabitants for the

---

a. Jules-Paul Tardivel, « l'Imbroglio de Fall River », *la Vérité*, le 3 janvier 1885, p. 2-3.

most part speak English as their mother tongue, and that the children of the colonists who come from countries where English is not spoken none the less speak English in their turn. And this reflexion takes us to the very root of the problem and shows forth all its complexity. For, alas, whereas the French tongue was in the old days synonymous with unity in religious belief, for more than three hundred years the English language has been the organ of contention, disunion, and dissension wherever the truths of Christianity are concerned. And all the while, if the mighty nation that Canada is destined to become in the future is to be won for and held to the Catholic Church, this can only be done for making known to a great part of the Canadian people in succeeding generations, the mysteries of our faith through the medium of our English speech. In other words, the future of the Church in this country, and its consequent re-action upon the older countries in Europe, will depend to an enormous degree upon the extent to which the power, influence, and prestige of the English language and literature can be definitely placed upon the side of the Catholic Church... It is only by bringing the English tongue to render service to the cause of truth that Canada can be made in the full sense a Catholic nation ; and the spectacle of a united Canada, enunciating in French and English alike the same religious truths, would be for the whole Church of God a power of irresistible force. I trust that my proposal will not appear to you too bold, and that it will meet with your generous and whole-hearted acceptance. I make it with the full concurrence of their Eminences the Cardinals of Baltimore and Armagh, and of the Superior General of St. Suipice. Let me sum up what I mean. God has allowed the English tongue to be widely spread over the civilized world, and it has acquired an influence which is ever growing. Until the English language, English habits of thought, English literature — in a word the entire English mentality is brought into the service of the Catholic Church, the saving work of the Church is empeded and hampered. Each English speaking nation can help in this great work : England, Ireland, Scotland, the mighty United States of America, Australia, New Zealand, South Africa, and the British Possessions in India. But the Dominion of Canada can at the present moment, owing to her long and deeply rooted Catholic traditions and to the magnificent opportunities now presented to her, render the greatest service of them all. And in accomplishing her part of the work the Catholic Church in Canada will not only advance her own sacred cause, but at the same time she will bring renewed courage to English speaking Catholics all the world over, and become a source of ever increasing and unfailing strength to the Universal Church [b]. »

b. Le texte de l'allocution de Mgr Bourne est reproduit dans *XXIe Congrès eucharistique international, Montréal*, Montréal, Librairie Beauchemin, 1911, 1102 pages. Voir p. 150-153. La même idée est reprise par Mgr McNally, évêque de Calgary dans une lettre pastorale reproduite par la *Northwest Review* de Winnipeg le 5 février 1916 : « *As to country, to all men of good-will, no matter what their earthly origin, who are here to make this country their home, it should suffice to call themselves Canadians. What is the meaning of patriotic duty, as God intended it, other than loyal co-operation with our fellow-beings in the community in which we find ourselves, aiding one another through the pilgrimage of this life, till it will be swallowed up in life unending ? We are living in the present, not in the generations gone by ; and a union productive of ever-increasing greatness here, and culminating in the possession of perfect union in the real and eternal Father, can never be achieved by futile and senseless harking back to the corners of the earth where our various grandfathers chanced to spend their little period of probation. I could never believe that men of real intelligence, and of genuine faith in an eternity with our common Father, could sincerely share in the racial « frenzy » as the Holy Father portrays it, which, in its last analysis, is of the earth, earthly, the incarnation of an empty vanity and a contemptible selfishness, and utterly unworthy of minds imbued with true brotherly love and heavenly aspirations.* » Voir Louvigny de Montigny, *la Langue française au Canada. Son état actuel*, Ottawa, chez l'auteur, 1916, 187 pages.

Cette invocation des intérêts de leur Église contre leur langue émut les Canadiens français et provoqua la riposte demeurée célèbre de Bourassa c où celui-ci réclama au nom des mêmes intérêts religieux le droit pour les Canadiens français de parler leur langue : « Je ne veux pas, affirma notamment l'orateur, par un nationalisme étroit, dire ce qui serait le contraire de ma pensée — et ne dites pas, mes compatriotes — que l'Église catholique doit être française au Canada. Non ; mais dites avec moi que, chez trois millions de catholiques, descendants des premiers apôtres de la chrétienté en Amérique, la meilleure sauvegarde de la foi, c'est la conservation de l'idiome dans lequel, pendant trois cents ans, ils ont adoré le Christ d. »

Prononcé au pied levé, ce discours se nourrissait en réalité d'une longue réflexion sur cette question. Bourassa venait en effet d'exposer sa pensée sur les rapports entre langue et foi dans un article de fond paru dans le Devoir le 20 juillet 1910 e. Ayant affirmé que l'Église n'appartenait à aucune race ni à aucune langue, le chef nationaliste propose ensuite une trêve linguistique aux Irlandais, ces persécutés devenus persécuteurs : « Je reconnais donc sans conteste aux Irlandais du Canada comme à ceux des Etats-Unis le droit de parler anglais, de donner une formation anglaise à leurs enfants, de réclamer des instituteurs, des prêtres et des évêques de langue anglaise. Mais en toute justice, ils doivent nous reconnaître, au même titre, le droit de conserver notre langue, de l'enseigner à nos enfants, de la parler et de l'entendre à l'église comme à l'école, de demander des instituteurs, des curés et des évêques canadiens-français partout où nous constituons des groupes sociaux suffisamment nombreux pour justifier ce légitime désir. » Il affirme ensuite la valeur religieuse du français en opposant l'exemple des Canadiens français à celui des Irlandais catholiques : « On évalue à près de quinze millions le nombre des descendants d'Irlandais catholiques qui ont perdu la foi de leurs pères. N'est-il pas vrai que l'usage de la langue anglaise, en jetant les Irlandais dans les milieux anglo-protestants, est la cause première et principale de cette effroyable trouée dans les rangs de l'Eglise ? N'est-il pas également vrai que les cas d'apostasie sont extrêmement rares chez les Canadiens-français qui ont conservé leur langue et leurs traditions nationales ? »

Après ce rappel du thème de « la langue, gardienne de la foi » et cette invite à ne pas lâcher la proie pour l'ombre, Bourassa répond à certains arguments des catholiques anglicisants. À ceux qui prétendent que les sentiments antifrançais en Amérique du Nord seraient un obstacle de plus à l'expansion du catholicisme sur un continent qui est déjà antipapiste, le directeur du Devoir répond : « On exagère beaucoup la force de ce double préjugé qui va toujours en s'affaiblissant... Il me semble qu'il est plus important de conserver cet acquis que de s'efforcer de désarmer quelques fanatiques... Du reste, je ne sache pas que les orangistes ou tout groupe de protestants fanatiques aient plus d'amour pour les catholiques de langue anglaise que pour nous. » Aux autres qui prétendent que l'Église catholique serait en passe de trouver en Angleterre et dans les pays anglo-saxons en général les appuis et les sympathies qu'elle perdrait tous les jours de plus en plus dans les pays latins, France, Italie et Espagne, Bourassa fait remarquer, « que de la France impie et énervée sortent encore plus de missionnaires et de conquérants d'âmes que de tout l'Empire britannique et de la riche république américaine

---

c. Pour une description de l'atmosphère qui régnait ce soir-là à l'Eglise Notre-Dame, voir Robert Rumilly, *Henri Bourassa, la vie publique d'un grand Canadien*, Montréal, Les Editions Chanteclerc, 1953, 791 pages. Voir p. 372-384.

d. *XXIe Congrès eucharistique international, Montréal*, p. 161-167.

e. Henri Bourassa, « Le catholicisme au Canada doit-il être français ou anglais ? », *le Devoir*, 20 juillet 1910.

réunis... en Amérique, la petite province de Québec fournit plus de prêtres, plus de missionnaires, plus de religieuses, plus de collèges, plus d'hôpitaux, plus de couvents en un mot alimente plus de foyers de foi et d'abnégation que tout le reste du Canada catholique ».

*   *   *

Henri Bourassa a beaucoup réfléchi à la question des rapports entre langue et foi. Dans le discours qu'il prononce au Monument national le 20 novembre 1918 et qu'il intitule précisément « la Langue, gardienne de la foi », l'orateur reprend et approfondit sa pensée sur ce sujet. Imprégné de préoccupations religieuses, Bourassa est conduit à opposer la langue française canadienne à la langue anglaise, d'une part, « langue de l'erreur, de l'hérésie et du matérialisme » et à la langue et à la littérature de France, d'autre part, qu'il dit corrompues par les idées du XVIIIe siècle et la tradition ouverte par la Révolution. Après le thème des deux Frances, c'est presque celui des deux langues françaises.

II

L'Eglise, protectrice des langues nationales

Le droit à la langue maternelle, à la langue nationale, est l'un des droits naturels les mieux établis, l'une des assises fondamentales des sociétés humaines essentielles : famille, tribu, race, nation. La première et la plus constante préoccupation des pires violateurs du droit naturel des peuples — conquérants, dominateurs, majorités brutales — qui veulent asservir une nation vaincue, une minorité, et l'anéantir comme groupe social, c'est de lui arracher sa langue nationale. L'ultime et suprême résistance des races qui ne veulent pas mourir, c'est la lutte pour la conservation de l'idiome ancestral. Vainqueurs et vaincus, bourreaux et victimes, comprennent que celui qui garde sa langue, *tient la clef qui de ses chaînes le délie.* [1]

Ce droit naturel, aucune autorité n'en a mieux compris la force, n'en a davantage respecté le libre et légitime exercice, que notre sainte et tendre mère, l'Eglise catholique, apostolique et romaine. Aucun pouvoir n'a si constamment confirmé, dans ses enseignements, ses directions et son gouvernement, le droit des peuples à leur langue nationale, que la Papauté depuis Saint-Pierre jusqu'à Benoît XV. Disons davantage : l'Eglise a *toujours* vu dans la conservation et l'usage des langues nationales l'élément humain le plus précieux de son apostolat, et elle s'est inspirée de cette pensée chaque fois qu'elle a été appelée à départager, du point de vue de la foi et du droit naturel, les conflits engendrés dans l'Eglise par les rivalités de races ou de peuples. Les décisions ou les actes contraires de tel ou tel homme d'Eglise, prêtre, évêque ou pape, — s'il s'en est trouvé — doivent être examinés à la lumière des circonstances particulières de temps ou de lieu. Une étude attentive et impartiale démontrerait qu'aucune de ces décisions, aucun de ces actes, n'entame en rien la doctrine et la pratique générale de l'Eglise, toujours d'accord avec le droit naturel.

C'est dans les annales des fausses Eglises, hérétiques ou schismatiques, asservies à la puissance séculière, qu'il faut retracer l'histoire des oppressions systématiques par la langue. Lorsque par malheur, cette violation du droit naturel s'est pratiqué dans certaines Eglises particulières, restées dans la communion de Rome, c'est *toujours* en

---

1. Paroles de Mistral, le plus illustre des félibres de Provence, ardent défenseur des dialectes régionaux.

fonction d'une politique purement humaine, sous la direction de prélats plus soucieux de plaire à César-roi ou à César-plèbe que de faire avancer le règne de Dieu : et cette complaisance, heureusement rare et passagère, de quelques hommes d'Eglise pour les caprices des despotes ou les passions des majorités brutales, a toujours accompagné une tendance séparatiste ou hostile au Saint-Siège, c'est-à-dire une inclination vers le schisme ou l'hérésie : gallicanisme, joséphisme, polonisme, américanisme, anglo-saxonisme [2]. En d'autres termes, les Eglises particulières, membres de l'Eglise univer-selle, ont violenté ou méconnu le droit des minorités à leur langue maternelle, et fait œuvre d'assimilation nationale et de perversion religieuse, dans la mesure où elles se sont éloignées de l'esprit et de la tradition catholique pour tendre à devenir *nationales*, — comme si l'Eglise de Dieu, une et indivisible, pouvait jamais devenir, même partiel-lement, la chose d'une nation ! — c'est-à-dire schismatiques. Celles, au contraire, et de beaucoup les plus nombreuses, qui ont respecté le droit des vaincus, des minorités, sont les Eglises dont les *anges* — pour employer le langage de l'Apocalypse — n'ont pas cessé d'obéir à Dieu plutôt qu'aux hommes et de pratiquer envers tous les fidèles la charité du grand apôtre de toutes les nations, qui ne voyait plus dans l'Eglise ni juifs ni gentils, mais les seuls enfants du Christ.

Le Miracle de la Pentecôte

Cette pratique constante, ce respect inviolable du droit naturel des peuples, remonte à la naissance même de l'Eglise. Lorsque le divin Rédempteur, après avoir satisfait à la justice de son Père, eut rouvert aux hommes les portes de la patrie définitive où l'unique peuple des Elus parlera l'unique langue de l'Amour sans fin, il envoya le Consolateur, le Paraclet, l'Esprit de lumière et de vérité, pour « enseigner toutes choses ». L'Esprit ne parla pas « de lui-même ». Comme pour relever davantage la bassesse de l'homme, déchu mais déjà racheté par le sang du Christ et « rétabli dans sa dignité première, » il descendit dans l'âme de douze ignorants, il embrassa leur cœur, éclaira leur intelligence, fortifia leur volonté. Leur chef, celui-là même qui avait renié son maître devant l'âtre d'un corps de garde, par crainte des moqueries d'une servante, Simon le pêcheur, devenu Pierre et fondement irréfragable de l'Eglise de Dieu, prend hardiment la parole devant une foule encore toute pleine des fureurs, des craintes, des passions contradictoires qui avaient marqué la mort ignominieuse du Sauveur. Et le premier pape et les premiers évêques opèrent le premier miracle de l'Esprit de Dieu par son Eglise catholique et apostolique.

Arrêtons-nous un instant à l'étude de cette première intervention de l'Esprit-Saint dans l'Eglise de Jésus-Christ. En réalité, elle est double. Son premier effet, c'est de donner aux apôtres la connaissance et la pratique instantanée de « diverses langues ». C'est à proprement parler le *don des langues*, qui se reproduira, au cours des âges, sur les lèvres de maints missionnaires de l'Evangile. Le second effet se produit dans l'ouïe des auditeurs. Les hommes de toutes nations qui entendent pour la première fois

2. Qu'il ne faut pas confondre avec son ancêtre, l'anglicanisme : l'un a franchi le détroit du schisme pour se lancer en pleine hérésie et aboutir à l'abîme de l'agnos-ticisme ; l'autre se tient du bon côté de l'eau, mais si près du bord qu'il y précipite souvent quantité d'âmes par les mariages mixtes, les écoles neutres ou protestantes, et l'imbibition de la littérature la plus achrétienne qui soit au monde. Quant à l'américanisme, on sait à quelles aventures il s'en allait, lorsque l'autorité vigilante du Saint-Siège est venue le brider.

la *bonne nouvelle*, la comprennent *chacun dans sa langue maternelle*, dans la langue
du pays « *où il est né* », quel que soit l'idiome employé par les apôtres. Ce phénomène
se répétera également dans la vie des grands convertisseurs de peuple, tels saint Vincent
Ferrier et saint François-Xavier. Ni dans l'une ni dans l'autre de ces manifestations,
l'Esprit de lumière et de vérité n'a jugé opportun de faire ce que certains assimilateurs
tenteront plus tard : imposer aux peuples la connaissance de la langue des prédicants,
aux minorités l'idiome de la majorité. Et pourtant, ce miracle n'eût pas été plus difficile
que les deux autres à la toute-puissance de Dieu. S'il ne l'a pas fait, c'est donc qu'il
jugeait qu'en ceci comme en toutes choses les apôtres du Christ doivent se faire
« tout à tous » ; que la diffusion de l'Evangile, comme sa morale, comme son dogme,
n'abroge pas le droit naturel de l'humanité mais l'affermit et l'utilise au service de
la vérité.

De ce jour, la modalité de la prédication évangélique est établie. Fidèles à
l'exemple tracé par Dieu lui-même, les apôtres et leurs successeurs étendent le royaume
de Jésus-Christ, annoncent partout la bonne nouvelle, dessillent les yeux des aveugles,
font entendre les sourds, en parlant à « chacun la langue dans laquelle il est né ». Telle
est la tâche de l'Eglise, de ses pasteurs, de ses missionnaires, de ses prédicateurs,
de ses catéchistes, et non pas de se faire les agents d'assimilation d'une race ou d'une
autre, les unificateurs de tel empire, les propagandistes de telle démocratie particulière ou universelle, les serviteurs des rois despotiques ou les flatteurs des foules
tyranniques.

....

III

L'Evangile prêché dans toutes les langues

Dans cette propagation de l'Evangile chez les infidèles, il ne s'agit plus, comme
pour la réfection de l'Europe après la chute de l'empire romain, d'aider les peuples à
se refaire une langue et une civilisation composites. L'action des missionnaires se
borne à prêcher l'Evangile à des peuples plus ou moins civilisés, mais possédant chacun
les éléments propres à leur état social particulier : gouvernement, législation, organisation sociale, langue nationale. Ne retenons que l'élément linguistique.

Comment les missionnaires, poussés par l'esprit de Dieu et dirigés par les autorités de l'Eglise, ont-ils traité le problème des langues ? Invariablement, à toutes les
époques, dans tous les pays, tous les missionnaires ont prêché les peuples dans leur
langue, ils les ont confessés dans leur langue, ils les ont instruits dans leur langue.
Souvent ils leur ont appris à mieux parler leur langue, jamais à la renier. Jamais ils
ne leur ont enjoint d'abandonner leur idiome national pour adopter le latin, langue
de l'Eglise, ou la langue particulière des nations européennes d'où ces missionnaires
étaient partis et faisaient venir leurs auxiliaires et leurs successeurs. Jamais non plus,
sous prétexte d'uniformité dans le gouvernement de l'Eglise, ou pour flatter les desseins
des nations de proie, européennes ou indigènes, les vrais prêtres du Christ n'ont travaillé à imposer aux vaincus la langue des vainqueurs, à dénationaliser les minorités
au profit des majorités.

....

Les missionnaires canadiens et les langues aborigènes

Grâce à Dieu, les apôtres du Christ l'ont compris, depuis les jours de saint
Pierre et de saint Paul jusqu'aux nôtres. Il n'est pas besoin, pour nous en convaincre,

de scruter les poudreuses annales du passé ni de parcourir les terres lointaines ; il suffit de relire l'histoire de notre propre pays, de retracer les pas de nos missionnaires, Jésuites, Franciscains, Oblats, depuis les premières pénétrations du christianisme en Amérique jusqu'à l'heure actuelle, alors que partout, des rives de l'Argentine aux confins du pôle arctique, la parole du Christ s'annonce à tous, blancs, jaunes et noirs, fils de toutes les races d'Europe, d'Afrique et d'Asie, ou descendants des peaux rouges autochtones, « dans la langue du pays où chacun est né ».

Loin de moi la pensée de laisser percer ici un chauvinisme de mauvais aloi, plus déplacé dans l'Eglise que partout ailleurs. Mais enfin, la stricte vérité historique me force, plus encore que la voix du sang, à proclamer que nos évêques canadiens-français, que nos missionnaires canadiens-français, que nos humbles religieuses canadiennes-françaises, ont rendu à l'éternelle fécondité de l'Eglise, à son inépuisable charité, à son immuable justice, un témoignage d'une éclatante beauté. De cette petite province de Québec, si méprisée des forts, des riches, des grands de l'impuissante grandeur de chair, n'a cessé de rayonner sur les deux Amériques et jusqu'au delà des mers une poussée constante d'apostolat et de conquêtes spirituelles. Missionnaires, catéchistes, éducateurs, hospitalières, mères des pauvres, des orphelins, des infirmes, des abandonnés, sont partis de chez nous pour porter la parole de Dieu, ses lumières et ses consolations, sur toutes les terres de l'Amérique couvertes des ténèbres de l'idolâtrie ou des ombres plus égarantes encore de l'hérésie, de l'incroyance, du matérialisme, de la cupidité, de la luxure, de la fausse science et d'une trompeuse civilisation. Comme les premiers apôtres, ils se sont faits « tout à tous ; » ils ont appris et enseigné tous les idiomes ; à aucun peuple, à aucun groupe, à aucune minorité, ils n'ont songé à imposer leur langue. Et pourtant, ce n'est pas l'occasion qui leur a manqué, ni les motifs les plus plausibles.

Laissons de côté les aborigènes et leurs idiomes, longtemps protégés par nos missionnaires mais aujourd'hui en train de disparaître, grâce aux procédés de la civilisation moderne, utilitaire et scientifique. N'envisageons que la situation des Américains d'origine européenne.

IV

Le Catholicisme et les Langues nationales en Amérique

Vers la fin du dix-huitième siècle, la France, anémiée par le gallicanisme, le jansénisme et le libertinage, entraînée aux pires aventures par un roi débauché, des courtisanes maîtresses du roi de l'Etat, un haut clergé et une aristocratie avilis, la France renonce de cœur léger aux rêves grandioses de Richelieu et de Colbert, aux aspirations plus pures et plus chrétiennes de Saint Vincent de Paul et de M. Olier, de Champlain et de Maisoneuve. Elle ne trouve plus avantageux ni amusant de gagner au Christ et à la civilisation française les « arpents de neige » du Canada. A quelques années de là, les colonies anglaises de l'Amérique du Nord secouent le joug colonial et entrent de plain-pied dans la société des nations. Il ne reste au nord de l'Amérique espagnole ou portugaise que deux peuples : l'un, orgueilleux de sa rapide croissance, de ses richesses, de ses victoires, de son indépendance, et bientôt de ses conquêtes et de la terreur qu'il inspire à ses voisins ; l'autre, vaincu, ruiné, abandonné de sa mère-patrie, épuisé par les exactions de ses gouvernants autant que par cinquante années de guerre. Par le nombre, ce petit peuple est infime ; mais il est fort de son unité morale, de la supériorité de la civilisation qui lui a donné naissance, de sa foi en Dieu, de la pureté de ses mœurs, de sa détermination de vivre. Au regard de la politique humaine, la lutte est moins qu'inégale, elle n'est pas même possible ; et déjà, dans le monde anglo-saxon et protestant, des deux côtés de l'océan, on célèbre les funérailles de la civilisation catholique et française en Amérique du Nord.

L'erreur des politiques, c'est de ne pas tenir un compte suffisant des facteurs moraux, des *impondérables*, dont Bismarck lui-même avait mal calculé la force, puisqu'ils ont fini par le renverser, lui et son œuvre. Des deux peuples en présence, ici, à la fin des guerres anglo-françaises, le plus nombreux possède l'un des facteurs d'unité, la langue ; mais il est protestant, c'est-à-dire, voué sans rémission à l'effritement des convictions religieuses et à l'anarchie morale. L'autre, le faible, le vaincu, subit le double assaut du protestantisme et de l'anglicisme ; qu'il s'adresse à la justice de son vainqueur, ou qu'il tourne ses regards vers son puissant voisin, il trouve la même hostilité antipapiste, la même ambiance anglicisante. Mais il possède deux ancres de salut : sa foi et sa langue ; il s'y cramponne et y trouve le secret de sa survivance.

Viennent alors les grandes commotions de l'Europe : la Révolution, les guerres de l'Empire, la réfection des frontières, la lutte des rois et des peuples, le conflit naissant des classes. Contraints de fuir ces champs de carnage et de dispute, les Européens prennent à rangs pressés la route de l'Amérique. De ces émigrés, un grand nombre, la majorité peut-être, sont catholiques. Parmi ces catholiques aucun ne parle la langue anglaise, sauf les Irlandais à qui un impitoyable dominateur, impuissant à leur enlever la foi, a réussi à imposer sa langue par les méthodes les plus savamment barbares que le génie du mal ait jamais inventées.

Quelle superbe occasion pour les Canadiens français de prendre une tardive et pacifique revanche ! Forts de leurs institutions religieuses et sociales, fidèles héritiers des traditions apostoliques de la France chrétienne, ils ont déjà couvert la moitié du continent de leurs maisons d'enseignement, de leurs œuvres de charité. Leurs séminaires forment la quasi-totalité du clergé catholique de l'Amérique du Nord.

Si jamais s'est posée dans le monde l'hypothèse suggérée au début de cette étude, — le choix entre la langue et la foi — c'est bien ici, à l'heure où commence à déferler le flot de l'immigration. Alors comme aujourd'hui, la langue française, en Amérique, est vouée tout entière à l'apostolat catholique, à l'enseignement catholique, à l'exégèse catholique. Elle entretient, chez ceux qui la parlent et l'écrivent, les idées catholiques, les mœurs catholiques, les traditions catholiques, l'ambiance catholique. Elle exprime les joies et les douleurs tempérées par la foi catholique, les espérances catholiques, l'idéal catholique. Par contre, la langue anglaise est la langue de l'erreur, de l'hérésie, de la révolte, de la division, de l'anarchie dogmatique et morale. A mesure que s'apaise la fureur des sectes, qu'une tolérance de surface, pire que la persécution violente, masque sans l'éteindre la haine antipapiste, qu'une respectabilité de façade dérobe à l'observation superficielle le dévergondage des mœurs et des idées, la littérature anglo-américaine devient l'expression la plus complète de l'égoïsme, du matérialisme, du culte de l'or et du confort matériel, du paganisme vécu.

Certes, les chefs de l'Eglise catholique, au Canada surtout, où la langue française est officiellement reconnue, auraient eu de bonne et fortes raisons pour induire, par tous les moyens de persuasion dont ils peuvent disposer, les émigrés catholiques à opter pour la langue française, gardienne de leur foi et de leurs mœurs, de préférence à la langue anglaise, véhicule d'irréligion et de matérialisme. Notez bien qu'il ne s'agissait pas en l'occurence de substituer une langue étrangère à l'idiome national, mais seulement de donner la préférence à une langue étrangère sur une autre, également étrangère ; ou, dans le cas spécifique et unique des Irlandais, de leur faire adopter la langue d'une population amie et catholique à la place de l'idiome de leurs persécuteurs protestants. Et cependant, l'Eglise pousse si loin son respect de la liberté des peuples et des individus à cet égard, qu'elle a laissé ses enfants de toutes races, venus en Amérique, opter pour la langue anglaise, aux seules fins de servir leurs intérêts matériels, de préférence à la langue française, préservatrice de leur foi et de leurs mœurs. Elle s'est bornée à redoubler ses efforts d'apostolat et de charité, à multiplier ses œuvres d'évangélisation et d'enseignement, afin de protéger les nouveau-venus contre les embûches de l'ennemi et les influences déliquescentes du protestantisme et de l'indifférence religieuse. Vingt-cinq à trente millions d'Américains et de Canadiens, catholiques d'origine, conquis par l'anglicisation et les mariages mixtes au protestantisme, à l'agnosticisme ou à l'athéisme, en dépit de toutes les œuvres de préservation catholique, apportent un effroyable témoignage à la réalité du danger.

....

Mgr Langevin et les Ruthènes.

Dans une réunion intime où j'avais l'honneur et l'avantage de me trouver, le grand archevêque de Saint-Boniface, Monseigneur Langevin, parlait des Ruthènes de l'Ouest. Vous connaissez, dans l'ensemble du moins, l'histoire de cette communauté slave catholique, si longtemps ballottée entre le schisme russe et les exigences du polonisme national et religieux. La méfiance des Ruthènes à l'égard de tout ce qui parle latin, même à l'église, est aussi forte que leur attachement à leur rite particulier, qui fait usage de la langue populaire dans les cérémonies du culte. Pénétrés de l'ambiance matérialisante de l'Ouest américain et canadien, assaillis par les tentatives de rapprochement des schismatiques russes, ces émigrés, ou du moins un certain nombre, menaçaient de s'éloigner rapidement du catholicisme. L'archevêque de Saint-Boniface ne négligea aucun effort pour les sauver. Il envoya en Galicie des prêtres canadiens s'initier au rite ruthène et acquérir la connaissance de la langue. Il avait ouvert aux Ruthènes son petit séminaire de Saint-Boniface et prévoyait le jour où des institutions spéciales leur seraient données. Il en était là de son récit, lorsque quelqu'un lui demanda : « A ces étrangers, Monseigneur, enseigne-t-on le français de préférence à l'anglais ? » — « Non, répliqua l'évêque ; je ne puis exiger cela. Mes Ruthènes ont déjà consenti à faire de lourds sacrifices afin de pourvoir aux nécessités de leur vie religieuse. Pour leur vie matérielle, ils veulent apprendre l'anglais. Je ne puis leur imposer mes préférences en ces matières. « A ceux qui ont suivi la carrière du grand évêque, qui l'ont vu, vingt longues années durant, défendre le patrimoine national de ses compatriotes avec la même ardeur qu'il mettait à protéger l'âme de toutes ses ouailles ; à ceux surtout qui ont senti de près, aux heures de combat, les pulsations bondissantes de son cœur de patriote, cette seule parole suffit à faire comprendre à quel degré les chefs de l'Eglise portent le respect du droit naturel des peuples en ces matières. [3]

....

---

3. Le Saint Siège a donné aux revendications des Ruthènes la plus éclatante des sanctions : il leur a accordé un évêque, Mgr Budka, dont la juridiction s'étend à tous les Ruthènes du Canada.

VI

La Langue française, véhicule de Catholicisme

Nous avons nous Canadiens français, le droit et le devoir de maintenir la langue française en Amérique, où cette langue et ses manifestations constituent le principal auxiliaire humain de la foi catholique, des mœurs catholiques, de la mentalité catholique, des traditions catholiques ! Et ce devoir de religion, osé-je dire, nous devons l'exercer pour le bien moral et intellectuel de tous les catholiques, de tous les habitants du continent nord-américain, pour la « spiritualisation » de l'ambiance matérialiste qui nous entoure, pour la gloire de Dieu, le salut des âmes et l'avancement de la société civile dont nous faisons partie. La noblesse de nos origines nous y oblige, autant que l'excellence de notre foi et la fidélité aux grâces de choix dont Dieu a entouré notre berceau. Ai-je besoin d'ajouter que pour l'accomplissement de cette mission, nous avons l'immense avantage d'alimenter notre langue, la plus parfaite des temps modernes, à l'inépuisable trésor de la littérature chrétienne la plus complète du monde.

La langue française, la *vraie* langue française est la fille aînée de la langue latine christianisée, tout comme la race française, plus encore que la nation française, est la fille aînée de l'Eglise. Pas l'aînée par rang d'âge — les dialectes italiens et espagnols l'ont précédée dans la vie des langues modernes issues du latin — mais par ordre de préséance morale et intellectuelle. Née avec la France chrétienne, grandie et perfectionnée sous l'aile maternelle de l'Eglise, elle s'est plus pénétrée de catholicisme, de catholicisme pensé, raisonné, convaincu et convaincant, que ses sœurs latines, que tous les autres dialectes de l'Europe. Loin de moi la pensée de vouloir rabaisser la valeur des œuvres théologiques ou ascétiques de l'Espagne et de l'Italie, la science profonde de l'exégèse allemande ; pas davantage de méconnaître les beautés intrinsèques de ces idiomes, la noble virilité de l'espagnol, l'harmonie charmeuse de l'italien, la puissance d'expression et la richesse du vocabulaire germanique. Mais tout ce que les autres langues peuvent réclamer de qualités particulières, de saveur originale, est plus que compensé par les qualités d'ordre général de la langue française. Sa clarté d'expression, sa netteté, sa simplicité, l'ordre logique de sa syntaxe, la forme directe du discours, la belle ordonnance des mots et des phrases, en font le plus merveilleux instrument de dialectique, de démonstration et d'enseignement. Elle est faite pour instruire, pour convaincre, pour entraîner l'homme par le raisonnement, la réflexion simple et le simple bon sens. Même lorsqu'elle s'élève au diapason de la haute éloquence, qu'elle se laisse emporter sur les ailes du lyrisme ou qu'elle tombe au bas fonds de l'invective grossière et des délectations fangeuses, elle conserve quelque chose de ses qualités essentielles qui sont l'ordre, la clarté, la mesure et le goût. Sur le dos de Pégase — comme on disait au temps où nos aïeux partirent de France — elle ne perd ni le frein ni les étriers. Sur terre, elle se bat en dentelles et court parfois les tripots mais sans rouler sous la table. Les œuvres qui s'écartent totalement de ces règles et de cette tradition peuvent être écrites avec des mots français, elles ne sont pas françaises.

Cérébrale avant tout, faite pour l'homme qui pense, cette noble langue sait aussi exprimer les sentiments les plus généreux du cœur humain ; mais, pour donner toute sa valeur, elle doit assujettir, même dans l'expression, les élans de la passion au contrôle de la raison éclairée par la foi.

Mise, des siècles durant et par les plus clairs génies de la race qui la parle, au service de la foi catholique, de la morale catholique, de l'ordre catholique, de la tradition catholique ; adoptée par les gouvernants comme langue de la diplomatie internationale ; acceptée par les esprits supérieurs de toutes les races et de tous les pays comme le mode de communication le plus propre à permettre aux hommes et aux peuples de se rencontrer, de se parler et de se *comprendre*, dans les sphères les plus hautes de la pensée humaine, elle est devenue la seule langue vivante vraiment catholique, c'est-à-dire universelle, dans tous les sens du mot. Aussi a-t-elle produit, peut-elle produire et doit-elle produire le plus grand nombre d'œuvres propres à convaincre les esprits les plus divers de la vérité du dogme catholique, des nécessités de l'ordre catholique, de la supériorité de la morale catholique, propres aussi à faire admirer par tous les hommes les entreprises et les traditions catholiques, à faire aimer Dieu et l'Eglise.

Pourquoi faut-il, hélas ! qu'autour de ce flambeau de lumière se soient amoncelées des ombres si épaisses, que de ce foyer de bienfaisante chaleur s'élèvent de si âcres senteurs ? Il faut avoir le courage de le dire : cette langue de vérité, cette langue de probité, cette langue de foi, est aussi celle qui a fourni le plus d'armes, et les plus acérées, les plus empoisonnées, les plus mortelles, à l'impiété, à la moquerie de tout ce qui est saint, au doute le plus dissolvant, à la luxure la plus attrayante, à tous les pires désordres de l'esprit et de la chair. La langue de la fille aînée de l'Eglise de Dieu n'a été que trop souvent, depuis deux siècles, la langue du mal et l'Esprit du mal, la langue de l'enfer et de Satan. *Corruptio optimi pessima.*

« *Langue canadienne* » et « *Parisian French* »

Par bonheur, nous, Canadiens français, avons échappé dans une large mesure à la pénétration de cette langue diabolique, et totalement à la complicité active ou passive qui en a permis l'éclosion en France.

On nous reproche parfois la pauvreté de notre littérature, les lourdeurs et les incorrections de notre langage. Vous savez aussi bien que moi ce qu'il faut répondre à ces critiques, soit pour en démontrer l'exagération, soit pour expliquer les causes de notre réelle indigence littéraire. Pour l'instant, je ne veux m'attacher qu'à l'aspect moral de cette apparente infériorité. Disons-le hardiment, — l'honneur et la conscience nous le commandent — c'est un bonheur pour nous d'avoir été séparés de la France à l'heure où la littérature fangeuse et libertine du dix-huitième siècle, tout en ravalant la langue, corrompait les mœurs, pervertissait les esprits et rabaissait les intelligences. Pour ma part, je garde une bonne dose de reconnaissance à Louis XV, à madame la Marquise de Pompadour et à monsieur le Duc de Choiseul, qui nous ont épargné l'humiliation de devenir les sujets de la du Barry, les disciples de Jean Jacques, les diocésains de Talleyrand, les paroissiens de Fouché, les « frères » de Marat et de Robespierre, les troupiers et les esclaves de Bonaparte. Séparés de la France encyclopédiste et voltairienne, de la France révolutionnaire et dévergondée, de la France impériale et asservie, nous sommes restés les fils de la France catholique, les frères très aimants de ces prêtres du Christ, de ces religieuses admirables, de tous ces catholiques de France qui combattent sans relâche sur tous les champs de bataille et d'action, pour sauver l'âme de la France, pour lui rendre et lui garder sa vraie grandeur. Ceux-là, nous les aimons, nous les admirons, nous les comprenons ; nous ne leur faisons qu'un reproche : c'est d'avoir attendu, pour nous découvrir, le jour où, non pas la France, mais l'impérialisme britannique avait besoin de nous pour servir ses desseins d'hégémonie mondiale.

Par ailleurs, cette salutaire séparation nous a coûté cher, plus cher qu'à la France — puisque la France a payé d'une banqueroute d'abord, puis d'un oubli total de cent cinquante ans, les luttes suprêmes que nous avions soutenues pour sauver son honneur et son drapeau en Amérique. Dans le domaine de la langue et de la littérature, il serait puéril de contester que nous n'avons participé que fort lointainement à l'extraordinaire effloraison des lettres françaises au dix-neuvième siècle. D'autre part, nous y avons gagné d'échapper aux crises de romantisme, d'éclectisme, de naturalisme, de décadentisme, de tous les névrosismes littéraires qui témoignent de l'extraordinaire vitalité du bon sens français, puisqu'il a pu résister à ces successives pollutions de la belle et bonne langue française.

Nous avons moins écrit, beaucoup moins, et de moins beaux livres, que nos cousins de France ; mais en revanche, nous n'avons pas blasphémé Dieu, nous n'avons pas renié l'Eglise, notre mère, ni la France chrétienne, patrie de nos aïeux. Nous n'avons pas couvert nos prêtres et nos religieuses d'injures et d'opprobres. Nous n'avons pas inondé le monde de thèses historiques pour démontrer que, quinze siècles durant, la France a vécu dans l'ignorance et l'avachissement ; nous n'avons pas rempli les bibliothèques des cinq continents, ni promené sur tous les théâtres du monde, des romans et des pièces dont l'unique objet semble être de persuader à l'étranger que l'adultère est la pratique usuelle des ménages français et que toutes les femmes de France sont des gourgandines, ou peu s'en faut. Nous savons, nous, que la France vaut infiniment mieux que sa littérature ne la peint ; et nous gardons rancune à ses malfaiteurs littéraires de la calomnier, de la salir et de la trahir. Toutes ces « bêtes d'encre » nous apparaissent comme les pires ennemis de la race et de la civilisation françaises, plus coupables que les Bazaine, les Malvy, les Bolo. Ceux-ci ont servi les desseins de l'ennemi ; les autres souillent l'âme nationale, ils déshonorent les morts et corrompent les vivants, ils tuent même les enfants à naître ! Non, certes, de cette catégorie de Français nous n'envions ni la langue, ni la *gloire* littéraire ; et nous ne tenons pas du tout à nourrir de leurs putrides élucubrations l'intelligence de nos enfants.

Notre langage parlé a également souffert. Il s'est alourdi ; il s'est appauvri ou du moins, il ne s'est pas enrichi de tous les mots nouveaux, nécessaires pour désigner avec précision les choses nouvelles ou les nouvelles formes de choses. Il a laissé pénétrer à son foyer l'intrus envahisseur, l'anglicisme ; mais guère plus que le langage de France. Par contre, il s'est préservé de l'argot des rapins, des apaches, des poètes chauves ou chevelus des parnasses de faubourg, des rastaquouères, parisiens ou cosmopolites, qui fréquentent les bouges littéraires de Montmartre et remplacent, comme arbitres des élégances du langage, les précieuses de l'hôtel de Rambouillet. Que la langue parisienne y ait beaucoup gagné,... *zut !*

Aux *lettrés* de Toronto et autres bourgades de la Béotie anglicisante, qui font de si méprisantes comparaisons entre le français parlé à Paris et le *patois* parlé à Québec — ils ne comprennent ni l'un ni l'autre — répondons sans crainte et sans colère : Non, Dieu merci ! nous ne parlons ni le « français de Paris, » ni le *Parisian French* de Toronto. Nous parlons la bonne, vieille et saine langue de France qui soutenait l'Eglise, de la France qui faisait plus d'enfants, pour Dieu, pour l'Eglise et pour la patrie. C'est cette France là qui nous a enfantés dans l'amour du Christ, de l'Eglise et du Pape. C'est ce qui reste de cette France-là qui vient de sauver la France tout entière de l'assassinat. La sauvera-t-elle du suicide ? Espérons-le, souhaitons-le, demandons-le chaque jour au Christ qui aime les Francs. C'est ce que nous pouvons faire de mieux pour la nation française.

Nous ne pouvons ni rapprocher la France du Saint-Siège, ni faire abroger les abominables lois scolaires qui n'ont qu'un objet : faire oublier Dieu aux petits Français. Nous ne pouvons rendre droit de cité aux religieux et aux religieuses de France qui ont porté si haut, sur les terres les plus lointaines, le nom glorieux de la France, mais qui avaient le tort de vouloir servir Dieu autant que la France ; ni vaincre l'effroyable égoïsme des milliers de femmes françaises qui, en refusant à leur patrie ce que nos mères et nos femmes ont prodigué à la nôtre, des enfants, sont la cause première et princiale des maux qui ont fondu sur la France.

Nous ne pouvons rien faire pour rétablir la France dans son rôle traditionnel de fille aînée de l'Eglise, ni pour rétablir en France la notion vécue des vertus chrétiennes. C'est la tâche ardue des catholiques de France ; et, grâce à Dieu, de nobles efforts n'ont jamais manqué de tendre à ce noble but.

Henri Bourassa [f]

---

f. Henri Bourassa, *la Langue gardienne de la foi*, discours du 20 novembre 1918, s. éd., 84 pages.

Document n° 63

1919 — LE FRANÇAIS EST AUSSI LANGUE DE COMMERCE

Léon Lorrain (né en 1885) a été journaliste au Devoir (1910-1914), secrétaire de la Chambre de commerce de Montréal (1914-1923), professeur à l'École des hautes études commerciales (1917-1950) et secrétaire général de la Banque canadienne nationale (à partir de 1935). Il a été reçu à la section française de la Société royale du Canada en septembre 1947. L'Université de Montréal lui a décerné un doctorat honoris causa en sciences commerciales (octobre 1950). Il a publié en 1936 les Étrangers dans la cité et, en 1951, le Langage des affaires dont une deuxième édition revue et augmentée, parue aux Éditions Pédagogia de Québec en 1962, fut acceptée comme manuel à l'usage des écoles secondaires et des écoles commerciales.

Dans l'euphorie de la victoire des Alliés, Léon Lorrain développe au cours d'une conférence prononcée à Montréal, sous les auspices de l'Action française, un thème peu souvent évoqué à l'appui du français. Prenant ensuite la parole, Napoléon-Antoine Belcourt (1860-1932), avocat, sénateur libéral de l'Ontario et défenseur des droits du français dans cette province, brosse un tableau de la situation du français chez lui et reprend, pour la nuancer, l'idée avancée par Léon Lorrain.

Personne ne conteste les beautés de la langue française, pas même ceux qui n'en ont qu'entendu parler, pas même ceux qui ne les ont goûtées, si j'ose dire, que dans les romans populaires. Mais, précisément parce qu'ils reconnaissent sa puissance dans l'expression littéraire, plusieurs nient ou sous-estiment la valeur économique du français. Il y a des gens pressés qui, dans leur hâte de tout étiqueter, décrètent que le français est la langue de la diplomatie, de l'éloquence déclamatoire, du marivaudage, et que l'anglais est la langue des affaires. Malheureusement ce n'est pas aussi simple que ça.

Le français est un langage subtil, nuancé : il suggère, il insinue, il laisse entendre, si on le désire, tout autre chose que ce qu'il exprime ; mais il a, quand on le veut, une précision telle que nul n'y saurait découvrir deux sens. Cette précision unique est si bien reconnue que les négociateurs de la paix entre la Russie et le Japon, en 1906, y ont eu recours afin de prévenir tout malentendu. L'article 25 du traité russo-japonais est ainsi conçu : « Le présent traité sera signé en français et en anglais. Les textes en seront absolument conformes ; mais en cas de contestation dans l'interprétation, le texte français sera loi. » Or les qualités qui valent au français d'être le langage de la diplomatie — la limpidité, la précision, l'ordre — n'en font-elles pas une langue éminemment propre aux grandes opérations commerciales ?

Quelques-uns assurent que le français manque de concision. Ce sont ceux que leur vocabulaire étriqué contraint de périphraser. [...] Il y a en anglais, il est vrai, des termes dont l'équivalent en français est un peu plus long. Seulement, comme des locutions intraduisibles se rencontrent dans toutes les langues, cela ne prouve rien.

N'est-il pas puéril de mesurer la concision d'une langue à la traduction d'une formule ? Au parlement du Royaume-Uni, le 7 mars 1917, M. John Redmond, reprochant son indécision à M. Lloyd George, déclarait que la politique irlandaise du premier ministre pouvait se formuler par *Wait and see.* Et le *Manchester Guardian* rapportait que l'extrême concision de cette phrase décourageait les correspondants des journaux de langue française à Londres, et que M. Coudurier du *Journal de Genève*, qui avait seul essayé de traduire ces trois mots, avait dû en employer sept : « Attendez et vous verrez ce qui arrivera. »

Il arrivera qu'un jour, à la Chambre des députés, M. Clemenceau répondra à quelque interpellateur par un impénétrable « Nous verrons. » Et alors le correspondant parisien du *Manchester Guardian* traduire ces deux mots par ces neuf-ci : *We shall see to this at some future date.* Et un Français affirmera, avec tout l'aplomb que donne l'ignorance, que l'anglais manque de concision. Et la preuve sera faite, je crois, que ce n'est ni le français, ni l'anglais qui manquent de concision, mais que c'est le mauvais traducteur ou le correspondant prolixe, à moins que ce ne soit l'intarissable conférencier.

D'autres, niant l'existence de ce qu'ils ignorent, affirment tranquillement que la langue française manque de mots. Il faut s'entendre. Une revue d'Angleterre notait récemment que le *Standard Dictionary* donne la définition d'environ 350,000 mots anglais ou étrangers plus ou moins naturalisés ; mais que Shakespeare n'a fait usage que de 16,000 mots, que Milton n'en a utilisé que 8,000 et que l'Anglais instruit ne se sert de nos jours que de 3 à 4,000 mots, tandis que les journaux n'en emploient guère plus de 2,000. Un petit dictionnaire français que je connais... de vue contient 85,000 vocables, assure l'éditeur, et j'aime mieux le croire sur parole que d'y aller voir. Mais, même si l'éditeur exagère un peu, ceux qui ne trouvent pas là-dedans les mots qu'il leur faut pour faire leurs afffaires me paraissent bien exigeants.

M. A. Barton Kent, recommandant l'adoption de l'esperanto comme langue commerciale universelle, dans une conférence devant la Chambre de Commerce de Londres, le vendredi 31 mai 1918, faisait la déclaration suivante : « Consentirions-nous à adopter une autre langue nationale que la nôtre et à donner ainsi un énorme avantage à l'un de nos concurrents ? Non. L'Allemagne adopterait-elle l'anglais ? Mille fois non... Serait-il juste de demander à nos alliés les Français ou les Italiens d'adopter notre langue ? Je ne le crois pas. Mais si quelque langue vivante pouvait prétendre remplacer toutes les autres, je pense que ce serait le français. Depuis un grand nombre d'années, c'est la langue diplomatique, bien que j'aie souvent entendu des observations peu flatteuses sur le français de notre *Foreign Office.* Le français est plus limpide et plus précis que l'anglais, et la prononciation en est plus facile aux étrangers. »

Le français possède donc, même aux yeux d'un apôtre espérantiste, plus que toute autre langue vivante, les qualités d'une bonne langue commerciale.

*   *   *

Mais quelle est la meilleure langue commerciale ? La réponse est facile : c'est la langue que parle votre client. Si vous voulez vendre quelque chose aux Chinois, la meilleure langue commerciale, n'en doutez pas, c'est le chinois. L'idéal serait donc que tout exportateur fût polyglotte ? Qu'il soit seulement bilingue et ce sera très bien. Quand on connaît l'anglais et le français on peut faire des offres au monde entier. Ce fut longtemps l'erreur de l'Angleterre de croire que l'anglais seul suffisait. Le résultat en a été que souvent, jusqu'à la guerre, c'était des agents allemands parlant le français qui représentaient en France et dans quelques autres pays, des industries anglaises... en même temps que des industries similaires allemandes. Aux industries anglaises qu'ils représentaient, ces courtiers dont la main gauche ignorait ce que faisait la droite, transmettaient juste ce qu'il fallait de commandes pour qu'on ne les remplaçât pas par des concurrents redoutables ; aux industriels allemands qu'ils représentaient beaucoup mieux, ils passaient les grosses affaires.

Ces procédés n'étaient pas mis en œuvre qu'en France. Depuis la guerre, qui nous a appris tant de choses, on a relevé la trace dans d'autres pays où le français — plus répandu qu'on ne le croit généralement — est la langue auxiliaire. Mais on commence à s'aviser de la grande diffusion du français dans le monde. Parlé par des masses homogènes de 39 millions en France, de 4 millions en Belgique, d'environ 3 millions au Canada, d'un million et demi aux Antilles et dans la Guyane, d'un million à Haïti, de près d'un million en Suisse, le français, que connaissent plusieurs centaines de mille habitants des autres pays de l'Europe et qui est la langue de millions de coloniaux parmi lesquels son expansion est très rapide, est aussi largement répandu sur tout le littoral de la Méditerranée, en Egypte où il est la langue seconde, dans le Levant où dès le XIIIe siècle la Chambre de Commerce de Marseille organisait la pénétration commerciale. C'est précisément à cause de cette grande diffusion qu'il est difficile d'apprécier l'importance du français en tant que langue commerciale, parce que les statistiques internationales, qui font d'intéressantes constatations dans les populations compactes, ne tiennent pas compte des groupes épars.

A défaut de statistiques, il est facile de recueillir, en lisant des ouvrages spéciaux en feuilletant des publications commerciales, même en parcourant les journaux, une foule de faits caractéristiques.

Un jour, en pleine guerre, une délégation bulgare se rendit auprès du gouvernement austro-hongrois dans le but de discuter des questions d'intérêt commun. Mais quand l'un des délégués voulut prendre la parole, une difficulté inattendue surgit : Bulgares et Austro-Hongrois, qui pourtant s'entendaient comme Teutons en foire, ne se comprenaient point. Ils ne parlaient pas la même langue. Après avoir tenté de s'exprimer en divers idiomes, ils durent avoir recours au français.

Sait-on que dans l'Empire ottoman — ou ce qui en reste — le français est la langue européenne la plus connue ? M. Marius André, dans le *Guide psychologique du Français à l'étranger*, rapporte qu'afin de développer leur influence à Constantinople, les Allemands y fondèrent en 1909 un journal en langue allemande. Mais ni les Turcs, ni les Arméniens, ni les Syriens, ni les Arabes, à qui il était destiné, ne le lisaient : les abonnés étaient tous des Allemands. Pour que le journal atteignît son objet, il fallut mettre, en regard du texte allemand, la version française. Il y a mieux encore. On sait qu'avant la guerre une partie du chemin de fer de Bagdad était construite, et que c'était une entreprise allemande. Et bien ! la langue écrite et parlée par l'administration et le personnel, c'était — puisqu'on ne pouvait pas faire autrement — c'était le français.

Si l'on veut constater combien le français est répandu dans l'Amérique méridionale, il suffit de jeter un coup d'œil sur un petit tableau accusant en francs la valeur des importations de livres européens dans les quatre principales républiques sud-américaines pendant les cinq années qui ont précédé la guerre :

	République argentine	Brésil	Chili	Uruguay
France	950,000	2,858,000	305,000	605,000
Allemagne	880,000	706,000	61,000	306,000
Italie	746,000	400,000	80,000	54,000
Espagne	1,850,000	1,650,000	450,000	280,000

Dans toutes ces républiques, sauf le Brésil qui est portugais, la langue maternelle est l'espagnol. Or le total des envois de livres dans ces pays est, pour la France de 4,718,000 francs, alors que pour l'Espagne il n'est que de 4,230,000 francs.

Le français est même si connu au Chili qu'en mai 1914 la Faculté de Médecine l'adoptait comme langue officielle, au même titre que le castillan, qui est la langue nationale.

Au surplus, les journaux canadiens rapportaient récemment les paroles d'un homme d'affaires de Détroit qui, revenant de l'Amérique méridionale, déclarait que le représentant de commerce ayant une culture française *(French scholar)* a de grandes chances de succès dans les pays sud-américains, parce que tous les gens des classes instruites parlent cette langue. *La Gazette* ajoutait ce commentaire : « Les commerçants et les industriels de Montréal ne devraient pas avoir de difficultés à trouver de bons agents à déléguer dans le sud. Il y a, dans notre ville, un grand nombre de jeunes gens qui parlent avec une égale facilité l'anglais et le français. Il est difficile de dire de quelle race ils sont. »

Nous, nous le savons.

*   *   *

Ces faits et des dizaines d'autres semblables, à peu près ignorés avant la guerre hors des pays de langue française, sont aujourd'hui assez généralement connus. Ils attestent l'utilité du français dans le commerce international. Et puis comme la France, hier le principal champ de bataille, sera demain le marché le plus intéressant, des milliers d'étrangers ont éprouvé le besoin et trouvé l'occasion d'apprendre le français. Ceux qui en avaient déjà une connaissance suffisante ont rendu des services à la cause alliée tout en y trouvant pour eux-mêmes de légitimes avantages. Il serait facile de citer des exemples ; mais, tirés d'une situation extraordinaire, ils ne seraient pas probants. Il me parait plus concluant de montrer que plusieurs pays, la Grande-Bretagne en tête, reconnaissent enfin la valeur économique du français.

Le premier ministre du Royaume-Uni a formé, au plus fort de la guerre, un comité ayant pour objet d'enquêter sur la situation des langues modernes dans l'organisation de l'enseignement *(to enquire into the position of modern languages in the educational system of Great Britain)*. Ce comité, présidé par M. Stanley Leathes et composé d'hommes éminents, a siégé 49 jours, a visité les universités d'Angleterre et d'Ecosse, a interrogé 136 témoins : commerçants, financiers, industriels, éducateurs, représentants de la Marine, de la Guerre, des Affaires étrangères, du Board of Trade, etc. et il a soumis cette année même au Parlement britannique son rapport dont plusieurs constatations et conclusions sont du plus haut intérêt.

Au XVIe siècle l'excellence de la littérature française engageait les Anglais à apprendre le français ; mais le développement de la littérature anglaise restreignit bientôt l'étude des langues étrangères, qui demeura néanmoins en honneur dans les grandes familles. Au XVIIIe, grâce au prestige de la France, le français devint la langue étrangère la plus étudiée en Angleterre ; son influence, accrue par les émigrés, était telle que les hostilités qui durèrent de 1793 à 1815 ne l'entamèrent point. Après la paix de 1815 d'étroites relations se renouèrent entre les deux pays et le tour de France fut de nouveau à la mode.

Pendant la première moitié du XIXe siècle les gens cultivés parlaient en assez grand nombre le français ; mais, jusque vers le second quart du siècle, les langues modernes, enseignées dans quelques familles nobles ou riches, ne l'étaient guère dans les collèges. Des rapports de commissions d'enquête mettent au jour, cependant, qu'en 1864 le français et l'allemand étaient obligatoires à Wellington, et que l'étude du français fut introduite à Christ's Hospital vers 1835. En 1886 on établit à Cambridge des cours de langues médiévales et modernes ; mais, au lieu de voir dans le langage d'un peuple l'expression de son génie et la clé de son histoire, l'on ne cherchait dans les littératures que des morceaux à analyser, des pièces anatomiques. On n'enseignait pas à parler les langues modernes : jusqu'à 1894 il n'y avait même pas d'examen oral. C'est alors qu'on introduisit dans les programmes l'épreuve de prononciation, mais ce n'est qu'en 1909 qu'on y ajouta une épreuve facultative de conversation. Enfin, depuis 1917, les cours réorganisés comportent l'étude de la langue, de l'histoire, de la littérature, de la vie et de la pensée des cinq principales nations européennes. L'histoire de Cambridge est à peu près celle d'Oxford, où l'on ne fonda qu'en 1903 des cours de français, d'allemand, d'italien, d'espagnol et, en 1904, de russe.

Trop souvent, dans les écoles d'Angleterre, les langues vivantes furent enseignées à l'aide de méthodes créées pour l'enseignement des langues mortes ; trop souvent aussi ces matières furent considérées comme propres aux moins doués, de sorte que les professeurs, ayant des élèves d'une intellection laborieuse, eurent des ambitions bornées. Les examens, du reste, ne favorisaient aucunement l'enseignement des langues modernes, puisqu'ils ne comportaient, là non plus, aucune épreuve orale : on s'en tenait à des rédactions sur des sujets imposés, à des interrogations sur la grammaire auxquelles l'étudiant pouvait répondre par le mot à mot de son livre. Et les parents étaient satisfaits, assure le rapport, pourvu que leurs fils excellassent au cricket et au football.

Si j'esquisse, d'après le rapport Leathes, l'évolution qu'a subie depuis quelques siècles l'enseignement du français en Angleterre, c'est pour bien faire voir que l'étude de cette langue, considérée d'abord comme le couronnement d'une éducation aristocratique, puis comme un instrument de culture, à l'égal du grec et du latin, est maintenant tenue, par surcroît, pour une matière pratique. Aussi s'est-on efforcé, depuis un certain nombre d'années, de réaliser tous les progrès possibles. Les budgets de l'enseignement ont gonflé, on a créé de nouvelles écoles secondaires décentralisées où les langues modernes sont enseignées davantage et à l'aide de meilleures méthodes. Les commissaires du Service civil font maintenant au français et à l'allemand, dans les concours d'admission, une place égale à celle du grec et du latin.

Les dépositions des témoins interrogés par le comité Leathes sont souvent péremptoires. Des centaines de réponses au questionnaire dressé par le comité et provenant de chambres de commerce et de grandes firmes, reconnaissent que l'ignorance des langues étrangères a été un entrave au développement du commerce britannique. Ceux qui savent une langue autre que l'anglais déclarent que cela leur a été très profitable. Un grand nombre de compagnies conviennent qu'elles ont manqué des affaires faute de notices, catalogues, prospectus, devis, en langue étrangère. Quatre-vingt-treize grandes maisons encouragent leurs employés à apprendre des langues vivantes en payant leurs cours, parfois même en en organisant dans leurs bureaux. Dans certains établissements la connaissance d'une seconde langue vaut une prime ou une augmentation de traitement. D'autres envoient leurs commis à l'étranger.

Et voici des citations où il n'est question que du français :

Trente et un professeurs d'université écrivent : « De tous les besoins, le plus pressant, à notre avis, c'est la création immédiate de chaires de français dans toutes les universités britanniques où il n'en existe pas déjà. »

« L'importance d'une langue — conclut le comité — peut être déterminée par l'apport du peuple qui la parle dans le développement de la civilisation moderne, par la valeur intrinsèque de la littérature dont elle est l'expression, par sa contribution à la science contemporaine, par l'usage qu'il en est fait dans les échanges commerciaux et les relations nationales. Le français est de beaucoup la langue la plus importante dans l'histoire de la civilisation moderne. »

Et encore : « Même du seul point de vue pratique, la grande majorité de nos témoins assigne au français la première place. Non seulement le français est le langage diplomatique, mais dans les pays où l'on ne parle pas l'anglais, le français est généralement le moyen de communication entre deux personnes de nationalité différente. »

Et enfin : « Sous tous les rapports le français est, pour nous Anglais surtout, la plus importante des langues vivantes ; il a et devrait conserver la première place dans nos écoles et dans nos universités. »

Le comité Leathes n'a fait que constater un état d'esprit dont il est facile d'observer les manifestations dans divers domaines, notamment dans les sphères commerciales où le besoin d'apprendre le français est plus évident et plus immédiat qu'en d'autres milieux. Les chambres de commerce de Grande-Bretagne reconnaissent mieux que jamais, nous l'avons vu, l'importance des langues en vue de l'expansion économique. Le *Weekly Bulletin*, publié par le ministère canadien du Commerce et de l'Industrie, contenait en février 1916 l'information suivante : « Un comité spécial nommé par la Chambre de Commerce d'Aberdeen (Ecosse) afin d'étudier la question du commerce d'après-guerre, a fait une série de recommandations. Il préconise la création d'un ministère du Commerce, le choix de consuls d'origine britannique et l'attribution de pouvoirs plus étendus à ces fonctionnaires, la refonte du régime d'instruction publique, surtout sous le rapport de l'enseignement des langues modernes, qui devrait être obligatoire dans toutes les universités. »

Il n'y a pas que les hommes d'affaires de Grande-Bretagne qui apprécient depuis quelques années la valeur économique du français. La *Equitable Trust Company* de New-York vient de s'en rendre compte, et sa découverte lui a paru assez importante pour justifier la publication d'un mémoire qu'elle répand dans les cercles commerciaux des Etats-Unis : « Les institutions financières, — y lit-on — les principaux négociants et parfois les Etats devraient s'unir pour fonder dans chaque communauté des écoles de commerce, ou du moins pour introduire dans les écoles l'enseignement pratique des langues étrangères, surtout du français, de l'espagnol et du russe. »

Au moment où industriels et commerçants des Etats-Unis envahissent le marché français, la collaboration du groupe franco-américain ne leur sera-t-elle pas indispensable ?

Au Japon même, on comprend maintenant l'utilité du français en tant que langue commerciale. L'*Information d'Extrême-Orient* notait, il y a quelques mois, qu'un grand nombre d'industriels et de commerçants japonais se sont mis à l'apprendre. Le Conseil de l'Instruction publique du Japon manifestait dernièrement le désir « que les autorités encouragent les directeurs de lycées à enseigner à l'avenir le français ou l'allemand à leurs élèves au lieu de l'anglais exclusivement ». Et les directeurs des écoles techniques supérieures proposaient que « la langue étrangère sur laquelle doivent être interrogés les candidats à l'admissibilité soit désormais le français ou l'allemand, au lieu d'être exclusivement l'anglais, comme auparavant. »

Tout le monde sait combien l'enseignement des langues étrangères était développé avant la guerre en Allemagne, et quels avantages cette formation présentait pour le développement du commerce extérieur. Je citerai cependant un témoin, dont la déposition fera voir quel parti les industriels allemands en tiraient. M. Daniel Bellet, mort en octobre 1917, qui était secrétaire perpétuel de la Société d'économie politique de Paris et professeur à l'Ecole des Hautes Etudes commerciales, écrivait en 1916 dans son livre sur le *Commerce allemand* : « .... Il suffit d'avoir été mêlé au monde de la technicité, d'avoir parfois demandé des renseignements, des documents à des maisons de construction allemandes, sur tels ou tels travaux exécutés par elles, demandé de même des renseignements sur des produits ou des procédés à quelqu'une des grandes fabriques germaniques, pour avoir été inondé, presque au retour du courrier, sous une multitude de documents souvent photographiques. Ces documents étaient fréquemment rédigés et imprimés en français ».

....

* * *

Si, pour réaliser toute l'expansion économique possible, il est utile d'apprendre le français en Grande-Bretagne et aux Etats-Unis, au Japon, en Allemagne et ailleurs, n'est-ce pas nécessaire au Canada, où le tiers de la population est de langue française, et où se prépare en ce moment l'assaut des marchés extérieurs ?

Nous ne sommes sûrement pas moins de deux millions et quart dans notre bonne province de Québec, et des centaines de mille des nôtres ont débodé dans les autres provinces. Grandes familles, gros consommateurs, nous constituons une clientèle intéressante à laquelle d'honnêtes industriels ontariens veulent bien reconnaître une assez haute moralité commerciale. Nous sommes en très grand nombre bilingues ; mais, parlant l'anglais par nécessité à ceux qui ne connaissent pas d'autre langue, nous parlons français d'instinct, comme nous respirons, et nous développons ainsi en Amérique de la vie française. C'est pourquoi les acheteurs même bilingues sont plus faciles à convaincre quand on leur fait des offres dans leur langue. Nous avons aussi, pour parler français, des raisons secondaires qui sont encore toutes à notre honneur ; par exemple, notre délicatesse et notre serviabilité. Si nous correspondons en français avec les honorables membres du cabinet fédéral, c'est que nous serions désolés que le moindre d'entre eux s'imaginât que nous lui faisons l'injure de supposer qu'il ignore l'une des deux langues officielles de ce pays et celle des gens cultivés de tous les pays. Si nous parlons français dans les bureaux et les grands magasins de Montréal et d'ailleurs, c'est que nous voulons insinuer discrètement aux patrons qu'un personnel bilingue leur rend plus de services et leur permet de recruter une plus nombreuse clientèle dans une grande province et dans un vaste monde où tous les gens ne parlent pas l'anglais.

Pour ce qui est de la province de Québec, l'utilité du français est, bien entendu, incontestée. Elle est reconnue même par les industriels ontariens qui, ignorant tout de notre langue, s'en rapportent imprudemment, pour la traduction de leurs circulaires et autres imprimés, à des experts torontoniens dont les incroyables proses sont pour nous une source de gaîté. Nous en rions beaucoup, trop peut-être. Tout en déplorant leur ignorance, dont ils sont les premières victimes, constatons que, s'ils sont volés, leur initiative n'en témoigne pas moins de la valeur économique du français.

....

Je sens que, dans le moment même où j'aspire à la servir, je trahirais la langue française — langue lumineuse élaborée par le peuple le plus logique du monde — si, après avoir tenté une démonstration, je ne vous proposais une conclusion que, du reste, vous avez déjà tirée sans doute.

J'ai essayé de faire voir d'abord que le français a une haute valeur économique, parce qu'il possède à un degré éminent les qualités qui font une bonne langue d'affaires, et parce qu'il est parlé, non seulement en France, dans notre province et en Louisiane, dans la moitié de la Belgique et une partie de la Suisse, mais encore dans de grands pays de l'Europe continentale et de l'Amérique méridionale, où il est la langue seconde, et dans d'immenses territoires de l'Asie et de l'Afrique, où il est l'idiome européen le plus répandu, le seul connu parfois ; je me suis efforcé de montrer ensuite que la révolution économique provoquée dans notre pays par la guerre aura eu pour effet d'intensifier notre production et de nous mettre en état d'en distribuer les fruits dans les cinq parties du monde. Notre commerce ne pourra pas atteindre tous les pays sans le secours du français. Quand nos compatriotes d'autre origine reconnaîtront enfin cette vérité — et elle est si évidente, si tangible, qu'il faudra bien qu'un jour ils l'admettent — ils devront reconnaître du même coup que l'élément français du Canada, dont le concours fut souvent dédaigné, outre qu'il apporte au groupe de race anglaise des qualités complémentaires, constitue grâce à sa langue, qui est l'une des ressources naturelles du Canada, l'un des facteurs de son expansion commerciale.

Léon Lorrain [a]

Allocution de M. le sénateur
N.-A. Belcourt

C'est bien la minorité française d'Ontario que vous, Messieurs de l'*Action française*, avez voulu particulièrement honorer en m'appelant à présider l'auditoire sympathique et distingué qui me fait en ce moment l'honneur d'écouter ma parole. Cet honneur s'adresse, et je m'empresse de le dire, aux 250,000 Canadiens, disséminés un peu partout dans la province voisine, et qui depuis neuf ans surtout, combattent avec une ténacité irréductible, malgré les défaillances et les défections, les haines et les jalousies, en dépit de l'insuffisance des moyens, pour assurer la vie à la langue et à la culture françaises sur la terre ontarienne, et qui conservent une foi invincible dans le triomphe de leur cause.

En 1910, nos compatriotes ontariens, mus par leur amour pour la langue française et le désir de la faire plus et mieux enseigner dans les écoles, envoyèrent douze cents délégués à Ottawa et, au congrès qu'ils y tinrent au mois de janvier, proclamèrent sans jactance mais sans faiblesse, leur attachement à la langue et aux traditions ancestrales,

a. Léon Lorrain, *la Valeur économique du français*, Montréal, l'Action française, 1919.

de même que la détermination irrévocable d'en conserver le dépôt intact pour le transmettre à leurs descendants.

Le congrès formula des vœux et des demandes pour l'amélioration de l'enseignement. Personne alors ne songea à les blâmer ; les chefs politiques des deux partis, à Ottawa et à Toronto, ainsi que quelques rares représentants de l'élément irlandais catholique, venus au congrès, rivalisèrent d'éloges et d'encouragements.

Le gouvernement de la province accueillit d'abord avec sympathie les résolutions du congrès et l'on put un moment entretenir l'espoir que l'enseignement du français dans les écoles bilingues allait être mis sur une base et fait avec des méthodes plus rationnelles et plus conformes à la saine pédagogie. Mais il n'en fut pas ainsi. Au contraire, c'est la proscription de la langue française dans les écoles anglo-françaises d'Ontario qui fut décrétée. Pourquoi, comment et par qui fut opéré ce changement subit ? Comment l'or pur fut-il si promptement changé en vil plomb ? Ni le temps ni votre bienveillante indulgence ne me permettent de répondre à la question, sur laquelle du reste je vous crois passablement renseignés.

Qu'il me suffise de rappeler que la guerre au français dans Ontario ressemble de près à la guerre aux Français en France... qui vient de se terminer par le désastre allemand.

Je me suis souvent demandé, au cours de nos difficultés scolaires, si les ennemis de la langue française ne lui avaient pas rendu un service plus grand en décrétant sa proscription que s'ils avaient accordé les modestes concessions que nous avions formulées pour elle.

Aujourd'hui la réponse n'est plus douteuse.

Parce que nous nous sommes tenus debout, droits et fiers, devant l'ennemi, parce que, de la province de Québec, vous nous avez soutenus avec des renforts spirituels et matériels, en dépit de certaines défaillances et quelques défections, nos rangs sont encore au complet. Aussi je puis répéter ce soir le mot que je prononçais dans cette salle, il y a près de cinq ans : « Nous lutterons jusqu'au bout ».

On n'a pas réussi et on ne réussira pas à étrangler les syllabes françaises sur les lèvres de nos enfants. La langue de nos pères est aujourd'hui enseignée dans nos écoles. La langue de nos pères sera enseignée demain dans nos écoles. Somme toute, la langue maternelle, en cette fin d'année 1918, se porte assez bien, dans l'Ontario.

La conspiration du silence sur nos justes plaintes et nos légitimes revendications, les appels aux préjugés et aux préventions, les mensonges, les accusations perfides, les agissements d'une alliance monstrueuse se briseront une fois de plus contre les forces de la vérité, du droit et de la justice.

La résistance nous a déjà valu des sympathies inattendues et des adhésions inespérées ; d'autres ne tarderont pas à se manifester. [...]

L'horrible, la stupéfiante guerre a enfin cessé. Les énergies, les activités, les forces de l'homme et de la nature, toutes depuis quatre ans et plus employées, hélas ! à la destruction, à la tuerie des hommes et des choses, heureusement ne sont pas mortes, ni même paralysées. [...]

Plus que jamais tous les facteurs de la vie et du progrès devront être mis à l'œuvre, d'abord pour réparer les désastres sans nombre, puis pour assurer le développement et la prospérité matériels. De tous ces facteurs, la connaissance des langues modernes est le plus puissant.

Puisque nous, Canadiens français, connaissons au moins deux langues, qui sont précisément les plus agissantes et les plus répandues dans le monde civilisé, il était utile et salutaire qu'on nous rappelât la valeur économique de l'une d'elles, celle de l'autre étant admise.

....

Indispensable dans la province de Québec, l'usage de notre langue comme instrument de commerce intérieur, deviendra peu à peu nécessaire dans les autres provinces ; il l'est déjà dans plusieurs parties de l'Ontario. En ce qui concerne le commerce extérieur, son indispensabilité est devenue plus certaine et plus apparente que jamais.

Mais il ne faudrait pas dépasser la pensée de M. Lorrain, pensée qui est aussi la mienne. Aussi et peut-être plus indispensable que la langue anglaise dans la province de Québec, la langue française ne sera probablement jamais plus qu'un auxiliaire, un auxiliaire de premier ordre si l'on veut, dans les provinces anglaises du Dominion. Le temps me paraît bien loin, je doute fort qu'il arrive où notre langue pourra réclamer pour elle le sceptre que détient sans conteste aujourd'hui la langue anglaise dans le domaine commercial du monde entier.

Mais le commerce, l'industrie, la richesse, ce n'est pas tout en ce monde. C'est beaucoup, mais ce n'est pas tout, je le répète ; ce n'est pas même le principal.

Il est un autre domaine, celui de l'idéal, celui des lettres, des sciences et des arts ; et dans ce domaine, la reine devant laquelle l'univers tout entier s'incline profondément, c'est Sa Majesté la Langue française. Elle occupe la place et remplit dans l'univers moderne le rôle de la langue grecque aux plus beaux jours de l'Empire romain. De même que l'Angleterre a hérité de la sucession commerciale de l'Empire de Rome, de même la France est l'héritière en ligne directe de l'atticisme et de l'idéalisme de la Grèce à son apogée.

Cette vérité, avec quel triomphe la grande guerre l'a proclamée ! De tous les enseignements du conflit mondial il n'en est pas un seul qui apparaisse aussi clair et aussi concluant.

L'idéalisme français sort de l'assaut le plus terrible et le plus complet qu'il ait jamais subi, plus entier, plus radieux et plus pénétrant.

Il plane au-dessus des passions, des haines, des convoitises, des brutalités et des horreurs de la guerre, dont le monde reste le témoin stupéfié.

Dans le royaume du vrai, du juste et du beau, l'idéalisme français reste souverain et sans rival. Il partage sa royauté avec la langue française dans une union parfaite et indissoluble.

Puissions-nous, nous les Français du Canada, ne jamais oublier que nous sommes nés, que nous sommes fiers et heureux de demeurer et voulons toujours être les loyaux et fidèles sujets de cette double royauté ; que nous avons juré de la défendre, de la faire connaître, de l'aimer et de la servir.

N.-A. Belcourt [b]

b. Dans Léon Lorrain, *la Valeur économique du français*, Montréal, l'Action française, 1919.

Document n° 64

1919 — « *JEAN-BAPTISTE N'A PAS DILAPIDÉ SON PATRIMOINE LINGUISTIQUE.* »

Louis-Arthur Richard, docteur en droit (L.L.D.), prend la défense des Canadiens français qu'on accuse toujours de parler patois. Ce texte, paru en février 1919 dans la revue des anciens élèves de l'École polytechnique de Montréal, a été présenté plus tard aux lecteurs de langue anglaise par l'Action française sous le titre « Do the French Canadians speak patois ? »

C'est la France qui, par son héroïsme, par sa ténacité et par son endurance, aura été le principal artisan de la victoire. Au prix de sacrifices dont on ne connaît pas encore toute l'étendue, elle aura contribué plus chèrement que d'autres à sauver la civilisation de la savante barbarie allemande. Il n'est donc pas surprenant que partout, chez les neutres aussi bien que chez les Alliés, elle provoque d'ardentes sympathies et fasse naître de durables amitiés. La France est aimée, elle est admirée comme jamais encore, probablement, elle ne l'a été dans le passé. Peut-être ne l'a-t-elle jamais aussi bien mérité qu'en ces années sanglantes où ses fils ont cueilli une moisson de gloire qui suffirait à immortaliser plus d'un peuple. On l'aime et on l'admire, il va sans dire, pour ses incomparables soldats, pour toutes les vertus que, à l'heure du sacrifice et de l'immolation, elle n'a cessé de pratiquer avec une touchante simplicité ; mais on l'aime également pour sa culture si riche et si variée et pour sa langue si souple et si belle.

Sa langue, tous les pays du monde sont déjà en voie de lui faire une place de plus en plus large dans leurs écoles, dans leurs universités et même dans toutes les manifestations de leur vie sociale. Le rapport si instructif de la Commission Leathes, par exemple, témoigne de l'importance que l'on attache à la connaissance du français en Angleterre. Ce courant de sympathies universelles en faveur du doux parler de France devrait donc plutôt mettre fin au régime d'ostracisme auquel notre langue est soumise au Canada. Dans toutes les provinces du Dominion, il semblerait naturel qu'il n'y eût aucun obstacle à l'expansion d'un idiome qui, tout en étant celui de France, est également celui des pionniers de ce pays. D'autant plus que cet idiome est reconnu officiellement par la Constitution qui nous régit et qu'il est parlé par environ un tiers de la population canadienne. Cependant, — fait inexplicable de la part d'une majorité dont les enfants se battent d'une façon si chevaleresque pour maintenir la civilisation en Europe — c'est le contraire qui paraît devoir se produire. Il se prépare, dans l'Ouest tout particulièrement [1], une lutte sans merci contre ce que le rapport Leathes appelle justement « la langue la plus importante dans l'histoire de la civilisation moderne » et « pour nous (Anglais), assurément la plus importante à tous les points de vue ».

Ce témoignage, que les Anglo-Canadiens auraient mauvaise grâce à récuser, est un argument que nous pourrons avantageusement faire valoir dans les combats prochains. Malheureusement, ce n'est pas un argument décisif. Nos adversaires, rare-

---

1. Voir l'*Action française*, mai 1918, p. 212.

ment à court de moyens, vont répliquer que nous ne parlons pas le français, mais un misérable patois, sans valeur littéraire comme sans utilité pratique. On n'a pas oublié le cri haineux du député Morphy : *Beastly horrible French*. On n'a pas oublié, non plus, la phrase de Beaverbrooke dans un livre que chaque foyer canadien se fait un devoir de posséder : *Others, again, switched off from English to French Canadian patois*. Et que d'autres calomnies de même nature ne lit-on pas périodiquement sous la signature de journalistes canadiens ou américains, quelques-uns de bonne foi, mais odieusement trompés par des détracteurs dont on ne saurait contester la puissance. [...]

Jean-Baptiste est ingénieux. Il a trouvé le secret de transformer en un peuple de trois millions d'habitants les descendants des quatre à cinq mille émigrants français qui, il y a deux ou trois siècles, vinrent tenter fortune sur les bords du Saint-Laurent. Il est bien capable, par surcroît, d'avoir donné naissance à un patois, se disent sans doute ceux qui se désolent de ne pas reconnaître le *Parisian French* dans notre parler. Malheureusement, au point de vue linguistique, Jean-Baptiste est loin d'avoir été aussi fécond qu'il aurait pu et qu'il aurait dû l'être. Certes, il a créé des mots pour désigner des choses que l'on ne trouve pas en France et qui sont essentiellement canadiennes. Mais le répertoire en est trop peu considérable. La plupart sont cependant si jolis et si caractéristiques qu'ils ne manquent pas de faire honneur au bon goût de Jean-Baptiste et il est regrettable qu'il n'ait pas usé encore plus largement du droit qu'il avait de les créer. Car il avait indiscutablement ce droit. Et, s'il ne l'avait pas eu, il aurait pu se l'arroger, tout simplement, au même titre que les boulevardiers, que les gens de théâtre, de bourse ou de sport qui créent l'argot parisien dont certains mots n'en finissent pas moins par recevoir la consécration officielle du peuple français, sinon de l'Académie elle-même. Notre langue aurait-elle mérité qu'on la défende passionnément, si elle n'avait pas eu la souplesse de s'adapter à toutes les conditions du milieu où elle se trouvait transplantée, si elle n'avait pu désigner qu'au moyen de périphrases ce que l'on est convenu d'appeler la *sucrerie*, la *poudredie*, la *brunante*, les *bordages*... ?

S'il est un reproche que l'on pourrait adresser à Jean-Baptiste, c'est plutôt de s'être trop souvent contenté de franciser certains mots anglais pour exprimer des choses nouvelles. Aussi, il a eu tort d'emprunter à la langue de son voisin ce qu'il aurait pu créer avec les ressources de sa propre langue. Mais, comme bien d'autres, Jean-Baptiste aime pratiquer la théorie du moindre effort. Il a donc suivi, à cet égard, l'exemple de ses cousins de France qui, eux aussi, ont été atteints d'anglomanie. Que de mots anglais qui se sont petit à petit infiltrés dans le langage et qui, aujourd'hui sont d'un usage journalier en France ! [...]

Mais un mal n'en guérit pas un autre et si la France a eu tort d'adopter un nombre si considérable de mots anglais, il ne s'ensuit pas que nous ayons eu raison. Bien au contraire, et nous paierons beaucoup plus cher que notre ancienne mère-patrie l'imprudence que nous avons commise en ne protégeant pas suffisamment notre parler. D'autant plus que nous n'avons pas seulement emprunté des mots à la langue anglaise, mais des expressions et des tournures qui ne sont pas dans le génie de notre langue. Depuis les jours de Tardivel, l'anglicisme n'a pas cessé d'être l'ennemi qu'il faut combattre opiniâtrement. Mais cet ennemi, si insinuant soit-il, n'a pas encore réussi à transformer le parler ancestral en un langage nouveau qui, de près ou de loin, tienne du patois. [...] Que notre idiome ait subi l'influence de la langue anglaise, il n'en pouvait être autrement et il est merveilleux de constater qu'il ait pu résister aussi énergiquement aux forces ambiantes. Car l'anglais n'est pas seulement la langue d'une grosse moitié de la population canadienne, c'est aussi la langue de la mère patrie, c'est la langue de nos puissants voisins, c'est la langue de l'industrie, du commerce et de la finance, c'est la langue du parlementarisme tel que nous le pratiquons depuis au delà d'un siècle et ce fut aussi, pendant longtemps, la langue de l'administration. Puisque nous avons nous-mêmes, subi l'influence des idées et des habitudes anglaises et, surtout, américaines, comment notre langue aurait-elle pu échapper à cette influence ?

Abstraction faite des canadianismes et des anglicismes, Jean-Baptiste s'est contenté de conserver avec un soin jaloux le vieux patrimoine linguistique dans toute son intégrité. De là, certains mots archaïques dont nous faisons usage et que l'on nous reproche d'avoir maintenus sous prétexte qu'ils n'ont plus cours en France. Reproche bien futile, à la vérité, puisque ces mots n'ont pas cessé d'être français et qu'on les rencontre fréquemment sous la plume des écrivains du 15e, du 16e et du 17e siècle, qui furent les meilleurs ouvriers de la langue française. [...]
....

Ceux dont notre langue archaïque blesse l'oreille si délicate et qui nous gourmandent à ce sujet feraient bien de ne pas oublier que nos pères ont quitté la France depuis deux à trois siècles, que nous en sommes séparés depuis cent cinquante ans et que, jusqu'au milieu du siècle dernier, nous n'avons pas eu le moindre contact avec notre ancienne mère patrie. Nous étions laissés à nos propres forces et à nos propres ressources. L'importation des livres français au Canada fut même sévèrement prohibée pendant les trois quarts de siècle qui suivirent la Cession. [2] Si, en dépit de tous ces obstacles, Jean-Baptiste n'avait pas conservé amoureusement et jalousement sa langue, les écrivains de France n'auraient pas à constater avec un naïf étonnement la survivance de leur parler sur les rives du Saint-Laurent et à célébrer ce que l'un d'eux a justement appelé « le miracle canadien ».

Louis-Arthur Richard [a]

---

2. L'abbé Camille Roy : *Nos origines littéraires*, p. 23.
a. Louis-Arthur Richard, « la Langue que nous parlons », *Revue trimestrielle canadienne*, février 1919, p. 411-422.

Document n° 65

1922 — LA MARÉE DE L'ANGLICISATION

Au début des années vingt, les dirigeants de l'A. C. J. C. (Association catholique de la jeunesse canadienne-française) s'inquiètent des progrès de l'anglicisation au Québec même. Aussi décident-ils de mener une campagne de refrancisation. Pour éclairer leur action, ils font une enquête sur « la résistance aux infiltrations étrangères ». Le questionnaire de l'enquête (reproduit plus bas) est adressé aux cercles d'études et aux amis de l'Association qui sont chargés de l'administrer.

Les conclusions de l'enquête sont développées dans deux rapports, d'égal pessimisme, présentés au Conseil fédéral de l'A. C. J. C. tenu à Hull les 1er et 2 juillet 1922. (Nous ne traitons ici que d'un seul de ces deux rapports.) Dans son rapport sur « la résistance aux infiltrations étrangères dans la famille ª », Lucien Germain, notaire et secrétaire-correspondant du comité central de l'A. C. J. C., constate l'ampleur du mal. L'anglicisation envahit tous les domaines, elle s'affiche dans le vêtement et se traduit par le snobisme social des classes françaises. Elle est partout, à la campagne comme à la ville, mais bien entendu elle fait ses ravages surtout dans les villes. Même Québec apparaît comme « une ville anglaise habitée par des Français ». L'anglicisation — et c'est là le plus grave — frappe au cœur même du Canada français, c'est-à-dire au foyer où elle a déjà fait disparaître « les plus belles et les plus vieilles coutumes ». Cela peut avoir des conséquences tragiques et tend à réduire à néant les efforts des organisations patriotiques en faveur du bilinguisme officiel : « C'est en effet presque peine perdue que de crier : il nous faut des timbres bilingues, de la monnaie bilingue, des documents officiels dans les deux langues officielles, si nous laissons suspendu à la muraille de notre foyer le calendrier de la Good Hope Furnishing Co, *si nous laissons à la barrière du chemin l'étiquette* Keep shut, please, *si nous n'enlevons du béret de nos bambins l'inscription* H.M.S. Iron Duke, *et si nous laissons sur nos dépendances la grande affiche :* Smoke Old Chum Tobacco. *Si nous ne faisons pas disparaître de notre vue ces sentinelles anglaises, les grandes campagnes pour la reconnaissance du français comme langue officielle de fait dans tous nos services publics, dans tout le pays, sur les timbres-poste et la monnaie, quelque louables et nécessaires qu'elles soient, ne seront qu'un piétinement sur place, sans conquête d'un seul pouce de terrain. »*

Les canaux de l'anglicisation sont tout aussi nombreux que divers, constate le rapporteur. Dans l'atmosphère « totalement anglo-saxonne » où vivent les Canadiens français, tout devient agent d'anglicisation. Il y a bien entendu les loisirs, sous toute forme, magazines, musique populaire et sports : « La plupart de nos sports sont de provenance anglaise ou américaine et sentent à plein nez le culte de la force brutale. » Même le tourisme tend à angliciser les gens : « Une mentalité se formera qui voudra que tout soit anglais pour recevoir le touriste, pour qu'il se sente chez lui et revienne ᵇ. » Mais c'est le commerce qui est l'agent d'anglicisation le plus puissant : « La tendance est maintenant de tout acheter... sans s'occuper de la provenance de la marchandise, et très souvent chez les Anglais et chez les Juifs... Nous achetons ce qui fait notre

---

a. *Secouons le joug*, rapport officiel du 19e Conseil fédéral tenu par l'A. C. J. C. à Hull, P.Q., les 1er et 2 juillet 1922, Montréal, Secrétariat général de l'A. C. J. C., 1923, 117 pages. Le rapport de Lucien Germain est reproduit aux pages 35 à 58.
b. Sur les rapports de la langue et du tourisme, voir les documents 46 et 85.

affaire, sans égard pour la langue. C'est ainsi que nos épiceries, nos pharmacies et nos magasins sont des repaires d'anglicisation ; 95 % des étiquettes sont anglaises. »

Le tableau est sombre et ressemble à un « *programme d'abdication nationale* ». Mais le rapporteur refuse de déclarer forfait et envisage alors les moyens d'action. Il faut avant tout réagir contre la négligence et l'apathie des Canadiens français. Il en appelle donc à la fierté nationale de ses compatriotes, leur demande de prendre des initiatives patriotiques que viendrait éventuellement coordonner et stimuler un organisme central à créer, véritable « *provocateur d'énergie* » du Canada français. Le rapporteur termine son exposé en invitant les siens à s'engager dans la campagne de refrancisation *afin de* « *procurer à notre belle province de Québec une toilette neuve, toute française* ».

I — DANS LA FAMILLE

1. Quel aspect présente l'intérieur des habitations de votre localité ? La *physionomie* qui les caractérise est-elle française ou anglaise ? Les sujets des gravures révèlent-ils une culture française ? Les inscriptions sur les images, les calendriers et les menus articles de la maison sont-elles françaises, anglaises ou bilingues ?

2. Se préoccupe-t-on d'embellir les habitations au moyen des arbres, du gazon et des fleurs ? Le bon goût préside-t-il au choix de l'emplacement de la maison et des dépendances de la ferme, etc., etc. ?

3. Quelles sont les vieilles *coutumes* françaises qui survivent dans vos familles ? Celles qui ont disparu ? Celles-ci ont-elles été supplantées par des usages anglais ou américains ? Citez des faits. Comment conserver les unes et faire disparaître les autres ?

4. Quelle mode prévaut dans le vêtement ? Quelle est la part de l'influence anglaise ou juive ? L'étiquette indique-t-elle une fabrication canadienne ou étrangère ?

5. Les *prénoms* et les *surnoms* des enfants ne sont-ils pas parfois anglais ? Dans quelle proportion à peu près ?

6. Les cultivateurs de votre région ne donnent-ils pas des *noms anglais* à leurs animaux : chevaux, chiens, vaches ? Cet usage est-il répandu ? Que faire pour obvier à cette anomalie ?

7. Pouvez-vous citer quelques traits de *snobisme et d'anglomanie* qui déparent notre vie familiale et française ? Ces faits sont-ils fréquents ? Comment, à votre avis, pourrait-on réagir contre ces habitudes ?

8. Quelle *société* recherchent les familles de votre localité ? Celle des Canadiens, des Canadiens anglifiés ou celle des Anglais ? La *fierté de race* tend-elle à disparaître ? Comment le constatez-vous ? Que faire pour la conserver intacte ou l'accroître ?

9. Votre localité est-elle un *endroit de villégiature ?* Les touristes anglais, américains, juifs, imposent-ils leurs idées, leurs coutumes, leurs goûts ? Quelles constatations pouvez-vous signaler ? Comment résister à leur influence anglicisante ? S'applique-t-on à donner un cachet bien français à cette industrie du tourisme ? Que vous proposez-vous d'entreprendre à cette fin.

10. Montre-t-on plus d'empressement à célébrer nos *fêtes familiales, nationales,* que les fêtes anglaises ? Solennise-t-on nos fêtes patriotiques : *la Saint-Jean-Baptiste, la journée de Dollard,* nos anniversaires glorieux ?

11. Quels sont les *amusements* en vogue dans votre localité ? Joue-t-on au *hockey* (gouret), au *base-ball* (balle au camp), en français ? Les *expositions, les courses de chevaux* sont-elles des occasions d'anglicisation pour les familles de votre localité ? Qu'avez-vous organisé pour réagir contre ce déplorable état de choses ? Citez des initiatives.

12. Quelle *musique*, quelles *danses*, quelles *chansons* votre entourage préfère-t-il ? françaises, anglaises, américaines ? Le respect humain n'empêche-t-il pas les jeunes gens de chanter nos vieilles chansons canadiennes ? Que vendent surtout les marchands de musique ? Avez-vous fait enquête ?

13. Quelle *lecture* fait-on dans les familles françaises ? Y a-t-il une bibliothèque paroissiale ? Vos concitoyens sont-ils abonnés à nos revues françaises ? à quelques revues de France ? Reçoit-on des revues anglaises et américaines ? Lesquelles ?

14. Les familles de votre paroisse reçoivent-elles des *journaux* français, anglais, américains ? Auxquels vont leurs préférences ? Quelles mesures ont été prises pour la diffusion de la presse catholique et française ?

15. Quels *catalogues* et *revues de mode* recevez-vous ? De maisons françaises, anglaises, juives ?

16. Quelles *industries domestiques* ont survécu dans votre localité ? Nommez-les. La tendance n'est-elle pas d'acheter tout ce dont on a besoin ? et de maisons anglaises ?

17. Où les gens de votre localité font-ils *leurs achats ?* Aux magasins du village ou de la ville ? Achètent-ils sur catalogues de maisons canadiennes-françaises ? Ne préfèrent-ils pas acheter par la poste des usines et magasins de l'Ontario ? Donnez des chifffres. Réclament-ils du français partout où ils achètent ? Leur a-t-on fait voir qu'ils travaillent ainsi contre l'intérêt de leurs compatriotes ? Comment enrayer le mal s'il existe ?

18. Quelle est l'influence anglicisante de la *pharmacie*, du *magasin* et de l'*épicerie ?* Les annonces et les étiquettes des marchandises sont-elles françaises, anglaises ou bilingues ? Offre-t-on et achète-t-on les produits canadiens-français de préférence aux autres ? Avez-vous fait enquête sur ce point ? Donnez des chiffres. N'y a-t-il pas une campagne à entreprendre pour remédier au mal ? Vous proposez-vous d'organiser ce travail de réaction ?

19. La *gare* et le *quai* ne sont-ils pas des endroits où l'on s'anglicise ? N'en est-il pas ainsi de la *boutique* du forgeron et du carrossier ? Les divers outils et les parties des machines fabriquées ou réparées n'y sont-ils pas désignés par des noms anglais seulement ? A-t-on cherché à répandre les équivalents français ?

20. Y a-t-il chez nous une *salle d'amusements ? des associations sportives ?* Sont-elles un moyen de pénétration anglo-saxonne ? Que faire pour combattre cette influence ? Y a-t-il un hippodrome ou champ de course, dans votre région ? Les chevaux de course sont-ils affublés de noms anglais ? Les propriétaires, les organisateurs, les fonctionnaires sont-ils Canadiens, Anglais ou Américains ?

21. L'*Automobile* n'exerce-t-il pas une influence anglicisatrice ? Emploie-t-on les termes français de l'automobilisme ? Comment les populariser ?

22. Les *machines agricoles* de votre région proviennent-elles de fabriques canadiennes-françaises et portent-elles des noms français ?

23. Les cultivateurs de votre paroisse permettent-ils l'*annonce* anglaise sur leurs dépendances (granges, remises, hangars), ou sur panneaux-réclame ? Cette réclame est-elle française, anglaise ou bilingue ? Êtes-vous disposé à organiser la résistance et à faire la chasse à l'annonce anglaise ?

24. Au point de vue français, y a-t-il recul ou progrès dans la mentalité de notre peuple, dans l'aspect extérieur de notre province depuis dix ans ?

25. Quelles idées générales vous suggère notre enquête ? Quelles remarques croyez-vous devoir nous communiquer ? Quelles initiatives vous paraissent les plus pressantes ?

II — DANS LA CITÉ

1. L'*aspect* de votre paroisse, de votre comté ou de votre ville est-il bien français ? Son nom est-il même français ? S'il ne l'est pas, y a-t-il lieu de le faire changer ?

2. L'*administration* de votre municipalité est-elle à l'avantage des nôtres et entre leurs mains ?

3. Existe-t-il une *succursale ou agence de banque* canadienne-française dans votre localité ? S'il y en a une d'une banque anglaise, comment expliquez-vous son utilité, et peut-être ses succès ?

4. Les *industries* de votre milieu sont-elles dirigées par les nôtres et leur appartiennent-elles ? Si elles ont passé à des étrangers, comment et pourquoi ? Quelle est leur influence sur nos compatriotes ? A qui et à quoi servent leurs bénéfices ? Sont-elles françaises de main-d'œuvre seulement ?

5. La *physionomie française* de notre province préoccupe-t-elle nos gouvernants ? Quelle action s'impose dans ce domaine ?

6. Nos *lois provinciales* sont-elles toujours françaises d'esprit et de rédaction ? Quels empiètements avons-nous laissé pratiquer sur nos lois et notre droit français ?

7. Les *titres des emprunts publics,* émis par les gouvernements et les municipalités, sont-ils toujours bilingues ?

8. La « *Loi Lavergne* » est-elle observée dans votre région ? Les compagnies d'utilité publique y font-elles usage des deux langues officielles : relations avec leurs employés et le public, billets, papeterie, affiches, etc. ? Avez-vous fait enquête sur ce sujet ? Des faits.

9. Que pensez-vous de l'*industrialisation* de votre province, envisagée au point de vue de l'influence anglaise ?

10. L'*administration fédérale* nous rend-elle justice ? Les nominations aux fonctions publiques de votre région, sont-elles équitables ? Avez-vous à vous plaindre de l'insuffisance du français dans ses publications et dans ses services ? A-t-on répondu à ces attaques où elles s'étaient produites ? Avec quel succès ?

12. L'*enseignement commercial, industriel* et *technique* de nos collèges et universités exerce-t-il sur les étudiants une influence française ou anglaise ?

13. Les *gravures, tableaux et cartes géographiques* de nos écoles sont-ils français ? Les manuels donnent-ils des exemples canadiens ?

14. Quels *écoles, collèges* et *universités* fréquente la jeunesse de votre paroisse : catholiques ou protestants ? canadiens ou anglais ?

15. Quelle est la part *d'influence* française et *d'influence* anglaise, qu'exercent nos *collèges classiques* et nos *universités ?* Quels *sports* pratiquent nos étudiants dans ces institutions, et dans quelle langue ?

16. Les *expositions agricoles régionales* ne sont-elles pas des agents de l'influence anglaise chez nous ? Comment ? Quels changements y apporter ?

17. Les *cinémas* ne sont-ils pas des facteurs d'anglicisation dans votre milieu ? Comment ? Leur action n'est-elle pas anti-catholique et anti-sociale ? Contrôlez-vous les représentations ? Exigez-vous des légendes bilingues ?

18. Vos concitoyens sont-ils membres de *sociétés mutuelles et de bienfaisance* catholiques et canadiennes-françaises ? Confient-ils *leurs assurances* (sur la vie, contre les accidents, contre l'incendie, contre le vol, etc.) à des compagnies canadiennes-françaises ? Sont-elles encore souvent la proie des chevaliers d'industrie ?

20. Les *syndicats internationaux* exercent-ils une influence, anti-catholique, acatholique, ou anglicisatrice dans votre région ? Citez des faits. Que penser des syndicats nationaux à ce point de vue ?

21. Les *annonces commerciales* de nos compatriotes sont-elles rédigées en français ? Les nom et adresse de ces maisons sont-ils imprimés en français dans l'indicateur téléphonique.

22. Avez-vous d'autres formes de pénétration anglaise à signaler ? Avez-vous eu connaissance d'initiatives prises et d'enquêtes faites dans ce domaine ? Qui pourrait nous donner les résultats qu'elles ont obtenus ?

23. Comment ces diverses infiltrations anglaises et protestantes influent-elles sur la mentalité catholique et française de notre race ? Quelles conséquences y attachez-vous ?

24. Existe-t-il un cercle d'études de l'A. C. J. C. dans votre paroisse ? Quelle a été son influence dans la lutte contre les infiltrations anglaises ? N'êtes-vous pas d'avis qu'il faudrait fonder des cercles d'études dans tous les centres français du pays ?

25. Quelles idées générales et quelles résolutions pratiques vous suggère ce questionnaire ?

Le Comité central [c]

---

c. *Secouons le joug,* p. 16-25.

Document n° 66

1924 — « TROP DE CANADIENS FRANÇAIS LÂCHENT PRISE. »

Fulgence Charpentier, journaliste et diplomate, est né en Ontario en 1897. Après avoir obtenu son baccalauréat à l'Université Laval, il a étudié le droit au Osgoode Hall de Toronto. De 1922 à 1936, il a été chroniqueur parlementaire à Ottawa du Droit, de la Presse et du Canada. Il a été secrétaire particulier du secrétaire d'État (1926-1931), membre du conseil municipal de la ville d'Ottawa et chef des journaux français à la Chambre des communes (1936-1947). En 1940, il était nommé censeur en chef de la presse, puis directeur de la censure (1944-1946). Entré au ministère des Affaires extérieures en 1947, il a rempli des missions diplomatiques à Paris, en Amérique latine et en Afrique francophone. Il a été assistant du Commissaire général d'Expo 67 avant de retourner au journalisme comme éditorialiste du Droit. Il a obtenu la décoration de l'Ordre de l'Empire britannique (M. B. E.)

Collaborant à la revue de l'Action française, il dénonce l'anglomanie comme « ennemi dans la place ».

Pour les impérialistes et les anglo-saxonisants le Canada est un coin de l'Empire qu'il s'agit d'exploiter à son plein rendement. Pour nos compatriotes anglais, le Canada est un pays britannique avant tout. Pour les nôtres le Canada est une patrie, bilingue par accident, à majorité unilingue et anglaise. Alors que l'opinion de nos concitoyens de l'autre langue peut différer sur les questions de détails, ils s'entendent tous pour conclure que les destinées de notre pays commun dépendent de l'humeur de l'Angleterre. Ils sont convaincus, pour la plupart, que la race dominante a le devoir de régner et d'imposer ses manières de penser. Involontairement, par la seule habitude des races anglo-saxonnes, ils croient nous honorer en nous octroyant leur condescendance, et le fait qu'ils détiennent l'argent les rend, au point de vue économique et politique, les maîtres de l'influence.

On comprend les difficultés créées par les contre-courants de ces idées dans les rangs d'une population, abandonnée à ses propres moyens lors de la conquête, et obligée de faire face aux exigences matérielles avant de songer à son organisation nationale. L'élément canadien-français, submergé bientôt par l'immigrant anglais, après un siècle et demi d'une domination de fer, a cependant réussi à poursuivre sa mission, avec l'aide du clergé, ce grand éducateur de nos compatriotes dans le passé, et cet indispensable auxiliaire de l'éducation à l'heure présente. Il a conservé sa langue qui demeure le principal véhicule de la pensée catholique au Canada ; et la face française, en se multipliant aux quatre coins du pays, avec de solides assises dans la province de Québec, reste fidèle à son rôle d'évangélisatrice.

Est-ce à dire que nous sommes à l'abri de toute attaque et sûrs de la victoire ? Nous ne pouvons le devenir qu'en cherchant à développer les facultés et les talents qui nous sont propres, en consentant le moins de concessions possible à nos compatriotes d'origine étrangère. Mais c'est là le danger quotidien et permanent, puisque nous vivons, les deux millions que nous sommes, aux côtés de 7,000,000 d'Anglais, dont les activités sont incessantes, l'influence prépondérante, à mentalité naturellement dominatrice.

Nous n'aurions qu'à nous laisser aller pour devenir des assimilés et des renégats, deux fois vaincus et définitivement cette fois, puisque le feu sacré qui maintient la race ne serait plus qu'un tas de cendres sur lequel flotterait le drapeau anglais... ou américain. Mais nous ne croyons pas que tel soit l'idéal poursuivi jusqu'ici par les nôtres qui ont la fierté de leur nom et de leur origine. Ce ne fut pas, en tout cas, la tâche entreprise par nos pères qui ont défendu nos libertés, sans cesse menacées, et qui nous ont légué l'héritage de leur résistance et l'exemple de leur survivance.

Nous n'aurions qu'à nous laisser aller pour disparaître dans le moule britannique et anglo-saxon, dans le pétrin impérial, si nous écoutions toutes les voix qui nous conseillent le défaitisme, la lâcheté et l'anglicisation. On relève, chez-nous, de multiples traces de cette anglomanie de l'esprit et des mœurs, car tous ne sont pas restés invulnérables à la contagion saxonisante. [...]

....

L'engouement d'un certain public pour la langue anglaise dégénère en véritable snobisme, c'est-à-dire que le défaut ne tarde pas à prendre les proportions d'un vice quand, chose angoissante à constater, plusieurs de nos maisons d'éducation se constituent les propagatrices de cette déformation de notre esprit national, poussées qu'elles sont par l'utilitarisme aveugle des parents ou par simple manie moderniste. Le désir de beaucoup de Canadiens français est bien que leurs enfants sachent l'anglais ; mais aucun Canadien français qui a du bon sens, n'est prêt à sacrifier sa langue maternelle à l'autre. Or les programmes scolaires sont trop souvent élaborés de façon à diminuer la part de l'une au profit de l'autre, et de faire des petits Canadiens français des demi ignorants de leur âme, ou des aspirants à l'anglicisation. Cette déviation de l'esprit se manifeste dans quelques institutions laïques ou religieuses, où diverses matières sont enseignées en anglais ; elle se manifeste en beaucoup de cours commerciaux où l'on vole des heures aux matières essentielles pour les donner à l'étude de l'idiome secondaire. On pense de cette façon apprendre les deux langues aux élèves, et quand ils terminent leur cours, ils ne savent ni l'une ni l'autre.

Cette éducation mi-anglaise, mi-française, a le tort de donner aux élèves une mentalité de vaincus et de conquis, d'accoutumer l'enfant à des modes de penser, de parler et d'écrire qui ne correspondent pas à l'idéal de notre race. Dire aux écoliers d'apprendre l'anglais, parce que c'est la langue des affaires et du commerce, c'est prédisposer la jeunesse à se laisser convaincre que l'anglais est la seule langue du succès en affaires et que le français doit vivre dans le domaine circonscrit du foyer. Cette méthode ne peut que déformer l'esprit et le cœur, en enseignant un mensonge.

Pour constater la virulence du mal, jetons les yeux sur les méthodes de plusieurs de nos maisons d'éducation commerciale, où l'on n'enseigne qu'en anglais diverses matières : la tenue des livres, l'arithmétique, la correspondance, etc. Est-ce que la langue française n'est pas assez souple pour se prêter à toutes ces sciences ? L'élève que l'on soumet à cette pédagogie, acquiert une conception erronée des ressources de notre parler et nous dit le plus innocemment du monde : « Mais l'anglais a des expressions si claires et si justes pour ces mots techniques qui demandent avant tout de l'exactitude. Je ne conçois pas que l'on puisse parler de mathématiques en français. » Pascal et Henri Poincaré en rugiraient. Mais le mal est souvent irréparable. Le métal malléable qu'est une jeune intelligence prend l'empreinte fatale dès les années de collège. Puis l'habitude acquise de se servir de l'anglais pour les chiffres et les affaires se transplante dans la vie du commerçant et du professionnel.

....

Cette erreur a sa répercussion immédiate dans le domaine patriotique. Tandis que les journaux indépendants, les revues intelligentes, ainsi que les fonctionnaires avertis, conjurent le public de correspondre en français avec les maisons d'affaires et les services de l'administration fédérale, la correspondance française est exceptionnelle dans les ministères et dans les gérances de compagnies. Des employés civils haut placés nous ont dit que les professionnels de langue française écrivent, dans une proportion de 25 p. c. seulement, leurs lettres dans leur langue quand ils s'adressent à Ottawa. Faut-il s'étonner après cela si nous voyons le français relégué à l'arrière-plan au fédéral, si les fonctionnaires anglais l'ignorent et le maltraitent, si des milliers de pages de documents publics demeurent sans traduction ? La veulerie des nôtres fait subir à notre cause un recul malheureux. [...] Tout un cycle de luttes, trois siècles de combat et de nombreuses victoires devraient mériter à notre langue beaucoup mieux que la négligence qu'elle reçoit aujourd'hui. C'est Papineau, le père, qui demandait en pleine Chambre la reconnaissance du français. C'est Louis-Hippolyte Lafontaine qui obtenait cette mesure de justice pour nos compatriotes. Mais ce sont les députés et les ministres de notre langue et formés dans nos écoles qui gâchent maintenant l'œuvre accomplie en ne parlant presque jamais leur langue aux Communes, et surtout en montrant une indifférence dédaigneuse pour ses droits.

....

Les communautés religieuses, il faut bien le dire, ne sont pas entièrement innocentes de cette anglicisation de la race qui monte. [1] Des communautés d'hommes ne sont pas exemptes de ce travers, et les supérieures des couvents canadiens-français sont quelquefois des Irlandaises ou des Franco-américaines anglicisées qui appliquent leurs méthodes à leurs maisons. Le mal est si sérieux que son Eminence le cardinal Bégin, dans une lettre circulaire du 21 novembre 1923, se croyait obligé à cet avertissement :

« Il est aussi venu à notre connaissance que certaines communautés canadiennes-françaises, qui ont des maisons dans les milieux mixtes, ne se soucient pas suffisamment d'entretenir chez leurs élèves le culte de la langue et les traditions nationales. S'il en est ainsi, nous blâmons ces communautés ou les têtes qui les dirigent, et nous leur demandons un prompt retour à une meilleure intelligence des besoins et de la vocation de notre race. »

* * *

Nul doute que le développement normal de notre individualité nous est difficile, entourés que nous sommes d'éléments étrangers. Mais si, au moins dans toutes les manifestations de l'existence, nous savions réagir contre l'anglomanie. Dans la presse, dans le commerce, dans les rapports sociaux, nous assistons à un débordement scandaleux. Ceux qui croient savoir assez d'anglais pour le parler, l'emploient plus souvent que le français, et l'on assiste à des conversations téléphoniques complètement en anglais entre les Canadiens français. Dans ies magasins de nom anglais, dans les hôtels, l'habitude est encore trop répandue de s'adresser au commis dans l'autre

---

1. Nous croyons que notre collaborateur a raison pour quelques cas particuliers. En revanche, nous pouvons l'assurer que les ouvriers du réveil patriotique de ces derniers temps auront trouvé leurs meilleurs, leurs plus enthousiastes auxiliaires dans nos communautés enseignantes d'hommes ou de femmes. C'est là pour nous qu'est le meilleur espoir. (N.D.L.R.)

langue, alors qu'en parlant français les autorités ne tarderaient pas à nous procurer les services d'une personne de notre nationalité, ce qui ferait d'une pierre deux coups. [...]

....

Nos gros quotidiens ont le genre du journal américain, s'ils n'en ont pas toujours les idées, ce qui serait à démontrer. Un journaliste anglais, ex-secrétaire d'un ex-premier ministre, gradué d'Oxford, et bien renseigné sur notre langue, qu'il parle mieux que son ancien patron, disait en examinant un exemplaire d'un journal français fort répandu au Canada : « Ce n'est pas là un journal français. Il se peut qu'il soit rédigé dans cette langue, mais il n'a ni l'allure, ni la tenue d'un journal de France. C'est une feuille américaine, publiée dans une autre langue, qui peut différer du *Chicago Tribune* ou du *New York American* mais qui leur ressemble comme une sœur. »

Visitez la chambrette de l'étudiant, le boudoir de l'employée, le bureau de l'avocat, comme la salle d'attente du médecin. Partout, vous verrez, à part quelques recommandables exceptions, des magazines américains joncher le guéridon. La consommation qu'on en fait est une perte pour nos revues et pour nos livres, inconnus de la majorité de la population. On lésine sur leur prix, on en critique le volume et la qualité. Pour quelques publications la remarque est juste, pour d'autres, point. Mais comment veut-on que notre production littéraire progresse sans l'aide des lecteurs ? Le gouvernement de Québec subventionne des littérateurs, depuis quelques années, et le public ne peut qu'applaudir. Mais combien vaudrait-il mieux, pour ces ouvriers intellectuels, l'attention des masses.

La terminologie du sport, de la bourse, du commerce, se ressent de ces lectures américaines. Des gens d'affaires, parfaitement au courant de leur négoce, ignorent le vocabulaire français de leur professions, de leur art et de leur métier, et lui substituent des vocables étrangers. Nos enseignes sont beaucoup plus souvent rédigées en anglais qu'en français et si quelques industriels ou commerçants intelligents tiennent à manifester leur personnalité, ces signes extérieurs manquent encore trop dans notre pays. Peu d'étrangers sont portés à nous croire vivants, quand ils nous voient payer un tribut si extraordinaire à la prétendue nécessité de l'anglais.

Nous ne reviendrons pas sur le caractère des salles de cinéma. Les scènes y évoquent rarement notre patrie, nos richesses, notre race, notre avenir. La plupart nous servent d'indigestes compilations d'intrigues américaines, à tournure risquée le plus souvent, et qui continuent l'œuvre anglisatrice. Les titres sont en anglais dans la majorité des théâtres et nul ne proteste s'ils sont traduits au point d'être inintelligibles, même dans les grands spectacles de Montréal. Les Canadiens français qu'on y représente sont généralement des porte-faix et des bandits, et toujours des personnages dégénérés, à moitié sauvages et malfaisants. Les journaux de France nous ont rapporté que les spectateurs ont conspué, à Paris, la représentation des « Deux orphelines », de Griffith, parce qu'on y déformait l'histoire de la Révolution. A-t-on assisté aux mêmes soulèvements lorsque fut représenté, à Montréal, « The Man from Glengarry », du ministre presbytérien Gordon (Ralph Connor) qui attribue au Canadien un rôle de traître ?

Vivant dans une société mixte, il est naturel de s'attendre à des tentatives d'alliances matrimoniales entre les deux races. Le carnet mondain de tous les journaux nous avertit que beaucoup cèdent à ce snobisme qui mène nos fils et nos filles vers le monde anglo-saxon. Nous n'avons pas à revenir sur les effets des mariages mixtes qui consommeraient notre fin s'ils allaient se multiplier. C'est un mauvais exemple que s'est approprié l'aristocratie de chez nous, et ce, dès le lendemain de la conquête. Nos vieilles familles françaises ont-elles, sous ce rapport, gardé leur rôle et leur rang de protectrices et de guides ? Combien de noms de haute lignée canadienne et qui rappelaient les plus beaux souvenirs, se sont effondrés au profit d'un petit Anglais sans passé, mais cossu ? Dès le début, des écrivains du pays saisissaient le danger et nous avons vu Philippe Aubert de Gaspé, dans ses « Anciens Canadiens », aborder le problème de la mésalliance. Souvent c'est le pur snobisme, beaucoup plus que l'amour, qui fait déroger à la foi nationale et qui cause des désastres. Même entre Canadiens français et Irlandais, l'équilibre familial est rompu et les enfants deviennent les tristes victimes de ces mélanges de races et de langues.

Nous avons aussi, au milieu de nous, des associations neutres qui poursuivent l'œuvre de l'adversaire et qui nous inculquent des façons de penser contraires aux traditions de notre race. Les Kiwanis, les Rotary, les Elks, sont les produits des excentricités de nos voisins, et qui ont surtout pour objet de substituer le club à la maison. Encore une manie bien saxonne que nous adoptons sans prendre garde au mal qu'elle veut nous faire.

Les unions ouvrières internationales ont la même propansion à semer dans les cœurs des principes en désaccord avec nos idées religieuses et patriotiques. Tandis qu'elles s'élèvent avec aigreur contre l'intervention de la religion dans les questions du travail, dans les relations du capital et de l'ouvrier, et cela dans le rapport annuel publié par le gouvernement fédéral aux frais de nos compatriotes, elles attaquent le problème de la liberté de l'enseignement et répandent des principes plutôt libertaires sur les droits de grève et sur la valeur des contrats. Les unions internationales comptent au Canada 203,843 adeptes. Sur ce nombre combien des nôtres qui se pensent dans la bonne voie et sacrifient du temps et des deniers à pousser dans les murs de la Cité, le cheval de Troie ? Les ouvriers du Québec dorment la conscience en paix lorsqu'ils ont accepté les yeux fermés les ordres de l'étranger, même si ces ordres troublent notre vie économique, sans avantage pour l'ouvrier individuellement ou pour la classe laborieuse en général.

Nous habitons un monde où l'atmosphère est anglo-saxonne. Faut-il pour cela renoncer à notre avenir ? En face de cette situation déprimante aurions-nous raison d'écrire, avec Maurice Barrès : « Les barbares s'imposeront peu à peu à nos âmes à cause des basses nécessités de la vie. J'entrevois les meilleures parties de nos êtres qui s'accommodent tant bien que mal des rêves conçus par l'étranger. » (« Un homme libre »). Sommes-nous une race qui sent l'avenir lui manquer ? Nous n'avons pas lieu de le croire, parce que, sous le vernis de la mode et de l'utilitarisme, le cœur canadien a gardé son ancienne ardeur et son instinct réfractaire à l'asservissement.

Nous n'avons rien à envier à la race anglaise. Elle peut avoir ses qualités ; nous avons les nôtres. Les imiter ne serait pas accroître notre influence, mais augmenter la sienne et multiplier nos occasions de déchoir. Au point de vue commercial il est utile de savoir l'autre langue, et les professeurs en débutant par l'enseignement de la langue maternelle, en procédant du connu à l'inconnu, peuvent obtenir d'excellents résultats. Qu'on n'aille pas, surtout, pousser la simplicité jusqu'à croire que les maisons anglo-canadiennes rechercheront nos jeunes gens pour l'anglais qu'ils auront appris. Cent anglophones passeront avant eux. Le patron de l'autre langue ne nous emploiera que pour l'utilité et le capital que nous représentons à ses yeux par notre connaissance du français. Il est bon de connaître l'anglais, mais il est mieux de connaître d'abord sa propre langue, condition pédagogique essentielle pour en étudier une autre. Ce n'est pas en apprenant à être les esclaves de la majorité que nous accroîtrons nos forces de résistance. Ceux qui se sont dit, il y a quelques générations, qu'il fallait donner dans le mouvement majoritaire sont aujourd'hui des anglicisés. Où est le profit pour la race ?

A nos éducateurs appartient le devoir d'inculquer dans l'esprit de la jeunesse, le respect et l'amour de notre langue et de notre passé. Il ne s'agit pas de vivre en arriérés, mais il s'agit bien de sauvegarder le présent et de garantir l'avenir en exploitant, au fond de nos cœurs, les énergies qu'y ont déposées nos ancêtres et qui ont maintenu notre race. Si nous voulons demeurer ce qu'ils furent : catholiques et français, Canadiens authentiques, distinctions qui en valent bien d'autres, cessons de prêcher la nécessité de l'anglais au détriment de notre parler. On parle de l'échenillage, de l'épuration de notre langue ; ne vaudrait-il pas mieux recourir au remède préventif, enseigner solidement le français, au lieu de se compromettre avec un système d'éducation bâtard qui bouleverse dans l'âme de l'enfant la notion des valeurs et lui imprime pour la vie le stigmate du conquis, de l'anglomane, du mauvais patriote ?

[...] Nous avons deux types différents de Canadiens au pays. Profitons de la langue du voisin pour nos affaires, pour étudier son caractère et sa littérature, mais ne commettons pas le crime d'abandonner toute une tradition de souplesse et de clarté, de noblesse et d'héroïsme.

Nous avons en nous les forces nécessaires pour vaincre. Notre classe rurale garde heureusement l'intégrité du legs ancestral. Dans les villes la contagion sera limitée si tôt que nos gens auront compris la faillite de la manie de prodiguer leurs faveurs à l'autre race. L'enseignement de l'histoire et l'explication des faits principaux qui illustrent notre vitalité peuvent encore détourner notre population d'adorer plus longtemps les dieux étrangers.

Toutes les classes de notre société ont le rôle et le devoir de ne pas laisser tomber en déchéance un bien qui a coûté tant de luttes à nos ancêtres et qui assure notre survivance au pays : ce bien c'est la langue et l'esprit français, dont nous sommes en Amérique les dépositaires autorisés par trois siècles de résistance. Et l'ennemi sera bientôt délogé de la place si nous quittons le vain snobisme de l'anglomanie pour nous développer suivant nos dispositions et nos atavismes.

Fulgence Charpentier [a]

---

a. Fulgence Charpentier, « l'Anglomanie », *l'Action française.* vol. XII, nᵒ 4, octobre 1924, p. 194-209. Cet article est paru sous la rubrique « l'Ennemi dans la place ».

Document n° 67

1925 — ACCEPTATION D'UN BILINGUISME UNILATÉRAL

Au début de 1925, quelque trois cent cinquante personnalités ontariennes viennent en mission de « bonne entente » au Québec. Le lieutenant-gouverneur et le premier ministre de l'Ontario dirigent la délégation. Dans les colonnes du Devoir, Henri Bourassa leur souhaite la bienvenue dans leur langue. Après avoir exposé ses idées en matière économique et en matière de relations avec la Grande-Bretagne, le chef nationaliste invite ses hôtes à prendre exemple sur le Québec pour le règlement de la question sociale et de la question des droits des minorités. Abordant la question linguistique, Henri Bourassa réaffirme les droits des minorités canadiennes-françaises, reconnaît la nécessité pour les Canadiens français du Québec d'apprendre l'anglais à l'école, mais repousse l'idée d'imposer l'enseignement du français dans les écoles anglaises du Québec.

Our guests from Ontario are cordially welcome to this province. More frequent interchanges of thought between various sections (racial or geographical) of this too vast and sparsely peopled country ought to be encouraged, in order to bring us all nearer to the goal of Confederation : National Unity. But if those meetings are to be producive of permanent and fruitful results, they must be governed by the utmost frankness. Views, aspirations, grievances, should be expressed, in proper terms of course, but without evasion or undue regard to « popularity ».

With a sincere view to that end, we venture to formulate in the native language of our guests, though in a crude and illiterate form, what we honestly believe to be the most effective means of bringing a good understanding, not only between Ontario and Quebec, but more generally between English- and French-speaking Canadians.

A true National Policy

First, it ought to be clearly understood and stated that the object in view is not merely to bring Ontario and Quebec closer to each other, still less to foster an alliance of the huge financial interests centred in Montreal and Toronto, in order to impose one or any policy upon the rest of Canada ; but to induce the people of these two great provinces to open their eyes to the requirements, the exigencies, the opinions, the prejudices, if you like, of the other portions of Canada, with a view to the development of a truly National policy.

A National policy cannot be confined to economics, still less to the single issue of a Customs tariff. Even in the narrow sphere of commercial interests, a National policy is one thing, Protection another. The time has come when the fiscal policy and the whole economic regime of Canada should be thoroughly revised in a rational as well as a practical manner. The whole mechanism of federal and provincial taxation should be readjusted with a view to reducing the debt of the country and the burden of large families, encouraging land settlement, scientific agriculture, stock-raising, and the various industries derived therefrom, fostering the exploitation *in Canada* of its natural resources, rather than the establishment and maintenance of artificial industries, or, worse still, the exportation of raw material and half finished products, which go to help foreign capital and labor to the detriment of our own. As to those industries which deserve some measure of protection, it should not be extended beyond a reasonable remuneration for the capital *really* and *actually* invested, and for the labor employed in its development. To tax the mass of consumers in order to produce dividends upon watered or squandered capital, or to keep up industries that have no *raison d'être* in this country, is neither Protection, nor National Policy.

In matters of foreign trade, we are neither systematically opposed to reciprocity with the United States or any other country, nor sanguine about it. Trade relations with any country, British or foreign, should be coolly examined and governed by reasons of fact, not by sentiment. Under the present British « preference », goods manufactured in countries with depreciated currency are imported into Canada as « British » goods, at the expense of British and Canadian labor. This looks to us as altogether absurd, unsound, anti-national and unBritish. It ought to be removed without further delay.

Transportation, Banking, Immigration

There should be a thorough inventory of our transportation system, by land and water, and a complete readjustment of rates, with a view to activating the movements of trade between the various sections of Canada, facilitating the exportation of Canadian products, both natural and industrial through Canadian ports, on both Oceans. This should not be achieved by imperilling the financial status of our two railway systems ; but, if necessary, the people of Canada as a whole should be prepared to make sacrifices in order to compensate the great agricultural hinterland of the West for the lack of water routes and the double burden resulting therefrom, namely : congestion of traffic before the close of navigation, and high railway rates at all seasons.

We, of the East, should cease to regard the Western provinces, as, in days gone by, England looked upon her colonies : profitable fields of investment, trade and exploitation for the parent-state.

In that light, some means should be devised to check the excessive concentration of wealth and capital in a few cities of the East, and the practical control of all institutions of credit by two or three banks. It is sometimes claimed, in the bombastic language borrowed from our neighbours to the South, that our banking system is the best in the world. Late revelations do not tend to justify that assertion unreservedly. In this, as in all other matters, the people of Quebec are fundamentally and instinctively opposed to State Socialism ; but it looks to us as if, under the present system of excessive *laisser-faire* in banking as in industrial development and public services, Canada were coming to something worse : plutocracy and corporate socialism.

As regards the peopling of the country, we are not opposed to a moderate policy of immigration, intelligently and carefully selective. But in our view, there is something irrational in advocating the wholesale importation of foreigners, while nothing or little is done, in time of peace, to keep our own population at home, and every effort is made, in time of war, to induce the flower of our manhood to go and die in distant parts of the world for Imperial or foreign concerns.

Imperial and Foreign Relations

In these matters — Imperial and foreign — we stand on the solid ground outlined by the Fathers of Confederation. Conscious of our limitations in the sphere of international affairs, of the artificiality of our so-called « Imperial citizenship », of the enormity of our task at home, we hold that the primary duty of all Canadians is not to « help » England or France, or the Empire at large, but to build up Canada. Considering the geographical situation of this country, its economic conditions, the composition of its people, the onerous legacies of the past and the probabilities of the future, it is an idle dream, and a dangerous expedient, to try and unite the component parts of Canada — French, English and others, Ontario and Quebec, East and West — upon any policy inspired by a sentiment of « devotion to the Empire », or based on the fallacious assumption that the interests of Canada can always and everywhere coincide with those of Britain, Ireland, Australia, India, or South Africa. The ground, the *only* ground, upon which some sort of moral and political unity can be achieved and maintained is the common devotion of all Canadians to their common country, Canada, *the whole of Canada*. Upon that ground and for that purpose, the vast majority of French-Canadians are ready, as in the past, to do their share of sacrifices, their ample share, not only to preserve and ensure the unity of Confederation, but also to maintain the British connexion, so long as it is in the best interest of Canada. But, in spite of all official or officious declarations to the contrary, in parliament or elsewhere, they are not prepared to risk their lives and limbs, and to retard the moral and material progress of the country, in order to help England in maintaining her commercial hegemony in the world, and her imperial dominion in Asia, in Africa or anywhere. They consider that the most effective contribution Canadians can make to the Empire, is to make their country — the only part of the Empire for which they are responsible — as great, as prosperous, as sound, morally and materially, as they can make it ; and to preserve the high traditions of government and social polity, which they have borrowed from old England, and to which, may it be said in passing, the French Canadians seem to be more *effectively* attached than many of their English-speaking fellow-citizens, who are permeated, and more so from day to day, by the spirit of modern yankeeism.

In order to resist that penetrating and desintegrating influence, and, as well, to maintain the moral basis of Confederation, we claim that some of the English-speaking provinces, more advanced than Québec in other respects, have much to learn from her in matters of social organisation and religious life, and in respect for minority rights.

Social spirit, Religion, Education

It is now generally conceded that this province is the best ruled in all that relates to social order, interdependance of capital and labor, respect for property and individual rights, etc. We accept the compliment ; but if it is deserved, it is not due to any superiority of our people in matters of government and public legislation : in this, the Anglo-Saxon could easily claim priority over French and Celt. Our social qualities are the product of long inherited traditions and deep moral causes : family life, religious organisation, system of education and, above all, the living influence of the Church and its « hierarchy » whose sinister designs are so frequently denounced, outside of Quebec, in Twelfth-of-July expostulations. If the social and material results of this state of things are so appreciated by our English-speaking neighbours, why should they dread its moral inspiration ? On the contrary, they ought to encourage, by all means, the influence of the Catholic Church over its adherents. The more so, that, ever since the French-Catholic majority has ruled the province, the exercise of this internal influence by the Church has coincided with the most absolute respect for the liberties of non-catholics.

Whatever may be said of its shortenings in other respects, Quebec stands as the banner province of Canada in every thing which ensures to all minorities, religious or racial, the amplest liberty to worship God, to govern their Church and to educate their children according to the exigencies of their conscience. We have, at the present time, in Montreal, a complex problem of education, or rather of school management, affecting Jews and Protestants. Most likely it will have to be solved by a decision of the Catholic-French majority. There is, both among the Jews and the Protestants, a clear-cut division of thought. Some want to keep their school in common ; others ask for separation. French-Canadians, and Catholics generally, are likewise divided as to which solution should prevail. But none of them has ever suggested, nor would even dream of imposing upon either Protestants or Jews a solution repugnant to their conscience.

The Language Problem

Likewise, in matters of language. The vast majority of French-Canadians admit the undeniable fact that English is, at present, and will likely remain the language of communication between all classes of Canadians ; and, therefore, that it should be taught in all schools. We claim for ourselves the right, natural, historical and constitutional, to have the French language taught to our children, in all public schools attended by a sufficient number of them, in every province. With some of the most enlightened English-Canadians, we believe that the preservation and diffusion of the French language throughout Canada would be an invaluable intellectual asset to the nation, and one of the most effective means of preserving our common nationality from the penetrating influence of Americanism. But none of us would go to the lenght of imposing the study of French, even in the province of Quebec, upon any unwilling community or individual.

To sum up, we hold that education is primarily a function of the parents and the Churches ; that the school should be, as much as possible, the extension of the family and the temple : and that the State should confine its intervention to helping the parents and the Churches perform their sacred trust in regard to the children, while looking to the proper administration of school funds, hygienic conditions in school houses, and so forth.

In this again, we maintain the best British traditions against modern Yankeeism (and Prussianism). And in so doing, we remain faithful to principles laid down in most of the international instruments upon which the sign and seal of Canada have been affixed since the Great War. In every one of those Treaties, under which new nations were born or old nations revived, privileges have been stipulated in favor of minorities, with regard to education or language, which are still denied in most of the English-provinces of Canada to the descendants of its pioneers — although such privileges were part and parcel of the federal pact concluded in 1867.

The Melting-Pot

In those matters, we are confronted with the argument that « national » schools (so-called) are necessary to mould into one common spirit and patriotism the coming generations of our heterogeneous people : the « melting-pot » theory of the United-States. But it stands condemned in the light of experience. It failed in Ireland, in Wales, in Flanders, in Alsace-Lorraine, in Poland, in Schleswig, in Lithuania, in Galicia, in Malta, whereever a conquering power or an ethnical majority has endeavoured to

« assimilate » a minority by the legal or scholastic enforcement of certain tenets, religious, lingual or merely cultural. In the United-States themselves, the most enlightened educationists, the clear-sighted observers of social life, have to confess the bankruptcy of the « national » school system. It has lowered the standard of morality, sapped the sources of spiritual life, destroyed or at least weakened the geniality of the individual ; it is threatening the religious and social life of the nation. It has engendered a boastful jingoism ; but it has failed to reach its primary object : the eradication of patriotism. In this as in many other respects, there are today more symptoms of national disintegration (not to be confounded with *secession*) in the great Republic than on the morrow of its Civil War.

It may be thought that too much emphasis is being placed upon this one aspect of the national situation. In our humble opinion, it cannot be too carefully scrutinized and reflected upon. It is *the* question upon which French and English Canadians are most deeply divided. It goes to the root of our moral conception of the social order ; it has been the most constant cause of misunderstandings, of religious and racial strifes, of irritation, rancour and prejudice. So long as French and other minorities in English Canada are not treated in the same manner — which means not necessarily the same legal technicalities — as governs the treatment of minorities in this province, there is bound to be disaccord, diffidence and disunion. Once this vexed question is settled according to the spirit which gave birth to Confederation, all other differences can be adjusted with comparative ease.

Henri Bourassa a

---

a. Henri Bourassa, « Bonne entente ». A word of cordial welcome and friendly explanation to our visitors », *le Devoir*, 29 janvier 1925.

Document nᵒ 68

1930 — LETTRES DE NOBLESSE DU FRANÇAIS CANADIEN

Publié en 1930, le Glossaire du parler français au Canada *constitue sans doute la principale réalisation de la Société du parler français* [a]. *Cet ouvrage important — plus de dix mille mots y sont répertoriés — comporte cependant des limites. D'abord, et contrairement à son titre, l'ouvrage ne porte que sur le Québec et ne tient pas compte du parler français des provinces anglaises. Ensuite, il ne constitue pas un dictionnaire général de la langue française du Québec. C'est essentiellement un lexique de mots populaires contenant les formes d'origine canadienne et celles qui, n'appartenant pas à la langue française académique, ont leur origine dans les dialectes ou parlers populaires des provinces de France. Le* Glossaire *représente néanmoins un aspect important de la lutte pour le français au Canada. C'est un véritable monument à la gloire des vieux mots que la Société du parler français a érigé avec la volonté d'affirmer la continuité et l'authenticité françaises des habitants du Québec.*

Ce travail fut entrepris dès la fondation de la Société en 1902. Le Glossaire *représente donc le fruit d'un quart de siècle d'efforts continus. Il fut réalisé grâce à la collaboration de plus de deux cents correspondants disséminés par tout le Québec — et singulière- ment dans les collèges et les séminaires — qui fournirent au Comité d'études de la Société des observations linguistiques de toutes sortes. Il revenait ensuite aux membres du Comité d'études de définir, d'analyser et de classer les termes après en avoir cherché l'origine. Ce sont eux qui ont confectionné le* Glossaire.

Plusieurs personnalités participèrent aux travaux du Comité d'études. Parmi celles-ci, on relève les noms de Jules-Paul Tardivel, Pierre Boucher de la Bruère, Mᵍʳ Paul- Eugène Roy, Mᵍʳ J.-C.-K. Laflamme et l'abbé Stanislas Lortie. Mais deux personnes ressortent sans lesquelles le Glossaire *n'aurait peut-être pas vu le jour : Adjutor Rivard et Louis-Philippe Geoffrion, tous deux hommes de loi par profession et philologues par amour de leur langue maternelle. Il leur revenait de plein droit de signer la préface (reproduite plus bas) du* Glossaire [b].

* * *

Adjutor Rivard (1868-1945) naquit à Saint-Grégoire-de-Nicolet le 22 janvier 1868 et fit ses études classiques au Petit Séminaire de Québec et ses études de droit à l'Université Laval. Il fut admis au Barreau en 1891, exerça sa profession d'avocat à Chicoutimi et à Québec et fut élu bâtonnier du Québec en 1918. À l'hiver de 1921, il fut nommé juge à la Cour du banc du roi (aujourd'hui : Cour d'appel du Québec) et y siégea jusqu'à sa retraite survenue en janvier 1942. Il fut également chargé de cours à la Faculté de droit de Laval.

Adjutor Rivard consacra ses loisirs à l'étude du français. Auteur en 1898 d'un Art de dire, *qu'il reprit en 1902 avec son* Manuel de la parole, *il fonda, cette même année, la Société du parler français au Canada et en dirigea longtemps le secrétariat général.*

a. Sur la Société du parler français, voir le document nᵒ 42.
b. Camille Roy, « le Glossaire du parler français au Canada », *le Canada français*, vol. XVIII, nᵒ 6, février 1931, p. 380-390.

En 1912, il fut le principal organisateur et le secrétaire du premier Congrès de la langue française tenu à Québec. En 1914, il publia son Étude sur les parlers de France au Canada [c].

En 1907, il participa avec les abbés Stanislas Lortie et Paul-Eugène Roy à la fondation du journal l'Action sociale *de Québec (aujourd'hui :* l'Action). *Fait chevalier de Saint-Grégoire-le-Grand en 1914, il était depuis 1925 membre du Comité permanent des congrès eucharistiques.*

*Membre de la Société royale du Canada depuis 1908, on lui doit quelques ouvrages juridiques et littéraires (*Chez nous *paru en 1914 et* Chez nos gens *paru en 1917)* [d].

⁂

Louis-Philippe Geoffrion (1875-1942), né à Varennes d'une famille paysanne, fit ses études classiques au Collège de L'Assomption et ses études de droit à l'Université Laval de Québec. Admis au Barreau en 1897, il exerça sa profession pendant six ans à Montréal. En 1903, il devint secrétaire particulier de Lomer Gouin, alors ministre des Travaux publics, plus tard premier ministre du Québec. En janvier 1912, il fut nommé greffier de l'Assemblée législative et directeur des élections provinciales, postes qu'il occupa jusqu'à sa mort en septembre 1942.

Directeur, puis secrétaire général (1918-1936) de la Société du parler français au Canada, il publia en 1926 des études linguistiques sous le titre de Zigzags autour de nos parlers. *Cet ouvrage lui valut l'élection à la Société royale du Canada. Il était également membre de l'Institut canadien de Québec et de la Société de géographie de Québec* [e].

Ce glossaire est l'œuvre de la Société du Parler français au Canada.

Durant plus d'un quart de siècle, cette société a patiemment poursuivi les travaux entrepris au lendemain de sa fondation en 1902, travaux tous assortis au dessein que révèle déjà son nom et qui est l'étude, la défense et l'illustration du français écrit ou parlé dans la province de Québec. Mettant en œuvre les moyens d'action que lui fournissait le concours de ses adhérents, elle a travaillé pour que cette langue s'épure, se corrige, reste toujours saine et de bon aloi ; pour qu'elle vive, qu'elle évolue, en se pliant aux exigences de conditions nouvelles, mais naturellement, suivant les lois qui lui sont propres, sans rien admettre qui ne s'ajuste à son génie, sans jamais cesser d'être française dans les mots comme dans les tours ; pour qu'elle s'étende aussi, mais sans heurter les ambitions légitimes, et dans le juste exercice de ses droits ; pour que le verbe français, enfin, demeure l'expression des vertus de notre race.

---

c. Dans sa *Bibliographie linguistique du Canada français*, Québec, Les Presses de l'Université Laval, 1966, Gaston Dulong dit de cet ouvrage : « C'est le livre le plus pertinent jamais écrit sur le sujet et qui conserve encore toute son actualité. » (Page 86.)

d. Sur Adjutor Rivard, voir notamment Mgr Arthur Maheux, « Un grand Canadien : Adjutor Rivard », *le Canada français*, vol. XXXIII, no 1, septembre 1945, p. 39-42.

e. Sur Louis-Philippe Geoffrion, voir notamment Aimé Labrie, « Monsieur Louis-Philippe Geoffrion », *le Canada français*, vol. XXX, no 1, septembre 1942, p. 83-93.

Ce n'est pas le lieu de dire tous les soins que la Société a pris pour la réalisation de son programme, ni dans quelle mesure elle peut y avoir réussi ; elle ne présente aujourd'hui que son œuvre lexicographique.

C'est en effet, à l'établissement d'un glossaire du parler franco-canadien qu'elle a dû s'employer d'abord. Cette entreprise était nécessaire pour atteindre le double but qu'elle se proposait : l'étude scientifique du langage de notre peuple, et la correction des fautes qui s'y trouvent. Le premier objet n'est pas moins pratique que l'autre. L'examen, au point de vue purement philologique, d'une langue transplantée, située comme la nôtre dans des circonstances exceptionnelles, est utile en vue même de l'épuration de cette langue et du perfectionnement dont elle peut être susceptible. Ne faut-il pas connaître la valeur d'un produit phonétique, ou d'un substitut lexicologique, avant de le proscrire ou de lui accorder le droit de cité ? Si l'on n'a pas soin de donner cette base à la correction du langage, on risque de tomber dans les excès d'un purisme exagéré ou d'une barbarie sans contrainte. Pour se livrer à ces études nécessaires sur notre parler, il fallait d'abord avec méthode, en recueillir les éléments ; et la Société entreprit de faire le relevé des formes de langage qui caractérisent le français du Canada.

Ce n'était pas une initiative nouvelle ; la Société aime à rendre un juste tribut d'hommage à ceux qui, avant elle, y avaient travaillé, Maguire, Meilleur, Gingras, Caron, Buies, La Rue, Dunn, Sulte, James Roy, Maximilien Bibaud, Tardivel, Manseau, Legendre, Paul de Cazes, Faucher de Saint-Maurice, Lusignan, Fréchette, Clapin, Rinfret, ont été nos devanciers. Leurs efforts ont inspiré notre œuvre. Mais nous ne pensons pas qu'ils aient tout fait et qu'après eux il n'y ait plus qu'à glaner. Eux-mêmes le savaient bien, et que leurs travaux n'étaient pas complets, et que la tâche n'était pas finie. Ils accomplissaient ce que les circonstances peu favorables leur permettaient ; ils se disaient sans doute que d'autres viendraient qui pousseraient plus loin l'entreprise. En effet, les belles études de la philologie romane permettent aujourd'hui de porter sur les phénomènes linguistiques un jugement plus sûr, alors que cette science, au jour où nos prédécesseurs écrivaient, ne fournissait sur plus d'un point que des solutions incertaines, souvent erronées.

Quant au relevé des mots franco-canadiens, si nous croyons l'avoir fait plus complet et plus sûr, c'est que nous disposions de moyens que n'avaient pas nos devanciers. Pour mener à chef la vaste enquête que la Société inaugurait en 1902, et qu'elle a poursuivie sans relâche pendant vingt-cinq ans, elle a pu profiter du concours persévérant et dévoué de ses correspondants. Au nombre de plus de deux cents, distribués dans toutes les parties du pays, ils exploraient chacun leur région, notaient les mots, les acceptions, les prononciations caractéristiques, dressaient des listes d'expressions entendues, établissaient même des lexiques locaux, et fournissaient ainsi aux comités d'étude de la Société des matériaux si nombreux qu'un seul explora-teur n'aurait jamais pu en recueillir autant. Le travail que nous présentons au public repose sur plus de deux millions d'observations ainsi faites, et qui couvrent tout le territoire de la province de Québec.

Il convient peut-être, ici, de remarquer que c'est, en effet, à ce territoire seulement que notre enquête se rapporte, de sorte que les mots « au Canada », dans le titre du *Glossaire*, pourraient se lire : « au Bas-Canada ». Nous n'avons relevé aucune des particularités qui peuvent s'être introduites dans le langage des groupes situés à l'ouest de notre province, non plus que les formes caractéristiques du parler des Acadiens. De ces dernières, plusieurs ont cependant pénétré chez nous, et nous les avons notées ; mais l'acadien proprement dit occupe une aire spéciale dans les provinces de l'est, et mérite d'être étudié à part. Nous considérons que le parler du groupe plus considérable des Canadiens français, habitants de la province de Québec, peut être dit proprement le français du Canada. C'est pourquoi nous maintenons tel quel le titre de notre *Glossaire.*

Ajoutons enfin que les diverses observations recueillies comme nous venons de le dire ont été soigneusement contrôlées ; la Société n'a voulu admettre dans son *Glossaire* que les formes dont plusieurs témoins sûrs et compétents attestaient l'usage courant.

Il serait sans doute inutile de décrire comment chacun de ces mots a ensuite été étudié dans ses origines possibles, son histoire, sa signification, puis enregistré avec les notes qui ont paru propres à en faire connaître le caractère et la valeur. Nombre de termes et de sens qui nous avaient été signalés, et qu'on trouve aussi dans des glossaires canadiens déjà parus, ont été éliminés : ils appartiennent au français d'école. Car notre *Glossaire* a ceci de particulier, et qui le distingue de certains lexiques des parlers de France, il ne renferme pas tout le vocabulaire de notre peuple. Notre parler, on l'a souvent démontré, est un français régional, où se rencontrent, comme dans toute langue populaire et surtout dans toute langue transplantée, des archaïsmes, des formes dialectales et des néologismes. Mais, parce qu'il est essentiellement français dans son fonds, il eût fallu, pour en donner le lexique complet, transcrire d'abord presque tout le dictionnaire officiel ; nous n'avons donc enregistré que les formes particulières qui, n'appartenant pas à la langue académique d'aujourd'hui, donnent au parler populaire et familier de chez nous son cachet particulier. « Dans tout pays civilisé, écrit justement M. Henri Bauche [1], il existe, indépendamment des argots divers, des patois locaux et des dialectes provinciaux, deux façons principales et distinctes de parler l'idiome national. La première, suivant le pays, la race, la nature de la langue, l'écriture, les mœurs, la civilisation, doit être nommée langue *écrite,* ou *correcte,* ou *classique,* ou *littéraire,* ou *officielle,* ou *académique ;* tandis que la seconde sera qualifiée, selon le cas, de *langue parlée,* ou *populaire,* ou *vulgaire.* » C'est la langue parlée, et parlée par le peuple, que nous étudions dans ce glossaire ; et nous y relevons seulement ce qui n'a pas été ou n'est plus admis dans la langue académique.

Est-ce à dire que rien de ce qui est enregistré dans le *Glossaire* ne puisse être considéré comme français ? Loin de là. Un mot peut avoir de la naissance, être d'une bonne langue, et cependant n'être pas académique. Toute la langue française n'est pas dans les dictionnaires officiels. Ceux-ci ont l'usage pour règle ; mais « un mot n'est pas mort, parce que nous ne l'employons plus », dit l'Académie française elle-même ; il est des termes « que nous avons délaissés, mais qui n'en font pas moins partie des meilleures et des plus durables richesses de notre langue [2] ». Aussi Emile Faguet soutenait-il que la langue française du Canada « a toutes les chances du monde d'être excellente, parce qu'elle se compose d'archaïsmes [3] ». Et parmi les mots qui sont nouveaux ou que nous tenons des dialectes français, n'y en a-t-il point aussi de bonne venue et qui mériteraient d'être favorablement accueillis ?

---

1. *Le langage populaire* (ouvrage couronné par l'Académie française), Paris, 1928, p. 17.
2. Préface du *Dictionnaire,* éd. de 1877, page ix-x.
3. Voir *Bull. du Parler français,* vol. I, p. 86.

Nous n'entendons pas porter un jugement sur chacun des mots inscrits au *Glossaire* ; nous laissons ce soin au lecteur, après lui avoir fourni les éléments qui permettront à son bon goût de se prononcer. En feuilletant ce volume, les uns chercheront à s'assurer de la légitimité d'un archaïsme ou de quelque produit nouveau ; d'autres se plairont plutôt à y relever la trace des dialectes d'oïl ; celui-ci s'en servira pour corriger son langage, celui-là, pour l'enrichir ; plusieurs, peut-être, se contenteront du plaisir qu'on éprouve à écouter les sons savoureux d'un parler du terroir français... Nous ne prétendons dicter à personne le meilleur usage à faire de notre glossaire.

Il nous paraît certain, cependant, qu'on y prendra une idée plus juste du caractère essentiel de notre parler populaire. C'est la langue de l'Ile-de-France, telle qu'elle était déjà répandue dans les provinces du centre, du nord et de l'ouest, lors des grandes émigrations en Amérique ; nos pères, venus de ces régions, nous l'ont léguée, et nous l'avons conservée, avec certaines particularités provinciales, qui, légitimes ou irrégulières, n'attestent pas moins que les archaïsmes la survivance chez nous du génie de l'idiome.

A ceux qui ont quelque souci de leur « parlure », ce glossaire permettra, nous l'espérons donc, de faire le départ de ce qui est bon et de ce qui l'est moins ; au besoin, il leur fournira l'équivalent des expressions à proscrire, des anglicismes surtout. Il sera utile aussi à ceux qui pensent que notre langue littéraire s'enrichirait heureusement de quelques termes pittoresques, qui ont de la naissance, et qui conviennent à l'expression des choses de la vie canadienne.

Il est peut-être bon d'en prévenir le lecteur, la Société du Parler français au Canada n'a pas la prétention d'avoir fait une œuvre définitive. Le lexique d'une langue vivante n'est jamais complètement établi : quand on l'a fini, c'est déjà l'heure de le recommencer. A la confection de celui-ci, nous avons apporté beaucoup de soin ; mais que de lacunes encore, que d'erreurs peut-être ! Aussi, de ce qu'un mot ne se trouve pas dans notre répertoire, on ne devra pas conclure nécessairement qu'il est français : il a peut-être passé inaperçu. De même, qu'on prenne garde qu'une expression peut fort bien se rattacher au vieux français ou à quelque dialecte, quoique sa source ne soit pas indiquée : sa provenance a pu nous échapper. De quelque nature que soient les omissions ou les erreurs, les rédacteurs du *Glossaire* seraient heureux si le lecteur averti voulait bien leur signaler celles qu'il découvrira.

Avant de finir, la Société du Parler français au Canada se fait un plaisir d'adresser l'hommage de sa vive gratitude à ceux qui lui ont prêté leur concours, comme à ceux qui ont collaboré à cet ouvrage. Elle tient particulièrement à consigner ici les remerciements qu'elle doit au Gouvernement de Québec, qui a généreusement mis à sa disposition une bonne partie des ressources dont elle avait besoin pour publier le *Glossaire.*

Adjutor Rivard
ancien secrétaire général,

Louis-Philippe Geoffrion [f]
secrétaire général.

---

f. Société du parler français au Canada, *Glossaire du parler français au Canada,* Québec, Les Presses de l'Université Laval, 1968, XIX et 709 pages.

Document n° 69

1934 — « *DEVENONS NOS PROPRES MAÎTRES.* »

Albert Lévesque est né à la Rivière Ouelle (Kamouraska) en 1900. Après ses études secondaires au Collège de Sainte-Anne-de-la-Pocatière et des études de droit à l'Université de Montréal, il obtient en 1926 la licence de l'École des sciences sociales de l'Université de Montréal.

De 1926 à 1937, il dirige une maison d'édition et publie plus de deux cents ouvrages d'auteurs canadiens-français sur les sujets les plus variés. De 1930 à 1937, il assure la rédaction et la publication de l'Almanach de la langue française. *Directeur de la* Société du bon parler français, *il participe activement à la fondation de la* Société des écrivains canadiens *dont il est le premier secrétaire. En 1937, il met sur pied et dirige le Service de l'aide à la jeunesse d'où sortira plus tard le ministère de la Jeunesse. Il sera également directeur de l'Office du tourisme, organisme rattaché au ministère du Commerce et de l'Industrie.*

Il est l'auteur de plusieurs articles de journaux et de revues. Il a collaboré notamment à l'Action française et à l'Action nationale. On lui doit également quelques essais sur le Canada français dont la Nation canadienne-française *(1934) et* la Dualité culturelle au Canada *(1960)* [a].

* * *

Dans le passage suivant de la Nation canadienne-française, *Albert Lévesque tient la religion pour le premier devoir d'un peuple catholique et accuse les Irlandais de chercher, par l'école et la paroisse, à dénationaliser les Canadiens français. Il dénonce les deux dangers de l'emprise du capital étranger (il parle même de colonialisme économique) et de la doctrine de l'unitarisme national canadien. Il appelle les Canadiens français à la défense de leurs droits et mise sur une politique d'éducation nationale.*

Notre *situation politique* de droit est celle de *l'égalité absolue.* Les éléments essentiels de notre héritage moral, religion et langue, ont obtenu des garanties de sécurité suffisantes. Mais, en fait, cette sécurité « retombe à la merci des contingences politiques » et de multiples écueils ont ainsi surgi de la mauvaise volonté de nos associés.

Quels sont les principaux écueils et comment les éviter ?

Essayons d'y répondre.

a) L'élément le plus précieux de notre héritage moral, c'est, sans contredit, *notre religion.* Pour un peuple catholique, la fidélité à sa religion doit dominer le souci de toutes les autres fidélités. Elle doit même les inspirer et les ordonner.

---

a. Albert Lévesque, *la Dualité culturelle au Canada, hier, aujourd'hui, demain,* Montréal, Les Éditions Albert Lévesque, 1960, 255 pages.

Ainsi l'exige la hiérarchie des valeurs ; ainsi l'ont toujours enseigné et voulu nos chefs et nos ancêtres ; ainsi l'enseignent et le veulent nos maîtres de l'heure et la génération montante.

Mais notre religion, parce que catholique et universelle, parce que puissance morale surnaturelle, dominant les énergies humaines, ne peut avoir pour mission de les immoler, ni même de les paralyser.

Le peuple canadien-français n'est pas sans avoir connu des conflits dont la foi religieuse fut l'objet.

Aux lendemains de 1760, il a fallu toute l'énergie et l'habileté d'un clergé vigilant, maître vénéré d'une population docile et disciplinée, pour résister à l'assaut du conquérant, ennemi juré du catholicisme romain. La lutte, cette fois, était ouverte. C'étaient deux croyances différentes qui se disputaient la primauté sur notre peuple. C'était le pouvoir politique qui se heurtait à la résistance du pouvoir ecclésiastique. Mais un conflit beaucoup plus délicat a été provoqué.

Depuis plus de vingt ans, une mésentente déplorable sévit entre nous et nos coreligionnaires de race irlandaise. De tous les dangers qui ont menacé, d'un même geste, notre foi et notre nationalité, nous n'en avons pas rencontré, au cours de notre histoire, de plus dangereux ni de plus délicat. La discorde existe au Canada, et même aux Etats-Unis, partout où les deux races catholiques viennent en contact et où nos coreligionnaires de race irlandaise sont investis de quelque autorité sur notre peuple. Le fait est trop constant et trop général pour ne point procéder d'un état d'esprit ou de conception bien déterminé. Osons regarder au fond de cette mésentente. Passer à côté d'un problème ou l'ignorer, n'est pas le solutionner, abordons-le, en toute franchise, mais avec l'esprit de foi et de charité dont les catholiques ne se doivent jamais départir en leurs controverses.

Rien de cette mésentente n'existerait, croyons-nous, si nos coreligionnaires n'oubliaient ce fait fondamental que le nationalisme canadien-français n'est pas à base de simple racisme, mais fondé sur des bases juridiques indiscutables. Autrement dit, la nation canadienne-française n'a rien de certaines petites nationalités européennes essayant de se faire dans un Etat une situation toute neuve, invoquant le faux principe de la *self-determination* et bousculant plus ou moins les droits des autres nationalités et la paix du pays pour se faire leur place au soleil. La nôtre fonde au contraire son droit de vivre et de vivre sans entraves sur une longue tradition juridique et d'une telle clarté et d'une telle force que si on la met en doute ou si l'on prétend la détruire, nous ne voyons plus quel droit pourrait bien encore subsister au Canada. Le droit de vivre de la nation canadienne-française se fonde sur le traité de cession de 1763 ; il se fonde sur *l'Acte de Québec* de 1774 et sur *l'Acte* de 1791, constitutions issues de l'autorité impériale et qui restituaient ou accordaient à notre nationalité ses droits civils et religieux, les libertés parlementaires britanniques et érigeaient le Bas-Canada, en province séparée, parce que province française ; ce droit de vivre se fonde encore sur les abrogations effectives des articles persécuteurs de *l'Acte d'Union* de 1841, abrogations prononcées à la fois en 1842 et en 1848, par le parlement impérial et par le représentant de Sa Majesté britannique au Canada ; ce droit de vivre se fonde enfin sur *l'Acte de l'Amérique britannique du Nord* de 1867 où la nationalité canadienne-française a figuré, non comme une race mineure ou mendiante, mais comme l'une des deux races fondatrices de la Confédération canadienne, comme l'une des deux races contractantes, et contractant à droits égaux avec la race anglo-canadienne. De par la lettre et de par l'esprit de la Constitution fédérative de 1867, les Canadiens français sont aussi chez eux au Canada et y jouissent d'autant de droits que les Anglo-canadiens et participent autant que ceux-ci à la souveraineté de leur pays. L'un des pères de la Constitution fédérative, Sir John MacDonald, et l'un de ceux qui avaient le plus d'autorité pour la commenter, s'en expliquait sans ambages en 1890 : « Nous avons maintenant une constitution sous l'égide de laquelle tous les sujets britanniques sont *dans une condition d'absolue égalité jouissant de droits égaux en tout domaine : langue, religion, propriété, droits personnels.* [1] Pourquoi oublie-t-on ce principe fondamental et toute cette vérité historique ? Le Canada n'est pas un Etat anglais ; c'est un Etat anglo-français, un Etat officiellement bilingue de l'Atlantique au Pacifique, et ce, qu'on ne l'oublie pas non plus, de par la *volonté unanime* de toutes les parties contractantes de 1867. C'est encore MacDonald qui a pris la peine d'en avertir son pays : « *Les délégués de toutes les provinces ont consenti à ce que l'usage de la langue française formât l'un des principes sur lesquels serait basée la Confédération, et que son usage tel qu'il existe aujourd'hui, fut garanti par l'Acte impérial.* » [2]

Que résulte-t-il de cette démonstration ? Cette simple mais douloureuse vérité : que de se servir de l'école ou de la paroisse pour dénationaliser les Canadiens français, c'est attenter au droit sacré d'une des deux races fondatrices de la Confédération canadienne, dédaigner ou fouler aux pieds l'une des lois fondamentales de notre pays, y introduire par conséquent l'un des plus dangereux éléments de discorde et compromettre indéfiniment la paix générale du Canada.

C'est, en outre, aux yeux du peuple, nous voulons dire toute notre pensée, déconsidérer la religion, en perpétrant sous son manteau pour des prétextes que rien ne peut justifier, des violations de droit auxquelles un peuple fier ne se soumet jamais sans un drame affreux de conscience et sans des motifs transcendants. Et quels motifs et quel intérêt si puissants du catholicisme demanderons-nous, exigent si impérieusement que l'on viole contre toute une nation l'une des lois fondamentales du Canada ? Sans doute, le catholicisme passe avant le nationalisme. Et les Canadiens français acceptent franchement cet ordre essentiel quoique profèrent certaines gens qui portent plus facilement leurs accusations qu'ils ne les prouvent. Mais le principe vaut pour toutes les races et pour tout le monde. Et ce que les Canadiens français ont le droit d'attendre c'est qu'on leur disent enfin quelle nécessité si impérieuse, quel intérêt petit ou grand de l'Eglise, et sur quelque point du territoire canadien, leur commandent le sacrifice de l'un de leurs droits essentiels, et jusqu'au sacrifice même de leur avenir national.

Ils veulent la paix ; ils la veulent autant sinon plus que personne. Leur histoire démontre assez qu'ils n'ont jamais exigé plus que leur part légitime de libertés et de privilèges ; ils furent et ils sont encore le peuple qui a plutôt négligé la défense de son droit qu'il ne l'a défendu avec outrance. Ils ne demandent pas la charité à leurs coreligionnaires ; ils ne demandent que la justice, celle qu'on leur refuse de moins en moins dans les hautes sphères politiques. Ne serait-il pas vraiment extraordinaire, qu'après la détente générale dans tout le monde anglo-canadien, et le récent et grand effort du gouvernement ontarien pour rendre justice aux Canadiens français de sa province et écarter un malheureux obstacle à la paix du pays, l'esprit de persécution et de discorde s'obstinât à régner dans un monde qui, par sa vocation sublime, doit personnifier ici-bas l'esprit de paix, de charité et de justice ?

---

1. *Debates, House of Communs*, 1890, Cal. 745.
2. *Débats sur la Confédération*, pp. 786, 943.

Que feront les Canadiens français si l'agression devait continuer ? Ils ont sûrement le droit de se défendre, à la seule condition de le faire en ne sortant pas des limites du droit et du respect. Il y a dans l'Eglise des tribunaux supérieurs où ces litiges doivent être portés. Il faut se tourner de ce côté avec confiance. Il est fort douteux que les suprêmes autorités ecclésiastiques veuillent tolérer longtemps ce que tout à l'heure nous appellions à juste titre, la violation de l'une des lois fondamentales de l'Etat canadien, surtout quand aucun intérêt religieux, ni réel ni apparent, ne peut justifier pareille violation.

* * *

b) Notre Constitution politique accorde l'*égalité* de droits et de privilèges. Cette concession affirme l'égalité juridique et politique de la langue française au Canada. Car *la langue* est le premier élément constitutif essentiel de la personnalité nationale. Elle en est l'expression même. Elle en caractérise la physionomie morale. Autour d'elle s'attachent les affinités du sang, la communauté d'histoire, la série des traditions, les vertus de la culture. C'est elle qui, aux heures critiques de la nation, incarne l'unité des aspirations, exprime le même vouloir-vivre collectif.

« La langue, dit Charles Lahr, s.j., est le premier signe de la nationalité. Un peuple sans une langue nationale n'est qu'une moitié de nation. Une nation doit garder sa langue plus soigneusement que son territoire. C'est sa plus solide forteresse et son plus solide rempart. La langue est l'âme de la nation ; c'est le génie du peuple ; ce sont ses croyances, ses traditions, les formes de son esprit et de son cœur qu'elle conserve, qu'elle incarne et qui survivent en elle. Elle est la clef de son histoire, de sa psychologie, de sa littérature. » [3]

Cette notion fort compréhensive implique de sérieuses conséquences dont il convient d'énumérer les principales :

1o Chaque assaut que subit notre langue est donc une menace à la personnalité nationale elle-même. Qui dit lutte pour la langue, dit lutte pour la nation.

2o Les Canadiens français sont donc justifiables de défendre leur langue, quelle que soit la source ou la nature des attaques, pour les mêmes motifs qui justifient la résistance aux atteintes contre la vie, contre l'être national lui-même.

3o L'Etat fédéral canadien, en reconnaissant la dualité et l'égalité des langues par le bilinguisme officiel, a donc consacré la dualité et l'égalité des nations ; en sanctionnant les droits de la langue, a sanctionné les droits de la nation.

4o Il s'ensuit que réclamer le respect du bilinguisme officiel ne peut être une question de détail, puisque c'est réclamer le respect même des nations qui composent le pays.

5o Il s'ensuit que les minorités canadiennes-françaises, en réclamant leurs droits à enseigner la langue française, ne font que réclamer « l'expression même de leur personnalité nationale », consentie et acceptée par l'Etat fédéral et toutes les provinces du pays.

---

3. *Cours de philosophie*, tome II, page 217.

C'est donc, en toute justice, en toute légitimité, sans crainte de verser dans le nationalisme de race, ou le « nationalisme outrancier », que les Canadiens français ont le droit de lutter contre les ostracismes qui s'attaquent à leur langue.

Leur résistance peut être active ou passive, selon les chances de succès de l'une ou l'autre méthode. Refuser la soumission aux lois qui proscrivent l'enseignement du français dans les écoles publiques ; en appeler aux tribunaux responsables et jusqu'au Parlement fédéral ; invoquer non pas uniquement la lettre de la constitution, mais surtout son esprit et les conclusions qui se dégagent logiquement de certaines garanties explicites et de certaines déclarations officielles ; organiser en marge de la loi un système scolaire conforme au droit de la nation ; utiliser la députation provinciale et fédérale ; demander l'intervention solidaire du Québec ; protester enfin, avec assez de publicité tenace et méthodique, pour que les griefs mettent en jeu la paix ou la mésentente nationale ; voilà quelques modes d'agir qui ont obtenu des succès, dans le passé, et qui presseront la victoire définitive de demain.

* * *

c) Si notre religion, notre langue méritent protection et défense contre les écueils dénoncés et par les méthodes indiquées plus haut, que penser de la *nation elle-même*, dans son intégrité ? L'être national, sans être le bien et la fin suprême, est en soi un bien et une fin qui valent d'être conservés et poursuivis par des modes d'agir déterminés. La variété et le développement des entités nationales sont mêmes un bien universel, aussi longtemps qu'ils n'entravent pas le développement des autres nations qui se partagent l'humanité. Ce n'est pas, d'ailleurs, quand la personnalité d'un peuple est formée et a obtenu la sanction juridique et politique qu'il faut songer à briser le cours de son évolution.

Les Canadiens français, héritiers de la culture française, enrichis par trois siècles d'adaptations et de conquêtes, ont reçu la sanction juridique et politique définitive de leur être national. Ils sont donc justifiables d'ambitionner la conservation et le perfectionnement de leur personnalité, en se libérant des étreintes qui la menacent ou la paralysent.

Or, les jougs les plus lourds que notre peuple supportent, actuellement, outre ceux qui atteignent, en particulier, notre religion et notre langue, se résument dans une doctrine nouvelle, l'*unitarisme national* dont nous avons déjà parlé.

Sous prétexte de bonne entente et de patriotisme « canadien tout court », et avec l'espérance de fortifier le lien fédéral, on invite tout le peuple canadien à communier aux mêmes sentiments de ce qu'on appelle l'« unité nationale » ; on exalte la « création d'un type national nouveau, le type canadien, harmonisant dans sa personne les génies et les ressources des deux grandes races dont nous descendons », constituant ainsi la *nation canadienne* dans l'Etat canadien. Cet unitarisme contredit ouvertement le fondement même du pacte fédératif à savoir : dualité, et non unité nationale ; union de deux nationalités distinctes cherchant à protéger leur personnalité respective, et non création d'un type canadien, d'une nation canadienne, par la fusion harmonieuse de deux types particuliers issus, l'un de la nation anglaise, l'autre de la nation française.

Cet unitarisme, sorti d'abord de cerveaux anglo-canadiens, est en train de s'accréditer au Canada français par l'autorité de quelques-uns de nos chefs politiques les plus brillants. Nous protestons énergiquement contre une telle déviation dans l'interprétation du statut et de la destinée nationale des Canadiens français. Nous dénonçons cette doctrine unitariste, non seulement comme une erreur grossière et pernicieuse, mais comme une atteinte directe à l'existence même de notre personnalité nationale. Les chefs canadiens-français, qui se prêtent à cette propagande, font œuvre plus dangereuse que ceux qui renoncent à leur langue maternelle. Nous proposons, pour réagir contre cette tendance trop répandue déjà, une vaste campagne de la presse canadienne-française, le souci particulier, chez nos professeurs d'histoire du Canada, de rétablir la vérité constitutionnelle et de respecter la saine tradition.

Tout ce qu'exige la Constitution fédérale c'est l'*unité politique* de l'Etat canadien, par la collaboration déterminée des provinces et l'*union morale* de deux nations distinctes. Tenons-nous en à cet ordre établi. L'Etat fédéral canadien a consacré la dualité nationale, la diversité et l'autonomie provinciales. « Si le régime fédéral a été créé, ce n'est pas pour lui-même, mais pour la prospérité des provinces qu'il associe ; pour reconnaître, affirmer et protéger la dualité nationale et non pour l'immoler. » [4]

La hiérarchie de nos devoirs nationaux, comme citoyens du Canada, se résume donc à consacrer d'abord nos énergies à la conservation et au perfectionnement de notre personnalité nationale, à l'essor de notre province, tout en collaborant, dans la mesure déterminée par le pacte fédéral, à l'unité politique et au développement économique du pays entier.

Chercher à contredire cet ordre, ce serait annuler la raison d'être du pacte fédératif et en précipiter la rupture.

* * *

Notre *situation économique*, nous l'avons noté, est celle du jeune héritier facilement exploité par les voisins. Notre peuple reste la victime du colonialisme économique : Nous entendons, par là, la suprématie du capital étranger opérant dans tout le pays et dans notre province, en particulier. Et par capital étranger, nous comprenons non seulement le capital britannique et le capital américain, mais toute richesse qui, échappant au contrôle des Canadiens français, ne peut contribuer à augmenter leur influence collective et à dégager leur personnalité juridique et politique. Or, nous avons déjà indiqué, selon des calculs justifiables, que les Canadiens français, en 1925, possédaient à peine 14% de la richesse nationale organisée, soit environ 3 milliards 250 millions.

D'autres calculs, aussi justifiables, démontrent qu'en 1926 « la valeur des apports étrangers représente approximativement un vingtième de notre richesse nationale », atteignant ainsi 5 millards 300 millions. [5]

A ce compte la richesse nationale du pays se partagerait ainsi : 66% aux Anglo-canadiens, 20% aux capitalistes étrangers 14% aux Canadiens français. Si nous ajoutons qu'une portion trop considérable de la richesse détenue par quelques Canadiens français sert, par son influence, des fins hostiles au développement de notre nationali-

4. *La Confédération et la jeunesse canadienne-française*, L'Action française, mai-juin 1927.
5. *Le capital étranger*, Valmore-Gratton, *L'Actualité économique*, février 1927.

té, il faut peu de sagacité et beaucoup de naïveté pour nous trouver une attitude de « saules-pleureurs » lorsque nous dénonçons l'invasion sollicité du capital américain. Comment un chef politique peut-il nier le danger d'un capital étranger qui domine la vie économique d'un peuple, quand nul n'ignore aujourd'hui ni ne peut ignorer l'empire de la haute finance sur les démocraties ?

La survivance, et a fortiori, l'épanouissement de la personnalité nationale des Canadiens français restera un leurre tant que leur bien-être matériel dépendra du bon vouloir de nations qui en possèdent la source. L'un des premiers éléments qui indiquent l'existence d'un peuple, c'est la possession collective d'un territoire dont il contrôle les destinées. La sécurité nationale n'est pas menacée uniquement lorsque la force militaire s'empare du territoire à coups de canons. Elle l'est autant, sinon davantage, par l'invasion d'une puissance économique étrangère, qui accapare les ressources naturelles, organise la vie économique selon la loi de ses intérêts égoïstes, inspire et détermine, selon ses volontés, une politique qui n'est plus qu'une scène ridicule où les ploutocrates consentent encore à faire jouer quelques polichinelles, pour apaiser les dernières résistances de l'âme nationale.

Aussi longtemps que la nation ainsi exploitée ne heurtera les intérêts des capitalistes étrangers, rien ne semblera changer au tableau. La prospérité matérielle dissimule même le narcotique qui pénètre et paralyse peu à peu la vie nationale. Mais advienne le jour fatal où les intérêts entreront en conflits, et ce sera l'agonie sous le coup de botte. Les libertés acquises, les droits conquis, sont méconnus : les constitutions, les régimes politiques bousculés ; la religion, la langue, les traditions persécutées ; le maître ordonne et les serviteurs obéissent ou crèvent. Cette peinture n'a rien de fantaisiste. C'est la synthèse historique de la déchéance des minorités qui n'ont pas su craindre pour mieux se protéger. L'Europe fourmille de ces exemples. L'Amérique du Sud en révèle des témoignages vivants.

De ce joug économique, paralysant aujourd'hui l'essor de l'être national, et demain, en menaçant la survivance même, comment nous libérer ? Nous avons trois armes légitimes : le capital et les ressources dont nous restons encore les maîtres ; la politique fédérale et provinciale ; l'éducation du peuple et de son élite.

Le capital, fruit des épargnes du peuple, nous l'avons, sans doute, et plus peut-être que d'autres minorités. Mais il manque d'orientation nationale. Qui la lui donnera ? L'élite et la politique.

Les ressources naturelles, il nous en reste. Mais c'est la politique qui en dispose.

Nous pourrions conclure qu'il faut appuyer notre défense sur la politique et l'élite. Mais une politique nationale, inspirée et déterminée *avant tout* par les intérêts de la nation canadienne-française et ceux de la province où elle ramasse ses énergies, cela semble bien avoir manqué depuis près d'un siècle et ne parait venir à l'horizon. A Ottawa, à Québec avons-nous une représentation qui sauvegarde avant tout les intérêts collectifs des Canadiens français. Quelle arme de combat nous reste-t-il alors ? Le peuple qui résiste et l'élite qui oriente. Mais ce peuple et cette élite ont besoin d'une formation et d'une préparation. Qui la leur donnera ? L'éducation. Tout est là.

L'éducation par qui, où et comment ?

L'éducation par l'instituteur et l'institutrice de l'école primaire, le professeur des collèges commerciaux et classiques ; le professeur des universités. L'éducation au sein des familles issues des nouvelles générations, mieux formées par un enseignement plus adapté aux besoins de l'heure. L'éducation par l'apostolat du clergé, qui, dans son rôle de citoyen, reste soumis aux devoirs nationaux. L'éducation, enfin, et surtout, par *la presse* : journaux quotidiens et hebdomadaires ; revues mensuelles, brochures de propagande et volumes.

Hâtons-nous de créer la puissance rédemptrice de l'élite : noyau de penseurs, pour ceux qui ne pensent pas ou pensent mal ; noyau d'apôtres, pour ceux qui n'agissent pas ou agissent mal ; noyau de compétences pour rivaliser contre les forces rivales ; noyau de chefs, pour suppléer à ceux qui l'étant par fonctions, ne sont que des suiveurs, par lâcheté ou trahison.

L'action seule de cette élite, recrutée dans toutes les classes sociales, depuis le salarié, l'agriculteur, le commerçant, l'industriel, le financier, le professionnel, l'éducateur, l'universitaire nous sauvera. C'est par l'éveil et le développement d'une conscience nationale indépendante, c'est-à-dire libre de la servitude politicienne et ploutocratique, que le peuple, mieux instruit, mieux éclairé, mieux dirigé dans le sens de sa destinée collective, secouera le joug des potentats qui lui préparent un cercueil. Les fruits de cette semence dussent-ils ne profiter qu'à nos petits-fils, l'œuvre vaut la peine d'être accomplie.

Elle vaut la peine d'être accomplie, pour que demain, les Canadiens français, dans tous les genres où se manifestera leur vie spirituelle et matérielle, se suffisent à eux-mêmes et cessent d'agir en élèves résignés à subir toutes les servitudes. Devenons nos propres maîtres ! Que ce soit le mot d'ordre de l'avenir.

Maîtres d'un enseignement primaire, secondaire et universitaire, organisé et dirigé par nos propres éléments nationaux et adapté à nos propres besoins. Maîtres d'une vie littéraire, artistique, scientifique, où l'expression, les caractères et les expériences aient chance de refléter les mœurs, les sentiments, les soucis et les recherches d'un groupe particulier, absorbé à utiliser ses talents et à exploiter les ressources du milieu qu'il habite. Maîtres, encore d'un développement économique, appuyé sur une solidarité et une préférence instinctive, accordant aux producteurs et consommateurs nationaux, les avantages qui secouent petit à petit les jougs de l'exploitation étrangère et acheminent vers l'indépendance nationale et politique.

Albert Lévesque [b]

b. Albert Lévesque, *la Nation canadienne-française, son existence, ses droits, ses devoirs*, Montréal, Les Editions Albert Lévesque, 1934, 161 pages.

Document n° 70

1934 — L'ANGLAIS, POUR ÊTRE MAÎTRE CHEZ NOUS

Né à Montréal, Louis-Athanase David (1882-1953), avocat et homme politique, était le fils de Laurent-Olivier David, avocat, écrivain et sénateur. Membre du parti libéral, il était député de Terrebonne qu'il représenta à l'Assemblée législative du Québec de 1916 à 1936, puis de 1939 à 1940. Secrétaire de la province dans les gouvernements Gouin et Taschereau de 1919 à 1935, il s'occupa d'éducation, de beaux-arts et de santé publique. En février 1940, il était nommé au Sénat du Canada.

Athanase David invite ici à sa manière la jeunesse canadienne-française à se préparer à prendre en main l'économie du Québec. On remarquera la différence d'inspiration entre les positions prises par le fils en 1934 et celles qu'avait prises le père en 1910 [a].

Chez nous, nous le savons trop hélas ! des abîmes ont été creusés entre les deux peuples qu'une bonne volonté nouvelle, à laquelle nous demanderons bientôt des preuves, tente aujourd'hui de faire disparaître. *To bridge the chasm.* Nous faisons allusion, ici, à l'héritier du trône d'Angleterre et à la sagesse du politique averti qui lui faisait affirmer, dans une réunion mémorable, que le *fair play britannique*, source de la puissance anglaise, pouvait seul désormais assurer la puissance canadienne, en lui garantissant, selon son expression : « *Freedom of speech, freedom of language, and mutual respect* ».

....

C'est dans le monde entier, aujourd'hui, l'époque de l'examen de conscience national.

Nous avons fait le nôtre ; nous nous sommes inclinés devant notre passé. Mais avons-nous eu le courage de nous poser cette question : Que nous a donné, au point de vue de l'influence canadienne non seulement dans cette province, mais dans ce qui plus que jamais doit constituer toute la patrie, le Canada, que nous a donné, dis-je, l'idéal qui nous a nourris dans le passé ?

La fortune ? — Non ! Le respect ? — Non ! La paix, l'harmonie, la conciliation ? Notre conscience, si nous voulons la laisser parler, répondra encore : Non !

Ce n'est pas la faillite des luttes du passé que je proclame ; c'est simplement le manque d'affirmation de notre force nationale sur un terrain où nécessairement aujourd'hui nous devons la diriger avec l'appui des capitaux qui autrefois nous manquaient.

N'oublions pas que nous sommes, dans ce pays, les plus anciens, que nous avons fait toutes les démarches en vue de rétablir la paix et d'assurer l'harmonie. Sans abandonner la moindre parcelle de nos droits, et décidés à les affirmer par tous les moyens que la constitution met à notre disposition, nous essaierons par une concurrence loyale, constante et tenace dans le domaine pratique, d'accentuer, pour obtenir une plus parfaite harmonie et une paix plus profitable, l'admiration d'un peuple qui aime la richesse.

---

a. Voir le document n° 47.

Je suis convaincu que la jeunesse n'hésitera pas à entreprendre cette tâche, si elle conçoit que son accomplissement ne doit pas nécessairement faire disparaître, de son esprit et de son âme, notre idéal traditionnel.

Sa marque d'origine latine et française empêchera d'ailleurs qu'elle se laisse gagner par un matérialisme déprimant. Elle se satisfera à la pensée que répondre, au nom du devoir national, à l'appel de l'effort économique est une nécessité, une obligation.

Elle nous demandera, et elle a le droit de nous demander, au moment où nous la chargeons d'assurer notre richesse nationale, l'arme nécessaire, arme sans laquelle son effort, si puissant soit-il, serait inutile : et cette arme, c'est une connaissance parfaite de la langue anglaise.

Je me rappelle avec peine la remarque d'un dignitaire de notre province qui affirmait ne pas aimer à entendre un Canadien français faire usage de l'anglais avec une telle facilité que l'on pouvait confondre son origine nationale. Je prétends, au contraire, que, fiers d'avoir possédé et de posséder encore de profonds patriotes qui ont fait l'émerveillement de nos concitoyens anglais en parlant leur langue mieux qu'eux, nous ne pouvons que désirer les voir devenir plus nombreux encore dans l'avenir.

A l'occasion, nous réclamons les droits de la langue française partout où elle est parlée, et, pour notre province, nous revendiquons l'honneur de fournir l'exemple de la supériorité du bilinguisme. Alors, n'hésitons pas ! Au nom même de nos revendications nationales, faisons en sorte que la jeunesse de demain possède également bien les deux langues. Là repose aujourd'hui notre force ; demain, ce sera notre puissance !

Dans nos collèges commerciaux, on a le souci d'outiller pour l'avenir les jeunes gens par une connaissance assez approfondie de la langue de la majorité.

Mais peut-on vraiment en dire autant de nos institutions secondaires ?

Est-ce à cause du surcroît d'études ? Est-ce dû au défaut de professeurs suffisamment préparés ? Il reste que l'on accorde vraiment trop peu de temps à cette étude et qu'on ne la fait pas toujours de façon assez sérieuse.

On me dira : ''Qu'ont à faire ici les collèges classiques ?'' — Beaucoup ! du moins je le crois.

Si nous consultons la liste des élèves inscrits aux Hautes Etudes, c'est-à-dire à l'école destinée à fournir au commerce, à l'industrie, à la finance, des compétences, que trouvons-nous ? On note les noms de nombreux bacheliers sortis de nos collèges classiques.

A Oka, où nos futurs agriculteurs modernes étudient les méthodes les plus nouvelles et les plus rationnelles pour la culture du sol, on relève les noms d'une trentaine de bacheliers venant de tous les collèges classiques de notre province, et d'une vingtaine d'élèves dont les études classiques ne sont pas terminées.

Cela prouve que nombre de nos jeunes gens à la sortie des collèges classiques, ne craignent plus comme leurs aînés le commerce, l'industrie, l'agriculture ou les sciences appliquées. Et, demain, nous les retrouverons sur un terrain où ils seront tous les jours en concurrence immédiate avec nos compatriotes anglais.

Que les temps sont changés ! Mais ne nous en plaignons pas si nous considérons qu'autrefois l'élève, sortant diplômé d'un collège où il avait reçu une formation classique, ne songeait qu'à l'exercice d'une profession libérale.

Cette mentalité nouvelle qui se crée, cette énergie nouvelle qui s'éveille permettront avant longtemps aux nôtres de rivaliser, soutenus par une émulation que nous devrons encore intensifier, avec l'élément anglo-saxon.

Devant ces faits, n'est-il pas juste d'exiger un meilleur enseignement de la langue anglaise, pour que le jeune homme, à la fin de ses études, puisse embrasser la carrière qui l'attire avec l'espoir d'être l'égal de ceux avec qui il entrera en concurrence.

La culture générale, je l'admets, est nécessaire pour former des compétences, mais subirait-elle une déchéance en répondant aux besoins nouveaux, c'est-à-dire en préparant la jeunesse à la lutte qui s'offre à l'humanité entière : la lutte industrielle et commerciale ?

Que l'on n'entende pas, par cela, que nous donnions raison aux réformateurs qui, il y a quelques années, allaient jusqu'à souhaiter la disparition de l'enseignement classique. Mais, ne devient-il pas urgent de compléter l'étude des sciences abstraites, par l'étude des sciences pratiques et appliquées, et la connaissance des langues mortes, nécessaires pour exercer le cerveau à la gymnastique de la pensée et de la réflexion, par l'étude des langues vivantes ? Qui hésiterait à reconnaître qu'un jeune Canadien français, possédant les éléments nécessaires de ces sciences d'application, et maître des deux langues officielles au pays, pourra, sur un terrain où il n'a pas encore tenté fortune, devenir rapidement l'égal de ses concurrents anglo-canadiens ?

* * *

De même que le génie de la France demeure encore le foyer vivifiant de la pensée, de la science et de l'art dans le monde, de même l'îlot français en Amérique doit rester l'étincelle de ce génie dont elle s'est détachée. Qu'il soit le centre de l'activité intellectuelle, très bien ; mais il faut aussi, quoi qu'on puisse dire, qu'il devienne un centre d'activité matérielle.

Notre survivance dépend du degré de supériorité que nous pourrons affirmer et démontrer, et à une époque où la science pratique assure son emprise sur l'univers, cette supériorité, si on peut dire, requiert une armature parfaite si nous ne voulons pas être frappés au point faible de notre cuirasse.

La tâche pourra paraître immense. Mais pour ceux-là qui, pendant cinquante ans, ont pétri le cerveau de notre jeunesse et lui ont donné sa vie intellectuelle, qu'est-ce qu'un effort nouveau pour donner au peuple l'élément de force indispensable pour lui faire servir la patrie commune par les moyens les plus propres à assurer demain sa survivance ?

Au point de vue purement matériel, cette direction donnée aux hommes qui auront reçu une formation supérieure leur permettra de jouer dans l'industrie, le rôle de médiateur, et de mieux trouver les solutions qui pourront adoucir le heurt que nous constatons aujourd'hui entre le capital et le travail. Ceux-là qui dirigent aujourd'hui l'industrie, le commerce. la finance, ont-ils toujours la formation qui convient pour parler aux ouvriers le langage qu'ils comprennent ?

Ceux à qui la Providence a fait don d'une facilité de pensée et d'expression, devront se pencher sur le travailleur, étudier ses besoins, et trouver une solution aux problèmes qui le tourmentent s'ils veulent reconquérir son respect et sa confiance.

Ce résultat, nous l'atteindrons si nous savons diriger vers l'industrie et le commerce des hommes à formation solide, des hommes qui auront appris à réfléchir et à agir, des hommes qui connaîtront la psychologie de la foule et qui s'appliqueront à dissiper ses inquiétudes.

Il ne faut pas que notre province connaisse le malaise social qui assiège même certaines parties de notre pays. Il faut, au contraire, que, continuant les traditions de paix et d'harmonie qui ont existé dans le passé entre le capital et le travail, nous nous dirigions maintenant sans crainte vers l'avenir.

＊　＊　＊

Quoique je l'aie déjà affirmé, je crois nécessaire de le répéter : l'élément français doit trop à la culture générale pour s'orienter aujourd'hui vers une spécialisation exagérée qui diminuerait la puissance qu'il en a tirée jusqu'ici.

Ma pensée se borne à distinguer, entre une culture générale qui, je l'admets, fait les hommes et les trempe au point de vue moral, et celle qui donne les moyens d'atteindre la fin immédiate de tout individu : *Vivre !* c'est-à-dire gagner sa vie.

Il se trouvera peut-être encore quelques théoriciens ou certains bons pédagogues enfermés dans leur tour d'ivoire pour discréditer la richesse matérielle ; mais je doute qu'il y ait un homme, quelle que soit sa haute culture, qui n'admette et ne reconnaisse sa nécessité et sa puissance.

Que l'on dise et que l'on répète qu'elle ne fait pas le bonheur, je l'admets ; mais qui n'admettra qu'elle y ajoute en assurant, par exemple, la pérennité des œuvres que créent la charité, la science, la philanthropie et même la religion ? Refuges, laboratoires, hôpitaux, églises leur doivent souvent les ressources qui leur permettent d'agir et de servir.

Certes, loin de moi la pensée d'élever à l'argent un monument, ou de lui dresser un autel. Je n'en veux faire, tout au plus, que le tremplin qui permettra demain à nos hommes de formation générale de s'élever dans la réalité de la vie jusqu'à la réalisation des rêves que la théorie leur aura fait caresser.

De même qu'il faut à l'ouvrier, si maître de son métier soit-il, l'outil nécessaire à l'accomplissement de son travail, de même il faut à l'homme de culture générale des éléments de fortune pour asseoir sur des bases solides son industrie, son commerce.

Les Etats-Unis ne nous offrent-ils pas l'exemple d'un mode d'édification de mentalité nationale qui évoque celui des Grecs et des Romains ?

Assurer leur puissance matérielle fut, pour nos voisins, un souci constant.

Mais aujourd'hui, quoique rien ne semble changé, et que l'argent prévaut encore chez eux, on les voit s'orienter vers la culture générale par leurs universités et leurs écoles supérieures.

Qu'il suffise, en résumé, d'affirmer qu'un peuple qui tend à la spécialisation, sans sacrifier la culture générale, et qui outille ses enfants pour la lutte dans le domaine pratique, s'assure une puissance qu'il n'est pas permis de dédaigner : la *fortune nationale !*

* * *

Or, nous avons dès le début considéré sa nécessité comme élément nouveau d'influence chez les nations. Les Etats-Unis ont commencé par se l'assurer ; à nous de comprendre qu'il est grand temps de l'acquérir.

L'aristocratie de l'argent, mise au service des grandes œuvres de l'humanité, est une des plus belles choses qui soient. Grâce à Carnegie, tout un monde lit et s'instruit. La générosité de Rockefeller offre à l'univers, comme bienfaiteur de l'humanité, Carrel. Et demain notre province, grâce à quelques Canadiens français, fera admirer dans notre pays des œuvres que leur générosité aura édifiées et qui feront pardonner des fortunes faites très vite et dont leurs possesseurs ne s'étaient pas encore servis pour se grandir.

Je ne crains pas les effets démoralisateurs qui ont pu jusqu'ici résulter de la fortune chez d'autres peuples. Nos institutions d'enseignement sauront bien encore inculquer à leurs élèves les notions d'énergie morale et de discipline qui leur permettront de refléter leur mentalité dans le milieu où ils vivront.

Je ne me cache que les routes à parcourir seront difficiles. Car à peine voit-on, à travers la forêt, le sentier tracé par les hardis pionniers du commerce, de l'industrie et de la finance.

Jeunes gens : Regardez ! et si vous ne craignez pas les obstacles du sentier, et si vous vous sentez assez forts, suivez hardiment ces pionniers : votre passage élargira la route et vous ferez tout autant votre devoir que ceux qui, par tempérament ou par vocation, s'engageront dans les routes encombrées. Le talent, appuyé sur le travail, finit le plus souvent par obtenir sa revanche.

Ce qui importe, c'est la distribution de nos forces intellectuelles, c'est l'orientation d'un plus grand nombre vers les carrières aujourd'hui inconnues, vers les sentiers à peine tracés.

Si, demain, le mot d'ordre est lancé et suivi, nous aurons alors raison d'affirmer que « L'avenir est à nous ! »

L'avenir est ce qu'on le fait, on le prépare par ce qu'on lui sacrifie. Sachons lui sacrifier une parcelle de notre orgueilleuse aristocratie intellectuelle, c'est-à-dire ce sentiment qui nous fait affecter un profond mépris pour tout ce qui est agent de fortune matérielle.

Sachons offrir à l'avenir une génération qui, consciente de sa formation spécialisée, ne craindra pas d'accepter les exigences de la vie industrielle et commerciale.

En un mot, ce sera le travail bien ordonné des divers groupes de notre société qui deviendra notre levier d'Archimède pour soulever notre province et l'élever jusqu'à la hauteur que ses origines et les richesses dont la nature l'a comblée lui font un devoir d'atteindre.

Les manifestations de vie ne peuvent être, chez un individu, uniquement intellectuelles ; il faut y ajouter les manifestations de puissance physique.

Il en va de même pour un peuple qui, pour marquer la transition entre son enfance et sa maturité, doit non seulement manifester la vitalité de son esprit prouvant le développement de son cerveau, mais aussi la vigueur de sa vie matérielle affirmant son entière compréhension des réalités économiques.

Les Perses, jadis, ayant juré la destruction d'Athènes, avaient contre elle dirigé leur flotte. Miltiade, de son côté, s'étant rendu jusqu'au rivage, l'avait aperçue longeant sa ville. Or, des marais, séparant son armée de celle des Perses, rendaient la rencontre pleine de dangers. Il attendit.

Une semaine se passa, et les Perses n'avaient pas encore attaqué, mais se préparaient avec soin, en comptant sur les marais comme moyens de défense.

Miltiade, irrité de sa longue attente, après avoir constaté que son armée avait l'énergie et la volonté de tout braver, fondit sur ses ennemis, et ce fut la victoire de Marathon ! ...

Un jour, un homme de chez nous, un chef aussi, celui-là, animé d'une belle confiance et possédant la claire vision de l'avenir en même temps qu'un sincère amour de son pays, se décida, impatient, *à avancer*, sûr que la jeunesse au moins le suivrait.

La lutte, aux premières heures, fut rude ; mais sa volonté et son énergie surent vaincre les obstacles, et l'espoir, messager de l'avenir, traversant la province, s'en alla répétant le mot du coureur de Marathon : « Peuple, réjouis-toi ! Nous sommes vainqueurs ! »

Et aujourd'hui s'élèvent, dans nos villes réveillées, l'Ecole des Hautes Etudes Commerciales et nos Ecoles techniques, monuments qui attestent la grandeur de cette victoire.

Athanase David [b]

---

b. Athanase David, *En marge de la politique* (recueil de discours), Montréal, Editions Albert Lévesque, 1934, 181 pages. Voir aux pages 127 à 147, le chapitre intitulé « Une jeunesse préparée ».

Document n° 71

1934 — CE QU'IL EN COÛTE DE NÉGLIGER LA LANGUE MATERNELLE

Esdras Minville, éducateur et économiste, est né en Gaspésie le 7 novembre 1896. Il fit ses études secondaires au Collège de Saint-Laurent et obtint sa licence à l'École des hautes études commerciales de Montréal en 1922.

Après cinq années dans les affaires, il entreprend une carrière dans l'enseignement. Il est chargé de cours de composition française et d'histoire économique du Canada aux H.E.C. dont il deviendra directeur en 1938. De 1925 à 1938, il est rédacteur de l'Actualité économique, la revue des H.E.C. De 1950 à 1957, il est doyen de la Faculté des sciences sociales de l'Université de Montréal. Par deux fois, le gouvernement Duplessis lui confie des missions importantes. Conseiller technique au ministère du Commerce de 1936 à 1938, il sera plus tard membre de la Commission Tremblay chargée d'étudier les problèmes constitutionnels.

Esdras Minville a été membre de la Ligue d'action française de 1924 à 1929 et président-fondateur de la Ligue d'action nationale de 1933 à 1941. Il a été en outre vice-président des Semaines sociales du Canada, commissaire de la Fédération des scouts catholiques (1944 à 1951) et président de la Chambre de commerce de Montréal (en 1947).

Il détient des doctorats honorifiques de l'Université Laval et des Universités d'Ottawa, de Sherbrooke et de Montréal.

Il est membre de l'Ordre de la fidélité française (décoration patriotique décernée depuis un quart de siècle par le Conseil de la vie française). Il a obtenu en 1947 le prix Duvernay (prix de littérature accordé depuis 1945 par la Société Saint-Jean-Baptiste de Montréal à un écrivain canadien-français pour l'ensemble de son œuvre. Ce prix porte le nom de celui qui fonda en 1834 la Société Saint-Jean-Baptiste de Montréal, Joseph-Ludger Duvernay, 1799-1852).

Dans un important article qu'il fait paraître dans l'Action nationale, E. Minville analyse les méfaits du bilinguisme généralisé. Le culte de la langue et de l'esprit anglais aboutit, selon l'auteur, à l'avilissement intellectuel et à une véritable dépossession nationale.

Des esprits paresseux croient qu'il suffira, pour assurer la survivance de notre peuple, d'appuyer sa volonté de vivre sur des raisons purement spéculatives, c'est-à-dire sur la simple obligation morale de fidélité individuelle à la race et à son passé, sur un attachement tout sentimental à la nationalité et à sa culture. C'est une utopie et de la plus pernicieuse espèce. Non, un peuple — et le nôtre pas plus que les autres — ne saurait se maintenir, encore moins progresser, tant que la multitude conservera la conviction plus ou moins nette que le devoir national vient en conflit avec ses intérêts essentiels, économiques ou autres.

Si l'on veut éveiller chez nos gens un sens national qui se distingue de l'instinct, il faut démontrer l'intérêt — l'intérêt total des individus et des groupes, sans lequel les sentiments même les plus nobles s'exténuent et s'épuisent. Il s'agit ici d'enseignement, de formation ; il s'agit d'enfants, qui viennent chercher dans nos écoles, outre le savoir, des règles de vie. Eh bien, la persuasion absolue doit leur être inculquée disons-nous, que, s'ils veulent atteindre à la plénitude de leur épanouissement intellectuel et moral, acquérir la maîtrise de tous leurs moyens d'action et se mettre ainsi en état de s'élever dans la vie (quel que soit le milieu où ils auront choisi d'agir) aussi haut que leurs ressources de tous ordres le leur permettent, il leur faut se cultiver, selon leurs aptitudes personnelles c'est entendu, mais aussi selon leurs aptitudes ethniques, c'est-à-dire selon les règles de la seule discipline intellectuelle qui convienne parfaitement, parce qu'elle en est le fruit, au tour d'esprit particulier qu'ils tiennent de leur race elle-même. En d'autres termes, il faut les convaincre qu'il n'est pas indifférent à nos progrès comme peuple ni à notre avancement et à notre prospérité comme individus que nous continuions ou cessions d'être français par l'esprit.

....

Tout comme la langue que nous parlons, nous sommes nous-mêmes le résultat d'une élaboration séculaire à travers dix et peut-être vingt générations successives. Cette élaboration nous a doués d'une manière de penser, de comprendre, de raisonner, de sentir, d'agir et de vivre différente de celle des populations dont nous sommes entourés : manière d'être et de penser à laquelle la langue s'est ajustée en cours d'évolution, mais sur laquelle elle n'a cessé de réagir, s'y intégrant au point d'en être à la fois l'expression et la sauvegarde. Participant par l'origine et par l'esprit à une forme de civilisation dont on a dit qu'elle est une des gloires de l'humanité, nous n'avons donc pas à envier aux autres peuples leurs virtualités ethniques et psychologiques. Nous n'avons plutôt qu'à nous glorifier de la richesse et de la fécondité des ressources dont notre propre race nous a gratifiés. Or il n'appartient qu'à nous d'être, non pas semblables aux autres peuples — équivoque qui, depuis trop longtemps, fausse l'esprit de notre enseignement — mais leurs égaux à tous égards : il nous suffit pour cela de cultiver nos propres virtualités ethniques, d'en assurer la fructification totale. Et à cette tâche nous devons nous appliquer avec d'autant plus d'assiduité que — notre propre expérience le démontre — toute tentative de nous évader de nous-mêmes pour reproduire en nous les qualités et les caractéristiques des races qui nous entourent, en nous arrachant à la ligne de nos hérédités et en laissant inculte ce qu'il y a en nous de meilleur, loin de nous élever, risque fort de ne faire jamais de nous que des émasculés, des amoindris, voués par leur propre faute à la médiocrité chronique. Il s'ensuit que, sans être enchaînés par les lois d'un fatalisme sans merci, si nous voulons atteindre comme individu au plein épanouissement de notre personnalité, et comme groupement ethnique à des sommets de civilisation qui ne nous laissent inférieurs ni à nous-mêmes ni à aucun autre peuple, ce n'est pas par la soumission à n'importe quelle discipline que nous y parviendrons, mais par la fidélité à nous-mêmes, par la culture méthodique et persistante des ressources de tous ordres que la race a déposées en nous, inféodées à notre être. Et puisque l'âme et la langue d'un peuple sont liées au point de se confondre, de ne pouvoir se désintégrer sans s'amoindrir, il est clair que, pour atteindre comme peuple au sommet de civilisation dont nous venons de parler, et comme individus au plein épanouissement de notre personnalité, nous devons accepter la discipline que notre génie lui-même s'est forgée selon ses besoins et pour ses besoins au cours des siècles, à savoir, la discipline de la langue maternelle, de la langue française, signe et sauvegarde de l'âme française.

Eh bien, est-ce le cas chez nous ? La langue française, expression de la culture française, est-elle l'objet de l'attention que nous devrions avoir pour elle ? Est-ce sans raison qu'on a parlé un jour de la « grande pitié » de notre langue maternelle, qu'on l'a comparée à un sabir, et qu'on a cru devoir réclamer une « dictature de la langue française dans la province de Québec » ? Et s'il en est ainsi, n'est-ce pas un peu, n'est-ce pas surtout parce que ceux-là mêmes qui auraient dû en propager le culte se sont faits au contraire en toutes circonstances les protagonistes d'une langue étrangère ? On a tellement insisté, qui dans les journaux, qui du haut des tribunes populaires, qui dans nos écoles de tous degrés, sur l'importance de l'anglais ; on a tellement exalté la soi-disant *nécessité* pour chacun d'entre nous, quels que soient son milieu et sa condition sociale, de maîtriser la langue des autres — et cela sans un effort correspondant pour assurer à notre langue maternelle la place qu'elle doit occuper dans nos esprits, savoir, la première — que l'immense majorité de nos gens, surtout dans les villes, en est venue à considérer l'anglais comme seul nécessaire, à ne voir plus dans le français qu'une langue de second ordre, bonne tout au plus aux papotages entre parents ou amis, mais dépourvue de toute utilité dès qu'il s'agit des relations d'affaires.

L'étonnant ce n'est pas que la foule en soit venue là : elle a suivi son penchant, fascinée comme toutes les foules par les apparences. L'étonnant, c'est que pareil système nous soit présenté comme une directive nationale et par des gens que leur rang social a placés aux postes de commande et qui au surplus, ne récusent ni le poste ni la fonction ; l'étonnant c'est que les gens qui, sous prétexte de *bilinguisme intégral*, se font chez nous les apôtres de la diffusion à sens et à contresens de la langue anglaise, affectent de s'effrayer de la lenteur de nos progrès intellectuels, de l'inaptitude de plus en plus marquée chez nos écoliers et nos étudiants à ordonner leur pensée et à l'exprimer avec clarté et précision et, voire, d'une espèce de fléchissement de l'esprit assez manifeste de génération en génération. Ceci est pourtant la conséquence de cela. Partant du fait que quelques rares Canadiens français sont parvenus à une égale maîtrise des deux langues — peut-être parce qu'ils étaient doués de talents particuliers, peut-être surtout parce qu'ils ont eu l'avantage de grandir sous la tutelle de parents capables, grâce à une bonne culture, de surveiller leur formation et d'empêcher que la pratique habituelle de l'anglais ne faussât leur jeune esprit français — partant donc d'un fait exceptionnel ; on a voulu prescrire à la masse entière un régime uniforme, sans même tenir compte des différences élémentaires de milieu, de tempérament, de talent, d'éducation et de vocation. On a oublié que si les Etats officiellement bilingues sont d'occurence fréquente à notre époque, une population *intégralement bilingue* ne se conçoit même pas, et demeure une parfaite absurdité. On a oublié que la langue maternelle doit être le premier élément de formation, la matière centrale et ordonnatrice de tout programme d'enseignement primaire et secondaire, parce que, sauf rares exceptions, celui qui ne la possède pas est privé du meilleur moyen de s'approprier la pensée, donc d'enrichir son intelligence et de fortifier son raisonnement. On a oublié encore que l'ignorance de l'anglais peut être pour quelques-uns d'entre nous une lacune, mais qu'une connaissance insuffisante du français est pour nous tous pire qu'une lacune : une infériorité. On a oublié enfin qu'à l'imprécision dans la langue correspond un flottement parallèle dans les idées, et qu'à servir l'anglais à doses massives comme on exige qu'il soit servi dans nos écoles, sans le préservatif d'une sérieuse formation préalable dans la langue mater-nelle, on ne peut aboutir qu'au gâchis des cerveaux et à l'avilissement des intelli-gences. Aussi bien, que les optimistes malgré tout parcourent les journaux les plus répandus, prêtent l'oreille autour d'eux, dans la rue, le bureau, les salons, et qu'ils nous disent si les propos qu'on y tient — propos, les trois-quarts du temps, d'une insigne niaiserie — si la langue qu'on y parle ou écrit — langue appauvrie, aux contours vagues, sans consistance ni relief, où fourmillent les anglicismes, les expressions et les constructions vicieuses — donnent bien l'impression de robuste vitalité qu'on attend des individus et des peuples en pleine possession de tous leurs moyens intellectuels.

Voilà où nous a conduits un enseignement à courte vue, qui a voulu fonder son œuvre d'éducation nationale sur de creuses idéologies plutôt que sur l'intérêt bien compris des individus et de la collectivité, qui s'est obstiné à interroger l'étranger, plutôt qu'à se pencher sur le peuple qu'il a pour mission de former et d'élever. Et voilà le premier choc en retour de notre anglomanie systématique — le premier et le plus grave. C'est dans la structure même, dans la substance de nos esprits qu'il nous atteint ; c'est dans leurs principes qu'il compromet nos chances de progrès en tous les domaines. Nous avons cru que l'imitation servile nous ferait plus grands que nos modèles ; elle n'a réussi, hélas ! qu'à nous faire plus petits que nous-mêmes.

* * *

De tous les chocs en retour, le premier et le plus grave, certes, mais non le seul ni même le plus apparent. Une telle déviation, au point de départ, de notre formation intellectuelle et morale ne pouvait pas ne pas avoir de sérieuses répercussions dans les faits.

Pourquoi, en effet, nous anglicisons-nous ? Quelles sont les raisons de fond de notre anglomanie pédagogique, cause et conséquence à la fois du culte aveugle que, de la base au sommet de notre société, on voue à la langue anglaise, à l'esprit anglais, aux méthodes anglaises, à tout ce qui porte le cachet anglo-saxon ? Dépouillées de l'enveloppe patriotico-folichonne dans laquelle on croit élégant de les présenter : « compréhension mutuelle », « bonne entente », « largeur d'esprit et de vue », « supériorité du bilingue sur l'unilingue », ces raisons se résument à une seule : nous nous anglicisons... pour avoir un emploi dans des maisons anglaises, une part de la soi-disant prospérité anglo-saxonne. Obtenir une place chez les Anglais, recruter une fraction, fût-elle infinitésimale, de sa clientèle parmi les Anglais, recueillir les miettes que nos concitoyens anglo-saxons dédaignent de ramasser : suprême ambition des trois-quarts et demi de nos compatriotes, surtout des jeunes générations. Or voyons aux conséquences : elles sont de deux sortes : *économiques* et *nationales.*

La province de Québec compte une population de 2,875,255 habitants, dont 2,270,059 Canadiens français. L'attitude de notre population en ce qui concerne l'anglais sous toutes ses formes — attitude que notre enseignement, répétons-le, reproduit et généralise — aboutit à ce résultat paradoxal et humiliant que, contrairement à ce qui se passe chez les peuples conscients de leur dignité et de leurs intérêts, la majorité chez nous est orientée au service de la minorité. Faute d'une conception assez nette de notre situation et de nos besoins, et d'assez de bonne volonté pour résister à l'ambiance et la rectifier à la longue, faute d'un véritable esprit national, nos écoles de tous les degrés préparent nos hommes de demain, non pas au rôle d'initiateurs et de chefs qui devrait normalement être le leur dans un pays où ils forment et formeront la majorité, mais au service du groupement minoritaire — et cela, remarquons-le bien, pour y assumer des fonctions fatalement subalternes, car, d'une part, les employeurs anglo-saxons, maîtres de notre vie économique, ont assez de clairvoyance, d'esprit de solidarité, de fierté de race, une intelligence assez nette de leurs véritables intérêts pour préférer toujours leurs propres compatriotes aux étrangers que nous sommes vis-à-vis d'eux ; cependant que, d'autre part, nos chercheurs d'emplois, à cause même de leur masse croissante, se font entre eux une concurrence qui ruine leurs chances d'avancement, et refoule la plupart d'entre eux dans les emplois inférieurs où ils croupissent sans espoir. Là-dessus les témoignages abondent.

En conséquence, dans nos écoles même on cultive, et dans la multitude se propage l'esprit de servitude, l'esprit prolétarien. Au lieu de promouvoir chez l'individu l'épanouissement de la personnalité et, à travers l'individu, le relèvement intellectuel de nos diverses classes sociales, notre enseignement — si paradoxal que cela paraisse — contribue à la dépréciation par les sommets de nos forces humaines. Ceux que leur situation met en contact habituel avec nos jeunes hommes savent combien il est difficile d'éveiller chez eux l'esprit d'initiative, l'ambition de monter dans la vie aussi haut que leurs ressources de tous ordres le leur permettent, le désir d'échapper à l'asservissement sous toutes ses formes, de devenir un jour leurs propres maîtres, de créer l'entreprise, de fonder l'œuvre qui assurera leur subsistance et leur prospérité et servira en même temps les intérêts de la collectivité. Un salaire, oh ! même modeste, et peu d'efforts : à cet idéal plus bas que terre se bornent les aspirations de l'immense majorité de ces jeunes hommes, futurs piliers de la race.

Or, tout se tient dans la vie d'un peuple : cette déviation, cet amoindrissement des esprits par un enseignement mal inspiré et par la subordination corrélative de la majorité à la minorité, devaient fatalement aller, dans un monde et à une époque si lourdement matérialistes, jusqu'à fausser l'orientation de notre vie économique elle-même. Au lieu d'une politique économique fondée sur les besoins, sur les moyens et sur les aptitudes de la majorité, nous avons eu et nous avons encore une politique économique adaptée au caractère de la minorité. Au lieu, par exemple, d'une politique agricole, large, généreuse, progressive, si conforme à la vocation historique de notre peuple, à la nécessité où il se trouve de compenser son isolement, sa faiblesse numérique et sa pauvreté relative par la multiplication de ses prises sur le sol, afin de consolider, en l'élargissant par la base, son organisme économique, nous avons eu et nous avons encore une politique d'expansion industrielle, qui répond avant tout aux aptitudes de la minorité, à ses aspirations particulières, à sa conception des affaires et de la vie économique. Eh quoi ! puisqu'en vertu de nos principes d'éducation nationale, il n'existe aucune différence, quand au traitement à leur réserver, entre nos compatriotes canadiens-français et nos concitoyens anglo-saxons, qu'importe que ce soit eux les maîtres et nous les serviteurs ? Bien plus, puisqu'en vertu des mêmes principes, c'est dans l'appropriation des qualités de l'autre race que réside le secret de notre avancement plutôt que dans la culture intensive de nos propres virtualités ethniques ; puisque ce sont eux les modèles et nous les imitateurs, ne convient-il pas, n'est-il pas même hautement désirable que ce soit eux les chefs et nous les asservis, eux qui commandent et nous qui subissions ? Le temps viendra d'ailleurs, où, maîtres de notre esprit et du leur, maîtres de notre langue et de la leur, maîtres de nos traditions, de notre culture et des leurs ; le temps viendra où, purgés de nos faiblesses et de nos défauts héréditaires, et réunissant en nous les qualités transcendantes de la race française et de la race anglaise, nos modèles d'aujourd'hui évacueront d'eux-mêmes la place, éblouis, médusés, écrasés par notre foudroyante supériorité. Ineffables sottises dont on ne peut croire que tant de gens, intelligents après tout, se soient si longtemps gargarisés !

En attendant toutefois que pareil conte de fée se réalise, que se passe-t-il ? La politique économique dans laquelle l'orientation même de nos esprits devait nous engager il y a plus d'un demi-siècle, comportait et continue de comporter l'aliénation par larges tranches successives du domaine national. Les forêts y ont passé les premières, du moins les plus facilement accessibles ; puis les chutes d'eau ; les mines y passent à leur tour. Si bien que de quelque côté qu'on se retourne aujourd'hui, d'énormes brèches se révèlent dans le patrimoine héréditaire de notre groupe. Il reste certes encore des richesses ; mais la meilleure part nous a échappé à jamais, cédée à des étrangers qui l'exploitent à leur bénéfice. Et c'est l'avenir économique de notre peuple qui est ainsi compromis, sinon irrémédiablement, du moins déjà très sérieusement ; car les profits qu'on nous promettait de la mise en œuvre intensive de nos grandes ressources naturelles n'ont pas répondu à l'attente même des moins optimistes. Si nous sommes plus riches collectivement qu'il y a un demi-siècle, c'est que nous avons augmenté en nombre et avons durement travaillé. Mais notre avoir global a-t-il crû au même rythme que celui de la minorité qui occupe chez nous toutes les avenues du commerce et de l'industrie ? Bien audacieux qui oserait le prétendre. Sauf dans l'agriculture qui, de sa nature même, résiste à toutes les formes de concentration, de centralisation administrative et de monopolisation, quelle place occupons-nous dans les diverses sphères de l'activité économique ? Combien de Canadiens français à la direction, dans les postes supérieurs de l'industrie du papier, de l'industrie hydro-électrique, de l'industrie minière, de la grande industrie manufacturière d'une façon générale ? On les compterait sur les doigts de la main... et il resterait des doigts. On nous avait pourtant promis que l'étude de l'anglais nous mènerait en masse à ces hauts sommets. Comment se fait-il que, nous appliquant à l'anglais avec une si édifiante opiniâtreté, que, consacrant chaque année des millions de dollars à la diffusion dans nos rangs de cette langue, clef présumée de tous les succès, nous en soyons encore à végéter dans les situations subalternes ? Nous proposons ce problème à la sagacité de nos éducateurs.

Ce n'est pas tout. Une politique économique adaptée aux caractères de la minorité québécoise, c'est nécessairement une politique qui s'inspire du libéralisme économique — lequel, on le sait, est comme une émanation du protestantisme anglo-saxon. Par principe, elle ignore l'aspect social et national des phénomènes et se défend comme d'une hérésie de toute intervention dans le soi-disant jeu normal des lois économiques. Une telle politique pratiquée comme nous l'avons pratiquée, les yeux fermés et l'esprit plié d'avance à toutes les servitudes, devait fatalement, chez nous, un peu plus que dans le reste du monde, aboutir au triomphe du plus fort, c'est-à-dire du plus riche, à la formation, étape par étape et à notre détriment, d'une oligarchie industrielle et financière qui finirait par mobiliser entre ses mains toutes les commandes de la vie économique. N'a-t-on pas dit, avec trop de raison, hélas ! que notre province est devenue le refuge, le paradis du capitalisme accapareur ?

Nous n'avons pas à insister ici sur les conséquences innombrables de la multiplication chez nous des trusts et des monopoles. Qu'il nous suffise d'en souligner deux :

La concentration des richesses et de la puissance économique entre les mains d'un petit nombre et l'excessive centralisation administrative devaient, en premier lieu, aggraver un état de choses dont nous avons déjà parlé, savoir : a) le confinement de nos chercheurs d'emplois dans les situations subalternes et cela, dans la mesure même où le tassement des entreprises raréfie les situations supérieures ; b) la perte pour beaucoup de nos hommes de professions libérales d'une partie, souvent la plus rémunératrice, de leur clientèle. Là où naguère existaient quatre ou cinq entreprises, retenant les services de quatre ou cinq études d'avocats, de notaires, etc., il n'en existe plus aujourd'hui qu'une qui confie toutes ses affaires à une seule étude — et celle-ci n'est généralement pas canadienne-française.

En deuxième lieu — et cette conséquence est plus grave encore que la première — le spectacle continu de la prédominance des Anglo-Saxons dans les affaires et l'asservissement de plus en plus général des Canadiens français, a fini par ruiner dans l'âme de la multitude la confiance en un ordre économique fondé par nos gens, selon nos besoins et nos aptitudes ; par détruire, du sommet à la base de notre société, tout esprit de solidarité économique, avec ce que cela entraîne encore de pertes de capitaux et de pertes d'emplois de toute catégorie. Le seul cas des grands magasins à rayons de Montréal en est un exemple frappant. Parce que nous n'avons qu'un seul grand magasin au lieu de quatre que normalement nous devrions compter, étant donné le chiffre de notre population, au moins 3,000 de nos compatriotes sont privés, par le temps de misère que nous traversons, de leur gagne-pain. Et nous ne disons rien des établissements qui surgiraient ou qui grandiraient, multipliant du même coup les sources de l'emploi, si nous avons assez d'intelligence pratique pour nous appuyer mutuellement.

Ce même défaut de solidarité disperse en outre nos épargnes dans les banques étrangères, dans les sociétés anglaises de toute espèce. Si l'on veut bien se rappeler que l'épargne populaire est la dernière ressource sur laquelle un peuple puisse compter pour secouer le joug étranger et organiser sa vie économique, on se fera une idée du tort que nous nous causons à nous-mêmes. Et comme dans cet ordre d'idées tout s'enchaîne, la prédominance absolue de l'élément anglais dans les hautes sphères de l'activité économique se traduit par la négligence partout voulue, partout affichée de la langue française : dans les services publics, dans les grands magasins qui pourtant recrutent chez nous le gros de leur clientèle — en particulier dans le domaine fédéral, avec les conséquences économiques que cette négligence entraîne pour nous. N'a-t-on pas calculé que l'insuffisance de notre représentation dans le fonctionnarisme fédéral nous prive chaque année d'environ 6,500,000 dollars ? Or ce manque de solidarité ne se manifeste pas seulement dans la multitude : les trois quarts des exemples les plus effarants nous viennent de notre élite, et bien souvent de gens qui ne laissent pas de tirer à tour de bras sur la corde patriotique pour assurer le succès de leurs propres affaires.

Ainsi en est-il. L'anglomanie érigée en système, élevée à la hauteur d'une règle d'éducation, nous a engagés dans un cercle vicieux que, selon toute apparence, nous aurons du mal à briser. Plus en effet nous ignorons le point de vue national dans notre vie de tous les jours et nous efforçons de nous rapprocher des Anglo-Saxons, plus nous glissons vis-à-vis d'eux dans la dépendance économique ; plus, d'autre part, les Anglo-Saxons consolident leurs avances, accaparent en particulier les sources de l'emploi, plus nous sommes incités à exagérer le culte de l'anglais, à nous soumettre corps et âme à la discipline anglo-saxonne.

* * *

Or tout cela ne va pas sans un certain nombre de conséquences *nationales* : La première, nous en avons déjà dit un mot, c'est l'affaiblissement de la confiance en nous-mêmes, de la foi en notre propre culture. La suprématie financière et économique partout étalée de la minorité, l'inaptitude apparente de la majorité à conserver et à améliorer ses positions, font que, jusque dans les couches profondes de la société, ou l'on ne croit plus, ou l'on croit de moins en moins à la vertu pratique du génie français. D'où la tendance générale à attribuer au caractère ethnique les faiblesses et les échecs de l'établissement d'affaires canadien-français, tendance qui va même, afin de se justifier, jusqu'à dénigrer ceux de nos trop rares compatriotes qui réussissent quelque peu ; d'où la croyance ancrée jusqu'au plus profond des âmes que, pour payer moins cher, être bien servis, il faut nécessairement s'adresser à des maisons anglaises ou même juives. Et là contre, rien, semble-t-il, ne peut rien. L'inimaginable banqueroute de la finance anglo-canadienne, en ces dernières années, les retentissants désastres de certaines grandes entreprises dirigées par des Anglo-Canadiens, la perte dans cette banqueroute et dans ces désastres de millions de dollars de l'épargne canadienne-française, tout cela n'a pas encore réussi à nous ouvrir les yeux, pas plus que les tricheries et l'exploitation systématique dont nous sommes victimes de la part de toute une catégorie de marchands étrangers.

En second lieu, des mêmes causes procèdent assurément la faiblesse chronique du tempérament national, notre impuissance à exprimer vigoureusement, en particulier dans les lettres et dans les arts, notre personnalité nationale. Nous en sommes encore à nous demander, non seulement si une littérature canadienne-française existe, mais même si une telle littérature peut exister, et en quoi elle se différencierait de la littérature française tout court. Dans les arts, d'une façon générale, même impuissance. Voyons notre architecture. Nous avons laissé se perdre la vieille tradition, le vieux style que les ancêtres avaient apporté avec eux et adapté au pays. De même en sculpture. Il faut aujourd'hui que des étrangers [...] viennent nous révéler la richesse d'un avoir que non seulement nous n'avons pas continué à enrichir, mais que nous dédaignons, que nous sommes en train de gâcher et de détruire, cependant que nous accueillons n'importe quelle théorie que le snobisme nous présente comme l'expression de la supériorité artistique. Une littérature nationale, une architecture nationale, un art national ? Nous en aurons en vérité quand nous aurons une pensée nationale, c'est-à-dire quand, ayant renoncé à singer les autres, nous nous serons penchés sur nous-mêmes pour y découvrir notre âme, en cultiver et en polir toutes les virtualités.

Et cependant que le tempérament national s'énerve et s'émousse, que notre personnalité ethnique s'amenuise, s'étiole et s'affadit, nous voyons partout autour de nous l'anglais étendre et multiplier ses prises. Intelligemment conçue et énergiquement conduite, notre politique d'expansion industrielle aurait pu nous valoir certains avantages. Conçue et conduite comme elle l'a été, elle a précipité la formation des grands centres urbains au détriment de nos campagnes, avec toute la série des conséquences économiques, sociales et nationales qu'un tel phénomène entraîne, et que nous déplorons aujourd'hui si amèrement — du moins ceux d'entre nous qui réfléchissent, et qu'une sénilité plus ou moins précoce n'a pas cristallisés dans des convictions vermoulues. Les grandes agglomérations urbaines ont à leur tour accéléré, en multipliant leur clientèle, l'expansion des industries qui sont à la clef du progrès économique général : transport, électricité, gaz, téléphone, etc. — industries qui pour consolider leurs avances et activer leur propre expansion ont poussé de toutes leurs forces à l'industrialisation sous n'importe quelle forme. Et le pays s'est trouvé ainsi engagé dans un mouvement qui, ne tenant compte ni de la stabilité sociale ni de rien qui est indispensable au progrès ordonné d'une collectivité, l'a conduit à grande allure au chaos où il se débat sans beaucoup d'espoir depuis quatre ans. Et de gagne-petit que nous étions au temps de la prospérité, nous sommes devenus chômeurs et miséreux au temps de la crise.

Or la richesse croissante de ces entreprises, leur développement synchronisé sur celui des villes ; puis leurs raccrochements successifs et finalement, par voie d'intégration ou de simples tripotages financiers, leur formation en monopoles qui, étendant leurs prises aux branches les plus diverses des affaires, ont désormais le pouvoir d'orienter à leur guise la vie économique de la collectivité — l'hégémonie, en un mot, de ces entreprises ne pouvait aller sans la diffusion parallèle de l'anglais, sans l'anglicisation de tout ce qui, de près ou de loin, touche aux affaires, à l'anglicisation de la rue, et même des paysages. Et cela avec d'autant plus de sûreté que la masse de notre population, pliée d'avance au culte de l'anglo-saxonisme, acceptait avec passivité, voire, avec bonheur, ce que tout autre peuple eût considéré comme une humiliation. Loin de résister, nous avons prêté nous-même la main à l'anglicisation de notre territoire. Ni le souci de notre dignité, ni la perspective de notre asservissement progressif par la perte graduelle des sources de l'emploi, ni même le galvaudage stupide de nos meilleurs atouts dans un mode d'activité que l'on ne cesse, avec autant de tort d'ailleurs que de raison, d'exalter : le tourisme, rien jusqu'ici ne nous a déterminés à réagir, autrement que par une campagne sporadique et décousue de refrancisation portant sur les mots plutôt que sur la pensée, sur les effets plutôt que sur la cause du mal.

Et si aujourd'hui, jugeant la mesure excessive, ceux d'entre nous qu'avec dédain on appelle les patriotes s'élèvent contre le traitement indigne infligé à Ottawa à notre langue, contre les avanies de toute sorte que les régimes successifs nous y font subir, ils en sont réduits à des protestations verbales ; ils s'exposent à ce que les violateurs de nos droits leur retournent l'argument : « Messieurs, commencez-donc par vous respecter vous-mêmes ». Et comment attendrions-nous des anglophones qu'ils mettent du français en ce pays, quand nous, les intéressés, nous employons à y diffuser l'anglais, à barbouiller d'anglais tout ce qui nous entoure ? Et nous aboutissons à ce résultat inattendu que notre anglomanie est en voie de compromettre le caractère essentiel de la Confédération canadienne, à savoir la dualité nationale, et de favoriser la réalisation dans les faits d'une thèse que théoriquement nous ne cessons de combattre : celle de la réserve québécoise.

Pays français, visage anglais : expression d'un état de choses, reflet surtout d'un état d'esprit, aboutissement lamentable d'une éducation nationale qui a prétendu tenir compte de tout, sauf du sujet qu'elle avait pour mission de former.

* * *

Non ! Il n'est pas vrai que le mimétisme collectif soit une formule de progrès, économique ou autre, ni le n'importe-quoi érigé en système, une règle de vie, un principe d'éducation nationale, d'éducation tout court. Non, il n'est pas vrai, il est faux qu'un peuple doive chercher n'importe où, sauf en lui-même, des indications directrices quant au développement de sa personnalité. Il n'est pas vrai, il est faux qu'un demi-lettré, comme nous en formons, hélas ! des multitudes chaque année, qui barbote dans deux langues, vaille mieux qu'un homme qui n'en possède qu'une. Le cliché est trop commode, échappé jadis, affirme-t-on, à la plume, sans doute distraite, de Montaigne, et derrière laquelle se réfugie notre paresse pour s'éviter un effort de réflexion ! Nous avons fait fausse route, mais le plus triste, c'est qu'en dépit de la brutale dénonciation des faits, nous refusons de l'admettre, nous persistons dans notre erreur, nous nous entêtons même à l'aggraver. Nous nous sommes mis dans le cas de gaspiller une somme inimaginable d'énergie et des millions de dollars chaque année, pour apprendre une langue dont nous n'avons un tel besoin que parce que nous nous le sommes imposé en grande partie, et au surplus, pour fournir un argument contre nous. Car tel est bien, en effet, le retour des choses, la revanche de la réalité sur l'idéologie : nos concitoyens anglophones invoquent désormais notre connaissance généralisée de leur langue pour se justifier de restreindre de plus en plus la part que la constitution du pays et la simple décence les invitent à faire au français.

Nous en avons assez produit, en vérité, de ces prétendus bilingues, diplômés à satiété et bouffis de prétention, n'ayant que du vague dans la pensée pour n'avoir que de l'à-peu-près dans leurs moyens d'expression, voués à perpétuité, de par leur déformation intellectuelle, aux fonctions de domestiques dans la maison de leurs ancêtres. L'aventure n'a que trop duré dans laquelle nous nous sommes ainsi fourvoyés, sous l'égide de borgnes acclamés rois dans un royaume d'aveugles. Si le peuple auquel nous appartenons doit survivre, qu'on le sache enfin : c'est par l'intelligence qu'il survivra. Et à cette restauration intellectuelle tout le reste est subordonné : restauration économique, restauration sociale, qui doivent le tirer de l'abjection dans laquelle il est en train de glisser. Mais nous aurons beau réformer les programmes scolaires dans le sens de la surcharge, multiplier les institutions et les heures d'enseignement ; nous aurons beau verser dans les intelligences, comme dans des outres, et avec un souci de moins en moins évident de mesure, des mathématiques et de la chimie, de la physique et des sciences naturelles, de la comptabilité et du droit commercial, de la philosophie et de l'économie politique, le tout assaisonné d'autant d'anglais que l'on voudra ; tant que nous n'aurons pas entrepris de former les esprits par l'intérieur en les soumettant à une forme d'éducation qui tienne compte de leur génie propre, de tout leur être, ce fatras demeurera à l'état de fatras, vague poussière jetée à la surface des cerveaux, destinée à se volatiliser aux premiers frottements avec les réalités de la vie. Nous continuerons à produire quelques rares érudits, sans relief ni personnalité, à travers une multitude de phonographes au mécanisme interchangeable à volonté ; mais nous ne produirons jamais un homme cultivé ni un Canadien français digne de lui-même, digne du magnifique patrimoine spirituel qu'il a reçu en héritage. Et puisque, malgré tout, nous éprouvons encore, les jours d'exaltation patriotique, le besoin de nous proclamer « fils spirituels du pays de Bossuet, de Racine et de Corneille, » que le simple bon sens nous détermine donc enfin à nous élever de la vanité redondante à la fierté constructrice, à nous préparer des successeurs qui témoigneront de cette glorieuse filiation autrement que par de creuses paroles : par la vigueur de leur tempérament et par la puissance de leur vie.

L'anglomanie systématique, les trucs et les recettes brevetées pour le moulage en série des cerveaux nous ont valu des places de serviteurs dans les entreprises des autres et le rôle de porte-queue dans le défilé de la nation. En avons-nous assez de consumer ainsi le meilleur de nos énergies, de nous rapetisser et de nous avilir pour atteindre à un tel résultat ? La parole est à vous, Messieurs les éducateurs.

Esdras Minville [a].

---

a. Esdras Minville, « l'Education nationale. Les chocs en retour de l'anglomanie », *l'Action nationale*, vol. III, 1934, p. 195-220. L'article a été reproduit dans *l'Ordre*, le journal d'Olivar Asselin, le 26 avril 1934.

Document n° 72

1934 — « *IL NE SUFFIT PAS DE PARLER FRANÇAIS, IL FAUT ÊTRE FRANÇAIS.* »

Dans un mémoire lu au congrès de la Société Saint-Jean-Baptiste de Montréal, le 25 juin 1934, l'abbé Lionel Groulx s'interroge sur les raisons et les conditions de la survie française au Canada. Il approfondit ainsi une réflexion qu'il avait amorcée en 1920. Il lui paraissait alors suffisant d'insister sur la survie de la langue et de mettre en garde contre une certaine conception du bilinguisme : « Notre langue française, il importe, sans doute, que partout en ce pays elle soit réintégrée dans la plénitude de ses droits. Mais aujourd'hui il faut avoir le courage de montrer le péril où il est ; il importe bien davantage que les assaillants de la langue ne viennent pas de notre côté. Avec la manie de nos industriels et de nos hommes de commerce de ne se servir que de l'anglais, avec notre manie autrement plus redoutable de pousser peu à peu l'anglais à la place prépondérante, ou de lui faire la part égale avec la langue maternelle dans notre enseignement, et d'aller ensuite installer le bilinguisme jusque dans les plus petites écoles de nos campagnes, nous de Québec, nous avons peut-être plus fait que toutes les attaques de nos ennemis pour le recul du français au Canada [a]. »

Voici qu'il élargit maintenant les perspectives et que le maintien de la langue seule ne lui paraît plus un objectif suffisant. Il ne suffit plus de rester français de parole, constate-t-il, il faut être — ou redevenir — français de culture et d'esprit. Le maintien de la langue nationale trouvera ainsi sa raison d'être dans le maintien du caractère, de l'esprit national. Approfondissant sa réflexion, l'historien dégage alors les deux conditions indispensables au maintien de la survie française. L'une est politique, c'est l'établissement d'un milieu national autonome. L'autre est économique, c'est la possibilité et l'utilité matérielles de rester français. C'est déjà, présenté autrement, le thème de la rentabilité du français.

A concentrer presque toutes nos luttes autour de la conservation de la langue, n'en serions-nous pas à cette méprise de prendre un moyen pour un résultat ? En d'autres termes, n'en serions-nous pas à croire qu'il suffirait de parler français pour rester Français, sans nécessité de pousser plus loin notre souci et notre effort ?

Nos luttes pour le maintien des droits de la langue, nous les avons livrées sur trois terrains particuliers : dans la vie publique, vie commerciale et politique, à l'église, à l'école. Il ne s'agit pour rien au monde de retrancher quoi que ce soit à l'effort poursuivi sur ces trois champs de bataille. Nous nous reprochons parfois de trop protester. Le vrai mal, à notre avis, n'est pas d'abuser de la protestation ; mais bien plutôt de ne pas savoir protester avec assez de persévérance, ni avec assez d'unanimité, et, derrière nos protestations, de ne pas savoir placer de sanctions.

Au surplus, et je n'ai pas l'intention de mettre en doute ces quelques vérités : dans le rôle du français en notre vie commerciale et économique, se trouvent engagées des réalités aussi graves que la physionomie et l'atmosphère de notre pays, en même temps que de considérables intérêts matériels ; dans le rôle du français en notre vie

---

a. Lionel Groulx, *Méditation patriotique*, Montréal, l'Action française, 1920, 16 pages.

politique au Canada, sont intéressés et notre dignité de peuple et le principe même de la Confédération de 1867 ; au maintien du français à l'église restent attachés le caractère et l'avenir même de la paroisse canadienne-française ; du rôle du français à l'école, dépend, à proprement parler, notre survivance ; car, à vrai dire, que nous manquerait-il pour fermer notre histoire, le jour où le français n'aurait plus de refuge qu'au foyer familial ?

Ce qu'il nous faut éviter, dans nos luttes, c'est tout simplement l'oubli de l'essentiel : prendre le principal pour l'accessoire ou le secondaire ; borner notre effort à du négatif ou à de la défensive ; estimer trop légèrement le rôle du positif en notre vie nationale ; enfin nous cacher, pendant ce temps-là, notre véritable état d'âme. Je m'explique. Exiger du français à l'église et dans la vie publique est sûrement chose excellente, même nécessaire. Mais nous imaginer que le respect des autres pour notre langue nous fera ou nous gardera français, ne serait-ce point assez naïve illusion ? On peut fort bien concevoir un bilinguisme officiel parfaitement établi et respecté à Ottawa, sans que nous soyons pour autant plus Canadiens français. Au vrai, à quoi servirait, en la matière, la correction des autorités fédérales, si nous témoignions à notre langue moins de respect que nous n'en exigeons des autres ; et si, dans nos écoles, couvents et collèges, nous l'apprenions aussi mal que possible ?

....

* * *

D'où la nécessité de poser la question sur sa vraie base. *En quel sens la langue est-elle un efficace moyen de survivance ?*

Voici, de ce point de vue, les trois conceptions que l'on peut se faire, chez nous, de la langue française. On peut la concevoir :

Comme un *simple moyen de communication* entre groupes français d'Amérique ou entre gens du même groupe ;

Comme un moyen ou un *véhicule* de culture française ;

Comme une forme d'art, ou mieux, comme l'*expression* d'une âme ou d'une culture française.

Or il tombe sous le sens que ce n'est point à garder la langue à l'état de *simple moyen de communication* entre nous que nous avons chance de survivre. Des réunions comme celle d'aujourd'hui ont sûrement leur charme. Quelle serait, pour notre durée, leur valeur pratique, si nos discours n'étaient en rien l'écho d'âmes françaises ? Nous le savons tous : parler un français quelconque où l'on arrive à se comprendre est parfaitement compatible avec une âme de transfuge.

Il faut donc nous rabattre sur les deux autres conceptions de la langue : la langue, *forme d'art*, ou *expression* d'une culture. Entendons par là que, dans le premier cas, la langue apporte à nos âmes, la grande richesse spirituelle qu'est la culture française ; et que, dans le second cas, elle produit cette richesse, elle forge des œuvres d'art, qui deviennent, par un cercle bienfaisant, véhicules de culture à leur tour.

La langue ne peut devenir toutefois véhicule de culture qu'à une double condition. Il y faut une perfection notable de l'instrument qui le mette en mesure d'accomplir son œuvre de transmission. Et il faut, chez le sujet, pour parler comme les philosophes, un certain état de réceptivité. En termes clairs, ceux-là seuls ont vraiment accès parmi les nôtres, un accès immédiat et fécond, à la culture française, qui savent assez le français et sont assez français d'esprit pour s'approprier ou s'assimiler, par l'histoire ou la littérature, quelques parcelles au moins de la richesse spirituelle de la vieille France ou du Canada français.

Enfin si nous considérons la langue en sa troisième conception : créatrice de culture, il est également évident que seule cette langue-là est en état de créer des monuments d'art, qui atteint à la perfection artistique.

Or, voilà qui élargit singulièrement, à notre avis, la question *langue* chez nous. Impossible, en tout cas, de s'arrêter à la langue comme à un terme, comme à une force indépendante, transcendante, qui se suffit. La langue n'est qu'une fleur de choix qui suppose un terroir. Elle n'est que le signe, la forme d'un esprit et, pour un peuple, un juste degré de culture ou de civilisation. Qu'on la conçoive comme un véhicule de culture, ou comme une créatrice de culture, il ne saurait échapper que la langue française, élevée à la dignité de ce rôle, suppose d'abord un esprit français, des âmes françaises.

Et même est-ce encore assez dire ? Un esprit français, une âme française, peuvent-ils bien exister sans un milieu français, sans une éducation française ? Nous voici donc ramenés, par un processus rigoureux, à la nécessité d'une éducation, franchement, résolument nationale, et ce, comme à un point de départ, comme à une nécessité première.

* * *

J'irai même plus loin et je dirai que, pour un peuple vivant en la situation où vit le nôtre, il n'est d'éducation nationale possible, et par conséquent de survivance, qu'à une double condition qui pourrait se formuler comme suit :

En premier lieu une conviction préalable, fortement établie dans l'esprit de ce peuple, sur l'opportunité ou le profit de rester français ; la conviction, en d'autres termes, que la fidélité à ses origines et à ses traditions et l'approvisionnement à ses propres sources spirituelles n'ôtent pas la possibilité d'un état culturel, voire d'une situation matérielle qui dispense d'envier les autres. En second lieu la nécessité d'un milieu national, ou, du moins, la volonté de créer ce milieu ; et, par milieu, il faudrait même entendre un Etat national autonome, ou, à tout le moins, une nationalité ou un groupe national subsistant de ses propres forces, jouissant, au moins dans une certaine mesure, de son autonomie politique, économique, sociale, intellectuelle.

Je m'explique encore.

J'ai dit : sans une conviction préalable sur l'opportunité et le profit de rester français. La nécessité de cette conviction saute aux yeux. Voici, en face l'une de l'autre, et qui s'affrontent, deux *physiques* ou, si vous le voulez, deux systèmes de forces : l'immense force anglo-saxonne, notre petite force française. Le drame de notre vie est d'être pris entre les deux. Et l'une d'elles, inutile de le cacher, nous sollicite avec une singulière puissance d'hypnotisme. Il est clair que nous perdons notre temps à supplier nos gens de ne renier ni leur passé, ni leur sang, ni leur culture, si, dans leur esprit, la conservation de ces biens n'entraîne aucun profit, ou prend même le caractère d'une course à la chimère. Il est tout aussi clair que nous perdons encore notre temps à réclamer une éducation nationale, si le milieu national est à l'état de fantôme ; si nous n'existons point ou si nous avons perdu la volonté d'exister comme entité nationale avec les attributs, l'autonomie, l'ensemble des éléments qui constituent la nation ou la nationalité. Pardonnez-moi ce truisme : mais enfin l'effet exige la cause ; la vie nationale, l'éducation nationale exigent la nation.

Or, je le laissais entendre il y a un instant, l'on ne conçoit point la nation ni même le milieu national, sans une certaine autonomie sociale, intellectuelle, économique. Possédons-nous cette autonomie ? Mettons-nous quelque soin à la préserver et d'abord à l'acquérir ? Si, dans notre vie sociale, nous ne savons que copier les mœurs, les façons de penser, de sentir et de vivre de l'étranger ou du voisin ; si nous restons incapable de réaction devant ce qui s'offre à nous de moins français et par conséquent de plus inassimilable, qui sommes-nous et que nous reste-t-il de proprement original ? Si, dans nos relations avec les autres races, nous ne savons que nous laisser enrégimenter, gouverner par elles ; si, pour nos amusements, notre action sociale, économique, intellectuelle, nous confondons collaboration et suite à la remorque ; si nous cessons d'être des dirigeants ou des autonomes, pour ne pratiquer, à titre de sections, que l'affiliation aux sociétés, aux clubs, aux associations de l'étranger ; si enfin, et comme la chose est fatale, la suprême direction de ces clubs ou sociétés nous échappe ; si leur esprit combat notre esprit, démantèle nos meilleures traditions ; encore, en ce domaine, je vous le demande, quel cas faisons-nous de notre autonomie ? que gardons-nous de notre originalité française, de la direction sociale de notre propre vie ?

Les mêmes réflexions s'imposent dans l'ordre économique. Par vie économique j'entends d'abord la possession et l'utilisation pour nous-mêmes de notre capital humain, la propriété ensuite du sol et du domaine national, enfin les moyens de satisfaire à nos besoins matériels. Si la direction ou l'utilisation de notre capital humain est chose en grande partie passée à l'étranger ; si le sol ou le domaine national, sinon en sa plus grande superficie, du moins en ses richesses capitales, est encore chose passée à l'étranger ; si enfin, pour la satisfaction de nos besoins matériels, nous dépendons pour la plus grande part de l'étranger, que nous reste-t-il qui soit vraiment à nous, et, en ces conditions, si elles se prolongeaient, qui oseraient encore parler de survivance ?

* * *

Je ne l'ignore point toutefois, et je l'ai insinué plus haut : point de volonté, en notre peuple, de rester français, ni aspiration non plus à créer un milieu français, une nation française, une vie française, sans la conviction préalable sur la *possibilité* de garder ou de recouvrer notre esprit français, et sur les *avantages* réels, palpables, de la grandiose aventure. Cette conviction, pouvons-nous encore la faire nôtre ?

Mais d'abord sérions les questions ; et pour revenir à la première : y a-t-il possibilité de garder ou de recouvrer notre esprit français ? Ici ne manquent point, comme vous le savez, les pessimistes qui branlent la tête, qui ne s'arrêtent pas au doute s'ils s'interdisent le défaitisme. N'allons pas les blâmer ni trop vite, ni trop amèrement. Nous avons perdu, depuis vingt-cinq ans, tellement de terrain ; nous avons tellement laissé s'émousser notre sens français et nous savons si peu ce que nous voulons, où nous allons, par quelles routes nous avons chance d'arriver à quelque chose, que vraiment le pessimisme est l'attitude d'esprit la plus explicable parmi les nôtres, sinon la plus légitime. A tous les motifs qui peuvent expliquer le doute ou l'inquiétude, il faut encore ajouter les menaces de notre environnement, cette pression étouffante et telle qu'à l'heure actuelle, nul petit peuple, peut-être, à travers le monde, n'en sent peser de comparable sur soi.

Est-ce à dire, d'autre part, que, pour résister à cette formidable physique, nous soyons tout à fait dépourvus de ressources ? Nous avons, semble-t-il, un passé histo-rique splendide, des traditions, des fiertés. Si, à fond et jusqu'à épuisement, nous avions exploité ce capital moral, les attitudes moroses ou désespérées seraient peut-être justifiables. Mais la vérité n'est-ce pas plutôt que ce capital reste encore pour nous une richesse spirituelle à peu près ignorée et inutilisée ? Héritiers paresseux, nous avons reçu en partage une fort belle terre que nous avons laissé en friche.

Nous possédons surtout, comme un bien à notre portée, comme un héritage auquel nous ne renoncerons que par un coup de tête, toute la richesse spirituelle de France. La haute valeur de ce bien, si la jouissance nous en était assurée, nous mettrait en état de résister, sans nul doute possible, à toute physique si redoutable qu'elle pût être. Car il est permis de le dire avec une certaine fierté : si d'autres l'égalent, aucune autre culture ne dépasse la culture française en valeur humaine, et par conséquent en énergie vitale, en valeur éducative pour un peuple. [...]

Le tout, et voici, sans doute, le grand problème de notre vie nationale, est de trouver le moyen de nous approprier, ou mieux de nous assimiler, à dose qualitative et massive, la culture française, de façon à nous constituer une originalité invulnérable. Est-ce trop demander à nos universités, à nos collèges, à nos couvents, à nos écoles, que de nous fournir ce moyen ? Est-ce trop demander à ces institutions que d'établir chez elles une atmosphère résolument française et de faire en même temps que la formation française des maîtres y devienne comme une sorte de primat intellectuel et national ?

Et j'en viens à ma deuxième question :

Y a-t-il avantage à rester ou à redevenir français ?

Pour l'ensemble de notre pays, l'avantage ne fait point de doute. Exception faite des sauvages de la Saskatchewan et de quelques tribus de fanatiques, débris encore errants dans les provinces maritimes et dans l'Ontario, il ne saurait échapper à nul Anglo-Canadien, je ne dis pas lettré, mais *moyen*, que l'apport d'une culture comme celle de France représente, pour tout pays, un avoir intellectuel inappréciable. C'était aussi, j'imagine, la conviction de nos pères en 1867. S'ils ont opté pour l'Etat fédéral et pour la survivance de leur province, leur dessein, semble-t-il, n'était pas de perpé-tuer, au Canada, un élément de faiblesse ou de médiocrité.

Mais y aurait-il aussi avantage pour nous-mêmes ? Et je parle d'abord d'avan-tages matériels. Je me place délibérément sur ce terrain utilitaire et prosaïque. Il est trop facile, en effet, de faire voir l'intérêt moral des survivances nationales, par cela que toute saine originalité constitue dans le monde une richesse de l'ordre de l'esprit.

[...] Que d'emplois, que de gains s'offriraient encore à nous si, recouvrant notre âme nationale, nous recouvrions du même coup le sens de la solidarité économique ? s'il nous arrivait de redevenir maîtres de nos institutions de commerce, de finance, de crédit, d'assurance ? Hélas, au lieu de nourrir ces ambitions viriles, nous avons cru qu'il nous suffirait d'apprendre l'anglais et que l'anglais nous mènerait à tout. L'expérience de ces derniers vingt ans ne nous a-t-elle pas enseigné que, pour avoir appris trop d'anglais, en vue d'obtenir plus d'emplois chez les Anglais, des emplois, nous en avons surtout perdu, effroyablement perdu ? On s'inquiète et à bon droit de la domination sur notre province du capital étranger, de notre sujétion à une dictature financière ; et l'on cherche les moyens de nous émanciper. Croyez-vous que si notre peuple avait eu quelque sens de sa dignité, quelque fierté nationale, il eût enduré le régime économique qu'on lui a fait ? Et croyez-vous qu'il se fût trouvé des hommes, politiques ou autres, pour nous laisser forger de pareilles chaînes ? Preuve que le sens national n'est pas un sens impratique.

Et je n'ai rien dit des formes de productions industrielles qu'il nous serait possible de créer, de mettre sur le marché, si nous étions vraiment nous-mêmes, originaux : formes que nous saurions imposer par leur savoureuse originalité, par leur chic, leur perfection française. Et je n'ai rien dit, non plus, des formes de production littéraire et artistique qui pourraient jaillir de notre âme, à la seule condition toujours d'être originaux, vigoureusement canadiens-français. Qu'importe ici notre petitesse ou notre faiblesse numérique ? La gloire artistique n'est pas, que nous sachions, l'apanage exclusif des grands pays ni des grandes nations. Et ne suffit-il point de s'arrêter à cette pensée que notre survivance, dans les circonstances héroïques où elle s'accomplirait, signifierait l'un des plus splendides triomphes de la personne humaine ? Et si les climats favorables au développement de la personne humaine sont les climats créateurs d'art, quel avenir intellectuel n'aurions-nous pas le droit d'espérer ?

Lionel Groulx [b]

b. Lionel Groulx, *Orientations*, Montréal, Les Editions du zodiaque, 1931, 340 pages Le texte de la conférence, reproduit aux pages 201 à 219, est coiffé du titre « Langue et survivance ».

Document n° 73

1934 — IL FAUT ÊTRE FRANÇAIS AVANT QUE D'ÊTRE CANADIEN

Olivar Asselin fonde l'Ordre dont le premier numéro paraît le 10 mars 1934 et met ce nouveau quotidien au service de « la culture française et de la renaissance nationale ». Ce journal cessera de paraître en mai 1935.

Lucien Parizeau, disciple et collaborateur d'Asselin [a], préconise dans les colonnes de l'Ordre un retour aux sources françaises et, pout tout dire, un véritable nationalisme français en matière de langue. Il dénonce en particulier le bilinguisme scolaire imposé aux Canadiens français du Québec.

Dans un article de l'Action Nationale [...], M. Esdras Minville se demande si c'est sans raison qu'on a parlé de la « grande pitié » de notre langue maternelle [b]. « Puisque l'âme et la langue d'un peuple, dit-il, sont liées au point de se confondre, de ne pouvoir se désintégrer sans s'amoindrir, il est clair que, pour atteindre comme peuple au sommet de civilisation dont nous venons de parler, nous devons accepter la discipline que notre génie lui-même s'est forgée selon ses besoins et pour ses besoins au cours des siècles... » En d'autres termes, nous vivrons aussi longtemps que notre langue, greffée au vieux tronc gaulois, y prendra sa nourriture et sa vie. M. Henri Bourassa a déjà parlé d'un « américanisme français », d'un compromis entre le fonds latin — ou le peu que nous en avons — et l'apport constant du milieu, du climat, des coutumes qui façonnent, d'un peuple, à la fois la langue et le génie. Je ne crois pas ce mélange possible, ou plutôt je le crois possible, puisqu'il existe en fait, mais je le trouve impropre à la civilisation. Ceux qui s'étonnent de nous voir attacher aux choses de France autant d'importance qu'aux choses de notre pays ne se sont jamais dit que notre peuple, velléitaire et domestiqué par en haut comme le poisson se pourrit par la tête, n'a de salut que dans un retour au nationalisme français du cher grand Fournier. J'entends par là que notre peuple, au génie hybride, qui pense en anglo-français et s'exprime dans une langue mixte, s'énervera graduellement jusqu'à l'américanisation définitive s'il ne recouvre son *unité*. Réfléchissez que le désordre des esprits, le culte de l'à-peu-près qui nous caractérise, vient précisément de ce qu'il y a en chacun de nous, à l'état plus ou moins amorphe selon l'éducation qu'il a reçue, une sorte de monstre social où se retrouvent, comme chez l'Américain, les débris de deux ou trois civilisations. Ce type d'humanité, que nous sommes les seuls à représenter — la Belgique et la Suisse, plus près du foyer de la France, et d'ailleurs parties du continent européen, ont des instruments de culture à portée de la main — ce type d'humanité ne peut pas vivre de traditions qu'il traîne à sa suite, mais sans les éprouver profondément. Il ne peut pas créer dans le domaine spirituel, parce qu'il y a un hiatus immense, un trou noir entre ses qualités originelles de race et celles qu'il a acquises à son insu d'une source différente. A cette solution de continuité spirituelle correspond de toute nécessité — c'est presque une loi biologique — une brisure de la langue maternelle à l'instant même où le rameau canadien — détaché

<hr>

a. Lucien Parizeau a publié un recueil de textes d'Olivar Asselin : Olivar Asselin, *Trois textes sur la liberté*, préface de Lucien Parizeau, Montréal, Editions HMH, 1970, 142 pages.

b. Voir le document n° 71.

du tronc vivant, portant en lui son histoire — est tombé dans un tuf où il n'a pu s'épanouir. [...] Mais il y a moyen de conserver à cette langue son caractère français en refrancisant l'esprit du peuple qui la parle, donc la crée. Et c'est à ceux qui font office d'écrire et de diriger, c'est à la presse, c'est aux bonimenteurs de la radio, de VOULOIR d'abord être français.

C'est l'idée essentiellement fausse que l'unilinguisme désavantagerait notre peuple en matière économique, qui fait que l'école, enseignant de pair deux langues de syntaxe et de lexicologie différentes, n'en peut enseigner aucune proprement. Les enfants devraient commencer leur apprentissage de la grammaire anglaise à l'école secondaire ou primaire supérieure. Pour la masse du peuple, non seulement il n'y a pas de honte à lui prêcher le colonialisme français (en matière de langue et d'éducation) ; mais notre seule façon d'être nationalistes avec succès — Fournier l'eût-il compris autrement ? — c'est de nous mettre à la remorque d'une métropole spirituelle où puiser abondamment nos aliments de vie. En un mot comme en cent, c'est ma conviction que dans l'ordre de la pensée le premier devoir du Canadien français est d'être français avant même que d'être canadien. M. Minville ne va pas si loin que moi. Du moins donne-t-il au peuple des raisons d'être français, et plus que de ces raisons oratoires que la réalité dément et détruit tous les jours. Mieux vaut être tirbutaire, moralement, d'un grand peuple qui nous aime que d'un grand peuple qui nous méprise. « Those blooming French-Canadians... »

Lucien Parizeau [c]

---

c. Lucien Parizeau, « Deux manières d'être des « coloniaux ». Pour un nationalisme français », *l'Ordre,* le 26 avril 1934.

Document n° 74

1934 — BATAILLE POUR L'APPARENCE

Le gouvernement Bennett prépare la loi de la Banque du Canada. Dans un article intitulé « Pourquoi ces billets doivent être bilingues », paru dans le Devoir *du 24 février 1934, Omer Héroux appuie la campagne qui vient de reprendre en faveur de la monnaie bilingue.*

Nous nous sommes hâtés, dès hier, de prendre sur la question des futurs billets de la *Banque du Canada* une position aussi nette que possible.

Nous demandons que ces billets soient bilingues et que cela soit, tout de suite et clairement, entendu.

Nous espérons que le gouvernement n'hésitera point, quels qu'aient été les errements anciens, à appliquer le principe déjà reconnu, dans la pratique, aux Postes et au Revenu national.

Ainsi le veut rigoureusement, de l'avis de maints juristes, la lettre même de la Constitution canadienne ; ainsi le veut sûrement son esprit.

* * *

Il se trouvera peut-être, par le temps qui court, des gens pour dire : Après tout, qu'importe le texte imprimé sur ce billet de banque ? Même si le billet n'est libellé qu'en anglais, il ne vaudra pas un sou de moins.

Evidemment !

Mais s'il est bilingue, le billet n'en vaudra pas un sou de moins non plus. Il achètera tout autant de marchandises que s'il était exclusivement anglais.

Il représentera la même valeur matérielle, et il comportera une valeur morale dont il importe de tenir compte.

* * *

Le billet de banque bilingue, particulièrement s'il est émis par la *Banque du Canada*, attestera, partout où il passera, que notre pays est un pays bilingue ; que, s'ils ont changé d'allégeance, les fils des pionniers n'ont point perdu leur personnalité propre, qu'ils comptent encore dans la vie de leur pays.

Il l'attestera avec éloquence, avec fréquence, — tout comme le font présentement les timbres-poste. — L'un de nos amis nous racontait qu'en Europe, l'une de ces années dernières, il s'était longuement efforcé — et assez vainement, lui semblait-il — de convaincre l'un de ses interlocuteurs, homme fort en vue, du caractère bi-ethnique et officiellement bilingue de notre pays. On l'écoutait avec politesse, mais il avait le sentiment que son argumentation ne mordait point. Tout à coup, il tira de sa poche une lettre du Canada et la tendit à son interlocuteur. Celui-ci examina le timbre et, tout de suite : Mais votre gouvernement, fit-il, reconnaît officiellement les droits du français. Votre pays, quoiqu'il fasse partie du *Commonwealth* des nations britanniques, n'est donc point, comme je l'avais cru, un pays anglais.

La cause était gagnée. Partout où il passera, le futur billet de la *Banque du Canada* fera, s'il est bilingue, la même démonstration, la même propagande. Il les fera chez nous comme à l'étranger. Dans toutes les provinces, il ira proclamer que le Canada est un pays bilingue, que le français n'y est point une langue de paria ou de citoyen de seconde zone.

Cela, du point de vue moral, qui a tout de même son importance, veut dire beaucoup de choses. Cela veut dire pour chaque Canadien de langue française un accroissement de prestige aux yeux de l'étranger et de ses concitoyens d'autre langue, particulièrement peut-être des immigrants les plus récents. Cela veut dire pour tout notre groupe un accroissement de prestige collectif avec tout ce qui peut s'ensuivre.

Et cela peut signifier même certains avantages matériels : car, l'on ne perd rien, en aucun domaine, à passer pour appartenir à un groupe fort et qui sait faire reconnaître ses droits, qui sait prendre au soleil toute la place qui logiquement lui revient.

* * *

Si nous laissons, une fois de plus, proscrire le français, si nous ne savons pas réclamer pour lui sa juste place, tout au côté de l'anglais, nous n'échapperons point aux conséquences de notre veulerie ou de notre apathie.

Nous fortifierons par là le préjugé, que tant de circonstances tendent à accréditer, que ce pays est anglais. Et nous en subirons toutes les conséquences.

A l'étranger, on nous considérera comme des citoyens inférieurs, comme des gens qui n'ont pas les mêmes droits que leurs concitoyens de langue anglaise ou qui, s'ils les possèdent, n'ont pas le courage de les faire respecter.

Dans toutes les provinces en majorité anglaises, on sera incliné à croire que si les Français comptent pour quelque chose dans la province de Québec, ils ne sont ailleurs que des étrangers, que leur langue, en tout cas, n'est pas l'égale de l'anglais, que celui-ci, seul, est, en fait et en droit, la langue officielle du pays.

Certes, nous ne prétendons point que la décision qui sera prise à propos des billets de la *Banque du Canada* décidera, à elle seule, des plus graves questions ; que cette question de langue est la seule dont il faille s'occuper et qu'elle nous doive masquer toutes les autres.

Mais une décision s'impose, dans ce domaine particulier ; nous n'y pouvons point échapper, pas plus que nous ne pouvons empêcher que, prise dans un sens ou dans l'autre, cette décision n'emporte pour nous des conséquences favorables ou défavorables, qu'elle n'aille s'ajouter à l'ensemble des facteurs qui jouent pour ou contre nous, au Canada et à l'étranger.

* * *

C'est pourquoi, il importe de prendre carrément, et tout de suite, position sur le terrain nouveau qui s'offre aujourd'hui.

Les circonstances ont rarement été plus favorables. Dans les milieux anglo-canadiens, les idées de justice et d'égalité paraissent avoir fait de sensibles progrès. Et certains, qui ne sont peut-être pas convaincus de la valeur de nos prétentions, se disent probablement que, dans l'intérêt de la paix et de la concorde nationale, on peut tout de même nous concéder ces choses qui ne feront, après tout, de mal à personne.

Chez nous, le sentiment est unanime. Il y a trente ans, quand Armand Lavergne et ses amis réclamaient cette chose élémentaire : du français sur les monnaies et les timbres-poste, il se trouvait des Canadiens français pour ironiser et blaguer. Aujourd'hui l'on ne se dispute que sur un point : Qui sert le plus efficacement, le plus loyalement, la cause ? Qui, contre elle, a le moins péché ? Et, si quelqu'un s'avisait de reprendre en public certain thème que nous avons entendu, aux jours de notre jeunesse, il serait aussitôt couvert de huées et de crachats.

Par ailleurs, nul contrat, nulle chinoiserie quelconque, ne vient compliquer le débat.

Le gouvernement et le parlement travaillent sur du neuf, bâtissent sur une table rase.

A eux donc de faire quelque chose de net et de loyal, qui s'accorde pleinement avec l'esprit du pacte fédéral, avec les conditions élémentaires de la paix nationale.

... La Monnaie bilingue, c'est le temps de la faire ; et rien, sauf un odieux sectarisme aidé par une complaisante veulerie, ne saurait maintenant empêcher qu'elle se fasse.

Omer Héroux [a]

---

a. *Le Devoir*, 24 février 1934, p. 1.

Document n° 75

1935 — « *NOUS PARLONS UN JARGON.* »

Victor Barbeau, né à Montréal le 18 août 1896, a fait ses études au Collège Sainte-Marie, à l'Université Laval et à la Sorbonne [a]. *Pionnier du mouvement coopératif (il a fondé en 1937 La Familiale, première coopérative de consommation du Québec), Victor Barbeau a surtout œuvré à la promotion de la langue et de la littérature françaises au Canada.*

Cette action a connu, chez lui, plusieurs expressions. Celle de l'écrivain qui fait des livres de polémiste (les Cahiers du Turc, *1921-1927 ;* Mesure de notre taille, *1936) ou des livres de linguiste (*Ramage de mon pays, *1939 ; le* Français du Canada, *1963). Celle aussi du professeur qui consacre quarante ans de sa vie à enseigner le français aux élèves de l'École des hautes études commerciales. Mais Barbeau a voulu faire davantage en mettant ses dons d'organisateur au service de la cause du français. C'est ainsi qu'il fonde en 1937, avec Jean Bruchési et Albert Lévesque, la Société des écrivains canadiens dont il sera président pendant plusieurs années. Poussant plus loin cette action, il fonde à l'automne de 1944 l'Académie canadienne-française (dotée d'une charte fédérale en janvier 1945). Il cherche ainsi à rassembler les hommes de lettres canadiens-français dans une institution qui leur appartient en propre. Cette composition nationale, cependant, indispensable si l'on voulait faire de l'Académie un instrument de défense du français, ne fut pas toujours comprise. Il fallut donc s'expliquer : « Les occasions sont innombrables où le français peut se trouver en péril. Il l'est avant tout dans notre propre milieu et par notre propre faute. Personne, en conséquence, ne peut mieux que nous se charger de lui venir en aide. N'ayons pas la naïveté d'attendre des sociétés dont les Anglo-Canadiens détiennent les clefs qu'elles voient à l'épuration, à la clarification et à l'extension de notre langue ! Mieux vaut en prendre notre parti une fois pour toute : notre douloureuse solitude ne sera jamais partagée. Ni par la France, depuis toujours étrangère à nos vicissitudes, ni par les Anglo-Canadiens qui, pour la plupart, suspectent notre authenticité et n'acceptent nos lettres de créance que contresignées du nom d'un des leurs. Quoiqu'elle ne soit pas une société patriotique — où ailleurs qu'au Québec est-on ainsi tenu de justifier sa nationalité ? — l'Académie a des attaches, des liens qu'elle ne se fait pas mystère d'avouer en toutes circonstances. Une telle singularité devrait suffire à empêcher qu'on ne la prenne pour un rameau détaché de quelque tronc que ce soit. Elle n'est pas une divergence, un point de rupture. Elle est un acte de foi envers le Canada français et un acte de charité envers tous ceux qui, avec elle, travaillent à son avancement* [b]. *»*

* * *

Dans une conférence qu'il prononce le 22 octobre 1935 devant les membres de la Société d'étude et de conférences, Victor Barbeau décrit l'état de la langue française au Canada. Dans son hebdomadaire la Renaissance, *Olivar Asselin reproduit les dures conclusions auxquelles en arrive le conférencier.*

---

a. Sur l'auteur, voir *Présence de Victor Barbeau*, réalisé et complété par Lucie Robitaille, Montréal, 1963, s. éd., pagination discontinue.

b. Victor Barbeau, *l'Académie canadienne-française*, 2e édition, Montréal, 1963, s. éd. Voir p. 9.

Sans parler la langue du XVIIe siècle (du moins au sens où l'entendent nos thuri-féraires puisque [...] sous Louis XIV seules la bourgeoisie et la noblesse parlaient la langue de la capitale et que au XVIIIe, ainsi qu'en fait foi un rapport présenté à la Convention, le nombre de ceux qui la parlaient correctement n'excédait pas trois millions sur une population de vingt-cinq millions) ; sans parler davantage un patois, quelle langue parlons-nous donc ?

Indiscutablement, une variété de la langue française. Comment expliquer alors qu'elle diffère du français moderne, du français de nos grammaires, de nos livres de lecture ? Rien ne sert, en effet, de nous leurrer, de nous enfler de tous les témoignages flatteurs que nous servent les Français pour peu qu'on les sollicite, personne ne peut soutenir que nous parlions absolument, entièrement français, à moins de n'avoir jamais ouvert un livre ou de n'avoir jamais mis les pieds en France. Mais que comprendre par français ? Voilà le plus gros de la difficulté, notre pierre d'achoppement. Si on parve-nait à établir un point de comparaison qui fût accepté de tous, la réponse serait aux trois quarts trouvée. Ce point, sera-ce Paris ou sera-ce la province ?

Disons, pour mettre fin à tout enfantillage, que nous ne parlons pas le français de ceux qui savent le parler. Le fonds dont nous avons hérité, parler paysan c'est-à-dire dialectal, a été modifié de deux manières, celles précisément qui ont fait du latin vulgaire le français du XVIIe à son tour transformé en une langue plus nerveuse et plus libre. En premier lieu, nous avons changé la prononciation des mots, donnant aux consonnes et aux voyelles une valeur différente de celle que nous enseignent la grammaire et l'usage. Ces altérations phonétiques, dont il m'est inutile de vous donner des exemples tant elles nous sont communes, ont ceci d'important qu'elles se répètent dans tous les mots où se rencontrent les mêmes sons. Faute de connaître le lexique français, nous avons, en deuxième lieu, introduit dans notre idiome des milliers de mots anglais et américains en même temps que nous donnions aux vocables français un sens autre que celui qu'ils ont couramment en France. Enfin, nous avons altéré les formes gramma-ticales, la syntaxe, au point d'en arriver à construire des phrases qui n'ont rien de français bien que les mots qui s'y trouvent soient tous, en apparence, français.

A ceux qui nous parlent de patois, nous pouvons opposer tous les historiens de la langue française. Que répondre pourtant à ceux qui traitent notre parler de jargon ? Voilà, en effet, ce qui en est : nous parlons un jargon. Et pourquoi ? Parce que nous sommes un peuple de primitifs, un peuple d'illettrés. Je n'entends pas par illettrés ceux qui ne savent ni lire ni écrire, mais bien tous ceux, et c'est la majorité de notre popu-lation, qui n'ont pas reçu ou accepté de discipline intellectuelle, qui ne possèdent pas de méthode pour le classement et l'exposition de leurs idées. Si nous avons beaucoup d'hommes de talent, quelques compétences, encore qu'elles soient dans leur sphère très modestes [...], nous n'avons point d'élite.

Certes, il existe dans tous les pays un langage populaire. Nulle part pourtant ailleurs que chez nous il ne se parle au-dessus d'un certain niveau social. Or, le français tel que nous le parlons n'est qu'un jargon impuissant à différencier, comme toute langue le doit, les personnes et les classes. Il ne fait, au contraire, qu'accuser le fonctionnement défectueux de notre esprit, notre impuissance à penser, nos antécédents, notre milieu, notre éducation. Ah ! la belle naïveté de ceux qui, comme M. Blanchard et nos autres croisés, croient pouvoir remédier à notre indigence, à notre pauvreté, par des exercices de vocabulaire. Dans l'état de décrépitude où est tombé chez nous le français, s'en prendre au lexique est semblable aux replâtrages qu'obtiennent, pour un soir, les salons de beauté, c'est-à-dire ne peut être qu'un artifice, un trompe-l'œil. Les mots ne sont pas l'habit de la pensée. Epurons d'abord celle-là et le vocabulaire viendra ensuite de lui-même.

Le français langue morte, c'est-à-dire tel qu'on l'enseigne dans la totalité de nos maisons, grandes ou petites, renommées ou obscures, ne donnera jamais qu'un affreux métissage contre lequel les grotesques séances de bon langage, les prétentieux et stériles manuels de correction, ne pourront rien. Il y manque la sève, la chaleur, la vie. A certains degrés, je dis à certains, l'état du français au Canada me rappelle l'état du latin en France au moyen âge. Nous avons les livres, nous avons les manuels, bref nous avons la lettre sans avoir pu nous en pénétrer, en assimiler l'esprit. C'est ce qu'a réussi le XVIe siècle, d'où son titre de Renaissance ; c'est ce que nous avons à accomplir à notre tour.

Par la lecture, par l'explication de textes, par un contact quotidien avec la pensée française, celle d'aujourd'hui autant que celle d'hier, et par cela seulement nous arriverons à la possession véritable du français. S'il s'en trouve un si grand nombre parmi nous qui, à leur langue maternelle, préfèrent l'anglais, n'en blâmons point les circonstances, le milieu, l'environnement. L'éducation qu'ils ont reçue en est seule coupable. Pourquoi parleraient-ils français puisqu'on ne leur a jamais appris à penser en français ? Qu'on délaisse donc les mots une bonne fois et qu'on s'occupe enfin des cerveaux. C'est là qu'est le mal, pas ailleurs. C'est, en effet, notre pauvreté intellectuelle, notre indigence de primaires que réfléchit notre parler. Sortons de la médiocrité intellectuelle et, du même coup, nous sortirons de la médiocrité du langage.

Victor Barbeau [c]

c. Victor Barbeau, « Notre langue », conclusions d'une conférence faite à la Société d'étude et de conférences affiliée à la Faculté de philosophie de l'Université de Montréal le 22 octobre 1935. *La Renaissance*, le 9 novembre 1935.

Document n° 76

1935 — RIVAROL AVAIT RAISON

John Galsworthy (1867-1933), romancier et dramaturge anglais, a fait ses études à Harrow et à Oxford. Après avoir été admis au Barreau, il s'est engagé dans la carrière des lettres. On lui doit surtout la Saga des Forsythe qui réunit plusieurs romans où figurent les divers membres d'une même famille bourgeoise. Le prix Nobel de littérature lui fut attribué en 1932.

Il avait écrit une préface pour l'Annuaire international de la traduction où il proposait l'adoption du français comme langue universelle. Dans sa livraison du 6 juillet 1935, la Renaissance, hebdomadaire fondé et dirigé par Olivar Asselin, présentait cette préface à ses lecteurs.

Si légendaire que soit la tour de Babel, la confusion des langues existe toujours en ce monde. Orale ou écrite, la transmission de la pensée est gênée de toutes parts, et malgré les efforts tels que celui que représente le présent ouvrage, elle continuera d'être gênée tant que nous n'aurons pas une seconde langue universelle.

Ceux qui réfléchissent profondément à cette question d'une entente meilleure entre les divers membres de la famille humaine finissent, en effet, par être amenés à croire qu'il n'y a pas d'autre solution que l'adoption d'une seconde langue universelle par les nations.

Dans le peu d'espace dont je dispose ici, je voudrais présenter mes conclusions pratiques à ce sujet.

* * *

La question est si compliquée qu'à mon avis la seule manière d'aboutir à un résultat satisfaisant est de suivre la ligne de moindre résistance.

Je ne crois pas qu'une langue artificielle comme l'Esperanto ou l'Ido puisse servir à autre chose qu'à fournir un moyen de communication d'ordre primitif. Ces langues, inventées de toutes pièces, ne se prêtent pas à une traduction littéraire ou scientifique. De plus, elles n'ont pas dans la course universelle des langues la même avance que quelques-unes des langues vivantes. On ne saurait dire qu'elles constituent la ligne de moindre résistance.

Parmi les langues vivantes, il en est trois, et trois seulement, qui ont des titres à être prises en considération sous ce rapport : l'anglais, le français et l'allemand. Cette dernière — si grande soit-elle — doit être rejetée, selon moi, parce qu'elle est exceptionnellement nationale, en raison du caractère spécial de son alphabet. Elle ne représente pas la ligne de moindre résistance aussi manifestement que l'anglais ou le français.

L'anglais est déjà la seconde langue universelle de ce qu'il est permis d'appeler le monde extérieur — le monde des mers, des nouveaux continents, de l'Orient commerçant. En cette qualité, elle ne risque guère d'être jamais remplacée par une autre.

Mais, si paradoxal que cela puisse sembler, c'est à mon avis une raison de la rejeter, étant donné que par suite de sa diffusion géographique, excessive, c'est une langue qui risque déjà de perdre son unité en ce qui concerne tant son vocabulaire que sa prononciation. Beaucoup plus exposé, accidentellement, à la corruption et aux variations que la langue française, l'anglais, pour cette raison, est d'autant moins désirable comme moyen de communication universel. En ma qualité d'Anglais, je regretterais l'adoption de la langue anglaise, parce que je ne crois pas que le caractère ou la culture des peuples de langue anglaise s'en trouveraient bien. Je suis convaincu, en revanche, que le monde de langue anglaise gagnerait beaucoup à se voir obligé de connaître une seconde langue.

* * *

J'estime donc, à tout prendre, que le français est la langue qu'il conviendrait de choisir. Le français est encore la langue de la diplomatie et a encore, sur le continent européen, le pas sur les autres langues ; il est, par excellence, une langue littéraire et stabilisée. L'adoption du français ne risque guère d'exercer une influence fâcheuse sur le caractère du peuple français, qui est déjà, comme le pays lui-même, carré, concentré en lui-même, et peut-être immuable. Il s'apparente plus que toute autre langue à ce latin qui fut jadis la monnaie verbale du monde civilisé. C'est une langue claire, agréable, précise, et comme telle, le meilleur intermédiaire universel de traduction littéraire et scientifique. En un mot, il représente la ligne de moindre résistance.

J'espère qu'il me sera donné de le voir adopter et de voir tous les écoliers de toutes les écoles du monde entier obligés de l'apprendre. La libre et complète inter-communication de la pensée qui en résulterait serait pour l'humanité un incommensurable bienfait.

John Galsworthy [a]

---

a. John Galsworthy, « le Français, langue universelle », *la Renaissance*, 6 juillet 1935, p. 5.

Document n° 77

1935 — UN « TROUBLE-FÊTE »

Les Canadiens français ont toujours défendu leur langue. Mais voici que l'un d'entre eux, Adélard Desjardins, se fait le lointain écho de Pierre-Louis Panet et de lord Durham en proposant l'assimilation à la langue anglaise. Cela présenterait, affirme-t-il, le double avantage d'abandonner le « système bâtard de bilinguisme perpétué » et de permettre aux Canadiens français de vivre pleinement la vie de l'Amérique du Nord [a].

Le plaidoyer d'un anglicisant

Vox clamantis in deserto.

1. Circonscrivons les positions. On nous prouve, avec un grand appareil de philosophie, notre droit à la culture française ; nous ne le nions pas. Nous affirmons simplement que l'exercice de ce droit, dans les circonstances où nous a placés la Providence, devient de plus en plus déficitaire et ne peut produire qu'une banqueroute à échéance plus ou moins prochaine. Là est toute la question. [...]

2. Sur cette question du français, l'esprit de nos gens n'est-il pas la dupe de leur cœur ? Bien que « le cœur ait ses raisons », il lui arrive de se tromper ; et « ses erreurs ne sont pas moins funestes... à cause de la douceur qui s'y mêle ». Il y a unanimité, dira-t-on. Soit. Mais ni la contradiction n'est marque de fausseté, ni l'incontradiction n'est marque de vérité.

3. L'attitude des francisants, qui sont contraints d'ailleurs de s'appeler refrancisants, est fondée sur un quart de vérité en droit, et sur une erreur totale en fait ; l'égalité des deux langues au Canada.

4. En droit : la seule province de Québec est bilingue, et les services fédéraux dans leurs points de contact avec la partie française du pays. Le français va-t-il de pair avec l'anglais devant les tribunaux ontariens ? Est-il langue officielle à la législature de Toronto ? La constitution donne-t-elle au français, dans les provinces anglaises, les droits que possède l'anglais dans le Québec ? Priés de répondre, nos francisants de tout poil louvoient, biaisent, ont recours à toute une fantasmagorie juridique, et passez, muscade ! [...]

5. En fait : même dans le Québec, les leviers de commande de l'industrie, du commerce, de la finance, des utilités publiques, sont sous la main des Anglais, qui imposent leur langue malgré qu'on en ait. Il n'est pas jusqu'à la trésorerie de M. Taschereau qui ne confirme gaillardement cet avancé. Dès qu'on ambitionne de gravir quelques échelons, l'anglais devient nécessaire. Mais en cette matière nul écrit n'a la force instructive de l'observation et de la vie : si nos refrancisants chevronnés sortaient de leurs fiefs et entraient dans la mêlée économique, la persuasion leur viendrait plus tôt qu'ils ne pensent. [...]

6. Donc l'anglais, langue nécessaire et suffisante par tout le Canada ; le français, langue de luxe, trop souvent, même dans le Québec. Le seul clergé peut, avec les

---

a. La même thèse a fait l'objet d'un livre paru il y a quelques années : Louis Landry, *... et l'assimilation, pourquoi pas ?*, Montréal, Les Presses libres, 1969, 126 pages.

fermiers, et dans une certaine mesure, se passer d'anglais. Soit dit incidemment, c'est ainsi le seul corps instruit qui bataille pour la survie du français. J'oubliais nos politiciens... dans l'opposition.

7. Le français, langue de luxe ? Non, c'est plutôt le parler des porteurs d'eau, des journaliers, des calicots, des midinettes, des « polices », des « conducteurs », qui doivent cependant baragouiner un peu d'anglais.

8. Avant l'établissement de la Confédération, nous formions 45 % de la population des Deux-Canadas. Cette proportion est aujourd'hui tombée à 28 % et variera de plus en plus contre nous, soit à cause de l'immigration britannique, soit parce que les immigrants adoptent, dans leur immense majorité, pour leur idiome canadien, l'anglais, qui n'est pourtant pas censé supérieur au français... Et le glissement économique est plus rapide ; l'accélération en est vertigineuse. Nous empruntons quelques précisions à l'Action nationale. Sur dix banques, nous en avons deux seulement, outre la Banque d'Epargne qui n'opère que dans la métropole. Depuis vingt-cinq ans, sont disparues la Banque de Saint-Jean, la Banque de Saint-Hyacinthe, la Banque de Ville-Marie, la Banque du Peuple, la Banque nationale. Les dix banques ont un actif de $ 3.570.000.000 ; nos deux banques ont là-dessus un actif de $ 199.000.000 seulement. Au Canada, il y a 56 sociétés de fiducie et de trust. Nous en avons six. Telles sociétés ont un actif total de $ 101.000.000 ; la part des nôtres est de $ 2.800.000. Il y a au pays 28 compagnies d'assurance-vie ; nous en avons 4. Ces 28 compagnies ont pour $ 7.696.000.000 d'assurances en vigueur ; celles de nos quatre compagnies forment à peine $ 100.000.000. Le Canada compte 346 compagnies d'assurance-feu et nous n'en avons pas cinq. Quelques chiffres maintenant qui prouvent que le petit commerce, où notre race se croyait invincible, à Montréal, nous échappe et passe en d'autres mains. Il y a vingt ans, nous avions 58 maisons de gros assez importantes ; il nous en reste 17 dont quatre seulement sont importantes. Nous avions une soixantaine de marchands de merceries et de nouveautés, comptant parmi les principaux de leur spécialité ; il nous en reste trois ou quatre. Depuis vingt ans, 1200 de nos épiciers ont disparu, 640 de nos bouchers, 78 quincailliers, 168 boulangers, 369 laitiers ; et ainsi de suite dans les autres commerces. En fait, nous possédions alors 77 % du commerce de détail ; nous n'en avons plus que 43 %. Les Canadiens français étaient de notables propriétaires d'immeubles à Montréal ; la crise est en train d'en faire disparaître un grand nombre. Ainsi s'aggrave,

> Aujourd'hui plus qu'hier et bien moins que demain,

la situation navrante de nos pauvres gens, constitués, par la grâce des francisants inpénitents, citoyens de troisième zone, en arrière même des aubains que nous envoyait hier le ghetto slave. Et les grands responsables de cette tristesse n'en veulent rien savoir ou, en tout cas, la supportent d'un cœur léger.

9. Abordons le bilinguisme. Ecoutons le philologue Remy de Gourmont : « Un homme intelligent et averti peut savoir plusieurs langues sans avoir la tentation d'entremêler leurs vocabulaires ; c'est au contraire la joie du vulgaire de se vanter d'une demi-science, et le penchant des inattentifs d'exprimer leurs idées avec le premier mot qui surgit à leurs lèvres. La connaissance d'une langue étrangère est en général un danger grave pour la pureté de l'élocution et peut-être aussi pour la pureté de la pensée. Les peuples bilingues sont presque toujours des peuples inférieurs ». Nous voilà loin de la gasconnade que vont répétant nos primaires d'une voix épanouie : un homme qui sait deux langues en vaut deux. Dégonfler cette exagération nous entraînerait trop loin ; bornons-nous à stigmatiser la vanité de l'application qu'on en fait au bilinguisme ethni-

que : pour le commun des mortels, parler deux langues, c'est, dans la réalité prosaïque, ne posséder ni l'une ni l'autre. [...]

....

11. Pas de forte personnalité sans unité. « Il eût fallu tenir pour indubitable que le Canadien français ne saurait être ni mi-anglais ni mi-français, ou qu'il ne le sera jamais qu'au détriment de soi-même. L'on ne peut appartenir également à deux cultures, pas plus que l'on ne peut se donner deux personnalités intellectuelles, deux personnalités morales. » (Abbé Groulx). Aussi notre élite ressemble-t-elle à l'âne de Buridan. Elle hésite sempiternellement entre la culture française, qui lui a donné la première formation, et la culture anglaise, nécessaire à qui veut monter dans l'échelle. Pendant ce temps, l'esprit canadien-français se meurt d'inanition. Très rares sont les nôtres qui ont réussi à s'élever au-dessus de la médiocrité. Au surplus, les quelques noms qui viennent sur les lèvres sont des exceptions apparentes. M. Laurier opta résolument pour la culture anglaise ; on le lui a assez reproché. Mgr Paquet, qui est écrivain de mérite, choisit la discipline française ; mais j'ai déjà dit que le clergé seul pouvait se payer ce luxe. Quant à M. Bourassa, avec une vigueur d'esprit peu commune, il fut incapable de se créer un style et n'a jamais été qu'un sous-Veuillot, obligé qu'il était de s'écarteler entre les deux cultures.

12. Un collaborateur de l'*Action nationale* nous objecte qu'un peuple qui change de langue en peu de temps est frappé d'une véritable stérilité intellectuelle. Voilà un argument qui s'est levé de grand matin ! Comme nous sommes bon prince, nous le concédons, non sans répondre toutefois. Cette stérilité ne durera que l'espace de quelques générations ; tandis qu'avec notre présent système bâtard de bilinguisme perpétué, notre médiocrité ne peut être qu'inamovible, perpétuelle et éternelle.

13. Peindrons-nous maintenant le bilinguisme scolaire ? Citons Rousseau : « Je conviens que si l'étude des langues n'était que celle des mots, c'est-à-dire des figures ou des sons qui les expriment, cette étude pourrait convenir aux enfants ; mais les langues, en changeant les signes, modifient aussi les idées qu'ils représentent. Les têtes se forment sur les langues, les pensées prennent la teinte des idiomes. La raison seule est commune, l'esprit en chaque langue a sa forme particulière... De ces formes diverses l'usage en donne une à l'enfant, et c'est la seule qu'il garde jusqu'à l'âge de raison (on sait que Rousseau reportait assez loin l'âge de raison ; en fait, il s'agit ici de l'enfant qui n'a pas encore douze ans). Pour en avoir deux, il faudrait qu'il sût comparer des idées ; et comment les comparerait-il, quand il est à peine en état de les concevoir ? Chaque chose peut avoir pour lui mille signes différents ; mais chaque idée ne peut avoir qu'une forme : il ne peut donc apprendre à parler qu'une langue. Il en apprend cependant plusieurs, me dit-on ; je le nie. J'ai vu de ces petits prodiges qui croyaient parler cinq ou six langues. Je les ai entendus successivement parler allemand en termes latins, en termes français, en termes italiens ; ils se servaient à la vérité de cinq ou six dictionnaires, mais ils ne parlaient toujours qu'allemand. En un mot, donnez aux enfants tant de synonymes qu'il vous plaira : vous changerez les mots, non la langue ; ils n'en sauront jamais qu'une. » (*Œuvres choisies*, par Flandrin, p. 511.)

14. Ne nous attardons pas à enfoncer une porte ouverte. Les refrancisants sont d'accord avec nous au sujet du bilinguisme primaire, qui n'engendre que confusion et obscurité dans les idées. Autant ils jettent feu et flamme en faveur du bilinguisme dans les services de l'Etat, autant honnissent-ils la dualité de langue à l'école. Ils veulent chasser l'anglais des classes, ce à quoi ils ne parviendront point, car ils ne seront jamais suivis par le peuple, astreint, lui, à gagner durement un pain que lui distribuent des mains

anglaises. Le fait est tellement patent que même ceux-là qui passent leur vie dans une tour d'ivoire s'en rendent compte : ils se rabattent sur l'espoir d'une prochaine libération économique, obtenue, bien entendu, par les seules armes défensives et offensives du français ! Avec le temps, on met de l'eau dans son vin. Il y a quelques lustres, le même groupe convoitait l'indépendance politique, entassant ainsi chimères sur utopies. Mais il n'y a rêve qui tienne ; nos cocardiers, en attaquant le bilinguisme infantile, lèvent un lièvre qui ne peut manquer de leur échapper.

15. Nos refrancisants intempérants soufflent le froid et le chaud. Comme en Nouvelle-Angleterre l'unilinguisme français serait trop évidemment impraticable et absurde, ces messieurs y prônent impudemment ce bilinguisme si pédagogiquement détestable qu'ils sont les premiers à réprouver chez nous. Mais éviter la contradiction est le cadet de leurs soucis.

16. La formation d'un Etat français, jouissant de l'indépendance en pleine Amérique du Nord, dans un avenir lourd de plus d'une improbabilité, telle est la seule et unique échappatoire cohérente que puissent nous opposer nos Don Quichottes, nos refrancisants s'entend. *L'Action française* (de Montréal), qui avait courtisé cette chimère avec tendresse, en 1922 particulièrement, trépassa peu après. Nous ne nous aventurerons pas à dire : *post hoc, ergo propter hoc ;* mais il nous sera bien permis de noter que ses hoirs et ayants cause, les directeurs de *l'Action nationale,* ne semblent pas jusqu'ici vouloir recueillir cette portion de l'héritage. Peut-être l'inventaire n'est-il pas terminé ? Quoi qu'il en soit, à ceux qui auraient encore ce béguin, nous répéterons les graves paroles du P. de la Brière : « Pour constituer, sur la base de la nationalité, un nouvel Etat distinct et indépendant, il faut, d'abord, l'existence réelle du *vouloir-vivre collectif* : chose qui n'est pas toujours si facile à démontrer. Mais il faut également l'existence réelle du *pouvoir-vivre collectif,* sans lequel le vœu populaire en faveur de l'indépendance manquerait absolument de justification. L'indépendance politique n'est point destinée à procurer aux peuples une satisfaction d'amour-propre national. Elle a pour unique raison d'être de réaliser les fins essentielles de bien commun et d'intérêt général pour lesquelles un Etat est un Etat, muni du droit souverain d'imposer à ses propres ressortissants les lourdes charges correspondant aux requêtes de l'ordre public. Il faudra donc que la population elle-même et le territoire qu'elle occupe soient en mesure de fournir toutes les ressources indispensables à la bonne gestion de tous les services et intérêts publics que réclame un Etat normalement constitué. Cette condition est plus difficile à remplir aujourd'hui qu'autrefois : bien des Etats, qui continuent légitimement de vivre en vertu des droits acquis et des traditions consacrées par l'histoire, ne pourraient guère se constituer aujourd'hui comme ils se sont constitués jadis, à des époques où le fonctionnement de la chose publique était beaucoup moins coûteux et moins complexe. Les frais généraux, les services publics d'un Etat indépendant sont devenus infiniment plus lourds dans ce que nous appellerons, pour reprendre les formules d'un célèbre pacte international : les conditions particulièrement difficiles du monde moderne ». (*Etudes,* tome 217, pages 97 et 98.)

17. Retirés dans la thébaïde des idées spéculatives, les francisants, qui condamnent notre peuple à rouler le rocher de Sisyphe qu'est le français sur cette terre anglaise, sont par trop oublieux de l'humble réalité contingente qui se nomme la pauvre nature humaine. Les institutions sociales doivent être ordonnées de façon à n'exiger de la masse qu'une vertu et un effort moyens. [...]

18. En résumé, trois régimes s'affrontent. Les francisants, conscients des méfaits du bilinguisme ethnique et aveugles volontaires sur la prédominance de l'anglais, récla-

ment à cor et à cri l'unilinguisme français. La foule, qui ne voit goutte en cette affaire du bilinguisme, en tient pour les deux langues, parce que d'une part nos chauvins ne cessent de chauffer à blanc l'amour instinctif qu'elle porte au français, et que d'autre part elle sait, de science douloureuse et quotidienne, le besoin qu'elle a de l'anglais. Quant à nous, nous préconisons l'unilinguisme anglais, et ainsi nous tenons compte à la fois de la nocivité du bilinguisme et de la nécessité pratique de l'anglais pour notre race de gagne-petit. [...]

19. Nous voici enfin rendus à l'union hypostatique de la foi et de la langue, sans laquelle, nous redit-on sur tous les tons, la foi périrait. Ici nous reconnaissons qu'il y a du pour et du contre. Mais ne faut-il pas demander en tout premier lieu : qu'en pense Rome ? Et si les choses étaient telles qu'on le prétend en certains milieux canadiens-français, le cardinal Bourne, qui devait se douter un peu, tout comme un autre, du danger d'infiltration protestante qu'accroît la communauté de langue, eût-il pu prononcer au congrès eucharistique de Montréal le discours célèbre qu'on se rappelle ?

20. Lentement mais sûrement Rome élimine partout en dehors du Québec les archevêques de langue française. Dernièrement c'était Regina ; Ottawa aura un jour son tour : Mgr Forbes n'a-t-il pas été bien servi par son nom anglais : En sorte que sur onze archevêques canadiens, il en est présentement sept, je dis bien sept, de langue anglaise : c'est presque l'inverse du rapport des populations.

....

22. « Le français, langue catholique, qui nous préserve de l'erreur et du mal », tel est le refrain qu'on nous serine dans le Québec. Mais dans le même temps, les Flamands résistent aux envahissements du français, parce que, disent-ils, c'est le véhicule de l'irréligion et du libertinage. Que penser d'un argument qui appuie indifféremment deux propositions contradictoires ?

....

27. Le français que nous parlons, tel que nous le parlons, vaut-il vraiment tous les sacrifices qu'il nous coûte ? Quand verrons-nous la chaire de français occupée, à McGill, par un Canadien français ? Ils sont prévenus ? C'est à voir. *Vox populi, vox Dei.* Sous la légende du « Québec patois » gît une demi-vérité.

....

29. Comment nos refrancisants fieffés imaginent-ils notre avenir linguistique ? Les climats influent sur les caractères nationaux, qui impriment à leur tour leurs altérations sur les langues. Rameau arraché au tronc français, entés sur un autre continent, serons-nous toujours tributaires, ou plutôt esclaves, du français de France, lequel, modifié par un autre climat, éprouvant les vicissitudes de mœurs qui ne sont plus les nôtres, se fera de plus en plus étranger à notre esprit ? Que deviendront alors ces affinités secrètes et ces accords harmonieux qui doivent unir un idiome au peuple qu'il nourrit ? Est-ce qu'on nous promet l'éclosion, dans l'habitat laurentien, d'une culture originale et séparatiste, informés par une nouvelle langue, dérivée du français ? Depuis que le monde est monde, on n'a point vu une telle création émaner d'une petite minorité dépourvue de son autonomie politique, économique, sociale, intellectuelle. Cependant peu leur chaut ; dans la course au mirage, les francisants font feu des quatre fers.

30. Nos avant-postes de l'Acadie, de l'Ouest, voire de l'Ontario, sans parler des Franco-Américains, sont déjà en grande partie anglicisés. Et cela doit faire abaisser encore, du point de vue où nous nous plaçons, ce 28 % mentionné plus haut, lequel détermine plutôt le rapport des races que celui des langues. Les Romains latinisèrent

la Gaule. L'Angleterre se fit imposer la langue française par les Normands et devint pour plusieurs siècles un foyer de culture française, au même titre que l'Ile-de-France, quitte à façonner, avec le temps, le langage de ses vainqueurs, par une adaptation intelligente à son goût et à son tempérament. L'anglais a submergé la Louisiane. L'Histoire se répète au Canada français.

31. Nous invitons les fervents de la philosophie de l'histoire à réfléchir un brin sur la fuite de notre capital humain aux Etats-Unis. Ce n'eût pas été trop de tous nos effectifs, soigneusement conservés et fortement concentrés, pour rendre viable le bilinguisme au Canada. Or la Providence a voulu, tout au contraire, nous diviser par moitiés, dont l'une fond d'ores et déjà au creuset américain. La conclusion s'impose donc, du moins dans la mesure où la trame de l'histoire fait apparaître à nos regards débiles les desseins sur les peuples de Celui qui règne dans les cieux, et de qui relèvent tous les empires.

32. L'effervescence refrancisante, d'intensité spasmodique et décroissante, finit toujours en queue de poisson. Aujourd'hui les Jeune-Canada s'agitent ; hier c'étaient les Nationalistes ; et nous entendons maintenant le dirigeant de ces derniers, toujours loyal, déclarer d'une part à M. de Rumilly que nos gens transplantés dans l'Ouest doivent s'adapter à leur nouveau milieu, et confier d'autre part à un rédacteur du *Droit* qu'il a beaucoup déchanté sur cette question du français au Canada. On parle volontiers d' « ancien chef vieillissant ». Sauf erreur, M. Bourassa s'est retiré sous sa tente au lendemain de sa conférence sur la langue, gardienne de la foi, faite vers 1918. Il avait tout juste cinquante ans. Jusque-là le grand orateur avait été l'oracle de toute la gent francisante ; dès qu'il ouvrait la bouche, on s'ébahissait.

Comment en un plomb vil l'or s'est-il changé ?

33. Un docteur en philosophie, s'il vous plaît, accouchait, en juin dernier, à *l'Action nationale,* de cet impératif mirifique : « Notre vie nationale dût-elle être pendant un siècle aussi pénible et lourde que maintenant pour s'éteindre ensuite, nous n'en devrions pas moins lutter énergiquement. Il n'est pas loisible à l'individu, même malade et mourant, de renoncer à la vie ; il n'est pas plus loisible à une nationalité de quitter son poste, jusqu'à ce que Dieu le lui signifie par des événements irréformables ». Nous rétorquons : un groupe ethnique ne meurt ni ne quitte son poste en changeant de langue, sans quoi la machine ronde ne serait plus qu'un immense chantier abandonné. Ce qui disparaît, pour être remplacé, c'est une forme déterminée de culture ; or c'est ici qu'apparaît la fausseté de l'assimilation qu'on prétend faire : la lutte désespérée de l'incurable se justifie et se commande par les conséquences qu'elle déroule sur le plan surnaturel et éternel ; mais les cultures, les langues, les civilisations n'ont pas de survie au delà du temps. Ainsi ce bel héroïsme qu'on nous prescrit se ramène à un gaspillage formidable, à un vain sacrifice, offert à l'idole vermoulue qu'est le français au Canada, des forces vives qui nous sont données uniquement pour le service du Dieu vivant. [...]

....

35. Si l'auteur sort de sa compétence et mêle torchons et serviettes, qu'on lui montre son béjaune, mais par raisons solides et convaincantes, en laissant de côté les oripeaux de rhétorique, dont s'affublent nos pédants pour pontifier devant leurs apprentis-bacheliers. Qu'ils cessent, par exemple, de nous rebattre les oreilles de la « fidélité aux ancêtres ». Sur ce pied-là, il nous faudrait pour le moins parler jusqu'à la consommation des temps la langue de *la Chanson de Roland.* [...]

....

39. Puisse notre clergé canadien-français, si admirable à tant d'égards, et devant lequel l'auteur s'incline très bas tout le premier, prendre la tête de ce mouvement irrésistible d'anglicisation, pour le canaliser, le diriger, en ménager les transitions ! Autrement il est à craindre que son cours ne se fasse dévastateur et ne lézarde l'édifice de notre foi, qu'on se sera obstiné à appuyer sur le contrefort du français.

Adélard Desjardins [b]

---

b. Adélard Desjardins, *le Plaidoyer d'un anglicisant*, Ville Saint-Laurent, s. éd., s.d., 23 pages. La date de cette brochure est incertaine. Certains donnent l'année 1934 : Lucie Robitaille, « Bibliographie. Tableau approximatif des principaux ouvrages traitant de la langue française au Canada », *Linguistique, Cahier de l'Académie canadienne-française*, n⁰ 5, Montréal, 1960. D'autres, en revanche, datent la brochure de 1935 : Rév. Frère Georges, « la Langue des « Essais » de Montaigne et celle du Canada français », dans *Deuxième congrès de la langue française au Canada, Mémoires*, tome I, Québec, 1938, s. éd., 564 pages.

Document nº 78

1936 — PLAIDOYER POUR UN GRAND THÈME DE LA LANGUE

Mgr Paul-Émile Gosselin est né à Saint-Maxime-de-Scott en 1909. Après des études de philosophie et de théologie au Grand Séminaire de Québec et à l'Université Laval, il fut ordonné prêtre en 1934. Il a fait carrière dans l'enseignement et a été notamment, de 1944 à 1955, titulaire de la chaire de philosophie de la nature à l'Université Laval.

Mgr Gosselin porte un vif intérêt à la cause des minorités canadiennes-françaises et franco-américaines. Œuvrant depuis longtemps dans les mouvements et organisations patriotiques, il est actuellement (décembre 1971) directeur de l'Association canadienne d'éducation de langue française (A. C. E. L. F.) et secrétaire du Conseil de la vie française en Amérique, poste qu'il occupe depuis la fondation du Conseil. Il avait été en 1937 secrétaire du deuxième Congrès de la langue française. De 1953 à 1962 il a exercé les fonctions de directeur général du quotidien l'Action catholique de Québec. Il a été en outre président de la Société historique de Québec, directeur de la Société du parler français au Canada, et aumônier diocésain de l'Association de la jeunesse canadienne-française et de la Société Saint-Jean-Baptiste de Québec.

Mgr Gosselin dirige depuis 1946 la revue Vie française, *organe du Conseil de la Vie française. Il a collaboré à diverses revues et écrit plusieurs ouvrages sur les questions nationales et linguistiques.*

Ses nombreuses activités lui ont mérité plusieurs décorations et titres honorifiques (Ordre du mérite patriotique de la Société Saint-Jean-Baptiste de Québec, Mérite scolaire franco-ontarien, Ordre du mérite acadien, Ordre du mérite franco-américain, etc.). Il est également chevalier de la Société du parler français au Canada. L'Université de Moncton lui a décerné un doctorat honoris causa.

* * *

Dans un article intitulé « la Langue gardienne de la foi » paru en 1936 dans le Canada français, *Mgr Gosselin, alors jeune prêtre, analyse les rapports entre la foi et la langue. L'auteur cherche ici à convaincre certains catholiques qui tendraient à en douter que le catholicisme peut légitimement reconnaître aux langues nationales une valeur particulière dans la défense de la foi.*

Il est des alliances de mots qui ont cette vertu de faire éclater tout un dynamisme de pensée ou de fait et la fortune, plus rare qu'on ne pense, de provoquer autour d'elles de violents remous d'idées. L'un des leitmotive de notre éloquence patriotique : la langue gardienne de la foi, est de cette catégorie. De l'avoir inscrit pour la centième, la millième fois peut-être, aux pages d'une revue suffira pour exciter l'ire de certains lecteurs, cependant qu'il fera lever en d'autres esprits un panorama d'histoire religieuse et nationale.

Le Premier Congrès de la langue française au Canada avait exalté la sentence lapidaire, qui depuis lors est allée s'usant un peu aux lèvres des tribuns. Le Second lui jettera-t-il l'anathème ? Il semble qu'entre deux périodes oratoires, il doive y avoir place pour un temps de réflexion, et qu'avant de remettre ce diamant aux rhéteurs qui sauront le faire miroiter, il faille le tailler et polir. Les formules synthétiques sont souvent ennemies des nuances, et le Deuxième Congrès de la langue française a l'ambition d'être plus qu'un morceau de bravoure sur un thème populaire : un geste de vie, partant, un effort de pensée.

* * *

Enoncer la thèse de la langue gardienne de la foi, c'est poser le problème des rapports qui doivent exister entre le naturel et le surnaturel. Les mots sont créations humaines ; la foi, celle dont il s'agit ici, est un don de l'Esprit, Artisan de vie divine dans les âmes. Cela suffit à faire entrevoir les postulats théologiques dont est prégnant le cliché de rhétorique nationale.

Le passage de la nature à la surnature n'est pas une possibilité, mais un fait. Le Christ est, depuis vingt siècles, le trait d'union substantiel entre la terre et le ciel. Il a pour l'éternité uni indissolublement en sa Personne divine la nature et la surnature. Ce qui nous intéresse d'immédiate façon, c'est la modalité de l'union, le rôle précis que joue la nature à l'égard de la surnature.

La réponse à la question est aux premières pages de l'Evangile, ce chapitre où saint Luc nous raconte — comme s'il s'agissait d'un événement de rien du tout — l'incarnation du Verbe, seconde Personne de la Trinité. La nature est là : l'humble Vierge Marie, l'archange Gabriel et la demeure de la Vierge ; et aussi la surnature : les grâces et les dons de l'Esprit et l'Esprit Lui-même et le Verbe, qui attend pour prendre chair d'homme un vouloir d'adolescente.

Le tableau est à contempler, à méditer. Mieux qu'aux in-folio des théologiens, en une lumière tout aussi vive et plus reposante, y apparaît le rôle que Dieu assigne à la créature dans l'humanisation de son Fils. Jésus vient s'incarner en Marie. Une nature est l'instrument de l'Incarnation : la nature angélique. Une autre nature en est la condition et le terme : la nature humaine. Et c'est ainsi que, de par la volonté même de Dieu, le Verbe, la Surnature substantielle, est en dépendance de la nature dès le premier moment de son existence terrestre.

Saint Mathieu n'est pas moins coloré ni moins doctrinal. Hérode songe à faire périr l'Enfant. La nature entière est mobilisée pour déjouer la tentative criminelle. Un ange vient en informer Joseph. Celui-ci, aidé de la Vierge, prépare la fuite en Egypte. Un âne se prête au sauvetage, et les ombres de la nuit se font plus denses pour permettre aux voyageurs de quitter, sans être reconnus, l'inhospitalière bourgade. La Sagesse éternelle sur un âne, la Lumière du monde fuyant dans les ténèbres... Dieu n'a pas pour les humbles choses de la terre nos dédains orgueilleux.

Toute la vie du Verbe fait chair, toute la vie de l'Eglise continuatrice du Sauveur ici-bas sont ainsi voulues par Dieu en fonction de la nature. Infinie condescendance contre quoi les esprits jansénistes auraient mauvaise mine de s'insurger. Et puis, cela est proprement divin que l'on estime indigne de Dieu, car il n'y a que Lui qui puisse assumer une nature sans être changé et sans la détruire, concilier l'ordre du créé et celui de l'incréé.

Toutes les créatures participent en quelque façon à l'Incarnation du Verbe, celle de Nazareth et les autres qui recommencent à chaque instant en des milliers d'hosties et en des milliers d'âmes. Toutes les créatures et, au premier rang, à cause d'une certaine ressemblance avec Lui, nos pauvres verbes créés : les pensées de notre esprit et les mots par lesquels nous les sensibilisons. Le Christ a pensé Dieu avec des pensées d'homme, et c'est en une langue pauvre à faire sourire de pitié les rhéteurs grecs qu'il a exercé ici-bas sa fonction de Verbe de Dieu. *Exinanivit semetipsum.*

Le premier miracle de la vie publique des Apôtres sera un hommage à nos verbes humains. Le début du deuxième chapitre des *Actes* est formel là-dessus. Les Apôtres prêchent en araméen. Une multitude les écoute, de races et de dialectes divers. Et chacun les entend « parler en sa propre langue ». « *Fides ex auditu* », dira plus tard saint Paul à sa manière, qui est forte et concise. L'Esprit de Dieu ne vient à nous que par le verbe, le Verbe de Dieu d'abord et aussi le nôtre.

Les Apôtres l'ont compris, qui se font prédicateurs de la Vérité en Judée, en Samarie et aux extrémités du monde. Quelle outrecuidance de croire que la vie divine est en fonction de la prédication ! Pourtant cela est vrai, d'une vérité qui éclate à chaque page des Ecritures. N'a-t-on pas trop minimisé dans l'Eglise de Dieu l'importance du verbe, de ces triturations de sons et d'airs par quoi on peut frayer un passage à l'Esprit jusqu'en l'intime de l'homme ?

Le message du Christ est suspendu à des mots : texte du Nouveau Testament, magistère enseignant. L'efficience des sacrements est liée à des paroles, à des créatures plus humbles encore que les mots qui, eux, participent à la splendeur de la pensée : l'eau et le pain et l'huile des onctions. Tout le créé est au service du divin : l'arbre des forêts et les pierres des champs, la laine et la soie, la cire et le lin et les perles précieuses, l'homme et l'ange.

Le créé est mis en servitude par un *fiat* condescendant de Dieu, impérial aussi, car c'est la création entière qui est le royaume du Verbe rédempteur. Sur ce point, le jansénisme grincheux s'apparente au libéralisme. Tous deux refusent à Dieu un peu de la créature, le premier pour sauvegarder la majesté divine, le second au nom de la boursouflure humaine. Comme si l'homme pouvait être quelque chose hors de Dieu et Dieu autre que Lui-même dans ses rapports avec la création.

Dieu a voulu vivre en dépendance de la créature. C'est un des sens profonds de l'Incarnation. Aussi un aspect psychologique extrêmement émouvant : Dieu s'est mis dans la nécessité d'avoir besoin de nous afin que nous ayons besoin de Lui. L'humain ne fait pas le divin. Il le reçoit, il y conduit. Les voies de l'Esprit et aussi ses voix sont de ce monde : le Christ et ceux qui le continuent et tout le sensible qui le prolonge autour de nous et en nous. Il ne faut pas aimer Dieu pour des motifs humains. La seule raison de l'Amour est l'Amour. Il n'en reste pas moins que les chemins qui mènent à l'Amour ressemblent étrangement en de certaines traverses aux sentiers de la terre.

Mais alors, quel contresens peut-il y avoir à proclamer la langue gardienne de la foi, comme tant d'autres créatures plus grandes et plus humbles ? Que la foi vienne à baisser dans une âme, au nom de quel principe ira-t-on blâmer Dieu de ranimer cette flamme en l'alimentant avec de l'humain : le souvenir d'une mère pieuse, un cantique populaire, un banal incident de voyage ? Qui donc, depuis que la miséricorde du Christ a passé sur les routes de la Galilée, osera dédaigner cette foi vacillante au souffle du créé, souffler la mèche presque éteinte, rompre le roseau à demi brisé ? Nous n'avons pas à juger Dieu, seulement à Le comprendre et à L'aimer.

* * *

La thèse de la langue gardienne de la foi n'a jamais revêtu chez nous la portée très générale que nous lui avons attribuée. Il importait cependant de lui restituer cet aspect de catholicité qui lui est propre avant de venir aux formules qui, dans la pensée et parfois sur les lèvres de nos orateurs, la précisent et la restreignent. Ces formules sont brèves, nettes, franches, brutales même : « Qui garde la langue, garde la foi. Qui perd la langue, perd la foi. » De façon plus hardie parce que plus explicite : « Au Canada français, la langue française est gardienne de la foi, l'anglaise dangereuse pour la foi. »

A qui veut les méditer, ces assertions posent un premier problème : celui de la christianisation des langues. L'Eglise peut-elle imprégner de catholicisme le langage d'un peuple à tel point que ce langage soit plus et mieux que d'autres messager de l'Esprit dans les âmes ? La réponse est d'ordre concret. Il est une langue que l'Eglise a faite sienne, qui, depuis vingt siècles, charroie à pleins bords la vie divine à travers le monde : la langue latine. Qui dira que cette langue n'est pas marquée entre toutes pour le service de Dieu ? Eminente et éternelle dignité de la langue liturgique de l'Eglise, dignité que l'on n'évoque peut-être pas très souvent en nos collèges. Notre humanisme est du quatorzième siècle beaucoup plus que du dix-septième. Comme celui d'Erasme, il a volontiers l'admiration païenne.

Après le latin, il est d'autres langues que l'Eglise a christianisées avec les peuples qui les parlaient. L'une des toutes premières, la française, fille de la latine, qui jamais ne connut l'équivoque du schisme ou de l'hérésie. Il y a place pour cette diversité dans le catholicisme comme il y a place au ciel pour la bigarrure des saintetés, sur la terre pour la variété des peuples et des pays. Cela est bon qui fait éclater en la dissemblance l'infinie richesse des dons de Dieu et aussi leur absolue gratuité. Car c'est de Dieu seul que surviennent aux hommes et aux langues cette consécration plus ou moins totale au divin, toute fonction corédemptrice. L'oublier, serait introduire l'orgueil là où l'humilité seule a droit de cité, faire du verbe messager de Charité un principe d'anarchie, *signum cui contradicetur*.

Cette fonction de coopération à l'œuvre rédemptrice du Sauveur, la langue française l'a remplie d'indéfectible façon en terre canadienne depuis trois siècles. La première, elle a proclamé sur ce sol la royauté du Christ. Elle a gardé tout un peuple, le nôtre, fidèle à son Dieu. C'est par le verbe de nos mères et de nos prêtres, par le verbe français chanté sur les berceaux, balbutié par des lèvres jeunes, verbe priant, verbe croyant, verbe militant que la foi nous est venue et qu'elle nous est restée. Nous priver de ce verbe serait couper à la racine les humaines liaisons par lesquelles le passé de chacun et celui de la race rendent plus faciles les contacts surnaturels entre nos âmes et Dieu. Car celui qui meurt à la langue meurt à la race, il meurt au passé, à ses vertus et à ses leçons. Partiellement isolé dans le temps, il doit, sous peine de périr, s'enfoncer davantage dans l'éternité.

La langue française est chez nous gardienne de la foi en cet autre sens — plutôt négatif celui-là — qu'elle nous maintient dans une atmosphère entièrement, sinon intensément catholique : le climat religieux de la race à laquelle nous appartenons, alors que l'anglaise présente ce danger de nous mettre en relation avec les cent millions de protestants et de libre-penseurs qui nous entourent sur ce continent. Cet autre sens est-il acceptable en saine théologie, est-il prudent d'étayer ainsi sur de l'humain la foi d'un peuple ?

Il est tel ordre de choses qui s'appelle l'ordre des principes et tel ordre qui est celui des réalités. En cette question des périls qui menacent la foi, il importe de tenir compte des deux ordre de choses. L'Eglise ne procède pas autrement, qui a souci de doctrine et charge d'âmes. Cela explique qu'aux volumes des théologiens, il y a à côté de distinctions très vives entre le naturel et le surnaturel des pages familières à tous les catholiques sur les occasions de péchés, sur les facteurs humains qui peuvent compromettre ou sauvegarder la vie divine dans les âmes.

Parmi ces facteurs, il semble qu'il faille ranger dans notre cas, non dans tous, la langue. La vie sociale canadienne-française — conversations, livres, revues, journaux, radio — est encore aujourd'hui profondément imprégnée de catholicisme. A d'infimes exceptions près, elle fait se côtoyer des nationaux qui sont en même temps des catholiques soucieux, à des degrés divers, d'entretenir en eux, autour d'eux la vie catholique. On n'en saurait dire autant du milieu social anglais, où les groupements catholiques ne sont le plus souvent que des îlots battus en brèche par la vague protestante, exposés à tous les périls de la propagande hérétique, à ce danger trop réel des mariages mixtes.

On ne sait peut-être pas assez qu'en notre pays les deux tiers de la population d'origine irlandaise sont protestants. Les progrès du catholicisme aux Etats-Unis ont excité jadis l'admiration de l'Europe. Cependant, si l'on en croit *America*, les vingt millions de catholiques américains seraient aujourd'hui plus de soixante millions, n'eussent été au sein des immigrés irlandais, allemands, italiens les apostasies consécutives à la perte de la nationalité. Les Irlandais en particulier sont restés en immense majorité catholiques dans leur propre patrie. Des facteurs humains autres que la langue leur ont permis de résister aux tentatives de protestantisation faites par l'Angleterre. En terre d'Amérique, la perte de la langue a été un désastre au point de vue de la foi.

Les statistiques sont aussi significatives quoique moins tragiques en ce qui concerne notre race. En 1931, d'après le recensement officiel fait cette année-là, 97,31 % des nôtres étaient catholiques, 99,42 % dans la province de Québec, 88,90 % en Ontario, 64,65 % en Colombie anglaise. Hors du Québec, 65,652 Canadiens français ont perdu la foi sur un total de 657,931 individus ; dans Québec, 13,249 seulement sur 2,270,059. La brochure de M. Charles Gauthier : *Le Catholicisme au Canada*, constitue une démonstration péremptoire de la formule énoncée plus haut : « Qui perd la langue, perd la foi. »

En principe, notre foi devrait transcender les vicissitudes terrestres. En fait, les chiffres démentent l'absolu du principe. Il y aurait bien des conclusions à tirer de cet exposé de droit et de fait. Tout d'abord qu'en ces questions qui ne sont pas de pure spéculation, mais qui participent à la contingence humaine, il faut dans l'élaboration des solutions, tenir compte de la complexité du réel tout autant que des thèses abstraites. Procéder dans l'ordre pratique selon les modalités de la spéculation serait s'exposer à porter sur les sujets débattus des jugements outranciers et dangereux. Une attitude d'esprit de cette sorte expliquerait peut-être certaines réactions un peu suprenantes chez tel de nos « grands penseurs nationaux ».

Mais ce que les faits doivent nous manifester avant tout, c'est la faiblesse même de cette foi vacillante aux souffles du créé. Il y a des siècles déjà, saint Paul notait que nous portons Dieu « *in vasis fictilibus* ». L'Apôtre écrivait cela des chrétiens de son temps, qui étaient les premiers chrétiens, et aussi des chrétiens de tous les temps, ne l'oublions pas. Il importe de nous refaire des âmes fortes de la force même de Dieu afin que rien de créé ne puissent nous séparer de la charité du Christ. Au sein de notre peuple sollicité par tant de besognes urgentes, l'Action catholique, la réfection en profondeur de la foi populaire doit être la tâche première, première absolument parce qu'elle est d'ordre surnaturel, première aussi en ce sens qu'elle commande le temporel. Nous ne survivrons comme peuple que si nous survivons comme chrétiens, et notre fidélité au passé se mesurera exactement à notre fidélité au Christ. Mais avant que ce travail de rénovation spirituelle soit achevé, — et disons-nous bien qu'il ne le sera jamais, — n'allons pas, sous prétexte d'épurer et de libérer la foi, détruire le rempart naturel que fait à cette foi la langue française.

* * *

Certains catholiques de chez nous et d'ailleurs s'insurgent actuellement au nom même du catholicisme contre les particularismes terrestres, y compris et surtout les particularismes nationaux. Ils semblent oublier que le Christ a posé son Eglise dans le monde et que catholiciser n'est pas substituer du divin à de l'humain, mais bien élever tout l'ordre naturel à l'ordre surnaturel. Prenons garde d'opérer en ces matières des disjonctions brutales, de laïciser ce que la piété des siècles avait marqué au sceau de Dieu. Il ne faut pas se reposer premièrement sur la langue pour la sauvegarde de la foi, encore moins mettre le surnaturel au service d'intérêts purement temporels. Il n'en reste pas moins que la langue est en maintes occasions, instrument, condition, rempart de la foi, non en vertu d'une efficience propre, mais de par un vouloir divin compatissant à l'excès aux humaines infirmités.

L'Ecriture nous apprend que Satan obtint un jour de Dieu la permission d'éprouver la foi d'un juste de l'Ancienne Loi nommé Job en enlevant à cette foi ses supports humains. L'écrivain sacré note que c'était *Job* et que le démon dut solliciter un mandat spécial de Dieu pour mettre à exécution son projet. Que ceux-là qui, chez nous, voudraient attenter à la langue se demandent, avant de reprendre en grand l'entreprise satanique, s'ils ont pour ce faire permission divine et si en l'âme de chacun de nos catholiques, il y a, comme en Job, une foi plus forte que les tempêtes de la terre.

Paul-E. Gosselin, ptre [a]

---

a. Paul-Emile Gosselin, « la Langue gardienne de la foi », *le Canada français*, vol. XXIV, no 4, décembre 1936, p. 301-308.

Document n° 79

1936 — CULTURE POPULAIRE : NÉCESSITÉ D'UN CORDON SANITAIRE

La Revue dominicaine consacre l'année 1936 à enquêter sur les influences étrangères au Canada français et sur la menace qu'elles représentent pour la survie des mœurs et des traditions françaises. Ces préoccupations ne sont pas nouvelles [a], mais elles portent cette fois sur l'américanisation et non plus, comme auparavant, sur l'anglicisation. Le changement est significatif. Jusqu'alors la menace était anglaise, elle est maintenant américaine.

Les collaborateurs de la revue mettent en garde contre « l'annexion morale » où conduit le mouvement d'américanisation. Ils dressent aussi l'inventaire des agents de cette pénétration étrangère. L'américanisation prend des formes multiples. Elle éclate dans la culture populaire et dans les pratiques financières, et elle n'épargne ni la philosophie ni même la vie religieuse.

Traitant de l'américanisation par le cinéma, Alban Janin (1881-1948), ingénieur et constructeur, vice-président de la société France-Film, condamne la pénétration au Québec du film américain. Pour divers motifs, il lui préfère le film français.

Le cinéma est aujourd'hui entré si complètement dans nos mœurs, occupe une place telle dans nos habitudes que, s'il devait tout à coup disparaître, nous resterions à coup sûr désemparés. En effet, dans les populations urbaines, et dans une proportion moindre, mais encore très forte, dans les populations rurales, rares sont ceux qui ne vont pas au cinéma chaque semaine, et combien de jeunes gens, jeunes filles et femmes le fréquentent encore plus souvent.

Si nous acceptons ce fait, il nous faut donc admettre aussi que le cinéma est devenu une influence avec laquelle il faut compter ; car il n'est pas possible de croire que le grand nombre d'entre nous, et surtout nos femmes et nos enfants, puissent chaque semaine passer plusieurs heures devant l'écran lumineux sans retenir dans leur esprit quelques-unes des images qu'ils y ont vu agir et parler. L'impression que laisse dans les esprits ces images animées, telle est l'influence du cinéma : influence aussi grande qu'elle est incontestable. Cette influence peut être bienfaisante et morale, ou tout le contraire ; cela dépendra de nombreux facteurs dont l'étude détaillée dépasserait le cadre de cet article. Nous n'en indiquerons que ceux qui se rapportent directement au sujet que nous avons mission d'étudier aujourd'hui, à savoir : le film américain présente-t-il ici un danger d'américanisation pour les Canadiens, particulièrement les Canadiens-français ?

Pour mieux comprendre la question, il est nécessaire de se rendre compte de l'évolution du film et de son théâtre : le cinéma.

---

a. Voir les documents n°s 65 et 66.

I – L'introduction du film au Canada

Son influence

Premiers débuts

Il y a vingt cinq ans, ou quelques années avant la guerre, le cinéma comme salle de spectacle n'existait pas. On louait un magasin dont on abattait les cloisons, on pendait au fond l'écran, on plaçait le projecteur à l'entrée, et sitôt les sièges installés on commençait. Le programme comprenait un film et des chansons dont les paroles étaient projetées sur l'écran pour encourager l'auditoire à accompagner le chanteur ou la chanteuse, que l'on apercevait à peine dans la salle dépourvue de lumière presque autant que de ventilation.

Le film de ce temps-là, et il restera le même plusieurs années encore, était simple et bien inoffensif. Jamais de thèse, pas de grandes aventures, des anecdotes plutôt, souvent un peu d'histoire, surtout des documentaires. On y allait par curiosité, on y était assez indifférent. Le théâtre était alors en pleine vogue, et combien supérieur ! Vint la guerre. Le film s'était amélioré, il plaisait par sa belle photographie, ses paysages superbes, car alors les scènes d'intérieur étaient rares. Et c'était le film français, Pathé, Gaumont, qui était de l'avant, bien que les Américains eussent déjà découvert la charmante Mary Pickford et Charlie Chaplin. La guerre commencée, les producteurs européens ferment leurs portes, et voilà l'occasion pour les Américains. D'autant plus que l'Europe dépense à pleines mains chez eux, et qu'une prospérité extraordinaire, affolante, s'étend sur leur pays. Et l'on voit « Birth of a Nation », film à grand spectacle, auquel pour la première fois on ouvre les salles.

C'est l'ère du grand film qui commence ; les étoiles apparaissent nombreuses au firmament de l'écran ; les producteurs américains bâtissent des villes de carton, le public se laisse tenter, puis c'est l'engouement ; alors on affecte des théâtres au film, bien plus, on bâtit des « Capitols ». Le film est lancé. Mais le théâtre vit encore, et nombreux sont ceux qui à la fin de la guerre refusent de croire qu'il agonise.

Nous insistons sur l'existence du théâtre, parce qu'alors c'était là, et là seulement, que pouvait se développer une thèse, ou une scène intime, entre les quatre panneaux de la scène. Là on parlait ; mais le film, lui, était silencieux. Il le restera jusqu'à 1927. Par conséquent, jusque-là, le film américain, le seul qui fût alors distribué au Canada, montre des scènes où les personnages, muets, doivent être continuellement en mouvement pour soutenir l'action. Un tel scénario doit nécessairement se développer à l'extérieur, et nous le voyons sur le Mississipi, dans les plaines de l'Ouest et les Montagnes Rocheuses. On commence à montrer aussi des palais de millionnaires, des restaurants somptueux, des enfants de richards qui ont, avec un faible pour le plaisir, assez peu de respect pour leurs parents et l'autorité en général. C'est l'infiltration qui commence. Nos gens sont ébahis par tant de luxe. Ils n'approuvent pas que le fils de famille fasse la vie, la mère ne devrait pas laisser ce monsieur lui faire la cour ; mais tout cela est dans un si beau décor, le fils prodigue n'est pas méchant, et puis il a tant d'argent ! Quant à la mère, elle est si jolie, paraît si douce (le père du reste devrait s'occuper de sa femme davantage) et l'aspirant est si gentil, si *monsieur !*

Cela, c'est pour la masse, car le théâtre est encore là. Les gens bien élevés, s'ils vont quelquefois au cinéma, y vont en faisant la moue ; ils préfèrent le théâtre, qui parle, lui, et où l'on joue les grands auteurs. Cette classe supérieure est moins attirée au cinéma, parce qu'elle peut voir ce qu'il y a de factice dans la vie que l'on y dépeint ; mais la jeunesse de toutes les classes commence à prendre goût à ces merveilleuses aventures où héros et héroïnes s'élèvent au-dessus des vieilles coutumes et quelquefois des convenances, avant autant de facilité que de désinvolture.

Le film américain commence à refléter les ravages de la prohibition. Ce sera bientôt pire. Tout cela se passe aux Etats-Unis, en anglais, dans des milieux où tout ce qui brille n'est pas or, et où la vulgarité brille à la place du goût. C'est l'apothéose du parvenu et de sa famille, la caricature de la société, la parodie de la famille. Ces films sont faits pour la masse, et la masse américaine n'a pas notre mentalité, notre courtoisie, notre respect de la famille et de l'autorité, qui est le fond du caractère français. Ceci est dit du film américain de ce temps-là : nous sommes en 1927. Empressons-nous cependant d'ajouter qu'il y en a eu de très beaux, dirigés avec art et goût, mais ceux-là, il faut le dire, formaient les exceptions, ils coûtaient souvent très cher, et la masse leur préférait *l'autre*.

Au Canada, l'on ne connaît alors que le film américain. Il a pénétré déjà, mais dans les faubourgs on a résisté assez, car les films sont silencieux, il faut lire l'histoire, le dialogue sur l'écran. On parle bien l'anglais, mais on le lit mal, ou pas du tout.

Arrivée du film parlant.

Le film parlant, après quelques tâtonnements, est arrivé ; c'est un succès presque tout de suite, c'est magnifique, tout le monde se précipite. En un an, il est perfectionné, et alors le cinéma détrône le théâtre. On va pouvoir voir et entendre au faubourg Québec, à Saint-Hyacinthe et à Chicoutimi un grand acteur anglais jouer « Richelieu » à l'anglaise, et plus tard « Les Misérables » où Jean Valjean joue deuxième violon au policier Javert devenu le héros, au grand dommage de la belle morale que Victor Hugo avait su tirer de son œuvre.

Mais cela n'est rien : nos gens vont aux « Etats » aussi souvent qu'ils le peuvent. Ils commencent à parler le « slang », l'argot de New-York ; nos jeunes gens admirent les « *gangsters* » habiles qui déjouent toutes les manœuvres de la police. Et puis la prohibition bat son plein, on court les cabarets de nuit, des cabarets de rêve, rutilants de cristaux, de dorures. Pauvres gens qui croient que cela existe, et les jeunes qui écarquillent les yeux devant le spectacle de la grande vie ! Enfin, dans ces cabarets, chez ces milliardaires, tout était prétexte pour des danses, solo ou ballets, souvent suggestives.

Telles furent les premières années du film parlant : une véritable orgie ; la folie de l'après-guerre, contre laquelle, dès 1930, la majorité avait déjà protesté. Dans la province du Québec, la censure avait combattu la licence des films américains et réussi à extirper le pire, sans cependant pouvoir, de sa seule autorité, assainir cette industrie dévergondée et qui éloignait du cinéma les gens de goût.

La réaction inévitable est arrivée, et aujourd'hui la censure voit sa tâche grandement facilitée. Et puis la concurrence est venu aussi. Les Anglais ont produit plusieurs films tels que « Cavalcade », et le film français, mort depuis la guerre, revient en avant avec « Maria Chapdelaine ».

Je le répète, le danger de l'américanisation par le film existe ; la génération d'après-guerre en a souffert violemment. Nos compatriotes de langue anglaise ont été atteints plus profondément encore que les nôtres, du fait qu'ils parlent la même langue, ont les mêmes habitudes, et pourquoi ne pas le dire, la même mentalité que nos voisins du Sud. Ils n'ont réagi que sur un point, le sentiment national. Ils créent pour nous, autour de nous, l'atmosphère à laquelle vient se mêler imperceptiblement celle qui se dégage du film américain. C'est là aujourd'hui qu'est le danger. Pour réagir, nous devons compter d'abord sur les qualités foncières de la race française du Canada ; et puisque nous ne pouvons, dans un pays où l'anglais est la langue de la majorité, éliminer le film parlant anglais à mentalité américaine, suivons avec bienveillance et espoir, et surtout plus d'indulgence, le progrès marqué que fait ici le film français depuis un an.

Arrivée du film français.

Le premier film parlant français parut à Montréal en 1930. Celui-là et d'autres qui suivirent, étaient pauvres d'idées, et le public resta indifférent. Il y avait bien des raisons pour cela. Au lendemain de la guerre, le film américain, le seul qui existât alors, et il était dans toute sa floraison, avait envahi la France. Rappelez-vous que le film étant encore silencieux, il devenait aisément international puisqu'il n'y avait qu'à en traduire les titres. L'industrie française, tuée par la guerre avant même d'avoir pu se développer, n'y put rien. Que pouvait faire le franc dévalorisé contre le dollar tout-puissant ?

La découverte du film parlant allait tout changer. L'industrie française se réveilla, oh ! bien lentement, si lentement en somme, que l'américain, sûr de lui-même et de la possession des théâtres qu'il avait achetés partout à coups de millions, prétendit continuer d'imposer son film avec la seule concession de quelques sous-titres français en transparence. Et à vrai dire, cela prit assez, du moins pour un temps. Mais c'était manquer de psychologie. Le film français se redressa péniblement, c'est vrai ; avec des hauts laborieux et des bas déprimants. Les moyens des français étaient restreints, ceux des Américains sans limites, et ces derniers, réalisant enfin le danger, avaient commencer à *doubler* leurs films, c'est-à-dire, à les traduire en langue française. La lutte fut dure, et elle n'est pas terminée. Lisez ce que dit « Choisir », dans son numéro du 29 décembre dernier : « Nous avons récemment écrit que les films étrangers prenaient trop de place sur nos écrans, et que nous avions intérêt, pour ne pas trop nous « défranciser », à ce que ces films soient doublés en français. Ce qui n'est aucunement partir en guerre contre les étrangers, semble-t-il, puisque nous les acceptons, en leur demandant de se traduire ». Cette citation est instructive pour nous Canadiens-français, à plus d'un titre. Cela veut dire d'abord que l'on montre encore en France des films parlant anglais, et que lorsque certains journaux réclament plus de films français, certains intérêts, lesquels ? reprochent à ces journaux de partir en guerre contre l'étranger. Nous avons tenu à donner ces détails, et même nous y reviendrons à la fin pour établir à cette situation un parrallèle au Canada dont peu d'entre nous se rendent compte.

Les hauts et les bas, dont nous avons parlé déjà, au sujet de la production française du film expliquent le désintéressement du public canadien qui, ayant vu avec plaisir un assez beau film français, retournait au même cinéma pour y voir un autre film français, lequel cette fois était médiocre, sinon pire. On retournait donc au film américain, mais avec regret ; nombreux sont nos lecteurs qui l'admettront.

1934. L'industrie française, si elle a encore à lutter, est du moins debout. On montre maintenant au Canada des films français dont très souvent la technique n'a rien à céder au film américain. Notre public commence à s'intéresser, puis très vite, prend plaisir à aller écouter parler français, à voir sur l'écran des physionomies qui lui semblent familières, et à constater comment, au milieu des paysages du beau pays de France, les scènes représentées sont croquées sur le vif, avec art, avec goût.

Le film français s'installe alors dans un grand théâtre de l'est de Montréal, abandonné depuis des années, et aussitôt la foule l'assiège, et cela continue depuis un an. Grâce à ses affinités ethniques, l'auditoire se sent là chez lui. Ces affinités ne sont-elles pas curieusement confirmées du fait que, tandis que les Canadiens font la queue aux cinémas français de la province de Québec, les Français se pressent à la porte de leurs théâtres pour voir le magnifique film que Duvivier vient de tirer au Canada, sur le thème du roman de Louis Hémon « Maria Chapdelaine », et que la France couronna du reste comme le plus beau film français de l'année.

II — Film américain et film français.

Quadruple comparaison.

Maintenant que nous avons établi l'ascendance du film français au Canada, et que nous l'avons indiqué comme l'agent de résistance à la pénétration chez nous du film américain, posons-nous cette question : *Pourquoi le film français est-il préférable pour nous au film américain ?* Et nous répondons :

1o — Parce qu'il est plus vrai.
2o — Parce qu'il est plus authentique.
3o — Parce qu'il est plus moral.
4o — Parce qu'il parle français.

1o — *Le film français est plus vrai.* Une cour de ferme n'est pas un parc. Si le héros tombe à l'eau, il en sort trempé et défait, non pas habillé impeccablement et les cheveux fraîchement pommadés. Une ouvrière n'est pas habillée à neuf par la couturière à la mode, elle ne porte pas des bas de soie fins, ses chaussures ne sont pas le dernier cri de New-York, elles peuvent même être éculées suivant le noble rôle qu'elle remplit...

Il y a quelque temps nous avons eu l'occasion de comparer le même scénario filmé par les Français et montré à Montréal d'un côté, et de l'autre, filmé par les Américains et montré à New-York. Prenons ce film parmi combien d'autres comme base de comparaison pour notre démonstration. Le titre en est « Crime et Châtiment », plus de 50,000 personnes l'ont vu dans la province. Ce film, ou du moins l'histoire dont il est tiré, roman russe par Dostoïewski, se passe dans la capitale de la Russie des Tsars. Nous ne nous étendrons pas sur le scénario, comparons les acteurs seulement, dans leur tenue, leur attitude, leur caractère.

D'abord *Porphyre*, commissaire de police à Moscou. Le Français qui tient ce rôle est en uniforme de la police du lieu et du temps ; cet uniforme n'est pas neuf, c'est celui de tous les jours, un peu usé, non pressé. L'Américain est en tenue impeccable du gentleman, « morning coat », pantalon rayé, le tout bien neuf et soigneusement pressé.

Leur bureau est chez le Français, rudimentaire ; murs nus, à part des affiches officielles, mobilier classique. Celui de l'Américain est luxueux, murs à panneaux, fauteuils, tapis, bureaux de style. Un président de banque en serait fier.

Porphyre français, s'identifiant avec celui de l'auteur, est sans prétention, mais intelligent et plein de finesse, alerte et direct sans brutalité, avec un fonds de bonté, très humain, consciencieux. L'Américain est sûr de lui. Dès le début, et à travers sa politesse exagérée, il montre son mépris pour l'accusé, il est brutal et cruel. C'est le détective qui ayant deviné qu'il tient son bonhomme, n'aura plus jamais de doute ni la moindre compassion.

Le Français sert le thé à même le samovar traditionnel placé sur sa table. L'Américain sert du sherry dans une carafe de cristal et des verres semblables, déposés sur son bureau, dans un plat d'argent.

Raskolnikov, étudiant dont la famille est ruiné, a commis un meurtre. Porphyre le commissaire, croit qu'il est le meurtrier, mais il n'en a aucune preuve.

Dans le film français, cet étudiant, anémié, pauvre, loge dans un taudis, tel qu'il en existe encore aujourd'hui dans la grande ville russe. Dans la version américaine, il vit dans un « tenement » de New-York.

Le Français est vibrant d'émotion, il a le cœur tendre, sa sensibilité bien slave se manifeste par une compassion émue devant la pitoyable Sonia, et sa pauvre mère ; il souffre manifestement, tragiquement, devant le désarroi dans lequel il a précipité sa propre mère et sa sœur. L'Américain, par contre, est un halluciné dont le visage sombre reste fixé et sans expression, n'exprimant rien que stupeur de la tragédie dans laquelle il se trouve plongé, lui, celle qu'il aime, et les siens.

Sonia, version française, pauvre fille, bonne et douce, adorant sa mère, mais plongée dans la misère la plus noire, dans un milieu sordide, a vendu tout ce qu'elle possédait de quelque valeur, et dénuée de tout, elle et les siens tenaillés par la faim, elle est prête à se laisser tomber dans l'abîme.

La Française, en guenilles, pitoyable, sans autre attrait que sa voix et ses yeux, vit avec sa mère dans un taudis. L'Américaine, propre, vêtements simples, mais en bon état ; bien coiffée ; visiblement déguisée ; vit avec sa mère dans un « flat » américain qui, tout en indiquant la pauvreté, n'a rien de misérable.

Nous maintenons donc que le film français est plus vrai, et qu'il refuse de s'éloigner de la vérité pour flatter la vanité des acteurs, évitant l'atmosphère factice du film américain

2º — *Le film français est plus artistique.* Nous ne croyons pas qu'il soit nécessaire d'insister beaucoup sur ce point. La France, avec ses vieux châteaux et ses parcs centenaires, ses cités merveilleuses, ses paysages splendides sous tous les climats, offre un décor unique et pourtant si varié au cinéaste qui lui-même souvent érudit, toujours bien informé, trouve à sa portée des exemples multiples de l'art à travers les siècles dont il peut se servir ; tandis qu'il est à même de recruter ses assistants, ses acteurs, ses figurants, parmi une population qui vit dans le même milieu que lui et dont l'intelligence, l'esprit et le goût sont innés.

Les Américains, eux, lorsqu'il leur faut une location en dehors des Etats-Unis, doivent recourir au camouflage, au carton-pâte, au plâtre. Nous admettons qu'ils y réussissent souvent à merveille, mais l'œil exercé peut toujours découvrir la trace du pinceau. Quant aux acteurs, recrutés parmi une population sans culture, ils possèdent une instruction souvent rudimentaire, et pour la plupart le souci principal est de paraître à leur avantage personnel. Lacune d'éducation et d'environnement qui est souvent partagée par des directeurs plus soucieux de satisfaire les désirs puérils d'un public peu informé, que de se conformer aux faits connus de l'art et de l'histoire.

Ainsi, nous verrons souvent un scénario insignifiant se dérouler à travers une mise en scène d'une richesse invraisemblable, car pour rien au monde, le directeur américain négligera l'occasion de faire grand et riche. Il sait que pour la majorité de son auditoire, c'est le plaisir des yeux qui compte d'abord ; et là où la joie de l'esprit est secondaire, les yeux ne distinguent pas trop parmi les couleurs, pourvu qu'elles soient vives. Que viendraient faire là l'art et le goût ? Par contre rassemblez vos souvenirs, et dites si le film français, même pauvre de conception, ne reste pas toujours dans le cadre de son scénario. Est-ce que la mesure juste dans les proportions, le discernement ou l'agencement des nuances dans les couleurs, soit dit au figuré, n'est pas de l'art, du bon goût ? Le film français pèche rarement de ce côté-là.

Nous maintenons donc qu'il est plus artistique que le film américain.

3o — *Le film français est plus moral.* Ah ! voilà bien la question délicate. D'abord, nous avons bien dit plus moral, mais non pas moral. Nous ne prétendons pas affirmer que généralement parlant il est moral ; plût à Dieu qu'il le fût, car il serait parfait. Mais il est plus moral que le film américain, ne serait-ce que parce qu'il est plus vrai, et par conséquent, moins trompeur ; qu'il représente la vie sous son vrai jour ; plus humain, par conséquent plus à la portée du spectateur, l'intellectuel comme le simple, dont les réactions normalement humaines, de sorte qu'instinctivement ils pourront discerner les motifs, comprendre les causes, tirer les leçons.

Revenons à « Crime et Châtiment ». Notre commissaire de police, Porphyre, sévère, consciencieux, voit sa théorie se justifier ; patiemment, discrètement, mais sans relâche, il a observé l'étudiant cherchant à écarter l'orgueil qui dans la conscience du jeune homme étouffe le remords. Et lorsqu'il a réussi et qu'il a reçu la confession du crime, il est plein de compréhension, de compassion pour ce pauvre être hypersensible. Porphyre Américain, qui a hanté l'étudiant de sa présence hostile, le suivant de son rire narquois, cruel, reçoit la confession avec jubilation, se félicite de son succès, plaisante le malheureux étudiant de la façon la plus vulgaire. Pas de pitié, rien d'humain. L'autorité est victorieuse, mais antipathique.

Quant à l'étudiant Raskolnikov, dans le film français, son anxiété, sa lutte, entre sa pitié pour celle qu'il aime et qu'il va atterrer s'il se livre, et le désir qu'il a d'expier, font peine à voir ; toute sa personne exhale une souffrance indicible, mais contenue, et c'est dans une belle scène, très sobre, mais combien effective, qu'il confesse le meurtre. Dans la version américaine, l'acteur rarement abandonne le masque impénétrable que lui a donné cette attitude d'halluciné. Et lorsque finalement il se livre à Porphyre, c'est parce qu'il est terrassé par la hantise du Commissaire ; il a craqué, il est vaincu, il ne peut plus échapper. Il ne vient pas délibérément, tragiquement, sobrement, recevoir le châtiment mérité.

Et voici Sonia, version française, avec son instinct de femme, intensifier par sa misère, ses heurts avec la vie sordide. Il y a longtemps qu'elle a compris que son ami est coupable. Maintenant qu'il vient lui demander pardon, elle lui dit qu'elle l'a toujours compris ; et abandonnant tout, prisonnière volontaire pour soulager sa souffrance en la partageant, elle le suit dans la mort de l'exil sibérien. L'Américaine, elle, est gentille, elle le console et le suivra en exil. Mais tout cela est un peu banal. On sent que le motif en est trop humain, et on craint qu'elle ne persiste pas à le suivre. Son élan n'est pas motivé par un sentiment moral de sacrifice profond, qui fait qu'après avoir envisagé froidement la grandeur de l'épreuve, elle l'a instinctivement, naturellement accepté.

Dans « Crime et châtiment » c'est donc la morale du devoir consciencieusement rempli par Porphyre qui atténue le châtiment par sa compassion, celle aussi du renoncement par le jeune étudiant à la liberté coupable, à la vie qui peut être encore bonne avec les siens, pour accepter dès maintenant, courageusement, sans grands gestes, les conséquences de ses actes. En se livrant à Porphyre, c'est devant Dieu qu'il s'agenouille.

Sonia, pauvre enfant créée pour souffrir, pour peiner, pour être bafouée, mais aussi pour aimer profondément de tout son cœur meurtri ! Que de fleurs brillantes et embaumées on peut découvrir dans la sordité de la vie humaine ! Et ceux qui parmi vous, lecteurs, l'avez vue sur l'écran, et avez compris qu'elle n'était pas sans péché, ne vous êtes-vous pas tous sentis pleins de miséricorde pour elle, et saisis d'horreur pour le vice qui pouvait ainsi souiller cette enfant si douce, mais faible et sans défense ?

Ce contraste entre le film français et l'américain nous avait frappé au spectacle de « Crime et Châtiment » présenté de part et d'autre. Le film français, fidèle à l'auteur, a conservé la morale que celui-ci avait tissée dans la tenue de son roman. L'Américain a négligé la leçon qu'il devait dégager, pour se préoccuper seulement de l'action qui satisfaisait les yeux de son public et le caprice momentané de l'opinion.

Et combien d'autres films français pourrions-nous citer ainsi qui dégagent une morale véritable et forte : « Fanny », « Angèle . Des âmes prudes s'y sont scandalisées peut-être. Et pourtant, après avoir vu une projection préliminaire d'« Angèle », en compagnie de plusieurs prêtres éminents, ils nous disaient : « Ce film vaut quinze sermons ! » En effet, ceux qui voient ces films puisque les enfants n'y sont pas admis, connaissent très bien ce que certaines personnes prétendent leur cacher. Ce qu'ils ignorent, c'est ce que le film leur démontre ; l'autre côté de la médaille, les consé-quences terribles, l'opprobre qui résulte de la faute ; et en regard de tout cela, la beauté de l'amour pur, sain, la grandeur du dévouement, du sacrifice. Mais encore une fois, entendons-nous bien. Nous ne disons pas : le film français est généralement moral. Car enfin, si nombre de ces films peuvent être passés ici, c'est dû d'abord au désir de la Compagnie qui les a introduits au Canada de ne montrer que ce qui convient à l'auditoire canadien ; et ensuite et surtout à l'esprit judicieux et avisé de ceux qui dirigent la censure provinciale et s'emploient laborieusement et intelligemment à éliminer des films tout ce qui autrement les rendrait inacceptables ici.

Il se publie en France un journal fondé par le chanoine Raymond après la guerre : « Choisir », dont le but principal est de faire la revue des films et de les classifier pour la directive des catholiques en particulier et des chefs de famille en général. « Choisir » a établi plusieurs classes qu'il a numérotées et caractérisées. Voici, pour n'en prendre que deux dans lesquelles peut s'insérer la production améri-caine presque toute entière et bon nombre de films français :

4o — Film qui malgré des éléments mauvais est à peu près inoffensif pour des personnes formées et habituées au cinéma.

4 *bis* Les films où les éléments mauvais l'emportent et donc strictement réservés.

Les films ainsi classifiés par « Choisir » représentent *la version originale, sans correction.* Ces films, à leur réception ici, sont examinés avec soin, et la censure, chaque fois qu'elle le peut, avant de les condamner, les étudie, pour voir si les élé-ments mauvais ne peuvent pas être éliminés sans détruire la trame du scénario.

L'opération est plutôt facile en bien des cas, les scènes à retrancher se trouvent là souvent sans aucune autre raison que celle de la concurrence américaine qui ne perd jamais l'occasion d'introduire une saynette suggestive, — ce dont souffrent encore en France les producteurs français devant le film américain doublé en français. C'est donc dire qu'ici le film français est épuré soigneusement des scènes à mentalité américaine, et que cela étant fait, et le scénario demeurant exclusivement français, ce film est plus moral que l'américain.

4o *Enfin, il parle français.* Et n'est-ce pas là le grand attrait naturel de ce film auprès de nos populations ? Il parle leur langue, les sentiments sont exprimés simplement, mais si lumineusement, que l'esprit en est charmé et le cœur tout ému. Ces expressions, ces locutions, ce tour de conversation, sans compter la douceur de l'accent, s'implantent chez nous. Combien ne l'ont pas déjà remarqué. Songez pourtant que la vogue du cinéma français ne date que des derniers douze mois. Avec l'amélioration rapide qu'opère l'industrie française en ce moment, et considérant qu'ils y sont maintenant habitués, ceux qui trouvaient la prononciation un peu étrange, et qui pouvaient s'étonner de certaines expressions, seraient bien surpris si on leur rappelait leurs premières réactions. Ils écoutent aujourd'hui tout naturellement, et comme s'ils n'avaient jamais entendu autre chose, ces conversations captivantes où, dans des phrases claires, courtes, aux expressions précises, souvent poétiques, ils croient percevoir un écho de Chanteclerc agriffé au tuf natal.

Conclusion et suggestion.

Avant de conclure, revenons à la remarque que nous faisions dès le début au sujet du film français lorsque nous demandions pour lui plus d'indulgence. Si le film français n'est pas tout ce qu'il devrait être, c'est parce que même en France le film américain à grand spectacle, suggestif, lascif, fait au film français une lutte acharnée, et que les producteurs croient devoir, pour retenir leur clientèle encore avide de clinquant dans la masse, sonner eux aussi la note vulgaire. Cela ne durera pas. Les Français redeviendront les maîtres chez eux et donneront encore, comme ils l'ont toujours fait, la note de la mesure et du bon goût. L'intérêt croissant qu'en conséquence l'auditoire canadien sera porté à donner au film français, deviendra une source non seulement de survivance, mais aussi de renaissance de l'esprit français et de la langue française au Canada. Nous croyons donc avoir raison en disant que le film français est l'antidote au film américain.

Il y a aujourd'hui, et sans doute y en aura-t-il toujours, des films français médiocres, vulgaires, et même pire. Si à cause de ceux-là, nous les condamnons tous, que nous restera-t-il ? Quelle est l'alternative ? N'avons-nous donc pas raison de demander pour le film français, choisi avec soin, et judicieusement censuré, plus de compréhension et d'indulgence.

Ne soyons pas dupes cependant, et voici le moment d'établir le parallèle dont nous parlions au commencement de cet article, au sujet de la lutte que fait en France même le film américain au film français. N'allons pas croire que si les producteurs américains n'hésitent pas à faire la guerre aux Français chez eux, ils vont demeurer indifférents au progrès du film français au Canada, l'un de leurs fiefs.

C'est d'abord avec la plus grande indifférence que les Américains avaient vu les efforts que tentait depuis 1930 un petit groupe de Français et de Canadiens, pour introduire ici le film parlant français. L'industrie en France même, ils le savaient fort bien, ne s'étant pas encore révélée, et ceux qui ici travaillaient pour le film français, possédaient plus d'enthousiasme et de patriotisme que de finance, et cela, les Américains le savaient fort bien. Mais, lorsqu'il y a environ un an, date coïncidant avec l'élan nouveau de l'industrie cinématographique française, la compagnie exploitant le film français au Canada, s'étant réorganisée sur des bases solides et dans quelques mois s'étant assuré en exploitation direct ou en coopération 75 théâtres sur moins de

140 (le total dans la province), le film français connut le succès, les Américains se réveillèrent en sursaut. Et ce fut la guerre. Elle dure encore. Nous devons nous attendre à ce qu'elle ne cesse jamais. En France, la lutte se fait au moyen du film américain doublé en français. Il est impossible ici de montrer le film doublé en même temps que l'original en anglais, et alors, on en est venu à ceci : *combattre le film français avec le film français.* L'attaque dirigée par un magnat de films américains, au nom israélite, bien connu dans les cercles cinématographiques, s'est d'abord déclanchée en France où le prix des films a doublé, triplé, et davantage. Puis on parla combine, on chercha à semer la dissension parmi les associés, et enfin on s'assura à Montréal un théâtre que l'on rafraîchit à grands frais et dans lequel on montra un film français, souvent très beau, mais à côté d'un film américain ; le tout accompagné de vaudeville dont le mieux qu'on puisse dire est qu'il était inconvenant.

Combien parmi nous, voyant qu'on exhibait là un film français, et nous le répétons, un film souvent très beau, ont cru ce spectacle organisé par le même groupe qu'ils s'étaient habitués à suivre, ont déploré cette promiscuité choquante qu'on leur imposait, pour voir un film français.

Voici à ce propos un incident dont nous avons été témoin.

Sur le paquebot de la ligne française qui nous ramenait d'Europe l'hiver dernier se trouvait un Français qui apportait à New York un film français « La Maternelle ». L'agent, voulant obliger ses compagnons de voyage, offrit de le faire passer à l'une des séances journalières de cinéma du bord ; mais le capitaine s'y objecta, trouvant le film trop scabreux et craignant qu'il n'offusquât ses passagers. Eh bien, ce film, qui a obtenu à New-York depuis plusieurs mois un succès de curiosité plutôt morbide qu'artistique, fut offert au groupe franco-canadien du film français, qui le refusa. L'organisateur israélite-américain s'empressa alors de s'en emparer ; ne serait-ce pas là en effet le meilleur moyen de discréditer le film français ? Il comptait sans la censure qui, fidèle à sa mission, sut bien le corriger. Entendons-nous donc lorsque nous parlons « film français », et ne soyons pas dupes d'une étiquette.

Nous terminons par une suggestion. Il existe en France une organisation assez répandue : le cinéma paroissial. Un comité ecclésiastique choisit certains films, coupe, reconstruit, et dans les paroisses, dans les villages dépourvus de cinéma, on montre ainsi, avec l'approbation de l'autorité religieuse, des films intéressants, artistiques et éducateurs, triés sur le volet par des censeurs compétents.

On trouve ici en dépôt chez les agents du film français, des centaines de films qui pourraient être traités ainsi. N'y-a-t-il pas là quelque chose à faire, et notre jeunesse, notre population campagnarde, bonne et saine, ceux que le film américain n'a pas encore atteints, pourraient ainsi être vaccinés au film français contre l'épidémie du film américain. Donnons-leur le goût du bon film français. Apprenons-leur à voir les choses telles qu'elles sont, et non pas sous une forme factice et trompeuse. Montrons-leur la vie vraie, sous une forme artistique, dans un cadre de bon goût. Aidons-les à en tirer la morale qui affermira leur cœur, et réjouira leur âme, et faisons cela en beau français, clair et honnête.

Alban Janin [b]

---

b. Alban Janin, « Notre américanisation par le cinéma », dans *Notre américanisation. Enquête de la Revue dominicaine (1936)*, Montréal, L'Oeuvre de presse dominicaine, 1937, 267 pages. Voir p. 71-97. Sur l'introduction au Québec du film français, voir « les Merveilleux Progrès du film français », *l'Ordre*, 26 mai 1934.

Document n° 80

1936 — DES BILLETS DE BANQUE BILINGUES :
UNE « CONCESSION » DANGEREUSE ?

Le gouvernement libéral de Mackenzie King (1874-1950), élu en 1935, dépose l'année suivante un projet de loi tendant à amender la loi de la Banque du Canada que le gouvernement conservateur de Richard Bedford Bennett (1870-1947) avait fait voter en 1934. L'article 15 du projet de loi libéral a *propose l'adoption de la monnaie bilingue en remplacement de la double série de billets unilingues, adoptée par les conservateurs en 1934* b. *Cet article soulève aux Communes un débat acharné et passionné qui s'étend sur deux jours, les 11 et 16 juin. C'est R. B. Bennett, ancien premier ministre et chef de l'opposition, qui mène le combat en s'en prenant au principe même du bilinguisme. Des députés de l'Ontario et de l'Ouest, dont Major James Coldwell et Thomas Clement Douglas du groupe C.C.F., lui font écho. En revanche, Ernest Lapointe (1876-1941), et Pierre-Joseph-Arthur Cardin, tous deux ministres, réaffirment — le premier, en anglais — les droits des Canadiens français. Au cours du débat, le député Barber propose un amendement tendant au maintien du système adopté en 1934. Cet amendement est repoussé par 160 voix à 43, trois socialistes (C.C.F.), quatre conservateurs et sept créditistes ayant mêlé leur voix à celles des libéraux. L'article est adopté et la loi reçoit la sanction royale le 23 juin.*

Débat du 11 juin c.

M. le PRESIDENT : L'article 15 est-il adopté ?

Le très hon. M. BENNETT : Non. Je me demande pourquoi on a introduit en un pareil moment dans le domaine de la politique cette question litigieuse. Vu les temps très difficiles dans lesquels nous vivons, rien ne m'a plus inquiété que cette disposition qui figure dans le bill. [...]

Il y a quelque temps nous avons fait l'essai d'une suggestion que je pensais raisonnable, à savoir que toutes les personnes d'origine française au Canada pourraient obtenir des billets de la Banque du Canada imprimés et gravés en français, si elles le désiraient. C'était une concession que nous faisions ; tout le monde l'a admis. Mon opinion est que de gros changements, au point de vue purement constitutionnel, ont été faits grâce à la tolérance, à la bonne volonté et aux bonnes dispositions d'esprit de Canadiens d'une certaine classe qui étaient prêts à se plier aux opinions des autres. Mais le fait de décréter dans une loi que chaque billet de banque au Canada devra

---

a. S. R. C., 1936, 1 Edouard VIII, chap. 22, *Loi modifiant la loi sur la Banque du Canada.* L'alinéa 4 de l'article 15 se lit ainsi : « La forme et la matière des billets sont assujetties à l'approbation du Ministre. Cependant, chacun desdits billets doit être imprimé à la fois en anglais et en français. »

b. S. R. C., 1934, 24-25 Georges V, Chap. 43, *Loi constituant en corporation la Banque du Canada.* L'alinéa 4 de l'article 24 se lit ainsi : « La forme et la matière des billets sont assujetties à l'approbation du Ministre ; toutefois, des billets libellés en anglais ou en français doivent être disponibles selon qu'il est requis. »

c. Les citations sont prises aux pages 3691 à 3699 du Journal des débats.

être imprimé dans les deux langues est de nature à créer une situation que quelqu'un pourra demander de modifier à chaque session du Parlement. Mon expérience me dit qu'il en sera ainsi à chacune des sessions du Parlement. Je me rends responsable en grande partie de la disposition qui figure dans la loi actuelle. Cette disposition disait qu'on pouvait exiger des billets imprimés en français ou en anglais. Tout ce que je puis dire est que l'argument des plus ardents défenseurs des droits de nos compatriotes canadiens-français, comme l'a exposé, par exemple, feu le sénateur Belcourt dans ses discours et dans ses écrits, est que lorsqu'un groupe ethnique a occupé une certaine position dans un pays comme le Canada avant la Confédération ou, en réalité, avant que le pays ne fasse partie de l'Empire britannique, il a, d'après le droit coutumier, le droit de parler sa langue et d'exiger qu'en affaires tous les documents soient écrits dans sa langue. Cette prétention a été acceptée grâce à la tolérance de la plupart de leurs compatriotes de descendance anglo-saxonne et autres.

Examinons la situation. La constitution règle cette question d'une façon, mais si j'étais dans la province de Québec, avant la dissolution des Chambres, je ne recevrais pas les procès-verbaux ou les journaux imprimés dans les deux langues côte à côte ; il me faudrait choisir l'un ou l'autre. Je serais libre de choisir celui que je voudrais. Mes collègues d'origine française reçoivent une copie française du Feuilleton. Mes collègues de langue anglaise et d'origine britannique reçoivent une copie anglaise.

Au Parlement, quelle est la situation à propos des lois et des journaux ? Je discute un projet de loi. Je vais prendre sur la table un bill imprimé en anglais ou en français. Mais le bill n'est pas bilingue, l'anglais sur une colonne et le français sur l'autre. Je fais mon choix, j'exerce ma liberté d'action. J'ai reconnu, parce que la loi le décrète, le droit de mon concitoyen profondément attaché à sa langue, comme le sénateur Belcourt l'a dit dans un de ses discours. Il choisit la copie française sur la table, tandis que je choisis la copie anglaise. Les ordres du jour, que nous avons sous la main aujourd'hui, se publient dans les deux langues. Mon collègue de langue française a entre les mains les Procès-Verbaux et le Feuilleton, mais c'est un document français. J'ai entre les mains le document anglais. J'exerce mon droit, ils exercent le leur. Ils choisissent la copie française, je choisis la copie anglaise.

Il en va exactement de même des recueils de lois. Mais nous avons fait davantage. Dans un esprit de tolérance et de mutuelle bonne entente, lors de la célébration de l'anniversaire de la fondation de la Confédération, nous avons fait imprimer sur les timbres émis le mot « Postes » comme témoignage, comme manifestation de bon vouloir, pas parce que la loi l'autorisait ou l'exigeait...

L'hon. M. LAPOINTE : Pas plus qu'elle ne le prohibait.

Le très hon. M. BENNETT : Pas plus qu'elle ne le prohibait, ainsi que le dit mon honorable ami, et si nous l'avons fait, ce n'est pas parce que la loi l'exigeait ou le prohibait, pas parce que la loi le prévoyait dans l'un ou l'autre sens. C'est un exposé équitable de la chose, je pense. Mais en témoignage de bon vouloir envers nos concitoyens d'origine française, nous avons fait inscrire le mot « Postes ». La voiture postale affectée à la levée des lettres en ville porte les mots : « Bureau de poste ». Aucune disposition de la loi ne le prohibe. C'est la manifestation d'un esprit de tolérance et de bon vouloir, d'un désir de faire des concessions et de vivre en bonne intelligence, afin que les froissements disparaissent et que l'harmonie règne entre les races du pays.

Le très hon. MACKENZIE KING : S'il en est ainsi, pourquoi ne pas s'inspirer du même esprit dans le bill ?

Le très hon. M. BENNETT : C'est précisément l'objet de mes remarques ; c'est précisément le sens de ma thèse. Nous avons procédé ainsi pour l'impression des billets. Nous avons pourvu à la liberté de choix des gens désireux d'avoir des billets français, et pour la première fois au pays, en témoignage de bon vouloir et du désir d'un esprit de bonne entente, nous avons fait acte non d'octroyer un privilège, un droit, mais acte de bon vouloir au sujet de nos billets de banque, de façon à permettre un choix aux gens qui veulent des billets français contre ceux qui veulent des billets anglais. Je puis dire que même cette concession a suscité beaucoup de critiques, et je voudrais indiquer au comité que la critique est allée si loin que nous avons reçu parfois des lettres contenant un billet mutilé et une protestation contre la mesure dont je ne répéterai pas les termes. En pareil cas, j'ai toujours répondu que, pendant une longue série d'années, dans un esprit d'extrême bon vouloir et dans un désir de concilier les conflits et d'encourager l'harmonie, nous avons pourvu à un libre choix pour nos concitoyens d'origine française et à ceux d'autre origine, de façon que les premiers puissent avoir des billets français et les autres des billets anglais. On s'est grandement offusqué en certains milieux de cette liberté de choix et j'ai reçu personnellement de vigoureuses protestations, de temps à autre à ce sujet.

Maintenant, monsieur le président, on nous dit que ce geste doit aller jusqu'à l'impression en anglais et en français du papier émis par la Banque du Canada, que chaque langue doit paraître sur les billets. Est-ce juste ?

L'hon. M. LAPOINTE : Oui.

Le très hon. M. BENNETT : Est-ce juste ?

M. VIEN : Pourquoi pas ?

Le très hon. M. BENNETT : Pourquoi pas ? Pour la raison que voici...

M. VIEN : Oui.

Le très hon. M. BENNETT : Pour la raison que le libre choix est tout ce que, jusqu'ici, nos concitoyens canadiens aient demandé. M. Fielding a réglé la question lorsqu'elle lui fut soumise relativement aux billets de banque en disant qu'il n'en voyait pas alors le moyen, et les Gouvernements successifs ont fait en sorte de ne pas s'en occuper. Quand nous avons réglé la question de la Banque du Canada nous avons établi le principe du libre choix. C'est-à-dire, je le répète, que nos concitoyens de langue française, et d'origine française, de même que nos concitoyens de langue anglaise et d'origine anglaise auraient entre leurs mains et dans leurs goussets des billets imprimés respectivement en français et en anglais.

Allons plus loin. La majorité jouit des droits que lui confère la loi. La minorité a les droits que lui confère la loi du point de vue purement constitutionnel et légal. Du point de vue purement légal et constitutionnel nous n'avons à traiter qu'un nombre restreint de questions. Nous nous occupons de la province de Québec, du Parlement, des documents officiels qui se rapportent à ce Parlement, et si ces billets de banque étaient des documents à traiter selon les dispositions relatives aux pièces et documents déposés sur le bureau de la Chambre, ils seraient imprimés en anglais et en français, mais les deux langues ne seraient pas sur le même document. Voilà qui ne peut être contredit. Tous les membres du comité peuvent s'en rendre compte.

Je m'adresse maintenant à mes amis qui ont insisté si fortement sur cette question. A la lumière du développement de l'esprit d'amitié et de bon vouloir, par tolérance et par désir d'harmonie, bien des concessions ont été faites. On a exprimé du ressentiment ici et là, mais dans son ensemble l'esprit général de tolérance a prévalu. Néanmoins, si dans un pays une minorité a tenté d'imposer sa volonté à la majorité, lorsqu'il s'agissait d'une question de libre choix, il en a toujours résulté quelque chose et la minorité elle-même en a souffert.

Le très hon. MACKENZIE KING : Mon très honorable ami me permettra-t-il une question ?

Le très hon. M. BENNETT : Certainement.

Le très hon. MACKENZIE KING : En parlant de liberté de choix, y a-t-il libre choix pour les particuliers au sujet de la monnaie en circulation lorsqu'ils désirent obtenir un billet imprimé en anglais ou un billet imprimé en français, à moins que les billets ne soient bilingues ?

Le très hon. M. BENNETT : Oui, c'est exactement la question.

Le très hon. MACKENZIE KING : En circulation.

Quelques MEMBRES : Des billets en circulation.

Le très hon. M. BENNETT : Il n'est pas question de circulation. En premier lieu la question est...

Le très hon. MACKENZIE KING : Ma question se rapportait à la liberté de choix lorsque la monnaie est en circulation comme monnaie légale.

Le très hon. M. BENNETT : En ce qui concerne la monnaie légale nous avons décrété que s'il était demandé le papier monnaie émis par l'autorité constituée devait être imprimé en anglais ou en français. Ce qui survient après n'a jamais regardé le Parlement ni la législature. Ceux qui, comme plusieurs honorables députés, se sont tenus au courant des décisions des tribunaux qui portent sur la lutte prolongée, commencée dans cette ville, relativement à l'enseignement en Ontario, obtiendront là mieux qu'ailleurs une juste conception de mes idées. Nous avons cherché, à cette occasion, à en arriver à un compromis raisonnable. Il est injuste et inexact de prétendre que notre pays est bilingue. Les tribunaux ont affirmé à maintes reprises que le Canada compte deux langues officielles. Feu le sénateur Belcourt l'avait signalé dans un de ses discours et son argument me paraît inattaquable. Le Canada compte deux langues officielles, mais il n'est pas un pays bilingue.

M. MARTIN : Quelle est la différence ?

Le très hon. M. BENNETT : La différence est si évidente, que la question de l'honorable député se passe de commentaires. Dans un cas il y a limitation, mais dans l'autre il n'y en a pas. L'article 133 de l'Acte de l'Amérique britannique du Nord établit les droits de la langue officielle. Dans cet article il s'agit des droits constitutionnels, et c'est le droit qui crée la langue officielle. Mais quant au bilinguisme officiel, on constate qu'il n'existe pas. Nous avons au pays, je le répète, deux langues officielles. J'ai garde d'oublier que dans certaines provinces du Dominion l'agitation a été grande à ce propos depuis une dizaine d'années, et l'on a laissé entendre que la solution proposée serait la bonne. Je n'oublie pas que l'on a fait de cette question un cheval de bataille pour les politiciens, et c'est pourquoi je veux m'abstenir en ce moment de faire des observations d'ordre politique. Je veux m'en abstenir, quelque sérieuse que devienne la provocation. Je signalerai toutefois à mes compatriotes d'origine française et qui parlent la langue française, qu'il suffit d'étudier les enseignements de l'histoire — et c'est très important — pour constater que chaque fois que la minorité a transformé en autant de droits les privilèges et les concessions qu'elle avait obtenus de la majorité, pour fonder sur cette base des exigences qui dépassent toute modération et toute limite raisonnables, condition des relations harmonieuses qui doivent se perpétuer entre les majorités et les minorités, la minorité en a souffert. Je prie instamment le Gouvernement, bien vainement sans doute, de ne pas faire ce pas pour le moment. Le pays manifeste à l'heure qu'il est de graves divergences d'opinion ; nous les déplorons tous, parce que nous en craignons les mauvais effets et qu'elles menacent à sa base même toute la confédération. Pourquoi ne pas faire un essai loyal de la loi que nous avons ? Cette disposition n'existe que depuis un an ; pourquoi refuser d'en tenter l'essai ? Pourquoi ne laisserait-on pas la demande de changement s'effectuer petit à petit, afin que ceux qui sont le plus affectés, soit la majorité, qui est d'origine britannique et parle la langue anglaise, puissent ressentir le désir, qu'ils ne ressentent pas maintenant, d'accorder encore davantage dans un esprit d'amitié et de bonne volonté ? Pourquoi s'y refuserait-on ? Pourquoi imposer aujourd'hui cette décision à la population canadienne ? Pourquoi utiliser à cette fin le Parlement et la majorité ministérielle ? Pourquoi accomplir pareille chose ? Je n'y puis rien comprendre, attendu que la loi sur la Banque du Canada avait déjà accordé à mes compatriotes de langue française la plus belle concession sans doute qu'ils aient obtenue depuis la confédération. Elle leur a fourni l'occasion, qui est à la base, comme je l'ai déjà signalé, de tous les arguments que l'on a exposés, d'obtenir de la banque des billets et du numéraire imprimés soit en français soit en anglais.

Or, affirmer que la volonté de la minorité l'emportera sur la volonté de la majorité du peuple canadien c'est créer une situation aussi dangereuse qu'il est possible. Je ne suis pas prophète, mais je me hasarderais à faire observer qu'il résultera de cette disposition une demande d'abrogation à chaque session. Chaque session, un député se lèvera et demandera à déposer un bill tendant à son abrogation. Je l'affirme à la lumière de l'expérience qu'acquit le gouvernement précédent entre la date de l'adoption de cette loi et celle où nous quittâmes le pouvoir. Je l'affirme avec la plus grande gravité à mes concitoyens canadiens. Je fais abstraction totale de la question de parti. J'ai répété à mes amis du parti que mes vues ne sont pas dictées par l'esprit de parti ou ne se règlent pas sur les leurs. Je vous raconte ma propre expérience à partir du moment où nous avons inséré cette disposition dans les statuts jusqu'à celui où nous avons quitté le pouvoir — et je parle en connaissance de cause. Dans le meilleur esprit du monde et avec le plus grand sérieux j'exhorte mes honorables amis à s'abstenir d'agir dans le sens indiqué, de s'en abstenir dans le moment. Je le fais à cause de communications qui me sont parvenues, certaines offensantes, d'autres insultantes, nulles élogieuses. Elles me montrent un état de choses que je ne savais pas exister au pays. Mais s'il en résulte un ressentiment aussi grand, des critiques aussi acrimonieuses qu'à l'époque où nous avons décrété le libre choix de l'anglais ou du français, que sera-ce lorsque nous forcerons la majorité à s'incliner devant le fait que toute la monnaie de papier finira par être imprimée dans les deux langues. Voilà la question. Jamais je n'ai ressenti de ma vie un si grand désir de prévenir les conséquences de cette mesure — et ces conséquences, je les connais. Au fond de moi-même je les sais inévitables, si j'en crois les communications que j'ai reçues et les déclarations qui me furent faites. Je sais que vous aurez à regretter profondément le geste que vous envisagez de faire. Vous me regardez, monsieur le président, car il est six heures.

(La séance, suspendue à six heures, est reprise à huit heures.)

Reprise de la séance

M. CHURCH : Je désire faire une couple d'observations au sujet de cet article particulier d'autant plus que j'ai mentionné la question lors de la 2e lecture du bill. Pour moi, l'histoire du monde c'est l'histoire des minorités tandis que l'histoire du Canada, c'est l'histoire des compromis. Il semble que les majorités ne possèdent aucuns droits et n'aboutissent à rien dans ce pays. Le principe des compromis a été consacré par la Confédération, l'article 133 sur la question bilingue, et on l'a distinctement posé dans l'Acte de l'Amérique britannique du Nord ; d'autre part, les revisions décennales des lois des banques que nous avons mis en vigueur, à partir de la Confédération et à venir jusqu'à la présentation de l'article 15 de la présente mesure, reposent également sur le principe des compromis. La loi décrète distinctement quels sont les droits de la minorité, de la langue française ; ils sont régis par l'Acte de l'Amérique britannique du Nord. La Confédération fut le résultat d'un compromis. J'ai beaucoup d'admiration pour les qualités qui distinguent la race française, pour tout ce que les Français ont accompli au cours de la Grande Guerre. Les privations et les souffrances inouïes, les épreuves et les tribulations, les angoisses et les souffrances endurées pour le bien de l'humanité constitueront à l'avenir l'une des plus belles pages du patriotisme le plus sublime dans l'histoire du monde. Je le répète, la Confédération fut le résultat d'un compromis sur cette question. En quoi consistait ce compromis ? On peut s'en rendre compte en parcourant le texte de l'article 133 de l'Acte de l'Amérique britannique du Nord, lequel n'envisageait aucune extension.

A partir de 1867, la seule législation bancaire que nous avions était conforme aux dispositions qui prescrivent que la loi des banques sera révisée tous les dix ans, et qui sont muettes sur ce point. Or, l'article 60 de la loi des banques, relatif à la circulation des billets est plus ou moins mis de côté par la nouvelle disposition que renferme l'article 15 du bill en discussion. Au cours de toutes ces années, les choses ont bien marché et, je le ferai observer, personne n'a jamais soulevé d'objection lorsque les banques, pour les fins de leur commerce et simplement à titre de mesure bancaire, émettaient des billets bilingues dans certaines localités où la population était en grande partie d'origine française, d'après le chiffre de la population, et du volume d'affaires transigé dans ces succursales. Si j'avais été ici à cette époque, je me serais opposé à cette concession. Mais voilà qu'à cette heure, on propose d'insérer un article à cet effet dans la loi en vigueur au Canada et de rendre légaux tous les billets en français de la Banque du Canada. Il n'y a qu'une manière d'accomplir cette chose, si l'on veut rester dans les bornes de la légalité. Je prétends que l'article 15 de ce bill constitue une violation de l'esprit et de la lettre du pacte de la Confédération exprimés dans l'article 133 de l'Acte de l'Amérique britannique du Nord. Certes, il n'y a pas le moindre doute quant à cela. L'article 133 renferme les prescriptions de la loi. L'article 15 de ce bill, à mon avis, est inconstitutionnel ; je m'oppose à ce que l'on étende le principe qu'il comporte ainsi qu'à tout compromis déjà fait, mais je crois que la façon régulière de procéder pour ceux qui appuient cette mesure, c'est de demander à qui de droit la permission de modifier l'Acte de l'Amérique britannique du Nord, puis d'amender la loi de la Banque du Canada, mais je suis opposé à l'adoption d'un amendement de cette nature. Je ferai observer que, depuis l'adoption de cette loi, les innovations suivantes ont été effectuées : 1o la publication dans les deux langues des livres bleus du gouvernement fédéral : 2o nos timbres-postes sont devenus bilingues ; 3o le bilinguisme a pris pied même dans le système des écoles publiques de l'Ontario, et une concession ou compromis nous a valu quelques billets en français à l'usage des succursales dans le Québec. Et voici que le Parlement, à cette heure, en vertu de l'article 15 du bill en discussion, est mis en demeure d'émettre des billets de banque bilingues. On ne saurait accepter de compromis sur un grand principe d'ordre public. Sans doute un côté du billet sera imprimé en français et l'autre en anglais.

Mon attitude à ce sujet est que je suis absolument opposé à toute extension de l'Acte de l'Amérique britannique du Nord dans ce sens. Je n'ai pas une once de bigo-terie. Je parle ici sincèrement et honnêtement, disant ce que je crois consciencieusement être la vérité, toute la vérité, et je ne change jamais d'opinion. J'appuie des principes immuables qui ne souffrent aucun compromis.

Pour terminer, je prétends que cet article est contraire à l'esprit de la constitution et aux buts que se proposaient les auteurs de la Confédération ; nous déferions ainsi tout ce qu'ils ont fait sur ce chapitre. La question a été soulevée en 1934 à propos des billets de banque français devant le comité de la banque et du commerce, et le Parle-ment a décrété que l'article 133 était la loi. A chaque revision décennale de la loi des banques, les divers ministres des Finances qui se sont succédé depuis la Confé-dération se sont opposés aux billets bilingues, jusqu'à l'insertion de l'article 15 dans la loi concernant la banque du Canada. Le parti libéral, ayant à sa tête M. Fielding, était opposé aux billets de banque bilingues, et les ministres des Finances des deux partis ont pris la même attitude ; ils se sont déclarés contre le principe de cet article. Cela va causer une confusion indicible dans la circulation de ces billets dont un certain nombre vont à l'étranger. Puis cette loi n'a pas été demandée. La question n'a pas été discutée au cours de la dernière campagne électorale. Je n'en ai jamais entendu parler nulle part dans l'Ontario. Je connais l'opinion des gens de l'Ontario. Cette disposition de la loi de la Banque du Canada concernant la circulation des billets est copiée de l'article 60 de la loi codifiée de 1934 sur les banques et le commerce de banque ; le principe de cet article est copié dans le bill de la Banque du Canada avec, en plus, l'aspect bilingue. Je ne parle pas au nom de toute la population de l'Ontario, mais je crois parler au nom d'une partie de la population de l'Ontario qui est opposée à l'extension de l'Acte de l'Amérique britannique du Nord dans le sens du bilinguisme, surtout si l'on se rappelle que M. Fielding, un ancien ministre libéral des Finances, et le comité de la banque et du commerce, il y a quelques années, se sont fortement prononcés contre toute modification visant à attribuer aux billets bilingues le cours légal. Jeudi soir dernier, le premier ministre a exposé comme suit une règle pour les minorités :

Le principe que j'émets est qu'il n'y a pas de minorité qui soit supérieure à la majorité quand la majorité est la population du pays en général ; et la population du pays en général a élu la présente Chambre des communes pour légiférer.

Le peuple n'a pas élu la présente Chambre des Communes pour modifier l'Acte de l'Amérique britannique du Nord, pour décréter que nous imposerons des billets bilingues au peuple malgré lui et pour renverser les opinions professées par tous les ministres des Finances que nous avons eus depuis la Confédération. Je désire protester contre ce changement dangereux. La chose n'a jamais été discutée dans la circons-cription que je représente. J'ai toujours parlé sincèrement et honnêtement dans le sens que je le fais aujourd'hui et je continuerai à le faire ; je crois faire mon devoir en m'opposant vivement à cette innovation qu'on introduit dans notre régime bancaire, ainsi que je l'ai fait mardi soir, le 2 juin, lors de la deuxième lecture du bill. Nous avons le rapport Macmillan ; il n'y est pas question du bilinguisme. Les divers com-missaires ont pris pour acquis que cette question avait été réglée à jamais lors de la Confédération. J'aurais combattu, même seul, toutes les concessions récentes si j'avais été ici. Je consulte le rapport de la Commission royale sur la banque et le commerce de banque et je n'y trouve rien au sujet du bilinguisme. J'ai lu ce rapport trois fois ; j'ai étudié les conclusions de ce rapport ainsi que les opinions des commissaires dissidents, j'ai examiné l'index, et je n'y ai rien trouvé indiquant que les billets bilingues fussent demandés au Canada. Pourquoi ne pas laisser les choses telles qu'elles sont ? Dans l'état actuel des choses, ceux qui ont besoin de billets bilingues peuvent en obtenir aux succursales françaises des banques en s'adressant aux succursales des diverses banques autorisées. J'ai consulté quatre ou cinq banquiers qui tous m'on dit que ce projet de loi n'est pas nécessaire ; c'est un projet de loi politique plutôt que bancaire ou économique. C'est pour cette raison que j'y suis absolument opposé. Je crois aussi que la population de l'Ontario et la majorité anglaise y sont absolument opposées, ainsi qu'à l'extension de l'article 133 de l'Acte de l'Amérique britannique du Nord, qui est un contrat passé entre les vieilles provinces du Canada. Je suis absolument opposé à l'extension de ce principe. A chaque étape du bill, je m'y opposerai par mes discours et mon vote car il viole l'esprit et la lettre de la Confédération,

....

L'hon. M. LAPOINTE :
(Traduction)

Je vais essayer d'être aussi modéré que possible dans les quelques observations que je vais faire en réponse au discours qu'a fait cet après-midi mon très honorable ami et je dois le féliciter de la modération avec laquelle il a lui-même traité de la question. J'irai jusqu'à dire que je crois que mon très honorable ami est sincère mais les sentiments qu'il a exprimés sont extrêmement et dangereusement erronés. Mon très honorable ami se dit peiné de voir qu'on jette cette question, comme il dit, sur le terrain politique ? J'ajouterai même que je regrette que mon très honorable ami ait dit qu'il s'attend à ce que la question revienne à chacune des sessions à l'avenir et à ce qu'on présente des motions d'abrogation, et le reste. Ces mots, venant de lui, constituent presque une menace ; ils incitent pour le moins à faire exactement ce qu'il déplore.

Je ne crois pas que cela se produira. Si vous y regardez bien, monsieur le président, je pense que la question est assez simple. Avant que mon très honorable ami ait présenté la loi de la Banque du Canada, il y avait au Canada des banques qui imprimaient leurs billets dans les deux langues. La Banque Canadienne Nationale a des succursales non seulement dans le Québec mais partout au Canada ; la Banque Provinciale du Canada a des succursales non seulement dans la province de Québec, mais partout au Canada, et les billets de ces deux banques sont et ont toujours été bilingues. J'ai un billet de cinq dollars de cette sorte dans ma poche, mais je ne le montrerai pas car ce serait dangereux de le faire à cette époque. Le Parlement du Canada a enlevé à ces diverses institutions bancaires le droit d'émettre des billets. Cela se fait graduellement en vertu de la loi dans sa forme actuelle, mais, dans quelques années, il n'y aura plus d'autres billets de banque au Canada que ceux de la Banque du Canada. Je le demande à tous les hommes du comité doués d'un esprit droit, est-ce juste que la population française du pays, qui a toujours eu ses billets de banque imprimés dans sa propre langue, est-ce juste qu'elle soit dépouillée de ce droit par le Parlement du Canada ?

Quelques MEMBRES : Vous n'êtes pas dépouillés de ce droit.

L'Hon. M. Lapointe : J'arrive à cet aspect de la question et c'est sans doute là la véritable raison qui a fait agir mon très honorable ami et son gouvernement comme ils l'on fait. Ils n'ont accordé aucune concession, au contraire de ce que mon très honorable ami a dit si souvent. Je reviens sur ce terme de « concession », que je n'aime vraiment pas. Le droit de vivre et de respirer l'air de ce pays n'est pas une concession qu'on nous a fait. Nous possédons ce droit. On ne nous l'a pas concédé. Il y a toujours eu des billets de banque bilingues au Canada, comme mon bon ami le député de Saint-Antoine-Westmount (M. White) l'a dit l'autre jour dans son langage admirable de Canadien. Il a montré qu'il existait des billets de banque bilingue même avant la Confédération et mon bon ami, qui est aussi large d'esprit que possible, s'est prononcé en faveur du changement proposé par ce bill. Mais ne l'oubliez pas, monsieur le président, une autre raison motivait la décision de rendre obligatoire les billets bilingues. En vertu de l'article 133 de l'Acte de l'Amérique britannique du nord, les deux langues sont officielles au Parlement, dans les tribunaux fédéraux et ceux de la province de Québec. Ces billets ont cours légal. En cette qualité, on peut les déposer aux tribunaux fédéraux et aux tribunaux de la province de Québec où les deux langues ont droit d'existence. Il est sûrement approprié que ces billets de banque soient libellés dans les deux langues. En 1934, quand j'ai proposé un amendement dont la substance se retrouve dans le projet de loi à l'étude, j'ai félicité mon très honorable ami de reconnaître que la chose s'imposait. Ce que je critiquais alors, et ce que je critique maintenant dans sa façon de voir, c'est la méthode adoptée pour atteindre ce but. Du moment qu'on convient de cette nécessité, je ne puis concevoir qu'il y ait divergences d'opinions sur la bonne méthode.

Mon très honorable ami parle des droits de la majorité. Tout d'abord, qu'il me permette de lui dire qu'il a tort de s'arroger le droit de parler au nom de la majorité. Dans cette Chambre, la majorité de la population canadienne de langue anglaise a ses représentants à votre droite, monsieur le président ; la majorité de la population de langue française y a aussi les siens. De quelle façon la modification nuirait-elle aux droits de la majorité ? Quand quelqu'un au Canada, que ce soit durant une campagne électorale ou en une autre occasion, les blâmera du geste qu'ils vont faire à cet égard, que mes amis de ce côté-ci de la Chambre ou de la gauche demandent à leurs critiques s'ils préfèrent un billet uniquement en français quand ils sont de langue anglaise, ou uniquement en anglais quand ils sont de langue française, ou bien s'ils ne préfèrent pas un billet dont un côté est libellé dans leur langue et l'autre dans l'autre langue. Les billets émis en vertu de la loi de mon très honorable ami ont cours légal dans tout le pays, ne l'oublions pas. On peut acquitter une dette de $10, en Ontario ou en Saskatchewan, avec un billet français de $10, et personne ne peut le refuser. Mais chacun n'aimera-t-il pas mieux un billet sur un côté duquel se trouvera un texte en sa propre langue qu'il pourra lire, s'il ne peut lire l'autre côté ? Je le répète, je ne puis trouver de fondement aux objections soulevées contre la proposition. Ces objections sont absurdes.

Il y a des gens avisés dans d'autres pays aussi. Je défie quiconque, dans ce comité ou au dehors, de me montrer un billet de banque d'un pays, où la question des langues se pose comme au Canada, qui ne soit pas bilingue ou même trilingue. Prenons le cas de la Belgique : les billets y sont imprimés en français et en flamand ; en Suisse, les billets sont rédigés en trois langues, le français, l'allemand et l'italien, et la Suisse ne s'en porte pas plus mal. Dans notre commonwealth de nations, voyons l'Afrique du Sud où existe le même état de choses qu'au Canada, et où les billets sont imprimés en hollandais et en anglais. Dans l'Etat libre d'Irlande, les billets de banque sont libellés dans les deux langues du pays. Nulle part au monde, n'existent deux séries de billets, l'une en une langue et l'autre dans l'autre langue. Pourquoi cette stupidité se rencontre-t-elle dans notre magnifique Canada ? Je ne puis croire qu'il y ait dans ma patrie des gens à l'esprit si étroit qu'ils ne puissent comprendre que le billet bilingue est préférable à la double série, anglaise et française.

Mon très honorable ami dit qu'en vertu de la constitution il doit exister deux sortes de documents. Il en a toujours été ainsi, ajoute-t-il ; les publications de la Chambre sont imprimées en français et en anglais, de sorte que l'on peut choisir. Si on préfère le français, on prend le document français ; si on préfère l'anglais, on prend l'anglais. Nous agissons ainsi pour plus de commodité, pour éviter les volumes trop encombrants, ou pour d'autres considérations de cette sorte. Est-ce à cause de la constitution ? J'ai sous les yeux les divers règlements de la Chambre publiés depuis la Confédération. Le premier a paru en 1868 : on y remarque justement ce qui, à en croire mon très honorable ami, ne se ferait pas au Canada. Du commencement à la fin, une page française alterne avec une page anglaise. Je note exactement la même chose dans le règlement de 1876, et aussi dans celui de 1896. Depuis, on a jugé plus commode d'imprimer un volume en français et un autre en anglais. Mais cette décision n'était pas imposée par la loi, par aucune disposition de la constitution, mais simplement par des raisons de commodité. J'ai aussi entre les mains les publications similaires de l'Etat libre d'Irlande.

Mentionnant aussi l'ennui que constitue pour les banques la nécessité d'approvisionner en billets des deux séries les succursales où des clients peuvent demander des billets français ou des billets anglais. Cette nécessité complique la besogne des banques, sans aucune raison valable.

Mon très honorable ami a exprimé et développé assez longuement l'idée que, si le Canada a deux langues officielles, il n'est pas un pays bilingue. Mon honorable ami, le député d'Essex-Est (M. Martin) lui a posé une question qu'il a ignorée bien qu'elle fût tout à fait pertinente. Puis-je citer à mon très honorable ami des paroles prononcées par un homme qui a laissé sa marque dans l'histoire du Canada, un homme qui a été chef du parti que dirige maintenant mon très honorable ami ? Que mon très honorable ami me permette de lui citer les paroles du plus grand chef conservateur que le Canada ait jamais eu, sir John A. Macdonald, et je le prierai en même temps de les comparer avec celles qu'il a prononcées cet après-midi. On trouvera ces paroles dans le compte rendu officiel des débats de 1890, à la page 764. Les voici :

Je ne partage aucunement le désir exprimé dans certains quartiers qu'il faudrait, par un moyen quelconque, opprimer une langue, ou la mettre sur un pied d'infériorité vis-à-vis d'une autre. Je crois que l'on n'y parviendrait pas, si la chose était essayée, ou que ce serait une folie et une malice, si la chose était possible.

La déclaration souvent faite que le Canada est un pays conquis, est une déclaration toujours faite sans à propos. Que le Canada ait été conquis ou cédé, nous avons une constitution en vertu de laquelle tous les sujets anglais sont sur un pied de parfaite égalité, ayant des droits égaux en matière de langage, de religion, de propriété et relativement à la personne. Il n'y a pas de race supérieure ; il n'y a pas de race conquise, ici, nous sommes tous des sujets anglais, et ceux qui ne sont pas d'origine anglaise, n'en sont pas moins sujets anglais.

En cette année 1936, je recommande à tous les Canadiens de bien peser ces paroles ; elles sont aussi vraies aujourd'hui qu'elles l'étaient alors.

Je vois avec plaisir que nos honorables amis d'en face déposent des couronnes au pied du monument de sir John A. Macdonald à Kingston. Tout ce que je souhaite, c'est que ses idées puissent se développer dans notre Canada et que tous ceux qui se proclament ses disciples et prétendent avoir puisé leurs enseignements à son école, adhèrent au point de vue qu'il avait alors et défendent les principes dont toutes les provinces canadiennes devaient, suivant lui, s'inspirer.

....

Je souhaite que nous n'ayons pas de problème de minorité au Canada et que nous nous considérions tous simplement et uniquement comme des Canadiens ayant les mêmes égards les uns envers les autres.

Je dirai à mon très honorable ami qu'en ce moment-ci, dans ma propre province, il y a des jeunes qui préconisent la sécession du Québec et la création d'un nouveau pays français. Ils prétendent que l'on ne veut pas reconnaître leurs droits dans la Confédération canadienne. Ils ont tort. Et je répète encore ici, ce soir, qu'ils ont tort. Même si leurs projets aboutissaient, ils n'obtiendraient pas ce qu'ils ont obtenu à ce point de vue dans la Confédération en bâtissant un grand pays libre. Et je donnerai le même avis à ceux qui pensent que les gens de ma race devraient former un parti distinct au lieu de se joindre à l'un ou l'autre des deux grands partis qui divisent l'opinion publique au Canada. Eux aussi ont tort. Faisons acte de fidélité au parti dont les idées primordiales et les principes se rapprochent le plus des nôtres. Il est à souhaiter qu'aucune portée politique ne repose sur des distinctions de race. L'opinion exprimée quelquefois me fait penser à l'empereur romain, Caligula, qui souhaitait que tous les romains n'eussent qu'une tête de façon à pouvoir la trancher d'un seul coup. Ce n'est pas à souhaiter il me semble pour aucune minorité ou aucune partie d'un pays.

Nous devrions rester comme nous sommes. Nous devrions demander à nos amis, à nos frères des autres provinces canadiennes de se joindre à nous de corps et d'âmes pour développer le plus possible notre pays. Mon très honorable ami s'est adressé à moi ; je m'adresse aussi à lui en disant que je ne vois rien de répréhensible à ce que les gens qui parlent ma langue réclament des billets de banque imprimés dans leur langue. Je n'y vois aucun mal. On ne peut certainement pas me traiter de nationaliste à l'esprit étroit. Lorsque je suis arrivé à la Chambre je ne parlais pas un mot d'anglais ; il y a bien des années de cela. Si j'avais fait comme certains de mes compatriotes, je n'aurais pas pris la peine d'acquérir le peu de connaissance que je possède aujourd'hui d'une langue qui m'était absolument étrangère. J'ai travaillé pour l'acquérir. Quand j'ai commencé à étudier cette langue, j'ai considéré que je faisais acte de bon Canadien. Mes honorables amis de ma province natale qui siègent ici ce soir sont certainement dans le même cas. On ne peut pas leur demander d'être considérés simplement comme des gens à qui on fait des concessions, comme l'a dit mon très honorable ami. Je lui demande de ne pas employer de nouveau ce mot « concessions » pas plus ici qu'autre part au Canada. Nous ne voulons pas de concessions. Nous n'en avons pas besoin. Nous ne demandons même pas de privilèges mais simplement le droit de vivre comme nous avons vécu. Neuf générations des miens reposent dans le sol canadien. Je n'ai pas besoin de concessions au Canada pas plus qu'ailleurs et pas un seul Canadien de l'un ou de l'autre sexe ne nous reprochera, il me semble, d'avoir trop demandé dans cet amendement à la loi de la Banque du Canada.

Débat du 16 Juin d.

M. BARBER (Fraser-Valley) : [...] J'ai le plus grand respect et la plus profonde estime pour nos amis les Canadiens de langue française. Je ne crois pas que personne

_____

d. Les citations sont prises au Journal des débats aux pages 3820-3825, 3827, 3830-3831, 3835-3836, 3840, 3856-3857 et 3863-3864.

les respecte davantage. Je me suis fait plusieurs amis parmi eux depuis mon arrivée ici, et j'espère qu'ils voudront bien accepter mes remarques dans l'esprit où je les fais, c'est-à-dire avec la plus grande modération. J'ai entendu, avec plaisir, l'autre jour, un honorable député venant d'une ville de la province de Québec nous parler de l'harmonie qui existe entre les gens de langue française et ceux de langue anglaise qui habitent sa ville, et nous rappeler qu'ils élisent alternativement un maire de langue française et un maire de langue anglaise. Ce sont là des sentiments fort louables. Voilà les sentiments que devront mutuellement avoir les deux grandes races du pays si nous voulons assurer l'avenir du Canada. Mais je ne vois pas quel rapport cela pouvait avoir avec la question de la monnaie bilingue en l'an 1936. Je dis aux membres de cette Chambre, et je le dis en toute sincérité, que cet article constitue pour moi un grave danger à une époque où nos concitoyens souffrent des conditions économiques plus qu'ils n'en avaient jamais peut-être souffert auparavant. Je considère que cet article va peut-être avoir au Canada des conséquences plus graves que tout ce qui s'est produit depuis la Confédération, parce qu'il va créer une situation qui ne sera pas de nature à assurer des rapports harmonieux entre les deux grandes races et qui ira à l'encontre des intérêts de la minorité au Canada.

....

Je prétends qu'il n'y a pas dans le monde entier de population plus tolérante que celle de langue anglaise du Canada. Elle a toléré dans le passé — je vais m'exprimer de cette façon — des timbres-poste bilingues émis sans l'autorisation du Parlement. Elle a toléré les formules dont a parlé l'autre soir le ministre des Finances et qui ont été émises aussi sans l'autorisation du Parlement. Comme le savent quelques honorables députés, nous avons, dans certaines parties du pays, protesté énergiquement contre les annonces en français à la radio, avec le résultat qu'on les a restreintes. Aucun député de langue anglaise ne s'est levé dans cette Chambre pour dire que ces annonces n'étant pas conformes à la constitution, on devrait les supprimer. Non, on les a tolérées. Avec l'autorisation du Parlement, nous allons maintenant dire que le Canada est un pays bilingue et que nous allons avoir de l'argent bilingue en circulation dans tout le pays. Je préviens le Gouvernement et les honorables députés que ce geste ne sera pas de nature à créer l'harmonie et la coopération que nous voulons voir exister entre les deux grandes races de ce pays. J'espère qu'on n'en fera jamais une question politique bien que le peuple soit peut-être poussé à l'exiger.

....

Les habitants des deux grandes races ne demandent pas un nouveau dollar ; ils demandent la chance de gagner un dollar. Peu leur importe que le dollar soit nouveau, car ils sont disposés à accepter ceux que l'on a placés à leur disposition. Ce qu'ils veulent, c'est une chance de gagner un dollar. L'armée considérable des chômeurs veut travailler, pour pouvoir se faire un dollar. Les commerçants, les hommes d'affaires, les cultivateurs, tous les citoyens du pays désirent fortement obtenir quelque pouvoir d'achat au moyen de la circulation de plus de dollars. Je dis aux honorables députés de la Chambre qu'au lieu de soulever une question comme celle de la dépense dont le ministre des Finances s'est plaint, cherchons, par l'union entre les représentants du peuple canadien, à améliorer les conditions et à assister les Canadiens de l'Atlantique au Pacifique. J'avertis la Chambre que la question que l'on a ainsi posée, et que cette monnaie bilingue que l'on tente ainsi d'imposer à l'immense majorité de la population de langue anglaise, sont loin de favoriser les meilleurs intérêts de l'ensemble du Canada.

Je veux adresser un dernier appel à chacun des membres de la Chambre, puisque c'est à chacun qu'appartient le droit de se prononcer en pareille occurrence. J'espère que cette question n'envahira jamais le domaine de la politique des partis, mais qu'elle sera réglée par chacun des membres de la Chambre. Il ne s'agit ni des droits de la minorité ni de ceux de la majorité : il s'agit d'un problème qu'il importe de résoudre à la lumière des conditions de l'heure. L'on a dit que l'impression des billets de langue française coûte $29,000, de sorte qu'il est logique d'admettre qu'il nous faudra dépenser $29,000 de plus. Est-ce sage ? Cet argent pourrait être dépensé à meilleur escient. [...] L'on s'est mis dans l'idée, en dépit des désirs de l'ensemble des Canadiens, d'imposer au pays le bilinguisme. On a déjà fait un premier pas. Je le répète, nous avons le timbre-poste bilingue que l'on a toléré, mais j'ai bien peur que la grande majorité des Canadiens de langue anglaise ne veuille tolérer ceci. Lorsque, par tout le pays, la misère intense règne, nous devrions chercher à améliorer les conditions générales. [...]

Le très hon. W.L. MACKENZIE KING (premier ministre) : [...] Tout d'abord, je m'élève énergiquement contre l'idée que, parce qu'il existe en notre pays une majorité de langue anglaise, cette majorité anglaise est dénuée de tout esprit de justice envers la minorité française, et que la majorité anglaise...

M. BARBER : J'ai dit qu'elle s'est toujours montrée juste envers elle.

Le très hon. MACKENZIE KING : Libre à mon honorable ami de dire qu'elle s'est toujours montrée juste envers la minorité française, mais il suppose que, parce que la majorité de la population canadienne est de langue anglaise, la plus grande partie de cette majorité veut que les billets de banque du pays soient imprimés en anglais seulement et non pas en français.

M. BARBER : J'ai dit qu'on devrait tenir compte de ses sentiments.

Le très hon. MACKENZIE KING : Je dis à mon honorable ami que l'on est tout aussi fondé à affirmer que la majorité de langue anglaise du Canada veut que tous les billets de banque du pays soient imprimés en anglais seulement qu'à soutenir que la minorité française veut qu'ils soient tous imprimés en français seulement. (Exclamations) Il y a autant de justification pour un point de vue que pour l'autre. Quant à moi, comme citoyen canadien, je pense qu'aucun élément de la population canadienne n'est plus chevaleresque que l'élément canadien-français, et, comme canadien de descendance britannique, je ne veux pas être en reste de courtoisie envers cet élément de la population simplement parce qu'il se trouve être en minorité pendant que j'appartiens à la majorité. [...]

....

Voici ce que j'affirme : si c'est la volonté de la majorité qui doit régler la question, le Gouvernement a le droit d'exprimer cette volonté et il l'exprime dans le projet de loi en délibération. Bien plus, je dirai que la volonté de la majorité de langue anglaise, telle qu'elle s'exprime à la Chambre des Communes, dans une Chambre constituée comme elle l'est aujourd'hui, fraîchement sortie du scrutin électoral, appuiera les billets bilingues.

....

[...] Il n'est pas question de [...] tolérer des timbres bilingues dans un pays à majorité anglophone, ni de tolérer des bons de poste bilingues dans un pays à majorité anglophone ; c'est une question de justice pour toutes les races du pays que doivent exercer tous ceux qui croient en la justice. J'estime que l'attitude du peuple canadien en est une de tolérance et non d'intolérance et de bigoterie comme des honorables députés de l'autre côté de la Chambre nous en ont donné l'exemple.

....

[...] Je tiens à dire que les droits que le Parlement a reconnus à la population de langue française de notre pays dans le domaine des bons de poste bilingues ou des timbres-poste bilingues et le reste ne sont pas une concession ou un privilège conféré par le Parlement, mais la reconnaissance des pleins droits du citoyen canadien.

....

Quant à la volonté de la majorité, de la plus grande partie de la majorité de langue anglaise, si chaque député de descendance française s'abstenait de voter sur cette question particulière, et que seuls les députés de descendance anglaise votassent sur la question, je me hasarde à dire que la majorité de ces derniers favoriseraient l'impression de billets bilingues plutôt que l'adoption de la méthode que préconisent les honorables députés d'en face. Le vote nous dira si j'ai ou non raison.

Monsieur l'Orateur, je termine en affirmant que le Gouvernement reste fidèle à la vraie tradition du gouvernement au Canada en se montrant équitable et en favorisant la bonne volonté et l'harmonie entre les races du pays ; de plus, il reste fidèle à la vraie tradition libérale de respect des droits des minorités et de tolérance dans le domaine tout entier de l'Etat.

....

M. E.E. PERLEY (Qu'appelle) : Je veux signaler à la Chambre la situation que nous avons dans la Saskatchewan. (....) Notre province comprend une population née à l'étranger, des citoyens naturalisés canadiens et des enfants de gens nés à l'étranger. Notre population totale est d'environ 992,000, dont environ 600,000 se trouvent dans la catégorie des citoyens nés à l'étranger. [...] Je veux aussi rappeler à la Chambre qu'il y a dans le Manitoba et dans l'Alberta un grand nombre de citoyens appartenant à la même catégorie, ce qui en porte le total, dans les trois provinces des prairies, à environ un million, soit à peu près un dixième de la population totale du Canada. Ce sont d'excellents Canadiens et je tiens à leur en rendre témoignage dans cette circonstance. J'oserais dire que quatre-vingt-dix-neuf pour cent de ces gens s'efforcent de devenir de bons et loyaux Canadiens. Dans ma circonscription, il se parle environ douze langues ; il y a dans Qu'Appelle des villes où la plupart des habitants sont nés à l'étranger, c'est-à-dire dans la catégorie dont je viens de parler. Il y a une ville où la majorité des habitants est de descendance allemande. [...]

Il est naturel que ces gens ne puissent comprendre les considérations spéciales ou les beaux gestes — appelez cela comme vous voudrez — que nous manifestons de temps à autre à l'égard de la population de langue française, quand notre constitution ne fait pas du Canada un pays bilingue. Nous avons expliqué avec difficulté l'an dernier que nous accordions un privilège, que nous faisions un geste de bonne volonté en autorisant l'émission de billets libellés en anglais et de billets libellés en français. Si l'amendement est adopté, nous recevrons sans doute, et peut-être d'ici peu d'années, une protestation de cette partie de la population et elle demandera quelque considération pour leur langue maternelle. [...]

M. T.-L. CHURCH (Broadview) : Ce projet de loi, monsieur l'Orateur, est indigne du libéralisme. Le Canada n'est pas un pays bilingue. Sir Wilfrid Laurier l'a reconnu et les tribunaux se sont prononcés dans ce sens. C'est un pays où, par l'article 133 de l'Acte de l'Amérique Britannique du Nord, deux langues sont officielles. Je félicite le très honorable chef de l'opposition (M. Bennett) de l'attitude d'homme d'Etat qu'il a adoptée l'autre jour en face d'une forte opposition. Ce qu'il a prédit arrivera : toutes les sessions futures verront une demande d'abrogation de l'article 15.

A mon sens, nous ne devrions pas avoir d'assemblées législatives provinciales. Créées par les auteurs de la Confédération pour des fins politiques et non pas économiques, elles ont été à la base de toutes les jalousies raciales et religieuses dont a souffert le Canada. Il n'en existe pas en Grande-Bretagne, et aux Etats-Unis leurs pouvoirs sont restreints. Par conséquent, chacun de ces pays ne forme qu'un peuple qui ne connaît pas les jalousies raciales et religieuses qui font le malheur de notre pays. Le chef de l'opposition s'est montré conséquent. J'ai lu son discours du 22 juin 1934. Le chef du Gouvernement actuel a été premier ministre durant neuf ans, de 1921 à 1930. Or, a-t-il jamais proposé un article comme celui-ci ? Non. Ce n'est que lorsqu'il dispose d'une majorité d'environ 170 qu'il est prêt à passer outre aux électeurs du pays. Leur a-t-il parlé de cette mesure avant les élections ? S'il l'eût fait, il n'eût pas remporté cinq sièges dans l'Ontario. En effet, quelque lentes qu'elles soient à affirmer leurs droits et leurs privilèges, les majorités, une fois soulevées, auront leur mot à dire. Le Canada n'est pas un pays bilingue et ne l'a jamais été. Les deux langues y sont officielles, mais les tribunaux ont statué sur le degré où elles le sont en vertu de l'article 133 de l'Acte de l'Amérique Britannique du Nord. Que l'on dise tant qu'on voudra que ceux qui combattent la présente mesure le font pour des raisons électorales. Il est inutile que les représentants de la majorité se contentent de jouer le rôle d'épouvantail, et permettent que le public se fasse une idée fausse de leurs sentiments. L'emploi de deux langues sur ces billets, l'une sur un côté et l'autre au verso, donne une idée fausse de la majorité des gens de notre pays. Cela ressemblera à une réclame de médicament breveté qui est imprimée dans les deux langues, ou une feuille de renseignements sur les courses, ou quelque chose de ce genre-là. Ceux qui votent en faveur de ce bill se prononcent à perpétuité pour le bilinguisme. [...]

....

L'hon. M. LAPOINTE : [...] Nous avons la bonne fortune de parler les deux plus belles langues qui existent dans le monde entier. A la Société des nations, à Genève, on entend parler ces deux langues et les délégués canadiens sont fiers de représenter le seul pays au monde où l'on parle les deux langues officielles de cette organisation qui représente toutes les nations de l'univers. Nous sommes fiers de notre pays. Quand ces billets de banque circuleront à travers le monde, ils représenteront, monsieur l'Orateur, ce que le Canada est en réalité, c'est-à-dire un pays qui fut fondé par des pionniers français et cédé plus tard à l'Angleterre, un pays où les descendants de ces deux grandes races ont réussi à oublier leurs différends et leurs difficultés et à s'unir pour faire de leur pays une grande nation. Le peuple canadien ne craint pas de faire savoir au monde que dans son pays l'on parle ces deux langues, des langues que tout le monde peut être fier de parler, et il ne craint pas de faire savoir que cette situation existe au Canada. Personnellement, je ne puis pas croire qu'il y ait au Parlement un seul individu qui se sente humilié ou indigné parce que quelques mots de français sont imprimés sur les billets de la Banque du Canada.

....

M. M.J. COLDWELL (Rosetown-Biggar) :

Monsieur l'Orateur, c'est avec quelque émoi que je me lève cette après-midi pour prendre la parole sur cette question. Nous siégeons depuis environ cinq mois, et durant cette période nous avons délibéré sur un certain nombre de mesures importantes. Toutefois, sauf en une ou deux occasions, je n'ai jamais senti jusqu'aujourd'hui une atmosphère aussi chargée que celle qui existe à la Chambre cette après-midi, et selon moi, c'est une mauvaise note pour le Parlement du Canada.

[...] Je désire souligner le fait que nous, de l'Ouest Canadien, ne nous occupons plus de ces questions de race et de religion ; j'ai dans l'idée que l'on entretient ces divisions et qu'on jette de l'huile sur le feu pour des fins politiques. Je regrette excessivement que, dans cette nouvelle législature, l'on ait soulevé cette question à un moment où le Canada a besoin que l'union règne dans les rangs de toute la population sans distinction de race ni de religion. A cette heure, nous risquons encore une fois de voir se répéter la situation qui existait, au cours des années auxquelles on a fait allusion. Il est si facile de détourner l'attention publique des questions d'ordre pratique et essentielles en la divisant suivant des lignes irréelles et non essentielles ! [...] Je suis d'avis, pour ma part, que les gens qui parlent français au Canada ont le droit d'avoir des billets de banque qu'ils comprennent et imprimés dans leur propre langue. D'autre part, le reste de la population canadienne a le droit d'avoir des billets de banque imprimés dans leur langue commune, c'est-à-dire en anglais. Mais, si nous décidons d'étendre indéfiniment ce principe, je ferai observer que, dans la province d'où je viens, [...] nous avons un grand nombre de nationalités. Nous avons un très fort pourcentage d'Allemands, quelques Polonais et un grand nombre d'Ukraniens ; or, il peut très bien se faire que ces gens-là réclament les mêmes privilèges que nous proposons d'accorder à nos concitoyens parlant une autre langue que l'anglais. [...]

....

M. DAVID SPENCE (Parkdale) : [...] Le malheur est que quelques-uns des hommes les mieux instruits du Québec, tels que le ministre de la Justice et d'autres, empoisonnent l'esprit des simples gens de cette province contre notre parti, et qu'il y a toujours quelque part conflit pour créer des difficultés et de la mésintelligence.

Personne n'apprécie plus que moi l'hospitalité des Canadiens de langue française ; j'ai été parmi eux et j'ai été reçu par eux à Montréal. Je fais ces remarques plus dans leur intérêt que dans celui de ma race dans l'Ontario. Je déteste les discussions de ce genre, et bien que je ne sache pas beaucoup l'anglais et encore moins le français, je sais d'après mon expérience du monde des affaires et de la Chambre qu'un débat de ce genre causera des froissements et un manque d'harmonie au pays. [...] Je ne parle pas au point de vue politique, mais fort d'une longue pratique dans les affaires, et dans ce domaine, j'en sais aussi long que les ministres. Sincèrement, je crois qu'il est à propos de rayer la proposition insérée dans le bill, et [...] de la retirer de la Chambre et de n'y plus penser. Cela crée simplement du désaccord et de l'animosité entre les races au pays, et ce sera l'aboutissement de l'affaire. Permettez-moi d'ajouter que, si cela se continue encore longtemps, je puis avertir les gens de Québec qu'ils en souffriront probablement davantage que les autres provinces, car ils ne désirent pas être isolés, je suppose, et c'est vers quoi leurs revendications les acheminent.

....

L'hon. P.-J.-A. CARDIN (ministre des Travaux publics) : Monsieur l'Orateur, je regrette profondément que cette question ait été soulevée dans ce Parlement. Pareille discussion au Parlement d'un pays qui ne compte que neuf millions d'habitants porte à croire que les projets de bonne entente dans le monde ont fait en réalité bien peu de progrès. [...]

....

Je n'aime pas entendre mon très honorable ami (M. BENNETT) dire que l'harmonie au Canada tient à des bagatelles comme les formules émises en français par le ministère des Postes. Si l'harmonie qui existe aujourd'hui entre les citoyens de notre pays est menacée parce que des formules postales en français sont envoyées par erreur dans une ville anglaise, cette harmonie n'est pas digne d'être conservée. Il est possible que nous ne puissions réclamer ce droit si nous interprétons la loi à la lettre, mais dans tous les pays britanniques il a toujours existé une autre interprétation de la loi que l'interprétation littérale. L'histoire des institutions britanniques nous enseigne que l'usage et la coutume des parlements ainsi que des autres institutions dans l'Empire britannique ont toujours modifié la lettre de la loi ou lui ont infusé de la vie.

On a parlé d'une concession faite aux Canadiens-Français, le très honorable chef de l'opposition a dit qu'il leur accorda une concession en 1934, lorsqu'il autorisa l'impression des billets en français aussi bien qu'en anglais. Même si ce fut une concession, même si ce fut une généreuse concession qu'il accorda alors, n'avons-nous pas droit aujourd'hui, en raison de notre apport à la vie du Canada, en raison des efforts que nous avons déployés afin de mettre le pays en valeur et de faire régner l'harmonie, la paix et la bonne volonté parmi les Canadiens — n'avons-nous pas droit, dis-je, à la reconnaissance de nos efforts et à une certaine précision, à l'occasion des prétendues concessions qui nous ont été faites, afin de favoriser une meilleure entente entre les citoyens canadiens ? Même si ce fut une concession, j'affirme que nous y avions droit. Et lorsque nous parlons ici de ces concessions, j'invite mes concitoyens de langue anglaise à venir constater par eux-mêmes, dans la province de Québec, ce qu'il faut entendre par concessions. Ils y verront comment la minorité de la province de Québec a été traitée par la majorité française. Aucun problème ne suscite, dans Québec, de difficultés pareilles, à celle-ci ; nous sommes prêts à collaborer avec nos concitoyens de langue anglaise dans cette province, et il n'y est pas question de restreindre les droits des minorités ; il n'y est pas question de viser à conserver l'harmonie par le retranchement de droit ; il n'y est pas question de chercher à faire régner plus d'harmonie en décourageant les initiatives. Nous faisons des concessions dans cette province et de plus grandes concessions que celles que nous demandons au Parlement du Canada d'accorder à la population de langue française de ce pays. Vous n'avez qu'à relire l'histoire du Canada pour vous convaincre des concessions que nous avons faites et que nous faisons constamment.

Par accident, des formules françaises peuvent être envoyées dans des régions anglaises, mais il existe des formules dans les deux langues. D'un autre côté, dans la province de Québec nous avons eu et avons encore de hauts fonctionnaires du gouvernement fédéral qui ne parlent pas un mot de français, bien qu'ils aient à traiter avec la population française de cette province. Voilà une limitation de nos droits plus grave que ne comporte l'envoi par erreur, dans une partie anglaise du pays, d'une formule imprimée en français. Nous avons supporté cet état de choses pendant de nombreuses années, nous le supportons encore, ne demandant pas le renvoi des hauts fonctionnaires de langue anglaise qui, dans la province de Québec, ne parlent pas le français. Nous faisons notre part pour que règne l'harmonie entre les citoyens du Canada, et je ne conçois pas qu'un billet bilingue de la Banque du Canada puisse nuire à cette harmonie. Si, conformément à la loi existante, nous émettions des billets français, ces billets auraient cours légal en Ontario ; l'Ontario, les provinces de l'Ouest devraient les accepter comme tels. Serait-il plus injurieux de présenter un billet bilingue à un créancier ontarien que de lui donner un billet exclusivement français, comme cela pourrait se produire si nous ne changions pas la loi ? Le changement ne peut pas détruire l'harmonie qui existe

entre les citoyens du pays. Notre pays est trop beau pour nous arrêter à ces mesqui-
neries ; oublions les petites divergences qui nous ont causé tant d'ennuis dans le passé.
Je croyais à la disparition de ces ennuis et que, d'une région à l'autre du pays, on se
comprenait mieux. En cette année de grâce 1936, ne pouvons-nous aborder ces questions
dans l'état d'esprit proprement britannique, au lieu de réveiller le vieil esprit colonial
d'autrefois, maintenant oublié. J'étais bien sûr que cet esprit colonial avait disparu
et que nous en étions arrivés à nous considérer tous comme des égaux en notre pays,
sans plus discuter les droits et même certains privilèges, si vous voulez, ou certaines
concessions consenties aux minorités. Les institutions britanniques se sont maintenues
par le monde, l'Angleterre a conservé son autorité et son pouvoir dans le monde non
pas en restreignant les libertés des peuples faisant partie de l'Empire, mais en donnant
à ces libertés une plus grande envergure. L'idéal politique de l'Angleterre n'a jamais été
la restriction des droits mais au contraire la liberté. C'est par la générosité, la bonne
entente, la générosité dans l'interprétation des lois et des traités que l'Angleterre a pu
garder son autorité sur tant de pays du monde civilisé. On ne tient pas compte des races,
des croyances ou des couleurs dans la doctrine britannique, mais des êtres humains
dont les institutions britanniques doivent assurer et même augmenter le bien-être.

....

M. T.C. DOUGLAS (Weyburn) : Je désirais simplement dire, [...] que j'ai été
surpris, un peu amusé et même peiné aussi, de voir la Chambre consacrer une journée
et demie à la discussion de ce qui pour bien des gens au Canada, ne constitue qu'un
aspect peu important de ce bill. Il y a aujourd'hui des centaines de personnes dans les
prairies de l'Ouest qui seraient heureuses de se procurer des billets de banque, en
quelque langue qu'ils pussent être libellés. Je ne puis m'empêcher de songer que si
les honorables députés avaient déployé autant d'énergie et d'ardeur à fournir à la
population le moyen de se procurer des billets de banque qu'ils en ont mises à discuter
dans quelle langue ils devront être imprimés, nous serions beaucoup plus près que
nous le sommes de la prorogation. Personnellement, je dirai que peu m'importe en
quelle langue nos billets de banque seront imprimés. Comme je suis Ecossais, je suis
toujours heureux de gagner un dollar, qu'il soit imprimé en siamois ou en chinois,
pourvu que je puisse m'en servir pour acheter quelque chose.

Je voudrais faire remarquer au Gouvernement qu'il y a dans notre pays, et particulièrement dans l'Ouest canadien, des gens qui ont un fonds de préjugés et d'antipathie
qu'il est très facile de réveiller. Nous sommes d'avis que le moment est bien choisi
pour rappeler le proverbe qui dit que « le mieux est l'ennemi du bien » et cet autre
dicton à l'effet qu'il faut se garder de réveiller le chat qui dort. [...]

....

Je fais remarquer que les préjugés peuvent être soulevés de nouveau. C'est parce
que nous, de l'Ouest canadien, voudrions voir les élections porter sur des questions
économiques plutôt que sur les préjugés de race que je parle de la sorte en ce moment.
Les honorables députés de l'Ouest du Canada qui font partie de la droite savent tout
autant que moi qu'il ne serait pas bien difficile de soulever, dans leurs provinces, les
mêmes questions qu'en 1929 et 1930. C'est parce que nous ne voulons pas que la
chose se répète que nous prions le Gouvernement de bien réfléchir avant d'agir dans
le sens indiqué.

A quoi sert-il au ministre de la Justice (M. Lapointe) de prononcer un éloquent
discours sur l'union, quand le Gouvernement soumet à la Chambre un projet de nature

à briser l'union dans certaines parties du Canada ? A quoi sert-il au premier ministre (M. Mackenzie King) de parler de bonne entente, s'il insère en même temps dans ce projet de loi un article susceptible de susciter le désaccord dans certaines provinces canadiennes ? Je crois en une population homogène. Je voudrais, comme chacun des honorables députés, que l'amitié et la bonne entente règnent partout au Canada. Mais nous sommes d'avis que pour l'heure le meilleur moyen de favoriser la bonne entente et l'homogénéité parmi le peuple du Canada est de se rendre compte que le mieux est l'ennemi du bien et qu'il ne faut pas réveiller le chat qui dort.

Document n° 81

1936 — LE BILINGUISME, AGENT DE DÉNATIONALISATION

Paul Bouchard est né à Québec le 18 avril 1908. Après avoir obtenu sa licence en droit à l'Université Laval, il poursuit ses études en Europe, à Oxford à titre de boursier Rhodes, puis à l'Université de Saragosse (1932) où il découvre le monde espagnol auquel il se consacrera plus tard comme universitaire. De 1934 à 1940, il exerce le métier d'avocat à Québec. C'est pendant ces années qu'il lance et dirige l'hebdomadaire la Nation *qui paraîtra du 15 février 1936 au 1er août 1939 et dont il fait l'organe du mouvement séparatiste puis du parti autonomiste. Après avoir passé les années de guerre en voyage d'études en Amérique latine, il commence à Laval une carrière d'enseignement universitaire consacrée à la géographie et à l'histoire des pays d'Amérique latine.*

* * *

Dans une série d'articles parus dans les premiers numéros de son journal, Paul Bouchard définit ses idées séparatistes et traite notamment de la situation linguistique des Canadiens français. Sans détour, ce polyglotte condamne le « bilinguisme intégral » qui lui paraît trahir une mentalité de vaincu et conduire à la disparition nationale.

Ce texte est à rapprocher d'autres écrits de l'époque remettant en cause le bilinguisme [a]. Mais Paul Bouchard plus que les autres, semble-t-il, donne à cette critique une signification politique précise.

L'égalité théorique des deux races.

De tout l'amalgame de bobards qui sous le nom d'esprit de la Confédération a charmé nos grands-pères et continue d'embobiner nos pères, l'égalité des deux races dans tout le dominion passe au tout premier plan. C'est pour l'obtention de cette fameuse égalité que nous sommes entrés dans la Confédération et c'est pour continuer à l'obtenir que nous y restons. La plupart de nos compatriotes tombent d'accord que la Confédération ne nous a pas valu grand chose, sinon autant d'injustice qu'autrefois avec parfois un peu plus de formalités. Comment pourraient-ils affirmer après tant de persécutions scolaires et en général la place de parents pauvres qu'ils nous accordent que les Canadiens français soient les égaux des Anglais et qu'il n'y ait plus de vaincus au Canada ?

Hélas ! malgré toutes les rebuffades que nous avons subies, dès qu'un petit caniche de politicien leur braille que nous finirons par obtenir cette fameuse égalité parce que nous avons déjà obtenu les timbres-postes et la monnaie bilingues, nos compatriotes se laissent de nouveau envoûter par le vieux mythe confédératif ; le complexe d'infériorité dont ils ne peuvent se départir agit de nouveau dans leur conscience et, déplorablement ignorants de leur destin ethnique sur le continent américain, ils poursuivent leur chimère de croire qu'un jour viendra où il n'y aura plus que des canadiens, les uns anglais, les autres français, sans distinction de vainqueurs et de vaincus. Or ce jour ne viendra jamais et dut-il venir, je ne vois

a. Voir les documents nos 71 et 86.

pas l'avantage que retirerait notre nationalité de la formation de ce grand peuple bâtard, sans originalité, qu'est, déjà le peuple canadien. Quoique nous fassions nous serons toujours dans le dominion canadien la minorité ethnique obligée de subir la pression politique et économique de la majorité saxonne.

Je dis donc qu'à la base de cette mentalité confédérative qu'entretiennent chez nous un tas de petits politiciens nationalement dégénérés, la plupart d'entre eux ne sont que d'affreux primaires presque sans culture et ce qui est pis, sans aucun souci de culture, — il y a enraciné dans nos esprits un terrible complexe d'infériorité : la mentalité de vaincus, du vaincu qui au lieu d'attendre patiemment l'heure de la revanche libératrice et de s'y préparer longuement et ardemment, préfère se hausser à ce qu'il appelle couillonnement : le niveau du vainqueur. C'est la mentalité de vaincus sur le terrain politique. Nos plus grandes victoires depuis 1867, c'est la nomination d'un sous-ministre canadien-français à Ottawa, la nomination de quelque pantin de notre nationalité à la présidence d'une conférence interprovinciale ou impériale, la publication d'une formule de recouvrement d'impôts en français, d'un timbre bilingue, de quelques mots de français sur un sale papier-monnaie : l'obtention, bref, de tout ce que la Confédération eut dû nous donner d'emblée si l'égalité théorique des deux races avait été vraie dans la pratique. Il faut avouer d'ailleurs que tous nos politiciens nous ont lâchement et vilement menti. Ils savaient tous que cette égalité n'avait d'existence que dans leur bouche et qu'elle n'en eut jamais dans l'esprit de la majorité saxonne.

Mais la mentalité de vaincus nos saligauds de politiciens couillons, défaitistes et lâcheurs ont eu l'ignominie de la transplanter du terrain politique sur le plan culturel, coup terrible porté à notre nationalité en détruisant sa raison même de survivre en Amérique. Ces imbéciles ne s'apercevaient même pas — et un gogo comme le gros Lapointe ne le verra probablement jamais — qu'en incitant les nôtres au bilinguisme, à la possession parfaite des deux langues et des deux cultures comme ils croyaient naïvement que c'était possible, ils ne préconisaient que l'abâtardissement culturel de notre nationalité.

Il fallait être ces pauvres coloniaux sans trop de culture, primaires et souvent ignares qu'était la génération de 1867 pour croire qu'un jour viendrait où tout habitant du Canada parlerait aussi purement l'anglais que le français, que son esprit deviendrait à la fois une synthèse de celui de Shakespeare et de Racine. Quelle dose de naïveté de croire que l'on pouvait être Saxon et Latin, Français et Anglais en même temps ! A nous qui avons des notions plus positives sur le mélange des races et des civilisations cela paraît incroyable. Cependant, nos pères se sont enthousiasmés de cet idéal idiot d'hybridisme et bâtardise. Ils se sont efforcés pour faire de nous des canadiens intégraux de nous inculquer une certaine dose d'anglicisation. Le résultat, ç'a été de nous dénationaliser nous mêmes. Nos maisons d'éducation se faisaient une énorme publicité non pas de bien enseigner la langue française qui ne cesse de s'avilir en notre pays, mais de montrer à leurs élèves à parler anglais. Les héros scolaires du Canada français ce sont les petits bâtards qui réussissent à passer brillamment leurs examens non pas en français mais en anglais. Mentalité de vaincus ! Evidemment, les Anglais n'ont jamais manqué de nous féliciter de ces remarquables efforts de nous assimiler à eux. Depuis un siècle qu'ils cherchaient à nous assimiler, et grâce à l'esprit de la Confédération, nous rivalisions entre nous à nous dénationaliser. Eux, ils restaient farouchement et fanatiquement eux-mêmes. Les bons jobards, les braves gogos, c'étaient nous ; mais les jocrisses, les Lauriers et les Lapointes.

La Confédération a donc été pour nous la plus grande déviation nationale de notre histoire, la plus dangereuse et la plus perfide. La plus perfide parce qu'elle n'a cessé de faire miroiter aux yeux de nos coloniaux de la génération précédente des mythes ridicules et impossibles. Avant la Confédération, nous étions politiquement des vaincus. Avec la Confédération, nous sommes devenus culturellement des vaincus. L'égalité avec l'Anglais, nous ne l'avons jamais eu ni sur le terrain politique ni économique. Nous n'avons même pas eu l'égalité culturelle ou linguistique. L'unilingue, c'est lui ; le bilingue, c'est nous, nous qui nous sommes crus plus qu'obligés d'apprendre la langue du vainqueur et de corrompre systématiquement la nôtre. Après cela il ne restait plus à l'Anglais qu'à faire savoir au monde entier que les Canadiens français ne parlent qu'un patois. La déchéance est complète et par notre faute [b].

Le bilinguisme.

Ce n'est pas au point de vue linguistique, comme agent de corruption de la langue, que je veux parler aujourd'hui du bilinguisme. [...] Je désire tout simplement démontrer comment notre engouement pour le bilinguisme n'est tout simplement qu'un des aspects de cette mentalité de vaincus qui forme la base de ce que nous appelons couramment : l'esprit de la Confédération.

Aux environs de 1867 comme durant les années qui suivirent, nos pères végétaient en plein colonialisme non seulement politique mais aussi intellectuel. Notre peuple que dirigeait une élite à belle majorité de primaires envisageait toute civilisation beaucoup plus sous le rapport de la quantité que de la qualité.

Que la civilisation anglosaxonne ait été quantitative et leur en ait bouché plein la vue, cela est incontestable. Les pays anglosaxons comme je l'ai déjà démontré détenaient alors dans le monde la suprématie politique et économique. Tout leur réussissait. Ils allaient partout de l'avant. Comparée à l'Angleterre et aux Etats-Unis, la France tenait une place secondaire. Epuisée par la Révolution, les guerres napoléoniennes, bouleversée par de trop nombreux changements de régime, elle se refaisait peu à peu un second empire colonial et travaillait lentement à reprendre en Europe sa place de grande puissance. Une chose cependant n'avait pas décru avec son prestige politique, c'était sa primauté intellectuelle. Car la France au point de vue des lettres, des sciences et des arts n'a jamais été plus brillante qu'au XIXème siècle. Au lieu de l'empire politique qu'elle avait perdu, elle obtint sur l'univers entier une hégémonie intellectuelle telle qu'aucune nation moderne n'en a jamais connue. Toutes les nations à l'unisson rendaient hommage à son génie.

Mais au Canada, au milieu du dernier siècle nous étions bien loin de la France et de l'Europe. Sauf une majorité d'esprits d'élite, les grands courants intellectuels, littéraires ou artistiques ne nous affectaient que peu et encore avec beaucoup de retard. De plus, la France officielle c'était la France révolutionnaire. Or nous n'avons pas fait la Révolution et nous regardions avec suspicion tout ce qui venait de France. Ce fut encore bien pis lorsque notre ancienne mère-patrie adopta une politique anticléricale. Une sorte de francophobie se répandit chez nous, francophobie faite de deux éléments : de sentiments religieux outragés et aussi de dépit pour la France, à qui non seulement nous reprochions de nous avoir abandonné en 1760, mais de ne pas tenir son rang parmi les grandes puissances. Beaucoup des nôtres ont cru à la décadence française. Il faut dire que pendant toute une partie du dernier siècle, la

---

b. Paul Bouchard, « Séparatisme » (12), *la Nation*, le 10 septembre 1936.

France en a donné tous les symptômes : perte du prestige extérieur, rôle effacé devant l'Angleterre et l'Allemagne (Sedan et Fachoda), instabilité politique à l'intérieur, dénatalité etc. Il y avait bien chez elle des forces de renaissance qui se manifestaient dans la formation d'un second empire colonial et qui ont jeté toute la lumière durant la Grande Guerre, mais elles ne nous étaient pas très connues.

La cause en est que de 1760 à 1850 nos relations avec la France, sans cesser totalement, avaient été réduites au minimum par l'Angleterre elle-même. Elles reprendront peu à peu après la Confédération lorsque nous deviendrons plus libres de la métropole. Quoiqu'il en soit le prestige des anglosaxons et celui de leurs institutions politiques était si grand chez nous vers 1867 que nous n'avions qu'un désir celui d'accéder vers ce plan supérieur où nous les voyions se mouvoir et réussir. L'égalité des deux races flattaient profondément notre mentalité de vaincus et notre vanité naturelle. Comme nous sentions toutefois obscurément que l'égalité politique avec les Anglais était plus ou moins un trompe-l'œil puisque elle ne se doublait pas d'une pareille égalité dans le domaine économique, nous rêvâmes d'une supériorité d'ordre spirituel sur les Anglosaxons en possédant leur culture en plus de la nôtre. Et nous imaginâmes ce bobard du bilinguisme intégral qui devait faire de tout canadien-français une petite synthèse ambulante de l'esprit de Racine et de celui de Shakespeare. Nous n'avons pas songé un moment en primaires que nous étions qu'une connaissance approfondie de l'anglais corrompait de plus en plus notre langue et n'en faisait qu'un tissu d'anglicismes, que par la langue du vainqueur c'était son esprit, sa façon de voir et de penser qui nous pénétrait de plus en plus imperceptiblement que, selon la formule de Cartier, nous devenions des Anglais parlant le français. Devenir des anglais parlant le français, c'était l'idéal de toute la partie de notre élite qui frayait avec l'anglais depuis la conquête et s'était graduellement laissée assimiler par lui, telle la famille de Salaberry, pour prendre un exemple célèbre. La formule de Cartier, devenir un anglais parlant le français, Laurier la réalisera intégralement et ce sera hélas ! un facteur de sa popularité. Nous serons flattés de voir les anglais le prendre pour un des leurs. Quelle déchéance ! Que devenait alors l'idéal de la Confédération qui tendait à faire de nous des britanniques par les institutions politiques ne nous reconnaissant le droit de rester français que quant à la culture ? Nos coloniaux de prédécesseurs ne se sont pas aperçus que tout se tient dans une civilisation, qu'il y a entre l'ordre matériel et l'ordre culturel une certaine interdépendance. Ils n'ont pas pensé un moment et c'est encore ce qui creuse l'abîme entre nous et les plus de quarante ans, ils n'ont pas réfléchi qu'en cessant chaque jour de vivre à la française pour vivre en plus à l'anglaise et à l'américaine, nous cessions inversement de penser et de juger à la française.

Cette funeste mentalité de vaincus qui nous faisait rechercher et quémander comme un bien suprême l'égalité politique avec l'Anglais en voulant nous rendre maîtres de sa culture ne contribuait qu'à nous dénationaliser. Pour avoir voulu être des Anglais dans l'ordre politique et matériel nous avons cessé pour autant d'être des Français dans l'ordre spirituel.

C'est à cette conclusion qu'il faut logiquement en arriver lorsque l'on étudie les types de la génération précédente qui ont réalisé cette idéal confédératif. Ce ne sont ni des anglais, ni des français, ni des américains. Tout simplement des bâtards. Ils ne sont rien du tout. Ni chair ni poisson, ni eau ni vin. Ils ne sont qu'une infecte piquette, une fade décoction de deux liqueurs immêlangeables.

Car l'ordre matériel dans lequel vit un peuple, l'ordonnance qu'il donne à vie quotidienne est un reflet nécessaire de sa tournure d'esprit, de l'ordre des valeurs établi par sa culture et son esprit critique. En adoptant l'ordre matériel d'un autre peuple on finit peu à peu par accepter sa conception des valeurs et finalement son ordre culturel. Tout ceux, chez nous, qui vivent à l'anglaise finissent par penser et juger comme des anglais. Comme la plupart des anglais du Canada sont fortement américanisés au point qu'en Angleterre on se refuse de les reconnaître comme des Anglais, les canadiens français qui les singent ne deviennent très souvent que des sous-yanquis.

Le bilinguisme n'a été en définitive que l'agent de l'américanisation la plus détestable.

Nous nous sommes fait une gloire d'être bilingues devant les Anglais unilingues parce que notre mentalité de vaincus ne voulait pas avouer qu'au fond nous étions forcés d'être bilingues et que les Anglais pouvaient s'en dispenser.

La fameux bilinguisme en plus d'être un agent de dénationalisation a puissamment contribué au maintien de notre mentalité de vaincus. Continuellement, il nous a rappelé que la langue dominante, c'était l'anglais. Pendant des années et même encore, au nom du bilinguisme on nous a inculqué qu'anglais était et devait être la langue des affaires, que le français était une langue de culture et non une langue commerciale. Stupide bobard ! Nos écoles se faisaient une réputation de bien enseigner l'anglais, mais elles négligeaient celui du français. Nos hommes publics obtenaient l'estime du peuple parce qu'à la Chambre ils pouvaient discourir en anglais aussi couramment que les Anglais. De l'anglais, plus d'anglais, de l'anglais partout, voilà ce que nous a enseigné la vieille apathique et défaitiste génération qui nous a précédée, ce peuple de primaires mollasses et fadasses qui prétendaient quémander l'égalité avec les anglais plutôt que d'essayer de les vaincre sur leur terrain à la française par nos propres armes.

Aujourd'hui nous constatons parfois avec angoisse l'influence dénationalisante de cette funeste éducation. Nos prédécesseurs se rengorgeaient de recevoir les félicitations des anglais pour leur bilinguisme. Nous nous en moquons, tas de gogos qui ne compreniez pas que les anglosaxons se réjouissaient à bon droit d'enregistrer les progrès de notre anglicisation graduelle et constante !

....

Nous sommes partisans de l'unilinguisme. Le bilinguisme, c'est le droit pour les citoyens d'un pays composite de rester unilingues, mais le devoir pour l'Etat qui les régit d'être bilingue. Ce n'est pas autre chose. C'est une obligation pour les fonctionnaires et non pour chacun des citoyens d'apprendre la langue du voisin.

Paul Bouchard c

c. Paul Bouchard, *la Nation*, 24 septembre 1936. Voir également du même auteur deux articles publiés dans *la Nation* des 24 et 31 mars 1938 sous le titre « Un peu de sincérité dans la question du bilinguisme ».

Document n° 82

1937 — LES TIMIDITÉS LINGUISTIQUES D'UN SÉPARATISTE

Dostaler O'Leary (1908-1965), journaliste, écrivain et homme politique, est né à Berthierville en 1908. Il fit des études en France et en Belgique et obtint une licence en sciences de l'Institut de chimie Meurice de Bruxelles. En 1937, il entra au journal la Patrie et y resta vingt années pendant lesquelles il occupa successivement les postes de rédacteur financier, éditorialiste, directeur de la page littéraire, rédacteur de la chronique « la Vie française » et correspondant parlementaire à Québec (1948-1956). Il fonda en 1952, en collaboration avec des journalistes français, belges, suisses et canadiens, l'Association internationale des journalistes de langue française dont il fut le premier président. Il participa également à la fondation de l'Union canadienne des journalistes de langue française.

Il fut, avec André Laurendeau notamment, membre de l'équipe des Jeune-Canada des années 1935 avant de fonder avec son frère Walter O'Leary, les Jeunesses patriotes du Canada français. Il fut l'un des premiers au XXe siècle à soutenir l'idée de l'État indépendant du Québec. Il exposa sa doctrine dans un ouvrage, Séparatisme, doctrine constructive paru en 1937. Par la suite, il participa à la fondation du Bloc populaire canadien, formation nationaliste dont il fut candidat aux élections fédérales de 1945. Son nationalisme n'excluait pas l'ouverture sur le monde. Il chercha à rapprocher les pays de langue française et il fonda en 1939 l'Union culturelle Amérique-Canada qui devint plus tard l'Union des Latins d'Amérique. Il est mort le 18 avril 1965 à Paris où il était depuis quelques années correspondant de presse de Radio-Canada.

Dans son ouvrage Séparatisme, doctrine constructive, *il énonce les grands traits de la situation linguistique d'un Québec indépendant.*

Qu'est-ce que cela peut bien nous f... d'avoir une monnaie bilingue si en échange vous donnez aux Anglais et à l'impérialisme des écumeurs des mers, les clefs de notre économie nationale. Messieurs les libéraux, comme vous messieurs les conservateurs, vous êtes des farceurs : depuis soixante-dix ans, à tour de rôle, vous avez sacrifié nos intérêts vitaux à de mesquines considérations de partisans.

Faites donc place à un idéal plus élevé ; le génie français, fait de beauté, de spiritualisme, étouffe au milieu de cette pourriture. Nous en avons assez de vivre dans cette mare aux grenouilles, dans cette eau stagnante, au milieu de cet amas de décrépitude.

....

Nous répétons ici que la minorité anglaise n'a rien à craindre du Séparatisme : justice lui sera rendue en tous points.

Il est entendu que la législation de l'Etat libre s'inspirera avant tout des principes catholiques et français. Certaines lois seront passées pour rétablir l'ordre des choses : telles, par exemple, une loi obligeant tous les citoyens de l'Etat libre de fermer leur établissement le dimanche et surtout les jours de fêtes d'obligation catholiques. [...]

....

Au point de vue purement national, la législation veillera à ce que des lois obligent toutes les personnes qui, dans les villes ou localités où la majorité des citoyens seront d'expression française, sont en rapport continuel avec le public (employés, fonctionnaires, commis de banques, etc..) de parler *correctement* le français.

Les ministres et députés devront également parler *correctement* cette langue.

Le nombre de fonctionnaires anglais sera en fonction au pourcentage de la population anglaise.

De plus sur tous les menus de restaurants, les enseignes de magasins, etc., le français devra figurer.

La publicité, sauf celle des journaux anglais, devra être d'abord en français ; on pourra y joindre l'anglais si on le désire.

Actuellement déjà, une telle législation s'imposerait. Il n'y a aucun doute que tant qu'un gouvernement vraiment national n'aura pas pris le pouvoir qu'elle restera à l'état de projet et que nos ministres tories, qu'ils soient libéraux, conservateurs ou « nationaux », se refuseront toujours à adopter des lois qui, bien qu'entrant dans les vues de la grande majorité de la population, n'auraient, peut-être, pas l'heur de plaire à certains messieurs qui versent annuellement leur « obole » à la caisse du parti.

Les Israélites seront tolérés. Ils auront droit à leurs écoles. Le nombre des avocats, médecins, ingénieurs, architectes, etc., que pourra posséder les adhérents de cette secte sera limité. Leur pourcentage ne pourra pas dépasser celui de leur population totale dans l'Etat libre.

Il n'est pas question dans cette conclusion d'élaborer au long et au large le statut des minorités. Mais nous le répétons, celles-ci n'ont rien à craindre de la prise du pouvoir par un gouvernement nationaliste.

Les gagne-petit, qu'ils soient français ou anglais, ne pourront que profiter d'un gouvernement qui s'inspirera des principes essentiels du catholicisme. La langue anglaise sera respectée. Les écoles protestantes auront le même statut que celui qu'elles possèdent actuellement, à quelques modifications près, au sujet des subsides. Notre enseignement secondaire et supérieur sera considérablement reformé et adapté aux conditions de la vie présente.

....

C'est parce que nous voulons rester dans la tradition catholique et française que nous voulons la création d'un état libre canadien-français.

Suivant la parole de *Groulx*, nous voulons la séparation de notre nation de cette formation artificielle qu'est la Confédération parce que, « lorsqu'on ne peut pas tout sauver on sauve ce que l'on peut. »

Nous resterons profondément attachés à nos frères des autres provinces et à ceux de la Nouvelle-Angleterre. Nous ferons tout ce que nous pourrons pour rapatrier ceux qui le désirent.

....

Nous voulons voir sur le sol américain un peuple, catholique de religion, français de langue et de culture, devenir le centre attractif de la pensée française, le centre des minorités françaises éparpillées sur ce continent, que des Français ont été les premier à conquérir et à coloniser.

Nous ambitionnons faire de notre patrie la Rome du Nouveau-Monde, pour que rayonne sur ce continent une culture libre de toute sujétion, une culture qui cessera d'être hermaphrodite.

Et c'est pour ces raisons que le séparatisme est avant tout une doctrine constructive, constructive du beau, du grand, du noble, constructive de l'idéal.

Dostaler O'Leary [a]

a. Dostaler O'Leary, *Séparatisme, doctrine constructive*, Montréal, Editions des Jeunesses patriotes, 1937, 218 pages. Voir p. 70, 204-208 et 215.

Document n° 83

1937 — ABSORBÉS PAR L'ACCESSOIRE

La Ligue d'action nationale a fait de nombreuses représentations auprès des pouvoirs publics fédéraux pour faire reconnaître le caractère bilingue du Canada. Nous reproduisons ici le texte de deux lettres envoyées, l'une au ministre des Finances, l'autre au ministre des Postes.

Montréal, le 20 mars 1937.

Monsieur Charles Dunning,
Ministre des Finances
Ministère des Finances
Ottawa

Monsieur le Ministre,

Le 18 février 1936 les directeurs de notre Ligue avaient l'honneur de vous prier de faire mettre des mots français à côté des mots « one », « five » cents, « five », « ten », « twenty » dollars sur nos pièces de cuivre, de nickel et d'or.

Et ils ajoutaient : « nous ne voulons pas la disparition pure et simple des mots anglais, comme on l'a jadis proposé pour les timbres-poste, nous voulons l'usage officiel des termes français afin de marquer le caractère bilingue de la Confédération canadienne. Notre élément veut se sentir chez soi partout au Canada ».

Ce que nous demandions pour les pièces à l'effigie du roi Edouard VIII, nous le voulons, cela va de soi, pour celles qui seront bientôt frappées à l'effigie du roi George VI.

Recevez Monsieur le Ministre, l'assurance de mes sentiments dévoués.

Le secrétaire,
Hermas Bastien [a]

Montréal le 19 mai 1937.

Monsieur J.-C. Elliott,
Ministre des Postes
Ottawa.

Monsieur le Ministre,

Le 18 février 1936 j'avais l'honneur de vous demander au nom de notre Ligue, à l'occasion de l'accession au trône du roi Edouard VIII, de faire disparaître de la série actuelle de nos timbres-poste toutes les légendes anglaises qui n'ont pas été traduites.

---

a. *L'Action nationale*, vol. IX, 1937, p. 213.

Or, votre département vient d'émettre un timbre commémoratif de trois sous, où on lit : « H. M. George VI — H. M. Queen Elizabeth ». Ce timbre n'est que temporaire, nous ne soulèverons donc pas d'objections particulières à son sujet. Mais ce qui à nos yeux ne peut être toléré indéfiniment par l'élément français de ce pays à moins que le caractère de citoyens de seconde zone ne soit par lui jugé sans importance, c'est que la série actuelle des timbres canadiens comporte des légendes exclusivement anglaises, telles les suivantes : « R.C.M.P. », « Niagara Falls », « Parliament Building Victoria » et « Champlain Monument ».

Comme nous le disions dans notre lettre de l'an dernier, de la loyauté envers le bilinguisme officiel dépendent le bon ordre et la bonne entente dans notre Confédération. Aussi nous vous demandons ou de traduire ces légendes ou de les faire disparaître.

Votre sincèrement dévoué,

Le secrétaire

Hermas Bastien [b]

---

b. *L'Action nationale*, vol. X, 1937, p. 74.

Document n° 84

1937 — « DE DURES VÉRITÉS... »

La Société du parler français au Canada (S. P. F. C.) organise en 1937 le deuxième Congrès de la langue française qui a lieu à Québec du 27 juin au 1ᵉʳ juillet de cette année-là. Présidé par Mᵍʳ Camille Roy, recteur de l'Université Laval et président de la Société, le congrès a pour but d'enquêter sur les diverses manifestations de l'esprit français (langue, droit, mœurs). L'appel de la Société s'adresse à tous les Canadiens français d'Amérique et le congrès enregistrera plus de huit mille inscriptions dont celles de nombreux Franco-Américains [a]. *Plusieurs dignitaires religieux et civils figurent parmi les congressistes.*

Tirant les conclusions de leurs journées d'études où ils font un bilan assez sombre de la situation, les congressistes prennent, avant de se séparer, un certain nombre de résolutions (quarante-cinq en tout) sur divers aspects de la vie nationale des Canadiens français et des Franco-Américains. Ils demandent, entre autres choses, la mise sur pied d'un office de la langue française chargé de corriger la langue de la publicité commerciale (7ᵉ résolution) ainsi qu'une commission chargée de réviser la langue des textes de loi (13ᵉ résolution). Conscients des problèmes économiques, les congressistes condamnent le communisme — « un des pires ennemis de notre esprit catholique et français » (18ᵉ résolution) —, accordent leur préférence à l'association professionnelle et à l'organisation corporative (17ᵉ résolution) et proposent la tenue d'un congrès de l'Économique qui examinerait, entre autres, « les moyens propres à permettre à l'épargne canadienne-française de concourir pleinement au développement de nos ressources naturelles » (40ᵉ résolution). Diverses autres résolutions traitent des menaces que certains véhicules de la culture populaire font peser sur la langue française, de la situation des minorités françaises au Canada, du rapprochement souhaitable avec le peuple français d'Haïti, etc [b]. *Enfin, pour donner suite à ces projets, les congressistes votent la création d'un comité permanent des congrès de la langue française.*

Bien accueilli dans certains milieux, le congrès a donné lieu, par ailleurs, à diverses critiques. Certains reprochent aux organisateurs d'avoir négligé la jeunesse [c]. *D'autres reprochent aux congressistes leur caractère timoré et irréaliste. C'est le cas notamment de Claude-Henri Grignon, journaliste et écrivain, auteur du célèbre* Un homme et son péché. *Dans ses* Pamphlets de Valdombre *il porte, à la lumière du Congrès de 1937, un diagnostic sévère sur l'état de la nationalité canadienne-française.*

I. — Ces congrès de la langue

Décidément nous sommes extraordinaires, nous sommes uniques au monde et il n'y a pas une peuplade qui puisse nous être comparée.

---

a. *La Croisade franco-américaine*, compte rendu de la participation des Franco-Américains publié par les Comités régionaux des Etats-Unis et le Secrétariat adjoint, Manchester, New Hampshire, l'Avenir national, 1938, 500 pages.

b. Pour les vœux et résolutions, voir le *Compte rendu, deuxième Congrès de la langue française au Canada*, Québec, Imprimerie de l'Action catholique, 1938, 529 pages.

c. Thuribe Belzile, « Ce congrès de la langue française », *l'Action nationale*, 1937, p. 165-168. L'auteur de l'article était membre des Jeune-Canada.

Pendant un quart de siècle, nous vagissons, nous *vachissons*, nous marchons dans les ténèbres. Soudain, le vieil atavisme reprenant le dessus, nous éclatons en pleine lumière. Le cœur gros et la bouche embavée d'éloquence, nous cherchons le moyen d'affirmer notre langue et notre foi.

Nous nous découvrons Français.

Rien de mieux alors que de réunir en congrès toutes les volontés et les plus réconfortantes ambitions.

Ce que nous avions accompli en 1912 au son des fanfares patriotiques nous l'avons répété en juin 1937 avec une splendeur et avec un éclat de cuivres qui nous écrasent et nous marquent au fer rouge.

Admettez que nous sommes tenaces, et bien fol qui oserait nous dire que notre défaut dominant, c'est le manque de persévérance. Au contraire, nous persistons dans notre goût des farandoles nationales et si ce n'est pas là à la fin des fins une sorte de grandeur, j'aimerais à savoir ce que c'est.

Tous les vingt-cinq ans nous éprouvons le besoin de nous décrasser[1]. C'est presque un culte capable d'émouvoir les cœurs les plus endurcis. Puis, immédiatement après ce grand lavage, au savon du pays, nous retombons dans notre misère et dans notre crasse avec d'autant plus de complaisance que nous avions mis de soin à nous glorifier pendant trois jours. Cette tragédie, que ne comprendrons jamais les Anglais parce qu'ils sont trop bouchés, ne leur en profite pas moins. Pendant que nous étayons le sentimentalisme, les conquérants font des piastres. C'est normal.

....

Il est difficile d'oublier les promesses de 1912 et les édifiantes résolutions que nous avions prises, résolutions qui n'ont encore rien édifié.

Des gazetiers à tant la ligne et qui vivent du trust du patriotisme ont écrit que le Congrès de 1912 nous avait fait grand bien et que nous avions progressé dans tous les sens. Je cherche à découvrir en quoi. Serait-ce au point de vue politique, économique, religieux, social ? Sommes-nous plus forts et plus riches qu'en 1912 ? Est-ce nous aimons mieux la terre ? Nous y sommes-nous plus attachés ? Parlons-nous et écrivons-nous un meilleur français ? Non, mille fois non. Nos journaux sont plus pourris que jamais. Nous nous américanisons, nous nous anglifions un peu plus tous les jours. Nous nous effritons et parce que nous méprisons le sol, qui devait être notre seule force et notre seule fierté, nous ne serons plus bientôt qu'une troupe de serviteurs à la merci des Anglais.

....

Le dernier Congrès (et pourquoi ne pas le reconnaître, comme cela, simplement et pour nous montrer forts, une fois) garde ceci de bon et qui sait peut-être de profitable qu'il n'aura pas été seulement une occasion tapageuse de brûler une trop grande quantité d'oliban et de nous encenser au milieu de plates louanges et des fleurs plus ou moins naturelles. Il s'y est dit au contraire de dures vérités, et des *hommes* ont eu le courage de dresser un bilan effroyable qui nous cingle jusqu'à l'âme et qui devrait nous faire lever la tête. Nous verrons bien.

....

---

1. Le mot n'est pas trop fort. Ceux qui n'osent pas l'employer n'en pensent pas moins que moi et reconnaîtront à la fin que je reste très modéré dans mes expressions.

III. — Nos grandes et petites misères

Dans vingt cinq ans, on écrira que le Congrès de 1937 pour sa gloire, devait enregistrer pas moins de trente-cinq discours de circonstance, d'aplatissement et de gloriole et environ cent-soixante rapports ou travaux, quelque chose comme un volume de seize cents pages composées en huit points. Un fleuve d'encre ! Un monument colossal ! Toute la race !

Il est humainement impossible de signaler même les points essentiels d'un pareil bilan et il suffit de feuilleter le programme du Congrès pour comprendre qu'on aurait pu, sans outrager le Vrai, supprimer les deux-tiers des sujets traités. Il reste donc un tiers qui vaut la peine d'être analysé avec soin, précisément parce qu'il renferme de dures vérités, susceptibles de nous être profitables si nous gardons encore le sens de l'honneur. Tout le reste, c'est de la foutaise et bien propre à nous abrutir davantage.

Je ne suis pas fâché, par exemple, d'apprendre de la bouche même de Félix Desrochers, conservateur (dans les deux sens) de la bibliothèque du Parlement d'Ottawa :

Le Canada compte 642 bibliothèques publiques. L'Ontario en absorbe 460, soit plus des deux tiers ; le Québec se contente de 26, dont 9 seulement peuvent être considérées canadiennes-françaises, en incluant celle de St-Sulpice. Dans les autres provinces on n'en relève que trois dirigées par des compatriotes. Nous disposons donc dans tout le Dominion de 12 bibliothèques publiques vraiment nôtres, soit de un cinquante-cinquième.

La circulation des volumes est de 14,140,876 dans l'Ontario, et de 602,000 dans nos 12 bibliothèques, soit vingt-deux fois moins que dans la province voisine. Celle-ci compte 814,329 abonnés et le Québec 29,185, exception faite des bibliothèques paroissiales. La circulation des volumes par tête de population est de 41.1 pour l'Ontario et de 0.4 pour le Québec.

Est-ce assez dégoûtant ? Pouvons-nous descendre plus bas ?

....

Tranquillement, ceci m'amène à vous parler du travail que M. Léon Lorrain a soumis au Congrès sur la « pauvreté et l'imprécision de notre langue ».

L'auteur d'un livre excellent, qui s'appelle les *Etrangers dans la cité*, nous apporte aujourd'hui des réflexions très personnelles et que j'endosse, les yeux fermés, parce qu'elles vont droit au but. En effet, il ne ménage rien ni personne [2]. Il connaît son métier et il le fait bien.

Depuis que j'entends parler de M. Léon Lorrain qu'il s'occupe des incorrections de notre langue. Il se présente un peu comme notre André Thérive, moins la sécheresse et la pédanterie. Attaché à la *Banque Canadienne Nationale* à titre de directeur de la publicité, professant, en outre, le français à l'Ecole des Hautes Etudes Commerciales, il est bien situé pour nous chicaner un peu.

....

M. Lorrain a vu tout de suite la pauvreté de notre langue, son imprécision, toute notre misère. Il note avec beaucoup d'à-propos jusqu'à quel point nous manquons de cette qualité distinctive du français : la clarté ; combien nous savons nous contenter du terme générique ou du terme général et à ce sujet, il déclare :

---

2. Le *Canada* du 15 juillet dernier publie au complet le travail de M. Lorrain.

Ainsi nous disons *un oiseau* pour désigner une hirondelle ou un chardonneret ; *un poisson* en parlant d'un brochet ou d'une truite ; *la rue* pour la chaussée aussi bien que pour un trottoir ; *le chemin* pour la route, l'allée, le sentier ou la piste ; *une gravure*, voire *un câdre*, qu'il s'agisse d'un portrait, d'une aquarelle ou d'une eau-forte [3].

Il nous parlera ensuite de l'horreur qui se découvre dans notre vocabulaire commercial, industriel, financier, comptable, technique ; de l'imprécision de notre syntaxe ; de l'emploi fâcheux de la forme passive qui répugnera toujours au génie de la langue française ; enfin de notre ponctualité barbare, si méprisée, si négligée qu'elle donne à nos phrases une signification du plus haut comique.

Et M. Lorrain, parce qu'il a accepté de répondre aux vœux du Congrès, d'affirmer froidement :

La pauvreté de notre vocabulaire et l'imprécision de notre langage constituent une source d'équivoques ou de malentendus comportant parfois de sérieuses conséquences. Elles sont souvent une cause d'embarras ou de difficultés dans nos relations non seulement avec la France, mais encore avec les autres pays dont le français est la principale langue de communication avec l'étranger. Mais elles présentent des dangers autrement plus graves.

Voilà bien des paroles que l'on jugera sévères, précisément dans les milieux où se trouvent les responsables de notre misère intellectuelle. Mais il paraît inutile d'organiser des grands Congrès sonores et multicolores si des esprits avisés n'ont pas le droit d'exprimer ce qu'ils pensent et de nous offrir des remèdes radicaux à un mal qui nous ronge effroyablement.

Ou il faudra accepter les conclusions que nous expose M. Léon Lorrain, ou il faudra en prendre notre parti : celui de continuer à vivre dans notre misère et dans notre profonde ignorance de la langue française.

D'ailleurs, si vous voulez connaître toute ma pensée, je n'hésiterai pas à vous dire que je ne garde pas grand espoir. Tant que nous écrirons et nous parlerons deux langues, nous ne saurons parfaitement ni l'une ni l'autre. Le français appartient à la France. Il n'y a pas d'exemple qu'on le parle comme il faut, ailleurs que là. [...] Je ne peux pas dire le contraire de ce que je pense, ni M. Lorrain non plus.

Ni non plus M. Victor Barbeau.

Le Congrès prenait un gros risque en invitant celui-là. L'ancien pamphlétaire se devait de ne pas y aller de main morte. Et ce fut toute fraîcheur dans la violence d'un soleil des tropiques.

L'auteur de *Mesure de notre taille* et *Pour nous grandir* n'a pas l'habitude de mâcher ses mots, même s'ils gardent un parfum de terroir que l'écrivain ne veut pas toujours reconnaître.

Tout comme M. Lorrain, il constate la pauvreté de notre langue, n'allant pas moins jusqu'à dire « qu'à la remorque des Anglais, nous leur avons emprunté jusqu'au vocabulaire. De là cet infâme charabia qui s'appelle la langue des affaires ».

M. Barbeau, très estimé en hauts lieux et fort écouté, ce dont je suis heureux pour lui, a eu maintes fois la précieuse occasion d'exprimer clairement toute sa pensée sur le mal qui nous tue, lequel en 1937, paraît plus aigu et plus difficile à

---

3. Curieuse coïncidence : j'ai fait la même remarque dans mon rapport soumis au Congrès sur « Notre défaut d'observation ».

guérir qu'en 1912. Mais jamais peut-être l'excellent polémiste n'aura été aussi loin que dans son travail sur « l'esprit français dans l'industrie et le commerce », et que le Congrès a eu l'intelligence de ne pas refuser. Aussi loin et en moins de mots.

Il en vient même à désespérer d'une survivance possible. Il n'hésite pas à conclure :

De ce point de vue, l'américanisation de notre peuple est complète. A la question de savoir si l'industrie et le commerce du Canada français ont conservé quelques vestiges, si modestes soient-ils, de la civilisation française, je réponds donc, catégoriquement et douloureusement : non.

Voyez-vous d'ici la tête de certains bonzes en entendant de pareilles énormités ! Plusieurs ont dû se dire que Barbeau jouait là le sort de sa vie. Pourtant, il n'a exprimé qu'une vérité claire comme le jour et il a donné son opinion franche et nette. Là, où des crétins le blâmeront, les esprits libres ne manqueront pas de le féliciter.

....

Parmi tant de cris de douleur ou de détresse que des patriotes, que je crois sincères et courageux, ont bien voulu lancer, il en est un que je n'ai pas pu ne pas entendre. Il est de M. Beaudry Leman.

Le président de la *Banque Canadienne Nationale* trouve le moyen, de temps à autre, à travers une besogne écrasante et des travaux qui exigent une énergie inlassable, de prononcer des conférences sur l'économie politique, sujet aride, s'il en est, et qui n'offre aucune prise à l'éloquence.

D'ordinaire, il exprime très librement son opinion et je songe que si nos hommes d'affaires canadiens-français, imitant son exemple, venaient plus nombreux et plus souvent exposer leurs idées sur telle ou telle question vitale, les masses en tireraient grand profit.

Les politiciens, dont le rôle consiste précisément à éclairer, à instruire et à diriger le peuple, étant, pour la plupart, d'une ignorance inquiétante, n'ont pas trop de temps à sacrifier aux manigances de patronage et à soigner leur triste publicité en vue d'une élection prochaine. Les débats sérieux sur des questions économiques les dépasseront toujours et c'est heureux encore qu'ils sachent ce dont il s'agit.

Par bonheur, nous possédons au sein du vieux Québec des esprits avisés, dirigeant d'importantes institutions financières, qui ne négligent pas leur devoir social et qui consentent à nous offrir le fruit de leur expérience aussi bien que le meilleur de leurs connaissances.

M. Beaudry Leman est de ceux-là.

Il ne faut point s'attendre à une certaine violence de langage de sa part, violence qui a marqué la gloire de plusieurs polémistes de grande classe. Sa modération, au contraire, lui donne une autorité digne du sujet qu'il traite. Fort d'un sens critique très aigu, il expose toujours ses idées dans une langue précise et claire qui honore le signataire.

Depuis longtemps, le président de la *Banque Canadienne Nationale* était l'homme tout désigné pour traiter devant le Congrès du « français dans la vie des affaires ». 4

_____

4. Le *Canada* du 13 et du 14 juillet publie l'étude complète de M. Beaudry Leman.

Les critiques les plus féroces lui rendront cet hommage qu'il n'a rien caché de sa pensée et qu'en ouvrant le débat, il n'a pas reculé devant la tâche et devant la lumière. Il attaqua tout de suite :

Les Canadiens de langue française occupent-ils dans la vie économique et financière du pays une place proportionnée à leur nombre ? Dans le domaine des affaires, la langue française tient-elle la place qui devrait lui appartenir ? A ces deux questions qui intéressent la survivance d'un groupe ethnique de langue française dans l'Amérique du Nord, il faut, me semble-t-il, répondre par un *non* qui, sans être un cri de désespoir, n'en suscite pas moins de vives inquiétudes.

En effet, pourquoi tergiverser ? Pourquoi ne pas le dire ? Pourquoi louvoyer ? Le cancer qui nous ronge, essayons de le guérir. La plaie si purulente et si hideuse, soit-elle, mettons le doigt dessus.

Il paraît parfaitement inutile de nous leurrer. M. Victor Barbeau, dans un réquisitoire d'une précision et d'une sécheresse impitoyables, et marqué au chiffre de l'honnêteté la plus sereine, a démontré péremptoirement que dans le domaine des affaires, nous n'existons pas. La même idée, mais sous un angle tout à fait nouveau, reste le point central de l'étude de M. Beaudry Leman.

Nous ne pouvons pas nier les faits. Et comment expliquer que nous ne soyons pas maîtres chez nous du commerce et de la grande industrie ? Admettons-le : c'est à cause de notre mépris de l'argent et des affaires.

Dès le Moyen Age et jusqu'à la fin du dix-septième siècle, « les Français, nous dit M. Beaudry Leman, entretenaient cette idée singulière qu'il est aussi noble de dépenser l'argent qu'il est vil d'en gagner ».

Il y a beaucoup de vrai dans cette remarque et il faut en conclure que l'atavisme est invincible.

Afin de justifier notre indigence économique, des esprits distraits affirmeront que si nous ne sommes pas maîtres, dans notre propre pays, des richesses naturelles, c'est parce que nous manquons de capitaux. M. Beaudry Leman répondra : « qu'il serait plus juste de reconnaître que nous ne savons pas nous servir des capitaux que nous avons déjà, ni mettre à notre service les capitaux étrangers qui recherchent la sécurité et un rendement raisonnable ».

Il est clair qu'une fois la paysannerie fortement enracinée, le goût de l'épargne se développa toutes les énergies se tournant du côté de la terre. Mais on ne s'arrêtait pas à penser que des richesses plus grandes pouvaient provenir d'ailleurs.

Manque de capitaux ? N'en n'avons-nous pas perdus de considérables dans des entreprises mal conçues ou mal administrées, dans la spéculation et même dans les affaires frauduleuses ?

Et l'auteur d'apporter cette observation :

D'autre part, lorsque les Canadiens français ont constitué des organismes cohérents et qu'ils ont uni leurs forces, ils ont dans le passé obtenu du crédit à des conditions aussi favorables que leurs compatriotes anglo-saxons.

Car il faut à tout prix le reconnaître :

Si nous possédions davantage le sens de la solidarité, il se traduirait par le goût et la volonté de coopérer avec nos compatriotes, en vue de fonder des entreprises dont l'activité se prolongerait au-delà de l'existence d'une génération.

En effet, on ne peut pas nier que « la principale caractéristique du monde des affaires moderne, c'est sans doute le groupement des forces et des ressources ».

Voilà précisément où se trouve l'obstacle.

Tout comme les Français, nous professons un certain culte à l'endroit de l'individualisme. Nous marchons difficilement en troupes. Nous n'avons aucune idée de ce que peut être la coopération. Preuve : la difficulté qu'on éprouve, par exemple, ici, dans le Québec, à établir de puissantes coopératives agricoles, telles qu'elles existent au Danemark. On rencontre les mêmes obstacles dans le monde commercial et industriel. Pour ma part, je doute que l'on parvienne à corriger ce défaut national : le manque de coopération et cette politique dégradante de la non-confiance que nous gardons les uns vis-à-vis les autres.

Le président de la *Banque Canadienne Nationale*, de son côté, ne désespère pas complètement. Il est possible de reprendre le terrain perdu, semble-t-il conclure, si nos compatriotes veulent bien comprendre un fois pour toutes, ainsi que nous l'avons vu, que seul l'esprit de coopération nous sauvera et surtout si nous voulons bien apporter quelques réformes dans l'enseignement primaire et secondaire.

....

L'abbé Lionel Groulx !

Lorsque vers dix heures du soir, il apparut si simple, si naturel, si semblable à la vérité au milieu de l'apparat, lui-même jeté ainsi qu'une torche vivante parmi le monde officiel et décoratif, on eut l'impression nette et terrible que c'était le peuple qui venait de s'abattre en même temps que le tonnerre sur la morne maison du Congrès. Des applaudissements éclatèrent de toutes parts avec une intensité scandaleuse qui a dû faire blémir et réfléchir nos inutiles et gras politiciens. Un témoignage aussi violent de fidélité et d'enthousiasme ne pouvait que glorifier, plus redoutable que l'orage imprévu, le Colisée des grands jours.

Troublant symbole, énorme rapprochement, le seul événement d'une manifestation populaire qui ne passera pas.

....

Dès qu'il se leva, un nouvel éclatement d'ovations se fit entendre qui secoua l'édifice vermoulu de la Confédération. Un dictateur spirituel, un chef, un meneur d'énergies allait nous vaincre et nous convaincre.

L'histoire, gardienne de traditions vivantes.

Ce sont là des vocables usés jusqu'à la corde, lourds de conséquences et du poids colossal d'un passé qui nous écrase, mais qui, dans la bouche de l'abbé Groulx, prenaient un autre sens et rendaient un son qui nous paraissait sourdre du fond de la Nouvelle-France.

Il appartenait à l'auteur de *Notre maître, le passé* de choisir un sujet aussi accablant et d'avoir eu le courage surtout de le traiter comme il l'a fait et dans une pareille occasion.

....

Les paroles de l'abbé Groulx, de la première à la dernière, demeurent des actes. De là, le coup de foudre dont parlent les gazettes. De là, l'orage qui assombrira la vieillesse de plusieurs gros personnages, clercs et laïques. On devine que les plus illustres ne soient pas encore revenus de leur étonnement et que si jamais ils meurent d'apoplexie, il faudra en tenir l'abbé Groulx responsable.

Voici un homme qui, « devant le monde », ose parler de la paysannerie comme de la principale « constante » de notre peuple. Voici un patriote qui place l'Histoire au-dessus de la politique, au-dessus des hommes, au-dessus du temporel, immédiatement après le Christ.

Il est resté un paysan, un paysan français dans toutes ses fibres, dans son cœur et dans sa langue. Il parle de la terre avec une émotion qui peut aller jusqu'au tragique le plus intense. Il en parle comme d'une chose sacrée. C'est la constante qui nous sauvera. La seule.

Mais notre position paysanne, ne l'avons-nous pas perdue ? Presque. Admission déchirante qui ressusciterait tout autre peuple que le nôtre. Nous descendons maintenant vers le prolétariat, vers la misère, vers la faim d'où viendra la mauvaise révolte. Et les enthousiastes du progrès, de l'industrialisme seront égorgés par ceux-là mêmes qu'ils jetèrent au caveau des villes et des putréfactions.

Nous possédons la terre, toute la terre. Nous n'avions pas à choisir. Il s'agissait de s'y cramponner, de s'y ancrer et d'y mourir, obscurs, pauvres, méprisés, peut-être, mais libres, mais fiers de tout l'héritage que les ancêtres nous laissèrent.

Après avoir perdu la bataille sur le terrain économique, nous devions la trahir sur le terrain politique. Et cette déroute, et cette retraite, qui gardera le courage d'en relater le drame ?

Avant 1848, quand l'administration de nos terres dépendait d'un petit comité de Londres : avant 1867 quand nous ne possédions sur notre politique qu'un demi-pouvoir, nous pouvions rejeter sur d'autres la responsabilité de nos malheurs. Maîtres de notre gouvernement, non seulement nous n'avons pas réussi à enrayer le mal, nous avons même réussi à l'aggraver. Jadis nos gens se déracinaient par nécessité ; aujourd'hui souvent ils se déracinent par fantaisie.

L'historien est obligé de reconnaître que nous serions forts aujourd'hui d'un Etat français et catholique si nous avions su nous servir du jeu des institutions britanniques « comme d'un tremplin ». C'est ce que Bourassa et Olivar Asselin déclaraient dès 1904, il y a trente-trois ans. C'est incroyable ! Quand on pense que nous aurions atteint notre autonomie complète ! En effet :

Pour étrange et défectueuse que soit la constitution fédérative, et si confuse qu'ait été l'idéologie nationale des « Pères de la Confédération », il reste que 1867 consacrait de nouveau en notre faveur deux principes vitaux : celui du provincialisme et celui de la nationalité. Ici, dans Québec, des institutions politiques incomplètes, mal définies, je le veux bien, étaient mises entre vos mains. Mais je persiste à croire qu'une race d'hommes virile, douée d'adresse et surtout d'énergie, eût pu tirer de ces institutions à peu près ce qu'elle eût voulu. J'en connais, en cette province même, que les textes constitutionnels n'eussent pas embarrassés.

....

Rien d'étonnant que nous ignorions jusqu'au sens de toute doctrine nationale. Et « s'il nous arrive de croire à l'existence d'une patrie, nous ne savons où la localiser sur la carte. »

Et l'abbé Groulx de porter un coup direct dont le Congrès se ressentira jusqu'en 1962.

Voyez le bariolage d'oriflammes ou de bannières prétendues nationales que nous arborons en des jours comme ceux-ci. Il n'y a point de peuple au monde qui ait plus de drapeaux que les Canadiens français et qui, pour cela même, en ait moins. Que dis-je ? Un peuple, nous ? Une nation ? Allons donc... Un assemblage de confréries.

Cette seule parole devrait immortaliser dans le bronze l'auteur de la *Naissance d'une race*. Pensez donc : oser tenir un pareil langage à la face même des soumis, des « faiseurs » de discours et des entretenus d'un patriotisme de fer blanc !

....

Nous voici rendus au point culminant d'un discours politique. Je demande à mes lecteurs de me lire avec attention. Je ne garde pas comme l'abbé Groulx l'espoir de nous ressaisir et de nous retrouver nous-mêmes, c'est-à-dire paysans, sur le terrain économique. Reste le politique, encore qu'une excellente politique fasse une excellente économie. Il ne s'agit là que d'une force et non pas de deux facteurs, de deux éléments que l'on doive diviser. N'importe, laissons l'abbé Groulx exposer le problème politique :

Notre constante sur le terrain politique et national, je l'ai assez répété et elle est assez manifeste : ce qui fut la passion de l'autonomie, le refus de nous laisser absorber ; ce fut de tendre dans toute la mesure légitime et possible, vers notre achèvement français. Autant dire que nous ne pouvons accepter aucunes lisières indues de quelque part qu'elles viennent, fût-ce d'Ottawa. La Confédération nous en sommes ; mais pourvu qu'elle reste une Confédération. Nous acceptons de collaborer au bien commun de ce grand pays ; mais nous prétendons que notre collaboration suppose celle des autres provinces et que nous ne sommes tenus de collaborer que si cette collaboration doive nous profiter autant qu'aux autres. Peu importe ce que pense là-dessus la vieille génération.

Et ce fut immédiatement après ces dures paroles que le courageux patriote laissa échapper le cri formidable qui ébranla tout le pays :

Si notre histoire a un sens, et elle a un sens, notre seule destin légitime et impérieux, l'aboutissant logique de notre effort de 177 ans, pour nous dégager et vivre notre vie à nous, ne peut être que celui-ci : constituer en Amérique, dans la plus grande autonomie possible, cette réalité politique et spirituelle, suprême originalité de ce continent, triomphe du chef-d'œuvre d'un splendide effort humain : un État catholique et français.

Trouvez, dans ces deux citations, trouvez, je vous le demande, le mot « séparatisme ». L'abbé Groulx s'est bien gardé de l'employer pour la raison bien simple qu'il n'y croit pas et qu'il laisse à des enthousiastes le soin de traduire maladroitement ses paroles. Tous les journaux anglais et français, depuis Halifax jusqu'à Vancouver, tous les aplatis devant les Anglais et même des journaux qui se disent libres, se sont émus des mots « État catholique et français », et dans leur imagination fort brumeuse, il faut en convenir, ils ont ajouté « et séparatiste ».

Pourquoi faire dire à l'abbé Groulx le contraire de sa pensée ? Il paraît simplement ignoble d'interpréter de la sorte un discours politique sérieux, l'un des rares que nous ayons entendus depuis longtemps.

L'auteur de *Notre maître, le passé* en reste à la Confédération, et il ne souhaite qu'une chose : l'autonomie entière et complète de la province de Québec [5]. C'est la

_____

5. La *Nation* de Québec, qui fut à ses débuts (il y a dix-sept mois) le clairon claironnant du séparatisme intégral, se dit maintenant « l'organe du parti autonomiste ». Séparatisme, fascisme, communisme, dans le Québec, ce ne sont que des mots. Quand donc apparaîtront des hommes ? Les Biens-Pensants se font des grandes peurs pour rire. Mais les Anglais ne rient pas. Tant mieux !

politique des Bourassa, des Lavergne et des Asselin. N'est-elle pas aussi la politique des rouges et des bleus qui, tour à tour, ont promis aux électeurs du Québec leur autonomie ? La différence, c'est qu'ils n'ont rien fait pour en venir à une solution pratique et profitable. La plupart de nos politicailleurs, aussi bien à Ottawa qu'à Québec, se sont conduits comme des veaux. Il ne restait plus à Messieurs les Anglais que de nous pleumer, ce qu'ils n'ont pas manqué de faire, depuis 1867.

Les Anglais sont prêts à nous accorder nos droits, tous nos droits : qu'on les réclame, qu'on les exige. Jamais les Britishers n'agiront d'eux-mêmes parce qu'ils ne sont pas d'une race généreuse et chevaleresque. Nous devrions le savoir.

A nous de nous battre sous le régime de la Confédération tel qu'il existe mais de député des hommes qui sachent se tenir debout et non pas seulement des serviteurs et des instruments du capitalisme anglais.

L'abbé Groulx n'a jamais exprimé autre chose et je défie qui que ce soit de me contredire. Alors ?

Claude-Henri Grignon [d]

---

d. Claude-Henri Grignon, « Un beau congrès ou le bilan de nos misères », les Pamphlets de Valdombre, 1er juillet 1937, p. 305-345.

Document n° 85

1937 — LA REFRANCISATION, QUESTION D'AFFAIRES ET DEVOIR PATRIOTIQUE

Horace Philippon (1900-1956), né en Beauce, a exercé son métier d'avocat dans la ville de Québec. Président de la Société des arts, sciences et lettres de Québec, il fut l'un des fondateurs, en 1933, de la Commission permanente de refrancisation, organisme qui œuvrait à conserver le caractère et l'esprit français du Québec. Horace Philippon fut également politicien. Aux élections de novembre 1935, il fut candidat de l'Action libérale nationale, alors associée au parti de Maurice Duplessis. Il se sépara ensuite de ce dernier et fut candidat du parti libéral aux élections provinciales de 1939, 1944 et 1948. En mai 1950, il posa sa candidature à la direction du parti libéral provincial.

À titre de président de la Commission de refrancisation, il prononce, devant le deuxième Congrès de la langue française au Canada, un exposé sur « la fausse conception d'une publicité de langue anglaise pour attirer le tourisme étranger ».

Malgré le travail accompli et les résultats obtenus jusqu'à date, il reste encore beaucoup à faire, si nous voulons que notre province reprenne, ou si l'on préfère, conserve son caractère français, son cachet pittoresque qu'exigent son passé, ses traditions et ses meilleurs intérêts. C'est évidemment dans le domaine de la publicité que nos devoirs de refranciser s'avèrent les plus nombreux et les plus impérieux. Vous en doutez, peut-être ?

Voyageons, pour un instant, avec un touriste d'outre-quarante-cinquième ! Il a franchi la frontière. Enfin ! Il verra donc cette province de Québec, « la seule province française de l'Amérique du Nord » Il verra Montréal, « la troisième ville française du monde », et Québec, « Québec ! le berceau de la race française en Amérique ! »... Il fait le trajet en automobile. Il a filé, il a brûlé des milles et des milles... Que diable ! Il se croirait encore aux Etats-Unis ! Mais oui !

I. – Nos routes

Que publient nos routes ? — « Drive in », « free parking », « keep to the right » ! Surpris de tant de sollicitude, notre automobiliste n'a rien de mieux à faire que de se rendre au prochain garage « open day and night » : il lui faut d'ailleurs refaire son plein d'essence. « How many gallons » « Any thing wrong, Sir ? » ... Suis-je bien sorti de New-York,... se demande notre aimable visiteur ? — Plus loin, toujours à la campagne, les petits « Windsor Hotel », les « boarding house », les innombrables « Lindberg's hotel », [...] ... puis les « rooms and meals », les « chicken dinner » attirent ses regards de quelque côté qu'il les dirige. Plus loin, à droite, à gauche, ici, là, [...] toute cette litanie de « inn », de « rooming house », de « carpets to sale » se récite de village en village et lui apporte enfin quelque désenchantement. Heureusement, diraient les malins, la doucereuse fumée des « sweet caporal », des « winchester », des « players », avec la griserie des « Molson's ales », des « Boswell's ales » et des « Gordon gin » lui rappelleront quelque chose de ce distique des taverniers d'autrefois.

« Tout passant peut ici s'ébattre,
« Qu'il ait deux pieds, qu'il en ait quatre ».

Ainsi donc, nos routes, autrefois le « chemin de chez nous » ont tellement perdu de leur cachet pittoresque et distinctif que s'est effectué le point de soudure de leur ressemblance avec les grandes routes américaines.

Nos routes ? ... Désenchantement pour le touriste !

II. – Nos villes.

Dites-nous donc, mon cher touriste, ce que vous voyez *au dehors de nos foyers*, disons à Québec ou à Montréal, en parcourant les principales artères de ces deux villes, réputées si françaises. — Dénombrez les restaurants, les théâtres, les cinémas, les établissements de commerce, les compagnies d'assurances, et que sais-je encore, qui s'annoncent sous un nom d'emprunt. Certes, vous y lirez des enseignes françaises, les unes affichées par des Canadiens-français, les autres, une bonne partie, affichées par des étrangers qui ont compris qu'une population 93 % française a le droit d'être servie dans sa propre langue ; mais la grande majorité des annonces et des enseignes sont rédigées en anglais, au point qu'elles donnent à ces deux villes un aspect qui sera bientôt très peu différent de celui que présentent, mon cher touriste, vos grandes villes américaines. Puis-je vous rappeler, mon cher touriste, en terminant ce voyage, que vous êtes bien dans la province de Québec ? Vous rêviez d'y trouver de l'inédit, de l'imprévu, de l'inconnu, et voilà ce que *nos routes, nos villes,* bref, nos paysages, nos coutumes et nos mœurs vous ont présenté. — Et s'il vous faut, avant de nous quitter, refaire votre estomac pour digérer tout ça, entrez au restaurant du coin. Oh ! Vous y serez moins chez nous que chez vous : — le plus souvent, le personnel s'adressera à vous en anglais, vous présentera un menu rédigé en anglais, et de plus, vous y dégusterez nombre de produits venant d'outre-quarante-cinquième. Nous sommes tellement hospitaliers, ici...

Mesdames, messieurs, imaginons que notre touriste étranger a maintenant regagné son pays... et causons franchement. Surtout, ne nous excusons pas de dire les vérités qui s'imposent, même si ces vérités sont désagréables à entendre. Nous nous respectons assez pour laisser aux autres le soin de se leurrer sciemment. Quelles impressions notre touriste rapporte-t-il de son voyage dans la seule province française de l'Amérique du Nord ? Avouons-le, elles se résument d'un mot : déception...

Parlant, un jour, sous les auspices de la Commission de Refrancisation, l'éminent Recteur de l'Université Laval [a], — que nous saluons, comme l'ardent animateur des présentes assises nationales — posait à ses auditeurs radiophiles la question suivante : « Qu'est-ce que viennent voir chez nous les Américains et nos concitoyens de langue anglaise ? Ils viennent voir deux sortes de paysages : — le paysage matériel, splendide et si varié de notre nature québecoise, mais aussi et surtout le paysage spirituel, plus magnifique encore et plus précieux de nos mœurs et de notre vie française ».

Il importe donc que nous réfléchissions bien à quels insuccès, du point de vue industrie touristique, nous conduirons prochainement notre anglomanie si apparente, sur nos routes, au foyer et dans nos villes, et notre fausse conception d'une publicité de langue anglaise, si nous voulons continuer d'attirer le tourisme étranger en cette province.

La refrancisation est donc une question d'affaires. Ainsi l'ont compris nos compatriotes anglais ou étrangers : en font preuve les nombreux témoignages reçus d'eux depuis quelques années. En relisant ceux que je conserve dans mes dossiers, je constate

a. Mgr Camille Roy.

qu'Anglais et Américains s'accordent à dire que notre progrès dans l'industrie touristique dépend du cachet pittoresque, distinctif, du caractère français de notre province.

Ai-je besoin d'ajouter qu'en refrancisant nos routes, nos foyers, nos enseignes et notre publicité en général nous accomplirons un impérieux devoir patriotique. Nos pères ont lutté, et payé de leur vie souvent, le choix qu'ils ont fait de demeurer catholiques et français. Malgré les tractations et les persécutions ils défendirent courageusement leurs droits, leur religion et leur langue : parlée ou écrite ! Nous avons reçu d'eux un héritage : le caractère français ! Nous avons le devoir de le conserver pour le transmettre à notre tour. A le conserver et à le transmettre, nous devons nous employer sans retard, en corrigeant tout ce qui diminue cet héritage, tout ce qui le souille et l'enlaidit. La refrancisation s'impose dans presque tous les domaines de notre activité. Ne négligeons pas de l'entreprendre courageusement ; elle constituera un acte de respect pour nous-mêmes, un acte d'amour pour notre province, un acte de fidélité à notre histoire.

Mais n'oublions pas, mesdames, messieurs, que pour réussir pleinement partout où elles s'imposent, nos tâches de refranciser, il nous faudra pouvoir compter non seulement sur l'effort individuel, mais avant tout sur une réaction énergique de toute une population. Sans doute, l'effort individuel peut porter d'heureux et de nombreux fruits ; on connaît le proverbe : « si chacun nettoie le devant de sa porte, toute la rue sera propre ».

De même, si chaque concitoyen surveille et, au besoin, corrige la rédaction de ses annonces, de ses enseignes, de sa raison sociale, etc, puis s'il exige et pose du français au lieu de l'anglais, ici et là, dans les diverses pièces de son foyer, la refrancisation aura fait un bon pas de l'avant. Mais le problème de la refrancisation ne sera résolu qu'à demi. Pourquoi ? *Ne l'oublions pas, nos devoirs de refranciser nous viennent surtout de notre problème économique à nous, Canadiens-français.* Nous ne sommes pas maîtres chez nous. Forêts, mines, lacs, grandes entreprises commerciales et industrielles sont aux mains des autres.

Or, mesdames, messieurs, vous êtes-vous jamais demandé pourquoi les Anglais n'ont jamais senti le besoin d'organiser une campagne de re-anglicisation ? Parce que, fidèles à eux-mêmes, — et je les en félicite —, ils marquent de leur empreinte, du sceau anglais, tout ce qu'ils produisent, manufacturent ou même effleurent. *Comment pourrions-nous exiger d'eux qu'ils scellent de notre nom, de notre marque, leurs propres œuvres... ?*

Certes, à leur tour, les Canadiens-français se doivent de rester fidèles à eux-mêmes, et, partant, d'imprimer la marque canadienne-française au foyer d'abord, puis sur leurs enseignes, leurs annonces et leurs raisons sociales. Ce devoir est d'autant plus impérieux que leur clientèle est 90 % canadienne-française.

Mais si, aux chapitres de la production, de la fabrication et de la mise sur le marché des mille biens de consommation et de production, les Canadiens-français n'apparaissent que comme journaliers, bûcherons, flotteurs ou manœuvres, il leur sera toujours impossible d'apposer sur ces mêmes biens l'empreinte canadienne-française. La conservation de notre caractère français ou sa refrancisation dépendent donc, en grande partie, de nos prochaines reconquêtes économiques. Quand nous serons « maîtres chez nous », nous cesserons alors de nous faire imposer par d'autres nos goûts, nos méthodes, nos habitudes, et nous déciderons nous-mêmes de la publicité, de la marque et de la provenance des biens qui entrent, chaque jour, dans le nécessaire de nos vies.

Ces re-conquêtes ne s'accompliront que par une réaction énergique de la masse, qu'orienteraient un courageux examen de conscience national et un solide plan d'ensemble de nos vouloirs collectifs.

Multiplier les enquêtes sur l'esprit français, amplifier le mouvement de refrancisation, puis, au besoin, organiser des « Comptoirs d'Arts domestiques » et accroître le nombre des « Ecoles du meuble » sont des initiatives louables, très opportunes même ; mais elles ne seront que des palliatifs à notre américanisation et à notre anglicisation. Produisons, fabriquons, imprimons nos volontés dans l'économique, le social et le politique, redevenons maîtres chez nous, suivant une doctrine nationale bien définie, et dès lors nous aurons refrancisé nos méthodes, nos mœurs et nos vies, nous aurons travaillé d'une façon pratique à la conservation de l'héritage sacré, notre héritage français.

....

Vers l'économique ! Mesdames, messieurs, c'est là que doivent tendre nos efforts, si nous voulons reprendre notre héritage français, puis en assurer le développement pour le plus grand bien de tous les meilleurs éléments français en Amérique.

Horace Philippon [b]

---

b. Horace Philippon, « la Fausse Conception d'une publicité de langue anglaise pour attirer le tourisme étranger », *Mémoires du deuxième Congrès de la langue française au Canada*, tome II, Québec, 1938. Voir p. 108-113.

Document n° 86

1937 — LE BILINGUISME ABÂTARDIT

Victor Barbeau dresse un bilan rapide de la situation du français et se joint à ceux qui voient dans le bilinguisme tel qu'il est pratiqué au Québec un danger mortel pour la survie du français [a].

Le bilinguisme nous corrode, nous dissout. N'aurions-nous pour le combattre que des arguments d'ordre pédagogique, psychologique et intellectuel, que ce serait suffisant. Mais ce ne sont pas les seuls. Il y en a un autre qui les vaut bien, à mon avis, encore que je ne l'aie vu mentionné nulle part. Le voici.

Les langues, personne ne l'ignore, sont des organismes vivants. Elles sont sujettes aux maladies, aux accidents. Elles naissent, elles meurent. Comment expliquer qu'elles dépérissent, qu'elles disparaissent ? Le grand philologue Michel Bréal va nous le dire. « Selon qu'un idiome est considéré comme inférieur ou supérieur, ses termes montent ou descendent ». La linguistique est donc, au fond, une question sociale. Ni dans l'enseignement ni dans la vie on ne règle à volonté les langues. Elles sont ce que le milieu les fait. Or, quel sort, avec notre complicité, notre milieu a-t-il fait au français ?

Jugé du point de vue économique, il est une langue inférieure. La langue des manœuvres, des prolétaires, des gagne-petit. Sans l'anglais, point de salut. Ce n'est pas moi qui le dis. Ce sont, vous le savez, nos chefs qui l'affirment et le proclament à tout venant. Le peuple les a crus et, pis encore, les éducateurs les ont crus. Laïcs et clercs enseignent la comptabilité en anglais, souvent les mathématiques. La quasi-totalité des établissements franco-canadiens sont érigés sous une raison sociale anglaise. La quasi-totalité des inscriptions sur les devantures de magasins, les voitures de livraison, des panneaux-réclames, des annonces sont en anglais. D'où il découle que pour nos compatriotes l'anglais a beaucoup plus d'importance que n'en a le français. Nos commerçants et nos industriels le pensent et, avec eux, le troupeau des appétits prêts à abdiquer pour une boîte de conserves ou un verre de whisky blanc.

Jugé du point de vue politique, le français est également une langue inférieure bien que la constitution le reconnaisse à l'égal de l'anglais. En dépit des croisades de la bonne entente, il n'a jamais pénétré les milieux anglophones. En sorte que pour se faire comprendre en Chambre, nos députés en sont réduits à parler anglais. L'égalité des langues n'existe qu'en théorie, non en fait. Dans l'administration, le français est traité en intrus. Il l'est pareillement sur les chemins de fer, les paquebots, dans les services publics. Bref, il ne vit partout que de concessions. On l'emploie à corps défendant. Il nous faut le réclamer tout le temps et bien peu des nôtres s'en sentent la force. De toute façon, nous n'en avons ni pour notre nombre ni pour notre argent. Une langue subie est une langue inférieure. Et c'est, en politique, le cas de la nôtre.

a. Dans le même sens, Rex Desmarchais, « Remarques sur le bilinguisme à l'école primaire », *les Idées*, vol. VII, nos 1 et 2, janvier-février 1938, p. 89-106 et Etienne Robin, « Vous pouvez le répéter... », *l'Action nationale*, vol. IX, no 2, février 1937, p. 119-122.

Jugé du point de vue social, le français tend de plus en plus à devenir une langue inférieure. Ce n'est pas d'aujourd'hui que sévit l'anglomanie. On sait que, dès le lendemain de la conquête, quelques-uns de nos compatriotes n'ont pas hésité à capituler pour hâter leur avancement. L'espèce s'en est depuis considérablement augmentée. Tout ce qui est anglais est, par essence, distingué. Or, l'admiration et l'imitation des manières, des usages ne va pas sans l'admiration et la pratique de la langue. Dans les salons, dans la rue, aux magasins, on parle anglais pour se raffiner, se hausser au-dessus du vulgaire. On compte déjà bon nombre de familles qui ont renié leur sang. Et, à en juger par la multiplication des mariages anglo-français, surtout dans les milieux bourgeois, il est fort à craindre que ces désertions ne soient pas les dernières. Les parvenus emboîtent le pas. Bref, le français est constamment refoulé, repoussé. Dieu merci, les domestiques le parlent encore.

De tous les ennemis que compte notre langue maternelle, le plus redoutable est donc l'état d'infériorité où les autres et nous-mêmes la plaçons. Si l'anglais possède vraiment toutes les puissances magiques qu'on lui prête, pourquoi le peuple qui ne se soucie guère, l'exemple lui vient de haut, de culture, de plaisirs intellectuels, continuerait-il à parler français ? La question a d'ailleurs déjà été posée. Cessons, nous a-t-on conseillé, de sacrifier nos énergies à l'idole vermoulue qu'est le français au Canada. Quoi que nous fassions, il ne sera jamais qu'une langue de luxe. Si vraiment il devait en être ainsi, à quoi cela nous exposerait-il ? A l'autorité de Michel Bréal ajoutons celle de M. Vendriez, professeur à la Sorbonne. « Une langue devient plus faible qu'une autre quand elle est moins parlée, par des gens moins nombreux et surtout par des gens de classes inférieures. Une langue meurt quand ceux qui la parlent n'éprouvent plus le besoin, le goût, la volonté de la parler. C'est un fléchissement de la volonté qui prépare la disparition de la langue. Une langue n'a pas de vie par elle-même. Une langue n'existe que dans l'esprit, que dans la volonté de ceux qui la parlent. La langue n'a d'existence que si des gens, beaucoup de gens, le plus de gens possible la parlent. Elle ne reste vivante que dans la mesure où on la fait vivre ».

L'infériorité économique, politique et sociale du français au Canada n'est pas notre seule cause d'alarme. Si nous nous en rapportons à l'histoire, nous constatons, comme M. Vendriez le signale, « que l'extinction d'une langue est généralement précédée d'une période de bilinguisme plus ou moins longue ». Et laquelle des deux langues en présence disparaît ? Celle précisément qui n'a pas la même valeur que l'autre, qui n'est pas au même niveau. Lorsque la connaissance d'une langue seconde tient uniquement à des raisons matérielles, économiques et lorsque, par surcroît, cette langue est un idiome officiel parlé par les deux tiers de la population, loin qu'elle soit un avantage elle est un danger. Voilà ce que ni M. Bourassa ni les partisans du bilinguisme n'ont encore compris.

Les exemples abondent d'idiomes qui ont été ainsi effacés par une langue plus puissante. Et ils sont morts non de mort violente mais de faiblesse, d'inanition. Ainsi le vieux prussien qui se parlait encore au 18e siècle et qui a été supplanté par l'allemand. Ainsi le polabe qui a disparu également devant l'allemand. Ainsi encore du cornique qu'a chassé l'anglais. Déjà au 17e, nous apprend-on, les jeunes gens le parlaient de moins en moins et de pis en pis. N'y a-t-il pas là une analogie frappante avec le français de nos villes ? Ainsi encore du dialecte du Finistère qui se parlait même en 1910 et qui est, aujourd'hui, complètement tombé dans l'oubli. La maladie qui l'a emporté est celle-là même dont nous souffrons. Outre d'avoir à lutter contre le français, il était miné par les fautes que nous commettons nous-mêmes. Les pluriels des noms étaient simplifiés ; le genre des noms n'existait pour ainsi dire plus ; le verbe était réduit à l'impersonnel ; la négation NE avait disparu remplacée par PAS ; le vocabulaire avait été simplifié à l'extrême, les mots français devenant de plus en plus abondants comme le nôtre accueille de plus en plus de mots anglais. Enfin, pourquoi ne mentionnerais-je pas le gaulois qui a cédé devant l'invasion romaine ? Les classes supérieures ont été les premières à parler latin, y trouvant à la fois des avantages politiques et économiques. N'est-ce pas pour les mêmes motifs que tant de nos compatriotes donnent dans leur vie la préséance à l'anglais ?

Les langues meurent donc. Toutes celles que je viens de mentionner ont cédé à la concurrence d'une langue plus puissante à une époque pourtant où les moyens de communications, de propagande n'étaient pas ce qu'ils sont à cette heure. Le latin, l'allemand, l'anglais, le français ont triomphé parce que les idiomes contre lesquels ils étaient en lutte avaient été minés par ceux-là mêmes qui les parlaient et, en second lieu, parce que ces idiomes se trouvaient en état d'infériorité économique, politique et sociale. Cela étant, je ne vois pas au nom de quel niais libéralisme nous continuerions à favoriser l'enseignement de l'anglais puisque ça ne peut être, qu'on le veuille ou non, qu'au détriment du français. Je dis : au détriment parce que les deux ne peuvent s'enseigner simultanément, vu les conditions particulières qui nous sont faites, sans que l'une d'elles en souffre. Or, aussi longtemps que nous serons un peuple de serviteurs, ce sera le français qui en souffrira. Il n'y a aucun chauvinisme à vouloir tempérer le bilinguisme, à le retarder. C'est au contraire, une mesure de prudence, de protection élémentaire. Je lisais récemment que le français gagne du terrain d'année en année dans l'enseignement secondaire en Angleterre. Il n'y a qu'une région où il soit en recul : le pays de Galles. Et savez-vous pourquoi ? Pour deux raisons. La première est le raffermissement du sentiment national des Gallois ; la seconde, les efforts qu'ils font pour protéger leur langue. Pédagogiquement, psychologiquement et intellectuellement, le bilinguisme est une hérésie ; socialement, il est une monstruosité. Il ne rend pas raison de toutes nos déficiences, mais il nous aide à en comprendre la pire : notre dénationalisation.

Victor Barbeau [b]

---

b. Victor Barbeau, « le Français, langue inférieure ! », *l'Action nationale*, vol. IX, nº 4, avril 1937, p. 214-219.

Document n° 87

1937 — RÉPLIQUE À ADÉLARD DESJARDINS : L'ANGLICISATION, C'EST LA RAISON DE VIVRE DU SINGE

Albert Pelletier, notaire et homme de lettres, est né à Saint-Pascal-de-Kamouraska à la fin du siècle dernier. Il devient notaire en 1920 et exerce son métier pendant quelques années. Il occupera ensuite pendant trente ans la fonction de régistrateur adjoint au bureau d'enregistrement de Montréal.

Il collabore à différents journaux et revues et fonde, en 1935, une revue littéraire qu'il appelle les Idées. Il souhaite ainsi préparer la relève de l'Ordre, le journal d'Olivar Asselin. Cette revue qui disparaîtra en 1939 a compté parmi ses collaborateurs réguliers Jean-Charles Harvey, Jean-Marie Nadeau, Dollard Dansereau, Jean-Louis Gagnon et Berthelot Brunet.

Albert Pelletier a publié en 1933 Égrappages [a], ouvrage de critique littéraire et de réflexions sur l'actualité, qui lui valut en 1934 le prix David.

En 1937, Albert Pelletier accorde l'hospitalité de sa revue à Adélard Desjardins qui y développe la thèse qu'il avait exposée dans son Plaidoyer d'un anglicisant [b]. Le directeur des Idées lui sert ensuite la réponse suivante.

M. Desjardins nous a lui-même invité à contredire son plaidoyer. Nous userons de notre droit sans nous croire tenu à une attitude de fanfaron mais avec le peu de ménagement qui nous semble de rigueur à l'égard d'un compatriote qui, au lieu de s'appliquer à fortifier notre faiblesse, trouve convenable de décréter : « Nos trois millions de Canadiens français ne pourront jamais être qu'un peuple trop bête pour une vie propre ; qu'ils y renoncent définitivement et se contentent d'un rôle simiesque ». J'ai relu plusieurs fois l'article de M. Desjardins et, bien qu'il entremêle des observations sensées à de nombreuses citations, répétitions et affirmations gratuites, c'est à cela que se résume sa raison d'écrire.

Notons d'abord que les faits résultant de notre infériorité numérique, industrielle, commerciale, qu'il invoque pour notre anglicisation, ont à toutes les époques existé sur tous les continents et n'ont suffi à faire abandonner sa langue à aucun peuple digne de ce nom. De nombreux maniaques de l'uniformité ont renoté depuis des siècles les raisons utilitaires qu'ont les humains de changer leurs dialectes pour un langage universel, et l'on n'est même pas encore arrivé à uniformiser les poids et mesures. C'est que pour un argument d'intérêt limité en faveur des standards internationaux, on trouve mille raisons de valeur morale, intellectuelle, spirituelle, humaine, pour le maintien des particularités régionales. Aussi nous pouvons nous dispenser de les ressasser, de discuter en détail les allégués maintes fois réfutés par lesquels M. Desjardins voudrait nous convertir à l'unilinguisme anglais, de dresser de nouveau la liste des mille raisons que nous avons de ne pas troquer ce qui nous reste d'avoir

---

a. Albert Pelletier, *Egrappages*, Montréal, Albert Lévesque, 1933, 234 pages.
b. Adélard Desjardins, « Bilinguisme ou unilinguisme anglais », *les Idées*, vol. V, n° 4, avril 1937, p. 229-246 et n° 6, juin 1937, p. 346-363. Nous avons reproduit d'importants extraits du *Plaidoyer d'un anglicisant* : voir le document n° 77.

distinct pour le plus illusoire des mirages. Mais nous dirons au moins ceci à M. Desjardins.

Tout plaidoyer d'un Canadien français pour notre anglicisation n'est-il pas indigne d'un être raisonnable s'il ne prouve d'abord que nos éducateurs sont plus habiles à former des hommes en anglais qu'en français, s'il ne prouve que l'anglais est en leurs mains un meilleur outil que le français ? Cette preuve qu'il devait faire avant tout, M. Desjardins ne la tente même pas : elle est évidemment aussi difficile à fabriquer que la clarté noire. Il ridiculise avec raison les simplistes refranciseurs qui croient assurer notre salut par le seul placage sur nos façades d'un peu de plâtre ou de vocabulaire français. Pourtant, eux, ils ont des excuses que nous comprenons tous. Mais qu'est-ce qui peut atténuer le blâme envers M. Desjardins qui fait à rebours exactement comme eux et se contente de nous prêcher le barbouillage avec du plâtre ou du vocabulaire anglais ? Rien, en effet, dans sa thèse pour l'éveil, la culture, l'accroissement de nos facultés : rien pour l'éducation de nos aptitudes ; rien pour notre entraînement à penser et à agir par nous-mêmes ; rien pour notre préparation à un rôle d'homme. Ai-je tort d'écrire qu'il nous propose par l'anglicisation la raison de vivre du singe ?

Il est universellement admis qu'un bambin normal apprend à parler une langue en six mois. Mais ce n'est certes pas cela qui en fait une personnalité. S'il reste puéril, qu'importe-t-il donc que ce soit avec un balbutiement à l'anglaise plutôt qu'à la française ? S'il reste puéril, la raison des langues et des cultures diverses lui sera toujours un mystère. La vie de notre peuple ne l'intéressera pas plus qu'elle n'affecte les mânes de Laurier et l'inconscience des anglicisants. Il ne comprendra même pas, l'heureux quadrumane, l'ignominie qu'il y a de périr par bêtise ou manque de caractère, et il pourra même se gausser de ceux qui ont le cœur d'exploiter au mieux leurs ressources d'hommes. Vraiment, je ne comprends pas que M. Desjardins gaspille le moindre zèle à détruire un tel bonheur et qu'il s'évertue à le remplacer par... rien d'équivalent.

En effet, par rien d'équivalent. Et cette constatation, c'est lui-même qui nous pousse à l'écrire. Conduit par l'alignement de ses découpures, il proclame de façon catégorique que le bilinguisme est un mal. Notons en passant qu'il n'y met pas trop de discernement, qu'il confond ce qui est nuisible en éducation et ce qui est utile pour une élite dont l'esprit est formé, qu'il identifie ce qui est mauvais pour les ignares et les primaires avec ce qui est bon pour des personnalités très fortes et de culture universelle comme Montaigne (à qui il impute ses jugements en bloc afin de le taxer de naïveté). M. Desjardins condamne donc tout bilinguisme ; il l'interdirait même aux traducteurs s'il trouvait pour cela un texte à citer. Bref, il prohibe toute échappée, au point qu'il nous force à conclure : Si c'est un mal de diluer la personnalité d'un peuple par le bilinguisme, à plus forte raison ça ne peut être un bien d'y renoncer, de la détruire, d'abandonner la stabilité de façons de voir, sentir, penser pour le déséquilibre des à-peu-près qu'on peut attraper d'une culture étrangère, de faire table rase de méthodes de perception et d'appréciation devenues naturelles pour recommencer dans une autre langue le travail en profondeur de plusieurs générations.

Cette conclusion, qui échappe aux exploiteurs de la jobarderie comme Laurier et Bourassa, et aux faux grands hommes devenus incapables de réflexion personnelle à force de se malaxer dans le cerveau des cultures disparates, repose d'ailleurs moins sur des subtilités psychologiques que sur l'évidence des faits. Et ceux-ci abondent, même à Montréal et partout en Amérique, qui amènent toujours, sauf par miracle, de nouveaux matériaux de vérification à une preuve millénaire. Que l'on compare seulement le bon sens de nos paysans unilingues, ou celui de l'Anglo-Américain de vieille lignée, avec la vacuité esbroufante des immigrés qui ont abandonné leur langue pour l'anglais. Que l'on compare la ville de réputation internationale qu'était la Nouvelle-Orléans restée française du siècle dernier avec la tribu de simplistes qu'elle est devenue par l'anglicisation. C'est à une pareille déchéance que M. Desjardins nous invite.

Et puisque voilà la conséquence de ses prémices, on peut s'étonner qu'il ne songe même pas à se demander plutôt ce que seraient dans cinquante ans nos trois millions de Canadiens français s'ils décidaient aujourd'hui, comme la droiture de cœur, le bien de leur esprit et tous leurs intérêts, même économiques, le leur commandent, d'être simplement eux-mêmes, d'acheter en français leurs plaisirs et leurs besoins, d'user en français jusqu'à leurs salopettes de scieurs de bois et de porteurs d'eau. Si nous décidions de ne plus singer, les entreprises industrielles et commerciales, et les services publics, ne changeraient-ils pas bien vite leur attitude à notre égard ? Nos milliers d'immigrés européens ne choisiraient-ils pas encore comme naguère le français pour idiome canadien ? Le peuple canadien-français ne deviendrait-il pas bientôt l'égal des plus civilisés si nous prenions pour développer nos aptitudes le temps, l'argent, les énergies que nous dépensons à nous racornir afin d'être jusqu'à la mort les moutons de l'obédience, les perroquets de la lapalissade, les ouistitis de l'imitation ? Nos industriels et commerçants, enfin, ne multiplieraient-ils pas les réussites au lieu des faillites s'ils mettaient à acquérir une compétence d'hommes d'affaires la bonne volonté qu'ils perdent à faire des salamalecs à l'anglaise ?

Car l'expérience dément la prétention de M. Desjardins que l'anglais est pour l'homme d'affaires canadien-français un élément essentiel de la compétence. S'il n'avait pas été retenu hors de la vie réelle plus que les abbés dont il contredit gratuitement l'observation, il s'en serait rendu compte : Les Canadiens français qui ont réussi dans le monde économique étaient, sauf exceptions, non seulement des unilingues mais presque des illettrés (devenus souvent ensuite des autodidactes). Il aurait encore constaté ceci : leurs entreprises, si solides qu'elles fussent, ont généralement périclité aux mains de leurs successeurs, des spécimens au caractère ramolli et à l'esprit stérilisé de notre éducation à rebours. Le vernis d'anglais utilitaire que le bon sens du père abandonnait à des subalternes, les fils s'en sont faits le miroir où épuiser leurs petites ressources d'alouettes. C'est l'histoire de presque tous nos reculs dans le commerce et l'industrie, et chacun peut en dresser une longue liste. Puisque M. Desjardins veut que nous délaissions notre culture pour cet « ingrédient de la compétence » que l'anglais serait pour nous, de grâce, qu'il évite de nous faire songer en même temps aux prototypes les plus exemplaires de son système !

Notons cependant, puisque M. Desjardins nous impute en cela une somme inouïe de préjugés, qu'il ne s'agit pas pour le Canadien français de déprécier la langue anglaise : on estime généralement chez nous qu'elle est excellente et qu'il n'y en a pas de meilleure pour les anglophones. Il semble même bien vain que M. Desjardins ait consacré une bonne partie de son article à étaler de l'érudition sur la valeur de la littérature et de la culture anglaises pour réfuter ce que personne ne conteste ou pour nous convaincre de ne pas chasser la langue anglaise de l'Amérique et de l'Angleterre ! Selon nous, l'Anglais qui renie sa nationalité ne perd guère moins que le Français qui abandonne la sienne. Rendons-lui même cet hommage que nous serions forcés de refuser à tant des nôtres : l'Anglais a le bon sens de garder sa langue et sa culture même lorsqu'il change de religion. Et pourtant, lorsqu'il se convertit au catholicisme, c'est toujours en Canada par le ministère de prêtres de langue française, puisqu'il aime mieux se damner pour l'éternité que de confier son âme aux soins d'un Irlandais.

Cela nous amène à « l'union hypostatique » dont parle M. Desjardins, aux relations de la langue et de la foi. S'il faut l'en croire, Rome même désire notre anglicisation puisqu'elle nous donne une forte majorité de prélats irlandais quand, par rapport aux populations, nous devrions avoir une forte majorité de prélats canadiens-français. Un personnage du clergé m'écrit la réponse : « Ce fait tient aux canailleries des Irlandais, à leurs impudentes intrigues auprès de Rome, autant qu'à la timidité et à l'insouciance des prélats de notre langue : ceci est avéré dans le monde ecclésiastique. »

Quant à la prétention de M. Desjardins que le clergé serait chez nous la seule classe qui réclame le français, il faut avoir passé toute sa vie bien près des limbes pour oser la publier avec assurance. Depuis la conquête, notre haut clergé s'est habitué par intérêt, comme nos politiciens laïques, à la flagornerie à l'égard des maîtres anglais et à l'arrogance envers les stimulateurs de notre vitalité nationale ; et il semble bien que ce déplorable état d'esprit s'aggrave depuis qu'il cherche sa raison d'être par les intrigues de New-Haven plutôt que dans l'esprit de Rome et les besoins de notre peuple. Il n'en est généralement pas de même de notre bas clergé : celui-ci est resté français comme nous tous par conformation naturelle, par affinité de culture et, sans aucun doute, par nécessité. S'il s'avisait de ne pas parler français en chaire, au confessional et dans ses autres relations avec les fidèles, ses positions deviendraient tout de suite intenables. Quoi qu'il en soit dans le monde ecclésiastique de la compromission des uns et de la fidélité des autres, il reste que ce sont surtout les laïques, non de la paysannerie mais des carrières libérales, qui poussent les clercs dans le dos afin que l'éducation (dont nos évêques veulent le monopole sans doute pour détruire tout sentiment religieux dès les premières années scolaires au moyen des chefs-d'œuvre antipédagogiques qui sont leurs manuels de cathéchisme et d'histoire sainte), se fasse demain mieux qu'hier à la française et en français.

C'est un fait des plus importants, l'un de ceux qui ont fait le plus de bruit, dans l'actualité canadienne des dix dernières années. Pour ne l'avoir pas même aperçu, ni aucune des autres réalités primordiales auxquelles nous nous en sommes tenus dans cette réponse, M. Desjardins ne sera sans doute pas consacré par nos lecteurs « le sonneur de vérités » qu'il croit être, mais bien l'halluciné de l'utilitaire aux sens anesthésiés par la poussière des livres.

Albert Pelletier [c]

---

c. Albert Pelletier, « Réponse à M. Adélard Desjardins », *les Idées*, vol. V, nᵒ 6, juin 1937, p. 364-372.

Document n° 88

1938 — UNE CAPITULATION LINGUISTIQUE

Les Canadiens français ont toujours vu dans le droit civil français un des éléments constitutifs de leur nationalité. Aussi, comme le rappelait maître Édouard Masson aux délégués du deuxième Congrès de la langue française, se sont-ils attachés, dans leur lutte pour la survivance, à assurer le maintien des traditions juridiques françaises : « Nos lois civiles font partie de l'héritage précieux que la France nous a légué et nous tenons à la conservation de l'esprit français qui les anime... Si nos ancêtres ont tant tenu, dans le passé, à la conservation de nos lois françaises, c'est parce qu'elles étaient nécessaires et essentielles à la survivance de notre nationalité [a]. »

Le droit civil fut maintenu dès 1774 par l'Acte de Québec. Mais ce n'était là, pour les Canadiens français, qu'une victoire partielle. Le droit pénal leur échappait. De larges secteurs de la législation commerciale étaient attribués, par la constitution de 1867, à l'autorité fédérale. De plus, les structures et la mentalité judiciaires ainsi que la manière de rédiger les textes législatifs reflétaient l'esprit anglo-saxon. Le fond du droit était peut-être français, mais l'ambiance juridique était anglo-saxonne. Dans ces circonstances, l'esprit même du droit civil risquait d'être atteint dans son intégrité. En 1937, la situation était telle qu'un juriste pouvait dresser le constat suivant :

« Anglais par le vocabulaire, anglais par la syntaxe, nos textes sont encore anglais par la méthode, c'est-à-dire qu'ils ne répondent pas à l'idée d'une construction rationnelle. Ils ne constituent pas un système, une ordonnance des diverses institutions. Ils n'ont ni plan, ni subdivisions, ni rubriques qui ne reposent sur un voisinage accidentel et banal. C'est là le grand mal dont nous souffrons, la disparition de cet esprit français de synthèse juridique, esprit que nous aurions pu représenter en titre dans le droit comparé de l'Amérique.

Nous nous sommes au contraire abandonnés aux manières relâchées et décevantes de la simple analyse. Nous n'avons jamais tenté d'effort sérieux pour coordonner nos lois entre elles et leurs articles entre eux. Il semble que nous n'avons plus le goût français de la logique, ou que nous sommes incapables d'unir des propositions successives selon le sens qu'elles dégagent, ou que nous ne pouvons construire des formes de groupement assez rigoureuses ou assez importantes.

Notre législation ne sera jamais française si nous n'imposons pas la raison à la vie de nos institutions, pour qu'elle en fasse partie, pour qu'elle agisse du dedans et amène le droit à s'organiser en une structure logique. Car la codification, l'esprit de méthode, la coordination, sont devenues, depuis les grandes ordonnances de la Monarchie, la formule normale de la présentation des lois.

[...] Clarté française des mots, clarté française des phrases, clarté française des rubriques, clarté française des régimes et des institutions, clarté française du système, nous les avions toutes avant la grande défaite des plaines d'Abraham. Et nous les avons perdues. Et il ne paraît pas que nous avons le souci de les retrouver. C'est comme si nous avions renoncé à nous remettre en harmonie avec nos origines, comme si nous ne pouvions plus comprendre cette grandeur juridique d'où dériva notre passé [b]. »

Un redressement s'imposait. Diverses propositions de réforme furent mises de l'avant.

Certains suggéraient, par exemple, de soustraire le droit civil du Québec à la compé-

a. Edouard Masson, « Nécessités législatives de l'heure présente », *Mémoires du deuxième Congrès de la langue française au Canada*, tome II, Québec, 1938, s. éd., 252 pages. Voir p. 44-53. L'aspect juridique du problème des langues a fait l'objet d'une vingtaine de communications au deuxième Congrès de la langue française. Voir notamment Victor Morin, « l'Anglicisation de notre droit civil », *ibid.*, p. 211-220. Dans le même sens, mais plus récent, voir Antoine Rivard, « Notre droit civil... est-il en danger ? », *l'Action nationale*, vol. XLIV, n° 8, avril 1955, p. 685-695.

b. Me Louis-Joseph de La Durentaye, « le Français dans nos textes législatifs », *Mémoires du deuxième Congrès de la langue française au Canada*, p. 54-63.

tence de la Cour suprême et du Conseil privé, tribunaux dominés par des juges étrangers au droit français. Juriste, Maurice Duplessis a paru sensible à ce courant de pensée et il a tenté, devenu premier ministre, une première réforme en faisant voter une loi qui accordait au texte français la priorité dans l'interprétation des lois et règlements du Québec [c]. Il lui paraissait en effet logique d'accorder la priorité au français, langue de la majorité du Québec et langue d'origine du Code civil. Ce projet de loi fut adopté à l'unanimité par l'Assemblée législative le 15 avril 1937 et fut approuvé quelques semaines plus tard par le Conseil législatif — pourtant dominé par une majorité libérale — non toutefois sans que les conseillers Pamphile-Réal Du Tremblay (1879-1955) et Jacob Nicol (1876-1958) eussent exprimé certaines réserves [d].

Cette loi ne tarda pas cependant à soulever le mécontentement de la minorité anglaise du Québec. Les journaux anglais de Montréal lancèrent le mouvement :

« It is our boast, our key-stone of harmony, our charter of national unity that in the areas and matters concerned the two languages have exactly equal rights. This splendid foundation for friendly cooperation disappears when, by law, one language is made the text and the other the translation [e].   Après l'appel aux principes, le recours aux menaces : « It is one of those largely sentimental questions that often cut deeper than most serious issues. We may be very sure that the French-speaking majority in the Quebec Government and Legislature did not think of this feature of the measure before they adopted it. The unfortunate thing is that, from so little a fire, a great conflagration can spread. There will be parish politicians outside of this Province who will take advantage of this « blunder » — let us say — to forward their own political ends. The result may be a very nasty, a very dangerous and a very disruptive language war. If this bill could be held in abeyance until another session of the Legislature might have a chance for re-consideration and possibly for repeal, the peace of the Dominion would be rendered a great deal safer. From Riel to « regulation seventeen » we have had too many race misunderstandings [f]. »

c. I George VI, chap. 13, *Loi relative à l'interprétation des lois de la province.* Cette loi fut sanctionnée le 20 mai 1937.

d. *Le Devoir,* mercredi 19 mai 1937. Voir également Edmond Orban, *le Conseil législatif de Québec 1867-1967,* Bruges-Paris, Desclée de Brouwer, Montréal, Bellarmin, 1967, p. 283-284.

e. « Second thoughts are often best », *the Montreal Star,* le 21 mai 1937, p. 4.

f. *The Montreal Star,* article cité. La veille, le même journal écrivait : « *It may have most unfortunate consequences elsewhere. The English are a minority in Quebec, but the French are a minority in the Dominion.* » « Next session », *the Montreal Star,* le 20 mai 1937, p. 4. Pour sa part, la *Gazette* de Montréal écrivait ce qui suit (traduction empruntée à Omer Héroux, « les Commentaires de la « Gazette », *le Devoir,* 21 mai 1937) : « Pourquoi avoir un texte anglais, pourquoi s'occuper en quoi que ce soit de la langue anglaise dans les actes législatifs, dans les traductions officielles, et dans les déclarations ministérielles, si cela ne doit vouloir rien dire ? Malheureusement pour la législature, la loi dont elle accepte la responsabilité porte toutes les marques de l'inconstitutionnalité. Elle viole ouvertement un principe établi dans l'Acte de Québec et, subséquemment par un amendement à l'Acte d'Union, un principe qui a toujours été chéri, fréquemment affirmé et vigoureusement défendu par les citoyens canadiens-français de notre province et par les gens de même origine dans d'autres provinces. Si ce principe doit être violé dans cette province pour le bénéfice de laquelle il a été établi, comment sera-t-il traité à l'avenir dans d'autres parties du Dominion où la situation des races est renversée ? A quel sentiment donne-t-elle expression, et ce sentiment est-il compatible avec l'égalité civique, la tolérance mutuelle et, d'une façon générale, avec les relations amicales qui sont essentielles à l'unité d'effort par les Canadiens de langue anglaise et de langue française dans le développement de notre province et du pays ?... La minorité de langue anglaise est profondément préoccupée par ce fait et ce qu'il peut impliquer. Elle accueillerait avec plaisir quelque chose dans la nature d'une déclaration rassurante de la part du gouvernement de Québec, comme le feront sans doute ces Canadiens français qui occupent dans les autres provinces des situations minoritaires. »

L'adoption du texte de loi ne fit pas cesser les protestations. Des avocats anglophones intervinrent pour obtenir le rappel de la loi. Des juges, canadiens-français et anglais, exprimèrent leurs doutes et certains d'entre eux s'adressèrent même directement au premier ministre g. *On découvrit qu'un tiers du Code civil avait été rédigé originellement en anglais (lors de la codification de 1866). On en appela à la constitution de 1867 dont l'article 133 établissait le bilinguisme officiel des textes de loi du Québec. On s'inquiéta des conséquences que pourrait avoir l'application du même principe à la législation fédérale* h.

Ces représentations ébranlèrent Duplessis et celui-ci décida le rappel de la loi. Le 31 mars 1938, il déposa un texte à cet effet. Devant les députés, il prit seul la responsabilité de la loi de 1937 et du projet de rappel, et reconnut ce qu'il appelait maintenant son erreur (« je suis faillible et puis me tromper »). Il invoqua la nécessité de maintenir la bonne réputation du Québec en matière de respect des droits linguistiques et en appela à l'esprit de la Confédération. Il lui paraissait indispensable d'apaiser le mécontentement des Anglais du Québec au moment même où il souhaitait engager une politique de coopération avec l'Ontario : « Nous voulons vivre en paix et en harmonie avec nos frères de langue anglaise, sans sacrifier aucun de nos droits, mais en rendant justice à tous, et en respectant l'esprit du pacte confédératif... Nous sommes à établir une politique de collaboration entre les deux provinces-sœurs... L'heure est arrivée de tendre une main loyale et honnête... comme représentants des deux races dont le génie a fait la civilisation et la grandeur de ce pays, et pour établir le respect du bilinguisme dans ce pays i. »

Cette retraite passa pour un acte de courage et mérita à Duplessis les félicitations du chef de l'opposition, Télesphore-Damien Bouchard aussi bien que les remerciements des députés Thomas J. Coonan et Jonathan Robinson, le premier parlant au nom des Irlandais catholiques et le second au nom des Anglo-protestants. Le texte fut voté à l'unanimité et le Star *tira de l'affaire les conclusions suivantes :*

« This gesture will be received by the English-speaking minority with a full appreciation of its friendly intent. It is not a mere correction of a law that works poorly. It is a frank recognition of the fact that the statute in question has offended English feeling, and a generous desire to remove that offence and promote inter-racial harmony...// But it took political and moral courage to repeal such a measure, once it was on the statute books. There are sensitive souls among the majority just as surely as among the minority. Happily, the English minority has behaved itself with restraint and understanding, and so made it much easier for Premier Duplessis to take the right

g. Selon *le Devoir* du 1er avril 1938, Maurice Duplessis aurait déclaré ce qui suit au cours de son intervention en chambre : « J'ai reçu plusieurs factums, j'ai eu des entrevues avec plusieurs juges, des juges canadiens-anglais et des juges canadiens-français, et j'ai reçu notamment une correspondance de l'hon. juge Mignault, qui a occupé une si haute position à la Cour suprême du Canada. »

h. Selon un ancien dirigeant de l'Union nationale qui suivit à l'époque cette question de très près, les partisans du rappel de la loi firent valoir que la langue souvent incorrecte et confuse du texte français des lois du Québec rendait nécessaire le maintien du texte officiel anglais. La version française des lois était telle, en effet, que les juristes du Québec désireux de comprendre le sens des textes de loi, même ceux de langue maternelle française, étaient le plus souvent contraints de recourir à la version anglaise, écrite dans une langue grammaticalement plus correcte. Cela s'explique sans doute par le fait que les lois du Québec étaient souvent calquées sur des textes votés par des législatures canadiennes-anglaises, voire même américaines.

i. « La priorité de la langue française dans l'interprétation des lois », *le Devoir*, 1er avril 1938.

course. There is not the slightest thought that he is retreating under fire. What he is doing, he is doing voluntarily, open-handedly and with true Gallic grace j. »

CHAPITRE 22

Loi relative à la loi I George VI, chapitre 13

(Sanctionnée le 8 avril 1938)

Attendu que l'application de la loi I George VI, chapitre 13, peut provoquer des froissements et des problèmes de solution difficile, qu'il convient d'éviter ;

Attendu que le gouvernement actuel a nommé un comité de juristes pour reviser les lois de la province et que le choix des membres de ce comité lui a valu des éloges unanimes de la presse, sans distinction de races ou de partis ;

Attendu qu'il convient d'attendre les rapports définitifs de ce comité pour décider la question visée par ladite loi I George VI, chapitre 13 ;

A ces causes, Sa Majesté, de l'avis et du consentement du Conseil législatif et de l'Assemblée législative de Québec, décrète ce qui suit :

1. La loi I George VI, chapitre 13, est abrogée.

2. Les dispositions abrogées ou modifiées en vertu de la loi I George VI, chapitre 13, reprennent vigueur et effet telles qu'elles existaient avant la date de la sanction de ladite loi.

3. La présente loi entrera en vigueur le jour de sa sanction.

---

j. « Duplessis' graceful gesture », *The Montreal Star,* 1er avril 1938.

Document n° 89

1942 — CONTRIBUTION AU MYTHE

Mgr Olivier Maurault (1886-1968), prêtre, éducateur et historien, fils d'Élie Maurault, avocat, est né à Sorel le 1er janvier 1886. Il fit ses études classiques au Collège de Montréal et ses études théologiques au Grand Séminaire de la même ville. Ordonné prêtre le 25 juillet 1910, il entra chez les sulpiciens après une année de noviciat à Issy-les-Moulineaux (France), et étudia pendant deux ans les lettres françaises à l'Institut catholique de Paris. Rentré au Canada en 1913, il enseigna d'abord au Collège de Montréal. En 1915, il était nommé vicaire de la paroisse de Saint-Jacques, poste qu'il occupa jusqu'en 1926. En même temps, il assura la direction de la Bibliothèque de Saint-Sulpice et enseigna le français à l'École polytechnique (1916-1919). De 1926 à 1929, il a été curé de Notre-Dame et organisa les fêtes du centenaire de cette église. En 1929, il devint directeur de l'Externat classique de Saint-Sulpice (Collège André-Grasset) et, en 1934, recteur de l'Université de Montréal. Il présida aux destinées de l'Université jusqu'à sa retraite en 1955.

Mgr Maurault a été longtemps membre de la Société historique de Montréal dont il fut président en 1941. Il a également fait partie de la Société royale du Canada et du Groupe des Dix. Il a été aussi l'aumônier assistant de la Société Saint-Jean-Baptiste.

On lui doit plusieurs études consacrées à la petite histoire de Montréal. Il a également collaboré à plusieurs revues dont la Revue canadienne, l'Action française, le Semeur et les Cahiers des Dix.

* * *

En 1942, Mgr Maurault consacre quelques pages à chanter le caractère français de Montréal qui fête alors son troisième centenaire. L'auteur affirme que Montréal demeure pour l'essentiel une ville française bien qu'elle ait perdu son « visage français ».

On a prétendu qu'un étranger distrait, qui passe à Montréal, peut très bien s'en retourner dans son pays sans s'être aperçu qu'on parle français dans notre ville. Il lui suffirait, pour cela, de descendre dans un de nos grands hôtels, remplis d'Américains et d'Anglo-canadiens. S'il a à demander quelque renseignement, on lui répondra dans sa langue, et il ne remarquera pas l'accent peut-être insolite de son interlocuteur. Et s'il se contente de tourner en rond dans le quartier des hôtels, des grands magasins, des théâtres et des affaires, il aura tout lieu de se croire dans une ville anglaise. Même s'il lui arrive de tomber dans un groupe de Canadiens-français, ceux-ci, pitoyables à l'étranger qui cherche péniblement ses mots, n'hésiteront pas à lui parler sa langue afin de le mettre à l'aise. C'est leur pratique, non-seulement avec le touriste qui ne fait que passer, mais avec leurs concitoyens unilingues. M. Stephen Leacock écrivait récemment : « All the French people of any education understand English, and all of them speak it in a way to make themselves easily understood for business and for ordinary conversation. » Plus bas, il ajoute : « As to the bilingualism of the English people of Montreal, there is hardly any of it. »

Voilà un fait reconnu. Il s'ensuit que le marchand anglais ne croit pas nécessaire de traduire en français ses affiches, et que le marchand français traduit les siennes en anglais pour attirer la clientèle. Y a-t-il ici complexe d'infériorité, et là complexe de supériorité ? Je ne le pense pas : ce serait vraiment, de part et d'autre, trop stupide !

Quant à l'aspect extérieur de notre ville, il n'a rien de spécifiquement français, ni de spécifiquement anglais ; il est américain. Nos quartiers élégants ne ressemblent pas plus à ceux de Londres, que nos quartiers populaires ne font penser à ceux de Paris. Nos vérandas font croire que nous jouissons d'un climat tropical et que nous vivons dehors ; nos escaliers extérieurs, — le seul trait architectural qui nous soit propre —, jettent le touriste dans l'ahurissement. Un aimable étranger, ayant eu à les juger, déclara : « Ils donnent à Montréal l'aspect d'une ville d'eau », c'est-à-dire, je suppose, d'une ville où la marée monte tous les jours jusqu'au premier étage, et parfois jusqu'au second !

Et ce ne sont pas nos églises, qui, par leur ombre ou par leur forme, renseigneraient le passant sur ce que nous sommes. Il y a, à Montréal, plus d'églises protestantes, et donc anglaises, que d'églises catholiques. On compte exactement 135 églises et chapelles publiques catholiques, mais 183 églises protestantes, 10 missions et 8 Gospel halls servant à sept principales dénominations et à diverses autres confessions ; et je ne parle pas des 45 synagogues.

Pour ce qui est de leur architecture, la plupart n'ont aucun caractère particulièrement français. Pastiches de roman, de gothique, de renaissance, la « Ville aux clochers dans la verdure » en est pleine. Mais ni les Montréalais de langue anglaise, ni les Montréalais de langue française n'ont inventé un style distinctif, qui les identifie, à moins que l'on ne pense que les clochers de tôle et les nefs de plâtre marquent et condamnent, du même coup, l'art canadien-français.

Mais trève de plaisanteries ! Il reste que Montréal, ni par son architecture, ni par ses affiches, ni par la langue que l'étranger y entend, n'est à première vue une ville française.

Et pourtant, elle l'est ! Montréal est une grande ville française, avec quelques quartiers anglais, et encore ne le sont-ils pas exclusivement. A moins que vous ne préfériez que l'on dise : Montréal c'est... deux villes l'une dans l'autre : l'une qui célèbre, cette année, son IIIe centenaire, et l'autre qui ne veut pas en entendre parler ! (Nous, Montréalais, nous savons que c'est encore plus compliqué que cela, puisque, en plein territoire métropolitain s'incrustent quatre ou cinq villes indépendantes, comme Outremont, Westmount, Verdun, Lachine).

Cet état de choses est peut-être explicable, profitable même ; il reste anormal. J'aurais voulu, au cours de cette étude, quand je parle de Montréal, ne parler que de l'agglomération totale, en y faisant entrer toutes les municipalités, indépendantes ou non. Cela, me semble-t-il, aurait facilité le travail des statistiques, et satisfait davantage le bon sens. Mais j'ai dû procéder autrement.

Les statistiques sont toujours périlleuses, elles le sont tout particulièrement quand elles portent sur notre ville. On peut les puiser à trois sources différentes : dans les bureaux de l'Hôtel-de-Ville, dans l'Almanach des adresses, bientôt centenaire, publié par la maison Lovell, et dans les rapports de recensements décennaux du Gouvernement fédéral. Or, il est notoire que les chiffres, qui proviennent de ces trois sources, ne s'accordent pas : il y a entre les uns et les autres des écarts considérables.

* * *

Lovell estime la population de Montréal *seul* à 1,307,592. Si l'on ajoute à ce chiffre la population des quatre villes satellites et des dix municipalités annexées, on obtient un grand total de 1,493,136.

Le recensement fédéral se montre beaucoup plus modeste. Il donne à Montréal proprement dit une population de 882,398. Avec Verdun, Outremont, Westmount et Lachine, ces 882,398 deviennent 1,020,967. Si enfin, l'on ajoute 18 petites villes circonvoisines, on s'élève à la somme totale de 1,074,153.

Remarquez l'écart entre ces deux rencensements, celui de Lovel et celui d'Ottawa : il est de plus de 400,000 !

Quant aux statistiques de notre Hôtel-de-Ville, elles se rapprochent sensiblement de celles du Gouvernement.

Que faire alors ? Prendre une moyenne peut-être ? Et dire que l'agglomération montréalaise a une population de 1,200,000.

Dans ce nombre impressionnant de citoyens, quelle est la proportion de ceux qui sont de langue française ? Référons-nous à la statistique municipale de 1931. Il y a dix ans, Montréal proprement dit contenait 21,80 % d'Anglais, 5,95 % d'Israëlites, 8,76 % de nationalités diverses, et 63,49 % de Français. Ce sont là, je l'ai dit, des chiffres conservateurs. Retenons-en deux, en les arrondissant : 22 % d'Anglais, 64 % de Français. En somme, à Montréal, plus de six personnes sur dix sont d'origine française ; d'aucuns diront : sept sur dix.

Cette estimation paraît juste, surtout quand on la rapproche de la composition de notre administration municipale. En 1934 et en 1940, Montréal se composait de trente-cinq quartiers. Vingt-six de ces quartiers avaient nommé des représentants Canadiens-français ; six ou sept, des Canadiens-anglais ; deux ou trois, des Israëlites. Le Maire était Canadien-français et, cinq ou six membres du Comité exécutif, l'étaient également. Depuis que nous avons quatre-vingt-dix-neuf conseillers, les proportions se sont modifiées, mais en restant favorables au groupe français. Les quartiers ont envoyé au Conseil 48 Canadiens-français, 15 Canadiens-anglais et 3 Israëlites. Certains corps publics, comme les Chambres de Commerce et les Universités ont délégué 18 membres de langue française et 15 de langue anglaise. Ces derniers délégués faussent la proportion, du point de vue qui nous occupe, mais le groupe français reste de 66, en face du groupe anglais de 30 et des 3 Israëlites.

Un autre élément de la population nous fournit des chiffres éloquents, je veux parler des écoliers. Les écoles primaires catholiques de Montréal (il s'agit de Montréal strictement dit) comptent 120,000 élèves ; les écoles primaires protestantes, 23,000, (y compris Verdun et d'autres municipalités.) Et s'il faut défalquer de la population scolaire catholique, quelques milliers d'élèves irlandais, la proportion sera vite rétablie par le nombre considérable d'élèves canadiens-français dans certaines « académies » et certains collèges, pour lesquels nous ne possédons pas de chiffres.

Les statistiques du commerce, de l'industrie et de la finance, nous chanteraient sans doute une autre chanson ! Mais nous savons qu'il ne s'agit plus là d'une question de population, mais d'une question de capitaux. C'est d'ailleurs cette répartition singulière des richesses qui rend notre ville si difficile à expliquer...

En revanche, ce qui compense la pauvreté relative de la population française de Montréal, c'est sa puissance de rayonnement intellectuel et spirituel. Trois ou quatre grands quotidiens et de nombreuses feuilles de moindre importance, portent dans tout le pays et aux Etats-Unis le verbe français. La plus grande partie de la production littéraire du Québec paraît à Montréal. L'Université, avec ses Ecoles et ses Instituts affiliés, entretient et excite l'activité intellectuelle, en offrant au public de multiples cours et conférences. Dans 108 églises catholiques sur 125, le ministère se fait en français. Enfin, caractère bien latin, bien français : sur le territoire métropolitain de Montréal, s'élèvent de vastes et nombreuses maisons-mères de communautés religieuses, la plupart d'origine française. Ils vont, par tout le Canada, aux Etats-Unis, en Afrique ou en Asie, faire partager aux peuples qu'ils enseignent ou évangélisent, les trésors de foi, de charité et de culture française qu'ils ont puisés à Montréal.

Après tout cela, Montréal peut-il se vanter d'être la deuxième ville française du monde ? Me fondant sur les statistiques les plus récentes, je crois devoir répondre : « Deuxième ville ? Pas encore ! Tout au plus, la troisième ; après Paris et Marseille, avant Lyon. » Cela est déjà très bien. Mais, dira-t-on : New-York est la troisième ville italienne du monde, après Rome et Milan ; et qu'est-ce que cela prouve ? Peu de chose, en effet. Mais le cas de Montréal est différent. Français, il l'est par sa fondation, et par 120 ans de son histoire, et exclusivement. Depuis 1763, il l'est resté, en très grande partie. Ce qu'il a perdu, c'est son extérieur, son visage français. Il faut le lui redonner. Ce sera sans doute une des tâches de son quatrième siècle de vie.

Mgr Olivier Maurault.
Recteur de l'Université de Montréal [a]

---

a. Mgr Olivier Maurault, « Montréal, ville française », *Amérique française*, vol. I, no 4, mars 1942, p. 28-32.

Document n° 90

1942 — DÉSINTOXICATION ET FUITE EN AVANT

Marcel Parizeau (1898-1945), architecte de Montréal, a fait ses études à l'École poly-technique de Montréal, puis à l'École des beaux-arts de Paris. Après avoir vécu dix ans en France, il rentra au pays où il exerça son métier et enseigna à l'École du meuble (1936-1945) ainsi qu'à la Faculté des lettres de l'Université de Montréal (1944-1945). Membre associé de l'Académie royale du Canada, il a été, de 1943 à sa mort, l'archi-tecte-conseil de la Commission d'urbanisme de la ville de Montréal [a].

La revue Amérique française *invite ici Marcel Parizeau à traiter, comme l'avait fait Mgr Olivier Maurault [b], du thème « Montréal, ville française ». Son jugement est sévère, mais son espoir pour l'avenir demeure grand.*

Cette façon d'enclore Montréal, lui vaut au loin quelque crédit ; portée sur les ailes de la renommée elle lui confère à l'étranger des lettres de noblesse faciles. On sait que le confrontement est périlleux, pour des raisons multiples et non seulement d'esthétique. Le visiteur atterré, et qui n'en croit pas ses yeux, — pourrait trouver, à des points de vues autres, prétexte à nous louer, — rend plus amère, par la désin-volture de ses propos vengeurs et sans ménagements, la honte qu'il faut boire à longs traits.

On accuse l'époque publicitaire, le tourisme commercial et la précision relative du langage local. Nous-mêmes nous sommes un peu des enfants là-dessus, qui dans leurs jeux se fabriquent des illusions et jouent des rôles de princes avec des bouts d'étoffe, ou d'automobilistes avec des chaises et qui donnent à leurs inventions des noms précis dont la concordance avec la réalité n'a que le lien poétique. Mais nous voilà, Montréalais que nous sommes, sur la voie du surréalisme sans le savoir !

Là où la statistique triomphe, nous sommes ville française ; on disait jusqu'en 1940, la deuxième au monde et j'ai lu récemment dans un journal, cette gracieuseté à notre endroit : la plus grande ville française libre. Si vous me demandez ce qu'il faut en penser, je crois bien qu'il faut se dépêcher de rire.

Toute une partie de la population apporte d'elle-même des réserves : intellectuels, artistes, citoyens qui connaissent mieux et que rien ne force à la propagande, protes-tent en nombre, déjà depuis longtemps, sans illusions et sans résultats appréciables. Ils font remarquer que Notre-Dame de Montréal ne ressemble en rien à Notre-Dame de Paris ni le Bois de Boulogne au Parc du Mont-Royal ; c'est admirable disent-ils, mais différent. Ils savent que rien ou presque rien n'éveille chez le passant la mémoire de la chose vue en France et de son paysage urbain. De temps à autre, peut-être, une maison offre un rapprochement : tel ce petit hôtel rue Sherbrooke est, gentil, injurieuse-ment abîmé avec une cruauté de sauvage et une ignorance furieuse d'autant plus inquié-tude qu'elle est devenu la maison de la jeunesse, c'est-à-dire de l'avenir. D'autant plus folle paraît cette illusion française, lorsque par un fait comme celui-ci on touche du doigt que nos gens coupent les ponts entre les mots et la réalité.

---

a. Sur Marcel Parizeau, voir : R.P. Marie-Alain Couturier, *Marcel Parizeau, architecte,* Montréal, l'Arbre, 1945, 40 pages de texte et 28 pages d'illustrations.

b. Voir le document n° 89.

Désemparé, le visiteur ira-t-il promener son incertitude du côté du vieux Montréal ? Entre des influences anglaises et des réminiscences italiennes, (tout cela plein d'intérêt), au bout de la courbe douce d'une rue étroite, il dénichera, tassée par l'âge, une bicoque aux fenêtres à petits carreaux, avec un toit à faible pente, avec une lucarne ou deux et un mur de moellons très patiné, mais si effacé, si perdu, que presque tout le parfum s'en est évaporé. Disséminés, quelques restaurants de quartier lui rendent perceptible la différence entre zéro et le chiffre un ; des noms de rue, quelques monuments, — sorte de hors d'œuvre [—] et la saveur particulière de propos venus d'un patelin très lointain, d'un quelconque conducteur de tramways, d'une petit fonctionnaire, lui permettront au passage une furtive évocation.

Il trouvera, s'il est fouineur, des vitraux français ravissants à la Sacristie de Notre-Dame ; dans nombre d'églises, quantité d'autres, de fabrication commerciale que la marque française ne suffit pas à situer dans notre estime ; (là comme ailleurs : « le commerce nuit à l'esprit ». Enfin grattant jusqu'à l'os et même en passant par l'intermédiaire anglo-saxon qui réserve à l'art français une sentimentalité de choix, comprise à sa façon, c'est-à-dire précieuse et artificielle, d'où l'âme a fui, il aura toujours quelque chose à se mettre sous la dent.

Toute une époque assez voisine s'est préoccupée dans les manifestations de l'architectonique, des influences françaises, par le truchement des moulures, des corniches, des frontons et des balustres principalement. Avant, il y eut Bourgeault, l'Architecte ; le seul, de qui l'œuvre possède au naturel, la sonorité française, franche, pure, saine, logique, simple et modeste ; je connais aussi une église à l'angle des rues Lagauchetière et Côté, dont la façade lorsqu'on la longe, donne avec intensité la sensation exquise et soudaine à la hauteur des yeux de tel mur d'église rue Notre-Dame-des-Champs. Mais on voit qu'il faut déjà se battre les flancs et qu'on est vite à bout de souffle.

Tout ceci n'est guère concluant dans le sens français, tant que ne s'établit pas le contact avec la population ; c'est-à-dire aussi longtemps que le jugement reste objectif. Pourtant on ne peut abandonner la partie, lorsqu'on connaît tant de circonstances atténuantes.

Ce port immense a beau nous écarter violemment de la notion française (et quelle importance il a, il aura dans la physionnomie générale de la ville) ; cette rue Saint-Jacques, si anglaise, et le reste si américain de bas étage et tout l'ouest tour à tour anglais avec grâce ou soumis aux influences les plus diverses, ne suffisent pas à nous faire abandonner cette conviction profonde, que malgré tout le ridicule dans la réalité des faits, cette désignation de ville française tient à quelque chose de très profondément nécessaire, et qui doit un jour incertain, se retrouver et éclater magistralement.

Ce n'est pas la bourgeoisie qui la sauve, cette idée. Sans l'accuser ni l'absoudre, on doit admettre que dans l'évolution qu'elle subit, soumise à des influences, à des tracas, à une sorte de transmutation incessante, instable, elle n'est pas en état de manifester nettement. Elle est sans caractère et elle est condamnée à cet état pour un temps indéfini. Trop de forces contraires la travaillent : il est prématuré de chercher à discerner la note dominante. Ce n'est pas non plus le clergé, qui pourtant la veut, — partie de sa tâche, — mais qui n'a pas encore retrouvé sa mesure, qui n'est pas encore assez loin ni assez haut sur le chemin montant du retour. On n'en sait pas davantage sur l'action réelle des intellectuels, professeurs, enseigneurs de toutes sortes, — si toutefois l'espoir reste permis de ce côté. Par contre, le peuple plus intensément fermé que jamais à toute influence extérieure profonde, et qui suit son instinct, adopte ou refuse ce qui lui est présenté pour des raisons auxquelles auraient obéi ses anciens. Il a abandonné les formes du passé, mais pour des raisons de nécessité beaucoup plus impérieuses qu'on ne le saisit : Le passé est devenu pour lui lettre morte : il ne lui sert plus de rien, quand il n'est pas soucieux de parvenir. C'est pourquoi il reste indifférent aux raisons futiles qui font adopter aux autres classes, des modes qu'elles croient reposer sur la culture et la tradition. Il agit préoccupé obscurément de logique, sans s'expliquer à soi-même le pourquoi de ses actes, mais avec décision. Il a perdu tout l'acquit transmis par ses pères, qui avec les siècles s'étaient débarrassés du déchet et gardaient les notions essentielles, inchangeables dont ils savaient user avec un sûr instinct.

Ce tamis de l'expérience des siècles constituait la sérénité et la pérennité du goût populaire.

Aujourd'hui on parle étourdiment du mauvais goût canadien-français. Pourquoi ne pas imaginer plutôt que les circonstances sont telles que ce goût proprement canadien-français ne trouve plus l'occasion de s'exercer, — sans que soit morte la flamme française ? Il me semble, qu'envisagé sous cet angle, le problème se pose avec des chances plus nombreuses d'une issue favorable : au nord-est de la ville, dans un bout de rue qui s'appelle rue St-Hubert passé la rue Mont-Royal, aux heures d'affluence, aux heures de marché, de jour ou de nuit, on se croirait dans un gros bourg populeux de province quelque part en France. On se dit soudain : un peu plus loin, je vais tomber sur le chef d'œuvre inconnu de quelque maître maçon obscur et génial.

Qu'on remette ces gens sur la voie, c'est tout ce qu'ils demandent, c'est tout ce qu'il leur faut. On ignore à quel point leurs doigts ont la nostalgie d'inventer comme leurs pères et de dresser des témoignages inspirés de la logique ancestrale. Dans sa volonté de retrouver un équilibre, le Montréalais moyen d'origine française commet souvent l'erreur d'emprunter aux autres, car il ne croit pas avoir en lui ce qu'il faut pour lutter et se maintenir. Cela l'amène à l'adoption radicale des formes qu'il voit servir constamment et qui s'imposent à lui, croit-il ; ailleurs, la réaction reste purement négative, suppression de toute influence, et c'est là où la chance paraît probable. En peinture, l'exemple est catégorique avec ce Marc-Aurèle Fortin, né malin, d'une ignorance si totale, inapte aux influences extérieures, qui récrée ; français d'instinct, aussi pauvre soit-il en moyens, dans tous les cas ni anglais, ni américain, LATIN.

Nous avons cette idée fixe quand il s'agit de la France, d'une France vouée aux arts, aux lettres, consacrée aux chefs-d'œuvres, d'une France inhumaine qui ne vit pas d'une vie quotidienne, mais de beau langage, de gestes fixés définitivement par le sculpteur, le peintre, dans l'art des jardins et des bâtiments. Idée puérile et touchante. Nuisible aussi, car elle nous fait ouvrir les bras à toutes sortes de petits aventuriers, par tendresse pour un idéal fabriqué de toutes pièces, et ne nous évite pas l'erreur de rester fermes aux manifestations variées si intenses de la France vivante.

Ainsi restons-nous abusés, lourdement chargés d'un concept démodé et encombrant, dont nous ne pouvons tirer nul profit pratique, c'est-à-dire transformable en réalisation : sorte de grenier ou vont mourir les vieilles lunes. Tout ce qui est français y est transporté, au lieu d'être levier et principe d'action. Le peuple souffre inconsciemment de cet illogisme. Sachons que ce n'est pas d'une préférence qu'il s'agit ; ce n'est pas de faire un choix conscient entre différentes formes et des habitudes contraires.

Le fait de vivre sur le sol d'Amérique et d'en avoir adopté les habitudes continentales et la liberté relative ; le fait d'aborder assez brutalement toutes les questions (parce que c'est dans l'air) et la conviction d'avoir abandonné des préjugés, des motifs d'abstention ou d'action proprement européens, n'a pas suffi apparemment et certainement à transformer en nous l'instinct. Toute notre population des campagnes en fait foi et notre ville qui se nourrit d'elle, qui s'en augmente dans son élément français, ne fait que confirmer cette proposition de principe. Psychologiquement nous sommes dans une impasse, dont nous ne sortirons que si nous prenons notre parti de nous tourner vers l'avenir et nous nous servons du passé pour mieux nous comprendre, sans nous attacher platement aux formes accidentelles ; un désir irrésistible nous venant alors de plus de logique, de plus de clarté et d'un ordre plus catégorique. Depuis cinquante ans, — c'est à Montréal que le fait est le plus facile à contrôler, — la notion d'ordre a disparu ; elle est, semble-t-il, extirpée de nous. Mais c'est sur elle qu'il est possible d'appuyer un retour à cette notion française de grande ville, qui nous préoccupe toujours. Nous n'avons certes pas la conception anglaise : il n'est pas en nous d'envisager la ville comme un terrain privé pour notre repos intime et nos affaires personnelles, à l'usage exclusif du clan. Nous gardons le désir d'une certaine vie officielle, témoignée à la vue du peuple ; de certains actes pompeux, religieux ou civils, de discours sur la place ; jusqu'à travers ce goût simple des cavalcades de la Saint-Jean-Baptiste, nous perpétuons une certaine forme populaire de la vie publique. Rien qui reproduise les nécessités analogues américaines. Un souci de l'ampleur à côté duquel les manifestations extérieures des autres groupements pâlissent, en intensité.

Ainsi, je crois bien que ce besoin des actes en public, sous les yeux de la foule, un jour ou l'autre, nous ramènera après un temps d'attente et de préparation dure, fatalement dans l'alignement de nos origines ; ainsi se trouveront à valoir des gestes et des actes qui aujourd'hui paraissent souvent si déplacés, si incompréhensibles et qui le sont en fait parce que rien ne les prépare, ne les accompagne, n'explique ni ne favorise leur validité.

Ces tendances naturelles, traduites en termes d'urbanisme, jouent la fonction d'ossature, de trame, soutenant, contenant, déterminant et répartissant dans l'harmonie. C'est là un des secrets essentiels des grandes capitales françaises et latines de Paris à Washington.

Montréal, ce faisant, peut devenir une ville variée aux mille visages souriants et le passage des styles et des cultures, s'y maintenir sans déséquilibre et sans marquer en excès de l'un sur l'autre.

S'il est véridique que celui de la France passée offre peu de chance d'y paraître à son avantage, la façon dont se conduira le développement de demain, — ce développement fatal qu'il faut déjà envisager, préparer dans la réflexion au milieu des tempêtes et des bouleversements, — nous permettra de marquer la permanence du caractère français.

Faire de notre village natal une cité, non pas par sujétion à une nation étrangère ou à une époque révolue ; non pas comme un effacement et par complexe d'infériorité ; simple traduction libre et naturelles d'un instinct racial : Rêve décent, qui convient.

Redressement... Maintenance... Etat de veille... Actes en fonction du devenir... Montréal grande cité française de demain... Utopie ?

Quoi qu'il arrive nous en porterons forcément, tels nos prédécesseurs, la responsabilité.

Marcel Parizeau [c].

---

c. Marcel Parizeau, « Montréal, ville française », *Amérique française*, vol. I, nº 4, mars 1942, p. 33-38.

Document n° 91

1943 — REGARDS VERS L'EST

La plupart des grandes querelles linguistiques qui ont passionné les Canadiens fran-
çais se sont déroulées dans les provinces situées à l'ouest du Québec. Aussi les
Canadiens français du Québec ont-ils toujours suivi avec la plus grande attention
l'évolution de la situation du français en Ontario et dans les provinces de l'Ouest.
Mais ils se sont aussi intéressés au sort de la minorité acadienne, avec plus de discré-
tion toutefois, car les Acadiens, soucieux d'affirmer leur particularisme, étaient peu
portés à réclamer l'appui du Québec. Mgr Paul-Émile Gosselin, secrétaire du Comité
de la survivance française, lance ici un appel à la province du Québec pour qu'elle
vienne en aide aux Acadiens désireux d'assurer la publication quotidienne de l'Évan-
géline qui était alors un hebdomadaire [a].

Le 8 septembre 1942, de grandioses manifestations, religieuses et nationales à la fois, marquaient, à Moncton, la consécration épiscopale des deux pasteurs que Rome venait de donner à l'Acadie : Son Excellence Monseigneur Norbert Robichaud, archevêque de Moncton, et Son Excellence Monseigneur Camille Leblanc, évêque de Bathurst. Dans la remarquable allocution qu'il prononçait au dîner du sacre, Son Excellence Monseigneur Antoniutti, Délégué Apostolique au Canada, évoquait dans les termes suivants le rôle de l'évêque :

« Autour des évêques, disait-il, c'est tout un mouvement de vie religieuse et sociale qui s'organise et se déroule. C'est la vie d'un peuple qui prend conscience de sa force. L'épiscopat a toujours été le gardien de la foi et de la morale des peuples, leur force dans les persécutions, leur soutien dans les contrastes. »

Les deux nouveaux évêques ont recueilli des lèvres de Son Excellence le Délégué Apostolique ce programme d'action et ils ont entrepris, dès le lendemain de leur sacre de le mettre à exécution. Très au courant des problèmes qui se posent pour le peuple acadien, ils ont commencé avec un dévouement, digne d'admiration et d'encouragement, à résoudre ces problèmes.

Il leur a paru qu'un double danger menaçait le bloc acadien des Maritimes : la presse et le cinéma, tous deux protestants et anglais. La presse, plus encore que le cinéma, puisqu'elle pénètre dans les paroisses les plus reculées, dans les plus modestes demeures. Dans une remarquable causerie sur l'Acadie prononcée à la séance solennelle de la Société du Parler Français, le 24 février dernier, Son Excellence Monseigneur Robichaud n'hésitait pas à déclarer que l'établissement d'une presse catholique et française influente était une question de vie ou de mort — tant du point de vue de la foi que de celui de la langue — pour les 225,000 Acadiens des Maritimes.

Nos compatriotes acadiens sont passés aux actes. Sous la direction de leurs chefs spirituels, ils ont formé un Comité de la Bonne Presse acadienne. Ce comité s'est assigné un double but : répandre chez les Acadiens le goût du journal catholique et français, recueillir les fonds nécessaires à la fondation d'un grand quotidien. Il

a. Au sujet de *l'Évangéline*, voir Paul-Emile Gosselin, *le Conseil de la vie française 1937-1967*, Les Editions Ferland, Québec, 1967, p. 57-61.

s'emploie activement depuis quelques mois à trouver à ce quotidien et les ressources financières et les abonnés dont il a besoin.

Une telle entreprise exige de l'argent. On a parlé de cent mille dollars, la somme est modeste si on la compare à l'entreprise qu'elle doit alimenter. Elle s'avère suffisante parce qu'elle ne fait que s'ajouter à un capital de vertus chrétiennes et patriotiques qui constitue le premier et plus solide fondement de l'édifice projeté.

L'Acadie a commencé à verser son obole en faveur de sa presse catholique et française. Mais elle a été trop souvent dépossédée au cours de sa tragique histoire pour posséder beaucoup. Aussi tourne-t-elle ses regards vers la province de Québec, vers la vieille Province qu'une Providence attentive a préservée de bien des tempêtes afin qu'aux heures difficiles, elle fût en mesure de porter secours aux membres de la grande famille française en terre d'Amérique.

Bien des raisons pressent Québec d'entendre cet appel. Il y a la communauté du sang et de l'esprit, de la nature et de la grâce, une longue tradition de joies et de deuils toujours partagés. Plus encore peut-être la liaison d'un même destin catholique et français en face des périls actuels et futurs.

Québec, c'est la France d'Amérique, mais une France sans cesse en lutte avec elle-même et avec son environnement. Québec a besoin, pour avoir en son avenir une foi ardente, conquérante, pour se faire une âme toujours plus forte et plus rayonnante, Québec a besoin de protection contre lui-même et contre tout ce qui n'est pas lui-même. Comme la France d'outre-mer, il doit compter sur ses Marches de l'Est, sur l'Acadie, avant-poste et bastion de résistance catholique et française en face de deux océans : l'océan mouvant des flots et celui des hommes.

Cela, Québec le sait. Parce qu'il le sait, il répondra avec générosité à l'appel venu de l'Acadie. Le Comité de la Survivance Française s'est fait le messager de cet appel. Il invite nos compatriotes à lui adresser leur offrande et leur message d'encouragement au peuple acadien afin qu'il ait la joie de faire à l'appel venu de ses Marches de l'Est une réponse qui soit à la hauteur de ses devoirs et des périls du moment.

Paul-E. Gosselin, ptre [b].

N.B. — On est prié d'adresser sa souscription comme suit :
  Comité de la Survivance française, Université Laval, Québec.

---

b. Paul-Emile Gosselin, « l'Aide à l'Acadie », *le Canada français*, vol. XXX, n° 8, avril 1943, p. 600-602.

Document n° 92

1944 — TOUS LES PEUPLES ONT UNE DETTE À L'ÉGARD DE LA FRANCE

Journaliste, poète et critique, Gilles Hénault, né en 1920, a été mêlé activement, depuis une vingtaine d'années, aux divers mouvements artistiques qui ont surgi dans le Québec. Il a publié quatre œuvres poétiques, écrit plusieurs scénarios pour l'Office national du film et collaboré à diverses revues littéraires et artistiques. De 1966 à 1971 il fut directeur du Musée d'art contemporain du Québec.

* * *

À l'automne de 1944, Gilles Hénault exprime dans la revue Amérique française *ses sentiments de reconnaissance à l'égard de la France qui achève, après quatre années d'occupation militaire, la libération de son territoire.*

« La France... » commençait-il, et sa voix tombait à plat, dégonflée : il avait tout dit. Plus modestement, plus sincèrement aussi, mais d'une façon non moins délirante, nous porterons un toast à la France en pensant aux vins d'Alsace, d'Anjou et de Bourgogne, à la cathédrale de Chartres, à Charles Péguy, à la photo de la tour Eiffel, aux pommiers de Normandie, à la lumière de Provence comme on la voit dans les films, à cette formidable poussée de la résistance française, à la femme française qui vit parmi le désastre et qui reprise son énergie à mesure qu'elle s'use comme elle ferait d'un bas de laine, à l'homme français si divers et si reconnaissable et d'une qualité unique, à Matisse, à Darius Milhaud, à tous les autres qu'on ne saurait nommer parce qu'ils sont trop nombreux pour qu'on les énumère, mais non pour qu'on les aime, à Paris, la grande ville et aux petits patelins de province, patelins bourgeois, patelins bien assis et en pantoufles où s'enseigne l'art de vivre, à la France même. Et ici nous devrions normalement nous taire, ayant tout dit.

Mais il y a nous. N'allons pas croire que l'amour du monde pour la France soit un amour désintéressé. La France se distribue parmi les peuples comme une denrée. C'est elle qui est riche et même dans la pire détresse. C'est elle qui donne, même quand elle reçoit. Quand nous aurons aidé la France de toutes nos forces, quand nous croirons l'avoir comblée de bienfaits, nous serons encore en dettes envers Debussy et Ravel, envers Cézanne et Rousseau, envers Valéry et Cocteau, envers Proust, envers Giraudoux, envers Maillol, envers le ciel et le sol même de ce pays. Ce n'est pas une idole que nous aurons nourrie : c'est, comme dans le conte de « La Belle et la Bête », un être merveilleux dont la seule présence dans le monde nous aidera à nous dépouiller de notre peau de bête.

Tous les peuples ont une hypothèque sur la France, et nous, semble-t-il, plus que les autres. Ces Français, que l'histoire nous permet d'appeler familièrement nos cousins, à la mode de Bretagne, ces Français sont pour nous un motif d'espérance, un exemple constant, une victoire sur nous-mêmes et sur les médiocrités qui nous entourent. C'est donc très égoïstement que nous les aimons. Nous avons au moins cette excuse que ce n'est pas pour des mobiles politiques, pour des ambitions économiques, pour des désirs d'hégémonie. Nous aimons égoïstement la France, parce qu'elle nous enseigne silencieusement un art de vivre.

« La France... » recommença-t-il. Et il se tut.

Gilles Hénault [a].

a. Gilles Hénault, « la France », *Amérique française*, vol. 4, n° 2, novembre 1944.

Document n° 93

1948 — *CONTRE LA DÉMAGOGIE LITTÉRAIRE*

Rex Desmarchais, écrivain et journaliste, est né à Montréal le 6 janvier 1908. Après avoir terminé ses études classiques au Collège Sainte-Marie, il travaille à la librairie d'Action canadienne-française que dirigeait Albert Lévesque. Entré ensuite à la Commission des écoles catholiques de Montréal, il s'occupera pendant plus de vingt ans de l'École canadienne, revue de pédagogie et de culture générale publiée par la C. E. C. M.

Rex Desmarchais a collaboré à plusieurs journaux et revues, notamment au quotidien le Canada *d'Olivar Asselin et à l'hebdomadaire* le Jour *de Jean-Charles Harvey. On lui doit en outre quelques romans,* l'Initiatrice *(1932),* le Feu intérieur *(1933) et* la Chesnaie *(1942)* [a].

※ ※ ※

*Dans les colonnes d'*Amérique française, *Rex Desmarchais s'en prend aux écrivains canadiens-français qui cherchent à adapter leur style à la langue — souvent incorrecte — du peuple. Il rappelle que l'écrivain a le devoir impérieux de veiller à la correction de la langue nationale* [b].

Un de mes amis, écrivain, me disait : « Pourquoi persistes-tu à écrire un français qui imite le plus possible la langue des écrivains de France et, surtout, des écrivains de Paris ? Quoi que tu fasses, quels que soient les efforts et l'application que tu y mettes, tu sais bien que tu n'écriras jamais avec la même élégance et la même perfection que les écrivains français et parisiens. Espères-tu battre, avec leurs propres armes et sur leur propre terrain, Paul Valéry, André Gide, Georges Duhamel, Henry de Montherlant, Jacques de Lacretelle ? Ne vaudrait-il pas mieux pour toi (et pour nous tous, écrivains canadiens de langue française), d'essayer de nous exprimer à *notre propre manière*, de travailler à la transformation de la langue française selon l'esprit et les exigences de notre milieu ? Notre milieu est très éloigné et très différent du milieu français. Notre genre de vie, nos problèmes, nos besoins, nos divertissements ne sont pas du tout ceux des Français. Nous n'avons que peu d'intérêt pour ce qui les passionne ; ce qui nous passionne ne les intéresse guère. Pourquoi ne nous efforcerions-nous pas d'élaborer une langue spécifiquement canadienne, une langue qui correspondrait vraiment aux réalités et répondrait vraiment aux exigences de notre milieu du Québec et du Canada français ? Cela ne serait-il pas plus fécond pour nous et pour notre peuple que notre ridicule et stérile entêtement à singer les écrivains de France et de Paris ? » J'avoue que je ne fus pas persuadé par l'éloquence et les arguments de mon ami. Que pourrait être cette langue canadienne dont il préconisait l'élaboration ? Un mélange de français, d'anglais, d'anciens idiomes indiens et d'idiotismes. A ce mélange, on pourrait intégrer des mots de notre propre création et qui définissent des réalités canadiennes qui n'existent pas en France... Cette langue nouvelle exigerait un nouveau dictionnaire, une nouvelle grammaire... mais cette langue serait-elle populaire ? Les Canadiens-français

a. Sur l'auteur voir Maurice Brière, *Bio-bibliographie de Rex Desmarchais*, préface de Robert Philie, Montréal, l'Ecole des bibliothécaires de l'Université de Montréal, 1942, texte dactylographié, 87 pages.

b. Ce texte évoque la question, plus contemporaine, du joual. Voir le document n° 110.

voudraient-ils, pourraient-ils l'apprendre, la parler couramment ? Ne s'agirait-il pas d'une invention purement littéraire, d'une artificielle fabrication de quelques écrivains en mal d'innovation et d'originalité ? Dans les villes comme dans les campagnes, nos gens parlent le français. Souvent, en raison de circonstances particulières, ils le parlent mal. Néanmoins, c'est un français authentique qu'ils parlent même s'il est pauvre et incorrect. Par négligence, ils déforment la prononciation ; par ignorance, par indigence de voca-bulaire, ils emploient des tournures et des mots anglais, des tournures et des mots de leur cru. Mais, dans tous les cas, il s'agit de négligence et de laisser-aller, d'ignorance et d'indigence linguistique ; non pas d'un renoncement conscient à la langue française, d'une volonté délibérée de parler un autre langage que le français.

L'écrivain canadien de langue française doit-il prendre prétexte des *fautes* du parler populaire de nos gens (des villes ou de la campagne) pour mal écrire ? Doit-il élever aux honneurs de la littérature les faiblesses, les déficiences et les lacunes du parler populaire ? Si beaucoup de gens parlent mal, devra-t-il croire, lui, qu'il fait de l'excellente littérature en reproduisant ce parler défectueux ? Je ne le crois pas. Tout au plus pourra-t-il plaire au plus grand nombre en flattant son penchant, son inclination au plus facile. C'est là basse démagogie.

....

La langue est une des forces et un des moyens qui permettent à la dignité humaine d'atteindre à sa plénitude. L'homme doit savoir s'exprimer pour communiquer avec ses semblables ; pour éclaircir ce qui se passe en lui et comprendre son propre drame. Plus on trahit sa langue, plus on renonce à un de ses meilleurs attributs de personne humaine, à une de ses puissances fondamentales. Posséder un vocabulaire et avoir l'art d'en utiliser toutes les ressources, les nuances et les finesses, c'est la condition première de la pensée personnelle et de la communication efficace avec autrui. A l'intérieur de l'homme, la pensée naît et s'évapore comme une vaine fumée. C'est par le secours des mots qu'elle s'incarne, se fortifie et se développe jusqu'à son plein épanouissement ; c'est par l'art de la parole que l'homme transmet sa pensée à ses semblables.

Selon moi, l'écrivain est particulièrement coupable, qui abuse de son moyen d'expression ; qui consent à l'abâtardir, à l'affaiblir, à l'obscurcir. Aucun prétexte, si légitime soit-il en apparence, ne saurait justifier cet abus. De la part de l'écrivain cana-dien, déformer volontairement la langue française sous prétexte de travailler à l'élabo-ration d'une langue canadienne, c'est lâcher la proie pour l'ombre — la plus substantielle des proies pour la plus décevante des ombres.

Certes, la langue française ne sera pas éternelle ; il est possible que nos descen-dants du XXXe siècle parlent et écrivent une autre langue. Mais devons-nous œuvrer en vue de la création de cette langue-là ? Croyons-nous de bonne foi que nous en hâtions l'avènement en déformant la langue française qui est notre seul moyen actuel de pensée et d'expression ? La langue subit de lentes modifications et transformations. L'écrivain s'y soumet avec prudence, les accepte avec discernement. Il lui est permis de risquer des innovations qui lui paraissent, réflexion faite, raisonnables et souhaitables. Mais ces prudentes innovations de détail n'ont rien à voir avec un bouleversement global, une révolution qui chambarderait tout de fond en comble. On peut toujours excuser le révo-lutionnaire qui veut détruire l'ordre régnant en vue d'un ordre nouveau qu'il juge supé-rieur et qu'il conçoit nettement. Pareille entreprise révolutionnaire se justifie. Mais que penser du révolutionnaire qui veut détruire un inestimable trésor linguistique en vue de la création d'une langue nouvelle qu'il n'imagine que vaguement ?

La langue française, qui est notre langue maternelle, a fait ses preuves dans le monde depuis plus de trois siècles. Elle a puissamment contribué à la connaissance de l'homme intérieur, au progrès des sciences et des arts ; elle s'est avérée un instrument de précision pour l'échange des idées et pour la communication des hommes entre eux ; elle a donné naissance à une des plus riches et des plus belles littératures. Bref, elle a été un merveilleux agent de civilisation.

Il me paraît incroyable que l'écrivain canadien renonce à cette langue ou qu'il songe à la déformer, à la massacrer dans l'espoir qu'une langue nouvelle naisse comme par enchantement de ce massacre. L'écrivain digne de ce nom n'a pas à suivre et à contresigner de son autorité les fautes, les négligences, les lacunes, les avilissements du parler populaire — paysan ou citadin. Au contraire, il doit tendre tout son effort à corriger le parler populaire, à donner dans ses écrits des modèles de précision et de pureté linguistiques. Il ne s'agit pas ici pour l'écrivain canadien de rivaliser avec les grands écrivains français du passé ou d'aujourd'hui. Que Gide, Valéry, Duhamel, Montherlant, de Lacretelle écrivent une langue plus pure, plus rigoureuse, plus élégante que la mienne, c'est ce dont je me rends fort bien compte. Mais qu'ils écrivent si bien n'est pas une raison pour que je m'applique à mal écrire afin de ne pas leur ressembler, afin de n'être pas *battu* par eux ?

Je me place sur un autre plan : celui où je défends, selon mes forces et mes lumières, mes dons et mes talents, l'intégrité de ma langue maternelle. Je l'aime passionnément et je la respecte de mon mieux parce que je vois en elle le seul instrument dont je dispose pour penser et raisonner, pour affirmer et rehausser ma dignité d'homme.

Rex Desmarchais [c]

---

c. Rex Desmarchais, « Notre langue », *Amérique française*, vol 7, no 1 (septembre-novembre 1948), p. 1-4.

Document nº 94

1949 — « *CLASSICISME CONTRE ROMANTISME AU CANADA FRANÇAIS* »

Séraphin Marion, homme de lettres, est né à Ottawa en 1896. Il est titulaire de la maîtrise ès arts de l'Université d'Ottawa (1921), du doctorat de l'Université de Paris (1923) et du doctorat ès lettres de l'Université de Montréal (1933).

En 1920, S. Marion était nommé professeur de français au Collège militaire royal de Kingston. En 1925, il entrait aux Archives publiques du Canada et devint chef du service de la traduction, poste qu'il occupera de nombreuses années. Il enseigna également à la Faculté des lettres de l'Université d'Ottawa et fut nommé, après un quart de siècle d'enseignement, professeur émérite de cette faculté (1955). Il fut aussi président de la Société des conférences de l'Université d'Ottawa (1927-1939).

Au cours des années 1929, 1930 et 1931, S. Marion fut le conférencier officiel de l'Association des Canadian Clubs. Il prononça à ce titre de nombreuses conférences dans la plupart des provinces canadiennes et traita notamment des relations entre Canadiens anglais et Canadiens français au sein de la Confédération. Il reprit le même sujet, en octobre 1964, au cours d'une tournée de conférences dans l'Ouest canadien faite sous les auspices du Conseil de la vie française en Amérique.

S. Marion a été secrétaire bénévole de la Société royale du Canada de 1945 à 1952, secrétaire de la section française de la Canadian Catholic Historical Association de 1936 à 1954 et secrétaire de la section française de la Canadian Historical Association de 1937 à 1950.

S. Marion a écrit de nombreux livres et articles de revue. Sa thèse de doctorat sur les Relations des voyageurs français en Nouvelle-France au XVIIe siècle (1923) et son étude sur Pierre Boucher (1927) furent primées au concours d'Action intellectuelle de l'A.C.J.C. Mais on lui doit surtout des études littéraires sur les Lettres canadiennes d'autrefois dont huit tomes ont paru de 1939 à 1954.

* * *

Dans un article paru dans Amérique française, *Séraphin Marion analyse les causes de l'attachement des Canadiens français au classicisme et leur retard à accepter le romantisme.*

En France, les institutions d'enseignement secondaire se nomment lycées ; au Canada français, collèges *classiques*. Les enfants de nos compatriotes de langue anglaise passent par le « high school » avant d'entrer à l'université ; les nôtres, pour la plupart, reçoivent une formation *classique* avant de suivre les cours universitaires. Depuis plus d'un siècle, notre peuple a toujours posé, à tort ou à raison, une ligne bien nette de démarcation entre notre classe professionnelle munie, dans l'immense majorité des cas, d'études classiques, et les autres catégories de travailleurs, clientèle exclusive — jusqu'à ces derniers temps, du moins — de l'enseignement technique ou commercial.

Ce mot *classique* prend ainsi la valeur d'un symbole. Il atteste l'importance que le Canada français des XIXe et XXe siècles attache à cette forme spéciale de culture qui repose sur les humanités gréco-latines consolidées surtout par le commerce des écrivains de l'époque de Louis XIV. Cette persistance d'un mode d'enseignement en terre américaine, au milieu de peuples imbus de pragmatisme, engendre quotidienne-ment maintes controverses dont on retrouve les premières traces en parcourant les revues et journaux canadiens de la seconde moitié du siècle dernier. Mais ce qui ne prête le flanc à aucune discussion, c'est le fait indubitable du maintien, sur toute l'étendue du territoire laurentien, d'une tradition classique qui prit sa source à Québec, dans la ville de Mgr de Laval, à l'ombre de l'historique citadelle : le collège des Jésuites, la première institution du genre en Amérique du Nord, puis le Séminaire de Québec servirent de modèle à toutes les maisons d'enseignement secondaire que fréquente aujourd'hui la jeunesse étudiante du Canada français.

Or, à quelle période de notre histoire s'organisèrent effectivement les plus anciens collèges classiques ? A peu d'exceptions près, dans la première moitié du XIXe siècle. De 1803 à 1832, sept séminaires ou collèges se fondèrent, rejetons vivaces des anciens séminaires de Québec et de Montréal. Cette constatation ne manque pas d'intérêt à qui veut découvrir la genèse de l'esprit classique chez nous : elle révèle qu'il était mora-lement impossible à nos pionniers de l'enseignement secondaire d'inscrire, aux pro-grammes d'études de leurs maisons, des écrivains de l'école romantique.

C'est entre 1830 et 1845 que le Romantisme donna, en France, le meilleur de sa sève et de ses fruits. Mais du point de vue littéraire, le Canada français retardait souvent de quelque vingt-cinq ans sur Paris [1]. Il est possible qu'un écrivain français, en vogue dans son pays, ait compté simultanément une demi-douzaine d'admirateurs au Canada ; mais il n'a jamais connu, dans les deux pays en même temps, la faveur populaire. [...]

Après avoir suscité l'enthousiasme avec les *Méditations* de 1820, les *Nouvelles Méditations* de 1823 et les *Harmonies* de 1830, l'étoile de Lamartine, au dire de Sainte-Beuve, baissait vers 1832 à l'horizon littéraire de France ; mais, au Canada, elle était à son zénith en 1860. D'autre part, Musset « la grande imitation du moment » (1852) en France, l'auteur des *Contes d'Espagne et d'Italie*, des *Confessions* et des *Nuits*, n'avait presque pas de lecteurs au Canada avant 1880. Ainsi donc, aux heures difficiles où, après la conquête, l'invasion américaine, la période des luttes constitution-nelles et l'insurrection de 1837, notre petit peuple se ressaisissait et commençait sa marche laborieuse vers la haute culture, force lui était de tenir peu de compte des écrivains postérieurs à l'école des encyclopédistes et des philosophes du XVIIIe siècle ; l'astre du Romantisme, qui s'était levé sur la France, en 1802, avec l'apparition du *Génie du Christianisme*, et brillait de mille feux, en 1840, commençait à peine, vers le milieu du XXe siècle, à frôler de ses rayons la France laurentienne [2].

---

1. Toute règle comporte des exceptions. C'est ainsi que le numéro du 16 juillet 1869 de la *Minerve* annonce que la librairie Alphonse Doutre, de Montréal, tient à la disposition de ses clients *L'Homme qui rit* de Victor Hugo, roman publié, à Paris, en 1869 également.

2. Ce qui, en aucune façon, ne veut dire que nos pères, vers 1850, ignoraient tout du Romantisme. Ce n'est pas, non plus, la venue de la *Capricieuse* qui leur révéla l'existence de Lamartine, de Hugo, de Musset et de Vigny. On nous permettra de nous référer là-dessus au chapitre IV du tome IV de nos *Lettres canadiennes d'autrefois*.

Mais faisons une supposition impossible. Même si le monde eût connu, dès 1830, les moyens rapides de locomotion et la diffusion du savoir qui caractérisent notre époque, l'école romantique eût-elle alors conquis sa place au soleil dans les milieux enseignants du Canada français ? Non assurément et pour deux raisons majeures, l'une d'ordre pédagogique, l'autre d'ordre psychologique.

Un écrivain mérite de figurer dans un programme d'enseignement secondaire lorsque son talent est consacré par l'admiration de plusieurs générations d'intellectuels ; l'éloge des contemporains ne suffit pas. La célébrité littéraire que conquiert un auteur, de son vivant, est souvent si éphémère ! D'autre part, l'obscurité qui enveloppe le nom de certains contemporains tient quelquefois à des partis pris de petites chapelles, à des persécutions de coteries dont la postérité n'a cure. L'histoire fourmille de ces exemples frappants des vicissitudes de la gloire. [...]

Bien audacieux celui qui sans attendre le recul du temps et le jugement de la postérité proposerait, à l'admiration et à l'analyse de la génération montante, des œuvres contemporaines presque toujours ballottées par des vagues d'engouement ou d'antipathie. Ces fluctuations empêchent la claire vision de la réalité et le verdict impartial de l'histoire. [...] Ainsi, en 1830 ou même en 1850, la pensée ne serait venue à aucun éducateur de France ou du Canada de commenter en classe quelques poèmes d'un Lamartine ou d'un Musset.

A cette raison d'ordre général s'ajoute un motif d'intérêt particulier au Canada français. Quelle fut, en effet, la préoccupation essentielle sinon unique de nos dispensateurs de culture dans la première moitié du dernier siècle ? Le maintien, à coup sûr, de nos traditions catholiques et françaises. Notre petit peuple se trouvait alors sur la défensive. Sans doute lui était-il loisible d'escompter des succès ultérieurs, une période de développement et de rayonnement dans les provinces-sœurs. Mais pour le moment, il n'obéissait qu'à un seul mot d'ordre : tenir ! persister ! maintenir ses positions devant les assauts de l'anglicisme et du protestantisme ! [...]

Pour résister à l'adversaire, pour durer au milieu de tant d'agents de perdition nationale, nos éducateurs de 1840 ou de 1850 ne pouvaient s'accorder le douteux privilège de se mettre à la remorque des novateurs français de 1830. Les admirateurs du Romantisme l'emportaient alors en France ; mais la situation ne serait-elle pas modifiée cinquante ans, cent ans plus tard ? Si à l'enthousiasme du moment succédait une réaction en faveur des anciens, la postérité pardonnerait difficilement aux pionniers de l'enseignement français au Canada d'avoir accroché leur char à l'étoile filante du Romantisme. Mieux valait garantir sa propre durée en s'attachant à ce qui déjà avait duré. Mieux valait imposer une doctrine d'où résulte une stabilité hostile au jeu des impressions subjectives et en harmonie avec le caractère universel des réalités objectives. Au cours des deux grandes guerres, les classiques jouirent d'un regain de vitalité en France. Quand la botte allemande foulait le sol de notre ancienne mère patrie, plusieurs se tournèrent vers les classiques comme jadis on se pressait autour des dieux de la cité. Les lire, c'était communier avec l'immanente humanité ; c'était subsister en dépit d'un désastre éventuel. De toute façon, c'était faire halte sur les sommets de la pensée, se recueillir dans cette solitude, en recevoir une solide trempe en prévision des combats futurs.

Le Canada français, lui aussi, chercha instinctivement à s'aggripper à l'immuable. Aux heures mornes qui suivirent la conquête et sonnèrent, par intermittence, à travers la première moitié du XIXe siècle, alors que des sentiments de fatalisme ou d'universelle inanité s'insinuèrent dans les cœurs les plus vaillants, il importait de chercher refuge auprès des classiques, ces morts éternellement vivants, afin d'y découvrir des recours contre la dispersion qui menaçait alors l'unité de l'âme canadienne-française.

Soulignons un autre trait qui, au siècle dernier, dans une certaine mesure tout au moins explique la proscription du Romantisme des cadres de notre enseignement secondaire.

Le Canadien français cultivé a toujours nourri une vive affection à l'égard de son ancienne mère patrie. Si l'Angleterre finit par lui accorder la liberté, la France lui donna la vie. Il tient d'elle sa religion, sa langue, sa culture et son idéal. Mais cette France qui se pencha sur le berceau du peuple canadien-français et guida ses premiers pas, ce n'est pas la France de Robespierre, de Danton ou de Marat, c'est la France du cardinal de Richelieu et de Louis XIV. En règle générale, le Canadien français vénérait, pendant tout le XIXe siècle et au grand scandale des visiteurs républicains, la France de l'ancien régime, la France qui avait consacré l'alliance du « trône et de l'autel » ; la France régicide de la Révolution et de la Déclaration des Droits de l'Homme inspirait à son cœur religieux et monarchiste des sentiments de répulsion sinon de haine. Et, dans la plupart de nos collèges ou séminaires, la présence de prêtres français expulsés de la terre natale par les fils spirituels de la Révolution ne contribuait pas peu, comme bien on le pense, à accroître l'amour de l'ancien régime et l'hostilité sourde envers les régimes ultérieurs. [...]

....

L'un des grands ancêtres de la Révolution est Jean-Jacques Rousseau. Mais l'auteur du *Contrat social* est aussi le père du Romantisme ; cette école, on le sait, s'inspira largement des *Confessions* et de la *Nouvelle Héloïse*. Dès lors, la cause était jugée aux yeux de bon nombre de ceux qui, au XIXe siècle, tenaient entre leurs mains les rênes de notre enseignement. Le temps n'était pas encore venu où un esprit critique distinguerait entre la philosophie antisociale de Rousseau et le Rousseau littéraire, en réaction contre la raison raisonnante du XVIIIe siècle, à une époque où s'imposait le rétablissement de la sensibilité dans ses droits. Le torrent du Romantisme, eût-il par miracle égayé, dans la suite, et fécondé les plaines sèches d'un pseudo-classicisme, n'en demeurait pas moins condamnable et condamné : Rousseau l'avait pollué à sa source. Et si l'ancienne France, oublieuse de son passé, confiait la clef du temple des Lettres à la « folle du logis », la France nouvelle réparerait cette injustice, dans la mesure du possible, par son culte de la raison et son zèle à maintenir la hiérarchie des facultés.

Cette défiance de l'imagination et de la sensibilité fut souvent poussée à l'extrême. C'est ainsi que Voltaire, personnage pourtant peu sympathique dans le pays des « arpents de neige », aura droit de cité dans notre monde enseignant avant Châteaubriand et Lamartine. Il suffit, pour s'en convaincre, de consulter l'annuaire de l'Université Laval pour l'année académique 1861-1862. La page 63 reproduit quelques-unes des matières d'examen pour l'obtention du baccalauréat ès-arts. La rubrique « Littérature et Rhétorique » comporte les noms de Racine, de Boileau, de Bossuet et de *Voltaire considéré comme poète* ! Cette restriction manifeste beaucoup de prudence de la part des examinateurs ; mais elle prouve péremptoirement que, quelque trente ans après la publication des *Orientales*, des *Harmonies* ou des *Contes d'Espagne et d'Italie*, nos éducateurs initiaient leurs élèves à la partie la plus inoffensive — et la plus fade — de l'œuvre voltairienne et négligeaient de les conduire aux sources jaillissantes du Romantisme de la première heure.

....

Disons toutefois, à la décharge de ces Canadiens, qu'une circonstance atté-
nuante explique ou excuse la préférence qu'ils accordèrent à Voltaire sur les chefs du
Romantisme : la difficulté pour les Canadiens de meubler leurs bibliothèques d'œuvres
françaises, depuis 1763 jusqu'à 1830. Sur cette question, Benjamin Sulte a versé au
dossier du Classicisme canadien une pièce fort instructive. « Lorsque le Canada fut
cédé à l'Angleterre (1763), les colons français qui restèrent ici étaient au nombre de
soixante mille âmes — ils possédaient soixante mille volumes — un volume par personne. Cette bibliothèque ne s'accrût pas beaucoup jusque vers 1830 [3]. »

Affirmer que la bibliothèque des Canadiens ne « s'accrût pas beaucoup » jusque
vers 1830, c'est dire également que les livres français ne cessèrent pas tout à fait
de pénétrer au Canada.

En 1778 et 1779, *la Gazette littéraire* de Montréal sert de drapeau à une académie voltairienne. Vers 1800, les livres de Voltaire circulent entre plusieurs mains,
au dire d'un vieux curé de Québec. En 1779, le gouverneur Haldimand fonde, dans
la ville de Québec, un bibliothèque comprenant 40 volumes de Voltaire et 35 volumes
de l'Encyclopédie. Quelques années plus tard, Mgr Hubert déplore la diffusion trop
grande de mauvais livres dans son diocèse.

Bientôt les livres français s'introduisent au pays avec une facilité relative jusqu'au moment où s'établira, pour de bon, un contact véritable entre les œuvres roman-
tiques et la jeunesse étudiante du Canada. L'abbé Casgrain décrit l'enthousiasme,
l'enivrement qui en résulta. Dans ses moments de loisir, cette jeunesse dévora les
pages pittoresques de Bernardin de Saint-Pierre et de Chateaubriand, elle prêta l'oreille
aux cadences de la poésie lamartinienne, elle étancha sa soif de lyrisme après ses
incursions forcées sur les terres rocailleuses de la mythologie de la Grèce. Mais
remarquons-le bien, cette activité se manifestait en marge du programme des études
secondaires. Enseigner les belles-lettres au Canada, à cette époque, ne devait pas être
une sinécure. De toute évidence, le professeur se trouvait enfermé dans un dilemne
inévitable : ou bien étudier l'œuvre des écrivains classiques inscrits au programme et
souvent recueillir en retour l'indifférence et l'apathie des élèves, ou bien se ménager
quelques accommodements avec les dieux du Classicisme, braconner sur le territoire
romantique, provoquer les applaudissements d'un auditoire aux ardeurs juvéniles, mais
s'exposer simultanément aux foudres des autorités.

De cette enquête ouverte dans le monde des intellectuels canadiens-français du
siècle dernier, il ressort, semble-t-il, une conclusion. Peu propice à l'apparition et à la
diffusion du Romantisme, la France laurentienne — et notamment celles des universitaires — favorisera le culte — dégénéré quelquefois en fétichisme — d'un Classicisme
tenace. Après un voyage au long cours par delà l'Atlantique, les dieux de l'Olympe
élurent domicile au pays de Champlain, dans la citadelle de Québec, symbole de la
résistance classique à des théories nouvelles. Le Romantisme devra effectuer la reconnaissance des lieux et recourir à des procédés d'infiltration avant de faire l'assaut de
cette forteresse apparemment inexpugnable.

Séraphin Marion [a]

---

3. Louis-H. Taché, *La poésie française au Canada*. Préface de Benjamin Sulte, p. 12.
a. Séraphin Marion, « le Canada français et le classicisme », *Amérique française*, vol. 7,
   no 4 (juin-août 1949), p. 7-16.

Document nº 95

1951 — LE FRANÇAIS AU CANADA RESTE SOLIDE

Pierre Daviault (1899-1964) naquit à Saint-Jérôme et fit ses études à l'Université de Montréal et à la Sorbonne. Traducteur de métier, il s'intéressa également à l'étude du français.

Chroniqueur parlementaire de la Presse *à Ottawa (1923-1925), il entra ensuite au Bureau fédéral de la traduction dont il devint directeur en 1955. Professeur de traduction à l'Université d'Ottawa, il est l'auteur d'un* Dictionnaire militaire anglais-français, français-anglais *(1945) et de plusieurs ouvrages qu'il reprit en un seul volume en 1962 sous le titre* Langage et traduction. *Avec Jean-Paul Vinay et Henry Alexander, il est l'auteur du* Dictionnaire canadien français-anglais, anglais-français *(1962).*

Critique littéraire du Droit *de 1934 à 1940, Pierre Daviault a collaboré à diverses revues et émissions radiophoniques dont « la Langue bien pendue ». Membre de la Société royale du Canada (dont il fut président en 1958) et de la Société des écrivains canadiens, Pierre Daviault fut titulaire de la médaille de l'Académie française (1935) et du prix Chauveau décerné par la Société royale du Canada. On lui doit notamment une biographie de* Le Moyne d'Iberville *parue en 1937.*

* * *

À l'intention de la Commission royale d'enquête sur l'avancement des arts, lettres et sciences au Canada (Commission Massey), il fait une étude de la langue française au Canada. Le bilan qu'il dresse à cette occasion est positif.

L'existence de la langue française au Canada conditionne la nature et l'évolution de la culture en notre pays. Vérité qu'il serait superflu d'examiner de plus près. Demandons-nous plutôt si le français écrit ou parlé au Canada possède une valeur culturelle.

Qu'il existe un « français canadien », voilà une réalité qu'il serait vain de vouloir ou nier ou démontrer. Aucune langue n'est identique parmi tous les groupes qui la parlent. Les différences s'accentuent à mesure qu'on s'éloigne du centre de diffusion : nous subissons le sort de tous les peuples émigrés. Les Canadiens de langue anglaise n'y échappent pas ; Mencken a consacré des volumes à la langue américaine ; en Amérique espagnole, on ne parle pas comme en Castille. Le français du Canada ne pouvait échapper au jeu d'une loi inéluctable.

Quel est donc le français parlé au Canada ? On ne saurait répondre à cette question qu'en remontant aux origines. « La langue s'explique historiquement » (Dauzat). L'erreur des jugements portés sur le français du Canada tient à une simplification excessive. En passant, relevons brièvement ces jugements, source de parti pris et de malentendus. Ils se résument, d'un côté, à l'affirmation que les Canadiens parlent « le plus pur français du 17e siècle », et, à l'opposé, qu'ils parlent un « patois ». Ces affirmations simplistes restent loin de la vérité.

Afin d'arriver rapidement à une conclusion, bornons-nous à quelques distinctions : 1. la langue populaire traditionnelle ; 2. l'apport anglais ; 3. la langue écrite. Même si nous voulions serrer le sujet de plus près, par exemple examiner les régionalismes, nous ne pourrions donner que des indications assez vagues, vu l'absence de matériaux dignes de foi. En effet, on n'a jamais organisé, au Canada, l'étude méthodique des parlers populaires. Voilà le premier point à souligner. On a fait couler beaucoup d'encre à propos du « curieux français du Canada ». A vrai dire, ce français, peu de gens le connaissent à peu près ; personne ne le connaît à fond.

I

LA LANGUE POPULAIRE TRADITIONNELLE

L'état linguistique que nous avons appelé « langue populaire traditionnelle » est celui qui, dans son fond, a été apporté de France au Canada. Que ce parler ne soit pas « le plus pur français du 17e siècle » ni un patois, les gens réfléchis s'en doutent. Encore faut-il le démontrer.

Le « patois canadien-français »

Un patois n'est pas une langue dégénérée. C'est, selon Darmesteter, un « parler dialectal, ordinairement privé de culture littéraire ». Et un dialecte du français est l'une des formes qu'a prises le latin parlé en Gaule. Songeons que, pas plus qu'une autre langue, le français ne s'est constitué par l'effort conscient d'un groupe de personnes.

« Au IXe siècle, écrit Meillet (les langues dans l'Europe nouvelle), le français, l'italien, l'espagnol étaient des langues différentes, bien que, en France, en Italie, en Espagne, on n'ait jamais cessé de vouloir parler latin et de croire qu'on parlait latin ». Brunot écrit même (Histoire de la langue française) : « On ne doit pas dire que le français est né du latin, c'est encore du latin ».

Les parlers de la Romania se sont formés par la décomposition graduelle du latin populaire (celui des marchands, des soldats et des esclaves) sous l'action des idiomes nationaux ou des idiomes introduits à la suite des invasions barbares : c'était le régime du bilinguisme. La transformation se produisait inconsciemment, sans aucune uniformité, sans obéir à aucune direction, en des territoires privés de communications les uns avec les autres. En outre, les parlers nationaux différaient selon la région. Il n'y eut pas une langue uniforme, mais des patois et des dialectes.

Les termes dialecte et patois ne sont pas synonymes. Si le latin a subi des transformations fort localisées, il obéissait, dans une aire donnée, à des influences identiques. Les patois pouvaient différer entre villages, ils n'en avaient pas moins une proche parenté, dans un territoire, un ensemble qui était un dialecte. Chaque dialecte avait sa vie propre, ses règles, sa littérature. Un dialecte du Nord, le francien, finit par dominer les autres mais ce ne fut que pour des raisons politiques.

Compte tenu de ces brèves définitions, comment pourrait-on penser qu'il existe un patois au Canada ? Pour qu'il y eût patois, il faudrait que les premiers colons fussent tous originaires d'un même coin de France d'où ils auraient apporté leur parler régional. Il n'en a rien été. Ou bien, il faudrait que le patois fût né après l'émigration. Or, cette émigration eut lieu à une époque où une telle création folklorique n'était plus possible. (Littré note que, non seulement les dialectes et les patois ne sont pas nés d'un démembrement d'une langue française préexistante, mais, à vrai dire, ils sont antérieurs à la langue française.) Dialectes et patois naquirent lors du morcellement du latin. Par la suite, surtout à partir du 15e siècle, quand le français s'imposa, quand on eut conscience de parler une langue nouvelle, il y eut regroupement plutôt que morcellement. Depuis ce temps, dialectes et patois sont en régression. A l'époque de la colonisation de la Nouvelle-France, aucune loi linguistique ne permettait la formation d'un dialecte ou d'un patois.

Les colons venaient de tous les coins du royaume. Il n'est pas exact, comme on l'a trop dit, que nous descendons des Normands. Fussions-nous descendus des Normands, nous parlerions le dialecte normand, que l'Angleterre a longtemps parlé, — qu'elle parle encore, en un certain sens, — à la suite de Guillaume le conquérant. La statistique révèle que, de 1608 à 1700, sur 5,000 colons, il n'y avait que 950 Normands : pas même le cinquième. Les autres venaient de régions nombreuses et diverses. Du point de vue linguistique, une telle diversité devait avoir des résultats intéressants. Supposé qu'ils eussent parlé dialecte ou patois avant leur départ de France, des gens partis de points si différents, et confondus chez nous (c'était déjà le *melting pot*), n'auraient pu conserver leurs parlers sans réédifier la tour de Babel à Québec, Montréal et Trois-Rivières. Il leur fallait adopter un langage commun, qui ne pouvait être, nous l'allons voir, que le français proprement dit, ou plutôt une variété de français. Mais quelle variété de français ?

Le français que nous parlons

Réfutons ici le second jugement porté sur notre langue, selon lequel nous parlerions « le plus pur français du 17e siècle ». Pense-t-on vraiment que le premier paysan venu s'exprime comme Racine ou Bossuet ? Cependant, au début du 18e siècle, le père Charlevoix écrit que « nulle part on ne parle plus purement le français qu'en nouvelle France ». Parole qui inspire à Victor Barbeau (*le Ramage de mon pays*) ces réflexions :

« A cette époque [...] le Canada est une véritable province française [...] Une province, au surplus, qui offre sur les autres cet avantage d'avoir adouci, en les mêlant, les particularités de langage qui distinguaient encore très nettement les provinces de France. Phénomène qui en étonnera plusieurs, mais qui n'en est pas moins vrai, le français s'est uniformisé beaucoup plus rapidement en Amérique qu'en Europe ».

Uniformisation qui tenait au fait capital que nous avons signalé, c'est-à-dire à la nécessité d'adopter une langue commune. Mais rendons-nous bien compte de l'état de cette langue.

Le francien, ou français, était à l'origine le dialecte du roi de France, suzerain d'abord théorique, confiné dans l'Ile-de-France et l'Orléanais. Ce n'est qu'au début du 13e siècle que son autorité prit quelque ampleur ; que, par le fait même, le français commença à acquérir un certain prestige à son titre de langue de la cour. « C'est seulement à partir du XVe siècle que les autres dialectes furent plus ou moins réduits à l'état de patois » (E. Bourciez, *Eléments de linguistique romane*). Le français n'eut une existence officielle qu'à partir de l'édit de Villers-Cotterets (1539), par lequel François 1er substituait le français au latin dans les acts de chancellerie. La diffusion restait lente. Seuls parlaient français, dans les provinces voisines de Paris, les écrivains, les nobles, les bourgeois. En 1790, la Convention fit préparer un rapport d'où il ressortait que, sur 25 millions d'habitants, on en comptait au moins six millions qui ignoraient tout à fait le français, un nombre égal qui le connaissaient trop peu pour le parler couramment et trois millions au plus en état de s'en servir correctement et beaucoup moins sachant l'écrire. Il ne se généralisa qu'au 19e siècle, grâce au chemin de fer, au service militaire, à l'instruction obligatoire. Mais encore maintenant, « en France même, combien de gens entendent assez bien le français mais, en réalité, ne le parlent pour ainsi dire jamais ». (Pierre Groult, *la Formation des langues romanes*).

« Notre langue commune, telle qu'elle a été fixée au XVIIe siècle, est la langue de la bourgeoisie parisienne, de la *ville* ; la Cour l'a acceptée, puis la province » (Vendryès, *Le Langage*).

Or, premier fait à souligner, les colons de la Nouvelle-France venaient de la province et non de la capitale. Deuxième fait à retenir, c'étaient de petites gens, cultivateurs ou artisans, qui parlaient la langue de leur milieu. « On a des données, écrit Meillet, sur la langue populaire qui se parlait aux portes de Paris au XVIIe siècle ; elle différait profondément de la langue littéraire ». Justement, et c'est le troisième point à mettre en lumière, ces colons venaient surtout des provinces du centre, les plus rapprochées de Paris celles où, dès leur époque, le français avait commencé de pénétrer et où, d'ailleurs, les dialectes étaient proches parents du français.

La langue commune que les colons adoptèrent fut donc un français authentique, « le plus national qui fût », mais un français populaire. « Notre langue, dont l'Ile-de-France fut le berceau, était à l'origine une langue de cultivateurs [...] Langue de paysans, le français fut aussi de bonne heure une langue d'artisans » (Dauzat, *le Génie de la langue française*). C'est seulement en ce sens, et c'est déjà fort beau, qu'on peut parler de « pur français du 17e siècle », implanté au Canada.

Ce français alla s'épurant, à cause d'un autre phénomène qu'on n'a jamais mis en lumière. On sait que, dès les temps héroïques de la colonie, s'organisa un bon enseignement pour les jeunes filles, — si l'instruction des garçons restait fort négligée, — par les soins des Ursulines ou de la Congrégation de Notre-Dame. Au début du 18e siècle, les voyageurs notaient l'éducation des Canadiennes, étonnante pour des personnes de leur condition et de leur époque. Au couvent, les jeunes filles apprenaient le « bon français » et elles exerçaient, dans ce domaine, une influence bienfaisante.

Tel est l'élément essentiel du français parlé au Canada. Tel est notre français traditionnel, qui nous rattache à la patrie linguistique française. Français authentique, français savoureux, mais, il faut y insister, français populaire et français parlé.

L'évolution du français parlé au Canada

Ce serait naïveté de penser que les colons de la Nouvelle-France ont, d'emblée, adopté un langage fixé une fois pour toutes. Il serait difficile, et d'ailleurs oiseux, de vouloir déterminer les étapes de cette formation. Retenons seulement que cette langue se forma par évolution, et non par révolution, évolution qui ne s'est jamais arrêtée. Dire que les colons parlaient français, c'est poser une affirmation assez vide de sens, puisque « ce que nous appelons *le* français, n'existe dans le langage parlé d'aucun être humain » (Vendryès). Examinons les particularités qui firent de ce langage le « français canadien ». Saisissons ce « français canadien » dans sont état actuel, en le dégageant, pour l'instant, des influences subies après la fin du régime français.

Les survivances dialectales

Si les dialectes ont disparu, ils ont laissé des traces. Le dialecte de chaque groupe de colons a sauvé, de son naufrage au Canada, des épaves dont il a enrichi le fonds commun. Une foule de provincialismes ont donc, dès le départ, élargi le champ linguistique. *Créature* désignant une femme ; *blonde* et *cavalier* désignant les amoureux, voilà des termes dialectaux, et aussi *berlander, bacul, godendard, jaspiner, gosser, garrocher, trâlée,* *siler, flauber, pend'oreilles, champlure, chambranler, charroyage, cenellier, frui-tages, mal-donne, endurance, mal-en-train,* etc.

Les termes marins

La navigation jouait un grand rôle dans la vie des colons. Les vocables de la mer entrèrent ainsi dans la langue commune pour désigner des aspects de la vie qui n'ont rien de maritime. Il en fut de même dans toutes les colonies (qui relevaient du ministère de la Marine). Le Canadien *traverse d'un bord* de la rue à l'autre. Il *aborde* quelqu'un pour lui parler, quand cette personne est *accostable.* Ou bien, il *vire de bord. Bordée (de neige)* est de même origine, ainsi que *embardée, amarrer (un cheval)* et *touer* (une auto).

Les archaïsmes

Le français du Canada allait se particulariser davantage, obéissant à deux ten-dances opposées : l'archaïsme et le néologisme, qui en constituent les caractères les plus marquants. Il n'en perdait pas pour autant son authenticité.

Le français, apporté de ce côté-ci de l'Atlantique, subissait, en France, des influences qui ne se faisaient sentir ici qu'à retardement. Le français du Canada, en particulier, a échappé à l'immense remuement linguistique qui a suivi la Révolution française.

Acceptance, accoutumance, nuisance sont archaïques, comme *doutance, surmené, dégaine* et *fiable.* Certains de ces mots, notamment *fiable,* n'ont pas d'équivalent exact dans la langue actuelle. La survivance en est donc utile.

Les canadianismes

Repliés sur eux-mêmes, en un pays si différent de la contrée d'origine, — pays où avaient pris naissance des coutumes et des institutions nouvelles, — les Canadiens ont créé des mots ou détourné de leur sens des mots existants au point d'en faire des vocables nouveaux. Le terroir a ainsi donné naissance à des vocables gonflés de la sève française. Ce vocabulaire canadien est fort abondant.

Cette néologie est le plus ferme soutien de notre langue. Une langue n'est vivante que si la création l'alimente ; les mots s'usent vite. Se produisant dans les couches profondes de la population et en exprimant ce qu'elles ont de plus particularisé, cette création doit forcément, au Canada, différer de celle qui surgit en France.

Signalons, ici, certains canadianismes particulièrement expressifs, comme *pou-drerie* (de neige), *sucrerie* (d'érable), *tuque, chantier* (de bûcherons), *de valeur, jarni-goine, achalant, magasiner, bataclan, brunante, trouvaille, clair d'étoiles, délâbre.*

Il y aurait lieu de souligner certains aspects de cette création linguistique dans le domaine des noms de personnes, des noms de lieux, des noms de plantes ou d'animaux.

Les familles canadiennes-françaises n'ont pas souvent gardé le nom patronymique qu'elles avaient avant de quitter la France. Un grand nombre d'entre elles descendent de soldats, établis sur des terres, leur temps de service révolu. Or, dans les régiments de ce temps-là, il n'était pas de soldat ni de bas-officier qui n'eût un sobriquet, lequel, parmi la troupe, faisait oublier le nom de famille. D'habitude, les militaires gardaient, en rentrant dans la vie civile, le nom sous lequel ils avaient commencé leur vie d'homme. Ces sobriquets restent, depuis, pour désigner maintes familles canadiennes. Ils relatent des liens de parenté, comme *Neveu, Legendre, Beaufils*. Ils soulignent une particularité corporelle : *Lebrun, Lenoir, Legros, Legrand, Brunet*. Ils évoquent un métier ou un état : *Boucher, Boulanger, Masson, Chartier*. Ils rappellent une qualité ou un défaut : *Courtois, Bellehumeur, Lajoie*. Ou bien le sobriquet tient à l'origine : *Lebreton, Normand, Parisien, Picard*. Et il y a des *Lafleur*, des *Labelle*, des *Lapensée*. D'autre part, la population canadienne de langue française est issue d'un nombre restreint de familles. Pour s'y reconnaître, on commençait par ajouter un surnom au moyen de la particule « dit », puis on laissait tomber le nom patronymique, que gardaient certains membres de la famille. Il faut encore tenir compte de la grande fantaisie qui régnait dans l'orthographe : Dion, Dionne, Guyon, Guyonne viennent de la même souche.

La vigueur dynamique du français au Canada se manifeste également dans les noms de lieux. Il y a d'abord les noms de personnages qui intéressent l'histoire du Canada : *Valcartier, Roberval, Richelieu, Varennes, Berthier*. Mais surtout la formation populaire et spontanée : *Beauport, Bellechasse, Beloeil, les Aulnaies, les Bergeronnes* (du nom des oiseaux nombreux en ces parages), *le Bic* (déformation du mot *pic*), *Cabano* (lac entouré de collines qui lui donnent l'apparence d'un cabanon), *Echafaud aux Basques, les Eboulements, la Tuque, Pintendre* (nom ironique d'un lieu où les colons vivaient de « pain dur », *Grondines* (à cause des cascades qui grondent). Enfin, mentionnons les noms de lieux indiens auxquels nous avons donné une consonance française : *Etchemin, Gaspésie, Betsiamis, Mascouche, Matane, Batiscan, l'Achigan*.

Mis en présence de plantes nouvelles, les colons ont créé un vocabulaire botanique d'une grande richesse.

« Des hommes sans aucune initiation scientifique... deviennent sans le savoir et sans le vouloir, des pionniers de la science [...] Cette systématique populaire, qui est peut-être ce qu'il y a de plus franchement autochtone dans tout notre folklore canadien, ne s'est pas perdue... Elle a peu à envier à la systématique purement scientifique » (frère Marie-Victorin, *la Flore laurentienne*).

Les mêmes remarques s'imposeraient à propos des noms de bêtes sauvages et de poissons. Signalons seulement que ce n'est que dans le domaine de cette onomastique, et dans la toponymie, que les dialectes indiens ont exercé une influence d'une certaine importance sur le français au Canada.

L'accent et la prononciation

Il y a un accent canadien qui tient aux causes historiques que nous avons examinées. Campagnards, les colons de la Nouvelle-France avaient un accent de la campagne. Cet accent, qui rappelle celui de certaines provinces de France, n'est cependant d'aucune en particulier. « Il existe, au nord de la Loire, une sorte de prononciation moyenne [...] Les accents canadiens font partie de ces accents dont la somme constitue l'accent français » (Charles Bruneau). Il faudrait également noter l'effet du climat. Le parler canadien a un ton monocorde, lourd et nasalisé qui le différencie des accents de France. La prononciation est gutturale, l'articulation insuffisante, l'intonation monotone et sans couleur. Les mêmes particularités distinguent l'accent anglo-canadien ou américain de l'accent anglais.

Quant à la prononciation, notons-en très brièvement les particularités les plus saillantes. D'abord, l'affaiblissement de *t* et *d* surtout dans les groupes *ti* et *di*, qui donne presque *tz* et *dz.* Ensuite, l'ouverture exagérée du groupe *ai*, dont la prononciation, au lieu de se rapprocher de *é* comme en France, est très voisine de *ê*. Notre *a* aboutit presque à *o*. Les nasales sont très fermées : *maman* se prononce à peu près *mamain*.

Notre façon de prononcer le groupe *oi* est remarquable. *Oi* devient *oué* dans *moi, toi, poison, poisson, noyer*, etc. (On a dit *moué* en France jusqu'à la Révolution française ; Louis-Philippe disait encore *le roué*.). Mais il y aurait lieu, ici, de relever des différences régionales : on ne prononce pas, en Acadie, comme dans le Québec (où, encore, faudrait-il mettre à part la Gaspésie et les îles de la Madeleine).

La prononciation populaire canadienne reste dans la tradition non déviée du français. C'est ainsi que *oi* devient *et* (dans *fret, étret, dret, accère, parouèsse*, etc.), que *e* se prononce *a* (dans *serge, ferme*, etc.) ; *è* se dit *é* (dans *père, mère*, etc).

Cet archaïsme se remarque dans le souci d'atténuer le choc des consonnes. Brunot fait la remarque que le français possédait à l'origine des « modulations aujourd'hui perdues [...] Les groupes de consonnes les plus rudes du latin avaient été singulièrement réduites : *bst (abstinere), xlc (excludere), xt (extinguere)*, etc., avaient disparu et ne devaient se réintroduire que plus tard par l'action savante ». Langue populaire, ayant échappé à cette « action savante », le « français canadien » devait garder « le juste équilibre des voyelles et des consonnes ». Le Canadien dira donc, comme dans la vieille langue : *escandale, estatue, esquelette*. Du reste, la langue académique conserve de ces formations : *espèce, escabeau, escalier, espérer, esprit, estomac*, etc. Et même *étude, étang, épée, épars*, mots qui ont laissé tomber l's initial. Le même instinct porte à transposer des lettres afin de faciliter la prononciation : *escousse* (secousse), *ermise* (remise, qui devient même *ormise*). Ou bien, on intercale un *e* pour éviter les rencontres de consonnes : *suquerier* (sucrier), *beluet* (bluet), *tabelier* (tablier). Ou l'on supprime une consonne : *enque* (encre), *onque* (oncle), *tringue* (tringle.

Dans un ouvrage qui date de 1712 et que Marcel Cohen a réédité en 1947, Gile Vaudelin indique qu'au début du 18e siècle on avait des prononciations qui se sont conservées au Canada. *Il* perdait *l* dans la prononciation courante. On disait : *i fait, i peut*. Au pluriel, devant voyelle, *i* devenait *iz, iz ont* ; mais *ii* devant une consonne. *Notre, votre* se prononçaient sans *r, not père, vot évêque*. Les démonstratifs *cet* et *cette* n'avaient pas d'*e st alphabet, ste tristesse*. Voilà pour la prononciation, archaïque mais bonne. « Le peuple ne peut mal prononcer. »

II

L'APPORT ANGLAIS

Du point de vue linguistique, la conquête anglaise de 1759-1760, si elle devait avoir de profondes conséquences à longue échéance, n'eut guère de résultat immédiat sur le parler populaire. Voilà le fait capital qu'il faut mettre en lumière pour comprendre la survivance de la langue française au Canada, ce qu'on a appelé, avec emphase d'ailleurs, le « miracle canadien ». Terme impropre à tous égards, car, ainsi que nous allons le voir, la survivance du français s'explique par des causes très compréhensibles.

Le Canadien restait rural. Replié sur lui-même dans ses villages, ses « seigneuries », ses « rangs » du Saint-Laurent et du Richelieu, il continuait sa vie d'autrefois. Les nouveaux venus ne pénétraient pas chez lui. Cet isolement demeure, du reste, à peu près entier en bien des coins de la province de Québec, où la venue d'un « Anglais » reste un événement et l'Anglais lui-même un phénomène. Aucune influence extérieure ne pouvait s'exercer sur le parler que le Canadien s'était constitué.

Le parler populaire des villes

Deux réserves s'imposent. Ce qui restait de l'aristocratie seigneuriale, militaire ou commerçante était en contact avec les nouveaux maîtres. Pour les « seigneurs », l'anglicisation fut rapide, parce qu'elle tenait au désir de « faire des affaires » et, aussi, de frayer dans les nouveaux milieux élégants. D'autre part, bien que l'administration employât le français dans ses relations avec les administrés, la traduction faisait déjà sentir ses effets.

L'époque qui suivit la conquête anglaise fut une période de grande expansion du français en un certain domaine. Traitants et explorateurs amenaient dans les Prairies un nombreux personnel de guides, commis, *canoteurs* canadiens, dont bon nombre se fixaient là-bas. L'Ouest fut en grande partie français jusqu'au troisième quart du 19e siècle. Les Illinois et leur capitale Saint-Paul furent français. D'immenses caravanes en partaient pour descendre jusqu'au Mexique. Les noms français qui constellent la carte de ces régions gardent le souvenir de ce mouvement dont l'histoire officielle ne tient pas compte.

Vinrent l'industrialisation, vers la fin du 19e siècle, et la formation véritable des villes. Les ruraux français devinrent en grand nombre prolétaires citadins, employés dans des usines appartenant à des anglophones, travaillant selon des techniques apprises d'anglophones, se servant d'outils et de machines fabriqués et nommés par des anglophones. Procédés, techniques, méthodes, outils, machines, tout portait des appellations anglaises. Personne ne songeait à les désigner en français. Cela atteignit le paroxysme avec la diffusion de l'auto. La langue professionnelle des ouvriers est anglaise (sauf dans les métiers traditionnels peu mécanisés). La vogue des sports exerça une influence analogue. Ce fut la naissance du parler populaire des villes.

Dans son état actuel, ce langage, hybride, garde l'armature du « français canadien » pour les rapports courants de la vie, sauf parmi les groupes français de certaines régions à majorité anglaise : on y parle, dans les couches les moins cultivées, un mélange de français et d'anglais qui mérite souvent le nom de jargon.

Le parler prolétarien des villes se distingue du « français canadien » d'une autre façon. Parmi cette partie de la population, ce langage s'est encanaillé. La prononciation est déformée, dans le sens de la vulgarité ; la sobriété archaïque se transforme souvent en un magma sans consistance, dont on a des exemples déplorables dans certaines émissions radiophoniques qui, sous prétexte de reproduire le langage populaire, s'inspirent de la déformation de ce langage.

La campagne est peu touchée par cette transformation. Il y a donc coupure entre le parler populaire des villes et celui des campagnes ; le premier, dégénéré, avili, jargonnant, vidé en grande partie de sa force d'expression ; le second, dynamique, linguistiquement pur ou à peu près, resté dans la ligne de son évolution.

Le français des classes moyennes

L'anglicisme touche davantage au vocabulaire intime parmi les classes sociales plus élevées, où le vocabulaire professionnel (industrie, commerce, finance) est, là aussi, à peu près entièrement anglais.

Nous sommes en présence d'une nouvelle variété de français, de formation assez récente. Et voici les éléments de ce parler, pour résumer : forte proportion du langage populaire traditionnel, apport du « français de Paris » à un degré qui varie selon la culture de chacun, beaucoup de démarquage de l'anglais. Eléments disparates, sans lien entre eux, qui n'ont pas trouvé leur point d'équilibre. Cette langue reste en un devenir qui aboutira on ne sait où. En somme, elle est le point de rencontre du français canadien et de l'apport anglais. C'est donc le lieu d'étudier la question de l'anglicisme.

L'anglicisme

Question qui a fait couler beaucoup d'encre. La plupart des ouvrages à prétentions linguistiques publiés au Canada français n'avaient d'autre but que de pourchasser l'anglicisme. (Il ne faut pas ranger dans cette catégorie les ouvrages destinés à élucider des problèmes de traduction, comme ceux de Gérin, Fradet, Lorrain, entre autres.) Inspirés par un purisme étroit et primaire, ces travaux sont en général superficiels, mal documentés, dénotant une complète incompréhension du problème.

La question se pose autrement. L'emprunt à une langue étrangère est légitime, utile, nécessaire. C'est un des procédés de la formation des langues. A condition qu'il réponde à un besoin : c'est le seul critère à retenir. L'anglicisation de nos institutions était indispensable. Adaptant des termes du français, parfois archaïques, nous avons créé un lexique parfaitement légitime. *Conseil privé, bref, discours du trône, sergent d'armes*, etc., autant de termes inconnus dans la France actuelle mais dont nous ne saurions nous passer. Le vocabulaire pénal n'est pas celui de la France actuelle non plus, parce que notre code pénal est anglais. Dans maints domaines, en somme, il existe un noyau irréductible de termes étrangers. Des puristes ont fait des efforts inouïs pour inventer des vocabulaires qui ne seraient pas compris en France plus que chez nous. N'est-il pas puéril de vouloir appeler *blé filamenté* le « Shredded wheat », *paume au filet* le tennis et *gouret* le hockey ? On en vient à chasser un anglicisme par un autre anglicisme ; ainse, ce *plume-réservoir* qu'on substitue à *plume-fontaine.*

L'emprunt ridicule est celui qui déplace inutilement un vocable indigène, *fun, pushing, prospect* se substituant à plaisir, entregent, perspective ; *socket, starter* et *brake* mis à la place de douille, démarreur ou frein.

Plus dangereux encore sont les mots déguisés dont est encombré le français des classes moyennes au Canada : *acter* (jouer), *order* (commander), *officier rapporteur* (directeur du scrutin), etc. Plus nocif encore, le danger des vocables qui, empruntés par l'anglais au français, nous reviennent avec des acceptions purement anglaises. Parce que le mot *application* existe déjà en français, mais avec des sens différents de ceux qu'y a ajoutés l'anglais, on l'emploie avec l'acception de *demande, d'offre de services.* La gamme de ces faux emplois est presque infinie : *affecter* (pour influencer), *anxieux* (désireux), *appartement* (pièce), *appointement* (rendez-vous), *audience* (auditoire). On pourrait parcourir l'alphabet jusqu'à *versatile* (souple), en passant par *balance* (solde), *corporation* (municipalité ou société commerciale), *département* (service, ou rayon), *fret* (marchandises), *gérant* (directeur), *ignorer* (négliger), *minutes* (procès-verbal), *opportunité* (occasion), *passager* (voyageur), *social* (mondain), etc.

Ces emplois à contresens chambardent l'édifice sémantique du français au Canada. On en vient à écrire en français des textes que les Français des autres parties du monde ne comprennent pas ou comprennent à rebours. A ce sujet, il faudrait rattacher celui des traductions littérales, c'est-à-dire des traductions qui emploient l'équivalent le plus usuel d'un vocable anglais pour rendre des acceptions que n'a pas cet équivalent. Enregistrer est français mais ne se dit pas d'une lettre. On emploie *particulier* pour « soigneux » ; *maison de pension* pour « pension » ; *sucre brun* pour « cassonade » ; *passer des remarques* pour « faire des remarques ».

Ces faiblesses du parler de la classe moyenne tiennent d'abord à l'ignorance, puis à la crainte de s'attirer l'accusation de snobisme ou, inversement, à un snobisme de mauvais aloi. Dans une partie de notre population, il est de mauvais ton de parler correctement en français : on passe alors pour pédant, « francisson », détraqué. Ailleurs, on croit se décrasser en délaissant le français archaïsant et provincial pour adopter, non pas le français correct, mais le jargon anglicisant. L'anglicisme est mélange d'ignorance, de respect humain, de débraillé, de mauvais goût.

C'est le lieu de noter, pour éviter tout malentendu, que l'auteur de ces lignes n'est pas de ceux qui, pour défendre la pureté du français, condamnent le « bilinguisme » et dénoncent l'enseignement de l'anglais. Il croit, au contraire, que l'enseignement de l'anglais est nécessaire pour diverses raisons et, de son point de vue particulier, précisément pour assurer la pureté du français, parce que la connaissance suffisante de l'anglais met en garde contre les mots déguisés, les « faux amis », les traductions littérales.

III

LA LANGUE ÉCRITE

Le linguiste Marcel Cohen écrit *(Histoire d'une langue : le français)* : « Il ne s'est pas constitué de français canadien cultivé ; c'est le français de France qui sert de langue de culture ».

A l'école, nous étudions le français dans les auteurs de France. Nous continuons par la suite à lire les écrivains de France et nombreux sont ceux qui vont parfaire leurs études en France. L'idéal de la langue écrite est donc le français le plus littéraire et le plus récent.

Cet idéal, un certain nombre d'entre nous l'atteignent. Nous pourrions citer des écrivains canadiens, en très petit nombre il est vrai, dont les ouvrages, du point de vue de la langue en tout cas, soutiennent la comparaison avec ceux des bons écrivains de France, sinon des très grands. Ne mentionnons ici que M. Léon Gérin. Notons également que, parmi les journalistes ou écrivains de la génération actuelle, la proportion de ceux qui écrivent en un français acceptable est plus considérable qu'autrefois.

Cependant, nous ne saurions saisir l'état de la langue écrite chez quelques chefs de file. La langue de la majorité de nos écrivains ou de nos journalistes est pauvre, incolore, souvent incorrecte. Elle souffre, à des degrés divers, des maux qui affligent la langue parlée. L'ambiance est telle que, même chez ceux qui ignorent l'anglais, la déformation dans le sens de l'anglicisme se fait sentir.

La langue écrite, il faudrait l'étudier dans les journaux ou à la radio. On relèverait des phrases de cette farine :

« On suivra la même procédure que l'an dernier *à une exception...* Le *champ* du commerce extérieur... Les territoires *perdus aux* Coréens... »

L'incorrection se remarque surtout dans les pages sportives et financières des journaux, puisque ce sont les domaines où l'anglicisme règne en maître au pays :

« Le premier club *dans le classement* jouera contre le quatrième... Les Mercs *annulèrent contre* les Monarchs... Les Chats *possédèrent un faible avantage du jeu...* Le volume des transactions minimes aujourd'hui au cours des transactions de bonne heure sur le curb de Montréal mais la liste principale était généralement tranquillement plus basse... »

C'est l'emploi du verbe, charnière de la phrase, qui est surtout fautif. On abuse du passif et du passé simple, ou l'on se sert du participe à contre-temps, parce qu'on s'inspire de la syntaxe anglaise :

« Les échevins de Toronto se sont exprimés comme croyant que... Cette cécité de nuit se guérirait en mangeant du foie... A l'aurore de l'histoire, les Ibériens sont trouvés occupant le bassin de la Méditerranée... La loi telle qu'amendée... Le budget, tel que prévu... »

Signalons encore l'abus de l'épithète : « L'ambassadeur canadien en Grèce... Une politique commerciale impériale importante... » Abus aussi de l'article :« M.X., *un* médecin à Montréal... *Pandore, un* film de XXX ». Ou encore, du substantif abstrait : « Il faudrait des milliers de dollars de travaux d'inspection en vue de la détermination de l'opportunité de la reconstruction du canal de Chambly ».

Une mise en garde s'impose. Il ne faudrait pas conclure de cette accumulation de fautes (du reste, authentiques), réalisée aux fins du raisonnement, que la majorité des textes publiés au Canada sont écrits uniformément en une langue aussi incorrecte. D'autre part, loin de dégénérer, le français écrit au Canada s'améliore sans cesse, bien que de façon insuffisante. La langue écrite bénéficie de la génération et de l'approfondissement de la culture qui se manifestent dans tous les domaines de la vie intellectuelle au Canada français depuis quelques années.

Il faut noter que la confusion dans l'emploi des deux langues de culture nuit à l'une et à l'autre. Pourtant, la connaissance de l'anglais n'est pas tellement répandue parmi ceux qui écrivent en français. (Il est remarquable, soit par parenthèse, que nos meilleurs écrivains en français sont très souvent ceux qui connaissent le mieux l'anglais. Citons de nouveau M. Gérin. Et aussi Olivar Asselin.) Les tournures anglaises se transmettent par l'intermédiaire de la traduction, sujet qu'il importe d'étudier ici.

La traduction

La traduction est la grande cause de la désintégration de la langue au Canada.

« L'anglais corrompt à la fois notre syntaxe et notre vocabulaire. Il nous arrive de construire nos phrases avec des matériaux français sur une charpente anglaise [...] Le mal est si profond que les Canadiens français qui ignorent l'anglais n'en font pas moins des anglicismes [...] Ils sont victimes de la contagion. L'anglicisme syntaxique est sans doute le plus grave... » (Léon Lorrain, *les Etrangers dans la Cité).*

La pâture intellectuelle du Canadien moyen est faite, dans une très large proportion, de traduction. Nos journaux reçoivent les dépêches d'agences en anglais ; en anglais aussi le texte des annonces. Nos postes de t.s.f. nous serinent de la traduction à la journée. Orateurs politiques ou sacrés ; professeurs, érudits, chercheurs, commerçants ou industriels, avocats ou ouvriers spécialisés, médecins ou ingénieurs, tous, partout et toujours, nous nous servons de textes anglais que nous traduisons ou qu'on traduit à notre intention. La traduction s'infiltre partout, commande chaque geste de notre vie. Il n'est pas jusqu'à la ménagère qui ne demande une boîte de conserves dont elle a lu la description dans une réclame traduite ; il n'est pas jusqu'au moribond qui ne prononce dans un souffle le nom d'un remède que lui apprit un traducteur. Voilà la grande influence qui agit sur notre langue, combien plus efficace que celle du livre ou de la revue, en un pays où paraissent peu livres ou de revues dignes d'être lus. La langue, surtout la langue écrite, sera, dans une large mesure et dans l'état actuel des choses, ce que sera la traduction. « Que nous le voulions ou non, nous sommes un peuple de traducteurs » (Léon Lorrain).

Or, que nous acceptions les textes que nous présentent une bonne partie des traducteurs, — des journaux et du commerce, surtout, — voilà qui est inquiétant.

Ce sont les traducteurs, professionnels ou d'occasion, qui créent la plupart des anglicismes dont notre langue est infestée. Ce sont les traducteurs qui ont fait ces anglicismes insidieux se présentant sous les dehors d'expressions légitimes : *aviseur légal, en acompte, les mérites d'une cause, sous-officier rapporteur, chanteuse versatile.* Posons donc cet axiome : l'anglicisme part d'en haut. Et cet autre : au Canada, si l'on excepte le parler populaire traditionnel, les questions de langue sont avant tout des questions de traduction. Notre langue écrite se transforme moins par la création originale que par la transposition de vocables anglais.

La plus grande mésaventure qui soit arrivée à la langue française au Canada, c'est qu'on n'y a jamais distingué nettement le rôle de la traduction, qu'on ne s'est pas pénétré de la nécessité d'en confier l'exécution à des gens vraiment préparés. Les ratés des autres professions pensaient à se réfugier dans la traduction. Heureusement, un régime de recrutement plus sensé les en éloigne maintenant dans les services de l'Etat. (Et c'est d'ailleurs pourquoi le recrutement y est d'une extrême difficulté : ne serait-ce pas que l'enseignement des langues n'est pas organisé comme il le faudrait au Canada?) Mais il n'existe aucun contrôle pour les traducteurs de l'extérieur (il y aurait lieu d'imiter la Belgique, à cet égard) et la traduction ne s'y améliore guère : on songe avec un peu d'ahurissement aux sommes énormes consacrées à la publicité française au Canada parfois en pure perte, par suite de la défectuosité des traductions. Du point de vue général, il faut comprendre quelle responsabilité retombe sur les traducteurs : ils enseignent à toute une nationalité à désigner les notions nouvelles et même les autres.

La traduction apparaît dès les débuts du régime anglais au Canada. D'abord excellente, elle se détériora par la suite, la tradition française s'oubliant, au point de tomber dans un charabia effroyable vers l'époque de l'Acte d'Union. On en arrive alors à écrire de ces phrases :

« J'avocasserais la soumission à la... Des griefs à faire remédier... Dans cette instance particulière, je crois aux écoles libres dans le système non-dénominational... Il fut trouvé impraticable en opération et impossible en contingences politiques... Avant que le sujet fut venu pour la discussion... L'hon. Premier a un jugement à lui... J'ai alors mis sur la table le record du jugement de mise hors de loi dans le cas de Louis Riel, le membre élu pour Provencher, et j'ai intimé mon intention d'agir... » (*Débat de la Chambre des Communes*, 1875).

Ces traductions informes ne sont plus possibles. Il n'y a qu'à lire les documents officiels récents pour se rendre compte du chemin parcouru. La langue écrite, et singulièrement celle de la traduction officielle, a fait l'objet d'un redressement.

IV

CONCLUSION

Résumons-nous. les divers états de la langue française au Canada se rangent dans trois grandes catégories.

a) La langue populaire traditionnelle est constituée en son fond essentiel du français populaire et provincial, adopté au 17e siècle par les colons, qui devaient, à leur arrivée en Nouvelle-France, abandonner les dialectes. Dans son état actuel, — caractérisé par les survivances dialectales, les archaïsmes et les canadianismes de bon aloi, — c'est un français authentique, un français dynamique, expressif et vigoureux.

b) Contaminé par un apport étranger mal assimilé, *le parler populaire des villes non moins que le parler de la bourgeoisie* est un langage amorphe, inorganisé, peut-être en décomposition. Ne se rattachant à aucune tradition linguistique, ne correspondant à aucune nécessité expressive, il n'est que la déformation d'une langue et non pas même une langue en transformation. Il ne peut qu'entraîner l'isolement, la régression culturelle, la médiocrité de pensée. Ce langage a sans doute atteint le fond de l'abjection. Il subit déjà des influences remédiatrices : progrès de la culture, lecture plus répandue, cinéma français.

c) La langue écrite, au Canada, est, dans l'idéal, la langue littéraire de France, idéal que bien peu atteignent mais dont on se rapproche de plus en plus. A cause de l'ambiance, l'écrivain canadien est exposé à employer inconsciemment des tournures anglaises, et rares sont ceux qui les évitent tout à fait. Cette ambiance est entretenue par la traduction. La langue écrite s'améliore en certains milieux. La qualité des ouvrages de quelques jeunes écrivains est supérieure à celle des générations précédentes ; nos journaux sont mieux rédigés ; la traduction officielle est mieux faite. Malgré les nombreuses faiblesses et incorrections qu'on y relève, le français écrit au Canada semble s'acheminer vers un palier supérieur.

Voici donc le bilan : côté créditeur, langue populaire traditionnelle vigoureuse, langue écrite en progrès ; côté débiteur, langue populaire des villes et langue de la bourgeoisie en déliquescence.

Tout compte fait, pour répondre à la question que nous nous posions au début, nous pouvons affirmer que le français, au Canada, peut être un utile instrument de culture et que, dans l'ensemble, loin de manifester des signes de disparition prochaine, il est en progrès.

Pierre Daviault [a]

---

a. Pierre Daviault, « la Langue française au Canada », *Recueil d'études spéciales préparées pour la Commission royale d'enquête sur l'avancement des arts, lettres et sciences au Canada*, Ottawa, Edmond Cloutier, Imprimeur de Sa Majesté le Roi, 1951, p. 25-40.

Document n° 96

1951 — « LES DROITS DU FRANÇAIS AU CANADA DOIVENT ÊTRE CONQUIS MOT PAR MOT. »

Dominique Beaudin, journaliste, fonctionnaire municipal et militant de l'Action nationale, est né dans la région de Montréal en 1905. Les études qu'il fait en journalisme et en sciences sociales à l'Université de Montréal le préparent à la carrière de journaliste qu'il entreprend en 1928 au Progrès du Saguenay. Après un séjour de quelques mois à la Patrie de Montréal, il devient chef du secrétariat de l'A. C. J. C. (1934-1935) À l'automne de 1935, il fonde l'hebdomadaire le Richelieu de Saint-Jean qu'il dirige jusqu'en janvier 1937. Il passe ensuite à la Terre de chez nous, hebdomadaire agricole de Montréal, qu'il dirigera jusqu'en 1955. Il dirige de 1942 à 1948 le Foyer rural, revue mensuelle publiée par l'Union catholique des cultivateurs (U. C. C.). De 1955 à 1971, année où il prend sa retraite, il exerce les fonctions de directeur des relations publiques au Service des travaux publics de Montréal. Il a collaboré à la revue l'Action nationale depuis sa fondation en 1933. Il en a été administrateur à deux reprises et directeur pendant un an (1947-1948).

* * *

Dans un article (reproduit plus bas) de l'Action nationale écrit pendant la guerre de Corée, Dominique Beaudin s'élève contre l'unilinguisme de l'Armée canadienne. Cette prise de position fait suite à celle de Luc Mercier, parue dans la même revue. Dans son article, ce dernier s'était attaché à démontrer que la discrimination linguistique donnait aux Canadiens français le droit de désobéir à l'armée : « Comment serions-nous tenus, affirmait en effet Luc Mercier, d'obéir à l'Armée fédérale qui ne nous commande même pas en français ? N'avons-nous pas la faculté légitime et légale de parler, d'écrire, ou d'exiger notre langue ?... Le mépris d'un des plus chers de nos droits, le droit à notre langue, et l'injustice ne constituent-ils pas une « excuse légitime » de désobéir à l'Armée ? ... Si l'Etat fédéral canadien anglais, qui décide de la guerre, ne rend pas justice au français ou ne respecte pas notre dignité nationale, ne nous forcerait-il pas à la désobéissance nationale [a] ? »

L'armée canadienne recrute des soldats dans la province de Québec. Elle lance son appel à la jeunesse de Montréal : « *apply within* ». Ces mots — et ces mots seulement — sont inscrits en lettres colossales au fronton du manège militaire de la rue Craig. Et voilà l'invitation que reçoivent les jeunes Canadiens français de la part de leur *armée*. Dans la vie du pays ce n'est là qu'un très mince détail. Mais si on n'a aucun souci de la langue des futurs soldats dans « la deuxième ville de langue française » du monde, il est à craindre qu'on s'en occupe moins encore à Toronto, à Vancouver, en Europe et en Asie. Cet « *apply within* », affiché au lendemain du débat parlementaire sur les subsides de la Défense Nationale à Ottawa, montre bien que les droits du français au Canada doivent être conquis mot par mot.

---

[a]. Luc Mercier, « l'Armée canadienne et la langue française », *l'Action nationale*, vol. XXXVII (1951), p. 165-169.

Les journaux canadiens-français ont prolongé l'écho des discours qui ont été prononcés au Parlement fédéral les 8 et 9 mai derniers. M. Claxton, ministre de la Défense nationale, s'est bellement porté à la défense des Canadiens français en dénonçant certaines allégations parues en des revues de Grande-Bretagne et des Etats-Unis b. Le lendemain, M. Balcer, député des Trois-Rivières, a assailli le ministère sur la faible représentation des Canadiens français parmi les hauts officiers de l'armée canadienne. Si les conservateurs avaient tenu le pouvoir, M. Balcer se serait probablement tu. Mais comme les libéraux gouvernent et que c'est le devoir de l'Opposition de s'opposer, il a prononcé un bref et bon discours. Les journaux du Québec et d'ailleurs lui ont donné raison et ont vivement demandé que le français soit en réalité l'une des deux langues officielles de l'armée canadienne.

A peu près au même moment, il y a eu un jour de la « citoyenneté canadienne ». Une déclaration du premier ministre s'imposait en pareilles circonstances. Animé d'excellentes intentions, M. Louis Saint-Laurent a affirmé que le Canada, pays bilingue, foyer des parfaites relations raciales, pouvait être cité en exemple au monde. Ce n'est pas la première fois que le Canada s'accorde cet honneur. Nos grands hommes politiques, en balade à l'étranger, ont toujours sur ce thème une causerie toute prête en leur serviette. Tel, autrefois, feu le sénateur Raoul Dandurand. Les hommes d'Etat voient l'univers d'un sommet plus élevé que le nôtre. La partie du tableau que nous pouvons contempler est plus restreinte et donc différente. Au moment où M. St-Laurent presse le monde entier d'admirer et d'imiter l'impeccable harmonie raciale du Canada, nous voyons, nous, avec nos yeux myopes, des enfants qui cherchent à Maillardville une école où apprendre leur religion ; nous voyons en Ontario d'autres enfants français que des fanatiques voudraient angliciser dès le berceau ; nous voyons des régiments canadiens-français qui défilent et qui sont commandés en anglais par des officiers qui, souvent, ne sont pas de leur race. Et nous ne disons pas tout ce que nous voyons. Après la famille, quoi de plus important que l'école ? Et en quelle province, Québec excepté, les minorités ont-elles plein droit à l'enseignement religieux et à l'enseignement de la langue maternelle ? La liberté scolaire n'est-elle pas un tout petit corollaire des quatre libertés décrites dans la Charte de l'Atlantique ?

Pendant la guerre, le modeste journal *La Terre de Chez Nous* avait publié en la corrigeant une caricature venant du service canadien de l'Information. On y voyait un soldat sortant des rangs pendant un défilé et posant une question saugrenue à un officier : « Comment faites-vous pour tenir vos boutons si bien astiqués ? » *La Terre de Chez Nous* avait remplacé cette quelconque légende par cette autre qu'elle croyait mieux adaptée : « Et vous, capitaine Bloke, avez-vous été soldat avant d'être capitaine ? »

Nous avions alors une institution défensive qu'on nommait la censure. *La Terre de Chez Nous* fut rappelée à l'ordre. Elle soulevait de l'animosité entre les deux races du pays. Inutile d'en discuter... surtout à l'époque. Mais franchement, qu'est-ce qui cause l'incompréhension et la mésentente ? Est-ce de constater que les Canadiens français n'ont à peu près pas accès aux hauts postes de l'armée canadienne et que leur langue maternelle en est bannie ? Est-ce que le fait lui-même n'est pas plus grave et plus dangereux que la constatation ? Ce n'est plus la maladie qui tue le malade : c'est

---

b. Le ministre de la Défense fait allusion à deux articles d'un dénommé J. A. Stevenson parus dans la *Contemporary Review* de Grande-Bretagne et dans la revue américaine *Foreign Affairs*. L'auteur prétendait que peu de Canadiens français du Québec s'étaient engagés volontairement dans le contingent spécial de l'O. N. U. en Corée. Ce fait paraissait à l'auteur traduire un vieux sentiment isolationniste. *Débats de la Chambre des communes*, le 8 mai 1951, p. 2864.

le diagnostic. Ainsi raisonnait-on à la censure en un temps où la raison du plus fort était d'un grand bout la meilleure. Mais puisque les caricatures ne sont publiées que pour rire...

Au Parlement, M. Cloxton a défendu les Canadiens français contre de perfides attaques. Chiffres à l'appui, il a démontré que la province de Québec avait fourni au contingent de Corée sa bonne part de soldats, sinon d'officiers... Il a prouvé de même que le chiffre des Canadiens de langue française en ce groupe était proportionnel à celui des Canadiens de langue française au Canada. L'intervention du ministre est louable et il faut se garder de minimiser son mérite. Quant à l'ardeur de nos soldats, elle est plus grande encore qu'il n'a été dit. Compte tenu des obstacles et des désavantages qu'ils rencontrent dans l'armée unilingue, qu'y aurait-il d'étonnant à ce qu'ils s'y rapportent en nombre inférieur ? Ceux qui, pendant la guerre, réclamaient si férocement de nous « l'égalité de sacrifices » ne se sont donc pas résolus encore à supprimer leurs propres inégalités ?

Le député des Trois-Rivières s'est borné à citer des faits qui deviennent de lourdes accusations. Nous citons ici quelques passages qui n'ont guère besoin de commentaires :

« Aux quartiers généraux de la Défense nationale à Ottawa, on compte deux lieutenants généraux, tous deux de langue anglaise ; sept majors généraux, tous de langue anglaise ; trente-trois brigadiers, dont deux seulement sont de langue française ; deux cent vingt lieutenants-colonels, dont dix-huit sont de langue française.

« Si l'on examine les cadres des différents services de l'Armée, si l'on étudie la composition de leurs états-majors, on verra que la représentation y est à peu près la même.

« Prenons, par exemple, l'état-major du « Royal Canadian Ordnance Corps », qui a son chef-lieu à Montréal, ville canadienne-française ; on y trouve vingt lieutenants-colonels, dont un seulement de langue française, et, sur cinquante majors, quatre seulement parlent la langue française.

« La même situation existe dans les différents quartiers généraux des services de l'armée canadienne. Mais ce qui est encore plus surprenant, c'est de constater qu'au « Quebec Command », dont le bureau-chef est à Montréal, le commandant en chef est un Canadien de langue anglaise, tout comme le « Chief of Staff ». Le G. S. O. et le G. S. O. (Planning) sont tous deux de langue anglaise. Si l'on étudie les différents services du « Quebec Command », on y trouve exactement la même proportion.

« Passons maintenant à l'armée de réserve. Montréal compte une population d'environ 1 million 500 mille âmes, dont 70 p. 100 sont des Canadiens français. Il y a seulement quatre régiments de réserve qui sont, en fait, des régiments canadiens-français ; il y a neuf régiments anglais, formés pour environ 50 p. 100 de soldats de langue française ; pourtant, à peine 1 p. 100 sont officiers.

« Pour ce qui est de la marine canadienne, la situation est encore plus déplorable. Pas un seul Canadien de langue française n'occupe un rang supérieur à celui de commandant.

« Cette situation inexcusable, non seulement nuit au recrutement dans la province de Québec, mais elle dénote un manque absolu d'esprit d'unité nationale chez les officiers supérieurs de ce service. »

Voilà un bien pénible examen. Si le Canada bilingue compte instruire le monde de cette situation, l'exemple qu'il donne n'est pas le bon. Les Canadiens français ne peuvent être que profondément humiliés du sort qui est fait à leurs jeunes compatriotes dans l'armée. Des réformes radicales s'imposent et la question est loin d'être réglée par de bons discours. Il doit être admis une fois pour toutes que la langue française est aussi officielle dans l'armée que dans le pays, ce qui est un minimum. Brisant le conservatisme militaire au besoin, le ministère de la Défense nationale devrait se hâter de faire place aux nôtres dans le haut commandement. Il y a là une injustice révoltante qui exige une rapide réparation. Pendant combien de temps nous faudra-t-il encore peiner et supplier pour obtenir que soient reconnus les droits les plus logiques, les plus naturels et les plus humains ? Puisque nos soldats vont combattre l'oppression en Asie et en Europe, ne convient-il pas de les en délivrer eux-mêmes ?

Dominique Beaudin [c].

---

c. Dominique Beaudin, « Apply within », *l'Action nationale*, vol. XXXVII (1951), p. 403-408.

Document nº 97

1951 — POUR UN RASSEMBLEMENT FRANÇAIS DANS LE MONDE

Jean-Marc Léger est né à Montréal en 1927. Après des études en droit et en science politique, il entreprend une carrière de journaliste qui le conduit de la Presse au Devoir. De 1961 à 1963, il interrompt l'exercice de son métier pour prendre la direction de l'Office de la langue française au ministère des Affaires culturelles du Québec. De 1963 à 1968, il retourne au Devoir où il est rédacteur de politique étrangère puis éditorialiste.

Depuis 1950 il participe à diverses organisations de rapprochement des groupes français. Cette année-là, il fonde à Montréal l'Accueil franco-canadien qui prendra plus tard le nom d'Association France-Canada. En 1954, il participe à la création du comité canadien de l'Union culturelle française dont il sera secrétaire général jusqu'en 1958. De 1960 à 1962, il préside l'Association internationale des journalistes de langue française. Il est secrétaire général, depuis septembre 1961, de l'Association des universités partiellement ou entièrement de langue française (AUPELF). À la Conférence de Niamey, en février 1969, il devient secrétaire exécutif provisoire de l'Agence de coopération culturelle et technique dont il est depuis mars 1970 secrétaire général permanent.

Dans le texte qui suit, écrit pendant la guerre froide, il propose la création, au-delà des blocs politico-militaires, d'une communauté spirituelle de tous les peuples de langue française et il envisage même la constitution d'une assemblée internationale permanente. C'est, avant la lettre, l'idée de la francophonie universelle.

Nous assistons ces années-ci, et surtout depuis quelques mois, à la manifestation de deux phénomènes qui soulignent la nécessité d'une réaffirmation de la communauté spirituelle entre les divers groupes français au monde.

D'une part, en effet, dans un monde qui ne se pense plus qu'en termes de « blocs » — pour notre commun malheur — il est assez naturel que les divers groupes français éprouvent le besoin de multiplier leurs relations, de se rassembler, d'édifier, au-delà des grands ensembles politico-militaires, une communauté spirituelle véritable. Construction bien fragile et assez risible au regard des stratèges, mais qui a au moins le mérite d'offrir à l'humanité d'autres thèmes que ceux de « sécurité collective », « guerre préventive », « conflit atomique » etc... D'où ces nombreux organismes et mouvements, divers par les noms, différents souvent par les objectifs immédiats, mais au fond tous animés d'une même préoccupation essentielle : la redécouverte des chemins qui mènent à la fraternité française, des moyens réalistes et féconds de traduire celle-ci. « Québec-Wallonie », « Normandie-Canada », « Pays de Loire-Canada », « Jeunes France-Canada », « Accueil franco-canadien de Paris », la fondation, l'an dernier, d'une fédération des mouvements de rapprochement franco-canadien (dans l'ensemble France-Canada), la fondation, il y a quelques semaines de « l'Association Internationale pour la Culture française à l'étranger », autant de gestes qui démontrent qu'en France, en Belgique, au Canada français, dans les autres pays où se trouvent des communautés françaises, le besoin d'un rapprochement, mieux d'un rassemblement, est vivement ressenti.

Le deuxième phénomène auquel, plus haut, je faisais allusion, consiste dans le courant d'immigration française qui commence à se faire sentir au Canada. Nous avons bien longtemps déploré l'absence de tout élément français parmi les immigrants qui venaient en notre pays, dénoncé cet état de choses : voici maintenant qu'ils commencent à arriver et qu'ils seront vraisemblablement de plus en plus nombreux. Or, rien n'assure que nous soyons vraiment prêts à les recevoir.

L'attitude des Canadiens français, et particulièrement de certains éléments nationalistes canadiens-français, à l'endroit des Français a toujours eu quelque chose d'assez complexe, voire de paradoxal. Disons-le tout net : alors que, surtout de ces milieux-là, on eût attendu une attitude exactement contraire, ils donnaient, ils donnent malheureusement parfois encore dans la francophobie. Il serait à la fois très triste mais fort intéressant d'entreprendre une étude approfondie des raisons du comportement de ces milieux à l'endroit des Français. Mais ce n'est pas là notre propos. Rappelons simplement que chez ceux des nôtres qui sont réellement francophobes — le petit nombre fort heureusement — deux facteurs surtout paraissent avoir joué : la conviction que « la vraie France » ne pouvait être que de droite, et donc le rejet de la France d'après 1789 et surtout d'après 1871, et le refus de tous ceux qui la représentaient à un titre ou à l'autre ; ensuite la conscience d'une certaine infériorité intellectuelle devant plusieurs Français et le refus d'admettre cette infériorité, refus traduit par un raidissement à l'endroit de ces « maudits Français », dont l'on moquait même le mode d'expression et à qui l'on reprochait de n'être que de bas flagorneurs quand ils avaient émis à notre endroit uniquement des éloges, d'être dépourvus de « savoir-vivre » quand d'aventure ils se hasardaient à manifester leur esprit critique.

A côté de ces deux facteurs, il faut aussi déplorer cette habitude que l'on a chez-nous, et pas seulement dans les milieux dits populaires, de ridiculiser les gens qui s'efforcent de parler une langue élégante, et à fortiori, les Français. Durant un séjour d'une année en France, il m'est arrivé à plusieurs reprises d'être en compagnie de camarades canadiens-français chez qui la langue n'était pas le premier souci, loin de là. Jamais, cependant, je n'ai saisi chez les interlocuteurs français la moindre moquerie ; un peu d'étonnement parfois tout au plus. Il faut malheureusement convenir qu'il n'en vas pas de même chez nous. On me citait récemment le cas d'une fillette en butte à toutes sortes de moqueries et d'ennuis de la part de ses compagnes d'école, simplement parce que, Française, elle ne parlait pas le jargon qu'est trop souvent le langage de nos écoliers.

Là cependant n'est pas surtout ce que je voulais dire mais bien plutôt ceci. Il me paraît essentiel d'intégrer au nationalisme canadien-français cette notion de la plus grande France ou, si l'on veut, de la communauté spirituelle française. Car, au-delà de la conjoncture propre à chacun des groupes français, au-delà des conditions particulières selon lesquelles se poursuit le destin de chacun d'eux, il subsiste, patrimoine commun à tous, source à la fois de fierté et d'inquiétudes communes, de communs droits et devoirs, le fait de la civilisation française et de tout ce qu'elle implique, le fait de la présence française au monde.

Et sur ce plan, il importe de nous le rappeler, nous ne sommes plus quatre millions de Canadiens français isolés dans une masse anglo-saxonne mais nous faisons partie d'un vaste ensemble de plus de 60 millions d'hommes, tributaires de la pensée et de la langue française (et si nous ajoutons les populations des territoires sous influence ou sous domination française, c'est plus de 120 millions d'êtres humains que représente cette communauté). Dans cette perspective, la lutte — car si jamais il y eut lutte, c'est bien ici que le terme s'applique — que nous poursuivons depuis bientôt deux siècles retrouve tout son sens : non plus seulement effort d'un petit groupe pour affirmer ses caractères distinctifs, ce qui déjà serait admirable, mais inébranlable résolution de quatre millions d'hommes conscients de la valeur de la civilisation à laquelle ils communient, à maintenir sur ce continent une présence française vraiment rayonnante, pleinement vivante, à la faire s'épanouir dans leur intérêt propre, certes, mais également dans celui des groupes ethniques qui les entourent.

Il nous faut donc en quelque sorte repenser notre propre lutte nationale dans un cadre plus vaste, sur ce que j'appellerais le plan français international. La moindre victoire ici remportée sert la cause française, la cause de tous les Français au monde, comme la sert la lutte menée de même façon par les Wallons ou par tout autre groupe français. Pour nous Canadiens français, il importe particulièrement que nous ressentions notre appartenance à une vaste communauté française et que nous nous rendions pleinement compte de ce fait que l'augmentation du prestige français dans le monde, sur quelque plan que ce soit, sert notre propre cause comme la compromet le moindre recul de ce même prestige. L'heure n'est plus aux dissensions de clocher.

Chaque groupe, chaque Etat français est libre de décider de son orientation propre, quitte pour chacun de nous à approuver ou à regretter intérieurement tel ou tel comportement. Mais devant l'urgence de la situation actuelle, ce qui compte infiniment plus que ces querelles, quelque justifiées qu'elles puissent apparaître, c'est l'impérieuse nécessité de réaffirmer la communauté de tous les peuples français, de redonner son sens plein, sur le plan culturel, et d'une façon plus générale, sur le plan spirituel, à la notion de la plus grande France, c'est-à-dire au rassemblement de tous les groupes français par le monde autour de la mère-patrie française. Et pourquoi ne pas envisager la constitution éventuelle d'une sorte d'assemblée internationale permanente où se retrouveraient des représentants dûment mandatés de tous les groupes français, ayant pour mission de coordonner les innombrables efforts poursuivis un peu partout au service de la présence française, du fait français dans son sens le plus large et le plus élevé ? Peut-être, la récente fondation à Paris de l'Association internationale pour le rayonnement de la culture française à l'étranger, sera-t-elle le premier pas dans cette voie.

Ici, en tout cas, et dans l'immédiat, nous avons le devoir de faire en sorte que tous les immigrants français trouvent au Canada une terre vraiment fraternelle. C'est pour une part dans ce but qu'était constitué « l'Accueil franco-Canadien » : ce jeune organisme entend être une vaste association de l'amitié française et invite à se joindre à lui tous ceux que préoccupe la cause du rapprochement des divers groupes français. Une permanence sera ouverte sous peu. [...] Le service du Canada français et celui de la grandeur française, de la plus grande France, constituent une même et indivisible cause.

Jean-Marc Léger [a]

---

a. Jean-Marc Léger, « C'est l'heure d'affirmer la fraternité française », *l'Action nationale*, vol. XXXVII, 1951, p. 87-92.

Document n° 98

1951 — LES RAISONS D'UNE FIDÉLITÉ

L'abbé Étienne Blanchard (1883-1952), ordonné prêtre en 1907, est entré dans la Compagnie de Saint-Sulpice en 1914. Il a exercé son ministère dans les Cantons de l'Est, puis à Montréal où il a été notamment vicaire à la paroisse Saint-Jacques et à l'église Notre-Dame. Il a passé sa vie à défendre la langue française par la parole et par l'écrit. Il est l'auteur de plusieurs ouvrages de correction du langage qui ont été couronnés par l'Académie française en 1930. À la veille du troisième Congrès de la langue française, il rappelle les raisons de rester français.

POURQUOI RESTER FRANÇAIS.

1. *Parce que c'est notre intérêt matériel.*

Par son esprit de travail et d'économie, son bas de laine, sa petite industrie, le Français, nationalement et individuellement, est riche et prospère.

Grâce à sa science, à sa littérature, à la richesse de sa langue, ses qualités civilisatrices, le Français tient un grand rôle dans l'univers.

Le Canadien français d'instruction moyenne est bilingue, ce qui lui permet de profiter d'une double culture et d'occuper des postes fermés à l'unilingue.

2. *Parce que c'est notre intérêt religieux.*

C'est par notre langue que nous gardons notre foi. L'expérience des nôtres à l'étranger le prouve.

La littérature et les journaux français sont de mentalité catholique ; la littérature et les journaux anglais sont de mentalité protestante.

L'usage prédominant de l'anglais nous change de milieu social et entraîne un grand pourcentage de mariages mixtes.

3. *Parce que c'est notre devoir envers la Providence.*

La civilisation française à base religieuse a propagé la foi, non seulement dans le Québec, mais dans l'Est et le Centre des Etats-Unis, dans les autres provinces du Canada et jusqu'aux régions polaires.

Le zèle apostolique de la France se manifeste chez nous par l'abondance des vocations religieuses, par nos nombreuses communautés d'hommes et de femmes.

Nos missionnaires sont partout. Ils sont nombreux en Asie et en Afrique, et leur nombre ne cesse de s'accroître chaque année.

Ces faits, et notre miraculeuse survivance, indiquent que nous avons pour mission de remplir ici et à l'étranger le même rôle missionnaire que la France.

4. *Parce que c'est notre devoir envers nos aïeux.*

Ils ont été les premiers occupants du pays. Ils l'ont défriché et colonisé, se sont battus contre les sauvages et les blancs pour défendre leur patrimoine.

Après la conquête anglaise, réduits à la pauvreté, à la misère et à l'abandon, ils ont voulu quand même continuer de vivre dans les traditions de langue et de religion de leurs pères.

C'est pour cela qu'ils se sont opposés à toute anglicisation et que leurs parlementaires ont, à différentes époques, combattu les lois antireligieuses et antifrançaises.

Cesser d'être français, ce serait nous priver d'importants avantages, compromettre nos croyances religieuses, nous refuser au rôle providentiel, renier nos traditions ancestrales.

L'abbé Etienne Blanchard [a]

---

a. F. J.-F. (Frère Jean-Ferdinand), *Refrancisons-nous*, Chicoutimi (?), Les Editions des Frères maristes, 1951, 142 pages. Le passage cité de l'abbé Blanchard apparaît aux pages 27 et 28 de ce recueil de textes.

Document n° 99

1951 — LA RELIGION DE LA LANGUE

La brochure Refrancisons-nous, *parue en préparation du troisième Congrès de la langue française, donne cette Table de lois du français au Canada. Le texte est accompagné du drapeau fleurdelysé.*

Les Dix Commandements du Bon Parler.

Vivons, parlons en beauté.

Prononçons avec pureté.

Parlons mieux par intérêt, par fierté.

Parlons et achetons en français.

Faisons du français un art populaire.

Evitons les anglicismes.

Articulons avec fermeté.

Guerre aux bouches molles.

Vouons au bon parler un culte national.

Hommage à Sa Majesté la Langue française [a].

---

a. F. J.-F. (Frère Jean-Ferdinand), *Refrancisons-nous*, Chicoutimi (?), Les Editions des Frères maristes, 1951, 142 pages. Voir p. 73.

Document n° 100

1952 — LES ÉTATS GÉNÉRAUX SANS LE PEUPLE

Jean-Marc Léger fait ici la critique du troisième Congrès de la langue française qui a lieu à Québec, sous la présidence de Mgr Adrien Verrette, prélat franco-américain, du 18 au 26 juin 1952. Il dénonce l'absence à ce congrès de la classe ouvrière et du travail organisé.

Note : Nous souhaitons que l'on ne se méprenne pas sur l'esprit dans lequel cet article a été écrit. Le mérite reste entier, il va de soi, aux organisateurs pour le succès matériel ou si l'on préfère la « réussite technique » qu'a constitué le Congrès. Celui-ci a également été l'occasion d'une saine réflexion nationale pour un grand nombre. Mais précisément les moyens mis en œuvre et l'argent dépensé auraient pu s'avérer tellement plus fructueux si le troisième Congrès avait été vraiment « les Etats Généraux de la nation française en Amérique ». Pourquoi n'en a-t-il pas été ainsi : c'est là ce que nous avons tenté d'éclairer dans l'article ci-après.

J. M. L.

S'adressant à l'Assemblée Nationale française, au début de l'année 1871, lors d'un débat devenu concours d'éloquence plutôt qu'examen du réel, le vicomte de Meaux déclarait : « Il nous faut refaire à ce pays, dans un laborieux silence, des forces et non des illusions ». Quiconque a suivi avec attention les délibérations du Troisième Congrès de la langue française, aura déploré qu'elles ne se soient déroulées à l'enseigne de cet avertissement. On aurait alors évité l'immense et tragique imposture — inconsciente, nous le voulons bien — par quoi se sont soldées ces assises bruyamment célébrées.

Quelqu'un a qualifié celles-ci « d'Etats Généraux » de la nation canadienne-française : la désignation tenait plus d'un vœu que d'une constatation. Pour prétendre à ce titre, il manquait au Troisième Congrès deux caractères essentiels : la participation du « Tiers Etat », la conscience des problèmes vitaux de la nation.

....

Publicité insuffisante et mal orientée, dira-t-on. Nous croyons qu'il y a malheureusement davantage et plus grave. Le peuple ne se sentait pas chez lui à ce Congrès où la place lui avait été maigrement mesurée, dans ces Etats Généraux qui ignoraient à toutes fins pratiques le Tiers Etat. On ne manquera pas de se récrier, de nous produire la liste des congressistes afin de nous prouver par « a plus b » la présence « d'hommes de toutes les classes et de tous les milieux ». Ce n'est pas là une réfutation : qu'il y eût au congrès des ouvriers, des agriculteurs, des artisans (y en avait-il d'ailleurs tellement) ne change rien à l'affaire. Ce qu'il faut dénoncer, c'est l'absence des masses comme telles, l'absence notamment de la classe ouvrière et du travail organisé. Elle aurait dû, cette classe, chez nous base de la nation plus que partout ailleurs, être représentée par ses dirigeants véritables, par les chefs des centrales syndicales ; elle aurait dû occuper une place d'honneur et pouvoir faire entendre pleinement sa voix. Cela déjà eût été nécessaire, le Congrès se fût-il cantonné dans le strict problème linguistique ; à combien plus forte raison cela s'imposait-il dans des assises qui voulaient dégager un bilan des forces vives de la nation.

On ne fait pas des « Etats Généraux » en ignorant le plus important et le plus sain de ceux-ci. On ne se borne pas à inviter les dirigeants des Confédérations syndicales par une lettre circulaire au même titre que le président des Cercles Lacordaire ou celui des Anciens des frères des Ecoles chrétiennes. Ou alors, on accepte délibérément de tenir à l'écart d'importantes assises nationales la classe où se rerouve la majorité de la nation.

....

Convenons-en : le Congrès n'a soulevé dans les masses ni émotion, ni intérêt. Et nous voyons mal qu'on ose le leur reprocher. Elles n'y avaient pas été vraiment invitées : tout cela se passait — nous allions écrire « se tramait » — en dehors d'elles. Si loin d'elles et de leurs problèmes quotidiens. Car l'absence de réalisme qui avait conduit à ignorer le peuple devait se traduire aussi dans les délibérations mêmes du Congrès.

Rarement démonstration plus éclatante aura-t-elle été faite de ce mortel idéalisme où trop de « nationalistes » ont compromis la nation elle-même. Il y eut certes quelques sursauts de lucidité : la déclaration du père Thomas Landry sur la vie française en Franco-Américanie, les commentaires suscités par l'intervention de Pierre Daviault sur « le français, langue morte au Canada ». Douloureuse vérité des remarques de Victor Barbeau : « La désaffection de la langue date de la désaffection de l'esprit. Ce n'est pas tant faute d'écoles que faute de foi que le ressort s'est brisé et les cœurs plus que les cerveaux sont ramollis. Avant d'être une connaissance, une science, le langage est un instinct, une musique intérieure. Nous ne parlerons pas français autrement qu'en qualité d'étrangers, si notre intelligence, notre sensibilité ne sont point curieuses et nourries de culture française. La vitalité d'une langue est fonction de la vitalité intellectuelle et morale de ceux qui la parlent. C'est leur vivacité, leur allant, leur puissance de création qui l'empêcheront de se figer, de se décolorer, qui la garderont toujours jeune... »

Pour une fois, on approchait le véritable problème, des paroles étaient prononcées qui eussent dû tracer au Congrès les avenues conduisant à la véritable tâche. La même absence de réalisme qui avait amené à ignorer les masses populaires devait masquer les véritables problèmes. Dieu sait pourtant qu'ils sont aigus et faciles à déceler puisqu'un observateur étranger, quelque peu attentif, ne met pas des années à les reconnaître. Pareil Congrès aurait du être pour des hommes lucides et courageux l'occasion d'un véritable examen de conscience nationale. Le bilan eût été assez sombre, certes, mais du moins cette plongée dans le réel se serait avérée tonifiante et le sursaut eût pu être salutaire. On s'est borné à faire, de ce qui aurait dû constituer un temps de franc et sévère examen, un nouveau rendez-vous des illusions. Ressassant les vieux clichés, brûlant les mêmes encens vieillis devant les mêmes idoles défraichies, traînassant les mêmes formules creuses qui dévaluent l'idéal qu'elles voudraient exalter, le Troisième Congrès a été une immense déception.

En aurait-il pu aller autrement, tant le point de départ était faux ? « Nous, nation catholique et française... », avait-on, une fois de plus, posé à prime abord. Un tel a priorisme dans la conception ne pouvait aboutir qu'à des conclusions et des mots d'ordre singulièrement vains, inefficaces et inadaptés dans l'ordre de l'action. « Qui sommes-nous ? », voilà ce qu'il aurait fallu d'abord se demander, « que sommes-nous devenus ? » Une véritable enquête sociologique eût du précéder le Congrès pour conférer à ses travaux quelque valeur scientifique, à ses conclusions quelque valeur pratique, à ses mots d'ordre quelque sérieux. Analyse de nos institutions et de nos structures, étude de la transformation de la famille, de la paroisse, analyse du milieu ambiant et de ses répercussions sur ce que nous voulons bien appeler notre culture, surtout examen des problèmes angoissants que pose la distance chaque jour accentuée entre des prétentions françaises et catholiques et une vie qui l'est de moins en moins. Mise en lumière de nos problèmes vitaux : le social, le spirituel, le culturel. Dans quelle mesure, le peuple est-il resté vraiment français, vraiment chrétien ?

....

Une heureuse décision a consisté dans la transformation de l'appellation de : Comité de la Survivance française en Amérique, en celui de « Conseil central de la vie française en Amérique ». Mais pareille modification ne servira de rien si ce Conseil ne devient pas très bientôt l'expression authentique de la nation, c'est-à-dire 1°) qu'il renferme des représentants des diverses classes et, au premier chef, de la classe ouvrière, la plus importante de la nation numériquement et psychologiquement ; 2°) qu'il s'attaque résolument aux problèmes vitaux et qu'il propose des actions à la mesure du danger, sans se laisser arrêter par les inquiétudes soulevées chez les gens en place.

Les raisons de craindre sont innombrables pour qui veut bien ne pas se leurrer sur l'état présent de la nation mais fortes encore les raisons d'espérer. A la condition, cependant, d'agir sans tarder. Oui, il faut refaire à cette nation, dans un LABORIEUX SILENCE, des FORCES et non des ILLUSIONS.

Jean-Marc Léger [a]

---

a. Jean-Marc Léger, « le Rendez-vous des illusions », *l'Action nationale*, vol. XL, septembre-octobre 1952, p. 47-54.

Document n° 101

1952 — DES HOMMES EN MAL D'UN DESTIN

Vivant dans un pays et sur un continent où ils faisaient le plus souvent figure d'étrangers, les Canadiens n'ont pu éviter, au cours de leur histoire, de s'interroger avec angoisse sur le sens de leur existence comme groupe national minoritaire. Cette crise d'identité semble avoir pris une intensité encore jamais atteinte dans les années qu'ouvre la seconde guerre mondiale et que caractérise, au dehors, l'hégémonie des États-Unis et, à l'intérieur, l'envahissement de l'American way of life. En témoigne ce débat lancé en 1952 dans les colonnes de l'Action nationale par Gilles Marcotte [a], et auquel prennent part André Laurendeau [b] et Rex Desmarchais [c]. Chacun à sa manière, ces trois hommes tentent de répondre à la question : qu'est-ce qu'un Canadien français ?

GILLES MARCOTTE :

Le problème que je veux porter à votre attention ne relève pas expressément de la critique littéraire, mais il la conditionne à un tel point qu'il m'est impossible de l'ignorer. Et il n'a été abordé jusqu'ici par personne. C'est ainsi que les critiques sont amenés, par la négligence des autres spécialistes, à régler chaque semaine tous les problèmes du monde. Ils le font d'ailleurs avec une allègre assurance qui fait vraiment plaisir à voir.

Deux textes pris à des ouvrages récents me serviront à situer le problème. Deux textes, deux dates.

1760 : « De tous ces faits et jugements, une vérité se dégage, s'impose, ce nous semble : le Canada d'avant 1760 possédait ce fonds de culture où, avec le temps, ont coutume de poindre les civilisations. Le labeur physique des commencements, la mise en exploitation d'un pays démesuré, n'avaient pas absorbé toute l'énergie de l'homme. Ils n'avaient pas empêché la formation de l' « honnête homme », type humain qui, pour ne rien négliger de l'ordre pratique, met au-dessus de tout le culte de l'esprit [1]. »

1890 : « En 1890, le Canada français avait deux siècles de civilisation de la plus haute qualité. Cette civilisation, on en retrouve encore les vestiges dans son architecture d'autrefois, dans ses églises de campagne, ses belles maisons d'habitants. Car les paysans n'avaient pas échappé à cette influence, à une tournure d'esprit si générale. Les « habitants » étaient d'une charmante politesse et c'est encore un Anglais qui disait alors que « l'on reconnaît toujours les gens de la province à leur courtoisie française ».

---

a. Né en 1925, Gilles Marcotte a fait ses études au Séminaire de Sherbrooke, à l'Université de Montréal et à l'Université Laval (doctorat en 1969). D'abord critique littéraire au *Devoir* (1950-1955), il s'occupe ensuite de télévision à Radio-Canada et de cinéma à l'Office national du film. De 1961 à 1966 il est directeur de la chronique littéraire et artistique du journal *la Presse*. Depuis juin 1966, il est professeur au Département d'études françaises de l'Université de Montréal. En 1970-1971, il occupe la chaire de littérature du Québec à l'Université de Strasbourg.

b. Sur André Laurendeau, voir le document n° 111.

c. Sur Rex Desmarchais, voir le document n° 93.

1. *Histoire du Canada français depuis la découverte*, par M. Lionel Groulx, tome II, Aux Editions de l'Action Nationale. Page 157.

De cette civilisation, il reste encore des traces dans certains milieux, comme il est resté quelques belles églises, quelques maisons de style canadien-français dans la province. Mais tout cela n'est plus que de la curiosité, de l'archéologie, des objets de musée. Et les populations qui vivent dans les villes et les campagnes américanisées de la province de Québec, ne savent plus que leurs pères avaient créé une délicieuse civilisation et qu'elle était encore vivante il y a cinquante ans [2]. »

* * *

Faisons, chez M. Groulx, la part d'un idéalisme historique impénitent ; chez M. de Roquebrune, celle d'une nostalgie aristocratique assez éloignée de la véritable expérience canadienne-française. Un fait demeure, c'est qu'il a existé au Canada français un commencement de civilisation autonome. Tous les historiens du régime français soulignent les différences qui s'accusaient entre Français de France et Français du Canada dans les années qui précédaient la conquête. Cette civilisation était française, mais elle était aussi, et de plus en plus, canadienne. Le Français commençait d'habiter le paysage canadien.

Or cette civilisation est maintenant disparue, à cause des deux forces de désintégration qu'ont été pour elle le pouvoir britannique et le voisinage américain. Le livre de Roquebrune en témoigne, que dis-je, toute notre vie en témoigne. Le Canadien français est un homme sans civilisation, partagé entre ce qui lui reste d'une vieille culture française (à peine canadianisée) et le *way of life* essentiellement niveleur de l'Américain. Lisez ses livres : cet homme-là est profondément divisé. Regardez-le vivre : il n'est pas civilisé, il ne sait pas vivre [3].

Que deviendra ce perplexe ? Il est certain qu'un type d'homme américain est en voie de formation, selon les exigences d'un *paysage* nouveau, et que le Canadien français devra se couler de quelque façon dans le moule. Toute la question est de savoir s'il pourra s'y couler... français. Seule une civilisation autonome, une lente maturation de ses forces intérieures, le lui permettrait. Les défenses politiques sont de peu de poids, dans une telle conjoncture. C'est une question de temps, de circonstances...

Quand nous parlons d'un type canadien-français, nous parlons d'un mort, ou presque. J'essaie d'imaginer ce en quoi il va se transformer [d].

ANDRÉ LAURENDEAU :

Mon cher Marcotte, les morts, qui sont des cadavres, ont l'habitude de se transformer en pourriture. Vous pourriez dire que les charognes sont des engrais, et que notre dissolution prépare une lointaine moisson. Allez-vous considérer l'effort des générations actuelles uniquement comme le fumier dont un patrimoine éventuel s'enrichirait ?

Non, si vous vous interrogez sur ce mort, c'est que vous ne croyez pas qu'il le soit.

---

2. *Testament de mon enfance*, récit, par Robert de Roquebrune. Chez Plon, à Paris. Pages 219-220.
3. Je dis « civilisé » dans un sens très strict. Nous ne sommes pas des anthropophages.
d. Gilles Marcotte, « Que deviendra ce perplexe ? », *l'Action nationale*, vol. XXXIX, mars 1952, p. 164-166.

Et vous nous ramenez aux propos échangés ici même il y a deux mois entre Roger Lemelin, Robert Elie, Mason Wade et votre serviteur [e]. Il me semble que l'on y était joliment optimiste, et qu'on refusait de voir le problème que vos deux références posent avec force. Mais de votre côté, vous voilà devenu bien pessimiste, bien rigoureux, et, du moins je l'espère, un peu superficiel.

Il est possible qu'un sommet ait été atteint par les Canadiens français au milieu du siècle dernier ; possible que l'homme de cette époque se soit montré plus créateur et mieux accordé à son milieu. Robert de Roquebrune n'a vu que la fin de cette période heureuse, car déjà la désintégration avait commencé en 1890, et dès le début du 20e siècle nous avons pu en voir les effets. Au surplus ce canton de l'histoire est encore mal connu, et nous parlons tous sur des approximations.

Cette culture, fondée sur des conceptions agricoles, elle a cessé d'être l'élément dominant ; le système a craqué. Nous voici prolétaires dans les grandes villes vides que nous ne dirigeons pas et où le mode de vivre américain nous a tous badigeonnés aux mêmes couleurs.

Mais le cœur du cœur a-t-il été atteint ? Le type canadien-français, en pleine évolution, inquiet sur lui-même, et provisoirement stérile comme tous ceux qui ne parviennent pas à dominer leur angoisse, ce type existe. On le rencontre tous les jours. Il s'exprime tous les jours. Il y a encore un mode de sentir et de réagir qui est nôtre, et qui est capable de fonder une œuvre. Ecoutez CBF durant deux heures, et puis branchez sur CBM ; passez vingt-quatre heures au Parlement d'Ottawa (où domine le type britannique), puis rendez-vous à l'Assemblée législative de Québec. Assistez à une réunion syndicale, à un forum, au théâtre, dans les deux milieux. Vous aurez l'impression chaque fois de passer d'un continent à un autre continent.

La présence du type canadien-français, si on consent à le chercher dans d'humbles choses, est aveuglante. Interrogez là-dessus les étrangers qui nous arrivent : ils porteront sur notre presse, sur la fragilité de la vie intellectuelle et son peu d'intensité, sur notre faiblesse économique, sur nos manies américaines, des jugements sévères ou désenchantés. Mais laissez-les vivre un peu parmi nous. Qu'ils en arrivent à nous aimer ou à se détacher de nous, cela tiendra à des facteurs complexes ; pourtant il y a une chose qu'ils ne feront jamais, et c'est de nier que nous existions, ou c'est de sous-estimer notre présence [f].

REX DESMARCHAIS :

Je viens de lire avec intérêt dans *L'Action nationale* [...] votre court article intitulé : « Que deviendra ce perplexe ? » Et j'ai lu avec un égal intérêt les deux pages suivantes, [...] signées André L. Ces dernières se coiffent du titre : « Sur l'avenir d'un mort ». En tout cinq pages propres à amorcer de passionnées et fécondes discussions.

Selon vous, si je vous ai bien compris, la civilisation canadienne-française et le type canadien-français seraient agonisants, quasi morts. Suivant André L., l'état de cette

---

e. « Sur l'avenir de la culture canadienne-française », *l'Action nationale*, vol. XXXVIII, décembre 1951, p. 260-270. Dans ce débat, Robert Elie, Roger Lemelin et Mason Wade donnent une définition purement littéraire de la culture et aboutissent à un constat optimiste. André Laurendeau, pour sa part, préfère donner au mot culture un sens plus étendu qui englobe tout le contexte sociologique. Ses conclusions sont, de ce fait, plus pessimistes.

f. André Laurendeau, « Sur l'avenir d'un mort », *l'Action nationale*, vol XXXIX, mars 1952, p. 167-168.

civilisation et de ce type serait moins grave, moins irrémissiblement compromis. Peut-être votre pessimisme a-t-il raison ? Ou peut-être l'optimisme réservé d'André L. ? Qui sait ? Qui vous départagera ? Vous, Marcotte, vous apportez deux témoignages : celui du chanoine Lionel Groulx et celui de Robert de Roquebrune. Juxtaposés, le témoignage de l'historien et le témoignage du mémoraliste tendent à montrer que la civilisation française et le type canadien-français sont en pleine décadence, moribonds. André L., lui, s'efforce de prouver, en exposant quelques observations, que la civilisation canadienne-française et le type canadien-français résistent. Rien de tout cela ne me paraît décisif, ni dans un sens ni dans l'autre. On peut croire également qu'ils disparaîtront dans un avenir plus ou moins prochain. Au fond, la solution de ce problème n'apparaîtra que dans un, deux ou cinq siècles. D'ici là, les discussions restent ouvertes. Sur le sujet, chacun peut croire et penser ce qu'il voudra ; accumuler les observations et les témoignages en faveur ou contre la survivance.

En attendant, il faut continuer de vivre, d'agir ; dans le domaine pratique, il faut choisir une ligne de conduite et d'action.

Si l'on m'interrogeait sur la probabilité ou l'improbabilité de la survie du peuple canadien-français, j'avoue que je ne saurais quoi répondre. J'éprouve peu le goût de jouer au devin et au prophète. J'ai vu des malades, condamnés par les sommités médicales, et qui revinrent à la santé. J'ai vu des malades dont on attendait la convalescence et qui moururent. Il n'est pas plus facile de juger des possibilités d'un peuple de cinq millions d'habitants que des possibilités d'un seul individu.

Contre le malade qui s'abandonne et se laisse aller, j'aime et j'admire le malade qui lutte jusqu'au bout, qui ne consent à la défaite qu'avec l'expiration de son dernier souffle. Et, sauf erreur, les Canadiens français n'en sont pas à leur ultime soupir. L'élément français est loin d'être mort en eux. Je me dis donc : « Faisons, agissons comme s'ils devaient survivre, devenir un grand peuple sur la terre d'Amérique ». Ce choix me paraît bien en valoir un autre. Même si l'avenir ne le confirme pas, il a, pour chacun de nous, l'inappréciable avantage de donner un sens à notre vie, de lui fournir de hautes raisons d'agir, de la détourner des pentes de la facilité, de l'avilissement et de la satisfaction dans un ignoble confort. Le plus grand péril du monde actuel, c'est son inclination pour la facilité dans tous les domaines.

Pour moi, j'ai opté depuis vingt-cinq ans, c'est-à-dire depuis le temps où j'ai découvert la pensée et la littérature française et où j'ai éprouvé le besoin d'écrire. Je ferai cet aveu que j'ai appris l'anglais le moins possible. Si l'on me demandait pourquoi, je répondrais comme cet écrivain français, en séjour aux Etats-Unis, et à qui l'on posait la question : « Pour ne pas ternir la pureté de mon français ». Mon pauvre français, il n'est déjà ni si sûr ni si pur ! Si je le mêle volontairement d'anglais et d'américain, que deviendra-t-il ?

Nous avons le bonheur et l'honneur d'être d'origine française ; d'avoir conservé jusqu'aujourd'hui le parler français, les modes français de sentir et de raisonner. Je ne vois pas pourquoi nous renierions ces hérédités et renoncerions à cet héritage. Voyons-nous quelque chose de mieux pour les remplacer ? Vraiment ?

A l'occasion, il m'est arrivé d'observer avec attention des Anglais, des Américains. J'ai imposé silence à tout parti pris, je me suis efforcé d'être objectif. Parole ! je n'ai aucun désir de devenir semblable à eux. Je vois dans la clarté de l'évidence ce en quoi je diffère d'eux ; je ne discerne pas en quoi je leur ressemble — et pourrais souhaiter leur ressembler. Quelle lourde gravité ou quel ridicule enfantillage ! Nous ne savons plus si nous avons affaire à des enfants de cinq ans ou à des vieillards de quatre-vingts. Suffit !

Si, par contre, j'observe un Français, non seulement je souhaite devenir son semblable, mais je me sens, sur bien des points importants, son semblable. Les caractéristiques qui nous distinguent l'un de l'autre, tant dans notre philosophie de la vie que dans nos façons de vivre, me paraissent superficielles. En lui comme en moi, le fond (qui s'exprime par un langage commun) est le même.

Ayant écrit ce que je viens d'écrire sur les affinités profondes entre les Français et nous, je suis un peu gêné pour dire ce que je veux dire. Mais je passe outre : une opinion sincère a le droit de s'exprimer, quitte à souffrir les contradictions.

Il y eut Athènes et l'Athénien ; il y eut Rome et le Romain. A notre époque, il y a Paris et le Parisien (variété très évoluée du Français). Le Français est le plus intelligent des humains d'aujourd'hui — avec toutes les misères et les faiblesses que l'extrême intelligence entraîne (ou peut entraîner) dans la vie courante : individualisme forcené, scepticisme, tout ce qu'on voudra.

En prenant comme norme les ouvrages de l'esprit, comparons l'intelligence anglaise ou américaine, par exemple, à l'intelligence française. La supériorité de cette dernière ne se révèle-t-elle pas écrasante ? Le Français a touché ce point extrême d'intelligence qu'il ne se prend plus, soi-même, ni au tragique ni au sérieux. C'est un point limite, il faut l'avouer. Valéry a noté : « L'esprit est peut-être un des moyens que l'univers s'est trouvé pour en finir au plus vite ». Peut-être... Et pourtant, qui voudrait renoncer à l'esprit, aux exercices les plus déliés de l'intelligence ? Un homme accepte qu'on l'accuse de manquer de mémoire, d'imagination, de caractère, de volonté. Il sait tirer gloire de tels manques. Mais qu'on lui dise qu'il manque d'esprit ou d'intelligence, il se rebiffe, il proteste, il cherche à se justifier ne fût-ce que pour lui-même. C'est la carence qu'il ne veut pas admettre, car il sent que sa qualité d'homme en dépend...

Les peuples, eux aussi, sentent l'importance incomparable de l'intelligence. Voyez-les regarder la France, s'appliquer péniblement à l'imiter, et la décrier et la maudire lorsqu'ils n'y réussissent pas à leur gré. Selon le mot que Georges Duhamel inventait pour une autre situation, ils éprouvent pour elle « une admiration toute empoisonnée d'envie ».

En dépit des pires aberrations, l'humanité n'a pas perdu le souvenir de ce qu'elle doit à l'intelligence. C'est par l'intelligence seule (cette flamme mystérieuse brûlant dans la tête humaine), que l'homme, dès la période primitive de son histoire, s'est différencié de l'animal ; puis qu'il a établi sa domination sur tous les vivants ; enfin qu'il a élaboré ses plus fines cultures et ses plus hautes civilisations.

Je m'excuse de ces considérations générales. Votre « Que deviendra ce perplexe ? », mon cher Marcotte, force chacun de nous à s'examiner, à s'interroger, à se préciser pourquoi il veut maintenir et affirmer ce qu'il y a de français en lui.

Etre Français (ou Canadien français), c'est occuper, dans le monde actuel, l'avant-poste de l'intelligence : la position la plus exposée de toutes. Mais qui le déserterait pour s'ensevelir à l'abri dans la médiocrité ? Un homme digne de ce nom et conscient de son devoir ne démissionne pas d'un tel poste.

Je sais ce qu'il entre d'orgueil dans les cinq dernières lignes que je viens d'écrire. Mais que s'est-il jamais fait de valable, de beau et de grand dans le monde sans le ressort d'un orgueil avoué ou secret ? Si nous avons peur du mot *orgueil*, employons le mot *fierté*.

Il peut être intéressant de rechercher si l'embryon de civilisation canadienne-française est en train de mourir ou de croître ; si le type canadien-français s'efface graduellement ou s'affirme. Mais il s'agit là de généralités. Les résultats de semblables recherches seront toujours contestables. En définitive, ils ne réussiront qu'à prouver ceci : nous servons une cause incertaine. Mais quelle entreprise humaine d'envergure ne comporte pas sa part d'incertitude ? D'ailleurs, le risque mesure le prix de la victoire. Le poète a dit mieux : « A vaincre sans péril... »

A mon opinion, surtout lorsqu'il s'agit d'intellectuels, d'écrivains, de journalistes, la question que vous posez sur le plan général, chacun devrait se la poser pour soi-même, dans son for intérieur : « La civilisation canadienne-française vit-elle *en moi* et *par moi* ? Le type canadien-français rayonne-t-il *en moi* et *par moi* ? Quelles raisons ai-je de les affirmer (ou de les renier, en les remplaçant par quoi ?) dans ma personne, dans ma vie, dans mon action et mon œuvre ? Ces questions, qui n'en forment qu'une seule, chacun de nous peut y répondre pour soi-même de manière indiscutable : il suffit que chacun prenne conscience de ce qu'il y a en lui et décide d'aller dans un sens ou dans l'autre. Si, pour opter, nous scrutons et essayons de prévoir les destinées de tout un peuple, nous ne sortirons jamais de la perplexité : le passé ne subsiste plus que dans les témoignages de l'histoire, lesquels sont contradictoires et peuvent donner lieu aux interprétations les plus diverses ; le présent, confus et foisonnant d'événements, ne permet que des observations qui s'entre-détruisent ; l'avenir... « L'avenir est à Dieu... » Seule, la tireuse de cartes sait, peut-être. Mais nous n'irons pas la consulter. Un travail plus urgent nous requiert : réduire et supprimer en chacun de nous la perplexité, si perplexité il y a, au sujet de notre choix personnel. Le propre de l'artiste, sa nécessité (qu'il œuvre sur le langage, les formes, les lignes ou les couleurs), c'est de choisir. Il y a un moment pour se demander du « bloc de marbre, si beau » :

« Sera-t-il dieu, table ou cuvette ? »

puis, un moment pour décider : « Il sera dieu » ...

Sans cette décision, ce choix du statuaire, le bloc de marbre serait demeuré éternellement bloc de marbre.

Il s'agit moins de savoir ce qu'a été, est et sera un peuple que de choisir et de décider ce qu'est et sera chacun de nous.

Pour ma part, il y a vingt-cinq ans, j'ai traversé mes heures de perplexité. Non seulement je me demandais : « Les Canadiens français survivront-ils ? mais « Qu'est-ce qu'un Canadien français ? » A ces questions, j'avoue n'avoir point trouvé de réponse satisfaisante. Depuis longtemps, je ne me les pose plus. C'est sur le plan personnel que j'ai découvert la solution : avoir un dédain raisonnable pour tout ce qui est anglais et américain ; être le plus fidèle possible, dans ma vie et dans mes écrits, à mes hérédités et à mes inclinations françaises. Agissant ainsi, je suis relativement heureux et, eu égard à mes forces et à mes moyens, je ne crois pas trop mal servir la cause de mes compatriotes.

Il y aurait une foule de choses à ajouter sur le sujet. Mais ma lettre dépasse les bornes honnêtes. Je laisse à d'autres la parole.

Veuillez me croire, mon cher Marcotte, votre fidèle lecteur g.

---

g. Rex Desmarchais, « Servir une cause incertaine », *l'Action nationale*, vol. XXXIX, mai 1952, p. 308-315.

GILLES MARCOTTE :

Mon dernier article de *L'Action Nationale* a produit une réaction assez vive, et c'est bien ce que j'en attendais. Nous sommes trop aisément conduits, dans les milieux de tradition nationaliste, à conscrire toutes nos forces au profit d'une résistance dont nous ne possédons plus assez les raisons. J'ai voulu secouer des certitudes un peu vides, en exposant avec crudité non pas une thèse défaitiste, mais une angoisse personnelle qui ne m'apparaît du reste pas sans racines objectives.

Aussi bien suis-je reconnaissant à Rex Desmarchais de tenir le débat au plan de l'expérience où je l'avais porté d'abord. J'ignore aussi bien que quiconque, si le « perplexe » canadien-français est appelé à survivre ou à disparaître. Mais je n'ouvre pas les yeux sans voir aussitôt les multiples raisons concrètes qu'il aurait de disparaître, et ressentir une véritable inquiétude à son propos. Cette inquiétude, Rex Desmarchais la ressent également, et je crois qu'aucun Canadien français tant soit peu conscient ne peut éviter de la rencontrer à un moment ou l'autre de son expérience vitale. Une certaine perplexité me paraît être l'aboutissement normal d'une réflexion appliquée à la condition canadienne-française.

Cette perplexité admise, Rex Desmarchais prétend la résoudre en pratique par une option radicale pour la culture française — plus exactement, pour la culture parisienne. Je comprends d'autant mieux une telle option que je me sens moi-même une âme furieusement française, que mes goûts s'adressent d'instinct à l'art français, et que j'éprouve une haine immodérée de l'anglicisme (surtout quand c'est moi qui l'ai commis). Mais cela constaté, voire accepté avec enthousiasme, je n'en demeure pas moins canadien, c'est-à-dire différent du Français par mille points que je ne saurais identifier avec une parfaite précision, mais qui constituent la trame même de mon existence. Me proclamer français, sans restrictions, ce serait pour moi renier... par exemple, la rue Saint-Hubert que j'ai montée ce matin ; la rue Saint-Hubert bordée d'établissements avec des enseignes dans les deux langues, la rue Saint-Hubert où les passants parlent avec une lenteur, une pudibonderie, une incorrection rien moins que parisiennes, la rue Saint-Hubert neuve et laide, poussée comme un champignon, une pauvre fille malingre et peu sûre d'elle-même, dont la trop voyante parure américaine ne cache pas la profonde indigence... Cette rue, je ne l'aime guère, mais elle est plus *moi-même* que la Place de l'Etoile, et si je la renie je m'évade, je me condamne à l'inefficacité.

Cela revient à dire que si je me sens et me veux français le plus possible, je ne puis toutefois écarter ce fait que le type français, au Canada, est appelé à subir des compositions dont j'ignore jusqu'où elles peuvent aller. Composition avec une géographie qui rappelle très peu la Méditerranée ; composition avec un *way of life* essentiellement différent du savoir-vivre européen ; composition avec deux cultures, l'américaine et l'anglaise, qui m'investissent profondément, quoi que je puisse faire pour m'en défendre. Et il faut tenir, je pense, que ces compositions sont choses bonnes dans la mesure où elles marquent une progressive adaptation de l'homme à son habitat, où elles préparent un type nouveau de civilisé. Nous n'avons aucun intérêt à rester éternellement des exilés de France, sur une terre dont nous n'accepterions pas les exigences. Le temps des colonisations est passé.

Une telle perspective demeure évidemment indéterminée, comme toute perspective historique profonde, et sujette à de subtils changements qui la rendront plus ou moins favorable aux composantes françaises que nous voudrions conserver à tout prix. Mais son indétermination même nous oblige à rejeter comme évasive une option française aussi radicale, accompagnée de refus aussi catégoriques, que celle de M. Desmarchais. Cette option nous est sympathique à plus d'un égard ; elle sera peut-être fructueuse, dans quelques domaines très particuliers. Seulement elle ne tient pas compte du réel, elle va au rebours de l'histoire, elle aboutira nécessairement à quelque impasse. Prise par le peuple canadien-français tout entier, elle le conduirait à la ruine.

Au reste, ce n'est pas seulement de cette option française qu'il faut se garder, c'est de toute option aussi radicale. La perplexité que nous inflige notre condition particulière de peuple *en marche*, ne saurait être réduite de façon immédiate et absolue, dans quelque sens que ce soit, même pour un compte personnel. Il me semble que le devoir canadien-français d'aujourd'hui en est un de sage plutôt que de combattant, d'attention plutôt que de décision — sans préjudice, assurément, d'un zèle raisonnable pour la cause française, authentiquement nôtre. N'échapper aucun bout de la chaîne, consentir aux apparentes contradictions d'un destin complexe, tenir à toutes les réalités, les plus immédiates comme les plus universelles, aimer la France en ne refusant pas l'Amérique... Les *idées claires* n'y trouveront pas leur compte, mais la vie aura toutes ses chances. Et pouvons-nous souhaiter plus grande chose, pour le peuple canadien-français, que de le voir devenir — à quelles conditions, l'expérience seule nous l'apprendra — un grand peuple vivant ?

L'option de Rex Desmarchais appellerait, d'un point de vue plus spécifiquement culturel, bien d'autres remarques. Cette intelligence française (ou plutôt parisienne) qu'il vante si fort — et que j'aime bien — n'est-elle pas un peu étriquée, un peu en marge de la vie ? Et, de toute façon, pouvons-nous, Canadiens français, y participer totalement ? N'est-il pas essentiel, pour *habiter* réellement notre pays, notre pays américain et anglophone, de connaître les littérature anglaise et américaine, par ailleurs si riches et si diverses ?...

Autant de problèmes que la lettre de Desmarchais me pousserait à explorer, mais que je préfère laisser dormir pour le moment. Me réservant de les reprendre quelque jour, un à un [h].

---

h. Gilles Marcotte, « Option française ? Oui, mais... », *l'Action nationale*, vol. XXXIX, mai 1952, p. 316-319.

Document n° 102

1952 — L'ÉCOLE NE REMPLIT PAS SA MISSION FRANÇAISE

Invité par la Fédération des Sociétés Saint-Jean-Baptiste, Victor Barbeau prononce une causerie à la radio d'État. Il affirme que l'école est la première responsable de l'état lamentable de la langue française au Canada et il propose l'introduction, à l'école primaire, de méthodes d'enseignement du français mieux adaptées aux besoins linguistiques du milieu.

Quand un jeune homme, normalement doué, ne parvient pas, après huit ou dix années d'étude, à s'exprimer familièrement et correctement en sa langue maternelle, ne la parle pas mieux, en fait, qu'un illettré satisfait, ne vous semble-t-il pas qu'il y a lieu de s'interroger sur la qualité et l'efficacité de l'enseignement qu'il a reçu ? Entendons-nous bien. La question n'est pas de savoir si, selon la formule pompeuse et pompière, on l'a préparé à la vie, s'il est un fort en thème, un premier de classe. Non, la seule matière dont je me préoccupe ici, par déformation professionnelle, est le français. Et je me demande : jugé à ses fruits, que vaut l'enseignement dont il est l'objet ?

Il fut un temps où la pureté de notre langage faisait l'admiration de l'étranger. Et, c'était, ô paradoxe, l'époque où l'instruction, loin de s'étendre, comme de nos jours, à tous les individus, de les niveler tous par en bas, ne bénéficiait qu'à de rares privilégiés. Le Canada avait alors peu d'écoles, peu de maîtres, peu de livres. En revanche, la tradition orale y était encore assez agissante pour empêcher le français de s'altérer, de se décomposer sous l'action combinée de la paresse et de l'ignorance. En d'autres termes, sans qu'on s'encombrât du lourd et parfois écrasant appareil scolaire d'aujourd'hui, on réussissait à apprendre aux enfants à parler proprement, distinctement, à respecter l'usage ancestral. D'où, jusqu'au dix-neuvième siècle, l'étonnement et l'émerveillement des voyageurs qui nous visitèrent.

Le progrès ou, du moins, ce que nous prenons pour tel, a, depuis, bouleversé tout cela. Le milieu a, d'abord, changé. La conquête militaire s'est aggravée de la conquête économique. Par la force des choses, puis par opportunisme, dans certains cas par lâcheté, nous avons non seulement accepté mais favorisé l'expansion linguistique de la langue anglaise. Sous prétexte d'être pratiques et réalistes, nous avons subordonné notre réussite matérielle (la seule qui nous ait jamais tenu à cœur) à la prééminence de la langue seconde sur la langue maternelle. Quoi qu'il en soit, avec ou sans notre complicité, il reste que l'industrie, le commerce, les affaires sous toutes leurs formes ont introduit dans notre parler ces milliers de mots, d'expressions, de tournures de phrase dont il est à craindre que nous ne puissions jamais le purger entièrement. Communément appelés anglicismes, ce sont, en vérité, des barbarismes, des symptômes d'un état morbide avancé.

La nocivité de l'ambiance s'exerce de bien d'autres façons. Le cinéma, la radio, les journaux, les magazines ajoutent à l'insalubrité de notre climat. Ils vident l'homme de son contenu spirituel, le dépouillent de sa résistance à la facilité, au laisser-aller et en font un terrain de culture propice à tous les virus qui s'attaquent à l'âme et à l'intelligence. Lorsque les immunités naturelles ont cessé de jouer, un mot finit par en valoir un autre, un son de même et, pareillement, par voie de conséquence, une langue. Pourquoi s'embarrasserait-on de tels scrupules ? Ainsi s'est étendu, s'est généralisé le charabia, le baragouinage qui est le parler de la rue, du foyer, des airs et, trop fréquemment, des maisons d'éducation. Tous ceux qui en usent, des plus modestes aux plus huppés, sont, cependant, passés par l'école. Un grand nombre, par le collège, le séminaire. Beaucoup, enfin, par l'université. Ils ont eu des maîtres, des maîtresses, des professeurs censément de langue française. Ils ont étudié dans des manuels français et décalqués d'ouvrages français, ont fait des devoirs de français. Comment expliquer qu'ils en aient si peu retenu ? Qu'est-ce qu'un enseignement qui se délave aussi vite, qui ne laisse plus de trace dès qu'on a atteint l'âge adulte ?

A mon sens, une mauvaise teinture. Evaluée à son rendement, l'école ne me paraît pas remplir sa mission française. Tenant compte de l'atmosphère, de la marée montante de l'immigration, du débraillé des mœurs dont le parler voyou et la tenue voyou sont si hautement significatifs, tenant compte de tous les obstacles, de toutes les difficultés dont se compliquent, au Canada, l'étude et l'usage du français, je crois fermement que c'est sur l'école que retombe, en premier lieu, la responsabilité de l'état de notre langue. Que dans la suite ou parallèlement, le milieu, la famille, le métier soient, à leur tour, des agents de contamination, de corruption, cela n'est que trop évident et chacun en convient. Mais dans la mesure, la proportion où les êtres qu'ils encerclent et finissent par subjuguer n'ont été que superficiellement et illusoirement instruits dans le maniement de leur langue.

L'enfant naît au langage comme il naît à la vie, à la coordination de ses mouvements, à l'équilibre. On peut hâter la floraison d'une fleur, forcer la maturité d'un fruit ; on ne peut pas faire qu'un enfant émerge du chaos, de la pénombre dans laquelle il se débat avant que la nature ne lui en ait fourni les moyens. L'enfant parle donc à son heure comme il marche à son heure. Le foyer est sa première école ; l'oreille son premier maître. Il apprend tout sans peine, sans effort, sans larmes. A aucun autre moment de sa vie ne jouira-t-il d'une aussi prodigieuse réceptivité. A aucune autre époque n'absorbera-t-il avec autant d'aisance et de plaisir les connaissances pratiques que saura lui présenter son entourage. Chaque terme nouveau qu'il acquiert est un pas de fait vers sa libération, une trouée vers la lumière. Une abeille n'est pas plus riche que lui de parfums et de sucs. Quel sort l'école fera-t-elle à son instinct butineur ? Lui permettra-t-elle de faire son miel et de s'en nourrir ou le soumettra-t-elle à un régime alimentaire cuisiné par des adultes pour des cerveaux d'adulte ?

Ce qui était un jeu, une joie devient une contrainte. En même temps qu'il se voit comprimé dans son développement physique, emmailloté qu'il est, des heures durant, dans le silence et l'immobilité, l'enfant est brusquement arraché à son milieu naturel, qui est celui des sens, pour être transplanté dans le monde irréel, immatériel de l'abstraction, des idées. A ce stade, parler n'est pas et ne peut pas être un art. L'important pour l'heure est d'exercer sa mémoire auditive, de la meubler du plus grand nombre possible de mots concrets, de la plonger dans la réalité du monde extérieur, de l'informer sans pédanterie des faits d'ordre quotidien : foyer, costume, métier du père, mobilier, etc. Il n'y a pas de mots qu'il ne puisse retenir, surtout s'il lui est donné de les identifier avec les objets qu'ils représentent.

Seulement, ces mots, tels il les aura entendu prononcer, tels il les enregistrera, car il n'est encore qu'une cire, qu'un disque. En sorte que le moins qu'on doive exiger des maîtres et des maîtresses est qu'ils soient eux-mêmes un exemple vivant, quotidien de bon langage. Il faut que la leçon vienne d'eux directement, c'est-à-dire sans passer par les livres. Il faut que leur manière de s'exprimer soit une et toujours identique. Où que ce soit, en quelque circonstance que ce soit, ils ne laisseront s'accréditer l'hérésie qu'il existe deux façons de parler. L'une fautive, grossière pour le cours ordinaire des choses ; l'autre, endimanchée, fagotée, pour les compliments et les récitations. On ne change pas de langue comme on change d'habit. Pourquoi, d'une part, un relâchement qui se confond avec le vulgarisme et, de l'autre, une affectation qui est la négation même du bon usage ?

Ce dédoublement du langage est, pourtant, la règle de notre enseignement. Au lieu de présenter la correction comme une partie intégrante, inséparable du français parlé, quelque familier qu'il soit (et il faut qu'il soit familier si l'on veut qu'il soit naturel), on en fait un ornement postiche dont on ne le pare que dans les grandes occasions. Autant enseigner que le savoir-vivre, la politesse ne sont de mise que les jours de fête. Ce ne serait ni plus iréel ni plus faux.

Quoiqu'il n'en soit pas le plus redoutable, la pauvreté de notre vocabulaire demeure néanmoins le défaut le plus saillant, le plus frappant du français du Canada. Cette indigence est la porte ouverte à toutes les infiltrations étrangères. Les mots anglais qui farcissent la moindre de nos conversations ne sont pas, contrairement à ce que beaucoup pensent, l'effet de la paresse et de la négligence. Ils n'ont pas usurpé la place des équivalents français. Ils ne font pas double emploi. Nous les employons simplement parce que nous n'en avons pas d'autres à leur substituer. Ce sont les seuls que nous connaissions. Il est facile d'en médire ; presque impossible, hélas, de s'en passer. La nécessité les a naturalisés. Et l'invasion continue, s'accélère malgré toutes les campagnes d'épuration. Former le vocabulaire de l'enfant, par le moyen du dialogue, de la conversation, des leçons de chose, ne serait-il pas de meilleure hygiène que de corriger celui de l'adolescent ?

C'est par l'oreille qu'entrent les mots. C'est donc, en premier lieu, l'oreille qu'il importe de former. Entendu et pratiquée de la sorte, l'étude du français se dépouille tout de suite de ce caractère revêche, rébarbatif dont le revêtent les livres, la dictée, si justement qualifiée de leçon de fautes, la lecture à haute voix. Elle répond à un besoin psychologique de l'enfant : mettre une désignation sur chaque objet qu'il rencontre. Toute sa vie, il aura à se servir de la parole et c'est, en définitive, ce à quoi il aura été le moins préparé. Comment cette vérité, ce truisme peut-il nous échapper ? Dans l'ordre des connaissances, la langue parlée précède la langue écrite. Le parole est un don inné ; l'écriture, elle, est une acquisition, le fruit d'un effort, un acte de volonté. Mettons à profit le don avant d'imposer l'effort. Enseignons à parler avant d'enseigner à écrire.

Par malheur, nous n'en jugeons pas ainsi. Nous prenons, au contraire, presque un malin plaisir à jeter la confusion dans l'esprit de l'enfant, à enrayer ses élans par l'étude prématurée de l'orthographe. A rebours du bon sens, nous nous adressons à son œil alors que c'est l'oreille qui est le véhicule naturel du langage. Pis encore, nous nous ingénions à opposer, chez lui, la vue à l'ouïe. Pour n'en donner qu'un exemple entre mille, l'oiseau que l'enfant a appris, par l'oreille, à appeler un paon se révèle, à ses yeux, comme étant un pa-on, tandis que la mouche qu'il appelle un taon devient, dans les livres, un ta-on. Une seule graphie et deux prononciations ! Autant de rébus, de casse-tête, qui nuisent à l'acquisition du vocabulaire, la rendent, en tout cas, inutilement pénible. Et qu'en serait-il si, par miracle, tous les Canadiens français savaient l'orthographe ? Le français du Canada s'en porterait-il mieux ? Pas le moins du monde. Il serait ce qu'il est, à savoir squelettique dans sa chair, amaigri jusqu'à l'épuisement, caricaturel et bouffon dans sa prononciation, métissé dans son vocabulaire, faussé dans sa syntaxe. L'orthographe est impuissante à remédier au moindre de ces maux car elle n'est à peu près d'aucune aide dans la langue parlée. Elle n'a en soi aucune valeur d'enrichissement, de redressement. C'est une contrainte nécessaire, hors de toute discussion, inéluctable mais à son heure. Ne forçons pas le talent de nos enfants. Ne les barbouillons pas à dessein de règles et d'exceptions. Lorsque le génie de la langue nous échappe par tous les pores de la peau, c'est du fétichisme d'espérer qu'il suffira de l'orthographe pour nous revivifier, nous vitaminiser.

Notre erreur, en cette affaire, a été d'adopter en bloc les méthodes françaises sans songer à les modifier, à les adapter aux exigences de notre milieu. Nous ne semblons pas encore avoir compris cette élémentaire vérité qu'on n'enseigne pas le français au Canada comme on l'enseigne en France. Pour des raisons sur lesquelles je me garderai d'insister, le petit Français qui entre à l'école possède déjà sur son petit camarade canadien un avantage décisif. Il est, à la fois, plus avancé et mieux protégé. En outre, il n'est pas, dès ses premiers balbutiements, tiraillé, écartelé entre deux langues, deux prononciations, deux vocabulaires. Il n'a pas les oreilles rebattues à cœur de jour de termes impropres ou barbares. Il n'a pas continuellement sous les yeux les pires exemples d'incorrections grammaticales. Et quand il aborde la grammaire, tel le petit Canadien, il ne pénètre pas dans une île vierge, inexplorée. Quoique sous des traits plus sévères, c'est le paysage de France qu'il y retrouve, l'air de France qu'il y respire. En bref, son voyage se poursuit en ligne droite alors que le nôtre est un chassé-croisé continu. Ce qui vaut pour la France ne vaut donc pas nécessairement pour le Canada. La grammaire en est la démonstration par l'absurde. Un linguiste connu, M. Charles Bruneau l'a d'ailleurs déja faite. Après voir étudié toutes celles dont on se sert dans les écoles catholiques de Montréal, il n'a pu en trouver une seule taillée à notre mesure, conçue en fonction de nos besoins. On a mille fois raison de déplorer que les élèves des classes supérieures ne sachent pas écrire, ainsi que la Fédération des Commissions scolaires avait la courageuse honnêteté de le reconnaître, à son dernier congrès. Mais le tout est de savoir s'ils sont les seuls à blâmer.

Dans le vain espoir d'atteindre à l'excellence du français écrit, la plus aristocratique et la plus difficile de toutes les langues, nous avons écarté de nos programmes, nous avons négligé le français parlé. Nous l'avons laissé se rouiller, se désagréger. Entouré de tous les soins, de toutes les précautions possibles, il aurait quand même subi certaines transformations puisqu'il se heurte constamment à l'anglais, qu'il en subit l'attraction. Mais, du moins, aurait-il conservé, dans sa prononciation et son vocabulaire, une similitude, une filiation, une parenté plus étroite, plus sensible à l'oreille, avec le parler populaire de France. Et c'est faute de trouver cette ressemblance que je me demande : jugé à ses fruits que vaut l'enseignement du français au Canada ?

Victor Barbeau [a]

a. Victor Barbeau, « le Français à l'école », l'Action nationale, vol. XL, novembre 1952, p. 118-126.

Document n° 103

1953 — *DERNIERS ÉCHOS D'UN GRAND DÉBAT*

Dans un éditorial du Devoir, *André Laurendeau se demande si la langue est encore gardienne de la foi. L'auteur, qui préfère parler de milieu social plutôt que de langue seulement, conclut que le milieu social canadien-français constitue toujours « un appui extérieur, un soutien temporel et valable » de la foi catholique.*

Un correspondant soulevait ici, l'autre semaine [a], un vieux problème qui a toutes les apparences de l'anachronisme, mais demeure fort actuel comme en témoignent les statistiques les plus récentes. Et c'est celui de la langue, gardienne de la foi.

Je pense bien que personne n'oserait le reprendre dans les termes où on l'a déjà exprimé : en établissant entre culture française et religion catholique, des relations simplistes que les faits ne confirment pas.

Non, le problème est d'une autre sorte. Il est fort délicat, du reste, et pose la question des rapports entre le temporel et le spirituel. Dans une large mesure, dans la plus large mesure, il reviendrait au théologien d'en traiter. Quelle que puisse être notre ignorance, nous savons que c'est d'abord au spirituel de sauver le spirituel. Ni la langue, ni les maisons unifamiliales, ni le juste salaire, ni le milieu qu'on fréquente ne sont au premier chef des gardiens de la foi.

*   *   *

Pourtant notre époque a montré, dans les faits surtout, quelle intime liaison existe entre les réalités de ce monde et la vie spirituelle :

Car le spirituel est lui-même charnel
Et l'arbre de la grâce est racine profonde

C'est à notre époque que l'Action catholique a senti davantage, et exprimé avec plus de force, qu'il faut christianiser le milieu pour atteindre et garder l'individu moyen. C'est à notre époque également qu'on a reconnu plus explicitement la nécessité en pays de mission d'un clergé indigène. Pourtant l'homme de foi profonde restera fidèle et même creusera davantage sa vie intérieure s'il doit la poursuivre au sein d'un milieu hostile. Quelles que soient sa couleur et sa culture, l'action sacramentelle du prêtre aura spirituellement la même efficacité. Mais dans un cas comme dans l'autre on a jugé qu'il fallait tenir compte des limitations de l'individu et des réactions du milieu.

L'argument traditionnel de « la langue gardienne de la foi » est de la même espèce. Ce sont les faits qui l'ont mis en relief. On a constaté que les Canadiens français conservent plus généralement leurs croyances religieuses là où ils forment un groupe compact et disposent d'institutions qui leur sont propres. Quand ils sont livrés à eux-mêmes,

a. Adélard Desjardins, « le Droit », Fénélon et Pie XII », « Lettres au *Devoir* », *le Devoir*, 9 octobre 1953.

ou quand ils font partie d'une communauté minuscule et isolée, ou sans activité collective, la lente immersion dans l'indifférence religieuse et parfois l'apostasie formelle sont les phénomènes qui se reproduisent à peu près inéluctablement chez l'individu moyen.

Il en était ainsi jadis. La vie moderne n'a rien changé au processus, elle l'accélérerait plutôt. C'est ainsi que la proportion des Canadiens d'origine française ayant quitté l'Eglise est plus ou moins grande suivant que le groupe auquel ils sont rattachés est plus ou moins important et plus ou moins combatif.

Serons-nous tentés alors de canoniser la langue française ? En réalité on pourrait imaginer une situation parfaitement semblable à la nôtre, où ce seraient l'allemand ou l'italien qui « garderaient la foi ». La langue ne saurait, ici, être considérée en elle-même : c'est d'un milieu social qu'il s'agit. Si on parle de langue, c'est que la langue est à la fois la clef d'un milieu donné et son moyen d'expression le plus significatif et le plus intime.

« La langue, gardienne de la foi » revient donc au « milieu, gardien de la foi ».

* * *

On a dit que ce phénomène juge la foi de ceux qui sont en cause. Elle serait bien fragile puisqu'une transplantation suffit à la faire mourir.

Peut-être. Mais dans ce domaine mystérieux, qui osera porter jugement ou manifester quant à soi une assurance trop absolue ? Comment prétendre deviner à l'avance ses réactions personnelles dans une situation tout à fait nouvelle ? Je crois qu'il faut faire preuve de plus de modestie et reconnaître les leçons de l'expérience.

* * *

Sans doute notre milieu n'est pas plus qu'un autre à l'abri du doute et de l'indifférence. Nous le voyons se transformer sous nos yeux. Il entre dans un état de crise. Mais dans l'ensemble, et malgré ses énormes défauts, ses faiblesses, ses carences surtout, il reste un appui qu'on ne saurait mépriser sans grave imprudence. Pour la masse de nos compatriotes, les faits continuent d'établir que la langue, ou le milieu si l'on veut parler plus strictement, sont parmi les « gardiens de la foi ».

L'erreur de ceux qui veulent mettre le vieil aphorisme au rancart consiste à croire que l'héroïsme et le courage sont des vertus courantes et qu'on peut accomplir son destin presque seul. C'est une erreur généreuse, comme presque toutes les formes d'idéalisme. Mais nous n'avons pas appris d'hier que QUI VEUT FAIRE L'ANGE FAIT LA BETE. Nous devons plus humblement assumer les conditions dans lesquelles nous vivons — et que nous n'avons pas choisies.

* * *

L'autre erreur, plus grave encore, consisterait à croire que sauvegarder le milieu suffit à garder la foi vivante. Pour sauver un être cher et précieux, ce n'est pas assez de l'installer dans une forteresse et de défendre les remparts : encore faut-il lui donner a manger.

Nous devons tenter, par tous les moyens possibles, de rendre la foi vivante, personnelle et agissante parmi nous, — si vivante et si personnelle qu'elle puisse résister, le cas échéant, aux changements de la structure sociale et aux arrachements les plus douloureux. Mais du même coup, sur un autre plan, il est sage de constater que le milieu social canadien-français constitue un appui extérieur, un soutien temporel et valable de cette foi — et d'agir en conséquence.

André Laurendeau [b]

---

b. André Laurendeau, « Doit-on toujours parler de la langue, gardienne de la foi ? », *le Devoir,* 17 octobre 1953.

Document n° 104

1955 — UNE ÉTIQUETTE FRANÇAISE SUR UNE BOUTEILLE ANGLAISE !

Vers le milieu des années cinquante, le Canada français connut la querelle dite du « Château Maisonneuve ». Les Chemins de fer d'État (C. N. R.) faisaient alors construire un grand hôtel au cœur de Montréal et leur conseil d'administration, ayant à sa tête Donald Gordon [a], *avait pris la décision de donner à cet immeuble le nom de « Queen Elizabeth Hotel ». Cette décision d'un organisme public déplut aux nationalistes canadiens-français et ceux-ci engagèrent alors la bataille pour faire nommer l'hôtel « Château Maisonneuve », en l'honneur du fondateur de Montréal. La Ligue d'action nationale dirigea le mouvement qui prit une grande ampleur mais se solda néanmoins par un échec.*

Pierre Laporte, directeur de la revue l'Action nationale, *écrit deux articles successifs (reproduits ici) où il donne les raisons du combat et expose l'évolution de la lutte.*

* * *

Pierre Laporte (1921-1970), avocat, journaliste et homme politique, naquit à Montréal et fit ses études secondaires au Collège de L'Assomption. Il étudia le droit à l'Université de Montréal et s'inscrivit au Barreau en juillet 1945. Il exerça sa profession d'avocat peu de temps seulement et préféra faire carrière dans le journalisme et la politique.

Après avoir fait ses premières armes au Quartier latin *et au* Canada, *Pierre Laporte entra au* Devoir *dont il fut le chroniqueur parlementaire à Québec pendant une douzaine d'années. Il s'intéressa alors vivement à la politique québécoise, s'opposa au régime duplessiste et dénonça le scandale du gaz naturel. On lui doit un ouvrage sur le chef de l'Union nationale :* le Vrai Visage de Duplessis *(1960).*

Pierre Laporte fut élu député libéral de Chambly à l'élection complémentaire de décembre 1961. Réélu aux élections générales de novembre 1962, il fut ensuite nommé ministre des Affaires municipales. En 1964, il devenait leader du gouvernement à la Chambre, puis ministre des Affaires culturelles. Il prépara à ce titre un livre blanc sur la politique culturelle, mais ce document, qui tendait à faire du français la langue prioritaire au Québec, ne fut jamais rendu public [b].

Réélu député aux élections de 1966 et de 1970, il fut nommé en mai 1970 ministre du Travail et de l'Immigration, postes qu'il occupait lorsqu'il fut assassiné en octobre 1970.

Pierre Laporte avait milité à l'Action nationale. Il fut directeur de la revue l'Action nationale *de 1954 à 1959.*

---

a. Quelques années plus tard, Donald Gordon, toujours à la tête des Chemins de fer de l'Etat, s'est permis des propos peu amènes sur le compte des Canadiens français dont il mettait en doute la compétence en matière d'administration des entreprises. Cela déclencha une importante manifestation dans les rues de Montréal en décembre 1962.

b. Nous reproduisons certains passages de ce livre blanc. Voir le document n° 112.

Le chemin de fer National canadien veut appeler « Queen Elizabeth » l'hôtel qu'il construit à Montréal. Il prétend avoir tenu une consultation avant de proposer ce nom. On lui aurait suggéré un certain nombre d'appellations, parmi lesquelles il aurait choisi.

Cette enquête et ce choix ont dû se faire en cachette, car nous n'en avons jamais entendu parler. Quant aux autres noms, si tant est qu'on en a soumis, ils restent le secret du CNR, le président de ce chemin de fer gouvernemental ayant refusé d'en produire la liste.

Nom inacceptable

Mais oublions le processus. L'important c'est que le CNR a choisi un nom dont nous ne voulons pas. Nous n'accepterons pas qu'un hôtel gouvernemental construit en plein cœur d'une ville en majorité française soit affublé d'un nom comme « Queen Elizabeth ». Non pas que nous en ayons contre Sa Majesté. Nous serions royalistes, — ce que nous ne sommes pas, — que nous prendrions la même attitude. Pourquoi mettre le nom de la reine à toutes les sauces ? Nous finirions par avoir des motels, des « barbecue », des maisons de chambres « Queen Elizabeth ». Sans parler des marchands de saucissons et des plomberies !

« Queen Elizabeth Hotel » ça ne rend pas hommage à la reine et c'est peu original. On retrouve ce nom, ou d'autres analogues, à des centaines de copies à travers le Canada. Nos bottins commerciaux regorgent de « queen », de « royal » et de « king ». Toronto a son hôtel « King Edward » et son « Royal York », Montréal a son « Queen's », son « Windsor ». Ailleurs c'est le « Royal Alexandra », l' « Empress », etc. C'est plus que suffisant pour manifester nos sentiments envers la famille royale d'Angleterre.

Un nom français

Nous ne voulons pas de ce nom, non pas parce qu'il mentionne la reine, mais parce qu'il est anglais. Est-ce assez clair ? « Queen Elizabeth », c'est anglais. Anglais dans l'esprit des gens qui l'ont choisi, anglais aussi par l'usage qu'on en fera, car en dépit de ce qu'on en dit quatre-vingt-dix-neuf Canadiens français sur cent iront au « Queen Elizabeth ». Il n'y aura qu'un écarté par-ci par-là qui se rendra à l' « hôtel de la Reine Elizabeth » !

Pourquoi sommes-nous opposés à un nom anglais ? Est-ce parce que nous sommes « contre » nos compatriotes de langue anglaise ? Soyons sérieux ! Notre attitude n'est pas « contre » un nom anglais, mais « pour un nom français ». Ce qui est différent. Dans notre esprit le problème d'un choix ne s'est pas posé. Nous n'avons jamais écarté mentalement un nom anglais, puisque nous avons toujours pensé qu'il n'aurait jamais dû y avoir un tel nom dans le cas qui nous occupe.

La loi du nombre

Nous voulons un nom français parce que nous formons la majorité de la population de Montréal et de la province de Québec.

Toronto n'accepterait pas un nom français pour un de ses grands édifices publics. Vancouver non plus. Ni aucune ville importante en dehors du Québec. Nous, nous avons fait preuve d'une plus grande largeur de vue, — ou d'une plus grande sottise, — puisque nos villes sont placardées de noms anglais. Mais nous n'allons pas permettre que cette générosité mal placée continue, qu'elle s'applique au plus grand hôtel du

Canada. Nous sommes la majorité, nous voulons que cela compte, surtout dans un service gouvernemental.

Nous avons le nombre ; nous voulons le nom.

Le tourisme

Ce n'est pas le seul argument. L'autre, — qui influencera même nos compatriotes de langue anglaise, — touche au tourisme.

Pourquoi les Américains viennent-ils nous visiter en si grand nombre chaque année ? Je vous propose la réponse d'un ministre fédéral, M. Jean Lesage, qu'on ne pourra soupçonner de nationalisme outrancier. A la conférence fédérale-provinciale, tenue à Ottawa récemment, il a déclaré :

« Si les Américains, nos principaux touristes, viennent chez nous, ce n'est pas pour y voir une réplique de leur pays.

« Au contraire, ils veulent visiter un pays différent du leur, et nous devrions leur montrer des scènes canadiennes, leur servir des mets vraiment canadiens et leur faire connaître le folklore canadien. »

Vingt-huit millions d'Américains sont venus au Canada en 1954. On imagine l'importance d'un pareil commerce. Pour le protéger, le développer, gardons à la province de Québec son visage français.

Baptiser d'un nom français l'hôtel du CNR c'est donc un placement. Qui rapportera des dividendes aux Anglais comme à nous.

Quel respect ?

C'est même étonnant que le CNR ne l'ait pas compris. Et plus étonnant encore qu'il n'ait pas saisi cette occasion de rendre hommage à sa clientèle de langue française. Il a préféré continuer sa politique mesquine et injuste envers le français. Le président de ce réseau ferroviaire, M. Donald Gordon a prétendu que sa compagnie avait un grand respect pour le français. Le 12 novembre 1954 il écrivait à la Chambre de commerce des jeunes de Montréal pour lui

« rappeler que le Canadien National a toujours reconnu la dualité de langues au Canada et que de maintes façons, là où les deux langues sont d'usage courant, cette reconnaissance a été abondamment prouvée. »

Respect pour le français ? Le CNR nous fait sourire. Il me rappelle ce monsieur qui avait tellement de respect pour sa conscience qu'il ne s'en servait jamais. Pour ne pas l'user !

On n'a qu'à ouvrir les yeux pour constater que le CNR nous mesure le français au compte-gouttes.

Quel nom ?

Dans le cas qui nous intéresse, la Ligue d'action nationale a décidé d'appuyer de toutes ses forces sur le compte-gouttes... pour qu'il en sorte suffisamment de français pour les mots Château Maisonneuve. C'est ce nom-là que nous voulons voir sur le nouvel hôtel du CNR.

Château Maisonneuve, qui peut trouver à redire à ce nom ? Il y a déjà le Château Frontenac et le Château Laurier. Et personne n'est mort subitement parce que ces noms français désignent de grands hôtels ! Ils sont même devenus des endroits connus dans le monde entier. Il en irait de même du Château Maisonneuve.

Maisonneuve c'est le fondateur de Montréal. Au point de vue historique, ce nom a donc un titre irréfutable à l'honneur qu'on lui destine. Au point de vue tourisme il sonne bien français, ce qui le rend susceptible d'intéresser nos visiteurs étrangers. Et ce nom, nous y insistons, respecte le désir de la majorité de la population de Montréal.

Le gouvernement

La Ligue d'action nationale a commencé sa campagne. Son président, à la demande de la Ligue, a écrit à tous les députés fédéraux de langue française pour leur faire connaître son opinion. Voici le texte de sa lettre :

Montréal, le 9 février 1955

Monsieur,

« Vous avez sans doute appris, par la voie des journaux, que la direction des Chemins de Fer Nationaux du Canada avait décidé de nommer le grand hôtel qu'elle fait présentement construire à Montréal : « The Queen Elizabeth Hotel ». Nous ne doutons pas qu'à l'instar de l'immense majorité des Canadiens français vous ayez été désagréablement surpris et choqué d'une décision qui ne tient nullement compte du caractère primordialement français de la métropole canadienne et illustre une fois de plus, hélas, la façon cavalière avec laquelle, certains milieux d'Ottawa, traitent le fait français au cœur même du Québec.

« C'est pourquoi, Monsieur, la Ligue d'Action Nationale, confiante dans vos sentiments de fierté nationale et dans votre réalisme, vous demande avec une particulière insistance de vouloir bien joindre votre voix et votre action à celles de vos collègues de la province de Québec, afin de protester contre la décision des Chemins de Fer Nationaux et en obtenir la modification.

« Notre attitude ne découle pas uniquement de motifs d'ordre idéologique, qui à eux seuls la justifieraient entièrement. Elle puise aussi à des considérations d'un ordre strictement pratique : à l'heure où tous les milieux intéressés au tourisme, dans le monde officiel comme dans le monde privé, mettent en relief l'attrait que le caractère français du Québec confère non seulement à notre Province mais à tout le Canada, il serait suprêmement malhabile d'atténuer ce caractère. Et il est d'autant plus inadmissible que de tels gestes soient posés par des entreprises qui relèvent du gouvernement, donc du peuple canadien dont les Canadiens français forment une partie intégrante et importante.

« Permettez-nous de vous faire remarquer que le compromis apparent que la direction des Chemins de Fer Nationaux a fait mine d'offrir n'en est pas un. Le fait d'annoncer officiellement que l'hôtel aura deux noms : « The Queen Elizabeth », comme « Hôtel de la Reine Elizabeth » n'est pas en soi une assurance de tout repos. Et lors même qu'elle serait pratiquée, vous savez bien comme nous qu'en pratique, au bout de peu de temps, tout le monde appellera l'hôtel, pour faire plus court, le « Queen Elizabeth ». Or, cela comporte de plus le risque d'une confusion avec d'autres grands hôtels montréalais : il nous semble que deux établissements « Windsor » et « Queen's » suffisent largement pour attester le dévouement des Montréalais à la monarchie.

« Au mépris des droits élémentaires de la langue de la majorité de la population mont-
réalaise, au mépris des intérêts bien compris du tourisme, la direction des Chemins de
Fer Nationaux a commis une grave erreur dans le choix du nom du futur grand hôtel.
Nous comptons fermement que avec tous vos collègues québécois du Sénat et de la
Chambre des Communes, vous ferez en sorte que cette faute soit promptement réparée.

« Veuillez agréer, Monsieur, avec l'expression de notre confiance dans la fermeté et
la promptitude de votre action, celle de nos sentiment les meilleurs.

> LA LIGUE D'ACTION NATIONALE
> par son président
> François-Albert Angers

[L'auteur fait part ici des réponses de quelques députés fédéraux de langue française.
Puis il continue.]

Une requête

La Ligue d'action nationale veut maintenant aller plus loin. Après avoir fait appel
à nos représentants officiels à Ottawa, elle s'adresse directement à l'opinion publique
de la province de Québec. Elle a décidé de faire signer, par le plus grand nombre
possible de gens, une requête demandant *qu'on retire le nom de Queen Elizabeth et
qu'on lui substitue celui du Château Maisonneuve.*

Voici le texte de la requête qui sera bientôt distribuée dans toute la province :

« Attendu que le chemin de fer National canadien a décidé d'appeler « Queen Elizabeth »
l'hôtel qu'il construit à Montréal ;

« Attendu que ce nom ne convient pas à la majorité des citoyens de Montréal et de
la province de Québec ;

« Attendu qu'un nom anglais pour un tel édifice est à l'encontre des avis éclairés de
la plupart des spécialistes en tourisme ;

« Attendu que le CNR n'a tenu aucune consultation publique et qu'il n'a organisé aucun
concours pour le choix d'un nom ;

« Attendu qu'il est opportun de trouver un nom qui soit acceptable par la majorité
française du Québec, qui mette en lumière la magnifique histoire de la métropole du
Canada et qui respecte les intérêts du tourisme,

Il est résolu de demander au gouvernement fédéral :

1 — de faire les démarches nécessaires pour rendre possible un changement de nom ;
2 — de donner instruction au CNR :
    a) de retirer le nom de Queen Elizabeth pour son hôtel de Montréal ;
    b) de le remplacer par celui de Château Maisonneuve.

Tous à l'ouvrage

Cette requête a déjà reçu une vaste publicité dans les journaux. Elle sera incessamment envoyée à toutes les sociétés Saint-Jean-Baptiste, à tous les cercles d'AJC,
à tous les collèges, à tous ceux qui en feront la demande. On invite nos compatriotes

à la faire signer et à nous la retourner au plus tôt. Il faudrait que tout soit terminé d'ici un mois pour que la Ligue d'action nationale puisse la présenter aux autorités fédérales en temps utile.

Nous comptons sur chacun d'entre vous. Est-ce trop espérer que d'atteindre 100,000 signatures ?

Pierre Laporte [b]

* * *

La pétition de la Ligue d'action nationale prend de l'ampleur. Nous voulions cent mille signatures ; nous en aurons un quart de million.

A deux reprises nous avons dû faire réimprimer des formules de pétitions, car les demandes ont dépassé tout ce que nous avions prévu. Il y a actuellement 15,000 pétitions en circulation dans tous les coins de la province. Le chiffre aura probablement atteint 20,000 au moment où vous lirez cet article.

Plusieurs choses nous ont frappé depuis le début de la campagne.

L'enthousiasme qui l'a accueillie presque partout en est une. Nous nous attendions évidemment à ce qu'on nous appuie, mais pas à ce point. Nous avons fait appel à un certain nombre de corps publics, d'associations, mais on comprendra qu'il nous a été impossible d'atteindre tous ceux que nous aurions voulu ou même que nous aurions dû alerter. Nous n'avons pas eu à le faire, puisque d'eux mêmes ils nous ont accordé leur appui le plus total.

Nous publions plus bas une liste des groupements qui avaient officiellement adhéré à notre mouvement au moment d'aller sous presse. On verra qu'elle est imposante et impressionnante.

De partout

Des douzaines de compatriotes se sont offerts, qui pour visiter des écoles, qui pour aller de porte en porte solliciter des signatures, qui pour inviter un corps public, une association à joindre nos rangs. Des curés ont offert d'en parler en chaire. Des marchands ont fait signer leurs clients.

Je pourrais raconter des tas de choses intéressantes. Un monsieur s'est engagé à nous trouver 60,000 signatures dans l'est de la ville. Et tout semble indiquer qu'il tiendra parole. Un professeur de Verdun a non seulement réclamé des pétitions pour 20,000 signatures, mais il a voulu les payer, pour éviter que notre budget, maigre on l'imagine, ne s'appauvrisse encore. A Sherbrooke des citoyens ont fait imprimer 1,000 pétitions à leurs frais. Ils s'occupent actuellement de les faire circuler dans la région. Un employé d'une importante compagnie de Montréal a fait écrire à toutes les commissions scolaires de la province pour solliciter des adhésions. Chaque jour le courrier nous apporte de trente à cinquante demandes de pétitions.

---

b. Pierre Laporte, « Queen Elizabeth » ? ... Jamais ! », *l'Action nationale*, vol. XLIV, n⁰ 8 (avril 1955), p. 668-678.

En résumé, le mouvement est lancé, il galope. Il a provoqué une réaction meilleure encore que nous ne l'espérions. Nous sommes maintenant convaincus d'avoir répondu à un sentiment très vif de la population canadienne-française.

Je m'en voudrais enfin de ne pas mentionner le travail formidable de la Fédération des Sociétés St-Jean-Baptiste du Québec et de l'Association de la jeunesse canadienne-française. (Et je m'excuse d'avance auprès de tous ceux que j'oublie).

Des objections

Une campagne, sur un sujet aussi controversé, ne peut se faire sans qu'on rencontre des objections. On peut les grouper sous quatre chefs : 1 — la pétition nuit à l'unité nationale ; 2 — c'est une campagne antiroyaliste et qui constitue une insulte pour la reine ; 3 — la Ligue d'action nationale s'est attaquée à un sujet peu important ; 4 — nous n'avons aucune chance de succès.

L'unité nationale

L'objection n'est pas nouvelle. Chaque fois que nous réclamons justice il se trouve quelqu'un pour crier au sabotage de l'unité nationale. Le malheur c'est que ces protestations viennent généralement de Canadiens français. A leur yeux la paix est plus importante que la justice. Ils refusent de discuter nos griefs, et tentent de nous imposer le silence. « Si nous voulons un Canada uni, où tout le monde soit heureux, — disent-ils, — nous devons éviter les débats qui opposent un groupe ethnique à l'autre ! »

Belle théorie vraiment, dont nous ne voulons pas.

Quand on nous écrase les pieds nous voulons avoir le droit de crier... même si cela empêche notre voisin de dormir. Ou, pour employer un exemple connu, nous voulons bien jouer au cheval avec nos compatriotes de langue anglaise, mais à la condition que ce ne soit pas toujours nous qui fassions le cheval !

L'unité nationale ? Si c'est une voie à sens unique, nous ne nous y engagerons pas. Si cette unité doit en fait aboutir à l'assimilation de notre groupe ethnique, nous allons la combatttre.

Pour résumer ma pensée à ce sujet, je cite de nouveau cette phrase de Géralde Lachance, d'Edmonton. Il écrivait :

« En résumé, le genre de Canadien français qui est accepté par le groupe anglophone du pays est celui qui ne nuit en rien à l'unité nationale c'est-à-dire celui qui n'exige rien de spécial, qui chôme le jour de la Saint-Jean-Baptiste, qui envoie ses enfants à une école neutre et qui parle anglais partout tant au sein de ses clubs sociaux, de ses organisations professionnelles qu'à son église, son Hôtel de ville et son épicerie. Ca c'est le Canadien français idéal qui est le bienvenu partout ! C'est dommage mais nous n'en sommes pas ni vous non plus ! »

Donc foin de l'unité nationale dans le débat actuel.

Cause peu importante

Des gens nous ont dit que la Ligue d'action nationale tirait du canon... pour tuer des puces. Cette opinion nous est venue surtout de certains intellectuels.

On peut la résumer à peu près comme ceci : « Qu'est-ce que cela va changer, je vous le demande, que le nouvel hôtel du CNR s'appelle « Château Maisonneuve » ou « Château tout ce que vous voudrez » plutôt que « Queen Elizabeth » ou « Mackenzie King » ou que sais-je encore ? Le véritable problème n'en est pas un d'appellations ou même de refrancisation. C'est plus haut qu'il faut frapper, c'est un esprit qu'il faut changer. En pratique vous allez donner à nos gens, l'impression que vous espérez une victoire majeure, quand en fait vous n'aurez obtenu que deux mots de français. Il y a des tâches plus urgentes qui réclament les énergies que vous gaspillez sur le « Château Maisonneuve ».

Je réponds que la Ligue d'action nationale n'a jamais cru que la campagne qu'elle entreprenait allait changer la face du Canada. Nous connaissions les limites et les possibilités de l'action que nous entreprenions. Et nous l'avons entreprise quand même et pour des raisons très sérieuses.

Nous avons d'abord cru qu'à se tenir continuellement dans les nuages on finit par perdre le sens des réalités. Les grands principes sont nécessaires, mais à la condition qu'on les pense en fonction des humains. Car les principes ne sont pas faits pour être accrochés aux nuages.

But commun

Donc le but que nous voulons tous atteindre c'est la grandeur du Canada français. Ce qui suppose deux choses : des gens qui bâtissent des programmes, qui élaborent une doctrine, et d'autres, la masse, qui exécutent les mots d'ordre, qui descendent dans la mêlée.

Les intellectuels n'ont pas le droit de dire que les gestes de la masse sont inutiles ou futiles. Pas plus que cette dernière ne doit lever le nez sur les intellectuels. Dans le corps humain l'estomac ne dit pas aux poumons qu'il fera désormais tout le travail ; le cerveau ne peut prétendre se passer du cœur ou du foie.

Problème grand

Et d'ailleurs ceux qui prétendent que nous jouons du canon pour peu de choses ont-ils sérieusement étudié la question ? Il faut regarder au-delà du nom lui-même de l'hôtel. Nous vivons depuis toujours dans une atmosphère irrespirable au CNR. Presque tout est anglais, — pour ne pas dire antifrançais, — de la cave au grenier. A bord des trains, des hôtels, au téléphone, dans les bureaux, dans l'administration, partout on se moque de nous. C'est un des services fédéraux où notre influence est nulle.

Et vous pensez que cela peut continuer indéfiniment ? Nos intellectuels croient-ils que si nous laissons chasser le français de tous les services fédéraux nous aurons rendu service à la cause de la survivance française ? Nous voulons bien qu'on bâtisse des programmes mirobolants pour le Canada français, mais nous voudrions qu'il reste des Canadiens français pour en profiter !

Le CNR va apprendre à ses dépens que nous en avons assez de ses méthodes. Le CNR saura, quand notre campagne sera terminée, que nous en avons assez de son unilinguisme.

Et je pense que ce faisant nous aurons rendu service au Canada tout entier, car il se trouve encore des gens pour affirmer qu'une des richesses de notre pays c'est sa double culture. Nous allons voir à ce que cette « richesse pénètre au CNR ». Si l'on nous refuse la porte d'entrée, nous entrerons par la cave. Nous défoncerons s'il le faut !

Dossier éloquent

Pas importante notre campagne ! J'invite ceux qui l'ont affirmé à prendre connaissance de l'impressionnant dossier que nous accumulons actuellement. Nous sommes en train de réveiller des énergies somnolentes dans toute la province de Québec. Près de 250,000 personnes auront dans quelques jours pris connaissance de la requête, entendu les explications qu'on leur fournira et consenti à apposer leur signature au bas de la feuille. Ça c'est du travail ! Ça ça prépare des équipes pour la réalisation d'autres projets, plus importants, de plus grande envergure.

Comme la malaria

Qui croira que nous pourrions de but en blanc enrôler nos gens pour ces causes majeures s'ils n'ont jamais été au feu ? Vous connaissez la malaria ? Nos missionnaires prennent chaque jour de la quinine sous forme de comprimés. Cela ne les empêche pas de contracter la maladie, mais quand vient la crise on leur injecte de la quinine sous forme liquide, laquelle les guérit. Mais s'ils ne se sont pas lentement habitués à la quinine par des petites doses répétées... c'est la dose massive qui les tue au lieu de la malaria.

Même chose pour le Canada français. La réalisation du programme qu'on élabore dans divers milieux, — et dont il faudra avant longtemps faire une synthèse, — sera impossible si nous n'avons pas des militants, des troupes non seulement disposés à se battre, mais ayant un minimum d'expérience. L'affaire Château Maisonneuve, en plus de son importance intrinsèque, entretient chez nos gens le sens national. Et à ce seul titre nous devrions tous appuyer à fond la pétition de la Ligue.

Bataille sans espoir

Il paraît, enfin, que nous n'aurions aucune chance de succès.

Peut-être, mais attendons. Si le CNR, si le gouvernement fédéral n'ont aucun souci de l'opinion publique, peut-être alors ne tiendront-ils aucun compte du quart de million de Canadiens de langue française et de langue anglaise qui expriment clairement leur point de vue. Mais alors nous serons en droit d'exercer des pressions d'une autre nature. Si le gouvernement fédéral veut ajouter à la bataille de l'autonomie, celle du français au CNR, libre à lui. Nous sommes prêts. Si le CNR exige que nous transformions notre pétition en boycottage, nous le ferons.

Nous n'avons pas encore « déballé tous nos outils ». Donc avant de dire que nous ne remporterons pas la victoire qu'on attende. Et qu'on nous aide.

Appui général

Et d'ailleurs, c'est exactement ce qui se produit. Nous recevons chaque jour des offres de collaboration.

Voici, pour nous limiter à l'essentiel, la liste des divers groupements et sociétés qui ont participé au lancement de notre campagne ou qui nous ont ensuite accordé leur appui :

L'Institut d'histoire de l'Amérique du Nord ;

La Société historique de Montréal ;

L'Union catholique des cultivateurs ;

Et ça continue. Les journaux vous informeront des développements. Votre revue ne manquera pas de résumer la situation dans son édition de juin. Donc tous ensemble, jusqu'à la victoire.

Pierre Laporte [c]

---

c. Pierre Laporte, « Château Maisonneuve », *l'Action nationale*, vol. XLIV, nº 9 (mai 1955), p. 754-762.

Document n° 105

1957 — L'ÉPUISEMENT D'UN EFFORT

Pour marquer le vingtième anniversaire de sa création, le Conseil de la vie française en Amérique, alors présidé par Me Paul Gouin, organise le Congrès de la refrancisation [a] tenu à l'Université Laval du 21 au 23 juin 1957. Au terme de leurs délibérations, les participants adoptent un certain nombre de « vœux ». Ceux-ci traduisent, à côté d'idées très saines qui seront du reste reprises plus tard, une timidité certaine et une tendance déplorable à réduire la question nationale à la défense d'un folklore.

I

LA SECTION DE LA LANGUE

1. La langue des sports

Considérant que le vocabulaire sportif est très anglicisé au Canada ;

Le Congrès de la Refrancisation émet le vœu :

Que l'on s'emploie à faire disparaître les surnoms anglais donnés à certaines vedettes du sport et à certains commentateurs sportifs ;

Que le Département de l'Instruction publique de la province de Québec fasse préparer et distribuer dans les maisons d'enseignement une brochure contenant le vocabulaire français des principaux sports.

2. La langue des métiers

Considérant que la plupart des gens ignorent les termes propres aux différents métiers ;

Le Congrès de la Refrancisation émet le vœu :

Que le Département de l'Instruction publique adopte officiellement, pour tous les degrés, une échelle de vocabulaire et d'orthographe scientifiquement établie des termes techniques.

3. La langue des affaires

Considérant l'état lamentable dans lequel se trouve la langue des affaires ;

Le Congrès de la Refrancisation émet le vœu :

Qu'un organisme gouvernemental soit mis sur pied pour conseiller les intéressés en matière de raisons sociales et de publicité.

4. Recherches linguistiques

Considérant que les questions de vocabulaire sont l'objet de recherches poussées en France ;

---

a. Ces assises, qui portaient jusqu'alors le nom de Congrès de la langue française en Amérique, portent en 1957 celui de Congrès de la refrancisation. Le changement de nom est significatif.

Le Congrès de la Refrancisation émet le vœu :

Que des relations suivies s'établissent entre spécialistes de France et du Canada afin d'assurer aux recherches linguistiques un maximum d'efficacité et d'uniformité.

5. *La toponymie*

Considérant que la toponymie de la province de Québec laisse fortement à désirer au point de vue français ;

Le Congrès de la Refrancisation émet le vœu :

Que le Comité de toponymie du Québec, poursuive son travail et que les intéressés recourent de plus en plus à ses services lorsqu'il s'agit de créer ou de modifier des noms de lieux.

6. *La pédagogie*

Considérant que certains pédagogues s'inspirent trop servilement de méthodes pédagogiques étrangères à notre esprit, à notre culture et à nos principes de vie ;

Le Congrès de la Refrancisaticn émet le vœu :

Qu'une solide maîtrise de la culture française précède toute spécialisation à l'étranger ;

Que nos pédagogues élaborent une pédagogie adaptée à nos besoins, en particulier aux exigences de notre esprit.

II

LA SECTION DE LA LITTERATURE

7. *L'histoire*

Considérant l'importance de l'histoire pour le développement du patriotisme et la formation générale ;

Le Congrès de la Refrancisation émet le vœu :

Que le Département de l'Instruction publique favorise l'enseignement de l'Histoire régionale à l'école primaire ;

Que les Sociétés historiques répandent davantage les résultats de leurs recherches et favorisent la diffusion de moyens propres à y intéresser les étudiants et leurs parents : excursions, enquêtes de groupes, discussions ;

Que les historiens conservent pour un groupe savant leurs recherches cliniques ou de laboratoire, susceptibles de scandaliser les non-initiés.

8. *La presse*

Considérant l'influence de la presse sur la population ;

Le Congrès de la Refrancisation émet le vœu :

Que les journaux de langue française au Canada reflètent vraiment notre culture et ne soient pas des copies de la presse américaine ;

Pour cela que les journalistes canadiens-français bénéficient d'une préparation adéquate dans des écoles de journalisme instituées par nos universités canadiennes-françaises.

9. La revue

Considérant la multiplicité de nos revues et le faible tirage de la plupart d'entre elles ;

Le Congrès de la Refrancisation émet le vœu :

Que l'on prépare un index des revues canadiennes-françaises ;

Que l'on encourage la diffusion des revues sérieuses et bien rédigées.

10. Les sociétés littéraires

Considérant que le goût de la lecture et celui de la composition littéraire se perdent de plus en plus chez nous ;

Le Congrès de la Refrancisation émet le vœu :

Qu'on développe par tous les moyens l'amour de la lecture ;

Que l'on encourage fortement les cercles littéraires dans les maisons d'enseignement ;

Que nos auteurs reçoivent des mécènes et du public en général un appui sympathique.

III

LES ARTS THEORIQUES

11. La peinture

Considérant que nos peintres canadiens-français produisent des œuvres de valeur et qu'il importe d'intéresser de plus en plus le public à leurs œuvres et à cet art en général ;

Le Congrès de la Refrancisation émet le vœu :

Que le Musée provincial enrichisse sans cesse sa collection de toiles canadiennes-françaises ;

Que la direction du Musée organise des expositions dans les centres importants de la province ;

Que les bibliothèques scolaires possèdent des albums d'art ;

Que l'on mette à la disposition des professeurs et des élèves des diapositives en couleurs reproduisant les œuvres de nos artistes ;

Que l'on développe la critique d'art chez nous en permettant à des jeunes d'aller se former en Europe ;

Que nos artistes soient invités le plus souvent possible à décorer nos édifices publics, religieux et profanes, et à apporter ainsi leur collaboration à l'œuvre de nos architectes.

12. Le ballet

Considérant que le ballet est une des formes les plus élevées de l'art ;

Le Congrès de la Refrancisation émet le vœu :

Que l'on ajoute une section de ballet aux cours du Conservatoire ;

Que l'on développe le goût de la danse vraiment artistique de façon générale, pour contrebalancer les effets nocifs des danses de médiocre qualité au double point de vue artistique et moral.

13. La céramique

Considérant que l'art de la céramique se développe chez nous et qu'il a déjà à son crédit des œuvres de valeur ;

Le Congrès de la Refrancisation émet le vœu :

Que le public encourage financièrement nos céramistes comme tous nos artistes en assurant à leurs productions un marché de plus en plus large.

14. La gravure et l'imagerie

Considérant que la gravure et l'imagerie religieuse connaissent une assez large diffusion chez nous ;

Considérant que beaucoup de gravures et d'images importées de l'étranger n'ont guère de valeur artistique ;

Le Congrès de la Refrancisation émet le vœu :

Que l'on encourage par tous les moyens les arts de la gravure et de l'imagerie dans notre province, en particulier que le clergé et les groupements religieux s'efforcent de populariser l'imagerie religieuse de bon goût, soit de chez nous, soit de l'extérieur.

15. La formation artistique

Considérant que l'éducation est à la base de toute réforme sérieuse, particulièrement dans le domaine artistique ;

Le Congrès de la Refrancisation émet le vœu :

Que l'enseignement de l'art devienne obligatoire dans nos maisons d'enseignement ;

Que les professeurs s'efforcent de développer le goût de l'étudiant et d'intéresser celui-ci à nos arts canadiens-français.

IV

LES ARTS PRATIQUES

16. L'affichage

Considérant que les réclames publicitaires sur les routes et dans les restaurants, les enseignes et les étalages sont parfois d'une vulgarité irritante, d'un français douteux, d'une publicité tapageuse ;

Le Congrès de la Refrancisation émet le vœu :

Que le Conseil de la vie française étudie ou fasse étudier par un organisme qualifié, la loi concernant les affiches émise en 1925 et présentement inopérante, et qu'il fasse ensuite les démarches nécessaires pour faire respecter cette loi et la faire améliorer au besoin.

17. *L'ameublement*

Considérant que quelques meubles de style français et canadiens-français ont déjà été réunis au Musée Provincial et que l'espace pour leur conservation semble trop restreint ;

Le Congrès de la Refrancisation émet le vœu :

Que le Musée de la province de Québec soit agrandi et qu'une partie de l'immeuble soit consacrée aux meubles historiques et aux meubles de style.

18. *La décoration intérieure*

Considérant que le style proprement canadien n'existe que dans des maisons ou des bureaux privés, par conséquent inaccessibles au public ;

Le Congrès de la Refrancisation émet le vœu :

Que le Conseil de la Vie française recommande à la Société des Décorateurs Ensembliers du Québec de tenir une exposition de certains travaux de décoration, pouvant fournir des suggestions à la portée du public, de façon à diriger le goût vers des créations et des décorations typiquement canadiennes-françaises et par la même occasion créer une demande de nos produits québécois.

19. *L'artisanat*

Considérant que beaucoup de commerçants offrent aux touristes des « souvenirs » et des objets soi disant d'artisanat :

Considérant que nos artisans authentiques peuvent mettre sur le marché des œuvres originales et bien canadiennes-françaises ;

Le Congrès de la Refrancisation émet le vœu :

Que leur effort de production reçoivent l'encouragement de nos commerçants et du public en général.

V

MŒURS ET TRADITIONS

20. *La chanson populaire*

Considérant la richesse de notre folklore de chansons ;

Considérant que les chansons peuvent remplacer avec grand avantage beaucoup de productions étrangères d'un goût douteux ;

Le Congrès de la Refrancisation émet le vœu :

Qu'une série de recueils gradués de chansons canadiennes authentiques soit préparée pour les enfants de l'école primaire et présentée pour approbation et diffusion au Conseil de l'Instruction publique ;

Que des cours de musique traditionnelle populaire soit donnés dans nos conservatoires et écoles de musique ;

Qu'un corpus de la chanson populaire canadienne soit immédiatement mis en chantier par un organisme compétent ;

Que l'on s'emploie à diffuser ces chansons par le disque, la radio et la télévision.

21. Les danses de folklore

Considérant la valeur de nos danses de folklore au double point de vue artistique et social ;

Considérant que ces danses connaissent un regain de popularité grâce à la télévision ;

Le Congrès de la Refrancisation émet le vœu :

Que l'expérience très intéressante qui se fait actuellement par la Commission catholique des écoles de Montréal soit étudiée à son juste mérite par le Conseil de l'Instruction publique et étendue à tout le reste de la province, s'il y a lieu ;

Qu'une attitude nette et bien définie soit prise par les autorités compétentes au sujet des danses folkloriques authentiques.

22. Les loisirs

Considérant que le problème des loisirs revêt une importance de plus en plus grande ;

Considérant que le sport commercialisé, la radio et la télévision rendent notre peuple de plus en plus passif, de plus en plus perméable aux influences étrangères pendant les moments de loisirs ;

Le Congrès de la Refrancisation émet le vœu :

Que les expériences qui ont été faites en différents endroits dans le domaine des loisirs à la ville et à la campagne soient portées à la connaissance de nos éducateurs ;

Que l'on prépare pour les enfants de nos écoles un manuel des jeux traditionnels ;

Qu'explication et illustration de jeux d'enfants, traditionnels, soient données à la télévision.

23. Les contes et légendes

Considérant la richesse de notre folklore de contes et légendes ;

Considérant qu'il importe de fixer au plus tôt ces contes et légendes avant que ne disparaissent les dépositaires de la tradition orale ;

Le Congrès de la Refrancisation émet le vœu :

Que M. Luc Lacourcière, directeur des Archives de Folklore, se hâte de publier sa bibliographie analytique des traditions orales ;

Qu'il reçoivent pour cette publication coûteuse, autant qu'indispensable, l'appui financier nécessaire.

24. Le folklore et l'éducation

Considérant qu'il est urgent de faire connaître et aimer notre folklore ;

Considérant qu'un travail d'éducation s'impose dans ce domaine ;

Le Congrès de la Refrancisation émet le vœu :

Que ce grave et urgent problème soit étudié conjointement par les folkloristes, les facultés des Arts et le Conseil de l'Instruction publique.

25. La famille et la paroisse

Considérant l'importance de la vie familiale et de la vie paroissiale pour la communauté canadienne-française ;

Considérant que cette vie familiale et paroissiale est gravement compromise par les mœurs actuelles ;

Le Congrès de la Refrancisation émet le vœu :

Que la province de Québec ait des programmes de télévision chaque semaine ;

Que l'Union des familles recommandée par le Pape soit instaurée.

26. L'Office culturel

Considérant que le Québec est le gardien par excellence de la culture française au Canada ;

Considérant que le gouvernement de cette province a des responsabilités particulières en ce domaine.

Le Congrès de la Refrancisation émet le vœu :

Que le dit gouvernement établisse au plus tôt un Office culturel du Canada français en le nantissant des ressources financières et de l'autorité requises, pour conserver et enrichir notre culture française dans la province de Québec et la faire rayonner à l'extérieur.

27. Fidélité religieuse

Considérant que la refrancisation à laquelle nous a conviés ce congrès dépasse la purification de notre seule langue française et tend à une ressaisie complète de nous-mêmes dans tous les domaines de la culture ;

Considérant que toute culture est par essence un épanouissement équilibré, harmonieux, des facultés humaines, et humble dépendance du Créateur et de son plan providentiel ;

Considérant que notre culture canadienne-française est historiquement une culture catholique et que la plus haute vocation que puisse rêver un peuple, c'est d'être appelé à rendre témoignage à l'Evangile, par toutes les activités de sa vie nationale ;

Le Congrès de la Refrancisation émet le vœu ;

Qu'en cette vigile de leur céleste patron, Saint-Jean-Baptiste, précurseur du Christ, les Canadiens français de tout le pays, unis à leurs frères franco-américains, expriment de nouveau leur reconnaissance à Dieu pour la fidélité catholique ; qu'ils acceptent consciemment leur glorieuse responsabilité de témoins et qu'ils aient à cœur de traduire en actes leurs convictions, en imprégnant toujours davantage leurs activités culturelles d'un esprit sincèrement catholique [b].

---

b. *Le Congrès de la refrancisation*, Québec. Les Editions Ferland, livre 1, p. 41-49.

Document n° 106

1957 — POUR UN AUTONOMISME CULTUREL MÉTICULEUX

*Après avoir fait verser par son gouvernement une importante subvention aux orga-
nisateurs du Congrès de la refrancisation* [a]*, Maurice Duplessis (1890-1959), premier
ministre du Québec, s'adresse aux congressistes réunis à l'Université Laval.*

Un cordial merci au très révérend frère Lockwell et au président, M. Paul Gouin,
pour la bienvenue très amicale dont ils ont bien voulu me gratifier. Nous avons eu, dans
la province de Québec, plusieurs Congrès de la Langue Française ; il y en a eu un en
1912, il y en a eu un autre en 1937, un troisième en 1953 et enfin, cette année, en 1957.
Ca me fait plaisir de constater que de ces entreprises merveilleuses et fécondes, trois
ont eu lieu depuis que je suis premier ministre de la province de Québec.

Les Congrès de la Langue française et le travail admirable du Conseil de la Vie
française sont riches en enseignement et je n'en doute pas, riches en résultats salutaires.
Il m'est particulièrement agréable de souhaiter une bienvenue toute spéciale à nos frères
des Etats-Unis, à nos frères d'ailleurs qui s'en viennent ici partager l'étude de nos problèmes et travailler ensemble à leur règlement dans le meilleur intérêt de tous.

La langue française est une manifestation indispensable d'une culture à laquelle
le monde doit énormément et qui est absolument nécessaire à la civilisation chrétienne.
Charles Maurras disait avec raison qu'il ne faut pas oublier de se souvenir. Huit des
Provinces canadiennes et une trentaine d'Etats américains doivent à la France les avantages et les bienfaits de la civilisation chrétienne et je n'ai pas besoin de rappeler que
la littérature, les arts dans tous les domaines doivent à la France une contribution insurpassable, sinon inégalée.

La province de Québec a une mission particulière qui n'est pas toujours bien
comprise, [...]. Nous sommes, dans la province de Québec, comme ce point d'appui
dont parlait Archimède lorsqu'il voulait soulever le monde. La culture française et
catholique reçoit de la province de Québec ce point d'appui indispensable à la conservation de la culture et de la civilisation françaises et catholiques. C'est notre devoir à
nous de Québec, qui sommes les gardiens de cette culture et de ces avantages, de poser
les actes que la logique nécessite. Il paraît extraordinaire que, dans la province de
Québec, il faille rappeler souvent l'obligation qui incombe à chacun d'entre nous de
conserver intactes nos traditions françaises et religieuses. Non dans un but de domination intempestive, non dans un but de séparatisme de mauvais aloi ou même de
séparatisme tout court, mais dans un but de coopération générale avec tous ceux-là
qui ont le respect de la justice et qui réalisent, comme ils doivent le réaliser, la
nécessité de la culture française et de la culture chrétienne.

Armand Lavergne le disait : « Dans la province de Québec, nous parlons une
langue quelque peu rugueuse. Mais, c'est parce qu'elle est allée souvent à la bataille

a. Paul-Emile Gosselin, *le Conseil de la vie française 1937-1967*, Québec, Les Editions
Ferland, 1967, 168 pages. Voir p. 78-79 : « l'honorable Maurice Duplessis manifeste
un vif intérêt pour les assises projetées et donne l'assurance d'un octroi substantiel
de la Province... Le Gouvernement du Québec a fait les choses royalement en y
allant d'un octroi de $ 25,000.00 ».

et c'est pour cela qu'il faut avoir l'œil ouvert. Il faut être en état d'alerte à tout instant. »
Il y a malheureusement des gens de bonne foi et d'autres qui ne le sont pas, qui n'apprécient pas la richesse insurpassable de la culture française et des traditions dont Québec
est le principal dépositaire. Cette tradition et cette culture, elles sont conservées dans
la famille, mais aussi et dans une large mesure à l'école et par l'école qui est, somme
toute, dans la province de Québec une continuation de la famille.

C'est pour cela que jamais nous ne pourrons être assez prudents, assez méticuleux
lorsqu'il s'agit de conserver intégralement, dans les moindres détails, les droits exclusifs
que possède la province de Québec en matière éducationnelle. C'est une question celle-là
qui dépasse de beaucoup les personnes et les partis politiques. Il faut de toute nécessité
que dans ces domaines d'une importance vitale, tous se donnent la main. Nous devons
à nos pères, qui ont donné l'exemple de sacrifices dont malheureusement peu sont
capables aujourd'hui, de continuer l'œuvre héroïque, l'œuvre incomparable qu'ils ont
accomplie. Nous devons à nos pères, à leur souvenir, et nous devons au respect de
l'héritage sacré que nous avons reçu, de le sauvegarder intégralement nous rappelant
toujours que, s'il a été possible dans des circonstances extraordinairement difficiles de
conserver ces biens et ces trésors, il est d'autant plus facile aujourd'hui de les garder,
de les agrandir en respectant les droits de chacun, à cause des facilités nouvelles que
nous procurent la science et les méthodes d'aujourd'hui. En parlant de nouvelles méthodes, je ne veux pas dire par là qu'il faut être d'un modernisme exagéré. Il faut aimer
le progrès, mais il faut réaliser que le progrès, pour être durable, doit être aussi étayé
sur des vérités fondamentales qui ne changent pas et qui ne peuvent pas changer, parce
qu'elles s'inspirent à la source de la lumière éternelle et de la vérité éternelle.

Mesdames et Messieurs, je suis heureux, comme chef du Gouvernement, d'avoir
pu contribuer modestement au succès de ce Congrès. Je félicite les organisateurs, je
félicite les dirigeants. Je n'ai pas de doute qu'il sera couronné d'un résultat des plus
fructueux et des plus remarquables. Le dévouement manifesté par le président, par Monseigneur Gosselin et par tous les autres sont des coups de clairon qui doivent réveiller
les apathies et susciter les sympathies agissantes. Entre le passé où sont nos souvenirs
impérissables, inoubliables, et l'avenir où sont nos espérances et nos espoirs les plus
beaux, il y a le présent où sont nos devoirs.

Maurice Duplessis [b]

---

b. *Le Congrès de la Refrancisation*, Québec, Les Editions Ferland, 1959, livre 1, p. 31-33.

Document n° 107

1957 — UNE CULTURE D'EMPRUNT

À l'occasion des fêtes de la Saint-Jean-Baptiste de 1957, le Devoir consacre un numéro spécial à la langue française, intitulé « Alerte à la langue française ». Pierre Daviault, traducteur et alors vice-président de la Société royale du Canada, y fait l'analyse du problème de la traduction. Baromètre de l'emprise d'un peuple sur l'autre, la traduction à dose massive présente un grave danger pour la manière de parler et de penser du peuple qui la subit.

La question se présente sous deux aspects : quantitatif et qualitatif. Une étude approfondie devrait s'attacher d'abord à établir la proportion de la « matière écrite » que représente la traduction dans divers domaines : documentation officielle (parlementaire, politique, juridique) ; imprimés commerciaux ; matériel d'enseignement ou de culture ; lectures courantes, de culture ou de délassement (littérature, revues, journaux, à quoi il importe d'ajouter la radio et la télévision). On étudierait ensuite le contre-coup de la traduction sur notre façon de parler ou d'écrire le français au Canada, et même sur nos manières de penser. Nous ne pourrons, ici, que noter des têtes de chapitres, puis esquisser une conclusion.

I

Un fait s'impose dès l'abord. Au Canada français, la plus grande partie des textes lus sont des traductions. Il faut entendre par là que le lecteur moyen, — celui qui borne ses préoccupations intellectuelles à la lecture du journal quotidien et des revues de délassement ou aux émissions de la radio sonore et visuelle, — ne lit guère que des textes traduits. Nos journaux reçoivent les dépêches d'agences en anglais ou traduites de l'anglais ; en anglais aussi ou en traduction les communiqués officiels et les textes publicitaires. Les revues spécialisées n'offrent guère que de la traduction, non moins que les « magazines » ou les revues de pseudo-culture. La publicité qui s'étale dans nos rues ou sur nos écrans de télévision, qui encombre nos boîtes à lettres, qui glapit à la radio, traduction encore dans une très large proportion. A la télévision, on donne même, aux annonces, un nom baroque, calqué sur l'anglais : « les commerciaux ». Les « modes d'emploi », les « recettes », les « instructions », tout est traduit.

La pâture intellectuelle du Canadien moyen se compose donc, surtout, de traduction. Orateurs politiques ou sacrés ; professeurs, érudits, chercheurs, commerçants ou industriels, avocats ou ouvriers spécialisés, médecins ou ingénieurs, tous, partout et toujours, nous nous servons de textes anglais que nous traduisons ou qu'on traduit à notre intention. Traduits aussi les documents de l'Etat, à commencer par les débats parlementaires ou les textes législatifs, et une bonne partie de la correspondance officielle. En somme, la traduction s'infiltre partout, commande chaque geste de notre vie. Que nous le voulions ou non, nous sommes un peuple de traducteurs » (Léon Lorrain).

Le lecteur moyen ne peut même se réfugier en toute sécurité dans la littérature de délassement qui nous vient de France. Il risque de tomber sur des illustrés qui ne sont guère que des démarquages de périodiques américains, ou sur les innombrables romans « traduits de l'américain » à Paris, et très mal traduits en une langue infestée d'anglicismes par des traducteurs incompétents et fort mal rémunérés.

L'emprise de la traduction (de l'anglais, devrait-on peut-être écrire avec plus de justesse) s'accentue fortement depuis la seconde Grande Guerre. Elle règne maintenant dans le domaine de l'enseignement. Il s'est produit ce phénomène que, coupées de la source française, nos grandes écoles ont adopté, au cours de la guerre, des manuels américains. Nous verrons plus loin les conséquences d'une très vaste portée que cet état de choses a produites.

La traduction envahit de plus en plus le domaine de l'enseignement primaire où, non seulement on adopte les méthodes américaines même pour enseigner la grammaire française, mais où l'on se borne souvent à traduire ou adapter plus ou moins les manuels américains. [...]

Le cercle se ferme donc. De la plus tendre enfance jusqu'à la fin de sa vie active, le Canadien français baigne dans une ambiance artificielle, en marge de sa culture et de toute culture.

II

Il suit de là, du point de vue linguistique, que le français au Canada évolue moins par le jeu de forces internes que par suite de pressions s'exerçant de l'extérieur. En conséquence, si l'on excepte le parler populaire traditionnel, les faits de langue sont avant tout, au Canada français, des questions de traduction.

La traduction a saboté le vocabulaire. Nous devons tenir compte des emprunts indispensables que nécessitaient nos institutions politiques et notre code pénal, qui sont britanniques, ou encore, des circonstances particulières de notre vie en Amérique. Mais il y a les emprunts qui déplacent inutilement des vocables indigènes. Or ce sont les traducteurs qui créent la plupart des anglicismes dont notre langue est infestée. Ce sont les traducteurs qui ont implanté les anglicismes insidieux se présentant sous les dehors d'expressions légitimes, ces faux emplois à la gamme infinie : *affecter* (pour influencer), *anxieux* (désireux), *application* (demande ou offre de service). On pourrait parcourir ainsi l'alphabet jusqu'à *versatile* (souple), en passant par *balance* (solde), *corporation* (municipalité ou société commerciale), *minutes* (procès-verbal), *opportunité* (occasion), *social* (mondain). Si l'on parle d'un *aviseur* (légal, surtout), des *mérites d'une cause*, d'une *maison de pension*, c'est aux traducteurs que nous le devons.

Si le mal s'arrêtait là, il n'aurait qu'une gravité relative. Une langue garde son identité, en dépit de tous les emprunts de mots, tant qu'elle conserve sa structure grammaticale. Par malheur, l'influence de l'anglais s'exerçant par la traduction, a atteint davantage la construction de la phrase, au Canada. L'abus du passif, du passé simple ou de l'épithète, l'emploi du participe à contretemps, la confusion des compléments, tout cela vient de la traduction. Mais cette énumération ne rend compte que de certaines maladies bien localisées de notre syntaxe anglicisée. C'est toute l'ordonnance de la phrase, son ton, son rythme qui souffrent ; c'en est la substance, la pâte même qui se décomposent.

Comment pourrait-on croire françaises les phrases qui suivent, du type de celles qu'on lit couramment dans nos journaux, et qui ne renferment pourtant que des mots français : « A l'aurore de l'histoire, les Ibériens sont trouvés occupant le bassin de la Méditerranée... Les territoires perdus aux Coréens... Le volume des transactions minimes aujourd'hui au cours des transactions de bonne heure sur le curb de Montréal mais la liste principale était généralement tranquillement plus basse.

Remarquons qu'il ne s'agit peut-être pas là de traduction. L'influence délétère de la traduction est si nocive qu'elle atteint la langue des personnes qui ne connaissent pas l'anglais. De façon générale, au Canada, on en est venu à écrire la « langue de traduction ». Léon Lorrain l'a déjà signalé : « Le mal est si profond que les Canadiens français qui ignorent l'anglais n'en font pas moins des anglicismes [...] Ils sont victimes de la contagion.

L'influence de la traduction va plus loin ; elle atteint la pensée même. Le langage, qu'on y songe bien, n'est pas simplement moyen d'expression : il est également, et peut-être davantage, instrument de pensée. Voilà pourquoi la pensée, habituée à se former dans un certain moule linguistique, en garde forcément les contours. Autrement dit, on n'emploie pas habituellement un mode de parler ou d'écrire sans que le mode de penser s'en ressente. Nous en sommes au point que nous ne *pensons plus français* ni anglais, nous *pensons traduction.*

Nous avons vu que nos universitaires ont recours à des manuels anglais. Ces manuels ne leur servent pas seulement, en quelque sorte, d'outils accessoires. Ils leur fournissent le fondement même de leur formation. Il en résulte que ces universitaires poursuivent leurs recherches dans des ouvrages anglais et ne recommandent guère à leurs élèves que des ouvrages anglais. La culture française des spécialités n'intervient plus guère dans l'enseignement de ces spécialités. En voici une preuve entre bien d'autres. Une enquête sommaire sur de récentes thèses de doctorat en histoire, en anthropologie, en sciences sociales a révélé, à l'Université de Montréal, 74 p. 100 de citations anglaises, 15 ½ p. 100 de citations en langues étrangères et seulement 10 ½ p. 100 de citations françaises (cf. Pierre Dansereau, « Language, Communication and Culture », in *Studia Varia*).

III

Où cette tendance nous mènera-t-elle'? Simple observateur, —— inquiet et néanmoins objectif, —— je n'ai aucune prétention au don de prophétie.

Le tableau n'a pas seulement des ombres. Un petit nombre d'entre nous connaissent et écrivent mieux le français que leurs ainés. Ils ne forment qu'une infime minorité qui, toutefois, tend à s'accroître. Convenons également que nous comptons parmi nous des traducteurs plus avertis que ceux d'autrefois. Par malheur, ils ne produisent qu'une assez faible partie de nos traductions, officielles ou commerciales. A Ottawa, comme à Montréal et Toronto ou même New-York (car c'est du siège de grandes maisons américaines de commerce que nous vient une proportion imposante des traductions d'intérêt commercial que nous lisons chez nous), des gens absolument incompétents (voire des dactylos ou des garçons de bureau), sous prétexte qu'ils sont « bilingues », se voient confier de nombreux textes à traduire. Le public n'en sait rien, la réputation des bons traducteurs en souffre et la langue française en subit les accrocs. De toutes façons, cependant, la traduction ne parviendra jamais à un état de perfection où elle n'exercerait aucune influence néfaste sur notre langue. Nous possédons, d'autre part, un fond d'anglicismes définitivement acquis.

Asservis par la traduction ? Assurément. Nous n'y pouvons échapper. Les servitudes de la vie pratique nous en font une nécessité. Mais l'asservissement total n'est pas inéluctable, à condition que nous réservions et élargissions une marge de culture désintéressée. Ce serait la part de gratuité d'*inutilité* qui pourrait sauver notre pensée française.

Pierre Daviault [a]

a. Pierre Daviault, « Sommes-nous asservis par la traduction ? », *le Devoir*, 22 juin 1957.

Document nº 108

1961 — MANIFESTE POLITIQUE POUR L'UNILINGUISME FRANÇAIS

La remise en question générale qui secoue le Québec vers 1960 ne tarde pas à ébranler les positions et attitudes traditionnelles en matière de langue. Sur ce plan, le phénomène le plus significatif est l'apparition d'un important courant de pensée en faveur de l'unilinguisme français. Cette thèse commence en effet à cette époque à trouver des défenseurs, surtout parmi les intellectuels. Relevons, à titre d'exemples, la prise de position des participants à la cinquième Rencontre des écrivains canadiens en août 1961 [a] et celle du Père Joseph D'Anjou, éducateur et homme d'Église, qui fustige le bilinguisme pratiqué au Québec comme le fait de « de lâches en politique et d'aveugles à l'école » avant d'adresser le pressant appel qui suit : « Si l'on retarde même d'un jour l'établissement de l'unilinguisme français au Québec, on se leurre, on démissionne et on trahit du même coup les enfants qu'on a mission de sauver [b]. » Ces prises de position sont certes significatives, mais ce sont les mouvements nationalistes favorables à l'indépendance du Québec qui fournissent à l'unilinguisme ses partisans les plus nombreux, situant du même coup cette thèse dans une optique politique précise. Ces mouvements, au nombre de trois, prennent tour à tour position en faveur de l'unilinguisme.

Raymond Barbeau fonde en janvier 1957 l'Alliance laurentienne et relance ainsi le mouvement indépendantiste d'après-guerre. Le chef de l'Alliance, qui est alors — le fait est à remarquer — professeur de français aux Hautes Études commerciales, traite d'unilinguisme dès ses premiers discours [c] et en inscrit tout naturellement le principe dans le projet de constitution laurentienne qu'il publie en janvier 1960 : « La langue officielle de la Laurentie est la langue française », dit en effet l'article 66 de ce texte [d].

L'Action socialiste pour l'indépendance du Québec (A. S. I. Q.) voit le jour en septembre 1960, mais dès le printemps de 1959 Raoul Roy, son fondateur, se donne un organe de propagande, la Revue socialiste, dans lequel il présente les grands traits de son manifeste socialiste pour le Québec souverain. Entre autres choses, l'auteur de ce texte dénonce le bilinguisme et cherche dans l'unilinguisme les moyens d'assurer la défense culturelle du Canada français : « Il n'y a pas de peuples bilingues qui durent. Dans le contexte nord-américain seul l'état français unilingue au Québec rend possible la vie active de la culture française dans les régions Laurentiennes et alléghaniennes. Pour alléger les conséquences néfastes des méfaits du colonialisme dans le domaine culturel, les socialistes doivent réclamer le retour graduel au statut de langue officielle unique pour le français dans le Québec [e]. » Poussant plus loin qu'on ne le fait habituellement à l'époque, Raoul Roy traite du difficile problème de la langue de travail. La proposition nº 61 du manifeste se lit en effet ainsi : « Pour atténuer l'infériorité où le colonialisme

a. *La Presse*, 2 octobre 1961, p. 28.

b. Joseph D'Anjou, « Bilinguisme ou sabotage ? », *Relations*, XXIe année, nº 252, décembre 1961, p. 338.

c. Raymond Barbeau affirme être le premier à avoir réclamé l'unilinguisme français au Québec : *le Québec bientôt unilingue ?*, Montréal, Les Editions de l'Homme, 1961, 157 pages. Voir p. 130.

d. Ce projet de constitution a paru dans la revue *Laurentie*, organe de l'Alliance, livraison de janvier 1960, p. 380-404.

e. « Propositions programmatiques de la revue socialiste », *la Revue socialiste*, nº 1, printemps 1959, p. 25.

anglophone place le travailleur canadien (français) au Québec même, les socialistes doivent proclamer la nécessité urgente de la francisation des sources d'emploi ; mesure qui doit être imposée par le gouvernement québécois et exigée par les unions syndicales [f]. »

Le 10 septembre 1960, deux jours après l'annonce de la fondation de l'A. S. I. Q., une vingtaine de personnes, pour la plupart artistes, intellectuels et fonctionnaires, se réunissent et jettent les bases du Rassemblement pour l'indépendance nationale qui devient vite le plus important des mouvements indépendantistes. Le R. I. N. prend position en faveur de l'unilinguisme. Son premier président, notamment, André D'Allemagne, s'intéresse aux questions de langue — il est linguiste et traducteur — et publiera plus tard une brochure de combat auquel il donne un titre sans équivoque : Le bilinguisme qui nous tue [g]. *Un an après la fondation du R. I. N., Marcel Chaput* [h], *jusqu'alors vice-président, accède à la présidence du mouvement et lance un livre qui contient les idées maîtresses du R. I. N. de l'époque. Dans les pages (reproduites plus bas) qu'il consacre à la dimension culturelle du séparatisme, Chaput traite de la question linguistique et confirme l'adhésion du R. I. N. à l'unilinguisme.*

L'importance des questions linguistiques dans les motivations et la stratégie des indépendantistes est difficile à établir et reste sans doute fonction des individus, des mouvements et des époques. Raymond Barbeau, pour sa part, n'a pas hésité à refuser à la langue la première place dans ses préoccupations, comme il l'écrit en 1961 : « Il n'est pas vrai que le français soit la préoccupation dominante des souverainistes ; elle ne l'a jamais été. Elle est importante certes mais elle n'est ni la seule, ni la plus urgente, ni la plus absorbante [i]. » *Cette affirmation, qu'il n'est pas rare d'entendre chez les partisans de l'indépendance du Québec, correspond peut-être à un sentiment réel mais*

---

f. « Propositions programmatiques de la revue socialiste », p. 25.

g. André D'Allemagne, *Le bilinguisme qui nous tue*, brochure n° 4 du service d'information du Rassemblement pour l'indépendance nationale, Montréal, date inconnue (probablement fin 1962, début 1963).

h. Marcel Chaput est né à Hull le 14 octobre 1918. Il a exercé son métier de chimiste (il détient un doctorat en biochimie de l'Université Mc Gill) au ministère de la Défense du Canada jusqu'en décembre 1961, date à laquelle il a démissionné pour protester contre la sanction disciplinaire qui lui fut imposée pour avoir exprimé ses idées politiques publiquement.
Il fut l'un des inspirateurs de la fondation du R. I. N. dont il fut vice-président jusqu'en octobre 1961, puis président national jusqu'en octobre 1962. Au congrès de l'automne 1962, les membres du R. I. N. ne le réélirent pas à la présidence, exprimant ainsi leur mécontentement de la décision qu'il avait prise, contre l'avis du mouvement, de se porter candidat aux élections générales de novembre 1962. Tirant les conclusions de cette situation, il décida de quitter le R. I. N. et fonda alors le Parti républicain du Québec (17 décembre 1962) dont il dirigea les destinées jusqu'en janvier 1964. Son passage à la tête du P. R. Q. fut marqué notamment par deux longs jeûnes personnels qui furent fort controversés. Le P. R. Q. ne survécut pas au départ de Chaput. Peu avant les élections générales de juin 1966, ce dernier revint au R.I.N. dont il fut candidat dans la circonscription de Papineau. En octobre 1968, il approuva la liquidation du R. I. N. et devint alors membre du Parti québécois au sein duquel il n'exerce toutefois aucune fonction de responsabilité.
Marcel Chaput publia en septembre 1961 *Pourquoi je suis séparatiste* qui devint vite un succès de librairie (35 000 exemplaires vendus) et fut traduit en anglais en février 1962 sous le titre *Why I am a separatist*, publié à la Ryerson Press. En mars 1965, il fit paraître *J'ai choisi de me battre*, sorte d'autobiographie politique. En plus d'écrire des ouvrages sur l'alimentation naturelle, dont il est maintenant un adepte, Marcel Chaput tient une chronique hebdomadaire dans *le Journal de Montréal*.

i. Raymond Barbeau, *J'ai choisi l'indépendance*, Montréal, Les Éditions de l'Homme, 1961, 127 pages. Voir p. 54.

peut aussi traduire la prudence du tacticien soucieux de distinguer le néo-nationalisme (indépendantiste) du nationalisme traditionnel (confédéral) qui apparaît trop exclusivement préoccupé de défense du français.

LA DIMENSION CULTURELLE

Après s'être assuré ses trois repas par jour, un peuple est essentiellement une culture. Non pas qu'il s'en rende toujours compte. Pour la plupart des peuples, la question ne se pose même pas tant la vie entièrecontribue à faire de cette culture une réalité. Heureux et virils sont ces peuples qui peuvent gagner leurs trois repas sans nier cette culture qui est leur. Tel n'est pas le cas du peuple canadien-français. Du moins d'une bonne moitié de ce peuple qui est le nôtre.

Anglais, langue de travail et de pensée

Dans tous les pays du monde, il faut des bilingues. Les services diplomatiques, les transports, les communications, les hôtels, l'armée, le fonctionnarisme même ont besoin d'interprètes, de traducteurs. Mais dans quelle proportion ? Là est le problème. Supposons 5 pour 100 ; c'est généreux. Ici au Canada français, c'est au moins la moitié des travailleurs qui doivent connaître l'anglais pour gagner leur vie. De ce groupe, encore au moins la moitié doivent, comme moi, se dépouiller de leur langue maternelle, le français, langue internationale par-dessus le marché, et langue courante de 150 millions d'êtres humains, de s'en dépouiller, dis-je, comme d'un vulgaire manteau, tous les matins en entrant au bureau ou à l'usine.

Pour la majorité des travailleurs canadiens-français, et même au Québec, l'anglais est la langue de travail et de pensée. Le français ? Langue de traduction, langue de famille, langue de folklore. Le Canadien français mène dans sa langue une existence folklorique. La vie active, la vie du pain sur la table, la vie du divertissement, la vie de l'esprit : une fois sur deux, elle se fait en anglais.

Vous souriez de doute ? Consultez le catalogue de l'Imprimerie fédérale (sic) — je lui refuse le qualificatif Nationale : 25,000 textes anglais dont un tiers sont traduits en français. Magnifique dira l'un ; insuffisant dira l'autre. Ils ont tous les deux tort, car c'est à la fois trop et trop peu. De ces 8 ou 10,000 textes français, vous en avez 8 ou 10 (pas mille) qui ont été pensés et écrits d'abord en français. Tous les autres ont été traduits de l'anglais.

Vous croyez aller au cinéma français — où il y en a. Deux fois sur trois vous y voyez une version. Vous ouvrez votre journal de langue française, vous y lisez la traduction française de la traduction anglaise du texte français d'un discours prononcé en français par le général de Gaulle. La Canadian Press (pas la Presse canadienne ; il n'y en a pas) ne vous a même pas présenté l'original, et ça, en pays où le français est, dit-on, officiel j. Vous prenez une revue canadienne d'expression française. Elle a été achetée récemment par des capitaux anglo-américains. Vous passez devant un gros édifice, même à Montréal ; trois mots de français sur une plaque de bronze et un garçon d'ascenseur bilingue. N'allez pas plus loin. Ici finit le français. « Prière de laisser votre langue dans le porte-parapluies ».

---

j. Cet état de choses a donné lieu à une courageuse dénonciation de la part d'un traducteur de la Canadian Press : Yves Margraff, « Sauf vot'respect », *le Magazine MacLean*, juin 1963.

Et nous nous battons pour des chèques bilingues ! Artisanat ! Artisanat ! Artisanat !

Et nous exigeons le bilinguisme à Vancouver ! Impérialisme culturel pancanadien ; colonialisme culturel au Québec !

Je déteste tous les traducteurs canadiens-français — qui sont tous de charmants garçons d'ailleurs, et j'en connais plusieurs — parce qu'ils mentent quotidiennement à la nation. Ils lui font croire que le français est sauf, que tout va très bien Madame la Marquise, quand, en réalité, ils déversent à cent lignes à l'heure dans son esprit atrophié, LA PENSEE DES AUTRES [k].

Et les écoles ?

Pourquoi nos écoles enseigneraient-elles le français, le vrai, si cette langue a chez nous si peu d'utilité. C'est l'anglais qu'il faut. Et de plus en plus. En effet, peut-on imaginer situation plus absurde que celle dans laquelle vous avez été, comme moi. Six, huit, dix, douze ans d'école française quand cette langue, que l'on dit si belle, ne sert même pas à nourrir son homme. Tant d'années pour apprendre une langue quand, une fois sorti de l'école, c'est l'anglais qu'il faut. Alors les parents demandent plus d'anglais. Ils ont raison les parents, et ce n'est pas moi qui les en blâmerai, car ils sont d'une logique impeccable. Ils voient clair les parents. Et les enfants aussi. Ils se rendent bien compte que sans anglais on risque de ne pas faire son chemin au Canada ; que sans anglais, on risque d'aller grossir le nombre des chômeurs du Québec.

Mais où nous mènent ces demandes répétées ? Demain plus qu'aujourd'hui et après-demain plus que demain. Et ainsi de suite. Plus nos enfants seront bilingues, plus ils emploieront l'anglais ; plus ils emploieront l'anglais, moins le français leur sera utile; et moins le français leur sera utile, plus ils emploieront l'anglais. Paradoxe de la vie canadienne-française : plus nous devenons bilingues, moins il est nécessaire d'être bilingues. C'est une voie qui ne peut nous mener qu'à l'anglicisation. Nous avons d'ailleurs parcouru une bonne partie du chemin. Il nous serait beaucoup plus profitable de ne savoir que l'anglais. Alors, anglicisons-nous et n'en parlons plus.

Dernière heure

Nouvelle de dernière heure, présage de notre heure dernière. Au moment où j'écris ces lignes, les journaux nous apprennent que le Comité catholique de l'Instruction publique — entièrement libre de toute autorité fédérale — vient de décider que l'anglais serait désormais enseigné dans nos écoles une année plus tôt que dans le passé.

Ainsi, les exhortations du professeur à mieux parler français seront un peu moins convaincantes l'an prochain que l'an passé, et les élèves seront un peu plus persuadés qu'ils ne l'étaient auparavant, que l'anglais est réellement la langue d'avenir au Québec.

Il faut croire que l'anglicisation de nos enfants était une tâche plus urgente que la francisation de nos jeunes immigrants !

Si seulement nous avions l'honnêteté de nous angliciser d'un seul coup, on ne perdrait pas tout ce temps précieux à végéter entre deux langues.

---

k. Sur la traduction, voir notamment l'article de Jean-Marc Léger dans *le Devoir* du 30 octobre 1968 : « La traduction au Québec est trop souvent signe et facteur de dégradation de la langue ».

L'anglais, langue des affaires

Et l'on reproche à nos Canadiens français l'abus de l'anglais dans les affaires.

Gloire à ces héros qui persistent encore à faire leurs affaires en français, car c'est bien l'héroïsme. Les autres qui se servent plutôt de l'anglais ne font en somme que ce qui est logique. Ils mettent les chances de succès de leur côté. Peut-on les en blâmer ? Le français n'étant pas payant au Canada, même pas au Québec, alors ils affichent en anglais. C'est aussi simple que cela. Ca ne plaît pas aux Saint-Jean-Baptiste, mais ça favorise leurs affaires.

Bilinguisme : tutelle ou supériorité ?

Il apparaîtra curieux à plusieurs qu'un Canadien français comme moi qui gagne sa vie en anglais n'apprécie pas les bienfaits du bilinguisme.

Eh bien oui ; il me plaît profondément de savoir l'anglais. Et si je ne le savais pas encore, je l'apprendrais. J'aime connaître l'anglais comme j'aimerais connaître plusieurs autres langues et plus que les autres langues parce qu'en Amérique du Nord, c'est l'anglais qui est la langue la plus parlée. Mais la question n'est pas de savoir s'il est utile ou non aux Canadiens français de connaître l'anglais, mais plutôt de savoir ce que leur coûtent cette connaissance et son emploi.

Et cette connaissance, ils l'obtiennent au prix de leur langue maternelle qui se détériore, de leur culture française qui s'étiole, de leur dignité qui se blesse.

Je n'ai pas appris l'anglais par curiosité intellectuelle. Je l'ai appris parce que c'était la langue du plus fort, parce que j'en avais besoin pour gagner ma vie. Si un homme qui sait deux langues en vaut deux, un homme qui est obligé de parler la langue de l'Autre pour manger ne vaut que la moitié d'un homme. Et le malheur du peuple canadien-français, c'est de prendre ses chaînes du bilinguisme pour une décoration de haute supériorité. Comme le garçonnet qui a peur dans l'obscurité siffle pour se donner du cran, le Canadien français brimé se gonfle de son bilinguisme pour oublier son complexe d'infériorité.

Aucun peuple au monde n'est bilingue, pas même les Belges ni les Suisses. Le bilinguisme est un non-sens, un péché contre nature. Il y a des peuples composés de plusieurs groupes unilingues réunis sous un gouvernement commun, comme en Belgique et en Suisse.

La raison est simple. C'est qu'un homme ne peut avoir qu'un seul système de pensée. Il est comme l'arbre dont les branches sont des émanations du tronc. Sa connaissance d'une langue autre que le sienne doit de même se greffer sur sa langue maternelle. Au contraire, notre bilinguisme à nous n'est que l'union délétère de deux branches dépourvues de tronc, union dont la conséquence ne peut être que la connaissance chétive et informe de notre langue maternelle.

Les vides de notre esprit

Un ancien collègue à moi, maintenant professeur de sociologie, a fait une étude magnifique sur certains effets de la prédominance d'une langue majoritaire sur la minorité [1]. On y lit des passages comme ceux-ci (traduits de l'anglais puisque cette étude fut faite pour un ministère fédéral), qui devraient faire réfléchir les plus entichés du bilinguisme :

« On parle des langues du Canada comme étant l'anglais et le français sans se rendre compte que dans plusieurs domaines le français est une langue non employée. »

« Il me semble que les membres d'une minorité linguistique sont désavantagés par le fait qu'ils emploient deux langues et qu'ainsi, ils n'en ont aucune avec laquelle ils peuvent exprimer tout ce qu'ils ont vécu. »

« Le fardeau de deux langues peut être trop lourd pour la plupart des gens et ne représenter un avantage que pour quelques exceptions. »

Et ainsi de suite.

Quand on pense que la langue est le miroir de la pensée !

Dommage que cette étude soit passée inaperçue dans les milieux intellectuels de langue française. Pour une fois que la Traduction aurait pu nous servir.

Et nos universités ? Ne sont-elles pas françaises ?

Ou bien vous voulez rire, ou bien vous ne lisez pas. Si vous lisiez les .... c'est-à-dire ce qui n'y est pas traduit de l'anglais (il en reste encore un peu, Dieu merci !) vous sauriez que nos universités qui se disent françaises se servent, dans la majorité des cas, de manuels anglais et américains [2]. Il paraît qu'on ne peut pas apprendre les hautes disciplines en français. Pauvre France ! Les Français se servent du mètre et nous, nous nous servons du pied. Et puis, il ne font pas les choses comme nous autres. Alors, on s'inspire de Américains. Et puis, après tout, il faut être de son continent.

Vous croyez que nos universités y gagnent à ce jeu ? Relisez cette lettre que vous avez peut-être lue dans les journaux dernièrement [3] et qui vaut d'ailleurs une relecture. Elle en dit plus long que tout ce que je pourrais écrire sur ce sujet.

« Monsieur le Rédacteur,

« Récemment les journaux se sont faits l'écho d'une intéressante conférence où M. Henripin, professeur à la Faculté des Sciences Sociales de l'Université de Montréal, notait en le regrettant, que de nombreux Néo-Canadiens étaient attirés beaucoup plus par des milieux universitaires de langue anglaise que par ceux de langue française. C'est très vrai, les raisons en sont diverses. Voici mon cas.

« Je suis d'origine hongroise et j'ai commencé dans mon pays des études de sociologie. Arrivée ici, je n'ai eu qu'un désir : celui de continuer en français, dans un milieu français, de tradition universitaire française, ces mêmes études sociales. Je suis alors entrée en contact avec des étudiants des Sciences Sociales ; j'ai examiné leurs manuels, leurs programmes ; j'ai observé leur esprit. Et qu'ai-je constaté ?

« La grande majorité des manuels étaient américains ou anglais. Ces étudiants ignoraient totalement et méprisaient les manuels européens de langue française (belges, suisses, français). Toutes les références de leurs cours étaient en anglais. Pourquoi ?

1. Jacques Brazeau, « Language Differences and Occupational Experiences », *Canadian Journal of Economics and Political Science*, vol. XXIV, numéro 4, novembre 1958, p. 532-540.
2. Jacques Poisson, « Nos universités sont-elles françaises ? », dans *l'Action nationale* de février à novembre 1960.
3. *La Presse*, 27 juin 1961, p. 4.

Les étudiants m'ont dit ne pas comprendre les manuels français, dont le vocabulaire était trop recherché, alors que les manuels américains étaient en anglais basique (avec 1,500 mots au total). D'où aucun effort ; le travail était mâché ; il n'y avait qu'à l'absorber... Par ailleurs, je les ai entendus parler français ; c'était un peu élémentaire comme vocabulaire. Alors ? Eh bien, alors, je suis allée à McGill. Tout y est en anglais, c'est vrai. J'ai opté pour les études universitaires de langue anglaise, faites dans un vrai milieu anglais où l'on parle un bel anglais.

« Si j'avais fait cela à l'Université de Montréal, j'aurais fait, en français, des études d'esprit américain. Alors, quel intérêt ?

« Si les Canadiens français eux-mêmes n'ont pas confiance dans l'avenir d'études sociales faites dans la ligne de la tradition française (méthode, expression) pourquoi serait-ce à une Néo-Canadienne de se montrer plus canadienne que vous, M. Henripin ? Avec votre système hybride (les hybrides sont inféconds) dans cinquante ans votre faculté n'existera plus. Tout le monde ira à McGill. Ce sera un grand malheur mais vous l'aurez voulu.

> « Mariana Bakony,
>
> « Préville. »

Le vrai séparatisme

C'est moi et ceux qui pensent comme moi que vous traitez de séparatistes ? Etes-vous bien sûr de ne pas frapper à la mauvaise porte ? Ne serait-ce pas plutôt ça le vrai séparatisme ? Cette attitude stupide des élites — pas des charbonniers qui ont gardé leur gros bon sens — pour qui l'art d'inculquer la culture française consiste à s'en détacher le plus possible. Où allons-nous avec ces méthodes américanisantes, sinon à l'isolationnisme linguistique et intellectuel ?

Quand on parle une langue universelle parlée par 25 nations et 150 millions d'êtres humains et que cette langue s'appelle le français, c'est une aberration séparatiste que de vouloir s'en détourner pour inventer, bien chez soi, ce « franglais » que les Anglo-Canadiens auront encore plus de raisons de ne pas apprendre.

Séparatisme pour séparatisme, j'aime mieux le mien !

Que faire alors ?

— Elève Chaput, quand croyez-vous que les Canadiens français cesseront de parler *joual ?*

— Quand le Québec sera devenu français, Monsieur l'Inspecteur.

— Elève Chaput, comment d'après vous le Québec peut-il devenir français ?

— *Premièrement*, en proclamant sa souveraineté politique afin d'appliquer une solution globale.

Deuxièmement, en décrétant le français seule langue officielle.

Troisièmement, en rendant ainsi le français nécessaire et rentable.

Quatrièmement, en surveillant la correction de tout ce qui s'imprime et s'affiche.

Cinquièmement, en réhabilitant à nos yeux la France et sa culture.

Sixièmement, en créant un sentiment d'appartenance à la grande famille francophone de 25 nations et de 150 millions de personnes.

Septièmement, en instituant une agence d'information française pour libérer nos revues et nos journaux canadiens-français de l'obligation de s'alimenter aux sources anglo-américaines.

Huitièmement, en maintenant un équilibre entre l'apport culturel étranger et la contribution intérieure.

Neuvièmement, en refrancisant nos maisons d'enseignement, en commençant par les professeurs et les manuels.

Dixièmement, en échangeant avec les pays noirs de langue française des techniciens pour des professeurs de français.

Onzièmement...

— Ca suffit [1].

---

1. Marcel Chaput, *Pourquoi je suis séparatiste ?*, Montréal, Les Editions du Jour, 1961, 156 pages. Voir p. 36-46.

Document nº 109

1964 — LE BILINGUISME, UNE MUTILATION DE L'ESPRIT

Plus que tout autre sans doute, parmi ses compatriotes, l'écrivain québécois ressent le drame d'un peuple soumis au bilinguisme collectif et inégalitaire. Cela s'explique aisément. La langue est la raison d'être de l'écrivain, porter atteinte à la langue, c'est amoindrir l'écrivain lui-même. Le témoignage de l'un d'entre eux est, sur ce sujet, d'une grande netteté : « Aujourd'hui, plus j'écris, plus je réfléchis, plus cette langue seconde qu'est devenue pour moi l'anglais m'écorche les oreilles, la conscience ; plus je réfléchis plus je suis agacé, ennuyé, par le bilinguisme, plus je me sens amoindri de trop bien savoir deux langues [a]. »

Aussi plusieurs écrivains québécois — surtout les plus jeunes — n'ont-ils pas manqué de s'engager dans la bataille nationale et linguistique. Certains l'ont fait de manière fracassante et sans barguigner : c'est le cas, par exemple, de l'équipe de la revue Parti pris *fondée à l'automne de 1963* [b]. *D'autres ont suivi au contraire un cheminement plus lent et plus nuancé : c'est le cas des écrivains de la revue* Liberté, *fondée il est vrai près de cinq ans plus tôt. Au moment de son lancement en janvier 1959, cette revue se déclarait en effet pancanadienne et faisait appel aux écrivains des dix provinces et des deux langues (les Canadiens anglais devaient toutefois faire traduire leurs textes, la revue n'étant pas bilingue* [c]). *Peu à peu, cependant, les écrivains de* Liberté *se sont sensibilisés à la question nationale. En 1962, Hubert Aquin écrit un article remarqué sur « la Fatigue culturelle du Canada français* [d] » *qui marque une étape sur cette voie. Deux ans plus tard, les collaborateurs de la revue, poursuivant leur réflexion, consacrent un numéro spécial à la question linguistique qu'ils intitulent* le Québec et la lutte des langues [e]. *C'est l'occasion pour eux de dénoncer le bilinguisme comme la pire menace à la survie culturelle des Québécois, ainsi que l'affirme André Belleau dans son article liminaire : « l'accroissement constant du bilinguisme, que de bons apôtres prêchent comme un idéal, signifie de façon inéluctable la mort lente du français* [f] ».

Parmi les collaborateurs de ce numéro spécial, Fernand Ouellette se signale par la documentation fouillée de son texte. Né à Montréal en 1930, ce poète a fait partie de l'équipe de Liberté *et de celle de l'Hexagone (maison d'édition fondée en 1954 par Gaston Miron qui regroupait de jeunes poètes de la génération d'après-guerre). Il a publié quatre recueils de poèmes ainsi qu'une étude sur le musicien Edgar Varèse qui*

---

a. Jacques Godbout, « Les mots tuent », *Liberté*, vol. 6, nº 2, mars-avril 1964, p. 139-143. Voir p. 140.
b. Voir le document nº 110.
c. « Présentation », *Liberté*, vol. 1, nº 1, janvier-février 1959.
d. Hubert Aquin, « la Fatigue culturelle du Canada français », *Liberté*, vol. 4, nº 23, mai 1962, p. 299-325.
e. En mars 1964, l'équipe de *Liberté* se compose ainsi : Jean-Guy Pilon, directeur ; André Belleau, rédacteur en chef ; Hubert Aquin, Jacques Bobet, Jean Filiatrault, Jacques Folch, Jacques Godbout, Michèle Lalonde, Fernand Ouellette, Luc Perrier et Yves Préfontaine, membres du comité de rédaction. Ont collaboré au numéro spécial sur la langue des membres de l'équipe (Belleau, Aquin, Ouellette et Godbout) auxquels se sont joints André Langevin, écrivain, et Emile Boudreau, militant syndicaliste.
f. André Belleau, « Notre langue comme une blessure », *Liberté*, mars-avril 1964, p. 82-86. Voir p. 83.

lui valut en 1967 le prix France-Québec. Dans son réquisitoire contre le bilinguisme, il cite à la barre linguistes et anthropologues et invoque sa propre expérience d'homme de lettres. Ce texte, écrit en 1964, a été revu par l'auteur en 1970 et a paru dans les Actes retrouvés, recueil d'essais qui mérita à Fernand Ouellette le prix du gouverneur général, prix qu'il refusa pour des raisons politiques. Nous reproduisons le texte de 1970, en indiquant certaines variantes par rapport au texte de 1964.

Ce numéro spécial témoigne, s'il en était besoin, de l'intérêt porté par les écrivains québécois à la question linguistique. Curieusement, toutefois, cet intérêt est loin d'être partagé par tous les Québécois. Aussi les responsables de la revue ont-ils cru nécessaire de dénoncer cette attitude trop répandue : « On dirait, souligne André Belleau, que la revendication linguistique au Canada français a honte d'elle-même [...] Pour la bourgeoisie régnante, si on franchit une certaine limite dans l'affirmation linguistique et culturelle, si, par exemple, tout en précisant qu'il s'agit bien de la langue et de la culture françaises, on exige une action énergique de l'État québécois, c'est comme si on montrait ses parties en pleine séance de l'Institut Canadien des Affaires publiques pendant une intervention de Pierre Elliott Trudeau. Les gens ont des regards gênés [9]. »

I — LE LANGAGE INTERIEUR

---

2. Chose, affaire et machine

Dès que j'ai essayé d'écrire, je me suis rendu compte que j'étais un *barbare* c'est-à-dire, selon l'acception étymologique, un *étranger*. Ma langue maternelle n'était pas le français, mais le *franglais*. Il me fallait apprendre le français presque comme *une langue étrangère*. Mes réflexes verbaux s'étaient nourris longtemps du français. Et mon comportement linguistique était, en bonne partie, déterminé par ces réflexes. Car au stade de l'apprentissage, ou bien mes proches ignoraient le mot français correspondant à l'objet, ou bien ils se servaient du mot anglais. Beaucoup d'objets de ma vie quotidienne n'avaient pas de nom ou leur nom était maladroitement et pernicieusement calqué sur celui d'une autre langue quand, d'ailleurs, on n'employait pas le nom étranger lui-même. On me façonnait à coup de « chose » et d'« affaire ». Je sais que la « très basse fréquence d'utilisation des mots concrets » est un fait observé même en France [20]. Devant l'objet, par économie de moyens, on se sert d'un passe-partout tel que *truc* ou *machin*. Mais chez nous, ce n'était pas seulement par économie, ce fut beaucoup par ignorance. Nous, les fils d'ouvriers ou de cols-blancs, avons été particulièrement frustrés. Notre faim de mots, au stade du réalisme nominal n'a pas été assouvie. Et pourtant les *mots nous étaient dus* comme ils le sont à tout enfant de toute communauté linguistique normale. Nous transmettre moins de mots ou des mots calqués, c'était élargir le fossé de notre rupture avec le monde, comme si notre morale n'y suffisait déjà pas. On nous désincarnait. Notre univers était moins vaste. Alors nous fûmes condamnés à chercher des mots qui ne venaient pas. Dès ce moment je suis convaincu qu'une sérieuse insécurité nous a pénétrés. Car il ne s'agissait pas seulement du vocabulaire concret, du vocabulaire de l'objet extérieur à nous, mais aussi du vocabulaire de nos sensations, de nos passions et de nos sentiments. (En effet, les

g. André Belleau, « Notre langue comme une blessure », p. 82.
20. Cf. François Bresson, [La signification, in *Problèmes de psycho-linguistique*, P. U. F., Paris, 1963,] p. 20.

psychiatres n'ignorent pas que le simple fait de « ne pas attacher une signification erronée aux mots avec lesquels » nous exprimons nos réactions affectives peut guérir des névroses et des psychoses [21].) Notre langage intérieur fut donc, dans une large mesure, une synthèse de représentations sensorielles et de mots appartenant à deux langues. Un langage de cette nature nous prédisposait surtout à la *pensée intuitive.* Comme nous étions riches en perceptions, mais pauvres en concepts, nos structures verbales étaient forcément fragiles. Car un mot est toujours une unité qui s'intègre dans une structure. Or, au départ, la nôtre était bâtarde et c'est sur elle que nous devions fonder l'apprentissage véritable du langage, c'est-à-dire le passage du mot à la proposition qui elle-même conduit à l'opération formelle. Recevoir un mot, c'est plus que s'enrichir d'un signe, c'est une symbiose. « Le contenu d'un vocabulaire reflète les intérêts de la culture à laquelle il correspond » [22]. Celui qui grandit dans un *milieu de bilinguisme,* fait l'expérience continuelle de la confusion mentale, de la lutte de deux langues à l'assaut de son cerveau ; ses structures mentales sont ainsi affaiblies. Il faut d'abord que le cerveau ait des structures saines et solides avant d'affronter un autre univers linguistique. Il n'est donc pas étonnant que Rémy de Gourmont ait écrit que « les peuples bilingues sont presque toujours des peuples inférieurs » [23]. C'est pourquoi dès qu'un Canadien français veut écrire, il doit lutter sans cesse contre le déterminisme des réflexes de sa période d'apprentissage. Il doit se recréer un comportement linguistique. Cela demande un effort constant et pénible. Sa *connaissance de la langue,* son *attention* doivent sans cesse filtrer ses réflexes et sa spontanéité. Il doit retrouver une *nouvelle spontanéité,* de *nouveaux réflexes.* Aussi que d'efforts, que de doutes se cachent derrière cette victoire considérable qu'est la conviction d'écrire *convenablement* en français. Le bilinguisme de son milieu et l'ignorance de ses maîtres étaient *contre lui* dès l'enfance. Aujourd'hui la télévision peut suppléer, *en partie,* les milieux familial, scolaire et urbain. L'oreille de l'enfant entend un meilleur français. Le vocabulaire a plus d'ampleur. Le monde est davantage à sa portée.

3. La proposition et la pensée conceptuelle

On a répété souvent que le Canada français n'avait pas de penseurs. Or, d'après Piaget et Oléron, si le langage ne crée certainement pas l'intelligence, il joue toutefois « un rôle central dans la formation de la pensée [31] ». Contrairement à ce que croyait le behavioriste Watson toute notre pensée n'est pas discours [32].

Le philosophe et sociologue américain G.H. Mead est plus près de Piaget et d'Oléron que de Watson lorsqu'il écrit : « L'identification du langage à la raison est légitime dans un sens, absurde dans l'autre. Elle est légitime au sens où le processus du langage introduit tout l'acte social dans l'expérience de l'individu qui y est engagé, car il rend ainsi possible la raison. Mais bien que le processus rationnel se déroule au moyen du langage, c'est-à-dire à travers les mots, il n'est pas entièrement constitué par ce dernier [33] ».

---

21. Cf. Otto Klineberg, *Psychologie sociale,* tome I, 2ème édition, P. U. F., Paris, 1963, p. 62.
22. In *Psychologie sociale,* tome I, p. 67.
23. In *Esthétique de la langue française,* Mercure de France, Paris, 1955, p. 49.
31. In *Problèmes de psycho-linguistique,* pp. 57, 62.
32. [G. H. Mead,] cité in *L'esprit, le soi et la société,* [P. U. F., Paris, 1963,] p. 59.
33. *Ibid.,* p. 63.

Heureusement, pour nous du Québec, que la pensée et le langage sont « tous deux solidaires d'un processus plus général encore qui est la constitution de la fonction symbolique » [34]. Toutefois le rôle du langage, comme on le voit, reste très important ; le langage anémique acquis dans l'enfance, s'il n'affaiblit pas notre intelligence, lui fournit, par contre, un instrument moins parfait et moins puissant. Voilà pourquoi nous n'avons pas ou presque pas de penseurs. La peinture et la poésie sont nos arts, nos moyens d'expression les plus originaux. Notre *pensée intuitive* s'est maintenue souvent au détriment de notre *pensée discursive*. La peinture, par exemple, est une expression de perceptions visuelles très subjectives. La poésie est une sorte de retour au stade du réalisme nominal. Je ne serais donc pas étonné que la plupart de nos peintres et poètes soient des fils du peuple. Je ne serais pas plus étonné que les quelques essais qui furent écrits ici, le furent par des fils de bourgeois ou d'universitaires. Cela ne signifie pas que ceux-ci eurent un *message*, mais ils avaient depuis l'enfance un meilleur *code*. Or les fils d'ouvriers ou de cols-blancs furent ceux dont la langue, durant l'enfance, fut la plus pauvre, la plus contaminée par le milieu ou la situation de bilinguisme. Ce n'est pas chez eux que nous trouverons beaucoup de verbomoteurs. Le poète Gaston Miron a souvent dit : *nous sommes des pauvres en pensée.* Et pourtant même l'outil que l'homme fabrique est d'abord une structure célébrale. Il est inutile de refaire l'histoire des causes qui ont influé sur la dégradation de notre institution linguistique : historiens, linguistes, éducateurs, et écrivains nous les rebâchent et non sans raison. Les « colonisés [h] » ont une tendance à laisser la plaie ouverte, comme un appel incessant aux grandes valeurs perdues. C'est peut-être une façon de guérir lentement, de se dépouiller du vieil homme morbide, de se « désinhiber » : c'est certainement l'attente d'un choc, d'une mutation ou d'une révolution.

II – LE LANGAGE EXTERIEUR

1. Point de vue de la linguistique

....

Les linguistes ont observé qu'il y a une « antinomie permanente entre les besoins communicatifs de l'homme et sa tendance à réduire au minimum son activité mentale et physique » [39]. C'est la loi de l'évolution linguistique. Une inertie mémorielle et articulaire tend à réduire « l'énergie dépensée à des fins linguistiques ». Comme tout comportement, le comportement linguistique « est soumis à la loi du moindre effort selon laquelle l'homme ne se dépense que dans la mesure où il peut atteindre aux buts qu'il s'est fixés » [40]. S'il en est ainsi pour l'usage d'une langue, comment l'utilisation de deux langues ne serait-elle pas un luxe, une dépense d'énergie qui se heurte directement à la loi d'économie de moyens ou du moindre effort ? La théorie de l'information nous apprend que « lorsque la fréquence d'une unité s'accroît, sa forme tend à se réduire », (télé pour télévision) ; elle nous apprend aussi que « toute modification de la fréquence d'une unité (linguistique) entraîne une variation de son efficacité et laisse prévoir une modification de sa forme » [41]. Ce qui signifie qu'une langue se détériore si l'on en use mal ou de moins en moins. C'est la vie quotidienne qui détermine les conditions et la fréquence de l'emploi d'une langue. *La vie quotidienne conditionne*

---

34. Jean Piaget, Le langage et les opérations intellectuelles, in *Problèmes de psycholinguistique*, p. 57 et *La psychologie de l'intelligence*, Armand Colin, Paris, 1962, p. 151.
h.   Dans le texte de 1964, mot sans guillemets.
39. In *Eléments de linguistique générale*, [Armand Colin, Paris, 1961,] p. 182.
40. *Ibid.*, p. 182.
41. *Ibid.*, pp. 193-194.

inexorablement, mathématiquement un comportement linguistique, et cela que j'en sois conscient ou non. Car « les lois du fonctionnement cérébral sont indépendantes du caractère conscient ou non d'une réaction » [42]. Ainsi, à Montréal, milieu de bilinguisme par excellence, notre cerveau absorbe quotidiennement un nombre incalculable de sensations visuelles (affiches en langue anglaise) et auditives (bribes de conversations, etc.) une quantité de mots, de tournures syntaxiques qui nous sont étrangères. Si, au point de vue de la conscience, notre connaissance de la langue française, est presque nulle, si nous acceptons sans cesse de l'anglais camouflé parce que nous sommes incapables de reconnaître l'identité linguistique de ce que nous absorbons : *à plus forte raison sommes-nous impuissants devant cette invasion d'une langue qui imprègne quotidiennement notre inconscient.* Par conséquent, il ne s'agit pas de savoir si le cerveau a suffisamment de *neurones* pour apprendre deux ou dix langues : le problème du bilinguisme, à l'échelle d'une société et de ses institutions, ne se situe pas sur ce plan ; il importe beaucoup plus de savoir que celui qui se sert d'un code a un penchant naturel à l'économie de moyens [43]. Alors lorsqu'un homme utilise deux langues, l'une a forcément moins de motivations que l'autre. Aussi, par sens pratique, par économie de moyens, un homme s'en tiendra peu à peu à la langue dont l'emploi lui permet la moindre dépense d'énergie. Cette tendance sera d'autant plus forte que l'acquisition de cette langue sera plus facile et que son usage sera nécessité par les besoins de la vie quotidienne. Comme l'a bien exprimé Rémy de Gourmont : « Une langue n'a pas d'autre raison de vivre que son utilité. Diminuer l'utilité d'une langue, c'est diminuer ses droits à la vie. Lui donner sur son propre territoire des langues concurrentes, c'est amoindrir son importance dans des proportions incalculables [44]. »

III — LE BILINGUISME

1. Un fait social

« Le bilinguisme implique d'une part une situation indiscutablement sociale, où deux systèmes linguistiques se côtoient dans un même groupe humain : la situation de bilinguisme relèverait d'une analyse sociologique. D'autre part les individus de ce groupe ajustent leurs usages à l'état linguistique existant » [56]. Le *bilinguisme* est essentiellement un *fait social.* Le Parisien, qui sait deux langues, n'est pas un bilingue. Quand un savant comme Penfield, fait l'apologie du bilinguisme en l'étayant sur la multitude et la qualité des neurones, c'est qu'au fond il ne considère le bilinguisme que tel un fait individuel, sous l'angle de la neurophysiologie ; ce qui, bien entendu, fausse les données du problème véritable. Le milieu de bilinguisme est une serre qui asphysie *même les unilingues.* En fait, ce sont les facteurs extra-linguistiques qui déterminent la force ou la faiblesse des langues en lutte et leur situation respective. Dans un milieu de bilinguisme, il n'y a pas de *coexistence*, il n'y a qu'une *agression* continue de la langue du groupe majoritaire. Et c'est principalement à l'échelle des structures socio-économiques que l'érosion est impitoyable. « Il faut bouffer ! » La collectivité linguistique, qui économiquement et démographiquement est la plus forte étouffe inexorablement la communauté minoritaire

---

42. [Paul Chauchard,] *Le langage et la pensée*, [coll. Que sais-je ?, P. U. F., Paris, 1962,] p. 70.
43. Un spécialiste du langage, G.K. Zipf, a même intitulé l'un de ses ouvrages : *Human Behavior and the Principle of least Effort*, (Addison Wesley Press, Cambridge, 1949).
44. In *Esthétique de la langue française*, p. 48.
56. A. Tabouret-Keller, L'acquisition du langage parlé chez un petit enfant en milieu bilingue, in *Problèmes de psycho-linguistique*, p. 206.

dans une atmosphère de « bonne entente » et de sympathie. Car les « interférences linguistiques » viendront toujours de la langue de la société majoritaire. Alors cette agression continue paralyse la langue du minoritaire. Celui-ci est aliéné de son pouvoir créateur. Il demeure donc sur la défensive, plus préoccupé de se protéger que de créer ; et peu à peu son comportement linguistique est déterminé par une conception de survivance. Dès lors cette langue n'est plus en expansion naturelle ; on l'a emmurée : elle se momifie. C'est une situation de dialectique que l'histoire connaît bien [57]. Le linguiste J. Vendryes concluait, dans le cas de deux langues de civilisation que « Suivant que les relations économiques se développent dans un sens ou dans l'autre de la frontière linguistique, il y aura tendance à déplacer cette dernière du côté où vont les relations. L'intérêt pratique est seul maître en pareil cas, il décide en faveur de l'une des deux langues, lesquelles peuvent d'ailleurs rester longtemps dans une position d'équilibre [58]. » Seul le « sentiment patriotique », le « sentiment de la communauté confessionnelle » ou « le sentiment de prestige » peuvent maintenir un certain temps l'équilibre. Autrefois cet équilibre fut d'autant plus facile à conserver, que notre communauté était au stade de la société rurale, donc relativement isolée ; mais depuis que le Québec s'industrialise, la langue française doit lutter quotidiennement avec une langue qui la mitraille d'interférences. Que nous enseigne la sociologie ? « Le bilinguisme des sujets est fonction de l'intérêt social qu'ils ont à l'emploi de deux langues » [59]. Nous revenons ainsi à la qualité des motivations qui doivent s'opposer à la *loi de la moindre dépense d'énergie.* Cependant l'alternance de deux systèmes linguistiques n'y résiste pas longtemps. Les sociologues ont constaté que « la permanence des relations sociales tend à la disparition du bilinguisme au profit d'une unification linguistique », car « si les langues en présence ont des origines et des caractères différents, l'unification linguistique se fait au détriment d'un système de langue qui est appelé à disparaître, sa structure ne pouvant admettre les interférences avec d'autres systèmes sans se détruire elle-même... Il est plus aisé de faire disparaître une langue que de la modifier » [60]. Cette observation du sociologue Georges Granai a pour nous le tranchant d'un couperet. Il ne faut pas s'illusionner, nous du Québec, la situation de bilinguisme est une situation temporaire, transitoire. *Les langues qu'on n'utilise plus qu'après 5 heures de l'après-midi sont déjà mortes.*

On pourrait faire l'autopsie de maintes communautés linguistiques qui, bien que ne croyant pas à leur disparition, imperceptiblement ont cédé devant la collectivité économiquement et démographiquement la plus forte. Que nous révèle le dernier recensement fédéral ? Il démontre que le nombre de Canadiens français bilingues ou assimilés est proportionnel à leur éloignement de leur communauté linguistique. Ainsi 46,9 p. 100 des Canadiens français du Nouveau-Brunswick sont bilingues et 9,4 p. 100 sont assimilés. À Terre-Neuve, 83,5 p. 100 sont bilingues et 81,6 p. 100 sont assimilés. En Colombie-Britannique, 91 p. 100 sont bilingues et environ 62 p. 100 sont assimilés.

---

57. Seuls le colonisateur ou le colonisé inconscient prônent la nécessité du bilinguisme. Car même dans une situation de néo-colonialisme « les langues nationales sont méprisées ». Le colonisateur parle de bilinguisme parce qu'il ne veut pas apprendre l'arabe, etc. En fait, le bilinguisme est un prolongement de l'impact colonial. Cf. A. Abdel-Malek, La vision du problème colonial pour le monde afro-asiatique. *Cahiers internationaux de sociologie*, vol. XXXV, P. U. F., Paris, 1963, p. 150.

58. In *Le langage*, introduction linguistique à l'histoire, coll. L'évolution de l'humanité, Albin Michel, Paris, 1950, p. 332.

59. [Georges Granai, Problèmes de la sociologie du Langage,] in *Traité de sociologie*, Tome 2, [P. U. F., Paris, 1963,] p. 275.

60. In *Traité de sociologie*, pp. 275-276.

Dans l'Etat du Québec, 23,7 p. 100 sont bilingues. Ces chiffres révèlent que le bilinguisme est le *canal de l'assimilation* : une assimilation lente et douce avec tout le « fairplay » anglo-saxon nécessaire [61]... Mais ce que ces chiffres ne nous donnent pas, c'est l'état de décomposition de la langue française au Québec. Que dirait le professeur Etiemble de notre français, lui qui porte un jugement si sévère sur l'état de la langue en France [62] ?

2. *Les conséquences*

S'il est un fait observable, au Québec, c'est l'identification que fait un Canadien français entre sa langue et sa condition économique. La prolétarisation s'est accomplie au détriment de sa langue [63]. Pour lui, prendre conscience de sa condition de prolétaire, c'est prendre conscience de l'infériorité de sa langue. Et il est peut-être le seul au Canada, à cause de sa langue, à pouvoir se sentir vraiment prolétaire. Le prestige des Etats-Unis a un poids considérable dans cette prise de conscience. Au fond, le *Canadien anglais* n'est qu'un *homme* qui a la « chance » d'avoir la *langue* de *l'Américain*. Notre complexe de minorité ou d'infériorité n'est pas un vain mot [64]. Le docteur Andrée Benoist, psychiatre, déclarait récemment que « le nombre de dépressions nerveuses allait en augmenter pour la population française et en diminuant pour la population anglaise de Montréal » [65]. Un autre psychiatre parla de la structure dépressive de la personnalité du Canadien français, de sa propension à l'auto-accusation, propension qui est bien un caractère des peuples colonisés décrits par Memmi et Fanon. Pour qui connaît notre littérature, cela ne fait aucun doute. Un de nos meilleurs poètes parlait récemment, dans une entrevue, de la souffrance d'être Québecois [i], de la souffrance de vivre dans un milieu aliénant. Après avoir libéré sa conscience morale de l'étouffement du jansénisme, le Canadien français se rend compte qu'en fait c'est toute sa conscience qui étouffe. Les problèmes de sa conscience morale formaient un écran qui lui cachait sa véritable maladie : la maladie d'un être qui ne vit pas en harmonie avec son milieu. Cela lui permettait de retarder le moment de la lucidité, le moment de nommer son mal.

a) Notre ascension collective

Jusqu'ici, pour un Canadien français, la « mobilité verticale » a toujours été individuelle. Elle n'était d'ailleurs possible que par le bilinguisme qui fut une sorte de lavage de cerveau, une métamorphose de sa mentalité. Car la mobilité verticale individuelle ne menace jamais les privilèges de la société majoritaire. Cette nouvelle élite s'acclimate bien et alors les maîtres peuvent la transplanter ou la surveiller. Or, aujourd'hui, l'on assiste à une prise de conscience collective d'une situation de prolétariat non seulement économique mais culturel, linguistique [66]. Les Canadiens français veulent

---

61. Sur les groupes français hors du Québec et sur leur assimilation, cf. Raoul Blanchard, *Le Canada français*, coll. Que sais-je ? P. U. F., Paris, 1964, pp. 113-124.
62. Cf. Parlez-vous franglais ? collection Idées, Gallimard, Paris, 1964.
63. Sur le sous-dialecte du prolétariat québécois, cf. Gilles Lefebvre, [L'Etude de la culture : la linguistique, in *Situation de la recherche sur le Canada français*, P.U.L., Québec, 1962,] p. 245.
64. Cf. L'enquête d'une équipe de psychologues de l'Université Mc Gill.
65. Cf. *Le Devoir*, 23 mars 1964.
i. Dans le texte de 1964, mot avec deux accents aigus.
66. Au troisième colloque de la faculté des Sciences sociales de l'Université de Montréal, Jacques Brazeau, sociologue, a parlé des « conséquences de l'industrialisation sur le plan linguistique, l'une d'entre elles étant la division du travail en rapport avec la division ethnique » ; puis il a souligné notre statut d'immigrant. Cf. *Le Devoir*, 6 avril 1964.

que la mobilité verticale s'étende à tout le peuple. Ils n'acceptent plus que leur langue soit un signe d'infériorité collective. Ceux qui employaient l'expression « speak white » se considéraient eux-mêmes comme les colonisateurs et nous obligeaient à nous considérer nous-même comme des colonisés, comme des « Nègres blancs ». Peu à peu nous avons découvert que « la ville séparait les races plus qu'elle ne les unissait » [67]. Les ghettos se forment par le haut. Nous savons maintenant que le véritable problème qui se pose, c'est celui de notre *ascension collective.* C'est pourquoi dès que l'on parle d'ascension collective, de la volonté de gagner notre pain avec notre langue, on nous parle de la vocation anglo-saxonne de l'Amérique du Nord, de la culture de ces grands hommes qui, selon le témoignage d'Arnold Toynbee, s'isolent dans toutes les capitales et les colonies où ils vivent de crainte d'être contaminés [68]. Nous nous permettons de sourire à la manière de Socrate. Avec un tel sourire il n'y a pas de « racisme » linguistique qui tienne. Nous du Canada français, étions Nord-Américains bien avant 1760. Notre structure familiale et même notre société rurale étaient nord-américaines. Elles avaient été largement déterminées par le milieu canadien [69]. Et même, d'après Philippe Garigue, notre mobilité ressemblait beaucoup à celle des Américains ; elle montrait une similitude culturelle entre les deux pays. Ce n'était pas la stabilité qui caractérisait notre société, mais des « cycles alternants de migration et de colonisation » [70]. Aujourd'hui, nous nous souvenons que nous avions commencé à penser, à structurer notre société en Français nord-américains. Même aux yeux du Conquérant nous étions les *Canadiens* [71]. Oui nous avons été et nous sommes bien de ce continent. S'il fut un temps, dit-on, où nulle part on ne parla mieux le français, [72] on peut voir aujourd'hui à quel point le bilinguisme avilit notre langue. Nous pouvons témoigner que le bilinguisme est la fosse des peuples. Nous le subissons profondément dans notre être collectif et individuel. Notre souffrance est aussi aiguë que la conscience de notre dégénération. Il y a peu d'êtres aussi tendus que nous. Et pourtant, jadis, nous fûmes parmi les êtres les plus joyeux, les plus robustes et les plus fiers.

---

67. In *Bulletin international des sciences sociales,* p. 540. A propos du projet de loi n° 62, nous pouvons nous rendre à l'évidence. La minorité anglo-saxonne du Québec se bat avec acharnement pour que sa langue soit reconnue comme un droit collectif et demeure le facteur de discrimination au niveau des structures scolaires. Le droit individuel, accordé par la loi n° 63, ne leur suffit plus. Or l'on sait à quel point cette loi est néfaste pour la majorité de la langue française. Et pourtant elle a été imposée pour des raisons que l'on veut généreuses et respectueuses de pseudo-droits acquis. Mais ce qui est l'évidence même, à savoir que la langue étant une institution sociale, ne peut appartenir qu'à une collectivité, n'est reconnue par la minorité que dans la mesure où son propre droit est menacé. Ce droit n'a jamais été accordé vraiment à la majorité du Québec pas qu'il n'est accordé aux minorités de langue française dans les autres provinces. L'hypocrisie a de profondes racines. Lorsqu'il a fallu défendre la loi n° 63, on ne parlait alors que de droit individuel. Même si cela était de l'aberration. Aujourd'hui on exige de plus la reconnaissance d'un droit collectif. Qu'importent les contradictions, l'important c'est de maintenir à tout prix une domination séculaire.

68. Les Anglo-Saxons ont l'art de semer des mythes destructeurs dans l'esprit de ceux qui leur sont étrangers. Toutefois, entre eux, ils se contentent des *faits.* Ainsi le bilinguisme est un mythe qui ne peut que les servir. Ainsi on parle de *racisme* à propos du chanoine Groulx pour mieux affaiblir la portée de son message. Ça c'est du dialogue de loup devant l'agneau.

69. Cf. Philippe Garigue, *La vie familiale des Canadiens français,* P.U.M., et P.U.F., Paris, 1962.

70. *Ibid.,* p. 22.

71. Cf. Michel Brunet, *Canadians et Canadiens,* Fides, Montréal, 1955, p. 18.

72. Cf. Lionel Groulx, *Histoire du Canada français,* tome I, p. 209.

b) L'inégalité sociale

La psychologie sociale a montré la relation qu'il y a entre « le statut socio-économique, indiqué par la profession et les scores obtenus aux tests d'intelligence usuels » [73]. Si l'inégalité entre les classes sociales touche l'exercice de l'intelligence de ceux qui sont moins favorisés, comment peut-on concevoir une véritable justice sociale sans la fonder sur une situation linguistique saine ? Tant que la langue française est identifiée avec le prolétariat, avec l'ignorance, tant qu'il faut apprendre une seconde langue, nous sommes en état d'infériorité et d'inégalité sociale [74]. Or l'inégalité sociale conditionne les cerveaux depuis l'enfance. On sait maintenant que « le fait d'avoir été à l'école maternelle modifiait de façon permanente les aptitudes intellectuelles et permettait aux sujets d'obtenir de meilleurs résultats durant leurs études secondaires ou supérieures » [75]. Comme on le voit l'inégalité sociale est si grave que « lorsque le milieu est de niveau inférieur, les résultats des tests d'intelligence deviennent graduellement de plus en plus mauvais » [76]. Si les facteurs différentiels des groupes des classes, sont dûs aux possibilités d'éducation de ces groupes, on peut voir à quel point le facteur *colonisation* et ses effets économiques furent injustes pour nous. En effet, le professeur Otto Klineberg parle même des « effets cumulatifs d'un milieu inférieur ». L'obligation pour un Canadien français d'être bilingue, de vivre dans un milieu de bilinguisme prolonge l'inégalité sociale, culturelle qui elle-même perpétue un état d'infériorité intellectuelle.

3. *Conclusion*

Le peuple canadien-français est devant le dilemme suivant : *ou bien il se relève et restructure toute sa société globale en la fondant sur l'unilinguisme français institutionnel* j, *en la pensant comme un Français d'Amérique du Nord ; ou bien il démissionne et se laisse assimiler.* Qu'il choisisse de vivre dans une véritable fédération ou qu'il choisisse l'indépendance, il doit repenser entièrement sa société, à tous les échelons. Dès que l'on parle *d'unilinguisme,* les préjugés éclatent. (Certains esprits primaires opposent unilinguisme et acquisition d'une langue seconde. Or il ne viendrait jamais à l'esprit de quiconque prône l'unilinguisme institutionnel, de limiter l'enfant québécois à l'apprentissage d'une seule langue. Il va de soi que la langue anglaise serait notre langue seconde, et acquise comme telle. Ce qui n'empêche pas que nous parlions d'un unilinguisme institutionnel, ni que nous puissions demander que l'on respecte la langue de la minorité anglo-saxonne, en lui donnant, par exemple, ses écoles [k].) Mais que sont les préjugés ? sinon des murs pour se cacher à soi-même les faits. Comme l'a souligné Roger Bastide, le préjugé n'existe que dans la mesure où il remplit une fonction : « le préjugé est toujours collectif » [77]. Et comme les Anglo-Saxons ont un sens assez vif du

---

73. Cf. Otto Klineberg, *Psychologie sociale,* tome I, p. 281.
74. « Il faut dans l'entreprise développer un système de procédures qui cesse de défavoriser la majorité de la population en lui imposant l'anglais comme langue de travail technique et administratif ». Cf. Jacques Brazeau, *Le Devoir,* 6 avril 1964.
75. B.L. Wellman, *Mental Growth from Preschool to College,* cité in *Psychologie sociale,* tome I, p. 283.
76. *Psychologie sociale,* tome I, p. 293.
   En 1962, Alfred Sauvy affirmait que « les enfants de famille bourgeoise ont, en moyenne, de meilleures notes que les enfants d'ouvriers. C'est un fait que l'on constate, et qui est d'ailleurs facile à expliquer ». Cf. Mythes et mirages économiques. *Cahiers internationaux de sociologie,* vol. XXXIII, P.U.F., Paris, 1962, p. 56.
j.   Mot ajouté dans le texte de 1970.
k.   Parenthèse ajoutée dans le texte de 1970.
77. In *Bulletin international des sciences sociales,* p. 539.

collectif, ils auront donc beaucoup de préjugés contre l'unilinguisme... *celui des autres,*
le nôtre [78]. Ceux du Québec, même les plus intelligents, parleront d'injustice. Sans doute
préfèrent-ils que nous soyons assimilés, ce qui est une forme masquée de génocide.
Pour nous ébranler davantage, certains parleront du destin anglo-saxon de l'Amérique
du Nord. Enfin d'autres nous éclabousseront avec leur civilisation technologique qu'ils
confondront avec la culture anglo-saxonne ; ce qui leur permettra de nous affirmer
que la culture nord-américaine doit être anglo-saxonne. N'oublions pas que les Anglo-
Saxons sont des spécialistes de *l'intégration* partout où ils sont. Leurs rapports inter-
ethniques, quand ils le peuvent, se réduisent à une question de supériorité. C'est leur
maladie... Il y a les Anglo-Saxons... et les autres... Dans leur for intérieur, ils sont
convaincus que nul ne devrait résister au processus de *l'assimilation.* Attention ! il ne
s'agit pas tellement de *fusion de races* — ils laissent cela aux Portugais — il ne s'agit
que de pénétration *linguistique,* ce qui évite les contacts charnels. Ils assimilent par
le haut. Ce qui est très suffisant pour coloniser et beaucoup plus subtil, plus « white »,
plus pratique.

Nous savons, nous, que l'Amérique du Nord, peut être pensée en français *puisque*
nous avions commencé à le faire. Nous savons qu'il n'y a pas de vocation continentale.
Le Cambodge a-t-il le droit de coexister avec la Chine ? Le Danemark avec l'Allemagne
et la France ? Nous somme bien chez nous en Amérique du Nord, et nous nous sentons
solidaires de son destin. Un petit peuple, s'il a moins de puissance, n'a pas moins de
qualité. Son unicité est déjà une grande richesse pour ceux qui croient à autre chose
qu'au dollar. Il est donc urgent de refaire notre société ; de la repenser en Français
d'Amérique du Nord, en Québecois. Le français ne deviendra la langue de la vie quotidienne qu'à ce prix. « Un peuple parle toujours la langue de sa situation », disait Maurice
Beaulieu. C'est dans la mesure où nous referons un milieu économico-social français
que nous réapprendrons à parler français [79]. » Cela implique une vision totale des structures, une résurrection. Il faudra que beaucoup de stéréotypes disparaissent. Bien entendu
un grand effort est nécessaire, sur le plan économique, pour nous revaloriser à nos yeux
et pour accéder à un pouvoir réel ; mais si nos *hommes politiques,* nos *technocrates,*
nos *syndicalistes* et nos *universitaires* ne prennent pas conscience de la gravité du
problème de la *langue,* ils risquent fort de se réveiller avec une puissance économique
accrue, sans doute, mais alors ils seront les chefs d'un peuple en voie de disparition.
Nos grands « humanistes » veulent tellement être *réalistes* et *sérieux,* qu'ils deviennent
les agents inconscients du génocide de leur propre peuple. Notre langue est une *structure*
sociale qui attend ses solutions d'une façon aussi urgente que la structure économique.
Le problème de la langue, au Québec, doit être *immédiatement politisé.* Aujourd'hui, ce
n'est plus le clergé qui sauvera la langue, car la langue ne préserve plus la foi. Ceux
qui parlent aujourd'hui de « racisme » ou de « dictature », n'ont aucun sens de l'existence, ni de la politique, ni de l'histoire. Y a-t-il une façon d'être plus *réaliste* que de
refuser de mourir ? Or, pour plusieurs, refuser de mourir, en 1964, c'est ne pas être
pratique. Le défaitisme leur paraît sans doute l'attitude la plus positive. Etre civilisé,
c'est être *pratique, pragmatique* comme un Anglo-Saxon. Le mot pratique est leur contenant, la boîte du plus pur raffinement de l'esprit en conserve. Soit, nous voulons bien
être pratiques, mais *en français.* Notre conception du monde est la manifestation des
cultures française et nord-américaine. Nous sentons bien l'Amérique, nous l'avons dans

---

78. Sur le bilinguisme du Québec, tel qu'il est vu par un observateur étranger, cf.
    l'excellent ouvrage de Michel Bernard, *Le Québec change de visage,* Plon, Paris,
    1964, p. 161.
79. In *Le Devoir,* 16 mars 1964.

la chair. Et elle n'est pas allergique à notre langue. Nous, poètes du Québec, le prouvons. Le Québec deviendra l'image qu'il se fait de lui-même [80]. Car ce n'est plus par le recours au passé que nous trouverons le courage de vivre le présent. Trop longtemps notre volonté de vivre fut supplantée par notre mémoire d'avoir été [81]. Ce retour incessant aux événements morts n'a déterminé chez nous qu'un désir de survivre. Or, quand il ne s'agit plus de *survivre* mais *de vivre*, le présent et le futur seuls sont des forces vives. Il faut dissocier *histoire* et *mémoire* : notre histoire doit être faite avec nos mains. Que la nation qui a vécu dans la mémoire, retourne à la mémoire. Nous sommes d'autres hommes et nous avons d'autres espoirs.

Fernand Ouellette [I]

---

80. Nous pourrions nous demander dans quelle mesure le peuple canadien-français n'est pas devenu l'image que les Canadiens anglais se faisaient de lui. Henri Jeanne a écrit : « La croyance d'un groupe majoritaire a une tendance à rendre le comportement d'autres groupes minoritaires conformes à cette croyance qui affecte leur statut social ». Pour neutraliser la pression de la conscience collective canadienne-anglaise, l'image que nous devons avoir de nous-mêmes est essentielle. Avant *une idéologie un peuple a besoin de symboles. L'idéologie vient par la suite dans un passage du symbole au concept.* La croyance à nos symboles, transformateurs, prométhéens nous aide à marcher. « Les croyances, écrit Henri Jeanne, quand elles sont collectives et dans la mesure où elles se généralisent, ont donc une tendance à se réaliser effectivement parce qu'elles déterminent les comportements qui entraînent automatiquement cette réalisation ». (cf. Les mythes politiques du socialisme démocratique, in *Cahiers internationaux de sociologie*, vol. XXXIIII, p. 24.) De société traditionnelle qu'elle était, notre société doit devenir prométhéenne. Il n'y a pas de vie sans revendication. Le Québec doit prendre conscience du sens de l'histoire ; il doit agir, faire son histoire. Nul, sinon lui-même, ne témoignera *de lui* devant l'humanité. La parole est aux peuples vivants. Un rôle, *à leur échelle*, est toujours préférable au silence de gisant.

81. Fernand Dumont a souligné la volonté de Garneau, notre premier historien, de « surmonter l'échec en faisant au moins vivre la nation dans la mémoire des hommes ». Cf. Idéologie et savoir historique, in *Cahiers internationaux de sociologie*, vol. XXXV, P.U.F., Paris, 1963, p. 52.

I. Fernand Ouellette, « la Lutte des langues et la dualité du langage », *les Actes retrouvés*, Montréal, Editions HMH, Collection Constantes, 1970, p. 184-214. Ce texte avait paru d'abord dans *Liberté*, vol. 6, n⁰ 2, mars-avril 1964, p. 87-113 ; puis fait l'objet d'un tiré à part : Fernand Ouellette, *le Québec et la lutte des langues*, reproduit de *Liberté*, nᵒˢ 31-32 ; il fut enfin reproduit dans *Québec 64* (octobre 1964, p. 22-41), revue publiée à Paris par le ministère des Affaires culturelles du Québec.

Document n° 110

1964 — UN TRAITEMENT DE CHOC POUR L'HOMME QUÉBÉCOIS

Le français parlé ici s'écarte souvent dangereusement de la norme du français universel. Cette situation n'est sans doute pas nouvelle, mais elle s'est aggravée sous le double effet de l'industrialisation et de l'urbanisation. Par bonheur, il s'est toujours trouvé des gens pour mettre en garde contre cet état de choses.

Il suffira, sans remonter dans l'histoire [a], de relever à titre d'exemple les propos de Raymond Barbeau, alors chef de l'Alliance laurentienne, qui fustige en 1959 le franglais d'ici dans lequel il voit une véritable langue de trahison [b]. Mais la dénonciation la plus originale et la plus retentissante de cette dernière décennie vient d'un religieux, le Frère Jean-Paul Desbiens, qui connaît un moment de célébrité sous le nom de plume de Frère Untel. Ce dernier a en effet le mérite de vulgariser une expression — « le joual [c] » — dont André Laurendeau fut le premier à se servir pour désigner le parler informe et anglicisé de larges couches de la population canadienne-française.

Chargé d'enseigner le français dans une école de province, le Frère Untel est à même de savoir l'ampleur des ravages linguistiques dont souffrent ses compatriotes. Fautes d'orthographe, syntaxe désagrégée, mauvaise prononciation, tels sont les principaux traits de la langue de ses élèves. Mais réalité scolaire, la dégradation linguistique est aussi une tragédie nationale : « cette absence de langue qu'est le joual est un cas de notre inexistence, à nous, les Canadiens français. On n'étudiera jamais assez le langage. Le langage est le lieu de toutes les significations. Notre inaptitude à nous affirmer, notre refus de l'avenir, notre obsession du passé, tout cela se reflète dans le joual, qui est vraiment notre langue [d] ». Le Frère Untel constate qu'il s'agit au fond d'un problème de civilisation : « Nos élèves parlent joual parce qu'ils pensent joual, et ils pensent joual parce qu'ils vivent joual, comme tout le monde par ici. Vivre joual, c'est Rock'n Roll et hot-dog, party et ballade en auto, etc... C'est toute notre civilisation qui est jouale [e]. » Que faire ? Agir sur le double plan de la civilisation et de la langue, propose l'auteur des Insolences. Mais le Frère Untel, qui fait remonter cette tragédie linguistique et nationale à la défaite militaire de 1760 — « nous avons eu les reins cassés, il y a deux siècles, et ça paraît » —, ne débouche ni sur la solution de l'indépendance politique, ni même, semble-t-il, sur celle de l'unilinguisme. Reconnaissant du moins à la langue sa qualité de bien commun, il a le mérite d'affirmer la nécessité d'une vigoureuse intervention collective : « Quand je pense [...], je pense liberté ; quand je veux agir, c'est le dirigisme qui pointe l'oreille. Il n'est d'action que despotique. Pour nous guérir, il nous faudrait des mesures énergiques. La hache ! la hache ! c'est à la hache qu'il faut travailler [f]. »

---

a. Voir notamment les documents n°s 28, 32 et 61.
b. Raymond Barbeau fit paraître en 1959 deux textes dans la revue *Alerte* (organe de la Fédération des Sociétés Saint-Jean-Baptiste du Québec) où il traitait du franglais : « Une race hybride : « les Franglais », *Alerte*, vol. 16, n° 147, avril 1959, p. 108-111, et « la Langue franglaise : un patois de trahison », *Alerte*, vol. 16, n° 149, juin-juillet 1959, p. 164-167. Barbeau s'attribue la paternité de cette expression rendue célèbre par l'ouvrage d'Etiemble *Parlez-vous franglais ?* paru en 1964. Voir, Raymond Barbeau, *Le Québec bientôt unilingue ?*, Montréal, Les Editions de l'Homme, 1965, p. 80.
c. André Laurendeau, « la Langue que nous parlons », *le Devoir*, 21 octobre 1959.
d. *Les Insolences du Frère Untel*, préface d'André Laurendeau, Montréal, Les Editions de l'Homme, 1960, 154 pages. Voir p. 24-25.
e. *Ibid.*, p. 26.
f. *Ibid.*, p. 28.

Le mouvement est lancé. Si tout le monde ne parle pas joual, tous parlent du joual. Le mot, toutefois, n'en demeure pas moins aussi imprécis que la chose. Il faut donc tenter de le définir. C'est ce que fait Gilles Lefebvre, linguiste de l'Université de Montréal. Celui-ci reconnaît la difficulté de la tâche, met en garde contre la tentation puriste d'assimiler joual et canadianisme véritable et voit dans le joual un créole, c'est-à-dire « un idiome passablement homogène résultant du contact souvent indirect et osmotique de deux collectivités très hétérogènes, comme, par exemple, les maîtres franco-normands de Haïti et les esclaves importés d'Afrique occidentale ». Selon lui encore, le joual est « l'organe d'un prolétariat urbain ayant eu, au niveau de l'industrie, des contacts de type inférieurs-supérieurs avec l'Anglo-Saxon* ».*

Indifférents aux définitions du linguiste, de jeunes écrivains engagés dans le combat national décident de faire du joual une arme de guerre. Ils ne veulent plus, comme tant d'autres l'ont fait avant eux, se complaire à dénoncer la dégradation linguistique, mais préfèrent au contraire se servir du joual, langue insoupçonnée par ceux-là même qui la parlent et honnie par ceux qui s'appliquent à ne pas la parler, pour dénoncer violemment la dégradation politique, économique et sociale du peuple canadien-français. Jacques Renaud, jeune écrivain d'une vingtaine d'années, militant du R. I. N. et membre de l'équipe de Parti pris est l'un des tout premiers, en novembre 1964, à pratiquer cette forme de scandale — d'aucuns diraient terrorisme — littéraire en publiant son roman le Cassé dont certains extraits sont reproduits plus bas.*

*Plusieurs jeunes écrivains et intellectuels réagissent avec enthousiasme. Poètes, romanciers et dramaturges commencent à s'exprimer en joual. Certes, l'unanimité n'est pas parfaite. Charles Gagnon par exemple, militant du Front de libération du Québec, s'inscrit en faux contre ce mouvement, car le joual lui apparaît « impuissance, impuissance à concevoir, à organiser, donc impuissance à transformer, à faire changer*j*». Mais, pour sa part l'équipe de Parti pris (Laurent Girouard, André Major, Gérald Godin, Paul Chamberland, Jacques Renaud) n'en décide pas moins de continuer dans cette voie. L'un d'entre eux, Gérald Godin, témoigne du drame de l'écrivain québécois, incertain dans sa langue maternelle*k*, et affirme son intention de lutter pour la restauration du français (le joual n'est pas un objectif à atteindre, mais un moyen et un moment de la lutte).*

La littérature en langue populaire n'est pas phénomène nouveau au Québec, mais pour la première fois, si l'on en croit Gérald Godin, elle prend une dimension politique : « Nous assumons le joual parce que d'autres semblables à nous, ont à subir le colo-

---

g. Gilles-R. Lefebvre, « l'Etude de la culture : la linguistique », dans *Situation de la recherche sur le Canada français,* ouvrage publié sous la direction de Fernand Dumont et Yves Martin, Québec, Les Presses de l'Université Laval, 1962, 300 pages, p. 233-249.

h. *Ibid.,* p. 242.

i. Sur *le Cassé,* voir notamment la critique favorable de Jean Ethier-Blais, *le Devoir,* 31 décembre 1964, p. 16, approfondie dans *Etudes françaises,* février 1965, p. 106-110 sous le titre « Une nouvelle littérature ». Sur toutes ces questions, on lira avec profit l'article de David M. Hayne, « les Grandes Options de la littérature canadienne-française », *Etudes françaises,* février 1965, p. 68-69.

j. Charles Gagnon, « Quand le « joual » se donne des airs », *Révolution québécoise,* vol. 1, no 6, février 1965, p. 18-24.

k. « [Le joual] c'est une langue qui est celle qui me salit le cerveau dont je tente à coups de recours (aux dictionnaires) de me débarrasser. Mais je n'y parviens pas... je déambule dans les rues de Montréal et tout mon acquis de la veille dans mes dictionnaires fout le camp et je recommence à chercher mes mots comme un amnésique, un délirant et un aboulique. » Gérald Godin, « le Joual, maladie infantile de la colonie québécoise », *le Devoir,* 6 novembre 1965.

nialisme d'où est issu le joual. Il y a une attitude de défi dans l'utilisation raisonnée du joual : défi au monde qui menace le Québécois de toutes parts ; directement dans le cas des institutions anglo-saxonnes, de l'économie anglo-saxonne et de la langue anglo-saxonne ; indirectement dans le cas du reste du monde menaçant par son indifférence devant la tragédie de l'enlisement de tout un peuple [1]*. »*

UN COUP MORT, TU T'EN SACRES

Le monde est tout décolissé.

On ne perd pas son temps. C'est le temps qui nous perd.

Quand ils venaient chez moi, je m'étendais où c'était possible de m'étendre et je les écoutais. Je retrouvais un peu d'appétit. Eugénio m'apportait un pain. Blanc, évidemment. Moi, c'est le brun que je mange d'habitude. Mais je mangeais le blanc quand même. J'aurais bien aimé lui dire à Eugénio que je le mangeais par amitié, son pain. Mais c'était surtout parce que j'avais faim. Ils parlaient. Ils parlaient de tout. Moi je les écoutais parler de rien. J'écoutais mal, mais du monde, comme ça, qui vient chez moi pour placotter, ça me redonne de l'appétit. C'est la nounounerie humaine qui me la fait perdre, l'appétit. Jamais des tchommes qui viennent placotter.

Denyse a lu dans les lignes de ma main. Qu'est-ce qu'elle disait, donc ? M'en rappelle pas. Je sais qu'elle s'imagine que tout est dans les lignes de la main, mon destin, ma vie, ma chiennerie, ma femme, mes clous, mes amours, ma marde. Je suis sûr, ben sûr, qu'elle a mal lu, j'ai les mains ben'k trop sales. Rien de vrai. C'est pour ça que je veux pas me rappeler qu'elle m'a dit que j'aurais jamais de réussite financière comme qu'a dit. Pis elle a parlé de femmes aussi, de femmes à propos de moi dans mon destin, ça non plus je veux pas m'en rappeler. Tout c'te monde-là, c'est peut-être parce que c'est superstitieux pas mal trop, je le sais pas, y finissent par vous jeter un mauvais sort, pis y s'en aperçoivent pas qu'y vous fourrent. Y en a d'autres qui font l'exprès pour vous fourrer, ceux-là c'est pas de leur faute, je le sais ben, c'est parce que ça fait plus longtemps que moi qu'y savent que la vie c'est une cochonnerie. Je leur reproche rien. Mais dès que j'ai un peu d'argent, je m'achète *Le Prince* de Machiavel. Pis je vais peut-être me mettre au Karaté, aussi.

J'étais en train d'écrire ce qui précède. Luce, l'amie de Diane s'est levée pour partir. Je ne m'en suis même pas aperçu. Quand elle a ouvert la porte, j'ai entendu, je me suis retourné. Je lui ai dit, c'est drôle toé tu fais pas beaucoup de bruit... Elle m'a dit, non ça sert à rien. C'est du vrai silence en peau c'te fille-là.

La vie nous harcèle. Moé ch'fume. Diane se saoule pis se pâme devant les hommes galants comme qu'a dit. Moé c'est la nounounerie humaine qui m'a fait perdre mon gros appétit d'avant. Je dors pus. Ça fait que chus allé caler une trentaine de draffes. J'avais rien qu'une piasse. M'en sus payé dix. Pis j'ai parlé de révolution avec trois vieux qui m'en ont payé une vingtaine. Là-dessus, j'en ai renversé deux, j'ai bu le reste pis chus sorti avec un mal de mer terrible, les murs en perdaient l'équilibre. C'est Serge qui m'a accroché au coin de Saint-Denis et Cherrier.

Y m'a dit, maudit cave, tu traversais la rue Saint-Denis les yeux fermés.

---

1. Gérald Godin, « le Joual politique », *Parti pris*, vol. 2, n° 7, mars 1965, p. 57-59.

Des rues, on en traverse tous les jours. On finit par les traverser les yeux fermés. Y a pas de quoi écrire une tragédie. Mords-toé le front.

Sur mon tchesteurfilde je dormais. Je pourrais pas vous raconter tout ce qui s'est passé.

Y en a au moins vingt qui sont passés au chevet de ma carcasse pâle. C'est Jeannine qui disait ça. Je voulais y passer les menottes qu'a m'a dit. J'me souviens qu'a s'tordait sur sa chaise chaque fois que je parlais. Yves est venu aussi. Y savait pas quoi faire. Y trouvait rien à dire, c'est ben normal. Moé j'étais trop paffe. J'me sentais même pas encombrant. J'ai rêvé un peu, j'ai rêvé que je mangeais des oeufs pourris. Tout était sec dans mes rêves. Même quand Diane venait m'embrasser après avoir fait le tour des hommes galants. Diane m'a toujours fait penser à Woody Woodpecker. Y faudrait pas que j'y dise. Elle a l'angoisse métaphysique facile.

André, lui, y est pas venu. Y est toujours découragé, c'est effrayant comme y a le taquet bas. On s'est déjà pacté le beigne ensemble. Y peut pas travailler nulle part depuis que y a lancé son cocktail molotov sur une caserne. Y l'ont relâché. Mais c'est rien que pour le niaiser pis le faire chier. Chaque fois qu'y se trouve une djobbe, la R.C.M.P. le fait slacker.

C'était comme un vrai salon mortuaire, ma chambre. Y manquait rien que les cierges. J'en ai deux que Diane m'a donnés dans le temps. Quand je me petterai la fiole avec une balle de .38, je les allumerai tous les deux avant de m'étendre sur le tchesteurfilde. Faut-tu être poseur, han ? Mais de toutes façons, mon suicide, c'est pas pour demain. C'est pas si simple que ça, se suicider. D'abord, si je me trouve une djobbe, j'aurai pas le temps d'y penser. Pis pour le moment, j'ai pas assez d'argent pour m'acheter un bing bang. Me jeter devant une automobile ? Ça risque de simplement me blesser. Pis ça doit faire mal. Le pont Jacques-Cartier ? Chus trop fatigué. C'est l'automne. Y fait frette. J'ai pas envie de me rendre jusque là. Pis ch'sais nager. A dernière minute, l'envie pourrait me prendre de revenir à la surface. Tout ce que j'attraperais, ça serait une pleurésie. J'ai pas envie de mourir d'une pleurésie. Ça serait trop cave. C'est une maladie qui se soigne, la pleurésie. Le gaz me donne des nausées. J'aime pas ça. Pis si je me tuais, ch'pourrais pus écrire. Pis ch'peux pas partir comme ça, sans le dire à mes tchommes. Y en a là-dedans qui me doivent des livres pis moi je leur dois du pain ou du café. Ça serait pas honnête.

Ça fait que pour le moment, pas de suicide possible. Ça serait péché.

Y a un cave qui m'a dit que la jeunesse était désabusée. C'est effrayant comme c'est pas vrai. Elle n'a jamais tant eu l'envie d'être heureuse, la jeunesse, c'est rien que ça qu'elle cherche. Mais le monde est pas mal cochon. On dirait que chaque fois que le monde veut être bon y en a d'autres qui sont assez trou d'cul pour les caler. Elle ne peut pas se faire à ça, la jeunesse. Pis à part ça, la jeunesse, ça existe pas. Y a des jeunes. Des plus jeunes pis des moins jeunes. Qui vont vieillir vite à part ça. Les jeunes c'est pas des bines. On peut pas dire la jeunesse comme on dit un plat de bines.

C'est vrai que mes tchommes, y ont mon âge, y ont à peu près dix-neuf vingt ans. Y sont cyniques par bout, oui, pis après ? Moé, ça me dérange pas. Un cynique, ça me met en confiance. C'est un gars qui s'en fait pus accroire. On peut pas y passer un Québec.

On se défend comme on peut. On a rien. C'est pour ça qu'on fesse. C'est pour ça qu'on détruit un petit peu. Sans ça, c'est les autres qui vont nous détruire.

Moi, ce que je veux, c'est mon bonheur. C'est pas l'diable possible, mais n'empêche que c'est rien que ça que je cherche. On le trouve pas, c'est sûr, c'est parce qu'y existe pas, faut pas oublier que la thèse de l'absurde c'est pas Camus qui l'a rédigée, ni moé, ni Saint-André, c'est l'instinct de conservation.

C'est vrai que t'as beau vouloir celui des autres, leur bonheur, c'est toujours le tien que tu veux leur imposer, y en veulent pas. J'ai pas envie de me morfondre là-dessus. Je les comprends. C'est chacun son petit morceau de mort. Ton petit morceau de mort qui est même pas à toé. C'est les autres qui te le fourrent dans yeule.

Quand je vois que y a vraiment plus rien à faire, je reviens à la ligne pis je m'allume une cigarette.

Je voudrais rien attendre, mais tout vient. Les coups de cochon. Les joies. On se fait prendre au jeu. On se met à attendre quelque chose. Qui ne vient pas. Mais tout peut arriver. Mais rien n'arrive de ce qu'on attendait. Alors on est sur la défensive. On est un peu cynique. On est un peu méchant. On devient dangereux. Presqu'autant que la vie. Mais on gagne pas. C'est elle qui gagne, la vie. On peut pas être aussi dangereux qu'elle, la vie, c'est impossible.

Voilà. J'ai voulu être méchant.

Méchant. C'est pas facile. C'est fatiguant. Y en a trop qui le sont. Etre le plus dur des durs. Essayez. Vous verrez.

La vie c'est une cochonnerie.

Voyons, coco, t'a vingt ans, t'es jeune...

J'ai essayé d'être doux comme ta main, mon Bilou, J'en ai craqué de la tête au coeur.

Je voudrais bien pas chialer mais y a des fois qu'on a trop envie de le faire pour pouvoir se retenir.

On se défend comme on peut. Y faut pas juger. Y faut fesser, y faut se cacher, y faut tuer, y faut aller se jeter en bas du pont Jacques-Cartier. Si seulement on en a le courage. Ou n'importe quoi. Lire Trotsky jusqu'au bout. Ça donne des envies, à lire ce gars-là, de refaire le monde, oui, mais s'en t'arrêter, avec un fusil, jusqu'à temps que t'en rencontre un qui vise mieux que toé. Un coup mort, tu t'en sacres.

Y est surtout pas question de juger quelqu'un. Y faut fesser à bonne place. Y a des misères humaines qui tuent comme la nounounerie des artisses ou des riches. Pauvre cave d'idéaliste qu'on est des fois. Le monde y veut pas changer, le chien ! C'est toi qui changes. Le monde y t'assomme.

Tu peux toujours jouer ta comédie pour te tailler à coups d'épingle ou à coups de hache une place au soleil, ça va dépendre, si t'es sournois, ça sera l'épingle, pis si t'es solide, ça sera la hache. L'épingle, c'est surtout pour les femmes.

Fais pas ton toffe. Tu gagneras pas. Tu va te fatiguer pour rien. Essaye de vivre tous tes battements de coeur. Ça dure pas. Profites-en.

T'es rien. T'es rien et pis tout est ambigu. Peut-être que tout est trop clair.

Viens pas me demander des conseils.

Je suis ton pire ennemi. Comme tout le monde.

Toute la vie tu vas de battre. On va te frapper. Venge-toi. Ça sert à rien les bons souvenirs. Ça sert à rien. Ce qui faut c'est de se souvenir des coups de cochon qu'on nous a faits. Pour pus qu'on nous refasse les mêmes [m].

m. Jacques Renaud, *le Cassé*, Montréal, Editions Parti pris, 1964, p. 114-120.

Document n° 111

1965 — « LE CANADA TRAVERSE LA PÉRIODE LA PLUS CRITIQUE DE SON HISTOIRE. »

Les partisans du système fédéral commencent à réagir à la montée du nationalisme québécois. C'est ainsi que John Diefenbaker, premier ministre du Canada (1957-1963), croit apporter sa contribution à l'apaisement en donnant son accord à l'émission de chèques bilingues que réclamaient des services fédéraux les Canadiens français (février 1962).

Cette mesure, insuffisante et tardive (« trop peu, trop tard », dira André Laurendeau qui venait de proposer la mise sur pied d'une vaste enquête sur le bilinguisme ª), n'arrête pas le mouvement qui prend bientôt une dimension nouvelle au printemps de 1963 par l'apparition d'une forme inusitée d'action politique, celle du Front de libération du Québec. Les premières bombes que posent alors les militants du F. L. Q. provoquent en effet de vives inquiétudes chez les dirigeants du pays. Cette fois le gouvernement fédéral paraît bien décidé à agir. Le nouveau premier ministre et chef du parti libéral, Lester B. Pearson (1963-1968), arrivé au pouvoir à la suite des élections d'avril 1963, reprend alors la propositon faite naguère par André Laurendeau et crée, en juillet 1963, la fameuse Commission royale d'enquête sur le bilinguisme et le biculturalisme.

Cette commission est présidée conjointement par André Laurendeau ᵇ et Davidson Dunton, mais c'est le premier des deux qui en est le véritable animateur. Composée de huit

---

a. Voir *le Devoir* du 20 janvier et du 8 février 1962.

b. André Laurendeau (1912-1968), journaliste et homme de lettres, naquit à Montréal le 21 mars 1912. Il fit ses études secondaires au Collège Sainte-Marie et suivit en 1933 les cours de la Faculté des lettres de l'Université de Montréal, dont ceux de l'abbé Groulx sur l'histoire du Canada.
Au printemps de 1933, il créa, avec l'aide de quelques camarades (dont Pierre Dansereau, Pierre Dagenais et Gérard Filion), un nouveau mouvement de jeunesse. Pendant deux ans, les Jeune-Canada — c'est le nom du mouvement — multiplièrent causeries et réunions publiques où ils tentaient de définir, face à la crise, un nouveau nationalisme.
De 1935 à 1937, André Laurendeau fit des études de lettres et de philosophie sociale à la Sorbonne et à l'Institut catholique de Paris. Il assista, en Europe, à la poussée des fascismes, aux mouvements sociaux du Front populaire et au développement d'un « catholicisme de gauche », et sa pensée resta marquée par ces événements. Il continua, pendant son séjour en France, à collaborer à *l'Action nationale* que dirigeait alors son père, Arthur Laurendeau, et, à son retour au pays, il accepta de prendre la succession de ce dernier à la tête de la revue. Il dirigea *l'Action nationale* de 1937 à 1943, puis de nouveau de 1949 à 1954.
Son engagement politique se confirma pendant la seconde guerre mondiale quand il se rangea parmi les adversaires de la conscription. Secrétaire général de la Ligue pour la défense du Canada (mouvement politique opposé à la conscription), il devint à l'automne de 1942 secrétaire général du Bloc populaire canadien que venaient de fonder, sous la direction de Maxime Raymond, les députés fédéraux anticonscriptionnistes. Il prit plus tard la direction de l'aile québécoise du Bloc et fut élu, aux élections de 1944, député de Montréal-Laurier à l'Assemblée législative. Mais la fin de la guerre enleva bientôt toute signification au Bloc. Laurendeau en tira les conclusions et ne fut pas candidat aux élections de 1948.
Au printemps de 1947, il accepta l'invitation de son ami Gérard Filion et entra au *Devoir* dont il devait devenir rédacteur en chef après en avoir été éditorialiste. Pendant la quinzaine d'années qu'il passa au *Devoir* il fit la lutte au régime duplessiste avant d'applaudir aux premiers signes du renouveau des années soixante. Nommé

autres personnes dont trois du Québec, Jean Marchand, chef syndicaliste, Jean-Louis Gagnon, journaliste et Frank Scott, professeur de droit, elle se voit confier la mission de « faire enquête et rapport sur l'état présent du bilinguisme et du biculturalisme au Canada et [de] recommander les mesures à prendre pour que la Confédération canadienne se développe d'après le principe de l'égalité entre les deux peuples qui l'ont fondée, compte tenu de l'apport des autres groupes ethniques à l'enrichissement culturel du Canada c ». Il s'agit, en clair, d'une vaste mobilisation intellectuelle pour désamorcer le mouvement indépendantiste québécois en cherchant à renforcer le sentiment d'appartenance à la collectivité canadienne et en donnant au gouvernement fédéral une vocation nouvelle de défenseur des Canadiens français et de promoteur des droits du français partout au Canada.

Les commissaires commencent leurs travaux à l'automne de 1963 et partent prendre le pouls du pays. Après avoir rendu visite aux premiers ministres du Québec et des provinces anglaises, les commissaires lancent au printemps de 1964 une série de « rencontres régionales » qui réunissent plus de 12 000 personnes dans une vingtaine de villes dont cinq du Québec. Les impressions qu'ils retirent de ces premières prises de contact conduisent les commissaires à rédiger un rapport préliminaire, paru en février 1965, dans lequel ils soulignent la gravité de la crise qui découle du conflit entre deux majorités, celles du Québec français et du Canada anglais, qui semblent maintenant remettre en cause leur volonté de continuer de vivre ensemble.

Dans le passage suivant du rapport préliminaire, les commissaires brossent un tableau du Québec des années soixante.

102.

....

Nous étudions les courants de sentiment et de pensée dans la société francophone du Québec, ainsi qu'au sein des minorités françaises dans les autres provinces. Nous essayons d'évaluer les états d'esprit qui règnent dans le Canada anglophone pris dans son ensemble, y compris le groupe minoritaire d'expression anglaise du Québec.

Plusieurs Canadiens d'ascendance autre que britannique ou française, se considèrent eux-mêmes comme faisant partie du Canada français ou du Canada anglais. Parmi ces Canadiens qui utilisent régulièrement l'une ou l'autre des langues officielles, nous savons qu'un grand nombre désirent toujours conserver et enrichir leur héritage linguistique et culturel particulier. Quelques Canadiens ne parlent ni l'anglais, ni le français. Leur problème est réel, mais ne s'inscrit pas dans le cadre de notre enquête.

---

en juillet 1963 coprésident de la Commission royale d'enquête sur le bilinguisme et le biculturalisme, il n'eut pas le temps de mettre la dernière main à cette vaste entreprise car il disparut soudainement le 1er juin 1968. André Laurendeau s'est toujours intéressé aux lettres. On lui doit un roman, écrit en 1957 (*Une vie d'enfer*) et plusieurs pièces de théâtre. De 1956 à 1962, il avait animé une émission à la télévision d'Etat, « Pays et Merveilles ». Membre de la Société royale du Canada depuis 1963, il avait été élu par la suite à l'Académie canadienne-française. (Sur André Laurendeau voir la note publiée après sa mort par Jean-Marc Léger, « les Grandes Etapes de la carrière d'André Laurendeau », *le Devoir*, 5 juin 1968.)

c. Extraits du document officiel créant la Commission. Daté du 19 juillet 1963, ce document porte le numéro C.P. 1963-1106. *Rapport préliminaire de la Commission royale d'enquête sur le bilinguisme et le biculturalisme*, Ottawa, 1er février 1963, 217 pages. Voir p. 143.

Il est évident, toutefois, que la situation critique actuelle provient des divergences entre le Canada anglais et le Canada français, et plus particulièrement entre le Québec français et le Canada anglophone. De là les graves questions posées au pays tout entier.

103. Quelles sont les causes profondes de ces prodigieux retournements que plusieurs Québécois constatent avec surprise et que parfois même certains refusent d'admettre ? Nous ne saurions, pour l'instant, les analyser en profondeur. Mais les participants aux rencontres régionales, en nous communiquant leurs espoirs et leurs déceptions, nous ont permis, croyons-nous, de cerner les principales sources de malaise.

Selon plusieurs interlocuteurs francophones, les institutions dominantes au pays entravent leur désir de vivre français. Cette situation, selon eux, prévaut même dans le Québec au sein des institutions économiques : telle ou telle firme, gérée localement par des anglophones, se comporterait comme en « terre de colonisation » et, à partir d'un certain niveau, ferait de l'anglais la langue obligatoire de travail ; le personnel dirigeant anglophone lui-même — souvent une proportion infime de la population — n'aurait ainsi aucun besoin de parler français et, de ce fait, l'apprendrait rarement. Ces interlocuteurs admettaient volontiers qu'une telle situation n'est pas nouvelle, qu'au contraire elle a toujours prévalu dans le Québec. Mais ils ajoutaient qu'ils ne pouvaient tolérer plus longtemps qu'il en soit ainsi.

Ceci est lourd de sens, et nous voilà au cœur du mystère. Pourquoi soudain, alors qu'en apparence rien n'a rompu l'ordre traditionnel des choses, des hommes de plus en plus nombreux décident-ils qu'ils ne sauraient « tolérer plus longtemps » une « entrave » pourtant centenaire ? Serait-ce, comme on l'a suggéré à une réunion privée de Montréal, que « chez un peuple où l'on marchait un peu courbé, deux cent mille, cinq cent mille individus ont tout à coup décidé de se redresser ? » Ou encore que « de braves gens, formés à la docilité, ont cessé de regarder l'obéissance et la pauvreté comme une vocation nationale ? » On devine, à travers ces citations, le conflit de générations qui éclate aujourd'hui dans le Québec français. Car il nous a paru que les insatisfactions s'exprimaient surtout parmi les représentants des jeunes élites de techniciens, d'ingénieurs et d'administrateurs. Mais ils ne sont pas seulement jeunes ; ils appartiennent, de près ou de loin, au « nouveau monde » de la technologie et de l'administration, sont prêts à y tenir un rôle de premier plan, se montrent sûrs d'eux-mêmes et manifestent de l'impatience devant les obstacles qu'ils rencontrent.

Il est presque ironique de rappeler maintenant l'opinion de ceux qui attendaient de « l'éducation moderne et de l'industrialisation » une intégration plus poussée du Québec au reste du Canada. En un sens, il est sûr que la technologie nord-américaine rapproche les deux groupes et suscite des comportements semblables, ce que tout le monde a admis devant nous ; mais cela rend les concurrences bien plus acérées, et accentue la volonté de vivre ces situations « à la française ».

L'exaspération des jeunes élites dont nous venons de parler nous a paru d'autant plus grande qu'elles commencent à prendre conscience de leur importance numérique et qu'elles se heurtent de front aux dirigeants anglophones en place. Par rapport à la masse des anciens employés de type traditionnel qui constituait surtout une armée de travailleurs peu spécialisés, les nouvelles élites se distinguent par des exigences culturelles supérieures et par l'ambition d'atteindre aux échelons élevés de la hiérarchie économique. Mais elles ont formulé leurs revendications non pas surtout en dénonçant le jeu d'une concurrence entre rivaux qui serait à leur désavantage, bien qu'on nous ait dit et répété que le fait d'avoir à lutter dans une langue étrangère constitue un handicap. Elles paraissaient plutôt fonder leurs arguments sur le fait que les Canadiens français constituent une écrasante majorité dans le Québec. En d'autres termes, elles semblaient considérer le statut d'infériorité économique comme incompatible avec la condition de majorité numérique.

Parlant des romans télévisés à Montréal, et du côté « morbide » de toute une littérature canadienne-française, un Chicoutimien concluait : « Nous avons en ce moment des héros littéraires écrasés. C'est parce que nous sommes une société de gens écrasés ; nous ne sommes pas encore une nation épanouie. » Mais un autre Chicoutimien croyait reconnaître dans sa région un « dynamisme épouvantable ». Ces deux images — une société « écrasée » travaillée par un « dynamisme » créateur — illustrent bien les multiples contradictions exprimées devant nous. Un peuple vraiment écrasé subit son sort, « lèche ses blessures dans son coin ». Un peuple sûr de lui et en possession de ses moyens n'est pas la proie de l'impatience. Le Québec qui s'est manifesté devant nous a trop de force pour ce qu'il conserve de faiblesse, ou trop de faiblesses pour ce qu'il recèle de force. Les règles du jeu subies hier sont aujourd'hui éprouvées comme des entraves. Si les règles ne sont pas modifiées, c'est le jeu qui risque de disparaître.

... Nous avons rappelé deux images significatives : celle d'une majorité numérique qui serait brimée et celle d'une société écrasée. Nos interlocuteurs n'ont pas cessé d'utiliser des expressions de ce genre. Ils semblaient exprimer aussi du même coup deux convictions profondes : que d'une part ils appartiennent indiscutablement à une « écrasante majorité », à une « société » à une « nation », (le mot, à notre avis n'a pas grande importance, ce qui a paru révélateur, c'est la recherche d'un vocable qui définirait une forme capitale à leurs yeux de la réalité sociale) ; et que d'autre part cette réalité est, malgré leur désir, stoppée dans son élan, déchirée ou incomplète dans son dessein, en un mot, inachevée.

104. « Ecrasante majorité », « société », « nation » : qu'est-ce à dire ? On désigne ainsi les formes d'organisation et les institutions qu'une population assez nombreuse, animée par la même culture, s'est données et a reçues, dont elle dispose librement sur un territoire assez vaste et où elle vit d'une façon homogène, selon des normes et des règles de conduite qui lui sont communes. Cette population a des aspirations qui lui sont propres, et ses institutions lui permettent de les réaliser dans une mesure plus ou moins grande. Quoi qu'il en soit, telle nous est apparue la population française du Québec. Ceux qui formulaient devant nous des plaintes ou des revendications n'ont pas tenté de définir la société qui les enserre, mais ils paraissaient s'appuyer très consciemment sur cette réalité à la fois historique et culturelle, sociale et politique.

Il faut nous arrêter un moment là-dessus. Car en plusieurs villes canadiennes, surtout dans les provinces excentriques, nous avons vu des centaines d'anglophones aux prises avec ce problème : essayer de se représenter ce que peut être la vie française au Québec. Ils le faisaient, comme c'est normal, à partir d'éléments connus : par exemple, à partir d'une minorité française installée dans leur région. Comme, par ailleurs, la plupart savaient les dimensions démographiques du Québec, ils multipliaient par trois cents ou par cinq cents le nombre des minoritaires qu'ils connaissaient et croyaient ainsi obtenir une image de la province française. Du point de vue mathématique, l'opération était exacte, mais ils obtenaient alors trois ou cinq cents fois une minorité ; ils ne se représentaient pas une société.

Or le Québec français, en effet, compte plus de quatre millions d'habitants. Il dispose d'institutions juridiques — notamment d'un code civil — et d'institutions politiques que plusieurs résument dans l'expression : « L'Etat du Québec ». Les pouvoirs du Québec sont considérables': ils permettent à la population française d'exercer une influence importante sur sa vie économique et sociale et de diriger l'éducation. C'est ainsi qu'il a pu se donner — et qu'il peut transformer aujourd'hui radicalement — un système d'enseignement différent de celui des autres provinces. Il possède des milliers d'écoles françaises, élémentaires et secondaires, des écoles normales des collèges classiques et trois universités françaises, sans compter un enseignement technique. Il compte des dizaines de milliers de professeurs. Toutefois, l'immense majorité des Québécois que nous avons rencontrés jugent insuffisante leur maîtrise actuelle des institutions politiques.

Ce n'est pas tout. Le Québec possède un réseau autonome d'institutions sociales': un système d'hospitalisation, des syndicats professionnels, des associations libres dans tous les secteurs et ainsi de suite. Il a en propre ou il influence un ensemble de techniques de diffusion où il s'exprime dans sa langue : onze quotidiens, * environ 175 hebdomadaires et 120 périodiques, 46 stations de radio et 13 de télévision, les réseaux français de Radio-Canada et de l'industrie privée dont le principal centre de production est Montréal.

Il compte enfin sur un nombre considérable d'institutions économiques ; mais dans l'ensemble, et sauf remarquables exceptions comme l'Hydro-Québec ou les Caisses populaires, ces entreprises sont de dimensions plutôt modestes. Par ailleurs, le Québec participe, par son insertion dans le continent nord-américain, à l'ensemble du réseau commercial, financier et industriel dont il se trouve partie intégrante ; mais cette participation lui paraît infime, et c'est ici surtout, comme nous l'avons vu, que le bât blesse.

Bref, les francophones du Québec qui ont témoigné devant nous appartiennent, et ils montraient qu'ils le savent, à une société qui s'exprime librement dans sa propre langue et qui, en divers domaines importants, est déjà maîtresse de son activité, à laquelle elle donne le ton et l'allure qu'elle choisit. Mais en même temps, la plupart de nos interlocuteurs ont estimé que cette société maîtrise incomplètement quelques-uns des secteurs vitaux où s'exerce son activité. Telle nous a donc semblé la source du problème : une société existe, mais plusieurs de ses membres la regardent comme incomplète et veulent plus ou moins la parachever. Supprimer l'un des termes de cette double proposition et le problème disparaît — car ou bien il n'y aurait plus de société, donc plus de base réelle pour soutenir ces réclamations ; ou bien il n'y aurait plus à la parachever et les réclamations disparaîtraient.

105. Peut-être faut-il souligner enfin que cette société n'est pas seulement distincte, mais que, dans une mesure parfois très grande, ses membres mènent une vie séparée de celle du Canada de langue anglaise. Nous parlons ici d'une séparation de fait créée par l'obstacle de la langue et non d'un séparatisme doctrinaire.

C'est qu'en effet, contrairement à l'idée que nous ont exprimée plusieurs anglophones, trois Canadiens français sur quatre dans le Québec, soit une masse humaine de plus de trois millions d'individus, ne savent pas un mot d'anglais **. Pour eux donc, et sans doute pour une grande partie de ceux qui se déclarent « bilingues » la vie quotidienne se poursuit (sauf dans les grandes entreprises, à partir d'un certain niveau)

---

*   Sans compter *Le Droit*, quotidien d'Ottawa, qui dessert aussi une partie du sud-ouest québécois. [Note des auteurs du rapport.]

**   Soit 74.7 p.c. de la population d'origine française dans le Québec. Il y avait en 1961, au Canada, 3,489,866 unilingues français (soit 19.1 p.c. de toute la population canadienne), dont 3,390,704 d'origine française, 32,925 d'origine britannique et 66,237 d'autres origines. [Note des auteurs du rapport.]

exclusivement en français ; au point, par exemple, que le touriste anglophone éprouve une grande difficulté à se faire comprendre.

Ce fait nous devint très sensible dans nos rencontres régionales, non seulement à Rimouski — où la présence anglaise est à peine perceptible — mais également à Chicoutimi, à Sherbrooke et à Trois-Rivières, et même à Québec, où l'on s'est plaint copieusement de ce que l'influence anglaise fut corrosive. Si l'on s'est révolté contre l'obligation d'apprendre l'anglais pour accéder aux postes de commande, c'est apparemment que, dans de tels milieux, l'opération ne semble ni naturelle ni normale : car la vie locale est vécue en français à tous les niveaux sauf, précisément, celui des grandes affaires à partir de certains échelons. Elle est vécue parmi les Canadiens français, et il leur semble étonnant ou « scandaleux » que les anglophones apparaissent « seulement » aux postes de direction d'où les Canadiens français sont si souvent absents.

Le même phénomène est apparu, au cours de réunions privées, jusque dans les quartiers francophones de Montréal. * Les francophones bilingues y sont nombreux, mais sauf dans certains bureaux ou certaines usines, la vie presque entière est vécue en français : famille, paroisse, éducation, syndicats, associations libres, vie politique, loisirs populaires.

Cette description n'a rien de définitif. Elle sera d'ailleurs soumise à l'examen des chercheurs. Mais elle rend compte du Québec que nous avons vu.

Au reste, le fait de vivre à part n'est pas neuf ; il est bien antérieur à la « révolution tranquille ». Il en forme cependant l'arrière-plan qu'il faut connaître si l'on veut comprendre la nature du conflit actuel.

106. Est-ce à dire que le Québec vivrait fermé sur lui-même ? Ici une mise au point s'impose. Les Canadiens français sont des être humains et ils ont des préoccupations humaines que les questions linguistiques et culturelles sont loin d'absorber tout entières ; ils s'occupent de leur famille, de leurs affaires, d'arts ou de sciences, ils se divertissent, ils voyagent, ils s'intéressent à la politique étrangère et ainsi de suite : parce que nous les avons invités à discuter le problème des langues et des cultures au Canada, ils y ont consenti volontiers et plusieurs l'ont fait avec passion. Cela ne signifie pas qu'ils soient tous obsédés par ces questions, si intensément qu'ils les vivent et si essentielles qu'elles soient pour leur propre avenir.

Il se trouve en outre que jamais les relations avec les pays francophones (France, Belgique, Suisse, pays de l'ancienne Afrique française, etc.) n'ont été aussi intenses, du moins parmi les élites. On peut même dire que chez plusieurs la découverte d'un univers qui parle français a un effet rassurant et promet de précieux enrichissements culturels : de la sorte, des Canadiens français deviennent plus conscients de ce qu'ils sont une partie minuscule d'un univers culturel beaucoup plus vaste, et plusieurs font ainsi l'expérience d'une communauté française universelle qui les met en contact avec l'Europe, l'Afrique et l'Asie.

---

*   Et jusque dans les provinces à majorité anglophone : par exemple, à Moncton, au Nouveau-Brunswick, on nous a parlé de villages de pêcheurs, sur la côte Atlantique, où le français serait la langue habituelle et exclusive de communication. Les statistiques confirment d'ailleurs ces témoignages de façon éclatante : selon le Recensement de 1961, presque la moitié (soit exactement 47.1 p.c.) des Canadiens d'origine française au Nouveau-Brunswick sont des unilingues francophones. [Note des auteurs du rapport.]

107. Par ailleurs cette « séparation » du reste du Canada, qui donne au Québec une physionomie très marquée, ne se traduit pas par un « monolithisme ». Le Québec que nous avons rencontré est marqué dans son ensemble, ou du moins dans ses éléments dynamiques, par deux orientations très nettes :

Il procède à un examen très dur de lui-même — il se livre à ce qu'on pourrait appeler une frénésie d'autocritique, qui s'attaque à presque tous les domaines de l'activité. Ainsi des traditions sont-elles remises en question par une société qui proclame son désir de faire peau neuve ; le rôle de l'Etat et celui de l'Eglise sont même à subir une révision radicale. Déjà, les positions respectives du gouvernement et du clergé sont sérieusement modifiées dans le secteur des services sociaux, et plus encore dans le domaine de l'éducation : en ont témoigné, le bill 60 (sanctionné le 19 mars 1964, et qui créait le ministère de l'Education) et les premières tranches du Rapport de la Commission royale d'enquête sur l'enseignement, en cours de parution.

Il manifeste une volonté très nette de « libération » dont l'émancipation politique devient à la fois le moyen et le symbole — qu'elle soit conçue comme totale ou relative.

On aura noté qu'en soi, ces orientations ne sont pas « anti-anglaises » ; très centrée sur elle-même et son propre développement, volontiers impatiente, cette société possède en ce moment d'elle-même une conscience si vigoureuse que plusieurs de ses membres nieraient volontiers ou du moins oublieraient ce qui n'est pas elle *. Il nous a paru qu'elle traverse en ce moment sa propre crise et qu'au départ elle a le souci non d'attaquer « les autres » mais de se réaliser elle-même. Les antagonismes naissent au second temps, et des oppositions se développent contre ce qui risque de la limiter : minorité anglaise du Québec dont le rôle économique est regardé comme dominant, gouvernement central dont les buts ne coïncident pas nécessairement avec ses propres ambitions, société anglo-canadienne qui n'accepte pas d'emblée l'idée d'une dualité culturelle. A partir de ce moment les conflits intérieurs débouchent sur le Canada. Mais plusieurs d'entre eux n'en éclateraient pas moins, même si le Québec possédait la pleine indépendance politique. « N'oubliez pas, nous disait par exemple à Québec un représentant ouvrier, qu'il y aurait ici crise sociale même si tous les patrons étaient des Canadiens-français ». Peut-être aurait-elle alors plus d'intensité.

Le Québec est parvenu peu à peu à formuler quelques-unes de ses aspirations, qui étaient longtemps restées plus ou moins obscures : elles éclatent depuis cinq ans, rencontrant sans cesse des résistances que sans cesse elles ont jusqu'ici fait plier. Il est difficile de mesurer leur force, et leur direction n'est pas toujours claire. Ceux qui ont exposé devant nous les objectifs de la « révolution tranquille » se rencontraient sur un point précis : la notion d' « émancipation » (économique, sociale et, à divers degrés, politique) du Québec était chez tous centrale.

108. A diverses reprises toutefois nous avons eu le sentiment que cette concordance apparemment générale des points de vue était artificielle. Nous avons parfois cru déceler qu'elle masquait la grande diversité sinon l'opposition des orientations intellectuelles chez nos interlocuteurs. Les positions idéologiques s'échelonnaient du marxisme au fascisme, les efforts plus ou moins conscients pour traduire ces idéologies en termes nationalistes venant nuancer considérablement les positions individuelles.

---

*   On nous a fait remarquer que, traditionnellement, le Québec ne s'intéresse guère à certaines questions qui relèvent spécifiquement du gouvernement fédéral. Ainsi, les Canadiens français n'ont jamais semblé porter une attention soutenue aux questions de politique monétaire, de tarifs, de douanes, etc. Pour ce qui est de l'immigration ou de la défense nationale, apparemment ils n'en discutent que dans la mesure où ces sujets mettent en cause leur intérêt particulier. [Note des auteurs du rapport.]

Nous fûmes en outre témoins d'un phénomène singulier. Presque toujours nos interlocuteurs, qu'ils fussent étudiants, journalistes ou techniciens, s'exprimaient au nom de la collectivité ou de la « nation » canadienne-française tout entière. Très peu souvent a-t-on fait mention devant nous des classes sociales et encore moins de conflits de classes chez les Canadiens français. Un tel état d'esprit surprend chez des personnes qui manifestaient par ailleurs des convictions si divergentes. Tout se passait comme si l'on identifiait la collectivité tout entière à une classe sociale, celle-ci étant représentée selon le cas sous les traits d'une bourgeoisie militante ou d'un prolétariat exploité. Parfois même on faisait expressément cette identification : par exemple lorsqu'on affirmait que la collectivité canadienne-française, dans son ensemble, se trouve dans une situation prolétarienne par rapport à la minorité anglophone.

Par suite de la faible participation des ouvriers et des cultivateurs et du petit nombre de ceux qui sont intervenus expressément en leur nom, nous n'avons pas pu apprécier dans quelle mesure les idées exposées devant nous rencontrent l'adhésion des masses. Il semble toutefois que la notion globale d' « émancipation » ait une grande résonance parmi celles-ci. Ainsi donc, elles appuieraient au moins passivement les leaders et les partis qui sont dans le courant, et dont les idées paraissent rencontrer une diffusion immédiate, surtout évidemment quand ces idées vont dans le même sens. Or, il faut accorder une grande importance aux points de concordance parce qu'ils portent généralement sur des questions ou des options qui sont au centre même de la crise telle que nous l'avons décelée et décrite.

109. Assez petite minorité, et ce de leur propre aveu, les séparatistes exercent au sein de la société canadienne-française une influence qui dépasse leurs effectifs. Ils se recrutent principalement dans les milieux urbains, comptent dans leurs rangs beaucoup d'étudiants, d'artistes, d'intellectuels et de « professionnels », et ils appartiennent à toutes les tendances politiques ; mais leurs leaders et le gros de leurs militants s'affirment démocrates et anti-terroristes. Les partisans de la violence ont obtenu la vedette et dramatisé la crise, mais ils ne sont que l'écume de la vague.

Les séparatistes ont puisé leurs arguments dans l'arsenal nationaliste excepté leur proposition principale : « Minorité bien traitée, les Canadiens français n'en sont pas moins une minorité. Pour reprendre leur destin en main, ils doivent opter pour l'Etat souverain du Québec, où ils seront enfin une majorité. » Aux yeux d'un séparatiste, la double équation « majorité = métropole » et « minorité = colonie », n'est pas une métaphore mais une stricte expression de la réalité. Elle signifie qu'au Canada le centre des grandes décisions politiques et économiques est situé hors de « la nation canadienne-française » qui les subit. Il faut donc « décoloniser » la minorité, et lui permettre d'échapper à sa condition de « nation esclave ».

110. A côté de ce séparatisme idéologique, qui a souvent joué à l'égard des partis politiques un rôle de stimulant et de juge, se dessine un courant de pensée beaucoup plus important, mais difficile à décrire avec exactitude. C'est ce que nous avons appelé un « quasi-séparatisme », en pensant au grand nombre d'indécis ou de pragmatistes que nous avons rencontrés, et qui se reconnaissent à la caractéristique suivante : ils posent tous les problèmes uniquement en fonction du Québec. Dans cette perspective, ce qui se rattache au reste du Canada et notamment au gouvernement fédéral, est plus ou moins oublié, ou perçu avec une totale indifférence, quand ce n'est pas avec suspicion ou colère ; par ailleurs, le séparatisme apparaît à beaucoup d'entre eux comme une option raisonnable qu'il sera sage d'examiner de plus près, et non plus comme un phénomène étrange et incongru.

Ces hommes appartiennent surtout aux jeunes élites mentionnées plus haut, et leur influence est d'autant plus sérieuse qu'elle s'exerce avec souplesse au sein des partis politiques et des institutions québécoises de divers ordres.

111.   Mais la majorité des participants, à nos rencontres régionales dans le Québec, se rattachait à une troisième tendance, qu'on pourrait appeler réformiste. Certains se contentaient de proposer des amendements plutôt mineurs à la constitution, comme serait la proclamation de l'égalité formelle des deux langues à Ottawa ; d'autres songeaient visiblement à obtenir la reconnaissance d'un statut particulier pour le Québec ; d'autres enfin proposaient de récrire complètement la constitution, en fonction de l'égalité des deux cultures. Mais ce qui nous a vraiment frappés, c'est que, sauf erreur, nous n'avons pas entendu un seul partisan avoué du statu quo. Tous les participants se sont déclarés plus ou moins mécontents de la situation du Canada français et du Québec dans la Confédération.

112.   Deux faits ont retenu notre attention à Chicoutimi et à Québec. D'abord aux deux endroits, des séparatistes se sont pratiquement emparés de la réunion publique. Quoique minoritaires, ils ont, par leurs méthodes d'intervention et par leurs bruyantes manifestations, presque réduit les autres participants au silence, ce qui surtout à Québec, a faussé le sens des séances publiques. Leurs interventions étaient prévisibles. Mais le second fait qui a surpris les commissaires, ce fut le comportement de ceux que, faute d'un meilleur terme, nous appellerons « les modérés ». Pour la plupart, ils se sont tus.

On peut donner à ce silence plusieurs explications : esprit offensif des séparatistes, simplisme désarmant de leur argumentation, supériorité dans toute assemblée d'un groupe organisé sur des participants individuels surtout quand ce groupe chahute ses adversaires. Mais il y avait là aussi, croyons-nous, un comportement dont le sens est symbolique : dans toute situation critique, les positions extrêmes prennent la vedette et rejettent dans l'ombre les opinions moins excitantes ou plus nuancées, celles-ci fussent-elles partagées par le plus grand nombre. On peut même parvenir peu à peu au phénomène classique des périodes révolutionnaires : la paralysie des « modérés ». Non seulement leur voix ne se fait-elle plus entendre dans les joutes oratoires, mais, même intérieurement, ils éprouvent de la difficulté à concevoir et à formuler des solutions pratiques, et ils abandonnent la place publique aux « furieux » ou aux « durs », parce qu'ils ont peur de ne plus être « dans le sens de l'histoire ».

Les incidents dont nous parlons n'avaient point cette gravité. Mais ils donnaient une idée de la tournure que pourraient prendre les événements si la crise s'envenimait.

113.   Dans le Québec nous avons, en effet, entendu une gamme d'opinions fort variées. Il serait imprudent d'essayer d'évaluer le poids de chacun dans l'état actuel de nos connaissances. Mais l'important, c'est qu'elles semblent toutes taillées dans une même étoffe. Et toutes ensemble, elles pèsent du même côté : dans le sens d'une plus grande reconnaissance de la « nation canadienne-française », d'un plus grand rôle de « l'Etat du Québec », d'une fonction vigoureusement accrue de la langue française, surtout dans le Québec. Les idées politiques sont constamment reliées aux réalités quotidiennes et à l'activité économique. La conscience des obstacles agit comme un stimulant, ou bien conduit à des conclusions absolues comme le séparatisme ou le quasi-séparatisme.

114.   Deux questions se trouvent ainsi posées dans une lumière particulière : celle des minorités françaises à l'extérieur du Québec et celle de la minorité anglophone du Québec. Deux solutions contradictoires se dégagent des propos que nous avons entendu :

— ou bien l'on propose d'obtenir pour les minorités françaises un statut équivalent à celui que possèdent déjà les anglophones au Québec, statut qui serait respecté ;

— ou bien l'on cesse de se préoccuper des minorités françaises et l'on songe à imposer aux anglophones québécois une situation analogue à celle que subissent aujourd'hui les minorités françaises.

Ces déclarations ne vont pas sans inquiéter les divers groupes qui en sont l'objet... Quant aux minorités françaises des autres provinces, nous avons souvent constaté qu'elles semblaient décontenancées par l'évolution du Québec : ne risquent-elles pas d'être livrées à elles-mêmes et de subir les répercussions d'une conduite assez cavalière ?

115.   On est ainsi amené à reconnaître l'importance réelle et symbolique des minorités françaises :

— importance réelle, car il s'agit de plus de 850,000 êtres humains dont la langue maternelle est le français. Les commissaires se sont parfois étonnés de la légèreté avec laquelle quelques participants du Québec semblaient considérer le sort de ces hommes de langue française, qu'on trouve dans chacune des provinces canadiennes, et qui, en particulier, forment plus d'un tiers de la population dans le Nouveau-Brunswick, et un groupe de 425,000 individus dans l'Ontario, *

— importance symbolique pour l'avenir du Canada. Car d'une part, les minorités françaises sont déjà l'un des facteurs importants du bilinguisme à travers le pays : et elles le deviendront bien davantage si on leur en fournit les moyens. D'un autre côté, ces minorités ont toujours été un lien entre le Québec et les autres provinces canadiennes. En ce sens, on peut dire que ces minorités occupent une position clef au Canada, et qu'ainsi elles ont représenté jusqu'ici pour le pays une force de cohésion. Elles ratta-chaient les Canadiens français du Québec au reste du Canada pour des motifs spécifi-quement canadiens-français. En outre, les Québécois ont toujours eu tendance à regarder la façon dont ces minorités étaient traitées dans leurs provinces comme l'un des signes sensibles du refus ou de l'acceptation, par les Canadiens de langue anglaise, de la dualité canadienne. Si donc les Québécois francophones allaient se désintéresser du sort des minorités françaises, et si en particulier ils adoptaient cette attitude parce qu'à leur avis le Canada de langue anglaise empêcherait celles-ci de vivre, alors, les tendances séparatistes risqueraient d'être stimulées d'autant.

116.   Bref, le problème se trouve actuellement posé de la façon la plus radicale : les Canadiens français vont-ils se concevoir eux-mêmes comme un Canada français centré sur le Québec, mais vitalement solidaire de sa diaspora, ou comme une société exclusi-vement québécoise ? C'est un problème qu'ils résoudront d'abord eux-mêmes, mais très certainement en fonction des attitudes adoptées par le Canada de langue anglaise. Ceci nous ramène à la notion centrale des *partenaires égaux* d. Aux rencontres, quand un participant croyait à la réalisation éventuelle de cette égalité, il s'exprimait comme un « modéré » et recherchait, au sein de la Confédération, de nouveaux modes d'ajuste-ment. Celui qui ne croyait pas à l'égalité se proclamait séparatiste ou exprimait des vues quasi-séparatistes. Quant aux autres, leur foi dans le fédéralisme variait selon leur attitude devant la notion d'égalité.

117.   Les Canadiens de langue anglaise voyaient la situation d'une façon tout à fait différente. Ils ne pouvaient guère comprendre les sentiments et les idées qui agitent le Québec. Presque tous nous ont semblé satisfaits de la Confédération. La majorité d'entre eux estimaient qu'il est à peine, ou pas du tout nécessaire, d'apporter des

---

*   On trouvera à l'appendice V, aux tableaux 5, 6a et 6b, des statistiques sur la popu-lation française du Canada, par province. [Note des auteurs du rapport.]

d. Dans l'introduction générale de leur rapport, les commissaires ont développé la notion du principe d'égalité (ou *equal partnership*). *Rapport de la Commission royale d'enquête sur le bilinguisme et le biculturalisme*, livre I, p. XXIX-XXXVIII.

modifications importantes aux relations qui existent entre eux et leurs compatriotes d'expression française.

Il était évident que la plupart des anglophones se préoccupent beaucoup moins que les francophones des questions que pose la dualité canadienne. D'autres problèmes semblent occuper leur esprit bien davantage. En général, ils paraissaient s'intéresser vivement aux affaires et à la vie économique de leur localité. Ils aiment les réalisations tangibles et les objectifs pratiques. Les améliorations à apporter au bien-être et à l'enseignement, aux organisations sociales et économiques, ainsi que les problèmes internationaux : voilà ce qui retient surtout leur attention.

Lors de nos réunions, les intérêts provinciaux et régionaux se sont fortement manifestés. En effet, le manque d'information, tant sur le Québec que sur d'autres régions, nous a parfois frappés, de même que la difficulté éprouvée par plusieurs à envisager les problèmes importants d'un point de vue canadien, plutôt que régional. Néanmoins, il nous a semblé que, pour la plupart des Canadiens anglophones, Ottawa représente le « gouvernement national » beaucoup plus que pour les Québécois francophones.

Le voisinage américain est un autre sujet de préoccupation pour les Canadiens de langue anglaise. Pour certains, ce pays offre l'image d'une société riche et stimulante qu'on devrait imiter. D'autres le regardent comme une menace à l'indépendance, vu que les Américains possèdent et dominent dans une large mesure l'industrie canadienne. Les Etats-Unis, frappent le voyageur. C'est ainsi que les habitants de ces régions se sentiraient plus près des Américains que des Canadiens français ; quelques-uns ont laissé entendre que leur province pourrait bien décider de s'unir aux Etats-Unis si les relations avec le Québec empiraient. Dans l'ensemble, l'assurance des Québécois francophones, lorsqu'ils envisagent l'avenir de leur propre société, a semblé plus grande que celle des anglophones quant au maintien de l'identité canadienne.

....

121. A l'heure actuelle, la minorité anglophone du Québec est dans une situation particulière et elle a des inquiétudes qui lui sont propres. Contrairement aux minorités françaises, ou autres, personne chez elle ne peut prétendre parler en son nom pour signifier ses besoins et protéger ses intérêts. Comme elle dirige son système d'enseignement, ses institutions industrielles et surtout financières, cela ne lui a pas été nécessaire jusqu'ici. Il est clair qu'une grande variété d'opinions et de sentiments agitent ce groupe. Certains semblent penser et agir comme si rien ne s'était produit dans leur province, au cours des cinq dernières années ; d'autres sont profondément préoccupés de leur avenir. Le nombre de ceux qui prennent des leçons de français monte en flèche. Quelques individus, sympathiques au renouveau actuel, croient que l'évolution rapide du Québec a quelque chose de fascinant et présage de grandes réalisations. Selon nos renseignements, rares sont ceux qui ont quitté ou songent à quitter la province, et il semble que le monde des affaires en général jouisse d'une prospérité croissante.

Nous n'avons tenu que des réunions privées à Montréal, où résident la plupart des Québécois anglophones. De ces brefs contacts se dégagent de nouvelles impressions. Nous avons constaté que les Canadiens français de Montréal estiment tout à fait inacceptable que « la deuxième plus grande ville de langue française au monde » ait encore un visage anglais, que le commerce s'y fasse surtout en anglais, qu'elle soit tellement dominée par une élite économique canadienne-anglaise. Par ailleurs, les Montréalais anglophones savent que les Canadiens français sont loin d'être les seuls à avoir joué un rôle prédominant dans la croissance de la ville. Présentement, ceux dont l'origine ethnique ou la langue maternelle sont autres que française constituent plus du tiers de la population dans la région métropolitaine. Parmi eux, certains appartiennent à des familles qui s'établirent à Montréal vers le milieu du dix-neuvième siècle, alors que la présence anglaise s'y faisait sentir beaucoup plus qu'aujourd'hui. * Nous croyons que Montréal en particulier doit faire l'objet de recherches détaillées.

122. Les anglophones du pays manifestent à l'égard du Canada français les attitudes les plus variées. Certains, apparemment peu nombreux, ont des opinions extrêmes mais de caractère contradictoire. On a déploré, notamment, qu'il y ait des Canadiens français au Canada et que le français y soit reconnu comme langue officielle. D'autres désirent faire de l'anglais la seule langue courante. Quelques-uns nous ont dit : « Que le Québec se sépare, s'il le veut. Nous n'en serons que mieux ». La plupart de ces extrémistes semblaient croire que « la conquête » a déterminé à jamais les relations entre anglophones et francophones au Canada. Souvent, on englobait dans une même hostilité les Canadiens français et l'Eglise catholique.

Une autre opinion, à laquelle nous avons fait allusion, c'est que le français est appelé à disparaître à la longue, au Canada, comme langue de communication. L'îlot français, croit-on, ne saurait éviter d'être assimilé graduellement par la culture et la langue de l'Amérique du Nord. Certains de ceux qui favorisent présentement un usage plus courant du français partagent cet avis. Il semble que d'une génération à l'autre, en invoquant chaque fois des arguments nouveaux, beaucoup de gens continuent d'espérer que cette anglicisation massive est « just around the corner » sur un continent qui fut « le cimetière de tant de langues et de cultures ».

Cette illusion a ses lettres de noblesse. Elle obtint l'adhésion de Lord Durham, il y a cent vingt-six ans. Le lord commissaire proposait une politique d'anglicisation qui inspira partiellement l'Acte d'Union, en 1840, et qui échoua. A cette époque, il y avait un demi-million de Canadiens français ; ils sont aujourd'hui plus de cinq millions.

Ceci est en opposition aiguë avec le sentiment de la majorité des Canadiens français — sauf, peut-être, de certains séparatistes québécois qui optent pour la sécession, de crainte précisément que le régime confédératif n'aboutisse à l'anglicisation du Canada français. Si cette angoisse vitale s'emparait du Québec, on peut croire que celui-ci presque entier se ruerait vers le séparatisme.

123. Il nous a semblé qu'en général les anglophones avaient des opinions modérées. Ils n'ont aucune animosité envers les Canadiens français. Ils aimeraient que ces derniers soient heureux et participent intensément à l'expansion du Canada. Ils éprouvent beaucoup de respect pour la langue française, et ils voudraient qu'un plus grand nombre de

---

* Le Recensement fédéral de 1961 montre que dans la région métropolitaine de Montréal, 35.8 % de la population est d'origine ethnique autre que française, et que pour 35.2 % des gens, la langue maternelle n'est pas le français. Ne pas être Français n'implique pas que l'on fasse automatiquement partie du « Montréal anglophone », bien qu'historiquement les immigrants aient tendance à s'assimiler au milieu anglo-canadien plutôt qu'au milieu canadien-français. Dans la région métropolitaine, la proportion des Montréalais d'origine britannique est de 17.9 % et de 23.4 % pour ceux dont la langue maternelle est l'anglais. Par ailleurs, en 1861, à l'apogée de la présence anglaise à Montréal, le recensement donne les pourcentages suivants : d'origine britannique, 50 % ; d'origine française, 48.2 % et d'autres origines ethniques, 1.8 %. Notons que ces chiffres de 1861 ne valent que pour la ville même et non pour sa région métropolitaine. Leur exactitude est contestable. [Note des auteurs du rapport.]

jeunes Canadiens anglophones apprennent mieux le français. Ils paraissent renversés et souvent blessés par les nouvelles en provenance du Québec.

Il est tragique de constater combien peu les Canadiens de langue anglaise sont conscients des sentiments et des aspirations des Canadiens français. Très peu sont parvenus à saisir les problèmes que le renouveau québécois pose à tous les Canadiens.

Nous ne voulons pas, cependant, peindre un tableau plus sombre que nature. A chaque réunion, nous avons entendu des observations remarquables par la connaissance du Québec et du Canada qu'elle révélaient. Partout, se sont levés des participants, souvent des jeunes, capables d'expliquer la situation, et de juger lucidement les changements en cours, au Québec. Nous avons eu l'impression que cet esprit de compréhension est en progrès chez les anglophones. Beaucoup de ceux qui n'ont pas encore saisi la nature de ces problèmes semblent vouloir en connaître les causes profondes et se demander quels changements s'imposent.

Il faudrait ajouter que certains font porter à la fois sur les anglophones et les francophones la responsabilité de la crise actuelle. Ils croient, d'une part, que les Canadiens de langue anglaise ont été moins que justes et que, d'autre part, les francophones du Québec sont eux-mêmes responsables de bon nombre de leurs propres difficultés. Pour prouver ce dernier point, on a fait état de la vague d'autocritique qui sévit au Québec.

Il nous a toutefois paru évident, comme nous l'avons déjà signalé, que la plupart des anglophones se méprennent sur la nature des problèmes soulevés par le Canada français contemporain. Pour un très grand nombre, le Canada apparaît essentiellement comme un pays de langue anglaise, avec une minorité francophone à laquelle on a accordé certains droits restreints. En général, ils ne semblent pas, jusqu'ici, avoir compris ou être prêts à accepter les conséquences de « l'égalité des deux peuples » [e].

---

e. *Rapport préliminaire de la Commission royale d'enquête sur le bilinguisme et le biculturalisme*, Ottawa, Roger Duhamel, Imprimeur de la reine, 1965, 209 pages.

Document n° 112

1965 — LA LANGUE AU QUÉBEC : L'ÉTAT DOIT AGIR

Le gouvernement libéral de Jean Lesage, arrivé au pouvoir en juin 1960 dans un climat de changement et de réforme, n'a pris sur le plan linguistique que quelques timides mesures en faveur du français. Apparaît toutefois significative et pleine de promesses la création en mars 1961 du ministère des Affaires culturelles et de l'Office de la langue française qui lui était rattaché. D'abord dirigé par Georges-Émile Lapalme qui a eu le mérite d'en jeter les bases, ce ministère a été confié en 1964 à Pierre Laporte dont le séjour aux Affaires culturelles fut marqué par la préparation d'un important livre blanc sur la politique culturelle.

Ce document déborde largement le strict plan linguistique — il accorde notamment une large place aux questions artistiques et littéraires —, mais comporte néanmoins sur ce sujet un chapitre entier (reproduit plus bas) dont l'idée fondamentale est qu'il faut faire du français la langue prioritaire (ou prépondérante) du Québec, c'est-à-dire « la première langue de pensée, d'expression et de communication dans toutes les activités collectives de la majorité francophone » (p. 48). Mais en plus de ce traitement spécial de la question linguistique, les auteurs du livre blanc ont énoncé certains principes généraux susceptibles de guider l'action de la collectivité québécoise en matière de langues. On relève notamment les idées-forces suivantes :

— L'Etat a des devoirs en matière culturelle. Il a notamment celui de défendre la culture nationale, entendu comme l'obligation de protéger et de promouvoir cette culture (p. 17).

— Ce devoir est particulièrement impérieux dans le cas du Québec, foyer national et point d'appui [a] *d'un peuple prématurément coupé de ses sources, réduit aujourd'hui aux dimensions d'une petite minorité sur un continent étranger qui lui impose implacablement une profonde et dangereuse intégration sur les plans commercial et industriel (p. 21).*

— L'Etat du Québec est l'incarnation politique de la nation canadienne-française *(p. 4) et il est le seul à pouvoir éviter la disparition de la culture française au Canada. Cela donne à l'Etat québécois, conformément à l'entente de 1867, des responsabilités prioritaires dans la défense de la culture française aussi bien au Québec que dans l'ensemble du Canada (p. 24 et 42). Le gouvernement fédéral, qui demeure fondamentalement celui des Anglo-Canadiens (p. 26), ne saurait avoir à cet égard qu'un rôle marginal (p. 24). Ce rôle prioritaire reconnu à l'Etat du Québec s'applique également aux relations culturelles avec les autres pays de langue et de culture françaises. Le gouvernement du Québec doit donc* assumer pleinement la responsabilité *des relations culturelles avec ces pays (p. 41).*

— La culture s'entend d'abord ici dans son sens anthropologique de civilisation *(p. 10 et 13). Elle englobe en conséquence plusieurs éléments (histoire, art et littérature, folklore, système de valeurs, techniques, institutions sociales etc.) au premier rang desquels se trouve la langue. La question linguistique apparaît ainsi comme la clef de voûte du destin culturel des Canadiens français (p. 39).*

— Le bilinguisme est, en soi, pour l'individu, facteur de culture. Mais il devient condamnable lorsqu'il est imposé en tant que fait social contraignant *(p. 36). La mise en garde que font à cet égard les auteurs du document est sans équivoque : « Le pluralisme culturel [...], s'il peut être un enrichissement pour l'Européen qui ne cesse pour autant d'être d'abord Français, Allemand, Belge ou Italien, risque bien, dans les conditions présentes, d'être finalement, pour les Canadiens-français du Québec, synonyme d'exil culturel à l'intérieur de leurs propres frontières » (p. 32).*

---

a. Tous les soulignés dans la notice sont de nous. Ils ont pour but de faire ressortir certains mots-clés du livre blanc.

— Les campagnes de « bon parler français » sont absolument insuffisantes pour régler le problème linguistique des Canadiens français, problème d'une gravité exceptionnelle *(p. 28). Il faut au contraire remodeler toutes les activités sociales et ce conformément au génie français : « Il est fondamental que [...] ce soit la culture d'expression française qui devienne aux yeux des Québécois l'outil principal du progrès financier, industriel, commercial et scientifique » (p. 35). Telle doit être* la ligne de force de la politique linguistique de l'Etat québécois.

* * *

Le livre blanc sur la politique culturelle, dont on parlait encore jusqu'à une date récente (1969), est demeuré inconnu du public, le chef du gouvernement d'alors en ayant interdit la publication et même la discussion en conseil des ministres. Cette attitude de Jean Lesage s'explique mal, vu le caractère modéré du chapitre consacré spécialement à la langue (respect du statut officiel de l'anglais, recours aux seules mesures incitatives...). Mais peut-être ce dernier a-t-il pris ombrage de l'esprit qui anima les auteurs du livre blanc et que traduisent bien les principes généraux énoncés plus haut.

LA LANGUE

1. Le français canadien, parler régional et de surcroît anglicisé, est un facteur d'isolement pour le peuple du Québec : il ne peut servir qu'imparfaitement de moyen de communication avec le monde francophone et avec les étrangers qui ont appris la langue commune. De plus, même au sein de la collectivité québécoise, le franco-canadien ne peut pas être une grande langue de culture ; la vérité est que, dès qu'on se situe à un certain niveau de culture, on est obligé de recourir à la langue commune. Il n'est propre, au vrai, ni pour les réalités culturelles ni pour la civilisation des techniques. D'autre part, l'école ne permet pas à la population du Québec d'accéder pleinement au français langue commune ; non seulement elle propage le franco-canadien, mais elle l'accrédite. La presse, la radio-diffusion et la télévision contribuent elles aussi à répandre le français canadien. En outre — et c'est l'avis de la Commission consultative de l'Office de la langue française — l'étude de l'anglais, dans les cas où elle est prématurée, a porté et porte encore préjudice à la connaissance du français langue maternelle. Il n'est pas besoin d'insister non plus sur les méfaits de la traduction, trop souvent obligatoire, qui anglicise non seulement le vocabulaire mais, qui pis est, la pensée : dépêches de presse, réclame, affiches, raisons sociales entre autres. Ce qui est plus grave encore, c'est que le milieu socio-économique ne favorise pas le recours aux ressources du français langue commune ; ainsi le français a perdu, au Québec, le réflexe de recourir à son fonds propre pour nommer les réalités nouvelles. Et cela s'étend à tous les domaines de l'activité technique et scientifique dans la société québécoise. Une telle situation — anormale et pour l'individu et pour la société — doit être corrigée sans délai, sinon le français continuera de se dégrader pour, à plus ou moins longue échéance, disparaître.

2. Il appartient donc aux Pouvoirs publics de prendre les mesures nécessaires pour imprimer à la société québécoise une orientation nouvelle qui favorise, dans tous les domaines de l'activité humaine, le développement normal de la langue française. Sans quoi, il serait illusoire d'aspirer à restaurer le français au Québec. En d'autres termes, c'est à l'Etat d'élaborer une politique linguistique — réaliste et cohérente — et d'en faire un des facteurs principaux de l'évolution de la collectivité québécoise fran-

cophone. Aussi nous estimons que le gouvernement du Québec doit faire siens les deux principes d'action fondamentaux que voici : prendre les moyens nécessaires pour que le français devienne effectivement *la langue prioritaire* au Québec ; prendre aussi toutes les dispositions utiles pour y assurer la normalisation progressive du français, écrit et parlé.

3. Le premier objectif, fondamental, ne pourra être atteint que si le gouvernement du Québec trouve les moyens d'assurer au français, outre le statut de langue officielle qu'il partage avec l'anglais, la situation prépondérante qui devrait normalement correspondre à son rôle de langue de la majorité.

4. Comme langues officielles, l'anglais et le français sont sur un même pied du point de vue de l'Etat. En conséquence, il faut admettre en principe que toutes les personnes et les institutions privées auront le droit de traiter entre elles légalement dans l'une ou l'autre langue ; que les débats parlementaires et que les causes portées devant les tribunaux pourront être conduites dans l'une ou l'autre langue ; que les citoyens d'expression anglaise et française pourront disposer d'un système d'enseignement complet dans leurs langues respectives et que ces systèmes recevront de l'Etat un appui proportionnellement égal.

5. Ce qui touche au caractère officiel du français et de l'anglais étant reconnu, il est d'intérêt primordial pour la collectivité canadienne-française que l'Etat québécois confère au français le statut de langue prioritaire. Il apparaît dès lors nécessaire de constituer une commission d'étude chargée d'explorer les moyens et les domaines d'une action gouvernementale orientée vers cette fin. Le français sera langue prépondérante au Québec lorsqu'il sera la première langue de pensée, d'expression et de communication dans toutes les activités collectives de la majorité francophone, la version en langue anglaise intervenant pour la commodité de la minorité anglophone. « Langue prioritaire » signifie notamment, dans la pratique, que dans les services publics, dans les services administratifs, voire dans certaines entreprises privées, le français sera la langue première d'élaboration des documents de travail, de communication entre les cadres et les agents d'exécution. Il sera normalement, en outre, la langue première des activités syndicales, en particulier des conventions collectives.

6. Pour garantir l'exécution de ce programme, le gouvernement du Québec se doit d'autoriser l'Office de la langue française à assurer, dans tous les secteurs de l'activité humaine, l'implantation du français langue commune. Il se doit également de doter l'Office de la langue française de cadres qui puissent, de concert avec la direction de la Fonction publique, le patronat et les employés, entre autres, élaborer une doctrine d'action correspondant aux objectifs de l'Etat, gardien de la langue de la majorité québécoise francophone et initiateur de sa revalorisation. Afin de pouvoir agir concurremment avec tous les intéressés, l'Office de la langue française verra à organiser des journées d'information, des colloques, à créer des comités de liaison avec les organismes administratifs, les organisations syndicales et professionnelles. Il verra en outre à établir des lexiques français et des glossaires anglais-français normalisés. Pour assurer la diffusion maximale de ces travaux lexicographiques, il conviendrait de créer le plus tôt possible un Centre de terminologie proprement dit ; il est à propos de faire observer qu'existent depuis deux ans, au sein de l'Office, un Service de terminologie et un Centre de documentation doté d'une bibliothèque hautement spécialisée et qui met déjà à la disposition du public une abondante documentation. Le Centre serait chargé des liaisons avec les organismes publics et privés intéressés aux questions de terminologie ; ces liaisons prendraient la forme de comités d'étude des terminologies. Le Centre publierait notam-

ment un bulletin d'information, des fiches analytiques et signalétiques et échangerait ses publications et les résultats de ses études et de ses recherches avec tous les organismes publics et privés, québécois, canadiens et étrangers, qui poursuivent une action parallèle. Le gouvernement pourrait créer une commission permanente qui serait composée de fonctionnaires du ministère de l'Education et du ministère des Affaires culturelles ; cette commission veillerait à ce que l'enseignement de l'anglais langue seconde « ne fausse pas la perspective dans laquelle le Québec doit figurer par rapport au monde anglo-saxon » [1].

7. Conformément au second objectif fondamental énoncé plus haut, les Pouvoirs publics prendront toutes les dispositions utiles pour assurer la normalisation progressive du français, écrit et parlé au Québec, d'après l'usage le plus général du monde francophone. L'Office de la langue française a besoin d'un service de recherches et d'études linguistiques qui, en étroite collaboration avec des linguistes québécois et étrangers, veillera à l'application de la norme du français, écrit et parlé, qui a été établie par l'Office de la langue française [b]. De plus, le gouvernement du Québec prescrira, conformément à l'article 15 de la loi créant le ministère des Affaires culturelles, à tous les organismes de l'Administration québécoise de travailler, en collaboration avec l'Office de la langue française, à redresser et épurer la langue administrative, juridique, législative, parlementaire ; et il créera une commission permanente groupant le directeur de l'Office de la langue française, le chef du service de recherches et d'études linguistiques, les membres de la Commission consultative de l'Office de la langue française et des fonctionnaires du ministère de l'Education. Cette commission sera chargée de prendre toutes les dispositions pour que soit améliorée, tant chez les enseignants que dans les manuels scolaires, la qualité du français, de façon à réduire au minimum l'écart entre l'usage québécois et l'usage le plus général du monde francophone. Comme les faits linguistiques ne peuvent être envisagés indépendamment des faits sociologiques, le gouvernement du Québec constituera une commission de sociologie qui mènera des enquêtes sur la motivation du français langue commune pour les Québécois et sur leurs attitudes devant le phénomène linguistique. Cette commission travaillera en étroite collaboration avec la Commission consultative de l'Office de la langue française. Le gouvernement du Québec se doit également d'accorder une attention toute spéciale à l'implantation du français en tant que langue commune et de communication internationale dans la presse de langue française, dans la réclame, les petites annonces, dans les stations de radiodiffusion et de télévision de même que dans l'affichage et les raisons sociales françaises. Il est essentiel que l'Office de la langue française puisse informer les collectivités et les citoyens en développant ses publications. Le gouvernement du Québec veillera à assurer la diffusion d'ouvrages et de revues scientifiques et techniques de langue française dans les services administratifs et dans les bibliothèques publiques et municipales.

8. Pour la réalisation de ce programme, il est nécessaire de recruter des linguistes, des grammairiens connaissant au moins deux langues, des fonctionnaires des cadres moyens.

SOMMAIRE

1. VU L'ETAT PERILLEUX OU SE TROUVE DANS LE QUEBEC LA LANGUE DE LA MAJORITE, LE FRANÇAIS, LE GOUVERNEMENT CONFERERA A CETTE LANGUE LE STATUT DE LANGUE PRIORITAIRE.

---

1. Avis de la Commission consultative de l'Office de la langue française (8 novembre 1963).
b. Voir le document n° 113.

2. TOUS LES ORGANISMES DE L'ADMINISTRATION QUEBECOISE COOPERERONT AU TRAVAIL DE L'OFFICE DE LA LANGUE FRANÇAISE.

3. UNE COMMISSION PERMANENTE COMPOSEE DE FONCTIONNAIRES DE L'OFFICE DE LA LANGUE FRANÇAISE ET DU MINISTERE DE L'EDUCATION VERRA A AMELIORER LA QUALITE DU FRANÇAIS DANS L'ENSEIGNEMENT.

4. LE MINISTERE DES AFFAIRES CULTURELLES CREERA, AU SEIN DE L'OFFICE DE LA LANGUE FRANÇAISE, UN SERVICE DE RECHERCHES ET D'ETUDES LINGUISTIQUES, UN CENTRE DE TERMINOLOGIE, UNE COMMISSION DE SOCIOLOGIE ET UN SERVICE DE L'AFFICHAGE, DE LA RECLAME ET DES RAISONS SOCIALES.

5. LE MINISTERE DES AFFAIRES CULTURELLES CONTINUERA A ACCORDER AUX LINGUISTES QUEBECOIS LES SUBVENTIONS NECESSAIRES A LEURS RECHERCHES, A LEURS ENQUETES ET A LA PUBLICATION DE LEURS TRAVAUX.

Document n⁰ 113

1965 — FRANÇAIS INTERNATIONAL OU FRANÇAIS RÉGIONAL : QUÉBEC FAIT SON CHOIX

Créé par une loi de 1961 (9-10 Éliz. II, c. 23), l'Office de la langue française est un organisme gouvernemental rattaché au ministère des Affaires culturelles et chargé de la normalisation, de la promotion et de la diffusion du français au Québec. L'Office, qui a à sa tête un directeur [a], ne dispose d'aucun pouvoir de contrainte. Il ne peut donc commander, mais seulement conseiller et tenter de convaincre.

Les missions de l'Office, définies de façon vague par la loi de création — « veiller à la correction et l'enrichissement de la langue parlée et écrite » (art. 14) —, ont été précisées en 1969 par le bill 63 [b]. Cette loi, en effet, confie à l'O. L. F. la mission de conseiller le gouvernement sur les mesures à prendre pour faire du français la langue d'usage au travail et la langue prioritaire dans l'affichage public. Elle fait également de l'Office une sorte d'ombudsman de la langue en lui conférant des pouvoirs d'enquête et de recommandation concernant le droit à l'usage du français comme langue de travail.

L'Office de la langue française s'acquitte de ses missions de la façon suivante :

Normalisation. *Avec le concours d'une commission consultative créée en 1963 et composée de linguistes et de grammairiens n'appartenant pas à la fonction publique, l'Office a défini la Norme du français écrit et parlé au Québec (reproduite plus bas) publiée en 1965. Il a également arrêté une liste de soixante-deux canadianismes de bon aloi [c] publiée en 1969.*

Lexicologie. *L'Office constitue depuis plusieurs années une banque de mots portant sur différents aspects de l'activité humaine.*

Langue administrative. *Dans la lutte pour la défense du français, l'État doit prêcher d'exemple. L'Office veille donc à corriger la langue des textes législatifs et administratifs. Pour aider l'Office dans l'accomplissement de cette tâche, le gouvernement a créé, par décret du 20 août 1967, un organisme de coordination interministérielle, appelé Comité d'étude de la langue administrative (C. E. L. A.).*

Promotion et diffusion du français. *L'Office cherche à atteindre tous les milieux pour les sensibiliser à l'usage du français, leur fournir les moyens de l'utiliser et les conseiller en ce sens. Déjà plusieurs vocabulaires ont été diffusés par l'Office sous forme de cahiers : mentionnons entre autres le* Vocabulaire des assurances sociales *(1968), le* Vocabulaire des élections *(1970), le* Vocabulaire bilingue de la radio et de la télévision *(1970) et le* Vocabulaire de l'astronautique *(1971). Dans l'accomplissement de cette tâche, l'Office s'appuie sur un réseau de bureaux régionaux de diffusion du français (ou B. R. D. F.), organismes semi-autonomes et para-gouvernementaux qu'il a mis en place en liaison avec les groupes régionaux qui s'intéressent à l'amélioration de la*

---

a. Depuis sa création, l'Office a connu trois directeurs : Jean-Marc Léger (1961-1963), Maurice Beaulieu (1963-1971), Gaston Cholette (depuis mars 1971).

b. Voir le document n⁰ 118.

c. *Canadianismes de bon aloi, Cahiers de l'Office de la langue française,* n⁰ 4, gouvernement du Québec, 1969, 37 pages.

langue française au Québec. L'importance croissante prise par le B. R. D. F. de Mont-réal s'explique par l'effort de promotion du français dans les milieux économiques.

Ouverture vers l'extérieur. D'une part, l'Office s'appuie sur la France et les pays de la francophonie. Il entretient notamment des rapports suivis avec l'Association française de normalisation (AFNOR), le Comité d'étude de termes techniques français et le Haut comité pour la défense et l'expansion de la langue française. D'autre part, l'Office se tient à la disposition du gouvernement central et des gouvernements des provinces anglaises du Canada. Des projets ont ainsi été mis en chantier en collaboration avec des ministères fédéraux.

PREAMBULE

Toute collectivité, bon gré mal gré, consciemment ou non, est amenée à se donner des normes. Cela est vrai de tous les domaines de l'activité humaine en général et de celui de la langue en particulier.

Parmi les divers usages linguistiques d'une même communauté, il y en a toujours un qui prend le pas sur les autres dans certains domaines, tels que l'enseignement, l'administration, la justice, et c'est à partir de cet usage que se constitue la norme [1].

Développement interne

Toute langue est un ensemble de représentations qui relèvent à la fois de la grammaire et du vocabulaire, et par lequel s'exprime la mentalité du groupe qui parle cette langue. Dans son développement, une langue obéit à une impulsion qui correspond aux exigences mentales et aux habitudes linguistiques des sujets parlants.

Dès l'instant où, pour des raisons historiques, géographiques, économiques, psychologiques ou autres, cette impulsion vient du dehors, on peut dire que la langue est entrée dans une phase critique de son développement. La communauté linguistique doit alors se considérer en état d'alerte.

Personne ne contestera que, dans le Québec, telle est bien la situation, et que, parmi les facteurs de dégradation auxquels il vient d'être fait allusion, l'absence de motivation socio-économique pour l'emploi du français est le plus nocif. (Cette question mériterait d'ailleurs une étude distincte.)

Nécessité de la norme

L'Office estime que, pour résister aux pressions énormes qu'exerce sur le français du Québec le milieu nord-américain de langue anglaise, il est indispensable de s'appuyer sur le monde francophone : cela veut dire que l'usage doit s'aligner sur le français international, tout en faisant sa place à l'expression des réalités spécifiquement nord-américaines.

Ainsi, la norme qui, au Québec, doit régir le français dans l'administration, l'enseignement, les tribunaux, le culte et la presse, doit, pour l'essentiel, coïncider à peu près entièrement avec celle qui prévaut à Paris, Genève, Bruxelles, Dakar et dans toutes les grandes villes d'expression française.

---

1. L'observation de cette norme dans les domaines mentionnés ci-dessus ne doit pas faire oublier l'existence des niveaux de langue.

La norme ainsi conçue doit s'étendre à tous les aspects de la langue : morphologie, syntaxe, phonétique, lexique ; mais pour ce qui est des deux premiers, qui sont d'ordre structural, la variation doit être inexistante. En effet, la morphologie et la syntaxe constituent l'armature de la langue.

Quant à la phonétique, qui est également d'ordre structural, la marge de variation doit être minime et ne tenir compte que de très légères différences d'accent qui s'expliquent par des raisons d'ordre géographique.

Phonétique

En effet, si l'on définit l'accent comme l'impression d'ensemble qui résulte des particularités de prononciation caractéristiques d'une nation ou encore des habitants d'une province par rapport à un parler choisi comme norme, il est à peu près inévitable que l'éloignement géographique entraîne des différences de prononciation, de rythme, d'intonation et d'inflexions expressives.

Mais il ne faut pas se prévaloir de ces différences pour adopter une position qui irait à l'encontre d'une unité linguistique désirée et souhaitable à tous égards : l'alignement phonétique sur la norme doit être aussi rigoureux que possible et doit rester l'idéal à atteindre.

Cependant, il faut ici distinguer entre l'orthoépie et l'orthophonie, c'est-à-dire entre la répartition et l'utilisation des sons dans les mots, d'une part, et la réalisation articulatoire de ces mêmes sons, d'autre part.

Du point de vue orthoépique, les mots du français au Canada doivent être d'une façon presque absolue, phoniquement conformes au modèle fourni par la langue normative : il est tout à fait inacceptable de prononcer « swer » pour « swar » (soir), alors qu'il suffit de substituer la voyelle « a » à la voyelle « è » pour rejoindre l'usage actuel ; de même la suppression d'un « t » final permet de prononcer correctement « nui(t) », « po(t) », au lieu du vulgaire et provincial « nuit » ou « pot ». Cet alignement phonique sur le français normal constitue une exigence première et primordiale pour qui veut parler correctement notre langue.

Quant aux hésitations qui peuvent se présenter pour l'utilisation de tel ou tel son dans certains mots, elles ne doivent être que celles de la langue normative, laquelle n'est jamais parfaitement fixée ; par exemple, il y a flottement sur la prononciation des consonnes finales, que tantôt on fait sonner, tantôt on laisse muettes, dans « exact » ou « suspect ». Il existe donc une petite marge de jeu dans la fidélité à la norme orthoépique, mais, encore une fois, elle ne peut s'appliquer qu'à un petit groupe de mots, qui apparaît comme résiduel par rapport à la masse du vocabulaire.

La conformité au modèle normatif ne doit pas être moins grande dans la réalisation des sons qui composent le système phonique du français. Nous devons nous efforcer d'en produire les trente-six phonèmes avec la plus grande pureté possible. Mais nos prononciations vicieuses, notre relâchement articulatoire, et d'autres facteurs d'ordre culturel ou social nous écartent considérablement de la bonne voie à suivre en ce domaine. Trop nombreux sont les sons que nous réalisons de façon défectueuse : consonnes assibilées (ts-dz) au lieu de (t-d), ou palatalisées (k'-g-n') au lieu de (k-g-n), ou désarticulées (h) au lieu de (ch-j) ; voyelles trop ouvertes et souvent diphtonguées comme (è-a-eu), nasales au timbre trop grêle et trop nasillards, etc. Ce sont autant d'exemples de prononciations vicieuses qui exigent un travail de redressement articulatoire.

Quant à notre relâchement articulatoire dans le discours, si opposé à la netteté qui caractérise de façon toute particulière l'élocution en français normal, il est absolument inacceptable. Sur ce point, nous n'imiterons jamais de trop près le modèle. Mais cet effort d'alignement, si grand soit-il, laissera subsister sans aucun doute certaines différences d'accent, qui tiennent, soit à des prononciations particulières, soit surtout à une allure de parole — débit, intonation, inflexions expressives — dont le fondement est d'ordre social et culturel.

Ces différences, si elles restent légères, sont les seules acceptables.

Lexique

C'est dans le seul domaine du lexique qu'il est possible d'accepter des divergences, à la condition que les termes ainsi introduits soient construits selon la logique interne de la langue française, ne fassent pas double emploi avec des mots déjà existants — dont ils entraîneraient l'oubli à plus ou moins brève échéance — et servent à désigner des réalités nord-américaines pour lesquelles le français international n'a pas de termes appropriés.

Dans le champ des divergences lexicales, on peut distinguer deux secteurs : celui des canadianismes et celui des anglicismes.

Canadianismes

Il faut éviter de considérer comme canadianismes de bon aloi les mots dialectaux ou patois conservés dans la langue du peuple. De tels vocables, même s'ils sont encore vivants dans telle ou telle province française d'où sont originaires les Canadiens français doivent être remplacés dans l'enseignement par les mots de la langue commune, le but de l'enseignement n'étant pas d'entériner ou de répandre tel mot patois, mais de faire apprendre le mot en usage dans le français du vingtième siècle.

Les canadianismes de bon aloi à retenir dans la langue de l'enseignement et de l'administration se rapportent à des réalités canadiennes pour lesquelles le français commun n'a pas d'équivalents. Ces canadianismes ont trait, entre autres, aux domaines suivants :

mesures (pied, mille)
faune (carcajou, cacaoui)
flore (épinette, pimbina)
poissons (maskinongé, achigan)
nourriture (sucre d'érable)
politique (bleu, rouge)
hiver (banc de neige)
vêtements (ceinture fléchée)

Il faut aussi tenir compte de certains cas où la variante canadienne française se justifie autant que le mot ou l'expression du français commun et peut même parfois leur être préférable. Exemples : fin de semaine, vivoir.

Anglicismes

L'anglicisation du français se fait sur plusieurs plans qu'il importe de distinguer soigneusement. Il est en effet nécessaire de se familiariser avec la diversité des anglicismes si on tient à les éviter.

Le tableau ci-dessous donne la liste des domaines où s'exerce l'anglicisation avec, en regard, des exemples caractéristiques.

DOMAINES	EXEMPLES
1. Orthographe	mariage avec deux r flanelle avec deux n futur avec un e
2. Graphie	blvd. pour boul. ou B^d 2 hres pour 2 heures ou 2 h. (Ce sont surtout les abréviations qui donnent lieu à ce genre d'anglicismes).
3. Morphologie	classifier pour classer quartiers généraux pour quartier général vacance pour vacances
4. Vocabulaire	week-end pour fin de semaine parking pour stationnement ou parcage
5. Sémantique	contrôler au sens de diriger admettre au sens de avouer, reconnaître
6. Alliance de mots	froid sévère pour froid rigoureux salle à dîner pour salle à manger
7. Syntaxe	en autant qu'ils sont concernés pour en ce qui les concerne
8. Métaphore	mettre la pédale douce pour mettre une sourdine à parler à travers son chapeau pour dire des bêtises
9. Anglicismes de maintien	surplus pour excédent barbier pour coiffeur

Dans cette dernière catégorie, les mots sont bien français, mais au voisinage de l'anglais, ils ont acquis ou bien un sens nouveau ou une fréquence plus grande.

Les seuls anglicismes qui se justifient sont ceux qui comblent des lacunes de notre vocabulaire. Ce sont généralement des emprunts de mots, chaque mot étant emprunté avec un seul de ses sens. Le recours à l'emprunt lexical ou emprunt de mot, pour satisfaire un besoin réel, est légitime. Il doit être pratiqué avec modération et en tenant compte du fait qu'il est parfois possible de trouver des équivalents français.

Un critère facile à appliquer est celui du double emploi. Un emprunt est sûrement inutile quand il double un mot déjà existant, qu'il risque de supplanter dans l'usage et ainsi de faire oublier. Tout mot oublié au profit d'un mot étranger représente un amoindrissement, si faible soit-il, de notre patrimoine culturel.

La forme la plus nocive de l'anglicisation est celle qui affecte les rapports des mots entre eux (Voir les catégories 6 et 7).

Conclusion

Conscient des besoins qui ont motivé sa création, l'Office de la langue française voit dans l'élaboration de la norme l'un des deux moyens les plus efficaces de remplir la mission qui lui a été confiée de favoriser dans le Québec l'épanouissement de la langue maternelle, le second moyen étant la motivation socio-économique.

Dans l'accomplissement de cette tâche, le concours des pouvoirs publics et des enseignants est indispensable [d].

---

d. *Norme du français écrit et parlé au Québec, Cahiers de l'Office de la langue française,* nᵒ 1, ministère des Affaires culturelles du Québec, 1965, 12 pages.

Document n° 114

1967 — QUAND LA MAJORITÉ N'ASSIMILE PAS

La faiblesse collective des Canadiens français apparaît cruellement dans le fait que même là où ils sont majoritaires — au Québec — ils sont impuissants à assimiler à leur langue et à leur culture les immigrants qui viennent s'installer sur leur territoire. Cela éclate surtout dans la région de Montréal (îles de Montréal et de Laval et certaines parties des comtés environnants) où les Néo-Canadiens concentrent près de 84 % de leurs effectifs québécois et dont ils forment déjà 18 % de la population (chiffres de 1961). Analysant pour cette région les données du recensement de 1961, Richard Arès dégage les conclusions suivantes : 1. près de 80 % des Néo-Québécois savent l'anglais, mais seulement 42,3 % d'entre eux connaissent le français ; 2. les Néo-Québécois pratiquent dans la région métropolitaine l'unilinguisme anglais dans la proportion de 46,6 % et l'unilinguisme français dans la proportion de 10,6 % seulement ; 3. en tant que langue maternelle, le français a attiré a lui chez les Néo-Québécois trois fois moins d'adhérents que l'anglais, soit 32 485 contre 103 246 [a]. Cette préférence pour l'anglais est générale à l'ensemble des groupes ethniques. Un seul — et l'exception vaut d'être soulignée vu l'importance numérique du groupe en question — celui des Italiens donnait encore en 1961 sa préférence au français. En effet, 61 488 (soit 60,7 %) Italiens de Montréal disaient alors savoir le français et seulement 49 449 l'anglais, tandis que 12 409 d'entre eux déclaraient le français pour langue maternelle contre 5 650 l'anglais. Malheureusement, les Italiens semblent vouloir changer d'attitude. On peut le penser en tout cas en constatant chez eux l'évolution dans le choix de la langue d'enseignement. En effet, les Italiens qui plaçaient encore en 1951-1952 leurs enfants pour la moitié (48,8 %) dans les écoles françaises de la Commission des écoles catholiques de Montréal, ne le faisaient plus en 1967-1968 que dans la proportion de 11,6 %.

La population québécoise semble avoir été aussi lente à s'émouvoir de cette situation qu'impuissante à tenter de la corriger. Deux faits parmi d'autres en font foi. En 1962, la C. E. C. M., après de longues réflexions et forte de l'appui des pouvoirs publics, décida d'appliquer un programme d'écoles bilingues pour Néo-Québécois, mais dut battre aussitôt en retraite devant la levée de boucliers des Anglo-Québécois et l'apathie des Canadiens français. Cela traduit bien, comme le souligne un rapport ministériel, l'impuissance de la majorité à agir dans une question pourtant vitale : « Le problème de l'option scolaire des Néo-Canadiens se pose de façon préoccupante depuis le début du siècle ; il se pose de façon aiguë et alarmante depuis une trentaine d'années ; l'autorité compétente a commencé d'y être sensible voici une douzaine d'années. Le résultat global : un projet prudent de programme bilingue, qui a lamentablement avorté dès la première tentative d'application [b]. » La Commission Parent, pour sa part, n'a guère mieux réagi. Tout en étant consciente de l'ampleur du mouvement en faveur de l'anglais, cet aréopage, qui a pourtant fait preuve de détermination réformiste dans plusieurs domaines, a été incapable de proposer la moindre solution sérieuse et efficace au problème scolaire des immigrants. On ne peut en effet qualifier ainsi des recommandations qui restent de l'ordre des vœux pieux : attitude plus accueillante de la part des Canadiens français

---

a. Richard Arès s.j., *Comportement linguistique des groupes ethniques à Montréal*, Collection Relations, n° 10, 1969, 19 pages.
b. Ministère de l'Education, ministère des Affaires culturelles, *Rapport du Comité interministériel sur l'enseignement des langues aux Néo-Canadiens*, 27 janvier 1967, multigraphié, 54 pages. Voir p. 31.

envers les immigrants, enseignement plus efficace de l'anglais dans les écoles françaises pour y attirer les immigrants, amélioration de la qualité de l'enseignement dans le secteur français... c.

Plus récemment il est vrai, à l'occasion notamment de l'affaire de Saint-Léonard, les Québécois ont manifesté de l'inquiétude d. *Certains ont sonné l'alarme. Des démographes de l'Université de Montréal ont même cru pouvoir avancer, à la suite de supputations scientifiques, que Montréal pourrait éventuellement perdre sa majorité française* e.

Certes, cela reste du domaine de l'hypothèse. Ce qui est certain, en revanche, c'est que les immigrants envoient massivement leurs enfants à l'école anglaise. Cela ressort clairement d'un document officiel (reproduit plus bas) qui a révélé, chiffres à l'appui, l'ampleur de la menace. Les auteurs de ce document ne cachent pas leur pessimisme : « Que conclure, sinon que nous assistons à la dernière étape d'une entreprise qui aboutira, dans peu d'années, à l'anglicisation complète des enfants néo-canadiens dont le nombre ne cessera d'augmenter, à la fois en raison de la permanence de l'immigration et de la prolificité de plusieurs groupes néo-canadiens. Déjà, les enfants néo-canadiens sont aussi nombreux dans la population scolaire du grand Montréal que les enfants proprement d'origine anglaise ; fréquentant à plus de 90 % l'école de langue anglaise, ils vont apporter demain leur renfort à l'élément d'origine britannique ; c'est eux qui conserveront et qui accroîtront le caractère anglophone de Montréal f. *»*

Ce document est le résultat des travaux d'un comité interministériel constitué par décision de Marcel Masse, secrétaire d'État à l'Éducation dans le gouvernement de Daniel Johnson. Présidé par René Gauthier, directeur général de l'Immigration, ce comité réunissait des représentants de l'Éducation et des Affaires culturelles (dont Ferdinand Biondi, commissaire à la C. E. C. M., Jean-Marc Léger, journaliste au Devoir, et Gérard Turcotte, secrétaire exécutif de la Société Saint-Jean-Baptiste de Montréal). Dans son rapport déposé en janvier 1967, le comité conclut à l'inanité des mesures incitatives, réclame l'intervention « immédiate, massive et permanente » de l'État et propose la création de deux grands secteurs d'enseignement, l'un français, l'autre bilingue, ce dernier étant obligatoire pour tous les habitants du Québec qui n'auraient pas choisi l'école française. C'est sans doute la vigueur et la nouveauté de ces recommandations qui ont conduit le gouvernement à mettre ce document sous le boisseau.

L'IMMIGRATION AU CANADA ET AU QUEBEC

Depuis un siècle, le Canada a accueilli plus de sept millions d'immigrants. Pour la seule période d'après la seconde guerre mondiale, le Canada a reçu de 1945 à la

---

c. *Rapport de la Commission royale d'enquête sur l'enseignement dans la province de Québec,* gouvernement du Québec, tome IV, 1966, IX et 244 pages. Voir p. 113-120. A la page 119, les commissaires ne cachent pas leur opposition aux politiques dirigistes : « Bien qu'un Etat ait des droits de réglementation sur la langue, on ne doit forcer personne, semble-t-il, à mettre ses enfants dans une école française ou dans une école anglaise ; autrement on se comporterait un peu comme on reproche aux autres provinces canadiennes de se comporter à l'égard des Canadiens français. »

d. Voir le document n⁰ 118.

e. Hubert Charbonneau, Jacques Henripin et Jacques Légaré, « la Situation démographique des francophones au Québec et à Montréal d'ici l'an 2000 », *le Devoir,* 4 novembre 1969.

f. *Rapport du Comité interministériel sur l'enseignement des langues aux Néo-Canadiens,* p. 34.

fin de 1965 plus de deux millions cinq cent mille immigrants : le total a dépassé deux millions sept cent mille à la fin de 1966 et devrait être voisin de trois millions à la fin de 1967, compte tenu notamment de la relance de la politique fédérale d'immigration. On estime qu'à l'heure présente, un Canadien sur sept environ est d'origine étrangère mais si l'on tient compte également de la deuxième génération, c'est-à-dire des Canadiens dont les parents ne sont pas nés au Canada, la proportion est sensiblement plus élevée. C'est assez dire que l'immigration est depuis longtemps un facteur déterminant dans l'évolution démographique du Canada et dans la composition ethnique de la population.

De l'ensemble des immigrants arrivés depuis 1946 au Canada, 30.4 % étaient d'origine britannique, 14.3 % venaient d'Italie, 9.9 % d'Allemagne, 7.4 % des Etats-Unis, 6.2 % de Hollande et près de 5 % (4.8 % précisément) de Pologne. Les Français pour leur part représentent moins de 2 % du total. On observera, en additionnant les Britanniques et les Américains, qu'au départ près de 38 % de tous les immigrants étaient de langue anglaise et donc naturellement acquis à la communauté anglo-canadienne. D'autre part, étant donné que traditionnellement et en particulier depuis la seconde guerre mondiale, les Allemands et les Hollandais connaissent ou apprennent de préférence l'anglais comme langue étrangère, on peut considérer que ces deux groupes — soit environ 16 % de tous les immigrants — sont des alliés naturels ou, en tout cas, fort probables, de l'élément anglophone. Mais pour nous en tenir au seul critère de la langue maternelle ou nationale de l'immigrant, nous constatons que 41 % des immigrants sont de langue anglaise ou française, dont 38 % de langue anglaise et 3 % de langue française (en tenant compte de l'ensemble des francophones : Français, Wallons, Suisses romands). Si l'on estime que la caractéristique fondamentale ou au moins l'un des traits dominants du Canada et de sa population réside dans le bilinguisme et le « biculturalisme », on est pour le moins conduit à s'interroger sur la signification de la politique d'immigration pratiquée par le gouvernement central depuis le début de la fédération canadienne et singulièrement depuis la dernière guerre mondiale. Une langue et une culture ne sont pas des êtres de raison se développant dans le domaine des idées pures. Elles sont au premier chef des phénomènes socio-culturels dont la vitalité et l'influence, dont le rayonnement et la survivance tiennent à la puissance numérique — relative — et à l'accroissement au moins autant qu'à la qualité de la communauté qui est de cette langue et de cette culture. Or, il est clair qu'à aucun moment depuis l'origine de la fédération, la politique d'immigration n'a été dominée ni même marquée (comme on s'y attendait normalement dans un pays biculturel) par le souci de préserver un équilibre relatif entre les deux grandes communautés ou, si l'on préfère, entre les deux nations.

Tout s'est passé comme s'il n'avait pas existé de communauté francophone dans ce pays : le Canada eut été unilingue anglais que la politique fédérale d'immigration aurait pu être exactement la même et l'aurait sans doute été à peu de choses près. Certes, notamment depuis la deuxième guerre mondiale, le gouvernement central a fait à diverses reprises des efforts sérieux pour attirer davantage des immigrants français au Canada et a consenti à ceux-ci un statut analogue (encore que non identique) à celui qui était reconnu aux Britanniques. Cela n'empêche pas que la politique fédérale n'a jamais été dominée par la préoccupation de l'équilibre à maintenir entre les deux grandes communautés. Le dernier « Livre blanc sur la politique d'immigration du Canada » (1966) fournit un nouvel et éloquent exemple de la persistance de cette tendance. A aucun moment, il n'est dit, même implicitement, que l'un des facteurs de la politique d'immigration du Canada tient au souci de préserver la vitalité des deux langues et des deux cultures et conséquemment de ne pas modifier le rapport des forces entre les deux communautés. Tout ce que l'on trouve à ce propos fait l'objet d'un court paragraphe où il est pudiquement constaté que « l'immigration n'accroît pas la population de langue française au même rythme que celle de langue anglaise » et où on ajoute que « le gouvernement est bien décidé à restaurer l'équilibre par tous les moyens dont il dispose ». Or, le rétablissement de l'équilibre supposerait une transformation radicale de la politique fédérale d'immigration que rien ne laisse prévoir, bien au contraire.

Pour des raisons multiples, d'ordre économique et démographique, une large immigration paraissait indispensable au Canada. Ce qui étonne, c'est qu'elle a été conçue et appliquée comme s'il n'y avait pas eu telle chose que la coexistence de deux communautés socio-culturelles distinctes au Canada. C'est là assurément une situation unique dans l'histoire contemporaine.

L'INACTION DU QUEBEC

S'il y a le facteur « origine ethnique » des immigrants, il y a aussi le facteur « Province de destination ». Le Québec a accueilli 20.7 % de l'ensemble des nouveaux venus depuis 1946. Or si, d'une part, la totalité ou presque des immigrants qui s'installent hors du Québec sont promis à devenir autant de futurs Anglo-Canadiens (ou, du moins, leurs enfants), de l'autre, on n'assiste pas du tout à un phénomène analogue dans le Québec. Il n'y a aucune espèce de rapport entre le pourcentage de l'ensemble des immigrants qui rejoignent la communauté francophone. On constate, bien au contraire, que l'immense majorité de ces immigrants rejoint progressivement l'élément anglophone, contribuant ainsi à renforcer cette minorité, et à accroître l'influence de la langue anglaise. Bref, non seulement à l'échelle du pays (ce qui est inévitable et d'ailleurs normal) mais à l'échelle même du Québec, l'immigration joue massivement contre le groupe francophone.

On est alors amené à se poser la question : qu'a fait le Québec, qu'a fait la communauté franco-québécoise devant cette situation ? En dépit de l'article de la constitution (95) qui reconnaît formellement la juridiction concurrente des Etats provinciaux et du gouvernement central en matière d'immigration (du moins sur les plans propagande, recrutement, accueil, placement, etc... mais non pas dans l'émission du visa d'entrée ni dans les questions de police et de citoyenneté.), le Québec n'a point eu jusqu'à tout récemment de politique de l'immigration ni même, officiellement, de préoccupation devant ce problème. Il est vrai que dans divers milieux de la communauté franco-québécoise, la question de l'immigration a provoqué un certain intérêt, déclenché des initiatives souvent heureuses mais toujours limitées, il est vrai également qu'il y eut une sorte d'attitude générale du groupe franco-québécois envers l'immigration et envers l'immigrant, attitude faite de réserve et parfois d'hostilité. A ce dernier propos, il convient de rejeter la théorie selon laquelle cette réserve ou cette hostilité aurait été la cause principale ou l'une des causes majeures du glissement des Néo-Québécois vers l'élément anglophone. Réserve ou hostilité envers l'immigrant sont, hélas, phénomène courant dans les pays et à toutes les époques : elles n'ont jamais empêché l'intégration de l'immigrant à des communautés normales, c'est-à-dire maîtresses de leur destin. Les facteurs psychologiques ou sentimentaux peuvent hâter ou retarder une intégration réelle, une assimilation : ils ne déterminent pas, en terme de masse, l'option des nouveaux venus.

AU QUEBEC : 500,000 IMMIGRANTS...

En vingt ans, le Québec a accueilli environ cinq cent mille immigrants, la grande majorité d'entre eux, soit plus des quatre-cinquièmes, s'est établie dans la région de Montréal, comme il était d'ailleurs prévisible. On doit remarquer immédiatement que seul un petit nombre d'entre eux a choisi délibérément le Québec pour des motifs d'ordre linguistique et culturel : il s'agissait généralement de francophones (de naissance ou d'élection). D'autres ont choisi de venir au Québec parce qu'ils avaient des parents ou des amis déjà installés dans cette province du Canada, notamment dans la région de Montréal. Le reste n'a point choisi de venir au Québec mais y a été orienté par les services compétents du ministère fédéral de l'immigration. On notera également que les immigrants francophones venant au Canada ne se fixent pas tous au Québec : c'est le cas de 70 à 75 % seulement. Ainsi, des quelque 500,000 immigrants que le Québec a accueillis, de 60 à 65,000 au mieux étaient francophones, contre 440 à 450,000 qui ne l'étaient pas. Nous avons vu que l'élément anglophone (britannique et américain) entre pour 38 % dans la composition globale de l'immigration au Canada. Supposons que cet élément s'est moins dirigé vers le Québec que vers les autres provinces, il est tout de même permis de penser qu'il a représenté plus du tiers de l'immigration québécoise. Cela veut dire de 150 à 160,000 personnes. Il reste donc de 275,000 à 300,000 immigrants qui se sont établis dans le Québec sans être, au départ, ni de langue française, ni de langue anglaise.

Au total, on constate qu'avec une population francophone à 80 % en gros et anglophone à 10 %, le Québec a reçu en 20 ans une immigration où les francophones n'ont représenté que 12 à 13 %, les anglophones 32 à 35 % et les autres, 55 %. C'est dire que même si la communauté franco-québécoise avait absorbé intégralement ces 55 %, elle aurait été perdante.

Mais il ne s'agit pas de parler de l'immigration au passé seulement. C'est un phénomène d'aujourd'hui et de demain, un phénomène apparemment appelé à durer longtemps et même à s'accélérer dans les prochaines années. Au cours de la période 1967-1977, le Québec recevra au moins 250,000 immigrants, plus probablement 300,000 et peut-être davantage, si la situation économique du Canada reste florissante. Or, il y a lieu de rappeler que les immigrants forment une population relativement jeune, où les « moins de 20 ans » comptent pour 30 % et qu'elle s'alimente, pour une part notable, à des groupes ethniques traditionnellement prolifiques. A Montréal, dans les seules paroisses nationales italiennes, il naît chaque année plus de 5,000 enfants. Dans 10 ans, la population immigrante dans le Québec (savoir, les immigrants arrivés depuis l'après-guerre) comportera au moins 800,000 personnes et, si on y ajoute les enfants nés depuis 46, cela fera entre 900 et 950,000 personnes.

... DONT 90 % POUR L'ELEMENT ANGLOPHONE

Il convient, pour bien mesurer la portée de ce phénomène, de l'éclairer par une autre constatation. L'analyse du recensement de 1961, les diverses enquêtes et les statistiques scolaires indiquent que 90 % des immigrants s'intègrent à la communauté anglophone du Québec, soit qu'ils soient déjà de langue anglaise, soit qu'ils optent pour celle-ci.

La communauté franco-québécoise n'a pratiquement aucun pouvoir assimilateur, du moins dans la région de Montréal. Au recensement de 1961, on dénombrait 13,000 personnes environ qui déclaraient avoir le français comme langue maternelle sans être d'origine française, alors que 108,000 se disaient de langue maternelle anglaise sans être d'origine anglaise. Voilà donc 121,000 Montréalais, visiblement Néo-Québécois dans leur immense majorité, qui avaient déjà fait leur option ou dont les parents l'avaient faite pour eux : 1/10e environ avaient opté pour le français et 9/10e pour l'anglais. On verra plus loin que c'est à peu de chose près le rapport que l'on observe dans la répartition des enfants néo-québécois entre l'école française et l'école anglaise à Montréal. En gros, car le rapport se modifie chaque année à notre détriment. Ces simples constatations se passent de commentaires.

UN FACTEUR D'ANGLICISATION

C'est là une situation apparemment unique en son genre dans le monde occidental aujourd'hui. Cela vient consacrer le caractère proprement anormal de la société québécoise ; cela souligne la similitude de certains de ses traits avec ceux que l'on reconnaît généralement aux sociétés de type colonial. Les nouveaux venus dans un pays quelconque ne vont en effet spontanément vers la minorité que lorsque cette minorité est dominante, détient de droit ou de fait le pouvoir économique, que sa langue est la langue de travail et de la communication, c'est-à-dire celle de la réussite ou de la promotion économique et de l'avancement social.

Nous sommes ainsi conduits à constater que, laissé à lui-même et abandonné au seul jeu des automatismes et des pressions économico-sociales, l'immigrant au Québec et particulièrement à Montréal opte dans la proportion de 85 à 90 % pour la langue et la culture de la minorité. Dans une province francophone à 81 % et une ville qui l'est à 65 %, ce Néo-Québécois ne croit apparemment pas que la connaissance du français lui soit vraiment utile, n'en éprouve pas le besoin dans sa vie quotidienne pour travailler, pour progresser et pour mener une vie normale et confortable. Alors que l'immigrant de langue française — de naissance ou par élection — est presque toujours obligé de connaître, en plus l'anglais, l'immigrant de langue anglaise ou qui a opté pour l'anglais, peut parfaitement réussir dans sa nouvelle existence, du moins à Montréal, sans avoir à connaître le français. Davantage, et c'est un aspect du problème qui n'a point été suffisamment mis en lumière jusqu'ici, dans de nombreux établissements et entreprises, la présence d'immigrants anglophones devient un nouveau et dangereux facteur d'anglicisation pour les Canadiens français, contribue à renforcer la vocation de l'anglais comme langue de travail à Montréal et dans la région montréalaise.

L'OPTION SCOLAIRE DES IMMIGRANTS

Si la langue représente un facteur primordial d'intégration de l'immigrant à sa nouvelle société, l'école dans la langue nationale est pour ses enfants, un facteur plus important encore : elle est par excellence l'instrument d'intégration à une communauté, elle est l'instrument par lequel le petit immigrant ou le futur enfant de l'immigrant deviendra non plus juridiquement mais sociologiquement un « national », un membre à part entière de la communauté. Il n'y a point lieu de s'étendre davantage sur une vérité aussi évidente et aussi communément admise : au reste, peu de peuples autant que le canadien-français ont éprouvé au cours de leur histoire l'importance vitale de l'école nationale, du système d'enseignement bien à soi.

Dans les pays unilingues et monoethniques, l'immigrant ne se pose pas de questions : ses enfants fréquenteront l'école dans la langue nationale de leur nouveau pays, l'école qui exprime dans tous ses aspects l'histoire, la mentalité, la psychologie, la culture de la nouvelle communauté. C'est vrai qu'il s'agisse d'écoles privées ou publiques, d'écoles confessionnelles ou d'écoles neutres. Le phénomène se manifeste même dans la plupart des pays multilingues car, en règle générale (Belgique, Suisse par exemple) le multilinguisme n'est que la convivence des unilinguismes. L'Etat central sera multilingue dans son administration et dans ses publications mais chaque région, chaque canton sera le plus souvent d'une langue donnée, vivra selon une culture déterminée. On constate d'ailleurs que dans un pays comme la Belgique, les deux communautés défendent jalousement le droit à l'école dans leur langue propre, le défendant au point qu'il est pratiquement interdit (par l'application, selon le cas, du « droit du sol » ou du « droit du sang », à des parents francophones d'inscrire leurs enfants dans une institution de langue flamande et vice-versa, cela jouant jusqu'au niveau de l'enseignement supérieur exclusivement. En Suisse, pays dont on se plaît à souligner le caractère démocratique, l'enseignement est dispensé dans chaque canton, dans la langue officielle du canton ; il ne peut y avoir que des écoles privées à dispenser leur enseignement en d'autres langues. Davantage, dans les cantons multilingues (celui de Berne par exemple), l'allemand est la langue officielle de certains districts, le français la langue officielle des autres.

SITUATION PARADOXALE

Nous savons assez que la situation est toute autre au Québec, particulièrement dans le domaine scolaire. Elle l'est d'ailleurs largement par l'inaction ou l'indifférence des Canadiens français. Entendons par là que la constitution canadienne dans son article 133 n'a nulle part institué le bilinguisme scolaire et que les articles relatifs aux droits des minorités scolaires n'envisageaient que la préservation des droits acquis sur le plan professionnel. Le Québec aurait pu se conformer à la constitution en assurant le respect du droit de la minorité à l'école protestante sans que celle-ci ait été de langue anglaise ; ce faisant, le Québec aurait à tout le moins mieux respecté la constitution que les provinces du Nouveau-Brunswick, du Manitoba et même de l'Ontario qui n'ont pourtant jamais souffert de l'application du pouvoir de désaveu dont disposait le gouvernement central. En d'autres termes, hors du Québec, l'école de langue française a souffert de son association quasi automatique à la religion catholique romaine alors qu'au Québec, l'école de langue anglaise bénéficiait du respect scrupuleux accordé aux droits de la minorité protestante qui était, dans son immense majorité, anglophone.

La base confessionnelle de notre système scolaire devait d'ailleurs aboutir à une situation paradoxale dont nous ressentons vivement aujourd'hui les inconvénients. Comme se développait progressivement une minorité catholique de langue anglaise, on a estimé devoir pour des raisons à la fois d'efficacité et de respect de l'autre culture instituer des écoles catholiques de langue anglaise et même, à Montréal par exemple, créer au sein de la Commission scolaire catholique un secteur anglophone qui a rapidement progressé et qui jouit d'une très large autonomie. Ces institutions anglo-catholiques ont d'abord été fréquentées surtout par des Irlandais, puis par d'autres Britanniques, ensuite par un certain nombre de Canadiens français (les parents estimant y trouver tout ensemble la préservation de la foi et l'avantage que représentait une « parfaite connaissance de l'anglais »), enfin et de plus en plus, par des Néo-Canadiens de toutes origines.

Ainsi, il arrive ceci de paradoxal qu'aujourd'hui l'écolier anglophone (ou qui a opté pour la langue anglaise) dans le Québec peut choisir entre le système d'enseignement protestant (ou quasi-neutre, en raison du libéralisme ou du laxisme, selon le point de vue, de l'école protestante en matière religieuse) et le système d'enseignement catholique en langue anglaise, tandis que l'écolier francophone (ou qui a opté pour le français) ne trouve que l'enseignement franco-catholique. Cette situation est une cause importante du glissement vers l'école anglo-protestante d'immigrants franco-phones non-catholiques ; elle tend aussi à gêner un nombre encore modeste mais grandissant de Canadiens français. Là toutefois ne réside pas la seule ni la première cause de l'option scolaire pratiquée par les écoliers néo-canadiens ou plus justement par les parents néo-canadiens au nom de leurs enfants.

PROBLEME DRAMATIQUE A MONTREAL

Dans le cas des enfants comme des adultes, le problème se pose essentiellement dans la région montréalaise. Au reste, ce n'est guère que dans celle-ci que l'on dispose de statistiques sérieuses encore que partielles. A cet égard, le comité a été amené à s'étonner de l'apparente difficulté d'obtenir pour l'ensemble du Québec des statistiques scolaires précises, rigoureuses et récentes, dans tout ce qui a trait à l'origine ethnique des écoliers et à la langue maternelle.

Le comité estime urgent que les services compétents du Ministère de l'Education mettent au point l'instrument nécessaire à la collecte annuelle de telles statistiques et qu'il prenne les moyens requis pour obtenir de toutes les commissions scolaires sans exception ces renseignements, aussi bien au niveau primaire qu'au niveau secondaire. On notera par exemple que le Protestant School Board of Greater Montreal n'a jamais tenu des statistiques de cet ordre, ou du moins ne les a jamais communiquées (même la Commission royale d'enquête sur l'éducation n'a pu les obtenir) tandis que la Commission des écoles catholiques de Montréal a cessé de le faire en 1963. Le comité insiste sur la nécessité impérieuse de la collecte annuelle des statistiques sur l'origine ethnique et sur la langue maternelle des enfants.

Cela dit, comment se présente en gros la situation aujourd'hui, à tout le moins dans la région de Montréal, quant au choix de l'école par les Néo-Canadiens ? Sur 55,000 enfants néo-canadiens qui ne sont ni d'origine française, ni d'origine anglaise (les statistiques actuelles ne permettent pas en effet de distinguer chez les « Britanniques » entre Anglo-Canadiens et immigrants récents, chez les « Français » entre Canadiens français et immigrants francophones) et qui sont présentement inscrits dans les institutions placées sous la juridiction de la C.E.C.M. et du P.S.B.G.M. moins de 1/10e fréquentent l'école de langue française et plus de 90 %, celle de langue anglaise. Plus précisément, 35 % des élèves de la Commission protestante, soit de 22 à 23,000 enfants sur 65,000 sont d'origine « étrangère » ; à la Commission scolaire catholique, le secteur anglophone recense 64 % d'enfants qui ne sont ni d'origine française, ni d'origine anglaise, c'est-à-dire 27,200, cependant que le secteur francophone compte environ 6,000 enfants qui ne sont ni d'origine française, ni d'origine anglaise (ces derniers n'étant que quelques centaines) soit environ 3.5 % des effectifs.

En d'autres termes, *les enfants néo-canadiens forment 35 % des effectifs de la commission anglo-protestante et 64 % de ceux du secteur anglophone de la commission catholique et à peine 3.5 % parmi les 170,000 enfants du secteur francophone de cette dernière.* Remarquons d'autre part (et cela souligne tragiquement l'absence quasi-totale de pouvoir assimilateur de la majorité francophone) que les Canadiens français représentent 11.2 % des effectifs du secteur Anglo-catholique et, semble-t-il, de 4 à 5 % de ceux du secteur anglo-protestant, alors que l'élément d'origine anglaise est pratiquement absent du secteur franco-catholique (le seul secteur francophone) où il n'intervient que pour 500 à 600 unités sur plus de 170,000 enfants ou environ .3

de 1 %. Certes, il existe quelques écoles protestantes de langue française mais elles ne recensent au total que moins de 1,000 enfants, dont un pourcentage appréciable de Canadiens français. Au total, les enfants néo-canadiens ou, plus justement peut-être les enfants qui ne sont ni d'origine française ni d'origine anglaise représentent près du cinquième (20 %) des effectifs scolaires des Commissions catholique et protestante de Montréal : 55,000 sur 277,000 en gros. De cette masse, plus de 90 % ont choisi l'école de langue anglaise. Le phénomène, dira-t-on n'est pas nouveau ; c'est hélas vrai mais ce qui est grave, c'est que le glissement vers l'école de langue anglaise ne cesse de progresser. Il fut un temps, jusqu'en 1931, où la majorité des enfants d'origine étrangère fréquentait l'école de langue française dans le secteur catholique, la situation s'est inversée à partir de cette année-là et depuis lors l'écart n'a cessé de grandir à un rythme accéléré au bénéfice de l'école anglophone. Ajoutons que le phénomène se constate chez les groupes de toutes origines, y compris les latins (les Italiens, par exemple, qui en 55-56 choisissaient encore à la C.E.C.M. l'école française à raison de 39 % et qui en 62-63 ne le faisaient plus qu'à 25 %) et qu'il n'épargne même pas un certain nombre de francophones, d'origine ou d'élection. Une mention particulière doit être faite du groupe juif. Dans son mémoire à la Commission royale d'enquête sur l'éducation, le Congrès canadien juif déclarait qu'il y avait 22,000 enfants juifs d'âge scolaire à Montréal et plusieurs centaines dans le reste du Québec. Il ajoutait que dans toute la province, ces enfants sont rattachés à l'école protestante, donc anglaise, sauf à Montréal ou 4,500 fréquentent des externats juifs. Il précisait que les enfants juifs de Montréal « constituent 25.1 % de tous les élèves inscrits dans les écoles élémentaires protestantes et 34.5 % de tous les élèves inscrits dans les écoles secondaires protestantes. »

On constate alors cette situation effarante que Juifs, Néo-canadiens de toutes origines et Canadiens français (les deux premiers groupes surtout) forment de loin la majorité des effectifs du secteur anglo-catholique de la CECM et la majorité de ceux du PSBGM. En d'autres termes, si l'un et l'autre ne s'alimentaient qu'à une clientèle britannique ou s'y alimentaient principalement, ils seraient réduits à peu de chose. Même si l'on met à part le cas spécial des Juifs, on constate que le secteur anglo-catholique à Montréal ne comprend que moins de 25 % de Britanniques ; en d'autres mots, les ⅔ de ses effectifs ne sont pas de langue anglaise et les ¾ ne sont pas d'origine anglaise.

Mais voyons la situation d'un peu plus près, en nous reportant aux statistiques de la Commission des écoles catholiques de Montréal, la seule à avoir réuni ces renseignements, du moins jusqu'en 1963. Voici quelle a été l'évolution dans la répartition des enfants néo-canadiens entre secteur français et secteur anglais.

Période	Secteur français		Secteur anglais		
	Nombre	%	Nombre	%	Total
1931-37	3965	52.3	3608	47.7	7573
1938-39	3495	42.6	4723	57.4	8218
1947-48	1767	33.5	3510	66.5	5277
1955-56	3921	30.6	8866	69.4	12787
1962-63	6554	25.3	19291	74.7	25845

Voici maintenant la répartition en 1955-56 et en 1962-63 des principaux groupes ethniques :

Année 1955-56

	Ecoles françaises		Ecoles anglaises		
	Nombre	%	Nombre	%	*Total*
Italiens	288	38.8	4546	61.22	7434
Polonais	153	11.3	1209	88.7	1362
Ukrainiens	131	13.0	881	87.0	1012
Allemands	58	8.1	662	91.9	720
Lithuaniens	34	11.8	253	88.2	287
Hongrois	34	12.6	235	87.4	269

Année 1962-63	Ecoles françaises		Ecoles anglaises		
	Nombre	%	Nombre	%	*Total*
Italiens	4175	25.2	12381	74.8	16556
Polonais	261	12.2	1996	87.8	2137
Ukrainiens	124	9.2	1378	90.8	1502
Allemands	137	17.2	658	82.8	795
Lithuaniens	46	14.9	264	85.1	310
Hongrois	127	19.9	513	79.1	640
Espagnols	63	23.1	210	76.9	273
Portugais	89	16.4	454	83.6	543

Dans le cas de la communauté italienne, le nombre d'écoliers a presque quintuplé en un peu plus de 20 ans (1941-1963) passant de 3,800 à 16,500 (uniquement dans les écoles de la C. E. C. M.) mais alors que le nombre d'élèves italiens dans le secteur français était multiplié par trois, il l'était par sept dans le secteur anglais. Au total, on peut dire qu'aujourd'hui les écoliers néo-canadiens de la C. E. C. M. optent à 80 % pour le secteur anglais et à 20 % pour le secteur français. Si l'on tient compte, de plus, de la Commission protestante — dont on sait en gros que 35 % des élèves sont d'origine étrangère — ce sont, une fois encore, *plus de 90 %* de tous les enfants néo-canadiens de la région de Montréal qui fréquentent l'école anglaise.

....

NECESSITE DE L'INTERVENTION ETATIQUE

Personne ne conteste à une nation quelle qu'elle soit et où qu'elle soit le droit de se défendre ; pourquoi en irait-il différemment de la nation canadienne-française ? Or, en l'occurence, il ne s'agit pas uniquement de se défendre mais tout honnêtement de survivre. Pourquoi serait-il interdit aux Franco-Québécois de prendre les mesures nécessaires, si rigoureuses soient-elles, pour se défendre contre une situation menaçante ? A moins d'attendre un hypothétique miracle, on doit bien convenir qu'une immigration nombreuse jouant à 90 % ou à 95 % en faveur de la minorité anglophone ne peut aboutir qu'à réduire constamment l'importance de la langue française au Québec et à amorcer un processus de « minorisation » de la communauté francophone du Québec. Ici encore, il convient d'évoquer d'un mot la conception que l'on se fait en Suisse de ce droit des communautés ethniques à « défendre leur identité », droit qui est même interprété comme un devoir fait aux Etats cantonaux. (« Ils ont, dit un récent essai, le devoir envers la Confédération de préserver leur intégrité culturelle »). C'est ainsi que la citoyenneté cantonale — appelée « indigénat » — différente de la citoyenneté strictement juridique de la Confédération, peut être créée et ses conditions d'obtention, définies, par chaque canton. Parmi les exigences généralement retenues pour accéder à la citoyenneté cantonale, il y a la connaissance « raisonnable » de l'histoire et des institutions du canton et la « très bonne connaissance » de la langue officielle du canton. Et seule la possession de la citoyenneté cantonale comporte le bénéfice des droits politiques (élections et référendums du canton, éligibilité aux divers postes) des mesures sociales et le cas échéant des bourses d'études et avantages analogues.

Il est parfaitement vain, il est illusoire d'attendre un renversement de la situation, de mesures dites « incitatives ». Penser qu'un accueil chaleureux de la part des Franco-Québécois à l'immigrant et l'amélioration de l'enseignement de l'anglais dans les écoles canadiennes-françaises modifieraient progressivement et substantiellement l'état des choses actuel, c'est décidément croire au père Noel, en écartant l'action massive des deux facteurs principaux de l'option scolaire des immigrants (ou en refusant d'en tenir compte) savoir d'abord la domination économique de l'élément anglophone et le statut effectif de l'anglais comme langue de travail et, ensuite, l'absence d'un large secteur francophone non-confessionnel aussi dynamique, aussi bien organisé et nanti que les autres.

L'invitation, l'incitation la persuasion ne sont malheureusement pas des armes efficaces pour lutter contre l'action de tels facteurs. L'équilibre ne peut être rétabli et le mouvement ne peut être renversé que par l'intervention énergique des pouvoirs publics. A cet égard, on peut rappeler la parole pleine de lucidité de Montalembert : « Entre le fort et le faible, c'est la liberté qui opprime et l'intervention qui libère ». Attendre que l'immigrant choisisse spontanément l'école de langue française pour ses enfants, c'est renvoyer le problème aux calendes grecques, c'est-à-dire au jour pour le moins hypothétique où les Canadiens français contrôleraient la majeure partie de l'économie du Québec. La seule possibilité serait que le français devenu langue du travail, apparaisse au nouveau venu comme une langue indispensable et conditionne son option scolaire. C'est d'ailleurs pourquoi une solution vraiment efficace du problème scolaire chez les Néo-Canadiens est liée étroitement à une politique du « français prioritaire », comme y est lié plus généralement l'avenir même du français au Québec. La lutte pour l'amélioration, qualitative et quantitative, de l'enseignement français de même que l'obligation faite à l'immigrant d'apprendre le français et d'opter pour l'école francophone ne peuvent avoir de sens et ne peuvent se justifier que si le français est « rentable » au Québec, que s'il est la langue normale du Travail et de l'activité économique [g].

g. Ministère de l'Education, ministère des Affaires culturelles, *Rapport du Comité interministériel sur l'enseignement des langues aux Néo-Canadiens.* Voir p. 4-11, 23-29 et 36-37.

Document n° 115

1967 — LE QUÉBEC, FOYER NATIONAL DES CANADIENS FRANÇAIS

L'idée de rassembler, en marge des structures politiques officielles, les États généraux du Canada français a été lancée en 1961 au Congrès de la Fédération des Sociétés Saint-Jean-Baptiste et reprise en 1964 par plusieurs groupements de nature diverse (syndicats de travailleurs, associations patriotiques, enseignants). Dès novembre 1966, les dirigeants du mouvement, Jacques-Yvan Morin, Rosaire Morin et François-Albert Angers, convoquaient des assises préliminaires pour fixer la composition et l'organisation des États généraux. Les premières assises nationales eurent lieu l'année suivante (23-26 novembre 1967) et rassemblèrent à Montréal 2 400 délégués dont plus de 80 % venaient du Québec. Les secondes assises nationales se tinrent dans la même ville du 6 au 10 mars 1969.

Le fait capital de leurs délibérations est que les États généraux, appelés à réfléchir sur l'évolution de la nation, ont substitué au nationalisme minoritaire canadien-français un nouveau nationalisme majoritaire québécois. Cette évolution s'est cristallisée dans la déclaration sur le droit d'autodétermination présentée, dès l'ouverture des assises de 1967, par François-Albert Angers au nom de la Commission générale (texte reproduit plus bas) et qui fut approuvée par 98 % des délégués du Québec. Par contre, seulement 52 % des délégués de l'Acadie, 35 % de ceux de l'Ontario et 30 % des représentants de l'Ouest s'y rallièrent. Ces résultats reflètent bien la rupture psychologique entre Québécois et Canadiens français minoritaires qui a été l'une des conséquences de cette mutation profonde du nationalisme des années soixante tel qu'exprimé par les États généraux [a].

En ce moment solennel de notre histoire, le premier geste de cette assemblée doit être de formuler elle-même ses raisons et son principe de vie. Oeuvrant en effet en marge de la Constitution et pour réformer au besoin cette Constitution, tenant leur mandat directement d'un suffrage populaire, les Etats généraux du Canada français tirent une signification de leur organisation même ; et il n'appartient qu'à eux-mêmes de dire ce qu'ils sont et ce qu'ils veulent être. Cela doit donc être dit explicitement pour donner à nos délibérations futures tout leur sens.

Pourquoi êtes-vous ici ? Pourquoi avez-vous répondu à la convocation de cette Commission générale dont le rôle n'a voulu être que d'organiser l'Assemblée elle-même sans préjuger d'aucune autre orientation ? Quel a été le sens de notre appel, auquel vous avez voulu correspondre ?

Nous, en tant que Commission d'organisation, nous avons essayé de traduire notre pensée profonde. Et vous nous avez répondu par votre travail et votre présence : c'est bien cela que nous voulons ! Il s'agit d'examiner la situation politique et constitutionnelle du groupe Franco-Canadien, et selon un mode qui permet de parler officiel-

---

a. Sur cette question, voir Marcel Gingras, « Pas de panique, s.v.p. », *le Droit*, 25 novembre 1967, qui parle de « l'hostilité manifestée en ateliers de travail envers les francophones des provinces anglaises ». Le même auteur écrivait un an plus tard (« A la table des Etats généraux », *le Droit*, 30 novembre 1968) que « tous les participants non québécois aux assises de novembre dernier se souviennent de l'indifférence, de la froideur, de la condescendance, voire de l'hostilité qui accueillaient leurs interventions ».

lement au nom du groupe. Cela s'impose en 1967, parce que depuis 200 ans que ce groupe a été conquis et ainsi soustrait au gouvernement de la France pour passer sous régime colonial britannique, il n'a jamais vraiment participé aux décisions qui ont établi son statut politique et constitutionnel.

Au cours de ces deux cents ans cependant, il a sans cesse, et d'une façon toujours plus intense, affirmé sa détermination de survivre comme collectivité, avec sa langue, ses institutions, ses lois propres. Et le conquérant d'alors a progressivement reconnu cette exigence par une succession de régimes constitutionnels dans lesquels il a élargi la mesure de liberté. A l'occasion du dernier de ces régimes constitutionnels, celui de 1867, il a lui-même proclamé que désormais il ne devait plus y avoir « ni vainqueurs, ni vaincus ».

Pourtant — et c'est sur ce fait fondamental que s'appuie la présente convocation d'Etats généraux qui paraît si inusitée à plusieurs — jamais le peuple canadien-français n'a été consulté sur le régime politique sous lequel il devait vivre. Toujours, aussi bien en 1867, il a reçu son régime constitutionnel par la volonté du conquérant. Depuis 1867, il a été appelé à participer d'une façon plus active et plus réelle, quoique toujours dépendante du jeu de la majorité anglophone, aux décisions politiques prises dans le cadre constitutionnel établi, mais en étant forcé de se soumettre d'abord à ce cadre, qu'il lui plaise ou non ; et même d'en subir les évolutions et les transformations selon les interprétations qu'en donnait la majorité anglophone.

Si donc cette Assemblée a été convoquée sous le nom d'Etats généraux, et selon des modalités qui lui permettent d'utiliser ce nom, c'est qu'en l'an 1967, le peuple canadien-français en est toujours à réclamer son droit d'être consulté sur le régime politique sous lequel il doit vivre, et que dorénavant il entend l'être. Cela vous l'avez d'ores et déjà accepté en accordant votre participation aux Etats généraux : il faut maintenant le proclamer avant de commencer nos délibérations, car personne d'autres que vous, réunis en assemblée plénière, ne pouvez valablement l'établir.

Nous ne sommes pas une autre association parmi d'autres associations ! Nous ne sommes pas une fédération d'associations. Nous ne sommes pas un congrès de militants d'un groupe ou d'une association de groupes quelconques. Nous sommes les Etats généraux du Canada français, c'est-à-dire une vaste Assemblée nationale du peuple canadien-français, un corps de délégués élus par des électeurs mandatés par tout un ensemble d'associations locales et nationales, en vue de dégager et d'exprimer la volonté du peuple canadien-français sur son avenir politique et constitutionnel.

Dans certains milieux, on a voulu évoquer une fausse opposition entre les députés élus pour siéger à nos Parlements et les délégués aux Etats généraux. On a invoqué contre les Etats généraux, le caractère supposément plus représentatif des députés, parce qu'ils ont été élus au suffrage universel. Ceux-là ont oublié que le suffrage universel ne donne le siège à un député, ou le pouvoir à un parti que par le jeu d'opinions souvent très faiblement majoritaires, et sur un ensemble de problèmes complexes et mal identifiés. Ils ont oublié surtout que, sauf quand cela se retrouve dans le texte d'une constitution dont l'origine est elle-même dans les Etats généraux de quelque sorte, il n'est nulle part au monde généralement reconnu ou admis que des députés élus pour administrer le pays ont aussi mandat pour transformer la constitution sous le régime de laquelle ils ont été élus. Au contraire, presque toutes les constitutions déjà écrites prévoient des mécanismes spéciaux qui enlèvent aux seuls députés le pouvoir d'amender ou de changer la constitution.

Comme notre constitution n'a rien prévu de tel parce qu'elle était une concession du conquérant aux Canadiens-français, de la mère patrie aux coloniaux dans le cas des Canadiens anglais, nos Etats généraux font indubitablement l'effort le plus systématique, le plus compréhensif, le plus réussi qui ait jamais été tenté pour constituer une véritable Assemblée nationale du peuple canadien-français en vue d'établir sa constitution. Tous les milieux territoriaux, toutes les classes sociales, tous les milieux institutionnels sont ici représentés, par-delà les tendances de groupes, de partis, d'intérêts, et selon un mode complexe de suffrage qui donne voix à toutes les opinions.

Notre premier geste doit donc être d'exprimer qui nous sommes, pourquoi nous sommes ici, et sur quels faits et quels principes s'appuie notre légitimité. En évitant soigneusement, cependant, d'anticiper en quoi que ce soit sur les décisions mêmes qui doivent émaner de l'Assemblée et auxquelles celle-ci ne doit arriver qu'après mûres délibérations. Tel est le sens, la portée et les limites mêmes de la résolution que j'ai l'honneur de vous proposer au nom de la Commission générale ; toutes les autres vous arriveront des groupes d'étude et des ateliers de travail. Mais il fallait que celle-ci vienne de la Commission générale pour vous permettre d'affirmer vous-mêmes votre existence et vos droits avant toute autre entreprise. Pour agir, il faut d'abord exister. La présente résolution n'est rien d'autre que l'affirmation de votre existence en tant que véritables Etats généraux, pleinement justifiés par la réalité politique dont vous êtes issus. Vous ne sauriez rejeter cette résolution, sans nier du coup votre raison d'être et votre droit de continuer à siéger. Vous ne sauriez l'amender sur le fond pour l'affaiblir ou la renforcer, sans vous détruire vous-mêmes, soit en sapant à sa base votre droit d'existence, soit en vous engageant déjà dans la voie des solutions à établir avant même de les avoir étudiées et justifiées. En fait, cette résolution n'est « résolution » qu'au sens du vocabulaire juridique de la procédure. Rien n'y est « résolu » et il ne s'agit pas d'y rien résoudre. C'est une déclaration, une affirmation que certains faits et principes existent, qui nous expliquent et exigent qu'on nous entende, au nom du droit naturel comme du droit international.

Que dit en effet cette « déclaration » ? Elle constate qu'il y a un peuple canadien-français dont nous proclamons officiellement aujourd'hui et en son nom propre l'existence. Elle souligne, et par là justifie la convocation d'Etats généraux, que ce peuple a toutes les caractéristiques sociologiques nécessaires pour qu'on lui reconnaisse la personnalité nationale : et, par suite, selon les principes juridiques maintenant universellement reconnus, le droit de disposer de lui-même. Elle enregistre le fait que ce droit n'est pas pour lui un droit que des circonstances — telle la dispersion à travers un territoire non délimité — rendent platonique et inopérant : au contraire, un foyer national de ce peuple se trouve localisé sur un territoire où il constitue une majorité et peut donc aspirer s'il le juge bon, à se gouverner lui-même, selon des modalités qui lui conviennent. Bien plus, cette majorité dispose déjà d'un organe de gouvernement ayant réalité d'Etat, puisque jouissant de pouvoirs exclusifs, donc souverains, sur une partie de la juridiction qui définit la souveraineté canadienne.

Qui peut nous faire grief de l'affirmer, où que ce soit dans le monde, même au Canada anglais, ou chez nos fédéralistes les plus aveugles et les plus acharnés à défendre un faux fédéralisme, quand c'est le Conseil privé de Londres lui-même qui a statué en jugement que les provinces sont aussi « souveraines » dans leur domaine — c'est le mot même du Conseil privé — aussi « souveraines » non pas que le Parlement d'Ottawa, ont dit ces juges, mais que le Parlement de Londres lui-même.

De même, on a fait grief récemment à votre Commission générale d'avoir parlé du Québec comme du « territoire national » des Canadiens-Français. Il paraît que nous aurions pu aussi bien dire que le Canada tout entier est le « territoire national » des Canadiens-Français. Certes, en tant que Canadiens, les Canadiens-Français peuvent envisager le Canada comme leur territoire national. Le Canada est le territoire national canadien. Dire qu'il est le territoire national des Canadiens-Français comme Canadiens-Français c'est, ou bien faire fi de la plus élémentaire réalité de ce que les Canadiens-Français ne peuvent arriver à se sentir vraiment chez eux que dans le Québec, ou bien retomber dans l'ancien impérialisme ou l'ancien messianisme de la « revanche des berceaux » et de l'espoir qu'un jour nous pourrions redevenir la majorité au Canada.

On ne définit pas les « patries » avec des « hypothèses », mais avec son cœur. Ce n'est pas l' « hypothèse canadienne » qui peut cerner la réalité de notre « territoire national », mais l'adhésion du cœur à un sol qui peut être français.

Ce sont tous là des faits incontestables qui peuvent être diversement appréciés quand vient le moment de passer à des conclusions, mais dont l'affirmation au départ n'exige aucune définition subtile. Au début de ces Assises, nous devons d'abord affirmer ce qui est, pour définir ce que nous sommes. Nous ne devons pas dire plus ; nous ne pouvons pas dire moins. C'est parce que nous sommes une nation au sens sociologique ou ethnique du terme, et donc munis du droit de nous autodéterminer que les Etats généraux du Canada français sont une institution légitime et valable pour l'affirmation de notre volonté. Si nous nions cela, nous n'avons plus rien à faire ici. Mais qu'il soit bien clair que par là nous ne vous demandons pas de souscrire ni à l'indépendance, ni au fédéralisme, ni à la centralisation, ni à l'autonomie, ni au statut particulier, ni aux Etats associés. Nous vous demandons simplement de proclamer notre droit de choisir celle de ces solutions qui correspond le mieux à nos aspirations et à nos besoins. Nous ne décidons pas de la solution ; nous décidons que nous avons le droit d'en choisir une.

Cependant, nous ne devons pas dire plus. Si les Etats généraux existent, c'est pour permettre l'expression de la volonté nationale. Ce n'est pas au seuil de ces délibérations que nous pouvons prescrire, pas plus indirectement que directement, les choix ou conséquences pratiques de l'exercice que la Nation fera de son droit à disposer d'elle-même. Même si l'une ou l'autre des solutions possibles était déjà clairement établie dans l'unanimité de nos consciences et l'expression de nos opinions individuelles, encore faudrait-il que le tout attende, pour être formulé et sanctionné, le cours même de nos délibérations. Autrement, il n'était pas nécessaire non plus de tenir des Etats généraux. Or, nous savons bien qu'ils doivent être tenus.

C'est donc dans la plus grande foi et la plus grande fermeté à soutenir et à proclamer l'affirmation de nous-mêmes à la fois, comme Nation et comme Etats généraux de cette Nation, en même temps que dans la plus totale lucidité sur les exigences de l'heure, que je vous demande votre appui unanime, à la résolution, à la déclaration suivante :

Les Etats généraux du Canada français, réunis en assemblée,

ayant convenu

que les Canadiens-Français constituent un peuple de près de six millions d'âmes, possédant en propre une langue, une culture, des institutions, une histoire et un vouloir-vivre collectif,

que ce peuple, répandu par tout le Canada, est concentré avant tout dans le Québec, que ce peuple dispose dans le Québec d'un territoire et d'un Etat dont les institutions reflètent sa culture et sa mentalité,

que la vie et l'épanouissement du peuple canadien-français s'appuient sur l'autorité politique, l'influence économique et le rayonnement culturel du Québec,

et noté

que la Charte des Nations-Unies exige « le respect du principe de l'égalité de droits des peuples et de leur droit à disposer d'eux-mêmes » (article 1er, par. 2) ;

affirment que :

1o Les Canadiens-Français constituent une nation.

2o Le Québec constitue le territoire national et le milieu politique fondamental de cette nation.

3o La nation canadienne-française a le droit de disposer d'elle-même et de choisir librement le régime politique sous lequel elle entend vivre [b].

---

b. *Les Etats généraux du Canada français. Assises nationales tenues à la Place des arts de Montréal du 23 au 26 novembre 1967*, s.éd., s.d., 380 pages. Voir p. 39-42.

Document n° 116

1968 — POUR SORTIR DE L'ISOLEMENT EN AMÉRIQUE DU NORD

Les États membres de la fédération canadienne ont établi certains rapports avec divers pays étrangers, et souvent depuis fort longtemps [a]. Dans le cas du Québec toutefois, ces relations avec l'étranger prennent une dimension politique particulière et soulèvent les inquiétudes des milieux fédéralistes surtout depuis qu'elles expriment, comme c'est le cas depuis une dizaine d'années, une volonté d'affirmation nationale.

Cherchant de nouveaux moyens de défendre et de promouvoir sa personnalité collective, le Québec cherche en effet depuis quelques années à s'appuyer sur les pays de langue et de culture françaises, notamment sur la France. Ce rapprochement nouveau avec l'ancienne mère-patrie s'est fait de manière progressive. En octobre 1961, le premier ministre, Jean Lesage, lance le mouvement par l'inauguration à Paris des bureaux de la Délégation générale du Québec. En février 1965, une étape importante est franchie par la signature à Paris d'une entente de coopération franco-québécoise dans le domaine de l'éducation. Ce document est signé par Paul Gérin-Lajoie, ministre de l'Éducation, et Claude Morin, sous-ministre des Affaires fédérales-provinciales pour le Québec, et Christian Fouchet, ministre de l'Éducation nationale et Jean Basdevant, directeur général des Affaires culturelles et techniques au Quai d'Orsay, pour la France. Cette entente et d'autres de même nature représentent une pièce importante de la politique nationale du Québec, comme le souligne un document officiel : « [ces ententes] constituent un effort concret pour briser l'isolement culturel dans lequel les événements ont enfermé le Québec depuis deux siècles. À leur manière, qui est celle qui convient à la mentalité française, [elles] procurent au Québec le même genre d'aide en provenance de l'Europe que celle qu'ont toujours reçue des Îles Britanniques les autres provinces canadiennes [b] ». En mai 1967, Daniel Johnson, le nouveau premier ministre du Québec, poursuit et approfondit la politique de son prédécesseur en se rendant à Paris en visite officielle où il est reçu à l'Élysée avec tous les égards dûs à un chef d'État souverain. Quelques semaines plus tard, le général de Gaulle vient lui-même porter aux Québécois son message d'amitié et de collaboration françaises. Enfin, en 1968, le gouvernement du Québec accepte de participer, contre la volonté et en l'absence du gouvernement fédéral, aux conférences des ministres de l'Éducation des pays francophones qui ont lieu successivement à Libreville (février) et à Paris (avril).

Outre les problèmes juridiques qu'elle soulève [c], cette politique d'ouverture sur le monde francophone constitue une grave menace pour la fédération canadienne en raison même de la volonté de désenclaver le Québec qui, comme l'affirmait Paul Gérin-Lajoie devant le corps consulaire réuni à Montréal le 12 avril 1965, en constitue l'inspiration fondamentale : « Le Québec a, sur ce continent, sa vocation propre. La plus nombreuse des communautés francophones hors de France, le Canada français appartient à un univers

---

a. Jean Hamelin, « Québec et le monde extérieur, 1867-1967 », dans *l'Annuaire du Québec 1968-1969*, gouvernement du Québec, p. 2-36.

b. *Document de travail sur les relations avec l'étranger. Notes préparées par la délégation du Québec au Comité permanent de fonctionnaires sur la constitution*, Québec, février 1969, multigraphié, 35 pages. Voir p. 10.

c. Pour une étude des aspects juridiques, se reporter à l'article de Maurice Torrelli, « les Relations extérieures du Québec », *Annuaire français de droit international*, XVI, 1970, p. 275-303. Voir également J. Brossard, A. Patry, E. Weiser, *les Pouvoirs extérieurs du Québec*, Montréal, Les Presses de l'Université de Montréal, 1967.

culturel dont l'axe est en Europe et non en Amérique. De ce fait, le Québec est plus qu'un simple État fédéré parmi d'autres. Il est l'instrument politique d'un groupe culturel distinct et unique dans la grande Amérique du Nord [d].» *C'est cette même idée que développe à son tour Jean-Guy Cardinal, ministre de l'Éducation, devant les membres de l'Association canadienne d'éducation de langue française (ACELF) réunis en congrès en août 1968 (texte de la conférence ci-joint).*

* * *

Jean-Guy Cardinal est né à Montréal le 10 mars 1925 et a fait ses études secondaires au Collège André-Grasset. Licencié en droit de l'Université de Montréal (1950), il obtenait de cette même université un doctorat en droit après avoir soutenu une thèse sur les modalités du droit de propriété (1957). Il a également étudié l'administration des affaires.

De 1950 à 1953, Jean-Guy Cardinal exerça la profession de notaire à Lachine. De 1953 à 1958, il enseigna le droit à l'Université de Montréal. Il se tourna ensuite vers la pratique des affaires et fut secrétaire général du Trust général du Canada (1958-1965). Il retourna ensuite à l'enseignement en qualité de doyen de la Faculté de droit de l'Université de Montréal (1965-1967). À la fin de 1967, le premier ministre du Québec, Daniel Johnson, lui confia le portefeuille de l'Éducation (qu'il conserva jusqu'en avril 1970) et le nomma conseiller législatif. À la faveur d'une élection partielle tenue en décembre 1968, il fut élu député de Bagot, et conserva son siège aux élections générales d'avril 1970.

S'il fut un temps où l'isolement dans lequel ont vécu certains peuples ou certains groupes a pu leur valoir d'être protégés d'influences contre lesquelles ils n'auraient pas eu la force de se défendre, il n'en est plus ainsi en 1968, à l'ère des satellites de communication et des ordinateurs. L'isolement n'est plus possible pour aucun peuple civilisé.

On peut constater tous les jours que des événements analogues, dans le domaine de la science, de l'art, de la culture, de la politique ou du social se produisent à peu près en même temps aux quatre coins du monde, surtout dans des pays qui présentent des analogies à l'un ou plusieurs de ces points de vue.

Cette ouverture aux autres, qui est une condition nécessaire de l'épanouissement de soi et le moyen d'assumer ses responsabilités envers tous et chacun. Par ailleurs, il est normal qu'elle soit plus grande et plus intense envers ceux avec qui nous avons davantage en commun, que ce soit sur l'un ou plusieurs des plans : politique, économique ou culturel.

C'est là tout le fondement de l'attitude du Québec envers les groupes francophones du Canada et envers la francophonie mondiale. Pour nous, ces échanges culturels sont une nécessité que je qualifierais de biologique, tellement je suis convaincu que nous ne pouvons rester ni redevenir constamment nous-mêmes sans respirer l'air de la francophonie que nous devons contribuer à purifier et à enrichir dans toute la mesure de nos moyens.

---

d. « Allocution du ministre de l'Education, M. Paul Gérin-Lajoie, 12 avril 1965 », Service d'information, ministère de l'Education.

Je crois sincèrement que tout groupe francophone, du Canada ou d'ailleurs, profite et profitera davantage dans l'avenir de l'épanouissement de tout autre groupe de même culture, comme il souffre et souffrira davantage de ses déficiences.

Cette conviction n'est pas particulière au ministre de l'éducation mais elle est celle du gouvernement du Québec dont elle inspire toute la conduite en cette matière.

Evidemment, pour comprendre cette position et y voir autre chose qu'une forme de mégalomanie, il faut être capable de se départir de certains particularismes et de s'ouvrir aux valeurs universelles.

Dans cette perspective tous les groupes francophones du Canada ont intérêt à multiplier et à intensifier leurs relations de toute nature, entre eux, mais aussi avec tous les groupes francophones du monde, particulièrement avec ceux qui, en plus de la culture, partagent avec nous d'autres valeurs de civilisation.

Ce n'est pas quand nous ne sommes que 6 millions de francophones parmi 220 millions d'anglophones que nous pouvons prétendre réaliser quelque chose de valable en nous repliant sur nous-mêmes. Pour faire contrepoids, nous devons nous appuyer sur la communauté des pays francophones qu'ils soient d'Europe ou d'Afrique.

Comme nous ne pouvons pas, après avoir longtemps vécu dans l'isolement, nous ouvrir, du jour au lendemain à tous les peuples de la terre et entretenir avec chacun des relations suivies dans tous les domaines, il nous faut, là comme ailleurs, établir des priorités et procéder par étapes.

Si comme je viens de le souligner, je crois que nous devons commencer par les groupes et les peuples qui ont le plus en commun avec nous, je crois également que c'est d'abord par le domaine de l'éducation qu'il faut débuter. En effet, dans ce domaine, le Québec jouit de la plénitude de la compétence et il peut l'exercer dans toute la mesure exigée par le bien commun de ses ressortissants.

De plus, on l'a souvent répété, les éducateurs sont des multiplicateurs. Cela est évident au plan des idées et des connaissances, mais ce n'est pas moins réel au plan des attitudes et des sentiments. Ce n'est pas tant par ce qu'ils enseignent que par ce qu'ils sont eux-mêmes qu'ils contribuent à créer un climat favorable à la diffusion d'idées comme celles de l'ouverture aux autres ou du respect des droits de l'homme. Ce climat, les éducateurs le créent non seulement dans les établissements d'éducation mais ils le répandent dans toute la société dans laquelle ils s'intègrent de plus en plus e.

---

e. *L'Educateur et les droits de l'homme, Actes du 21e congrès, Montréal, Québec, août 1968,* Québec, Edition de l'Association canadienne d'éducation de langue française (ACELF), 1968, multigraphié, 233 pages. L'allocution de Jean-Guy Cardinal est reproduite p. 226-231.

Document n° 117

1969 — L'INDIFFÉRENCE LINGUISTIQUE, MÊME À L'ÉCOLE

L'enseignement de la langue nationale représente un aspect fondamental de la situation du peuple qui la parle. Aussi des voix se sont-elles élevées ces dernières années pour dénoncer la pauvreté de l'enseignement du français au Québec.

Le Frère Untel attacha le grelot en 1960 par sa critique du joual dans lequel il voyait la preuve éclatante de l'échec de l'enseignement du français [a]. Quelques années plus tard, la Commission Parent reprend ce sujet dans son rapport d'enquête. Elle dénonce notamment l'usage de manuels où fleurissent « le traditionalisme attardé, l'inspiration lourdement agricole [...] l'intention gauchement apologétique » et « qui contribuent, par la mauvaise qualité du français, à abâtardir la langue déjà fort pauvre des écoliers [b] ». Elle déplore également les carences de la langue des enseignants et souligne le rôle de ces derniers dans la formation linguistique de l'élève : « Chacun des professeurs, à tous les degrés, dans toutes les matières, est aussi un professeur de langue maternelle et doit avoir atteint à une certaine connaissance spécialisée dans ce domaine : sa phonétique doit être impeccable, son vocabulaire précis et abondant, sa phrase correcte, il doit s'exprimer avec aisance et naturel, aussi bien oralement que par écrit. On ne doit pas oublier que, durant des heures et des heures, la langue que parle un enseignant imprègne la conscience linguistique de tous les enfants, à la manière d'un modèle. La première étape, dans la réforme de l'enseignement du français, c'est donc la formation à donner à tous les maîtres à cet égard et l'exigence des examens qu'ils auront à subir dans cette matière [c]. »

En 1969, la Commission des écoles catholiques de Montréal, alors présidée par Pierre Carignan [d], prépare un mémoire qu'elle soumet à la Commission Gendron chargée d'enquêter sur la langue française. On y trouve la description suivante de l'enseignement du français dans les écoles catholiques de Montréal.

LA LANGUE FRANÇAISE

A. Le français, langue maternelle :

19. Les réflexions qui vont suivre, même si elles s'attachent surtout à la langue maternelle et à l'enseignement du français, ne peuvent être interprétées qu'en fonction de la situation politique, économique et socio-culturelle particulière à la province de Québec.

---

a. *Les Insolences du Frère Untel*, préface d'André Laurendeau, Montréal, Les Editions de l'Homme, 1960, p. 23-36.

b. *Rapport Parent. Rapport de la Commission royale d'enquête sur l'enseignement dans la province de Québec*, 1964, vol. III, p. 42-43. Un essai paru quelque temps plus tôt avait éveillé l'attention de l'opinion publique sur la mauvaise qualité des manuels d'enseignement : Solange et Michel Chalvin, *Comment on abrutit nos enfants, La bêtise en 23 manuels scolaires*, Montréal, Les Editions du Jour, 1962, 139 pages.

c. *Rapport Parent*, p. 41-42.

d. Ce mémoire porte la date de septembre 1969. A cette époque, la composition du Conseil de la C. E. C. M. était la suivante : Pierre Carignan, président, Thérèse Lavoie-Roux, vice-présidente, André Gagnon, Joseph L. Pagé, Michael J. Mc Donald, Antonio Saia et Fernand Daoust, commissaires.

I. La langue de la société québécoise

20. Dans l'état actuel des choses, décrire la situation de la langue française au Québec — et à Montréal en particulier — se révèle impossible en dehors d'une enquête scientifique sérieuse. L'action de l'école déterminée par l'environnement socio-linguistique, consiste à corriger les défauts et à enrichir les valeurs acquises.

21. Il faut reconnaitre que, depuis une quinzaine d'années, le Québec a connu un véritable réveil, une prise de conscience collective. Cette transformation de la mentalité québécoise, amorcée par l'apparition d'une élite intellectuelle et favorisée par l'apport des techniques de diffusion, a abouti à la « révolution tranquille ». Même si on déplore, encore aujourd'hui, l'état lamentable de la langue parlée, même si l'on est en droit d'être inquiet de l'avenir du français au Québec, il n'en est pas moins vrai que cette prise de conscience collective a eu sur la langue et la culture des répercussions nettement favorables. En effet, dans la société en général — comme dans le monde de l'éducation — on trouve aujourd'hui beaucoup plus de personnes qui se préoccupent des problèmes linguistiques du Québec : bilinguisme, unilinguisme, français prioritaire, etc... Malheureusement, la langue de la masse n'a pas évolué comme on aurait pu le souhaiter : elle s'est légèrement améliorée, mais fort peu.

22. La situation linguistique au Québec se caractérise par l'absence de conditionnement psychologique et par la carence des moyens d'expression chez l'individu. Ces deux caractéristiques sont si intimement liées qu'il est très difficile, sinon impossible, de savoir laquelle est la conséquence de l'autre. Dans les circonstances, il est bien difficile que l'école joue pleinement son rôle, qui consiste à corriger les défauts et à enrichir les valeurs acquises : son action, en effet, est déterminée et limitée par l'environnement socio-linguistique.

23. L'absence de conditionnement psychologique (motivation) explique le manque d'intérêt et de fierté d'un très grand nombre de Québécois envers la langue parlée. L'extrême pauvreté des moyens d'expression se manifeste par l'indigence d'un vocabulaire truffé d'anglicismes, d'archaïsmes et de barbarismes ; par une syntaxe boiteuse, voire incohérente, d'où l'influence de la langue anglaise n'est pas absente ; par une phonétique, souvent fausse, dépourvue de mélodie intonative. Que dire alors de la motivation à utiliser une langue correcte, qu'on appelle « français universel » ou « français standard » ? Le Québécois ne ressent aucun intérêt à parler un français de qualité parce qu'il a conscience que, d'autre part, dans la langue bâtarde qu'il emploie, le message passera de toute façon et que, d'autre part, cette langue correcte qu'on voudrait lui imposer est de peu d'utilité dans un monde du travail où l'influence de l'anglais domine.

II. La langue des élèves

25. Dans la langue parlée des élèves, nous retrouvons les caractéristiques de la situation décrite au paragraphe vingt-trois (23). Le conditionnement psychologique à l'égard de la correction du langage est à peu près inexistant. Même si l'élève du secondaire est plus éveillé et plus conscient que celui de l'élémentaire, il ne s'identifie pas au français international mais à la langue qu'il entend parler le plus souvent dans son entourage.

26. Afin de donner de la situation un tableau réaliste, disons toutefois que, placé en situation de s'exprimer publiquement, une fois qu'il a maîtrisé les inconvénients de

la timidité et qu'il sent le besoin de soigner son langage, l'élève parvient, s'il en a assez souvent l'occasion, à parler une langue à peu près convenable. Nous reviendrons sur ce point à propos de l'enseignement.

III. La langue des maîtres

27. Le personnel enseignant est issu de la société québécoise : il reflète globalement l'image de cette société. Dans l'ensemble, les maîtres parlent la langue de leur milieu, une langue qui se caractérise par l'absence de motivation et par les mêmes faiblesses quant aux moyens d'expression, mais à un degré moindre.

28. Les maîtres ont connu leur révolution tranquille ; l'accessibilité aux études supérieures a favorisé une prise de conscience collective et a contribué à relever le niveau culturel du personnel enseignant. Cette évolution a nettement marqué la situation linguistique des maîtres. A titre indicatif, disons qu'il y a une dizaine d'années, peu de professeurs prenaient intérêt au problème de la correction du langage. Aujourd'hui, le professeur est plus conscient de son rôle dans ce domaine. Les professeurs spécialisés en mathématiques, en sciences ou en histoire sont de plus en plus convaincus qu'ils doivent seconder le professeur de français en dispensant leur enseignement dans une langue correcte.

29. Pourtant, la langue des maîtres de Montréal est simplement d'une qualité légèrement supérieure à celle des élèves. Les anglicismes y foisonnent, mais plus subtils dans leurs travestis à consonance française. Aux lacunes du lexique se rattache la méconnaissance des niveaux de langue. L'emploi inconsidéré de termes ou d'expressions empruntées à la langue parisienne très familière, sinon populaire ou argotique, est le signe d'une formation incomplète. Le personnel enseignant, comme d'ailleurs l'élite cultivée du Québec, sous prétexte de soigner son langage, passe sans s'en rendre compte de la langue standard à une langue familière voisine de l'argot parisien. Plusieurs termes populaires ou très familiers en Europe (ex : bouquin, roupiller et bouffer) deviennent souvent, même dans la bouche de gens cultivés, des termes recherchés.

....

B. L'enseignement du français, langue maternelle :

31. Si l'on veut analyser la situation de l'enseignement du français à la C. E. C. M., il faut s'attacher à trois points essentiels : la valeur du professeur, la didactique du français et la structure pédagogique sur laquelle repose cet enseignement.

I. Le professeur de français

32. La description que nous avons faite de la langue du personnel enseignant peut convenir en partie à la langue des professeurs de français. Ils possèdent cependant une meilleure connaissance théorique de la langue, ce qui leur permet de maintenir une qualité au-dessus de la moyenne. Dans l'ensemble, on doit toutefois reconnaître que, dans la pratique, la langue des professeurs de français présente des carences : pauvreté du vocabulaire d'usage courant, anglicisme du lexique et de structure, méconnaissance des niveaux de langue, etc. En fait, et malgré ce que nous avons dit plus haut, la connaissance de la langue chez les professeurs de français est plus théorique que pratique : elle se limite trop souvent à la formulation de règles de grammaire.

33. La formation professionnelle du professeur de français se borne, dans la plupart des cas, à celle que donne généralement le brevet d'enseignement ou le baccalauréat.

Elle répond plutôt à des exigences pédagogiques qu'à une formation proprement linguistique. Depuis quelques années, nombreux sont cependant les maîtres qui poursuivent des études spécialisées en lettres ou en linguistique. Mais on doit affirmer que, jusqu'à maintenant, le programme de formation des professeurs de français n'a pas assuré une solide connaissance linguistique, pourtant nécessaire à un enseignement acceptable de la langue maternelle.

34. Le professeur de français n'est pas assez conscient de ses lacunes. D'où la difficulté de déterminer une formule de recyclage en matière de linguistique. Les cours de perfectionnement à son intention sont recherchés s'ils portent sur une démarche pédagogique, un nouveau manuel, une technique particulière : ils sont peu suivis s'ils traitent de l'apprentissage ou de l'approfondissement de la langue elle-même.

35. Pour l'enseignement aux adultes, la formation du professeur de français ne pose pas un problème aussi aigu. Parce qu'on a besoin d'un nombre plus restreint de professeurs spécialisés, on peut établir des critères de sélection plus sévères.

36. La fonction du professeur de français dans l'enseignement public doit être revalorisée. L'ère est révolue où celui qui n'est pas apte à l'enseignement des mathématiques ou des sciences enseigne le français. Il nous faut, dans le plus bref délai, établir des normes plus précises de sélection des professeurs de français, normes qui exigeraient avant tout la compétence linguistique et l'emploi d'une langue correcte. L'élève bénéficierait alors de l'exemple immédiat de son professeur.

....

II. Situation de l'enseignement du français

38. Le maître en classe a besoin d'une aide qui lui facilite l'interprétation des programmes d'études qui favorise un enseignement qui « colle » au milieu. L'enseignement du français, comme celui des autres disciplines, doit être repensé et orienté en tenant compte des besoins et de l'évolution de ce milieu. Alors s'impose une structure pédagogique qui permette d'atteindre les objectifs.

39. En général, l'enseignement du français à la C. E. C. M. est essentiellement théorique. Programmes, manuels et formation des maîtres ont contribué à faire considérer l'enfant comme un réservoir que l'on doit remplir de connaissances. Le programme des études grammaticales est élaboré à partir du contenu des grammaires traditionnelles que l'on répartit d'un degré à l'autre de l'école élémentaire et que l'on reprend ensuite dans l'enseignement secondaire. Il s'ensuit qu'au sortir de l'école élémentaire l'élève, quels que soient son talent et ses goût personnels, a vu presque en entier le code grammatical, y compris des notions dont il n'aura probablement jamais besoin au cours de sa vie. A l'école secondaire, la classe de français devient une corvée parce que le programme impose à l'élève de revoir le code grammatical toujours de la même manière, d'où l'absence quasi totale d'intérêt pour la classe de français, d'où aussi la tendance de plusieurs maîtres du secondaire à orienter leur enseignement vers la littérature ; ils accentuent ainsi le caractère livresque de l'enseignement du français et élargissent le fossé entre l'école et la vie.

III. Situation favorable au renouveau

40. Il est indiscutable qu'un renouveau s'impose dans l'enseignement du français. Nous traversons présentement une période particulièrement favorable à ce renouveau. Quel devrait en être l'esprit ? Quel instrument serait en mesure d'en assurer le succès ?

41. Nous avons parlé plus haut du réveil collectif que le Québec connaît à l'heure actuelle. Il faut profiter de cette prise de conscience avant que ne s'éteigne la ferveur qu'elle a pu susciter dans la société. Le problème linguistique au Québec a pris depuis peu une forte teinte politique qui s'est répercutée dans tous les milieux. Plusieurs organismes sociaux, culturels, politiques, para-politiques, syndicaux et professionnels s'appliquent à sensibiliser leurs membres à la cause du français ou exercent des pressions afin que soit reconnue dans les faits la priorité du français.

....

VII. La traduction et l'adaptation des manuels étrangers [e]

54. Le problème de l'emploi des manuels étrangers a retenu notre attention car, même s'il ne se rattache pas directement à l'enseignement des langues, nous croyons que le français véhiculé dans ces ouvrages exerce une influence indéniable sur l'apprentissage de la langue maternelle.

55. Le renouveau scolaire en sciences et en mathématiques a pris beaucoup d'ampleur chez nos voisins du sud. Les ressources financières des Etats-Unis et l'aide fournie par le gouvernement ont accéléré cette évolution. Ce renouveau étend son influence au Québec. Peu de maisons d'éditions ont publié des manuels scolaires, pensés et composés au Québec, parce que la plupart croient plus rentable de traduire et adapter des manuels américains.

56. La vaste expérience des éditeurs américains compte beaucoup dans cette attitude. Plusieurs manuels américains ou d'inspiration américaine conformes à un nouveau programme de mathématiques à l'élémentaire sont déjà traduits ou le seront bientôt. Les deux collections complètes destinées à l'enseignement des mathématiques nouvelles à l'élémentaire sont de source américaine.

57. La qualité de la traduction et de l'adaptation varie beaucoup d'un manuel à l'autre. Dans certains cas, la traduction est tout simplement inacceptable. Voici, en ce sens, un extrait d'une étude :

« La version française contient peu de fautes d'orthographe ou d'usage. Par contre, le texte français est un calque systématique de l'original américain : calque de pensée, d'expression et surtout de structure. Le traducteur n'a fait aucun effort de transposition ou d'adaptation (à l'exception de quelques détails), se contentant de substituer des mots français aux mots américains.

Il en résulte que la langue employée est artificielle, étrangère. En outre, le respect servile de la structure américaine aboutit à des ambiguïtés et parfois même à une incompréhension totale ».

(Texte tiré d'une étude faite par monsieur Paul A. Horguelin à la demande du Bureau du perfectionnement de la C. E. C. M. au sujet de la première édition d'un manuel de mathématiques que l'éditeur a accepté de reviser à la suite de cette étude).

58. Les manuels européens de langue française sont généralement rédigés en bon français. Cependant, ces manuels ne correspondent pas toujours à nos programmes et les méthodes d'approche utilisées sont souvent très différentes de celles que l'on favorise chez nous. C'est pourquoi, les possibilités dans ce domaine sont restreintes.

_____

e. Sur cette question importante, voir notamment Roland Haumont, « L'Avenir du français au Québec est compromis par l'usage massif du manuel américain », *le Devoir*, 31 octobre 1967, p. 4.

59. Dans un mémoire que nous soumettions dernièrement au ministère de l'Education, nous signalions à ce sujet : « Le ministère a le devoir de rechercher les meilleurs manuels, qu'ils soient du Québec, des autres provinces ou de l'étranger. Tout en respectant les critères d'évaluation des manuels, le ministère devrait, toutefois, à valeur égale, accorder sa préférence premièrement aux ouvrages de création québécoise, deuxièmement aux ouvrages adaptés et édités au Québec, troisièmement aux ouvrages étrangers imprimés au Québec. Il est normal d'encourager d'abord la production québécoise, ses auteurs et sa main-d'œuvre. »

....

C. L'enseignement du français, langue seconde :

61. L'enseignement du français comme langue seconde doit être considéré sous un double aspect :

— Pour les enfants anglophones demeurant dans des quartiers à majorité francophone, il s'agit surtout de perfectionner les notions déjà acquises. En effet, chez ces enfants, la qualité de la langue est plus pauvre encore que chez leurs compagnons francophones. Le français, déjà un moyen de communication, serait grandement amélioré par un enseignement qui tiendrait compte des connaissances déjà acquises et qui les enrichirait.

— Pour les enfants anglophones demeurant dans les quartiers à majorité anglophone, il s'agit davantage d'un problème de motivation, tant pour les parents que pour les élèves. L'enseignement doit alors être axé sur les éléments de base de la langue.

62. Dans la section des classes anglaises de la Commission, les cours de langue française se donnent à partir de la 4e année ; l'horaire prévoit une période d'environ une demi-heure par jour. Au secondaire, une période quotidienne de quarante-cinq minutes est réservée à cet enseignement. Près de 30,000 enfants suivent ces cours. De ce nombre, environ 3,000, soit 10 %, parlent déjà le français.

63. Quoiqu'il n'y ait pas d'entente officielle concernant les échanges de professeurs de langues entre les deux sections de la Commission, 36 professeurs dont la langue maternelle est le français enseignent cette langue à la section anglaise, au niveau secondaire. Un coordonnateur est responsable de cet enseignement. A l'élémentaire, malgré l'absence de données statistiques précises, on peut affirmer que peu de professeurs maîtrisent assez bien la langue française pour donner un bon enseignement.

64. A première vue, les résultats peuvent paraître satisfaisants. Cependant, on doit tenir compte dans cette évaluation du fait que de nombreux enfants connaissent déjà le français avant leur entrée à l'école anglaise. A la fin du cours secondaire, la plupart des enfants qui peuvent s'exprimer facilement dans cette langue vivent en milieu francophone.

65. Depuis environ sept ans, l'enseignement du français comme langue seconde commence, à titre expérimental, en 1ère année du cours élémentaire dans certaines écoles de la section anglaise. La Commission a d'abord autorisé cet enseignement dans 12 classes. Il va sans dire qu'on a préparé un programme à cette fin : la méthode consiste à enseigner les rudiments de la langue parlée durant une courte période chaque jour.

66. Ce projet ne produit pas, cependant, les résultats espérés à cause de la pénurie de professeurs bien préparés. Cet enseignement, sans requérir de professeurs spécialisés, exigerait pourtant des maîtres qui possèdent une connaissance convenable de la langue française.

67. L'enseignement du français doit avoir deux objectifs : la connaissance de la langue française et le rapprochement entre francophones et anglophones. Le premier a déjà été exposé dans les paragraphes précédents. Quant au second, on pourrait l'atteindre en créant chez les enfants un climat qui leur permettrait de mieux connaître la culture canadienne-française. La poursuite de cet objectif exigerait des maîtres une connaissance de la mentalité et des aspirations des deux communautés. Des manuels mieux adaptés à la psychologie de l'enfant et au milieu dans lequel il vit contribueraient aussi à favoriser ce rapprochement [f].

---

f. La Commission des écoles catholiques de Montréal, *Mémoire à la Commission d'enquête sur la situation de la langue française et sur les droits linguistiques au Québec*, Montréal, septembre 1969, dactylographié, 60 pages. Voir p. 10-24.

Document nº 118

1969 — LES « GÉNÉROSITÉS » D'UNE MAJORITÉ PARLEMENTAIRE

L'adhésion massive que les immigrants donnent à la langue anglaise renforce les positions de cette langue au Québec et, jointe au phénomène de la dénatalité québécoise, risque même de remettre en cause les équilibres linguistiques traditionnels. Les milieux nationalistes ont dénoncé cette menace et leurs positions unilinguistes s'expliquent en partie par la volonté d'amener les immigrants à la langue et à la culture françaises. Mais le gouvernement du Québec, parfaitement au courant de la situation [a], n'a pris aucune mesure sérieuse pour assurer l'intégration des immigrants. C'est ce vide politique qu'ont cherché à combler les commissaires scolaires de Saint-Léonard en décidant le 27 juin 1968 de faire du français la langue d'enseignement des immigrants installés sur leur territoire.

* * *

Fondée en 1886, la paroisse de Saint-Léonard demeura, jusque vers le milieu des années cinquante, un centre agricole de langue française. C'est alors qu'elle s'ouvrit à l'urbanisation et devint une ville dortoir de la région montréalaise. La population s'accrut rapidement : 800 habitants en 1955, 6 000 en 1961, 35 000 en 1968 [b]. Mais, fait capital, cette augmentation s'explique en bonne partie par l'arrivée de familles d'immigrants, italiens notamment (23 % de la population en 1969), si bien que les Québécois, qui constituaient encore en 1955 la quasi-totalité de la population, n'en représentaient plus en 1968 qu'environ 60 %.

Il fallut tenir compte de ce changement dans l'organisation scolaire de la municipalité. Désireux d'assurer l'intégration des immigrants à la vie québécoise, mais soucieux de respecter le vœu de ceux-ci d'assurer à leur enfants une bonne connaissance de l'anglais, les commissaires scolaires de Saint-Léonard décident donc, par résolution prise le 10 juillet 1963, d'établir un système d'écoles primaires bilingues où pourront s'incrire ceux des enfants d'immigrants qui ne choisiront pas l'école française. Dans l'esprit des commissaires, ce système doit demeurer exceptionnel, mais il prend vite une grande ampleur : en 1967, on ne compte pas moins de cinquante-sept classes bilingues à Saint-Léonard pour cent onze classes françaises. La conclusion s'impose : l'immense majorité des immigrants ont préféré l'école primaire bilingue (en 1968, 1 384 enfants d'immigrants dans les écoles bilingues contre 175 seulement dans les écoles françaises). Deuxième constat d'échec : l'école primaire bilingue attache si peu les enfants d'immigrants à la culture française que la majorité d'entre eux optent, à leur sortie, pour l'école secondaire anglaise.

Les Québécois de Saint-Léonard décident donc de réagir, fondent le Mouvement pour l'intégration scolaire (1er avril 1968) qu'anime l'architecte Raymond Lemieux et font élire deux des leurs aux élections scolaires du 10 juin 1968, Jean Girard et Raymond Langlois. À peine installés dans leurs nouvelles fonctions de commissaires scolaires,

---

a. Voir le rapport du comité interministériel chargé d'étudier ces questions, document nº 114.

b. Ces chiffres, de même que d'autres sur Saint-Léonard, sont tirés de l'ouvrage de Henry Egretaud, *l'Affaire Saint-Léonard*, Société d'éducation du Québec, 1970, p. 60.

ces derniers adoptent (27 juin 1968), avec l'appui du nouveau président de la commission, Jacques Deschênes, une résolution qui rend obligatoire l'inscription des immigrants dans les écoles françaises, étant entendu que cette mesure ne s'applique qu'aux écoliers nouvellement inscrits. Cette résolution — « Que dans toutes les premières années du cours primaire se trouvant sous la juridiction de la commission scolaire de Saint-Léonard-de-Port-Maurice, à compter de septembre 1968, la langue d'enseignement soit le français c » — est conforme à la volonté exprimée par la population lors d'un référendum tenu en même temps que l'élection scolaire. 1 445 électeurs, en effet, ont appuyé, ce jour-là, la politique de l'école française pour les immigrants (parmi ces électeurs, 844 ont cependant jugé utile de préciser qu'il fallait aussi assurer un enseignement adéquat de l'anglais comme langue seconde), tandis que 245 seulement ont opté pour le statu quo (partage égal du temps d'enseignement entre l'anglais et le français) et 212 pour les écoles anglaises d.

La décision de Saint-Léonard reçoit l'appui de divers milieux nationalistes mais provoque chez les Anglo-Québécois et leurs alliés immigrants un tollé incroyable orchestré par les quotidiens anglais de Montréal (« Remember Saint-Léonard », écrira notamment le Star le 22 novembre 1968), le Père Patrick Malone, recteur du Loyola College de Montréal que fréquentent de nombreux immigrants, ainsi que par Robert Beale qui vient de fonder une association des parents anglophones de Saint-Léonard. Les anglophones font flèche de tout bois, mais tout ne leur réussit pas également. Ils organisent le boycottage de la nouvelle réglementation scolaire, mais le mouvement ne sera suivi qu'imparfaitement ; ils cherchent à faire intervenir le gouvernement fédéral (marche sur Ottawa en septembre 1968 de 4 000 parents anglophones), mais celui-ci tire habilement son épingle du jeu en invoquant l'autonomie provinciale en matière d'éducation ; ils saisissent les tribunaux mais n'en reçoivent finalement qu'une satisfaction de pur principe devant la Cour d'appel e, non sans avoir d'abord essuyé le refus du tribunal de première instance (arrêt du juge Marcel Nichols, le 28 septembre 1968). Paradoxalement, c'est du gouvernement du Québec lui-même qu'ils recevront pleine satisfaction.

Ce gouvernement perd son chef, Daniel Johnson, qui meurt sans avoir eu le temps d'agir (26 septembre 1968). Son successeur, Jean-Jacques Bertrand, semble plus disposé à intervenir — poussé peut-être par l'espoir (qui demeurera vain) de conquérir l'électorat anglophone de Notre-Dame-de-Grâce lors de l'élection complémentaire du 4 décembre 1968. Il fait donc préparer un projet de loi, le bill 85, qui doit avoir le triple effet de corriger la situation à Saint-Léonard, d'assurer les droits des minorités anglophones et de promouvoir l'enseignement du français. La préparation de ce texte provoque de vives réactions chez les Québécois (entre autres, manifestation d'environ 3 000 personnes devant le parlement du Québec, le 5 décembre 1968) et suscite de profonds remous au sein même du parti gouvernemental. Bertrand dépose néanmoins le projet de loi (9 décembre), mais doit ensuite s'éloigner momentanément des affaires pour raisons de santé. Le ministre de l'Éducation, Jean-Guy Cardinal, profite alors de l'exercice de l'intérim pour renvoyer le texte devant une commission d'études parlementaire d'où il ne reviendra jamais.

---

c. Henry Egretaud, op. cit., p. 9-10.
d. Ibid., p. 12. A une deuxième question portant sur l'enseignement de l'anglais comme langue seconde dans les écoles fréquentées par les Canadiens français, 1 108 électeurs estimèrent que cet enseignement devrait être amélioré, 559 le jugeant toutefois « adéquat ».
e. Pérusse et Papa contre les commissaires d'écoles de Saint-Léonard-de-Port-Maurice, (1970), C. A. 324.

L'affaire n'est cependant pas close. Le M. I. S. continue la lutte pour l'unilinguisme et organise notamment une grande marche populaire le 28 mars 1969 pour réclamer la francisation de l'Université McGill, bastion et symbole de la présence anglaise au Québec. La rentrée de septembre 1969 à Saint-Léonard s'effectue dans un climat de tension extrême, ponctué par de violentes manifestations où s'affrontent Québécois et immigrants italiens. Jean-Jacques Bertrand décide alors de porter le grand coup. Confirmé dans son autorité par le congrès de l'Union nationale qui le préféra à Jean-Guy Cardinal (juin 1969), le premier ministre décide de ne plus attendre les conclusions de la Commission Gendron (qu'il avait pourtant créée en décembre 1968 avec mission d'enquêter sur la situation linguistique) et dépose devant l'Assemblée nationale, le 23 octobre 1969, le célèbre bill 63, projet d'une loi dite pour promouvoir l'enseignement de la langue française, mais qui vise surtout à annuler la décision des commissaires scolaires de Saint-Léonard en reconnaissant les droits linguistiques des minorités anglophones. Les dispositions essentielles du texte sont les suivantes (version définitive adoptée par l'Assemblé nationale) :

(Article 1) : « Le Ministre [de l'éducation] doit prendre les dispositions nécessaires pour que les programmes d'études édictés ou approuvés pour ces institutions d'enseignement et les examens qui les sanctionnent assurent une connaissance d'usage de la langue française aux enfants à qui l'enseignement est donné en langue anglaise. »

(Article 2) : « Les cours d'études du niveau de la première année à celui de la onzième inclusivement, adoptés ou reconnus pour les écoles publiques catholiques, protestantes ou autres [...] doivent être donnés en langue française. Ils sont donnés en langue anglaise à chaque enfant dont les parents [...] en font la demande lors de son inscription ; les programmes d'études et les examens doivent assurer une connaissance d'usage de la langue française à ces enfants... »

(Article 3) : « [Le ministre de l'immigration doit] prendre [...] les dispositions nécessaires pour que les personnes qui s'établissent au Québec acquièrent dès leur arrivée ou même avant qu'elles quittent leur pays d'origine la connaissance de la langue française et qu'elles fassent instruire leurs enfants dans des institutions d'enseignement où les cours sont donnés en langue française. »

Ce projet de loi reçut l'approbation des anglophones mais provoqua de massives protestations dans certains milieux québécois. D'un côté, l'on vit les Anglo-Saxons, les immigrants et même leurs alliés québécois (milieux d'affaires notamment) soutenir le bill 63 ; de l'autre, des nationalistes québécois, étudiants, enseignants et syndicalistes, s'opposer à l'adoption du texte par un débrayage général dans l'enseignement et par des manifestations soutenues dans diverses villes de province, dans les rues de Montréal et devant l'Assemblée nationale du Québec (31 octobre 1969). Ces diverses oppositions se regroupèrent un temps dans un éphémère Front du Québec français (FQF).

Ce mouvement n'ébranla pas la détermination de Jean-Jacques Bertrand qui savait pouvoir compter sur l'appui du parti libéral, alors dans l'opposition. Le projet de loi fut adopté le 20 novembre 1969 après un véritable marathon parlementaire imposé à la majorité unioniste-libérale par trois députés réfractaires (Jérôme Proulx et Antonio Flamand de l'Union nationale ; Yves Michaud du Parti libéral) qui formèrent avec René Lévesque, chef du Parti québécois, ce que l'on a appelé alors l' « opposition circonstancielle ».

JEAN-JACQUES BERTRAND (premier ministre). — Dualité ne veut pas dire égalité. Deux langues officielles, cela ne signifie aucunement que les deux doivent occuper le même rang. Cela ne veut pas dire, non plus, que nous allons partir en croisade pour le maintien du statu quo ou pour la généralisation du bilinguisme. Le fait qu'il y ait deux langues au Canada n'empêchera jamais l'anglais d'occuper une place dominante et même exclusive dans de vastes régions du pays.

Ainsi en est-il au Québec où la dualité des langues officielles n'exclut aucunement la primauté du français, ni même son usage exclusif dans la grande partie du territoire québécois. Dans notre programme, nous disions [...] en résumé, ceci : Deux langues officielles dont l'une, le français, doit toutefois bénéficier de la primauté. D'abord parce qu'elle est la langue nationale des Canadiens français qui forment 81 % de la population québécoise, et ensuite, parce qu'elle est la plus vulnérable dans le contexte nord-américain. [*Journal des débats*, séance du jeudi 30 octobre 1969, p. 3441.]

— Ce ne sera jamais facile d'être Français et de vivre en français sur ce continent où nous sommes.

C'est pourtant ce qu'ont toujours voulu et ce que veulent encore aujourd'hui plus que jamais — j'en ai la conviction profonde et intime — l'immense majorité de nos compatriotes au Québec. Ils ne veulent pas renoncer non plus au niveau de vie et à tous les autres avantages que comporte leur participation à la vie nord-américaine.

Ils ne veulent surtout pas être placés dans une situation qui les force, en quelque sorte, à choisir entre leur appartenance culturelle et leur appartenance économique. Ils sont bien résolus à conserver et à développer les deux. La politique québécoise doit donc viser précisément à favoriser la poursuite harmonieuse de cette double ambition. Tel est son rôle spécifique. Il en sera toujours ainsi. C'est dans la nature des choses. En toute hypothèse constitutionnelle, la politique québécoise sera toujours essentiellement un jeu d'équilibre, un effort de conciliation et de synthèse. [*Ibid.*, p. 3442.]

— Si la langue de l'école est importante, je pense que la langue de travail l'est encore davantage. Car la langue de travail a bien plus d'influence sur la langue de l'école que n'en a la langue de l'école sur la langue de travail. [*Ibid.*, p. 3443.]

— Certains, malheureusement, posent des gestes et font des déclarations qui sont bien plus de nature à éloigner l'industrie qu'à la franciser. Ils sont ensuite bien mal venus de rejeter sur les autres la responsabilité du chômage et de la pauvreté. Pour que le français soit une langue de travail au Québec, il faut d'abord qu'il y ait du travail. [*Ibid.*, p. 3443.]

— Ce projet de loi, que dit-il ? D'abord, je soumets qu'il pose le principe de la primauté du français. Ce projet établit comme règle qu'au Québec l'enseignement se fait normalement en français. C'est le régime commun, c'est le régime légal, c'est le régime que la loi donne à tous ceux qui ne demandent pas formellement d'être rangés parmi les cas d'exception. Pour être exclu du régime commun, qui est celui de l'école française, il faut poser un geste, il faut prendre l'initiative d'en faire la demande auprès de la commission scolaire, lors de l'inscription de l'enfant. Mais aucun geste n'est nécessaire pour être inclus dans le régime commun, c'est automatique.

En d'autres termes, cette loi pose en principe que le Québec est d'abord et avant tout une terre française.

Or c'est un principe qui n'avait encore été inscrit nulle part, ni dans la constitution canadienne, ni dans nos propres lois. [*Ibid.*, p. 3445.]

— Nous reprenons simplement pour nous-même une décision qui a toujours été celle de nos pères aux différentes étapes de leur vie collective. Toutes les générations qui se sont succédé, avant comme après 1867, ont eu, comme la nôtre, l'occasion de s'interroger sur le caractère et la vocation du Québec. L'une après l'autre, elles ont toutes répondu que le Québec devait rester, premièrement, une terre française et, deuxièmement, une terre de liberté. [*Ibid.*, p. 3446.]

— Pourquoi faut-il donner à une tradition qui avait été, depuis toujours, respectée au Québec, des appuis juridiques ? C'est tout simplement parce que, pour la première fois dans notre histoire, cette tradition a été mise en doute et même récusée, sur un point de notre territoire, un point minime, mais un point qu'on se faisait fort d'élargir graduellement pour l'étendre à la dimension du Québec. [*Ibid.*, p. 3447.]

— Aucun décret, aucune loi et même aucun texte constitutionnel ne saurait changer quoi que ce soit au rapport qui nous lie à l'ensemble de l'économie nord-américaine. Personne, que je sache, ne voudrait renoncer aux avantages que comporte cette indépendance. Ce n'est donc pas sombrer dans le pessimisme que d'admettre comme inéluctable une intégration qui nous fait participer au dynamisme économique de ce prodigieux continent [...] Il y a, dans tout ce secteur des rapports économiques avec l'ensemble du continent, tout un domaine qu'aucune loi ne saurait changer, si radicale soit-elle, sauf que ce radicalisme pourrait éloigner du Québec des capitaux et des entreprises que par nos campagnes de publicité et nos agences à l'étranger nous essayons d'attirer chez nous. Nous voulons tous, d'un côté de la Chambre comme de l'autre, franciser l'industrie par des moyens positifs et non pas la chasser du Québec par des mesures qui pourraient être perçues comme des gestes d'hostilité, de xénophobie ou d'intolérance. L'ostracisme n'a jamais été une attitude québécoise. On ne ferait sûrement pas avancer la cause du français comme langue du travail en faisant en sorte que nos gens soient obligés de s'en aller ailleurs pour trouver de l'emploi. [*Ibid.*, séance du vendredi 14 novembre 1969, p. 3876.]

— Tous les anglophones ou francophones québécois ont intérêt à ce que le français devienne davantage la langue parlée par l'ensemble des Québécois ; tous y ont avantage. Tous les Canadiens [...] ont intérêt à ce que le Québec demeure français. C'est le Québec qui a empêché que le Canada ne devienne un « melting pot » comme les Etats-Unis. La grande différence entre le Canada et les Etats-Unis, c'est le Québec. Ne l'oublions jamais. C'est pour cela que j'ai dit que notre nationalisme québécois était le meilleur ferment d'un sain nationalisme canadien. [*Ibid.*, p. 3878.]

— La plus grande révolution que je souhaite, c'est la révolution du cœur et de l'esprit, les deux. Celle-là, c'est la plus puissante. Je souhaite, d'une part, que les nôtres puissent provoquer cette révolution, qui va être activée par les forces gouvernementales parlementaires, pour passer du « corrigeons-nous » à une action véritable de l'Etat par tous les moyens d'information et de publicité, pour convaincre davantage nos gens de rester fidèles à leur langue, à leur français, de le mieux apprendre, de le mieux parler, de le mieux enseigner dans les écoles, de le mieux faire rayonner. [*Ibid.*, p. 3878.]

JEROME CHOQUETTE (député libéral d'Outremont). — Il est incontestable qu'il fallait remédier à l'état de choses qu'avait créé Saint-Léonard. Cette situation avait duré depuis trop longtemps. [*Ibid.*, séance du jeudi, 30 octobre 1969, p. 3448.]

— On ne peut pas traiter la question scolaire isolément du contexte économique et sociale dans le Québec à l'heure actuelle. [*Ibid.*, p. 3449.]

— Je suis fermement persuadé que les Canadiens-français — que nous ayons un régime unilinguiste ou semi-unilinguiste dans le Québec — ne pourront jamais se passer, pour réussir, d'une connaissance étendue de la langue anglaise.

Il ne sert à rien de dire aux jeunes collégiens des CEGEP, de l'université, qu'ils vont pouvoir réussir dans la vie, même si le Québec devait devenir unilinguiste, sans une connaissance de la langue anglaise. C'est cela la réalité. C'est cela le fondement de la réalité québécoise. Que voulez-vous que nous fassions ? Nous sommes entourés de 200 millions d'habitants qui parlent anglais. La technique et la technologie américaines sont à l'avant-garde du monde entier. L'autre jour, dans un journal, je lisais cette expression : « The computer speaks English. » Cela veut dire justement qu'aussitôt que nous voulons que nos jeunes Canadiens français soient aussi compétents que les jeunes anglophones nous ne pouvons pas les isoler dans un carcan linguistique qui en ferait des espèces d'isolés culturels en Amérique du Nord.

Je fais cette dissertation pour tenter de mettre les choses à leur place. Si ce que j'ai dit est vrai — et je le maintiens — il n'y a pas un cerveau lucide qui pourrait préconiser l'unilinguisme dans le Québec à l'heure actuelle. Ceci est une vérité fondamentale. La réalité nous commande d'y adhérer. [*Ibid.*, p. 3449.]

— Le peuple canadien-français ne doit pas se soumettre, en quelque sorte, à une domination linguistique au plan des affaires. Je veux dire qu'il n'y a pas de raison qu'une nation organisée comme le Canada français soit systématiquement obligée, pour gagner son pain, son existence, pour réussir dans la vie, dans les entreprises... évidemment dans le contexte nord-américain que j'ai décrit tout à l'heure, mais aussi dans le contexte québécois, il n'y a pas de raison, en quelque sorte, qu'il y ait, par les circonstances, une imposition de l'anglais de neuf heures à cinq heures ou encore de tous les jours et de tous les moments. Il faut que les possibilités créatrices de nos jeunes, de notre peuple, puissent s'exprimer dans notre langue maternelle. Si nous réussissons à assurer cet équilibre entre le besoin d'être soi-même, d'une part — ce qui est fondamental — et, de l'autre côté, le besoin de reconnaître la réalité ambiante telle qu'elle est, à ce moment-là je pense que nous aurons réussi à adopter une législation qui correspondra à la réalité québécoise, à la profondeur des aspirations du peuple québécois. [*Ibid.*, p. 3449-3450.]

— Il faut en quelque sorte satisfaire à cette aspiration légitime des jeunes Canadiens français qui sortent en masse des universités québécoises et qui cherchent une façon de s'exprimer dans la vie économique et sociale, avec leur personnalité, avec la personnalité que nous leur donnons à l'école, sinon, à ce moment-là, à l'école, c'est un mensonge, l'école ne correspond pas à la réalité. Il y a en quelque sorte un hiatus entre l'école et la réalité ; il y a un décalage entre les symboles et la réalité. Il y a une contradiction entre les discours qui sont faits officiellement au nom de la belle langue française et, d'un autre côté, la vie qu'il faut gagner tous les jours. [*Ibid.*, p. 3450.]

— Ces appréhensions [...] sont que le système, institué par l'article 2, si on ne porte pas une attention suffisante à la langue anglaise comme langue seconde, dans le système scolaire francophone, aboutisse à l'infériorisation du système scolaire francophone en autant qu'il doive correspondre à la réalité économique et sociale, et qu'à cause de cette absence d'insistance sur une connaissance adéquate de la langue seconde, c'est-à-dire de la langue anglaise, nous assistions, par le biais du libre choix institué par l'article 2, à une fuite de la part d'éléments importants de la communauté francophone vers le secteur d'enseignement anglophone. [*Ibid.*, séance du mardi 11 novembre 1969, p. 3695.]

— Quant aux solutions unilinguistes, je crois que tous les esprits sensés, soucieux de l'avenir du Canada français, modérés, compréhensifs de la situation, ne peuvent accepter que l'on fasse fi des droits d'une minorité de 20 % de la population qui représentent un million d'habitants. Je pense que la simple existence de cette minorité lui confère des droits.

L'autre soir, le député de Laurier fondait la reconnaissance des droits de cette minorité sur les droits acquis. Ce n'est pas, à mon avis, le fondement essentiel des droits de la minorité au point de vue linguistique et scolaire. A mon avis, le fondement réel, c'est l'existence du groupe comme tel ; quand, dans une société, un groupe a une importance donnée, il a des droits au plan linguistique et scolaire.

Ainsi, quand on représente 20 % de la population comme le font les anglophones, on ne peut pas se voir nier ses droits. C'est la raison pour laquelle je crois qu'il faut rejeter toute théorie unilinguiste, parce que c'est évidemment la négation, au départ, des droits de cette minorité.

Evidemment, les droits acquis viennent, en quelque sorte, renforcer la situation, la position linguistique de cette minorité, mais le fondement réel est dans son existence, dans son importance dans la société québécoise. En somme, le droit jaillit des faits. [*Ibid.*, p. 3696-3697.]

— Je dis donc que ce qu'il nous faut concevoir, c'est la reconnaissance, évidemment, des droits de la minorité. C'est évidemment aussi, cela va de soi, la reconnaissance des droits de la majorité. Et il faut trouver des mesures qui n'encouragent pas, qui n'incitent pas la majorité à fréquenter l'école anglophone. Je veux dire qu'il ne faut pas créer un contexte scolaire ou un contexte social ou économique au Québec qui fasse que l'on ait, en s'abstenant de poser des actes, incité, en quelque sorte, certains éléments francophones à fuir le système scolaire normal qui est le leur.

Et je pense que, parmi ces incitations, il y a la méconnaissance de l'importance de l'anglais comme langue seconde. On pourra être étonné que je dise que la méconnaissance de l'anglais comme langue seconde dans le système francophone va constituer la principale incitation aux jeunes Canadiens français de quitter le système francophone pour se rendre dans le système anglophone ; la réalité économique dans laquelle nous vivons, à l'heure actuelle est telle qu'il n'y a pas de jeunes francophones, surtout dans la région de Montréal, qui ne veuillent accéder à un poste plus haut que celui de balayeur et qui puissent faire abstraction de la nécessité de connaître ou d'avoir une bonne connaissance de l'anglais comme langue d'usage.

On pourra être surpris que, dans un débat qui a pris une allure assez nationaliste, surtout dans l'opinion publique dans certains secteurs et même dans cette Chambre, j'apporte ce facteur. Mais c'est parce que reconnaître l'importance de l'anglais comme langue seconde correspond à un impératif de la réalité dans laquelle nous vivons et que tout système scolaire ne sera valable qu'en autant qu'il correspondra à cette réalité. Tout système scolaire qui voudra faire fi de l'ensemble économique et social est voué à un échec monumental à plus ou moins brève échéance. [*Ibid.*, p. 3700-3701.]

— Je pense qu'on met la charrue devant les bœufs. C'est ça le mal dont souffre le gouvernement à l'heure actuelle. Au lieu de s'attaquer à des problèmes concrets, les problèmes immédiats de la vie de tous les jours, des problèmes quotidiens ; comment les gens vont gagner leur vie, comment les jeunes Canadiens français diplômés des CEGEP, des universités vont s'incorporer dans la grande entreprise américaine... On sait que 65 % du capital investi dans le domaine industriel, dans le domaine secondaire, est du capital américain. On sait que les Américains ont 50 % de tout le capital investi dans le secteur primaire. Au lieu de s'attaquer à ces réalités, au lieu d'apporter des mesures qui indiqueraient, au-delà des paroles et des déclarations du premier ministre, une intention réelle de remuer dans ce domaine pour faire, jusqu'à un certain point, cet équilibre entre le scolaire et l'économique, tout ce que nous avons, c'est une politique scolaire avec accent sur le français, d'accord sur ça.

Mais, M. le Président — je m'excuse de répéter ce que j'ai peut-être dit en deuxième lecture — si la vie économique est pour toujours fonctionner en anglais et si, d'un autre côté, nous devons avoir des beaux et grands discours sur la belle langue française dans cette Chambre et dans les grandes assemblées nationalistes, à ce moment-là, il y a un décalage entre le scolaire et l'économique. C'est justement cet état de choses qui a créé cette étincelle qui a balayé certains milieux que nous connaissons. [*Ibid.*, p. 3701-3702.]

— Rien ne laisse croire que, jusqu'à maintenant, Montréal ait été une machine à angliciser les Canadiens français. [*Ibid.*, p. 3703.]

— Je suis obligé de noter, et je pense qu'il faut quand même le dire en faveur de la ville de Montréal, dans laquelle je vis depuis que je suis né et peut-être plusieurs de mes collègues ici, c'est que Montréal a fait des progrès considérables au point de vue du français depuis dix ou quinze ans. Il ne sert à rien de le nier... même encore à l'heure actuelle, malgré tout, Montréal a progressé au point de vue français et à tout point de vue. Quand je compare les salles de cinéma qui projettent des films français, aujourd'hui, par rapport à la période où j'avais quinze ou seize ans, je suis obligé de constater qu'il y a un changement majeur. Aujourd'hui, à Montréal, au moins la moitié des salles jouent en français. A l'époque où j'étais jeune et où j'ai commencé à aller au cinéma — et on pourrait s'en rappeler, peut-être vers les années 1940-1944 — le cinéma à Montréal était à 95 % en langue anglaise. [*Ibid.*, p. 3703.]

— Je conclus donc mes observations en disant sur le projet de loi que ce qui est sa grande carence, ce qui crée la grande ambiguïté, c'est qu'il ne fait pas ce qu'il devrait faire dans le monde économique et social au point de vue du français. Au fond, obliger quelqu'un, un Canadien français instruit dans le système scolaire français, à qui on a fait subir toutes les étapes de l'éducation jusqu'à l'université, l'obliger dans sa propre patrie à travailler dans une langue qui n'est pas la sienne, c'est mépriser sa dignité humaine. C'est là la revendication profonde du mouvement étudiant actuel. Si le gouvernement n'est pas capable de le voir, si le gouvernement n'est pas capable d'apporter des mesures, il en subira les conséquences. [*Ibid.*, p. 3703-3704.]

— En abordant la question du français, langue de travail et des dispositions de l'article 4 proposées par le gouvernement, je crois que nous abordons l'essentiel du problème linguistique du Québec. Nous avons, jusqu'à présent, au cours du débat dans ce projet de loi, discuté du français scolaire, du français chez les immigrants. Mais je pense qu'il faut se poser les questions suivantes : Pourquoi les Canadiens français travaillent-ils en anglais ? Pourquoi les immigrants apprennent-ils l'anglais ? Pourquoi les anglophones du Québec peuvent-ils se contenter, très souvent, d'une simple connaissance de l'anglais ? En somme, pourquoi l'anglais est-il en quelque sorte prédominant dans le Québec ? Pourquoi nos compatriotes sont-ils obligés de gagner leur vie en anglais ? Pourquoi les immigrants peuvent-ils ne pas apprendre le français ? Et pourquoi les Canadiens anglais peuvent-ils passer leur vie sans une connaissance du français ?

Eh bien, c'est justement que la vie économique québécoise, et spécialement dans la région montréalaise, qui est le centre économique du Québec, incontestablement, se passe strictement ou pour la plus grande partie dans la langue anglaise. Au point où nous en sommes, je crois qu'il faut reconnaître, dans l'analyse de la situation actuelle, que nous sommes devant une situation explosive qui résulte, justement, de cette situation. Et cette situation explosive, si le gouvernement n'est pas pressé de la reconnaître, il est possible qu'elle nous mène à des désenchantements et à des conséquences beaucoup plus graves que l'on puisse le prévoir à l'heure actuelle. Parce que, M. le Président, incontestablement, nous sommes obligés de reconnaître qu'il y a tout un monde, toute une partie de notre société qui n'est pas prête à accepter le tempo lent, prudent, modéré et conservateur que nous a tracé le premier ministre tout à l'heure. Il y a toute une section de notre population, plus particulièrement la jeunesse et le monde de l'enseignement, qui n'est pas capable d'accepter en quelque sorte que cette évolution se passe sur un grand nombre de générations et qu'au fond, on voit, en définitive, la place du français reconnue, qu'elle devrait avoir dans notre société et, compte tenu de la majorité française, la place qu'elle devrait avoir, en somme, normalement.

Eh bien, devant cette contradiction entre, d'une part, cette élite en formation, produit justement de la réforme de l'éducation — parce que c'est cela la réalité — nous avons mis en train une réforme de l'éducation, nous avons démocratisé l'éducation et voilà que cette jeunesse se prépare à sauter, à exploser parce que, justement, elle voit que les institutions économiques ne correspondent pas à l'idéal, justement, qu'elle est censée avoir acquis dans le système scolaire. [*Ibid.*, séance du vendredi 14 novembre 1969, p. 3879-3880.]

— C'est au nom du libéralisme même qu'il faut revendiquer le français comme langue de travail dans l'économie. C'est au nom, justement, des principes du libéralisme que nous sommes prêts à accepter sur toute la ligne quant au traitement de notre minorité, que nous devons nous présenter devant les grandes entreprises américaines qui ont investi ici et demander que l'on y fasse une part normale au français. Parce qu'à partir du moment où on a posé les principes du libéralisme comme devant s'appliquer à la minorité, ils doivent, par le fait même, s'appliquer à la majorité. Et s'ils s'appliquent à la majorité, on doit démocratiquement reconnaître à la majorité le droit, lorsque c'est possible, lorsque cela est tout à fait défendable au point de vue économique, de travailler dans sa langue. Je ne vois donc rien dans cette position qui doive étonner. Au contraire, nous serions, à ce moment-là, dans une situation de force au point de vue des arguments que nous aurions à avancer à l'économie. Evidemment, j'ai admis, au départ, que l'on ne peut pas faire abstraction des besoins techniques de l'industrie. Tout l'effort technologique et technocratique américain, dont nous sommes tributaires, s'exprime dans la langue anglaise et nous sommes obligés d'accepter ce fait. C'est la raison pour laquelle lorsque les unilinguistes réclament, en quelque sorte, la proclamation du français — soit immédiatement, soit à plus long terme — comme la solution ou la panacée au problème, ils ignorent, justement, le fond de la question, c'est-à-dire qu'actuellement dans le monde entier, la technique se véhicule par la langue anglaise.

C'est la raison pour laquelle je me suis permis, lors de l'étude en deuxième lecture d'insister justement sur le grand besoin, pour nos jeunes Canadiens, d'acquérir une connaissance très approfondie de la langue seconde, c'est-à-dire de la langue anglaise. Qu'on le veuille ou non, que l'on instaure le français plus ou moins comme langue de travail dans l'entreprise, ces jeunes Canadiens français auront toujours besoin, pour réussir, d'une connaissance très intense de cette langue seconde, de la langue anglaise. [*Ibid.*, p. 3880-3881.]

— La véritable cause de notre absence au niveau de l'administration, au niveau des carrières scientifiques, au niveau de la recherche, dans le domaine de la grande industrie, elle vient en grande partie de ce que le système économique nous est étranger. Il est hors de nous.

Il appartient à d'autres, il est géré par d'autres et nous, nous sommes les absents. Par conséquent, cette participation normale que nous devrions avoir dans ce système, nous ne l'avons pas, justement parce que la grande entreprise n'a jamais été incitée à avoir une politique linguistique pour faciliter l'intégration des jeunes Canadiens français dans son sein. Donc je déclare que la politique linguistique en matière de langue de travail est absolument primordiale pour le succès de tous les jeunes Canadiens français qui sont actuellement dans les CEGEP et dans les universités. Je soumets que la vocation industrielle, commerciale et scientifique du Canada français existe. C'est faux de penser que les jeunes chez nous sont faits simplement pour des carrières professionnelles ou pour être fonctionnaires au gouvernement. Je dis que cette vocation administrative, scientifique et commerciale ne va éclore qu'au moment où nous aurons créé cette relation, ce pont entre le système économique et notre système d'éducation. La première réforme à faire est évidemment d'amener ces entreprises par la persuasion, par l'incitation, à accepter de travailler dans la langue française. [*Ibid.*, p. 3882.]

— Un autre travers que j'ai décelé chez certains, entre autres chez les professeurs, c'est le purisme. On regarde le français que nous parlons dans le Québec, on se critique et on trouve que nous parlons un français rempli de barbarismes, d'anglicismes et de tous les « ismes » possibles. Mais, tout le monde n'a pas une vocation de professeur de langue, tout le monde ne peut pas vivre tout le temps dans les livres et tout le monde ne peut pas, en quelque sorte, passer sa vie à étudier les dictionnaires... à digérer les dictionnaires. En quelque sorte, tout le monde ne peut pas vivre clos et s'isoler du contexte dans lequel nous vivons. Evidemment, faisons un effort au point de vue linguistique, au point de vue du langage. Je suis parfaitement d'accord. Mais il ne faut pas s'obnubiler avec ce problème de la linguistique qui en obsède certains. [*Ibid.*, p. 3882-3883.]

— Je veux tenter de persuader le premier ministre de l'urgence de reconnaître l'existence de cet affrontement entre cette masse d'étudiants qui sortent de nos collèges et de nos universités avec leur revendication de travailler en français et de s'intégrer au système industriel et, d'un autre côté, un système qui fonctionne dans la langue anglaise et à qui on n'apporte pas la persuasion nécessaire pour l'inciter à accepter cette offre d'emploi. [*Ibid.*, p. 3883.]

YVES MICHAUD (député libéral de Gouin). — Le devenir historique du peuple québécois se jouera sur la question de la langue à l'intérieur d'un ensemble fédéral canadien. [*Ibid.*, séance du jeudi 30 octobre 1969, p. 3451.]

— Je suis passablement tanné de me faire traiter de séparatiste à chaque fois que je dis que le Québec pourrait, grâce à la langue qu'il parle, développer au maximum sa culture dans l'ensemble fédéral canadien. Je suis profondément tanné de ces accusations qui n'ont aucun sens et qui font que l'on est automatiquement marqué du fer rouge du séparatisme dès que l'on demande pour le Québec les moyens d'exprimer sa culture d'une façon originale. [*Ibid.*, p. 3451-3452.]

— Il faudrait absolument que les jeunes Québécois francophones puissent participer aux valeurs civilisatrices du géant américain et aussi aux valeurs anglo-saxonnes, car c'est un produit historique, c'est un legs également, ça. Il est possible, je crois, que nous en arrivions au plein épanouissement de notre culture, sans pour autant nous couper des valeurs enrichissantes de la langue anglaise [...] Est-ce qu'au niveau des écoles élémentaires et secondaires nous allons faire des efforts pour initier les jeunes Québécois et les faire participer à ces valeurs d'un monde en devenir, qui sont : les valeurs technologiques, les industries de pointe, le géant américain qui est à côté de nous et qui charrie à la fois du meilleur et du pire, bien sûr ? [...] Les nouvelles valeurs du monde de demain seront véhiculées par une puissance américaine. Nous vivons à côté de la Rome moderne. Comment ferons-nous pour privilégier l'enseignement de l'anglais qui est fautif dans les écoles du Québec ? [*Ibid.*, séance du jeudi 6 novembre 1969, p. 3627.]

— En raison de facteurs historiques, politiques et géographiques dont nous n'avons pas ici à discuter le mérite, nous sommes, nous, les Québécois, un peuple de traducteurs. Notre univers mental, à chacun d'entre nous, est un univers de transposition de traduction d'une langue à l'autre. [*Ibid.*, séance du lundi 17 novembre 1969, p. 3937.]

— Ce qui est important, c'est le génie d'une langue dans sa syntaxe, dans son rythme, dans son expression, dans son jaillissement spontané. [*Ibid.*, p. 3943.]

— Pour être capable d'inventer et de créer, que ce soit dans les laboratoires, dans nos universités, dans tous les domaines des industries de pointe, dans le domaine technologique, aéronautique etc., il faut vivre au départ dans un univers mental cohérent. Et vivre dans un univers mental cohérent, c'est d'avoir un cadre unique de référence sur le plan linguistique. C'est ça qui est essentiel. Le processus de création et d'invention est forcément anémié chez l'homme traducteur parce qu'à la base, chez l'homme traducteur, il y a des attitudes psychologiques passives. L'homme traducteur ne remet pas en question les concepts qu'il reçoit, il les traduit. D'où l'affaiblissement de ses facultés créatrices. [*Ibid.*, p. 3943.]

— Si on est incapable, collectivement, de prendre les moyens qui s'imposent, pour nos enfants et nos petits enfants, il faudrait peut-être mieux leur donner un univers mental cohérent, qui serait celui de la langue anglaise, au lieu que de toujours nous chicaner, nous opposer, nous perdre dans des conflits déchirants. [*Ibid.*, p. 3944.]

— Le jour où nous aurons réuni toutes ces conditions pour faire en sorte que le français devienne, chez nous, un fait social bien institutionnalisé, tant à l'horizontale qu'à la verticale, dans les entreprises, dans la famille et dans le milieu du travail, nous aurons alors vraiment amorcé en profondeur le processus de notre redressement économique. [*Ibid.*, p. 3944.]

— Le jour où le Québec aura perdu sa vitalité culturelle et linguistique le Canada n'aura plus sa raison d'être. Il sera immédiatement annexé aux Etats-Unis. Le Québec ayant tous les pouvoirs, tous les moyens, toutes les compétences, toutes les juridictions pour exprimer totalement et pleinement sa personnalité culturelle, par le français prioritaire, par des moyens d'imposition, est une garantie et une caution de l'ensemble fédéral canadien. [*Ibid.*, p. 3965.]

— Ce délai a été centré [...] toujours sur le droit des autres, mais jamais sur le droit de nous autres ; peut-être faudrait-il en arriver un jour très prochain à penser un peu à nous [...] Ce projet de loi 63 s'intéresse davantage, par sa philosophie contenue, abusive et intolérante de droit absolu des parents, au droit absolu des Chinois, je l'ai dit, des Arméniens ou des Grecs qui ne sont pas encore ici. [*Ibid.*, séance du jeudi 20 novembre 1969, p. 4051.]

RENE LEVESQUE (député péquiste de Montréal-Laurier) — Ce projet de loi, pour la première fois, touche directement à un élément qui, chez tous les peuples, est autant sa raison d'être que la conscience ou l'âme, si on veut, peut l'être chez les individus. Il n'est pas possible [...] d'affecter une société culturelle définie et qui est consciente d'avoir une existence distincte, à un endroit qui soit plus intime et plus sensible que la langue dans laquelle elle s'exprime. [*Ibid.*, séance du jeudi 30 octobre 1969, p. 3454.]

— Le bill 63 — [...] est un texte qui se présente comme une fabrication intellectuellement malhonnête. Il prétend être ce qu'il n'est pas et à partir de son titre même il porte à faux. [*Ibid.*, p. 3454.]

— C'est un bill qui vise fondamentalement à « renchausser » et, en même temps, à « officialiser » légalement, pour la première fois, un statu quo ancien, mais dépassé et dont le maintien tel quel, sans changement, sans limite et même sans remise en question, serait tout à fait contraire aux intérêts les plus vitaux et les plus légitimes du Québec français [...] Le statu quo scolaire, ce libre choix illimité que le bill 63 prétendrait figer tel quel, a permis à la minorité anglophone, cette chose inconcevable — excepté dans les colonies officielles — d'être une minorité qui est chez nous le seul groupe assimilateur et qui augmente sans cesse ses effectifs aux dépens de la majorité. Le cœur du bill 63, c'est cela et pas autre chose. [*Ibid.*, p. 3455.]

— Il faut [...] établir de façon certaine et rigoureuse la protection du droit fondamental de notre peuple, qui est la majorité ici — mais une majorité menacée à plus ou moins long terme — son droit fondamental à sa sécurité et à sa dignité dans le domaine de sa langue, et trouver le moyen de réconcilier cela avec les droits qui ont été longuement acquis par des personnes qui sont nos concitoyens et qui forment un groupe trop important et trop ancien, je crois, pour qu'il soit équitable de les en dépouiller. Est-ce que cela est possible de retrouver, dans ces conditions-là, le dynamisme culturel d'une société qui assimile au lieu de se laisser gruger comme c'est le cas présentement. [*Ibid.*, p. 3457-3458.]

— Il y a d'autres petits peuples, souvent plus petits que nous, les Québécois français, qui, par le simple fait qu'ils sont officiellement et complètement chez eux et qu'ils ont un pays à eux, ne se posent pas ces problèmes pénibles et souvent humiliants que nous nous posons et que nous tâchons laborieusement, souvent de travers comme avec le bill 63, de régler. Ils s'appellent, par exemple, des Danois et des Finlandais qui ne sont même pas 5 millions, des Suédois qui sont à peine 7 ½ millions, des Grecs d'aujourd'hui, héritiers d'une vieille culture mais dont la langue n'a plus de correspondance nulle part dans le monde. [*Ibid.*, p. 3458.]

— Les droits acquis par nos présents concitoyens anglophones, de quelque origine qu'ils soient, doivent être maintenus de même que les institutions subventionnées qui sont requises pour que ces droits puissent être exercés sans restriction. Mais, d'autre part, nous soutenons aussi que cette participation anglophone au secteur public de l'enseignement ainsi qu'au secteur universitaire subventionné doit être circonscrite très précisément à sa taille actuelle et à la seule augmentation naturelle de ses effectifs scolaires. [*Ibid.*, p. 3459.]

— Dans ce Québec provincial, ne pas circonscrire le libre choix à ses dimensions acquises, ne pas oser indiquer clairement une politique d'intégration obligatoire des immigrants futurs, à notre avis, au mien, c'est une démission. [*Ibid.*, p. 3459.]

— Il n'est pas question d'aucune façon de déraciner cette minorité culturelle chez nous qui a toutes ses lettres de noblesse, qui a acquis des droits par notre propre tolérance qui, en fait, était très souvent le masque derrière lequel se déguisaient notre faiblesse et notre résignation et notre impuissance à beaucoup de points de vue, mais peu importe, c'est fait. [*Ibid.*, séance du 6 novembre 1969, p. 3646.]

— Si on prétendait déraciner les Anglais ici au point de vue scolaire, on sait ce qui arriverait. Il arriverait des choses à la caisse électorale, il arriverait des choses à la santé économique du Québec, il arriverait des choses aux relations avec le reste du continent, ce serait invraisemblable. En plus d'être, je l'ai dit, une injustice, ce serait une erreur politique. [*Ibid.*, p. 3651.]

— Le libre choix total [...] fait tout simplement, littéralement, une invitation, pour la première fois légalisée, non seulement à ce qui existe déjà, mais à accélérer encore le processus d'assimilation. C'est-à-dire qu'il ouvre la porte, légalement et avec tout le cautionnement du gouvernement, dans un climat où cela s'est discuté depuis deux ans, à ce que des gens qui hésitent, qui se le demandent, y compris même beaucoup des nôtres, se disent : Eh, bien, pourquoi pas ? [*Ibid.*, p. 3651-3652.]

— Il ne faut pas créer de ghettos dans notre esprit non plus. Il y a le secteur public [...] mais il faut également laisser la porte ouverte, dans notre esprit comme dans la réalité, à l'école privée comme complément et, dans certains cas, comme supplément. [*Ibid.*, p. 3654.]

— On continuera à inciter davantage, mais c'est toujours de l'incitation, c'est-à-dire la mise obstinée en pratique depuis le début, dans cet article (l'article 3) comme dans les autres, de cette philosophie libérale qui transforme, qui essaie en tout cas de transformer en vertu de tolérance la résignation à toutes nos vieilles faiblesses au niveau des dirigeants de l'Etat à une époque comme la nôtre. [*Ibid.*, séance du jeudi 13 novembre 1969, p. 3824.]

— A côté de nous [...] il y a maintenant la seule puissance du monde occidental dont l'influence, même en France et dans d'autres pays, on la sent de plus en plus, est de plus en plus prédominante. [*Ibid.*, p. 3826.]

— La francophonie [...] n'est pas particulièrement triomphante à l'échelle du monde, aujourd'hui. Le français demeure une des grandes langues de culture internationale. C'est pour nous une question de vie ou de mort culturelle et de personnalité collective de nous y intégrer convenablement et d'y tenir un rôle, mais il reste que ça ne fait pas partie des puissances envahissantes du monde, c'est plutôt un ensemble qui est en position de défense. [*Ibid.*, p. 3827.]

— Le gouvernement lui-même admet la nécessité éventuelle ou hypothétique d'un dirigisme. Nous, nous disons : Le tableau est suffisamment clair en ce qui concerne les immigrants. Nous aussi, ça nous répugne de nature d'aller trop loin dans le contrôle des personnes. Mais s'il faut y aller un jour, c'est bien beau de dire que ça répugne, il s'agit de voir si c'est légitime et, deuxièmement, si c'est possible [...] Nous, nous disons que oui c'est légitime. Il n'est pas besoin d'attendre que ça crève les yeux. C'est légitime dans un domaine où nous avons tous les moyens. Le dirigisme est admis aujourd'hui.

Prenez les cantons suisses [...] qui ont décidé de légiférer sur la langue dans l'enseignement public. Personne n'a dit que c'était injuste. Les cantons suisses ont été suivis par les communautés belges, flamandes et françaises. Personne n'a dit que c'était injuste. Est-ce que certains membres de cette Chambre ont lu la Loi sur l'enseignement public en Belgique ? Nous n'irions pas aussi loin qu'elle, mais elle prouve à quel point un peuple civilisé a acquis ce droit reconnu maintenant par des cours de droits de l'homme qui groupent en général des juristes assez éminents, ce droit de défendre la culture d'une collectivité : [...] Ce qui est frappant, vis-à-vis de ces législations linguistiques ou de protection culturelle qui sont admises dans le monde dirigiste d'aujourd'hui, c'est que ce sont les coins menacés et qui ont des raisons de se sentir menacés qui ont obtenu ou, dans certains cas, imposé, parce qu'ils en avaient la force, ces législations ou ces balises linguistiques pour se protéger. [*Ibid.*, p. 3830.]

— Le Canada tout entier est en train de s'en aller sous la forme d'une succursale, un « branch plant » et un satellite, au point de vue politique, des Etats-Unis. C'est vrai que le Québec dans ce contexte là, surtout dans le contexte actuel, est de plus en plus un sous-satellite et un sous-bureau. C'est vrai que nous devons être et que nous sommes de plus en plus intégrés, à une foule de points de vue, à cette vaste usine scientifique, technologique, économique qui est la machine industrielle d'Amérique du Nord.

Mais il est faux que nous soyons obligés d'être serviles dans cette intégration. Il est faux à un point délirant de prétendre surtout que cette grande machine de développement et de production ne puisse pas être adaptée à un autre idiome de fonctionnement que l'anglais et qu'elle s'y refuse même au point de se retirer de chez nous si on prétendait le lui faire faire. Cela est vrai uniquement dans cette mentalité déficiente, conditionnée au réflexe de dépendance comme le chien de Pavlov ou comme le colonisé dont parle un des grands sociologues du siècle, qui s'appelait Albert Memmi [...] Ce n'est pas un problème économique, par conséquent, devant lequel on est avec l'article 4, c'est un problème psychologique. C'est le problème d'une mentalité diminuée, conditionnée à la dépendance. [*Ibid.*, séance du mardi 18 novembre 1969, p. 3974-3975.]

— « The computer speaks English [...] at I. B. M. in Montreal », d'accord. « Speaks English at I. B. M. in New York », d'accord. « Speaks English in Appollo 12 », d'accord, quand il s'en va vers la lune. Mais, quand les Vostoks partent, « the computer speaks Russki ». C'est curieux, ils marchent quand même. En France, il y a eu le plan « Calcul » qui a plus ou moins bien marché. Mais les « computers », c'est-à-dire les ordinateurs, parlaient français ; ils réussissaient à s'exprimer en français. Cette espèce de propagande de la servilité qui est sous-jacente à ce « computer speaks English » est justement le contraire du bon sens.

C'est cette dépendance psychologique caractérisée, cette espèce de mentalité de dépendant qui fait qu'on s'imagine qu'une machine, qu'une partie de l'électronique, disons, qui est comme toutes les grandes découvertes du monde d'aujourd'hui par définition, mondiale et cosmique, planétaire doit nécessairement être asservie à la seule langue qui actuellement représente le pays qui en fabrique le plus. [*Ibid.*, p. 3975.]

— Je me souviens qu'il a fallu créer, de toutes pièces, à l'Hydro, un manuel technique pour des gars qui, aux Chutes-des-Passes, à Bersimis ou ailleurs avaient toujours travaillé en anglais. Il a fallu leur créer, de toutes pièces, un manuel technique français. Je me souviens d'avoir vu des gens du Lac-Saint-Jean, des gens de la Gaspésie et du Bas-du-fleuve, qui sont des vétérans des grands travaux de barrage, qui vont de l'un à l'autre et qui regardaient cela d'un air sceptique. Ils disaient : Un blondin, qu'est-ce que c'est ? Un batardeau, what is that ? Ils n'avaient jamais eu cette expérience-là.

Je me souviens d'avoir vu de ces gars-là, quelques mois après quand ils ont constaté que c'était vrai qu'un blondin, ça pouvait marcher en français, qu'un batardeau pouvait se faire en français, ils braillaient littéralement, ils pleuraient parce que c'était la première fois, depuis vingt ans parfois, qu'ils avaient eu l'impression de ne plus être « disconnectés » avec leur langue — qui était au fond leur personnalité — et le gagne-pain avec lequel il faut tout de même qu'ils assurent la vie de leur famille. [*Ibid.*, p. 3980.]

GILLES HOUDE (député libéral de Fabre). — Nous sommes à l'époque des satellites. Nous sommes à l'époque du Concorde. Nous allons pouvoir faire, dans un an, Montréal-

Paris, Montréal-Rome en trois heures. Nous aurons, d'ici quelques mois, la télévision en direct d'à peu près n'importe quel continent. Alors je pense qu'il est grandement important, bien sûr, de promouvoir le français, mais également de prouver à notre population que, nous aussi, nous avons autant d'aptitudes que les immigrants et que les Anglais pour apprendre l'anglais et pour apprendre même une troisième langue. [*Ibid.*, séance du jeudi 30 octobre 1969, p. 3469.]

MARIO BEAULIEU (ministre de l'Immigration). — Si nous pouvons créer ce climat d'ouverture d'esprit, eh bien, je ne crois pas [...] qu'il soit nécessaire de prendre des mesures coercitives [...] Nous voulons laisser à ces nouveaux citoyens le soin de comprendre qu'il y a une majorité au Québec, que cette majorité est française, que cette majorité a des droits et que jamais nous ne céderons nos droits. Si nous leur expliquons, ces nouveaux citoyens vont s'unir avec nous pour travailler et faire grandir ce Québec. C'est de cette façon qu'il faut procéder au lieu de prendre dès le départ des mesures coercitives, des coups de marteau qui ne réussiront probablement rien. [*Ibid.*, séance du jeudi le 30 octobre 1969, p. 3970.]

— Aujourd'hui, nous réalisons une mesure progressive qui oblige tous les citoyens du Québec à connaître le français. C'est le plus grand pas jamais réalisé dans cette province vis-à-vis du français [*Ibid.*, p. 3471.]

— Nous voulons que le français devienne la langue de travail de tous les citoyens du Québec, mais nous ne voulons pas, pour cela, brimer les droits des autres, et c'est dans le respect des minorités que la majorité se grandira. [*Ibid.*, p. 3472.]

VICTOR GOLDBLOOM (député libéral de D'Arcy-McGee). — Je vous dis, très ouvertement, que, jusqu'à maintenant, cette courtoisie auditive et linguistique a généralement été manifestée beaucoup plus par nos amis canadiens-français que par nos compatriotes de langue anglaise. Nous avons tous eu l'expérience de fréquenter des réunions où Canadiens d'expression française et Canadiens d'expression anglaise se trouvaient ensemble. La langue de communication a presque toujours été l'anglais, parce que le français n'était pas compris de tout le monde. L'interprétation simultanée que l'on remarque, à de telles assemblées, est utilisée presque exclusivement par les Canadiens d'expression anglaise. Ce projet de loi aidera à corriger cette inégalité.

Je me souviens, il n'y a pas très longtemps, avoir entendu réciter un poème à la radio. Je n'en ai pas le texte, ma mémoire n'est pas assez fidèle pour me permettre de vous le répéter textuellement. Il s'agissait de deux arbres qui se regardaient à travers la frontière entre le Québec et l'Ontario. L'arbre québécois parlait à l'arbre ontarien. Il lui parlait de la beauté de ce pays, de sa vaste étendue, de ses richesses et de ses possibilités. Il parlait de façon très éloquente. Enfin, ce fut le tour de l'arbre ontarien à lui répondre. L'arbre ontarien dit : « Sorry, I don't speak French ». C'est la tragédie du Canana, une tragédie que nous devons tous contribuer à corriger. [*Ibid.*, séance du jeudi 30 octobre 1969, p. 3473.]

— Le premier ministre a déclaré que nous allons bâtir le Québec de demain en français.

Je lui réponds : oui, et aussi en anglais, et aussi en italien, en polonais, en hongrois, en grec, en portugais, mais surtout en français. La majorité, c'est quand même la population francophone du Québec. Nous, qui ne sommes pas de cette origine, ayant obtenu avec l'adoption de cette loi, la liberté de bâtir le Québec en anglais, nous allons quand même contribuer à le faire en français, parce que les hommes libres vont faire librement ce qu'ils refuseraient de faire sous une férule coercitive. [*Ibid.*, p. 3473.]

JEAN-PAUL BEAUDRY (ministre de l'Industrie et du Commerce). — Les investissements en provenance de pays anglo-saxons sont déjà très considérables au Québec, et plus particulièrement dans la région de Montréal. Or, beaucoup des activités économiques qui se déroulent dans la région montréalaise sont destinées à assurer des liaisons financières, industrielles, etc., avec le reste du Canada et certaines parties des Etats-Unis. Tel est essentiellement d'ailleurs le rôle des sièges sociaux d'entreprises canadiennes ou multinationales. Il s'agit là d'un apport considérable à notre économie dont personne ne songerait sérieusement à se départir. Cela explique et justifie d'ailleurs la présence d'une aussi grande communauté de langue anglaise à Montréal et, par conséquent, d'écoles de langue anglaise. Consacrer le libre choix des parents quant à la langue d'éducation de leurs enfants, ce n'est que consacrer un état de fait qui correspond à la réalité des choses. Imposer l'unilinguisme à Montréal n'est pas par conséquent une chose praticable ni souhaitable. [*Ibid.*, séance du jeudi 30 octobre 1969, p. 3473.]

— Le Québec ne doit pas se refermer sur lui-même et repousser du revers de la main l'élément anglophone qui nous entoure et avec lequel nous devons vivre en étroite collaboration. Nous avons au Québec la chance unique de pouvoir bénéficier des avantages de deux cultures. Les adeptes de l'unilinguisme s'opposent à ce que le gouvernement adopte des lois pour conserver à la population ce privilège. Ils veulent que nous adoptions une législation de portes fermées. Je ne peux pas [...] être d'accord avec eux. Même si je suis profondément attaché au français et à la culture française, je ne crois pas souhaitable que nous nous retranchions derrière une palissade et que nous empêchions l'entrée à toute autre culture. [*Ibid.*, p. 3475.]

ROBERT BOURASSA (député libéral de Mercier). — Nous pourrions multiplier les données pour démontrer le caractère d'urgence du français comme langue de travail. On peut quand même en donner trois. Signaler, par exemple, qu'actuellement, selon des chiffres fournis par la commission sur le biculturalisme, 83 % des administrateurs au niveau supérieur et intermédiaire, aujourd'hui au Québec, sont de langue anglaise, alors que 80 % de la population est francophone. Au surplus, nous aurons, au cours des prochaines années, quelque 50,000 diplômés de CEGEP et d'universités qui ont été formés en français.

Lorsque nous constatons ou nous examinons ces trois données, 83 % des administrateurs, au niveau supérieur anglophone, 50,000 diplômés par année, ou tout près de 50,000 formés en français et une population francophone à 80 %, lorsque nous confrontons ces différentes données, nous ne pouvons faire autrement que de constater le caractère explosif de la situation actuelle. [*Ibid.*, séance du jeudi 30 octobre 1969, p. 3476.]

— Ce que je veux [...] dire, c'est que, dans trois ou quatre ans, il sera probablement trop tard. La poussée de la main-d'œuvre, ce n'est pas en 1975 ou en 1976 qu'elle surviendra : la poussée de la main-d'œuvre nous la subissons aujourd'hui. Les 50,000 diplômés des CEGEP vont arriver sur le marché du travail cette année, l'an prochain, dans deux ans et dans trois ans. Et ce n'est pas en 1974 ou en 1975 ou encore en 1976 que le problème se posera avec acuité et urgence, c'est aujourd'hui qu'il faut faire face au problème. [*Ibid.*, p. 3477.]

— Le gouvernement m'apparaît d'autant plus blâmable de ne pas prendre des mesures immédiates à cet effet que la résistance est à son minimum dans la plus grande partie du monde des affaires. Tous ou à peu près tous admettent, sauf quelques extrémistes qu'on peut écarter ou balayer au besoin, qu'il est important d'avoir le français comme langue de travail. [*Ibid.*, p. 3477.]

— C'est clair que nous sommes en Amérique du Nord et que nous ne pouvons pas, comme le signalait tantôt le ministre de l'industrie et du Commerce, imposer le français à tous les niveaux de communication. On peut, évidemment, faire une distinction entre ce qu'on peut appeler les communications horizontales et les communications verticales. Par exemple, dans le cas des communications verticales, soit d'employeur à employés, il n'y a aucune raison pour que ça ne se fasse pas en français. Dans le cas des communications horizontales, c'est, évidemment, une question différente puisqu'il peut fort bien arriver que nous ayons à négocier avec des provinces étrangères ou des pays étrangers. C'est clair que, dans ce cas-là, nous ne pouvons pas imposer le français comme langue de travail. [*Ibid.*, p. 3477-3478.]

— Favoriser le français comme langue de travail non seulement contribue à résoudre un problème fondamental du Québec, à atténuer une inquiétude extrêmement vive des Québécois et des jeunes notamment, mais contribue également à l'accroissement de la productivité des entreprises.

On pourrait donner des exemples pour montrer que les entreprises se sont rendu compte qu'il était monétairement avantageux pour elles d'introduire le français, comme langue de travail, parce qu'à la suite de cela, leurs employés étaient plus productifs en raison d'un meilleur climat. [*Ibid.*, p. 3478.]

— La question linguistique va au cœur du problème québécois, beaucoup plus que d'autres questions comme la question de structure politique. La question linguistique va véritablement au cœur du problème québécois. [*Ibid.*, p. 3478.]

ROLAND THEORET (député Union nationale de Papineau). — Comment pourrions-nous nier à d'autres des droits et des privilèges que nous avons tellement réclamés depuis cent ans pour les francophones des autres provinces du Canada ? [...] Voulez-vous que l'on fasse à la minorité anglaise du Québec le sort que l'on a fait à la minorité française des autres provinces du Canada ?

... je crois au « fair play ». Je crois que nous devons accorder à la minorité de langue anglaise le traitement que nous désirons pour les francophones du reste du pays. Nous désirons que les francophones du reste du pays soient traités comme nous avons traité, depuis cent ans, les anglophones qui vivent ici, chez nous, au Québec.

Je crois qu'il vaut mieux pécher, si l'occasion se présente, par excès de générosité que par mesquinerie. Mais, [...] pour être honnête, nous devons reconnaître que, dans tout le pays et de plus en plus, on fait des efforts véritables pour respecter le français. Certes, il y a encore des îlots de résistance dans certaines provinces, surtout les plus éloignées, dans l'Ouest du Canada surtout, mais on doit admettre [...] qu'en Ontario, par exemple, on peut maintenant recevoir l'instruction en langue française, aux niveaux primaire, secondaire et collégial.

Je crois que le moment serait bien mal choisi pour que le Québec fasse marche arrière en 1969. [*Ibid.*, séance du jeudi 30 octobre 1969, p. 3479-3480.]

GASTON TREMBLAY (député national-chrétien de Montmorency). — Telle qu'elle est conçue dans ses conséquences pratiques, à longue échéance, cette loi est un acte de vente de la nation canadienne française à des comptoirs étrangers à nos véritables intérêts. [*Ibid.*, séance du jeudi 30 octobre 1969, p. 3483.]

PHILIPPE DEMERS (député Union nationale de Saint-Maurice). — Serions-nous légitimés, sous le prétexte de la souffrance qu'ont endurée les nôtres comme minorités, de faire endurer les mêmes traitements aux parents en les inquiétant sur l'avenir de leurs enfants. [*Ibid.*, séance du mardi 4 novembre 1969, p. 3518.]

— Le fait de pouvoir parler librement sa langue est un bien et un atout des plus précieux, certes, le garant d'une liberté intellectuelle indiscutable. Mais ce n'est pas, comme certains penseurs tentent de nous le faire croire, le remède miracle qui règle tous les problèmes comme par enchantement. La langue demeure le véhicule, le lien indispensable aux différents éléments qui font la prospérité d'une peuple. Encore faut-il que ces éléments soient tous réunis au départ. [*Ibid.*, p. 3520.]

JEROME PROULX (député Union nationale de Saint-Jean). — On peut diviser les Québécois en trois catégories': les anglophones, les francophones et les Néo-Québécois. Pour ce qui est des anglophones, ce projet a pour effet de consacrer par une loi des droits qu'ils exerçaient et qu'ils exercent à juste titre depuis 200 ans. [...] Je l'affirme : Je reconnais leurs droits fondamentaux. Ils sont des Québécois à part entière, qui ont un droit absolu et à leurs écoles et à leurs universités. [*Ibid.*, séance du 4 novembre 1969, p. 3522.]

— Le projet de loi oblige également les anglophones à apprendre le français. Excellente mesure, qui coûtera évidemment très cher. Elle pourrait — j'exprime quand même une réserve — devenir un instrument d'anglicisation. Il va sans dire que certains parents francophones, connaissant la primauté de la langue anglaise dans le monde du travail et dans le monde des affaires, vont s'empresser d'envoyer leurs enfants dans des écoles anglaises puisqu'on y dispensera un français convenable. [*Ibid.*, p. 3523.]

— Le législateur admet un libéralisme culturel et linguistique et l'applique, avec toutes les conséquences que cela suppose, quand, dans d'autres domaines, dans celui du travail, de l'économique, de l'industrie, du monde financier, de certains services publics, de l'urbanisme, de la construction, de l'éducation, de l'immigration, de la santé et la sécurité publique, etc., on pratique un dirigisme, une volonté ferme et claire d'imposer des politiques précises à toute une communauté déterminée. [*Ibid.*, séance du mardi le 11 novembre 1969, p. 3714.]

— Le droit collectif [...] l'emporte sur le droit individuel. Le bien de la nation est plus important que le bien des particuliers. La langue de l'enseignement ne relève pas de l'individu, ni même de la famille. Elle relève, cette langue, d'un groupe national, de la nation elle-même de l'Etat auquel est est rattachée.

La langue est certes un instrument de travail, de communication. Elle peut être un objet de luxe ou d'amusement pour certains. Au fond, c'est elle qui fabrique notre façon d'être, de vivre, de penser, de nous exprimer, de percevoir les choses et le monde extérieur.

Elle est aussi notre lien réel avec un monde collectif. Elle nous rattache à un passé rempli d'efforts, de souffrances et de sentiments.

C'est ce que nous avons de plus intime, comme notre nom personnel. Personne ne veut perdre son nom, comme aucune nation ne veut perdre sa langue ou son identité collective ou historique. La langue n'est et ne vaut que pour autant qu'elle est reliée à un groupe et c'est l'existence du groupe lui-même qui affirme l'existence d'une langue. Elle est donc une valeur collective.

La langue d'enseignement relève donc à mon avis, de l'Etat ou mieux de la nation qui en est la source génératrice et régulatrice. Affirmer que le choix de la langue d'enseignement est un droit individuel, c'est nier l'appartenance congénitale d'une personne à son groupe. C'est la détacher de la source qui la nourrit et qui la fait vivre. C'est la laisser aller seule dans l'univers sans aucune attache à un groupe déterminé. Ce serait laisser la nation se désintégrer par voie de conséquence.

La langue d'enseignement c'est essentiellement une relation, un rapport entre une personne et la collectivité et l'on ne peut pas, à mon avis, affirmer que la langue soit une valeur individuelle, autrement on brise cette relation ou ce rapport. Elle est donc valeur collective. C'est pourquoi on a dit que si la langue était laissée à l'individu et que si chacun pouvait choisir, c'est la collectivité qui en serait bouleversée. Plusieurs personnes, sensibles à ces problèmes, se sont dit : C'est la collectivité qui est blessée. On a senti que la nation serait menacée, surtout en 1969, pour les raisons que l'on sait. Le peuple le sent et le ressent, et cela le trouble. Une blessure profonde, cachée, très ancienne est réapparue et nous fait souffrir. Le peuple souffre de ne pas être uni, rassemblé, lié par sa langue, et c'est une souffrance de tous les jours, de toutes les occasions. Elle surgit subitement dans la rue, au magasin, à l'aérogare, sur l'avion, sur les affiches, à la télévision, au travail, à l'usine, au bureau, surtout quand les promotions ne viennent pas ou ne viendront jamais.

Plusieurs ont été collectivement bouleversés, et c'est pourquoi il y a eu des remous si profonds dans un secteur de la population. C'est que cette loi touchait quelque chose de très profond et en même temps de très difficile à définir. Cela touchait ou atteignait le subconscient collectif de plusieurs personnes. Et, quand le ministre du Travail faisait allusion aux psychiatres, je comprends sa réaction première. Je sais qu'il lira les textes parce qu'il lit tout. Je le sais assez intelligent, assez intuitif et assez sensible et profond pour percevoir cette réaction authentique de plusieurs Québécois. Cette loi touchait ou atteignait les droits fondamentaux des citoyens comme membres d'une collectivité.

On se retrouve dans une langue comme on se retrouve dans un abri, surtout quand les dangers qui nous menacent sont plus éminents [sic] qu'autrefois. La langue a toujours été au Québec, pour nous du Québec, un lieu de rassemblement, comme, pour les noirs, la négritude est ce point de rencontre et de retrouvailles. Quand le législateur déclare que la langue est un droit personnel, il libère le citoyen de son attachement vital à son groupe. Il le met dans la douloureuse obligation de choisir entre sa langue et la nécessité économique.

Il le met dans une situation de violence intérieure. Son être devient tiraillé et violenté. En le libérant de son attachement à son groupe collectif, on lui dit : Tu es libre maintenant et, par ce fait même, on détruit la valeur collective d'une langue.

En disant : Va, choisis la langue que tu voudras, on brise ce lien, cette raison d'être qui nous unissait et qui nous rassemblait tous sur un même territoire. Que nous reste-t-il, à nous, du Québec, sinon qu'à entrer dans l'anonymat nord-américain, qu'à devenir à la longue des exilés au sein même de notre patrie ? [*Ibid.*, p. 3718-3719.]

FRANK HANLEY (député indépendant de Sainte-Anne). — Ce projet de loi, en plus d'assurer des droits acquis à toutes les minorités, sera une protection pour tous les Canadiens français par l'encouragement accordé aux investisseurs étrangers dans la province de Québec. Je suis désappointé toutefois qu'il n'y ait rien de prévu dans cette loi pour que les Canadiens de langue française puissent apprendre l'anglais ; car je crois qu'il est essentiel pour eux, quand ils entrent sur le marché du travail, qu'ils aient des connaissances en anglais. [*Ibid.*, séance du mardi 4 novembre 1969, p. 3534.]

— The French language [...] is stronger today than it has been for fifty years and I defy any Member of this Assembly or any citizen of this province to prove to me that the French language is not stronger today than in 1919, 1929, 1939, 1949, and the French language will always be strong because the English are interested in maintaining French as a priority language within the Province of Quebec. [*Ibid.*, séance du jeudi 30 novembre 1969, p. 4046.]

— My French-speaking people, first of all, have given me instructions that they want work first and language after. What good is the French language if you have not got work ? [*Ibid.*, p. 4046.]

— After having my friends salesmen and others, travelling throughout the Province make a survey throughout the Province, I would predict that within 5 to 9 years, the Province of Quebec will separate and become independent. [*Ibid.*, p. 4047.]

— It is time that the silent English-speaking majority awaken. We are going to fight for our rights in this Province and we are going to fight against any individual or any political party who will attempt to destroy the English and remove our rights from us. I predict that the good, solid French-thinking citizen will join us, the English minority, in the fight for our rights. [*Ibid.*, p. 4047.]

— I will tell you something on Bill 63, and the language rights : The people suffering because of this bill 63 is the little French merchant, is the French labour, the French working man because the economy of our province has never been as bad, in the last thirty years. [*Ibid.*, p. 4048.]

WILLIAM TETLEY (député libéral de Notre-Dame-de-Grâce). — Je suis prêt aujourd'hui et dans l'avenir, comme je l'ai toujours été dans le passé, à faire tout mon possible pour la protection et l'épanouissement de la langue française au Québec et au Canada. [...] Le bill contient trois grands principes : le libre choix des parents, le fait que les immigrants ne sont pas contraints, mais persuadés à apprendre la langue française et que les Québécois de langue anglaise auront l'occasion et le devoir d'acquérir une connaissance approfondie de la langue française à l'école. Mais le bill manque d'un quatrième principe, soit la protection de la langue française au Québec. [*Ibid.*, séance du mardi 4 novembre 1969, p. 3525.]

ANTONIO FLAMAND (député Union nationale de Rouyn-Norenda). — Le projet de loi, tel qu'il est rédigé actuellement, s'il a des effets heureux, en a en faveur du groupe anglophone — d'ailleurs, aucune protestation n'est venue de la part de ce groupe — en ce sens qu'ils n'auront plus besoin des Canadiens français pour occuper certaines fonctions où l'on doit faire affaires avec le groupe des parlants français et ça dans leur langue. Ce qui permettait, quand même, à plusieurs des nôtres qui étaient bilingues d'occuper des postes intéressants. [*Ibid.*, séance du mardi 4 novembre 1969, p. 3541.]

— Le bilinguisme institutionnalisé tel qu'on le préconise n'est pas souhaitable en soi. Tout bilinguisme se fait au profit du plus fort, or nous ne sommes pas les plus forts en dépit de notre majorité numérique au Québec, majorité sérieusement menacée d'ailleurs dans une région tout aussi importante que celle de Montréal. [*Ibid.*, p. 3541.]

— Il ne s'agit pas dans mon esprit de diminuer les privilèges des Néo-Québécois déjà installés au Québec et aux anglophones d'origine britannique déjà installés. Il s'agit de ne pas accorder le droit de choisir la langue d'enseignement à des gens qui ne peuvent pas le réclamer car ils ne sont pas encore arrivés sur notre territoire, ils sont encore à l'étranger. [*Ibid.*, p. 3541.]

— Je crois que, tout comme les droits d'un individu sont limités par les droits d'un autre individu, les droits individuels sont limités par les droits collectifs quand il s'agit de sauvegarder un bien national. Et corollairement, dans le cas qui nous occupe, les droits des anglophones minoritaires sont limités par les droits des francophones majoritaires.

Le droit, pour les parents, de choisir l'école de leurs enfants n'est pas un droit infini. Il est mesuré par les droits des autres, il est mesuré par des droits supérieurs. La langue est un bien national, non un bien individuel. Comme entité culturelle distincte, une nation cesse d'exister, à mon sens, en tant que telle, quand elle perd son identité culturelle. Or, la langue est l'essentiel de l'identité culturelle.

J'ajoute que si le choix des individus, qu'ils soient francophones, anglophones ou Néo-Québécois, met en danger la qualité ou l'existence même de ce bien national, dans ce cas il me semble évident que l'Etat, gardien du bien public et des valeurs fondamentales de la nation, doit réglementer cette liberté individuelle. [*Ibid.*, p. 3541-3542.]

1970 — EN FINIR AVEC L'ACCEPTATION SERVILE DE L'ANGLAIS

Une des idées reçues les plus communément répandues dans le débat linguistique actuel concerne la prétendue impossibilité de faire du français, en Amérique, une langue normale de l'activité industrielle et commerciale. Cette idée, répétée avec acharnement par les détenteurs anglophones du pouvoir économique qui voient dans la montée du français une menace à la permanence de leurs privilèges, a reçu ces dernières années un démenti éclatant de la part de l'une des entreprises industrielles les plus importantes du Québec. L'Hydro-Québec, en effet, a réussi depuis la nationalisation de 1963 à faire du français chez elle la langue normale de travail, de pensée et de conception. Cela ressort clairement du mémoire que cette entreprise a présenté à la Commission Gendron à l'automne de 1970.

La situation n'est sans doute pas parfaite, car il subsiste encore, à l'Hydro-Québec, des « poches » d'unilinguisme anglais. Cependant, beaucoup a été réalisé en quelques années et la preuve est faite que le français peut devenir, pour l'essentiel, la langue de travail du Québec. Cela a été reconnu par la Commission royale d'enquête sur le bilinguisme et le biculturalisme : « C'est [...] dans le domaine technique que la transformation a eu le plus de répercussions. L'importance de l'anglais comme véhicule de communication dans l'industrie et la technique étant chose bien connue, la francisation pourrait paraître un objectif impossible en milieu nord-américain. C'est pourtant la construction du complexe Manicouagan-Outardes qui a déclenché le mouvement en 1963. Les responsables de l'entreprise ont réussi à changer les habitudes de travail en donnant systématiquement l'exemple. Des équipes d'ingénieurs se sont formées spontanément pour traduire les termes techniques. Pour la première fois, des ouvriers et des contremaîtres de l'Hydro-Québec rédigeaient leurs rapports en français à l'aide de manuels et de lexiques français. Des mots comme « blondin, » « batardeau » ou « fardier » sont devenus courants et ainsi la preuve a été faite, sur une grande échelle que l'on pouvait se servir du français pour parler de technique [a]. » Ce changement d'attitudes s'explique notamment par la nationalisation de 1963, qui a pris figure de mesure d'émancipation nationale, et par la composition du personnel formé majoritairement de Québécois.

L'Hydro-Québec avait préparé en 1969 un premier mémoire destiné à la Commission Gendron, mais ce document fut rejeté par les dirigeants de l'Hydro-Québec (et notamment par Paul Dozois, ancien ministre des Finances de l'Union nationale [b]) en raison des recommandations qu'il contenait et qui paraissaient de nature à effrayer les milieux économiques. Un deuxième mémoire fut alors préparé. Ce texte reprenait l'essentiel du premier mémoire, mais ne reproduisait pas les recommandations jugées trop fermes. Il reçut l'aval des dirigeants de l'Hydro et fut soumis à la Commission Gendron (nous en reproduisons de larges extraits).

Les recommandations contenues dans le premier mémoire tendaient à tracer les grandes lignes d'une politique d'implantation du français dans l'activité industrielle. Il est donc intéressant d'en connaître la teneur [c].

---

a. *Rapport de la Commission royale d'enquête sur le bilinguisme et le biculturalisme,* volume 3B, Ottawa, Imprimeur de la reine, 1969, p. 552.

b. *La Presse,* 28 novembre 1969.

c. Ces recommandations étaient connues de certains journaux qui en ont fait état. Voir *la Presse,* 28 novembre 1969.

1º Il est proposé a) que le Gouvernement du Québec accorde une priorité urgente aux mesures qui peuvent favoriser la création ou le développement d'entreprises publiques et privées appartenant à des Québécois ainsi que de filiales relativement autonomes d'entreprises multinationales ; b) que les mesures d'encouragement gouvernemental à l'investissement industriel étranger au Québec soient directement proportionnelles au degré de décentralisation administrative et de participation locale à la gestion auquel s'engage la nouvelle filiale.

2º Il est proposé... b) que le Gouvernement du Québec coordonne l'effort des institutions publiques et semi-publiques québécoises en vue d'exiger des transactions et un service intégralement français des divers fournisseurs de biens et de services avec qui elles font affaire.

3º Il est proposé a) que le Gouvernement du Québec entreprenne un travail de persuasion auprès de la haute Direction des grandes entreprises établies au Québec afin qu'elles fassent une place beaucoup plus grande au français et à un français de qualité dans l'ensemble de leurs activités techniques et administratives ; b) que dans ce travail de persuasion, la priorité soit donnée aux secteurs économiques de pointe et à ceux qui occupent une place prépondérante dans l'ensemble de la production québécoise.

4º Il est proposé a) que le Gouvernement du Québec intervienne officiellement auprès du Gouvernement canadien afin que celui-ci incite l'Association Canadienne de Normalisation à publier simultanément en français et en anglais tous ses documents d'ordre public ; b) que le Gouvernement du Québec intervienne auprès de l'Association Canadienne de Normalisation aux mêmes fins.

5º Il est proposé a) que des moyens beaucoup plus énergiques soient mis en œuvre afin qu'une excellente documentation internationale en français dans les domaines de la technologie et de l'administration soit largement connue et diffusée au Québec ; b) que des politiques d'aide à la publication en français et à la diffusion des ouvrages soient mises en application au bénéfice des spécialistes canadiens français de la technologie et de l'administration ; c) que [...] le Gouvernement du Québec multiplie et diffuse largement des glossaires de termes français dans tous les domaines de la technologie et de l'administration ; d) que l'on tire notamment parti de la grande qualité linguistique de certains catalogues d'achat au détail de grands magasins français afin de corriger la tendance aux anglicismes qui sévit en ce qui touche les produits industriels destinés à la consommation.

6º Il est proposé a) que le Gouvernement du Québec mette au nombre de ses priorités une politique très audacieuse d'encouragement à la recherche en langue française au Québec ; b) que les grands organes de diffusion populaire assument pleinement leur responsabilité de transmettre au public canadien-français l'information à laquelle il a droit touchant l'actualité scientifique au Québec.

7º Il est proposé a) que le Gouvernement du Québec favorise la tenue au Québec de colloques techniques et administratifs internationaux partiellement ou entièrement en langue française ; b) que le Gouvernement du Québec encourage financièrement la participation des Québécois à ces colloques lorsqu'ils ont lieu à l'étranger ; c) que les corps publics ou semi-publics du Québec se concertent pour exiger la reconnaissance de l'usage du français au même titre que celui de l'anglais dans les associations techniques, scientifiques et administratives canadiennes, notamment par la création de sections francophones et par l'emploi de l'interprétation simultanée à l'occasion des Congrès généraux.

8º Il est proposé que le Gouvernement du Québec et les institutions d'enseignement fassent tous les efforts possibles pour améliorer et augmenter les moyens d'éducation permanente en français dans les domaines relativement avancés et spécialisés de la technologie et de l'administration.

9º Il est proposé a) qu'on prenne tous les moyens possibles pour que l'école assure davantage la correction et la qualité du français ; b) que l'enseignement du français à l'école accorde une place importante à l'utilisation de la langue française dans la vie industrielle moderne ; c) que l'école expérimente, pour le passage du mauvais français au bon français, les méthodes modernes qui se sont révélées les plus fructueuses dans l'enseignement des langues étrangères (par exemple, les « camps d'immersion totale ») ; d) qu'un programme vaste et attrayant de cours de correction et de perfectionnement de la langue maternelle soit mis à la disposition des adultes francophones travaillant dans les entreprises du Québec ; e) que l'anglais continue à être enseigné dans les écoles à titre de langue seconde ; f) que l'enseignement de l'anglais dans les écoles soit conçu de façon à servir la qualité du français plutôt qu'à lui nuire, notamment en donnant beaucoup d'importance à la stylistique comparée, et en invitant les élèves à des exercices d'adaptation de l'anglais au français plutôt que de version au sens étroit et traditionnel du terme.

B) LANGUES DES COMMUNICATIONS INTERNES, VERBALES ET ECRITES

....

1) Communications verbales

48. Le français est la langue de communication interne dans l'ensemble de l'entreprise, sauf dans les milieux où l'anglais était la seule langue de travail au moment de la nationalisation, à savoir : la presque totalité de la zone Ouest et le district de distribution Shawville de la région Laurentides (territoires principaux de l'ancienne Gatineau Power Company), quelques unités de la zone Centre (secteur de production de l'ancienne Compagnie d'électricité Shawinigan) et quelques unités de la région Richelieu (territoire de distribution de l'ancienne Shawinigan et de l'ancienne Southern Canada Power).

49. Il semble que l'usage du français comme langue de travail soit le fait des groupes composés en totalité ou quasi totalité de francophones, et que l'anglais reste courant dans les groupes où la proportion d'anglophones est appréciable.

50. Ainsi le français est la langue d'usage au siège social. Dans tous les secteurs naguère à concentration anglophone (Projets techniques, Répartition du réseau, Appareillage et Entretien, Vente à la grande industrie), la proportion des anglophones ne dépasse pas 10 %...

....

57. Les réunions des cadres des chantiers se déroulent en français et, au début, on traduit les points les plus importants de la discussion à l'intention des participants anglophones qui ne comprennent pas suffisamment le français. Cette manière de procéder entraîne fatalement des lenteurs et, graduellement, les réunions en viennent à se dérouler uniquement en français.

58. Cependant, la connaissance suffisante du français comme langue de travail dans les chantiers restreignait au milieu québécois le recrutement des cadres supérieurs possédant l'expérience de la construction. Aussi, l'Hydro-Québec dut accélérer, au prix de déboursés supplémentaires, la formation pratique de certaines catégories de personnel technique, particulièrement des jeunes ingénieurs sans expérience. Le recrutement du personnel de surintendance et de maîtrise ne présenta pas de difficulté.

....

2) Communications écrites

60. Depuis 1960, on constate une diminution graduelle de l'anglais dans la rédaction des documents internes, et leur traduction en anglais a suivi la même courbe.

61. Par exemple, les formules de régie interne sont françaises. Le paragraphe suivant précise celles qui sont traduites en anglais. La presse d'entreprise, qui comprenait trois publications bilingues et deux françaises avant l'intégration, est maintenant uniquement française.

62. Les traductions anglaises ont surtout trait à la sécurité et au bien-être de l'employé. Entre autres, les chèques de paie, les lettres envoyées au domicile de l'employé relatives à certaines œuvres sociales, les conventions collectives de travail, divers textes portant sur le bien-être, la prévention des incendies et des accidents, la radioprotection et la sécurité.

....

C) LANGUES DES COMMUNICATIONS EXTERNES

1) Rapports avec les sources de financement

64. Dans ses rapports avec les milieux de la finance, l'Hydro-Québec emploie la langue de l'interlocuteur, c'est-à-dire surtout l'anglais.

65. Les démarches se font uniquement en anglais pour l'émission et la vente d'obligations. L'anglais est moins exclusif, mais prédomine nettement dans le financement bancaire et les emprunts à court terme.

66. Lorsqu'il s'agit de rachat d'obligations, les transactions sont menées à peu près également dans les deux langues.

67. Enfin, la correspondance avec les détenteurs d'obligations se fait surtout en anglais, la majorité d'entre elles se trouvant entre les mains d'institutions anglophones.

2) Documentation de la bibliothèque centrale

....

70. La proportion du français dans la documentation de la bibliothèque centrale (30 % de l'ensemble) s'établit comme suit (voir graphique n° 1) :

— 28 % des périodiques,

— 25 % des ouvrages sur l'administration et les sujets connexes,

— 32 % des ouvrages sur la science, la technologie et le génie,

— 23 % des autres ouvrages.

71. Ces proportions ne correspondent nullement à la composition ethnique du personnel. Le décalage donne à penser que la documentation française de qualité, utile à l'industrie, n'est pas assez connue et diffusée.

3) Séminaires et congrès

....

80. L'association canadienne de l'Electricité... groupe les compagnies canadiennes, publiques et privées, qui ont pour objet la production ou la distribution de l'électricité. De

toutes les entreprises, c'est l'Hydro-Québec qui y compte le plus grand nombre de délégués, plus même que l'Hydro-Ontario, mais cette délégation ne constitue qu'une fraction de l'ensemble.

81. Il y a environ cinq ans, l'Association était tout à fait anglophone. Depuis, tout en retenant sa raison sociale anglaise, elle s'en est donné une française. Les négociations entre francophones se déroulent en français. Lorsque les francophones sont en majorité dans un groupe, les échanges se font parfois en français, au moins partiellement, plutôt dans la division dite générale (vente, sécurité, etc.) que dans les divisions techniques. Lorsqu'ils sont en minorité, comme il arrive le plus souvent, la langue est habituellement l'anglais. En général, les comptes rendus des travaux de comités sont rédigés en anglais.

82. L'ACE a déploré à plusieurs reprises le manque de participation des ingénieurs spécialistes de l'Hydro-Québec. Ils pourraient apporter beaucoup à l'Association, en raison des innovations très importantes de l'Hydro-Québec, notamment dans le domaine de la « Très Haute Tension ». La plupart de nos spécialistes ne participent que très peu ou de très loin à l'activité de l'ACE, parce qu'il leur est difficile d'exprimer un point de vue technique dans une autre langue que leur langue maternelle. Plusieurs d'entre eux peuvent donner ou comprendre une conférence technique en anglais mais il en va tout autrement quand il s'agit de faire des interventions nuancées [1].

....

5) Rapports avec les fournisseurs

....

93. Au début de 1961, l'Hydro-Québec crée un précédent en envoyant des lettres d'engagement françaises à des soumissionnaires anglophones, non seulement au Québec, mais dans le reste du Canada. Elle n'enregistre qu'une seule réaction négative [d].

....

96. La correspondance ordinaire se fait presque toujours en français avec les fournisseurs canadiens depuis que certains cadres ont insisté pour qu'il en soit ainsi. La plupart de ces fournisseurs ont maintenant des représentants qui parlent français. Cependant, dans la correspondance aux échelons supérieurs les fournisseurs canadiens emploient surtout l'anglais. Malgré les demandes réitérées de légendes, catalogues et notices

---

1. On se souvient des conférences techniques données par des spécialistes venus de France en 1967. Il y avait longtemps que des conférences de cet ordre n'avaient soulevé autant d'intérêt chez nos ingénieurs ni suscité autant de questions. Nos spécialistes se sentaient à l'aise et leur participation a été entière.

d. Sur ce sujet, le premier projet de Rapport (qui ne fut pas présenté à la Commission Gendron) est plus explicite :
« En mars 1961, un précédent a été créé. L'Hydro-Québec a commencé à envoyer des lettres d'engagement en français à des soumissionnaires anglophones non seulement au Québec mais aussi dans le reste du Canada. On a alors enregistré au moins une réaction désagréable. Un des fournisseurs s'est plaint violemment à l'ingénieur responsable. Ce dernier a réaffirmé son droit à agir de la sorte et a adressé le plaignant aux autorités supérieures de l'entreprise. Celui-ci a exposé l'objet de sa plainte verbalement aux autorités intéressées qui lui ont laissé le choix entre accepter à la fois la lettre d'engagement et le contrat (d'un montant de quelques centaines de milliers de dollars) ou refuser les deux. L'attrait du contrat l'emportant sur les autres considérations, l'incident fut clos et à compter de cette date, les lettres d'engagement ont toutes été écrites en français. »

d'entretien en français, ces mêmes fournisseurs nous envoient des catalogues presque toujours en anglais et les notices d'entretien sont en anglais dans une proportion de 70 %. Par contre les textes explicatifs des plans sont uniquement en français : bon nombre ont d'ailleurs été traduits par des ingénieurs de l'Hydro-Québec, les traductions techniques faites dans les autres provinces étant en général médiocres. Selon certains fournisseurs, des clients d'autres provinces ont refusé systématiquement des textes bilingues. La plupart des fournisseurs européens nous envoient des catalogues, devis et notices d'entretien en français.

97. La documentation d'appels d'offres fournie par l'Hydro-Québec est bilingue. Pour certains contrats de moins de $25,000, il arrive que cette documentation soit uniquement française.

....

99. Le secteur des achats rédige 95 % de ses commandes en français. Cependant, une fois sur quatre environ, les communications verbales exigent, pour des raisons d'efficacité, l'usage de l'anglais.

100. Les magasins de l'Hydro-Québec demandent aux entreprises des catalogues bilingues ou français. Ceux qui leur parvenaient autrefois étaient presque toujours anglais, mais le nombre des catalogues bilingues va croissant. En général, ce secteur traite avec des représentants francophones, sauf aux Etats-Unis.

6) Rapports avec les ingénieurs-conseils

101. Les rapports avec les ingénieurs-conseils se font en français le plus souvent. C'est aussi la langue de leurs textes techniques (parfois bilingues) et presque toujours celle de la correspondance.

102. Dans les réunions, on emploie habituellement le français. Lorsque certains membres d'un groupe ne parlent que l'anglais, on traduit parfois à leur intention les points les plus importants. Il est exceptionnel que les réunions se déroulent en anglais.

7) Rapports avec la clientèle

103. La règle spontanée des relations avec la clientèle est de s'adresser à chacun dans sa langue.

104. Ainsi lorsqu'il s'agit de vente à la grande entreprise, qui représente quelque 175 clients à 3 000 kilowatts et plus [2], 90 % des communications écrites ou verbales se font en anglais. Les autres 10 % sont composés d'entreprises francophones, ainsi que d'entreprises anglophones qui s'appliquent à nous écrire en français, depuis quatre ou cinq ans.

....

106. La région Saint-Laurent correspond à l'île de Montréal. Les communications téléphoniques avec les abonnés particuliers se déroulent en anglais dans une proportion de 25 à 30 %, la même que dans le cas des entrepreneurs (électriciens, plombiers, etc.)

---

2. La vente d'énergie à la grande entreprise s'élève à 100 millions de dollars, 25 % des recettes totales de l'Hydro-Québec.

107. Quant aux relations avec les entrepreneurs en construction, la situation varie beaucoup selon les secteurs. Le français est prédominant dans l'est et l'extrémité ouest de l'île, tandis que les deux langues sont employées également dans l'ouest central [3]. Un certain nombre d'entrepreneurs anglophones appartiennent à divers groupes ethniques. De même, chez les abonnés particuliers, l'accroissement de la proportion anglophone tient en partie à ce qu'un grand nombre de personnes d'origine étrangère s'expriment en anglais.

108. Dans l'île de Montréal, l'Hydro-Québec communique avec neuf municipalités en anglais, avec dix-huit (dont la ville de Montréal) en français, avec deux dans l'une ou l'autre langue.

109. Enfin, lorsqu'il s'agit d'entreprises commerciales, les préliminaires se déroulent également dans les deux langues. Le français n'est employé qu'une fois sur trois à la conclusion des contrats. Parmi les anglophones de ce groupe soucieux de s'adresser à nous en français, les personnes d'origine juive y réussissent particulièrement bien.

....

114. La publicité est conçue en français. La traduction se fait à l'extérieur du service de la Publicité commerciale.

....

9) Informatique

....

122. D'abord, la documentation. Dans l'ensemble, la documentation informatique dont dispose l'Hydro-Québec est anglaise. C'est indispensable pour se régler sur le progrès extrêmement rapide de cette discipline. Tout changement technique est communiqué en anglais seulement. Cela est vrai de tous les pays du monde...

123. A l'extérieur, qu'il s'agisse de rapports avec des fabricants ou des conseillers, de réunions, de démonstrations ou d'autres rencontres, on emploie l'anglais neuf fois sur dix.

124. A l'intérieur de l'Hydro-Québec, cependant, la langue de travail en informatique est le français. Conception, planification, normes et communications se font en français. La programmation emploie des termes universels exprimant une quantité limitée d'opérations logiques ou mathématiques. Ces termes sont anglais, mais peuvent être utilisés dans un contexte français : Exemple : « If absence non autorisée subtract une journée de salaire ». L'anglais représente ici des symboles assimilables aux signes mathématiques.

125. Reste un problème sérieux : la terminologie technique française. Le langage de l'informatique s'enrichit tous les jours de nouveaux mots. Il n'est donc pas étonnant que la terminologie française n'en soit pas encore normalisée. Les Français emploient plus que nous les termes anglais. Cependant, l'instauration du Plan Calcul mis en œuvre en France en 1967 devrait améliorer considérablement la situation.

....

_____

3. Rappelons qu'il s'agit d'entrepreneurs en construction et non d'abonnés particuliers.

10) Contentieux

....

127. Tous les avis et toutes les expertises internes sont rédigés en français.

128. Dans les causes judiciaires, comme chacun peut s'exprimer dans sa langue devant les tribunaux du Québec, les avocats de l'Hydro-Québec, à titre de représentants d'une entreprise francophone, emploient le français, sauf lorsque la partie adverse ne parle que l'anglais.

129. La même ligne de conduite s'applique aux contrats notariés ordinaires. Ils ne sont rédigés en anglais que si l'autre partie ne comprend pas le français, c'est-à-dire dans moins de 5 % des cas.

130. Quant aux lettres de recouvrement, sommations, brefs et déclarations, le destinataire n'étant habituellement pas connu, ils sont envoyés en anglais aux personnes dont le nom a une consonnance anglaise et qui forment une proportion d'environ 25 %.

131. Le service des Réclamations prend pour règle de répondre au réclamant dans sa langue : il estime à 15 % environ la proportion des communications en anglais. L'Hydro-Québec rédige ses propres réclamations en français.

132. Enfin, les transactions concernant la fourniture ou l'achat d'énergie se déroulent généralement en français avec les entreprises québécoises et en anglais avec les entreprises anglophones hors du Québec, quelle que soit notre situation dans la transaction. A cet égard, l'Hydro-Québec n'a pas, jusqu'à maintenant, tiré pleinement parti de sa situation de cliente. Les documents définitifs sont rédigés dans les deux langues. Le Contentieux de l'Hydro-Québec transige maintenant en français avec le Gouvernement fédéral bien que cette pratique entraîne encore parfois quelques retards, attribuables à la traduction. La plupart des ministères et des représentants du gouvernement central se font un point d'honneur de répondre en français. Cependant, la situation est différente lorsqu'il s'agit de questions techniques. Les représentants des secteurs techniques de l'Hydro-Québec préfèrent parfois, pour hâter les choses, communiquer en anglais avec des fonctionnaires anglophones unilingues.

133. La documentation juridique est en grande partie française. Rarement doit-on recourir à des textes de jurisprudence anglais.

134. Les cadres de la direction Contentieux constatent une diminution constante de l'usage de l'anglais dans l'ensemble de leur activité [e].

---

e. *Mémoire présenté par la Commission hydroélectrique de Québec à la Commission d'enquête sur la situation de la langue française et sur les droits linguistiques au Québec,* septembre 1970, 40 pages.

LISTE ALPHABÉTIQUE DES AUTEURS DES DOCUMENTS

TARDIVEL (Jules-Paul), 206 et suiv., 214 et suiv. et 294 et suiv.

TOCQUEVILLE (Alexis de), 139 et suiv.

VIGER (Jacques), 127 et suiv.

DOCUMENTS OFFICIELS :

a) Débats parlementaires
— Débat à la Chambre d'assemblée du Bas-Canada (18 décembre 1792), 116 et suiv.
— Débat à l'Assemblée législative de la province du Canada (8 mars 1865), 175 et suiv.
— Débat à la Chambre des communes (22 janvier et 18 février 1890), 242 et suiv.
— Débat à la Chambre des communes (11 et 16 juin 1936), 523 et suiv.
— Débat à l'Assemblée nationale du Québec (30 octobre, 4, 6, 11, 13, 14, 17, 18, 20 novembre 1969), 726 et suiv.

b) Lois
— Parlement de Westminster : Acte à l'effet de pourvoir d'une façon plus efficace au gouvernement de Québec dans l'Amérique du Nord (Acte de Québec, sanctionné le 22 juin 1774), 107 et suiv.
— Parlement du Québec : Loi amendant le Code civil concernant les contrats faits avec les compagnies de services d'utilité publique (sanctionnée le 4 juin 1910), 326 et suiv.
— Parlement du Québec : Loi relative à la loi 1, George VI, chapitre 13 (sanctionnée le 8 avril 1938), 563 et suiv.

c) Autres
— Commission royale d'enquête sur le bilinguisme et le biculturalisme : rapport préliminaire (1965), 676 et suiv.
— Ministère des Affaires culturelles du Québec : livre blanc sur la politique culturelle (1965), 689 et suiv.
— Ministère de l'Education et ministère des Affaires culturelles du Québec : rapport du Comité interministériel sur l'enseignement des langues aux Néo-Canadiens (27 janvier 1967), 700 et suiv.
— Office de la langue française : norme du français écrit et parlé au Québec (1965), 694 et suiv.

INDEX

Cet index comprend les noms de personnes, de groupes, de journaux et de revues apparaissant dans l'Introduction, la Chronologie et les notices de présentation des documents.

TABLE DES MATIÈRES

ACHEVÉ D'IMPRIMER
AU MOIS D'OCTOBRE 1976
AUX ATELIERS DE
L'IMPRIMERIE LAFLAMME LIMITÉE
À QUÉBEC